消防救援改革发展之路

爱沙尼亚篇

（上册）

司戈　著

中央党校出版集团　大有書局

图书在版编目（CIP）数据

消防救援改革发展之路：爱沙尼亚篇/司戈著．—
北京：大有书局，2023.3（2024.3重印）
ISBN 978-7-80772-109-3

Ⅰ.①消…　Ⅱ.①司…　Ⅲ.①消防—救援—工作—发展—爱沙尼亚　Ⅳ.①D751.163.5

中国版本图书馆CIP数据核字（2022）第252431号

书　　名 消防救援改革发展之路　爱沙尼亚篇
作　　者 司戈　著

责任编辑 叶敏娟　李孟莹
责任校对 李盛博
责任印制 袁浩宇
出版发行 大有书局
（北京市海淀区长春桥路6号　100089）
综 合 办 （010）68929273
发 行 部 （010）68922366
经　　销 新华书店
印　　刷 中煤（北京）印务有限公司
版　　次 2023年3月北京第1版
印　　次 2024年3月北京第5次印刷
开　　本 185毫米×260毫米　1/16
印　　张 60.5　插页0.75
字　　数 1136千字
定　　价 119.00元（上下册）

历史和现实都告诉我们，一场社会革命要取得最终胜利，往往需要一个漫长的历史过程。只有回看走过的路、比较别人的路、远眺前行的路，弄清楚我们从哪儿来、往哪儿去，很多问题才能看得深、把得准。

——摘自习近平总书记2018年1月5日在新进中央委员会的委员、候补委员和省部级主要领导干部学习贯彻习近平新时代中国特色社会主义思想和党的十九大精神研讨班开班式上发表的重要讲话《继续进行具有许多新的历史特点的伟大斗争》

前　言

2014年翻译《美国在燃烧》（北京大学出版社）后，我一直在思考，如何更系统、更有针对性地介绍国外消防事业发展，更好地“为我所用”。2018年公安消防部队、武警森林部队退出现役，整建制划归新成立的应急管理部，开启了中国特色消防救援事业发展的新征程，为中国消防人提供了前所未有的广阔舞台，也在理论和实践上，提出了诸多新使命、新课题、新挑战，呼唤新思考、新作为、新担当。

2018年1月5日，习近平总书记在新进中央委员会的委员、候补委员和省部级主要领导干部学习贯彻习近平新时代中国特色社会主义思想和党的十九大精神研讨班开班式上发表《继续进行具有许多新的历史特点的伟大斗争》重要讲话，其中的一段话，在我心中激荡起了强烈的责任感、使命感：“历史和现实都告诉我们，一场社会革命要取得最终胜利，往往需要一个漫长的历史过程。只有回看走过的路、比较别人的路、远眺前行的路，弄清楚我们从哪儿来、往哪儿去，很多问题才能看得深、把得准。”①

睁眼向洋看世界，才能“比较别人的路”。近20年，我持续关注了美国、英国、日本、俄罗斯、德国、法国等国家消防救援事业的发展，也在探究其中包蕴的理论与路径。2018年消防体制改革后，我专题梳理研究了中国之外，全球人口前十位（印度、美国、印度尼西亚、巴基斯坦、尼日利亚、巴西、孟加拉国、俄罗斯、墨西哥、日本）、GDP前十位（美国、日本、德国、英国、印度、法国、意大利、加拿大、韩国、俄罗斯）的国家以及其他典型国家（兼顾发达国家与发展中国家，联邦制与单一制国家，以及各大洲），共40个国家的消防救援体制及其历史发展脉络，感受到国际上由消防队伍承担综合性救援职能的发展大势。在这一过程中，爱沙尼亚进入了我的视野。

国家不分大小，开卷方知有益。为什么选择研究爱沙尼亚这个少为人知的“小国”？答案很简单：爱沙尼亚救援事业的发展历程，具有很强的时代特征和参考价值。爱沙尼亚位于波罗的海东岸，地处连接北欧、中欧和东欧的“十字路口”，爱沙尼亚人民热爱自然，崇尚文化，1918年独立建国，1940年成为苏联加盟共和国。1991年恢复独立后，爱沙尼亚的经济迅速恢复发展，跨进高收入国家之列，被称为“波罗的海之虎”。爱沙尼亚是一个善于学习的国度，恢复独立后，即结合国情，敏锐把握国际上发展综合救援体系的方向，驰而不息，历经三十年探索实践，成功将现役消防、民防队伍整合发展为

① 《习近平谈治国理政》第3卷，外文出版社2020年版，第70页。

职业制的综合救援队伍，完善了《救援法》《救援组织法》《危急事件法》《消防安全法》等法律法规制度体系，救援工作明确为国家事权，救援队伍承担预防、监督、救援、排爆和应急准备五大职责，可以在15分钟内覆盖全国93%以上的人口，救援局成为全国仅次于警察和边防局、国防军的第三大公共机构……他山之石，美美与共，爱沙尼亚消防救援事业改革发展的起点、目标、路径、成效，对于我国，无疑具有参考借鉴意义。

“大以成大，小以成小”。爱沙尼亚并不“小”，正如恢复独立后首任总统伦纳特·乔治·梅里1988年所言，“爱沙尼亚不是个小国。联合国172个成员国[①]，59个国家的国土面积和我们相当甚至更小，53个国家的人口和我们相当甚至更少。爱沙尼亚虽然不大，但也绝对不小，大小恰如其分，是我们最好的拥有。”爱沙尼亚国土面积45 339km^2，比丹麦（43 096km^2）、荷兰（41 526km^2）略大，人口只有132.93万（2021年）。如果说“小”，爱沙尼亚也是“小而精彩”：2020年全球营商环境排名第18位，2021年人均GDP超过27 000美元。在全民教育水平、网络和信息化方面，更是走在世界前列，用20年时间，打造了全方位的“数字爱沙尼亚”（e－Estonia），成为全世界首个数字国家。目前，数字社会建设已经覆盖爱沙尼亚经济社会生活的方方面面，数字化服务的优势全面释放，极大提高了经济社会的运行效率、创新能力和国际竞争力。

国学大师季羡林提出“对研究人文社会科学的人来说，资料是最重要的”，“搜集资料决不能偷懒，决不能偷工减料，形象说法就是要有竭泽而渔的魄力”[②]。本书的研究，全部基于爱沙尼亚原文资料（包括爱沙尼亚政府和相关机构编撰的英文资料）。正是得益于“数字爱沙尼亚”，我才能通过爱沙尼亚国家图书馆网站，浏览1918年11月27日以来，包括苏联时期的全部政府公开文献；才能通过政府信息网站，查阅1989年11月17日以来的所有法律、行政法规、部门和地方政府规章，了解30年来爱沙尼亚消防救援事业改革发展的点点滴滴，梳理重点法律从提出立法动议，到草案征询意见，再到议会三读审议的完整过程，如同用显微镜观看时空定格后的历史切片，抽丝剥茧，感受脉动，品味其中的折冲樽俎、跌宕起伏，“知其然，更知其所以然”，把握其过程，梳理其路径，思考其理论，感受其精彩，乐在其中。

没有完美的制度，只有持续的努力、渐进的成效。今年，恰逢爱沙尼亚救援局成立30周年，纵观爱沙尼亚救援事业这30年的发展，感受最深的，是时不我待的改革探索，孜孜以求的持续思考。“三十而立”，目前爱沙尼亚的救援体制机制、救援队伍管理、职责任务履行，总体上已相对成熟定型，但也仍然处于动态完善之中。为展现最新成果，

---

① 联合国1945年成立时会员国51个，1988年172个，截至2022年10月底，有193个会员国。

② 王恩宝、于燕燕：《要发前人未发之覆——季羡林〈学问之道〉蕴含的治学方法》，《学习时报》2021年1月6日。

本书的资料尽量截至2022年10月底。全书共分六章，分别是爱沙尼亚概述、爱沙尼亚消防救援简史、救援工作及救援人员管理、消防安全管理、消防救援职业体系、从“民防”到“危机管理”。

第一章“爱沙尼亚概述”。了解一个国家的消防救援事业，必须从认识这个国家开始；认识一个国家，必须从把握其历史脉络出发。本章第一节介绍了爱沙尼亚简史，从远古的石器时代、青铜时代、铁器时代、中世纪，到被丹麦、德意志、瑞典、俄罗斯等占领统治的700多年漫长曲折年代，再到1918年独立建国，及至1991年恢复独立后，在国家治理和经济发展方面的成功与精彩。第二节概要介绍爱沙尼亚的行政区划沿革，重点对2018年以来取消县政府，将行政区划由两级压缩到一级，从而形成的单一层级“扁平化”地方政府体系做了评述。

第二章“爱沙尼亚消防救援简史”。“鉴古而知今，彰往而察来”，探索过往，从历史中取得借鉴，是人类社会永恒的课题。本章梳理了近代以来爱沙尼亚消防事业的发展历程，叙述的主线，是志愿消防组织的兴起和发展、职业消防体制和现役消防体制的出现，以及恢复独立后，整合消防、民防等各类救援力量，建立综合救援体系的历程。重点聚焦于第一次独立（1918—1940年）、苏联时期（1940—1991年）和恢复独立后（1991年至今），每个时期，都围绕重大事件和相关立法予以剖析，力求在动态发展的历史过程中，探究现今爱沙尼亚综合救援事业发展路径的内在逻辑。

第三章“救援工作及救援人员管理”。本章共分五节，第一节围绕《救援法》，介绍了爱沙尼亚救援工作涵盖的范围和三项原则，救援机构（包括隶属内政部的救援局和报警中心）及其职责、编制和包括28项内容的服务清单，详述了救援机构的监督职责，以职业救援站和志愿救援站为主的救援力量体系布局，分析了职业救援队伍的轮值班制度，以及救援指挥协调联动机制（包括三级救援指挥体系、院前急救领域的制度安排、国防军和准军事组织“国防联盟”参与救援工作、救援信息统计管理等），并就救援过程中的征用及补偿、紧急避险做了讨论。此外，还介绍了消防救援装备的发展。第二节围绕《救援组织法》，从9个方面介绍了职业救援人员的管理制度：救援人员的分类（执行《公共服务法》的救援官员，执行《劳动合同法》的救援员），救援人员的职级（四等八级）、职位和衔级，救援人员的录用和职业发展，工时制度（工作时间、待命时间的认定），工资制度，休假制度，社会保障（伤亡抚恤待遇、提前退休制度、养老金待遇），奖励，服装和标识。第三节介绍了当代志愿救援事业的发展。第四节介绍了报警中心的发展，特别是2012年以来通过欧盟统一紧急服务号码“112”，集中受理救援、警务、急救等各类紧急求助报警，以及新冠肺炎疫情后开通的非紧急类求助咨询号码“1247”。第五节介绍了消防救援教育体系，主要是内政学院所属救援学院的发展。

第四章“消防安全管理”。第一节归纳了刚刚完成的消防监督管理制度“三步走”改革：第一步是1991年至2009年底，救援机构延续了对消防安全重点单位“全面覆盖”的传统监督管理模式；第二步是2010年至2020年，标志是2010年《消防安全法》基于目标管理理论，建立消防安全自查报告制度，单位的消防安全管理主体责任回归，救援机构开始引入“基于风险”的消防监督模式，启动了社会消防管理从“管制型”向“自治型”的过渡进程；第三步以2021年《消防安全法》重大修订为标志，全面引入由消防服务机构开展的消防安全检查，初步构建了单位承担消防安全主体责任、专业机构提供消防安全检查、救援机构实施国家监督的消防安全多元治理格局。本节还介绍了爱沙尼亚的轻罪制度和执法实践，及其在消防安全领域的运用。第二节结合营商环境测评，介绍了建筑消防设计审核和验收制度的演进，并分述了9个方面的建筑消防安全要求，包括“法不溯及既往”原则在消防安全领域的运用和涉及重大公共利益时的“溯及既往”，以及消防产品和消防技术服务质量管理的趋势等。

第五章“消防救援职业体系”。职业是劳动分工的产物，职业分类和职业资格管理是现代社会发展的重要基础，职业化是消防救援事业持续发展的根基。本章共四节，分别介绍了国际消防救援职业概况、欧洲资格框架和消防救援职业体系、爱沙尼亚的职业资格管理（包括职业分类和职业资格框架的演进、职业资格管理制度、职业标准、职业资格授予、职业教育等）、爱沙尼亚的消防救援及消防安全相关职业。重点介绍了“救援人员”职业小类的“救援员”“救援队长”“救援指挥长”职业，“接警调度人员”职业小类的“接警员”“调度员”“调度中心值班长”职业，以及“消防安全监督员”“消防安全专业人员”“消防安全专家”“安防和消防系统技师”“安防和消防系统专业人员”“安防和消防系统设计师”等消防救援职业，以及职业标准开发、职业资格授予程序。

第六章“从‘民防’到‘危机管理’”。1992年《爱沙尼亚宪法》划分了“应急状态”“紧急状态”，前者针对自然灾害、事故灾难和传染病疫情造成的威胁，后者针对恐怖活动、大规模暴力冲突、武装暴动等危及宪法秩序的威胁。本章一至四节，结合《民防法》《应急状态法》《紧急状态法》《危急事件准备法》《危急事件法》等立法脉络，将恢复独立后，爱沙尼亚在危机管理领域的改革进程划分为三个阶段。第五节结合1996年《爱沙尼亚国防政策主要方向》，以及2001年、2004年、2010年、2017年版《爱沙尼亚国家安全政策基础》，介绍了非传统安全风险、广义安全、关键基础设施、重要民生服务脆弱性和连续性，以及社会复原力、国家凝聚力等一系列概念，以及在国防安全、外交安全、内部安全“三位一体”的国家安全体系架构中，危机管理体系建设和救援工作的重要作用。

具有特别意义的是，本书定稿于党的二十大胜利闭幕之际，这是我这名有 30 年党龄的党员，为党的二十大奉献的最诚挚的献礼。党的二十大发出了为全面建设社会主义现代化国家、全面推进中华民族伟大复兴而团结奋斗的动员令，“以中国式现代化全面推进中华民族伟大复兴”的历史任务，让我无比振奋。如何以中国式现代化消防救援，服务于这一伟大进程，是我们的使命担当。我理解，中国式现代化消防救援，既要有各国现代消防救援事业的共同特征，更要有基于我国国情的中国特色，要惠及全体人民，要实现基本消防救援服务均等化，要服务人民对美好生活的向往，要稳中求进、循序渐进、持续推进。在这一伟大进程中，必须坚持科学发展，深刻理解中国式现代化理论，将消防救援事业融入全面建设社会主义现代化国家战略布局；必须坚持深化改革，“回看走过的路、比较别人的路、远眺前行的路”，分析扬弃借鉴国外经验，把我国的制度优势更好地转化为消防救援效能；必须坚持发扬斗争精神，知难而进、迎难而上，敢于冲破禁区、打破樊篱，依靠顽强斗争，打开消防救援事业发展的新天地。

世界上没有放之四海而皆准的发展模式，也没有一成不变的发展道路。一种制度模式在一个国家适用，在其他国家则不一定适用。推进中国式现代化消防救援治理体系和治理能力现代化，必须与我国消防救援事业的历史传承、文化传统、经济社会发展水平紧密结合。这是一项伟大的事业，“惟其艰巨，所以伟大；惟其艰巨，更显荣光”。

本书创作始于 2020 年 7 月，到 2022 年 10 月底定稿，用时两年有余。其间，得到了来自多方的支持、鼓励、激励和帮助，在后记中一并致谢。“回看走过的路”，自 1988 年投身消防，这项工作于我而言，就不只是职业，更是事业、责任和情怀。消防救援涉及广博，受学识和能力所限，书中定有错漏之处，敬请读者不吝赐教。

司戈
2022 年 11 月 9 日

目录
CONTENTS

第一章　爱沙尼亚概述

了解一个国家的消防救援事业，必须从认识这个国家开始；认识一个国家，必须从把握其历史脉络出发。本章基于来自爱沙尼亚的第一手资料，介绍了爱沙尼亚简史，从远古的石器时代、青铜时代、铁器时代、中世纪，到被丹麦、德意志、瑞典、俄罗斯等占领统治的700多年漫长曲折年代，再到1918年独立建国，及至1991年恢复独立后，在国家治理和经济发展方面的成功与精彩。在此基础上，对爱沙尼亚的行政区划沿革做了概要回顾，重点对2018年以来取消县政府，将行政区划由独立初期的两级压缩到一级，形成的单一层级“扁平化”地方政府体系做了介绍。

第一节　爱沙尼亚简史

从今天起，我们不要再自怨自艾，认为爱沙尼亚是被遗忘的小国。让我们跟上时代的步伐，看清现今世界已和两次世界大战之间大不相同。爱沙尼亚不是个小国。联合国172个成员国，59个国家的国土面积和我们相当甚至更小，53个国家的人口和我们相当甚至更少。爱沙尼亚虽然不大，但也绝对不小，大小恰如其分，是我们最好的拥有。

——1988年4月1日，伦纳特·乔治·梅里（Lennart Georg Meri，1929—2006，爱沙尼亚作家、外交家、政治家，首任总统，任期1992—2001年）的演讲《爱沙尼亚有希望吗?》（*Kas eestlastel on lootust?*）①

“忘记历史者，没有未来”（Kes minevikku ei mäleta，elab ilma tulevikuta）②。爱沙尼亚人民具有强烈的民族意识，他们崇尚自然，拥有根深蒂固的原始先民信仰，同时也具有典型的欧洲思维方式，这使得爱沙尼亚近年来在众多创新领域取得了有目共睹的成就。

---

① 爱沙尼亚统计局：《爱沙尼亚共和国100年统计专辑》（*EESTI VABARIIK 100 Statistiline album*），第128页。https：//www. stat. ee/sites/default/files/2020－08/Eesti_ Vabariik_ 100_ Statistiline_ album. pdf。

② 爱沙尼亚诗人朱汉·利夫（Juhan Liiv，1864－1913）的诗句，他生前默默无闻，20世纪20年代后被认为是爱沙尼亚最伟大的抒情诗人之一。

1.1　绪论

爱沙尼亚共和国（Eesti Vabariik，英语 Republic of Estonia）位于波罗的海东岸，属于波罗的海地区（英语 the Baltic Sea region）①。爱沙尼亚古称 Estland/Eistland，是古北欧语“东部陆地”的意思，地处连接斯堪的纳维亚和中欧、东欧的“十字路口”，东与俄罗斯接壤，南与拉脱维亚为邻，在西、北两个方向，隔波罗的海和芬兰湾与瑞典、芬兰相望，国土面积 45 339 km^2，比丹麦（43 096 km^2）、荷兰（41 526 km^2）略大，人口却只有 132.93 万（2021 年），约是丹麦（585.67 万人）的 1/5、荷兰（1 753.34 万人）的 1/13，全国分为 15 个县、79 个市（乡）。图 1－1 是爱沙尼亚周边国家概图②。

图 1－1　爱沙尼亚周边国家概图

爱沙尼亚虽然“国小民稀”，但自然风光优美，森林覆盖率高达 56.1%（2021 年），是全世界空气质量最优的国家，被称为“被遗忘的童话王国”。1991 年重获独立后，爱

---

① 根据欧盟的定义，波罗的海地区包括丹麦、瑞典、芬兰、拉脱维亚、爱沙尼亚、立陶宛、波兰和德国 8 个国家，https://ec.europa.eu/eurostat/statistics－explained/index.php? title = Glossary: Baltic_ Sea_ region。

② 爱沙尼亚财政部：《爱沙尼亚的地方政府》（Local governments in Estonia），第 3 页，https://www.fin.ee/local－governments。

沙尼亚经济社会发展迅速，特别是在数字化建设、创新能力方面成绩骄人，在波罗的海三国中经济最为发达，2006 年即踏入高收入国家门槛，2021 年人均 GDP 为 27 984 美元，被称为“波罗的海之虎”。

爱沙尼亚民族的祖先，迁徙自乌拉尔山脉地区，爱沙尼亚语属于乌拉尔语系（旧称芬兰乌戈尔语系）——作为世界最著名的语系之一，乌拉尔语系广泛分布于亚欧大陆北部，欧盟境内的匈牙利语、芬兰语、爱沙尼亚语、拉普兰语，俄罗斯欧洲境内的莫尔多瓦语、马里埃尔语、乌德穆尔特语、科米语，俄罗斯亚洲境内的曼西语、汉特语、西部萨摩语、中部萨摩语、东部萨摩语、森林萨摩语、尤卡吉尔语等语言已被西方语言学者归属于本语系，具有共同的古代来源。国内爱沙尼亚语言文化研究领域的专家高晶一教授（北京第二外国语学院东北欧系主任，兼爱沙尼亚语教研室主任）首先研究了乌拉尔语言与汉语的同源关系①，复旦大学现代人类学教育部重点实验室主任李辉教授也认为，乌拉尔民族整体与汉民族具有父系遗传同源关系②。

5—10 世纪，爱沙尼亚土地上的氏族社会逐渐解体，开始出现早期形态的国家组织。12 世纪后 700 多年间，爱沙尼亚先后被丹麦、德意志、瑞典、俄罗斯等占领和统治，漫长曲折的历史发展过程，在爱沙尼亚留下了深刻的历史烙印。1918 年 2 月 24 日爱沙尼亚独立建国。1940 年 7 月 21 日成立爱沙尼亚苏维埃社会主义共和国，8 月 6 日成为苏联加盟共和国。1991 年 8 月 20 日恢复独立。

历史不是童话。正如恩格斯所说，历史现象是“无数互相交错的力量”共同作用的产物，爱沙尼亚命运多舛的发展历史，同样是自然禀赋、民族特点、文化传统、地缘政治等多种因素和力量综合作用的结果。本节关于爱沙尼亚历史的叙述，除注明出处外，均源于爱沙尼亚研究所（Eesti Instituut）③ 编纂的“爱沙尼亚百科全书”（*Entsüklopeedia Eestist*）中的“历史卷”（*Ajalugu*）。12 世纪之前，爱沙尼亚没有专门的历史记述，除了考古发现，历史研究者依据的早期原始资料都是“异族观察者留下的”④。拉丁文的《亨利立窝尼亚编年史》（*Heinrici Chronicon Livoniae*）描述了北方十字军东征期间，在爱沙尼亚和拉脱维亚北部的传教过程，记载了这一地区 1180 年至 1227 年的历史事件，是目前关于爱沙尼亚和拉脱维亚历史的最早文字记述。

---

① 高晶一：《汉语与乌拉尔语言同源关系概论》，转引自张维嘉主编《地域文化与中国语言》，商务印书馆 2014 年版，第 36—90 页。

② 李辉：《人类起源与迁徙之谜》，上海科技教育出版社 2020 年版，第 105—108 页。

③ 爱沙尼亚研究所，是 1989 年 4 月成立的非营利机构，欧洲国家文化研究所联盟（European Union National Institutes for Culture）的团体成员，主要经费来自爱沙尼亚文化部和科教部，与爱沙尼亚外交部有长期合作关系。

④ 凯文·奥康纳：《波罗的海三国史》，王加丰等译，中国大百科全书出版社 2009 年版，第 11 页。

1.2　早期定居者（1200年之前）

1.2.1　石器时代

爱沙尼亚土地上最早的人类定居痕迹，可追溯到公元前9000年。中石器时代（前9000—前4200）早期[①]，爱沙尼亚土地上的人们以狩猎、捕鱼和采集植物果实为生，小群落分散生活，到中石器时代晚期，开始出现相对稳定的定居点。爱沙尼亚发现的五十多处中石器时代人类定居点大多靠近水边，其中，中石器时代前期主要位于河流和湖泊附近，像沃尔茨湖（Võrtsjärv）和楚德湖畔[②]，后期则主要出现在海边，像萨雷马岛（Saaremaa）和希乌马岛（Hiiumaa）等。

新石器时代（前4200—前1800），爱沙尼亚土地上的人们开始逐渐掌握谷物种植技能，但仍然继续生活在河湖附近和海边，维持生计的主要来源，仍然是狩猎和捕鱼。新石器时代后期，大约公元前2900年，当地人开始繁殖牛、山羊、绵羊和猪等牲畜并种植大麦和小麦。随着农业经济发展，定居方式也发生了改变，从河湖附近和海边向内陆和山地发展，目前已在距离海边一公里多的地方，发现这一时期的定居点。

1.2.2　青铜时代

在青铜时代早期（前1800—前1000），爱沙尼亚土地上的青铜器还甚为稀少，人们仍然主要使用石斧等石器，据推测，当地发现的最古老的青铜矛头可能来自乌拉尔南部。进入青铜时代后期（前1000—前500），在北部冲积平原和西部沿海地区，畜牧农业开始与渔猎经济共同发展，出现了轮耕技术，以家庭、亲属为主的部落（clans）定居耕种，成为主要的经济方式，人口也显著增加。随着定居点发展，这一时期，爱沙尼亚与斯堪的纳维亚的货物交易更加频繁，爱沙尼亚主要输出海豹油脂、毛皮、蜂蜜，以及与狩猎有关的产品，输入的则是金属和装饰品，随着交易的活跃，周边地区的一些词语也被引入古爱沙尼亚语。

---

① 中石器时代，是考古学家假定的一个时间区段，属于石器时代的中期，对应的地质时代处在冰后期，即第四纪大冰期最后一次冰盖和冰川开始退缩的一段时期。这一时期，人类生活以采集植物果实和渔猎为主，使用打制石器或琢制石器，磨制石器尚未出现。

② 楚德湖（Peipsi Lämmi - ja Pihkva järve，俄语 Псковско - Чудскоеозеро），位于爱沙尼亚和俄罗斯边境的淡水湖，总面积3 555 km^2（两国基本各占一半），是欧洲第五大淡水湖，由三部分组成：Peipsi湖（2 610 km^2）、Pihkva湖（710 km^2）和Lämmi湖（235 km^2）。

1.2.3　铁器时代

公元前10世纪左右，欧洲进入铁器时代并形成了铁器文化。爱沙尼亚已知最古老的铁器，是在伊鲁（Iru）发现的公元前700年至公元前500年的铁质锥子。在铁器时代，爱沙尼亚开始出现土地私有制——最有力的证据是仍然可见的石砌围墙。在前罗马铁器时代（The Pre－Roman Iron Age，前500—50），当地最主要的农作物是大麦，最重要的家畜是牛，以男子为主的犁耕农业代替了妇女的锄耕。在之后的罗马铁器时代（The Roman Iron Age，50年—450），随着小农经济的发展，当地人口进一步增加，与南部波罗的海部落的联系也更加紧密，当时人们佩戴的装饰品，即源于波罗的海东南部的部落。这一时期，在当地遗留下丰富的历史遗存，包括生产铁器的遗迹，以及石墓和火葬遗址等。罗马铁器时代终结后，人口迁徙给南欧、中欧和西欧带来了极大变化，动荡时期的影响也波及到北欧地区，在爱沙尼亚西部和西北沿海，当地贵族与斯堪的纳维亚人重新建立了经济、文化等方面的联系。

1.2.4　维京时代

爱沙尼亚的维京时代（The Viking Age），与北欧其他地方一样，是指公元800年至1050年这一阶段，丹麦、瑞典和挪威等北欧部族驾驶长舟，频繁南下，亦商亦盗，对欧洲大陆北部、不列颠群岛乃至地中海沿岸、黑海沿岸各地频频发起冲击，对中古时代欧洲的历史进程产生了极大影响①。在公元600年至公元800年的前维京时代（The Pre－Viking Era），爱沙尼亚土地上建立了更多定居点，现今塔林、塔尔图所在地逐渐成为地区中心，建成了具有防御工事的要塞，周边则是规模渐大的村庄，除农业外，手工业和贸易也得到发展。

在维京时代，爱沙尼亚土地上的定居点和权力结构得以繁荣发展，大部分人口分散居住在独立的农庄，固定从事农耕，与斯堪的纳维亚人的往来也越发紧密。铁器时代晚期是维京时代的鼎盛时期，在萨雷马岛和爱沙尼亚东部，当地人利用从沼泽中开掘的铁矿石，发展了初具规模的冶铁行业。从11世纪开始，爱沙尼亚人的定居模式发生重大变化，之前的要塞大都被废弃，取而代之的是功能更强大的新要塞，随之建立了许多新的农庄，人口和耕地面积都不断增加，沿海居民利用小船参加波罗的海贸易，有时也参与维京海盗的劫掠。爱沙尼亚维京人，就是指当时居住在爱沙尼亚最大岛屿萨雷马岛上的居民，被称为“奥赛利人”（Oeselians）。一般认为，爱沙尼亚民族就是在12—13世纪形成的。

---

①　余雄飞：《试论维京时代斯堪的纳维亚的早期社会及其基督教化》，东北师范大学博士论文，2019年，第3页。

1.3 中世纪（1200—1558年）

公元1200年至1558年的丹麦和德意志统治时期，是爱沙尼亚的中世纪——在西欧，这一时期被称为中世纪晚期。爱沙尼亚中世纪开始的标志，是德意志骑士团入侵和随之而来的天主教冲击。从12世纪末，受罗马教廷派遣，德意志骑士团开始逐渐向波罗的海东岸和南岸地区（即现今爱沙尼亚和拉脱维亚）渗透，并于1208年占据了爱沙尼亚南部重镇奥泰佩（Otepää）。

与波罗的海周围其他地区相比，天主教传入爱沙尼亚相对较晚（此前，当地人处于原始信仰状态，崇拜的是森林、高山、田野和水的精灵），根本原因在于13世纪之前，西欧和俄罗斯之间主要的过境线路是道加瓦河①，对于当时的航行水平而言，道加瓦河比爱沙尼亚北部和西部波罗的海沿海更加适合，因此爱沙尼亚缺乏足够的经济贸易吸引力。到12世纪末，波罗的海北部航道对于东西方贸易航路的重要性日益突出，加之此时欧洲大部已分别归附于天主教和东正教，只有原始信仰的波罗的海沿岸在基督教世界之外，因此，爱沙尼亚也就自然成为争夺的目标。

自1170年，丹麦王国开始攻略现今爱沙尼亚的北部地区。1219年，丹麦国王瓦尔德马二世（Valdemar II，1202—1241年在位）率军再次在爱沙尼亚北部登陆，占据大片土地，将小镇加拉文（Qalaven，始建于1154年）改名“列维尔”（Reval），并在现今塔林老城区西南，重建了始于10至11世纪的旧城堡，称为“丹麦城堡”（Taani Linnus）——塔林现今的名称“Tallinn”（1918年改称）即源于该名。因为城堡坐落在托姆比亚山（Toompea），所以也被称为托姆比亚城堡（Toompea Loss），目前是爱沙尼亚议会所在地。

1222年，丹麦军队被当地民众击败赶走。1224年，丹麦和德意志骑士团结成联盟，再次攻入爱沙尼亚，并占领爱沙尼亚腹地的重要城镇都尔帕特（Dorpat，1918年改为现名Tartu——塔尔图）。到1227年，丹麦占领了现今爱沙尼亚的北部地区，德意志骑士团占领了现今爱沙尼亚的南部地区，称为立窝尼亚，当地居民被称为立窝尼亚人。在这一时期，德意志人②成为当地的权贵，并在接下来的700多年，对爱沙尼亚产生了巨大影响。1936年第4期《世界知识》杂志刊登了现代中国第一篇系统介绍爱沙尼亚的文章，

---

① 道加瓦河（Daugava River，拉脱维亚语Daugova），发源于俄罗斯，向西北流经白俄罗斯和拉脱维亚，从拉脱维亚首都里加汇入波罗的海，全长1 020 km，主要流域在拉脱维亚南部。

② “日耳曼”一词源于拉丁文，9世纪起常用于称呼东法兰克王国（大约包括今天的荷兰、德国西部、瑞士和奥地利）。8—9世纪后，日耳曼人称自己的语言为“德意志”（Deutsch），11世纪起，德意志成为民族的称呼。严毅：《“日耳曼”与“德意志”有何区别?》，《世界知识》1982年第19期，第30页。

标题就是《爱沙尼亚——被日耳曼地主蹂躏的国家》[①]。

“立窝尼亚”（Liivimaa，拉丁语 Livonia，德语/丹麦语 Livland），是指 12—13 世纪时，德意志骑士团占领的现今拉脱维亚和爱沙尼亚南部地区，1237 年，当地的德意志骑士团分支改为自治的立窝尼亚骑士团。1346 年，丹麦将其爱沙尼亚公国（即现今爱沙尼亚北部地区）卖给德意志骑士团，后者第二年将其交给立窝尼亚骑士团，至此，立窝尼亚骑士团的统治范围扩大到现今拉脱维亚和爱沙尼亚的全部，1435 年改建为立窝尼亚联邦，1561 年解散。近年来，也有文献使用“利沃尼亚”的译名，本书根据中国地图出版社 2002 年 4 月第 1 版《世界历史地图集》第 69 页“13—15 世纪的波兰立陶宛大公国”，以及 2022 年《中国大百科全书》第 3 版网络版“立窝尼亚战争”词条，使用“立窝尼亚”的译名。

1480 年，以莫斯科大公国为中心的俄罗斯统一国家基本形成，对其而言，立窝尼亚是通向海洋的必经之路，因此从伊凡三世（Иван III Васильевич，1462—1505 年在位）开始，多次发动争夺波罗的海出海口的大规模战争。1500 年，莫斯科大公国击败立窝尼亚骑士团并占领都尔帕特（塔尔图）。1503 年，立窝尼亚骑士团被迫与莫斯科大公国签订和约，承诺在 50 年内缴纳贡税。

1.4　瑞典统治时期（1558—1710 年）

1.4.1　立窝尼亚战争

在 16 世纪中叶之前，俄罗斯与立窝尼亚的关系相对稳定。沙皇伊凡四世（Иван IV，伊凡雷帝，1547—1584 年在位）登基后，为向西扩张，开始向立窝尼亚施加压力，声称基辅罗斯公国在 11 世纪就对这一地区进行了军事征服，因此爱沙尼亚的东南部是其“祖先的遗产”。1558 年 1 月，伊凡四世以立窝尼亚未缴纳贡税为由，攻入立窝尼亚，占领纳尔瓦等要地，发动了持续长达 25 年的立窝尼亚战争（1558—1583）。

1560 年俄军攻入立窝尼亚中部，立窝尼亚骑士团为求得庇护，被迫将列维尔（塔林）交给瑞典，导致邻国进一步介入，在扩张欲望驱使下西进的沙皇俄国，与当时的北欧强国瑞典，以及波兰 - 立陶宛联邦无可避免地迎头相撞。战争初期，瑞典占领了爱沙尼亚北部地区，从 1561 年起，立窝尼亚的大部处于波兰 - 立陶宛联邦的统治之下。1583 年，沙皇俄国由于两面作战、内部矛盾重重，被迫与波兰 - 立陶宛联邦和瑞典签订休战协定，放弃在立窝尼亚的土地，立窝尼亚被波兰 - 立陶宛联邦和瑞典瓜

① 宜闲：《爱沙尼亚——被日耳曼地主蹂躏的国家》，《世界知识》1936 年第 4 期，第 218—221 页。

分，瑞典得到原属丹麦的现今爱沙尼亚北部地区，并于1584年建立瑞典属爱沙尼亚公国（瑞典语 Hertigdömet Estland）——沙皇俄国虽未取得波罗的海出海口，但是向欧洲展示了国力。立窝尼亚被瓜分，也被视为爱沙尼亚中世纪时期的终结。

1.4.2　瑞典全面统治爱沙尼亚

立窝尼亚战争后，沙俄、瑞典、波兰－立陶宛联邦和丹麦之间战乱不断，与周边的小规模冲突交织，一直持续到了1660年左右。北方七年战争后①，北欧新兴强国瑞典从昔日的宗主国丹麦手中，夺取了西爱沙尼亚的控制权；1600年波兰和瑞典开战，现今爱沙尼亚的南部地区落入胜利者瑞典人手中。1629年，瑞典击败波兰－立陶宛联邦，后者将其立窝尼亚公国位于道加瓦河以北的大部分地区（包括现今拉脱维亚北部地区和爱沙尼亚的南部地区）割让给瑞典——至此，现今爱沙尼亚的大陆部分全部被瑞典占领。尽管不断受到波兰－立陶宛联邦和沙皇俄国的挑战，瑞典通过对爱沙尼亚乃至波罗的海东岸广大地区的控制，无可争议地成为地区大国。

瑞典全面统治爱沙尼亚后，尽管承认爱沙尼亚北部具有自治权，但只是部分恢复了立窝尼亚贵族的特权，并在爱沙尼亚建立了强大的中央集权统治，全面施行瑞典的法律。由于长年战乱，加上17世纪初欧洲疫病流行，以及东欧、北欧粮食歉收导致的大饥荒，爱沙尼亚土地上大约3/4的农场荒废，人口锐减，从立窝尼亚战争之前约25万至30万人，减少到17世纪20年代的12万至14万人。此后，爱沙尼亚的人口逐步恢复，到1695年约为40万（同期芬兰约45万人，拉脱维亚约80万人）。塔林、塔尔图、纳尔瓦、派尔努等城镇逐以发展，当时约6%的爱沙尼亚人居住在城镇。商业贸易促进了爱沙尼亚城镇的稳定发展和繁荣，塔林和纳尔瓦连接西欧和俄罗斯的过境港口地位日益凸显，成为爱沙尼亚最重要的贸易中心。塔林在17世纪拥有约1万名居民，是瑞典王国仅次于斯德哥尔摩和里加②的第三大城市。

1.4.3　“瑞典的旧日美好时光”

16世纪末和17世纪，正是欧洲建立资本主义生产关系，形成人本主义和理性主义思想的时期，见证了中世纪庄园制的瓦解和专制民族国家（绝对主义国家）的形成，以及欧洲社会的现代化萌芽。17世纪，瑞典的工业迅速发展，爱沙尼亚也建立了第一批产

---

①　北方七年战争（The Northern Seven Years' War，1563—1570年），也称为“第一次北方战争”“斯堪的纳维亚七年战争”，丹麦为争夺波罗的海霸权同瑞典进行的战争。瑞典向丹麦付出巨额赔偿赎回埃尔夫斯堡，向北海扩张和争夺波罗的海霸权的企图受到遏制。战争虽以丹麦取得优势而结束，但已无力恢复在波罗的海的霸权。

②　里加（Riga），现为拉脱维亚共和国首都，位于道加瓦河汇入波罗的海的入海口。

业，如砖窑、石灰窑、木材厂等。1632 年，瑞典国王古斯塔夫二世（Gustav II Adolf，1611—1632 年在位）创建塔尔图大学。作为北欧乃至全欧洲最古老的大学之一，塔尔图大学在此后爱沙尼亚的民族觉醒中发挥了重要作用。1884 年 6 月 4 日，塔尔图大学学生联合会首次采用的蓝黑白三色旗，1918 年 11 月 21 日成为独立后的爱沙尼亚共和国国旗，1991 年恢复独立后，被确认为爱沙尼亚共和国国旗。旗面的长宽比是 11∶7，由 3 个平行相等的横长方形组成，由上至下依次是蓝、黑、白三色——蓝色代表蓝天、大海和湖泊，象征着忠诚；黑色代表着肥沃的土地和莽莽林海；白色代表漫长冬季的皑皑白雪，象征着纯洁、美德和为独立自由进行的长期斗争①。

瑞典统治时期，为传播官方宗教新教路德宗，鼓励出版爱沙尼亚文的宗教书籍，客观上促进了爱沙尼亚语言的发展，并从 1630 年开始建立乡村学校，提高农民的文化素养。1680 年，迫于三十年战争②后经济疲软、收入减少、国库空虚的状况，瑞典国王卡尔十一世（Karl XI，1672—1697 年在位）开始在海外省丈量土地、估计肥力，并逐步废除农奴制，爱沙尼亚农民的生存条件有所好转。所以，卡尔十一世在历史上被爱沙尼亚人称为“农民之王”（Talurahvakuningas）。

瑞典统治时期对于爱沙尼亚和瑞典，都具有特殊意义。就瑞典而言，1561 年对爱沙尼亚北部的征服，确立了其在北欧的霸权地位，而 1721 年在北方战争③中战败并丧失对爱沙尼亚的控制权，则标志着瑞典失去了军事强国地位。就爱沙尼亚而言，这一时期虽然没有民族独立，但实现了在瑞典治下的统一发展。因此，在爱沙尼亚人口口相传的历史中，将这一时期称为“瑞典的旧日美好时光”（Vana Hea Rootsi Aeg）——这种“美好”，一方面是对卡尔十一世相对温和统治的“认可”，另一方面也是与之前德意志人的压制、之后沙皇俄国的残暴统治对比的结果。

1.5 沙皇俄国统治时期（1710—1917 年）

1.5.1 北方战争

1710 年是北方战争的转折点，沙皇俄国取得优势并占据波罗的海沿岸的多个要地。

---

① 爱沙尼亚国家门户网站：《国家象征》（*Riiklikud sümbolid*），https：//www. eesti. ee/et/eesti - vabariik/eesti - vabariik/riiklikud - suembolid#eestiriigilipp1。

② 三十年战争（1618—1648 年），又称“宗教战争”，由神圣罗马帝国内战演变的欧洲国家大规模混战，以哈布斯堡王朝战败而告结束。这场战争推动了欧洲民族国家的形成，是欧洲近代史的开始。

③ 北方战争（The Great Northern War，1700—1721 年），沙皇俄国为夺取波罗的海出海口，对瑞典发动的战争，波及北欧、中欧和东欧地区，瑞典战败并就此衰落，俄罗斯夺取了波罗的海地区控制权，成为欧洲政治的主要力量。

到1721年俄瑞签订《尼施塔特和约》，沙皇俄国全面控制了波罗的海沿岸从里加到维堡①的广大地区。正是在1721年北方战争胜利后，俄罗斯元老院授予沙皇彼得一世“全俄罗斯皇帝”的称呼，改国号为俄罗斯帝国，沙皇俄国成为中央集权的多民族国家。彼得一世把原瑞典所属爱沙尼亚公国和希乌马岛等地划为爱沙尼亚省，把原瑞典所属立窝尼亚公国和萨雷马岛等地划为立窝尼亚省，这一状况一直保持到1917年十月革命爆发。

北方战争结束后，爱沙尼亚的人口锐减到15万至17万人，达到近千年内的历史低点，直到1765年，才恢复到瑞典统治时期约40万人的水平。塔林1708年尚有1万名居民，1710年被占领时锐减到2 000人，到1780年人口才超过1万。北方战争结束后的150年，是爱沙尼亚社会发展相对停滞的时期，社会结构等级森严，严重制约了社会发展。以1782年为例，按照社会阶层划分，贵族占0.6%，神职人员、城镇居民和其他自由人占4.2%，其余95.2%都是农奴。

1.5.2　爱沙尼亚民族意识的觉醒

在兼并爱沙尼亚的初期，沙皇俄国并未全面加紧在政治、社会、民俗以及宗教等领域的扩张，爱沙尼亚保持了相对的独立性，统治阶层仍以德意志贵族为主。1832年沙俄政府制定《社会构成法》，规定俄罗斯族是统治民族，第二大民族乌克兰族为“小俄罗斯人”，其余为“异族人”，俄罗斯族在政治上处于绝对优势地位，享有政治、经济、文化、教育和社会等方面的特权。多半是出于对当地德意志贵族统治制度的认可，也因为忌惮德意志人形成有组织的抵制，所以沙皇俄国在爱沙尼亚省和立窝尼亚省推行俄罗斯化政策时较为谨慎②。

但是，在表面的平静之下，各种政治和文化思想不断涌动，为爱沙尼亚工业社会的兴起和民族民主运动的发展奠定了基础。18世纪中叶，源自法国的启蒙运动思想开始在波罗的海地区传播，发展为反封建、反教会的社会运动，要求在波罗的海各省乃至整个沙皇俄国废除农奴制的呼声渐起。1803年，沙俄政府颁布关于自由农的法令，允许地主根据自愿和赎买的原则解放农民，允许农民拥有财产，限定了农民的税赋，禁止任意驱逐农民。1816年和1819年，爱沙尼亚省、立窝尼亚省分别废除了农奴制——比沙皇俄国其他地区的农奴解放要早近半个世纪。农民虽然取得一部分权利，但并未摆脱农奴制的桎梏，对提高生产率依然不感兴趣。

---

① 维堡（Viipuri），是波罗的海芬兰湾东北岸的重要港口，原属芬兰，第二次世界大战后划给苏联，现属俄罗斯联邦的列宁格勒州。

② 徐刚：《爱沙尼亚与俄罗斯关系变迁：基于国家建构的初步考察》，《俄罗斯学刊》2017年第6期，第16页。

到19世纪下半叶，虽然爱沙尼亚总体上仍是落后的农业国，但工业化有了较大发展，建设了大型纺织、机械、木材、造纸等工厂，纳尔瓦的克瑞霍姆（Kreenholm）纺织厂在全俄规模最大，1870年塔林至圣彼得堡的铁路通车。1897年爱沙尼亚人口95.8万人，其中爱沙尼亚族占比略高于90%，俄罗斯族占4%，德意志人占3.5%。德意志人和俄罗斯人仍然在政治、经济、文化精英中占据主导地位，较低阶层的农民和工人主要是爱沙尼亚人。

受法国大革命和浪漫主义思想、新兴的德意志民族意识影响，爱沙尼亚的民族意识开始觉醒。爱沙尼亚民族运动的领导力量，主要是渴望改善社会地位的新兴知识分子，以及公务员、商人、工匠等社会中间阶层，他们鼓励爱沙尼亚人积极参与公共生活，并组织向沙俄政府请愿。1857年，当时的主要爱沙尼亚文报纸《派尔努邮报》开始用“爱沙尼亚人”（Eestlased）一词代替此前常用的轻蔑称呼“乡下人”（Maarahva）[①]。1860—1880年，爱沙尼亚民族运动达到高潮，在塔尔图成立了爱沙尼亚作家协会，致力于发展爱沙尼亚语言文字，组织收集整理民俗和文化资料，并出版爱沙尼亚文学作品。1869年6月30日至7月2日，在塔尔图举办了首届歌唱节（Üldlaulupidu），1 000余名歌手和乐手参加活动，12 000多观众在现场参与，强化了爱沙尼亚的民族意识。1873年和1924年之后，类似的活动开始在拉脱维亚和立陶宛举办，受到广泛欢迎。2008年，联合国教科文组织将爱沙尼亚、立陶宛、拉脱维亚三国共同申报的“波罗的海歌舞庆典”（英语 Baltic song and dance celebrations）项目列入《人类非物质文化遗产代表作名录》[②]。爱沙尼亚的歌唱节活动一般每5年举办1次，每次的表演者和观众都超过10万名，约占爱沙尼亚人口1/10，参与者身着传统民族服装共同欢唱舞蹈，场面热烈，激动人心。

1.5.3　民族矛盾不断激化

1871年德意志统一后，沙皇俄国担心波罗的海地区被引向中欧德意志文化圈（即所谓的“德国化”），开始削弱德意志贵族的权力，加紧推行俄罗斯化政策。实际上，1860年沙皇俄国的斯拉夫亲王就提出废止波罗的海各省的自治权。1881年沙皇亚历山大三世（Александр III，1881—1894年在位）登基后，提出“一个民族、一个国家、一个皇帝、

① 《派尔努邮报》（*Perno Postimees*）创刊于1757年6月5日，原名《派尔努邮报/每周新闻》（*Perno Postimees ehk Näddalaleht*），是爱沙尼亚历史最悠久的报纸之一。1863年报社迁至塔尔图，更名为《爱沙尼亚邮报》（*Eesti Postimees*），现名《邮报》（*Postimees*）。

② 联合国教科文组织（USESCO），https：//ich.unesco.org/en/RL/baltic－song－and－dance－celebrations－00087。

一个宗教、一种语言”，废除德意志贵族的特权，加紧在波罗的海地区推行俄罗斯化政策，包括禁止爱沙尼亚等民族使用本民族语言，并强迫他们改信东正教。

1880 年至 1890 年，是沙皇俄国推行俄罗斯化的高峰时期。到 19 世纪末，爱沙尼亚从小学到大学，都禁止讲授爱沙尼亚语和德语，只能使用俄语教学，许多爱沙尼亚语教师被解雇，但他们此后也成为唤起民族觉醒的关键人物。俄罗斯化对爱沙尼亚的教育水平造成沉重打击，1886 年爱沙尼亚应征入伍者的识字率达到 98%，到 1901 年已降至 80%。但是，俄罗斯化政策反而强化了爱沙尼亚人日益增长的民族意识。随着欧洲民族解放运动的演进，爱沙尼亚掀起了反对沙皇统治的斗争。在此过程中，他们同样对德意志文化加以抵制，逐步强化本民族的身份认同。

20 世纪初，沙俄跻身世界五大工业国之列，并成为世界最大农业生产国和主要食品出口国。尽管与俄罗斯的民族矛盾不断激化，爱沙尼亚仍然成为整个沙皇俄国经济、文化最先进的地区之一，为俄国提供了大量工农业产品。到第一次世界大战爆发前，爱沙尼亚的生产和消费不断增长，技术创新得到更多运用，基础设施建设快速发展，教育和文化水平稳步上升，一半以上的国民收入由工业部门创造，有俄国最大的造船厂、纺织厂，凸显了波罗的海地区在俄国经济中的重要性。

这一时期，爱沙尼亚的政治活动日益活跃，民族主义和社会主义成为主要的政治思想，总体的社会心态就是反对沙俄政府的集权统治。爱沙尼亚的社会主义者提出，通过农民起义等武装斗争推翻专制政权，建立无产阶级统治的社会主义国家，废除剥削和私有制。在 1904 年的塔林地方选举中，爱沙尼亚 – 俄罗斯联合力量首次击败德意志精英，实现了政治生活的重大突破。报纸在唤醒爱沙尼亚人民方面发挥了重要作用，各类学会、协会如雨后春笋快速发展，到 1905 年已达 500 多个。

1.5.4　民族民主革命

1905 年俄国爆发第一次资产阶级民主革命，这也成为爱沙尼亚历史的转折点。“血腥星期日”[①] 3 天后，爱沙尼亚出现大规模示威和罢工，并持续到整个春季和夏季。当年 10 月 30 日沙皇尼古拉二世（Николай Ⅱ，俄罗斯帝国末代皇帝，1894—1917 年在位）发布“十月诏书”后，爱沙尼亚出现了进步人民党等第一批政党和第一个工会，选举了塔林工人代表委员会。当时，几乎所有政治力量的诉求都是反对沙皇俄国的集权统治，要求民主和公民权利，要求民族自决和自治。1905 年 10 月，爱沙尼亚的革命运动

① 1905 年 1 月 22 日（星期日），圣彼得堡的沙俄军警向冬宫外和平示威的群众开枪，造成大量伤亡，被称为“血腥星期日”，进而引发了一系列大规模罢工和波将金号战舰起义等武装起义。

达到顶峰，2万多名产业工人和铁路工人（占当时总数的四分之三）参加了全俄大游行。10月16日，沙俄军队向塔林市中心的和平集会人群开枪，造成94人死亡、100多人受伤，爱沙尼亚人民强烈愤慨，各地出现武装起义。11月至12月，沙俄政府宣布波罗的海各省进入战争状态，调派1.9万名军人进行镇压，328名爱沙尼亚人未经审判即被杀害，另有约300人被军事法庭判处死刑，很多政治领导人被流放或逃离爱沙尼亚，左翼政党组织、工会和进步报社被封禁。

1905年革命失败后，沙皇俄国加强了对波罗的海各省的统治，将战争状态持续到1908年8月，随之又是长达3年的戒严。这期间，沙皇俄国不断强化集权统治，加紧推进俄罗斯化政策，但迫于压力，不得不于1906年批准建立爱沙尼亚语私立学校。1907年，爱沙尼亚文学社（Eesti Kirjanduse Selts）成立，1909年，在塔尔图建立了爱沙尼亚国立博物馆（Eesti Rahva Muuseum）。这一时期，大量爱沙尼亚人移居俄罗斯和美国，到1917年，约25万爱沙尼亚人（占总人口数的五分之一）移居爱沙尼亚以外，其中5万人居住在当时的俄罗斯首都圣彼得堡①。

第一次世界大战之前，沙俄政府已在爱沙尼亚建立许多军事设施，塔林成为波罗的海舰队基地，驻有3万名水兵和2万名步兵。1914年第一次世界大战爆发后，爱沙尼亚完全受制于沙俄战争机器的需求，总计约10万名爱沙尼亚人被强征入伍，其中约1万人死亡。在分属同盟国、协约国两大阵营的德国和沙俄之间，爱沙尼亚政治人物担心德国推行的德国化政策可能导致爱沙尼亚彻底消失，因此选择支持沙俄，并幻想沙皇俄国作为回报，给予爱沙尼亚更多权利特别是期待已久的自治权。但事实上，沙皇俄国并不信任波罗的海国家，怀疑他们谋划从俄罗斯分裂出去——历史再次证明，将争取民族独立寄托于在大国博弈中选边站队，只能是一厢情愿的幻想。

1.6　两次世界大战之间（1918—1939年）

1.6.1　独立战争

1917年3月8日俄国爆发二月革命②，起义士兵和工人几乎控制了整个首都彼得格勒，3月15日俄国临时政府成立，同日沙皇尼古拉二世宣布退位，罗曼诺夫王朝覆灭，

① 1712年沙皇俄国将首都从莫斯科迁至圣彼得堡。1914年一战爆发后，沙皇俄国同德国是敌对国，因为圣彼得堡的“堡”字源于德语发音，所以把城市改名为彼得格勒。1918年3月苏俄政权迁都莫斯科。1924年列宁逝世后，为纪念列宁将彼得格勒改名列宁格勒。1991年恢复旧名圣彼得堡。

② 按照当时俄国使用的儒略历，3月8日至12日是公历2月23日至27日，故称二月革命；11月7日是公历10月25日，故称十月革命。从1918年2月1日起，俄罗斯开始使用公历。

长达300多年的沙皇封建专制统治终结。此后，出现了无产阶级政权“工兵代表苏维埃”和资产阶级临时政府并立的局面，直到同年11月7日列宁领导十月革命，推翻资产阶级临时政府，建立无产阶级政权——人民委员会，改国名为“俄罗斯苏维埃联邦社会主义共和国”，简称苏俄①。“苏维埃”是俄文“совéт”的音译，原意是“代表会议”“会议”，十月革命后成为俄国无产阶级的政权组织。1917年11月至1977年，先后称为工农兵代表苏维埃、工农和红军代表苏维埃、劳动者代表苏维埃、人民代表苏维埃。

德国在一战中崩溃和沙皇俄国在十月革命后瓦解，使爱沙尼亚在两次世界大战的夹缝中迎来了独立建国的机会。受俄国革命鼓舞，爱沙尼亚也成立了人民军事委员会，宣布一切权力归苏维埃。到1918年3月，爱沙尼亚五分之四的乡都建立了苏维埃政权。

1918年2月18日德军入侵爱沙尼亚，次日，代表资产阶级利益的三人救国委员会（Eestimaa Päästekomitee）成立，行使国家最高权力机构职能，康斯坦丁·佩茨任主席。2月24日，救国委员会发布《致全体爱沙尼亚人民宣言》，宣布民族独立，建立爱沙尼亚共和国（Eesti Vabariig）临时政府——这一天作为“独立日”（Iseseisvuspäev），成为现今爱沙尼亚的重要节日。3月3日，苏俄与德国签订《布列斯特和约》，退出一战，同月德国占领爱沙尼亚全境，刚刚成立的爱沙尼亚共和国政府转入地下活动。11月，德国在一战中战败投降，撤出爱沙尼亚，苏俄宣布废除《布列斯特和约》，于28日派出红军进攻爱沙尼亚东部边境重镇纳尔瓦——爱沙尼亚称之为“爱沙尼亚独立战争”（Eesti Vabadussõda），29日，爱沙尼亚苏维埃共和国成立。苏俄政府于12月23日予以承认。

康斯坦丁·佩茨（Konstantin Päts，1874—1956），是20世纪上半叶爱沙尼亚重要的政治家，爱沙尼亚共和国创始人之一。佩茨1898年毕业于塔尔图大学法律系，参加了1905年革命，后流亡瑞典和芬兰，1910年至1911年被监禁。1917年俄国二月革命后，佩茨成为爱沙尼亚主要政治人物，1918年任爱沙尼亚救国委员会主席，并被任命为临时政府总理，1919年任制宪会议成员。1920年至1937年，佩茨先后5次担任政府首脑。1934年发动政变，1934年至1940年间进行专制统治（1938年当选总统）。1940年苏军占领爱沙尼亚后被监禁至1954年，1956年病亡。

独立战争初期，虽有英国、芬兰军队助战，但战争形势对爱沙尼亚并不利，红军在1919年初占领了爱沙尼亚一半领土。随着英国、美国提供军事装备，以及爱沙尼亚推进国内土地改革，将土地分配给农民特别是参战农民，爱沙尼亚逐渐占据上风。1919年5

---

① 1922年12月30日，在第一次苏联苏维埃代表大会上，俄罗斯联邦、乌克兰、白俄罗斯和外高加索联邦（1922年3月由格鲁吉亚、阿塞拜疆和亚美尼亚3个共和国组成）组成苏维埃社会主义共和国联盟，简称苏联，苏联苏维埃代表大会成为国家最高权力机关。

月红军撤出爱沙尼亚，爱沙尼亚苏维埃共和国解体。12 月 5 日，苏俄和爱沙尼亚在塔尔图开始和谈，1920 年 1 月 3 日宣布停战，2 月 2 日签署《塔尔图和约》，两国互相承认，结束战争状态，苏俄交还一战期间迁至俄罗斯的爱沙尼亚财产，清偿约值 1 500 万卢布的黄金①。

1.6.2　第一次独立建国

独立战争结束后，爱沙尼亚人第一次拥有了自己的国家。1920 年 6 月 15 日，爱沙尼亚制宪会议通过第一部宪法（同年 12 月 21 日生效）。由于制宪会议中占主导的左翼力量反对将国家权力集中到一人手中，所以 1920 年宪法未设总统职位，代之以“国家元首”（riigivanem）——行使总理的职权并代表国家进行国事访问，但不具有协调政府和议会的权力。宪法将国家权力更多赋予一院制的议会（Riigikogu）——议会不但是最高立法机构，还享有行政和司法领域的最高决定权，包括任命最高法院的大法官。这种制度设计确实防止了总统集权，但由于当时政治力量分散，议会 100 个席位基本是在 6 个较大政党和 4 至 8 个较小政党之间分配，各政党只能组成联合政府执政，从而造成政府频繁更迭，影响政治稳定。制宪会议进行了激进的土地改革，全国三分之二的土地被收归国有后分配给农民，建立了数万个新农场，小农户对国家的忠诚度大大增加。

1921 年，爱沙尼亚得到了当时主要国家的承认，并加入国际联盟。资产阶级性质的爱沙尼亚政府与苏联在意识形态上尖锐对立，认为国内的共产主义运动得到苏联支持，视苏联为最大威胁，并对国内的共产主义运动进行残酷镇压，1922 年逮捕杀害了开展地下活动的爱沙尼亚共产党创始人和领导者维克多·金尼斯塞普（Viktor Kingissepp），很多共产党员被监禁。1924 年 12 月 1 日爱沙尼亚共产党领导工人武装起义试图夺取政权，但当天即告失败，100 多名起义者和支持者被判处死刑。在血腥镇压这次起义后，爱沙尼亚为强化对国内的控制，重建了 1918 年成立的准军事组织“国防联盟”②。

同一时期，爱沙尼亚与苏联的经济关系却务实发展，原因很简单：当时苏联受到西方孤立封锁，迫切需要进入世界市场的渠道，而年轻的爱沙尼亚也急需通过过境贸易获得收入。1918 年，爱沙尼亚采用了本国货币爱沙尼亚马克（1928 年由克朗取代），结束

---

① 冯云：《苏联对波罗的海三国的外交政策研究（1917—1945）》，江西师范大学硕士论文，2016 年，第 23 页。

② “国防联盟”（Kaitseliit），源于 1917 年秋出现的志愿警察组织，在德国占领期间，爱沙尼亚民族主义者于 1918 年 11 月 11 日成立准军事性质的自卫组织国防联盟。独立战争期间，所有 16—60 岁的男性均须加入国防联盟。到 20 世纪 30 年代，包括妇女、青少年等外围组织在内，国防联盟成员最多时达到 4.2 万余人，定期集中进行武器使用等军事训练。苏联时期国防联盟被取缔，1990 年重建。1999 年 2 月 8 日，议会通过《国防联盟法》（*Kaitseliidu seadus*，RT I 1999，18，300），确定国防联盟是全国性志愿军事组织，属于国防力量的组成部分。https://www.kaitseliit.ee/。

了德意志人数百年的经济霸权。20 世纪 20 年代后期，爱沙尼亚在继续发展工业和对苏贸易的同时，将经济发展重点放到农业、西方市场和国内需求。到 20 年代末，爱沙尼亚已成功融入欧洲经济，民族文化也得到较快发展，语言、历史等人文科学受到重视，从小学到大学的教育体系得以完善，塔尔图大学被确立为国立大学。

1.6.3　专制统治下的“沉默时代”

1930 年，大萧条的影响波及爱沙尼亚。由于对外出口受限、国内市场萎缩，爱沙尼亚经济受到严重冲击，工农业总产值分别下降了 20% 和 45%，失业率急剧上升，人民生活水平不断下降。严峻的经济形势引发民众不满，并归咎于政治人物、政党、议会和政府。经济危机引发的政治危机持续发酵，政客们则借机互相倾轧，1931 年至 1933 年，短短两年内爱沙尼亚内阁就 6 次更迭。在这种背景下，爱沙尼亚社会普遍期望出现一个强权人物，结束政客们喋喋不休的争执，带领国家恢复到危机前的生活水平。极右翼的“爱沙尼亚独立战争退伍军人联盟”利用这一倾向，操纵起草了新宪法草案，并于 1933 年 10 月通过全民公决（1934 年 1 月 24 日生效）。作为爱沙尼亚的第二部宪法，新宪法扩大了国家元首（每 5 年选举 1 次）的权力——包括任命政府、决定内外政策、否决议会决议、解散议会，并将议会席位从 100 席减少到 50 席，以集权专制取代了之前的议会民主制政体。随后，独立战争退伍军人联盟在爱沙尼亚的三个最大城市（塔林、塔尔图、纳尔瓦）赢得地方选举，其候选人也有可能赢得国家元首选举——从而对当政的康斯坦丁·佩茨构成直接威胁。

1934 年 3 月 12 日，在根据新宪法举行国家元首选举之前，时任国家元首的佩茨声称独立战争退伍军人联盟正在筹划政变，将其查封，宣布国家进入 6 个月的紧急状态，并推迟举行选举。政变初期，民众尚处于观望状态，但随着佩茨于 9 月 7 日宣布延长紧急状态，并再次推迟议会和国家元首选举，公众开始出现不满情绪，希望恢复政变前的正常民主生活秩序。复会的议会也认为多数民众并不支持政变。10 月 2 日，内政部部长卡勒尔·恩巴卢①宣布议会无限期休会，政党、新闻媒体和知识界被禁言，地方政府、工会、教会的权力受到限制，国家权力全部集中于佩茨。

1938 年 1 月 1 日，爱沙尼亚第三部宪法生效，内容包括将议会改为两院制，设置总统（President）职位取代国家元首，总统任期 6 年，由议会、政府和地方政府代表大会

① 卡勒尔·恩巴卢（Kaarel Eenpalu，1888—1942），爱沙尼亚政治家，参加了“一战”和爱沙尼亚独立战争，是 1919 年制宪会议成员和此后历届议会的议员。多次担任内政部部长兼副总理，创立了爱沙尼亚警察和消防队伍，1932 年曾短暂担任国家元首，1938 年至 1939 年担任总理，1939 年爱沙尼亚被迫与苏联就建立军事基地签署条约后下台。1940 年 7 月被捕，1942 年死于狱中。

提名，而非直接选举生产，佩茨成为首任总统。新宪法表面上恢复了法律程序，但却没有恢复民主政治，而是确立了专制统治的合法地位。虽然1940年6月16日苏联占领爱沙尼亚后，第三部宪法事实上丧失了效力，但在20世纪80年代末争取恢复独立时，爱沙尼亚强调直至1992年6月28日第四部宪法通过之前，第三部宪法一直合法存在。

1934年到1940年，佩茨的专制统治被称为爱沙尼亚的“沉默时代”（Vaikiv ajastu）。特别是在1938年1月1日新宪法生效后，爱沙尼亚仍然实行紧急状态和新闻审查制度，公众参与国家政治生活的权利受到严重限制。这一阶段，得益于外部经济环境的改善，加之采取了国有化、高税收、低工资、农业补贴等政策，爱沙尼亚经济复苏，摆脱了大萧条影响。

1.6.4　国家独立岌岌可危

1933年纳粹在德国上台后不断扩军备战，成为国际社会面临的最大威胁。英法两国对德实施绥靖政策，1938年德国通过《慕尼黑协议》获得捷克斯洛伐克的苏台德地区，并于1939年3月占领捷克斯洛伐克全境。随着欧洲失衡加剧和安全体系瓦解，国际形势迅速恶化，大国夹缝中的波罗的海三国日益感受到生存危机，曾计划联合芬兰和波兰，建立政治、军事和经济联盟性质的“波罗的海联盟”，但因存在分歧未达成一致，又不得不将国家安全寄托于国际联盟，但国际联盟并不真正关心波罗的海三国的安全问题（实际上也无力解决）。

无奈之下，爱沙尼亚只能宣布中立，希望通过在苏德之间保持谨慎的平衡，来维持国家独立——这种幻想，再次被大国利益交换的现实击碎——1939年8月23日苏德签订《苏德互不侵犯条约》及秘密附加议定书，划定了双方在东欧的势力范围：“一旦波罗的海国家（芬兰、爱沙尼亚、拉脱维亚、立陶宛）所属的领土发生领土的或政治的变动时，立陶宛的北部边界应成为德国和苏联两国利益范围的边界。”爱沙尼亚被纳入苏联势力范围。1989年，苏联承认了秘密附加议定书的存在。

1.7　第二次世界大战期间（1939—1945年）

1.7.1　苏军占领爱沙尼亚

1939年9月1日德国发动闪电战入侵波兰，英法对德宣战，第二次世界大战全面爆发。9月17日苏军进入波兰东部，波兰在开战不到一个月即被瓜分亡国。苏联为防备和延迟德国入侵，9月28日与德国签订《苏德边界和友好条约》及三个秘密议定书，将立陶宛划入苏联势力范围，同时抓紧构筑从波罗的海到黑海的防御地带，并加大了对处于德国进攻苏联北部通道上的波罗的海三国的压力。

9月底至10月上旬，波罗的海三国分别与苏联缔结互助条约，内容都是：缔约各方一旦遭到任何欧洲强国进攻或进攻威胁时，应相互提供包括军援在内的一切援助；苏联有为上述三国提供武器及其他军用物资的义务，有在三国指定地区建立军事基地和驻扎军队的权利。苏联与爱沙尼亚条约的第三条规定“爱沙尼亚共和国保证苏联有权在爱沙尼亚的萨雷马岛和希乌马岛，以及帕尔迪斯市设立海军基地及若干机场，并以公平的价格出租给苏联”[①]。随后，约2.5万名苏联军人进入爱沙尼亚——当时，爱沙尼亚正规军只有不到1.7万人。

德国1940年4月入侵丹麦和挪威，5月进攻荷兰、比利时、卢森堡和法国。随着德军席卷西欧，苏联分别向波罗的海三国发出最后通牒，要求派遣更多苏军进驻。6月14日（当日德军进入巴黎）苏联波罗的海舰队封锁了塔林和爱沙尼亚北部海岸，6月15日苏军进入立陶宛。17日苏军占领爱沙尼亚，同日，根据爱沙尼亚第三部宪法，总理于里·乌卢欧茨（Jüri Uluots，1890—1945）任代理总统。

于里·乌卢欧茨在爱沙尼亚现代史上具有特殊地位，他于1939年10月12日至1940年6月16日担任总理，1940年6月17日后任代理总统，但苏联和德国均不予承认。1944年9月18日，乌卢欧茨任命奥托·蒂夫（Otto Tief，1889—1976）担任名存实亡的爱沙尼亚共和国总理。20世纪80年代末，爱沙尼亚在争取恢复独立过程中，认为“乌卢欧茨－蒂夫政府”（Uluotsa－Tiefi Valitsus）一直存在，是爱沙尼亚共和国的合法延续。

1940年7月21日，爱沙尼亚苏维埃社会主义共和国（Eesti Nõukogude Sotsialistlik Vabariik，Eesti NSV或ENSV）成立。8月6日，苏联最高苏维埃第7次会议接受爱沙尼亚作为苏联加盟共和国。8月25日，爱沙尼亚临时最高苏维埃（ENSV Ajutine Ülemnõukogu）通过第1、2、3号法令，宣布了选举产生的临时最高苏维埃主席、副主席，以及临时最高苏维埃主席团构成，任命了由17名成员组成的人民委员会（ENSV Rahvakomissaride Nõukogu），包括主席，第一、第二副主席，国家计划委员会主席，以及轻工业、金融、农业、商业、内务、司法、卫生、教育等13名人民委员。根据苏联宪法，各加盟共和国的最高苏维埃是最高权力机关，人民委员会是最高执行机关。

爱沙尼亚的政治、经济、军事、文化和社会形态全面转入苏联体制，开展了土地改革和工业国有化，到1940年秋，卢布成为唯一合法货币。1941年6月13日至14日，约

---

① 李东：《波罗的海三国：再对俄罗斯翻“老账”》，《世界知识》2005年第12期，第33页。

1 万名爱沙尼亚人被迁移至苏联的边远地区①。

1.7.2 德军占领爱沙尼亚

1941 年 6 月 22 日德国入侵苏联，苏德战争爆发。到 10 月 21 日，德军基本占领爱沙尼亚全境。德国占领爱沙尼亚后，根本无意恢复爱沙尼亚独立。由于爱沙尼亚族在纳粹的“种族表”排位靠前，加之有较强的反苏情绪，所以表面上，德国对爱沙尼亚的占领比在拉脱维亚“宽松”，但事实上，对爱沙尼亚的进步力量进行了残酷镇压，杀害了当地全部约 1 千名犹太人，以及包括共产党员在内的超过 8 千名爱沙尼亚人，并大肆掠夺农产品和油页岩，作为德国重要的战略物资补给。1940 年到 1941 年，约 5 万名爱沙尼亚人参加苏军，德国占领爱沙尼亚后，7 万余名爱沙尼亚人被征入德军（包括党卫军），此外还有约 2 400 名爱沙尼亚人加入芬兰军队——“二战”期间，超过 12 万名爱沙尼亚人直接参战，他们穿着 3 个国家军队的制服，却没有机会为祖国而战。2015 年，爱沙尼亚、芬兰、德国联合拍摄了“二战”题材的战争片《1944》，真实反映了这一历史阶段爱沙尼亚令人唏嘘的民族命运。

1943 年 2 月苏军取得斯大林格勒战役胜利，转入战略反攻阶段，从 1944 年初开始，在苏德战线十个方向进行了连续的战略进攻（史称“十次斯大林突击”或“十次打击”），解放了几乎所有沦陷国土，把战场推到了国境之外——其中第八次打击就是波罗的海沿岸战役。苏军于 9 月 14 日发起进攻，9 月 22 日攻克塔林，至 11 月 24 日解放爱沙尼亚全境，德军“北方”集团军群大部被歼。“二战”期间，爱沙尼亚共损失约 20 万人，相当于战前人口的五分之一，另有 8 万人流亡到西欧。巴洛克风格的历史名城纳尔瓦被彻底摧毁，塔林、塔尔图等城市遭受严重破坏，很多中世纪的城堡、精美的教堂毁于战火。

1.7.3 失去战后恢复独立的机会

“二战”后期，爱沙尼亚寄希望于在战后国际程序重建中恢复独立，1944 年成立的爱沙尼亚共和国全国委员会强调，基于《大西洋宪章》《联合国家宣言》关于国家主权、民族自决的基本原则②，爱沙尼亚并未因德国占领而丧失主权，要求战后恢复独立。

① 刘显忠：《二战爆发前后苏联对少数民族的迁移》，《俄罗斯中亚东欧研究》2007 年第 2 期，第 72—79 页。

② 1941 年 8 月 9 日，美国总统罗斯福与英国首相丘吉尔举行会谈，于 14 日签署《英美共同宣言》（亦称《大西洋宪章》），主要内容包括两国不追求领土或其他方面的扩张，尊重各民族自由选择政府的权利，赞同摧毁德国纳粹暴政和解除侵略国家武装等。1942 年 1 月 1 日，美、苏、英、中等 26 国代表在美国华盛顿签署《联合国家宣言》，赞同《大西洋宪章》的宗旨和原则，保证使用全部经济和军事资源对法西斯作战，保证不同敌国单独缔结停战协定或和约。宣言的签订，标志着世界反法西斯联盟形成，也为战后联合国的建立奠定了初步基础。

但是，在苏、美、英三国雅尔塔会议（1945 年 2 月）和波茨坦会议（同年 7 月至 8 月）上，斯大林说服美英同意将波罗的海国家纳入苏联势力范围。战后，美英虽在法律上不承认苏联将波罗的海三国纳入版图，但实际上又采取了默许政策，将波罗的海三国留作与苏联博弈的质押物①。这样，在付出巨大民族牺牲和惨重经济损失后，爱沙尼亚失去了战后恢复独立的机会，仍然是苏联的加盟共和国。因此，爱沙尼亚认为于其而言，直到 1991 年国家恢复独立、1994 年俄罗斯军队全部撤离，“二战”的政治结果才告终结。

1.8　苏联时期（1945—1991 年）

1.8.1　加盟共和国

第二次世界大战彻底改变了世界力量格局，苏联作为胜利者之一，对国际事务的影响力显著增加，东欧八国（波兰、罗马尼亚、捷克斯洛伐克、民主德国、匈牙利、保加利亚、南斯拉夫、阿尔巴尼亚）建立起共产党（工人党、社会党、劳动党等）执政体制，走上社会主义道路，全面推行苏联模式。在国内，苏联全面实施计划经济和赶超战略，集中资源和力量快速恢复国民经济，完成工业化和现代化，跃升为世界第二大经济体和军事强国。但从长远看，苏联高度集中的指令性经济体制、超越历史发展阶段的单一公有制形式，农轻重比例严重失衡的经济结构，一定程度阻碍了生产力发展，致使消费短缺、商品匮乏、发展低效等问题不断积累，埋下隐患②。

在苏联的联邦体制中，中央政府与加盟共和国政府的关系，很大程度表现为与各加盟共和国主体民族的关系。列宁把联邦制视为向单一制国家过渡的形式，他逝世后不久斯大林就完成了这一过渡，苏联成为名义上联邦制、实际上单一制的国家，但苏联未在宪法上及时体现国家体制的实际变化，并合理调整中央与地方的分权模式，这成为其 20 世纪 80 年代中后期民族问题集中爆发的重要原因之一。爱沙尼亚作为苏联 15 个加盟共和国之一，虽然具有国家的某些特征——领土、立法和行政机构，还有自己的国旗、国徽、首都——但并不是主权国家，有关爱沙尼亚经济社会生活重大决定均由苏共中央作出，特别是经济发展被纳入统一计划和集中领导之下，“分工”“协作”放在首位，导致经济结构不合理、轻重工业比例失调等问题。

① 唐兵：《二战中美国对苏联兼并波罗的海三国的不承认政策及其演进》，《知识文库》2018 年第 5 期，第 201—202 页。

② 李永忠、董瑛：《苏共亡党之谜》，商务印书馆 2012 年版，第 31—39 页。

1.8.2　不平衡的经济社会发展

早在1944年，苏联在制定战后经济重建方针时，就将重点放在重工业特别是军事工业，忽视轻工业发展，并通过保持较低工资和生活水平，为工业和国防建设提供资金。战后经济恢复建设期间，苏联在爱沙尼亚的投资大约40%用于油页岩行业[①]，20%用于军工行业，其他行业占比不到40%。爱沙尼亚提供了全苏75%的油页岩，建立了世界首创的油页岩煤气工业，为波罗的海国家提供了60%以上的电能，化工、造纸、纺织、机械制造、建材等行业均位居全苏前列。苏联官方统计，1940年至1955年爱沙尼亚的工业产值增长了6.7倍[②]。

随着冷战序幕拉开，苏联对外与西方国家全面对抗，对内则不断推进俄罗斯化。1949年3月25日至29日，苏联在波罗的海地区再次进行大规模人口迁移，8.7万人被迁移到西伯利亚等偏远地区（指标分配是拉脱维亚3.9万人、立陶宛2.55万人、爱沙尼亚2.25万人，爱沙尼亚实际迁移7 552个家庭、2.07万人）。1941年6月和1949年3月的两次大规模人口迁移，严重伤害了波罗的海三国的民族感情，加深了民族积怨，埋下了民族分离的种子。同期，由于战后建设急需人力，大量俄罗斯、乌克兰人迁入爱沙尼亚，高峰时每年约2万人，占爱沙尼亚人口总数的2%。此后，爱沙尼亚每年的人口迁入率在0.2%—1%。持续移民，在客观上缓解了战后劳动力不足，但推行俄罗斯化的政治动机也很明显。到1970年，爱沙尼亚族只占当地人口总数的68%。到20世纪80年代后期，26%的爱沙尼亚居民是后迁入的（其中三分之二是俄罗斯族），爱沙尼亚族占人口的比例已低于2/3，而1945年时这一数字高达95%。

1957年，苏联在赫鲁晓夫倡议下建立国家经济委员会（俄语 Совет Народного Хозяйства），减少中央政府各部的决策权，赋予地方领导人更大的经济管理自主权。当时全苏共分为105个区域委员会——包括爱沙尼亚经济委员会——这一措施对爱沙尼亚发展起到积极作用，爱沙尼亚的经济总量到1965年已翻了一番。但是，随着1964年赫鲁晓夫黯然下台，1965年国家经济委员会被废除，旧的计划体系恢复，爱沙尼亚有限的经济独立性被取消。

到20世纪80年代，爱沙尼亚的人均GDP处于各加盟共和国之首，约为全苏平均水

---

① 油页岩（oilshale）又称油母页岩，是在内陆湖海或滨海潟湖深水还原条件下，由低等植物和矿物质形成的低热值固体化石燃料。油页岩用途广泛，可以直接作为燃料，加热干馏后生成页岩油、干馏气和页岩半焦，页岩油可作为燃料油，或进一步加工制取汽油、柴油和化学品。全球油页岩的储量折算成发热量仅次于煤炭，是石油可采储量的5.4倍，具有巨大开发利用潜力和价值。爱沙尼亚的油页岩储量丰富，加工处理技术先进。

② 根据爱沙尼亚在1991年恢复独立后开展的相关研究，在评估二战之前的工业生产能力时，由于使用的汇率大大低于实际水平，导致上述增长数据严重失真。

平的1.4倍，每万人拥有轿车1 145辆（全苏平均500辆）。虽然被苏联视为“社会主义的橱窗”，但波罗的海国家人民对自己的经济状况和生活水平并不满意，认为在“拉平”方针指导下，向其他加盟共和国输出的产品过多，自己却面临日用品匮乏。不过，爱沙尼亚恢复独立后，也有专家指出，波罗的海三国在发展过程中同样也获得了来自全苏联的支持，这种支持往往也超出其他加盟共和国的能力[①]。

20世纪90年代恢复独立前后，爱沙尼亚反思了“苏联化”（sovetiseerimine）与现代化（moderniseerumine）的关系，认为“苏联化”是“根据苏联模式对国家、社会、经济、文化和日常生活模式的重组”。一方面，毋庸置疑，“二战”后爱沙尼亚等加盟共和国在苏共领导下，在推进工业化进程和科教文化、医疗卫生、男女平等事业等方面，取得了显著进步——说明苏联化确实促进了现代化；但另一方面，“苏联化”也存在以下问题：高度集中的计划经济管理体制，重视重工业忽视轻工业，科技能力雄厚却没有转化为现实生产力，对人民福祉关心不够，牺牲少数民族利益等——从长远看，这些问题影响了发展的质量。

1.9　恢复独立（1991年至今）

1.9.1　“新思维”掀开苏联末代篇章

20世纪80年代中期，苏联长期积累的经济、社会、政治、外交等各类问题矛盾叠加发酵，危机四伏。在国家内部，由于生产低效、国防投入占用过多资源，以及石油天然气价格暴跌导致能源出口遭受严重损失（1985年至1988年，收入减少592亿美元），造成食品和基本生活必需品日益缺乏，经济处于危机状况，民众强烈不满。在国际社会，苏联1979年入侵阿富汗后深陷泥潭，遭到全世界反对，处于空前孤立状态。

1982年至1985年，苏联连续三任最高领导人老死任上，“老人政治”成为现实危机。在“别无其他选择”的情况下，1985年3月11日，苏共中央挑选“精力充沛，学识渊博，而且年龄最合适”的戈尔巴乔夫（当时54岁）担任总书记[②]。1986年1月15日，戈尔巴乔夫首次提出“新政治思维”——这一“新思维”逐步发展为所谓的“全人类的价值高于一切”的世界观和价值观，以及“人道的民主的社会主义”的纲领，冠以“民主化”“公开性”“多元论”标签的全面改革——历史已经证明，戈尔巴乔夫在

① 康晏如：《原苏联部分加盟共和国社会经济发展变迁史》，中国社会科学院研究生院博士学位论文，2013年，第114—119页。

② 李永忠、董瑛：《苏共亡党之谜》，商务印书馆2012年版，第334页。

“革新社会主义”口号下提出的“改革与新思维”并不新，本质上沿袭了社会民主主义的旧思维，他提倡不分阶级的“民主化”、无限度的“公开性”和抽象的“人道主义”，造成了严重的思想分歧与社会混乱，给苏联和东欧的社会主义事业带来极大危害，助长了激进民族主义，掀开了苏联的末代篇章，最终导致东欧剧变、苏共解散、苏联解体，成为“20 世纪最大的地缘政治灾难”①。

1.9.2 爱沙尼亚独立运动的导火索

戈尔巴乔夫上台之际，很多苏联人认为“新思维”“公开性”不过是之前空洞口号的翻版。1986 年春，一场震惊全球的突发灾难，让“公开性”成为苏联面对的重大挑战——1986 年 4 月 26 日，切尔诺贝利核电站因误操作导致反应堆熔化燃烧，引起爆炸，造成严重的核污染事故②。在封堵反应堆缺口、疏散禁区居民、清理放射性污染过程中，动用了几十万苏军和消防、民防人员。事故发生后，苏联政府企图封锁消息、隐瞒真相，与“公开性”的口号大相径庭，引起苏联民众和国际社会强烈愤慨，成为国内外各种势力攻击苏联党和国家的重要凭借，客观上加速了苏联解体进程。

切尔诺贝利核电站事故引发广泛关注之际，在爱沙尼亚，环境问题成为引发独立运动的导火索，紧随其后的关注点就是清算历史、经济独立。1987 年春，苏联拟在爱沙尼亚北部建立大型磷矿的计划曝光，引起爱沙尼亚人强烈不满，塔尔图的学生组织两次示威抵制项目建设，1987 年下半年苏联被迫取消该项目，这一事件被称为“磷矿抗争”(Fosforiidisõda)③。此后，环境问题迅即延伸到政治领域，爱沙尼亚社会长期压抑的不满开始爆发。1987 年 8 月 23 日是《苏德互不侵犯条约》签订纪念日，爱沙尼亚公众举行集会，要求公开条约的秘密附加议定书；9 月，经济自治成为公众讨论的热点；12 月 12 日，“爱沙尼亚遗产保护委员会”（Eesti Muinsuskaitse Selts）成立，致力于恢复爱沙尼亚历史文化，为两次世界大战之间建立的爱沙尼亚共和国寻找历史延续性的法理依据。

---

① 黄家周：《再论戈尔巴乔夫“新思维”的危害及其镜鉴》，《中共贵州省委党校学报》2013 年第 4 期，第 27—30 页。

② 切尔诺贝利核电站位于乌克兰首府基辅市北偏西 110 km，紧邻白俄罗斯，1973 年开始建设，共有 4 台机组，均为 1 000 MW 的石墨慢化压力管式沸水堆，其中 1、2 号机组 1977 年投产，3、4 号机组 1983 年投产，是当时苏联装机容量最大的核电站。1986 年 4 月 26 日凌晨，4 号机组停机检查期间，因工作人员违反操作规程，导致反应堆能量增加，反应堆熔化燃烧引起爆炸，放射性物质大量泄出，造成七级核事故（国际原子能机构把核事故按危害从低到高分为七级，2011 年 3 月 11 日的日本福岛核电站事故也是七级核事故）。

③ 苏联从 20 世纪 70 年代开始规划在爱沙尼亚的维鲁县建立大型磷矿，80 年代中期确定建设方案，预计 1990 年下半年开工。拟建的大型磷矿拥有 1 万名员工，将对地下水造成严重污染，而且需要引入约 3 万主要来自俄语区的工程建设人员。1987 年初之前，该项目一直对爱沙尼亚人保密。

1.9.3　恢复独立运动的“突破年”

到1988年，“改革与新思维”给苏联带来的破坏性影响全面显现，“民主化、公开性、自由化”导致社会舆论失控，意识形态混乱，正如美国评论家米克尔·达维多的描述：“由于片面地、完全否定地把党和国家的百年历史说成极权政治，从而为反共提供了和继续提供着肥沃的土壤，……目前许多主要苏联报纸和杂志上的反共内容比美国报刊多，……这种反共要巧妙得多，因为它建立在对党和苏维埃历史‘内部’了解的基础上。从这一点看，苏联目前是反社会主义、反苏、反共宣传的最‘权威’的发源地。”① 在这种背景下，大批长期过着隐秘“二元生活”的苏联高级干部——表面上对来自莫斯科的指示“唯命是从”，暗地里竭力维护本民族的特性，自诩“社会主义是形式、民族主义是实质”，也在一夜之间成为民族独立运动的领导人和“英雄”②。“到1988年年底，在苏联实际上每个人都清楚：国家进行的不是改革。苏联开始的是消灭科技实力、生产潜力、农工综合体、智力储备和道德准则的毁灭工作。”③

在上述背景下，1988年成为爱沙尼亚恢复独立运动的“突破年”——从年初开始，爱沙尼亚的各类政治活动日趋活跃，不再避讳脱离苏联、民族独立的话题。4月初，文学艺术界的创作协会提出俄罗斯化对爱沙尼亚民族文化的威胁，第一次公开提到脱离苏联的可能性。4月中旬，爱沙尼亚人民阵线成立，要求苏联赋予爱沙尼亚政治和经济自治权，提出“将苏联从一个联邦国家变成邦联国家”。6月23日，爱沙尼亚最高苏维埃（Eesti Vabariigi Ülemnõukogu）宣布蓝黑白三色的爱沙尼亚民族旗帜合法化。8月，爱沙尼亚民族独立党（Eesti Rahvusliku Sõltumatuse Partei）成立，这是苏联时期在爱沙尼亚出现的第一个非无产阶级政党。8月11日至12日，爱沙尼亚报纸公开了《苏德互不侵犯条约》的秘密附加议定书。随后，在公众压力下，爱沙尼亚共产党（Eesti Kommunistlik Partei，EKP）第一书记卡尔·维诺（Karl Vaino，1922—2022）被解职，“改革派”维诺·瓦尔加斯（Vaino Väljas，1931—　）成为爱沙尼亚共产党的最后一任第一书记。

1988年11月，苏联就宪法和选举法修改草案进行了一个月的全民讨论，争论的焦点之一，在于是否保留宪法第72条关于各加盟共和国可以自由退出苏联的规定——背景是随着部分加盟共和国独立倾向日益明显，苏联宪法（1977年）关于加盟共和国享有

---

① 周新城、张旭编著：《苏联演变的原因与教训——一颗灿烂红星的陨落》，社会科学文献出版社2008年版，第160—161页。

② 石雅慧：《波罗的海的革命：爱沙尼亚、拉脱维亚和立陶宛及其独立之路》，《国际展望》1993年第23期，第27—28页。

③ ［俄］瓦·伊·茹科夫：《戈尔巴乔夫的改革与苏联解体》，粟瑞雪译，《世界社会主义研究》2018年第11期，第76—77页。

主权、有自由退出权等规定的法理缺陷显现——这种“双重主权原则”原本只是1924年宪法的宣示性条文，由于没有随着国家体制的实际变化及时调整，到80年代中后期，成为加盟共和国索取主权、脱离联盟的法律依据[①]。为堵上这一“漏洞”，宪法修改草案规定，只有苏联人民代表大会才有权就苏联组成问题做出决定——这遭到了波罗的海三国和格鲁吉亚的强烈反对。11月16日，爱沙尼亚最高苏维埃通过《主权宣言》(*Suveräänsusdeklaratsioon*)，拒绝苏联宪法修订草案，并投票修改爱沙尼亚宪法，规定“在一定情况下，爱沙尼亚共和国最高权力机构可以暂停实施苏联法律和其他文件，或者确立其实施限度”——即爱沙尼亚法律优先于苏联法律。11月26日，苏联最高苏维埃否决爱沙尼亚宪法修正案，并于12月1日通过苏联宪法修改草案，爱沙尼亚对此极为不满，与苏联中央政府的对抗公开化。但苏联修宪的法律手段，以及后续对立陶宛等的经济制裁，已不可能停止波罗的海国家恢复独立的进程。

1.9.4　恢复独立（1991年）

1989年1月18日，爱沙尼亚最高苏维埃通过《爱沙尼亚苏维埃社会主义共和国语言法》，宣布爱沙尼亚语是唯一官方语言。7月27日，苏联最高苏维埃同意赋予波罗的海三国地区经济核算权，实行经济自治，但这已不足以消除爱沙尼亚要求独立的决心。8月23日，《苏德互不侵犯条约》签订50周年之际，立陶宛“争取改革运动”（立陶宛语 Sajūdis）组织了“波罗的海之路”抗议活动，约200万示威者（占三国人口总数的五分之一）手拉手组成数百公里长的人链，将三国首都维尔纽斯、里加和塔林连接在一起。8月26日苏共中央发表声明，严厉谴责波罗的海三国的违宪行为。11月9日柏林墙倒塌，成为苏联解体的加速器。

1990年2月23日爱沙尼亚最高苏维埃宣布，1940年8月6日爱沙尼亚加入苏联并不是爱沙尼亚人民意志的真实表达，是无效的，并希望在1920年2月2日签署的《塔尔图和约》基础上，尊重法律的连续性，与苏联人民代表大会正式谈判解决恢复爱沙尼亚共和国（同日，立陶宛宣布脱离苏联）。人民阵线在爱沙尼亚最高苏维埃选举中获胜后，3月29日，爱沙尼亚最高苏维埃做出《关于爱沙尼亚国家地位的决定》(*Eesti Riiklikust Staatusest*)[②]，宣布自1940年6月17日以来苏联的占领为“非法”，并宣布进入恢复1918年爱沙尼亚共和国的**过渡期**，成立临时政府，待新的国家权力机构成立后结束过渡期。5月8日，爱沙尼亚苏维埃社会主义共和国最高苏维埃通过法令，决定去掉国名中

---

① 张祥云：《关于苏联联邦制的几点思考》，《世界民族》2004年第4期，第20—28页。

② 1990年4月16日，第12期（总第932期）《爱沙尼亚苏维埃社会主义共和国最高苏维埃和政府公报》，总第269页，https://www.digar.ee/arhiiv/et/download/253634。

的“苏维埃社会主义”字样，恢复国名“爱沙尼亚共和国”（Eesti Vabariik），以蓝黑白三色旗为国旗，重新采用1938年宪法的部分条文。随后，镰刀锤子的红旗从爱沙尼亚议会大厦降下，蓝黑白三色国旗升起。5月14日戈尔巴乔夫发布命令，宣布波罗的海三国的独立决定无效。在苏联存亡之际，作为最大加盟共和国的俄罗斯推波助澜，6月12日，叶利钦鼓动俄罗斯人民代表大会通过主权声明，宣布俄罗斯是主权国家。8月7日，爱沙尼亚最高苏维埃通过《关于爱沙尼亚共和国同苏联关系的决定》，再次宣布苏联宪法和法律无效。

1991年1月，在立陶宛首都维尔纽斯和拉脱维亚首都里加，先后发生暴力冲突，爱沙尼亚也形势紧张。关键时刻，俄罗斯最高苏维埃主席叶利钦于13日抵达塔林（同日，立陶宛宣布“同苏联进入战争状态”），与波罗的海国家领导人签署联合声明，承认彼此主权。3月17日，苏联就是否保留革新后的联盟进行全民公投，俄罗斯等9个共和国参加投票，波罗的海三国和格鲁吉亚、亚美尼亚、摩尔多瓦未参加，实际上意味着已经从苏联分离。作为对全苏公民投票的抵制，爱沙尼亚于3月3日就“**是否希望恢复爱沙尼亚共和国的国家独立和主权**”这个问题进行全民公投。3月11日，爱沙尼亚最高苏维埃发布《确认1991年3月3日恢复爱沙尼亚共和国独立公投结果的决定》①，宣布在3月3日的公投中，1 144 309名登记选民中的948 130人（占82.86%）参与投票，其中737 964人赞同、203 199人反对，另有6 967张选票无效——77.83%的投票赞成恢复独立、脱离苏联。同日，爱沙尼亚最高苏维埃发布《致苏联总统戈尔巴乔夫的公开信》《关于苏联3月17日全民公投在爱沙尼亚境内事宜的决定》《爱沙尼亚共和国最高苏维埃的声明》，决定爱沙尼亚不参加3月17日举行的苏联全民公投，不参加新的联盟条约，呼吁苏联接受爱沙尼亚全民公投的结果，承认爱沙尼亚的民族独立，并尽快就爱沙尼亚脱离苏联的有关事宜进行谈判。

7月12日，苏联最高苏维埃通过《关于主权国家联盟条约草案》，根据新的条约文本，苏维埃社会主义共和国联盟将改名为“苏维埃主权共和国联盟”，简称仍为苏联；“苏维埃主权共和国联盟为平等共和国联合组成的联邦制主权民主国家”；“缔约的每个共和国均为主权国家”。原定8月20日签署新的联盟条约，但8月19日以苏联副总统亚纳耶夫为首的“国家紧急状态委员会”发动政变（“8·19”事件），意图挽救苏共、捍卫苏联，但3天后即告失败，导致戈尔巴乔夫丧失权力，共产党失去执政地位，激进政治力量得以发展，叶利钦走上权力中心。

---

① 《确认1991年3月3日恢复爱沙尼亚共和国独立公投结果的决定》（RT 1991，8，127），https：//www.riigiteataja.ee/akt/13069820。

“8·19”事件当晚，爱沙尼亚各派政治力量宣布就独立达成共识。20日，爱沙尼亚最高苏维埃批准《爱沙尼亚民族独立宣言》（*Eesti riiklikust iseseisvusest*）[①]，鉴于苏联发生政变，无法通过谈判解决爱沙尼亚的民族独立，决定根据3月3日全民公投的结果，宣布爱沙尼亚独立，组成制宪会议，准备议会选举。爱沙尼亚认为独立后的国家是1918年共和国的延续——此后，8月20日被确定为爱沙尼亚的“恢复独立日”（Taasiseseisvumispäev）。9月17日，爱沙尼亚成为联合国会员国。

1991年12月8日，俄罗斯、乌克兰、白俄罗斯领导人发表声明，签署建立独立国家联合体协议，宣布苏联作为国际法主体和地缘政治实体停止存在。12月21日，苏联的11个加盟共和国（不含波罗的海三国和格鲁吉亚）在阿拉木图签署协定，宣布建立独立国家联合体（俄语 Содружество Независимых Государств，简称“独联体”），并通知戈尔巴乔夫取消苏联总统这一职位。12月25日，戈尔巴乔夫宣布辞去苏联总统的职务，苏联在世界版图上消失。

1992年6月28日，爱沙尼亚全民公决通过《爱沙尼亚共和国宪法》（*Eesti Vabariigi Põhiseadus*）——作为爱沙尼亚的第四部宪法，此后分别于2003年、2007年、2011年和2015年局部修订[②]。为强调国家的历史延续性和合法性，1992年宪法吸收了1920年和1938年宪法的许多内容，在序言部分强调“以坚定的信念和意志，巩固和发展1918年2月24日宣布成立的国家”。1992年宪法规定，爱沙尼亚是独立、主权和民主的国家，最高权力属于全体公民，国家采用议会制共和国政体，单一制议会设101个席位，每4年选举1次；总统是国家元首，由议会选举产生，任期5年；总理是政府首脑，由总统提名并获得议会批准。9月20日，选举生产议会。10月7日，议会通过《关于恢复国家宪法权力的宣言》（*Riigikogu Deklaratsioon Põhiseadusliku Riigivõimu Taastamisest*）[③]，宣布结束1990年3月开始的过渡期，恢复宪法确立的国家权力。

1.9.5 全方位“脱俄入欧”

恢复独立后，爱沙尼亚把自己定位为北部欧洲国家，在政治、军事、经济、文化、社会生活等各个领域全方位“脱俄入欧”，力图去除俄罗斯的影响并重申和标定自己的西方身份。在政治和军事方面，爱沙尼亚为获得集体安全保障，把加入北约作为国防乃至国家安全的优先政策方向，这与北约的东扩战略完全契合——东欧剧变后，虽然华约组织1991年4月1日解散，但没有了“对手”的北约仍然不遗余力向东扩张，全面挤

---

① 《爱沙尼亚民族独立宣言》（RT 1991，25，312），https：//www. riigiteataja. ee/akt/13071519。

② 《爱沙尼亚共和国宪法》（RT 1992，26，349），现行版本 https：//www. riigiteataja. ee/akt/115052015002。

③ 《关于恢复国家宪法权力的宣言》（RT 1992，40，533），https：//www. riigiteataja. ee/akt/13031303。

压俄罗斯的战略空间。1991 年 11 月北约确定了向苏联和东欧国家敞开大门的“扩展战略”。1996 年 5 月，爱沙尼亚正式提出加入北约的申请，并增加国防拨款，加强国防军建设，为加入北约创造条件。2004 年加入欧盟和北约，是爱沙尼亚全面融入欧洲的里程碑。2007 年 12 月 21 日，爱沙尼亚加入申根区。

欧洲联盟（The European Union，EU）简称“欧盟”，是欧洲国家的经济和政治联盟。1993 年 11 月 1 日根据《欧洲联盟条约》（《马斯特里赫特条约》）成立，当时有 12 个成员国：比利时、丹麦、德国、爱尔兰、希腊、西班牙、法国、意大利、卢森堡、荷兰、葡萄牙和英国。1995 年 1 月奥地利、芬兰和瑞典加入欧盟，2004 年 5 月塞浦路斯、捷克、爱沙尼亚、匈牙利、拉脱维亚、立陶宛、马耳他、波兰、斯洛文尼亚和斯洛伐克 10 个国家加入欧盟。2007 年 1 月保加利亚和罗马尼亚加入欧盟，2013 年 7 月克罗地亚加入欧盟。2020 年 1 月 31 日英国脱离欧盟。目前，欧盟有 27 个成员国和 7 个候选国（土耳其、塞尔维亚、阿尔巴尼亚、北马其顿、黑山、乌克兰和摩尔多瓦）。

独立初期，爱沙尼亚国内出现了排斥俄罗斯族的现象，但随着爱沙尼亚政府调整民族政策，总体上实现了社会融合和民族包容。爱沙尼亚一直奉行自由经济政策，大力推行私有化，实行自由贸易，一般商品放开经营，无进出口关税、许可证和配额管理，对外商直接投资的开放度也很高。在经历 1991 年至 1993 年相对较为短暂的经济危机期后，到 1993 年中期，爱沙尼亚经济已进入复苏和发展阶段①。得益于国内形势基本稳定，以及适合国情的经济政策，爱沙尼亚经济发展较快，特别是紧紧抓住了 20 世纪 90 年代信息化革命和互联网经济的机遇，在数字经济和数字社会建设方面，走在全球前列。

1992 年 5 月 20 日，爱沙尼亚发行货币“爱沙尼亚克朗”（Eesti kroon，以下简称“克朗”），以国家黄金和外汇储备作为保证，与德国马克挂钩，实行 8 克朗兑换 1 德国马克的固定汇率制度（技术性波动范围不超过 3%），成为苏联加盟共和国中第一个拥有自己货币的国家②。1999 年 1 月 1 日欧元发行，被 11 个欧洲国家承认为官方货币。欧洲央行决定在 3 年过渡期内，实行 1 欧元兑换 1. 95583 德国马克的固定汇率。爱沙尼亚中央银行也同时做出决定，实行 15. 6466 克朗兑换 1 欧元的固定汇率③，以确保克朗币值稳定，也为 2004 年加入欧盟创造了条件。经过 3 年过渡期，欧元自 2002 年 1 月 1 日起

① 孙彦红：《爱沙尼亚议员谈爱沙尼亚与欧洲一体化》，《欧洲研究》2006 年第 4 期，第 154—156 页。

② 1992 年 5 月 20 日，爱沙尼亚最高委员会通过《爱沙尼亚共和国关于发行爱沙尼亚克朗的决定》（Eesti Vabariigi seadus Eesti krooni tagamise kohta，RT 1992，21，300）。https：//www. riigiteataja. ee/akt/24291。

③ 1998 年 12 月 31 日，爱沙尼亚中央银行发布第 39 号令《爱沙尼亚克朗与欧元的固定汇率》（Eesti krooni kursi fikseerimine euro suhtes，RTL 1999，6，66），自 1999 年 1 月 1 日生效。https：//www. riigiteataja. ee/akt/89608。

正式进入流通。2011 年 1 月 1 日爱沙尼亚加入欧元区，在经济上实现了全面融入欧洲。

1.9.6　打造全方位的数字社会

爱沙尼亚恢复独立后发展较为成功的一个重要原因，是抓住了 20 世纪 90 年代信息化革命和互联网经济的机遇，依靠发达的信息通信技术，用 20 年时间打造了全方位的数字社会（e－Estonia），成为全世界第一个数字国家。目前，数字社会建设已覆盖爱沙尼亚经济社会生活的方方面面，数字化服务的优势全面释放，极大提高了经济社会的运行效率、创新能力和国际竞争力。

1997 年，在托马斯·亨德里克·伊尔维斯（Toomas Hendrik Ilves，2006—2016 年担任爱沙尼亚总统）等人积极推动下，爱沙尼亚政府启动“虎跃”（Tiigrihüpe，英语 Tiger Leap）项目[①]，支持发展互联网技术和提升青少年的计算机运用能力。到 1998 年，97%的爱沙尼亚学校可以使用互联网。2000 年，爱沙尼亚成为第一个立法宣布使用互联网属于基本公民权利的国家。2003 年 8 月，即时通讯软件 Skype 在爱沙尼亚首次发布，虽然在 2011 年被微软以 85 亿美元收购后，Skype 项目的总部设于卢森堡，但目前该项目的大部分开发团队，以及近一半的员工仍位于塔林和塔尔图。

2001 年，爱沙尼亚提出建立信息技术基础设施 X－Road（X－Tee）[②] 的构想，通过互联网提供不同信息系统的数据交换服务。目前，X－Tee 已成为爱沙尼亚公共部门和私营部门各种电子服务数据库之间最重要的连接“桥梁”，所有发送的数据都经过数字签名和加密，所有导入的数据都进行身份验证和记录。2005 年，爱沙尼亚成为全球第一个实现网上投票选举的国家，公民使用数字身份证登录后，可以在地球任何一个地方在线投票——2020 年，当美国在大选期间为邮寄选票是否导致大规模欺诈而争辩时，15 年前就已全面实行网上投票的爱沙尼亚人感到难以理解。

2017 年 11 月，国际电信联盟（International Telecommunication Union，ITU）发布《信息社会评估报告（2017 年）》，对全球 175 个国家的信息和通信技术（Information and Communication Technology，ICT）发展指数进行评估，爱沙尼亚位居全球第 17 位。目前，爱沙尼亚 99% 的公共服务已经实现数字化，3 h 可以开办一家公司，不从事经营活动的普通人 5 min 就可以完成纳税申报。通过全面使用数字签名技术，每名爱沙尼亚成年人

---

① 科教部所属教育和青年委员会“爱沙尼亚教育”网站：《这一切是如何开始的？从虎跃项目到数字社会》（*How it all began? From Tiger Leap to digital society*）。https：//www. educationestonia. org/tiger－leap/。

② 2018 年之前，X－tee 的英译“X－Road”是指在爱沙尼亚国内应用的公共数据交换层，2018 年 2 月之后，英译“X－Road”特指在爱沙尼亚和芬兰两国间共享的数据交换技术，爱沙尼亚国内原有的公共数据交换技术称为 X－tee。爱沙尼亚经济事务和通信部信息系统局：《数据交换层 X－tee》。https：//www. ria. ee/en/state－information－system/x－tee. html。

一年节约相当于5个工作日的时间。据估算，通过全面深度运用数字技术带来的无纸化、高效率、便利化、透明度等，爱沙尼亚每年可以节省的开支相当于GDP的2%。

从2002年6月1日起，《爱沙尼亚政府公报》(*Riigi Teataja*) 同时以纸质和电子版方式出版，在2010年5月31日出版最后一期纸质公报之后，即全部采用电子方式出版。在爱沙尼亚政府公报网站，可以查询到1989年之后的所有法律法规文件（涉密的除外），还包括很多法律从立法动议，到拟制草案、征求意见、议会三读的完整程序，这也是本书研究得以顺利进行的基本前提。

2014年12月1日，被誉为"虎跃"项目之父的时任总统伊尔维斯向英国人爱德华·卢卡斯（Edward Lucas）颁发了首张无国界的"电子居住证"——标志着爱沙尼亚成为首个实行"电子居住证"制度的国家，任何国家的公民花费100—120欧元，即可在网上注册为爱沙尼亚的"电子公民"，使用验证身份的芯片和生成数字签名的读卡器，在全球任何地方都可以和爱沙尼亚公民一样，全面享受注册企业、签署文件、商务活动等方面的数字化服务。截至2022年7月底，已有来自170多个国家和地区的8.5万余人申请了爱沙尼亚的电子居住证，以爱沙尼亚为注册地成立了1.5万余家公司。随着电子居住证的发展，为确保应用安全，从2021年4月1日起，爱沙尼亚要求申请者提供更多数据，以便进行彻底的背景调查，以评估申请目的①。

表1-1是爱沙尼亚共和国历史上的重大事件，由笔者根据爱沙尼亚统计局《爱沙尼亚共和国100年统计专辑》等资料综合整理。

表1-1 爱沙尼亚共和国历史上的重大事件

时间	事件
1918年2月24日	救国委员会宣布建立爱沙尼亚共和国（Eesti Vabariik），2月24日被确定为"独立日"
1918年11月30日	开始使用新货币"爱沙尼亚马克"（Eesti mark）
1920年2月2日	苏联与爱沙尼亚签署《塔尔图和约》，承认爱沙尼亚的独立
1920年6月15日	议会通过第一部宪法，同年12月21日生效
1928年1月1日	开始使用新货币"爱沙尼亚克朗"（Eesti kroon）
1938年1月1日	第三部宪法生效
1939年8月23日	苏联与德国签署《苏德互不侵犯条约》，附属秘密议定书将爱沙尼亚、拉脱维亚纳入苏联势力范围（后增加立陶宛）
1940年6月17日	苏军占领爱沙尼亚

① 电子居住证申请：https：//e-resident. gov. ee/。

续　表

时间	事件
1940 年 7 月 21 日	爱沙尼亚苏维埃社会主义共和国（Eesti Nõukogude Sotsialistlik Vabariik）成立，同年 8 月 6 日成为苏联加盟共和国
1941 年 6 月 22 日	德国入侵苏联，苏德战争爆发，到 10 月 21 日德军基本占领爱沙尼亚全境
1944 年 9 月 22 日	苏军攻占塔林
1988 年 11 月 16 日	爱沙尼亚最高苏维埃通过《主权宣言》，宣布爱沙尼亚法律优先于苏联法律
1989 年 8 月 23 日	爱沙尼亚、拉脱维亚和立陶宛举行“波罗的海之路”和平示威
1990 年 3 月 29 日	爱沙尼亚最高苏维埃作出《关于爱沙尼亚国家地位的决定》，宣布苏联的占领为非法，并宣布进入恢复 1918 年爱沙尼亚共和国的过渡期
1990 年 5 月 8 日	恢复国名“爱沙尼亚共和国”（Eesti Vabariik）
1991 年 8 月 20 日	宣布恢复独立，8 月 20 日被确定为“恢复独立日”
1991 年 9 月 17 日	成为联合国会员国
1992 年 5 月 20 日	开始使用新货币克朗（Eesti kroon）
1992 年 6 月 28 日	全民公决通过《爱沙尼亚共和国宪法》，7 月 29 日生效
1992 年 10 月 7 日	1992 年 9 月 20 日选举生产议会，10 月 7 日议会通过《关于恢复国家宪法权力的宣言》，宣布结束 1990 年 3 月 29 日开始的过渡期，恢复宪法确立的国家权力
2004 年 3 月 29 日	加入北大西洋公约组织（北约 NATO）
2004 年 5 月 1 日	加入欧洲联盟（欧盟 EU）
2007 年 12 月 21 日	加入申根区（Schengen visa area）
2010 年 12 月 9 日	加入经济合作与发展组织（经合组织 OECD）
2011 年 1 月 1 日	加入欧元区，货币改用欧元

1.10　面向未来的《爱沙尼亚 2035》

2021 年是爱沙尼亚恢复独立 30 周年。为了推进国家的可持续发展，早在 2018 年 3 月，爱沙尼亚政府就正式启动了《爱沙尼亚 2035》（*Eesti* 2035）的编制——作为面向未来的国家发展战略，在《爱沙尼亚 2035》编制过程中，民众广泛参与并进行了热烈讨论（近 2 万人直接参与了各种形式的讨论并提出了意见建议，超过总人口的 1.5%），确定了在人类发展、社会发展、经济发展、人居环境、政府治理方面的 5 个主题：技能与劳动力市场（oskused ja tööturg），人类可持续发展与健康和社会保障（rahva kestlikkus, tervis ja sotsiaalkaitse），经济和气候（majandus ja kliima），空间和流动性（ruum ja liikuvus)，政府治理（riigivalitsemine）①。

2020年10月8日爱沙尼亚政府批准《爱沙尼亚2035》草案，并按程序提交议会审议。2020年12月28日议会一读审议时，时任总理于里·拉塔斯（Jüri Ratas）做了题为《以人为本的国家长期规划》（*Riigi Pikk Plaan Seab Inimese Esikohale*）的演讲，全面阐释了国家发展现状、存在问题、未来预期和发展原则②。2021年5月21日，议会批准《爱沙尼亚2035》③。

在人类发展方面，低出生率、老龄化加剧，是爱沙尼亚面临的最突出问题。恢复独立30年来，爱沙尼亚的人口减少了24万人，预计到2035年还要再减少2.4万人，届时，65岁以上人口将占总人口的25%（根据联合国标准，超过21%即进入重度老龄化社会），每名退休人员对应的劳动年龄人口将减少到2.3人（2019年为3人）；2019年，爱沙尼亚的医疗保健支出占GDP的6.7%（欧盟国家的平均水平是9.87%），预计到2035年，爱沙尼亚健康保险基金（Eesti Haigekassa）每年的赤字将高达9亿欧元——这些都意味着，爱沙尼亚需要面向未来，对工作方式、终身学习和卫生健康、社会保障进行重新思考和深刻变革。

在经济发展方面，爱沙尼亚的产品和服务均已深度融入欧盟单一市场，尽管劳动生产率在过去10年有所提高，但增长不平衡且增速低于预期，目前爱沙尼亚的劳动生产率只有欧盟平均水平的78.6%（2019年），2035年的目标是达到欧盟平均水平的110%，要实现这个目标，同样需要进行重大改变，包括继续加大研发投入（2019年，爱沙尼亚企业的研发投入占GDP的0.59%，明显低于欧盟的平均水平1.45%），尤其要继续保持在数字技术应用方面的优势，将爱沙尼亚发展为全球的数字技术中心。此外，爱沙尼亚的资源产出率（loodusvarade ressursitootlikkus，单位自然资源投入或单位污染排放的经济产出）只有0.64欧元/kg（2019年），远低于欧盟同期平均水平（2.2欧元/kg）；虽然1990年以来爱沙尼亚的温室气体排放减少54%，但仍是欧洲排放水平最高的国家之一，单位GDP的温室气体排放是欧盟平均水平2倍以上。要解决上述种种问题，需要提高经济运行效率、提高木材等资源的附加值、提高能源和资源使用率，实行绿色发展，建设气候友好型经济。

在人居环境方面，爱沙尼亚强调，要建设满足全体人民需求的安全、高质量生活环

① 爱沙尼亚政府启动《爱沙尼亚2035》战略编制，https：//valitsus.ee/uudised/valitsus－otsustas－algatada－strateegia－eesti－2035－loomise。

② 《以人为本的国家长期规划》，https：//valitsus.ee/peaminister－juri－ratase－ettekanne－strateegia－eesti－2035－esimesel－lugemisel－riigikogus。

③ 《关于批准国家长期发展战略“爱沙尼亚2035”的决定》（RT III，15.05.2021，12），https：//www.riigiteataja.ee/akt/315052021012。

境，实现技术、经济与自然环境的整体平衡。为此，要突出“以人为本”（inimkeskne）的空间设计和环境友好型（keskkonnasõbralikkuses）的材料选用，加强基础设施建设，推广清洁能源，发展氢能技术。人居环境的安全问题，是《爱沙尼亚2035》关注的重要内容之一。在2020年的民意调查中，92%的受访者认为爱沙尼亚是一个安全的国家，对爱沙尼亚救援局的信任度高达97%，居所有政府机构之首，其次是报警中心（94%）、警察和边防局（88%）。2019年，爱沙尼亚每10万人中死于事故、中毒、伤害等意外事件的有57.96人，到2035年要降低到31.7人以下①。

2021年4月29日，作为《爱沙尼亚2035》制定过程中的重要阶段性成果，爱沙尼亚政府发布《爱沙尼亚2035：共和国政府行动规划》（*Eesti 2035 Vabariigi Valitsuse tegevuskava*）②，将人类发展、社会发展、经济发展、人居环境、政府治理5大方面的发展需求（arenguvajadus，AV）分为9类：人口（AV1）、人类健康和预期寿命（AV2）、社会与机会（AV3）、学习机会（AV4）、营商环境（AV5）、生物多样性与环境（AV6）、文化空间与居住环境（AV7）、安全（AV8）、政府治理（AV9），并逐一明确了各个领域的发展目标，以及政府部门的分工（包括牵头部门和参与部门）。例如，在“空间和流动性”方面，第二项“基于社会发展、人口变化、健康、安全、生物多样性和环境保护的需求，以全面和高质量的方式，规划和改造国土空间和服务”，包括以下内容：“采取措施促进提高空间规划的安全性，防止高风险行为，防止空间割裂和确保可及性，引入创建安全空间的原则”，涉及AV1、AV2、AV3、AV6、AV7、AV8，牵头部门是财政部、经济和通信部，参与部门包括内政部、环境部、社会事务部、文化部、科教部。

表1-2、表1-3、表1-4是《爱沙尼亚2035：共和国政府行动规划》中的主要指标和分领域、分主题指标。建立这一相互关联的指标体系，目的在于监测《爱沙尼亚2035》基本原则、战略目标的实现进程，并在必要时对发展预期进行调整。在爱沙尼亚总理府网站，有这些指标的详细定义和计算衡量方法。

可持续发展目标，源于2012年在里约热内卢举行的联合国可持续发展大会。2015年9月25日，联合国可持续发展峰会在纽约召开，193个会员国通过可持续发展目标（The Sustainable Development Goals，SDGs），取代了《千年发展目标》（*Millennium Development Goals*，*MDGs*）。可持续发展目标包括有机联系的17个方面：消除贫困、消除饥饿、良好的健康与福祉、优质教育、性别平等、清洁饮水和卫生设施、经济适用的清洁能源、体面工作和经济增长、产业创新和基础设施、减少不平等、可持续的城市和社

① 《爱沙尼亚2035》，https://valitsus.ee/strateegia-eesti-2035-arengukavad-ja-planeering/strateegia/materjalid。
② 《爱沙尼亚2035：共和国政府行动规划》，https://www.valitsus.ee/media/3953/download。

区、负责任消费和生产、气候行动、水下生物、陆地生物、和平正义和强大机构、促进目标实现的伙伴关系。此后，联合国开发计划署（The United Nations Development Programme，UNDP）等机构开始测算“可持续发展目标指数”（Sustainable Developmentgoals Index），并进行全球排名①。

表 1-2 《爱沙尼亚 2035》的主要指标②

指标	基值	目标
人口出生率	1.83（2019 年）	1.86
人口总量	1 329 460（2021 年 1 月 1 日）	不再下降
哈留县和塔尔图县以外人口占全国人口的比例	42.8%（2020 年）	地区差距缩小
文化生活参与率	78.7%（2017 年）	≥80%
爱沙尼亚语作为母语和使用爱沙尼亚语的人口占全国人口的比例	67.3%（由于使用新的计算方法，2021 年基值会增加）	≥67%
认为爱沙尼亚是一个安全的国家	92%（2020 年）	≥94%
风险感知（经济合作和发展组织指标）[1]	患病或残疾 60.7%	≤60.7%
	生活开支 48.4%	≤48.4%
	失业 47.6%	≤47.6%
性别平等指数（满分 100）（欧洲性别平等研究所）[2]	60.7	70.7
温室气体净排放量（二氧化碳当量）[3]	1 400 万吨（2019 年）	800 万吨
全球可持续发展目标指数排名	10（2020 年）	≤10

表注［1］：2018 年，经济合作和发展组织（OECD）首次开展了《风险感知》（*Risks That Matter*）调查，意在了解会员国民众对经济和社会风险的判断，以及对政府应对措施的满意度。调查分春季、秋季两轮进行，共对 21 个会员国 2.2 万名 18 至 70 岁的居民进行了问卷调查，涉及 3 个方面：风险感知和社会经济挑战、社会保障和政府满意度、社会保障预期。参见《2020 年风险感知调查成果》（*Main Findings from the 2020 Risks that Matter Survey*），https://www.oecd.org/els/main-findings-from-the-2020-risks-that-matter-survey-b9e85cf5-en.htm。

表注［2］：欧洲性别平等研究所（European Institute for Gender Equality），https://eige.europa.eu/。

表注［3］：《京都议定书》规定控制的 6 种温室气体是二氧化碳、甲烷、氧化亚氮、氢氟碳化合物、全氟碳化合物、六氟化硫，计算温室气体排放量时，统一折算为二氧化碳当量。

① 联合国：《可持续发展目标指南》，https://www.un.org/sustainabledevelopment/zh/news/communications-material/。

② 《爱沙尼亚 2035：共和国政府行动规划》，第 15 页。

表 1-3　《爱沙尼亚 2035》的分领域指标①

领域	指标	基值	目标
人类发展 智慧、活跃、健康	预期健康寿命[1]	男性 54.1 岁， 女性 57.6 岁（2019 年） 各县低于全国平均水平的最大值： 男性 -12.13 岁， 女性 -10.31 岁（2019 年）	男性 63.0 岁， 女性 64.5 岁 各县低于全国平均水平的最大值： 男性 <5 岁，女性 <5 岁
	就业、参与文化生活、体育活动和志愿服务	2021 年，使用新的计算方法确定基值和目标值	
	成人（25 岁至 64 岁）参与终身学习的比例（包括非正式学习）	17.1%（2020 年） 正在开发非正式学习的评估方法	25%
社会发展 开放、关怀、合作	关怀与合作措施	2021 年，使用新的计算方法确定基值和目标值	
	社会群体融合	2021 年，使用新的计算方法确定基值和目标值	
	相对贫困率	16.7%（2018 年）	≤15.6%
经济发展 强大、创新、负责任	私营部门研发支出	占 GDP 的 0.88%（2019 年）	2%
	劳动生产率与欧盟平均水平的比例	0.786（2019 年）	1.10
	哈留县以外人口的人均 GDP 与欧盟 27 国平均水平的比例	0.535（2019 年）	0.67
	资源产出率	0.64 欧元/kg（2019 年）	0.90 欧元/kg
人居环境 尊重个人需求、安全和质量	居住环境满意度	84.54%（2020 年） 最高、最低区域差异 29%	85% ≤29%
	环境趋势指数	68.75（2020 年）	87
	每 10 万人死于事故、中毒、伤害等意外事件的人数	57.96（2019 年）	≤31.7
政府治理 创新、可靠、以人为本	全球治理指数[2]	政府效能 1.2	≥1.2
		监管质量 1.6	≥1.6
		话语权和问责 1.2	≥1.2

① 《爱沙尼亚 2035：共和国政府行动规划》，第 16 页。

续　表

领域	指标	基值	目标
政府治理 创新、可靠、以人为本	公共机构信任度（欧洲晴雨表[3]）	地方政府 56%（2019 年）	60%
		共和国政府 43%（2019 年）	50%
		议会 40%（2019 年）	50%
	全球存在指数排名（埃尔卡诺全球存在指数[4]）	89（2019 年）	≤89
	地方政府支出占政府总支出的比例	25.24%（2019 年）	>25.24%

表注［1］："预期健康寿命"（Healthy life expectancy）区别于"预期寿命"（life expectancy），是指拥有健康身体的年限。

表注［2］："全球治理指标"（Worldwide Governance Indicators），建立于 1996 年，从以下 6 个维度反映各国的治理能力：话语权和问责（Voice and Accountability）、政治稳定和消除暴力（Political Stability and Absence of Violence）、政府效能（Government Effectiveness）、监管质量（Regulatory Quality）、法治（Rule of Law）、反腐败（Control of Corruption）。https：//info. worldbank. org/governance/wgi/。

表注［3］：自 1973 年以来，欧洲一体化机构（原欧共体、现欧盟）委托成员国进行定期的民意调查，即"欧洲晴雨表"（Eurobarometer）。这些调查涵盖了广泛的议题，重点关注公民对欧盟行动的看法和期望，以及欧盟面临的主要挑战。https：//www. europarl. europa. eu/at – your – service/en/be – heard/eurobarometer。

表注［4］："埃尔卡诺全球存在指数"（Elcano Global Presence Index），由西班牙埃尔卡诺皇家国际关系和战略研究院（Real Instituto Elcano de Estudios Internacionales y Estratégicos）开发，用以衡量各国在全球化进程中的地位，主要考虑经济（占比 41%，包括能源、基础产品、制造业、服务业、投资）、军事（占比 23%，包括武装部队人数、军事装备）、软实力（占比 36%，包括发展合作、教育、科学、技术、信息、文化、体育、旅游、移民）等因素。2022 年排名前 20 名的国家：美国、中国、德国、日本、英国、法国、俄罗斯、加拿大、荷兰、意大利、印度、韩国、西班牙、瑞士、澳大利亚、比利时、新加坡、爱尔兰、土耳其、瑞典。https：//www. realinstitutoelcano. org/en/。

表 1–4　《爱沙尼亚 2035》的分主题指标①

领域	指标	基值	目标
技能与劳动力市场	接受专业教育、职业教育的成年人（25 岁至 64 岁）占总人口的比例	74.1%（2020 年）	80%
	15 岁至 74 岁人口的劳动力参与率[1]	71.6%（2020 年） 最高与最低县的差异 14.6%（2020 年）	≥72% ≤10%
	性别薪酬差异	17.1%（2019 年）	5%
	25 岁至 34 岁人群接受高等教育的比例	40.8%（2020 年）	45%

① 《爱沙尼亚 2035：共和国政府行动规划》，第 17 页。

续　表

领域	指标	基值	目标
人类可持续发展与健康和社会保障	居民收入五等分比值[2]	5（2019 年）	≤6
	身体超重人口比例	50.7%（2018 年）	≤50%
	16 岁及以上居民的高强度照料（每周 20 h 以上）负担比例	2.1%（2019 年）	1.3%
经济和气候	每 1 000 人中私营部门科研、工程技术人员的数量	1.53（2019 年）	4.53
	营商环境排名[3]	18（2020 年）	5
	材料循环利用率	15.1%（2019 年）	30%
	可再生能源在最终能源消费中的比例	31.9%（2019 年）	>55%
空间和流动性	障碍辅助指示	2021 年，使用新的计算方法确定基值和目标值	
	公众安全感满意度	94%（2019 年）	≥94%
	交通运输业温室气体排放（二氧化碳当量）	242.767 万吨（2018 年）	170 万吨
	使用公共交通、自行车或步行上下班的人口比例	38.7%（2019 年）	55%
	住宅和非居住建筑能耗	16.5 亿千瓦时（2019 年）	14.5 亿千瓦时
政府治理	公共服务满意度	2021 年，使用新的计算方法确定基值和目标值	
	地方政府满意度	2022 年，使用新的计算方法确定基值和目标值	
	25 岁至 64 岁人群中的博士	0.87%（2019 年）	1.5%

表注［1］：劳动力参与率（labor force participation rate），是实际劳动力在潜在劳动力中所在的百分比，是考察劳动力供给的主要指标。

表注［2］：居民收入五等分比值（Income quintiles），是最富有的 20% 人群和最贫穷的 20% 人群平均收入之比，欧盟统计局用于衡量欧洲国家的贫富差距。

表注［3］：营商环境（Doing Business）排名，出自世界银行 2004 年以来逐年发布的《营商环境报告》。2021 年 9 月世界银行决定停止发布《营商环境报告》，并计划推出“营商支持环境”项目（Business Enabling Environment project）。https：//www. doingbusiness. org/en/doingbusiness。

第二节　爱沙尼亚的行政区划

行政区划不仅是对地理空间的分割，更深刻地反映了国家政权的结构形式，是国家治理体系和治理结构的直接映射。13 世纪后，政教合一的“教区”是爱沙尼亚的主要行政单位，直至20 世纪初。此后，爱沙尼亚采用县（地区）、市（乡）两级地方政府体制。恢复独立后，爱沙尼亚结合国土面积小、人口少的国情特点，持续推进行政区划改革和地方政府重组，从2018 年起取消县级政府，将行政区划的层级由独立初期的两级压缩为一级（市或乡），形成了单一层级的“扁平化”地方政府体系，提高了行政管理效率。

2.1　绪论

2.1.1　行政区划概论

行政区划，作为国家对地理空间的行政划分，是设置地方政府并实施管理的前提。一般而言，行政区划包含3 个基本要素：行政区域、地方政府建制、地方政府之间的关系。行政区域，主要是静态的地域范围，在一定的地理空间承载着人口、经济社会活动和历史文化传承；地方政府建制，是行政区域内国家机构的设置情况；地方政府之间的关系，是行政区域内地方行政单位之间的组织关系，包括纵向的隶属关系和横向的平等关系①。

行政区划不仅是对地理空间的分割，更深刻反映了国家性质和国家政权的结构形式，与自然禀赋、历史文化、社会管理和经济发展等因素密切相关——正是上述多重属性，决定了行政区划不可能一成不变，必然会随着国家治理方式和治理能力发展，特别是随着管理幅度、管理层次的变化而动态调整，以适应经济社会发展的需要。科学的行政区划有利于促进经济社会发展，反之则会成为经济社会发展的掣肘。几千年来，人类社会一直在探索适合不同发展阶段的行政区划制度，古罗马时期，认为确定城镇规模的最佳标准是“人人都相互认识”，提出每个城镇的最佳人口规模是拥有5 040 名公民，再加上大量奴隶后，实际人口在3 万人左右。由于行政区划在国家治理体系中“牵一发而动全身”的基础性地位，对行政区划的调整，历来是公共管理领域最为敏感、慎重，甚

---

① 王丛虎：《地方政府》（宪法知识丛书，许崇德主编），江苏人民出版社2014 年版，第14—15 页。

至可以说相对“保守”的方面。现代国家的行政区划，作为其经济、政治、历史和文化的综合反映，往往是在宪法中予以原则规定。

2.1.2　结合国情认识行政区划

准确理解行政区划设置，是深入了解一个国家的前提，更是研究其国家治理体系的重要起点。不论国体和政体如何，行政区划都是国家治理体系和治理结构的直接映射，反映了中央政府与地方政府的关系，以及地方政府之间的关系。同时，由于历史文化、国家结构形式等不同，各国在地方政府建制以及地方政府之间的关系上，又有一定的差异。准确理解不同国家的行政区划，关键是结合其国情区别对待，切忌简单地用中国的行政区划逻辑套用国外情况。

例如，同样的“县”“市”“镇”“村”，在不同国家可能处于不同的行政区划层级，并具有不同的相互关系。《中华人民共和国宪法》第三十条规定：“中华人民共和国的行政区域划分如下：（一）全国分为省、自治区、直辖市；（二）省、自治区分为自治州、县、自治县、市；（三）县、自治县分为乡、民族乡、镇。直辖市和较大的市分为区、县。自治州分为县、自治县、市。自治区、自治州、自治县都是民族自治地方。”根据《2021 年民政事业发展统计公报》[①]，我国四级地方政府的基本情况：34 个省级行政区划（省、自治区、直辖市、特别行政区），333 个地级行政区划（地级市、地区、自治州、盟），2 843 个县级行政区划（市辖区、县级市、县、旗），38 558个乡级行政区划（镇、乡、苏木、街道）——其相互关系的最基本特点就是，下级地方政府接受上级地方政府领导——即通常所说的“省管市”“市管县”“县管乡镇”。

但有些国家并非如此。比如，美国作为联邦制国家，其行政区划在纵向分为联邦、州和地方 3 个层级，除联邦政府和 50 个州政府外，还有称谓繁杂的地方政府：属于“一般目的地方政府”（general - purpose government）的“县”（county）、“城市”（city）、“区”（borough）、“镇”（township）、“村”（village），以及属于“特殊目的地方政府”（special - purpose governmental units）的“学区”（school district）、“特区”（special district）[②] 等——不论是上千万人口的超大城市，还是几百甚至几十人的偏远乡村，其地方政府在层级上都是平等的，不存在相互隶属和管辖的关系。美国人口普查局（The Unit-

① 中华人民共和国民政部 2022 年 8 月 26 日：《2021 年民政事业发展统计公报》。https://images3.mca.gov.cn/www2017/file/202208/2021mzsyfztjgb.pdf。

② 在美国，“特区”（special district，或 special service district，special district government，limited purpose entity，special - purpose district）是由州或地方法律授权成立的地方政府，履行一种或有限几种指定的职能，如供水、排污、消防、交通、公共住房等（不包括教育，基于教育目的设置的特区专门称为“学区”，school district）。特区作为独立的政府形式，具有一定的行政和财政自主权，是美国发展最快的地方政府。

ed States Census Bureau）每 5 年对地方政府设置进行 1 次统计，2017 年全美共有 38 779 个一般目的地方政府，而各类“特区”达到 51 296 个——多达 90 075 个地方政府，虽然可以更好地反映地方特点，但碎片化治理的问题也日益凸显。

2.1.3 “从基层往上推”的独特视角

爱沙尼亚国土面积相对较小、人口相对较少，属于单一制国家，对其行政区划的理解，既不能简单照搬中国这样国土辽阔、人口众多的单一制国家情况，更不能套用联邦制国家的情况。这方面，高晶一教授结合多年对外交流的实践，提出了切实可行的认知方法：“从基层往上推”——世界各国最基层的社会管理组织都是村庄（当然村庄一般不会设立政府，而是进行自治管理），村庄的上一级都是乡（镇），再逐级“往上推”，就会相对准确、符合实际地把握一个国家的行政区划特点——笔者认为上述观点非常适用，其合理性在于，现代社会源于农业社会，由原始人类定居点演进而成的村庄，是农村最基层的治理单元，即使城市化、工业化发展，村庄也仍然存在于几乎所有国家（除了个别“城市型”国家），并且是社会管理的最小细胞。

就爱沙尼亚而言，根据其行政区划立法（下文详述），全国分为若干“县”（maakond）——而不是我们简单套用中国国情的“省”，其原因在于，爱沙尼亚管理村庄的最基层地方政府是乡（vald），与乡平级的是市（linn），乡的上一级政府自然是“县”而非“省”——遗憾的是，目前几乎所有中文互联网资料，甚至在本应是权威信息来源的外交部网站，对爱沙尼亚行政区划的介绍都不准确。以外交部网站主页“国家和组织”栏目为例，介绍爱沙尼亚的行政区划是“全国共分 15 个省，大小城镇 254 个”（更新时间为 2022 年 10 月）。一方面，“大小城镇 254 个”是 2018 年爱沙尼亚行政区域改革之前的数字，显然应当更新；另一方面，外交部使用“省”而非“县”。其出发点应当是“从顶层往下推”，这样固然有利于在对外交往中体现对等原则——毕竟从常理而言，爱沙尼亚的“县”是中央政府之下的行政区划，而我国的县与中央政府还“隔着两级”——但这种“想当然”却与实际情况不符，爱沙尼亚人士在与我国交往过程中，也希望按照其本意翻译为“县”，而且在爱沙尼亚的官方英译资料中，均使用 county（县）而非 province（省）。事实上，在中外交往中，行政区划的翻译是一个普遍性问题，不论“从基层往上推”，还是“从顶层往下推”，关键是要符合该国的实际情况，一方面，要强化“从基层往上推”的“基层意识”；另一方面，要按照“名从主人”的原则，尊重对方国家的意见。

本节关于爱沙尼亚行政区划的资料，除注明出处的外，均源于爱沙尼亚研究所编写的《爱沙尼亚百科全书》（*Entsüklopeedia Eestist*）中的“地方政府：行政区划和组织”

(Kohalik omavalitsus：haldusterritoriaalne jaotus ja korraldus)[①]。

2.2　爱沙尼亚行政区划的特点

2.2.1　从“教区”到“县”

和很多欧洲国家类似，爱沙尼亚早期的社会管理载体是天主教的“教区”(kihelkond)。如前所述，在中世纪的十字军东征中，天主教逐渐传入爱沙尼亚。9世纪中叶，教皇授予汉堡-不来梅大主教在爱沙尼亚北部传教的权利。到12世纪末和13世纪初，丹麦和德意志骑士团组成的十字军占领爱沙尼亚南部后，天主教的传教活动在爱沙尼亚更加广泛，塔林、塔尔图乃至农村地区出现了教堂，各级教职人员不仅在一定的地域范围内对宗教活动进行控制，而且逐步开始行使政治、经济、行政等社会管理的权力，从而形成政教合一的“教区”体制，教区也就成为中世纪爱沙尼亚主要的行政区划。

教区最初的范围，与10世纪末前后形成的农村定居点（村庄）密切相关。一个教区往往是由同一主教管辖的若干个村庄（küla）组成。13世纪初，爱沙尼亚土地上有45个教区，到13世纪末增加为59个。相邻的教区联合在一起形成教区共同体，并逐渐发展为具有行政功能、作为国家构成单元的县治。到13世纪初，爱沙尼亚形成了8个包含多个教区的“大县”（suurt maakond)：哈留县、耶尔瓦县、莱内县、雷瓦拉县、萨雷县、萨卡拉县、乌干迪县和维鲁县（Harjumaa，Järvamaa，Läänemaa，Revala，Saaremaa，Sakala，Ugandi，Virumaa)；在中部地区还有6个由单一教区组成的“小县”(väike maakond)：阿勒姆斯、约根塔格、穆胡、努尔末昆德、苏波利塞和瓦伊加（Alempois，Jogentagana，Mõhu，Nurmekund，Soopolitse，Vaiga)。随着建设新的教堂，教区数量也持续增多。16世纪后期爱沙尼亚有83个教区，17世纪后期为102个。1919年，根据爱沙尼亚临时政府的命令，教区不再具有行政建制的管理职能，仅具有宗教功能。

“二战”后，苏联时期的爱沙尼亚调整了县的设置。根据1920年《塔尔图和约》，塞图马（Setumaan）等地区划入爱沙尼亚共和国，成立彼德塞里县（Petserimaa)。1945年该县的大部区域划入苏联，彼德塞里县撤销。1946年莱内县的一部分设为希尤县(Hiiumaa)。1949年维鲁县的东部设为耶维县（Jõhvimaa)，并在塔尔图县的北部和东北

---

① 爱沙尼亚研究所：《爱沙尼亚百科全书》“地方政府：行政区划和组织”卷，http：//www.estonica.org/et/Riik/Kohalik_ omavalitsus：_ haldusterritoriaalne_ jaotus_ ja_ korraldus/。

部增设约格瓦县（Jõgevamaa）。表 1－5 是 1880 年以来爱沙尼亚的县级行政区划调整情况，引自爱沙尼亚研究所《教区和县》（*Kihelkond ja maakond*）。

表 1－5　1880 年以来爱沙尼亚的县级行政区划

1880—1920 年	1920—1945 年	1949—1950 年	1990 年至今
Harjumaa	Harjumaa	Harjumaa	Harjumaa
		Hiiumaa	Hiiumaa
		Jõhvimaa	Ida－Virumaa
		Jõgevamaa	Jõgevamaa
Järvamaa	Järvamaa	Järvamaa	Järvamaa
Läänemaa	Läänemaa	Läänemaa	Läänemaa
	Virumaa	Virumaa	Lääne－Virumaa
	Petseri maakond		
			Põlvamaa
Pärnumaa	Pärnumaa	Pärnumaa	Pärnumaa
			Raplamaa
Saaremaa	Saaremaa	Saaremaa	Saaremaa
Tartumaa	Tartumaa	Tartumaa	Tartumaa
	Valgamaa	Valgamaa	Valgamaa
Viljandimaa	Viljandimaa	Viljandimaa	Viljandimaa
Võrumaa	Võrumaa	Võrumaa	Võrumaa

2.2.2　乡村和城镇

大约在 13 世纪，爱沙尼亚土地上开始出现城镇型的定居点。历史资料记录中，除了更早期以军事功能为主的要塞和城堡外，爱沙尼亚的第一个城镇是塔尔图（Tartu，1030），此后分别是塔林（Tallinn，1154）、纳尔瓦（Narva，1256）、派尔努（Pärnu，1265）、哈普萨卢（Haapsalu，1279）、维尔扬迪（Viljandi，1283）、佩德（Paide，1291），等等。

瑞典统治时期（1629—1710 年），开始在爱沙尼亚农村的庄园设立“乡”（vald）。沙皇俄国统治时期，爱沙尼亚省、立窝尼亚省分别于 1816 年和 1819 年废除农奴制，在原来庄园的基础上，设立具有地方自治功能的乡，当时的农民虽然取得一部分权利，但并未彻底摆脱对地主的依附关系。乡的边界大多是原来庄园的界线，很多乡之间甚至没有准确划界，而且乡的管理权仍然把持在地主手中，直到 1866 年《乡法》（*Valla Sea-*

dus）施行后，爱沙尼亚农村的乡才真正开始具有地方事务的管理权。

此后，随着工业化、城镇化发展，爱沙尼亚逐渐形成 71 个具有一定规模的定居点，并发展为具有市政管理功能的城市或者小镇（alevik），随着社会发展变迁，其中一些城镇现今已鲜为人知。到 1920 年，爱沙尼亚有 12 个城市：哈普萨卢、库雷萨雷、纳尔瓦、佩德、帕尔迪斯基、彼德塞里、派尔努、塔林、塔尔图、瓦尔加、维尔扬迪、沃鲁（Haapsalu、Kuressaare、Narva、Paide、Paldiski、Petseri、Pärnu、Tallinn、Tartu、Valga、Viljandi、Võru），以及 8 个小城镇：约格瓦、耶维、基林尼－诺莫、纳尔瓦－杰苏维、诺莫、奥特派、塔帕、图瑞（Jõgeva、Jõhvi、Kilingi － Nõmme、Narva － Jõesuu、Nõmme、Otepää、Tapa、Türi）。随后几年，小城镇的数量继续增加，但也带来了对小城镇在地方政府体系中地位和权力的争论，直到 1926 年，爱沙尼亚共和国政府根据居民要求，决定将 5 个小城镇（Nõmme、Põltsamaa、Tapa、Tõrva、Türi）设为城市。

在 1934 年 4 月 26 日的爱沙尼亚城市协会理事会的会议上，讨论了将小城镇转变为城市的问题，并得出结论："建议政府在具备条件的小城镇设市，以便于更好进行治理和监督；同时，应当结合县政府自治改革，在其他不具备条件的小城镇设乡。"根据上述意见，1938 年 5 月 1 日生效的《城市法》（*Linna Seadus*）明确取消小城镇，在 14 个小城镇设市。

2.3　第一次独立前后的行政区划

19 世纪 90 年代，是沙皇政府推行俄罗斯化的高峰期。在这一阶段，沙皇政府对爱沙尼亚的行政区划进行了一次全面调整，以农村庄园为基础建立的乡从大约 1 000 个减少到 1899 年时的 387 个。

1918 年 2 月 24 日宣布独立后，爱沙尼亚即酝酿调整行政区划。20 年代至 30 年代，爱沙尼亚决定对 2 000 人以下的乡进行合并，原因是其规模偏小，行政费用占收入一半以上，没有能力组织提供基本的政府服务职能。但是，由于政府频繁更迭，上述改革迟迟没有落地。直到 1938 年 4 月 1 日，也就是第三部宪法生效 3 个月后，爱沙尼亚才启动行政区划改革，按照以尽可能最低的成本、最实际的方式向公众提供服务的原则，将农村乡镇从 365 个减少到 248 个，另外设立了 33 个规模不等的城市。当时参与行政区划改革的经济学家爱德华·克雷普（Eduard Krepp）在 1938 年写道："……理论计算表明，在目前的经济发展阶段和交通运输条件下，农村乡镇居民在2 000人至 3 000 人之间是最佳选择。"另一位政治家埃德加·康特（Edgar Kant，后来成为塔尔图大学校长）感慨"在任何国家，改革地方政府都是最困难的治理问题之一"。

到1922年，爱沙尼亚共有11个县：哈留县、耶尔瓦县、莱内县、彼德塞里县、派尔努县、萨雷县、塔尔图县、瓦尔加县、维尔扬迪县、维鲁县和沃鲁县（Harju、Järva、Lääne、Petseri、Pärnu、Saare、Tartu、Valga、Viljandi、Viru、Võru），13个市：帕尔迪斯基、哈普萨卢、库雷萨雷、纳尔瓦、佩德、彼德塞里、派尔努、拉克韦雷、塔林、塔尔图、瓦尔加、维尔扬迪和沃鲁（Paldiski、Haapsalu、Kuressaare、Narva、Paide、Petseri、Pärnu、Rakvere、Tallinn、Tartu、Valga、Viljandi、Võru），19个镇和378个乡。此后，县、乡和市镇的数量又都有所变化，到20世纪30年代，爱沙尼亚共有12个县、248个乡。

2.4 苏联时期的行政区划

苏联时期，爱沙尼亚的行政区划经历多次调整。1945年，爱沙尼亚有10个县和236个乡。随着战后全面恢复建设，特别是北部油页岩产区大型工矿企业建设，爱沙尼亚再次进入城镇化快速发展期，先后有18个新的定居点发展为镇，并按照苏联的标准分为3种形态："城镇"（linnatüüpi aleve）、"工矿区镇"（töölis aleve）和"度假区镇"（kuurort aleve）。此外，又设立了一些新的城市，如1946年的基维厄利（Kiviõli）、1953年的阿密（Ahtme）、1957年的西拉梅（Sillamäe，依托核材料加工厂建立的绝密城市）等。

1945年8月至9月，爱沙尼亚按照苏联模式成立了641个村民委员会（külanõukogu，苏联时期的最基层行政单位，管辖若干个村庄）。1950年9月26日，将爱沙尼亚划分为39个地区（rajoon，村民委员会的上一级行政区划），撤销了已有数百年历史的"县"和"市镇"两级行政区划体系。1952年5月3日，根据苏联最高苏维埃主席团的命令，爱沙尼亚全境划分为塔林、塔尔图、派尔努等3个"州"（oblast，同俄语）。由于"水土不服"，州级行政区划在1953年4月25日被撤销，仅存在不到1年——1991年恢复独立后，爱沙尼亚认为苏联时期调整行政区是为了推行俄罗斯化，摧毁爱沙尼亚的传统社会认同。1954年被称为"村委会改革年"，过于分散的村民委员会被归并后减少到320个，到1966年减少到239个。

20世纪60年代后，爱沙尼亚的行政区划保持了相对稳定。经过1959年至1962年的行政区划改革，到20世纪60年代中期，爱沙尼亚的地区减少到15个——和目前县的数量一致。20世纪70年代中期，爱沙尼亚对农村定居点进行了普查和重组，将农村定居点由7 100个（1976年1月1日）归并为3 500个，减少一半以上，村民委员会减少到194个（1977年1月1日）。到1986年，爱沙尼亚划分为15个地区，57个市镇，189

个村民委员会，167 个小镇和 3 274 个村庄。其中的 57 个市镇，包括 6 个共和国直辖市（vabariiklik alluvusega linn，分别是塔林、塔尔图、纳尔瓦、派尔努、帕尔迪斯基和科赫特拉－耶尔韦市）、27 个地区辖市（rajoonilise alluvusega linn）和 24 个镇（alev）。

苏联时期，塔林得到了快速发展，城市面积从 1940 年的 71 km^2，扩展到 1975 年的 175 km^2，增加了 146%，即使将 Saue 和 Maardu 划出独立建市后，塔林的面积仍然达到 159 km^2。目前，塔林的人口占全国总人口的 28%，如果加上周边城市圈内的人口，占全国总人口的 37%。

2.5 恢复独立后的行政区划

恢复独立后，爱沙尼亚把行政区划作为优化政府治理体系、强化民族认同的重要载体，通过立法，对行政区划进行了持续优化调整。特别是 1993 年以来，通过《地方政府组织法》《县政府组织法》《爱沙尼亚行政区划法》等一系列法律法规，以构建法律和财政保障体系为先导，持续推进行政区划和地方政府的改革。从 2018 年起，爱沙尼亚取消县政府，将行政区划的层级由独立初期的二级（县级＋市或乡级）压缩到一级（市或乡），同步将基层地方政府的数量从独立初期的 254 个（1995 年）压缩到 79 个（2019 年），形成了扁平化的单一层级地方政府体制（ühetasandiline omavalitsussüsteem）。在这一过程中，1995 年《爱沙尼亚行政区划法》及其 2018 年生效的全面修订版，集中反映了爱沙尼亚独立以来，通过不断优化行政区划，促进政府行政改革的发展路径。

1993 年 6 月 2 日和 29 日，议会分别通过《地方政府组织法》① 《县政府组织法》②，前者只适用于市或乡，后者适用于县政府——这两部并立的法律，就体现了县政府（Maavalitsus）与地方政府（kohalikku omavalitsus，KOV）有明显区分。1995 年 9 月 1 日《爱沙尼亚行政区划法》③ 生效，同时废止了苏联时期有关行政区划的 6 部法律法规。该法将爱沙尼亚的行政区划分为县、乡和市，全国分为若干个县，设置国家行政管理机构；县内划分市和乡，设置地方政府，乡可以再划分为小镇、村庄等，市可以划分为区。从 1996 年起，爱沙尼亚开始推进地方政府改革，目标是扩大市和乡镇的辖区面积和人口规模，以提高管理效能。

在县级，根据《县政府组织法》第 7 条，“县政府是爱沙尼亚政府为履行法定职责

① 《地方政府组织法》（RT I 1993，37，558），https：//www. riigiteataja. ee/akt/28501。

② 《县政府组织法》（RT I 1993，51，696），https：//www. riigiteataja. ee/akt/28576。

③ 《爱沙尼亚行政区划法》（RT I 1995，29，356），https：//www. riigiteataja. ee/akt/28751。

而建立的政府机构"，"县长向共和国政府负责，组织管理县政府的工作"。国家在县级设立行政机构，负责组织行政管理和公共服务职能，县政府作为中央政府的下设机构（或者叫派出机构），虽然有"县长"（maavanem）和"县议会"（Maakogu），但并非传统意义上完整的地方政府——县政府章程由共和国政府批准，县长由爱沙尼亚政府提名、经县议会（由辖区内各市和乡政府的代表组成）批准后任命，如果县长提名连续两次被县议会否决，则爱沙尼亚政府可以直接任命县长。

在市和乡，则设有传统意义上的地方政府，包括居民选举产生的地方议会（volikogu），以及地方议会任命的行政机构（valitsus）。作为行政区划法的配套措施，1995年4月3日爱沙尼亚政府发布第159号令《关于批准爱沙尼亚领土行政区划清单的决定》①，确定了15个县及县域内的45个市和209个乡。15个县分别是：哈留县（Harju maakond）、耶尔瓦县（Järva maakond）、西维鲁县（Lääne－Viru maakond）、拉普拉县（Rapla maakond）、东维鲁县（Ida－Viru maakond）、希尤县（Hiiu maakond）、莱内县（Lääne maakond）、派尔努县（Pärnu maakond）、萨雷县（Saare maakond）、约格瓦县（Jõgeva maakond）、珀尔瓦县（Põlva maakond）、塔尔图县（Tartu maakond）、瓦尔加县（Valga maakond）、维尔扬迪县（Viljandi maakond）、沃鲁县（Võru maakond）。面积最大的是派尔努县（4 807 km^2），最小的是希尤县（1 023 km^2），人口最多的是哈留县（包括塔林市，2020年是611 783人），最少的是希尤县（2020年是8 582人）。1996年9月24日，爱沙尼亚政府发布第233号令《行政区划法实施条例》②，确定了对定居点（asula）进行划分的基本原则。其中，村一般是指常住人口少于300人的定居点，乡、城镇、小镇的常住人口应当超过300人。

此后，爱沙尼亚多次修订《行政区划法》《共和国政府组织法》《地方政府组织法》，调整市和乡的设置，1990年至2000年期间，恢复了很多苏联时期被取消的定居点。根据2004年11月25日爱沙尼亚政府发布的335号令《划分定居点类型、名称及其细分的原则和程序》，乡的常住人口下限由300人提高到1 000人③。到2006年，农村定居点恢复到近5 000个——但是，恢复村庄并不一定能唤回已经离开的农村居民，当时至少有100个登记在册的村庄空无一人。到2012年，爱沙尼亚约有4 500个村庄，人口规模普遍比欧洲国家的村庄小，约一半村庄的常住人口不到50人。

---

① 《关于批准爱沙尼亚领土行政区划清单的决定》（RT I 1995，40，567），https：//www. riigiteataja. ee/akt/29461。

② 《行政区划法实施条例》（RT I 1996，72，1268），https：//www. riigiteataja. ee/akt/29763。

③ 《划分定居点类型、名称及其细分的原则和程序》（RT I 2004，82，550），https：//www. riigiteataja. ee/akt/821279。

2004 年 6 月 28 日议会通过《促进地方政府整合法》①，自 7 月 25 日起生效，鼓励规模较小的地方政府合并，以提高行政效率，对合并后的地方政府给予奖补，标准是按照合并后的人口每人 500 克朗（约合人民币 330 元），每个地方政府奖补总额不低于 150 万克朗、不高于 300 万克朗（约合人民币 100 万至 200 万元）。经过合并，到 2016 年底，全国共有 30 个市、183 个乡——合计 213 个基层地方政府，并细分为 17 个集镇（vallasisene linn）、12 个镇、188 个小镇和 4 452 个村——按照《行政区划法》《划分定居点类型、名称及其细分的原则和程序》，上述集镇、镇、小镇和村，是对市和乡区域内自然形成定居点的细分，不设相应的政府治理机构。其中，村的人口不超过 300 人，小镇的人口在 300 人至 1 000 人之间，镇的人口在 1 000 人以上。

2016 年 6 月 7 日议会通过《行政改革法》②，自 7 月 1 日起生效，规定地方政府人口规模的下限是 5 000 人，比较适合的规模是 11 000 人，并按照先由各地方政府自愿整合，再由爱沙尼亚政府推动归并的步骤，持续推进了地方政府改革进程。此后，延续 1996 年地方政府改革以来的趋势，地方政府数量不断减少：254 个（1995 年），253 个（1996 年），252 个（1998 年），247 个（1999 年），241 个（2002 年），227 个（2005 年），226 个（2009 年），215 个（2013 年），213 个（2017 年）③。

2.6　单一层级地方政府体系——行政区划改革的最新成果

2017 年 6 月 14 日，议会通过《终止县政府活动并修订〈共和国政府组织法〉及相关法律的法案》④，废止 1996 年《共和国政府组织法》第六章“县长和县政府”的全部内容，自 2018 年 1 月 1 日生效，配套的《划分定居点类型、名称及其细分的原则和程序》同步实施⑤。通过这次修订，爱沙尼亚对地方政府建制进行了“扁平化”调整，取消县政府，规定“县域内的国家管理职能，由相应领域的政府部门和机构负责”。这也就意味着从 2018 年起，爱沙尼亚的“县”完全是地域概念，不再设置县级政府机构，只在市和乡设立地方政府，也就是只有一级地方政府，实现了最大限度的扁平化国家治理——对于只有百万人口，且完全实现政务电子化的爱沙尼亚来说，这一改革不但可

① 《促进地方政府整合法》（RT I 04. 07. 2017，101），https：//www. riigiteataja. ee/akt/778809。

② 《行政改革法》（RT I 21. 06. 2016，1），https：//www. riigiteataja. ee/akt/121062016001。

③ 《爱沙尼亚的地方政府》，第 17 页。

④ 《终止县政府活动并修订〈共和国政府组织法〉及相关法律的法案》（RT I 04. 07. 2017，1），https：//www. riigiteataja. ee/akt/104072017001。

⑤ 《划分定居点类型、名称及其细分的原则和程序》（RT I 16. 10. 2017，5），https：//www. riigiteataja. ee/akt/116102017005。

行，而且必要——事实证明，对于提高政府治理效率、优化营商环境，均已发挥了积极作用。

通过2018年以来的行政区划和地方政府改革，目前爱沙尼亚地方政府的数量减少到79个（包括15个市和64个乡），比1995年独立初期的254个减少了69%，每个地方政府的平均服务人口从5 642人（1995年）增加到16 797人（2020年），进一步提高了公共行政效率和服务质量。图1－2是目前的爱沙尼亚行政区划简图（见彩插第1页）①。

① 《爱沙尼亚共和国100年统计专辑》，第14页。

第二章 爱沙尼亚消防救援简史

历史具有生命性。“鉴古而知今，彰往而察来”，探索过往，从历史中取得借鉴，是人类社会永恒的课题。本章精心梳理了近代以来爱沙尼亚消防事业的发展历程，叙述的主线，是志愿消防组织的兴起和发展、职业消防体制和现役消防体制的出现，以及恢复独立后，整合消防、民防等各类救援力量，建立综合救援体系的历程。重点介绍了第一次独立（1918—1940 年）、苏联时期（1940—1991 年）和恢复独立后（1991 年至今），爱沙尼亚消防救援事业的发展，每个时期，都围绕重大事件和相关立法予以剖析，力求在动态发展的历史过程中，探究现今爱沙尼亚综合救援事业发展路径的内在逻辑。

第一节 古代爱沙尼亚消防

爱沙尼亚进入中世纪（1200—1558 年，相当于西欧的中世纪晚期）后，历史文献中与火灾有关的记录逐渐增多。到中世纪末期，城镇开始采取一些基本的防火措施，并逐渐建立起基于自然义务的灭火组织方式。古代爱沙尼亚的宗教传说和文化习俗中，也包含有火灾预防的内容。

1.1 中世纪之前的传说

目前，几乎没有关于爱沙尼亚中世纪之前历史的文字记载。在《爱沙尼亚消防组织简史》等有限的爱沙尼亚消防史研究文献中，并无中世纪之前的信史，只是通过“回溯”12 世纪末天主教传入爱沙尼亚后，宗教传说中与火有关的内容，才勉强搭建出爱沙尼亚古代消防史的“记忆”。

圣劳伦斯（Püha Laurentsius）是著名的天主教圣徒之一。据记载，圣劳伦斯 225 年出生于西班牙的巴伦西亚，257 年被天主教会任命为执事并掌管财物。当时，天主教尚处于传播初期的弱势阶段，教徒受到罗马皇帝残酷迫害。258 年 8 月 6 日，罗马皇帝杀害第 23 任天主教教宗，并要求劳伦斯交出教会财产。劳伦斯并未听从，而是尽可能将财物分发给穷人，8 月 10 日，他被缚于月桂木的火刑架上烧死殉道。据说，在被处以火刑时，劳伦斯要求行刑者给他“翻个面”——因为一面已经烤熟。天主教徒为纪念他，将 8 月 10 日确定为“圣劳伦斯日”。由于他的无畏和毅力，圣劳伦斯成为许多职业的守护神[①]。

12 世纪末，随着天主教传入爱沙尼亚，关于圣劳伦斯的传说也被当地所接纳，在爱沙尼亚北部哈留县的库萨卢乡（Kuusalu），教堂外就有纪念他的石刻——目前，库萨卢乡的徽章、旗帜上都有红色的月桂木火刑架图案，如图 2－1 所示[②]。8 月 10 日也被定为爱沙尼亚的圣劳伦斯日（lauritsapäev）。由于圣劳伦斯是死于火刑，所以根据民间习俗，当日全天不能用火、除草、耕种、砍伐，也不能去果园、触碰苹果和各类水果，清晨要在屋顶洒水，以求不会发生火灾。

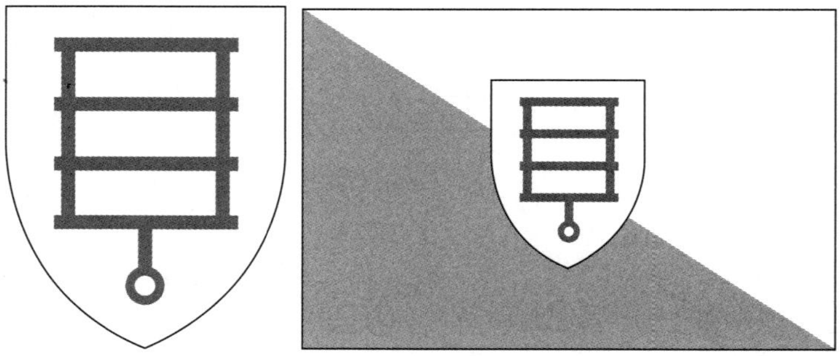

图 2－1　库萨卢乡的徽章、旗帜

1.2　中世纪时期

1200 年至 1558 年，是爱沙尼亚的中世纪——相当于西欧的中世纪晚期。在这一时期爱沙尼亚的历史文献中，有关火灾的记录逐渐增多。当时的建筑大多采用木结构，由于间距狭小、道路曲折，加上缺乏有组织的火灾扑救，除了人力外没有其他灭火手段，不论战争时期还是和平年代，每当发生火灾，城镇常常很快就被蔓延的大火吞噬。宗教信徒认为火是上帝对人类罪恶的惩罚，所以扑救火灾是违反上帝意旨的行为，只能祈祷上帝的帮助。整个中世纪，火灾成为战争和瘟疫之外，对爱沙尼亚最大的威胁。

1.2.1　中世纪的火灾记载

自 12 世纪末有文字记录开始，在塔林、塔尔图、派尔努、纳尔瓦等城镇的历史文

① 贾纳尔·卡纳（Janar Kärner）：《爱沙尼亚消防组织简史》（*Eesti organiseeritud tuletõrje lühike arengulugu*），爱沙尼亚内政学院救援学院学士学位论文，2008 年，第 9 页，https：//digiriiul. sisekaitse. ee/bitstream/handle/123456789/1730/2008_ K% C3% A4rner. pdf? sequence = 1&isAllowed = y。

② 库萨卢乡政府：《徽章》，https：//www. kuusalu. ee/sumboolika? inheritRedirect = true。

献中，都有关于火灾的记载。1288 年，塔林发生了第一场有记录的火灾，这场大火造成教堂、修道院和港口遭受严重损失。1433 年 5 月 11 日，雷击造成塔林发生大火，根据巴尔塔萨·鲁索的编年史《立窝尼亚省编年史》①，整个城镇几乎都被大火摧毁，1267 年始建、1330 年竣工的圣奥拉夫教堂也严重受损。

丹麦统治时期，要求在火灾后的恢复建设过程中，必须使用石材建造房屋，而且建筑之间要保持距离，一定程度上减少了火灾发生和蔓延的危险。但在城镇郊区，便于取材的木料仍然是当时最主要的建筑材料。1553 年，由于一家啤酒酿造作坊起火，导致丹麦城堡的很多建筑被烧毁。在 1581 年的另一场大火中，丹麦城堡的 30 多座建筑化为灰烬②。

1.2.2 中世纪的火灾预防和扑救

由于火灾危害日渐严重，13 世纪时，塔林的房主被要求必须准备一大桶水，以供灭火之用，当时还规定，所有城镇居民必须参加火灾扑救，逃避义务者会受到严厉惩罚。到中世纪末期，爱沙尼亚的城镇开始采取一些基本的防火措施，并出现有组织的火灾扑救行为。波兰－立陶宛联邦统治期间，齐格蒙特一世（Zygmunt I Stary，1506—1548 年在位）在 1535 年 10 月 2 日制定的法律中，就有预防用火不慎引起火灾、处罚放火行为，以及防止和减少火灾损失的规定，同样将参加火灾扑救确定为城镇居民的强制性义务③。

中世纪末期的 1555 年，为汲取 1553 年大火的教训，塔林市议会制定了爱沙尼亚最早的防火法令，将全市（不含执行专门规定的托姆比亚城堡）划分为 4 个防火区域，分别是 Rannavärava、Turu、Viru värava 和 Harju ärava，每个区域任命一名负责人，检查居民遵守防火要求的情况，并在火灾时组织扑救。每个防火区域的负责人再挑选 4 人担任队长，具体负责组织居民灭火，并在其他区域起火时，组织帮助运送灭火用水。每个防火区域都备有水桶等灭火器材，放置在市政厅、教堂等最重要的地方。仅在塔林市政厅，就配备了 300 个水桶和 12 台铜质手压唧筒（käsiprits）、6 台木质手压唧筒。此外，每名房主都必须在自己的房屋内准备灭火器材。发生大火时，所有身体健全的公民都必须参加火灾扑救，旁观者会受到严厉惩罚，甚至被驱逐出城镇。

夜间，每个防火区域各有 4 名守夜人（öövaht）。一旦发现火灾，守夜人马上吹哨报

---

① 巴尔塔萨·鲁索（Balthasar Russow，1536—1600），著名的立窝尼亚和爱沙尼亚史学家，出生于塔林，用德语著有《立窝尼亚省编年史》（*Chronica der Provinz Lyfflandt*）。

② 《爱沙尼亚消防组织简史》，第 11 页。

③ 普瑞特·贾恩·帕马斯克（Priit Jaan Parmask）：《爱沙尼亚的消防和民防》（*Eesti Tuletõrje ja tsiviilkaitse*），塔林 KUPAR 出版社 1995 年版，第 39 页。

警，叫醒附近居民灭火，另一名守夜人立即赶到市政厅报告火情，市政厅的火警钟声随即响起，周围教堂的牧师也纷纷敲响钟声——向居民发出参加灭火的命令。被钟声惊醒的人们用各式水桶运水，向起火建筑泼水，或者用简易唧筒喷水；由于当时没有路灯，起火地点附近的居民还必须在沿街窗口点着蜡烛照明。如果不能很快控制火势，往往还要喷水冷却邻近的建筑，以防火势蔓延，并按照命令在火势蔓延方向拆除建筑以阻断大火。灭火后，必须将水桶和其他灭火工具送回原处，丢失灭火器材要照价赔偿。为了鼓励人们积极参加灭火，当时的法令专门规定，对于携带水桶赶到火场的前3人各奖励1塔勒银币①。对于火灾肇事者，除罚款100塔勒外，还必须向火灾受害人支付赔偿金——否则就会被监禁或驱逐出城镇——通常，没有人有能力赔偿火灾造成的损失。为了确保城镇居民都了解消防要求，当时的法令规定，各个行会必须向其成员宣读相关的防火法令，每个家庭的男主人也有义务，向家人和仆人讲解防火法令的要求②。

当时基于“自然义务”（naturaalkohustus）的灭火组织方式，有效缓解了城镇的火灾扑救问题，但临时组织居民扑救火灾，也存在很明显的缺陷：一方面，参加灭火的人员几乎从未接受过培训，不掌握基本灭火技能，甚至不能保证自身安全；另一方面，火灾扑救现场缺乏统一的组织指挥，大多数情况下人们都是各行其是，现场混乱无章，灭火效率和成功率都不高。到中世纪末期，随着城镇规模扩大、人口集中和经济发展，火灾成为爱沙尼亚城镇面临的最为严重威胁之一，从而对更为先进的消防组织形式产生了强烈需求。

1.2.3　“红公鸡”的意象

在古代欧洲，人们认为公鸡啼晓，昂首挺胸，还有彩虹般的羽毛和火红的鸡冠，能够驱赶魔鬼和黑暗，复活生命和希望，带来阳光和新的一天。所以，从中世纪开始，法兰西、德意志、意大利、英格兰等民族都认为公鸡代表太阳和火，并赋予公鸡机警、勇敢、胜利、至高无上，乃至自夸炫耀、骄傲自负等丰富的含义。同时，公鸡也成为基督徒复活的象征，在教堂塔尖常常可以看到由十字架、公鸡、百合、星形组成的风信标（兼具避雷针的功用）；在早期的基督教石棺和墓碑、壁画、马赛克上，也常常有公鸡的图案。人们认为红公鸡能够阻止火势，白公鸡能够驱赶魔鬼。所以，“红公鸡”（Punane

---

① 塔勒（taaler），是欧洲15世纪中期出现的银币，1524年神圣罗马帝国确定1塔勒含纯度93.7%的白银29.3克，1750年普鲁士确定1塔勒含纯度75%的白银22.2克。此后，其铸造标准又多次变化，1908年停用。

② 扬·瓦尔曼（Jaan Vaarmann）：《胸中的火焰：爱沙尼亚志愿消防事业200年》（*Rinnutsi leekidega 200 aastat Vabatahtlikku tuletõrjet Eestis*），塔林VALGUS出版社1988年版，第21页。

kukk，英语 Red cock）在欧洲逐渐成为提示人们警惕火灾的形象，图 2－2 是苏联时期宣传电气消防安全的海报，就使用了“红公鸡”的形象（见彩插第 2 页）①。

在爱沙尼亚，公鸡也一直是民间传说中常见的动物形象，用以对抗闪电、冰雹和邪灵，并认为用公鸡的鲜血献祭，可以带来水果和畜牧业丰收。到 19 世纪，沃鲁县还保留着在 9 月 29 日的圣迈克尔节（mihklipäev），用黑色公鸡献祭的习俗，以求房舍平安，这样既体现了虔诚，又不用宰杀更大的动物。时至今日，红公鸡也经常被作为消防宣传警示，乃至消防演练的标志。2007 年，爱沙尼亚的 Odamees 出版社发行了儿童漫画读本《红公鸡》（作者 Mati Soonik），就是通过小故事教育儿童如何预防火灾，以及学习火灾时的逃生自救知识。2007 年 9 月 27 日，爱沙尼亚司法部组织塔尔图监狱、南爱沙尼亚救援中心、急救和警察部门共同举行消防演练，就取名“监狱红公鸡”（Punane kukk vanglas）②。

第二节　近代志愿消防事业的兴起

近代爱沙尼亚消防史的主线，是志愿消防事业的兴起和发展。一方面，随着生产力发展，对有组织的消防工作产生了强烈社会需求；另一方面，塔林处于波罗的海航运枢纽，商会、行会等自治组织历史悠久，为志愿消防事业的孕育发展提供了丰厚土壤。自 1788 年塔林“黑头志愿消防队”成立，爱沙尼亚开始出现有组织的志愿消防队伍。1862 年塔林志愿消防队成立，1887 年组建塔林志愿消防协会，标志着爱沙尼亚的志愿消防组织从单一从事火灾扑救，发展到广泛参与消防事业。地方政府和 19 世纪下半叶出现的火灾相互保险公司，都对志愿消防事业发展给予了支持。这一阶段，有关爱沙尼亚消防事业发展的文献记录也逐渐丰富。

通常而言，1640 年英国资产阶级革命，是划分世界古代史和近代史的分界线。作为人类历史上民主制度对专制制度的重大胜利，1640 年的资产阶级革命为英国资本主义迅速发展扫清了障碍，为英国开展工业革命和成为工业强国创造了前提，同时也揭开了欧洲和北美革命运动的序幕，推动了世界历史发展。

以历史的纵深视野审视，可以发现，人类消防事业的发展进步，从来都是根植于历

① 爱沙尼亚国家图书馆，https：//www. digar. ee/viewer/en/nlib－digar：327567/287747。

② 2007 年 9 月 27 日 Delfi 新闻：《塔尔图监狱的“红公鸡”》，https：//www. delfi. ee/artikkel/17028029/punane－kukk－tartu－vanglas。

史前进的深厚土壤。1640年英国资产阶级革命及其一系列重大事件的影响，无一不映射到消防事业的发展变革——资产阶级革命推翻封建专制统治的禁锢后，技术发展突飞猛进，社会财富迅速积累，伴随贸易发展和资本主义生产关系建立，人身自由和民主思想被公众广泛接受。一方面，人们产生了更高的消防安全需求，另一方面，也为发展新的消防组织形式提供了广阔空间和有力支撑——这些，都成为推动志愿消防事业发展的根本原因。

2.1 火灾情况

中世纪之后，爱沙尼亚进入瑞典统治时期。根据文献资料，在瑞典统治时期和沙俄统治的前期，除了日渐频繁的火灾记录之外，很少见到有组织消防工作的记载。1684年6月6日上午，塔林发生大火，由于当时正刮大风，火势迅速蔓延到托姆比亚城堡，惊慌的人们携带财产逃到教堂躲避，但飞火很快将教堂的木屋顶引燃，城堡的出入口也被大火封堵，人们沿着绳索、床单，从城堡的窗口向外逃生，很多人受伤，一些建筑在大火中倒塌，整个塔林被冲天烈火和黑色烟柱笼罩。这场大火烧毁了200多座建筑物，以及近2 000处粮仓和其他财产，托姆比亚城堡的大部分建筑物被毁，只有圆顶教堂和附近的一间小石屋得以幸免。损失估计达到30万塔勒，这在当时是非常大的数额，大约相当于8吨纯银的价值①。

塔尔图是爱沙尼亚历史最悠久的城市，5世纪就建有要塞和城堡，历史上同样多次毁于战火，和平时期也屡次发生大火，包括1667年5月22日大火（烧毁50多座建筑，包括塔尔图大学的一座教学楼）、1763年5月27日大火（烧毁40座住宅和12家店铺）、1766年5月16日大火（烧毁68座建筑）等。特别是1775年7月25日的大火，烧毁290座各类房屋，几乎将塔尔图市中心和市政厅、教堂等主要建筑全部摧毁。

纳尔瓦东邻俄罗斯，距纳尔瓦河汇进芬兰湾的入海口14 km，始建于13世纪。这座爱沙尼亚的东北部重镇也多次发生大火。1646年7月1日，为了防止城市再次被摧毁，瑞典的克里斯蒂娜女王（Kristina Vasa，1632—1654年在位）颁布法令，要求在纳尔瓦必须使用石材建造房屋——这项法律尚未得到全面实施，1659年6月5日的大火再次将纳尔瓦几乎全部烧毁。1773年8月9日，纳尔瓦北部的新城发生大火，烧毁55座木质建筑、12座石屋、1座教堂和25家商铺②。

---

① 塔林市政府：《塔林历史》，https：//www. tallinn. ee/History - of - Tallinn。

② 《胸中的火焰：爱沙尼亚志愿消防事业200年》，第15—17页。

2.2　黑头志愿消防队

2.2.1　“黑头兄弟会”起源

在德意志和波罗的海地区，“兄弟会”主要是指商会、行会、同业公会。塔林的黑头兄弟会（Mustpeade Vennaskond）成立于1399年，成员是当地的未婚商人、船东和金匠等手工艺者以及学者、教师，包括定居塔林的外国人。虽然发起时是出于兴趣和娱乐目的，但实际上在成立之初，黑头兄弟会就具有商业行会和军事组织的双重性质。在里加、塔尔图、派尔努等地，也有类似的黑头兄弟会。“黑头”一词的来源尚不确定，但应当是与兄弟会成立之初，向其提供资助的埃及黑人基督徒有关——在黑头兄弟会徽章、纹饰的显著位置，都有黑人形象[①]。图2－3是黑头兄弟会的纹饰（见彩插第2页）。

13世纪后，商业贸易促进了爱沙尼亚城镇的发展繁荣，塔林和纳尔瓦作为汉萨同盟的重要城市，连接西欧和俄罗斯的过境港口地位日益凸显，各类商会、行会蓬勃发展。汉萨同盟（德语Hanse，英语Hanseatic League）起源于12世纪德意志商人的同业公会，中世纪德语Hanse是“行会”“同业公会”之意。到13世纪，随着贸易发展，汉萨商人涌入波罗的海沿岸地区，1344年首次出现“汉萨同盟”。到1356年，商人汉萨同盟发展为城市汉萨同盟，成员包括波罗的海沿岸等地的52个城市，其规模迅速扩大，到1367年已有77个城市加入。随着航海贸易面临的军事威胁增大，汉萨同盟开始建设海军，由单纯的经济同盟，演化成经济－政治－军事同盟。许多城市为了获得商业利益和安全保障而加入同盟。任何逮捕同盟成员、对同盟失信，或者出售夺自汉萨同盟商人货物的城市，都将受到汉萨同盟的贸易抵制。1370年，汉萨同盟的联合舰队战胜丹麦，实现对斯堪的纳维亚半岛的政治控制，进入鼎盛时期，结盟城市达到160多个。15世纪中叶后，随着荷兰、英国等国的工商业发展，特别是随着东方新航路的开辟，汉萨同盟逐渐衰落，于1669年解体。

1407年9月12日，塔林市议会批准了黑头兄弟会的章程——根据章程，黑头兄弟会的宗旨是保护塔林免遭任何敌对力量入侵破坏。此后，黑头兄弟会逐渐发展为军事化的武装自卫组织，成立了巡逻队，每晚沿城墙骑马巡逻，还为塔林购买了投石机、臼炮等武器（1526年）。在立窝尼亚战争期间，黑头兄弟会的成员多次参加保卫塔林的战斗，

---

① 1895年塔林黑头兄弟会改称黑头俱乐部，1940年苏联占领爱沙尼亚后被解散。爱沙尼亚恢复独立后，黑头兄弟会得以恢复。黑头兄弟会历史：http：//www. filharmoonia. ee/mustpeademaja/meist/ajalugu。

因表现勇敢而声名鹊起。

北方战争结束后，爱沙尼亚进入沙皇俄国统治时期，黑头兄弟会的军事色彩逐渐淡化，转变为社会组织，但仍然保留了传统的骑士精神和战斗作风。也就是在这一阶段，黑头兄弟会意识到火灾和战争一样，都是对城镇和贸易安全的威胁，逐渐开始关注和参与火灾扑救。

2.2.2 黑头志愿消防队成立（1787 年）

作为汉萨同盟的重要成员，塔林一直与西欧保持着密切的贸易联系和文化交流。18 世纪，在巴黎、维也纳、伦敦、哥本哈根等欧洲的主要城市，先后出现早期志愿消防组织，其做法被黑头兄弟会借鉴。1787 年 1 月 14 日，在埃伯哈德·丹恩（Eberhard Denn）召集下，塔林黑头兄弟会的 14 名成员成立黑头消防委员会（Mustpeade tuletõrjekomisjon），丹恩被推举为负责人，他建议兄弟会购买手压唧筒并组织起来参与火灾扑救，得到所有成员赞同。3 月 4 日黑头消防委员会第二次开会，讨论了丹恩起草的志愿消防队章程，经过修改后获得了全体成员同意。

虽然塔林黑头兄弟会成立消防队的初衷，只是保护成员自身的房屋和财产，但最后确定的志愿消防队章程规定，即使火灾没有威胁到兄弟会成员的房产，也应当赶去扑救火灾、帮助有需要的人。根据章程，任何人都可以自愿报名参加黑头志愿消防队，人数不限，但刚参加时只能是“预备队员”，只有加入黑头兄弟会五年以上的成员才能作为“一线队员”加入行动队伍，直接参加火灾扑救。所有一线队员都必须履行三项基本义务：缴纳会费、扑救火灾、参加训练，无故不参加火灾扑救、日常训练和会议的，将被罚款。

1788 年 5 月 23 日，黑头消防委员会的全体成员开会，正式同意购买消防设备成立消防队——这一天也被认为是黑头志愿消防队（Mustpeade vennaskonna tuletõrjemeeskond）的成立日——这是爱沙尼亚近代史上的第一支志愿消防组织，也是当时沙皇俄国境内第一支具有严格组织管理体系，配备消防装备器材的志愿消防队伍。三天后的 5 月 26 日，消防队花费 95 卢布（当时 1 卢布等于 18 克银），购买了 1 台旧的手压唧筒用于灭火①。

黑头志愿消防队建立了完善的组织管理制度。根据章程规定，黑头志愿消防队每年召开会议选举理事会（Juhatus），并就志愿消防队的组织管理等重大事项做出决定。理事会选举任命志愿消防队的负责人，由其代表黑头志愿消防队，并组织日常管理、训练

---

① 《爱沙尼亚消防组织简史》，第 12—13 页。

和火灾扑救。所有一线队员都穿着统一制服并佩戴徽章，制服上最明显的标志就是一个黑人头像，头盔上也带有黑头兄弟会的徽章。黑头志愿消防队组织严密、管理严格，成为塔林组织最为严密的队伍，参与了当时塔林几乎所有大火的扑救。

1808 年 5 月 19 日，黑头志愿消防队花费 537 卢布 40 戈比（黑头兄弟会成员筹集 347 卢布，其他由社会各界捐赠）购买了新的手压唧筒——这台现今已有 200 多年历史的唧筒，目前是爱沙尼亚消防博物馆的镇馆之宝。1908 年 5 月 18 日，为纪念这台唧筒购置百年，举行了隆重仪式，当时俄罗斯消防协会主席利沃夫亲王从圣彼得堡赶到塔林，沙俄立窝尼亚省省长、塔林市市长等要员都参加了纪念活动①。

1820 年 6 月 16 日晚，雷击造成圣奥拉夫教堂②的塔顶再次起火，黑头志愿消防队参加了火灾扑救，当时动用了塔林所有的消防装备，但由于喷水高度与塔顶相距甚远，教堂严重受损，燃烧的尖顶轰然坠落到附近建筑上，造成了更大范围的火灾蔓延。

2.3　塔林志愿消防队建立（1862 年）

19 世纪下半叶，爱沙尼亚总体上仍然是落后的农业国，但随着工业化发展，城镇的火灾危害日趋严重，住宅、商铺和工厂的火灾越来越频繁，对有组织的消防工作需求更为迫切。恰恰是在这一阶段，受法国大革命鼓舞，爱沙尼亚的民族意识开始觉醒，在新兴知识分子的带动下，爱沙尼亚人民开始积极参与社会生活，在各个领域成立社会团体。在时代的大背景下，顺时应势，在塔林、塔尔图、派尔努等地，先后出现了近现代意义的志愿消防组织。

1861 年塔林再次发生大火，这场火灾招致城镇居民的广泛批评，德文报纸《复兴报》（*Revalische Zeitung*）发表文章，呼吁塔林尽早建立一支志愿消防队，配备必要的消防设备并进行专业培训，以应对越来越严重的火灾威胁。钟表匠卡尔·西奥多·奥朗德（Carl Theodor Hollandt）之前是瑞士一个小镇的志愿消防队员，成为第一个投身志愿消防活动的塔林居民。1862 年 6 月，奥朗德等 5 人向塔林市政厅递交了成立志愿消防队的计划和章程草案。塔林市议会表示感谢并同意了申请，随后，奥朗德等人呼吁市民积极加入志愿消防队。

---

① 《胸中的火焰：爱沙尼亚志愿消防事业 200 年》，第 31 页。

② 圣奥拉夫教堂（Oleviste kirik），以挪威国王奥拉夫二世（Olaf II Haraldsson，1015—1028 年在位）命名，14 世纪进行大规模重建，1433 年 5 月 11 日大火后再次重建，1450 年完工时高度 159m，是当时西欧最高的教堂之一。教堂塔尖多次因雷击起火，1625 年塔尖被烧毁后再次重建。目前塔高 123.7m，是塔林现存最古老的中世纪建筑。https：//oleviste. ee/kirikuhoone/kiriku - ajaloost/。

1862 年 8 月 2 日，塔林志愿消防队（Tallinna vabatahtliku tuletõrjekompanii）正式成立，这也是沙皇俄国境内的第一个志愿消防组织。除上述 5 名创始人外，还有 17 名塔林市民参加了当天的成立会议。会议选举了志愿消防队的管理机构和队长，表决通过的章程确定了成员的权利和义务，并一致同意购买 1 台手压唧筒。由于创始人奥朗德熟悉瑞士志愿消防队的情况，所以参照瑞士和法国的习惯，将新成立的志愿消防队称为队、分队（kompanii，allüksusi kolonni），但德意志的语言和思想则在消防队占主导地位，早期的塔林志愿消防队成员，也基本都是德意志人。根据章程，每名成员缴纳 3 卢布用于购买消防设备，每年另交 1 卢布的会费，此外，志愿消防队还接受社会捐款用于购买装备。塔林市议会在新街（Uue）为志愿消防队提供了一处建筑，成为塔林市的第一座消防站。

成立初期，塔林志愿消防队很快发展到 40 名成员（由于当时只有 1 台手压唧筒，所以规定消防队规模的上限是 40 人，后期随着添置新的灭火器材，人数不断增加）。由全体成员选举产生的队长任期 3 年，队长任命 4 个分队的队长，其中，第一、第二分队负责喷水灭火，第三分队负责操作手压唧筒，第四分队负责保障水源。所有队员都头戴镶金丝线的毡帽，上面佩有专门的徽章。根据章程规定，如果发生火灾后志愿消防队员未及时赶到消防站或者火灾现场，以及无故离开火灾现场，每次罚款 50 戈比；无故不参加演练的，罚款 1 卢布，多次不履行义务的予以除名。随着志愿消防队成立，由于火灾扑救及时，1862 年后相当一段时间，塔林没有发生严重的火灾事故①。

1866 年，黑头志愿消防队整体加入塔林志愿消防队。随着黑头志愿消防队的加入，塔林志愿消防队发展到 280 人，成立了 8 个分队，其中 5 个灭火分队共 165 人，每队配备 1 台手压唧筒，另外 3 个是登高、潜水和保障分队，共 115 人。同年，塔林相互保险公司（Tallinna Vastastikune Kindlustusselts）成立，并为志愿消防队提供经费支持。1873 年，在维鲁街（Viru）新建的消防站竣工，宽敞的大厅可用于集会和训练，站内还配备了各类消防器材，包括 1 架新的机械操控消防云梯。1874 年，维鲁街消防站内建造了一座木质消防训练塔，1876 年安装了出警电铃，1882 年购买了第一台蒸汽消防泵。1884 年，塔林志愿消防队通过慈善活动购买乐器后，成立了塔林消防管弦乐团。

塔林志愿消防员在扑救火灾时表现出色，受到民众认可，带动志愿消防队伍的规模不断扩大，其发展水平不亚于柏林等当时的欧洲大城市。到 1876 年，塔林志愿消防队已有 605 名一线队员和 407 名保障队员，配备了 12 台灭火用的手压唧筒，同期，柏林的志愿消防队员是 561 人。1890 年，塔林志愿消防队将全市划分为 4 个责任区，编为 1 至 4

① 《爱沙尼亚消防组织简史》，第 16—17 页。

号，白天在消防训练塔上悬挂红色信号球，晚上点亮灯笼，通过信号球和灯笼的数量，指示发生火灾的区域。从 1895 年开始，报名加入志愿消防队的人员必须有 2 名在职队员推荐，通过专门的考试后，再进入 6 个月的候补期，最后经过投票表决，才能成为正式成员。1910 年，塔林志愿消防队从德国购买了 1 台大功率双缸蒸汽消防泵和 1 架 20 m 的云梯——目前也都是爱沙尼亚消防博物馆的珍贵展品。

1887 年 8 月 7 日，塔林志愿消防队成立 25 年之际，沙俄政府内政部批准了塔林志愿消防协会（Tallinna Vabatahtliku Tuletõrje Selts）的章程，赋予其作为独立社会团体的权利——不再需要接受塔林市政厅的监护。11 月 15 日，塔林志愿消防协会举行特别会员大会，选举了协会理事会和主席，当选主席朱利叶斯·西伯特（Julius Siebert）是爱沙尼亚志愿消防事业的创始人。1912 年，塔林志愿消防队成立 50 周年之际，在圣彼得堡召开的第六届国际消防大会上，塔林志愿消防队的发言引起代表们的关注。同年，塔林志愿消防队创作《消防员之歌》（*Tuletõrjujate hümn*），在波罗的海国家的消防队广为传唱，作词欧·冯·肖特（O. von Schott），作曲弗里德里希·冯·诺贝克（Friedrich von Nottbeck）。感谢高晶一教授应约精心翻译了《消防员之歌》。2002 年 8 月 26 日，爱沙尼亚救援局局长发布第 80 号命令，将经过改编的《消防员之歌》确定为救援局队歌。

专栏

消防员之歌

铜号响起，呼救回荡，
哪里出现火情，就奔向哪里，
挺身而出，那里正需要我们，
救援乡邻，我们必胜！

我们的旗帜，再次在火海飘扬，
旗帜上的誓言，此刻就在眼前。
在这危机时刻，大声激励我们：
为了神的荣耀，到最前沿救援！

不夸风险，不计报酬，
面对烈焰，勇往直前，
我们荣幸之大，我们唯一的回报，

就是从火海中拯救生命。

奋不顾身，我们无所畏惧，
银色水柱，映出我们协力同心。
在这危机时刻，大声激励我们：
为了神的荣耀，到最前沿救援！

死亡迫近我们，火灾吞噬生命，
夺去勇者中的至勇者。
让我们向牺牲者致敬，
脱下我们闪耀的头盔。

在大地之下安息，
当最后的战斗结束。
在这危机时刻，大声激励我们：
为了神的荣耀，到最前沿救援！

需要特别说明的是，1862 年塔林志愿消防队成立时，主要以扑救火灾为目的，其名称 Tallinna vabatahtliku tuletõrjekompanii 中的 tuletõrjekompanii 是消防队之意，即 tuletõrje - kompanii，其中的“kompanii”是军队中的“连”（英语 company），相当于我们常说的消防中队。经过 25 年发展，1887 年沙俄政府批准成立“塔林志愿消防协会”——标志着塔林志愿消防队已经从单一从事火灾扑救的“队”，发展为广泛参与消防事业的“协会”（selts）。在爱沙尼亚语中，“selts”与“ühing”，都是“社团、团体、协会”之意。在本书下面的叙述中，还会出现“liit”（联盟、联合会），1919 年成立的“爱沙尼亚消防联盟”（Eesti tuletõrje liit），就是由各地消防协会、个人组成的全国性消防组织。

2.4　其他城镇的志愿消防组织

在 1862 年 5 月 15 日至 20 日召开的立窝尼亚城镇代表大会（Liivimaa väikelinnade kongress）上，根据工商业人士再次提出的提议，参会人员讨论了在城镇建立消防组织的问题。1863 年 3 月 16 日，经沙俄政府内政部同意，立窝尼亚省政府发布《立窝尼亚城市（不含里加）消防组织条例》（*Reglement tuletõrje korraldamiseks Liivimaa linnades, välja arvatud Riia linn*）。条例共 4 章、24 条，规定立窝尼亚的市镇政府必须组建消防队

（Tuletõrjekolleegium），并任命 1 名队长负责组织领导火灾扑救——这里，Tuletõrjekolleegium 强调的是“（联合）消防队”，即所有消防队伍整合在一起的“联队”；ülem - brand - meister 即“上级 - 火 - 师傅”，其中“ülem”是“主任、上级”（英语 chief）之意，brandmeister 也是消防队长之意，组合成词即“（联合）消防队长”。

有了塔林的经验和立窝尼亚城市消防组织条例的依据，爱沙尼亚其他城市相继建立志愿消防组织。塔尔图是当时爱沙尼亚的文化中心和最大城市，最先效仿塔林成立了志愿消防协会。1863 年 11 月 12 日，塔尔图市议会批准成立志愿消防组织。11 月 18 日，塔尔图大学哲学教授路德维希·海因里希·斯特伦佩尔（Ludwig Heinrich Strümpell）等 6 人在当地的《多帕特日报》（*Dorpater Tagesblatt*）发出邀请参加志愿消防协会的倡议书，到 12 月 16 日，已有来自各行各业的 120 人报名，其中超过 10% 是塔尔图大学的教授和学生。1864 年 2 月 5 日塔尔图志愿消防协会（Tartu Vabatahtliku Tuletõrje Selts，TVTS）正式成立，开始承担灭火任务，并分为喷水灭火、登高救援、维护秩序共 3 个分队，配备 5 台手压唧筒。1865 年和 1880 年，塔尔图志愿消防协会先后在教师街（Õpetaja Tänav）和艾玛吉（Emajõgi）河岸建造了 2 个消防站，并于 1882 年购买了蒸汽消防泵。到 1879 年成立 15 周年之际，塔尔图志愿消防协会的成员已经达到 444 人①。

1882 年，对于塔尔图志愿消防协会意义重大。这一年，沙俄政府内政部部长批准其章程——此前，该协会必须在塔尔图市政府监护下开展活动，根据章程，塔尔图志愿消防协会在继续得到市政府资助的同时，取得了相对独立的社会团体地位，由此建立的管理和运行机制，虽然也历经一些调整（后文将予以介绍），但总体上没有变化，并一直沿用到“二战”爆发。根据章程规定，塔尔图志愿消防协会每年至少召开一次成员大会，选举产生协会理事会，理事会再选举确定协会负责人。1888 年，塔尔图在爱沙尼亚首次引入火警电话，与分布在市内不同地点的 15 个火灾报警点随时联系。1913 年 11 月 3 日，塔尔图市耗资 11 000 卢布（市政府拨款 3 000 卢布，利沃尼安火灾保险公司出资 2 000卢布，其他捐赠 6 000 卢布），从德国购买了爱沙尼亚的第一辆内燃机驱动的现代消防车，车款折合 22 650 德国马克。这辆“汉莎 - 劳埃德”（Hansa Lloyd）牌消防车的水泵可以满足 2—3 支水枪同时出水的要求，被配属到在教师街新建的消防站，由 2 名司机和 5 名消防员轮流执勤，创建了爱沙尼亚第一支配备消防车的现代消防队，一直服役到 1931 年。

1866 年 11 月 1 日，派尔努市（位于爱沙尼亚西南部，濒临波罗的海）也成立了志

---

① 格罗·阿瓦莱德（Gerro Avarlaid）：《塔尔图消防（1919—1926）》（*Tartu tuletõrje 1919—1926*），塔尔图大学学士学位论文，2015 年，第 8 页，http：//dspace. ut. ee/bitstream/handle/10062/48567/Gerro_ Avarlaid_2015. pdf。

愿消防协会（Pärnu Vabatahtliku Tuletõrje Selts），经费主要来自市政府拨款和社会捐赠。1869 年，派尔努市政府为志愿消防协会建造了一个规模很小的消防站，虽然缺少附属功能用房，但毕竟满足了最基本的灭火需要，当地官员还经常参加志愿消防协会定期组织的演练。

19 世纪下半叶，越来越多新的志愿消防组织在爱沙尼亚应运而生，志愿消防员开始接受基本的训练。人口越多的城镇，参与消防组织的民众越多，配备的消防装备也越丰富，新建了配有高大塔楼的消防站。这一阶段，很多志愿消防组织先后组建了铜管乐队、戏剧团体、合唱团，通过开展各类文化活动，募集捐款、获取收入，农村地区的消防组织逐渐成为当地的文化中心。为了及时救护火灾中的受伤人员，一些志愿消防协会还配备了医疗人员。这一时期，波罗的海地区志愿消防事业的发展在俄罗斯处于领先地位。到 1880 年，沙俄境内共批准成立了 52 个志愿消防协会，其中 36 个位于波罗的海地区①。

2.5　火灾保险业的发展

19 世纪中叶后，与志愿消防组织的发展基本同步，爱沙尼亚开始出现相互保险公司（vastastikuse kindlustuse seltside）——作为由相关行业企业联合成立的特殊保险公司，参与组建相互保险公司的企业，既是保险人也是投保人，在成员因火灾等灾害遭受损失时，其他成员共同为其提供物质和人力等援助，在当时是企业发生火灾后获得补偿的唯一保障。1864 年，塔林成立了第一家相互保险公司，后来被称为塔林火灾相互保险协会（Tallinna Vastastikuse Tulekindlustuse Selts）。成立之初，相互保险公司的成员只是向受灾的成员提供物质援助，尤其是采购重建火灾受损建筑的原材料，后来，逐渐转变为向受灾者提供经济援助。为减少火灾损失，相互保险公司也为本地的志愿消防队提供经费支持，或者购买灭火器材。

从保险业的发展历程看，自从 1666 年伦敦大火推动保险行业产生和发展，很多保险公司都成立了自己的消防队为投保人服务，以减少火灾赔付。随着地方政府越来越普遍建立志愿消防队或者职业消防队，保险公司通常会向当地消防队提供经费支持。除此之外，保险公司还在火灾预防领域发挥重要作用，通过制定消防安全要求并要求投保人遵守，对执行情况进行检查，可以有效预防和减少火灾的发生。据不完全统计，到第一次世界大战前，爱沙尼亚共有约 150 家相互保险公司。

① 《爱沙尼亚消防组织简史》，第 18—22 页。

第三节　全国消防联盟成立和职业消防的萌生

在纷繁延绵的历史事件中划分爱沙尼亚近、现代消防史的界线，同样需要大历史的视角。正如世界近代史和现代史的分界线是1917年俄国十月革命，爱沙尼亚近、现代消防史的分界点，同样处于人类历史上这一伟大时刻，具体的标志性事件，则是1919年全国消防联盟成立。全国消防联盟成立初期，事实上发挥了国家消防工作组织管理机构的作用。在志愿消防事业持续发展的同时，在塔林、塔尔图等地，脱胎于志愿消防的职业消防逐渐崭露头角。随着资本主义经济发展，爱沙尼亚成为沙俄工业最为发达的地区之一，纺织、造纸等行业的大型企业先后建立消防队。

3.1　全国消防联盟

1917年沙皇俄国专制统治瓦解，爱沙尼亚人民迎来独立建国的机会。自1787年黑头志愿消防队成立，经过近140年发展积淀的爱沙尼亚志愿消防事业，同样迎来了整合、发展、提升的历史机遇。

3.1.1　成立联盟的背景

沙皇俄国的火灾危害一直非常严重，特别是在农村地区，木结构茅草顶建筑连片，常常发生火烧连营的大火。根据统计数据，沙俄时期的村庄平均每25年就会发生一次几乎被夷为平地的大火。波罗的海地区消防事业尤其是志愿消防组织的发展，总体领先于沙俄其他地区，特别是塔林（1862年）、塔尔图（1864年）、里加（1865年）先后建立志愿消防队之后，带动了志愿消防组织在沙俄其他地区的发展。

到1870年，在沙俄统治下的爱沙尼亚省、立窝尼亚省和库尔兰省已成立20个志愿消防协会，各个协会按照章程和经济能力单独行事。为了协调行动和互相借鉴，1871年，在里加召开了波罗的海志愿消防协会第一次代表大会（Baltimaade Vabatahtlike Tuletõrjeseltside I Kongress），决定此后定期开会，并发行出版物《消防新闻》（德语*Feuerwehr Nachrichten*），这一刊物直到第一次世界大战爆发才停刊，持续办刊超过40年。1875年6月14日至15日，在拉脱维亚城市叶尔加瓦（拉脱维亚语Jelgava，16—18世纪曾是库尔兰公国的都城）召开了第二次代表大会，波罗的海地区23个消防组织派出代表参加会议。1879年8月25日至27日，在塔尔图召开的第三次代表大会上，通过了波罗的海消防协会联盟章程。此后，分别于塔林（1882 年）、里加（1886 年）、叶尔加瓦（1891 年）召开了第四至第六次代表大会。1893 年 8 月 29 日至 9 月 1 日，第七次代表大会在塔尔图召开，在同期举办的农业展览上，专门开设了消防展览——这是爱沙尼亚历史上首次举行消防展①。

1892 年，沙皇俄国在首都圣彼得堡举办首次全国消防展览，并召开第一届全俄消防大会，成立俄罗斯帝国消防协会（俄语 Императорское Российское Пожарное Общество，ИРПО）。由于在 1893 年 3 月 23 日沙俄内政部批准的俄罗斯帝国消防协会章程中，没有关于成立区域协会的内容，波罗的海志愿消防协会联盟的活动陷入停顿。经过多年申请，1907 年 8 月 1 日，俄罗斯帝国消防协会波罗的海分区章程（Balti ringkonna põhikiri）获得批准，包括爱沙尼亚、立窝尼亚和库尔兰在内的俄罗斯消防协会波罗的海分区（Balti ringkonda）获得认可，并于 1908 年在里加召开了波罗的海消防协会联盟第八次代表大会，50 个消防协会的代表参会。

为庆祝塔林志愿消防队成立 50 周年，1912 年 7 月 29 日至 30 日在塔林召开第九次波罗的海消防协会代表大会，来自 59 个消防协会的代表参加，是参与人数最多的一次，期间举办了消防展、大型消防演习。第十次代表大会原定 1916 年在叶尔加瓦召开，因第一次世界大战爆发而停办，此后，波罗的海消防协会联盟不复存在——尽管只是一个协调咨询和互通信息的松散机构，其决定对成员也没有约束力，但该联盟在促进波罗的海地区志愿消防事业方面发挥了重要作用。

为便于读者了解相关历史背景，对沙皇俄国消防史上的重要时间节点、重大事件做概要介绍②。

专栏

沙皇俄国消防简史

1434 年，莫斯科大公瓦西里二世（Василий II，1425—1462 年在位）颁布俄罗斯历史上第一部防火法规。其子伊凡三世（Иван III，1462—1505 年在位，俄罗斯历史上最成功的统治者之一）开始建立城市防火体系，并强化了实施机制，包括统一指挥灭火、严厉处罚违反防火规定者等。

---

① 《胸中的火焰：爱沙尼亚志愿消防事业 200 年》，第 63—66 页。

② 圣彼得堡消防大学：《20 世纪之前的俄罗斯消防》（ПОЖАРНОЕ ДЕЛО В РОССИИ ДО НАЧАЛА XX ВЕКА），https：//igps. ru/publication/Pozharnoe_ delo_ v_ Rossii_ do_ nachala_ XX_ veka。

1550 年，伊凡四世（1547—1584 年在位）在强化莫斯科城市防火措施的同时，开始重视和加强灭火力量，要求卫戍部队承担扑救火灾的职责。

1649 年，阿列克谢·米哈伊洛维奇（Романов Алексей Михайлович，罗曼诺夫王朝第二位沙皇，1645—1676 年在位）颁布共 25 章、967 条的《1649 年法典》，正式建立农奴制度并强化王权，该法典有 9 条涉及消防，包括对放火者处以火刑、惩处失火者和趁火打劫者等。同年 4 月 30 日颁布的《城市教长令》（*Наказ о градском благочинии*）是专门关于莫斯科防火安全的规定，包括通过征兵建立职业消防队的要求。1999 年，俄罗斯总统叶利钦发布总统令，决定将每年的 4 月 30 日确定为消防日（День пожарной охраны）。

1683 年，莫斯科的防火要求和处罚规定，成为全俄罗斯所有城镇必须执行的强制性法规。

1712 年，彼得一世（Пётр I，1682—1725 年在位）迁都至彼得堡（Петербург，后改名为“圣彼得堡”Санкт－Петербург），此后一直重视城市的防火和有组织灭火，包括推行严格的城市规划、建筑防火措施，建立消防组织、配备消防装备等。

叶卡捷琳娜二世（Екатерина II Алексеевна，叶卡捷琳娜大帝，1762—1796 年在位）当政期间，正式将消防纳入警察职责，开始组建配备专用装备的消防队。

1803 年 6 月 24 日，亚历山大一世（Александр I Павлович，1801—1825 年在位）命令在首都圣彼得堡警察部门组建 11 支军事化管理的消防队，这一天是俄罗斯职业消防队的成立纪念日。

1892 年 6 月 14 日成立俄罗斯帝国消防协会，1901 年 6 月 8 日起改称俄罗斯消防协会，1919 年 5 月被苏俄政府取缔。

1892 年俄罗斯帝国消防协会成立不久，即由利沃夫亲王格奥尔基·叶夫根尼耶维奇·利沃夫（Гебргий Евгéньевич Львов，1861—1925）担任主席，由于利沃夫亲王的特殊身份，相比于对其他社会组织的严格控制，沙俄政府对消防协会的管理相对宽松，申请成立新的消防协会不再需要内政部批准，由各省省长同意即可。1895 年，俄罗斯帝国消防协会成立技术委员会，成员包括著名科学家，就消防设备、消防供水等开展了研究，内政部授予该委员会审核消防检查人员资格的权力。在“一战”爆发前的几年内，沙俄境内的消防组织发展很快，到 1914 年底，俄罗斯消防协会共有团体成员 3 550 个，其中单纯的城镇志愿消防协会 952 个，包括志愿消防队的城镇志愿消防协会 1 377 个，企业志愿消防协会960个，其他志愿消防组织261个，个人会员达到40万人①。

1911年到1914年爱沙尼亚新增45个消防协会，到1914年底，共有142个志愿消防组织，这些志愿消防组织设立63个消防站，配备3辆消防车、20台蒸汽消防泵、1台电动消防泵，还有410台手压唧筒、38辆工具车和340辆各类运水车。

爱沙尼亚志愿消防事业的发展，留有鲜明的历史和社会烙印。19世纪中叶各地志愿消防协会成立之初，就存在深刻的民族矛盾和阶级矛盾。德意志权贵长期在爱沙尼亚等波罗的海地区居于统治阶层，一方面，他们在创立志愿消防组织的过程中，确实发挥了重要的引领作用，但另一方面，很多上层人物在加入志愿消防组织后，往往只是热衷于炫耀消防制服、沽名钓誉，却很少参与具体工作，真正的志愿消防员主要还是爱沙尼亚族的劳动者，但爱沙尼亚语却长期不是志愿消防组织的工作语言，直到1905年第一次俄国资产阶级革命后，经过激烈争论，爱沙尼亚语才成为塔林志愿消防协会继俄语、德语之后的第三种工作语言。1914年第一次世界大战爆发后，爱沙尼亚的志愿消防队伍受到严重冲击，开战第一年就有42名志愿消防队员被沙俄政府征兵，第二年又被强征36人，志愿消防队还被迫执行大量诸如运送伤兵之类的战时任务。

3.1.2 全国消防联盟成立（1919年）

1917年二月革命后，长达300多年的沙皇封建专制统治终结，沙俄帝国土崩瓦解，1919年5月全俄消防协会被取缔。在争取民族独立的大背景下，建立爱沙尼亚自己的消防领导机构，被提上议事日程。1917年3月，艾沃迪斯（Avanduse）② 志愿消防协会的负责人利沃夫（J. Liiv）在报纸撰文，呼吁建立爱沙尼亚消防联盟。拉克韦雷③消防协会积极响应利沃夫的倡议，邀请维鲁县各消防组织的17名代表于1917年5月1日召开会议，成立了维鲁县消防协会联盟（Virumaa Tuletõrje Seltside Liit），迈出了建立爱沙尼亚全国消防联盟的重要一步。但是，随着1918年2月23日德军入侵塔林，以及随后苏俄军队进入爱沙尼亚，动荡岁月下的维鲁县消防协会联盟难以开展活动，筹建爱沙尼亚消防联盟的进程也被打断④。

1919年5月，爱沙尼亚独立战争结束。第一次世界大战和独立战争，使爱沙尼亚遭受重创，消防事业同样受到严重破坏，战争期间大批志愿消防员被强征入伍，消防器材

① 《胸中的火焰：爱沙尼亚志愿消防事业200年》，第73页。

② 艾沃迪斯（Avanduse）村，位于爱沙尼亚西维鲁县的维克－马里（Väike－Maarja）乡，现有居民约100人。

③ 拉克韦雷（Rakvere）位于爱沙尼亚东北部，芬兰湾以南20 km、塔林以东约100 km，目前是西维鲁县县治所在地和爱沙尼亚的第五大城市，最早的人类定居遗迹可以追溯到3—5世纪。

④ 《爱沙尼亚消防组织简史》，第24—25页。

摧毁散失，仅存的也破烂不堪，亟待维修，很多消防组织不复存在。到1920年，爱沙尼亚的消防协会减少到57个，比1914年“一战”爆发前（142个）减少60%。以塔尔图为例，1914年“一战”爆发前志愿消防协会有612名成员，1918年底减少到451人（18人死亡、46人被征兵，其他情况不详），到1919年底只有374人，比“一战”前减少39%，1913年建立的首支配备消防车的消防队只剩1人[①]。

随着国家独立，爱沙尼亚社会生活百废待兴，各地的消防组织逐步恢复，亟须构建统一的管理体系和规章制度。1919年春季，塔林志愿消防协会接手全国消防联盟的筹建工作，并于6月26日成立专门委员会，推动召开第一次全国消防大会，筹备成立爱沙尼亚消防协会联盟。7月8日，专门委员会召开第一次会议，此后共召开11次会议，7月14日的第三次会议审查了联盟章程草案。8月29日塔林志愿消防协会召开特别会议，讨论全国消防大会的筹备事宜，代表们一致认同建立全国消防联盟的必要性，并通过了专门委员会代拟的联盟章程草案[②]。

1919年9月6—7日，第一届爱沙尼亚消防大会（Esimene Eesti tuletõrje kongress）在塔林的爱沙尼亚剧院举行，来自全国48个消防组织的78名代表参会。6日，会议代表表决同意成立**爱沙尼亚全国消防联盟**（Eesti Üleriiklik Tuletõrje Liit），并通过了联盟章程。7日，召开了联盟成立大会，42个消防协会和消防社团组织成为创始会员，并选举了9名成员的联盟理事会，塔林志愿消防协会负责人阿多·伯克（Ado Birk）当选联盟主席，简·托弗曼（Jaan Toffelmann）和亚历山大·皮瑞克（Aleksander Pirker）当选副主席，大会同时产生了联盟的工作机构。全国消防联盟的成立，在爱沙尼亚消防事业发展史上具有重要的里程碑意义。1991年爱沙尼亚恢复独立后，9月7日被确定为“消防日”（tuletõrje päev）[③]。

需要引起特别重视的是，1919年成立全国消防联盟时，虽然其成员完全是各地的志愿消防组织和人员，宗旨也是发展志愿消防事业，但联盟的名称中并没有限定词“志愿”（vabatahtlik），原因是刚刚独立的爱沙尼亚没有消防法律，没有全国性的消防管理机构，消防工作也没有被明确为政府的职责，虽然职业消防队伍已经萌生发展，但仍然依附于志愿消防协会，所以在这一阶段，志愿消防就代表了几乎全部消防工作。在随后的发展历程中，全国消防联盟的名称几经更改，直接反映了对消防工作性质认识的螺旋上升。

---

① 《塔尔图消防（1919—1926）》，第9—10页。

② 梅特·詹森（Mait Janson）：《1936年〈消防法〉前后的爱沙尼亚消防事业》（*eesti vabariigi tuletõrje enne ja pärast 1936 aasta tuletõrje seadust*），爱沙尼亚内政学院消防学院学士学位论文，2009年，第7页，https：//digiriiul. sisekaitse. ee/handle/123456789/1512。

③ 《1936年〈消防法〉前后的爱沙尼亚消防事业》，第8页。

3.1.3 事实上的国家消防领导机构

全国消防联盟成立时，爱沙尼亚的消防事业正处于最艰难的阶段，在规范志愿消防组织管理、提高消防专业技能、推广应用先进消防装备、宣传消防安全知识、激励公众参与消防事业等方面，全国消防联盟做了大量工作，推动全国消防组织规模不断壮大。1920年1月11日，联盟理事会起草《消防协会章程范本》（*Tuletõrje seltside tüüp – põhikirja projek*），征求各地消防组织的意见。1920年在塔林召开的第二届全国消防大会上，12个消防协会被接纳为全国消防联盟会员。

1921年10月1日全国消防联盟设置消防教习（tuletõrjeinstruktor）职务，由汉斯·梅德（Hans Maide）担任。梅德1910年毕业于当时俄国唯一的消防教育机构圣彼得堡消防技术学校①，在担任教习期间编写了多部消防教材，并于1923年出版《消防员手册》（*Tuletõrjuja Käsiraamat*）。1924年9月6日至9日，全国消防联盟以梅德编写的教材为基础，在塔林举办了首期消防培训课程，共有83人参加学习，此外，联盟还在拉克韦雷和穆斯韦（Mustvees）举办为期2天的培训课程。从1925年开始，联盟开始组织“消防队长日”（peameeste päev）活动，对初级消防指挥员进行短期培训，接受培训的初级指挥员，再负责组织消防员开展训练。

汉斯·梅德1886年出生于塔尔图，1910年自圣彼得堡消防技术学校毕业后，在俄罗斯的萨拉托夫担任了8年消防队队长，1919年返回家乡塔尔图。1922年被任命为塔林职业消防队的副队长，1929年任队长，“二战”爆发后德军占领期间，继续担任塔林职业消防队的队长，1946年去世。鉴于梅德对爱沙尼亚消防事业特别是消防教育事业的贡献，1991年爱沙尼亚恢复独立后，爱沙尼亚救援局设立了以其名字命名的特别奖学金（Hans Maide nimelise eristipendium），以表彰内政学院所属救援学院的优秀学员。

1922年，全国消防联盟借鉴沙俄晚期成立消防装备中央仓库的做法，创立了爱沙尼亚全国消防器材“中心仓库”（Keskladu），以优惠条件向联盟成员销售国内外的消防器材，既畅通了与外国消防装备生产企业的贸易联系，又促进了国内消防装备的研发生产，提供的消防产品和装备种类丰富，各地消防组织可以根据需求和财力进行选择，在当时的爱沙尼亚消防装备市场占有很大份额②。

---

① 1906年10月18日，沙皇俄国在首都圣彼得堡开设俄罗斯首个消防技术课程（Курсов пожарных техников），学制2年。十月革命后，圣彼得堡消防技术学校于1918年1月改称彼得格勒消防技术学校（Петроградское пожарно – техническое училище），学制3年，1924年更名为列宁格勒消防工程学院（Ленинградский пожарный техникум）。目前的全称是“俄罗斯联邦民防、紧急情况及消除自然灾害后果部圣彼得堡消防大学”（Высшего Образованиясанкт – петербургский Университет Государственной Противопожарной Службы）。网站：https：//igps. ru/。

② 《爱沙尼亚消防组织简史》，第29—30页。

从 1923 年 4 月起，全国消防联盟开始发行杂志《消防通讯》（*Tuletõrje Teated*），每年不定期出版 6—9 期，每期 16 页，编辑部最初设在爱沙尼亚的东北部城市拉克韦雷，创刊初期的《消防通讯》杂志虽然装帧简朴，但内容丰富实用，深受消防人员欢迎。1928 年杂志社转到塔林，开始每月发行，并于 1933 年更名为《爱沙尼亚消防》（*Eesti Tuletorje*），印刷更为精美，栏目设置更为多样，一直出版到 1941 年上半年，设置了新闻综述、教育培训、灭火战术、火灾预防、民防、女性消防员、青少年消防员、消防历史、国际消防、法律法规公告等 20 多个相对固定的栏目。

1924 年，耶尔瓦县举办了首次消防日宣传活动，向居民散发消防知识宣传材料，组织检查住宅烟囱，标记消防水源。1930 年以后，时间更长、内容更丰富的“全国防火周”（üleriiklikke tulekaitsenädal）活动代替了防火日。继 1922 年首次颁发消防奖章（tuletõrjega seotud aumärgid），1927 年全国消防联盟开始颁发最高勤勉奖章（Kõrgeima hoolsus märk）①，见图 2－4。

图 2－4　全国消防联盟颁发的最高勤勉奖章

为加强与周边国家消防组织的联系，在拉脱维亚（1921 年）、立陶宛（1924 年）相继成立志愿消防协会后，爱沙尼亚消防联盟邀请两国代表于 1925 年 9 月 25 日在塔林开会，组建波罗的海消防联盟联合会（Baltimaade Tuletõrje Liitude Liit），并于 1926 年 9 月

① 《全国消防联盟成立 10 周年纪念专辑》（Eesti Üleriiklise Tuletõrje Liidu 10. a. juubelialbum：1919—1929），第 24 页，https：//www. digar. ee/arhiiv/et/raamatud/77665。

11日至12日在里加召开了联合会第一次会议，批准了联合会章程。1936年，在联合会成立10周年之际，爱沙尼亚消防联盟主席鲍里斯·梅尔茨（Boris Melts）当选新任主席，并一直任职到1940年联合会解体。

全国消防联盟承担的一项重大任务，是起草爱沙尼亚首部消防法草案，有关情况将在本章第四节详述。

从全国消防联盟开展的上述工作看，在爱沙尼亚独立初期，虽然1918年11月13日就成立了内政部，职责包括市政、卫生、警察（含消防）、地方事务等方面，但全国消防联盟事实上发挥了国家消防工作组织管理机构的作用，推进了爱沙尼亚消防事业发展，提高了社会消防安全水平。成立初期，全国消防联盟也一直为经费不足的问题所困扰。1922年，爱沙尼亚政府向协会拨款100万爱沙尼亚马克，但并不能满足需求，联盟曾建议爱沙尼亚政府下达行政命令，要求保险企业将火灾保险费收入的2%提供给全国消防联盟作为经费，但未获批准。

随着新生国家各项制度的建立健全，志愿消防组织的局限性也逐渐显现，由全国消防联盟这样的社会团体组织国家消防事务，已不适应社会发展需要，新的变革正在孕育之中。

3.2 职业消防的萌生

3.2.1 沙俄时期职业消防队的起源

在近代俄罗斯消防事业发展史上，第一支职业消防队伍产生于1803年6月24日——根据沙皇亚历山大一世的命令，首都圣彼得堡警察部门成立消防队（俄语пожарной охраны），由23名军官和士官负责管理，队员都是沙俄军队的退役士兵，这支职业制消防队完全实行军事化管理，为了让队员绝对服从，普遍存在体罚现象。1804年5月31日，莫斯科成立了一支类似的消防队伍。

1853年，沙俄内政部部长批准一项法令，要求其他城镇参照圣彼得堡和莫斯科的模式，在警察部门建立军事化管理的职业消防队，并根据城镇居民的数量，分7档，确定了职业消防队的配置标准——根据该标准，塔林和塔尔图均应建立职业消防队。以塔尔图为例，根据沙俄内政部的分类标准，职业消防队应当包括1名队长、2名副队长和36名士兵，并配备18匹马（拖曳消防装备）、4台唧筒和8辆运水车。塔尔图市议会和警察局认为，如果按照上述标准建设，投入太大难以承受，所以建议将消防队的编制从39人减少到27人，每年的人员支出预算为2 757卢布17.5戈比，此外，建设一座消防站和购买消防装备，至少还需要15 000卢布。1855年5月14日，塔尔图市议会将职业消防队组建计划和预算提交立窝尼亚省政府，转报沙俄内政部。直到4年后的1859年，拖沓的沙俄政府官僚机构才行文回复，仍然要求按照1853年内政部制定的标准组建职业消防队，塔尔图市议会提出异议，但未再得到答复。

这一期间，沙俄境内各地的地方政府，也普遍对建立军事化的职业消防队表示异议，认为少数军事化管理的消防队，无法在俄罗斯广袤的国土解决火灾扑救问题。鉴于军事化管理的警察消防队建设投入大、运行效率低，沙俄政府内政部不得不全面调整政策，于1860年5月27日向各省政府发出通知，要求在城市建立完全由平民组成的职业消防队（tsiviilisikutest komandod）。

塔林的情况与塔尔图类似，根据1853年沙俄内政部的标准，塔林应当建立编制51人的军事化消防队，但这一要求在塔林同样没有得到执行。所以，到19世纪60年代初，塔林和塔尔图的地方政府均未建立任何形式的职业消防队伍，这也是催生志愿消防组织的重要背景。

3.2.2 爱沙尼亚职业消防队的出现

由于迟迟没有建立军事化管理的警察消防队，为应对日益严重的火灾问题，在1878年之前，塔林市政府建立了“市政消防机构”（Kommunaaltuletõrje），人员分为“固定工”（kindlapalgalised）和“小时工”（tunnitasu alusel töötavad isikud），前者是日常管理人员，后者共40人，平时从事有关城市设施运行维护的各类工作（最繁重的任务是每天点亮和熄灭使用煤气的路灯），一旦发生火灾，则赶往现场参加扑救，并根据参与灭火的时间获取报酬（1911年的标准是每人每小时20戈比）。塔林市专门成立了由4人组成的消防委员会（tulekustutuskomisjon），负责管理上述市政消防机构。“小时工”平时分布在城镇各处，火灾时往往需要较长时间才能赶到现场，所以在绝大多数情况下，志愿消防队都会携带更为专业的灭火器材，先行赶到火场进行扑救。从本质上看，塔林的市政消防机构以“小时工”作为火灾扑救的主要力量，属于兼职消防队范畴，并不是职业消防队，对于塔林这样人口和经济规模的城镇而言，显然是不能满足需求的。

随着城镇发展，建立真正职业消防队的需求变得愈加迫切。1897年，爱沙尼亚省省长致函塔林市政府，建议组建职业消防队，遭到市政府拒绝。随着火灾问题的持续加剧和战争迫近，省政府于1914年再次建议塔林成立职业消防队，市政府仍未采取行动。

危和机同生并存，克服危的过程，往往孕育新的机遇。“一战”期间，大批志愿消防员被强征入伍，志愿消防队被严重削弱。为了解决火灾扑救问题，塔林志愿消防协会对维鲁街14号的消防站（建于1873年）进行了调整，指派相对固定的志愿消防员24 h

待命值班——这些值班人员与之前志愿消防员的最大区别，是相对固定、技能熟练，并由志愿消防协会支付报酬，事实上已经成为职业消防员。1919 年 1 月 1 日，塔林市职业消防队（Tallinna Linna Kutselise Tuletõrje Komando）在维鲁街消防站正式成立，应塔林志愿消防协会的要求，市政府接手了职业消防员的经费保障，由前述的“市政消防机构”管理。初建的塔林市职业消防队包括队长、副队长各 1 名，6 名消防员和 6 名马车夫，主要装备只有 2 台手压唧筒和 8 匹马，由于力量相对薄弱，每次发生火灾时，志愿消防队仍然参与灭火。

“一战”爆发前，塔尔图市政府也成立了一支与塔林类似的职业消防队。战争期间，塔尔图志愿消防协会同样遇到各种困难，无法保障志愿消防队正常运行。鉴于维持城镇运行的公职人员不在强征入伍的范围内，1916 年，在战争中最艰难的阶段，塔尔图志愿消防队登高分队的队长约翰内斯·施罗德（Johannes Schröder）萌生将志愿消防员转为职业消防员常备执勤的想法。根据施罗德的建议，塔尔图市志愿消防协会提议市政府在志愿消防“飞虎队”（lendsalk）基础上，成立职业消防队，志愿消防协会承诺将 1913 年购自德国的消防车交给该队使用，并负担燃油、维修等所有费用，只需市政府支付职业消防员的工资。

1916 年 12 月 2 日，沙俄政府立窝尼亚省省长批准了塔尔图志愿消防协会的上述申请。1917 年 1 月 9 日，塔尔图市政府任命了职业消防队的队长、副队长，4 月 1 日，塔尔图市职业消防队在教师街消防站（建于 1865 年）正式成立，包括 1 名队长、1 名副队长、2 名司机和 10 名来自志愿消防队的水枪手（pritsimees）——这支队伍被称为“职业消防飞虎队”（kutselise tuletõrje lendsalk）——“lend - salk”即“飞行 - 群（组）”，比喻行动迅速，参照高晶一教授的意见，本书将其译为“飞虎队”。与塔林不同，塔尔图职业消防飞虎队在成立之初，就配备了当时爱沙尼亚唯一的一辆内燃机驱动的现代消防车，使其成为一支精干的常备消防力量，完全担负起了塔尔图的日常火灾扑救任务。只有在发生大火时，飞虎队才会通知志愿消防队伍增援，但多数情况下，志愿消防人员的任务也仅限于运水等辅助保障工作。1917 年 4 月 1 日成为爱沙尼亚职业消防队伍（Eesti elukutselise tuletõrje）的诞生纪念日。2017 年，为纪念职业消防队成立 100 周年，爱沙尼亚举行了隆重的纪念活动①。

在“一战”后期和爱沙尼亚独立战争中，塔尔图志愿消防队伍受到严重冲击，人员流失，战斗力下降。相对而言，职业消防飞虎队虽然名义上仍隶属于塔尔图志愿消防协

① 救援局：《塔尔图救援人员举行 100 周年庆祝活动》（*Tartu päästjad tähistavad 100 juubelit*），https：//www.rescue.ee/et/uudised/tartu - paeaestjad - taehistavad - 100 - juubelit - 54。

会，但事实上，这支孕育于志愿消防组织的队伍已经化茧成蝶，发展为爱沙尼亚首批真正的职业消防力量。由于职业消防队员专职从事火灾扑救，不受征兵影响，人员相对稳定，作用日渐明显。“一战”后，塔尔图职业消防飞虎队先后于 1919 年、1924 年和 1929 年接收 3 辆消防车，灭火能力进一步增强，1919 年至 1926 年间该队共扑救火灾 409 次，其中志愿队提供支持的仅 67 次。职业消防队员白天（7 时至 23 时）分为四班轮流值守，晚上统一住宿在消防站，夏季有 2—4 周的假期。随着职业消防飞虎队成为扑救火灾第一出动的常备力量，塔尔图志愿消防协会的作用也发生了微妙变化，主要是为职业消防队提供后勤保障，并促进公众对消防工作的了解和支持①。这一阶段，纳尔瓦和派尔努也出现了类似的职业消防队。

3.2.3　企业职业消防队的发展

18 世纪 30 年代中期，俄罗斯的工业开始从工场手工业向工厂过渡。19 世纪上半叶，受对外军事扩张与西欧产业革命影响，俄罗斯开始出现机器生产代替手工劳动的趋势。随着沙俄政府大力发展资本主义经济，波罗的海地区成为沙俄境内工业最为发达的地区之一。19 世纪中叶，纳尔瓦建立了多家大型纺织企业，成为继曼彻斯特和罗兹②之后，欧洲的第三大纺织工业中心。由于生产过程极易发生火灾，纳尔瓦的大型纺织企业普遍成立了消防队。1847 年，卡列夫纺织厂（Kaleviv）建立了爱沙尼亚第一支企业消防队，并从英国购买了 2 台流量 10 L/s 的手压唧筒。1857 年，工业革命以来生产规模最大、技术最先进的克瑞霍姆纺织公司（Kreenholm）成立之际，其消防队同步投入使用，1909 年发展到 26 人，其中 14 人为职业消防员，12 人为志愿加入的工人和企业管理人员，共配备 6 台手压唧筒。1860 年，纳尔瓦亚麻纺厂成立消防队，成员全部为职业消防员，到 19 世纪末达到 79 人，配备了蒸汽消防泵和 2 台大型手压唧筒。

1872 年，纳尔瓦的 A. D. Zinoviev & Ko 制板厂成立志愿消防队。1887 年 6 月 7 日该厂发生火灾，虽然志愿消防队和当地其他消防队奋力扑救，大火还是将整个工厂焚毁，这是 19 世纪纳尔瓦损失最为严重的火灾。1872 年塔林港消防队成立，在 19 世纪末建设了 2 层楼的消防站，并于 1913 年秋季，从英国购买了 1 辆“丹尼斯”（Dennys）消防车，这是爱沙尼亚的第二辆消防车，水泵流量达到 40 L/s。

1899 年在派尔努建立的 Waldhof 纸浆厂，是当时沙俄境内最大的纸浆企业，拥有 3 000名工人，投产时就成立了职业消防队，还配备了 1 列消防火车（tuletõrjerong），使

---

① 《塔尔图消防（1919—1926）》，第 11—13 页。

② 罗兹（Łódž），波兰第三大城市和工业中心，罗兹省首府，1815 年被沙皇俄国占领，1945 年波兰复国后归属波兰。

用蒸汽机车扑救火灾。“一战”爆发前，塔林建立了几家重要的军工企业，规模最大的是1912年成立的俄罗斯波罗的海造船机械股份公司，该公司拥有7 500名员工，投产前就组建了1支44人的职业消防队，配备1辆“奔驰－嘉格纳”（Benz－Gaggenau）消防车等装备器材，其消防站到20世纪80年代仍在使用。到1914年“一战”爆发前，爱沙尼亚共有19支企业消防队在运行。

第四节　第一次独立期间的消防事业

随着沙皇俄国瓦解，爱沙尼亚在两次世界大战的夹缝中，迎来了独立建国的历史机遇。以1924年、1936年颁布的两部《消防法》为标志，爱沙尼亚基本建立了消防机构组织管理、经费保障等制度体系。特别是在20世纪30年代中后期，为应对战争威胁、加强民防准备，建立了内政部主管、警察机构组织实施和监督的国家消防管理体制，强化了对志愿消防组织的管理，并加快推进职业消防队伍建设，明确了全国消防队伍的体系架构和管理关系，形成了高度集中、组织严密的统一体系。

1918年2月24日爱沙尼亚宣布民族独立，爱沙尼亚人民第一次拥有了自己的国家。独立后，志愿消防事业成为爱沙尼亚人民参与公共事务的重要平台，也是展示民族凝聚力的重要窗口。1919年9月28日，塔尔图志愿消防协会按照惯例举行秋季消防演练（根据当时尚在沿用的1882年章程，协会每年应至少组织两次演练），市民以极大热情参加了盛大游行、队列表演、演讲展示、颁奖表彰等活动，志愿消防队进行射水演习，还举办了宴会、演出活动，这次秋季演练的最大意义，是首次使用了爱沙尼亚语——而不是之前一直使用的德语。

4.1　第一部《消防法》（1924年）

4.1.1　独立初期的消防法律

沙俄统治时期，有关消防安全的规定散见于《俄罗斯行省法》（*Kubermangu Seadus*）、《森林法》（*Metsaseadus*）、《爱沙尼亚农民法》（*Eestimaa－talurahva Seadus*）、《立窝尼亚农民法》（*Liivimaa－talurahva Seadus*）等法律，很多法律几十年甚至半个世纪没有修改。1918年2月24日宣布独立后，临时政府于11月19日颁布法令，确认暂时沿用1917年10月24日之前在爱沙尼亚生效的法律以及后来德国占领期间的法律，直至临时政府制定新法①。

由于长期受到外族统治，德语、俄语等多语种法律在爱沙尼亚造成混乱，消防法规的实际执行情况同样令人担忧。1922年6月9日，根据议会废除旧法律的决定（编号：129/130－1920. a.），《爱沙尼亚农民法》（1856年）和《立窝尼亚农民法》（1860年）才宣告失效②。

专栏

《爱沙尼亚农民法》《立窝尼亚农民法》有关消防的部分内容

农庄必须配备一定数量的水桶、铁叉等灭火工具。发现火灾必须立即报告，所有成年男性应当携带工具赶到现场参加灭火；如果水源很远或缺少人手，所有成年妇女也必须根据命令参加灭火。失火房屋的主人必须立即开始灭火，并关闭门窗。对逃避灭火的人进行惩罚。农村市镇的行政长官负责指挥灭火，所有人都必须听从其命令；灭火过程中统一收集保护从火场抢救出的财物，未经允许不得擅自拆毁财产，必要时可以破拆屋顶控制火势。发生火灾时，邻近的庄园应当提供帮助。县政府的警察负责维持秩序。

干旱季节期间，禁止在森林和草原用火、狩猎。如果需要在干燥天气用火，必须格外小心并提前报告，以便在必要时提供紧急帮助。发生森林火灾时，所有人必须携带斧头、铁锹赶到现场，参与挖沟、砍伐灌木、清除树枝，以防止火势蔓延。

农村市镇行政长官和警察负责监督新建建筑、铁匠铺、厨房以及修理火炉、烟囱时，采取必要的火灾预防措施。

违反上述安全要求，处以罚款。如果违规行为引起火灾，处以最高1个月的拘禁。

独立初期，爱沙尼亚的部分城镇制定了消防法规。1921年10月31日，塔尔图市通过《塔尔图市消防安全措施强制规定》（*Sundmäärustik tuleõnnetuste vastu võitlemise*

① 《塔尔图消防（1919—1926）》，第15页。

② 《1936年〈消防法〉前后的爱沙尼亚消防事业》，第9—13页。

abinõude kohta Tartu linnas)，要求每座建筑必须准备一个告示牌，标明火灾时的报警方法，包括最近的报警电话位置、最近的消防站、火灾警钟的位置等内容。此外，由于战后用于拖曳消防装备的马匹奇缺，还规定发生火灾时，城镇的马主必须尽快将马匹牵到消防队，以用于运输消防设备——内政部最初拒绝核准这一强制要求，因为不可能无偿征用居民的马匹，在塔尔图市政府对法规进行补充后，获得内政部同意，于 1921 年 12 月 29 日生效。为了防止火灾时周围的马主蜂拥而至，造成混乱，塔尔图市政府要求警察编制马主名单，以便志愿消防队确定征用马匹的顺序①。

4.1.2 立法背景

1918 年独立后，爱沙尼亚百废待兴。在消防领域也亟待通过立法，明确国家、地方政府、各类机构和单位建立消防组织的责任，进而构建国家对各类消防组织的管理体制。当时，随着志愿消防事业的长期发展和战后恢复，爱沙尼亚的志愿消防队伍规模远远超过职业消防力量，但志愿消防组织管理不够严密、火灾扑救水平不高等先天缺陷也逐渐凸显，各个志愿消防队辖区划分不清、发生火灾后蜂拥而至，现场缺乏统一组织指挥，与地方政府在管理权等方面的矛盾日益积累甚至激化，亟待通过立法予以解决。

独立初期，由于缺乏统一有效的消防管理，爱沙尼亚的火灾形势出现加重趋势。以塔尔图市为例，1919—1920 年共发生 60 起火灾，其中较大的火灾 10 起，到 1921 年，火灾形势明显恶化，全年共发生 62 起火灾，包括 12 起较大的火灾，比前两年的总和还多，志愿消防队也重新开始常态化备勤、参与火灾扑救。1921 年 8 月 2 日，塔尔图市的展览街（Näituse t.）发生火灾，持续燃烧 20 h 才被扑灭，5 座建筑被烧毁，损失高达 400 万至 500 万爱沙尼亚马克（1918 年，爱沙尼亚发行本国货币“爱沙尼亚马克”，1928 年被“爱沙尼亚克朗”取代）。火灾后，爱沙尼亚保险公司向塔尔图市政府递交备忘录，指出火灾造成严重损失的原因，一方面是报警不及时，另一方面是消防队缺少拖曳装备的马匹，导致不能及时赶赴火灾现场。

这期间的一起典型火灾，集中暴露了上述问题：1920 年 5 月 13 日，塔尔图市的 Säde 俱乐部发生火灾，101 名志愿消防员携带 2 台蒸汽消防泵和 3 台手压唧筒蜂拥赶到现场，由于缺乏统一指挥，火灾现场极为混乱②。

长期以来，由于志愿消防组织不愿接受政府的管理，与政府的紧张关系日益加剧。1910 年代末，塔尔图志愿消防协会提出修改 1882 年沙俄政府批准的章程（当时依然沿

---

① 《塔尔图消防（1919—1926）》，第 16 页。
② 《塔尔图消防（1919—1926）》，第 18 页。

用）——该章程虽然赋予其社会团体的法律地位，但协会的重要活动必须报告市政府的消防委员会（tulekustutuse toimkond），这被认为是对协会独立运作的极大束缚。1919年，塔尔图志愿消防协会向市政府提交新的章程草案，争取成为“完全独立”的法律实体，但未获批准——市政府的理由也很充分：志愿消防协会是由当地政府提供经费保障的（当然还有社会捐赠等收入），将政府完全排除于协会的管理决策机制之外，显然是不合理的。

尤其令塔尔图志愿消防协会不安的是，市政府提出将收回志愿消防协会的资产，并划定各支志愿消防队的责任区，要求志愿消防队在火场接受职业消防队领导——而塔尔图的职业消防飞虎队本身就是脱胎于志愿消防协会。市政府的态度招致塔尔图志愿消防协会极力抵制，协会主席威尔曼（R. Willmann）甚至在1921年11月15日的协会大会上说：“不能因为（来自政府的）财政支持，我们就成为市政府的奴隶。”并于22日向市政府递交备忘录，声言由于市政府造成的问题，志愿消防协会已经无法继续扑救火灾。

随着矛盾激化，有人甚至提出解散塔尔图志愿消防协会，成立新的组织——所幸经过妥协，双方于1922年6月26日达成一致，并于同年11月30日正式确认了新的协会章程：志愿消防协会的资产归协会和市政府共有，协会必须配合向市政府移交相关资产；禁止志愿消防队超出责任区行动，但执行国家元首和市长的命令时例外；禁止职业消防人员罢工，但允许他们就自己的诉求向政府提出申请；志愿消防协会仍然可以自行选举负责人和管理层，但选举结果必须经由市政府确认。在这场长达数年的“章程之争”中，塔尔图志愿消防协会希望完全独立于市政府的控制，并保持在消防领域的主导地位，这一观点显然不妥，因为志愿消防组织在火灾防控领域开展的工作，在本质上属于政府职能，政府必然要加强对志愿消防组织的监督管理，以更好地保障公众利益。

但是，由于新章程没有彻底切割志愿消防队和职业消防队的关系，造成了一个尴尬局面：表面上，职业消防飞虎队由“固定的志愿消防队员”组成，仍然从属于塔尔图志愿消防协会，但实际上，职业消防飞虎队的队长由市政府任命，工资也由市政府支付——在1919年3月17日的塔尔图市议会会议上，就曾专门讨论职业消防飞虎队的工资标准。

实际上，从志愿消防事业发展的历史脉络来看，爱沙尼亚志愿消防组织在20世纪20年代前后面临的困境，是志愿消防组织在发展过程中必经的“阵痛”阶段。在工业革命之前及其初期，经济社会活动相对单一，人口聚集度不高，志愿消防组织通过自愿承担公共事务的方式，完全可以满足火灾扑救的基本需求；随着工业革命迅猛发展，经济社会急剧变迁，在新的生产方式和能源、通信、运输技术推动下，城镇迅速发展，人口大量聚集，蒸汽机驱动消防泵、电报电话报警方式等新技术在消防领域的引入，大幅提高了灭火效率，也对消防队伍的组织管理提出了更高要求，特别是在大中型城镇，管理相对松散的志愿消防队逐步被组织严密的职业消防队伍取代，是社会发展的必然趋势。特别是到20世纪初，内燃机驱动的消防车迅速普及，城镇消防体制从志愿制向职业制的过渡，是历史必然。当然，在地广人稀的农村地区和人口较少的城镇，志愿消防队始终是灭火救援的主要力量。

以美国为例，哥伦布“发现”新大陆后，英国自17世纪初开始向美洲移民。在北美的新英格兰地区，先有社会，后有国家，早期殖民者通过订立契约组织起来，集体承担定居点的公共事务。17世纪后期，新英格兰地区的定居者开始组织志愿消防队，承担火灾扑救职责，有的还开展基本的防火工作——近代意义的志愿消防组织得到了快速发展。在波士顿，到1720年已有10支有组织的防火队，配备6台手压唧筒和20名志愿消防员，当时在费城经商的本杰明·富兰克林对这一做法很感兴趣，在《宾夕法尼亚公报》发表多篇文章，呼吁借鉴波士顿经验，强化费城的消防工作。1736年，富兰克林在费城创建由30名志愿消防员组成的“联合消防队”（1843年解散，存续107年），作为当地首支消防队，该模式在北美殖民地广泛采用——富兰克林被称为“美国首位消防队长”，1736年也成为美国志愿消防队的元年。1776年建国前后，志愿消防队一直是主要的消防力量，到19世纪初美国开始工业革命，1853年辛辛那提建立美国第一支职业消防队，1865年纽约市的志愿消防队被职业消防队取代①。

4.1.3　1924年《消防法》的主要内容和特点

如前所述，独立后爱沙尼亚政府开展《消防法》立法的重要目的之一，是构建国家对各类消防组织的管理体制，加强对包括志愿消防队伍在内各类消防组织的管理。在准备法律草案初期，议会即要求志愿消防协会等各类消防组织必须登记注册②，最初确定的登记截止时间是1920年1月5日，后来延长至1920年4月1日。

全国消防联盟理事会承担了起草消防法草案的任务，并于1922年将草案提交内政部，内政部对草案进行大幅压缩后送议会审议。原计划能够在1923年完成议会的审查程序并颁布施行，但议会的地方政府委员会对草案进行了三读审议，其间又做了许多修改，耗费了时间，在最终表决前，议会又被解散，只能等待下一届议会审议。全国消防联盟理事会在1923年5、6月合刊的《消防通讯》全文刊发了消防法草案，征求各界意

① 司戈：《美国社会消防治理体系及其借鉴》，《中国治理评论》2015年第1期，第161—166页。

② 《爱沙尼亚的消防和民防》，第44页。

见，以期在下一届议会审议之前进行修改完善。从《消防通讯》杂志配发的评论文章看，当时爱沙尼亚消防界对草案总体还是满意的，认为解决了有关鼓励和保障志愿消防队发展、明确公民参加火灾扑救的责任、组织指挥和动员各类资源支持火灾扑救、消防经费保障等18项消防人员关注的问题。

1924年5月20日，新一届议会审议通过《消防法》（*Tuletõrje Seadus*），同时废止了沙俄时期有关消防的法律。1924年第二季度《消防通讯》杂志刊发《消防法》全文，并予以评论："议会终于通过了期待已久的《消防法》，消防工作有了法律依据，消防人员为此兴奋不已。此前，发生火灾时情况很混乱，消防人员不清楚自己的权利和义务。《消防法》力图解决这些问题，当然它也有不足之处，希望将来能够根据需求进行修改。"

作为独立后的第一部消防法律，1924年《消防法》对于爱沙尼亚现代消防事业具有重要的开创性意义。该法不分章节，共30条，主要包括以8个方面的内容：

（1）明确建立消防队伍的主体责任。将消防机构分为四类：国家消防队、地方政府消防队、志愿消防队、企业及私立机构消防队。政府机构和国有企业应当根据需要建立消防队，地方政府之间可以联合建立消防队，如果当地没有志愿消防队，则地方政府必须建立消防队。（第1、2、3条）

（2）明确政府保障消防经费的责任。市、城镇政府的消防经费不得低于全部预算的0.5%，县、乡政府的消防经费不得低于全部预算的0.25%。国家消防队和国有企业消防队的经费，由国家或国有企业保障；地方政府负责市政消防队的运行经费，并承担志愿消防队与火灾扑救有关的支出。（第4、5、8条）

（3）建立志愿消防组织的管理制度。申请成立志愿消防协会，应当报经地方政府同意后，在内政部登记注册，并按照章程运作。地方政府应当委派一名代表参加志愿消防协会理事会，并具有表决权。志愿消防协会可以加入消防协会联盟。内政部部长有权根据地方政府的建议，终止志愿消防协会的活动。志愿消防协会终止后，其资产应当移交当地具有相同职能的协会组织或政府机构。（第6、7、10、11、15条）

（4）明确内政部是国家消防主管部门。内政部负责监督各类消防队伍及其灭火工作，审查他们的工作报告。内政部部长负责批准消防员的制服式样和着装规定，制定消防徽章、纪念章、嘉奖状的样式和颁发程序[①]。（第13、25、26条）

（5）明确火灾扑救的组织指挥和协调配合。如果当地有多个消防协会或消防队，应当服从地方政府指定人员的统一指挥。消防队有权强行进入受到火灾威胁的建筑或场

① 1931年1月10日，司法和内政部部长批准了关于消防员制服的条例。

地，有权使用必要的道路、水源，消防指挥人员有权下令拆除未燃烧的建筑以阻止火势蔓延。消防队应当保护从火灾中抢救出的财产。发生重大火灾时，警察或者消防机构负责人有权请求其他地区的消防队予以支援。发生自然灾害或其他重大灾害，如果需要消防人员和装备救援，警察可以要求消防队提供紧急帮助。发生火灾时，铁路、轮船都必须按照消防指挥人员的命令运输消防人员和装备，并为火灾扑救提供其他协助。（第 9、12、14、19、21 条）

（6）明确公民参加消防工作的义务。如果发生造成严重危害的火灾，消防队、警察和军队不足以应对时，所有 20 至 50 岁的公民都有义务参与协助火灾扑救。森林、沼泽发生火灾时，15 公里范围内的居民必须按照警察、农村市镇行政长官的指令参加灭火。内政部可以根据需要，征用马匹、车辆等交通工具用于运输消防装备，并给予补偿。（第 16、17、18 条）

（7）明确消防车辆装备免税等优待措施。国家和地方政府对消防队的车辆和装备免税，从国外进口消防车辆装备免税。志愿消防协会与政府的公函邮资免付。战争情况下，军队不得征用消防队的车辆、装备、马匹等器材装备。（第 22、23、24 条）

（8）明确消防人员的社会保障等待遇。国家和地方政府的职业消防员享受与公务人员相同的养老金和津贴待遇。企业和私人机构的消防员应当执行《企业劳动法》的有关规定。（第 27、28 条）

1924 年第二季度《消防通讯》杂志的评论文章认为，《消防法》的最大亮点之一，是确立了政府建立消防队伍和保障消防工作经费的责任，并明确了消防经费占地方各级政府预算的最低比例。用现代公共服务理论的视角审视，1924 年《消防法》在推进消防服务全覆盖和均等化方面，确实发挥了重要的开创性作用——根据第 3 条第（2）款之规定，“如果市和城镇没有志愿消防队，则市和城镇政府必须建立市政消防队。”从表面上看，上述规定是在“倒逼”市镇政府支持志愿消防事业发展，但本质上，是明确了地方政府提供消防服务的基本职责，如果没有志愿消防协会提供服务，则政府必须履行相应职责。

《消防法》对志愿消防组织的发展给予了多方面的支持，专门规定“志愿消防协会在组织扑救火灾时，运输水和其他灭火药剂的支出以及燃料、润滑油等直接费用，应由当地政府支付”。（第 8 条）“志愿消防协会与政府的公函邮资免付。从国外进口消防车辆装备免关税。”（第 24 条）——爱沙尼亚消防界认为，上述两条规定说明，已经在法律上将志愿消防协会视为“慈善机构”（heategevus）——虽然爱沙尼亚税务局对此并不认同。同时，《消防法》也加强了对志愿消防组织的规范和管理，包括成立消防协会要经过地方政府同意、协会理事会要有地方政府代表参加并具有表决权，内政部部长有权根据地方政府的建议终止志愿消防协会的活动等，还要求《消防法》颁布前成立的消防协会必须在一年内满足相关要求，否则必须终止活动。爱沙尼亚消防界最为失望的，则是消防法草案中关于“国家应当对在服务中伤亡的志愿消防员予以抚恤”的内容被删除。此外，关于战争动员时不得征集消防员入伍的内容，最终也未纳入《消防法》——上述两点，被爱沙尼亚消防界认为是 1924 年《消防法》最大的遗憾。

《消防法》颁布后，依据第 6 条的规定，全国消防联盟理事会重新起草了《志愿消防协会章程范本》（*Vabatahtliku Tuletõrje ühingu normalpõhikiri*）草案，于 1924 年 9 月 6 日提交内政部审查。10 月 23 日，内政部将章程范本的修改稿送各地政府征求意见，并于 1925 年 4 月 3 日由内政部部长批准发布。作为强化对志愿消防组织管理的重要手段，章程范本具有强制效力，各地志愿消防协会在起草章程时必须以范本为基础，可以修改，但不得违反《消防法》和章程范本。根据章程范本，地方政府有权检查消防协会的活动，并就发现的问题向协会提出整改建议。地方政府与协会存在分歧时，由内政部部长裁决，志愿消防协会必须服从内政部部长的决定。此外，《志愿消防协会章程范本》强调，“协会”（ühing）一词并不具有强制性和唯一性，申请成立志愿消防组织时，还可以使用“selts”“komando”等称谓——前两个词均是“社团、团体、协会”之意，后一个是消防队，强调的是灭火职能。

“komando”一词，可能源于葡萄牙语“comando”（“命令”之意）。近代，布尔人在非洲建立自卫组织“Kommando”（突击队），这个词通过德语传到爱沙尼亚，军事色彩明显，具体含义取决于使用环境，消防队即被称为 Tuletõrjekomando——直译是“消防突击队”。20 世纪 90 年代初，爱沙尼亚恢复独立后，随着综合救援理念的引入和实践，消防队被“消防救援队”（tuletõrje－ja päästekomando）取代；进而，为了突出“救援”理念并使表述更为简洁，“消防救援队”逐渐被“救援队”（päästekomando）取代，成为消防救援队伍的正式称谓，用于立法和官方文件。日常使用时，在语境清晰的情况下，往往就使用 komando 称呼消防救援队伍，如果是用于指代包括车库、人员和装备用房的消防救援队伍驻在地时，则称为“救援站”。此外，19 世纪后出现的“pritsimaja”（pritse 是喷水、泼水；maja 是房子）直译是“喷房”，类似于我国清末民初对民间消防组织的称谓“水会”“水龙会”，目前仍然经常出现在消防救援人员的口语中。

根据章程范本第 1 条，志愿消防协会的宗旨是“采取措施预防火灾，及时扑救火灾，向受火灾影响的人员提供帮助，并在发生其他重大自然灾害时提供援助”。上述内容的重大意义，在于拓展了志愿消防协会的工作领域，即在传统的防火、灭火之外，又明确了志愿消防队的两项新任务：一是向火灾受害者提供帮助，二是在发生重大自然灾害时，利用消防力量和装备提供援助——在 1924 年《消防法》出台前，虽然很多消防组织已在开展上述两方面工作，但法律和相关规定并未予以确认。爱沙尼亚消防界认为，《志愿消防协会章程范本》承认了志愿消防组织的上述职责拓展，因此，志愿消防组织理应被视为慈善机构，享受相应的优待政策。

1924 年《消防法》颁布后，爱沙尼亚开始制定消防监督管理方面的法规制度。内政部建议，在学校、教堂、剧院和电影院等人员密集场所强制实行消防安全规定，由地方政府成立监督委员会（järelevalvekomisjon），每年对上述场所执行消防安全规定的情况，进行一次监督检查。1925 年 11 月 24 日，议会批准《报告厅、公共娱乐场所和展览活动强制消防安全看护规定》（*Sundmäärus tuletõrje valvekorra pidamise kohta avalikkudel ettekannetel ja lõbustustel ning näitustel*），要求地方政府列出本地区报告厅、公共娱乐场所和展览活动场所的清单，凡是列入清单的场所，在使用期间应由当地消防队派驻消防人员值守——但相关场所必须支付费用，标准是每名消防员每小时 0.3 克朗。按照当时克朗与英镑实行的固定汇率，18.35 克朗兑换 1 英镑，0.3 克朗约相当于 4 便士[①]。1926 年，塔尔图市政府将 7 个场所列入上述清单，引起场所业主的强烈不满，认为政府在编列清单前并未检查场所的实际安全情况，纷纷致函市政府要求豁免[②]。

4.1.4 消防管理纳入警察职责范围

1924 年《消防法》第 13 条明确规定，内政部负责对各类消防机构和志愿消防活动进行监督管理，虽未明确将这一职责具体赋予警察机构，但在第 16、17、19、20、22 条有关火灾扑救的组织、领导、协调等条文中，都规定警察负有相应的职权。

将消防管理纳入警察的职责范围，是世界各国在探索建立现代消防管理制度过程中，初期普遍采用的做法。此后，随着警察制度和消防制度健全完善，两者在治理对象、理念原则、方法措施等方面的差异性逐渐显现，消防职能逐渐从警察机构剥离成为趋势——由于国情差异和发展水平不同，这一进程持续至今。

英国是最早建立现代警察制度的国家，1836 年，利物浦市议会通过法案，成立隶属于市政警察的消防队。1865 年 7 月 5 日英国议会通过《大都会消防队法》（*Metropolitan Fire Brigade Act*）[③]，整合以保险公司消防队为主体的消防力量，成立伦敦大都会消防队（Metropolitan Fire Brigade），从 1866 年 1 月 1 日起承担伦敦的灭火救援职责，并划归大都会建设委员会（The Metropolitan Board of Works）管理，不再接受警察部门领导。

“二战”后，日本于 1948 年通过《消防组织法》，消防部门脱离警察体系，成立与

① 1971 年之前，英镑采用旧制，1 英镑 =20 先令，1 先令 =12 便士，即 1 英镑 =240 便士。

② 《塔尔图消防（1919—1926）》，第 27 页。

③ 《大都会消防队法》（*Metropolitan Fire Brigade Act*），http：//www. legislation. gov. uk/。

警察部门并列的国家消防厅，1952 年改组为国家消防本部，1960 年国家消防本部转隶自治省，改组成立消防厅。2001 年 1 月 6 日，日本中央政府机构调整，消防厅（しょうぼうちょう）转隶总务省，负责协调和组织指导全国的消防工作。1975 年 8 月 26 日，韩国的消防业务脱离警察部门，成立由内政部民防卫本部管理的消防局。2014 年 4 月 17 日“世越号”沉船事件后，韩国政府于当年 11 月 19 日进行机构调整，成立正部级的国民安全处（국민안전처），下设中央消防本部（중앙소방본부），负责管理消防、防灾等事务。

近代以来，爱沙尼亚消防事业的发展也经历了类似路径。在沙皇俄国统治阶段，从 18 世纪中后期即叶卡捷琳娜二世、亚历山大一世时期开始，沙俄政府即确定警察机构承担基本的消防职能。19 世纪初，爱沙尼亚的警察开始组织市民开展火灾扑救，在最大城市塔尔图，市议会规定警察部门负责消防管理，但当时从事消防工作的警察通常不超过 6—7 人（1818 年只有 1 人），连维护为数不多灭火工具的人手都不足①。沙皇俄国《爱沙尼亚农民法》《立窝尼亚农民法》规定警察应当配合市镇行政长官，监督新建建筑和铁匠铺、厨房采取必要的火灾预防措施，并对在禁火期违规用火者进行处罚。到 1888 年，在沙俄政府警察机构的命令中，有关消防安全的内容偶有可见②。1896 年 9 月 16 日，派尔努市议会通过《派尔努市烟囱清扫和检查规定》（*Kohalised seadlused korstnate pühkimise ja ülevaatamise poolest Pärnu linnas*），第 12 条专门规定，警察负责对烟囱清扫情况和发现的火灾隐患进行监督。正是延续上述做法并借鉴当时的国际经验，1924 年《消防法》的多处条文赋予了警察机构管理组织消防工作的职权。

1918 年 2 月 24 日爱沙尼亚宣布民族独立，同年 11 月 13 日成立内政部。从 12 月 2 日起，警察工作（包括消防）由内政部警察总局（Politseivalitsus）负责协调，1919 年 12 月 17 日废除地方市政警察，成立由内政部警察总局统一领导的国家警察。1920 年 7 月 30 日，卡勒尔・恩巴卢担任内政部部长——他被认为是爱沙尼亚现代警察、边防和消防队伍的创始人。20 世纪 20 年代末至 30 年代初，受大萧条影响，爱沙尼亚精简国家机构，于 1929 年 7 月 1 日将内政部与司法部合并。1934 年 4 月 1 日，内政部与司法部分离，恢复独立建制——一方面，是由于经济危机的影响基本消退；另一方面，是国家对社会生活各领域的管理显著增加，内政部的职责变得更为重要。

1924 年《消防法》促进了爱沙尼亚消防事业特别是志愿消防组织的发展。1929 年，全国消防联盟在成立 10 周年之际组织了专门的纪念展览，时任国家元首欧・斯特兰德

① 《塔尔图消防（1919—1926）》，第 7 页。

② 《1936 年〈消防法〉前后的爱沙尼亚消防事业》，第 10 页。

曼（O. Strandmann）担任展览名誉委员会主席，他在贺信中回顾了爱沙尼亚志愿消防事业的发展：“一战”前，爱沙尼亚境内的志愿消防协会不到100个，1929年已发展到450个，虽然很多新成立的志愿消防组织经验不足、缺少装备、组织体系尚不健全，1924年《消防法》关于每个市镇都要成立消防队的要求，也尚未完全实现，但“各地都在努力，都在进步，美好的规划正在一天天实现”。当时预期，如果再组建100个左右的志愿消防协会，即可实现消防力量体系的基本覆盖①。

4.2　《消防税收法》（1932年）

4.2.1　背景和内容

20世纪20年代初，爱沙尼亚的消防事业进入全面恢复和快速发展时期，新成立了168个消防协会，但很多协会缺乏必要的消防装备，有的甚至连手压唧筒都没有，更主要的问题是，志愿消防队普遍缺乏基本的场地尤其是房屋建筑，而“一战”前成立的部分消防协会建筑破旧，已经不能满足基本需要。在这种情况下，如何筹措资金用于新建消防站和购置消防装备、保障日常运行，成为亟待解决的问题。

1930年，受大萧条的影响波及，爱沙尼亚的工农业总产值分别下降20%和45%，政府面临空前的财政压力。全国消防联盟在1930年申请发行1 000万克朗的彩票，但被内政部否决。为建立稳定的消防经费保障渠道，1932年11月25日议会通过《消防税收法》（*Tuletõrje toetamise maksu seadus*）②，决定针对所有不动产和动产的火灾、爆炸及雷击保险合同，按印花税税额的15%征收“消防税”（Tuletõrje toetamise maksu），使用该项税款建立消防基金（Tuletõrje kapital），用以支持消防事业发展。

专栏

《消防税收法》（1932年）

第一条　为支持消防工作，针对所有不动产和动产的火灾、爆炸及雷击保

① 全国消防联盟：《爱沙尼亚全国消防联盟周年纪念专辑（1919—1929）》（*Eesti Üleriiklise Tuletõrje Liidu 10. a. juubelialbum：1919 – 1929*），https：//www. digar. ee/arhiiv/et/raamatud/77665。

② 《消防税收法》（Nr. 91 – 1932），《消防通讯》1932年11、12月合刊，总第221—222页，https：//www. digar. ee/arhiiv/et/perioodika/76160。

险合同，按印花税税额的15%征收消防税。

第二条 保险公司和保险代理机构缴纳印花税时，应同时向爱沙尼亚中央银行缴纳消防税。

第三条 收缴的消防税，应当转交司法和内政部建立的消防基金专户。

第四条 消防基金委员会可以使用消防税，通过直接拨款或者提供消防装备，(1) 支持志愿消防组织改进物质条件；(2) 如果地方政府消防机构可以发挥比志愿消防组织更大的作用，则向地方政府消防机构提供支持。

第五条 司法和内政部负责组建专门委员会，负责基金的管理和使用。该委员会成员包括：司法和内政部2名代表、经济部和交通部各1名代表（均应由部长任命）、城市联盟、地方政府联盟各1名代表，全国消防联盟1名代表，爱沙尼亚保险公司协会2名代表。委员会可以邀请专家参加相关会议。委员会成员不得因参加上述工作获得任何报酬、津贴。

第六条 税务检查员负责核查消防税的缴纳情况，并负责以行政方式收取未缴款项。

第七条 消防税的管理和使用程序，由共和国政府确定。

1933年7月12日，消防基金委员会（Tuletõrje Kapitali Komitee）成立，并于9月19日召开第一次会议，明确了消防基金管理使用的基本要求：每年春季和秋季分别集中进行一次拨款，春季仅针对紧急项目，秋季是重点，应将届时收到的消防税全部分配和使用完毕；拨款仅分配给依法正常运行的志愿消防组织；优先向新组建的消防组织拨款，并考虑其获得社会支持的可能性（即通过拨款拉动配套资金）；拨款用途仅限于购置、维护消防装备，以及建造和维护消防站，不得用于偿还贷款[①]。

当时，爱沙尼亚对不动产和动产火灾、爆炸及雷击保险合同征收的印花税税率，是保险合同标的额的4.7/100万，按照印花税的15%计算，消防税的税率相当于保险标的额的0.7/100万——每百万克朗保险标的征收0.7克朗，虽然税率很低，但在20世纪30年代中期，每年征收的税款也达到8万克朗左右。以首次征收消防税的1933年为例——受经济危机影响，1933年消防经费总计约44.4万克朗，是20世纪30年代最少的年份，比1929年减少约1/3。1933年消防经费的主要来源包括：各地消防协会组织晚会、发行彩票占37.5%，通过募捐箱募集占20%，地方政府和保险公司提供17%，会员费占3%，而其中最为稳定的就是消防税，约占20%，可见通过征收消防税，确实对保障消

① 《1936年〈消防法〉前后的爱沙尼亚消防事业》，第14页。

防事业发展发挥了重要作用①。

4.2.2　“消防税”辨析

在爱沙尼亚，征收消防税并非20世纪30年代的首创。1635年9月，塔尔图市议会制定该市第一部防火法令时，就包括向市民征收消防税（tuletõrjemaks），筹集资金用于购买灭火器材的内容，但因市民普遍反对而未施行。1765年7月16日，沙皇俄国统治下的塔尔图制定新的消防条例，共4章、27条，包括收取“烟囱税”（korstnamaks）的规定——按照建筑的烟囱数量征税，用于雇佣守夜人和购买灭火器材。同年11月12日，沙俄立窝尼亚省省长批准了新的派尔努市消防条例（沿用到1863年），规定征收房屋税（majadelt võetavatest maks）用于消防开支，并根据房屋情况制定了差异化的征税标准：大型石材建筑每年2卢布，小型石材建筑每年1.5卢布，大型木结构建筑每年1卢布，小型木结构建筑每年75戈比，等等②。

在欧洲的德国、奥地利等国，也都有收取消防税的传统。1763年，普鲁士开始征收“消防税”（德语 Brandschutzsteuer）。随着以火灾保险为代表的近现代保险业发展，消防税往往是作为附加税，以保险合同标的额或者保险费为税基，按一定比例征收。根据德国《基本法》，各州的税种即包括消防税，2017年征收4.51亿欧元。按照2021年6月25日局部修订、同年7月1日生效的《消防税法》（德语 *Feuerschutzsteuergesetz*）③，目前，德国各州按火灾保险费的2.66%至8.8%征收消防税（税率因保险标的不同而异）。在奥地利，联邦政府针对火灾保险费征收消防税（德语 Feuerschutzsteuer），然后全额分配给各州，各州将少部分消防税用作消防学校、消防协会经费，绝大多数再分配给各个市镇政府，用于配备消防装备和开展火灾预防工作。

法国自1944年1月31日起，征收以火灾保险合同为税基的特别税（法语 Taxe spéciale sur les conventions d' assurance），由保险公司和保险经纪人代缴，2010年之后将税基范围扩大到健康保险。法国政府将保险合同特别税转交各省政府，以及全国家庭津贴基金（法语 Caisse nationale des allocations familiales）、全国职工健康保险基金（法语 Caisse nationale de l' assurance maladie des travailleurs salariés）等机构，省政府将返还的税款用于消防救援业务支出，通过这一渠道，2017年分配到各省的经费约10亿欧元。此外，美国、澳大利亚等联邦制国家的一些地方政府，也在征收类似的消防税。

但是，针对火灾保险征收消防税，由于在理论上存在“先天不足”，一直引起争议。

---

① 《1936年〈消防法〉前后的爱沙尼亚消防事业》，第15、26页。

② 《胸中的火焰：爱沙尼亚志愿消防事业200年》，第24—25页。

③ 德国《消防税法》，https：//www. buzer. de/gesetz/3925/index. htm。

按照公共产品理论，公共消防安全的受益对象是全体社会成员，具有非竞争性和非排他性，是典型的“公共产品”，因此难以通过专项税（特定受益税），使税收与全体社会成员建立合理关联。此外，专门针对火灾保险征收消防税，也有悖于税收的公平性原则，对投保人有失公允——并非所有的产权人都会投保火灾保险（尽管保险可以发挥有效的经济补偿作用，但由于多种原因，确实不可能达到百分之百的投保率），消防税虽然不是直接向投保人征收，但很显然最终会转嫁到投保人，由于消防队出动灭火时，不会区分起火场所是否投保火灾保险，这就在事实上造成那些未参加火灾保险的产权人“搭便车”侵占投保人的利益，由此产生严重的激励扭曲，影响业主投保火灾保险的积极性，导致社会成员在具体行为上的逆向选择——这与设置专项税，使税收负担与税收收益相挂钩、有助于公平原则的基本定位，也是背道而驰的。

新古典公共财政理论认为，税收与预算是两个相对独立的研究对象。虽然根据公共选择理论，公共财政预算的决策者不可能做到“完全理性”，在统筹安排各领域支出时，难以与公共需求完全吻合，但对于消防安全这样的纯公共产品，显然更宜通过一般公共预算予以保障。特别是在越来越强调保障公共安全是政府基本公共服务责任的背景下，通过对特定人群（动产、不动产的所有人）的特定行为（投保火灾保险）征收消防税，以保障和补充消防经费，在理论和实践上显然都值得商榷。这也是目前国际上只有少数国家和地区征收消防税的重要原因。当然，在特定的条件下，通过征收消防税这一专项税保障或补充消防经费，也不失为一种公共财政政策的选择。

4.3　《消防法》（1936 年）

4.3.1　修法背景

修改 1924 年《消防法》的主要原因，可以归结为三个方面。第一，经过十几年的发展，各类消防组织数量持续增加、规模不断扩大，特别是职业消防队快速发展，已超出 1924 年《消防法》的调整范围，对完善国家消防管理体系提出了迫切要求。第二，消防组织的职能逐渐向火灾预防、参与救灾拓展，各地的消防经费保障普遍紧张，原有的法律规定已经不适应形势要求。第三，1933 年纳粹在德国上台后不断扩军备战，欧洲战云密布，大国夹缝中的爱沙尼亚日益感受到生存危机，国家民防体系亟待强化，而消防队伍是最重要的民防力量，需要通过立法，加强对全国各类消防队伍的集中统一管理。

究其根本，前两个方面，说明 1924 年《消防法》已经不适应 20 世纪 30 年代中后期爱沙尼亚消防事业的发展需求，基于消防事业自身的发展规律，对新的法律制度产生了迫切要求。第三个方面，则反映了当时严峻的国际形势和日趋专制的国内政治环境——正如1936年《消防法》颁布实施后，纳尔瓦消防负责人萨里（M. Saari）在1937年第2期《爱沙尼亚消防》撰文指出："过去20年来我们形成的很多理念要重新调整。以前，消防机构被视为绝对无关政治、纯粹的慈善机构，现在，消防机构已经成为国防体系的组成部分。而要参与国防工作，就必须建立集中管理体系，这是战时开展消防、民防工作的唯一正确选择，所有工作都必须纳入国防体系的统一领导。"[①] 也就是说，20世纪30年代波谲云诡的国际和国内政治形势，是推动爱沙尼亚消防立法和消防体制变革的重要力量。

4.3.1.1　志愿消防组织快速发展

第一次世界大战和爱沙尼亚独立战争结束后，以1924年《消防法》施行为标志，爱沙尼亚的志愿消防组织再次进入快速发展期，1928年达到370个，此后平均每年新增15—30个：1929年395个，1930年447个，1931年484个，1932年534个，1934年571个，1935年601个，1936年611个——8年间增加了65%。在有些地方政府的辖区内，甚至有多达10个消防协会——部分协会并未加入全国消防联盟，自然也不执行联盟的制度，各行其是。数量庞大的消防协会等各类消防组织情况参差不齐，很多都缺少资金和装备，有些协会之间缺乏合作，甚至互相倾轧。地方政府难以将有限资金公平合理地分配给所有消防协会，很容易造成重复建设和资金浪费。

20年代末和30年代初，全国消防联盟更多忙于日常事务，热衷于颁发奖章之类活动，对于消防装备短缺、消防人员素质亟待提高，以及其他关系未来发展的重大问题关注不足，联盟理事会内部争权夺势，引起各地消防协会和消防人员强烈不满，要求更换领导层。在1932年7月12日召开的联盟大会上，5名理事落选，1901年出生的鲍里斯·梅尔茨首次进入理事会并当选为主席（一直任职到1940年），为联盟发展注入了新活力。1934年11月6日，全国消防联盟召开了首届女消防员全国会议，讨论女性消防员的权利和责任，此后，联盟专门为女性消防员设计了制服，《爱沙尼亚消防》杂志还开设了"女性消防员"（Naistuletõrjuja）专栏。很多地方成立了女子消防队（naistuletõrje），并在当地的消防协会成立专门部门，所有女性志愿消防人员都可以免费接受由爱沙尼亚红十字会（Eesti Punase Rist）开设的培训课程。

到1934年全国消防联盟成立15周年之际，联盟的团体成员已从1919年的48个发

---

① 萨里（M. Saari）：《志愿消防员和警察》（*Vabatahtlik tuleteele ja politsei*），《爱沙尼亚消防》1937年第2期，总第44—48页，https：//www. digar. ee/viewer/et/nlib－digar：320682。

展到540个，15年间增加了10倍，个人会员达到46 300名，共配备31辆水罐泵浦消防车、1辆云梯消防车、32辆各式卡车和小汽车、18台蒸汽消防泵、62台电动消防泵、444台推车式唧筒、966台便携式手压唧筒——这些消防器材装备，基本都是1919年全国消防联盟成立后配备的。

4.3.1.2 职业消防队成为城市火灾扑救主要力量

20世纪30年代前后，爱沙尼亚的职业消防力量得到发展壮大。特别是在塔林、塔尔图、纳尔瓦等城市，职业消防队伍的人员编制增加、装备水平提高，新建消防站陆续投入执勤，逐渐成为火灾扑救的主要力量。

1921年，塔林市政府为职业消防队购买1辆"奔驰－嘉格纳"泵浦消防车，1922年该队又将2辆二手卡车改装为水罐消防车。1923年，塔林职业消防队搬入在维鲁街新建的二层消防站，新建筑除了车库、备勤室和辅助用房外，还附建了队长和副队长的公寓，在调度室安装了总控开关，连接到塔林志愿消防协会1908年安装的火灾警报系统——该系统由西门子－舒克特（Siemens－Schuckert）公司生产，共有120个警铃，可以向塔林所有警察局和志愿消防员公寓发送出动铃声。1922年，汉斯·梅德被任命为塔林职业消防队的副队长，1929年任队长。

1927年，塔林市政府花费279万马克，从德国马基路斯公司（Magirus）购买了一辆当时非常先进的云梯消防车，最大升限26 m，此外还有2 m的手动升降延伸，最大升限时以78°角可以承载250 kg（4人），以60°角可以承载75 kg。这辆云梯消防车的引入，极大提高了塔林消防队扑救多层和高层建筑火灾的能力，但由于价格昂贵，后续几年，塔林市未再安排大规模的消防经费投入。该车一直使用到1970年，服役将近半个世纪。

1932年，塔林市第二支职业消防队在帕尔迪斯基街（Paldiski t.）47号的新建消防站投入执勤，市政府为该站新配1辆马基路斯泵浦消防车，并将1台2.5 t欧宝"闪电"（OpelBlitz）卡车改装为水罐消防车，1933年又改装了1辆3 t的水罐消防车。随着更多消防车的加入，1935年塔林职业消防队淘汰了所有拖曳消防装备的马匹，全面实现了机械化。1939年，位于劳阿街（Raua t.）的大型消防站投入执勤（1936年开工建设），作为当时波罗的海地区最现代化的消防建筑，该站采用石灰石立面的功能主义建筑风格，三角形平面的建筑主体与圆形火灾瞭望塔组合在一起，整体感觉厚重坚实。消防站内部功能完善，在宽敞的车库内专门设有修车位，还包括消防员备勤室、休息室、厨房、餐厅、健身房和公寓，32 m高的火灾瞭望塔兼作训练塔和晾晒水带之用。全国消防联盟理事会及其消防装备中心仓库、消防与民防学校也都设在该站。此后，劳阿街消防站一直是爱沙尼亚国家消防管理机构的办公场所。苏联时期，是爱沙尼亚苏维埃社会主义共和国内务部消防局及其直属第一现役消防队（I Iseseisev Sõjaväestatud Tuletõrje Üksus）的驻地，目前，仍然是爱沙尼亚救援局的办公场所。1973 年 8 月 1 日，爱沙尼亚部长会议通过《关于爱沙尼亚社会主义共和国文化古迹保护的决定》，公布了国家重点保护的考古、历史、艺术和建筑古迹清单，该消防站［当时的地址是 Gogoli（果戈理）大街 2 号］即被列入清单。1997 年，该消防站被列入爱沙尼亚历史文化保护范围，编号 3120。

到 1940 年，塔林市职业消防队编制 40 人，下设 2 个分队，配备 9 辆消防车。同年，塔尔图市职业消防队更名为塔尔图市政府消防队（Tartu Linna Omavalitsuse Tuletõrje Üksikkompanii），编制 24 人，配备 5 辆消防车、1 辆马拉手压唧筒和其他装备器材。职业消防员分两班轮流执勤（24 h 值班，24 h 休息）。塔林和塔尔图职业消防队的灭火能力明显加强，只有在发生特别严重的火灾时，才需要志愿消防队提供保障和辅助。

4.3.1.3 消防队伍管理体系亟待完善

这一阶段，国家和地方政府建立的职业消防机构，包括职业消防员与志愿消防员混合编队的消防机构迅速增加。到 1936 年，全国共有 906 个独立运作的消防机构（比上年增加 183 个），其中，国家建立的 170 个，地方政府建立的 17 个，私营企业等机构建立的 108 个，登记在册的各类志愿、职业消防人员达到 55 091 人。

在各类消防组织迅速发展壮大的背景下，由于 1924 年《消防法》没有明确消防组织机构的隶属关系和管理指挥体系，没有明确火灾现场负责统一协调的最高指挥人员，导致各类消防组织的管理和指挥体系混乱，成为制约和影响消防事业发展的突出问题。当时，不论是管理 1 000 人的消防队长，还是管理 15 人的消防队长，都是“平起平坐”的“指挥官”（komando juht）——这相当于在军队中，团长的地位等同于排长，显然不利于内部管理和横向联系。虽然在每个地方政府的行政区域内，各类消防队伍会选举产生 1 名“联合消防队长”（ühine tuletõrjejuhataja），担任火场总指挥，但在平时，联合消防队长无权向本区域的其他消防组织下达命令，即使指挥灭火时，也无权与区域外的警察等市政机构进行协调，火灾现场往往因为多头指挥出现混乱：当地的消防队长、周边支援的消防队长、组织民众参与灭火的警察发出的命令，经常出现分歧甚至矛盾，影响火灾扑救。

为解决上述问题，内政部警察总局成立了消防局，专门负责管理消防事务，一些地区也主动进行改革，耶尔瓦县率先成立县级消防机构“县消防局”（maakondlik tuletõrjekogu），统一管理全县的消防组织和火灾扑救，并培训各个消防队的队长。塔林市所在的哈留县也进行了类似探索。

4.3.2 1936 年《消防法》概要

1936 年 5 月 4 日，国家元首佩茨签署新《消防法》，自 1937 年 1 月 1 日起生效。

1936 年《消防法》的体系性明显增强，共 7 章、50 条，涵盖了消防工作的任务、消防机构的分类和设置、志愿消防组织的监督、内政部的消防管理职责、灭火救援的组织指挥和协调、消防机构及其人员的权利义务、消防经费保障和开支等内容。

专栏

1936 年《消防法》结构

第一章　任务

第二章　分类

　　第一节　国家、地方政府和企业消防组织

　　第二节　志愿消防组织

第三章　管理

　　第一节　内政部的管理职责

　　第二节　灭火救援指挥协调

第四章　权利和义务

　　第一节　消防机构的权利和义务

　　第二节　消防人员的权利和义务

　　第三节　火灾时公民和单位的义务

第五章　经费开支

　　第一节　政府的消防经费保障

　　第二节　消防经费支出

　　第三节　消防基金

第六章　监督

第七章　实施

1936 年《消防法》第一章“任务”，明确了消防工作的任务：“预防和消除威胁或可能威胁公民人身与财产安全的危险。”“发生自然灾害和重大事故，以及其他威胁公共安全和公共秩序的紧急情况时，特别是在民防工作中，消防人员应当按照警察的命令予以协助。”上述规定的重大意义在于，没有将消防工作限定于防火、灭火（甚至在“威胁公民人身与财产安全的危险”中都没有提及“火灾”），而是拓展了消防机构的职责范围，明确规定在发生自然灾害、重大事故和其他威胁公共安全、公共秩序的各类紧急情况

（hädaohtud）时，消防队应当按照警察的命令，协助开展救援行动。

新《消防法》仍将消防机构分为4类，但排序发生了微妙变化：前两类仍然是国家消防队、地方政府消防队，企业及私立机构消防队则"超越"志愿消防队列为第三类，志愿消防队列为第四类——这种"职业队进""志愿队退"的排序变化，直接反映了在20世纪30年代后期，爱沙尼亚的职业消防队伍作用更加凸显——当然，1936年《消防法》仍然保持了对志愿消防组织的支持，但管理措施也更加严格。新《消防法》颁布后，爱沙尼亚整合全国各类消防机构，将所有职业、志愿消防力量全部纳入组织严密、集中指挥的管理体系，全国消防联盟也更名为"全国志愿消防联盟"，并重新修订了章程。

1936年《消防法》对爱沙尼亚消防救援事业发展产生深远影响。1991年再次获得独立后，爱沙尼亚于1992年撤销内政部消防局，整合民防、消防和其他救援力量组建国家救援局，在起草《消防救援法》（1994年）的过程中，除了借鉴芬兰、丹麦、瑞典等国救援法，也对1936年《消防法》进行了深入研究，并在很多方面予以延续，正如《救援局25年——我们的故事》书中所说："删除不合时宜的内容之后，1936年《消防法》被转换为现代语言（写入1994年《消防救援法》）。"①

4.3.2.1 建立组织严密的统一指挥管理体系

如前文所述，爱沙尼亚认为火灾是对公共安全的重要威胁之一，而警察的职责是维护公共安全，因此1924年《消防法》将消防事务纳入内政部职权范围。在此基础上，1936年《消防法》和配套的《消防组织管理条例》（*Tuletõrje tegevuse juhtimise korraldamis määrus*）等法规进一步加以完善，建立了内政部主管、警察总局负责组织实施和监督的国家消防管理体制，明确了全国消防队伍的层级架构和管理关系，形成了高度集中、组织严密的统一管理指挥体系。

根据1936年《消防法》，从1937年1月1日起，爱沙尼亚统一了全国消防力量体系，将志愿消防队、职业消防队、企业消防队等各类消防机构（不含战争部、国防军及其附属机构的消防组织）统一归属国家消防队（Eesti Tuletõrje Korpus，"Korpus"相当于英语的"corps"，有"兵团"之意）指挥领导。2月10日，国家元首佩茨签署命令，在内政部警察总局原消防局的基础上，组建民防和消防局（Kodanliku õhukaitse ja tuletõrje osakond），局长兼任国家消防队司令（Tuletõrje Korpuse pealiku），接受警察总局局长领导。由于当时爱沙尼亚消防力量的主体是志愿消防人员，因此，由全国志愿消防

① 爱沙尼亚救援局：《救援局25年——我们的故事》（*Päästeamet 25 - meie lugu*），第36页。https://www.digar.ee/viewer/et/nlib-digar:309968/270709/page/36。

联盟主席兼任民防和消防局第一副局长，警察总局的消防督察专员（Politseivalitsuse tuletõrjeinspektor）兼任第二副局长。佩茨任命鲁道夫·瓦哈罗（Rudolf Vaharo）担任民防和消防局首任局长（同时晋升为中校），兼任国家消防队司令，化学家海因里希·阿罗（Heinrich Arrot）担任气防（毒气防护）督察专员，警察总局局长助理弗里德里希·约翰内斯·帕马斯克（Friedrich Johannes Parmask）担任消防督察专员，并兼任国家消防队参谋长（Tuletõrje Korpuse pääliku abi）。

针对之前各类消防队伍层级架构混乱的问题，1936 年《消防法》和《消防组织管理条例》等配套法规明确了消防机构的组织体系。在各类消防队伍中，最基本的组成单元，都是配备 1 辆消防车或者消防泵、手压唧筒的“消防小队”（tuletõrjesalk，“salk”是军队中“班”的意思），2—3 个小队组成一个“消防分队”（tuletõrjerühma，“rühm”是军队中“排”的意思），几个消防分队组成一个消防队（tuletõrjekompanii，“kompanii”是军队中“连”的意思），小队长接受分队长指挥，分队长接受队长指挥。由于《消防法》规定消防工作接受内政部警察总局的领导，为便于管理，内政部结合各地警察局（politseijaoskond，jaoskond 是“区域”之意）辖区的划分，将每个警察局辖区内的消防力量编组为一个或多个消防大队（tuletõrjedivisjon，“divisjon”是“部分”之意），并划分相应的责任区（tegevuspiirkonna），由消防大队指挥责任区内的所有消防力量。每个县以及塔林、塔尔图、纳尔瓦等 3 个主要城市内的所有消防队伍，分别组成一个消防支队（tuletõrjebrigaad，“brigaad”是军队中“旅”的意思）。当时，爱沙尼亚共有 11 个县，连同塔林、塔尔图和纳尔瓦市，共组建了 14 个消防支队。

各级消防机构负责人的任命，不再沿用志愿消防组织“自下而上”选举产生的办法，而是全面采用委任制，由上级进行任命，从而确保形成逐级负责的严密领导体系。任命消防机构的中高级负责人时，在体现国家集中领导权的同时，也听取全国志愿消防联盟和地方政府负责人的意见，具有国家、协会、地方“多重领导”之意。根据《消防法》规定，消防支队的支队长及其副职，由内政部部长根据警察总局局长的提名任命，而警察总局局长在提名前，应当听取国家消防队司令、全国志愿消防联盟主席，以及当地县（市）行政长官的意见。消防大队的大队长及其副职，由警察总局局长根据国家消防队司令的提名任命，国家消防队司令在提名前，同样应当听取全国志愿消防联盟主席和当地行政长官的意见。各消防队的队长及其副职，由国家消防队司令根据相应消防支队支队长的提名任命，分队长、小队长及其副职，则由国家消防队司令根据相应消防大队大队长的提名任命。1937 年 1 月 23 日，内政部部长恩巴卢发布第 60 号命令，首次任命了各县消防支队的负责人及其副职。

对于消防机构这样执行火灾扑救任务的特殊组织，通过建立等级制的科层组织结构，明确各级机构的责任，并将其负责人根据等级制的原则排序，由上级按照权限任命，有利于确定上下级之间的指挥、命令、监督、负责关系，强化相互联系，建立归属感，具有精确、迅速、明晰、统一、减少摩擦、减低人力物力成本等组织管理优势，对于构建国家消防管理体制是十分必要的，也是从志愿消防体制向职业消防体制发展的必然要求。特别是考虑到战争期间的民防需求，消防队伍的快速集结、在不同地区之间及时调动，更是极为必要。此外，新《消防法》专门规定，被临时调集参与火灾扑救的机构和人员，均应听从当地消防队最高负责人的命令，以确保重大火灾现场的统一指挥。

这一阶段，警察与消防机构建立了密切的协作关系，特别是在塔林等城市，警察与消防机构共同对企业进行消防安全检查，督促落实建筑防火措施，设立消防水源。发生火灾后，警察会及时赶到现场，维护现场秩序，根据需要组织居民参与火灾扑救，或者及时进行疏散，对于怀疑放火或者可能存在用火不当造成火灾等其他违法行为的，由刑事警察负责调查火灾原因。

1937 年 8 月 28 日至 29 日，在塔林举行了第一次"国家消防队日"（korpusepäev）活动，国家消防队进行了首次阅兵，来自全国的 14 000 名志愿消防员组成 10 个方队，国家消防队司令鲁道夫·瓦哈罗中校担任第一方队的领队，国家元首康斯坦丁·佩茨和武装部队总司令约翰·莱杜纳中将检阅了消防和民防队伍，游行队伍中有 500 面代表各地消防组织的旗帜，以及 13 个消防管弦乐团。

1938 年 8 月，内政部批准了新的消防人员制服样式。新制服由专门成立的委员会组织设计，委员会成员来自全国志愿消防联盟、内政部民防和消防局、地方志愿消防协会。新制服适用于志愿消防人员、职业消防人员等所有消防人员，体现了消防队伍统一整合的要求，包括常服和礼服，并为女消防员设计了裙装，总体参考了爱沙尼亚国防军的制服，便于穿着、样式美观，主色调由原来借鉴苏式服装的红色改为铁灰色，原来的铜质消防头盔，被带衬里的黑色钢盔取代，胸部有区分各县（市）的标识①。

到 1938 年，国家消防队序列内共有 11 个县（maakondlik）和 3 个大城市（suurlinna）的 14 个消防支队（tuletõrjebrigaad），47 个教区、城市的 47 个消防大队（tuletõrjedivisjon），33 个城镇和 248 个乡（linna ja valla）的 400 个消防队（tuletõrjekompanii），共有职业消防员 320 名、志愿消防员约 7.5 万名，实现了消防力量的"全覆盖"。图 2－5 是爱沙尼亚国家消防队编制序列（笔者绘制）。

① 《消防人员的新制服》（*Tuletõrje uus vormiriietus*），《爱沙尼亚消防》1938 年第 8 期，总第 263—266 页。https：//www. digar. ee/viewer/et/nlib－digar：320704。

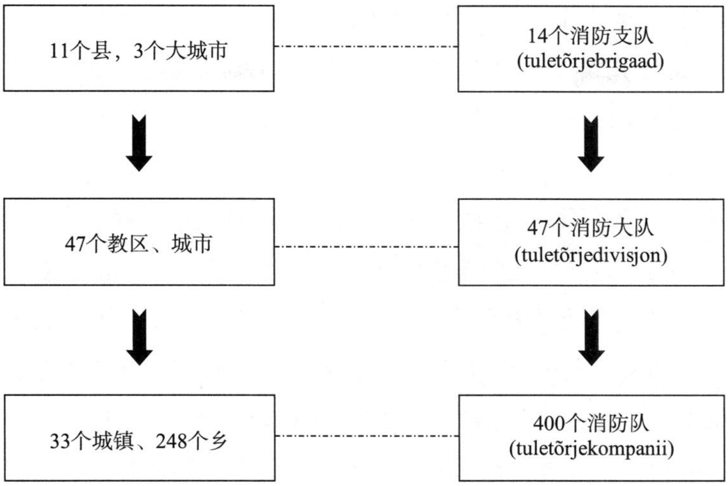

图 2－5　国家消防队编制序列（1938 年）

4.3.2.2　规范志愿消防组织管理

1936 年《消防法》的一个重大突破，是在第四章第一节“消防机构的权利和义务”中，明确规定“志愿消防协会和志愿消防联盟属于慈善机构”。多年来，志愿消防组织一直在争取定性为“慈善机构”，以此作为获得免税等优待措施的依据。此外，第二章专设第二节“志愿消防组织”，加强了对志愿消防事业的管理。根据规定，志愿消防组织必须根据章程开展活动，其章程必须符合经内政部部长批准的范本，经地方政府同意后，方可登记注册并开展活动；为扭转志愿消防组织无序增长的粗放发展模式，避免过多过滥，规定每个地方政府的行政区域内只能成立一个消防协会，所有志愿消防组织必须加入当地的消防协会。同时，引导志愿消防组织重视内部管理和训练，以更加关注能力建设。

根据 1936 年《消防法》第 8 条的规定，6 月 6 日至 7 日全国消防联盟举行代表大会，将联盟更名为“全国志愿消防联盟”（Eesti Vabatahtlikuks Tuletõrje Liit）——增加“志愿”这一限定词，更准确地界定了其职能范畴，即联盟只是志愿消防领域社会团体的联合会，不涉及职业消防。代表大会选举产生 25 人委员会，负责制定和审查新的联盟章程。9 月 25 日，内政部警察总局局长维尔马（R. Veermaa）参加全国志愿消防联盟委员会会议，这次会议确定了联盟章程的最终条文。

1936 年 12 月 3 日，根据修订后的《消防法》，内政部部长恩巴卢批准了新的《志愿消防协会章程范本》[①]。章程范本共 9 章、62 条，再次明确志愿消防协会的慈善机

---

① https：//www. digar. ee/viewer/et/nlib－digar：358866/311393/page/1。

构属性，规定其宗旨是“预防和消除可能威胁公民人身或财产安全的威胁。在发生自然灾害和其他危及公共安全、公共秩序的重大事故等紧急情况时，特别是在民防领域，如果需要消防力量或工具的紧急情况时，消防协会还应当按照警察的命令提供支援”。

新《消防法》完善了对志愿消防人员的激励和保障机制，规定志愿消防人员可以自主选择加入市镇、县或者国家级的志愿消防组织，志愿消防组织的负责人由其成员选举产生。志愿消防人员免费接受技能培训，参与消防训练、火灾扑救的支出以及误工费等，均予以报销。国家为志愿消防员提供免费的事故、伤残和死亡保险，志愿消防员在履行职责过程中发生事故或罹患疾病，有权依法获得赔偿。到1938年，全国共有7.5万名志愿消防员——包括1万名女性消防员和5 000名少年消防员。当时，爱沙尼亚全国人口是1 133 940人，志愿消防人员占总人口的比例高达6.6%。

在继续发展志愿消防事业的同时，1936年《消防法》也强调了公民参与消防工作的义务，规定所有17岁—60岁的居民，除非有特殊生活困难或者身体不适合，均有义务参与火灾扑救等消防工作。地方政府向符合条件的居民书面告知其消防义务，如果志愿消防队不足以满足火灾扑救需要，收到书面告知的居民就应当参加义务消防队，履行强制性的消防工作义务。义务消防员（kohustuslike tuletõrjujate）与志愿消防员（vabatahtlikel tuletõrjujate）享有相同的权利和义务。

由于现代志愿服务理念引入我国的时间还不长，“义务消防队”与“志愿消防队”常被混淆，但实际上是两个截然不同的概念。“义务”（英语 mandatory），是公民或法人按法律规定，应当作出的行为，违反义务就要承担相应的责任；“志愿服务”（英语 volunteer service），是基于利他动机，为促进社会进步、服务他人、完善自我，而自愿付出时间、精力、知识、技能，无偿从事某一领域的服务。简言之，参加“义务消防队”是履行强制性的法律义务，否则必须承担相应的法律后果，参加“志愿消防队”则是完全基于自愿的自主作为。正是基于上述区别，2008年10月28日第十一届全国人民代表大会常务委员会第五次会议修订《中华人民共和国消防法》时，将1998年4月29日第九届全国人民代表大会常务委员会第二次会议通过的消防法有关“义务消防队”的表述统一修改为“志愿消防队”。

除了已被广泛接受的“志愿消防”概念之外，瑞士、德国、奥地利等国也建立了“义务消防”制度。以瑞士为例，公民通过服兵役或者“民役”承担公共责任，是瑞士社会生活中的普遍做法。根据1995年《民役法》，瑞士公民可自主选择服兵役或者在消防、民防组织中服“民役”，目前，瑞士消防队伍的主体就是民役制消防员——被称为**“义务消防员”**（德语 Pflichtfeuerwehr），总数约81 000人，职业消防员只有1 200人，主要分布在14个较大城市和日内瓦机场等大型企业①。

4.3.2.3　发展职业消防队伍

随着时代发展，职业消防队在城镇尤其是大中型城镇的优势逐渐显现。1936年《消防法》规定，人口超过2万的城镇不但要建立志愿消防队，还必须建立常备执勤的职业消防队伍，确保随时出动扑救火灾，并沿用了塔尔图市对职业消防队的称谓——“消防飞虎队”（tuletõrje lendsalk）。职业消防队由职业消防员（Palgalised tuletõrjujad）和志愿消防员混合编队，其中职业消防员的编配标准，由内政部部长规定。1938年，爱沙尼亚超过2万人口的城镇有5个：塔林（166 000人），塔尔图（59 371人），纳尔瓦（24 027人），派尔努（21 655人），诺莫（20 343人）②，职业消防队作为县（市）政府的所属机构，同时接受县（市）政府行政长官的领导，职业消防员从政府领取工资，必须保持备勤状态，做好出动准备。

根据1936年《消防法》，每个消防大队都应当编配一支精干的“飞虎队”，配备1辆消防车和相应的装备器材，作为本责任区内扑救火灾的第一出动力量，并随时支援志愿消防队，从而在消防大队层级形成以职业消防队为“拳头”、志愿消防队为基础的消防力量体系，通过职业消防员和志愿消防员的有机结合，发挥各自优势，在有效控制政府消防经费支出的同时，既基本实现了消防力量的全面覆盖，又确保了火灾扑救的战斗力。到1938年，爱沙尼亚共有320名职业消防员，与志愿消防员的比例为1∶234，职业消防员占总人口的比例是0.028%。职业消防队作为扑救火灾的中坚力量，人员规模相对较小，仍然需要志愿消防队的辅助和支持。

4.3.2.4　提高消防经费保障标准

1936年《消防法》提高了消防经费在地方政府预算中的比例，将1924年《消防法》针对县、市、城镇政府提出的差异化要求，统一为各级地方政府的消防经费均不得低于预算的1%——事实上，很多城镇已超出这一比例。根据内政部统计，1934年至1935年，有106个地方政府的消防经费支出占总支出的比例达到1%—3%。

作为一部体系相对完整的消防法律，《消防法》将1932年《消防税收法》整体纳入，在第五章专设第三节“消防基金”，只是将消防税的税率增加一倍，从原来按照保险合同印花税的15%征税，提高到30%。得益于消防经费投入的逐渐增加，消防车等现代化的消防装备逐渐增多。1938年3月30日，佩茨签署《〈消防法〉修订和补充法》，对1936年《消防法》进行局部修订，进一步将消防税的税率由印花税的30%提高到

---

① 瑞士消防队协会（Schweizerischen Feuerwehrverband）：www. swissfire. ch。

② 诺莫（Nõmme）位于塔林市南部，是19世纪末新建的城镇，1940年之后成为塔林的区。https://www. tallinn. ee/eng/nomme – district。

50%——相当于保险标的额的2.5/100万，也就是100万克朗的保险标的，只需支付2.5克朗的消防税。尽管每笔消防税都微不足道，但每年征收的税款都数以万计，对于改进消防装备、为消防人员提供培训发挥了重要作用。

此外，1936年《消防法》按照消防机构慈善组织的定位，进一步扩大了免税范围：所有属于消防队并用于执行消防任务的装备器材，全国志愿消防联盟中心仓库销售的消防装备器材，志愿消防队使用通过文娱乐活动募集的资金购买和维护消防设备、建设消防站，志愿消防队之间转让消防装备器材等，均予以免税。

4.3.3 火灾形势

20世纪30年代，爱沙尼亚的火灾形势总体呈波动下降趋势，平均每年发生火灾1 056起。如图2-6所示（笔者绘制），火灾最多的年份是1931年（1 321起），最少的是1937年（699起）。年度火灾损失在129.5万克朗至264.7万克朗之间。按照当时克朗与英镑的固定汇率，18.35克朗兑换1英镑，相当于年均火灾损失在7.06万至14.43万英镑之间。

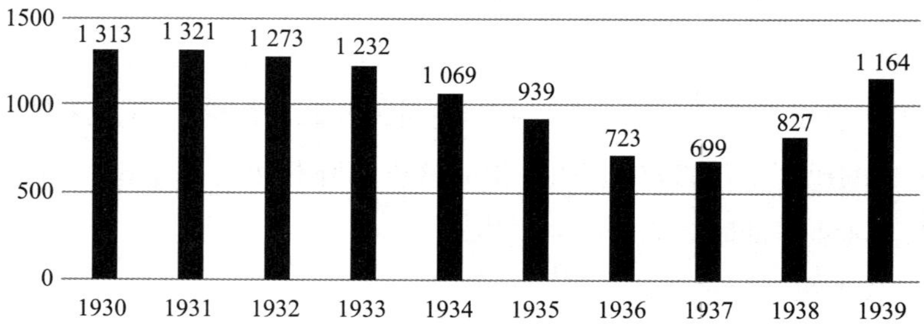

图2-6　火灾起数（1930—1939年）

火灾的主要原因，包括疏忽大意、壁炉等取暖设施故障，以及放火。特别是在1929—1933年的经济危机期间，很多企业主为了将闲置的建筑、设备“变现”，故意放火烧毁工厂、仓库等建筑，以骗取火灾保险赔付款。在1930年发生的1 313起火灾中，放火247起，占18.8%；1932年的1 273起火灾中，放火231起，占18.1%。为了遏制放火案件多发势头，1931年爱沙尼亚政府制定一项政策，规定保险赔付款只能用于重建被烧毁的建筑。此后，放火案件的数量略有减少，但造成的损失仍然很高，1939年时，放火造成的火灾损失占当年全部火灾损失的比例高达64%。以下是20世纪30年代爱沙尼亚的部分典型火灾。

1930年2月7日，塔林市罗特曼股份公司的机械化粮仓发生火灾，由于粮仓建筑高大、结构复杂，火灾扑救极为困难，飞火又引燃了邻近的工厂和建筑，消防员耗时13

天才将火灾彻底扑灭，直接财产损失 180 万克朗，多名消防员受伤。

1931 年 7 月 27 日，圣奥拉夫教堂的塔楼因雷击失火，起火点位于塔尖顶部 139 m 处，消防人员根本无法接近，随着火势逐渐向下蔓延，塔顶的铜质金属结构受热变形，高达 8 m 沉重的金属十字架坠落到地面，塔身主体也有倒塌的危险。消防员采用接力供水的方法，在教堂 58 m 高的石质结构顶部设置中间水池，再用电动消防泵从水池吸水、加压灭火。由于塔顶内部的木结构密实交错，消防水柱无法到达顶部，好在塔顶的封闭结构未被破坏，由于缺氧，火势暂时受到控制。现场指挥的塔林职业消防队队长汉斯·梅德利用这个时机，到爱沙尼亚省博物馆（Eestimaa Provintsiaal Muuseum）仔细观察圣奥拉夫教堂塔顶的模型，确定了在木构架中敷设消防水带的方案，消防员佩戴防毒面具，在异常困难和危险的条件下，顶着不断坠落的燃烧残留物，携带水带和水枪攀爬到顶部射水，终于在 7 月 29 日上午将火灾彻底扑灭，保住了这一珍贵的文化遗产。

1937 年 4 月 20 日，派尔努县南部基林尼－诺莫镇的学校在放映电影时，因胶片爆炸引起火灾，造成 17 名学生死亡，40 人受伤。

1939 年 5 月 24 日，爱沙尼亚东南部彼德塞里（Petseri）的一座简易建筑发生火灾，虽然消防队 5 分钟就赶到现场，但大风已经造成火势蔓延到邻近建筑，20 分钟后下风方向的城区陷入火海。接到求援电话后，周边塔尔图、瓦尔加、沃鲁等地的消防队搭乘专列火车或者驾驶消防车增援，当地驻军也被动员，共使用 2 辆消防车、18 台电动消防泵、2 台蒸汽消防泵和 12 台手压唧筒进行扑救。大火燃烧一天多后才被彻底扑灭，造成 212 座建筑被毁，包括市政府和乡政府大楼、当地志愿消防队、1 家银行、1 家旅馆、1 家电影院、1 家药店、1 家印刷厂、2 家书店和其他一些商店。火灾造成 3 人死亡、6 人受伤，超过 1 500 人无家可归，很多人倾家荡产。许多消防员自己家被大火烧毁，仍然坚守在灭火一线，多名消防员受伤。这是 20 世纪爱沙尼亚在和平时期最严重的火灾。

4.4 民防与消防

1933 年纳粹在德国上台，随着欧洲失衡加剧和安全体系瓦解，为了预防可能发生的军事冲突和战争，各国都未雨绸缪，加快推进民防准备。战争阴云笼罩下的波罗的海三国，日益感受到生存危机，爱沙尼亚也意识到急需建立国家民防体系，开始集中进行民防领域的立法，安装防空警报设备，建造防空洞，修建消防储水箱储备灭火用水，组织居民清除阁楼堆积的易燃杂物，在居民区、单位、企业设立消防、气防和医疗急救小组，对居民和学生进行防空袭知识教育。

1934 年 11 月 10 日，内政部设立“民防督察专员”（kodanliku õhukaitse inspektor）

职位，由消防局局长兼任。1935 年 6 月 20 日，内政部任命全国消防联盟的教习帕马斯克担任警察总局的消防助理（tuletõrjeala assistent politseivalitsusse），负责依托消防队组建民防队伍，国防部的鲁道夫·瓦哈罗少校被借调到警察总局，参与组建民防队伍。这一期间，重组消防和民防队伍的经费均由消防预算保障，其中包括来自火灾保险费的消防税收入。随着经费投入加大，消防站和消防装备的建设加快，爱沙尼亚的消防队伍开始向机械化发展。可以说，迫在眉睫的战争威胁，客观上推进了爱沙尼亚消防和民防事业的发展，尤其是装备配备和消防站舍建设。

1936 年 4 月 3 日，国家元首佩茨签署《民防法》(*Kodanliku õhukaitse seadus*)，该法共 25 条，规定内政部负责领导全国的民防工作，并应与国防军密切配合。一个月后的 5 月 4 日，佩茨签署《消防法》，第 2 条明确规定："发生自然灾害和重大事故，以及其他威胁公共安全和公共秩序的紧急情况时，特别是在民防工作中，消防人员应当根据警察的命令予以协助。"根据《民防法》《消防法》的规定，国防军总司令和内政部部长建议，将民防事务管理职责具体交由警察部门承担，以便于协调消防队伍参与民防工作。当时，爱沙尼亚的民防工作在很大程度也同样要依靠志愿组织，1936 年 5 月 28 日，内政部部长恩巴卢批准了共 43 条的《志愿民防组织章程范本》(*Vabatahtliku kodanliku õhukaitse näidispõhikirja*)。

1937 年 2 月 10 日，在内政部警察总局消防局的基础上，组建了民防和消防局。随着职责拓展，爱沙尼亚的消防队伍逐渐具备综合救援部门的雏形，职业消防员的数量也有所增加。1938 年 1 月 22 日，内政部部长批准《志愿民防协会联盟章程》[*Vabatahtliku kodanliku õhukaitse liidu*（*VKÕL*）*põhikiri*]。根据《民防法》，1938 年 6 月 1 日，佩茨批准《民防总体规划》(*Kodanliku õhukaitse üldkava*)，其中规定"人口超过 3 000 人，以及人口少于 3 000 人但在铁路线 5 公里范围内的城市、村镇和大型工业区，必须建设民防设施。"

回顾 20 世纪 30 年代爱沙尼亚民防事业的发展，与消防事业有着密切的联系。在管理体系上，民防和消防均由内政部负责领导；从队伍和组织实施上看，民防力量的建立发展依托于消防体系，消防机构一直是最重要的民防力量。1991 年重新独立后，在整合消防、民防力量构建综合救援体系的过程中，也借鉴了第一次独立期间，民防和消防事业共同发展的历史经验。

第五节　苏联时期的消防事业

1940 年 8 月 6 日，爱沙尼亚成为苏联加盟共和国之一，1991 年 8 月 20 日宣布独立。

半个世纪期间，爱沙尼亚的消防事业全面纳入苏联体制，内务部主管消防工作，建立了完善的消防管理体系。1945 年爱沙尼亚开始建立现役消防体制，形成现役和职业体制相结合的专业消防队伍，同时，延续重视志愿消防事业的传统，志愿消防组织在社会生活中发挥重要作用，志愿消防队满足了乡镇和农村地区的火灾扑救需求。恢复独立后，爱沙尼亚等波罗的海三国对苏联时期的历史讳莫如深，语焉不详。幸好，曾长期担任爱沙尼亚内务部消防局局长（1964—1974 年）、卸任后又创办消防博物馆并担任馆长的扬·瓦尔曼，在 1988 年爱沙尼亚即将恢复独立之际，出版《胸中的火焰：爱沙尼亚志愿消防事业 200 年》一书，详述了苏联时期爱沙尼亚消防事业的发展历程。此外，1940 年 8 月 29 日至 1990 年 6 月 29 日的《爱沙尼亚苏维埃社会主义共和国公报》，也成为管窥苏联时期爱沙尼亚消防事业发展历程的重要参考。

5.1 二战期间

5.1.1 按照苏联体制重组消防体系

1940 年 6 月 17 日，苏军占领爱沙尼亚，8 月 6 日，爱沙尼亚成为苏联加盟共和国。到 1941 年 6 月 22 日苏德战争爆发、10 月 21 日德军基本全面占领爱沙尼亚，在短暂的一年多时间内，爱沙尼亚按照苏联模式，初步建立了职业消防力量体系和消防监督管理制度。

5.1.1.1 成立爱沙尼亚内务人民委员会消防局

1940 年 7 月 21 日，爱沙尼亚苏维埃社会主义共和国成立，并于 8 月 6 日加入苏联。8 月 25 日，爱沙尼亚临时最高苏维埃任命了由 17 名成员组成的人民委员会，其中，内务人民委员（Siseasjade Rahvakomissar）由鲍里斯·库姆（Boris Kumm）担任。8 月 25 日当天，临时最高苏维埃主席团颁布法令重组消防队伍，创建苏维埃消防组织（Nõukogude tuletõrje）。法令的主要内容包括：爱沙尼亚内务人民委员会（Eesti Siseasjade Rahvakomissariaat，Eesti SARK）成立消防局（Tuletõrje Osakond），承担消防管理和国家消防监督职责，塔林和塔尔图的职业消防队直属爱沙尼亚内务人民委员会。随后，苏联内务人民委员会消防总局的弗拉基米尔·别特连科（Vladimir Petrenko）被派驻爱沙尼亚 3 个月，指导改组建立新的消防队伍。

爱沙尼亚消防局机关编制 16 人，根据苏联内务人民委员会的命令，由苏联内务人民委员会消防总局的列昂尼德·康德拉季耶夫（Leonid Kondratjev）少校担任爱沙尼亚消防局长，瓦萨列夫（I. Vassilyev）中尉担任副政委，共和国时期的民防和消防局局长鲁道夫·瓦哈罗任副局长（1941 年 6 月 14 日被苏联内务人民委员会逮捕，次年死亡）。11 月初，爱沙尼亚消防局组建完成，随即开始重组各地的消防队伍。

重组消防体系，必然要施行苏联的消防法律制度。四年前的 1936 年 4 月 7 日，苏联中央执行委员会和人民委员会①联合发布第 52/654 号法令《国家消防监督和城市消防条例》，就国家消防监督体制和城市消防队伍建设保障做出了原则规定。1940 年 11 月 27 日，爱沙尼亚人民委员会颁布第 644 号命令，宣布在爱沙尼亚适用《国家消防监督和城市消防条例》②，该条例成为爱沙尼亚消防部门履行职能的基本依据。此后，苏联的消防法律法规和技术标准被集中翻译为爱沙尼亚语。

根据《国家消防监督和城市消防条例》，爱沙尼亚明确了消防工作的宗旨——“保护社会主义财产和公民个人财产免遭火灾危害”。内务人民委员会消防局及其地方机构，负责组织实施消防管理工作，各县和纳尔瓦市的内务人民委员会设置消防监督员（tuletõrjeinspekior），作为消防局派驻地方的代表，监督地方的消防工作。消防局的主要职责包括：制定有关消防安全的强制性规则、指令和条例，监督消防安全法规的执行情况，监督建筑设计和施工执行消防安全标准的情况，监督检查消防装备器材的情况，追究违反消防安全法规人员的责任。

5.1.1.2 组建职业消防队伍

重组共和国时期的职业消防队伍，是建立苏维埃消防组织的首要任务。在政治中心塔林和文化中心塔尔图，重组后的职业消防队直接隶属于爱沙尼亚内务人民委员会。塔林市职业消防队改组为内务人民委员会塔林市消防队（SARK – i Tallinna Linna Tuletõrje Komando），保留原有的 2 个消防队，引入 24 h 值班、48 h 休息的三班制备勤制度，代替原来值班 1 天、休息 1 天的两班制。调整值班备勤制度后，为了不削弱战斗力，塔林市消防队增编 35 人，两个消防站分别达到 34 人和 20 人。塔尔图的情况类似，重组后的内务人民委员会塔尔图市消防队（SARK – i Tartu Linna Tuletõrje Komando）增编 15 人。

1941 年 1 月，苏联人民委员会批准爱沙尼亚城镇职业消防队伍的编制，财政部门相应安排了预算。新编制的主要内容包括：在各县政府所在城镇和纳尔瓦市，建立内务人民委员会所属的职业消防队；塔林原有的 2 个消防队再次增编至 73 人和 44 人，新建两个编制 13 人和 10 人的消防队，分别保护克普利（Kopli）区和诺莫区——在苏维埃体制

① 根据 1918 年 7 月 10 日通过的《俄罗斯苏维埃联邦社会主义共和国宪法》（又称《苏俄 1918 年宪法》或《列宁宪法》），全俄苏维埃代表大会是国家最高权力机关，人民委员会（俄语 Нарóдный комиссариáт）是国家最高管理机关。在全俄苏维埃代表大会闭会期间，中央执行委员会（俄语 Центральный исполнительный комитет）是最高国家权力机关。

② 《国家消防监督和城市消防条例》，https：//www. digar. ee/arhiiv/et/download/218162。

下，塔林市消防队伍半年内增加到4个消防队、140名消防员，人数是共和国时期的3倍多。但是，由于时间仓促，塔林新建的2个消防队只能使用从志愿消防协会接收的装备，也就是说，虽然人员编制增加了，但消防车辆装备暂时保持原有水平。4月，根据苏联内务人民委员会消防总局的分配计划，塔林市消防队接收了2辆利用ZiS－42半履带车底盘改装的PMZ－2型水罐消防车。2个新的消防队建立后，塔林将全市划分为4个消防责任区，辖区消防队对责任区内的工厂、企业和文化、卫生、儿童等机构进行全面登记，并组织火灾预防工作，包括在居民中开展消防宣传教育。

在其他县和纳尔瓦市，也按照苏联人民委员会批准的编制，组建隶属当地内务人民委员会的职业消防队，新组建的消防队虽然被称为“城市消防队”（linnakomandod），但实际上承担全县的火灾扑救任务。各地职业消防队的编制，根据所在县的规模大小而异，最多的是塔尔图和派尔努各42人，纳尔瓦、瓦尔加和拉克韦雷各36人，哈普萨卢26人，维尔扬迪、库雷萨雷、佩德和沃鲁各23人，加上塔林的140人，职业消防员的编制共427人。

按照苏联人民委员会下达编制时的命令，必须在1941年第一季度完成职业消防队的组建任务。由于时间紧迫，各地新建的职业消防队，都是从当地志愿消防协会接收消防站和车辆装备，一些志愿消防员特别是消防车司机，直接转为职业消防员。到3月15日，各地或多或少都建立起职业消防队。但很多职业消防队的场地、装备都不符合标准，各地的志愿消防协会对被迫移交消防站和装备强烈不满，随着场地、装备和精干人员转交职业消防队，很多志愿消防协会被大大削弱，甚至不复存在。重组后的职业消防人员暂时仍然穿着共和国时期的制服，只是佩戴了新徽章。为了尽快提高消防人员的素质，从1941年2月起，内务人民委员会开始在塔林的消防学校举办短期轮训班，参训人员集体生活并编组参加火灾扑救，既是实践训练，也加强了塔林的消防力量。

在组建城镇职业消防队伍的同时，大型易燃易爆企业的专职消防队（tootmis tuletõrjekomando）和志愿消防队也得到了加强。爱沙尼亚是苏联乃至世界重要的油页岩开采和加工基地，1940年成立的基维厄利油页岩联合化工厂建立了兼职消防队，配备1辆1.5 t水罐消防车，兼职从事消防工作的企业员工会得到额外报酬。1941年1月15日，位于爱沙尼亚东北部科赫特拉－耶尔韦（Kohtla－Järve）的油页岩加工厂成立职业消防队，配备1辆水罐消防车，共有6名专职消防员。此外，在塔林港、纳尔瓦的克瑞霍姆木制品厂、塔林纸浆厂、家具厂等企业，原有的专职消防队和志愿消防队也得到加强。对于规模较小的企业，消防人员在开展消防监督时，指导建立和培训志愿消防队。1941年2月8日至3月8日，专门在塔林的消防学校举办了企业消防队培训班，共有28人参加学习。

到1941年6月22日纳粹德国入侵苏联之前，爱沙尼亚基本完成对共和国时期消防力量的改组，建立了职业制的国家消防队伍。与此同时，志愿消防组织仍然存续，但由于各县组建职业消防队时接管了主要的消防站和装备，志愿消防队的能力下降，实际承担的火灾扑救任务明显减少。

5.1.1.3　开展火灾预防工作

从1940年8月6日成为苏联加盟共和国，到1941年6月22日苏德战争爆发，在不到一年的时间内，爱沙尼亚结合实际情况，制定了多部消防安全管理规定。

1940年12月3日，针对新年庆祝活动期间使用云杉树装饰时用火用电不慎容易引发火灾的问题，爱沙尼亚内务人民委员会发布《新年活动使用云杉树的消防安全措施》①，规定学校、福利院、俱乐部等公共场所在新年如果使用云杉树装饰，必须提前10天征得当地消防部门同意，并对放置云杉树的位置、装饰材料、用火用电、值班值守、安全疏散等提出了要求，如云杉树应当置于房间中央，枝条与墙壁之间应保持至少1 m宽的通道，房间内不得使用地毯，距离云杉5 m以内的窗户不得使用窗帘；云杉树上的装饰灯只能使用12 V以下电压的专用照明线路，如果使用蜡烛，火焰与可燃装饰材料、枝条的水平和垂直距离不应小于10 cm、30 cm；庆祝活动期间，必须保持安全出口和疏散通道畅通，单位负责人带班，消防安保人员和电工现场值守，并配备灭火器、水桶和灭火毯；等等。需要说明的是，一些国家在新年（冬节）期间用于装饰的云杉等松柏纲植物，不宜简单译作“圣诞树”。

1941年4月11日，彼德塞里县劳动者代表苏维埃执行委员会②颁布《消防条例》(*Tuleõnnetuste vastu võitlemiseks*)③，共15条，虽然内容简明，但措施适用，涵盖消防力量、火灾报警、灭火指挥、防火管理、隐患整改、违规处罚等方面。条例的主要内容包括：县消防队和各志愿消防队接到火灾和自然灾害报警后，应当立即前往扑救和救援，消防队救火不收费，各类场所均应在显著位置标明报警电话号码（第1、2、3条）；各类场所和住宅区的负责人应当按照消防部门要求，及时采取措施消除火灾隐患（第4条）；任何人不得干扰消防队的灭火指挥，起火单位应当向消防队准确报告情况，民兵负责维持火场秩序并执行消防队的命令（第5、6条）；消防设施必须保持完整好用状态，不得挪用，消防取水口必须保持完好，不得被积雪等掩盖（第8、9、10条）；施工

---

① 《新年活动使用云杉树的消防安全措施》，https://www.digar.ee/arhiiv/et/download/133363。

② 根据1936年12月5日通过的《苏维埃社会主义共和国联邦宪法》（又称《斯大林宪法》），国家最高权力机关是苏联最高苏维埃，地方的国家权力机关是各级劳动者代表苏维埃，地方的国家管理机关是各级劳动者代表苏维埃执行委员会。

③ 彼德塞里县《消防条例》，https://www.digar.ee/arhiiv/en/download/218233。

影响道路通行的，必须提前报当地消防队或民兵批准（第 11 条）；消防队和地方苏维埃执行委员会应当掌握当地马匹情况，发生火灾时组织马主提供马匹运输消防装备（第 12 条）；拒不整改火灾隐患的，处以 100 卢布以下罚款，或者 30 日以内的矫正劳动，在剧院、电影院、马戏团和其他公众聚集场所的指定区域以外吸烟，处以 3 卢布以下罚款，拒不缴纳的增加 3 倍以下罚款（第 13、14 条）。

1941 年 4 月 28 日，爱沙尼亚人民委员会颁布《防火条例》（*Kahjutulevastaste ettevaatusabinõude tarvitusele võtmise kohta*）①，共 22 条，主要涉及居民家庭消防安全、取暖和明火作业、安全疏散、消防设施维护管理、电气消防安全、单位消防安全责任等方面的内容：使用煤油、汽油炉具和其他加热取暖设施时，严禁过热（第 1 条）；每户储存的煤油不得超过 8 升、汽油不得超过 1 升（第 2 条）；除集中供暖的场所外，应当至少在结束工作前 2 h 停止供暖（第 4 条）；严禁使用喷灯等明火，解冻结冰的供水、煤气、污水等管道（第 5 条）；禁止在阁楼、地下室等部位，使用明火照明和吸烟（第 9 条）；禁止在阁楼、地下室等部位，存放易燃易爆物品（第 11 条）；保持走廊、通道、楼梯等安全出口畅通（第 12 条）；保持院落内和道路畅通（第 13 条）；非采暖场所的消火栓等消防设施，应进行保暖防寒处理（第 14 条）；及时清除消火栓等消防设施的积雪，严禁埋压和遮挡消防设施（第 15 条）；按规定敷设电气线路，禁止使用自制材料代替保险丝（第 16 条）；公民发现火灾应当立即向消防队报警，发现违反消防安全规定的行为，应当报告内务人民委员会消防监督机构（第 17 条）；单位和住宅的管理人员应当履行消防安全职责（第 19 条）。违反上述规定的，处以 100 卢布以内的罚款或者 30 日以内的矫正劳动，情节严重的追究刑事责任（第 20 条）。

1941 年 5 月 9 日，爱沙尼亚人民委员会通过《护林条例》（*Metsade kaitseks kahjutule vastu*）②，规定每年 5 月 15 日至 10 月 1 日为禁火期，严禁在森林、草原、沼泽、牧场及其临近的区域进行动火作业，禁止没有安装火花消除装置的火车机车穿越林区等。随后又批准《住宅使用程序指南》（*Juhend elukorterite kasutamise korra kohta*），其中包括了有关住宅建筑的消防安全规则。

5.1.2　纳粹德国占领期间（1941—1944 年）

5.1.2.1　进入战时状态

1941 年 6 月 22 日，法西斯德国入侵苏联，卫国战争爆发。苏联消防队伍立即全面

---

① 爱沙尼亚《防火条例》，https://www.digar.ee/arhiiv/en/download/218230。
② 爱沙尼亚《护林条例》，https://www.digar.ee/arhiiv/en/download/218231。

进入战时状态，取消休假，调整执勤模式，重新编组人员，将原来的三班倒改为强化的两班制，每班消防员执勤一天半后，在队休息半天，然后再转入执勤状态。同时强化了针对性训练，增加了毒气防护（气防）和医疗急救培训。消防学校的短训班提前解散，学员返回岗位履行职责。所有备用和维修的消防车辆紧急投入执勤。爱沙尼亚消防局成立29人的武装警卫队，守卫重点部位，并在扑救火灾时进行现场警戒。托姆比亚城堡和塔林港的职业消防队也设立了武装岗哨。

随着德军不断逼近，1940年7月13日，爱沙尼亚发布加强消防保卫措施的命令，要求各个单位和机构根据战时情况采取防火措施，所有志愿消防队进入战备状态，全天执勤。7月初，德军进入爱沙尼亚南部，消防队开始在战争状态下执行任务。7月8日派尔努失守，德军推进到了维尔扬迪。在激烈的战斗中，很多建筑燃起大火，消防队在灭火的同时还必须紧急疏散物资，以免落入德军手中。在派尔努县，内务人民委员会的消防监督员和职业消防队副队长等人牺牲。

根据爱沙尼亚内务人民委员会的命令，纳尔瓦、塔尔图和瓦尔加的16名消防员及3辆消防车抵达塔林，以加强当地的消防力量。8月6日，内务人民委员会下达命令，要求塔林所有单位和大型住宅建筑都必须成立志愿消防队，16—55岁的居民必须参加火灾扑救。8月23日，塔林防御战打响，消防人员冒着德军炮火扑救火灾，多名消防员伤亡。8月26—27日，苏军开始撤退，消防人员也接到命令，携带消防装备从塔林港乘船撤离。瓦萨列夫中尉接替患病的康德拉季耶夫少校，任爱沙尼亚消防局负责人。

据统计，在塔林防御战期间，8月24—28日，市区共发生火灾159起，烧毁各类建筑389座，其中工业建筑51座，公共建筑（电影院、餐厅、俱乐部等）10座，办公楼11座，火车站等交通设施4座，医疗设施6座，军事建筑10座，居民楼110座，仓库和商业建筑50座，以及杂类附属建筑（棚屋、车库、洗衣房、马厩等）137座。

5.1.2.2　德军占领时期

1941年10月21日，德军占领爱沙尼亚全境。纳粹德国统治期间，忠于社会主义制度的消防人员遭到迫害甚至杀害，苏联时期的一切都被拆除和清算，刚组建的苏维埃消防组织解散，县级消防监督员和职业消防队被撤销，恢复了共和国时期的国家消防队，并将其纳入法西斯的国家机器，隶属于警察和自卫局（Politsei ja Omakaitse Valitsus）。1941年8月28日（德军占领塔林的次日），共和国时期的首任消防督察专员弗里德里希·约翰内斯·帕马斯克被任命为爱沙尼亚消防队司令，但所有重大事项都在德军实际控制之下。

纳粹德国统治期间，只有塔林、塔尔图和派尔努保留了职业消防队，汉斯·梅德继续担任塔林市消防队队长，原有的 4 个消防队仍然保留，由于大量消防装备毁于战火，纳粹德国为塔林职业消防队补充了 2 辆奔驰消防车（1943 年德军败退时带走）。

为了利用爱沙尼亚的工业设施掠夺急需的战略物资，纳粹德国非常重视油页岩企业的消防安全，为科赫特拉－耶尔韦的油页岩加工厂消防队增配 2 辆奔驰消防车（服役到 1951 年），为基维厄利的油页岩联合化工厂增配 2 辆马基路斯水罐消防车（分别服役到 1953 年和 1967 年），1942 年，还为塔林纸浆造纸厂配备了 1 辆柴油动力的戴姆勒－奔驰水罐消防车（服役到 1964 年）。

根据纳粹德国占领期间的统计资料，塔林市 1942 年发生 172 起火灾，1943 年发生 170 起火灾，1944 年 1 月 1 日至 9 月 23 日发生 113 起火灾，累计发生 455 起火灾，其中 17 起是重大火灾。

1944 年 9 月 1 日，帕马斯克被德军解除爱沙尼亚消防队司令的职务，作为预备役军官派往维尔扬迪的苏德前线，9 月底，帕马斯克随败退的德军逃至德国，1950 年移民美国，1992 年在纽约去世。1995 年，其子普瑞特·贾恩·帕马斯克（Priit Jaan Parmask）出版《爱沙尼亚的消防和民防》一书，系统介绍了爱沙尼亚民防和消防事业发展的历史。

5.2　战后恢复期

5.2.1　重建爱沙尼亚消防局

1943 年 2 月 2 日斯大林格勒战役结束，苏军转入战略反攻。在一线苏军部队后方，成立了接收管理机构，开始准备各项接收工作——其中就包括筹建消防队伍，以便在领土解放后立即履行职责。1943 年 12 月，根据苏联内务人民委员会消防总局的命令，亚历山大·马尔科夫（Alexander Markov）少校和朱安·诺莫（Juhan Nõmme）专业技术中尉负责筹建爱沙尼亚的消防队伍。1944 年 2 月，爱沙尼亚内务人民委员会消防局（Eesti NSV SARK－i Tuletõrje Valitsus）重新组建，编制仍是战前的 16 人，马尔科夫少校和诺莫中尉分别担任局长和副局长，他们的首要任务，就是确定爱沙尼亚消防队伍的编制。

经苏联内务人民委员会消防总局、爱沙尼亚内务人民委员会协商，提出了爱沙尼亚消防队伍的编制草案，经爱沙尼亚共和国政府同意后，报苏联人民委员会国家编制委员会审批，并于 1944 年 9 月 7 日获得批准。根据编制方案，爱沙尼亚成立 15 支隶属内务人民委员会的职业制城镇消防队（SARK－i linnatuletõrje komando），包括：塔林市的 4

支消防队，编制 197 人，月工资基数55 165卢布；塔尔图、派尔努、纳尔瓦、哈普萨卢、库雷萨雷、佩德、彼得塞里、拉克韦雷、瓦尔加、维尔扬迪和沃鲁的 11 支消防队，编制 441 人，月工资基数 100 395 卢布，15 支消防队合计编制 638 人，月工资基数 155 560 卢布。此外，成立编制 18 人的内务人民委员会塔林消防局，负责管理塔林的消防队伍，并在各县和纳尔瓦市分别设立一名国家消防监督专员，履行国家消防监督职责，共 16 人。

5.2.2 消防特遣队跟随苏军反攻

1944 年 1 月，反攻的苏军进抵爱沙尼亚边界。爱沙尼亚消防队伍重建筹备人员跟进驻扎在列宁格勒，即圣彼得堡，并决定成立一支特遣队，紧随进攻部队进入爱沙尼亚。3 月 10 日，消防局局长马尔科夫向苏联消防总局报告特遣队已经做好准备。根据苏联消防总局的命令，列宁格勒消防队向特遣队移交了 2 辆 PMZ－1 泵浦消防车、1 辆 PMZ－G 泵浦消防车、2 辆 PMZ－2 水罐消防车、2 辆 GAZ－AA 卡车和 1 辆M－1乘用车，并调派了 20 名军官、1 名中士和 10 名列兵。

4 月，消防特遣队离开列宁格勒，在靠近爱沙尼亚东部亘镇纳尔瓦的地区驻扎，抓紧开展在敌人火力下扑救火灾的针对性训练。7 月，根据苏军的反攻部署，特遣队分为两个分队，马尔科夫少校率领的分队在纳尔瓦附近，跟随进攻爱沙尼亚北部的苏军行动；诺莫中尉率领的分队在靠近爱沙尼亚南部的普斯科夫（Pihkva），跟随进攻爱沙尼亚南部的苏军行动。特遣队跟随进攻部队的第一场灭火战斗，发生在伊尔博斯卡（Irboskas），虽然当时只有 1 辆水罐消防车可以使用，消防员仍然冒着德军炮火，扑灭了城镇房屋的火灾。

此后，消防特遣队的 2 个分队紧跟进攻的苏军，沿途扑灭被炮击、空袭引燃的建筑和村庄。7 月 25 日，北路苏军突破德军纳尔瓦河防线，解放了纳尔瓦及其周边地区，并暂停攻势。跟进的特遣队在纳尔瓦消防队幸存的消防站安顿下来，在此后两个月的对峙阶段，特遣队扑灭了大量德军炮击、空袭造成的火灾。最为艰难的挑战是在塔尔图，8 月下旬，苏军攻入塔尔图，在艾玛吉河右岸顽抗的德军不断向城区炮击，消防员将消防车停在河边取水，在苏军掩护下全力灭火，有效控制了火势在老式木结构建筑区的蔓延。尽管消防人员、苏军和当地居民竭尽全力，塔尔图这座历史悠久的文化名城还是大部被毁。据战后统计，塔尔图超过 50% 的住宅、46% 的企业以及许多重要建筑被毁，包括瓦纳穆剧院（Vanemuise teatrimaja）、爱沙尼亚国家博物馆（Eesti Rahva Muuseum）、圣约翰教堂（Jaani kirik）等，消防站也被摧毁。

9 月 14 日，苏军发起波罗的海沿岸战役；9 月 22 日，攻克塔林；11 月 24 日，解放爱沙尼亚全境。德军败退时放火烧毁城镇，炸毁重要建筑、发电厂等基础设施，甚至摧毁消防站。消防特遣队和当地的志愿消防队、居民冒着危险，扑救火灾、抢救物资。9月22日，也就是派尔努解放的前一天，德军放火点燃派尔努商学院大楼，并向赶来灭火的消防人员射击，然后又放火烧毁消防站，派尔努消防队的2名司机冒着生命危险，将消防车从车库开出隐蔽起来，才保住了消防车。

5.2.3　重建消防队伍

全境解放后，爱沙尼亚消防局最迫切的任务，就是尽快恢复重建消防队伍。从1941年10月21日被德军占领，到1944年11月24日全境解放，在沦陷的3年多里，除塔林、塔尔图和派尔努以外，其他地区的职业消防队被撤销，消防站和消防车辆、装备器材不同程度损毁遗失。不过，由于德军占领期间实行消防员（包括志愿消防员）免于强制征兵的政策，各地的消防人员总体上得以保存。塔林消防队的情况相对较好，消防站和车辆装备基本完好，尚有96名职业消防员执勤。

爱沙尼亚消防局全面恢复各县和纳尔瓦的职业消防队，并为纳尔瓦、佩德、沃鲁、瓦尔加、维尔扬迪和派尔努紧急配发消防车，有些职业消防队的站舍损毁严重，就临时安置在当地志愿消防协会。到1944年底，核定的638名职业消防员编制已落实551名（87%），共有14辆泵浦消防车、12辆水罐消防车、1辆云梯消防车、19台电动消防泵、19辆各类卡车、7辆其他车辆投入执勤。由于战争尚未结束，消防队全部实行两班制并配发了武器，对营区实行武装警戒。同时，对消防人员进行审核，政治上不可靠和不适合工作的人员被遣散。

1945年4月14日，塔林的职业消防队转为**现役制**（sõjaväestamisega），直属爱沙尼亚内务人民委员会消防局，同时撤销塔林消防局编制，爱沙尼亚内务人民委员会消防局增编为51人，局长亚历山大·马尔科夫，副政委兼政治部主任亚历山大·安德烈耶夫。现役制的塔林消防队编制289人，包括4个消防队和保障分队、初级消防指挥学校（Sõjaväestatud Tuletõrje Nooremkomandöride Kool）。实行现役制后，塔林消防队按照苏军标准建立了各项管理制度，消防员的备勤时间延长，每天训练6 h（包括1 h的消防技能训练）。

当时，极其缺少受过专门培训的初级消防指挥人员，有些消防员只有小学文化水平，经过列宁格勒消防工程学院短期培训后，就被任命为初级消防指挥或专业技术军官。1945年6月16日，爱沙尼亚内务人民委员会授予61名初级消防指挥员军衔。1945年4月至7月，初级消防指挥学校分2期（每期50天），对51名初级指挥员进行了轮训。此后，学校开始系统培养初级消防指挥军官，每期学制11个月。

5.3 志愿消防事业的曲折发展

5.3.1 恢复爱沙尼亚志愿消防协会

德军占领期间，除塔林、塔尔图和派尔努以外，其他城镇的职业消防队被撤销，火灾扑救完全由当地的志愿消防队承担，由于战争导致志愿消防人员减少、车辆装备不同程度损毁，志愿消防队的灭火能力普遍下降。战后初期，虽然各地初步恢复了县级职业消防队，但志愿消防队仍然是重要的消防力量，特别是在县城之外的农村乡镇，承担了主要的火灾扑救任务。

1945 年 2 月 24 日，爱沙尼亚人民委员会专门研究了志愿消防队的组织问题，决定恢复战前的志愿消防体系，在共和国时期的全国志愿消防联盟基础上，成立**“全国志愿消防协会”**（Vabariiklik Vabatahtlik Tuletõrje Ühing）。经爱沙尼亚共产党中央委员会政治局（EKP Keskkomitee büroo）同意，1945 年 11 月 24 日至 25 日，在塔林举行了全国志愿消防协会成立大会，爱沙尼亚消防局局长、全国志愿消防协会组委会主席马尔科夫做了报告，大会审议了协会章程，选举产生了理事会和监督委员会，著名志愿消防员阿努·索尔克（Arnu Sörk）当选全国志愿消防协会理事会主席。

1946 年 3 月 23 日，爱沙尼亚人民委员会批准《爱沙尼亚苏维埃社会主义共和国全国志愿消防协会章程》（*Eesti NSV Vabariikliku Vabatahtliku Tuletõrjeühingu põhikiri*）①，共 6 章、43 条。在第一章“总则”部分，明确了全国志愿消防协会的宗旨是“在和平时期和战争期间，开展火灾预防工作，并随时准备进行有组织的火灾扑救”。规定全国志愿消防协会是独立法人，向爱沙尼亚人民委员会报告工作，职责是组织各地的志愿消防协会（Vabatahtliku Tuletõrje Ühing，VTÜ）和志愿消防队（Vabatahtlikke Tuletõrje - operatiiv Üksus，VTOÜ）开展防火、灭火、消防宣传、教育培训、文化出版等工作，还包括“作为唯一供应渠道，向所有志愿消防组织提供先进、实用的消防设备”——政府赋予全国志愿消防协会独家经营消防产品的专营权，具有典型的计划经济和行政指令色彩（这也是协会章程在全体代表大会通过后，必须经过爱沙尼亚政府批准的重要原因），在当时具有合理性（各类产品统购统销）和必要性（协会通过经营取得收入，支持志愿消防事业发展）。此外，协会职能还包括“检测消防设施”等其他经营权。章程第二章“全国

---

① 《爱沙尼亚苏维埃社会主义共和国全国志愿消防协会章程》，https：//www. digar. ee/arhiiv/en/download/218529。

志愿消防协会和地方志愿消防协会的组成”规定，全国志愿消防协会由各地志愿消防协会（团体会员）和个人会员组成，个人会员又分为普通会员、青少年会员、功勋会员和终身会员。

根据全国志愿消防协会章程，重新构建了爱沙尼亚志愿消防组织的体系架构。章程第三章“全国志愿消防协会的结构”规定，按照地域性原则，全国志愿消防协会由地方志愿消防协会和志愿消防队组成，每个市镇和乡只能成立一个志愿消防协会——地方志愿消防协会作为法人，在本行政区域内，履行与全国志愿消防协会对应的职能，接受当地人民委员会的监督，并服从全国志愿消防协会的指令。各地的志愿消防队伍组成爱沙尼亚“志愿消防队伍”（Vabatahtliku Tuletõrje Korpus，VTK）——作为全国志愿消防组织的核心力量，“志愿消防队伍”类似于共和国时期的“国家消防队”，最大的区别在于，共和国时期的国家消防队范围更广泛，包括了职业制等所有消防力量。

新组建的志愿消防队伍，同样建立了严密的组织体系。在塔林、塔尔图、纳尔瓦三市和哈留县、维鲁县、耶尔瓦县、莱内县、萨雷县、派尔努县、维尔扬迪县、塔尔图县、瓦尔加县、沃鲁县十县，分别建立 1 个志愿消防支队（vabatahtliku tuletõrje brigaad），在支队以下，依层级设置志愿消防大队（vabatahtlik tuletõrjedivisjon）、志愿消防队（vabatahtlik tuletõrjekompanii）、志愿消防分队（vabatahtlik tuletõrjerühma）和志愿消防小队（vabatahtlik tuletõrjesalk）。同时，参照共和国时期的做法，建立了全国志愿消防队伍的逐级任命制度。全国志愿消防队伍的总队长（Vabatahtliku Tuletõrje Korpuse pealik），由爱沙尼亚人民委员会根据全国志愿消防协会理事会的提议任命。13 个志愿消防支队的支队长，由爱沙尼亚人民委员会根据全国志愿消防队伍总队长的提议任命——提名前，应征求爱沙尼亚人民委员会、全国志愿消防协会主席和所在市、县人民委员会执行委员会主席的意见，其他职位的任命权和程序依次类推。

1945 年召开全国志愿消防协会成立大会时，协会成员包括 267 个地方志愿消防协会（每个市和乡镇 1 个协会）和 61 098 名个人会员，由爱沙尼亚消防局局长马尔科夫兼任全国志愿消防队伍的总队长。各地志愿消防协会共成立 52 支志愿消防队，沿用“飞虎队”的传统名称，配备 24 辆消防车和 78 辆安装消防泵的改装车辆，以及 161 台消防泵和 1 776 台手压唧筒，志愿消防队的消防车驾驶员或者是领取工资的职业消防员，或者是志愿消防人员。

5.3.2　职业消防队的收缩与志愿消防队的蓬勃发展

战后，为了保障恢复重建工作的顺利进行，爱沙尼亚共产党和政府非常重视消防工作。仅在 1946 年，爱沙尼亚共产党中央委员会（以下简称“爱共中央”）政治局就 5 次研究消防安全问题，爱沙尼亚部长会议8次研究和部署消防工作，各市县的党政机关经常部署落实消防工作措施。各级对志愿消防工作尤其高度重视，数万名党员积极参与火灾预防和扑救工作。

1946年4月15日，爱沙尼亚对消防力量体系进行重大改组。在保留并加强塔林、塔尔图、派尔努的现役消防队和职业消防队的同时，撤销了维尔扬迪、沃鲁、佩德、库雷萨雷、瓦尔加、哈普萨卢、拉克韦雷和纳尔瓦8个县市的职业消防队，火灾扑救职能全部移交当地志愿消防协会成立的志愿消防队（Vabatahtlik Tuletõrje Komando，VTK），并将职业消防队的场地和装备一并移交——实际上，这些资产原本就属于志愿消防协会，是1944年集中建立职业消防队时，从志愿消防协会强行征用的。在此前稍早的3月18日，爱沙尼亚人民委员会颁布第165号命令，决定将1945年11月26日之前爱沙尼亚志愿消防联盟的全部资产归还全国志愿消防协会，战争和德军占领期间获取的爱沙尼亚志愿消防联盟资产，均在移交范围之列。同时，个人和机构从地方消防协会获取的消防装备、文化设施、消防站等资产，也应全部返还。

相比于1944年9月7日全面建立职业消防队的方案，这次改组后，除了塔林、塔尔图、派尔努这三个较大城市，其他中小城镇只需建立志愿消防队，由地方政府承担聘用消防车司机和维护消防装备的支出，既满足了火灾扑救需求，又大幅减少了地方政府的消防经费开支——以现代公共服务理论的视角审视，这一做法，契合公共服务供给主体多元化的发展方向，也符合当时爱沙尼亚的实际情况。

消防队伍改组后，爱沙尼亚政府加大了对志愿消防组织的支持力度，1946年为各地志愿消防协会配发102辆各类车辆，志愿消防队的人员、装备和战斗力全面加强。到1946年底，全国志愿消防协会的个人会员增加23 821人，年底达到84 919人，增幅39%。依托各级志愿消防协会，形成了城乡全面覆盖的志愿消防组织体系网络，包括13个支队、55个大队、446个队、1 338个分队、4 014个小队，此外还有102个女性消防队、165个青少年消防组织，共配备30辆各类消防车（同比增加25%），180辆安装消防泵的改装车辆（同比增加131%），181台消防泵（同比增加12%），1 791台手压唧筒（同比增加1%），15.7万m消防水带（同比增加15%），10 636 m吸水管（同比增加4%），690辆各式运水车（同比增加8%）。作为志愿消防组织的中坚力量，承担日常火灾扑救任务的消防“飞虎队”达到71个，比上一年度增加19个，增幅36.6%。

在预防和扑救火灾两个方面，志愿消防队都发挥了重要作用。1946年，爱沙尼亚境内共发生705起火灾，其中482起发生在现役和职业消防队驻守的塔林、塔尔图和派尔努，其他城镇发生223起火灾，只占全部火灾的31.6%（当然，不排除现役和职业消防队火灾统计更为完整的因素）。当年，为表彰志愿消防组织，爱沙尼亚最高苏维埃主席团向全国志愿消防协会主席和各地志愿消防支队的支队长颁发勋章，爱沙尼亚消防局表彰了5个志愿消防支队、96个志愿消防协会，并给予36个志愿消防协会和725名志愿消防员物质奖励。

5.3.3 挫折

1950年，此前一直快速发展的志愿消防事业遭遇严重挫折。当时的背景是经过战后几年的恢复重建，苏联开始加快推进农业经济规模化，发展机械化作业的大型国有农场，以扩大生产规模，提高生产效率。1949年，苏联内务部①下发通知，建议各加盟共和国根据经济建设发展的新形势，优化调整志愿消防组织的结构体系，将原来以城镇、乡村等行政区域为基础建立志愿消防组织，转变为重点发展企业、国有农场等单位的志愿消防队，同时建议简化志愿消防组织的结构体系，避免出现层级化、官僚化倾向。上述建议和要求，总体符合当时的苏联国情。同属波罗的海地区的拉脱维亚和立陶宛，在保留共和国志愿消防协会的同时，采取措施加强农村地区志愿消防组织建设，收到良好效果。但爱沙尼亚的情况恰恰相反。

1948年，爱沙尼亚消防局局长马尔科夫少校调离，格奥尔基·科斯（Georgi Kosse）上尉接任。与前任不同，格奥尔基·科斯没有把志愿消防组织视为扑救火灾的重要力量、消防工作的重要社会基础，而是狭隘地将其看作现役和职业消防队伍的“竞争对手”，认为全国志愿消防协会抢了消防局的风头。而1949年苏联内务部的文件正好成为其借题发挥、铲除异己的借口。在科斯的操弄下，爱沙尼亚对志愿消防组织进行了清洗式的“重组”，全国志愿消防协会、全国志愿消防队伍，以及各县和乡镇的志愿消防协会全部被撤销，所有志愿消防协会的负责人都被迫离职，志愿消防队的制服也被禁止穿着。

在全面否定之前的做法后，爱沙尼亚消防局成立工作机构，专门负责推动企业、国有农场等单位成立志愿消防协会。这些新成立的消防协会相互独立，只接受地方党组织和政府的领导，每个地区的几十个志愿消防组织都互不关联、各行其是，虽然爱沙尼亚消防局在各地指定专人指导消防协会工作，但收效甚微。特别是在农村地区，原来志愿消防队的资产虽然在账面上转移给了集体农场、国营农场的志愿消防队，但由于缺乏专门人才，很多集体农场、国营农场根本没有真正建立志愿消防队，造成原有志愿消防队的资产无人看管、损毁散失，许多乡镇志愿消防队的建筑改作他用。这些问题严重影响

① 1946年3月，根据第二届苏联最高苏维埃第一次会议的决定，将人民委员会改称为苏联部长会议（俄语 Совет Министров СССР），各人民委员会随之改称为部，人民委员改称部长。

了志愿消防事业发展，对农村地区火灾预防和扑救工作造成的危害尤为突出。

为了缓解上述问题造成的危害，爱沙尼亚消防局开始采取补救措施，包括派出工作人员到各地进行督导、组织新成立的志愿消防协会承担火灾扑救工作，在塔林举办志愿消防协会人员培训班，还组织新成立的集体农场、国营农场消防协会开展社会主义竞赛，向优胜者授予流动红旗并给予现金奖励，但效果并不明显，志愿消防组织的火灾预防和扑救能力明显下降。爱沙尼亚的志愿消防事业发展陷入停顿。

格奥尔基·科斯主导的志愿消防队伍重组，使爱沙尼亚的志愿消防事业遇到重大挫折，影响了经济建设和社会发展。究其原因，最根本的问题是脱离经济社会发展实际，违背志愿消防组织根植于基层的发展规律，全盘否定原来依托城镇和乡村等行政区域建立基层志愿消防组织的做法，导致完全以企业、农场等“单位”为基础建立的志愿消防组织缺乏生命力。此外，科斯不能正确看待志愿消防组织的地位作用，及其与现役和职业消防队伍的关系，出于狭隘观念，将志愿消防组织视为政府消防部门的“竞争者”而不是“合作者”，借机排挤打压，也是出台错误政策、影响志愿消防事业发展的重要原因。

5.3.4 转机和发展

1949 年至 1954 年上半年，爱沙尼亚志愿消防事业发展受到严重影响，削弱到难以为继的地步。转机出现在 1954 年 5 月，格奥尔基·科斯因工作失误被免职，接替他的耶夫根尼·杜迪诺夫（Jevgeni Dudinov）中校按照爱沙尼亚内务部要求，着手改进消防工作，重点就是筹备重建全国志愿消防协会，重新整合支离破碎的志愿消防组织——为此，内务部成立了由第一副部长任组长、塔林志愿消防协会主席任副组长的专门委员会。

5.3.4.1 恢复志愿消防组织体系

由于此前的志愿消防组织遭到严重破坏，直到 1956 年底，重建全国志愿消防协会的筹备工作才完成。1957 年 1 月 21 日，爱沙尼亚部长会议审议并原则通过**爱沙尼亚共和国志愿消防协会**（Eesti Vabariikliku Vabatahtlik Tuletõrje Ühing，EVVTÜ）章程草案，同意交由爱沙尼亚志愿消防协会第一次大会批准。部长会议还批准了协会组成方案和重新设计的志愿消防员制服样式，并决定向协会提供必要的经费支持。

随后，各地相继召开了本地区志愿消防协会的成立大会，在通过本地区志愿消防协会章程的同时，审议爱沙尼亚志愿消防协会章程草案，并确定参加全国志愿消防协会成立大会的代表。到 1957 年 5 月 5 日，42 个地区志愿消防协会的成立大会均已召开，共有 2 287 名代表参会。

1957 年 6 月 2 日，爱沙尼亚志愿消防协会第一次大会在塔林召开，代表 42 个地区协会、38 524 名志愿消防人员的 197 名代表参会，会议代表批准了协会章程，选举产生了 33 人组成的理事会和 7 人组成的监督委员会。爱沙尼亚共和国的领导人和来自莫斯科、列宁格勒、拉脱维亚和立陶宛消防协会的代表参加会议。会议期间，在爱沙尼亚消防局举办了志愿消防事业展览，10 天的参观人数超过 5 万人。

根据《爱沙尼亚共和国志愿消防协会章程》（*Eesti Vabariikliku Vabatahtliku Tuletõrje Ühingu põhikiri*）①，作为经爱沙尼亚部长会议批准成立的群众性组织，爱沙尼亚志愿消防协会应当与党组织、苏维埃、工会、共青团保持密切联系，在内务部消防局指导下从事火灾防控工作，积极保护人民生命和公共财产与公民财产免受火灾侵害。协会的主要任务是：组织动员和协调管理爱沙尼亚的所有志愿消防组织；运用协会的资源和力量，积极协助消防机构预防和扑救火灾；向协会成员和公众开展消防宣传教育，提高预防和扑救火灾能力；招募新成员加入协会；促进消防领域的发明创造和革新。所有年满 18 岁的成年人都可以志愿加入志愿消防协会，12 岁以上的未成年人可以作为青少年会员加入协会。

志愿消防协会章程简化了组织体系，将各地的志愿消防组织分为三类：第一类是基层的志愿消防小组（Vabatahtliku Tuletõrje Salgad，VTS），凡是有 10 名以上个人会员的集体农场、国营农场、农业机械站、捕鱼队、企业、教育机构、合作社和其他组织机构，以及村委会、居民点，都可以成立志愿消防小组，主要负责宣传消防安全知识、开展群众性消防安全检查巡查，检查消防设施的维护保养状态，参与火灾扑救，对会员进行消防知识和技能培训。第二类是专门从事火灾扑救的志愿消防队（Vabatahtliku Tuletõrje Komando，VTK），人员相对固定，队长由消防协会任命，经费由消防协会保障。在城镇是职业消防队和现役消防队的重要补充，在乡村是主要的灭火力量。第三类是各地的志愿消防协会（Vabatahtliku Tuletõrje Ühing，VTÜ），根据当时的行政区划设置，包括乡、镇、城区、市等的消防协会。

5.3.4.2 发展壮大

全国志愿消防协会恢复之初，面临极大困难。当时共有 1 831 个基层志愿消防协会和 70 个志愿消防队，志愿消防队装备简陋，几乎都是卡车加装消防泵的简易改装消防车，即使这样的改装车，很多地区也只有 1—2 辆，根本无法满足同时扑救几场火灾的要求。绝大多数志愿消防队唯一可用的灭火器材还是老旧的手动唧筒。志愿消防员的训练水平也很低，原本有良好基础的消防体育运动也受到冷落。

---

① 《爱沙尼亚共和国志愿消防协会章程》，https：//www. digar. ee/arhiiv/et/download/218423。

为解决上述问题，全国志愿消防协会首先推动建立统一的管理机制，并组织各种研讨班、培训班，积极开展对志愿消防人员的业务知识和技能培训。为了提高居民住宅和其他建筑的防火安全水平，志愿消防协会成立附属机构，培训烟道清扫工、壁炉工、消防设备修理工、防雷施工人员等消防安全相关职业人员，组织他们开展有偿服务，1958年创收13万卢布。虽然在1957年批准的协会章程中，没有将全国志愿消防协会确定为消防器材装备的“唯一供应渠道”，但协会仍然积极为成员单位集中采购和供应灭火剂和消防器材，1958年的营业额达到21.65万卢布。

全国志愿消防协会把预防和扑救火灾作为核心职能，制定了消防站建设的长远规划，1958年10月28日，全国志愿消防协会的综合楼在塔林开工。在苏联内务部消防总局支持下，1958年爱沙尼亚全国志愿消防协会一次性采购39辆消防车，相当于战后十几年新增消防车总数的2倍，从而保证了当时的42个地区每个至少拥有1辆消防车，大大提高了火灾扑救的战斗力。接收新的消防车，也吸引更多人参与志愿消防事业，训练、演练更加频繁，志愿消防事业发展出现可喜势头。

1959年5月17日，全国志愿消防协会召开第二次代表大会。自恢复以来，会员人数增加11 476人，达到50 000人，166所学校组建了青少年志愿消防团，发展了3 261名青少年志愿消防员。第二次代表大会提出加强志愿消防队建设的远景规划，重点解决农村地区的火灾扑救问题，计划在15—20年内，将志愿消防队增加到250—260个——也就是增加3倍，将每个志愿消防队的服务半径控制在12—15 km之内，缩短出动响应时间。同时，还计划建立志愿消防队的无线电通信体系，提高调度指挥效率，在每个地区确定1名最高指挥，负责统一指挥本地区的志愿消防队伍。在全国志愿消防协会恢复后的头三年，就增加了31个志愿消防队，实现了在各地区的全覆盖。

1960年起，爱沙尼亚消防局恢复了在各个志愿消防协会、消防队之间的社会主义竞赛，全国志愿消防协会汇编和出版消防宣传材料，通过组织消防展览、青少年消防竞赛、消防知识竞赛、晚会、夏令营等活动，积极发展青少年志愿消防队员。到1963年已成立343个青少年志愿消防团，成员达到15 750名。1964年，全国志愿消防协会开始举办短期培训班，每期3—5天，对各地志愿消防协会的负责人进行培训，并定期组织演练。1962年是苏联历史最悠久的塔林志愿消防队成立100周年，为此举行了盛大纪念活动，仅7月22日在歌唱节组织的消防晚会上，就有超过1万人到场参加。作为志愿消防组织发挥作用最直观的体现，这一阶段，爱沙尼亚的火灾起数和损失逐年下降。

1968年，苏联内务部消防总局成立由局长费奥多尔·奥布霍夫中将（Фёдор Васильевич Обухов，1967—1984年任苏联内务部消防总局局长）带队的工作组，对爱沙尼亚的消防工作进行了严格的全面检查，认为爱沙尼亚的志愿消防事业在苏联堪称典范。同年 10 月，苏联内务部消防总局向各加盟共和国消防部门下发通知，要求学习借鉴爱沙尼亚的经验，发展完善志愿消防组织。1974 年 11 月，苏联内务部消防总局在爱沙尼亚召开现场会，来自全苏各地的 174 名代表系统观摩了爱沙尼亚志愿消防队伍的组织管理、执勤备战情况。1977 年，苏联内务部消防总局委托拍摄电影《爱沙尼亚的志愿消防队员》（*Eesti vabatahtlikud tuletõrjujad*）并在全苏展映，直观介绍了爱沙尼亚的志愿消防事业及其成果，这在当时是最高的认可。

5.3.4.3　志愿消防协会再次更名为消防协会（1981 年）

1981 年 4 月 24 日，在全国志愿消防协会第四次代表大会上，决定将协会更名为**“爱沙尼亚苏维埃社会主义共和国消防协会”**（Eesti NSV Tuletõrje Ühing，ETÜ），并通过了新的协会章程。5 月 19 日，爱沙尼亚部长会议通过第 353 号命令《关于批准爱沙尼亚共和国志愿消防协会更名和〈爱沙尼亚苏维埃社会主义共和国消防协会章程〉的决定》，批准了协会更名和新章程[①]。新章程规定，爱沙尼亚消防协会的宗旨是在群众中广泛开展防火和宣传工作，管理所有志愿消防队组织，协助国家消防监督机构开展火灾防控，保护公民人身安全和社会主义财产、个人财产免遭火灾威胁，培养全体会员以共产主义精神，坚持对社会主义祖国、苏联共产党和政府的忠诚。

应当引起注意的是，根据新章程，爱沙尼亚消防协会将所属机构分为两类：基层志愿消防小组和各地消防协会——不再将专门从事火灾扑救的志愿消防队（VTK）单独列为一类，而是将其归附于各地消防协会——《爱沙尼亚苏维埃社会主义共和国消防协会章程》第六章“地方消防协会”，规定各地消防协会和企业、机构等组织可以成立志愿消防队，其训练和灭火执勤除接受所在消防协会的管理外，还应接受当地消防部门的监督指导。

这次修改最具标志性的内容，是删除了协会原名中的“志愿”——从 1919 年成立的“全国消防联盟”，到 1936 年增加“志愿”这一限定词，将协会名称修改为“全国志愿消防联盟”，到 1945 年恢复协会时保留“志愿消防协会”，再到 1981 年删除“志愿”这一限定词，看似一个“循环”，却直观反映了在不同历史阶段，爱沙尼亚对志愿消防事业在整个消防工作中地位的认识。1919 年时，虽然职业消防队伍已经萌生发展，但仍然依附于志愿消防协会，所以志愿消防几乎就代表了全部消防工作；到 1936 年，职业消防队伍已经发展壮大，志愿消防组织管理不够严密、火灾扑救水平不高等先天性缺陷逐渐凸显，通过增加“志愿”这一限定词，表明志愿消防事业只是消防工作的组成部分，

---

① 《关于批准爱沙尼亚共和国志愿消防协会更名和〈爱沙尼亚苏维埃社会主义共和国消防协会章程〉的决定》，https：//www. digar. ee/arhiiv/et/download/253232。

不能代表全部消防工作，是一种符合客观规律的“回归”本位，强调了志愿消防与职业消防的区分，上述主导思想在 1945 年和 1957 年恢复协会活动时予以了延续。到 1981 年，经过半个世纪的发展，爱沙尼亚的专业消防力量以现役和职业消防队为主，志愿消防队则主要满足偏远乡镇和农村地区的火灾扑救需求。在这种背景下，“志愿消防协会”改名为“消防协会”后，并不意味着混淆志愿消防和职业消防的界限，显然，“组织和管理各类志愿消防组织”仍然是消防协会的一项重要职能，但协会的职能并不局限于志愿消防，也包括对其他消防事务的介入、对政府职能的补充。

从现代社会治理的角度审视，志愿消防显然不能代表消防的全部，需要随着实践发展，不断厘清其在消防事业中的定位和作用，一方面，要合理界定志愿消防与职业消防的边界；另一方面，也是更为重要的，是如何构建志愿消防等社会消防组织与各级政府消防机构的合作关系，形成多元参与的消防治理格局。

根据 1981 年通过的协会新章程，每个地区及其所辖的市仍然只能成立 1 个消防协会，以便于形成规模优势，避免资源浪费。到 1986 年 1 月 1 日，全国消防协会已经成为爱沙尼亚参与最为广泛的群众性组织，拥有 115 534 名个人成员，是 1957 年重建时的 3 倍，占当时爱沙尼亚总人口（153.6 万）的 7.5%；此外还有 2 552 个团体会员，包括基层消防协会 1 863 个，各类企业、机构等单位 689 家。共成立了 428 个青少年志愿消防团，成员 24 484 人，青少年积极参与志愿消防组织，为志愿消防事业发展培养了后备人才。

到 1986 年，1959 年提出的志愿消防队远景发展计划已经全面实现，爱沙尼亚共有 283 支志愿消防队，均配备了现代化的消防车辆和装备器材，每个队的责任区半径都不超过 10—12 km，志愿消防队拥有的消防车数量几乎是 1947 年的 10 倍，许多志愿消防队是当地唯一的消防力量，装备、训练和作战能力不输于职业消防队。在当时苏联的各个加盟共和国中，爱沙尼亚是唯一完全依靠志愿消防队解决农村地区火灾扑救问题的。到 20 世纪 90 年代初，爱沙尼亚共有 334 支志愿消防队，超过 9 000 志愿消防员参与火灾扑救工作，志愿消防队扑救了全国 75% 的火灾，这些火灾主要发生在农村地区。

按照苏联消防工作将火灾预防作为首要任务的原则，志愿消防队不仅承担了火灾扑救任务，同样还积极参与防火工作。根据分工，志愿消防员负责所有个人住宅的防火检查，1985 年之后又承担了 2 万套公有住房的防火检查工作。1985 年，志愿消防员共检查发现住宅存在的 19 555 处消防安全隐患，有效预防和减少了住宅火灾的发生。在 20 世纪 80 年代，志愿消防人员平均每年对 10 万余名单位员工进行消防安全培训，每年在报刊、电视、广播中刊发消防安全材料约 1 000 篇。

5.4 消防管理

爱沙尼亚加入苏联后全面采用苏联的消防管理体制，因此，必须结合苏联的情况，介绍爱沙尼亚消防管理体系及其发展。

5.4.1 消防管理体系的发展

苏联全称“苏维埃社会主义共和国联盟”（俄语 Союз Советских Социалистических Республик）——虽然从国名上看是联邦制社会主义国家，但正如第一章所述，列宁把联邦制视为向单一制国家过渡的形式，在他逝世后不久，斯大林就完成了这一过渡——苏联成为名义上联邦制、实际上单一制的国家。在消防管理领域，单一制国家的基本特点是全国采用统一的法规制度体系。作为苏联的加盟共和国，爱沙尼亚的消防管理体制也完全套用苏联模式。为控制篇幅和聚焦重点，本书作者未对苏联时期消防体制的沿革进行系统的文献梳理和研究，仅简要介绍几个重点时间节点（1918 年、1936 年、1977 年和 1986 年）的苏联消防法规，并根据 1940 年以来的爱沙尼亚政府公报等资料，对 1940 年、1978 年、1986 年爱沙尼亚根据苏联“上位法”，对消防管理立法的调整予以概述，见表 2－1（笔者整理）。

表 2－1 苏联的部分消防立法及爱沙尼亚的相应立法

苏联的消防立法	爱沙尼亚对应的消防立法
1918 年 4 月 17 日，苏俄人民委员会颁布《国家消防工作组织法》	无
1936 年 4 月 7 日，苏联中央执行委员会和人民委员会颁布第 52/954 号法规《国家消防监督和城市消防条例》	1940 年 8 月 6 日爱沙尼亚加入苏联 1940 年 11 月 27 日爱沙尼亚人民委员会发布第 664 号命令，宣布在爱沙尼亚执行苏联 1936 年制定的《国家消防监督和城市消防条例》
1977 年 12 月 26 日，苏联部长会议颁布第 1115 号法规《苏联国家消防监督条例》	1978 年 1 月 24 日爱沙尼亚部长会议发布第 73 号命令，宣布执行《苏联国家消防监督条例》
1986 年 3 月 19 日苏联部长会议颁布第 356 号法规，修改《苏联国家消防监督条例》	1986 年 3 月 31 日爱沙尼亚部长会议发布第 159 号命令，宣布执行修改后的《苏联国家消防监督条例》

5.4.1.1 十月革命后成立“保险和消防委员会”

苏联的消防体制，源于十月革命后的苏俄消防工作。1917 年 11 月 7 日，十月革命取得伟大胜利，建立了无产阶级政权——人民委员会。1918 年 4 月 17 日，人民委员会主席列宁签署《国家消防工作组织法》（俄语 *Декрет об организации государственных мер борьбы с огнем*）①，奠定了苏联消防工作的法律基础。根据该法，苏俄人民委员会设立保险和消防委员会（俄语 Комиссариат страхования и борьбы с огнём，Комстрахжар），由伊利扎罗夫（Елизаров Марк Тимофеевич，1863—1919）担任保险和消防最高委员。保险和消防委员会负责所有与防火、灭火有关的工作，具体职责共 14 项：

（1）起草与消防工作有关的立法草案；

（2）制定有关防火、灭火的强制性规定，制定工矿企业、森林草原、公共福利机构等的消防管理规定；

（3）协调指导各类消防组织，管理消防协会等机构；

（4）运用保险费等经费，推进提高建筑防火性能；

（5）建立火灾统计制度；

（6）提高在职和离岗消防人员的生活待遇；

（7）制定向政府、私立消防组织提供经费支持的规定；

（8）监督强制性消防安全法规等的执行情况；

（9）监督消防装备生产，改进消防装备技术；

（10）推广消防领域的技术发明和新产品；

（11）协调消防展览、会议和特殊建筑的消防安全措施；

（12）统筹消防培训教育和科研；

（13）采取多种措施开展消防宣传；

（14）提出委员会及附属机构的预算，调整火灾财产保险费率。

十月革命胜利后，爱沙尼亚也爆发了无产阶级革命，但爱沙尼亚苏维埃共和国仅存续不到半年（1918 年 12 月 29 日成立，1919 年 5 月解体），并未按照苏俄模式建立起苏维埃消防组织。

5.4.1.2　《国家消防监督和城市消防条例》（1936 年）

1936 年 4 月 7 日，苏联中央执行委员会和人民委员会通过第 52/954 号法规《国家消防监督和城市消防条例》。该条例由相对独立的两章组成，分别就国家消防监督体制和城市消防队伍建设保障做出了原则规定。根据第一章“国家消防监督”，苏联内务人民委员会消防总局及其地方机构负责代表国家实施消防监督，履行七个方面的职责：

（1）制定强制性的消防安全规则、指令和技术标准；

（2）全面检查消防安全法规和要求的落实情况；

① 《国家消防工作组织法》，http：//www. hist. msu. ru/ER/Etext/DEKRET/18 – 04 – 17. htm。

（3）监督各地政府和各个单位落实火灾扑救措施；

（4）制定各类消防机构预防和扑救火灾、消除自然灾害后果的协作程序；

（5）审查工业建筑、公共建筑和居民点的设计是否符合消防安全要求；

（6）参与消防设备设计定型，对消防产品质量进行监督；

（7）对各类机构的消防组织灭火能力和消防装备情况进行检查。

上述职责包括了制定消防技术标准、实施消防监督检查、参与处置自然灾害、审查建筑消防设计、监督消防产品质量、检查灭火准备情况等，内容非常全面，也成为很多社会主义国家确定消防部门职责时的参照。因此，从苏联《国家消防监督和城市消防条例》的上述规定，也可以看到新中国成立后，我国公安消防部门职责的影子。

根据《国家消防监督和城市消防条例》第一章的规定，消防监督机构为确保履行上述职责，有权按照苏联内务人民委员会制定的程序，对各类建筑物、构筑物包括居民住宅进行消防安全检查，并要求相关单位提供相关的消防安全资料和情况说明。消防监督机构在实施检查后，应当向被检查单位下达意见书，对于违反强制性消防法规、规范标准的单位和人员，消防监督机构有权追究行政责任，并提请追究刑事责任。如果单位存在随时可能导致火灾的重大隐患，各共和国、边疆区、州的消防机构负责人有权责令暂时局部停产停业、停止使用，并向该单位所在行业系统的同级负责人进行通报，有关情况还要立即报告苏联消防总局局长和内务人民委员。

1936 年，苏联《国家消防监督和城市消防条例》的第二章“城市消防队”规定，城市应当建立职业制的消防队伍，接受内务人民委员会及其地方机构的监督。地方政府负责向城市消防队提供场地设施和经费保障。城市消防队的人员规模，由当地政府与苏联内务人民委员会协商确定。招录的人员经体检合格后，到消防职业技术学校学习，毕业后必须至少从事两年的消防工作。城市消防队员有统一的制服，参与火灾扑救的一线人员必须参加人身伤亡强制性保险。

苏联时期，职业制的消防力量一直是内务部管理的现役消防力量的重要补充，特别是在现役消防力量没有覆盖的小城镇，职业消防队伍和志愿消防队伍是主要的火灾扑救力量。1967 年，苏联对消防队伍进行重组，决定将所有企业消防队纳入国家消防队伍，组建隶属内务部的职业化消防队伍，从此，所有职业消防队伍（除铁路、民航消防队之外）的管理工作，统一由苏联内务部消防总局负责。在爱沙尼亚的一些地区，也设有职业消防队——如驻守在科赫特拉－耶尔韦的第一职业消防队（1. kutselise tuletõrjesalk）。

如前所述，1940 年 8 月 6 日，爱沙尼亚成为苏联加盟共和国之后，爱沙尼亚人民委员会于 1940 年 11 月 27 日发布第 664 号命令，宣布在爱沙尼亚执行苏联的《国家消防监督和城市消防条例》，并附爱沙尼亚语全文。在此后的近 40 年内，该条例成为爱沙尼亚开展消防监督、建立城镇职业消防队的基本依据。

5.4.1.3 《苏联国家消防监督条例》(1977 年制定、1986 年修订)

1977 年 12 月 26 日，苏联部长会议通过第 1115 号决定，废止已执行近半个世纪的《国家消防监督和城市消防条例》，颁布新制定的《苏联国家消防监督条例》，1978 年 1 月 24 日爱沙尼亚部长会议通过第 73 号决定予以引用[①]。1986 年 3 月 19 日苏联部长会议通过第 356 号决定，对《苏联国家消防监督条例》进行了局部修订；3 月 31 日，爱沙尼亚部长会议通过第 159 号决定，执行修改后的《苏联国家消防监督条例》[②]。

1977 年制定的《苏联国家消防监督条例》共 12 条，规定了苏联的消防监督体制和监督主体、监督依据、职责任务、权力、重大火灾隐患查处等内容。其中，第 2 条明确规定“国家消防监督机构隶属苏联内务系统”。1986 年局部修订时，对应联邦、加盟共和国、自治共和国、边疆区、州、自治州、自治专区、区、市、市辖区、镇、村等复杂的行政区划，梳理明确了六类消防监督主体：（1）苏联内务部消防总局；（2）加盟共和国内务部消防局；（3）自治共和国、边疆区、州、自治州等人民代表苏维埃执行委员会内务部门的消防监督机构；（4）自治专区、区等人民代表苏维埃执行委员会内务部门的消防监督机构；（5）市、镇消防机构；（6）直属苏联内务部的消防机构。1986 年《苏联国家消防监督条例》局部修订时强调，各级消防机构的负责人，同时是消防监督负责人——如苏联内务部消防总局局长，同时是苏联的国家消防监督负责人，从而强化了各级消防机构负责人肩负的消防监督职责。

根据《苏联国家消防监督条例》第 5 条，消防监督机构的任务是“加强火灾预防工作，保障城镇和国民经济对象的消防安全，提高消防工作的有效性，检查消防安全要求的执行情况和火灾防控措施落实情况”，并将消防监督的职责任务细化为 16 项：

（1）监督各部门、各单位和公民遵守消防安全法规、标准的情况；

（2）向各部门、各单位提出改进消防工作的建议并推进实施；

（3）制定建筑管理、施工作业等强制性消防安全标准规范；

（4）在消防安全领域推广应用新技术；

（5）对建筑设计规范中有关消防安全的要求提出意见；

（6）监督建筑设计、施工执行消防安全要求的情况；

（7）参与有关企业、建筑、设施协调委员会的工作；

---

① 爱沙尼亚部长会议：《关于适用〈苏联国家消防监督条例〉的命令》，https：//www. digar. ee/arhiiv/et/download/253683。

② 爱沙尼亚部长会议：《关于适用修订后的〈苏联国家消防监督条例〉的命令》，https：//www. digar. ee/arhiiv/et/download/253423。

（8）推进消防科研，开发和引进新型高效消防设备；

（9）参与国家重点企业建设的消防安全工作；

（10）组织制定各类消防组织和志愿消防队伍扑救火灾、消除自然灾害后果的协作程序；

（11）监督各单位消防组织机构的灭火准备和防火工作情况；

（12）组织对干部、工人、学生等开展消防培训教育，提高消防专业技术人员的素质；

（13）推动志愿消防队伍发展，提供相应保障支持；

（14）统计火灾情况，分析火灾形势，制定防控措施；

（15）调查火灾和违反消防安全规定的行为；

（16）开展消防宣传，出版专业书籍、制作消防宣传品、组织拍摄消防题材电影等。

《苏联国家消防监督条例》是爱沙尼亚实施消防监督的基本依据。根据上述规定，爱沙尼亚内务部消防局主管共和国的消防工作，管理指挥在各地部署的直属现役消防队（按数字排序，如 12. iseseisva sõjaväestatud tuletõrjeüksus 就是第 12 直属现役消防队），并在各市和地区设立国家消防监督机构，称为某市（地区）人民代表苏维埃执行委员会“内务局国家消防监督处”（siseasjade osakonna riikliku tuletõrjejärelevalve jaoskond）。

为贯彻苏联部长会议 1988 年 8 月 29 日制定的《关于进一步加强国家消防安全措施的决定》（俄语 *О мерах по дальнейшему укреплению пожарной безопасности в стране*），1989 年 1 月 25 日，爱沙尼亚部长会议发布《关于进一步加强爱沙尼亚苏维埃社会主义共和国消防安全的措施》①，其内容基本上按照苏联部长会议的决定“依葫芦画瓢”，但在当时的体制下，也在所难免。从其内容上看，相关措施既有具体措施，也有工作机制，还有长远规划。比如，爱沙尼亚部长会议成立部际消防安全联席会议制度（ametkondadevaheline tuleohutusnõukogu），协调各部委和地方政府解决消防安全的问题；地方政府和爱沙尼亚规划委员会、建设委员会加强协作，确保消防站建设与城镇建设配套，启动塔林消防通信指挥中心建设；按照苏联部长会议制定的规则，自 1991 年起，根据企业的消防安全状况，征收差异化的消防安全税；制定 1990—2005 年的消防领域科技发展长远规划，扩大消防专业高等教育培养规模，提高消防装备和产品生产能力，改进电视机等消费品和工业品的安全水平；等等。遗憾的是，这一时期苏联解体已经进入“倒计时”，上述措施根本无从落实。

---

① 《关于进一步加强爱沙尼亚苏维埃社会主义共和国消防安全的措施》，https：//www. digar. ee/arhiiv/et/download/253628。

5.4.2　火灾预防

5.4.2.1　消防监督检查

按照苏联消防工作的基本原则，爱沙尼亚内务部消防局将火灾预防作为首要任务，在各市和地区（如前所述，“地区”是1950年爱沙尼亚按照苏联模式设立的行政区域，共39个。经过1959—1962年的行政区划改革，到60年代中期减少到15个——与恢复独立后县的数量一致）派驻消防监督人员，履行消防监督职责。按照计划经济模式，消防部门确定消防监督人员，对单位遵守消防安全法规的情况进行监管。消防检查的重点是三方面的内容：员工掌握消防安全知识和技能的情况，火灾应急准备的情况，火灾报警、自动灭火等消防设施的状态。消防人员发现安全隐患后，会立即责令整改，并视情况予以处罚。

20世纪七八十年代，爱沙尼亚消防部门平均每年对2 500多名违反消防安全管理规定的人员，以及火灾责任人员予以罚款处罚，责令100多家企业单位暂停生产经营，责令停止使用存在安全隐患的壁炉1 600多个，临时切断电源1 500次左右。同时，消防部门非常重视提高民众的消防安全意识，运用新闻、电视、广播等方法组织开展消防宣传，重点预防由于疏忽大意、儿童玩火等原因造成的火灾。

5.4.2.2　群众性消防检查

为发动群众广泛参与火灾防控工作，提高各类单位和居民区的消防安全水平，1967年5月25日，爱沙尼亚部长会议通过第217号决定，批准《地方劳动者代表苏维埃执行委员会群众性消防检查组织章程》①，授权各村、镇、地区、市的劳动者代表苏维埃执行委员会（如前文注，根据1936年苏联宪法，各地的“劳动者代表苏维埃执行委员会”就是当地的国家行政机关，即地方政府）成立群众性消防检查组织（mittekoosseisuliste tuletõrjeinspektorite rühm），配合国家消防监督机构，开展群众性消防检查工作。

根据《地方劳动者代表苏维埃执行委员会群众性消防检查组织章程》，群众性消防检查人员经单位推荐，由劳动者代表苏维埃执行委员会审核任命。各个企业、事业单位和组织机构、国营农场、集体农场推荐的人选，可以是本单位的技术人员，或者是地方劳动者代表苏维埃执行委员会的成员、退休人员和其他志愿参与消防工作的人员，他们通常具备相应领域的专业知识和经验，报村、镇、地区和市的劳动者代表苏维埃执行委员会批准后予以任命，经过专门的消防知识培训后，即可从事火灾防控工作。地方劳动

① 《地方劳动者代表苏维埃执行委员会群众性消防检查组织章程》，https：//www. digar. ee/arhiiv/et/download/252540。

者代表苏维埃执行委员会为群众性消防检查人员颁发证件，注明执证者“有权对企业、事业单位、组织机构、国营农场、集体农场和住宅开展防火安全检查，核实是否遵守劳动者代表苏维埃有关消防安全的决定和国家消防监督机构的命令”。各地群众性消防检查人员的数量，由当地劳动者代表苏维埃根据国家消防监督机构的建议，并结合本地实际合理确定。

群众性消防检查组织，应当在当地劳动者代表苏维埃执行委员会的领导下开展工作。每名检查员都会被分配负责若干个街道、国营农场、集体农场或居民区，那些来自市、地区劳动者代表苏维埃执行委员会的检查员，则根据专业特长，分工负责检查儿童、教育、医疗、文化、表演设施和工业企业。群众性消防检查员的职责：一是检查核实企业、事业单位和组织机构、国营农场、集体农场的管理人员，以及公民是否遵守消防安全法规和国家消防监督机构的要求，包括检查单位的消防安全状况，尤其是消防设备、通信设施、消防取水口和消防通道的情况；二是检查志愿消防队等各类志愿消防组织的灭火能力；三是宣传讲解消防安全法规，组织对违反消防安全管理规定的行为和火灾事故进行报道，分发消防宣传资料等。

对于检查发现的违反消防安全规定的问题，群众性消防检查员必须通知单位的管理人员，要求其及时组织整改。对于严重违规行为，检查人员应当填写统一格式的《违反消防安全规定通知书》（*tuleohutuse eeskirjade rikkumise kohta*），由被检查单位负责人签字后，报送当地劳动者代表苏维埃执行委员会和国家消防监督机构，以督促整改消除。对于认真履行职责、做出突出贡献的群众性消防检查人员，地方劳动者代表苏维埃执行委员会、国家消防监督机构和志愿消防协会应当予以表彰，并可进行物质奖励。对于行为不端或履行职责不认真的人员，由地方劳动者代表苏维埃执行委员会撤销任命。

5.4.2.3　消防科技和教育培训

爱沙尼亚非常重视消防技术进步，积极组织研究各类场所的火灾危险性并制定预防措施，如工艺流程复杂、易燃易爆的大型生产厂房、基地、仓库，以及文化、医疗卫生机构等，并推广应用先进的灭火技术和消防装备。1937 年，苏联消防研究所成立后，爱沙尼亚在工业企业防火，特别是高倍数泡沫、干粉、抗溶性泡沫研究领域，取得了很多成果。1959 年，苏联消防研究所在爱沙尼亚建立了试验基地。从 1964 年开始，爱沙尼亚消防试验基地与基维厄利油页岩联合化工厂的技术人员共同研究抗溶性泡沫技术，并被列入苏联消防研究所的重点项目计划。经过数年努力，这项研究取得成果并投入生产，到 20 世纪 80 年代，爱沙尼亚每年生产约 6 000 吨 ПО – 3АИ 型泡沫原液，是苏联最好的消防泡沫产品。

苏联时期，建立了完善的消防高等教育体系。内务部在哈尔科夫（Харків，位于乌克兰）、利沃夫（Львів，位于乌克兰）、斯维尔德洛夫斯克（Свердловская，位于俄罗斯）、伊万诺沃（Ивановская，位于俄罗斯）、伊尔库茨克（Иркутск，位于俄罗斯）、切尔卡瑟（Черкаси，位于乌克兰）、塔什干（Toshkent，位于乌兹别克斯坦）和列宁格勒（Ленинград，位于俄罗斯）分别设有消防技术学院，学制 4 年，学员毕业后被授予内务专业技术中尉军衔，工作 1 年后即可申请到内务部高等消防技术学院继续深造。按照区域划分，爱沙尼亚的消防人员在列宁格勒学习。

为确保消防人员掌握现代消防技术，具备从事火灾预防等消防监督管理工作的理论知识和专业技能，自 1966 年开始，塔林建筑和机械技术学院（Tallinna Ehitus－ja Mehaanikatehnikum）面向爱沙尼亚消防人员开设函授课程，很多中高级消防人员完成函授课程后，继续到苏联内务部高等消防技术学院学习。到 20 世纪 80 年代中期，爱沙尼亚消防局半数以上的领导具有高等教育学历。

5.4.2.4　消防文化事业

爱沙尼亚非常重视传承消防历史和文化传统。1974 年 10 月 30 日，在刚刚卸任消防局局长的扬·瓦尔曼（Jaan Vaarmann）的推动下，全国志愿消防协会成立塔林消防博物馆（Tallinna Tuletõrje Muuseum），馆址设在维鲁街 1873 年建成的消防站（爱沙尼亚历史最悠久的消防建筑），扬·瓦尔曼担任首任馆长。1978 年 5 月 12 日，塔林消防博物馆更名为爱沙尼亚苏维埃社会主义共和国消防博物馆（Eesti Tuletõrje Muuseum），1989 年更名为爱沙尼亚消防博物馆（Eesti Tuletõrje Muuseum）。作为苏联和东欧地区的第一个消防博物馆，爱沙尼亚消防博物馆致力于研究记录消防历史、普及消防文化、开展消防宣传。到 20 世纪 80 年代中期，该馆已收藏 18 000 多件消防历史资料，包括 17 世纪、18 世纪珍贵的消防装备，每年参观人数达到 3 万人次。1988 年 11 月 23 日，爱沙尼亚部长会议和工会主席团联合作出《关于表彰扬·瓦尔曼的决定》，授予扬·瓦尔曼勋章，表彰他推动建立爱沙尼亚消防博物馆的重大贡献，以及在消防领域长期卓有成效的优异工作。

第二次世界大战后，爱沙尼亚各地的消防乐团迅速恢复发展，成为广受欢迎的群众文化艺术团体。1967 年，塔林志愿消防协会管弦乐团到莫斯科参加苏联共和国文化节活动，期间在克里姆林宫进行表演，受到很高评价。1967 年 8 月 28 日，爱沙尼亚最高苏维埃主席团决定，授予塔林志愿消防协会管弦乐团“爱沙尼亚苏维埃社会主义共和国功勋乐团”（Eesti NSV teenelise orkester）荣誉称号。1984 年 4 月 4 日，在塔林志愿消防协会管弦乐团成立 100 周年之际，为表彰其突出贡献，爱沙尼亚最高苏维埃主席团发布命令，授予该乐团“爱沙尼亚苏维埃社会主义共和国最高苏维埃奖状”。

5.4.2.5　火灾形势

根据 1961—1985 年的火灾统计，爱沙尼亚的火灾原因分别是：用火不慎

（33.7%），电气设备故障（14.7%），儿童玩火（11.2%），加热设备使用不当（8.7%），电热器具使用不当（8.0%），取暖设施使用不当（3.1%），雷击（2.8%），放火（2.5%），设备操作不当（1.3%），违反消防技术规范（1.2%），其他原因（4.5%），原因不明（8.3%），居前三位的用火不慎、电气设备故障和儿童玩火，占全部火灾原因的59.6%，可见大多数火灾是由于疏忽大意或者违反消防安全规定造成的。

从同一时期火灾发生的场所分布看，分别是：住宅及其附属建筑（69.5%），仓库和商业建筑（6.2%），厂房（4.4%），畜牧业建筑（2.3%），办公建筑（1.7%），教育和研究建筑（0.9%），建筑工地（0.5%），谷物仓库（0.5%），文化机构（0.5%），医疗机构（0.3%），托儿机构（0.3%），其他建筑（12.8%）。很多住宅火灾是酗酒引起的，20世纪80年代这一数字持续上升，1985年有62名醉酒者因火灾丧生。

工业建筑、公共设施普遍接受消防部门的监督管理，因此发生火灾的频率远低于居住建筑。但是，一旦发生火灾，如果没有按照要求采取火灾预防措施，危害往往更大。1985年1月28日，位于塔林的爱沙尼亚最大皮革和鞋类联合企业“Kommunaar”新建仓库发生火灾，橡胶材料和合成皮革燃烧产生大量有毒烟气，火灾扑救非常困难。起火原因是盗窃后为掩饰犯罪而放火，火灾造成的直接财产损失接近200万卢布（当时卢布与美元的币值基本相同），几乎相当于当年爱沙尼亚火灾损失的一半，是战后爱沙尼亚经济损失最严重的火灾。

5.4.3　火灾扑救

苏联时期，爱沙尼亚建立了现役、职业和志愿队伍多元化的消防力量体系，基本实现了灭火救援体系的城乡全面覆盖。各市、地区的现役消防队直接隶属内务部消防局管理，部分城镇设有职业制消防队，农村居民点和农场则主要依靠志愿消防队。各类消防队伍都配备了相应的泵浦消防车、水罐消防车和其他特种消防车，以及消防泵等装备器材，并全面运用了无线电通信系统。

各个城市和地区的所有消防力量，构成当地的消防队伍（tuletõrjegarnison，“garnison”是“卫戍部队”之意），由职务最高的消防队长担任总指挥。扑救火灾时，所有人员必须无条件服从总指挥的命令，包括地方党政领导在内的任何人，均不得干预其工作，以确保消防指挥员的绝对权威——这一传统，源于1921年5月4日列宁签署的劳动国防委员会①法令——根据该法令第2条，扑救火灾时，禁止任何官员干预消防队

① 劳动国防委员会（俄语 Совет труда и обороны）是1918—1922年苏俄政权的国家机关，负责管理经济和军事物资生产，由列宁任主席。

长或指挥员的命令，在没有职业消防队的地方，不得干预志愿消防队队长的命令。上述原则在后续的苏联消防法律中得到强化和坚持，实践证明也是完全必要的。

以下是苏联时期，爱沙尼亚几起典型火灾的简要扑救情况。

1965 年 12 月 21 日夜，塔尔图大学主楼失火，消防队到场时，火势已蔓延到二层、三层。塔尔图现役消防队及其周边共 14 支消防队、16 辆消防车参加扑救。由于火灾发现晚，消防队员到场不久，大厅的金属构架就因为高温变形而坍塌。次日中午，大火被彻底扑灭，5 200 m^2的主楼，有 900 m^2被烧毁，包括历史悠久的大厅以及二层、三层的 8 个房间。所幸，在火灾初期，学校师生奋力抢救出大量珍贵的文献资料和实验仪器，史前博物馆、现代语言学院图书馆以及物理实验室的主体部分都得以保存。

1969 年 12 月 18 日夜，塔林市维鲁酒店（Hotell Viru，高层建筑）工地发生火灾。起火原因是 10 层施工时，用于加热保暖的煤油炉引燃了可燃材料。当时风力强劲，火势通过窗口和楼板的孔洞垂直和水平蔓延，9 层和 10 层很快被大火吞没，飞火引燃了较低楼层的脚手架，以及工地堆放的数百立方米木材。消防人员在零下 18℃的寒风中展开扑救。所幸就在几周前，塔林市在该工地组织了一次高层建筑工地灭火演练。消防员通过云梯和起重机的塔架向上攀爬，在 8 层建立灭火阵地，到次日早上将大火扑灭。火场的最大消防用水量达到 167 L/s，创造了塔林消防队灭火用水的最高纪录。由于扑救及时，火灾没有对建筑结构造成破坏。1969 年 12 月 20 日的《真理报》以《勇敢的消防队员》（*Tuletõrjujate vaprus*）为题，对这场火灾的扑救进行了报道。

1980 年 4 月 5 日，正在施工的塔林电视塔（高度 314 m）发生火灾。起火原因是工人在 9 层（45 m）违章焊接，引燃竖井中的电缆和设备，电缆绝缘层的合成材料燃烧，产生大量有毒烟气。为避免水渍损坏价值昂贵的设备，消防人员使用二氧化碳迅速扑灭了火灾。由于第 22 届奥运会（1980 年 7 月 19 日至 8 月 3 日，主会场在莫斯科）的帆船比赛即将在塔林举行，电视塔必须在奥运会开幕前投入使用，塔林消防员成功扑救火灾，确保了电视塔在奥运会帆船比赛期间的使用。

1986 年 4 月 26 日，乌克兰切尔诺贝利核电站因误操作导致反应堆熔化燃烧，引起爆炸，造成严重核污染。事故发生后，共有几十万苏军官兵和消防、民防人员参与应急救援和后续处置，其中就包括由维洛·瓦雷加（Vello Varega）少将率领的爱沙尼亚民防总部（Eesti NSV Tsiviilkaitse Staap），及其所辖的第 258 机械化民防团（驻地在爱沙尼亚东北部的科赫特拉－耶尔韦）和预备役民防人员，共有 4 742 名爱沙尼亚人参加现场救援，其中很多人的健康受到永久性损伤。切尔诺贝利核电站事故的处置，也成为苏联消防和民防史上最为悲壮的一幕。

1990 年 8 月 31 日，爱沙尼亚政府通过第 182 号命令《改善受切尔诺贝利事故后果影响人员社会保障和医疗保障》①，决定对在切尔诺贝利核电站 30 km 范围内（即疏散区）参与事故处置的人员，以及所有参与处置的现役人员（不论工作位置、期限）进行全面体检，建立专门的健康信息库，并在医疗、住房、供应、疗养、伤残抚恤等方面予以优待。所有在切尔诺贝利执行任务后患病并评定为残疾的现役人员，伤残原因均标注为“因切尔诺贝利核电站事故，在服役期间患病”。1991 年 9 月 16 日（爱沙尼亚恢复独立不到一个月内），爱沙尼亚政府通过第 184 号命令②，将包括现役人员在内所有参与事故处置的人员确定为“切尔诺贝利事故受害者”，并进一步完善了优待抚恤等保障政策。

在 1945—1985 年的 50 年间，共有 10 名爱沙尼亚消防员牺牲。1957 年 10 月 31 日，苏联最高苏维埃主席团颁布命令，设立“消防勇士”奖章（Vapruse eest tulekahju，俄语 За отвагу на пожаре），如图 2－7 所示（见彩插第 2 页），表彰对象是现役、职业和志愿消防员、军人和其他公民，由各加盟共和国最高苏维埃主席团以苏联最高苏维埃主席团的名义做出表彰决定。表彰条件：一是在扑救火灾、抢救人民生命和保卫社会主义财产以及公民财产免遭火灾危害时，表现出非凡勇气和献身精神；二是成功指挥扑救火灾、抢救人员生命；三是在预防火灾和爆炸事故方面表现出的勇气和毅力。哈留县消防协会的阿尔伯特·图利克（Albert Tuulik）因为在寄宿学校火灾中抢救出多名学生，成为爱沙尼亚首位“消防勇士”奖章获得者。截至 1985 年，爱沙尼亚共 256 人荣获该奖章，其中 6 人两次获奖。

苏联时期，爱沙尼亚每年都会对消防人员和消防工作积极分子进行表彰。1978 年 4 月 13 日和 14 日，为纪念苏维埃消防队伍成立 60 周年，爱沙尼亚最高苏维埃主席团连续下达第 151 号、152 号、157 号、158 号、159 号命令，以苏联最高苏维埃主席团名义，向 13 名消防人员、2 名国营农场员工，以及 1 名在火灾中见义勇为的 8 年级学生授予“消防勇士”奖章，向 8 名消防人员授予“维护公共秩序优秀模范”（Eeskujuliku teenistuse eest ühiskondliku korra kaitsmisel）奖章，并表彰了 23 名消防人员和消防工作积极分子，向他们颁发了纪念苏维埃消防队伍成立 60 周年的荣誉证书。

1988 年是苏维埃消防队伍成立 70 周年，爱沙尼亚最高苏维埃主席团向 8 名个人授予“消防勇士”奖章，向另外 8 人授予“维护公共秩序优秀模范”奖章。受表彰的人员分布在多个岗位，有地区消防协会的负责人、现役消防队的队长和地区消防监督负责人、内务部消防局分管灭火救援的副局长，职业消防队的队长，国营农场的职工，还包括 1 名塔尔图消防协会的烟道清扫工。此外，爱沙尼亚最高苏维埃主席团还向 6 名消防

---

① 《改善受切尔诺贝利事故后果影响人员社会保障和医疗保障》，https：//www. riigiteataja. ee/akt/28368。

② 《切尔诺贝利事故受害者的社会保障和医疗保障》，https：//www. riigiteataja. ee/akt/29562。

人员和消防工作积极分子颁发了纪念苏维埃消防队伍成立 70 周年的荣誉证书。1990 年 2 月 9 日，爱沙尼亚最高苏维埃主席团最后一次颁发“消防勇士”奖章，获奖者是内务部消防局直属第三现役消防队的队长。

5.4.4 消防安全社会主义竞赛及其发展

5.4.4.1 消防安全社会主义竞赛

苏联时期，广泛开展了社会主义竞赛活动（俄语 социалистического соревнования，爱沙尼亚语 sotsialistliku võistlus），最初，是工业、农业等生产领域的劳动竞赛，目的是用社会主义的劳动生产率竞赛取代资本主义的恶性竞争，后来广泛发展到机关、团体、部队等社会生活的各个领域。1929 年 1 月 20 日的《真理报》刊载了列宁的文章《怎样组织竞赛?》，对开展群众性的劳动竞赛起了重要作用。1936 年苏联宪法规定“国家依靠社会主义竞赛，保证劳动生产率的增长，生产效率和工作质量的提高，以及国民经济蓬勃地按比例发展”。苏联时期，各个地区、各个行业系统、各类单位机构都组织相应的社会主义竞赛，因为最初发源于劳动竞赛，因此除苏军外，其他领域社会主义竞赛的组织机构，往往都包括相应级别的工会组织（Ametiühing，俄语 профсоюзов）[①]。

1940 年成为苏联加盟共和国后，爱沙尼亚在包括消防安全在内的各领域，广泛开展了社会主义竞赛。1940 年 10 月，在十月革命 23 周年之际，爱沙尼亚内务人民委员鲍里斯·库姆和消防局局长列昂尼德·康德拉季耶夫在《爱沙尼亚消防》杂志撰文，号召在消防人员、单位保卫人员以及消防队、消防协会和各个市镇之间，开展以“减少爱沙尼亚苏维埃社会主义共和国火灾”为目标的社会主义竞赛，这也成为爱沙尼亚在消防领域开展社会主义竞赛的开始。

1947 年 3 月 24 日，爱沙尼亚部长会议批准《爱沙尼亚苏维埃社会主义共和国志愿消防协会、志愿消防队和志愿消防支队社会主义竞赛实施办法》[②]，决定 1947 年 4 月 1 日至 1948 年 4 月 1 日，开展全国志愿消防组织社会主义竞赛，评选最佳志愿消防协会、志愿消防队和志愿消防支队。实施办法提出，竞赛的目的，是推动落实消防措施，减少火灾发生和经济损失，发展壮大志愿消防组织，提高志愿消防队的战斗力，要求内务部成立全国竞赛委员会，各县、市相应成立竞赛委员会。实施办法分别确定了最佳志愿消防协会、志愿消防队和志愿消防支队的评选条件，由全国竞赛委员会确定竞赛成绩，并由内务部部长公布结果。对最佳志愿消防协会，授予全国志愿消防协会流动红旗并奖励

---

① 侯宝泉：《论苏联社会主义劳动竞赛》，《苏联东欧问题》1987 年第 5 期，第 46—52 页。

② 《爱沙尼亚苏维埃社会主义共和国志愿消防协会、志愿消防队和志愿消防支队社会主义竞赛实施办法》，https：//www. digar. ee/arhiiv/en/download/218584。

10 000 卢布，对最佳志愿消防队，授予流动红旗并奖励 5 000 卢布，对最佳志愿消防支队，授予全国志愿消防队伍流动红旗，并奖励 25 000 卢布。图 2－8 是苏联时期的志愿消防队流动红旗（见彩插第 3 页）[①]。1951 年 6 月 14 日，爱沙尼亚部长会议颁布《爱沙尼亚共和国关于组织开展志愿消防协会社会主义竞赛的决定》[②]，并于 1959 年 6 月 25 日进行修订。

根据 1959 年 6 月 25 日修订的《爱沙尼亚共和国关于组织开展志愿消防协会社会主义竞赛的决定》，开展志愿消防协会社会主义竞赛的目的，是"充分发挥爱沙尼亚共和国志愿消防协会的作用，确保国民经济发展的消防安全"。专门设立了部长会议流动红旗，奖励在年度消防安全社会主义竞赛中获得第一名的市或地区志愿消防协会，并对前 3 名的消防协会分别发放 8 000、5 000 和 3 000 卢布的奖金。对于在全国竞赛中获得第一名的市或地区，按照该年度强制安全保险费的 15% 予以奖励，专门用于开展火灾防控工作。在爱沙尼亚部长会议的决定中，授权全国志愿消防协会理事会制定具体的竞赛办法，要求各市、地区劳动者代表苏维埃执行委员会积极协助当地志愿消防协会开展竞赛活动，并建议各地也开展相应的消防安全社会主义竞赛。1971 年 5 月 10 日爱沙尼亚部长会议颁布第 259 号决定，发布再次修订后的《爱沙尼亚共和国关于组织开展志愿消防协会社会主义竞赛的决定》。

5.4.4.2　发展为对各地消防工作的考评

1977 年 9 月 26 日，爱共中央和部长会议联合颁布《关于组织共和国各市、地区开展消防安全社会主义竞赛的决定》（*Vabariigi linnade ja rajoonide vahelise tuleohutusalase sotslalistliku voistluse organiseerimise kohta*）[③]，并以附件下发《关于组织共和国各市、地区消防安全社会主义竞赛实施办法》，从 1978 年开始每年组织实施。这次调整具有特殊重要的意义，标志着实行近 30 年的消防安全社会主义竞赛，已经发展为对各地区消防工作的综合考核。首先，爱共中央、部长会议联合部署消防安全社会主义竞赛，并联合设立消防安全流动红旗，党政联合部署、共同组织实施，表明爱沙尼亚共产党和政府形成共抓消防安全工作的共识，并付诸行动。其次，竞赛实施办法不再像之前，由全国志愿消防协会制定发布，而是以爱共中央、部长会议联合决定附件的形式下达，增加了权威性。最后，组建了由内务部牵头、相关部门和机构参加的竞赛委员会，并初步构建了对

① 爱沙尼亚消防博物馆，http：//www. tuletorjemuuseum. ee/en。

② 《爱沙尼亚共和国关于组织开展志愿消防协会社会主义竞赛的决定》，https：//www. digar. ee/arhiiv/en/download/218765。

③ 《关于组织共和国各市、地区开展消防安全社会主义竞赛的决定》，https：//www. digar. ee/arhiiv/et/download/253080。

各市、区消防安全工作成效的评估体系。

根据《关于组织共和国各市、地区开展消防安全社会主义竞赛的决定》及其附件，爱共中央和部长会议联合设立流动红旗，表彰最佳志愿消防协会。1971 年，由爱沙尼亚部长会议设立的流动红旗，被永久保存在最近两年的连续优胜者珀尔瓦消防协会。对竞赛前三名的奖金减少到 3 000、2 000 和 1 500 卢布，从国家保险费的火灾防控专项经费中列支。成立由爱沙尼亚内务部第一副部长任主席、消防局局长任副主席的消防安全社会主义竞赛委员会，成员包括农业部分管农业生产的副部长、国家保险总局局长、爱沙尼亚志愿消防协会主席，以及爱沙尼亚工会理事会负责工业领域的秘书。

为提高竞赛的科学性，竞赛实施办法建立了由 4 个方面、37 项二级指标组成的评价指标体系，对各地的消防安全工作进行考核：

第一方面，是内务部门开展消防监督机构工作的情况，包括 8 个二级指标：（1）火灾起数、伤亡人数和财产损失情况；（2）消防安全法规执行情况，火灾防控工作开展情况；（3）消防监督检查的覆盖程度，消防安全先进单位比例；（4）消防监督的执法规范化程度；（5）新建建筑的消防安全情况；（6）消防设施运行情况；（7）消防装备的配备情况；（8）群众性消防宣传工作成效。

第二方面，是志愿消防协会开展工作的情况，包括 13 个二级指标：（1）火灾起数、伤亡人数和财产损失情况；（2）各类单位的消防安全合格率；（3）火灾防控工作的组织水平；（4）火灾防控工作的覆盖面，消防安全先进单位比例；（5）消防协会的组织建设情况；（6）志愿消防队的发展情况；（7）志愿消防队参与火灾预防工作的情况；（8）单位员工消防安全培训和志愿消防人员培训情况；（9）志愿消防队开展火灾扑救工作的情况；（10）志愿消防队消防装备的维护情况；（11）居民住宅消防安全措施；（12）消防协会开展经营性服务情况；（13）组织开展消防宣传活动情况。

第三方面，是职业消防队和内务部直属现役消防队伍的情况，包括 10 个二级指标：（1）执行规章制度、完成工作计划的情况；（2）减少火灾起数、人员伤亡和财产损失的情况；（3）参与火灾预防工作的情况；（4）消防设施的维护管理情况；（5）组织实施实地演练的情况；（6）新建建筑的消防安全情况；（7）备用车辆装备的储存维护情况；（8）在火灾扑救和演练中遵守安全和健康规程的情况；（9）工作资料档案的保存情况；（10）消防供水情况。

第四方面，是企业、事业单位和各类机构的消防安全管理情况，包括 6 个二级指标：（1）消防安全组织管理情况；（2）符合消防安全要求的情况；（3）火灾报警、消防供水等消防设施的维护管理情况；（4）开展群众性消防安全检查的情况；（5）执行地方消防安全要求的情况；（6）遵守国家消防监督要求的情况。

竞赛实施办法没有给出上述指标的具体评判标准和依据，但从 4 个方面的一级指标看，包括了消防监督专门机构、志愿消防组织、职业和现役消防队伍开展工作的情况，以及各类单位消防安全管理情况，涵盖了火灾防控专门机构（消防监督机构、职业和现役消防队伍）、志愿消防组织和社会单位履行各自职责的情况，比较全面。

1989 年 4 月 27 日，爱共中央、部长会议联合发布《关于 1988 年度各市、地区消防安全社会主义竞赛的通报》①，分析了 1988 年的火灾形势，指出了影响消防安全的主要问题，通报了各市和地区消防安全社会主义竞赛的评比结果。根据通报，与 1987 年相比，1988 年的消防安全形势并未好转，火灾数量增加，共统计火灾 922 起，直接财产损失 290 万卢布，比 1987 年增加 1/3，火灾共造成 83 人死亡。通报表扬了火灾起数、损失均有下降的维尔扬迪、哈留、沃鲁等地区，同时指出塔尔图、科赫特拉－耶尔韦市、派尔努等市和地区的火灾较多，人均财产损失较大，尤其是建设系统的火灾比较集中。针对住宅火灾亡人较多的问题，通报指出，爱沙尼亚政府住房和公用事业部、各市和地区亟待采取措施，提高居民住房的消防安全水平。通报对负责消防工作的内务部和全国消防协会理事会予以批评："内务部削弱了对企业和各类组织机构负责人遵守消防安全法规的要求"，"全国消防协会理事会仍未加强志愿消防队的预防工作，志愿消防队的战备状态仍然较低。"综合各地情况，维尔扬迪地区被评为 1988 年消防安全社会主义竞赛第一名，授予爱共中央和部长会议流动红旗以及 3 000 卢布奖金；哈留地区和沃鲁地区分获二、三等奖，并获得 2 000 卢布和 1 500 卢布的奖金。

5.5　消防体育运动

消防职业需要良好的身体素质，尤其是力量、速度和耐力，因此，体育运动受到消防人员的天然青睐，不论志愿消防员还是职业消防员，最基本的训练都是体能训练。同时，灭火救援工作更需要熟练的专业技能。20 世纪初期，爱沙尼亚消防员最主要的专业技能训练，是攀爬梯子、绳索和敷设水带，并逐渐成为考核消防员能力素质的基本方式。消防员在训练中展示的强健体能、熟练技能和坚韧毅力、勇武之气，团队成员之间的默契配合，各个团队之间的激烈竞争，以及不同训练科目的精彩多样，促进了体育运动和消防技能的完美结合，催生了独具特色的消防体育文化，增加了消防职业的吸引力。

---

① 《关于 1988 年度各市、地区消防安全社会主义竞赛的通报》，https：//www. digar. ee/arhiiv/et/download/253617。

5.5.1 消防体育的源起

20 世纪初期，一些国家和地区开始将消防技能融入奔跑、跳跃，逐渐形成了具有消防特色的运动项目，如连接消防水带、分水器供水、攀爬绳梯、携带消防器材障碍跑等。1908 年，派尔努志愿消防协会开始组织击剑、举重和跑步训练，每周进行一至两次，有时还组织小范围的比赛。到 20 世纪 20 年代，消防体育比赛在爱沙尼亚已经普及，各地志愿消防协会组织的运动会成为当地的盛事，每次都有大量志愿消防人员和民众参与。1928 年 9 月 14 日，爱沙尼亚全国消防联盟呼吁各地消防协会积极发展体育运动，并建议各地协会组织体育俱乐部，设置体育场地，举办体育赛事。

1929 年 9 月 8 日，全国消防联盟成立 10 周年之际，在塔林郊外的卡德里奥（Kadriorg）举行了第一届全国消防运动会（Esimesed üleriigilised tuletõrjevõistlus），共设置包括消防供水、消防泵和消防车辆器材操作、灭火、爬梯和团体消防操等在内的 27 个小项。这次运动会不仅展示了消防体育运动的成果，也为各地组织类似比赛提供了借鉴。当年第 9 期《消防通讯》杂志详细报道了比赛情况。随后几年未再举办全国比赛，但各地的消防体育活动则非常热烈，并成为检阅志愿消防队伍发展水平和能力的舞台。每次消防运动会，都成为当地盛大的群众活动，政府负责人和公众人物到场观看，志愿消防队员在管弦乐队伴奏下，高擎旗帜列队行进，体现了消防队伍的整体性和纪律性。

1934 年初，全国消防联盟发布体育运动指导材料，还开设了培训课程，组织各个协会之间进行自行车、赛艇等项目比赛，尤其在小城镇和农村地区引起热烈反响，带动越来越多的年轻人参与体育活动，培养了体格强壮、热心消防的后备消防人员。在 1937 年消防队伍全面重组后，消防体育比赛的组织活动进一步完善，增加了比赛项目，制定了比赛规则，并定期组织大型全国性比赛。

5.5.2 消防体育纳入正式体育运动项目

“二战”结束后，爱沙尼亚在消防体育方面取得了骄人成绩。1945 年初，塔林市所有消防队都成立了名为“发电机”（Dünamo）① 的志愿体育组织，并作为团体会员加入塔林市发电机体育协会，开展体育文化活动，积极参加塔林市组织的体育比赛。

已有半个世纪历史的消防体育项目深受欢迎，各项规则制度日趋规范，特别是随着

---

① “发电机”（Dünamo），是苏联时期爱沙尼亚主要的体育运动组织之一，仅次于 Kalev 和 Jõu，是苏联体育协会的团体会员。

新的消防装备和技术的运用，体现新操法的特色项目不断出现。但是，消防体育仍然只是群众性体育活动，未被以苏联体委为代表的正统体育界认可。1959 年，苏联部长会议下设的国家体委被撤销，代之以“苏联体育协会和组织联盟”（1968 年恢复国家体委）[①]，新机构的定位是社会性的体育管理机构，对多样化的群众体育运动，持更为开放、灵活的支持态度。在这一背景下，经过苏联消防界的努力，1963 年 7 月 12 日，苏联体育协会和组织联盟通过决议，将消防体育纳入体育分类目录，从而使消防体育项目进入官方体育运动体系，并确定了消防体育运动的等级要求和标准。

1964 年 2 月，苏联消防体育联合会在莫斯科召开成立会议，同年 6 月 15 日，爱沙尼亚召开消防体育联合会（Tuletõrjespordi Föderatsioon）成立大会，47 名代表出席会议，选举了 13 人组成的主席团和裁判委员会、教练委员会，并通过了章程和发展计划。消防部门负责在塔林市建设专门的消防体育场，每个地区（当时爱沙尼亚划分为 15 个区）建设标准消防运动场地，包括训练塔和其他必要设施——这些措施，进一步促进了爱沙尼亚消防体育事业的发展。同年 8 月 22 日至 23 日，在塔林的发电机体育场，举行了爱沙尼亚第一届消防锦标赛（meistrivõistlused tuletõrjes pord），138 名消防员参加了 6 个大项的竞赛：挂钩梯攀爬 4 层训练塔（冠军成绩 17.4 s），拉梯连续攀爬 3 层训练塔（冠军成绩 16.4 s），消防车分水器供水，100 m 障碍跑（冠军成绩 22.5 s），4 × 100 m 消防接力（冠军成绩 1 min 23 s），消防两项（冠军成绩 41.2 s），7 名运动员达到了运动健将的标准。在 1965 年 8 月 7 日至 8 日召开的波罗的海三国消防运动会上，爱沙尼亚消防员取得团体第一名，并在此后连续三届蝉联团体第一名（1967 年、1969 年和 1971 年）。1967 年 8 月 19 日至 20 日，以志愿消防员为主的爱沙尼亚代表队来到莫斯科，参加了苏联第一届消防锦标赛。

消防体育纳入正式体育运动项目后，进一步激发了爱沙尼亚群众性消防体育活动的发展。到 1967 年，有 1 048 支队伍、25 825 人参加各地组织的消防体育竞赛，比 10 年前的 1957 年（522 支队伍、11 267 人）增加了 1 倍多，每年还有 6 000 多名青少年参加消防体育活动，学习掌握基本的消防技能。1971 年，在塔林新建成的消防体育场举行了苏联消防锦标赛。

截至 1986 年 1 月 1 日，爱沙尼亚消防队伍共培养出 1 名苏联功勋运动健将，2 名大师级运动健将和 45 名运动健将，消防体育运动的纪录也被屡屡刷新。表 2 - 2 是苏联时期爱沙尼亚部分消防体育项目的最好成绩[②]。

---

① 马忠利：《赫鲁晓夫时期苏联体育公共行政组织演化分析》，《湖北体育科技》2016 年第 5 期，第 391—394 页。

② 笔者根据《胸中的火焰：爱沙尼亚志愿消防事业 200 年》，第 215—216 页整理。

表 2-2　爱沙尼亚消防体育运动最好成绩（1964—1985 年）

序号	项目	1964 年	1985 年	提高幅度
1	挂钩梯攀爬 4 层训练塔	17.4 s	14.0 s	19.5%
2	拉梯连续攀爬 3 层训练塔	16.4 s	12.7 s	22.6%
3	100 m 障碍跑	22.5 s	16.7 s	25.8%
4	消防两项	41.2 s	31.6 s	23.3%

1991 年恢复独立后，由于缺乏国家层面的支持，群众性志愿消防组织的规模大幅萎缩，参与消防体育事业的人员数量明显减少。在这种不利的情况下，出于对消防体育事业的传统爱好和兴趣，各县仍然坚持开始消防体育比赛，年度全国消防锦标赛（Eesti meistrivõistlustel tuletõrjesport）① 也从未间断。

随着爱沙尼亚救援局加大资金投入等方面的支持力度，消防体育事业得以继续发展。从 2001 年起，爱沙尼亚每年举办“消防水枪杯赛”（Pritsu Karikas），参加的运动员都在 100 名左右，同年，爱沙尼亚代表队开始参加欧洲和国际的消防体育赛事。2002 年 9 月 11 日至 16 日，第一届世界消防救援锦标赛（I World Championship in Fire and Rescue Sport）在莫斯科举办②，爱沙尼亚队在 23 个参赛队中排名第 13 位，这也使爱沙尼亚认识到，必须为消防体育事业提供稳定的资金保障，吸引和培养更多年轻的消防体育爱好者。在爱沙尼亚救援局指导下，2004 年成立了爱沙尼亚消防体育联盟（Eesti Tuletõrjespordi Liit），目前，爱沙尼亚救援局官网主页的“消防体育”（Tuletõrjesport）栏目即链接到该联盟的主页③。在 2004 年第二届世界消防救援锦标赛上，爱沙尼亚男子队排名提高到第 8 位。在 2005 年欧洲消防救援锦标赛上，爱沙尼亚获得第 3 名的好成绩。此后的历届世界锦标赛，爱沙尼亚队都进入了前 6 名。2010 年 1 月 1 日，消防体育联盟成为爱沙尼亚奥林匹克委员会的成员。

2006 年成立 4 个区域救援中心后，由于各个救援中心预算有限，消防体育事业再度受影响。为了吸引更多年轻人参与消防体育运动，2008 年调整了消防体育比赛规则，增加了女性运动员年龄分组，2010 年又增设 12 岁以下的少年组，并开始举办学生消防体

---

① 爱沙尼亚救援局：《消防体育运动的历史》（*Tuletõrjespordi ajalugu*）、《爱沙尼亚消防体育纪录》（*Eesti rekordid ja saavutused tuletõrjespordis*），https：//www. rescue. ee/et/juhend/tuletorjesport/tuletorjespordi - ajalugu。

② 2001 年，来自 29 个国家消防救援机构的代表在第一届国际消防救援大会上决定，成立“国际消防救援人员体育联合会”（The international sport federation for firefighters and rescuers），自 2002 年至 2022 年 8 月底，共在德国、俄罗斯、韩国、捷克、土耳其、保加利亚、哈萨克斯坦等国举办了 16 届世界消防救援锦标赛、3 届欧洲杯赛、2 届亚洲杯赛，从 2014 年起，女性消防救援人员开始参加赛事。第 17 届男子锦标赛暨第 8 届女子锦标赛，于 2022 年 9 月 29 日至 10 月 5 日在乌兹别克斯坦举行。https：//www. interfiresport. com/。

③ 爱沙尼消防体育联盟，https：//xn - tuletrjesport - 7lb. ee/。

育运动会。2013 年各救援中心全面纳入救援局管理，在新的情况下，消防体育事业的发展再次面临挑战。尽管困难重重，但消防体育事业还是越来越受欢迎，2013 年在俄罗斯举行的世界青年消防锦标赛上，爱沙尼亚队 2 名运动员进入前三名，100 m 障碍赛还打破了爱沙尼亚全国纪录。同年，在韩国举行的世界消防锦标赛上，爱沙尼亚男队获得消防泵比赛的第二名①。

2022 年 9 月 3 日，在派尔努河畔的小城图瑞（Türi），举办了 2022 年度全国消防体育锦标赛，来自各地的消防员参与了 4 项经典比赛项目：挂钩梯攀爬训练塔、100 m 障碍跑、4 × 100 m 消防接力、分水器连接供水。

第六节　当代消防救援事业的发展

爱沙尼亚的当代消防救援事业，起步于苏联时期相互独立的消防、民防体系。1991 年恢复独立以来，爱沙尼亚以时不我待的紧迫感，借鉴国际经验，结合本国情况，用 20 年时间基本构建了现代综合救援体系，并完善了相关的工作制度机制。爱沙尼亚关于综合救援体系的构想，肇始于恢复独立后重建国家的思考。1991 年宣布独立仅 20 天后，爱沙尼亚政府就决定在民防体系基础上成立国家救援局，当年出台改革的纲领性文件《爱沙尼亚综合救援服务框架》，并于次年撤销国家消防局，整合消防、民防力量重组建立国家救援局。此后，按照“两步走”规划，适时调整消防救援事权在地方和中央的划分，多次对救援力量进行体系重组，从恢复独立之初强调地方事权，到 1996 年将县级救援机构改组为县政府管理的国家机构，再到 2006 年将 15 个县级救援机构整合为 4 个区域救援中心，再到 2012 年将区域救援中心完全纳入内政部救援局，并成立综合受理救援、急救、警务紧急求助的国家报警中心，救援工作呈现从地方事权向中央事权发展的总体路径。上述过程中，《消防救援法》（1994 年）、《救援组织法》（2008 年）、《救援法》（2010 年）、《消防安全法》（2010 年）发挥了重要作用，法制化既是救援体系改革发展的目标之一，也是固化改革成果的重要保障。

6.1　恢复独立前后的过渡期

苏联时期，爱沙尼亚救援领域的工作，由相互独立的民防和消防系统承担——民防

① 爱沙尼消防体育联盟：《消防体育运动史》（*Tuletõrjespordi ajalugu*），https：//xn - - tuletrjesport - 7lb. ee/ajalugu/。

工作由部长会议领导，设有现役体制的民防部队和地方民防机构，指挥机关是民防总部；消防工作由内务部消防局负责，管理现役、职业和志愿消防队伍。民防和消防系统基本处于完全割裂、井水不犯河水的状态，恢复独立后，曾任救援局局长的马蒂·雷德玛（Mati Raidma）回忆："两个系统之间几乎没有联系，各自独立运作。民防人员主要讲爱沙尼亚语，消防人员更多讲俄语。"①

6.1.1　成立爱沙尼亚消防救援局（1990 年）

1989 年 12 月 6 日，爱沙尼亚最高苏维埃主席团通过《爱沙尼亚苏维埃社会主义共和国政府组织法》（*Eesti Nõukogude Sotsialistliku Vabariigi Valitsuse kohta*）②，自 12 月 25 日生效。根据该法第 24 条，爱沙尼亚政府设立建设部、教育部、司法部、商业部、环境部、文化部、经济部、物资部、农业部、财政部、交通部、内务部（Siseasjade Ministeerium）、社会事务部、卫生部、电信部、工业和能源部、外交部等 17 个部。同时，政府组织法第 21 条授权爱沙尼亚政府根据需要成立**国家局**（riiklikud amet），在相关部门的职责领域内，承担某些具体的经济、社会事务管理职责。国家局在相关部的职责领域内运作，但不隶属于该部，而是通过该部向爱沙尼亚政府负责，有权依照职权发布规范性文件，并监督法律法规的执行情况。

1990 年 1 月 16 日，根据政府组织法第 21 条的规定，爱沙尼亚政府决定在 11 个部的职责领域内成立 19 个国家局③，包括内务部职责范围内的爱沙尼亚共和国国家消防救援局（Eesti Vabariigi Riiklik Tuletõrje - ja Päästeamet），其他还有公用事业局（建设部），人口统计局（司法部），林业局、水利局（环境部），体育局、旅游局（文化部），物价局、审批局、标准局、粮食局（经济部），土地局（农业部），税务局、海关（财政部），移民局（社会事务部），民航局、公路局、海事局（交通部），技术监督局（工业和能源部），爱沙尼亚统计局（总理府）。爱沙尼亚政府要求各部与职责领域内的国家局密切合作，在 2 个月内制定国家局的章程草案，报政府审核发布。

1990 年 3 月 29 日，爱沙尼亚最高苏维埃做出《关于爱沙尼亚国家地位的决定》，宣布进入恢复独立的过渡期，开始全面推进国家机构的重组。在同年 10 月 22 日召开的国家应急状态委员会会议上，提出了改革民防体系，整合民防和消防力量，建立综合救援体系的构想。这次会议原则通过的草案，首次在官方文件中引入了"救援服务"（Päästeteenistus）的概念，在爱沙尼亚当代消防救援事业发展史上，具有重要意义。

---

① 《救援局 25 年——我们的故事》，第 15 页。
② 《爱沙尼亚苏维埃社会主义共和国政府组织法》，https：//www. riigiteataja. ee/akt/30683。
③ 《组建爱沙尼亚苏维埃社会主义共和国政府国家局》，https：//www. riigiteataja. ee/akt/28881。

1991 年 2 月 4 日，爱沙尼亚政府公布施行第 26 号令，决定将消防救援局更名为爱沙尼亚共和国国家消防局（Eesti Vabariigi Riiklik Tuletõrjeamet），简称爱沙尼亚消防局（Eesti Tuletõrjeamet）[①]，并批准其章程。原消防救援局局长安茨·穆纳（Ants Muna）继续担任消防局局长。同时，要求将职业消防队、现役消防队移交县市政府，由县市政府成立消防局（maakonna – ja linnavalitsuste tuletõrjeamet）或类似机构，承担相应职责，运行经费由地方预算保障，负责人由县市政府与爱沙尼亚消防局协商任命，兼任当地的国家消防监督负责人（riikliku tuletõrjejärelevalve peainspektor）。这一阶段改革的特点，是将消防事权从国家承担完全下放到地方政府——实践证明，这种 180 度的大转弯导致了诸多问题，原有的消防体系支离破碎，除现役消防队外，职业消防队和志愿消防队人员流失，战斗力下降。

根据章程，爱沙尼亚消防局作为内务部职责领域的国家局，运行经费纳入国家预算保障，局长由共和国政府主席根据内务部部长的提名任命。消防局的职责聚焦于“防”“灭”“救”三方面：一是指导开展消防监督，制定并组织实施防火措施，减少火灾对城镇和国民经济的危害；二是扑救城镇火灾，参与扑救森林、沼泽和船舶、飞机、铁路车辆等其他火灾；三是根据需要，参与处置各类事故灾难、自然灾害，消除灾难灾害后果。爱沙尼亚消防局具体开展以下工作：

（1）指导各类企业、机构、组织和个人落实安全管理要求和技术措施，保护财产免遭火灾危害；

（2）与各部门合作，参与相关领域重大火灾扑救，消除事故灾难和自然灾害的影响；

（3）监督检查各类企业、机构、组织和个人执行消防安全法规标准的情况；

（4）参与消防安全领域的科学研究，并推广运用消防科研成果；

（5）与有关组织共同制定并批准消防安全规则和标准；

（6）从消防安全的角度审查国家标准和技术条件草案；

（7）审查新建、改建的建筑物和构筑物是否符合建筑规范、标准的消防安全要求；

（8）参与投资、建设项目审查工作；

（9）分析火灾原因和影响，参与制定国家发展计划，改进消防安全状况并确保实施；

（10）研发消防领域的新材料、新技术；

（11）参与组建消防队伍；

---

① 《关于批准〈爱沙尼亚共和国国家消防局章程〉的决定》，https：//www. riigiteataja. ee/akt/28519。

（12）开展防火宣传，发行出版物，组织对居民进行消防安全培训；

（13）与志愿消防组织合作；

（14）指导企业、机构和组织建立专职消防队伍，培训专职消防人员；

（15）消防领域的国际交流，包括防火、灭火知识技能，消防装备使用等；

（16）向企业、机构、组织和个人提供有偿服务，以提高消防安全水平。

在消防救援局成立仅一年后，将其名称中的“救援”删除，并将职责任务限定于“消防”——主要是消防监督、扑救城镇火灾，同时参与森林火灾和专业领域火灾的扑救，参与处置事故灾难、自然灾害——消防救援局职责定位的“收缩”，实际上在为即将成立的爱沙尼亚救援局创造条件。

6.1.2　成立爱沙尼亚救援局（1991年）

1991年8月20日爱沙尼亚宣布恢复独立。仅仅20天后的9月10日，爱沙尼亚政府公布施行《组建爱沙尼亚共和国国家救援局的决定》[①]，在内政部职责领域内成立**爱沙尼亚共和国国家救援局**（Eesti Vabariigi Riiklik Päästeamet），简称**爱沙尼亚救援局**（Eesti Päästeamet）；同时，重建国家民防体系，并成立专门的民防委员会——委员会的主席、副主席，分别由内政部部长和民防司令担任，成员包括消防局局长、边防局局长、民防总部副司令、运输和交通部部长以及塔林市副市长。民防委员会的日常工作由民防总部承担，负责在两周内起草《爱沙尼亚综合救援服务框架》《爱沙尼亚救援局章程》，以及其他法律法规草案，规划建立统一救援服务体系的路径。

这一阶段，爱沙尼亚境内苏军编制内的民防部队撤离或解散，部分装备被转移到俄罗斯，陈旧的设施器材则被遗弃在驻地。根据《组建爱沙尼亚共和国国家救援局的决定》，民防委员会负责接收苏军第二民防团的75222号基地（位于科赫特拉－耶尔韦）和68315号民防通信站（位于科塞尔）。

1991年9月10日《组建爱沙尼亚共和国国家救援局的决定》确立了救援局的法律地位，是救援局发展的基石。这在爱沙尼亚当代消防救援事业发展历程中，具有重要意义。同年11月26日，爱沙尼亚政府公布施行《关于批准〈爱沙尼亚共和国国家救援局章程〉和重组民防体系第一阶段工作措施的决定》[②]。根据上述决定，重组民防体系的第一阶段工作重点，是组建爱沙尼亚救援局，以协调相关各方参与救援工作，同时要求救援局在1个月内制定国家救援队伍管理规定，并建议县和市镇等地方政府建立民防和救

---

① 《组建爱沙尼亚共和国国家救援局的决定》，https：//www. riigiteataja. ee/akt/29519。

② 《关于批准〈爱沙尼亚共和国国家救援局章程〉和重组民防体系第一阶段工作措施的决定》，https：//www. riigiteataja. ee/akt/29808。

援管理机构，承担本地区的救援工作。随着救援局的成立，民防总部于1991年11月13日终止活动，原民防司令哈里·海因（Harry Hein）被任命为救援局首任局长。

根据1991年11月26日批准的章程，爱沙尼亚救援局作为内政部职责领域的国家局，是国家紧急情况委员会的日常工作机构，运行经费由国家预算保障，局长由共和国政府根据内政部部长的提名任命，救援局管理的现役救援队伍同时接受国防军总参谋部指挥。爱沙尼亚救援局主要承担以下职责：

（1）协调地方政府和相关机构共同参与民防工作（尤其是救援活动）；

（2）制定应急状态的相关概念和行动预案；

（3）发展和改进国家救援服务，制定统一的技术标准，改进防护和救援装备，提高监测、保护、预警的效率；

（4）组织民防领域的培训；

（5）管理指挥下属单位和救援队伍；

（6）根据应急状态的情况，在必要时与民防部门负责人共同组织开展救援行动，组织所属救援力量联合开展救援行动；

（7）监督各层级的民防准备情况。

在1991年11月26日公布的救援局首部章程中，只字未提“消防”（tuletõrje），并建议县和市镇等地方政府建立民防和救援管理机构；在年初批准的爱沙尼亚消防局章程中，也有“建议县市政府成立消防局或类似机构”的内容——可见恢复独立初期，在重组民防体系的第一阶段工作中，暂时将消防、救援（主要承担民防领域的职责）作为并立的职能，分别成立专门机构——如国家层面的消防局和救援局，县市等地方政府层面分别设立的消防局、救援（民防）局——这显然有悖于“综合救援服务”的改革方向，并在短短一周后被全面重塑。

6.2　重新组建爱沙尼亚救援局

6.2.1　《爱沙尼亚综合救援服务框架》的“两步走”规划

1991年12月4日，爱沙尼亚政府批准《爱沙尼亚综合救援服务框架》及其所附的《爱沙尼亚救援局所属国家救援队伍的组成和编制》《保障标准》《国家救援局接警中心》等3个附件①。作为首部系统阐述爱沙尼亚民防和救援领域改革发展构想的纲领性

① 《批准〈爱沙尼亚共和国综合救援服务框架〉的决定》，https：//www.riigiteataja.ee/akt/23374。

法规文件，该框架提出，在民防、消防体系基础上建立国家综合救援体系，以应对和平时期、战争状态可能出现的各类应急状态，并规划了构建综合救援体系的“两步走”路径。

第一阶段，在民防总部基础上建立国家救援局，负责协调各类救援队伍之间的合作，并与国家消防局、爱沙尼亚救生协会①等建立协调机制。

第二阶段，整合目前的国家救援局、国家消防局和爱沙尼亚救生协会，组建新的国家救援局，重组民防、消防等队伍，建立国家统一的救援管理制度和力量体系。

1991 年是爱沙尼亚恢复民族独立和国家主权的元年，同样也是爱沙尼亚综合救援体制改革的起点。从 2 月 4 日批准国家消防局章程，到 9 月 10 日决定成立国家救援局，并于 11 月 26 日批准其章程，再到 12 月 4 日出台《爱沙尼亚综合救援服务框架》，确定整合民防和消防力量建立综合救援服务体系“两步走”的改革路径——密集出台的一系列法规政策，为之后的改革奠定了基础，确定了方向。

6.2.1.1 细化救援局职责

在 1991 年 11 月 26 日批准的救援局章程基础上，《爱沙尼亚综合救援服务框架》分别细化了救援局在常态和应急状态下的主要职责。

正常情况下：

（1）推动在经济、社会、科研等领域的日常工作中，预先考虑可能面临的风险因素；

（2）组织采取必要措施，防止存在安全风险的单位发生事故，减少自然灾害的危害；

（3）协调制定相应的计划和预案，确保应急状态下的民众安全和经济运行；

（4）建立应对应急状态的国家统一救援队伍，完善指挥管理、力量编成、值班备勤、装备配备、抢险救援、协调配合等方面的机制；

（5）组织开展救援领域的科研工作，确保有效开展救援、应急和恢复建设，建立各类灾害的监测预警系统；

（6）组织与邻近国家民防机构的合作；

（7）组织民防培训；

（8）推动发展意外伤害保险和财产保险；

（9）监督执行民防委员会（应急状态委员会）的决定。

---

① 爱沙尼亚救生协会（Eesti Vetelpäästeühing）成立于 1971 年 1 月 14 日，其历史可追溯至 1870 年成立的水上救援站，1991 年成为国际水上救援联合会［The International Maritime Rescue Federation（IMRF）］成员。1995 年，协会撤销，职能移交内政部救援局，https：//www. online. ee/ ~ saving/Ajalugu – parem. htm。

应急状态下：

（1）收集、处理和上报、发布有关应急状态的情报信息；

（2）消除各类突发事件造成的影响和后果，救助受害人员；

（3）调动必要的救援队伍和资源有效开展救援，协调各方救援力量之间的合作；

（4）紧急调用技术装备和物资储备，保障民众生活；

（5）确保民防委员会（应急状态委员会）运行。

6.2.1.2　建立县市救援队伍和区域救援中心的构想

为履行救援局的上述职责，就必须整合各类力量，推动建立综合救援服务体系。为此，《爱沙尼亚综合救援服务框架》的第三部分明确了国家救援力量体系建设管理的构想，包括分布在不同地区具有不同备勤水平、专业方向和装备配备的救援队伍，以及应急资源——上述所有队伍和资源，均应接受爱沙尼亚救援局的统一协调。为提高救援行动效率，《爱沙尼亚综合救援服务框架》提出，将全国划分为北部（以塔林为中心）、东部及东北部（以科赫特拉－耶尔韦为中心）、南部（以沃鲁为中心）、西部（以派尔努为中心）和中部（以塔尔图为中心）5 个救援区域（Päästepiirkonnad），每个区域覆盖周边的若干个县，建设集中接警的区域通信指挥中心，在塔林建设国家指挥通信中心（vabariiklik juhtimis－ja sidekeskus）。

这一阶段，爱沙尼亚恢复独立不久，苏联时期现役体制的民防、消防队伍仍然延续存在，被视作国家级的专业救援力量。与此同时，爱沙尼亚也开始强调共和国政府与县、市等地方政府在民防和救援领域的事权划分。在《爱沙尼亚综合救援服务框架》的第三部分，要求县和市镇等地方政府组建市政救援机构（munitsipaal päästeamet），负责管理本行政区域内的救援活动，包括火灾扑救、民防和水上救援，并承担必要的队站建设、装备配备，以及报警中心、应急救援队伍的建设责任。同时，要求地方政府成立民防委员会（紧急情况委员会），履行工作规划、组织协调、经费保障等职责，在本行政区域内出现应急状态时，全面负责组织和管理应急救援工作。

6.2.1.3　国家救援力量体系构想

《爱沙尼亚综合救援服务框架》的第四部分“国家救援力量”，规划了爱沙尼亚的救援力量体系。

（1）国家救援局的直属救援力量。依托苏联时期现役体制的民防部队建立，包括 1 个机动救援支队（Päästerügement）、4 支区域性救援队伍（Piirkondlikku Päästekompaniid）和 1 支以排爆为主的专业救援队（Kutseline Päästesalk）。机动救援支队部署在东维鲁县（位于爱沙尼亚东北，与俄罗斯接壤）的耶维（Jõhvi），职能定位是发生重大事故灾难和自然灾害时，在全国范围内开展综合性全域救援工作，编制员额包括 600 名救援队员和

45—50 名指挥人员，编组为多支救援分队和技术保障分队、警卫分队，救援分队下设核生化、消防、医疗等班组，配备大型救援装备（推土机、挖掘机、起重机、发电车、空压机车等）和运输工具，可自主投送，响应标准是接到指令后在 30—40 min 内全员全装出发。其中，以苏联时期的第 26 山地救援队为基础，组建 80—100 人的救援队，编成包括一个医疗救护队，可以在 1.5—5 h 内到达爱沙尼亚境内任何地点开展救援——后期，这支队伍发展为参与国际救援的爱沙尼亚救援队（参见第六章第五节）。4 支区域性救援队伍，分别规划驻在东、西、南、北四个方向的维鲁（或瓦尔加）、派尔努、塔尔图和塔林，备勤救援力量的响应标准是接到指令后在 20—30 min 内全员全装出发。专业救援队部署在耶维，重点是处置爱沙尼亚东北部遗留的地雷和其他爆炸品，响应标准是接到指令后在 1—3 min 出动。

（2）各地的消防救援队伍（Tuletõrje－ja päästeüksus）。负责本地区的灭火救援，响应标准是接到指令后 1—3 min 内出动。

（3）水域救援队（Vetelpäästetegevkonnad）。负责内陆水域和近岸海域救援工作。

（4）海岸警卫队（Rannavalve）。负责海域和楚德湖的救援工作，并负责消除海洋和内陆水域污染。

（5）空中搜救队（Lennunduse otsingu－ja päästeteenistus）。装备轻型、重型直升机各 1 架，轻型飞机 1 架，在应急状态时开展救援工作。

（6）紧急医疗救援队伍（Meditsiinilised kiirreageerimisbrigaad）。响应标准是接到指令后在 20—30 min 内出发。

其他可以参与救援的力量还包括警察、边防部队，能源、铁路、电信等公用事业运营机构的专业救援力量，以及各地和各类单位的民防自卫组织等。

其中，机动救援支队和区域救援队伍、专业救援队的人员暂时仍为现役军人（ajateenijatest），全部实行驻勤管理。根据 1992 年 8 月 6 日爱沙尼亚政府制定的《义务兵服务期限》，义务兵服役期为 1 年①。在改革的第一阶段，军官和培训教员将逐步由合同制工作人员替换，随后由职业化的救援人员担任。

6.2.1.4　统一综合救援接警号码

苏联时期，爱沙尼亚的火警（Tuletõrje）、警察（Politsei）、急救（Kiirabi）和燃气紧急服务（Gaasiavariiteenistusel）分别设置了报警电话号码 01、02、03、04，这种按照行业领域设置报警号码的传统做法，既不利于遇险时准确及时报警，也不利于部门之间联动协作。1994 年起，爱沙尼亚参照欧盟确定的统一紧急服务号码 112，逐步推广应用

① 《义务兵服务期限》，https：//www.riigiteataja.ee/akt/29131。

综合报警服务号码112，到1999年11月1日全面实现了从原来0字头报警号码向112的交割。

1991年《爱沙尼亚综合救援服务框架》提出，建立统一的接警调度中心是构建综合救援服务体系的前提。此后，伴随对消防救援事权认识的不断深化，爱沙尼亚在先期推进县级报警中心建设的基础上，自2001年开始整合县级报警中心，成立隶属于救援局的4个区域报警中心，并于2005年成立由救援局管理的报警中心（下设4个区域中心），2012年升格为内政部直接管理的政府机构，集中受理救援、急救、警务等紧急报警求助。报警中心的发展沿革，详见第三章第四节。

6.2.2　撤销消防局，重新组建爱沙尼亚救援局

1992年5月25日，爱沙尼亚政府公布施行第159号令《关于撤销爱沙尼亚共和国国家消防局并将其职能移交爱沙尼亚共和国国家救援局的决定》[①]，要求在1个月内撤销国家消防局的建制，整合民防、消防和其他救援力量，重组建立新的国家救援局，将国家消防局的职能、资产及下属机构移交给新成立的国家救援局，在另行规定之前，国家救援局人员暂时沿用消防队伍和救援机构的制服和徽章，同时废止1991年《爱沙尼亚共和国国家消防局章程》《爱沙尼亚共和国国家救援局章程》，批准了新的《爱沙尼亚共和国救援局章程》。哈里·海因继续担任救援局局长。根据新章程，现役编制的救援队伍（Kaitsejõudude päästeüksus）正式隶属救援局——此前，现役救援队伍接受救援局和国防军总参谋部的双重领导。

1992年5月25日，是爱沙尼亚救援事业进入全面发展阶段的标志性起点。虽然1991年9月10日施行的《组建爱沙尼亚共和国国家救援局的决定》确定了爱沙尼亚救援局的法律地位，但直到1992年5月25日启动第二阶段改革，整合分散于多个机构的民防、消防、救援力量，才标志着爱沙尼亚救援局真正开始运作——因此，5月25日被确定为爱沙尼亚救援局的成立纪念日，爱沙尼亚救援人员形象地将第159号令比喻为救援局的“出生证明”（sünnitunnistus）[②]。

根据新批准的章程，救援局作为内政部职责领域的国家局，同时是国家民防委员会的日常工作机构，负责制定和执行国家民防政策和战略，以确保在火灾等应急状态下保护人员生命和财产安全，消除其后果并预防对环境的危害。救援局的主要任务是：

（1）协调地方政府和相关机构共同参与民防工作（尤其是消防和救援活动）；

---

① 《关于撤销爱沙尼亚共和国国家消防局并将其职能移交爱沙尼亚共和国国家救援局的决定》，https：//www. riigiteataja. ee/akt/29456。

② 《救援局25年——我们的故事》，第14页。

（2）制定应急状态的相关概念和行动预案；

（3）发展和改进国家救援服务，制定统一的技术标准，提高防灾、救灾装备和监测、报警系统的效率；

（4）组织民防、火灾扑救和防火安全培训；

（5）管理指挥下属单位和救援队伍；

（6）根据应急状态的情况，在必要时与民防部门负责人共同组织开展救援、灭火、应急行动，组织所属救援力量联合开展救援行动；

（7）监督各层级的民防准备情况；

（8）协调实施消防监督。

在撤销消防局、重新组建救援局的同时，159 号令随附的《县市消防救援工作的组织》增补为 1991 年《爱沙尼亚综合救援服务框架》的附件四，从而形成了完整的国家救援力量体系政策。根据《县市消防救援工作的组织》，县市政府成立的救援局属于地方政府机构（kohaliku omavalitsuse organ），执行法律、法规和地方政府的决定，负责管理当地的民防工作，协调消防、救援等专业队伍开展救援工作。县市救援局管理的消防救援队伍，承担扑救火灾、救援人员、医疗急救和预防环境污染职责。从县市救援局“地方政府机构”的定位和职能可见，这一阶段爱沙尼亚已将消防、救援力量统一纳入救援机构管理，并将消防救援视为地方事权。为支持地方消防救援事业，爱沙尼亚政府对各地救援机构予以资金支持，以确保消防救援装备达到法律规定的最低标准，同时规划在塔林、塔尔图、派尔努和科赫特拉—耶尔韦的救援区域中心，集中储备可在区域内机动使用的特殊救援装备。

1992 年 10 月 7 日，议会通过《关于恢复国家宪法权力的宣言》，宣布结束国家恢复独立的过渡期。10 月 21 日，《共和国政府组织法》（*Vabariigi Valitsuse seadus*）① 颁布施行，政府部门由 1989 年的 17 个压缩为 11 个：司法部、国防部、环境部、文化和教育部、道路和交通部、经济部、农业部、财政部、内政部（Siseministeerium）、社会事务部、外交部；同时，不再设置国家局，将 1989 年设立的国家局纳入相关部门管理，并区别于各部的内设机构，称为“**部管局**”（ministri valitsemisalasse kuuluvate amet），享有独立的法人资格，使用刊有国徽的印章，但不再单列预算，章程也由所属的部批准（之前，国家局的章程由共和国政府批准）。

需要说明的是，根据我国翻译苏联及当时东欧国家政府机构名称的习惯，往往将负责警察、边防、民防、消防、公民身份等事务的部门称为“内务部”，对于苏联解体后

① 《共和国政府组织法》，https：//www. riigiteataja. ee/akt/28382。

独立的部分国家以及东欧国家，为体现其与苏联（俄罗斯）体制的区别，更倾向于将负责上述相关职能的部门译为“内政部”。实际上，就爱沙尼亚而言，虽然1989年《爱沙尼亚苏维埃社会主义共和国政府组织法》曾使用“Siseasjade Ministeerium”（“sisse”是“内在”，“asi”是“事情、工作”）的称谓，但在苏联时期和恢复独立后，官方文件主要使用的均是“Siseministeerium”的名称。为体现恢复独立前后的差异，以1991年8月20日爱沙尼亚宣布恢复独立为界线，之前称“内务部”，之后称“内政部”。

1994年11月1日内政部批准修订后的《国家救援局章程》[①]，明确救援局是内政部管理的国家机构（riigi valitsemisasutus），职责是规划和实施国家在民防领域（包括消防、救援）的政策，下设4个机构：驻地在耶维的现役救援支队、塔林救援管理队[②]、民防培训中心和火灾技术研究实验室。

救援局所属火灾技术研究实验室（tuletõrjetehniline uurimis laboratoorium，后改称技术研究中心，tehniline uurimiskeskus）下设建筑材料检测实验室和认证办公室，均取得爱沙尼亚认证认可中心（Eesti akrediteerimiskeskus）的认可。认证办公室负责对列入清单的消防救援设备的设计、安装、维护企业进行管理体系认证；建筑材料检测实验室开展纺织品（包括室内装修材料、窗帘、地毯）、玩具、建筑材料（包括饰面材料、屋顶和地板等）和阻燃剂燃烧性能实验。2001年，根据国家机构不得从事检验检测、认证业务的要求，救援局撤销技术研究中心编制，实验室和认证办公室私有化后，移交私营跨国公司TÜV NORD Baltik——该公司是德国TÜV NORD集团的子公司，在70多个国家和地区开展合格评定、检验检测、设备和系统安全集成解决方案方面的业务。

按照1992年施行的《共和国政府组织法》，救援局及其所属机构的经费全部纳入内政部预算保障。根据1992年下半年政府预算[③]，救援局预算总额4 121万克朗（按当时汇率，约合人民币2 550万元），其中局机关本级2 511万克朗，耶维救援支队1 410万克朗，塔林救援管理队200万克朗。此外，为爱沙尼亚消防联盟（Tuletõrje Liit）安排97万克朗经费（包括消防博物馆经费36万克朗）。

6.2.3 《消防救援法》（1994年）

1994年3月23日，议会通过恢复独立后的首部《消防救援法》（*Tuletõrje - ja*

① 《国家救援局章程》（RTL 1994，49，0），https：//www.riigiteataja.ee/akt/28225。

② 1991年2月14日，苏联时期现役体制的塔林消防队重组为塔林救援管理队（Tallinna Pääste - ja Juhtimis kompanii），仍为现役体制，直接隶属爱沙尼亚救援局，承担首都塔林及其周边地区的消防救援和消防监督职责。

③ 《爱沙尼亚共和国1992年下半年国家预算》，https：//www.riigiteataja.ee/akt/13105790。

päästeseadus)①，4月8日以第304号总统令颁布实施。1994年《消防救援法》总结固化消防救援事业改革发展的成果，就消防救援工作的职责范围、事权性质、力量体系、监督管理、保障措施等做出规定，是爱沙尼亚消防救援立法的源头，1998年更名为《救援法》，此后经过若干次修正，2010年，《救援法》“一分为二”，被《救援法》和《消防安全法》取代，与2008年颁布实施的《救援组织法》，共同形成现今爱沙尼亚消防救援法律体系的主干。

1994年《消防救援法》全文共11章、41条，各章分别是：总则、消防救援组织、灭火救援、消防安全要求、消防监督、培训、经费保障、补偿、社会保障、其他、实施。从《消防救援法》的篇章结构和内容看，作为现行《救援法》《救援组织法》《消防安全法》的源头，该法既是一部消防救援工作的专门法，也是消防救援队伍的组织法，涵盖了消防救援工作的组织实施、消防救援队伍的建设保障等多个方面，虽然内容相对宏观、原则，但为后续完善、细化，构建爱沙尼亚的消防救援领域法律体系奠定了重要基础。

从恢复独立初期，爱沙尼亚着手构建综合救援体系的宏观发展脉络看，《消防救援法》与1992年《民防法》有特殊的关系。在恢复独立前夕的1990年，消防和民防还是两个相互独立的体系，主管消防事务的消防局（隶属内务部）、主管民防事务的民防总部（直接隶属部长会议）按照各自立法规划，平行推进了相关法律草案的起草：消防局起草《消防法》（*tuletõrjeseadus*），民防总部起草《民防法》（*kodanikukaitseseadus*）。随着1991年恢复独立后，以民防体系为主体成立国家救援局，特别是1992年5月25日撤销国家消防局、重新组建国家救援局，《消防法》立法被搁置，《民防法》则于8天后的6月3日获得议会批准——甚至比独立后新宪法的施行（7月29日）都要早近两个月。由于《民防法》的调整范围聚焦于“危急事件”（hädaolukorraks），所以重组后的救援局重新启动了消防救援领域的立法，其间，对1936年《消防法》和芬兰、丹麦、瑞典的消防救援立法进行深入研究，沿用了1936年《消防法》中仍然适用的部分内容。关于新制定法律的名称，由于多数意见坚决不同意弃用“消防”（tuletõrje）这个词，所以采用了“消防救援”（tuletõrje - pääste）作为妥协——但1998年2月25日，议会还是通过修正案，将《消防救援法》改称《救援法》。

6.2.3.1 适用范围、事权界定和基本原则

《消防救援法》“总则”部分共3条，明确了法律的适用范围、消防救援工作的事权界定，以及基本原则。首先，在适用范围方面，明确规定**消防救援工作**（Tuletõrje - ja

---

① 《消防救援法》，https://www.riigiteataja.ee/akt/28661。

päästetööd）包括消防监督（tuletõrjejärelevalve）和灭火救援（tulekustutus – ja päästetööd）两方面职责，其中，“消防监督”是“为确保遵守有关消防安全法规而进行的工作”；“灭火救援”是在“发生火灾爆炸、自然灾害、事故灾难、交通事故和其他事故时，为抢救人员和财产并保护环境、消除危害后果而进行的工作”。——“防”“灭”“救”均属于消防救援工作的范畴。

其次，明确了消防救援工作的性质和事权定位，第 2 条规定“消防救援是国家民防体系的组成部分，提供消防救援服务是政府职责”，即认为消防救援从属于民防体系，是政府应当提供的基本公共服务。关于当时**消防救援**与**民防**的关系，《消防救援法》延续了 1992 年《民防法》的界定——根据《民防法》第 2 条：“民防，是在由于技术原因、自然现象和武装冲突引发的紧急情况下，组织各类单位和机构采取应对措施，保护和援助民众的国家体系。”同时，《民防法》第 21 条明确了救援机构在民防领域的职能定位：“救援机构是国家民防体系的组成部分，包括不同地区、不同战备水平、不同专业方向和装备配备的救援和应急力量，可以有效灵活地保护人民并开展救援和应急工作。”此外，《消防救援法》第 3 条第（3）款赋予爱沙尼亚政府在发生自然灾害或事故灾难时，宣布全国或部分地区进入应急状态（eriolukorra）的权力。

在消防救援工作的组织领导方面，《消防救援法》第 4 条第（2）款规定“地方政府和国家负责组织消防救援工作”，即认为消防救援的事权属性以地方政府为主、中央政府为辅，并强调消防救援工作的基本原则是“迅速”（kiiresti）、“有效”（efektiivselt）。为明确消防救援的地方事权特点，《消防救援法》第 40 条对 1993 年通过的《县政府组织法》[①] 第 8 条第（1）款第 3）项有关县政府职责的规定进行修订，在县政府的职责中增加“消防救援”（tuletõrje ja pääste）。增加后，县政府的职责包括：“财政、教育、文化、体育、遗产保护、医疗保健、环境卫生、**消防救援**、就业、社会保障、人口流动、商事服务、统计、国家注册、通信、交通运输、国有道路、环境保护、土地管理、林业、建设监督”——从而正式将消防救援确立为县政府 21 项公共服务和管理职责之一。

各县消防救援机构的设置和定位有所不同。首都塔林所在的哈留县，根据 1994 年 8 月 4 日爱沙尼亚政府批准的《哈留县政府章程》[②] 第 23 条，县救援局与县档案馆、博物馆、农业局一并被确定为“哈留县政府负责管理的国家机构”——哈留县救援局属于县

---

① 1993 年 6 月 29 日，议会通过《县政府组织法》（RT I 1993，51，696），https：//www. riigiteataja. ee/akt/28576。

② 《哈留县政府章程》（RT I 1994，58，987），https：//www. riigiteataja. ee/akt/29965。

政府管理的国家机构。在塔尔图县，根据同年 11 月 3 日爱沙尼亚政府批准的《塔尔图县政府章程》[①] 第 17 条，县政府的下设机构包括财政局、教育和文化局、经济局、农村经济局、社会卫生局、环境局、规划建设局、所有权改革局、土地局、救援局和人口统计办公室，救援局作为县政府所属机构，职责是“预防各类紧急情况，规划和组织救援工作并消除灾害后果，协调县内的救援工作，开展国家消防监督”。

6.2.3.2 消防救援队伍

《消防救援法》第二章“消防救援组织”规定了消防救援队伍的构成和管理体制，强调国家的消防救援服务应当形成“统一体系”（ühtse süsteem）。这一阶段，爱沙尼亚的消防救援力量由四部分组成：国家消防救援队伍（riigi tuletõrje－ja päästeasutused）、地方政府消防救援队伍（kohaliku omavalitsuse tuletõrje－ja päästeasutused）、企业消防救援队伍（ettevõtete tuletõrje－ja päästeallüksused）和地方政府之间建立的区域联防消防救援队伍（Tuletõrje－ja päästeühingute ning－liitud）。形象地讲，就是国家队、地方队和企业队“三足鼎立”——其中，区域联防消防救援队伍，是邻近的地方政府通过签订合作协议共同成立的消防救援队伍，本质上仍然是“地方队”。

为确保形成全国统一的消防救援体系，第二章“消防救援组织”规定了国家和地方政府在消防救援队伍建设方面的事权划分：爱沙尼亚政府负责建立国家消防救援队伍，向县级消防救援机构提供经费支持，并监督管理其救援工作和经费使用情况，内政部负责组织管理全国的消防救援工作；县政府负责在城镇和农村建立消防救援机构，或者组织多个地方政府就消防救援区域联防签订协议，共同组建区域性消防救援队伍。县政府在消防救援领域的职责包括：确保县域内的消防救援服务全面均衡，协调县域内的消防救援工作，组建负责受理灾害报警求助的报警中心，组织县域内消防救援工作的信息处理，批准县域内消防救援队伍之间的区域联防协议。为确保县政府提供消防救援服务的均衡性和可及性，《消防救援法》第 6 条第（4）款专门规定：“地方政府应综合考虑城镇或乡村的居民人数、人口密度、建筑特点，以及火灾危险大的工业企业分布、交通状况和其他因素，确定消防救援人员的数量，并开展专业培训、配备消防装备器材”。

这一阶段，县市政府成为消防救援事权的主要承担者，各类消防队伍、消防监督部门和民防机构被“一股脑儿”地移交给县市政府，15 个县和 5 个市（塔林、塔尔图、纳尔瓦、派尔努、西拉梅）各自成立了消防救援机构，每个县的救援队伍都有自己的组织结构、标志标识，有的地方甚至同时成立了消防救援局和救援局。救援服务事权、财

① 《塔尔图县政府章程》（RT I 1994，79，1339），https：//www.riigiteataja.ee/akt/30433。

权不匹配的问题日益突出，由于缺乏经费保障，地方救援机构的装备来源五花八门，有的是接受社会捐赠，有的是在拍卖会上买二手货，有的是从其他消防队接管，还有的是救援局调配。每个县都在使用有限的预算开展自认为重要的工作，如建设维修消防站、购买消防装备器材等，救援局向各地提供一定的经费支持，却难以监督经费使用情况。1994 年，共和国政府发布命令，要求县长与内政部签订协议，规范救援服务管理和内政部资金的使用。

根据《消防救援法》第 9 条的规定，消防救援人员的管理，除执行《消防救援法》的专门规定外，还应遵循《劳动合同法》或《公共服务法》的相关规定。1992 年 4 月 15 日，爱沙尼亚最高委员会通过《劳动合同法》，该法主要是规范劳动用工关系，不适用于公务员身份的消防救援官员和现役消防救援人员；1995 年 1 月 25 日，议会通过《公共服务法》，适用范围包括消防救援官员（除非有特别规定，不适用于现役制的消防救援人员）。

《消防救援法》规定了企业建立专职消防救援力量的基本原则，要求企业根据火灾爆炸危险性，以及事故隐患的严重程度和重大危险源的位置，组建消防救援队伍并负责经费保障，具体的组建程序、人员和装备数量、专业培训等内容，由国家专门规定。国家鼓励消防救援领域的“政企合作”，地方政府可以与建有消防救援队伍的企业签订协议，由企业消防救援队伍在协议确定的范围内，承担地方政府消防救援队伍的职责，这种情况属于政府向企业“购买服务”，地方政府应当向企业支付费用。相关内容详见第三章第一节。

6.2.3.3 灭火救援工作的组织

《消防救援法》延续苏联时期的观念，强调指挥员的权威地位，规定灭火救援现场指挥员有权按照相关程序和权限，调动警察、国防军参与灭火救援，并临时征用社会力量和资源参与、保障灭火救援工作。灭火救援指挥员的权力包括：（1）协调警察部门维护现场秩序、进行交通管制，保护财产免遭非法侵害；（2）根据共和国政府、县政府或地方政府的命令，临时征集 16 岁至 50 岁具备相应能力的人员参与灭火救援；（3）下令进入任何场所、建筑和房间进行灭火救援，并根据需要打开门窗、清除障碍物；（4）下令进行强制拆除、砍伐树木、设置隔离带、阻断沟渠河流等与灭火救援有关的作业；（5）下令征用企业和自然人拥有的水源和沙石等灭火救援所需材料；（6）优先并免费使用电信设备和网络。

此外，《消防救援法》还明确了相关部门的灭火救援职责划分。包括：发生空难时，按照《航空法》的规定组织救援工作；海上和楚德湖的救援工作，由道路和交通部航道局下辖的岸防队承担（后改为由警察和边防局承担）；地下设施的救援工作，由爱沙尼亚政府组建的山地专业救援队伍负责。

6.2.3.4　消防安全要求及其监督

《消防救援法》第四章“消防安全要求”、第五章“消防监督”和第六章“培训”规定了消防安全要求、消防安全义务、消防监督的主体和监督措施，以及消防培训的内容。其中，“强制性消防安全要求”是国家实施消防监督的依据，包括为确保消防安全而制定的标准规范、技术条件以及法律法规中有关消防安全的强制性要求。关于消防安全义务，《消防救援法》第22条专门规定“自然人和国家机构、地方政府、企业等单位应当履行确保消防安全的义务，在其拥有、使用、处置的财产或组织的活动中，采取确保消防安全要求的措施”。

根据《消防救援法》，消防监督由消防救援机构实施，铁路、海上、内陆水路、航空运输以及地下设施、森林及自然保护区的消防监督，则分别由道路和交通部、环境部等机构负责实施——具有显著的“条线管理”特征。

为确保消防监督的实施，《消防救援法》第27条“消防监督权”规定了消防监督部门依法履行职责时的权力，以及可以行使的措施，包括：检查单位和自然人是否遵守消防安全要求，在实施检查过程中进入任何场所、建筑；向单位和个人下达《责令整改通知》，督促整改隐患、确保安全；免费从自然人和法人处了解开展消防监督所需的文件和信息；免费使用国家媒体资源，宣传消防救援方面的知识和信息；对于未及时消除火灾危险，对人员生命健康和环境造成威胁的，责令单位部分或全部停业营业，或者禁止使用建筑、房间或设备。

在消防宣传培训方面，除了上述关于国家媒体应当免费开展消防救援知识宣传的规定外，《消防救援法》第30条规定“教育机构、各类单位和地方政府应当按照国家确定的范围和程序，面向居民开展消防培训”，以提高全民的消防安全意识和技能素质。

6.2.3.5　保障措施

《消防救援法》第七章“经费保障”、第八章“补偿”、第九章“社会保障”、第十章“其他”和第十一章“实施”，规定了消防救援经费的保障原则、渠道，消防救援人员的社会保障、服装、奖励，以及法律实施的要求。基于消防救援属于政府职责的基本定位，《消防救援法》规定，国家和地方政府应当将消防救援机构的经费纳入预算保障。同时，为了发挥保险业参与消防救援工作的作用，规定保险公司应当与消防救援机构达成协议，从保险费中安排资金用于预防火灾、自然灾害和其他事故灾难（1998年修订《消防救援法》时，本条被删除）。

鉴于灭火救援过程中要临时征用人员和物资，1994年《消防救援法》对此类情形的补偿做了专门规定，明确由地方政府负责进行补偿，但如果征用的人员、物资属于发生火灾和其他事故的单位或个人，则不予补偿。

第九章“社会保障”规定，国家对因公死亡的消防救援人员予以一次性抚恤，标准是10年的工资，同时，国家承担因公死亡消防救援人员的丧葬费。如果消防救援人员因公致残，根据伤残等级，国家给予1—5年工资额的伤残抚恤。

第十章“其他”对消防救援工作的责任追究、奖励激励做了原则规定。第37条规定：“（1）违反消防救援法规，应当依法承担行政、刑事或民事责任。（2）单位管理人员和工作人员有责任在工作、服务范围内遵守消防安全要求”。但是，由于没有针对违反义务条款的情形分别制定罚则，上述原则性的规定显然缺少可操作性。同时，本章还规定，对于表现优异的消防救援人员和参与消防救援工作的其他人员，由内政部部长予以表彰；对于做出特别杰出贡献的消防救援人员，由国家予以表彰。

6.3 消防救援事权向地方与中央相结合过渡（1996—2006年）

以1996年6月10日《重组消防救援机构的决定》为标志，爱沙尼亚结合国情，调整消防救援工作的事权属性，从原来以地方事权为主，向地方事权与中央事权相结合过渡，构建了救援局统一管理的救援力量体系架构。2005年10月1日，现役救援队伍全部撤编，标志着1991年《爱沙尼亚综合救援服务框架》确定的改革任务取得阶段性成效。

6.3.1 重组消防救援机构

6.3.1.1 新的政府组织法

1995年12月13日，议会通过新的《共和国政府组织法》（*Vabariigi Valitsuse seadus*）[①]，自1996年1月1日起施行至今，截至2022年7月19日最近一次修订，已局部修订109次。《共和国政府组织法》明确了爱沙尼亚政府的组织架构、职权划分、运行机制。根据第三章“行政机关”的规定，行政机关分为“政府机构”和“政府机构管理的公共机构”两类：**政府机构**（valitsusasutused）是“使用国家预算、依法行使国家权力的机构”，包括部（Ministeerium）、国防军（kaitseväe）、总理府（Riigikantsel）、局（amet）和监察机构（inspektsioon）及其地方机构，其中，政府各部和总理府的章程由共和国政府批准，局和监察机构的章程由相应领域的部长批准。**政府机构管理的公共机构**（valitsusasutuste hallatavad riigiasutused）是“使用国家预算，主要任务不是行使国家

① 《共和国政府组织法》现行版本：https：//www. riigiteataja. ee/akt/109082022005。

权力，而是为政府机构提供服务保障，或者在文化、教育、社会事务或其他领域提供公共服务”。如国家信息中心（Eesti Informaatikakeskus）、国家采购中心（Riigihangete Keskus）、国家车辆登记中心（Eesti Riiklik Autoregistrikeskus）等，内政部管理的内政学院、救援局管理的消防博物馆，也都属于政府机构管理的公共机构。

作为1989年政府组织法设立的“国家局”和1992年政府组织法“部管局”的延续，1996年《共和国政府组织法》第70条对“局”的定位做了重新界定，并适用至今：局是依法设立，在政府部门领导下，依照法定职责和权限，履行管理职能、实施国家监督、行使强制措施的政府机构。局的章程由所属领域的政府部门批准，除非法律另有规定，局长由部长任命。截至2022年7月底，爱沙尼亚政府共设有11个部，其中9个部管理了共20个局，分别是：竞争管理局、专利局（司法部），外国情报局、国防资源局（国防部），土地局、环保局（环境部），文物保护局（文化部），交通局、消费者保护和技术监督局、国家信息系统局（经济和通信部），农业登记和信息局、农业和食品局（农村事务部），税务和海关局、统计局（财政部），安全警察局、警察和边防局、救援局（内政部），医药局、社保局、卫生局（社会事务部）。

根据1996年《共和国政府组织法》第四章“共和国政府的部”，政府组成部门由1992年的11个增加为12个，除个别名称调整外，主要是将文化和教育部拆分为文化部、教育部。调整后的政府组成部门：教育部、司法部、国防部、环境部、文化部、经济部、农业部、财政部、内政部、社会事务部、道路和交通部、外交部。此后，爱沙尼亚政府的部门设置非常稳定，截至2022年7月底，只做了3次调整：一是自2002年11月1日起，撤销道路和交通部，将经济部改称“经济和通信部”（Majandus - ja Kommunikatsiooniministeerium），管理范围增加原道路和交通部的职能；二是2003年1月1日起，将教育部改称“科学和教育部”（Haridus - ja Teadusministeerium，简称“科教部”）；三是2015年9月1日起，将农业部改称“农村事务部”（Maaeluministeerium）。综上，目前爱沙尼亚政府由11个部组成：经济和通信部、科学和教育部、司法部、国防部、环境部、文化部、农村事务部、财政部、内政部、社会事务部、外交部。

这里有必要说明的是，爱沙尼亚政府的部长职位设置有其特点，不仅包括11名政府部长，还包括若干名“**专设部长**”——他们的职务名称并未与政府部门对应，与政府部长共同管理一个或多个部。根据《共和国政府组织法》第5条“共和国政府和部长的任命”，总理候选人获得议会的组阁授权后，应当提交部长名单及其职责清单，供总统批准。这份清单应当反映本届政府的政治优先事项和有效治理需要，可以在《共和国政府组织法》确定的11个部之外，设立新的部长职务，管理一个或多个部（包括一个部的部分职责），而政府并无与该部长名称对应的部，所以称其为“专设部长”。例如，在

2021 年 1 月 26 日成立的由卡娅·卡拉斯（Kaja Kallas）任总理的本届政府中，共有 4 名专设部长：首席部长“**企业和信息技术部长**”（Ettevõtlus - ja infotehnoloogiaminister），其职责非常广泛，包括贸易、服务、产品安全、工商业发展、出口、投资、技术、创新、旅游、计量、标准化、消费者保护、信息、邮政等领域，负责指导经济和通信部，以及外交部有关外贸的司局，还有国家信息系统局、爱沙尼亚标准化和认证中心等十余个机构，并在欧盟外交事务委员会中代表爱沙尼亚处理外贸事务。长期以来，企业和信息技术部长（2015 年之前是“企业部长”，Ettevõtlusminister）均被列为爱沙尼亚政府的首席部长，体现了对工商业和信息技术的重视。此外，列第 8 位的“经济和基础设施部长”（Majandus - ja taristuminister），职责包括能源、住房、建筑、运输等领域，负责在上述职责范围内指导经济和通信部，并分管交通局、地质调查局，以及交通领域的国有企业。列第 10 位的“公共行政部长”（Riigihalduse minister），负责地方政府事务、协调区域发展、公共服务等事务，指导财政部。列第 12 位的“社会保障部长”（Sotsiaalkaitseminister），负责社会保障、家庭与人口、男女平等、儿童、残疾人等事务，在其职责范围内指导社会事务部。列第 13 位的“卫生和劳工部长”（Tervise - ja tööminister），负责公共卫生、医疗保健、健康保险、就业等事项，在其职责范围内指导社会事务部[①]。

这样，本届政府共包括 10 名政府部长和 4 名专设部长，有的专设部长分管 1 个部，有的分管多个部（包括一个部的部分职能），还有 2 名专设部长分管同一个部的不同领域事务——如企业和信息技术部长、经济和基础设施部长，同时分管经济和通信部（未再设经济和通信部部长，所以政府部长是 10 名，而不是 11 名）。为了协调政府部长与专设部长，以及专设部长之间的关系，在每届政府成立后发布的《部长职权和职责领域》中，均会规定，“如果一个部由两名部长领导，共同职责范围内的事项应当共同决定。”这种政治制度，主要是为了照顾执政联盟中各党的利益，尤其是为参加执政联盟的小党提供内阁部长席位，显然有叠床架屋之嫌，不利于提高行政效率。但是，专设部长代表执政党或执政联盟的政策，可以凸显每届政府的治理优先事项，也具有符合国情的某种优势，本书不做进一步讨论，期待政治学者洞悉这一制度的运行机制，进行深入研究。

根据 1996 年《共和国政府组织法》第 66 条，内政部的职责是“保障国家内部安全和公共秩序，守卫和保护国界，组织有关民防和消防救援、地方政府和地区发展、公民

---

① 2021 年 1 月 27 日新一届爱沙尼亚政府成立，总理府通过第 8 号令《部门职权和部长职责》（Ministrite pädevus ministeeriumi juhtimisel ja ministrite vastutusvaldkonnad, RT III, 29. 01. 2021, 1）。https://www.riigiteataja.ee/akt/329012021001。

和移民、宗教管理的事务”。当时，内政部负责管理5个局：安全警察局（Kaitsepolitseiamet）、公民和移民局（Kodakondsus－ja Migratsiooniamet）、边防局（Piirivalveamet）、警察局（Politseiamet）和救援局（Päästeamet）。1996年、1999年、2004年和2012年，爱沙尼亚政府分别通过了《内政部章程》（*Siseministeeriumi põhimäärus*），根据2022年8月26日修订后的现行章程[①]，内政部共设救援和安全政策司等17个司，管理安全警察局、警察和边防局（Politsei－ja Piirivalveamet，2010年由公民和移民局、边防局、警察局合并组建）和救援局、报警中心、内政学院等国家机构，除部长、常务副部长外，设4名副部长，组织架构如图2－9所示[②]。表2－3是作者整理的1991年以来，内政部在消防救援领域的职责变迁过程。需要说明的是，救援局属于可以直接对外的部门管理的国家机构，而政策发展司（1996年）、内部安全政策司（1999年）、救援和安全政策司（2021年）等属于内政部的内设机构，只负责制定相关政策，不可直接对外。

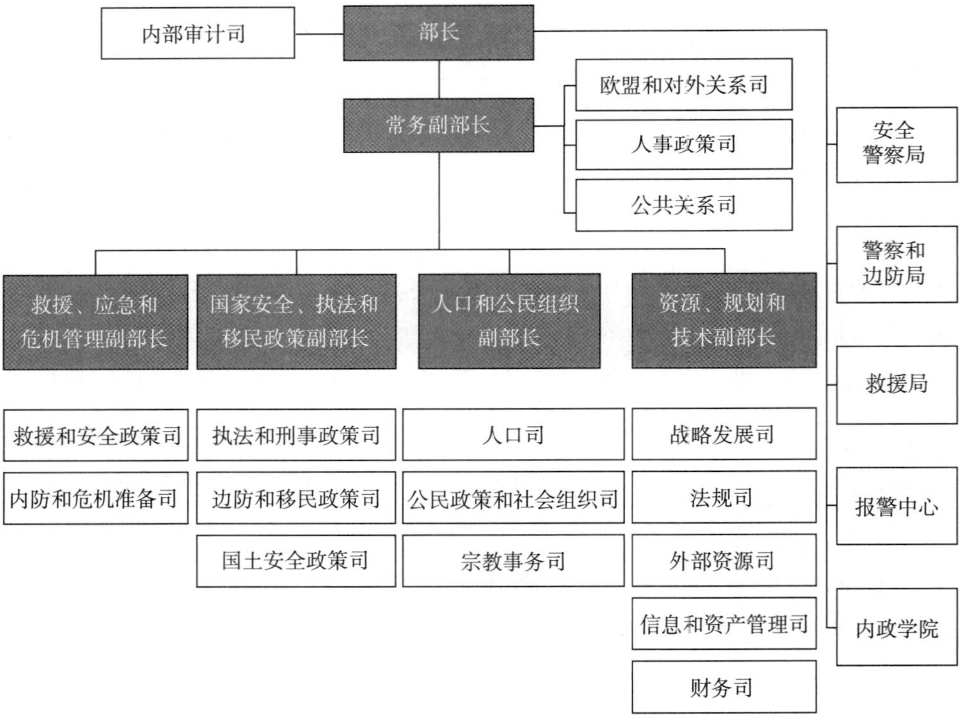

图2－9　内政部组织架构

① 《内政部章程》（RT I，05. 06. 2012，4），https：//www. riigiteataja. ee/akt/127082022007。
② 内政部，https：//www. siseministeerium. ee/ministeerium－ja－kontaktid/koik－kontaktid。

表 2－3　内政部有关消防救援职责的变迁（1991—2022 年）

时间	与消防救援有关的职责
1991 年	没有与消防救援有关的具体内容
1996 年	将民防和消防救援归为一类，包括以下职责： （1）指导、协调和组织收集处理分析重大事故信息，开展重大事故预防、预警和应对工作 （2）指导、协调和组织制定民防和消防救援领域的政策和发展规划 （3）指导、协调和组织民防、消防和救援领域报警、通信和监测系统的规划和开发 （4）指导、协调和组织制定应对危机状态的国家预案，确定危机管理体系职能 （5）指导、协调和组织开发并提供民防、救援设备和防护装备 （6）指导、协调地方政府和国家机构开展民防领域的培训 **注：**内政部设分管警察、边防和救援领域的副部长
1999 年	仍纳入民防和消防救援领域，删除了 1996 年职责的第 2 项，其他项目调整顺序： （1）指导、协调和组织收集处理分析重大事故信息，开展重大事故预防、预警和应对工作 （2）指导、协调和组织制定应对危机状态的国家预案，确定危机管理体系职能 （3）指导、协调和组织民防、消防和救援领域报警、通信和监测系统的规划和开发 （4）指导、协调和组织开发并提供民防、救援设备和防护装备 （5）指导、协调地方政府和国家机构开展民防领域的培训 **注：**（1）内部安全分析司、内部安全政策司，分别负责民防和消防救援领域的形势分析和规划编制、组织协调工作 （2）由负责内部安全领域的副部长分管
2004 年	将危机管理、国家储备与消防救援归为一类，删除了 1999 年职责的第 4 项，增加第 5 项： （1）指导、协调和组织收集处理分析重大事故信息，开展重大事故预防、预警和应对工作 （2）指导、协调和组织制定应对危机状态的国家预案，确定危机管理体系职能 （3）指导、协调和组织民防、消防和救援领域报警、通信和监测系统的规划和开发 （4）指导、协调和组织开发并提供民防领域的培训 （5）协调与国家储备有关的活动 **注：**（1）内政部政策中不再提及“民防”，内部安全分析司、内部安全政策司，分别负责救援和危机管理领域的形势分析和规划编制、组织协调工作 （2）由负责内部安全领域的副部长分管

续 表

时间	与消防救援有关的职责
2012 年 （2021 修订）	（1）救援领域：制定有关预防、救援、排爆、海上救援、消防安全监督的政策，指导和协调相关政府机构的活动并进行监督 （2）紧急报警领域、求助信息服务领域：制定有关紧急报警和求助信息服务的政策，指导和协调有关政府机构的活动并进行监督 注：（1）2021 年 7 月 1 日起，危机管理职能由内政部调整至总理府，内政部主管救援领域的“救援和危机管理政策司”改称“救援和安全政策司”，同年 9 月 1 日增设内防和危机准备司，负责内政部职责范围内的危机应对和内部防御准备，确保态势感知和分析能力，协调部内相关机构开展危机准备工作 （2）2012 年内政部专设负责救援领域的副部长，目前由负责救援、应急和危机管理的副部长分管

6.3.1.2 《重组消防救援机构的决定》（1996 年）

将消防救援事权完全赋予县市政府后，由于事权与财权不匹配，导致分散设置的县市救援机构普遍出现各行其是、各自为政、重复低效等问题。根据《共和国政府组织法》第 43 条第（3）和（5）款，以及《消防救援法》第 5 条关于“国家消防救援机构由共和国政府建立，或者按照共和国政府规定的程序设立”的规定，1996 年 6 月 10 日，爱沙尼亚政府通过《重组消防救援机构的决定》[①]，决定自 7 月 1 日起，将哈留、希尤、东维鲁、约格瓦、莱内、西维鲁、珀尔瓦、拉普拉、萨雷、瓦尔加、维尔扬迪和沃鲁 12 个县的救援局改组为由县政府管理的国家机构，其章程由县长批准。其他 3 个县（耶尔瓦、派尔努、塔尔图）的县级救援机构继续运行了几年，直到 1998 年 2 月 25 日，议会通过《〈消防救援法〉修正案和补充法》，救援服务成为最后一项由县政府协调的国家事权。当年，塔尔图县救援局与县服务局合并，1999 年，派尔努和耶尔瓦实现了类似合并。

根据 1996 年通过的《重组消防救援机构的决定》，县级救援局的机构属性从 1992 年的“**地方政府机构**”调整为“**县政府管理的国家机构**”，体现了这一阶段爱沙尼亚对消防救援事权定位的再认识——从地方事权，向地方事权与中央事权相结合过渡——这次调整，整合了各地分散管理的消防救援机构，对爱沙尼亚消防救援事业发展，尤其是国家综合救援体系的构建，具有重要意义。

6.3.1.3 《应急状态法》与《紧急状态法》（1996 年）

1996 年 1 月 29 日起施行的《应急状态法》《紧急状态法》，共同构建了针对“应急状态”“紧急状态”的差异化应对体系——《应急状态法》适用于自然灾害、事故灾

① 《重组消防救援机构的决定》（RT I 1996，45，858），https：//www.riigiteataja.ee/akt/25126。

难、传染病疫情，《紧急状态法》适用于对宪法秩序的威胁。这两部法律的出台，落实了 1992 年宪法对“应急状态”“紧急状态”的划分，1996 年也成为爱沙尼亚构建应急管理体系的重要起点。相关内容详见第六章。

《应急状态法》是恢复独立初期，继《民防法》之后，在应急管理领域出台的又一部重要法律。《应急状态法》在第一章总则部分，给出了“**救援工作**”（Päästetööd）的定义：“就本法而言，救援工作是指：1）发生自然灾害或事故灾难时，开展的应急救援和恢复工作；2）防止传染病传播的工作；3）发生自然灾害、事故灾难或者为防止传染病疫情时，向受影响人员提供的援助。”1996 年 6 月 26 日，议会修订《共和国政府组织法》，相应修正《消防救援法》等有关法律[①]，基本保持了 1994 年《消防救援法》对“**消防救援工作**”的界定——由消防监督和灭火救援构成。由上述定义可见，在这一阶段，“救援工作”是一个范畴更广的概念，应对的是包括自然灾害、事故灾难和传染病疫情的“应急状态”；“消防救援工作”则是一个从属概念，是民防体系的组织部分（1994 年《消防救援法》第 2 条规定），应对的是自然灾害、事故灾难，不包括传染病疫情。

6.3.1.4 重组现役救援队伍

根据 1991 年 12 月 4 日通过的《爱沙尼亚综合救援服务框架》，1992 年 1 月 21 日，按照爱沙尼亚政府的指示，国防军参谋部和救援局组建了现役体制的塔林救援管理队和耶维救援支队，当年征召了 30 名新兵。此前相关的准备工作已经启动，1991 年 12 月 9 日，救援局局长哈里·海因前往国防军介绍了现役救援队的职责任务，并招募了一批军官转入救援局。塔林救援管理队的前身，是苏联时期现役体制的塔林消防队，承担首都塔林及周边地区的灭火救援和消防监督职责。

1996 年 3 月 12 日，爱沙尼亚政府发布《重组现役救援队伍》[②] 的命令，决定自 5 月 1 日起重组现役救援队伍，成立现役体制的耶维综合救援队（Jõhvi Üksik - Päästekompanii，实际成立时间是 1996 年 6 月 30 日），塔尔图综合救援队（Tartu Üksik - Päästekompanii，实际成立时间是 1996 年 12 月 3 日），此前稍早的 3 月 10 日，塔林救援管理队更名为塔林综合救援队（Tallinna Üksik - Päästekompanii）。上述 3 支现役救援队伍的法律地位是“国家救援局管理的国家机构”（Riigi Päästeameti hallatavad riigiasutused），直接隶属爱沙尼亚救援局。

1996 年 4 月 30 日，根据《共和国政府组织法》第 43 条第（5）款“政府机构管理

---

① 《〈共和国政府组织法〉和相关立法修正案》（RT I 1996, 49, 953），https://www.riigiteataja.ee/akt/31294。

② 《重组现役救援队伍》（RT I 1996, 20, 373），https://www.riigiteataja.ee/akt/12972773。

的国家机构的章程，应当由共和国政府、部长、国务秘书或县长批准”的授权，以及《重组现役救援队伍》规定，内政部批准耶维、塔林、塔尔图综合救援队的章程①，自6月1日起生效。根据章程规定，3支综合救援队继续按照《国防服役法》的程序征招新兵，并可根据需要配备公务员和辅助职员，现役军官、士官、义务兵穿着陆军制服。3支综合救援队的队长由救援局局长任免，行使国防军营级指挥员的内部管理权限，有权授予所属士兵军衔。每个救援队均设有以下机构：队部、救援分队、消防救援分队、辐射和化学防护分队、排爆分队、新兵连、车辆维修分队、后勤分队、通信分队和财务室、医务室。1996年10月，耶维综合救援队驻地调整，移至塔林至圣彼得堡公路途经的科赫特拉－耶尔韦，但队名仍然保持不变。

根据章程规定，这3支综合救援队是“实行军事化管理的武装性质的国家机构，在内政部职责范围内工作，接受救援局管理；国家进入战争状态时移交国防军指挥”，主要职责是“履行应急救援职责，在发生事故、灾难和其他灾害时抢救人员，并负责排爆工作”。具体工作任务包括：

（1）排除爆炸物；

（2）消除自然灾害后果；

（3）参与搜寻和运输放射性辐射源，消除建筑、土地和其他物体的放射性沾染；

（4）搜寻并消除危险化学品事故后果；

（5）参与扑救森林、沼泽等火灾；

（6）参与消除环境污染和生态事故后果；

（7）搜救遇险被困人员和财产，为受害者提供急救；

（8）参与搜寻野外迷路、失踪人员；

（9）参与消除交通事故后果和救助受害人员；

（10）参与事故现场的监视看护；

（11）发生传染病疫情时，协助卫生和兽医部门实施检疫；

（12）训练并使用搜救犬，探测爆炸装置、搜寻失踪人员；

（13）开展新兵训练；

（14）维护国家战略储备物资；

（15）根据内政部部长的命令，协助警察维护公共秩序；

（16）与地方政府、其他救援机构、警察、国防军、国防联盟和边防部队合作，以履行职责；

---

① 《批准现役救援队伍章程》（RTL 1998，220/221，876），https：//www. riigiteataja. ee/akt/12972773。

（17）参加国防军组织的活动和军事演习，与驻地国防军部队联合开展训练。

耶维综合救援队负责东部救援区（包括东维鲁县、西维鲁县），塔林综合救援队负责北部和西部救援区（包括哈留县、耶尔瓦县、拉普拉县、莱内县、派尔努县、萨雷县、希尤县），塔尔图综合救援队负责南部救援区（包括塔尔图县、沃鲁县、珀尔瓦县、瓦尔加县、维尔扬迪县和约格瓦县）。3 支综合救援队同时接受救援局和责任区内各县救援局所属报警中心的调度。救援局可以根据需要，跨区域调派这 3 支队伍实施救援。

根据 2001 年 1 月 1 日生效的《国家救援机构的设置及其装备、资料和工作组织要求》①，3 支现役综合救援队配备以下装备：消防救援主战车、水罐消防车、森林消防车、自装卸式保障车（医疗器械模块、森林消防模块）、机动泵、伐木装备、空气呼吸器、防化装备、油污清除装备、山地和滑坡搜救装备，以及其他专用装备器材。接到出动指令后，20 人一组的分队应当在 30 min 内携带相应装备器材出动，全队应当在 1 h 内全员全装出动。

6.3.2　《消防救援法》修订为《救援法》

随着国家救援体系的初步建立，1994 年《消防救援法》的立法缺陷逐渐显现——只是规定消防救援工作由国家和地方政府共同承担，但没有进行明确的职责（事权）分工。在 1996 年局部微调的基础上，1998 年，议会全面修订《消防救援法》，主要目的就是明确国家和地方政府在救援领域的职责任务，也就是划分国家、地方在救援领域的事权。

6.3.2.1　《救援法》（1998 年）

1998 年 2 月 25 日，议会通过《〈消防救援法〉修正案和补充法》②，全面修订《消防救援法》并更名为《救援法》。虽然在几年前立法时，由于多数意见坚决不同意弃用“消防”一词，所以采用了《消防救援法》的法律名称，但这次修订，还是将《消防救援法》改为了《救援法》。从感情上讲，原来的消防人员肯定难以接受“去消防化”的表象，但从本质上看，这次修改法律名称，以及总则中对“民防”概念的淡化，不仅延续了 1991 年《爱沙尼亚综合救援服务框架》，贯彻了整合消防与民防力量、统一救援队伍的改革思路，更体现了爱沙尼亚政府全面构建综合救援体系建设的坚定决心。

需要强调的是，虽然法律名称中删除了“消防”，但《救援法》仍全面涵盖有关消防安全和火灾扑救的内容，条文中也仍然将“消防”“救援”（tuletõrje - ja pääste）并列

---

① 《国家救援机构的设置及其装备、资料和工作组织要求》（RT I 2000，104，686），https：//www. riigiteataja. ee/akt/26693。

② 《〈消防救援法〉修正案和补充法》（RT I 1998，28，355），https：//www. riigiteataja. ee/akt/74890。

使用。例如，修改后的《救援法》第3条规定“就本法而言，消防救援工作是指：（1）监督执行消防安全法律法规，实施国家消防安全监督；（2）发生火灾、自然灾害、事故灾难、爆炸，交通事故和其他事故时，为保护人员、财产和环境而进行的工作，以及消除事故危害和排爆工作”。此外，1998年修订时删除了1994年《消防救援法》第2条关于“消防救援是国家民防体系组成部分”的规定，从而将1997年修订《救援局章程》时，将民防和消防救援并立的思路，用法律的形式予以固化。

1998年《救援法》延续了1994年《消防救援法》的定位，具有消防救援（包括消防安全监督）业务专门法和消防救援队伍组织法的双重特色，并重点突出了消防救援力量体系（第二章“消防救援组织”）、灭火救援组织指挥和职责划分（第三章“灭火救援工作”）、火灾预防的部门职责和监督检查（第四章“消防安全要求”和第五章“消防监督”）、消防教育培训（第六章“培训”）、消防救援人员的社会保障（第九章“社会保障”）等方面的内容。

需要强调的是，1998年《救援法》细化了有关救援力量体系的规定，新增第4^1条“国家救援机构”和第4^2条“现役救援机构”，规定国家救援机构包括三方面的力量：救援局、现役救援队伍、县政府管理的救援机构，并明确了现役救援队伍的管理制度。第9条“国家和地方政府的消防救援人员”明确了消防救援人员的范围：除国家和地方政府救援机构从事消防救援工作的人员外，也包括内政学院救援系和维克－马里救援学校救援专业的教职人员。

第9条新增第（2）款“内政部部长应当制定消防救援人员的职级和职务清单”，从而为规范统一消防救援人员的职级和职务（ameti－ja kutsenimetuste）称谓提供了法律依据。根据上述规定，1998年10月1日《消防救援人员职级》生效，分别规定了救援局、县政府救援机构、地方政府救援机构，以及内政学院、维克－马里救援学校消防救援人员的职级系列。

6.3.2.2 《救援法》再次修订（2000年、2004年）

2000年5月30日议会通过《〈救援法〉修正案》①，自10月1日起生效。本次修订的重点：一是将排爆纳入消防救援工作范畴，就规范灭火救援行动规程、救援站布局提出要求；二是构建了对消防安全重点单位定期进行“全覆盖”检查的监督模式，细化了消防安全重点单位的责任；三是完善了消防救援人员管理制度，就消防救援人员的教育程度、身体素质、培训等提出要求。

首先，调整“消防救援工作”的范畴。在国家消防监督、灭火救援基础上，增加排

① 《〈救援法〉修正案》（RT I 2000，50，316），https：//www.riigiteataja.ee/akt/72102。

爆工作（demineerimistöö）并调整顺序，将灭火救援列为首要职责，其次是排爆，最后是国家消防监督。调整后，消防救援工作包括："（1）灭火救援：发生火灾、自然灾害、事故灾难、爆炸、交通事故和其他事故时开展的工作；（2）排爆工作：搜寻和销毁爆炸物，消除爆炸威胁，对爆炸物进行技术处理；（3）国家消防监督：监督执行消防安全法规。"随着消防救援范畴拓展，相应将《救援法》第三章的名称从"灭火救援工作"修改为"灭火救援和排爆工作"。此外，内政部根据修订后《救援法》第13条关于制定灭火救援行动规程、出动程序、救援站布局的要求，于2000年至2001年，先后发布《灭火救援行动规程》《烟区灭火救援规程》《灭火救援记录规程》《国家救援机构队站选址》4部规章①。

其次，构建了对消防安全重点单位定期进行"全覆盖"检查的监督模式。1994年《消防救援法》第五章"消防监督"的内容非常简单，只有3条（第26条是国家消防监督的主体，第27条是消防监督人员的权力，第28条是消防监督的程序），1996年、1998年修订时也只做微调。2000年《救援法》修订时，为突出消防监督的国家事权属性，将章名改为"国家消防安全监督"，同时新增第28^1条至28^7条，重构了全章体系和内容，规定凡是纳入内政部确定范围的建筑和场所，其业主必须编制《消防安全管理手册》，并履行相应的消防安全职责，救援机构每年对其进行不少于一次消防监督检查。作为配套措施，2000年8月2日，内政部批准《救援机构每年至少进行一次消防安全检查的对象清单》，将19类危险性较大、重要性较高，容易发生重大伤亡、火灾扑救难度大的建筑和场所列入清单。此后，该清单分别于2003年、2006年和2008年修订，2010年随着《消防安全法》生效，全面建立消防安全自查制度和基于风险的消防监督新模式，该清单被废止。

此外，2000年《救援法》以"消防安全要求"（Tuleohutusnõuded，确保场所和建筑以及活动和设备消防安全的技术和管理措施，以及对灭火救援装备的要求）取代了之前的"强制性消防安全要求"，第25条第（2）款提出"火灾报警、自动灭火系统设计、安装、维护以及灭火器检查和维修，应当由取得认证证书的机构承担"的要求。同时，《救援法》新增第10^1章"对法人的行政处罚"，明确了法人单位逾期不执行《责令整改通知》《责令停止使用（举办活动）决定》，以及消防救援设备设计、安装、检查和维

① 《灭火救援行动规程》（*Tulekustutus－ja päästetööde üldeeskiri*，RTL 2000，32，433），https：//www.riigiteataja.ee/akt/81851；《烟区灭火救援规程》（*Tulekustutus－ja päästetööde suitsusukeldumise eeskiri*，RTL 2000，32，434），https：//www.riigiteataja.ee/akt/26238；《灭火救援记录规程》（*Tulekustutus － ja päästemeeskondade sündmuskohale väljasõitude ja sündmuste arvestuse kord*，RTL 2000，118，1838），https：//www.riigiteataja.ee/akt/83674；《国家救援机构队站选址》（*Riigi päästeasutuste struktuuriüksuste paiknemine*，RTL 2001，5，64），https：//www.riigiteataja.ee/akt/26725。

护不符合要求的，最高处以5万克朗的罚款。相关内容详见第四章第一节。

第三，2000年《救援法》完善了消防救援人员管理制度。在1998年《救援法》第一章第9条“国家和地方政府消防救援人员”和第六章“培训”的基础上，重新编写第六章“消防救援人员及其培训”，明确了消防救援人员的范围——包括国家和地方政府救援机构的工作人员、内政学院救援学院以及维克-马里救援学校的教职人员（第29条），并就消防救援人员的教育程度和身体素质（第30条）、职业资格（第30^1条）、编配数量（第30^2条）、制服（第30^3条）、培训（第30^4条）等提出了要求。从内容看，本章就是未来《救援组织法》（2008年）的雏形。

此后《救援法》又经多次修订，其中2004年6月28日对《救援法》《危急事件准备法》等8部法律进行修订①，将“消防救援工作”（tuletõrje - ja päästetööd）、“灭火救援工作”（tulekustutus - ja päästetööd）统一改为“救援工作”（päästeala tööd），将“消防救援领域”（tuletõrje - ja päästeala）改为“救援领域”（päästeala），将“消防救援人员”（tuletõrje - ja päästetöötaja）改为“救援人员”（päästeteenistuja）。同年7月15日内政部对《救援局章程》等10部规章进行相应的一揽子修订（2004年7月1日起生效）②；12月16日爱沙尼亚政府对7部行政法规进行相应的一揽子修订（自2005年1月1日起生效）③，包括删除《特种车辆的清单、标识和通行规则》中的“消防车”（tuletõrje sõiduk），只保留“救援车”（päästesõiduk）。此后，除《消防安全法》等法律法规使用“消防安全”（tuleohutus）之外，在相关法律法规中，很少使用表示通用概念的“消防”（tuletõrje）一词。

6.3.3 救援局职能定位的发展

1996—2006年，在消防救援从地方事权为主，向中央事权和地方事权相结合的过渡过程中，救援局的职能进一步拓展，从民防和消防救援，改为救援、消防监督、灾害预防、受理报警求助、危机管理、排爆等6个方面，定位更偏重于宏观政策的顶层设计、协调沟通和监督指导，标志是内政部对《救援局章程》进行的3次调整（1997年、2001年和2004年），这十年间救援局职能定位的渐进发展，为未来构建救援局统一管理的国家救援力量体系，奠定了重要基础。

---

① 修订《救援法》《危急事件准备法》等8部法律的决定（RT I 2004，54，390），https：//www. riigiteataja. ee/akt/778895。

② 《关于修改内政部规章的决定》（RT L 2004，100，1599），https：//www. riigiteataja. ee/akt/782485。

③ 《修订与〈救援法〉有关的共和国政府法规》（RT I 2004，86，591），https：//www. riigiteataja. ee/akt/828549。

6.3.3.1　划分民防和消防救援职责（1997 年）

1997 年 5 月，修订后的《救援局章程》《救援局机构设置和人员编制》生效[①]。新章程在 1996 年《重组消防救援机构的决定》调整县级救援机构属性的背景下，明确救援局是“内政部管理的政府机构，在民防和消防救援领域依法履行管理职能，行使国家监督权、行政强制权，并管理现役救援机构”。同时，将民防和消防救援明确为救援局并列的两类职责（而非 1994 年《消防救援法》第 2 条规定的“消防救援是国家民防体系的组成部分”），并分别列出了救援局在民防和消防救援领域的职责任务。

在民防领域，救援局的职责任务是：

（1）制定国家民防事业发展规划；

（2）收集、处理和分析危急事件信息，提出预防、预警和消除危急事件的建议；

（3）保障危机管理工作的组织实施；

（4）协调制定国家和地方的危机管理预案并组织实施；

（5）就民防领域报警、通信和预警系统的规划建设提出建议；

（6）起草民防领域的法律法规和标准规范草案；

（7）组织实施民防领域的综合监督；

（8）就民防领域救援和防护装备配备，以及自然灾害和事故应急储备物资种类、数量提出建议；

（9）协调地方政府和国家机构在民防领域的行动；

（10）规划和实施国家和地方的民防演习和培训；

（11）就消防救援机构与国防军的合作提出建议；

（12）组织民防领域的培训和在职培训；

（13）组织民防领域的国际合作。

在消防救援领域，救援局的职责任务是：

（1）制定国家消防救援事业发展规划；

（2）制定应对重大灾害事故和消除后果的预案，并就制定具体实施计划，向县级消防救援机构提出建议；

（3）规划和实施消防救援领域的通信和信息系统建设；

（4）发生重大事故时，指导和协调救援工作；

（5）起草消防救援领域的法律法规和标准规范草案；

① 《批准救援局章程》（RTL 1997，62，344），https：//www.riigiteataja.ee/akt/34542；《批准救援局的机构设置和人员编制》（RTL 1997，73，421），https：//www.riigiteataja.ee/akt/32927。

（6）组织实施国家消防监督；

（7）组织商品、产品的消防安全和救援要求认证；

（8）检查消防救援机构的执勤战备情况；

（9）组织实施排爆工作；

（10）制定采购消防救援装备的基本原则和标准；

（11）组织消防救援装备政府采购，就消防救援装备物资的采购，向县级消防救援机构提出建议；

（12）确保所属现役救援机构随时处于战备状态；

（13）计划、准备和实施国家和地方的救援演习；

（14）提出消防救援职业教育培训建议，组织职业培训和在职培训。

根据 1997 年《救援局章程》，救援局负责管理现役救援机构（第 8 条），由救援局局长对现役救援人员提出授予相应军衔的建议（除义务兵外，其他人员由国防军授衔）。救援局局长，由内政部部长根据常务副部长的提名任免；县级消防救援机构的负责人，由救援局局长任命——上述任命程序，也体现了中央政府对地方消防救援事务的直接管理和介入。

根据《救援局机构设置和人员编制》，救援局编制 177 人，包括管理层 5 人（局长 1 名，分管民防事务和救援工作的副局长各 1 名，顾问 2 名），下设机构 8 个：勤务处（10 人）、信息通信处（25 人）、发展和监督处（13 人）、危机管理处（7 人）、现役救援机构管理处（20 人）、预算和财务处（7 人）、行政处（75 人）、技术研究中心（15 人）。

6.3.3.2　从“民防”到“危机管理”（2001 年）

2001 年 1 月 1 日《危急事件准备法》施行，1992 年《民防法》同时废止，“民防”（kodanikukaitse）的概念逐渐淡化，“危机管理”（kriisireguleerimise）成为出现频率渐高的词语。在这一背景下，2001 年 3 月 23 日，内政部再次修订《救援局章程》《救援局机构设置和人员编制》[①]，《救援局章程》第 1 条即明确规定“救援局是内政部所属的政府机构，承担危机管理和消防救援职能，依法行使国家监督权和行政强制权”。——用“危机管理”代替了 1997 年章程中的“民防”。新版规章围绕“危机管理”和“消防救援”这两方面职责，列出了救援局的 30 项工作任务：

（1）参与制定国家总体危机管理政策；

---

① 《救援局章程》（Päästeameti põhimäärus，RTL 2001，43，599），https：//www. riigiteataja. ee/akt/84983；《救援局机构设置和人员编制》（Päästeameti struktuur ja teenistujate koosseis，RTL 2001，43，600），https：//www. riigiteataja. ee/akt/84984。

（2）为县政府制定危机管理预案和进行风险分析提供建议；

（3）对政府各部、总理府和县政府的危机管理预案提出意见；

（4）对政府各部、县政府编制的风险分析摘要提出意见；

（5）对通信和预警系统的规划建设提出建议；

（6）收集、处理和分析危急事件相关信息，并就危急事件的预防、预警和消除提出建议；

（7）参与国家危机管理演练的规划、准备和实施；

（8）组织对国家和地方政府官员开展危机管理培训；

（9）协调组织在高等院校开展危机管理教学；

（10）组织实施危机管理领域的综合监督；

（11）参与国际合作框架内的危机管理规划工作；

（12）制定消防救援领域的国家发展规划和项目；

（13）制定应对重大事故和消除直接后果的行动预案，并就制定行动预案向县级救援机构提供建议；

（14）规划和实施消防救援领域的通信和信息系统建设；

（15）管理协调重大事故的救援工作；

（16）组织实施国家消防安全监督工作；

（17）检查救援机构的备勤情况；

（18）组织实施排爆工作；

（19）制定采购消防救援装备的基本原则和标准；

（20）组织采购消防救援装备，就消防救援装备物资的采购向救援机构提出建议；

（21）确保救援局管理的现役救援机构随时处于战备状态；

（22）计划、准备和实施国家和地方的救援演习；

（23）提出消防救援职业教育培训建议，组织职业培训和在职培训。

（24）受理事故报警，协调和组织各个报警中心的工作，协调组织信息处理和通信保障；

（25）规划和协调救援机构与警察和急救机构的合作；

（26）协调救援机构参与急救和灾害医学活动并开展培训，参与起草相关标准规范和立法草案；

（27）编制救援局和救援领域公共投资的预案草案，并分析相关建议；

（28）制定危机管理、消防救援领域的立法草案，起草相关标准规范；

（29）必要时，向公众和媒体通报可能危及人员生命健康和财产安全的危险，并组织讲解应对危险情况的方法；

（30）向公众和媒体提供救援局及其所属机构开展工作的情况。

根据2001年章程和编制表，救援局编制203人，领导层5人，内设13个机构：监督和规划处（9人）、危机管理处（5人）、财务处（6人）、后勤处（39人）、勤务处（12人）、报警中心处（80人，包括北部报警中心73人）、现役救援机构管理处（25人，包括排爆中心18人）、外事办公室（4人）、培训处（4人）、行政处（3人）、人事处（3人）、公共关系办公室（4人）、信息技术办公室（4人）。需要注意的是，2001年，报警中心处首次成为救援局的内设机构，其职责包括“协调和组织各报警中心接收、处理和传输灾害事故报警；组织各报警中心调派消防救援、急救，以及其他紧急服务机构赶赴现场；确保救援局及其下属机构的通信联络”。随着报警中心业务专门管理机构的建立，1991年《爱沙尼亚综合救援服务框架》关于建立区域救援“通信指挥中心（报警中心）”的规划得以实施。1996年7月起，救援局开始统筹县级报警中心的建设，2001年上半年至2002年初，为解决各县分散设立报警中心的重复建设问题，内政部整合各县级报警中心，成立由救援局管理的4个区域报警中心，其中，首都塔林所在的北部报警中心直属救援局机关。

6.3.3.3 救援局职能的拓展（2005年）

2005年1月1日，再次修订的《救援局章程》和《救援局机构编制设置和人员编制》生效[①]。本次修订的背景，一是各县成立县级救援机构，内政部同步批准15个县级救援机构的章程和编制，自2005年1月1日起与新修订的救援局章程同时生效，县级救援机构的定位是“救援局的地方执行机构”；二是成立救援局管理的报警中心（Häirekeskus），根据2005年1月1日生效的《报警中心章程》，报警中心下设开发培训部、技术部，并统一管理东、西、南、北共4个区域报警中心。2005年1月1日，是爱沙尼亚救援体系建设的重要时间节点之一，形成了由救援局统一管理各个县级救援机构、现役救援机构和报警中心（及其4个区域报警中心）的体系架构。

2004年《救援局章程》细化了救援局的职责范围，从2001年章程中的“危机管理”和“消防救援”两方面职责，拓展到6个方面：（1）救援工作；（2）国家消防安全监督；（3）消防安全和救援领域的预防工作；（4）受理紧急报警、下达救援指令；（5）危机管理；（6）排爆工作。围绕上述职责，重新梳理了救援局的29项工作任务：

---

① 《救援局章程》（RTL 2004，160，2410），https：//www. riigiteataja. ee/akt/831478；《救援局机构设置和人员编制》（PRTL 2005，2，8），https：//www. riigiteataja. ee/akt/833248。

（1）分析救援领域形势、发展救援事业；

（2）指导和协调救援工作；

（3）组织实施救援领域的国家消防安全监督；

（4）制定救援领域预防工作的重点和国家行动规划；

（5）协调履行法律法规赋予报警中心的职责；

（6）组织救援领域的危机管理工作；

（7）组织实施排爆工作；

（8）制定安全监管领域的技术标准，按照权限开展相应的立法工作；

（9）会同其他机构开展化学品安全领域的工作；

（10）监督检查救援机构的备勤情况；

（11）与其他机构和组织合作，协调救援机构的工作；

（12）参与制定和实施国家、国际危机管理政策；

（13）向内政部提供风险分析、编制危机管理预案和建立预警系统的意见；

（14）就危机管理向县政府提供建议，协调与非营利组织在危机管理领域的合作；

（15）监督各县编制风险分析报告和危机管理预案；

（16）收集、分析和报送可能导致危急事件的国内外信息；

（17）参与组织危机管理领域的培训；

（18）参与规划、准备和实施危机管理领域的演练；

（19）编写救援领域的法规和标准草案；

（20）制定或参与制定国家在救援领域的发展规划；

（21）规划和实施救援领域的通信和信息系统建设；

（22）组织采购救援装备；

（23）向公众通报救援领域的工作和救援机构的其他活动；

（24）组织向公众通报危急事件的信息；

（25）组织将预防工作全面纳入救援领域的各项职责，协调救援领域的相关组织、机构共同开展预防工作；

（26）开发预防工作所需的材料、方法，编制师资培训方案；

（27）确保救援局管理的现役救援机构随时处于战备状态；

（28）通过救援学院，协调组织救援领域的高等教育和职业教育，组织职业培训和在职培训；

（29）编制救援局的预算草案。

上述工作任务，并不是对2001年章程有关内容的简单延续，而是基于6个方面的职责，进行了全面调整，可归纳为5类：一是救援领域和救援事业发展宏观政策方面（第1、8、12、19、20项），二是对履行主要职责的工作指导方面（第2、3、4、5、6、7项），三是横向和纵向的协调、指导方面（第9、11、14、15、25项），四是救援局本级承担的具体工作方面（第13、16、17、18、21、22、23、24、26、28、29项），五是救援队伍管理方面（第10、27项）。

2004年《救援局章程》取消了报警中心处和培训处，原因是根据同步实施的《报警中心章程》，报警中心作为救援局的直属机构，已经成立开发培训部、技术部，承担了相应的职能。此外，修订后的《救援局章程》调整了11个内设机构的职责，重点强化了救援局在预防领域的职能：一方面，将2001年设立的监督和规划处（järelevalve - ja planeerimise osakond）调整为专门从事消防安全监督的监督处（järelevalve osakond），职责细分为4个方面：（1）组织消防安全监管，分析消防安全监管领域的工作并进行组织协调；（2）组织和实施化学品安全监管；（3）制定国家消防安全监督的原则和法规标准；（4）组织协调国家、地方政府和非营利组织共同开展预防工作。另一方面，新成立预防工作办公室（ennetustöö büroo），负责以下工作：（1）管理全国的预防工作；（2）将预防工作全面纳入救援领域的各项工作（消防安全监督，救援，排爆，危机管理，接处警），协调救援领域的相关组织、机构共同开展预防工作；（3）协调开发救援领域预防工作所需的信息、材料和方法，并开展相关培训。

根据2005年章程和编制表，救援局编制131人，包括管理层7人（局长1名，副局长2名，局长顾问2名，救援局顾问2名），下设机构11个：监督处（10人）、危机管理处（11人）、财务处（6人）、行政处（34人）、行动处（14人）、人事和内部审计处（11人）、现役救援队伍管理处（25人，包括排爆中心19人）、公共关系办公室（3人）、预防工作办公室（3人）、信息技术办公室（4人）、外事办公室（3人）。与2001年（203人）相比，2005年，救援局的编制减少82人，主要原因是根据2005年《报警中心章程》，之前列入救援局编制的北部报警中心（73人）转隶报警中心，其编制列入报警中心序列。

6.3.4 成立县级救援机构（2005年）

6.3.4.1 县级救援机构的职责定位

2005年1月1日，爱沙尼亚政府制定的《救援局地方机构的工作领域》生效[1]，明

[1] 《救援局地方机构的工作领域》（*Päästeameti kohalike asutuste tegevuspiirkonnad*, RT I 2004, 91, 621），https://www.riigiteataja.ee/akt/832064。

确由15个县的救援机构分别承担本县域内的救援工作。2004年底至2005年初，内政部集中通过30部规章，公布了15个县级救援机构的章程和机构设置与人员编制，自2005年1月1日起生效（少数2005年初颁布的规章，自2005年1月1日起追溯生效）。根据章程，县级救援机构的定位是“救援局的地方执行机构，在县域内代表国家履行法律法规赋予的职责，依法行使国家监督权和行政强制权”。县救援局接受内政部救援局的领导，履行4个方面职责：救援、代表国家实施消防安全监督、消防安全和救援领域的预防工作、危机管理。具体包括以下工作：（1）对生产、活动和设备是否符合消防安全要求进行监督；（2）对建筑规划、设计、施工是否符合消防安全要求进行监督；（3）按照法定程序，采取行政强制措施；（4）依法提请追究违法行为的刑事责任；（5）对救援工作形势进行分析；（6）组织群众性预防工作；（7）开展救援；（8）在内河水域进行搜救；（9）参与组织实施应急准备工作；（10）组织消防救援培训；（11）参与组织建立和维护国家储备；（12）就预防和消除事故灾害，与其他政府机构和救援队伍，以及国防军、警察、边防、医疗部门进行合作；（13）维修消防救援装备器材；（14）法律法规规定的其他职责。

图2－10是截至2004年5月，爱沙尼亚救援机构的隶属关系[①]。其中，实行职业制的塔林消防救援局是1998年根据塔林市议会的决定成立的，与内政部救援局无隶属关系，于2005年1月1日被撤销，消防救援职能移交新成立的哈留县救援局。

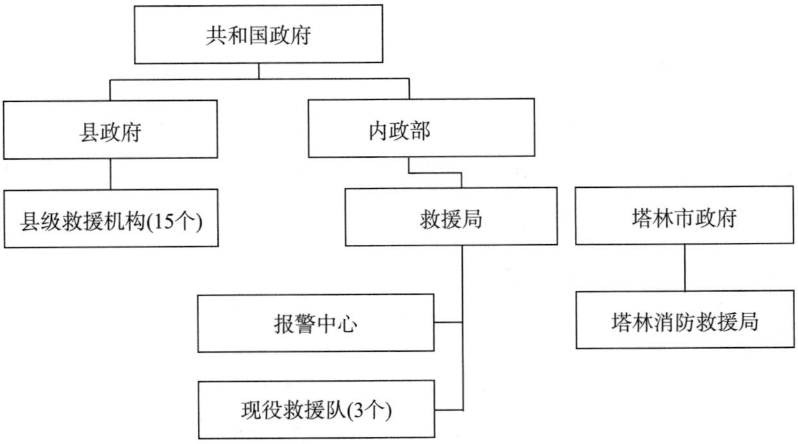

图2－10　救援机构的隶属关系（截至2004年5月）

① 斯特拉·波利卡普斯（Stella Polikarpus）：《爱沙尼亚残障人士的救援培训》（*nägemis－，liikumis－ja kuulmispuudega inimeste päästmiseõ petamine eestis*），爱沙尼亚内政学院救援学院学士学位论文，2004年，第6页，https：//digiriiul. sisekaitse. ee/bitstream/handle/123456789/2020/Polikarpus. pdf? sequence＝1&isAllowed＝y。

6.3.4.2　县级救援机构的编制

表2－4是2005年1月1日起执行的县救援局人员编制，最多的是塔林所在的哈留县（882人），最少的是希尤县（55人），15个县合计编制3 223人，加上救援局的编制131人、报警中心编制190人，截至2005年1月1日，全国职业消防救援人员编制3 544人，2005年爱沙尼亚人口是1 355 650人，平均每万人口拥有26.1名职业消防救援人员。各县救援局编制的差异，反映了人口规模、经济水平的不同——哈留县是爱沙尼亚人口密度最大的地区，常住人口超过50万，约占全国人口的40%以上；希尤县是西部的海岛，面积1 023 km^2，常住人口只有1万人左右。

表2－4　各县救援局的人员编制数（2005年1月1日）

东维鲁县	395	西维鲁县	217	希尤县	55	耶尔瓦县	130	莱内县	140[1]
派尔努县	243	拉普拉县	123	萨雷县	131	哈留县	882	约格瓦县	121
珀尔瓦县	107	塔尔图县	277	瓦尔加县	117	维尔扬迪县	185	沃鲁县	110

表注［1］：包括26名医疗急救人员。

县级救援局的内设机构包括：处（osakond）、科（talitused）、办公室（büroo）、中心（keskus）、中心站（keskkomando）、小型站（tugikomando）和分站（eraldipaiknevad meeskond）。下面以塔林所在的哈留县为例，介绍县级救援机构的职责和机构编制。根据2005年1月1日生效的《哈留县救援局机构设置和人员编制》《哈留县救援局章程》①，哈留县救援局编制882人，其中领导层8人，包括局长1名，副局长4名（1名常务副局长，分管消防监督、救援和行政业务各1名），救援顾问1名，法律顾问1名，内部审计主管1名。机关10个部门，编制167人：预算科（2人）、会计处（9人）、人事处（6人）、消防安全监督处（34人，包括1名处长，2名主管监督员，18名高级监督员，工程审核和施工监督科6人，法制办公室7人）、救援处（27人）、培训中心（7人）、危机管理处（10人）、发展及公共关系办公室（6人）、信息技术办公室（5人）、行政处（61人，包括建筑维修科30人、车辆维修科22人）。

哈留县救援局共设5个中心站、6个小型站和5个分站。5个中心站共386人，各站人数在65人至95人之间，规模最大的老城区救援站编制95人，包括正、副站长各1名，分队长5名，小队长12名，消防救援员42名，驾驶员25名，消防救援装备技师7名，厨师和保洁员各1名。为缩短响应时间，5个中心站又分别设立了独立的分站，人数在12人至41人之间，共98人。6个小型站共223人，其中5个站的编制33人至34

① 《哈留县救援局机构设置和人员编制》（RTL 2004，152，2300），https：//www. riigiteataja. ee/akt/822962；《哈留县救援局章程》（RTL 2004，152，2301），https：//www. riigiteataja. ee/akt/822958。

人，只有克普利小型站达到 54 人，包括站长、副站长各 1 名，分队长 5 名，小队长 7 名，消防救援员 28 名，驾驶员 10 名，厨师和保洁员各 1 名。

以上合计，5 个中心站、6 个小型站和 5 个分站编制 707 人，占哈留县救援局编制的 80.2%，确保了力量向救援一线倾斜。根据 2000 年统计数据，哈留县面积4 333 km^2，人口为 525 682 人，全县平均每万名居民拥有 16.8 名职业消防救援人员，每个救援站、小型站和分站平均保护 3.29 万居民。需要说明的是，由于现役体制的塔林综合救援队于 2005 年 10 月 1 日撤编，故未计入。

6.3.5　现役救援体制的终结（2005 年）

1991 年恢复独立后，爱沙尼亚暂时保留了苏联时期的现役消防、民防队伍，统称现役救援队伍，当时，在爱沙尼亚提及现役军人时，大多强调是“国防军、边防部队、救援队伍”（kaitseväe，piirikaitse ja päästeteenistus）的现役人员。1996 年，根据共和国政府《重组现役救援队伍》的决定，成立耶维、塔林、塔尔图等 3 支现役体制综合救援队，直接隶属爱沙尼亚救援局，按照划定的区域，承担排除爆炸物、消除自然灾害后果、核生化污染等特种灾害处置等任务，并参与森林火灾扑救、环境污染消除、交通事故处置、失踪人员搜救等工作。

3 支综合救援队的内部管理，执行国防军的相关法规和条例，具有营级建制部队的管理权限，每年按照国防服役法征召新兵，军官和义务兵的工资、津贴，由救援局按照国防部划转拨付的经费支付。到 2002 年成立 10 周年之际，耶维综合救援队有 30 名军官、60 名义务兵，10 年内累计出动 2 291 次，包括排爆、扑救城镇和森林火灾、处置交通事故、山体滑坡、爆炸、化学危险品污染等，共清除了 4 603 枚各类爆炸物。塔尔图综合救援队有 25 名军官、56 名义务兵，10 年内累计出动救援 447 次，包括 56 次参与扑救森林和沼泽火灾、20 次处置危险化学品、2 次处置放射性污染等，此外，参与排爆 1 698 次，销毁了 51 68 枚各类爆炸物。

1997 年 4 月 16 日内政部修订《救援局章程》，首次将“管理现役救援机构”明确为救援局的任务（第 8 条）。1998 年修订《救援法》时新增第 4^1 条，将现役救援队伍与救援局、县政府管理的救援机构确定为国家救援机构，并就现役救援队伍的管理新增第 4^2条，规定现役救援队伍是“隶属于救援局的军事化管理（sõjaväeliselt korraldatud）的政府机构”，现役救援队伍的组建、重组和撤销，应当执行共和国政府的有关规定；现役救援队的成员，包括应征入伍的国防军现役人员、预备役人员和公务员，其中现役和预备役人员的管理，执行国防军相关法律和《救援法》的专门规定；现役救援队伍的人员编制，由内政部和救援局共同确定；现役救援队伍的章程，由内政部批准。

根据1998年《救援法》第4^2条第（2）款的规定，当年6月16日爱沙尼亚政府通过《现役救援队重组为军事化管理的政府机构》[①]，决定从7月1日起，将3支综合救援队重组为军事化管理的政府机构。6月30日，内政部批准了修订后的耶维、塔林、塔尔图综合救援队章程[②]。

2002年4月12日内政部局部修订1998年《现役救援队章程》[③]，主要增加了有关新兵军事技能，以及救援业务训练、现役救援队内部管理（士官和士兵征召、退役、授衔等）等内容，结合2001年上半年至2002年初，整合各县报警中心，成立隶属于救援局的南部、东部、西部和塔林等4个区域报警中心的情况，确定现役救援队按照各区域报警中心的指令执行救援任务。2005年3月7日，内政部再次局部修订《现役救援队章程》，删除有关征召新兵并开展军事训练的内容——3支综合救援队不再继续征召新兵——显然，这是为即将撤销现役救援队所做的准备。

2005年7月21日，爱沙尼亚政府通过第190号令《重组现役救援队伍》[④]，决定自10月1日起撤销现役体制综合救援队，有关职能全部纳入救援局，其营房、装备等移交所在地的县级救援机构。实际上，2005年夏季，最后一批现役制消防救援人员即开始退役，为确保救援工作特别是排爆工作的连续性，根据6月22日局部修订的《救援局章程》[⑤]，从2005年7月1日起救援局即成立排爆中心（该中心原来隶属于救援局的现役救援队伍管理处），承接现役救援队的排爆职能。

1991—2005年，为确保国家综合救援体系改革的有序过渡，现役消防救援队伍在爱沙尼亚恢复独立后存续15年，在应急救援、火灾扑救、排爆等领域发挥重要作用。现役消防救援队伍走下历史舞台，意味着爱沙尼亚救援队伍全面进入职业制阶段，这也是其整合消防、民防力量，建立国家救援体系改革基本完成的一个重要标志。此外，之所以在2005年撤销现役救援队伍，也与爱沙尼亚2004年3月29日加入北约有关——国防力量编制体系中，不应有常备的现役救援队伍。两年后的2007年7月1日，内政部管理的现役制边防部队（Piirivalve）也撤编，转为职业制的边防警察[⑥]，同年12月21日爱沙尼亚加入《申根协定》。

---

① 《现役救援队重组为军事化管理的政府机构》（RT I 1998，57，869），https：//www. riigiteataja. ee/akt/75585。

② 《批准现役救援队章程》（RTL 1998，220，876），https：//www. riigiteataja. ee/akt/88251。

③ 《现役救援队章程》（RTL 2002，51，728），https：//www. riigiteataja. ee/akt/94960。

④ 《重组现役救援队伍》（RT I 2005，42，349），https：//www. riigiteataja. ee/akt/925947。

⑤ 《救援局章程》（RTL 2005，74，1055），https：//www. riigiteataja. ee/akt/916783。

⑥ 警察和边防局：《边防部队历史》，https：//www. politsei. ee/et/juhend/ajalugu/piirivalve－ajalugu。

6.3.6　塔林市消防救援机构的变迁

首都塔林消防救援机构的变迁，既反映了恢复独立后爱沙尼亚综合救援体系改革的趋向，也具有一定的特殊性。在苏联时期，1945 年 4 月 14 日，塔林的职业消防队实行现役制，直属爱沙尼亚消防局，一直延续到 1991 年爱沙尼亚恢复独立，并于 1992 年 2 月 14 日改组为塔林救援管理队，仍然为现役体制，直接隶属内政部消防局，同年 5 月 25 日，消防局建制取消后，转隶爱沙尼亚救援局。根据 1996 年爱沙尼亚政府《重组现役救援队伍》的决定，塔林救援管理队更名为塔林综合救援队，仍然直接隶属于爱沙尼亚救援局。

1998 年 1 月 22 日塔林市议会通过《批准塔林消防救援局章程》[①] 的决定，组建职业制的塔林消防救援局（Tallinna Tuletõrje – ja Päästeamet，TTPA，英语 Tallinn Fire and Rescue Department），接受塔林市政府管理，承担监督执法（监督消防安全、救生、民防领域法律法规的执行情况）、灭火救援和医疗急救职能——上述职责被区分为“市政职能”和“国家职能”两方面：“市政职能”包括组织实施民防工作、院前急救和公共水域救援；“国家职能”包括消防监督、受理紧急报警求助、扑救火灾和救援人员、抢救财产等。

2003 年 10 月 16 日，塔林市议会通过《设立塔林市政警察，批准新版塔林消防救援局章程，调整市政府机构和人员编制的决定》[②]，根据《地方政府组织法》《塔林市章程》等法律法规，将新成立的市政警察（Munitsipaalpolitsei）纳入塔林消防救援局管理，“市政警察”专项编制 12 人，负责 3 项职能：维护城市公共秩序、管理市政工程设施、管理宠物饲养——其定位类似于我国的“城市管理执法队伍”（城管）。根据配套修订的《塔林消防救援局章程》，塔林消防救援局增编至 665 人（包括市政警察）。新章程不再将塔林消防救援局的职能分为“市政职能”和“国家职能”，围绕其承担的消防监督、火灾扑救、应急救援、院前急救职能，明确了应当履行的工作任务：

（1）监督单位、活动和设备运行是否符合消防安全要求；

（2）监督规划、设计、施工是否符合消防安全要求；

（3）对违反消防安全要求的行为采取行政强制措施；

（4）按照法定程序调查违反消防安全要求的行为；

（5）火灾统计分析；

（6）消防宣传教育；

（7）开展灭火救援；

---

① 《批准塔林消防救援局章程》（RTL 1998，78，342），https：//www. riigiteataja. ee/akt/87500。

② 《设立塔林市政警察，批准新版塔林消防救援局章程，调整市政府机构和人员编制的决定》，https：//aktal. tallinnlv. ee/static/Eelnoud/Dokumendid/oadok2151. htm。

（8）在内河实施搜救和灭火救援；

（9）参与组织实施应急准备工作；

（10）医疗急救；

（11）在公共海滩开展救援；

（12）组织消防救援培训；

（13）参与组织建立和维护市政应急储备；

（14）参与维护公共秩序，监督执行市议会制定的法规；

（15）履行市政府根据《轻罪程序法》规定授予的职责；

（16）与其他市政机构、救援力量和国防军、警察、边防、卫生机构和相关法人和公民合作，预防和消除事故，维护公共秩序；

（17）市政警察每月向各区政府通报市政监督检查的情况。

因此，在20世纪末、21世纪初，塔林市有2支消防救援力量：一支是隶属于爱沙尼亚救援局的现役制塔林综合救援队，主要职责是在包括塔林和哈留县所在的东部救援区域，“履行应急救援职责，在发生事故、灾难和其他灾害时抢救人员，并负责排爆工作”；另一支是塔林市政府成立的职业制消防救援局，负责塔林市的消防监督和灭火救援。“现役体制的国家队”“职业体制的地方队”并存，也体现了当时爱沙尼亚仍处于消防救援事业改革的过渡期。

2004年12月9日，塔林市议会决定自2005年1月1日起撤销塔林消防救援局，将其消防救援职能移交新成立的哈留县救援局，市政警察的职能移交塔林市环境局（Tallinna Keskkonnaamet）[①]。2005年10月1日，随着塔林综合救援队等3支现役体制救援队撤销，在塔林及其所在的哈留县，唯一的消防救援机构就是哈留县救援局，塔林市政府从此不再承担消防救援职能。

6.4 救援局全面承担消防救援职责（2006年至今）

6.4.1 县级救援机构整合为区域救援中心（2006—2011年）

6.4.1.1 重组救援服务（2006年）

2006年1月4日内政部通过《重组救援服务的决定》[②]，决定整合15个县级救援机

① 塔林市议会《重组塔林市政府，批准塔林环境局、塔林市政局、塔林交通局和塔林城市规划局的章程》（KO 2005，3，7），https：//www. riigiteataja. ee/akt/835747。

② 《重组救援服务的决定》（RTL 2006，4，76），https：//www. riigiteataja. ee/akt/979952。

构，成立东、西、南、北4个区域救援中心——区域救援中心作为实体机构，其定位与之前的县级救援机构相同，仍然是“救援局的地方执行机构，代表国家履行法律法规赋予的职责，依法行使国家监督权和行政强制权”。其中，哈留县救援局直接更名为北爱沙尼亚救援中心（Põhja – Eesti Päästekeskuseks）；塔尔图、沃鲁、瓦尔加、维尔扬迪、珀尔瓦、约格瓦6个县的救援局整合为南爱沙尼亚救援中心（Lõuna – Eesti Päästekeskuseks）；东维鲁县、西维鲁县2个县的救援局整合为东爱沙尼亚救援中心（Ida – Eesti Päästekeskuseks）；希尤、耶尔瓦、莱内、派尔努、拉普拉、萨雷6个县的救援局整合为西爱沙尼亚救援中心（Lääne – Eesti Päästekeskuseks）。上述15个县的救援局自2006年3月1日起终止活动，相关职能转交4个区域救援中心。图2–11是4个区域救援中心的责任区划分，徽章分别代表15个县（见彩插第3页）①。

通过重组县级救援机构，救援局的直接管理对象从15个县级救援机构转变为4个区域救援中心，再由各区域救援中心管理辖区内各县的救援队伍和救援工作——原则上，各区域救援中心为辖区内的每个县设1个救援部，负责具体组织指挥和协调县域内的救援工作，北部救援中心只负责哈留县，分设东、西两个救援部，所以4个区域救援中心共设16个救援部。新的管理架构将管理层次从2级增加到3级，大幅减少了救援局的管理幅度（从15个减少到4个），各区域救援中心管理2至6个救援部。

2006年爱沙尼亚对消防救援机构组织体系的上述调整，符合组织管理学对于管理幅度和管理层次的一般认识。“管理幅度”也叫“管理宽度”，是指组织直接管理的下属机构数量；“管理层次”是指纵向划分的组织管理层级数量。在被管理对象不变的情况下，管理幅度与管理层次呈反比关系，管理幅度越小，管理层次就越多；反之亦然，管理幅度越大，管理层次就越少。在组织机构管理幅度和层次设置上，一般建议上层的管理幅度小一些，以便于高层领导将主要精力用于制定政策、战略规划、做出决策等顶层设计；下层的管理幅度可以相对加大，更多承担日常性、重复性的执行和落实工作。

事实上，自恢复独立后，爱沙尼亚一直在探索区域化发展政策。1995年3月16日，爱沙尼亚政府成立“国家区域政策委员会”（Riigi Regionaalpoliitika Nõukogu）②，由内政部部长任主席，成员包括政府各部和各县政府的代表，职责是研究区域发展的重大政策，协调各领域的区域发展合作，并于1997年11月4日成立了专门的专家委员会。2001年12月18日，又建立了专门的国家区域政策委员会部际联席会议（ministrite komisjon）。从实践上看，在此后的一个阶段内，爱沙尼亚在警务、救援、报警受理、危

① 《实施消防安全自我检查制度的影响分析》（*Tuleohutuse enesekontrolli regulatsiooni rakendamise mõju analüüs*），第23页。

② 《成立国家区域政策委员会》（RT I 1995，35，461），https：//www. riigiteataja. ee/akt/74246。

机管理等领域，都相继建立了区域中心，提高了行政效率，推进了区域发展。以区域警务中心为例，2009 年 5 月 6 日，议会修订《共和国政府组织法》①，增加第 105^5 条，将各地的警察局、保安警察局、刑事警察机构、边防局、航空边防分队、移民局，以及警务、边防领域原有的各类地方及区域性机构整合为“区域警务中心”（prefektuurideks），其负责人称为“区域警务中心主任”（prefektuuri prefekt）。

就救援工作而论，设置区域中心，有利于更好地反映不同地域经济社会发展对救援服务的个性化需求：北部和东部地区，是爱沙尼亚经济最发达、人口最集中的区域，高层建筑火灾扑救、危险化学品事故救援的需求最为突出；西部地区包括萨雷马岛、希乌马岛两大海岛，有很多季节性的海滨度假区，虽然也有派尔努这样的中心城市，但总体上人口密度较低，地方政府规模较小，志愿消防事业较为发达；南部地区人口分布非常广泛，中心城市塔尔图和周边几个城镇规模较大，但偏远地区的人口密度很低，很多定居点的人口不到 100 人，经济发展总体水平低于其他区域。4 个区域救援中心需要结合所在区域的特点，采取有针对性的灾害预防、灭火救援措施。但是，由于各个区域救援中心的独立性较大，虽然名义上归属救援局统一管理，但章程和编制均由内政部直接下达，一定程度上影响了救援工作的统一管理和救援机构的运行效率。因此，从 2012 年 1 月 1 日起，在保留各区域救援中心名称和职责的同时，将其完全列入了救援局管理。

6.4.1.2　区域救援中心的职责

2005 年 12 月底内政部连续通过 8 部规章，批准了 4 个区域救援中心的章程和机构设置、人员编制。除北部救援中心的章程和编制自 2006 年 3 月 1 日起实施外，其他 3 个救援中心的章程和编制均自 2006 年 1 月 15 日起实施，见表 2-5。

表 2-5　4 个区域救援中心的章程、编制

内政部令编号	名称	通过时间	生效时间	链接
86	东部救援中心章程	2005 年 12 月 23 日	2006 年 1 月 15 日	https：//www. riigiteataja. ee/akt/975917
87	东部救援中心机构编制	2005 年 12 月 27 日	2006 年 1 月 15 日	https：//www. riigiteataja. ee/akt/975926

① 《根据〈警察和边防法〉对〈共和国政府组织法〉和相关法律进行修订的法案》（RT I 2000，27，165），https：//www. riigiteataja. ee/akt/13183081。

续　表

内政部令编号	名称	通过时间	生效时间	链接
89	西部救援中心章程	2005 年 12 月 27 日	2006 年 1 月 15 日	https：//www. riigiteataja. ee/akt/975946
90	西部救援中心机构编制	2005 年 12 月 27 日	2006 年 1 月 15 日	https：//www. riigiteataja. ee/akt/975958
91	北部救援中心章程	2005 年 12 月 27 日	2006 年 3 月 1 日	https：//www. riigiteataja. ee/akt/975985
92	北部救援中心机构编制	2005 年 12 月 27 日	2006 年 3 月 1 日	https：//www. riigiteataja. ee/akt/975989
94	南部救援中心章程	2005 年 12 月 27 日	2006 年 1 月 15 日	https：//www. riigiteataja. ee/akt/976006
95	南部救援中心机构编制	2005 年 12 月 27 日	2006 年 1 月 15 日	https：//www. riigiteataja. ee/akt/976010

根据章程规定，区域救援中心作为救援局的地方执行机构，单独编制预算，在国库开设帐户，使用刊有国徽的印章，是相对独立的政府机构，负责履行 4 个方面的职责：救援，代表国家实施消防安全监督，救援领域的预防工作，危机管理。各区域救援中心的内设机构均为 11 个，包括消防安全监督处、工程审核处、法制处、危机管理处、预防和公共关系处、财务处、行政处、人事处、规划办公室、勤务办公室、培训和物资中心，以及每个县设置的救援部。各内设机构的职责：

消防安全监督处：（1）监督各类建筑、场所、活动和设备是否符合消防安全要求；（2）解释说明消防安全要求；（3）办理行政处罚案件。

工程审核处：（1）监督建筑规划、设计、施工是否符合消防安全要求；（2）就地方政府转交的建筑施工、使用申请，做出同意或者不同意的决定。

法制处：（1）法制审核；（2）统计分析火灾情况；（3）办理行政诉讼案件。

危机管理处：（1）收集、整理和分析与危急事件有关的信息，预防、准备和应对危急事件；（2）组织危机管理领域的发展、预防、培训、演练等工作；（3）就编制风险分析报告和危机管理预案，向县政府和地方政府提供建议；（4）参与县级风险分析和危机管理预案编制；（5）在危机管理领域，与其他机构、企业、非营利组织和基金会开展合作。

预防和公共关系处：（1）根据国家灾害预防规划和本区域风险特点，规划和协调救援领域的预防工作；（2）协调指导救援中心所属单位开展预防工作；（3）收集和分析预防工作所需信息，准备必要的教育培训资料；（4）在预防工作领域，组织与其他机构、企业、非营利组织和基金会开展合作；（5）协调公共关系，向公众通报救援中心开展的活动；（6）就危急事件的应急准备和预防，向公众发布信息；（7）组织救援中心的内部沟通。

财务处：（1）编制救援中心的预算草案，监督预算执行情况；（2）分析救援中心的收入、支出等财务情况；（3）会计工作；（4）资产管理。

行政处：（1）后勤工作；（2）房产管理；（3）组织采购，编制采购合同和文件；（4）组织施工和维修工作；（5）修理、维护、管理、检测救援装备器材；（6）车辆维护保养。

人事处：（1）档案管理；（2）人员调配和培训；（3）职业健康和安全。

规划办公室：（1）分析救援工作形势，协调落实发展规划；（2）制定救援行动计划和指令，分析救援工作质量；（3）统计分析救援行动的相关数据。

勤务办公室：（1）保证全天候运行准备；（2）管理救援行动；（3）编制救援工作导则，组织演练。

培训与物资中心：（1）组织实施培训；（2）课程开发；（3）参与准备和实施演练；（4）组织救援人员的资格认证；（5）组织救援装备维护、储存等工作；（6）为参与国际救援行动的人员提供保障。

救援部：（1）组织管理救援机构；（2）组织实施救援中心的工作计划和目标；（3）组织管理救援工作。

以首都塔林所在的北部救援中心为例，该中心编制 889 人，与之前哈留县救援局 2005 年的编制（882 人）基本持平，其中，领导层仍是 8 人，机关有 11 个内设机构：消防安全监督处（21 人）、工程审核处（8 人）、法制处（6 人）、危机管理处（9 人）、预防和公共关系处（10 人）、财务处（8 人）、行政处（共 63 人，包括建筑维修科 22 人、车辆维修科 25 人）、人事处（14 人）、规划办公室（9 人）、勤务办公室（12 人）、培训与物资中心（12 人），连同领导层共计 170 人，占总编制的 19.1%，其中主要从事消防救援领域预防工作的 55 人，占总编制的 6.2%。北部救援中心设哈留县东部、西部两个救援部，管理 5 个中心站及 3 个中心站分站、6 个小型站及 1 个小型站分站，共 15 个救援站，编制 719 人，占总编制的 80.9%。

6.4.2 区域救援中心重组为救援局内设机构（2012 年至今）

2006 年，4 个区域救援中心成立后，内政部相应修订《救援局章程》[①]。根据修订

① 《救援局章程》（RTL 2006，33，595），https：//www.riigiteataja.ee/akt/1C16972。

后的章程，救援局内设机构12个：救援处、消防安全监督处、危机管理处、预防办公室、财务办公室、人事和行政办公室、公共关系办公室、外事办公室、信息技术办公室、技术和采购办公室、行政服务办公室、排爆中心——除救援处、消防安全监督处、危机管理处、预防办公室、排爆中心5个业务处室外，其他7个部门均属于辅助保障性质——相比4个区域救援中心，救援局的定位更侧重于政策制定、对外协调、综合保障等宏观管理，区域救援中心则更加突出消防监督、危机管理、灭火救援等执行功能。

2007年2月12日，内政部局部修订《救援局章程》，自2007年1月1日追溯生效。此次修订确定了救援局现行徽章的样式，如图2－12所示（见彩插第3页）。徽章的整体造型是由渐变光束组成的金色八角星，中间黑色圆内是国徽图案，外围的红色圆环上半部是白色文字“PÄÄSTEAMET”（救援局），最下部的橙色圆圈内，是代表国际民防组织的标准蓝色三角形，左右两侧是金色橡树叶片。此外，还公布了救援局所属排爆中心的徽章，以及救援人员资历章、队旗、奖章等的样式。

经过几年实践，4个区域救援中心相对独立于救援局的组织架构，逐渐暴露出以下问题：一方面，各区域救援中心提供的救援服务质量和水平参差不齐，主要原因是缺乏统一的服务标准，而且各区域救援中心的任务量差异很大（首都塔林所在的北部救援中心，任务量接近全国一半），救援人员的数量和能力素质也不均衡。另一方面，各个区域救援中心的管理模式差异较大，尤其缺乏统一的分析研判、规划计划、监督控制机制，业务数据分散化、碎片化，难以通过整体性的数据分析，对救援服务的质量、效能进行全面深入的定性和定量分析。

为解决区域救援中心运行中存在的上述问题，内政部运用“RASCI模型”对救援服务进行分析——“RASCI模型”也被称为“RASCI矩阵”（RASCI Matrix），基本原理是对工作流程或管理活动进行分析，并确定五类角色：负责开展工作的**执行者**（Responsible）、对整体工作承担责任的**负责者**（Accountable）、提供保障的**支持者**（Support）、提供意见建议的**被咨询者**（Consulted）和应当被告知情况的**知悉者**（Informed），通过建立角色之间的关系模型，发现组织结构或工作流程存在的问题、提出改进优化的建议。根据分析结果，议会于2011年12月8日通过《救援法》修正案，决定撤销4个区域救援中心相对独立的实体地位，将其重组为救援局的内设机构，并同步修订了《共和国政府组织法》第105[10]条和第105[11]条，自2012年1月1日起，将4个区域救援中心并入救援局，报警中心由救援局管理改为内政部管理。调整后的救援局和报警中心，同为内政部管理的政府机构，按照《救援法》履行法定职责。

根据《救援法》《共和国政府组织法》的上述修订，2011年12月27日，内政部重新发布《救援局章程》，自2012年1月1日起生效①，标志着完成了对救援机构组织架构的迄今最新一次调整。这次调整，延续20世纪90年代提出的构建综合救援体系的总体思路，进一步优化了救援机构的顶层设计，主要体现在两方面：一方面，4个区域救援中心改组为救援局的内设机构，不再是相对独立的实体机构——最直接的标志，就是新的《救援局章程》同步废止了各区域救援中心的章程和编制，将区域救援中心的职责和人员编配完全纳入救援局的章程和编制。另一方面，报警中心职能拓展，通过112统一受理救援、急救和警务方面的紧急求助报警，成为综合性的国家级紧急求助接警和信息服务平台。随着职责范围扩大，报警中心脱离救援局，升格为内政部直接管理的国家机构。此外，2012年实施的救援局章程，首次明确了其英文名称“Estonian Rescue Board”（爱沙尼亚救援局）。

2012年的救援机构重组，标志着爱沙尼亚救援局确立了“服务导向”（Teenuspõhisus）的绩效管理模式，即区分城镇、农村的不同情况，确定全国统一的差异化救援服务标准，并据此开展规划、组织实施、监督检查，并适时进行调整。通过重组，厘清了救援局内部决策机构与执行机制的关系，区域救援中心虽然不再是相对独立的“地方执行机构”，但其作为“执行机构”的定位更加凸显，按照统一政策和标准在全国范围内提供救援服务，从近年来的实践看，确实收到了较好的效果。

在完全纳入救援局的统一管理体系后，各区域救援中心内部设立预防办公室、安全监督办公室、应急准备办公室和救援部（管理维修保障分队和辖区内的救援站）。鉴于区域救援中心的重要作用，救援局在设计内部管理流程时，明确救援局局长直接管理2名副局长和4个区域救援中心的主任——救援局的其他内设机构，则对分管副局长负责，不直接向救援局局长汇报。从现行的救援局人员工资标准也可以看出，救援局的2名副局长、4个区域救援中心的主任，以及救援局6个主要业务处室的负责人均可授副总监救援衔，但区域救援中心主任的月基本工资是3 900至5 500欧元，救援局主要业务处室负责人的月基本工资是3 300至4 200欧元——基本工资的差别，直接反映了工作责任和工作量的不同，一定程度上也是岗位重要性的体现。

6.4.3　《救援组织法》（2008年）

2008年3月1日，《救援组织法》（*Päästeteenistuse Seadus*）② 实施。作为爱沙尼亚第一部专门规范救援人员管理的法律，《救援组织法》以原《救援法》有关救援人员管理

---

① 《救援局章程》（RT I，29.12.2011，142），https：//www.riigiteataja.ee/akt/129122011142。

② 《救援组织法》（RT I，2008，8，57），https：//www.riigiteataja.ee/akt/12922387。

的章节为基础，在执行《公共服务法》《劳动合同法》基本规定的同时，建立了涵盖救援人员身份、职责、职级、录用条件、录用程序、考核、工资、抚恤、社会保障、奖励处分等环节的全面管理制度，特别是体现消防救援职业特点，明确了录用条件、社会保障、工作和休息时间、提前退休等专门制度。截至 2022 年 5 月 11 日最近一次修订，《救援组织法》已局部修订 23 次。现行版本共 6 章、41 条，分别是：总则，救援人员录用，救援人员的工资和社会保障，救援人员的工作和休息时间，奖励和处分，实施。

《救援组织法》第 1 条即开宗明义："本法规定了救援服务的组织和救援人员的法律地位。"强调"救援服务"（Päästeteenistus）属于"特殊类型的公共服务"（avaliku teenistuse eriliik），"救援人员"（Päästeteenistujad）包括在救援机构负责管理、组织和实施《救援法》规定职责的人员，以及内政学院所属救援学院的教职人员。《救援组织法》按照人员身份和管理制度，将救援人员分为"救援官员"（Päästeametnikud）和"救援员"（Päästetöötajad）两类：**救援官员**是在救援机构管理、组织和实施《救援法》规定职责的人员，以及救援学院的院系主管和救援专业的教职人员；**救援员**是根据劳动合同，在救援机构或救援学院相应岗位履行《救援法》规定职责的人员。如图 2－12（笔者绘制）所示，救援人员在执行《救援组织法》的同时，根据身份适用各自的管理体系——救援官员执行《公共服务法》，救援员执行《劳动合同法》——既突出了救援人员的职业特殊性，又区分人员身份，全面对接了《公共服务法》《劳动合同法》建立的人员管理体系。

救援人员
- **救援官员**：适用《公共服务法》和《救援组织法》的专门规定
- **救援员**：适用《劳动合同法》和《救援组织法》的专门规定

图 2－12　救援人员分类

《救援组织法》确定了救援人员"四等八级"的职级和配套的衔级体系。其中，救援官员的职级分为三等七级：一等是救援总监，包括总监、副总监两级；二等是救援督察长（不分级）；三等是救援长，分为高级救援长、一级救援长、二级救援长和三级救援长四级。四等是救援员（不分级）。有关救援人员管理的内容，详见第三章第二节。

《救援组织法》实施后，截至 2022 年 10 月底，爱沙尼亚政府和内政部先后发布了 12 部配套法规规章，涉及救援人员招录、考核、工资待遇、抚恤标准、服装证件、荣誉奖章等内容，确保了《救援组织法》的贯彻落实。此外，还有多部行政法规与救援人员管理直接相关。表 2－6 是《救援组织法》配套的现行规章①，有关内容在相关章节详述。

---

① https://www.riigiteataja.ee/akt_rakendusaktid.html?id=108072021012&kuvarakendus=1。

表 2-6 《救援组织法》配套规章

序号	初次立法		现行立法	
	立法时间、编号	名称	立法时间、编号	名称
1	2007 年 11 月 22 日 政府令第 236 号	救援人员和内政学院救援学院学员的制服样式	2017 年 9 月 11 日 内政部令第 36 号	救援人员和内政学院救援学院全日制学员的制服及专用配饰样式
2	2008 年 2 月 21 日 内政部令第 51 号	2008 年救援人员薪酬确定办法	2013 年 5 月 2 日 内政部令第 19 号	救援人员工资标准和确定救援人员基本工资、支付浮动工资的程序
3	2008 年 3 月 2 日 内政部令第 22 号	救援人员和合同制救援人员的职业条件：教育、体能和健康要求	2011 年 2 月 15 日 内政部令第 2 号	救援人员的职业条件：体能、教育和健康要求
4	2008 年 3 月 3 日 内政部令第 8 号	内政学院救援学院的救援人员职务与职级对应关系	2012 年 6 月 15 日 内政部令第 8 号	内政学院警察的职务职级，救援学院的救援人员职务与职级对应关系
5	2008 年 3 月 3 日 内政部令第 17 号	救援人员考核和高级救援官员聘用程序	2013 年 4 月 2 日 令第 13 号	救援人员考核程序
6	2008 年 3 月 3 日 内政部令第 20 号	救援服务养老过渡津贴的核发程序	沿用至今	未变
7	2008 年 4 月 30 日 内政部令第 32 号	救援服务奖章的分类、样式和授予、佩戴程序	2017 年 10 月 4 日 内政部令第 39 号	救援服务奖章的分类、样式和授予、佩戴及撤销程序
8	2009 年 8 月 26 日 内政部令第 35 号	内政学院学员奖学金的金额、发放条件和程序	沿用至今	未变
9	2011 年 12 月 30 日 内政部令第 34 号	救援官员入职申请表	沿用至今	未变
10	2015 年 9 月 1 日 内政部令第 43 号	从事排爆工作的救援人员指纹和 DNA 样本采集和保存程序	沿用至今	未变
11	2017 年 10 月 4 日 内政部令第 38 号	救援人员证件和救援官员徽章的样式	沿用至今	未变
12	2021 年 12 月 23 号 政府令第 125 号	自动生物识别系统数据库章程	沿用至今	未变

6.4.4 《救援法》与《消防安全法》(2010 年)

2010 年 5 月 5 日，议会通过《救援法》《消防安全法》[①]，均自 9 月 1 日起施行——从法律的渊源看，这两部法律的源头均是 1994 年《消防救援法》，虽然 1998 年修订时更名为《救援法》，并在法律名称中删除了“消防”，但 1998 年《救援法》仍然全面涵盖了有关火灾预防、扑救的内容，在法律条文中也将“消防”“救援”并立使用。此后，随着爱沙尼亚综合救援体系的发展，尽管在实践中这两个概念密不可分，但应急救援和消防安全又有各自的对象范围和规律特点，随着“救援”“消防”的内涵和外延逐渐厘清，产生了分别制定法律的内生动力。此外，原《救援法》中有关消防安全的内容所占比例过大，一些涉及限制自然人和法人权利的规定又散见于《救援法》的附属法规甚至规章，不符合《宪法》第 11 条关于只有法律才能限制自然人和法人基本权利的法治原则，因此，从贯彻法治原则和立法技术的角度，都存在将消防安全内容剥离出来并增加相关条款，单独立法的迫切需求。综合以上因素，内政部在构建统一的救援法律框架体系过程中，提出将《救援法》的消防安全内容独立成法的需求，并获得了议会支持。

《救援法》和《消防安全法》作为 1994 年《消防救援法》“一分为二”的产物，适应了应急救援工作和消防安全工作发展的需要，并进而形成了各自的配套法规、规章体系。需要强调的是，分立后的《救援法》和《消防安全法》仍然紧密相关，从总体上看，《救援法》是综合救援领域的基本法律，《消防安全法》则是消防安全领域的专门法——2009 年下半年，议会正式启动《消防安全法》审议程序时，就是将其定位为“安全领域的专门立法”（ohutusalased eriseadus），类似于《压力设备安全法》《燃气安全法》《机械设备安全法》《电气安全法》《电梯和索道安全法》等相关领域的专门安全立法[②]。

从适用范围看，《救援法》主要规定了救援机构的职责、救援领域的国家监督、志愿人员参与救援工作和经费保障，由于消防监督属于救援机构的职责，所以《救援法》专门强调，《消防安全法》的有关定义适用于《救援法》，救援局负责监督《消防安全法》及其相关法规，以及其他法律法规关于消防安全要求的落实情况。《消防安全法》则聚焦于火灾这一常见灾害事故，“规定了自然人、法人以及国家和地方政府机构、团

---

① 《救援法》（*Päästeseadus*, RT I 2010, 24, 115），https://www.riigiteataja.ee/akt/13314868；《消防安全法》（*Tuleohutuse seadus*, RT I 2010, 24, 116），https://www.riigiteataja.ee/akt/13314859。

② 2015 年 2 月 18 日，议会制定《设备安全法》（*Seadme ohutuse seadus*, RT I, 23.03.2015, 4），自 7 月 1 日生效，一并废止《压力设备安全法》《燃气安全法》《机械设备安全法》《电气安全法》《电梯和索道安全法》。https://www.riigiteataja.ee/akt/123032015004。

体保障消防安全的义务、权利和责任，以及国家对上述情况实施的监督。”［《消防安全法》第1条“适用范围”第（1）款］，建立了消防安全义务和国家消防安全监督的统一法律框架。作为《消防安全法》主体的第二章“火灾预防”，规定了自然人和法人等各类机构的消防安全义务、消防设施的安装维护、消防安全服务管理，并用占全文近一半的篇幅（共10小节、25条），汇集了建筑、供暖系统、明火作业、林区、可燃材料储存、公共活动等10个方面的消防安全要求——从这个角度看，《消防安全法》更像各类场所消防安全要求的纲目。此外，《建筑法》及其相关法规，也包含大量有关建筑消防安全的内容。

截至2022年10月底，《救援法》和《消防安全法》分别修订了20次、19次，总体篇章结构保持了相对稳定，见表2－7（笔者整理）。关于这两部法律的发展变迁和重点内容，第三章、第四章将做详细介绍。

表2－7　现行《救援法》和《消防安全法》的结构

《救援法》	《消防安全法》
第一章　总则 **第二章**　救援机构及其职责 **第三章**　个人信息处理 　　**第一节**　【废止】 　　**第二节**　救援机构的数据管理 **第四章**　国家监督 **第五章**　【废止】 **第六章**　参与国际救援和排爆 **第六^{1}章**　国防军和国防联盟参与灾害事故处置 **第七章**　志愿救援人员参与救援工作 　　**第一节**　一般规定 　　**第二节**　志愿救援人员的认定和组织管理 　　**第三节**　志愿救援人员的费用补偿和社会保障 　　**第四节**　志愿救援人员的退出 **第七^{1}章**　志愿人员参与报警中心工作 **第八章**　经费 **第九章**　实施	**第一章**　总则 **第二章**　火灾预防 　　**第一节**　消防安全义务和消防安全服务 　　**第二节**　消防安全要求 　　**第一小节**　建筑及其局部的消防安全要求 　　**第二小节**　供暖系统的消防安全 　　**第三小节**　明火作业的消防安全要求 　　**第四小节**　户外用火和烧烤设备的消防安全要求 　　**第五小节**　林区的消防安全要求 　　**第六小节**　储存可燃材料的消防安全要求 　　**第七小节**　公共活动的消防安全要求 　　**第八小节**　消防供水要求 　　**第九小节**　其他消防安全要求 　　**第十小节**　爆炸危险区域的要求 　　**第三节**　消防设施 　　**第一小节**　消防设施的安装和维护要求 　　**第二小节**　火灾自动报警系统和火警信号传输 **第三章**　国家监督及其措施 **第四章**　法律责任 **第五章**　实施

第三章　救援工作及救援人员管理

《救援法》《救援组织法》，是爱沙尼亚救援工作和救援机构及人员管理的主要法律依据。经过恢复独立后20年的探索，以2012年4个区域救援中心纳入救援局管理，报警中心脱离救援局，成为内政部直属的救援、警务、急救综合接警平台为标志，爱沙尼亚救援机构的组织体系基本定型，进入稳定运行期。近10年来，救援局承担预防、监督、救援、排爆和应急准备5项职责，涵盖防灾、减灾、救灾的救援工作机制不断完善。与此同时，有着230多年历史的志愿消防理念持续发展，基本形成了职业、志愿相结合，全面覆盖的综合救援力量体系，职业救援人员和志愿救援人员的管理保障制度基本健全，救援局成为爱沙尼亚规模第三大的公共部门，2021年度的社会满意度达到96%。

第一节　救援工作

1991年恢复独立后，随着《救援法》等相关法律法规的多次修订，爱沙尼亚的综合救援体系逐渐完善，救援工作明确为国家事权，确立了预防、监督、救援、排爆和应急准备5项职责。遵循合法、比例、合理原则，救援机构形成了涵盖辨识和控制风险、预防和减少灾害事故、及时开展专业救援、提高安全保障水平的完整工作体系和制度机制，概括为包含28项内容的服务清单。科学规划职业救援站和志愿救援站布局，万人拥有职业和志愿救援人员合计达到37人，职业救援队伍全面实行“24/72四班一运转”执勤模式，基本实现15分钟救援服务全覆盖。按照综合救援理念，明确了救援工作的组织管理主责、三级指挥体系、机构职责分工、机构之间的协调配合等要求，构建了相关部门共同参与灾害处置、信息通报、现场监护、事故调查、培训演练等的协作程序。救援机构作为执法机关，在消防监督和救援工作过程中，依法行使国家监督措施和强制执行措施。

1.1　救援工作概述

2010年9月1日起实施的《救援法》作为救援领域的综合性立法，规定了救援机构的职责、组织和权力，国防军和国防联盟参与救援工作的要求，以及志愿者参与救援活动的权利和义务。根据《救援法》，救援工作是涵盖防灾、减灾、救灾等环节的完整体系，包括辨识和控制风险、预防和减少灾害事故、及时开展专业救援、提高安全保障水平等内容，绝非狭义的灾后救援。

1.1.1　救援工作的范围

如本书第二章第六节所述，1991 年恢复独立后，随着综合救援体系构建，“救援工作”的内涵和外延也有所变化，并体现在相关法律的调整上。从 1991 年《爱沙尼亚综合救援服务框架》中的“综合救援服务”，到 1994 年《消防救援法》由消防监督和灭火救援构成的“消防救援工作”，到 1996 年《应急状态法》涵盖自然灾害、事故灾难、传染病疫情应对的范畴更广的“救援工作”，再到 2000 年修订《救援法》时将排爆纳入“消防救援工作”的范畴，及至 2015 年《救援法》局部修订后适用至今的“救援工作”定义，确立了救援机构综合防灾、救灾的职责范畴。

现行《救援法》第一章“总则”强调，救援机构的职责，是通过预防各类风险、及时开展专业救援，创造和维护安全的生活环境；救援工作的目的，是通过辨识和控制风险，预防和减少灾害损失，防止灾害事故危及人员生命健康和财产、环境安全。围绕上述职责和目标，《救援法》第 3 条对“灾害事故”（Päästesündmus）、“救援工作”（Päästetöö）、“预防工作”（Ennetustöö）、“排爆工作”（Demineerimistöö）、“危机信息服务”（Kriisiinfo teenus）等术语进行了定义：

灾害事故：火灾、自然灾害、爆炸、交通事故、环境污染，以及其他直接威胁人员生命健康、财产安全和环境安全的类似意外事件。

救援工作：预防和消除灾害危险，以及灾害事故发生后必须立即实施、不得延误的减少灾害影响的措施。

预防工作：提高防灾和应对灾害事故能力，以及收集分析灾害事故和人们防灾意识、备灾准备情况的行为。

排爆工作：消除各类爆炸品威胁的行为。

通过上述定义可见，《救援法》的工作对象包括事故灾难、自然灾害，工作内容包括“预防”和“应急”两个主要方面——综观《救援法》，确实广泛涉及监督实施《消防安全法》等法律法规、宣传教育培训等预防性措施。此外，作为预防工作的有效手段，2010 年新《救援法》施行以来，一直将风险分析确定为救援机构的重要职责，《救援法》第 2 条“救援工作的基本原则”要求“救援机构应当针对区域性风险因素制定工作计划。风险因素包括一定区域内可能造成威胁的人、自然现象、过程、物品等，以及它们之间的相互作用”。根据 2021 年 1 月 1 日起施行的行政法规《可能引起危急事件并应当进行风险分析的事件清单及其主责部门》，救援局负责对火灾、爆炸、坍塌、交通事故、环境污染，以及自然原因或其他类似原因引起的危及人员生命健康、财产或环境安全的事件开展风险分析。相关内容在第六章详述。

由于境内遗留大量未爆弹药等爆炸物，排爆是爱沙尼亚救援机构的重要任务。"二战"期间，爱沙尼亚是苏德战争的重要战场，仅在1944年7月25日纳尔瓦战役的前80分钟，苏军就发射和投掷了28万枚炮弹和航空炸弹。按照"二战"期间弹药爆炸率在75%左右的比例估算，就可能遗留约7万枚未爆弹药。"二战"结束后，爱沙尼亚又是东西方冷战对峙的前沿，境内的众多苏军基地（占爱沙尼亚面积的1.9%）实弹训练也遗留大量未爆弹药等爆炸物[①]。1998年修订《救援法》时，在第13条"灭火救援工作的组织"增加第（3）款"共和国政府应当制定排爆工作的程序"，将排除各类爆炸物明确为救援机构的职责。此后，排爆一直是救援机构的法定职责。

2017年6月7日议会通过《爆炸物法》（*Lõhkematerjaliseadus*）[②]，明确了救援局参与爆炸物（包括烟花制品）监督管理的职责。根据《爆炸物法》的有关规定，消费者保护和技术监督局负责对爆炸物和烟火的生产、处理、销售、使用活动进行监督，警察负责对爆炸物和烟火制品的运输、使用进行监督，救援局负责对爆炸物和烟火制品经营、储存、使用场所遵守消防安全规定的情况进行监督。消费者保护和技术监督局在审核颁发爆炸物生产经营许可证时，应当将收到的申请文件转交救援局、安全警察局、警察和边防局，由上述机构在30日内做出是否同意的决定；消费者保护和技术监督局在颁发、暂扣、吊销爆炸物生产经营许可证后，应当及时通报上述机构和当地政府。在公共场所和人员密集城镇组织燃放烟花时，应当至少提前3天通知救援局。

1.1.2　救援工作的原则

2010年《救援法》第一章"总则"部分，强调救援机构在开展工作和采取措施时，应当遵循合法（seaduslik）、比例（proportsionaalne）、合理（otstarbekuse）原则，上述三项原则保持稳定，沿用至今。合法原则（英语 principle of legality）是指各项工作措施要符合宪法和法律法规，即使是应对灾害事故的抢险救援等应急措施，也应当于法有据；合理原则（英语 principle of expediency）就是"合乎理性"，包括形式合理性（合逻

① 安德烈·阿雷卡斯（Andre Allikas）：《爆炸物处置》（*Lõhkekehade hävituskohad*），爱沙尼亚内政学院救援学院硕士学位论文，2010年，第14页，https://www.postimees.ee/7190551/merits-piirangud-ei-pruugi-olla-tallinnale-ja-harjumaale-piisavad。

② 《爆炸物法》（RT I，21.06.2017，1），https://www.riigiteataja.ee/akt/104012021009。

辑、可预期、可操作、有效性等）和实质合理性[①]。下面，重点就“比例原则”及其在《救援法》中的运用予以分析。

比例原则（proportsionaalsuse põhimõte，英语 principle of proportionality）的基本含义就是，在行使国家权力时，应当审慎选择确实有助于实现正当目的的必要手段，该手段对私权利造成的限制和克减，应当与其所维护的公共利益成比例，不能给相关人造成超出正当目的之价值的侵害，否则就是不合比例。刘权指出，比例原则最早的思想源流，可追溯至亚里士多德“公正就是某种比例”的分配正义思想。[②] 当代法学领域的比例原则，发源于 18 世纪末期——德国警察行政法中的必要性原则，从最初约束警察权的行政法原则，迅速发展为一项基本的宪法原则，成为规范国家权力行使、保障权利的首要实体原则。

比例原则在行政领域的应用，就是在运用行政权力的具体过程中，必须兼顾“控制权力”和“保障权利”的双重要求，重点在于约束行政机关的裁量权特别是自由裁量空间，限制可能对相关人造成的不合理负担，体现的是损益均衡的理念：尽管公共利益非常重要，但在维护公共利益的过程中，国家权力只能对私权利进行合乎比例的限制和克减；虽然私权利受到保护，但没有绝对的权利，为了维护公共利益，公权力可以对私权利进行一定的限制——也就是要努力争取通过对私权利尽可能小的限制，来保证必要的公共利益。

比例原则的逻辑结构——也就是构成比例原则的要素、准则（子原则）数量及其层次结构，不仅是法学界关注的重要问题，在实践中也是审查是否适用比例原则的依据。目前，对于比例原则的逻辑结构，存在“二阶”“三阶”“四阶”说，如表 3－1（笔者整理）。“二阶”说认为，比例原则只包括必要性和均衡性两个子原则，所谓“必要性”就是，强调选择的措施手段，必须是法律允许的众多可选手段中无可避免、绝对必需的，是对公民和法人合法权益侵害最小的选择。通常，应当优先选择非强制性、参与性的措施，只有在不得已时，才选择强制性、负担性、禁止性等单向性措施。所谓“均衡性”就是适度，即在“维护公益”和“限制私权”之间进行价值衡量，两者兼顾，努力争取“事半功倍”，坚决避免“得不偿失”。追求和实现均衡性是比例原则的核心，可以通过成本收益分析，科学比较不同行为手段的成本与收益，提高比例性分析的理性。但需要强调的是，最小损害的手段不一定就是“均衡”的，只有通过在诸多因素间的权衡，才可能实现均衡的目标。

---

① 陈科霖：《合理性、合法性与正当性：地方政府改革创新的多重张力及其重构》，《当代中国政治研究报告》（2016 年辑刊），第 106—129 页。

② 刘权：《比例原则适用的争议和反思》，《比较法研究》2021 年第 5 期，第 172—187 页。

表 3-1 比例原则的逻辑结构

	子原则 1	子原则 2	子原则 3	子原则 4
“二阶”说	—	—	措施必要性	损益均衡性
“三阶”说	—	手段适当性	措施必要性	损益均衡性
“四阶”说	目的正当性	手段适当性	措施必要性	损益均衡性

比例原则的“三阶”说，则在必要性、均衡性之前增加了“适当性”——强调首先必须关注行使公权力时，选择的手段是否符合价值取向，是否有助于目标实现——也就是手段与目标的适宜性。在这方面，国内有学者强调[①]，在判断“特定目的与手段之间的适宜性”时，只能根据实时情况进行合理的预测，特别是在应急管理领域，情况千差万别，瞬息万变，决策迫在眉睫，刻不容缓，对拟选择手段适当性的主观判断难免会有偏差，不能在事后站在“上帝视角”，仅仅用结果去评判事前的主观预测，否则有失公允；只要采取的措施有助于及时化解危机，能最大限度保障公共利益，就应当认定其符合适当性原则的要求。当然，“适当性”原则，对应急管理特别是现场救援的科学决策提出了更高要求，必须坚守维护公共利益的价值取向，努力追求手段与目的的适宜性。比例原则的“四阶”说，提出将“目的正当性”作为独立的子原则，置于其他子原则之首。鉴于在应急管理和救援工作中，最基本的出发点，就是预防和减少灾害事故发生、保护生命财产和环境安全，天然具备“目的正当性”，故本书不做进一步讨论。

在比例原则的全球化进程中，越来越多的国家和地区在制定法中明文规定了比例原则，有的还在宪法中予以明确引用，如希腊、瑞士、罗马尼亚、阿尔巴尼亚等国，在宪法中明文规定了比例原则，使之成为国家的宪法原则。2000 年起草的《欧盟基本权利宪章》第 52 条第 1 款规定：“对本宪章所承认的权利和自由的任何限制，必须由法律规定，并尊重这些权利和自由的本质。根据比例原则，只有在必要且真正满足欧盟承认的普遍利益目标，或出于保护他人权利和自由的必需时，才能对权利和自由予以限制。”[②]

在我国，近年来比例原则越来越多地体现在立法和规范性文件中，特别是在对法人、自然人采取减损权益或增加义务的措施时，强调要遵循比例原则，做到轻重适度。例如，2021 年 12 月 24 日，国家发展和改革委员会、中国人民银行印发《全国公共信用

---

① 禹竹蕊、官伟：《比例原则在应急管理中的适用》，《现代管理》2021 年第 9 期，第 92—97 页。

② 《欧盟基本权利宪章》（*charter of fundamental rights of the european union*，2000/c 364/01），https：//www. europarl. europa. eu/charter/pdf/text_ en. pdf。

信息基础目录（2021 年版）》和《全国失信惩戒措施基础清单（2021 年版）》，进一步明确了公共信用信息的范围，要求公共管理机构（指国家机关和法律、法规授权的具有管理公共事务职能的组织）在信用体系建设过程中，必须切实保护信用主体的合法权益。其中，在确定《全国失信惩戒措施基础清单》时，将“依法依规实施市场或行业禁入”等 14 项失信惩戒措施分为三类。鉴于一些信用惩戒措施减损信用主体权益或增加其义务（如限制市场或行业准入、限制任职、限制消费、限制出境、限制升学复学等），清单专门强调：“公共管理机构应当遵照合法、关联、比例原则，严格依法依规实施清单内的失信惩戒措施。任何部门（单位）不得以现行规定对失信行为惩戒力度不足为由，在法律、法规或者党中央、国务院政策文件规定外增设惩戒措施，不得擅自扩大清单内惩戒对象范围，不得在法定惩戒标准上加重惩戒，确保失信惩戒在法治轨道运行，切实保护信用主体合法权益。”[①]

1992 年 6 月 28 日爱沙尼亚全民公决通过新宪法，其第 11 条在规定对公民权利的合理限制时，即体现了比例原则：“只能根据宪法对权利和自由予以限制。这些限制在民主社会中必须是必要的，并且必须尊重权利和自由的本质。”2019 年 12 月 12 日总理府向议会提交的《〈消防安全法〉及相关法律修订草案的说明》[②] 中认为，宪法第 11 条是立法时适用比例原则的依据，并采用“三阶”结构作为衡量是否满足比例原则的准则，即适当性（sobivus）、必要性（vajalikkus）和均衡性（mõõdukus）。在 2010 年实施的《救援法》中，第一章“总则”第 2 条和第七章“志愿人员参与救援”第 32 条，直接将比例原则确定为救援工作和志愿救援工作的基本原则，并在相关条文中多次予以运用。2011 年实施的《执法法》“总则”部分，也将比例原则确定为执法机关实施国家监督的基本原则。2015 年实施的《建筑法典》第 24 条第（5）款规定，在建筑领域设置准入类职业资格时，必须按照比例原则，对适当性、必要性进行充分论证，只有在维护公共利益确实必需的领域，才能设置准入类职业资格，等等。

例如，《救援法》第 19 条“调集人员参加救援”第（1）款规定，当灾害事故的规模超出救援局的救援能力，且志愿救援人员也不足以及时有效开展救援工作时，救援负责人有权调集 18 岁以上的自然人临时参加灾害事故处置。为落实比例原则，第 19 条对调集人员提出以下要求：第一，不会对被调集人员及其财产造成“不成比例的安全威胁”（ebaproportsionaalselt suurt ohtu），体现了“维护公益”和“限制私权”之

---

① 《全国公共信用信息基础目录（2021 年版）》和《全国失信惩戒措施基础清单（2021 年版）》，https：//www. creditchina. gov. cn/zhengcefagui/zhengcefagui/zhongyangzhengcefagui1/202112/t20211231_ 285285. html。

② 《〈消防安全法〉及相关法律修订草案的说明》，https：//www. riigikogu. ee/tegevus/eelnoud/eelnou/d8e53227 - 177f - 4b39 - a486 - 38c1c67f5069。

间的“均衡性”要求，这也是比例原则的核心和精髓；第二，限定只有在“绝对必需”（vältimatult vajalik）的情况下，才可以调集人员参加救援，体现了比例原则中重要的“必要性”要求；第三，不得安排被临时调集的人员从事涉及爆炸品、危险化学品或存在辐射危险的作业，有效避免非专业人员参与高危险作业可能受到的危害，在落实“适当性”的同时，在本质上也体现了“均衡性”的要求；第四，规定被调集人员享受《救援法》第 41 条规定的职业和志愿救援人员的伤亡抚恤等社会保障，从而最大限度保护被调集人员的利益，确保被调集人员在利益受损时得到有效补偿。

再如，《救援法》第 20 条“征用物资”中也运用比例原则，对应急救援时紧急征用水、沙石和其他物资材料、设施设备的行为，提出诸多限制。第一，必须是“绝对必需且别无选择，或者其他选择的成本不可接受的情况下”，且只有救援负责人或排爆负责人有权根据需要做出征用决定。“绝对必需”“别无选择”都体现了比例原则的“必要性”，“其他选择的成本不可接受”则体现了“均衡性”要求，决定权仅赋予现场最高指挥人员，同样体现了对比例原则“适当性”的把握。第二，规定救援负责人或排爆负责人负责确定停止征用的时间，且不得迟于救援和排爆工作终止。通过严格限定征用行为的延续时间跨度，可以最大限度减少对被征用物资所有人权利的克减，是“均衡性”原则的重要体现。第三，规定救援机构必须记录采取征用措施的情况，从而为根据第 44 条“征用物资的补偿”对当事人权益进行补偿提供依据。

1.2　救援机构及其职责

根据《救援法》《警察和边防法》，陆地和内陆水域的救援工作由救援局承担，海上（包括领海、内海、专属经济区和楚德湖区）的搜救工作，以及飞行器坠毁时的陆上救援工作，由警察和边防局负责。在厘清责任分工的同时，救援局、警察和边防局建立了相互支持配合的工作机制。

1.2.1　救援机构及其分工

2010 年《救援法》实施时，将救援机构分为三类：救援局、报警中心和 4 个区域救援中心。区域救援中心作为“救援局的地方执行机构”，章程和编制均由内政部直接批准，具有很大的独立性；报警中心虽然列入救援局管理，但其章程由内政部直接批准——也就是说，虽然从组织架构上看，4 个区域救援中心和报警中心都隶属救援局管理，但由于其章程和编制由内政部直接确定，形成了错位的管理结构，造成救援局的权力和责任不匹配，一定程度影响了救援工作的统一管理和救援机构的运行效率。为解决上述问题，从2012年1月1日起，4个区域救援中心完全列入救援局管理，报警中心则直接隶属内政部管理。根据上述调整，现行《救援法》将救援机构分为两类：救援局和报警中心。两者均为内政部管理的政府机构，负责陆地和内陆水域的救援工作。

1991年恢复独立初期，海上（包括领海、内海、专属经济区）和楚德湖区的搜救，以及污染监测清理工作，由道路和交通部航道局（Veeteede Amet）下辖的“岸防队”（Rannavalvetalitus）负责，1994年《消防救援法》第19条确认了上述职责。1995年2月28日，爱沙尼亚政府通过《海上搜救和海洋污染监测清理工作的组织》[①]，决定撤销岸防队建制，将海上和楚德湖区的搜救及污染监测职责赋予内政部边防局，将污染清理职责赋予环境部。1998年将《消防救援法》修改为《救援法》时，对第19条进行修订，确认了1995年2月28日爱沙尼亚政府对海上搜救职能的调整。

1998年6月2日，根据1998年《救援法》第19条，爱沙尼亚政府批准《爱沙尼亚内海、领海、专属经济区和楚德湖区的搜救行动程序》[②]，明确由边防局所属海上搜救中心（Merevalvekeskus）负责组织海上和楚德湖区失事船只、飞机和人员的搜救工作，并将上述区域称为“爱沙尼亚海上救援区”（Estonian Maritime Search and Rescue Region，Estonian MSRR），在纳尔瓦等地设4个海上搜救分中心，接受当地边防机构指挥。2002年，爱沙尼亚政府颁布《爱沙尼亚海域及边境水域搜救和海洋污染监测、清理程序》[③]，将立法依据由《救援法》第19条调整为《警察和边防法》第3条，并将海上污染清理的职责也赋予了边防局，同时将“爱沙尼亚海上救援区”改称为“爱沙尼亚搜救区”，相应将英语名称修改为“Estonian Search and Rescue Region”，简称“Estonian SRR”。

根据2010年1月1日起生效的《警察和边防法》（*Politsei ja piirivalve seadus*）[④]，内政部将公民和移民局、边防局、警察局合并，组建警察和边防局（Politsei - ja Piirivalveamet）。海上救援职能由警察和边防局继续承担，由位于塔林的海空救援协调中心（Mere - ja lennupääste koordinatsioonikeskus，JRCC）协调指挥。目前，警察和边防局共

---

① 《海上搜救和海洋污染监测清理工作的组织》（RT I 1995，24，340），https：//www. riigiteataja. ee/akt/32340。

② 《爱沙尼亚内海、领海、专属经济区和楚德湖区的搜救行动程序》（RT I 1998，52，778），https：//www. riigiteataja. ee/akt/75393。

③ 《爱沙尼亚海域及边境水域搜救和海洋污染监测、清理程序》（RT I 2002，66，403），https：//www. riigiteataja. ee/akt/183638。

④ 《警察和边防法》（RT I，27. 05. 2022，28），https：//www. riigiteataja. ee/akt/127052022028。

有近百艘各类船只（包括巡逻艇、摩托艇、气垫船等），以及4架直升机、3架固定翼飞机可供海空救援使用。除塔林机场外，还在库雷萨雷岛建设了备用机场。关于海上救援的具体实施，本书不做详述。

1.2.2　救援机构的职责概述

根据现行《救援法》第5条第（1）款，救援局的职责包括：（1）在陆地和内陆水域执行救援工作，法律另有规定的除外；（2）按照《警察和边防法》的规定，参与近岸海域遇险人员搜救工作；（3）在陆地和内陆水域执行排爆工作；（4）监督《消防安全法》和其他有关消防安全的法律法规执行情况；（5）根据救援局的目标和职责，对指定的火灾进行原因调查；（6）开展灾害事故预防工作；（7）履行《危急事件法》规定的应急准备和应急响应职责；（8）审查总体规划和详细规划；（9）对于法律规定需要进行消防安全设计的建筑，按照《建筑法典》的规定，在收到申报材料10日内做出是否同意发放施工或者使用许可的决定；（10）其他法定职责。

2014年10月3日内政部修订《救援局章程》，此后又做了3次修订。根据现行《救援局章程》①，救援局负责组织预防、安全监督、救援、排爆和危机管理工作，具体承担13项任务：

（1）确保做好救援和排爆准备，执行救援和排爆任务；

（2）按照法定程序开展相关监督工作；

（3）按照法定程序追究违法行为责任；

（4）组织开展灾害事故预防工作；

（5）组织和协调危机管理活动；

（6）组织志愿救援人员开展活动；

（7）分析安全风险因素；

（8）编制救援工作发展规划，制修订有关救援工作的政策文件，就相关立法和标准制定工作提出建议，参与起草救援领域立法草案并提出意见；

（9）收集、处理、存储和公开与救援局职责有关的信息；

（10）按照法定程序向公众发布风险预警、进行安全提示；

（11）根据履职需要，与其他政府机构、地方政府、非政府组织和外国政府相关机构、国际组织开展必要的合作；

（12）在不影响履行主要职责的前提下，依法开展救援领域的收费服务；

---

① 《救援局章程》（RT I，09.10.2014，9），https：//www.riigiteataja.ee/akt/115022017004。

（13）履行其他法定职责。

图 3-1 是救援局的现行组织架构图①。救援局设局长 1 名、副局长 2 名和若干名顾问。局长管理副局长和 4 名救援中心主任，2 名副局长分别主管救援业务和行政业务。救援局共有 16 个内设机构：救援处、安全监督处、应急管理处、预防处、规划处、行政处、通信处、人事处、财务处、法制处、排爆中心、东部救援中心、南部救援中心、西部救援中心、北部救援中心和爱沙尼亚消防博物馆。各区域救援中心，下设预防办公室、安全监督办公室、应急准备办公室和救援部（管理维修保障分队和辖区内的救援站）。救援局内设机构及其职责：

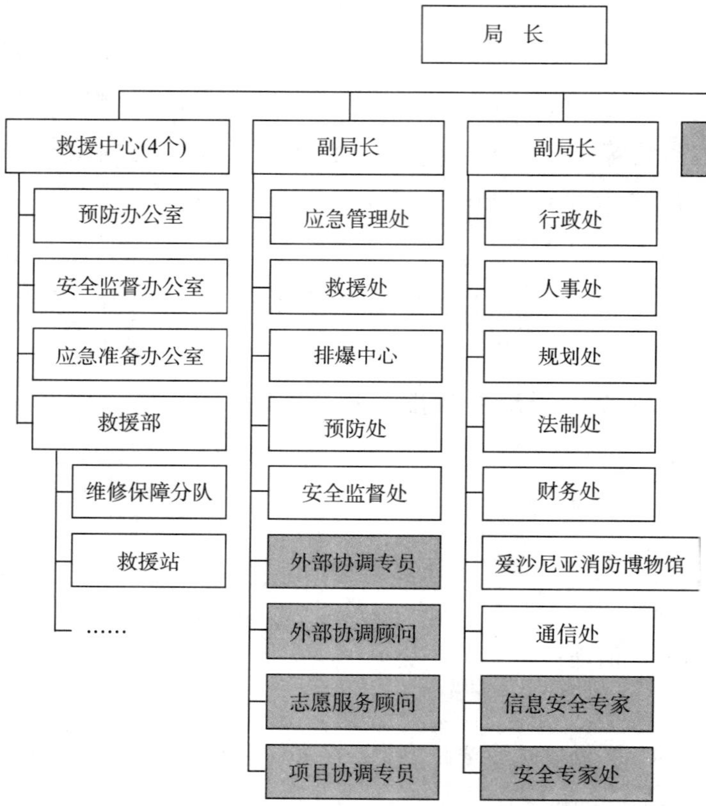

图 3-1　救援局架构

救援处：（1）组织开展救援工作；（2）评估救援工作的质量和效果；（3）开展风险评估，规划救援力量体系，做好救援准备；（4）协调管理大规模、长时间的救援工作。

① 救援局，https：//www. rescue. ee/files/2019-02/1. png。

安全监督处：（1）组织开展安全监督工作；（2）评估安全监督工作的质量和效果；（3）开展风险评估，规划安全监督工作；（4）对产品和服务是否符合消防安全要求开展监督；（5）组织协调落实《消防安全法》《化学品法》和其他相关法律对化学品消防安全的要求。

应急管理处：（1）组织开展应急准备工作；（2）评估应急准备工作的质量和效果；（3）开展风险评估，规划应急准备工作；（4）参与制定和执行爱沙尼亚的国际民防政策；（5）组织提供和接收跨境救援和人道主义援助。

预防处：（1）组织开展预防工作；（2）评估预防工作的质量和效果；（3）开展风险评估，规划预防领域的工作；（4）将预防工作全面融入救援局的工作领域；（5）组织和协调预防领域的宣传工作；（6）与其他政府部门、地方政府机构和法人组织合作开展预防工作。

规划处：（1）评估发展规划工作的质量和效果；（2）围绕救援局战略目标，进行数据统计分析；（3）组织协调救援局的规划和发展工作；（4）开发应用有关救援服务及其流程的管理方法；（5）根据需求，组织协调运用信息技术；（6）进行外部和内部环境分析，评估救援局面临的风险及其影响。

行政处：（1）开展行政服务，评估服务的质量和效果；（2）管理救援局的房产；（3）管理各类装备器材；（4）为大规模或者长时间的救援和排爆工作提供支持，为国际救援或演习提供后勤保障。

通信处：（1）开展通信服务，评估服务的质量和效果；（2）组织协调内部和跨部门通信；（3）组织协调救援局的通信保障；（4）组织协调风险与危机沟通。

人事处：（1）开展人力资源工作，评估质量和效果；（2）制定人事管理原则并组织实施；（3）组织人员招录；（4）组织人员培训；（5）开展人员分析、制定人力资源规定；（6）提供工资核算所需的服务和雇佣关系；（7）组织职业健康工作；（8）档案管理。

财务处：（1）提供经费保障，评估质量和效果；（2）编制预算并监督预算执行情况；（3）会计；（4）财务分析。

法制处：（1）开展法制工作，评估质量和效果；（2）组织协调参与起草相关立法草案；（3）组织协调起草相关立法草案；（4）法律咨询；（5）确保内部文件、拟订协议和其他涉及法律内容的文件的合法性；（6）作为救援局的代表参加诉讼；（7）组织采购；（8）参与行政复议程序。

排爆中心：（1）组织开展排爆工作；（2）评估排爆工作的质量和效果；（3）开展风险评估，规划排爆工作发展；（4）实施排爆作业；（5）收集、处理和分析与排爆工作有关的信息；（6）处置化学品和放射性物质，应对化学和放射性攻击。

救援中心：（1）按照救援局制定的标准，提供救援服务；（2）确保做好救援准备，实施救援工作；（3）开展消防安全监督、化学品安全监督，实施行政强制措施；（4）追究违法行为的责任；（5）开展预防工作；（6）开展危机管理活动；（7）组织所在区域危机管理委员会的工作；（8）监督《化学品法》执行情况；（9）组织志愿救援人员开展活动；（10）与其他政府部门、地方政府机构和法人组织合作履行职责。

爱沙尼亚消防博物馆：（1）开展博物馆服务，评估服务质量和效果；（2）征集救援领域的资料；（3）按照《博物馆法》第15条第（1）款的规定，保存、记录和描述博物馆藏品并纳入数字博物馆资料库，保护和修复藏品；（4）开展展览、教育、出版、宣传等活动，向公众介绍救援领域的历史文化传承；（5）与其他博物馆和机构开展合作；（6）履行法律赋予博物馆的其他职能。

恢复独立后，爱沙尼亚消防博物馆（Tuletõrje Muuseum）经历了曲折的发展过程。2002年之前，博物馆一直由救援局管理，2002年10月31日内政部通过《国家博物馆爱沙尼亚消防博物馆的建立和章程》（2003年1月1日起生效）①，将博物馆确定为内政部管理的公共机构，位置仍在维鲁街1873年建成的消防站内，职责是收藏、研究、展示爱沙尼亚消防活动的历史和当代资料，面向公众开展消防宣传普及工作。2008年1月23日，内政部将消防博物馆改组为"爱沙尼亚国内安全博物馆"（Eesti Siseturvalisuse Muuseum）②，并迁址到劳阿街1939年建成的消防站（也是爱沙尼亚救援局办公场地）。根据新章程，国内安全博物馆的职责是收藏、研究和展示有关爱沙尼亚国内安全的活动、文化、教育、研究等资料，开展面向公众的宣传教育——通篇只字未提"消防"（Tuletõrje）和"救援"（Pääste），令人唏嘘。这一状况持续到2013年11月1日，随着国内安全博物馆被撤销，爱沙尼亚消防博物馆得以恢复，同日生效的《救援局章程》明确规定，消防博物馆由救援局管理。表3-2是爱沙尼亚消防博物馆的名称和隶属关系演变过程（笔者整理）。

表3-2 爱沙尼亚消防博物馆的名称和隶属关系演变示意表

阶段	名称	隶属
1974—1978年	塔林消防博物馆	爱沙尼亚志愿消防协会
1978—1989年	爱沙尼亚苏维埃社会主义共和国消防博物馆	内务部消防管理局

① 《国家博物馆爱沙尼亚消防博物馆的建立和章程》（RTL 2002, 125, 1822），https://www.riigiteataja.ee/akt/214298。

② 《爱沙尼亚国内安全博物馆章程》（RTL 2008, 10.126），https://www.riigiteataja.ee/akt/12915305。

续　表

阶段	名称	隶属
1989—2002 年	爱沙尼亚消防博物馆	内政部消防救援局、消防局、救援局
2003—2008 年	爱沙尼亚消防博物馆	内政部
2008—2013 年	爱沙尼亚国内安全博物馆	内政部
2013 年迄今	爱沙尼亚消防博物馆	内政部救援局

目前，爱沙尼亚消防博物馆的藏品已达 2 万多件，包括不同时期的消防车辆装备和制服、徽章、旗帜等实物以及文献档案和丰富的音视频资料，还有一个小图书馆。博物馆的常设展介绍了中世纪以来的爱沙尼亚消防历史，一大特色是在模拟民居内展示了 27 种油灯、马灯——在电能普及之前，照明用火是引起火灾的最主要原因。2019 年，为纪念爱沙尼亚全国消防联盟成立 100 周年，博物馆还在塔尔图大学等地进行了巡回展览。到 2020 年，自 2014 年启动的展品数字化工作已基本完成。虽然博物馆编制只有 5 人（馆长、策展员、保管理员和 2 名财务人员），但管理井井有条，网站内容丰富多彩，可以使用爱沙尼亚语、俄语、英语浏览。每年初夏，还会选择一个周六举办“博物馆奇妙夜”（Muuseumiöö）活动，2022 年的活动是在 5 月 21 日晚 6 时至 11 时，内容包括展示消防装备、讲解消防救援知识，塔林消防乐队演奏消防题材音乐等。最受孩子们欢迎的，是与消防狗努布卢（tuletõrjekoer Nublu）的互动——木偶戏主角努布卢是一只拉布拉多猎犬，迷路走进消防站，成为消防队员的宠物，以各种有趣的方式宣传消防知识，深受儿童喜爱。

如第二章所述，2012 年救援机构重组后，救援局确立了“服务导向”的绩效管理模式。目前，救援局在网站主页以“服务清单”的形式，公开了救援机构提供的 28 项服务项目①，见表 3-3。救援机构提供的服务，大致可以分为五方面：一是建筑消防审查、化学品监督、消防安全检查、消防安全技术服务监督、火灾事故调查等监督执法活动；二是消防博物馆展览、公众安全意识（消防安全、防范爆炸品事故、水域安全）、支持志愿服务事业发展等社会化工作；三是危急事件风险管理、应急响应、危机信息服务等；四是基本救援活动、火灾和森林火灾扑救，以及化学品事故救援、排爆、高空救援、水域救援、绳索救援、滑坡救援、溢油处置等专业救援；五是国际救援合作，包括提供跨境救援和接受国外提供的援助。

① 救援局《服务清单》（Teenused），https：//www. rescue. ee/et/teenused。

表 3－3　救援局“服务清单”28 项服务

名称	内容
建筑消防审查	审查建筑规划、设计及建筑物及其材料是否符合消防安全要求；采取强制措施确保建筑符合消防安全要求；修订有关设计、施工的法律、规范和标准
消防博物馆展览	通过消防博物馆的常设展和结合各类活动的专题展、临时展，介绍爱沙尼亚救援事业发展历史；通过交互式展陈方式，提高公众的消防安全意识和安全行为能力
公众应急准备	与志愿者、地方政府等合作，组织开展应急准备培训，提高公众特别是重点人群的应急意识、态度和行为能力
公众爆炸品安全意识服务	通过开展宣传、培训和咨询服务，提高公众防范爆炸品事故风险的意识
公众消防安全意识服务	通过开展宣传、培训和咨询服务，提高公众的消防安全意识
公众水域安全意识服务	通过开展宣传、培训和咨询服务，提高公众的水域安全意识
危急事件风险管理	针对救援局负责的灾害类型，开展危急事件风险评估并定期更新；根据相关威胁和风险因素的变化，运用风险评估报告确定的防灾、减灾措施；协调编制应急预案
危急事件准备	提高救援人员的知识、技能和经验，加强与其他机构的合作和信息沟通，建立有效应对危急事件的应急准备平台，满足有效应对危急事件的需要
化学品和放射性物质清除	侦检、防范和消除化学品、放射性物质危害
化学品事故救援	使用专业装备、专业人员，处置涉及危险化学品的灾害事故
化学品监督	监督存在重大事故风险的化学品生产经营企业，督促落实预防事故发生、减轻事故后果的措施，并向公众通报相关信息；参与化学品安全方面的国际合作
危机信息服务	在发生灾害事故和开展救援行动时向公众提供相关信息，减少对人员生命健康和财产、环境安全的威胁
高空救援	使用拉梯在 10 m 以内高度进行救援；使用云梯消防车或者登高平台消防车在 54 m 以内的高度进行救援
弹药清除	专业排爆队做好处置弹药等爆炸物威胁的准备，处置废弃弹药时重视保护自然环境；开展本领域的国际合作
森林火灾扑救	具备多种环境条件下，使用专业装备和工具扑救火线长度不超过1500 m 的森林火灾的能力
溢油处置	消除泄漏的石油产品对陆地、海岸线和内陆水域的污染，并具备关阀堵漏和泵输转运泄漏石油产品的能力
绳索救援	具备在 50 m 以内的高度和深度使用绳索营救被困人员的能力

续　表

名称	内容
跨境救援和人道主义援助	确保爱沙尼亚救援队（EDRT）符合国内、国际相关标准，满足开展国际救援、处置国际危急事件的要求；建立及时有效接受和提供跨境救援的机制
排爆	预防、辨识和消除炸弹及其他爆炸品；维护爆炸事故现场的安全，协助开展事故调查；具备探测爆炸物的能力
基本救援	火灾扑救；交通事故救援；营救被困人员；消除威胁因素以防范灾害事故；营救生命受到威胁的动物、鸟类；为遇险人员提供现场急救，直至专业医疗人员到场；从危险区域疏散人员
火灾事故调查	记录火灾相关信息，调查分析火灾原因，防止类似事故发生；追究火灾事故责任，参与相关诉讼，发布火灾信息；作为专家参与其他机构组织的相关调查
消防安全检查	根据风险识别和实际需要，检查建筑是否符合消防安全要求；运用行政和轻罪追究程序、强制措施，确保建筑符合消防安全要求；建立供业主提交建筑消防安全自查报告的网络平台
消防安全技术服务监督	与相关方合作，监督消防技术服务机构和消防产品的质量符合消防安全要求
支持志愿救援事业	支持志愿者参与救援事业，为志愿救援人员提供培训和参与救援服务的机会
泡沫灭火	具备使用泡沫扑救可燃液体和固体火灾的能力；在发生灾害事故和出现危险情况时迅速有效生成泡沫，进行灭火和防护
滑坡救援	发生滑坡事故时，使用专业救援设备开展救援行动
水下排爆	具备在水下排除弹药和其他爆炸物，转移到安全地点的能力
水上救援	在浪高 2 m、距离岸线 1 海里的海面或内陆水域，使用救生船救援遇险人员

上述服务内容的一个突出特点是量力而行，根据救援局的装备水平和人员技能，对一些专业救援能力进行了量化表述。比如：高空救援时，使用拉梯的限度是 10 m 之内，使用云梯消防车或者登高平台消防车的限度是 54 m 之内；绳索救援的高度（地面上）和深度（地面下）不超过 50 m；水上救援限于浪高 2 m、距离岸线 1 海里以内的海面或内陆水域；扑救森林火灾的能力限度是单起火灾的火线长度不超过 1 500 m。当然，实践中绝不是超过上述限度就不予救援，而是提醒救援人员，意识到自身的装备和训练水平可能不足以安全实施救援，需要采取额外措施，包括启动部门协作机制，运用其他部门

的专业设备辅助救援，同时注意救援人员的自身安全；另一方面，一旦救援失败，当事人提出异议和诉讼时，也是豁免救援机构和人员责任的重要依据。

火灾调查，是消防救援领域的重要基础性工作。通过查明火灾原因，不但可以发现直接或间接导致火灾发生和损失扩大的安全隐患及违法行为，在采取补救措施、追究事故责任的同时，更可以查找火灾预防和灭火救援工作存在的问题与不足，进而提出改进火灾预防和提高灭火救援装备、战术水平的对策，指导制定和修改完善相关的法规标准，预防和减少类似火灾的反复发生。爱沙尼亚救援机构一直参与火灾调查（Tulekahjude Uurimine）。恢复独立初期，延续苏联时期的做法，由救援监督人员负责火灾调查，但不久即将火灾调查权赋予警察机构，救援监督人员只是作为专家参与调查。1999年火灾调查权重新调整至救援局，救援局配置了相关装备并开展了人员培训。2007年火灾调查权被再次调整分配给警察，救援局的技术人员继续作为专家参与火灾调查。虽然救援机构及其人员一直在参与火灾原因调查工作，但由于缺乏明确的法定授权，救援机构不能与有关政府机构和企业等单位建立协作机制，影响了及时获取相关信息和数据。

在2019年5月3日总理府提交议会的《救援法》等法律修订草案说明①中，救援局反映，除非主动向警察和边防局提出要求，否则无法得到火灾的相关信息。救援局向有关机构和单位索取火灾信息时，常常因为法律没有明确授予救援机构火灾事故调查权而遇到阻碍。比如，保安公司拒绝向救援机构提供起火场所的视频监控数据，救援机构怀疑建筑火灾是停电后明火照明引起，向电力公司索取停电送电等电网运行信息时，也可能遭到拒绝，此外，其他国家机关、医疗机构都曾经拒绝向救援机构提供与火灾有关的数据信息，特别是在了解火灾受伤人员是否死亡以及受伤情况时，医疗机构往往会出于保护当事人隐私而拒绝提供。仅2016年救援局就遇到76起类似事件。

为解决上述问题，2020年6月17日议会修订《救援法》（7月15日生效），在第5条“救援机构职责”之第（1）款“救援局职责”，增加第3^1）项“根据救援局的目标和职责，对指定的火灾进行原因调查”，将火灾调查职责再次赋予救援机构。上述规定之所以强调只对指定的火灾进行原因调查，一方面是由于救援机构人力有限，不可能对所有火灾进行调查；另一方面对所有火灾进行调查也确无必要——在目前的实践中，主要是对特定用途（如居住建筑）、人员集中（如人员密集场所）的建筑发生的火灾进行

① 《〈救援法〉〈武器法〉修订草案说明》，https：//eelnoud. valitsus. ee/main/mount/docList/c6372b37 - 6c09 - 419a - b1e0 - 398f224e5130？activity = 1#Inw1fLsw。

调查。需要强调的是，议会在审议《救援法》修订草案时同意救援局的观点，认为火灾原因调查不属于国家监督行为，而是《行政程序法》（*Haldusmenetluse seadus*）[1] 意义上的程序性行为。

1.2.3　救援机构的监督职责

在救援领域开展监督执法工作，是救援机构的重要职责。2014 年 7 月 1 日，全面修订后的《执法法》施行，《救援法》同步进行修订，将第四章由原来的“救援机构的措施和辅助手段”修改为“国家监督”，规定救援机构应当按照《执法法》的程序，在救援领域实施国家监督的一般措施、特别措施和强制措施。

1.2.3.1　《执法法》《强制执行法》简介

《执法法》《强制执行法》是爱沙尼亚主要的行政行为法。2011 年 2 月 23 日议会通过《执法法》（*Korrakaitseseadus*）并施行至今，截至 2022 年 7 月 19 日最近一次修订，共修订 17 次[2]。《执法法》规定了“保护公共秩序”（avaliku korra kaitse）——直译“执行法律”——简称“执法”（korrakaitse）的一般原则、依据和组织实施。

《执法法》第一章“总则”明确了“执法”“公共秩序”“威胁公共秩序”“危害公共秩序”“公共秩序责任人”“执法机关”“国家监督”等基本术语的定义。“执法”是“预防、识别和消除对公共秩序的威胁，制止危害公共秩序的行为”。作为执法行为维护的客体，“公共秩序”（Avalik kord）是指“遵守法律规范、保障人民合法权利的社会状态”。“威胁公共秩序”（Oht avalikule korrale）是“根据对已掌握情况的客观评估，即将发生危害公共秩序行为的情况”——根据紧急程度、发展态势和可能造成的危害程度，将威胁公共秩序的情形分为“威胁”（Oht）、“重大威胁”（Oluline oht）、“严重威胁”（Kõrgendatud oht）、“即时威胁”（Vahetu oht）、“疑似威胁”（Ohukahtlus）。“危害公共秩序”（Korrarikkumine）是指“违反保护公共秩序或者个人权利的法律规范”。为突出执行法律的主体责任，《执法法》第 2 条即强调“执行法律是公共秩序责任人的义务”——“公共秩序责任人”（Avaliku korra eest vastutav isik）是“造成疑似威胁或现实威胁、违反公共秩序，或者可能导致上述情形加重的人”。如果没有公共秩序责任人，或者其活动不足以维护公共秩序，则由执法机关负责法律的执行——“执法机关”（korrakaitseorgan）是“法律、法规授权行使国家监督职能的机关、团体或个人”。“国家监督”（Riiklik järelevalve）是“执法机关为预防、识别并消除对公共秩序的威胁，或者制

① 《行政程序法》（RT I 2001，58，354），https：//www.riigiteataja.ee/akt/113032019055。
② 《执法法》（RT I，22.03.2011，4），https：//www.riigiteataja.ee/akt/106082022016。

止违法行为而开展的活动”。需要强调的是，《执法法》是对各个领域行政执法行为的统一规范，其术语也具有通用性，《救援法》第3条“术语”即强调，《执法法》的术语适用于《救援法》。

《执法法》第三章“国家监督措施”共三节，分别是：一般规定，国家监督的一般措施，国家监督的特别措施。其中，国家监督的一般措施主要包括“通知”“责令整改通知”“行政强制执行”。“通知”（Teavitamine）是“执法机关依照职权范围，采取公告、建议、警告等措施，向公众或个人提示预防威胁，或者通告疑似威胁、危害公共秩序的行为”。为切实维护当事人的合法权益，《执法法》专门规定，执法机关在向公众或个人通报疑似威胁、威胁和危害公共秩序的行为时，只有在不可避免的情况下才可以披露个人信息；如果发出通知后，经确认该威胁并不存在，根据当事人的要求或者为了维护重大公共利益，执法机关应当以原通报的形式和范围，发布不存在威胁的通告。

“责令整改通知”（Ettekirjutus），是指在出现威胁或者危害公共秩序的行为时，执法机关向公共秩序责任人发出通知，要求其履行消除威胁或者制止、整改违法行为的义务。责令整改通知应当警告公共秩序责任人，如果逾期未采取措施预防和消除威胁，执法机关将依法采取行政强制执行措施——根据《强制执行法》（*Asendustäitmise ja sunniraha seadus*）①，“行政强制执行”（Haldussunnivahend）是指行政机关下达《责令整改通知》后，如果当事人逾期未履行相关义务，行政机关采取的代履行（Asendustäitmine）和罚款（Sunniraha）等措施。对同一违法行为，可以多次强制执行或者变更强制执行措施，直到达到目的。

现行《强制执行法》共三章17条，分别是“总则”“程序”和“法律实施”。第一章“总则”规定了强制执行的内容、原则、对象和实施机关；第二章“程序”规范了强制执行的程序，基本相当于我国《行政强制法》第四章“行政机关强制执行程序”的规定。下面，结合爱沙尼亚《强制执行法》和我国有关强制执行的法律制度，予以初步比较。

首先，根据《强制执行法》第7条，行政机关在采取强制执行措施前，应当向当事人送达书面《警告书》（Hoiatuse），载明以下信息：当事人的姓名或者名称、地址，强制执行的理由和依据，当事人主动履行义务的期限，拟采取的强制执行措施方式，发出警告的行政机关、审批人和日期。《警告书》可以与《责令整改通知》一并发出，也可以单独发出。为确保《责令整改通知》规定的义务得以实施，行政机关如需采取多种强

① 《强制执行法》（RT I 2001，50，283），https：//www.riigiteataja.ee/akt/112072014029。

制执行措施，应当注明强制执行措施的种类、实施顺序和日期。我国《行政强制法》第三十五条也有类似规定，要求行政机关在做出强制执行决定前，应当以书面形式，事先催告当事人履行义务。

其次，为切实保障当事人和利害关系人的救济权，《强制执行法》第 8 条规定，如果当事人提出推迟强制执行的合理请求，行政机关可以决定推迟执行，并重新下达《警告书》，确定新的履行义务期限，但期限延长不得超过两个月。我国《行政强制法》第三十六条更为具体，规定当事人在收到催告书后，有权进行陈述和申辩，行政机关应当充分听取并记录、复核当事人的意见，当事人提出的事实、理由或者证据成立的，应当予以采纳。

再次，采取强制执行措施必须下达《强制令》。根据《强制执行法》第 9 条，如果当事人逾期未履行《责令整改通知》确定的义务，行政机关应当向其下达书面《强制令》（Täitekorraldus），载明以下信息：下达《责令整改通知》并实施强制执行措施的行政机关名称，当事人的姓名或者名称，下达《责令整改通知》的依据，强制执行措施及其执行地点。我国《行政强制法》第三十七条规定，当事人经催告，逾期仍不履行行政决定且无正当理由的，行政机关可以做出强制执行决定；催告期间，如果有证据证明有转移或者隐匿财物迹象，行政机关可以做出立即强制执行决定。

最后，建立了代履行制度并明确了配套措施。根据《强制执行法》第 11 条至第 15 条的规定，如果当事人逾期未履行《责令整改通知》确定的义务，行政机关可以自行履行，或者安排第三方履行——称为“代履行”；如果必须立即消除对公共安全或公共秩序的直接威胁，则行政机关无需下达《责令整改通知》《警告书》《强制令》，可以直接组织代履行；如果对公共安全或公共秩序构成迫在眉睫的威胁，需要在限期之前履行义务的，行政机关可以不经警告或下达强制令，直接申请代履行；行政机关或者依其授权实施代履行的第三方，应当详细记录代履行过程。代履行的费用，包括执行代履行的行政机关开支、支付给执行代履行的第三方的费用，以及因实施代履行而造成的损害赔偿，均由当事人承担。根据《执法法》第 28 条第（2）款，对当事人拒不履行义务的罚款上限，由各专门法规定，如《消防安全法》第 41 条规定的上限是 3 200 欧元，《建筑法典》第 133 条规定对自然人和法人的罚款上限分别是 6 400 欧元和 45 万欧元，如果专门法没有规定，则罚款上限是 9 600 欧元。

我国《行政强制法》第五十条则限定了代履行的范围，规定行政机关依法做出要求当事人履行排除妨碍、恢复原状等义务的行政决定，当事人逾期不履行，经催告仍不履行，已经或者即将危害交通安全、造成环境污染或者破坏自然资源的，行政机关可以代履行，或者委托没有利害关系的第三人代履行。代履行前，应当送达代履行决定书，载明当事人的姓名或者名称、地址，代履行的理由和依据、方式和时间、标的、费用预算以及代履行人；在代履行三日前催告当事人履行，如果当事人履行的，则停止代履行；代履行的费用按照成本合理确定，由当事人承担（法律另有规定的除外）；代履行不得采用暴力、胁迫以及其他非法方式。

《执法法》第三章第三节“国家监督的特别措施”（Riikliku järelevalve erimeetmed）分三小节，第一小节“与个人信息处理相关的国家监督特别措施”（第30条至第35[1]条），包括“盘问和检查证件”“传唤”“识别身份”“使用特殊技术识别身份”“查看视频监控信息”“使用通信运营商提供的个人信息”“处理紧急报警号码收到的报警信息”7类具体措施。第二小节“适用于疑似醉酒人员的国家监督特别措施”（第36条至第43条），包括“醉酒的检查和判定”等7类具体措施——专门设定针对醉酒的执法措施，可见酗酒问题在爱沙尼亚的严重程度。事实上，在酗酒造成的一系列社会问题中，火灾尤为突出，醉酒人员因意识和行动能力减低而在火灾中伤亡，一直是爱沙尼亚严重的消防安全问题。以2021年为例，全年共有39人因火灾丧生（男性28人，女性11人），其中23人（男性17人，女性6人）在死亡时处于醉酒状态，占火灾遇难人员总数的59%，血液酒精含量平均为263 mg/100 ml，最高达到446 mg/100 ml。

第三小节“国家监督的其他特别措施”（第44条至第53条），逐一规定了“禁止停留”“拦停车辆”“留置”“安检”“人身检查”“物品检查”“强行进入”“搜查”“扣押物品”“拍卖或者销毁物品”10类国家监督的特别措施。上述措施适用于不同的领域，具体适用由相关的专门法律确定。

“禁止停留”（Viibimiskeeld），是指警察或者法律规定的其他执法机关暂时禁止人员接近某一地点或在该地点停留，适用于以下6种情形：人员生命健康面临即时威胁；保护重大公共利益；辨识和预防正在加剧的威胁；确保被保护对象的安全；确保刑事诉讼程序；确保实施国家监管措施。执法机关应当以清晰易懂的方式，标明禁止停留的范围，禁止停留的时限不得超过12 h，如需延长，必须报经所在区域的警察或救援中心的负责人批准。

“拦停车辆”（Sõiduki peatamine），是指警察或者法律规定的其他执法机关人员，为预防、发现或者消除违规行为而要求车辆停驶。执法人员在拦停车辆时，应当穿着制服或者驾驶标志明显的公务用车，使用信号旗、信号灯、烟火、扩音器等方式，发出明确的停车信号，对于拒不执行停驶命令的车辆，可以按照规定程序设置路障强制停车，或者使用武器等特殊手段强制停车。

“留置”（Isiku kinnipidamine），是指警察或者法律规定的其他执法机关将当事人限制在房间、车辆内，或者以其他方式暂时限制其人身自由，适用于以下6种情形：

制止即将发生的犯罪；人员生命健康面临即时威胁；执行法院下达的限制令；将伤病或者老幼人员移交其监护人；临时安置申根信息系统中的失踪人员；将处于危险之中的儿童转送到安全地点。执法机关应当以被留置人员能够理解的语言和方式，向其告知留置理由、宣布其权利，及时通知其近亲属并允许会面。在做出留置决定的依据存在期间，可以一直采取留置措施，但不得超过 48 h。如需延长留置时间，必须经法院同意。

“安检”（Turvakontroll），是指警察或者法律规定的其他执法机关通过观察、接触或者使用技术设备、服务动物，检查人员或其衣物，以确保未持有危害自己或他人的物品，适用于以下 6 种情形：进入政府机构建筑或场所；确保被保护人员或对象的安全；确保能源、通信、供水等重要基础设施的安全；避免正在加剧的威胁；当事人可能被剥夺自由；当事人需要被转移至警察或其他行政机关的办公场所。除非为了避免迫在眉睫的威胁，安检应当由同性别人员进行。安检过程中，如果为实施安检而不可避免，安检人员有权采取直接强制措施。

“人身检查”（Isiku läbivaatus），是指警察或者法律规定的其他执法机关检查当事人的身体、体腔、衣服、饰物，或者穿戴在身上的其他物品，适用于以下 3 种情形：有理由认为其携带依法应当扣押、没收的物品；重要政府机构内部或附近可能构成重大威胁的人员；对于确认身份不可避免。除非为了避免迫在眉睫的威胁，人身检查应当由同性别人员进行，或者由异性医务人员进行。如需到医疗机构进行检查，应当到执法机关定点的医疗机构实施。人身检查过程中，如果为实施检查而不可避免，执法人员有权采取直接强制措施。

“物品检查”（Vallasasja läbivaatus），是指警察或者法律规定的其他执法机关不经当事人同意，使用人工或者技术手段、服务动物，对其携带的物品进行检查，适用于以下 7 种情形：进入政府机构建筑或场所的人员携带的物品；需要接受安检或可能被依法审查的人员携带的物品；可能被依法限制人身自由的人员携带的物品；有理由认为属于可能被扣押、没收的物品；进入或接近能源、通信、供水等重要基础设施的人员携带的物品；确保被保护人员或对象的安全；依法预防、识别和消除对公共秩序的威胁和危害公共秩序的行为。物品检查过程中，如果为实施检查而不可避免，执法人员有权采取直接强制措施。

“强行进入”（Valdusesse sisenemine），是指警察或者法律规定的其他执法机关不经所有权人同意，进入不动产、建筑、住宅或房间，包括开门、清除障碍等，适用于以下 3 种情形：识别或者消除正在加剧的威胁；有理由认为可能被限制人身自由，或者生命健康受到威胁的人位于不动产、建筑或房间内；依法预防、识别和消除对公共秩序的威胁和危害公共秩序的行为。执法机关实施强行进入时，虽然可以不经所有权人同意，但应当尽量通知所有权人或者其代理人在场，并尽量在7时至23时之间进入相关场所，或者在经营性场所的营业期间进入。对强行进入住宅（特别是23时至7时之间）做了更为严格的限制：只有无法通知所有权人，而且是为了制止违法行为或者避免正在加剧的威胁，才可以在所有权人不知情的情况下强行进入住宅。强制进入过程中，如果不可避免，执法人员有权采取直接强制措施。

“搜查”（Valduse läbivaatus），是指警察或者法律规定的其他执法机关不经所有权人同意，检查不动产、建筑或房间，包括检查其中的物品、开门和清除障碍等，适用于以下3种情形：有理由认为可能被限制人身自由或者生命健康受到威胁的人位于建筑或场所内；识别或者预防正在加剧的威胁；依法预防、识别和消除对公共秩序的威胁和危害公共秩序的行为。23时至7时期间，只有为了避免正在增加的危险，才允许对住宅进行搜查。根据《执法法》第51条第（2）款，只有经当地法院同意后，执法机关才可以搜查住宅或者营业场所；如果为防止迫在眉睫的威胁而来不及向法院申请搜查令，应当及时补办申请，如果法院拒绝下达搜查令，执法机关应当即时终止搜查。

“扣押物品”（Vallasasja hoiulevõtmine），是指警察或者法律规定的其他执法机关在以下5种情况下扣押相关物品：避免即将发生的危险，或者制止危害公共秩序的行为；在公共利益受到威胁的情况下，保护相关物品免于损毁；持有该物品的人员不能提供法律规定的持有证明；持有该物品的人员被剥夺自由，且可能使用该物品伤害自己、他人或者逃跑；安检过程中发现的不属于违禁品，但可能危及人员安全的物品。执法机关负责保管被扣押的物品，应当将不便于保存的物品交由具备保管条件的机构保管。扣押物品过程中，如果不可避免，执法人员有权采取直接强制措施。

“拍卖或者销毁物品”（Hoiulevõetud vallasasja müümine või hävitamine），是指根据执法机关的命令，对扣押物品进行公开拍卖，或者予以销毁，适用于以下5种情形：扣押物品易于腐烂，或者由于其他原因可能失去价值；扣押物品难以维护保养，或者维护保养支出巨大；无法安全保管扣押物品；无法退还给物主；物主放弃该物品。拍卖估价应当参照同类物品的合理市价，如无法确定价格则应委托专业人员评估，拍卖所得款项在扣除保管费和执行费后转交物主。对于无法公开拍卖或者拍卖费用超过该物品价值的，执法机关可以将该物品直接出售；对于无法出售的物品，执法机关可以组织销毁或者收归国有。在将扣押物品出售、销毁或者收归国有后，执法机关应当书面通知物主。

《执法法》第五章“直接强制”规定，对于采取强制执行措施仍然不能解决的问题，可以采取直接强制措施，并规定了直接强制措施的实施主体和实施条件。根据第74条，

“直接强制”（Vahetu sund）是指“使用强制力量、特殊装备或者武器，对自然人、动物或者物品施加影响”。其中，强制力量（Füüsilist jõudu）就是指身体的自然力量，特殊装备包括手铐、警绳、路障、服务动物、水炮、催泪弹、涂色标识等。《执法法》严格限定实施直接强制措施的机构，除警察有权依法使用直接强制措施外，其他执法机关只能在法律规定的情况下，才可以使用直接强制措施。《执法法》第 76 条和第 78 条确定了采取直接强制措施的条件：在采取其他行政强制执行措施不能，或者不能及时确保相对人履行义务、预防和消除威胁的情况下，警察或者其他执法机关可以依法采取直接强制措施；实施直接强制措施之前，执法机关必须向当事人发出警告，告知即将采取的直接强制措施，并规定履行行政行为确定义务的期限。

1. 2. 3. 2　救援机构的监督执法措施

按照《执法法》规定，2014 年 7 月 1 日修订实施的《救援法》第 13^{1} 条规定，救援局在履行职责过程中，有权行使《执法法》规定的以下 6 类特别措施：“盘问和检查证件”“识别身份”“禁止停留”“检查物品”“强行进入”“搜查”；在排爆作业时，可以根据《电子通信法》的规定，在现场实施无线电信号限制和屏蔽措施，以防止爆炸品被遥控引爆。报警中心在履行职责过程中，有权根据《执法法》第 34 条的的规定，查看视频监控信息。

结合救援工作实际，《救援法》第 13^{2} 条规定了救援机构实施国家监督的 4 类专门措施：为预防发生事故危及人员安全，救援局可以禁止人员在内陆水域冰面行走；报警中心在处理紧急报警信息时，可以使用通信企业掌握的报警人员位置信息；救援机构进行救援和排爆作业时，可以不经所有权人同意，根据需要进入各类场地、建筑和住宅、房间，包括开门、拆除障碍物；救援机构进行救援和排爆作业时，可以不经法院许可，根据需要进入私人住宅。为了切实保障当事人的合法权益，该条还专门规定，如果能够确定所有权人，救援机构应当在进入场所和建筑的第一时间予以通知，如果进入后导致贵重资产的安全失去保障，救援局应当进行监护，直到所有权人或者其授权人员，或者警察到场。

根据《救援法》第 15 条的规定，存在以下 2 种情形的，救援官员可以下达《责令整改通知》：安全隐患可能导致灾害事故并造成重大损失的，要求暂停使用相关建筑、暂停相关活动或设备运行；要求采取确保安全、防止发生灾害事故的措施。如果当事人未执行《责令整改通知》，救援人员可以按照《强制执行法》规定的程序，采取代履行或者罚款的强制执行措施，其中，罚款的上限是 3 200 欧元。

2010 年《救援法》第五章“直接强制”赋予了救援机构采取直接强制措施的权力。根据 2014 年 7 月 1 日施行的《执法法》修正案，《救援法》删除第五章，在第四章“国家监督”增加第24[1]条，授权救援人员按照《执法法》的程序使用强制力量、特殊装备或者武器的权力，并将救援局使用的特殊装备限定于专用爆破器材和工作犬（teenistuskoer），武器限于枪支。2020年6月17日议会修订《救援法》《武器法》（7月15日生效），在《救援法》增加第26[1]条，进一步调整了救援机构使用特殊装备、武器的规定。根据《救援法》第24[1]条、第25条、第26条和第26[1]条，救援官员或者依据其命令的救援员可以按照《执法法》的程序和《救援法》的专门规定，使用强制力量和特殊装备。其中，专用爆破器材不得对人员使用，工作犬只能用于嗅探爆炸品和搜寻人员两方面用途；具备相应排爆职业资格的救援人员，在排爆作业时可以佩戴枪支，遇到袭击等紧急情况使用枪支时，不应超过必要的限度。同步修订的《武器法》第35条第（7）款，将具备排爆职业资格的救援人员列入公务用枪人员范围。

1.3 救援机构的编制

2006年15个县级救援机构整合为4个区域救援中心后，东部救援中心615人、西部救援中心768人、北部救援中心889人、南部救援中心902人、合计3 174人。比2005年1月1日起施行的15个县级救援局总编制（3 223人）略减1.5%（49人）。

2007年1月4日和10日，内政部通过第1—6号令，分别批准了救援局、报警中心和4个区域救援中心的新编制，自1月1日起追溯生效，见表3-4（笔者整理）。新编制首次区分了救援人员（päästeteenistujate）和辅助人员（abiteenistuskohtade）的员额。其中，4个区域中心编制2 649名（救援人员2428名，辅助人员221名），比2006年初的3 174人减少16.5%。

表3-4 爱沙尼亚救援人员编制（2007年1月1日）

机构	总编制（人）	救援人员（人）	辅助人员（人）
救援局	193	130	63
报警中心	198	178	20
北部救援中心	679	681	98
西部救援中心	653	604	49
东部救援中心	530	497	33
南部救援中心	787	746	41
合计	3 040	2 736	304

2008 年 1 月 1 日起，内政部首次统一下达救援局、报警中心和 4 个区域救援中心的编制。根据新编制，上述 6 个机构共 2 746 人，比 2007 年减少 9.7%。其中，救援人员从 2 736 人减少到 2 500 人，减少 8.6%；辅助人员从 304 人减少到 246 人，减少 19.1%。此后，内政部又相继于 2009 年、2010 年、2012 年、2013 年多次微调救援人员编制，见表 3－5（笔者整理）。

在 2012 年 1 月 1 日起实施的《救援机构人员编制》中，由于各救援中心已重组为救援局的内设机构，故未再细分救援局本级和区域救援中心的编制，仅规定总编制的上限是 2 382 名（其中救援人员 2 243 名），由救援局以局长令的形式，确定各内设机构的具体编制和职位设置。同时，报警中心升格为内政部直接管理的机构，不再列入救援局序列。2013 年 2 月 9 日生效的《救援机构人员编制》中，救援局编制未变，报警中心编制增加到 204 名（其中救援人员 184 名），以适应报警中心职能的拓展。需要说明的是，上述经批准的编制均为各机构的编制上限，实有人数可能略低于编制上限。

表 3－5　爱沙尼亚救援人员编制（2006 年至今）

生效时间	报警中心（人）	救援局（人）	救援中心（人）				合计（人）
			东部	西部	南部	北部	
2006 年 3 月 1 日	190	210	615	768	889	902	3 574
2007 年 1 月 1 日	198	193	530	653	787	679	3 040
2008 年 1 月 1 日	180	157	491	603	724	591	2 746
2009 年 9 月 1 日	176	154	491	602	724	589	2 736
2010 年 1 月 1 日	173	162	488	600	722	580	2 725
2010 年 4 月 1 日	174	161	488	600	722	580	2 725
2010 年 7 月 17 日	174	161	488	600	722	580	2 725
2011 年 1 月 1 日	174	217	474	587	708	565	2 725
2012 年 1 月 1 日	178	2 382					2 560
2013 年 2 月 9 日	204	2 382					2 586
2013 年 4 月 1 日	278	298	409	587	608	473	2 653
2014 年 1 月 1 日	278	306	408	586	607	473	2 658
2014 年 6 月 1 日	296	2 348					2 644
2016 年 6 月 6 日	291	2 331					2 622
2019 年 6 月 1 日	254	2 331					2 585

2013 年 4 月 1 日《公共服务法》全面修订，将公职人员分为公务员和政府雇员两类，公务员是“与国家、地方政府具有法定服务或委托关系的人员”，政府雇员是“受雇于政府机构，不行使公权力，只提供支持工作的劳动合同人员”。根据上述规定，同日修订生效的《救援机构人员编制》将救援人员分为公务员和政府雇员，其中公务员 867 人，包括 860 名救援官员和 7 名普通公务员；政府雇员 1 508 名，包括 1 354 名救援员和 154 名非救援岗位人员。2014 年 1 月 1 日生效的救援机构编制增加了消防博物馆（编制 5 人）。

按照 2013 年 4 月 1 日生效的行政法规《国家机构的职位构成和分类程序》，各个政府机构的内部职位设置，由主管部门至少每年审查一次，并根据需要在批准的编制范围内进行调整。表 3－6 是 2021 年 12 月 1 日起执行的救援局职位设置，实有 2 321 人（比内政部批准的编制上限 2 331 人少 10 人）①。其中，救援局机关 312 人，北部救援中心 466 人，此前分设的哈留县东部救援部、西部救援部合并为统一的哈留县救援部，辖区内设有 8 个三类救援站（III grupp päästekomando，是人员装备配备最多、职责任务最复杂的救援站；二类救援站次之）、5 个二类救援站；南部救援中心 578 人，设有约格瓦县、珀尔瓦县、塔尔图县、瓦尔加县、维尔扬迪县和沃鲁县 6 个救援部，辖区内设有 4 个三类救援站、18 个二类救援站和 3 个保障分队；东部救援中心 380 人，设有西维鲁、东维鲁县 2 个救援部，辖区内设有 5 个三类救援站、6 个二类救援站和 2 个保障分队；西部救援中心 576 人，设有希尤县－莱内县（人口较少、毗邻的希尤县和莱内县共同设置 1 个救援部）、耶尔瓦县、派尔努县、拉普拉县和萨雷县 5 个救援部，辖区内设有 1 个三类救援站、24 个二类救援站和 4 个保障分队。每个救援中心均设有安全监督办公室、预防办公室和应急管理办公室。4 个区域救援中心共设 14 个救援部、17 个三类救援站、53 个二类救援站和 7 个救援保障分队。

表 3－6　救援局的现行编制（2021 年 12 月 1 日起执行）

<table>
<tr><td colspan="6">救援局机关</td></tr>
<tr><td rowspan="2">312</td><td colspan="2">局长</td><td>副局长</td><td>12 个部门</td><td>辅助人员</td></tr>
<tr><td colspan="2">1</td><td>2</td><td>275</td><td>34</td></tr>
<tr><td colspan="6">北部救援中心</td></tr>
<tr><td rowspan="2">466</td><td>主任</td><td>安全监督办公室</td><td>预防办公室</td><td>应急管理办公室</td><td>小计</td></tr>
<tr><td>1</td><td>29</td><td>10</td><td>48</td><td>88</td></tr>
</table>

① 笔者根据 2021 年 12 月 3 日第 1. 1－3. 1/237 号局长令《救援局的职位和对应的救援人员职级》的附件《职位构成和对应的职级（2021 年 11 月 1 日起）》整理，https：//adr. rescue. ee/paa/fail/1427800/subfile/0。

续　表

北部救援中心								
	人数	负责人	三类救援站（个）	人数	二类救援站（个）	人数	保障分队（个）	人数
哈留县救援部	378	2	8	266	5	110		
南部救援中心								
587 人	主任	安全监督办公室	预防办公室		应急管理办公室		小计	
	1	23	8		39		71	
救援部	人数	负责人	三类救援站（个）	人数	二类救援站（个）	人数	保障分队（个）	人数
约格瓦县救援部	69	2			3	67		
珀尔瓦县救援部	47	2			2	45		
塔尔图县救援部	138	1	2	71	3	61	1	5
瓦尔加县救援部	69	2			3	67		
维尔扬迪县救援部	96	1	1	28	3	62	1	5
沃鲁县救援部	97	1	1	28	4	63	1	5
小计（6 个县）	516	9	4	127	18	365	3	15
东部救援中心								
380	主任	安全监督办公室	预防办公室		应急管理办公室		小计	
	1	21	7		32		61	
救援部	人数	负责人	三类救援站（个）	人数	二类救援站（个）	人数	保障分队（个）	人数
西维鲁县救援部	100	1	1	28	3	66	1	5
东维鲁县救援部	219	1	4	152	3	61	1	5
小计（2 个县）	319	2	5	180	6	127	2	10
西部救援中心（人）								
576	主任	安全监督办公室	预防办公室		应急管理办公室		小计	
	1	18	7		36		62	

续 表

西部救援中心									
		人数	负责人	三类救援站（个）	人数	二类救援站（个）	人数	保障分队（个）	人数
救援部	希尤－莱内县救援部	97	2			5	90	1	5
	耶尔瓦县救援部	85	1			4	79	1	5
	派尔努县救援部	171	1	1	49	7	116	1	5
	拉普拉县救援部	87	2			4	85		
	萨雷县救援部	74	1			4	68	1	5
小计（6个县）		514	7	1	49	24	438	4	20
总计		2 321		17	622	53	1 040	7	15

根据2019年6月1日生效的现行《救援局编制》，救援局编制上限2 331人，其中救援官员894名、救援员1 284名，另有非救援岗位的公务员11人、辅助性职员142人。根据2021年9月16日修订的《报警中心编制》，报警中心编制上限254人，其中救援人员206人，另有非救援岗位公务员2人、辅助性职员46人。以上合计，截至2022年7月底，爱沙尼亚救援局、报警中心总编制上限为2 585名（包括非救援岗位的公务员13名、辅助性职员188名），同期全国人口为1 325 188人，每万人拥有职业救援人员19.6人，在国际上居于前列。根据《公共服务年鉴（2021年）》，截至2021年底，救援局是爱沙尼亚规模第三大的公共机构，仅次于警察和边防局（3 771人）、国防军（2 974人）①。

图3－2是2005年以来爱沙尼亚每万人拥有职业救援人员的变化（笔者绘制）。万人拥有职业消防救援人员的数量，是衡量一个国家和地区消防救援基本公务服务水平的重要指标，目前日本约为12.6，美国约为10.8，法国约为8.2，韩国约为8.0，意大利约为5.8，德国约为4.2。但必须强调的是，由于历史文化等国情不同，很多国家消防力量的主体是志愿消防队伍，因此不能简单化地将职业消防救援人员拥有率作为唯一指标，还应综合考虑志愿消防救援人员等其他力量。例如，截至2019年底，德国共有政府职业消防员34 854名、企业职业消防员34 902名，志愿消防员1 003 594名，合计1 073 350名，每万人拥有128.5名职业和志愿消防员②；同期，美国拥有职业消防员

① 财政部：《公共服务年鉴（2021年）》，第20页，https：//www.fin.ee/media/6262/download。

② 德国消防协会（Deutscher Feuerwehr Verband，DFV）：《最新统计数据》，https：//www.feuerwehrverband.de/presse/statistik/。

35.8 万名、志愿消防员 72.28 万名，合计 108.08 万名，每万人拥有 32.9 名职业和志愿消防员①。

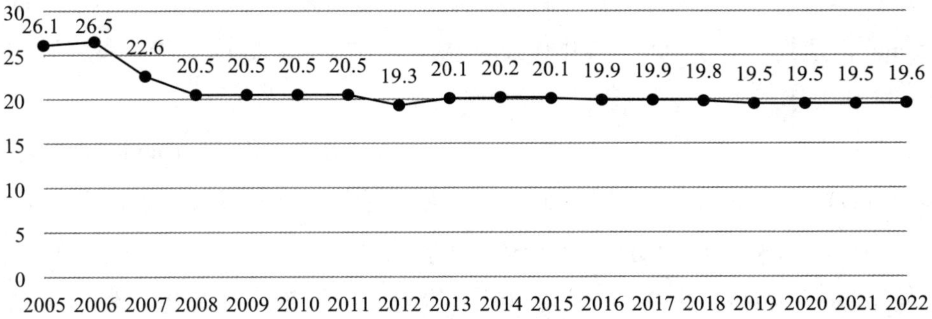

图 3-2　爱沙尼亚每万人拥有职业救援人员变化示意图（2005—2022 年）

2006 年至 2022 年上半年，虽然爱沙尼亚每万人拥有的职业消防救援人员从 26.5 单边下降到 19.6，但是，经救援局认可的志愿救援人员从 2009 年的 853 人增加到 2 319 人，每万人拥有 37 名职业和志愿救援人员，详见本章第三节。随着职业、志愿救援队的组织结构优化、工作效率提高，取得了明显的工作成效。以火灾防控效果为例，2006 年至 2021 年，火灾亡人从 164 人下降到 39 人，万人火灾死亡率从 1.21 下降到 0.29，降幅达到 76%。

1.4　救援力量体系布局

爱沙尼亚救援力量体系建设的基本原则，是职业救援队主要分布在人口集中的城镇，志愿救援队分布在人口分散的农村和偏远地区。志愿救援人员主要提供火灾扑救、消防宣传等基本的消防安全服务，职业救援人员还从事交通事故、自然灾害、危险化学品事故等多种灾害事故的救援工作。

1.4.1　救援站的规划布局

1.4.1.1　职业救援站

1999 年 9 月 14 日，爱沙尼亚政府制定行政法规《灭火救援工作组织要求》（2000

① 美国消防协会（National Fire Protection Association，NFPA）：《美国的消防部门（2019 年）》（*US Fire Department Profile 2019*），https：//www.nfpa.org/-/media/Files/News-and-Research/Fire-statistics-and-reports/Emergency-responders/osfdprofile.pdf。

年1月1日起生效)①，明确了救援站规划布局的基本原则和具体要求，提出救援站作为消防救援队伍的长期驻在地，其规划选址应当确保消防救援队伍接到出动指令后，在规定时间内到达辖区内最远的定居点，并提出对于超过5 000人的定居点，应当在接到指令后15 min内达到；对于100至5 000人的定居点，应当在25 min内到达，少于100人的定居点未作明确要求。

《灭火救援工作组织要求》将救援站分为“中心站”（Keskkomando)、“小型站”(Tugikomando）和“辅助站”（Abikomando)。中心站的灭火救援战斗力最强，至少配备2辆主战消防车、1辆水罐消防车、1辆登高平台或者云梯消防车、1辆救援车和1辆备用的主战消防车，在接到指令1 min内出动，执勤人员配备必须满足同时出动2辆主战消防车，或者1辆主战消防车和2辆专勤车的要求，能够同时派出2组人员佩戴空气呼吸器进入火场内部灭火救援，或者派出1组人员穿着相应的防化服进行化学危险品处置作业。根据《灭火救援工作组织要求》，超过5万人的城镇和各县县政府所在地，均应设置中心站。

小型站的人员和装备配备规模小于中心站，至少配备1辆主战消防车、1辆水罐消防车和1辆备用主战消防车，能够在接到指令5 min内出动，执勤人员配备必须满足出动1辆主战消防车，或者1辆主战消防车和1辆专勤车的要求，能够派出1组人员佩戴空气呼吸器进入起火场所内部灭火救援，或者派出1组人员穿着相应的防化服进行化学危险品处置作业。辅助站，是指与县政府签订协议，可以在指定区域内提供灭火救援服务的企业救援站或者志愿救援站。中心站、小型站和辅助站的责任区(Väljasõidupiirkonnad)，由县政府与救援局协商确定，原则上，按照60 km/h的平均车速划定救援站的辖区范围。此外，《灭火救援工作组织要求》第11条专门规定，必要时，县政府救援机构的负责人可以在中心站、小型站的辖区内组建独立的分站（eraldipaiknevate meeskond)。

根据2000年修订的《救援法》，同年12月22日爱沙尼亚政府制定《国家救援机构下属单位、装备、文件和工作组织要求》②，自2001年1月1日实施，同步废止1999年制定的《灭火救援工作组织要求》。该法规继续将救援机构所辖的职业救援站分为中心站、小型站，增加了保障分队（korrapidamisgrupp)，并基本延续了救援站规划布局的要求，规定救援站距离辖区内5 000人以上定居点的最远直线距离不得大于15 km，距离辖区内100人至5 000人定居点的最远直线距离不得大于25 km。中心站的设置条件

---

① 《灭火救援工作组织要求》(RI I 1999，70，681)，https：//www. riigiteataja. ee/akt/77736。

② 《国家救援机构下属单位、装备、文件和工作组织要求》（RT I 2000，104，686)，https：//www. riigiteataja. ee/akt/26693。

修改为：20 万以上人口的城镇，必须按照每 10 万人口不少于 1 个站的标准建设中心站；超过 5 万人的城镇和各县县政府所在地，必须建设中心站。

中心站的准备配备，在原标准基础上增加了化学事故处置、油污清除和水域救援的装备，并要求中心站必须确保在接到指令 1 min 内，出动相应装备和 6 名以上救援员；小型站必须在接到指令 5 min 内，出动相应装备和 4 名以上救援员。根据《国家救援机构下属单位、装备、文件和工作组织要求》第 4 条的规定，辖区内中心站、小型站总数超过 3 个的救援机构，必须设立 24 h 执勤的保障分队，配备相应的装备维护器材和人员，具备在接到指令 1 min 内出动的能力。

与《救援法》和《国家救援机构下属单位、装备、文件和工作组织要求》的上述规定配套，2001 年 1 月 4 日内政部通过《国家救援机构队站布局》（3 月 1 日起生效）[①]，明确国家救援机构的下属单位，包括县政府管理的中心站、小型站，以及上述两类救援站所属的分站。当时确定全国共应设置 20 个中心站、10 个中心站所属的分站，以及 57 个小型站、12 个小型站所属的分站，共 99 个各类职业救援站。此后，随着救援站的建设，分别于 2003 年、2004 年、2005 年对上述规划布局进行多次微调。

2008 年《救援法》全面修订后，内政部同年 4 月 30 日重新发布《国家救援机构队站布局》[②]，将地方救援机构所辖队站分为救援站、保障分队两类，救援站不再划分为中心站、小型站及其分站，而是按灭火救援能力，从低到高划分为一至三级，并根据区域风险特征，确定各救援站的布局和辖区。全国共规划 16 个三级救援站、45 个二级救援站和 26 个一级救援站。三级救援站（kolmanda grupi päästekomandod）主要分布在人口集中的大型城镇，如塔林市就有 6 个，其他三级救援站分布在耶维、纳尔瓦、塔尔图、派尔努、拉克维雷、凯拉（keila，位于哈留县）、维尔扬迪、科赫特拉－耶尔韦、沃鲁和马杜（Maardu，位于哈留县）。二级救援站（teise grupi päästekomandod）主要设在中等规模的城镇。一级救援站（esimese grupi päästekomandod）主要分布在小型城镇和岛屿。保障分队 15 个，2 个在哈留县（均在塔林市），2 个在东维鲁县（分别在纳尔瓦市和耶维市），人口较少的希尤县和珀尔瓦县未设保障分队。

救援工作是国家提供的基本公共服务，直接涉及居民的生命健康、财产安全，以及环境安全。在 2001 年《危急事件准备法》首次提出“重要民生领域”概念的基础上，2009 年《危急事件法》第四章列举了 43 项重要民生服务（详见第六章第四节）——其中，就包括内政部的 7 项职责，如救援局承担的救援工作，报警中心承担的受理紧急求

① 《国家救援机构队站布局》（RTL 2001，5，64），https：//www. riigiteataja. ee/akt/26725。

② 《国家救援机构队站布局》（RTL 2008，36，525），https：//www. riigiteataja. ee/akt/12959178。

助报警，警察和边防局承担的空中和海上救援工作等。根据《危急事件法》第35条关于相关部门应当明确重要民生服务内容、确保连续性服务的规定，2015年7月29日内政部通过《内政部负责组织的重要民生服务及其要求》（2016年1月1日起生效）①，规定救援局必须确保足够数量的国家救援队伍随时待命，接到报警中心的出动指令后，如果灾害事故发生在市镇区域，15 min内到场；如果发生在其他区域，30 min内到场。如果在接到出动指令后，救援局的职业救援力量在1 h后仍未到场、2 h内没有到达有常住人口的岛屿，则视为救援服务中断。上述时间要求，也为救援局确定国家救援站的布局提供了依据。对于警察和边防局承担的海上和空中救援而言，如果海空救援协调中心连续超过30 min不能受理处置求救报警，或者海空救援力量超过2 h没有到达遇险人员所处位置、超过1 h没有到达近岸海域的遇险人员位置，则视为救援服务中断。

1.4.1.2 志愿救援站

根据内政部2013年发布的《全国志愿救援事业发展指引（2013—2016年）》②，2013年时，职业救援队伍网络体系可以确保15 min内覆盖全国93%的人口，其余约85 000名居民则需要更长时间才能得到职业救援队伍救助——他们所处的区域人口密度低、位置偏僻，主要是农村地区和海岛，不可能建立职业救援队伍，满足救援服务及时性和可达性的唯一有效解决方案，就是构建更为广泛、更加灵活的志愿救援体系。基于这种需求导向，《全国志愿救援事业发展指引（2013—2016年）》提出了“偏远地区”（Abikauge piirkond）的概念——即“发生灾害事故时，国家救援队需要15 min以上时间才内到达的地域”，并将此类地区作为发展志愿救援队伍的重点。2012年，救援局聘请波罗的海地区实力最为雄厚的地理信息公司Regio，结合人口分布、道路交通和现有的职业救援队位置等因素，运用地理信息系统计算确定了100个志愿救援队布局位置“Top 100”，如图3-3所示（见彩插第4页）③。救援局鼓励志愿救援组织优先在上述地点成立志愿救援队。

截至2022年10月底，爱沙尼亚共有72支国家救援队和117支志愿救援队，以及3支志愿后备救援队。在救援局网站的交互式地图④中，可以查询每个职业救援站（用Ⓡ表示，是riiklik“国家”的首字母）、志愿救援站（用Ⓥ表示，是vabatahtlik“志愿”的

① 《内政部负责组织的重要民生服务及其要求》（RT I，04.08.2015，1），https：//www.riigiteataja.ee/akt/104082015001。

② 《全国志愿救援事业发展指引（2013—2016年）》（*Riiklikud suunad vabatahtliku pääste arengus* 2013－2016），http：//ligimesekaitseks.ee/wp－content/uploads/2015/02/vpk－arengusuunad－2013－2016.pdf。

③ 《全国志愿救援事业发展指引（2013—2016年）》，第26页。

④ 救援局网站的交互式地图（INTERAKTIIVNE KAART），https：//www.rescue.ee/et/paeaestekomandode－kaart。

首字母）的位置及其名称、坐标、所在救援区域、可以执行的任务类型、电话、总人数、实时执勤人数、队长姓名等基本信息，以及在正常路况下 5 min、10 min、15 min、30 min 的行车覆盖范围（分别用绿色、黄色、橙色和紫色标注）。图 3－4 是塔林周边的职业救援站和志愿救援站（见彩插第 4 页）①。以塔林市中心的老城区救援站（Kesklinna Paastekomando）为例，该站隶属于哈留县东部救援中心，编制 53 人，每天在岗执勤 10 人，地址在劳阿街 2 号（59°44′N，24°76′E），邮政编码 10124，现任队长是汉戈·梅萨鲁（Hengo Metsaru），电话 6282130、51932736，该救援站除履行常规灭火救援职责外，还具备化学品事故救援能力。

1.4.2 职业救援站的勤务制度

1.4.2.1 轮值班制度

恢复独立后，随着综合救援体系建立和相关制度机制完善，特别是 2005 年现役救援队退出历史舞台，爱沙尼亚的专业救援力量全面转为职业体制，职业救援队伍采用“24/72 四班一运转”的倒班制度——救援人员工作 24 h 后休息 72 h，以此循环往复——每个救援站的救援人员分为同样人数的 4 班，每班以 4 天为 1 个周期，工作 24 h 休息 72 h，相当于每周 7 天工作 42 h，符合《劳动合同法》第 43 条和《公共服务法》第 35 条关于在最长 4 个月的计算周期内，每周平均工作时间不得超过 48 h 的基本要求（《救援组织法》第 20 条第（2）款将计算周期延长至 6 个月）。

2008 年，在时任内政部部长于里·皮尔（Jüri Pihl）的强令之下，职业救援人员的轮值班制度改为“12/12 四班两运转”，将每天分为白班、夜班（各 12 h），每班由 24 h 缩短为 12 h，导致倒班安排发生重大变化——每班救援人员工作 12 h（白班），休息 12 h；再工作 12 h（白班），休息 1 天（24 h）；再工作 12 h（夜班），休息 12 h；再工作 12 h（夜班），然后连续休息 4 天。这样，在连续 8 天的 1 个周期内，救援人员工作 2 个白班、2 个夜班共 48 h，同样相当于每周 7 天工作 42 h。但是，“12/12”最大的弊端是，救援人员要频繁地在上班、下班之间转换，而且每班只有 12 h，不便于救援站安排每日工作、训练、学习内容。此外，由于白班、夜班的间隔只有 12 h，救援人员的休息安排受到影响，也更难以从事兼职工作。由于救援人员强烈反对，2010 年职业救援人员的轮值班制度恢复为之前的“24/72 四班一运转”。

对于需要连续生产和提供服务的行业和领域，如矿山、石化、冶金、能源、纺织、运输以及医疗、邮政、通信、安保等，倒班工作是普遍现象。对于职业制消防救援队伍

---

① 2022 年 9 月 25 日，截图自救援局官网的交互式地图。

而言，倒班工作也是常态。图 3－5 是国际上比较常见的消防救援人员轮值班制度（笔者绘制），包括“24/72 四班一运转”“12/12 四班两运转”“24/48 三班一运转”“48/96 三班一运转”等。所谓的“四班”“三班”“两班”，是指为确保 24 h 不间断提供灭火救援服务，需要将全体消防救援人员划分的班组数量，像“24/24 两班一运转”需要分为 A、B 两班，每班 24 h 交替工作；“24/48 三班一运转”需要分为 A、B、C 三班，按照工作 24 h 休息 48 h 的规律交替工作；“24/72 四班一运转”需要分为 A、B、C、D 四班，按照工作 24 h 休息 72 h 的规律交替工作，等等。所谓的“一运转”“两运转”乃至“三运转”，是指将每天 24 h 划分为 1 个、2 个、3 个连续的时段，由不同班组周而复始地轮流工作。“一运转”，是以每天 24 h 为 1 个班次；“两运转”，一般是将 1 天均分为各 12 h 的白班、夜班；“三运转”一般是将 1 天均分为各 8 h 的白班（10 时—18 时）、小夜班（18 时—次日 2 时）和大夜班（2 时—10 时）。表 3－7是对消防救援队伍典型轮值班制度的比较（笔者整理）。

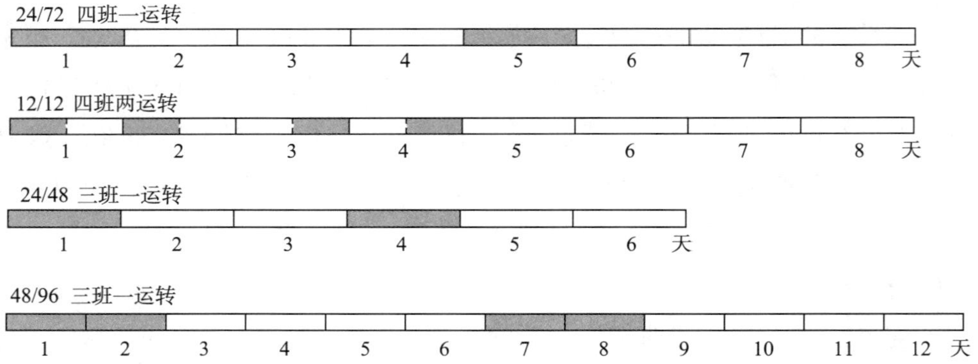

图 3－5 消防救援队伍典型轮值班制度示意（灰色表示工作，白色表示休息）

表 3－7 消防救援队伍典型轮值班制度比较

轮值班制度	班次	需要的人数（人）	每班工作时间（h）	每月工作时间（h）	每月工作次数（次）
“24/72”	四班一运转	21	24	552	7—8
“24/48”	三班一运转	16	24	720	10
“48/96”	三班一运转	16	48	720	4—5
“12/12”	四班两运转	21	12	552	16

注：假定每班需要 5 人，其中包括 1 名分队长、4 名消防救援员，每站另有 1 名站长。

职业制消防救援机构选择不同的轮值班制度，需要综合考虑多方面因素。首先，必须确保消防救援服务的连续性、稳定性和高效率。由于消防救援人员随时可能出动执行灭火救援任务，所以每班的工作时间不宜过短，尤其不能像生产企业那样采用每班 8 h 甚至更短的 6 h、4 h 轮值班制度，否则，不但难以安排消防救援人员的每日工作、学习、训练等活动，而且必然频繁出现消防救援人员正在灾害现场执行灭火救援任务，却已经到了“下班”时间的尴尬局面——显然，除了一些规模大、持续时间长的灾害事故，消防救援人员不可能常态化在救援现场交接班。因此，通常消防救援人员每班的工作时间至少是 12 h（也就是“两运转”），更多是每班 24 h，超过 24 h 的也较少。

由于消防救援是一项需要团队成员密切配合的工作，不同轮值班制度对团队凝聚力、队伍协作意识的影响也不容忽视。例如，与区分白班、夜班的“12/12”轮值班制度相比，“24/48”“24/72”“48/96”等轮值班制度的每班工作时间 24 h 甚至更长，消防救援人员通过共同生活、集体用餐等交流活动，可以加深相互之间的了解和信任，有助于塑造稳定的团队合作关系，强化团队凝聚力，提高队员之间的信任感和默契度——在高度紧张危险的救援活动中，这些因素往往是决定成功与否的关键。而采取 12 h 的白班、夜班轮值班制度时，消防救援人员像走马灯一样频繁交接班，难以建立密切的团队合作关系。

其次，必须充分考虑消防救援人员的身心健康和职业安全。轮值班需要经常改变工作和休息时间，而且往往涉及夜班工作（一般将在 7 时至 18 时之外工作称为夜班），必然扰乱人体的内源性生物钟，影响正常昼夜节律和睡眠质量，一定程度导致生理和心理失调，对人体健康存在多种显性和隐性危害，出现疲倦乏力、情绪低落、焦躁不安、急躁易怒、反映迟缓、记忆力下降、注意力不能集中、社交障碍、厌食暴食等亚健康状态，导致神经衰弱、抑郁等精神疾病病候，并诱发心血管疾病、糖尿病、肥胖和代谢综合征、癌症等疾病。2007 年，世界卫生组织国际癌症研究机构将涉及打乱生理节律的倒班确定为可能的致癌因素（2A 类），国际医学界也已将因倒班引起的昼夜节律睡眠障碍，列为生物节律周期睡眠障碍的一个亚型。2014 年 11 月，法国图卢兹大学发表的研究认为，常年倒班工作会导致大脑活力降低，至少需要 5 年才可恢复。① 2022 年 6 月，国际癌症研究机构决定，将消防员职业暴露的致癌性分类从之前的 2B 类调整至 1 类。②

轮值班对睡眠的影响尤其应当引起关注。睡眠是人体最基本的生理心理活动过程，是受到大脑觉醒和睡眠中枢主动调节的周期性的可逆的静息现象，是人体复原、维系健

① 莎拉·托特文：《倒班工人的健康问题》，招嘉虹译，《现代职业安全》2015 年第 7 期，第 104—105 页。

② 《世界卫生组织将消防员职业暴露的致癌性从 2B 类提至 1 类》，《中国消防》2022 年第 12 期，第 64—67 页。

康的重要保证[①]。随着对睡眠研究的深入，特别是通过运用脑电图（EEG）、肌电图（EMG）、眼动电图（EOG）等技术，人类对睡眠的本质有了更科学的认识。1953 年发现“眼球快速运动睡眠”后，医学界将睡眠周期分为 2 个时相：非快速眼动睡眠期（NREM，包括入睡期、浅睡期、熟睡期、深睡期 4 个阶段）和快速眼动睡眠期（REM，睡眠周期的第 5 个阶段），这 2 个时相的 5 个阶段循环交替一次，称为 1 个睡眠周期（90—110 min）。要获得良好的睡眠，通常每夜要有 4 至 5 个睡眠周期，也就是至少不受干扰地睡眠 6 h 以上。睡眠质量受到生理、心理以及社会因素的诸多影响。研究表明，人的精神状态和工作效率往往取决于醒来时所处的睡眠阶段，如果在睡眠的第一或第二阶段（通常是入睡 20—45 min）被唤醒，会感到身体得到了一定的休息和恢复；如果在睡眠的第三或第四个阶段中醒来，则会在短时间内感到疲倦和困顿，大脑可能需要至少 30 min 才能完全苏醒，大约 2—4 h 后人体的效率才能达到顶峰。如果睡眠出现问题，人体就会感觉疲劳，而疲劳会导致出现注意力下降、判断力下降、警觉性下降、交流能力下降、手眼协调能力下降、视觉感知能力下降以及易怒暴躁等异常情绪——这些后果产生的影响，对于消防救援人员尤其危险。

从 2001 年起，世界卫生组织将每年的 3 月 21 日定为世界睡眠日，以提醒人们关注睡眠健康。近年来，我国就倒班人员的身心健康问题开展了一些研究。2011 年，解放军第 309 医院的杨玲等人对驻京某部从事倒班工作的 118 名男性官兵进行问卷调查，使用匹兹堡睡眠质量指数（PSQI）测试睡眠质量，显示 37. 17% 的倒班军人睡眠质量存在问题（主要是入睡困难、夜间易醒或早醒，以及呼吸不畅、疼痛不适、感觉冷或热、做噩梦等），睡眠质量是影响心理健康的一个重要危险因素，心理问题的出现，又会反过来进一步影响睡眠质量[②]。2015 年，广东省职业病防治院广东省职业病防治重点实验室的郑莹等人以 2 573 名石化企业员工为对象，通过调查问卷对倒班人员的职业健康情况进行统计分析，表明倒班年限大于 10 年的员工罹患高血压的风险升高[③]。

再次，考虑综合人力成本和法定工作时间。完成同样的工作任务，不同的轮值班制度需要不同的班组数量，每个班组的工作时间也不同，也就对应不同的人力成本（包括工资和加班工资）。由于消防救援部门的预算不可能无限度增加，消防救援人员的工作时间也必须符合法律规定，因此，部门经费预算和法定工作时间，都是在选择轮值班制

① 宋海龙：《大学生睡眠障碍与心理健康相关研究》，长江大学硕士学位论文，2013 年，第 3 页。

② 杨玲、赵明、王勇等：《倒班军人睡眠质量与心理健康的相关性研究》，《临床军医杂志》2011 年第 5 期，总第 1003—1005 页。

③ 郑莹、廖锡庆、王海兰等：《倒班对石油化工企业员工高血压的影响》，《中国职业医学》2017 年第 6 期，总第 745—748 页。

度时，必须考虑的基本约束性条件。例如，2012 年 1 月，美国首都华盛顿特区消防部门将“24/72”轮值班制度（相当于每 7 天工作 42 h）改为“3 – 3 – 3”制——以 9 天为 1 个周期，前 3 天每天白班工作（每班 12 h），接着 3 天每天夜班工作（每班 12 h），后 3 天休息，相当于每 7 天工作 56 h——这虽然超出了美国《公平劳动基准法》关于消防人员每周工作时间不得超过 53 h 的规定，需要向消防人员支付一定的加班工资，但每年仍比原来的“24/72”轮值班制度节省 3 600 万美元的工资支出①。爱沙尼亚救援局之所以未选择“24/48 三班一运转”或者“48/96 三班一运转”的轮值班制度，是因为这两类轮值班制度的周平均工作时间均为 56 h，超出了《救援组织法》关于救援人员在最长 6 个月的计算周期内，每周平均工作时间不得超过 48 h 的规定。

最后，便于救援人员安排家庭生活和其他活动。必要的休息时间，是确保劳动者的劳动能力得到及时恢复提高、保证劳动者身心健康的基本手段。对于消防救援人员而言，能否与家人共同度过一定的休闲、休息时间，分担家务负担，陪伴子女成长，追求个人爱好，与家庭成员共同参与社交、娱乐活动，保持和睦亲密的家庭关系，对于缓解工作压力、保持健康愉悦的心理状态，尤为重要。国外针对消防救援人员倒班制度的研究普遍发现，虽然家庭成员对自己的亲人从事消防救援工作非常自豪，但也会因为消防救援人员频繁在家庭生活中“缺位”而感到不安、无助和紧张。所以，对于消防救援人员而言，他们不仅关注休息时间的数量，更关心休息时间的“质量”——也就是能有多少个休息日属于周末，这样才能与家人共度美好时光——这样高质量的休息，可以让消防救援人员更快乐、更平和、更放松，进而以饱满的状态进入新一轮工作，从而形成工作与休息的良性循环。

此外，能否有相对较长的连续休息时间，以便安排兼职或者其他活动，也是消防救援人员的重要关注点。总体而言，国外职业制消防救援人员的工资水平只是略高于全社会平均水平（主要原因是按照劳动法规，限定了工作时间），因此，消防救援人员在休息期间从事兼职以增加收入、弥补家用是普遍现象。表 3 – 8 是 2021 年美国消防员和典型职业从业人员的收入比较（笔者整理）②。可见，当年美国消防员（firefighters）收入的中位数是 50 700 美元，公交司机（Bus Drivers，Transit and Intercity）是 48 620 美元，警察（Police and Sheriff's Patrol Officers）是 64 610 美元，中学教师（不包括特殊教育、

① Irwin M. Cohen，Darryl Plecas：《消防员 24 小时轮值班制度文献研究》（*A Review of the Research Literature on 24 – Hour Shifts for Firefighters*），加拿大不列颠哥伦比亚省弗雷泽谷大学（University of the Fraser Valley），https：//www. researchgate. net/publication/277890683_ A_ Review_ of_ the_ Research_ Literature_ on_ 24 – Hour_ Shifts_ for_ Firefighters。

② 数据源于美国劳工部职业信息网站“O * NET OnLine”，https：//www. onetonline. org/。

职业技术和技术培训教师）（Middle School Teachers，Except Special and Career/Technical Education）是61 320美元，消防员工资的中位数比公交司机高14%，比中学教师和警察分别低17.3%和21.5%。如本章第二节所述，爱沙尼亚救援人员的工资水平也基本是同样状况。2015年，爱沙尼亚救援学院的瑞格·梅萨鲁（Raigo Metsaru）在撰写学士学位论文《救援人员倒班制度研究》期间，对东部救援中心的16名救援员和救援站管理人员（从事救援工作的时间在半年至22年）进行访谈，其中15人在从事兼职工作①。如果轮值班表将休息时间分割的过于“琐碎”，救援人员就很难找到稳定的兼职工作——这也是2008年一度实施的“12/12四班两运转”在2010年被迫叫停，恢复到之前的“24/72四班一运转”的最主要原因。此外，过于频繁的轮班，也会增加救援人员的通勤交通费。例如，按照“12/12四班两运转”的模式，救援人员每月平均要上班16次，比“24/72四班一运转”（每月平均上班7至8次）增加了1倍。

表3-8　2021年美国消防员工资与部分职业工资比较（单位：美元）

职业	10分位数	中位数	90分位数
消防员	29 030	50 700	81 640
公交司机（包括城际列车司机）	30 290	48 620	76 880
中学教师（不包括特殊教育、职业技术和技术培训教师）	45 510	61 320	99 470
警察和治安巡逻官	40 190	64 610	102 530

2006年，欧洲公共服务工会联合会（European Federation of Public Service Unions，EPSU）对欧洲国家消防救援人员的轮值班制度进行了研究②，奥地利、捷克、丹麦、爱沙尼亚、芬兰、德国、荷兰、波兰、斯洛伐克等国消防救援人员每班执勤时间为24 h。其中，奥地利实行“做1休1”（工作24 h，休息24 h），德国、荷兰、波兰、斯洛伐克实行“做1休2”，爱沙尼亚、芬兰实行“做1休3”。也有少数国家消防救援人员每班执勤时间少于24 h，如意大利、卢森堡和斯洛文尼亚三国均为每班12 h，以4天为1个周期（1个白班、休1天、1个夜班，休2天）；比利时每班8 h至12 h，各地情况不同；爱尔兰白班9 h、夜班15 h，以9天为1个周期（2个白班、3个夜班、1个白班，休息3天）；挪威周一至周五的每班工作时间小于24 h，周末每班工作时间为24 h或48 h；

① 瑞格·梅萨鲁（Raigo Metsaru）：《救援人员倒班制度研究》（*Päästeteenistujate Vastuvõtlikkus Töögraafiku Vahetuseks*），爱沙尼亚内政学院救援学院学士学位论文，2015年，第24页，https：//digiriiul. sisekaitse. ee/bitstream/handle/123456789/527/2015_ METSARU. pdf? sequence = 1。

② 欧洲公共服务工会联合会，2006年《欧洲消防员工作时间和退休制度报告》（*EPSU European Firefighters' Network Report on working time and retirement*），https：//www. epsu. org/article/report - working - time - and - retirement - 2006。

葡萄牙每班 12 h；法国各地情况不同，每班 8 h、12 h、24 h 的情况都有。

1.4.2.2　每日勤务安排

救援站作为执行灭火救援的独立作战单元，一般设有站长（komandoülem）、副站长各 1 名，按照目前执行的“24/72 四班一运转”制度，每个救援站的救援人员分为 4 班（vahtkond），每班由 1 名分队长（rühmapealik）或者小队长（meeskonnavanem）带队。这样，对于 1 个每班有 5 名救援人员执勤的救援站而言，标准编配人数是 5 ×4 +1 =21 人。图 3 –6 是救援站的执勤编组[①]，只有中心站（2008 年之后称为三级救援站）编配副站长和分队长，部分其他救援站设有保洁等辅助人员。每个班组的执勤人数，根据救援站的类别和装备配备情况而定。

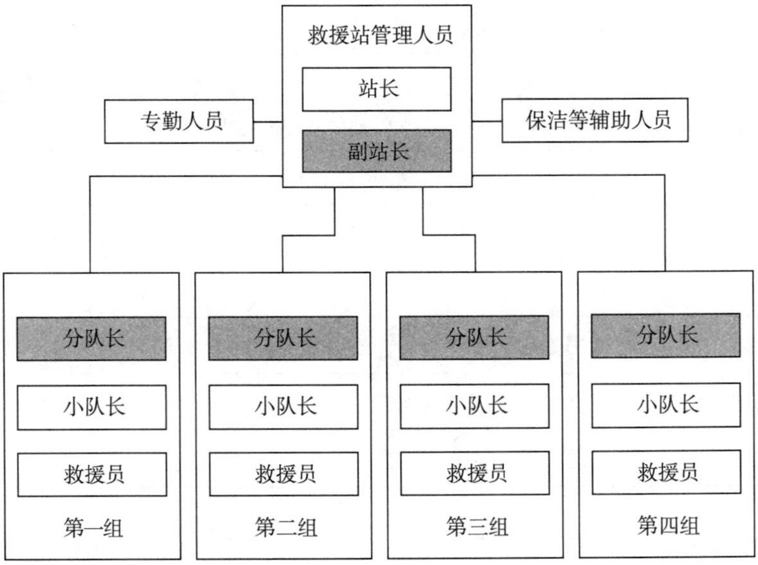

图 3 –6　救援站的执勤编组

为确保救援队伍连续提供灭火救援服务，2001 年 12 月 5 日内政部制定《救援机构灭火救援队伍勤务组织要求》[②]，明确了灭火救援队伍勤务组织的基本规定，自 2002 年 1 月 1 日生效。根据该规章，灭火救援勤务组织包括四方面内容：总体勤务安排，也就是按照统一的“24/72”轮值班制度，以分队、队为单位安排值班顺序，确保执勤人员24 h 处于备勤状态，制定紧急情况下召回轮休人员的程序，并确保救援站内装备完好、秩序规范、卫生清洁；勤务交接程序，交接班的带队负责人应当签字确认，并确保在交接班

① 只有中心救援站编配副站长和分队长，部分救援站设保洁等辅助人员。

② 《救援机构灭火救援队伍勤务组织要求》（RTL 2001，133，1935），https：//www. riigiteataja. ee/akt/86794。

过程中救援站不间断运行；现场交接程序，如果无法在站内组织交接，应当在救援现场有序交接班，确保交接过程中灭火救援工作持续进行；制定并按计划实施每日勤务安排（päevakord）。只有救援站站长或者其上级可以更改每日勤务安排。如遇出动导致相关安排发生变化，归队后继续按照当日的日程进行活动。表3-9是爱沙尼亚救援站的每日勤务安排[①]。

表3-9 救援站的每日勤务安排

时间段	内容
8时至8时10分	全体人员列队集合交接
8时10分至8时30分	准备工作资料，下达当日任务和活动安排
8时30分至9时	完成训练准备
9时至12时	按照计划开展活动，包括在辖区检查消防取水口和消火栓等消防水源，开展情况熟悉和适应性训练，开展预防工作
12时至13时	午餐
13时至17时	清洁卫生，维护装备，完成站长下达的其他任务，根据需要开展培训
17时到18时	晚餐
18时至23时	文书工作，体育运动，根据需要开展教育训练
23时至次日7时	就寝，做好随时出动的准备
7时至8时	完成交接准备

救援员之间如果需要串班，应当经站长或副站长同意并做书面记录。如果可能出现以下三种情况之一，则禁止进行串班：导致救援员连续工作时间超过24 h；导致救援员在两次执勤之间的休息时间少于11 h；不具备相应岗位的职业技能和资格。接班救援人员未按时到岗的，上一班次的救援人员应当立即通知上级，并继续执勤直至接班人员或者替补人员上岗。

1.4.3 企业救援站

火灾危险性大、性质重要的企业建立规模适当的消防队，承担自身的初起火灾扑救和灾害事故救援职责，是国际通行做法。如第二章第三节所述，早在1847年，工业重镇纳尔瓦的卡列夫纺织厂（Kaleviv）就建立了爱沙尼亚第一支企业消防队，此后，一些大

① 《救援人员倒班制度研究》，第9页。

型纺织、木材、造纸和军工企业先后建立了专职消防队。1991 年恢复独立后，爱沙尼亚有关企业消防救援组织建设的法律制度几经调整。1992 年 4 月 28 日爱沙尼亚政府通过第 131 号命令，决定将救援局位于耶维的职业救援队移交国有企业爱沙尼亚油页岩公司（Eesti Põlevkivi），该队转为企业救援队后，同时接受爱沙尼亚油页岩公司和救援局调度使用[①]。目前，塔林机场、纳尔瓦发电厂、爱沙尼亚铁路公司（Eesti Raudtee）等企业设有专职消防救援力量。

1994 年施行的《消防救援法》第 7 条规定，企业应当根据火灾爆炸危险性和安全隐患的严重程度，以及重大危险源的位置，组建企业消防救援队（Ettevõtete tuletõrje－ja päästeallüksused），并授权爱沙尼亚政府制定行政法规，明确企业消防救援队伍的组建程序，以及人员和装备配备、管理、训练的基本要求。由于当时的主导思想是强调消防救援的地方事权属性，而有些地方政府暂时不具备组建职业消防救援队伍的条件，所以《消防救援法》第 7 条第（3）款专门规定，如果地方政府或县政府与企业签订协议，由企业消防救援队承担当地的灭火救援任务，则当地消防救援机构的义务和权利将在协议规定的范围内，转移到企业消防救援队伍。1996 年《消防救援法》修订时，删除了第 7 条第（2）款关于授权爱沙尼亚政府制定企业消防救援队伍行政法规的规定，导致并未出台相应的专门法规。

1998 年《消防救援法》全面修订并改称《救援法》时，删除了第 7 条第（1）款关于企业应当根据自身危险特性组建企业消防救援队的规定——相当于取消了高危企业组建专职消防救援力量的法定义务。此后，企业是否组建消防救援队伍，完全取决于其自主意愿——这一做法显然欠妥。2000 年修订《救援法》时，在第 13 条“灭火救援工作的组织”第（2）款增加第 5）项，授权内政部制定规章，就地方政府救援队、企业救援队和从事灭火救援工作的非营利组织提出要求。根据上述要求，2001 年 12 月 19 日内政部制定《企业救援队和从事灭火救援工作的非营利组织要求》[②]，自 2002 年 5 月 1 日生效。该规定按照 2000 年 1 月 1 日起施行的《灭火救援工作组织要求》关于将救援站划分为中心站、小型站和辅助站的标准，将与县政府或地方政府签订灭火救援协议的企业救援站、志愿救援站确定为“辅助站”，并界定了辅助站的服务区（Teeninduspiirkond）和责任区——服务区，是辅助救援站根据协议参与灭火救援工作的区域；责任区是服务区的一部分地域，是由辅助救援站作为第一出动力量、承担灭火救援主要职责

---

① 《关于将耶维护职业救援队移交爱沙尼亚油页岩公司的决定》（RT 1992，18，264），https：//www. riigiteataja. ee/akt/24286。

② 《企业救援队和从事灭火救援工作的非营利组织要求》（RTL 2001，139，2059），https：//www. riigiteataja. ee/akt/86961。

的范围。

此外，2000 年修订《救援法》时增加第 31[1] 条“消防救援人员的资格”，其中第（2）款授权内政部就企业消防救援人员、志愿消防救援人员的资格管理制定专门规定。2021 年 12 月 17 日，内政部制定《非公立救援机构消防救援人员的资格条件及考核周期和程序》（自 2002 年 1 月 1 日实施）①，要求企业消防救援人员、志愿消防救援人员在从事救援工作之前，应当通过由所在县救援机构组织的考核，内容包括口试、笔试、体能测试和消防救援业务实际操作，考核合格者取得资格证书。在从事消防救援工作期间，每 2 年接受 1 次考核，不合格不得从事消防救援工作。

根据《企业救援队和从事灭火救援工作的非营利组织要求》，作为辅助救援力量的企业救援站应当结合本企业和服务区的灾害特点，配备至少 1 辆消防救援主战车和 1 辆备用车，并配备与当地救援机构兼容的无线通信设备，以及消防员个人防护装备（至少包括灭火救援防护服、消防头盔、消防手套、灭火防护靴、安全腰带、自救安全绳），确保至少 3 名救援人员随时准备出动，且出动时间不得超过 10 min，并应每日向报警中心报告执勤情况。如果企业救援站根据与地方政府的协议，承担辅助救援站的职责并划定了专门的责任区，则其装备配备和执勤响应时间，均应符合职业救援机构对救援分站的标准。

2010 年 9 月 1 日，原《救援法》“一分为二”后制定的新《救援法》《消防安全法》生效，随着原《救援法》被废止，《企业救援队和从事灭火救援工作的非营利组织要求》也同时废止，企业消防救援队伍相关法规制度暂时处于“空白”状态。恰恰在这一阶段，随着 2009 年 7 月 24 日《危急事件法》施行，由 2001 年《危急事件准备法》首次提出的“重要民生领域”完善为“重要民生服务”，涵盖了水电油气供应、交通（铁路、民航、水运、邮政）、通信（固定、移动电话网和数据通信网络）、医疗、救援、环保、金融等关乎国计民生的重要领域，并将保障“重要民生服务的连续性”作为提高应急准备水平的重要体现，强调上述领域相关机构提高应对灾害事故能力、确保服务连续供给的主体责任。由此，以《电力市场法》为代表的专门立法，开始就企业救援队建设做出规定。

2003 年 7 月 1 日《电力市场法》（*Elektrituruseadus*）生效②，同步废止 1997 年《能源法》。《电力市场法》并未就电力企业建立专职救援队提出要求，随着国家对重要民生

① 《非公立救援机构消防救援人员的资格条件及考核周期和程序》（RTL 2001，137，2019），https：//www. riigiteataja. ee/akt/86913。

② 《电力市场法》（RT I 2003，25，153），https：//www. riigiteataja. ee/akt/264412。

服务连续性的关注，2011 年 11 月 23 日议会修订《电力市场法》时，专门增加第 21^2 条，规定凡是列入重要民生服务提供机构的发电厂（总装机容量超过 200 MW），均应建立专职救援队伍，开展确保连续发电的必要救援工作——“必要救援工作”（vajaliku päästetöö），是指发生灾害事故后，在专业救援队伍到场前，发电厂必须在厂内立即采取的、不可避免的紧急救援行动。同时，《电力市场法》授权爱沙尼亚政府就发电企业专职救援队的建设要求，及其与救援机构的协作制定行政法规，但在随后的几年，一直没有制定。

2016 年 10 月 27 日，议会修订《电力市场法》有关发电厂救援队建设的规定，改由内政部负责制定发电企业专职救援队建设要求，这次修订最为关键的内容，是在《电力市场法》第 93 条“国家监督”增加第（4^1）款，规定救援局负责对电力企业执行第 21^2 条的情况进行监督，并在第 94 条增加第（2）款，授权救援局在行使上述监督权时，可以使用《执法法》第 30 条（盘问和检查证件）、第 32 条（识别身份）、第 49 条（物品检查）、第 50 条（强行进入）、第 51 条（搜查）规定的国家监督的特别措施——之所以说上述修订至关重要，是因为由此解决了 2011 年《电力市场法》只有大型发电企业建立专职救援队的义务要求，没有对应的责任追究条款的缺陷。实际上，这一问题在我国消防法律中也长期存在，虽然《中华人民共和国消防法》第 39 条规定，大型核设施单位、大型发电厂、民用机场、主要港口，生产、储存易燃易爆危险品的大型企业，储备可燃的重要物资的大型仓库、基地等符合 5 种情形的企事业单位应当建立专职消防队，但在第六章“法律责任”中，没有对应的责任追究条款，造成违法“零成本”，这也是长期以来，影响我国企业专职消防救援队伍建设的重要原因之一。

根据 2016 年修订的《电力市场法》，2017 年 1 月 4 日内政部制定《重要民生服务提供机构建立救援队的要求及其与救援机构的协作程序》①，规定总装机容量超过 200 MW 的发电厂应当组建专职救援队（päästeüksus），或者与拥有专职救援队的其他企业订立协议，以确保在发电厂区域内开展必要救援工作。达到上述建队标准的发电厂，应当确保专职救援队符合相关要求、救援装备器材维护完好，并应当任命负责管理专职救援队的队长。专职救援队应当配备站舍、执勤人员和装备器材，其中，救援站内应当具备确保专职救援人员工作、生活和休息的条件，以及停放和维修保养救援车辆、装备器材的场地，并应当有必要的训练场地；专职救援队应当包括 1 名队长和至少 4 名救援人员，必须具备独立开展救援工作的能力。专职救援队的救援装备器材，包括运输工具、通信设

① 《重要民生服务提供机构建立救援队的要求及其与救援机构的协作程序》（RT I，06.01.2017，14），https://www.riigiteataja.ee/akt/106012017014。

备、个人防护设备、灭火药剂和其他开展救援工作以及对遇险人员进行现场急救所必需的装备，以确保快速安全地执行救援任务。

比较我国和爱沙尼亚关于发电企业建立专职消防救援队伍的标准，我国2007年4月1日起实施的《火力发电厂与变电站设计防火标准》（GB 50229—2006）规定，单机容量50 MW以上的机组应当配备消防车，2019年8月1日起实施的修订版（GB 50229—2019）规定“单台机组容量为300 MW及以上的大型火力发电厂应设置企业消防站”。我国发电企业建立专职消防队的起点，明显高于爱沙尼亚总装机容量超过200 MW的现行标准。

专职救援队的职责，是在企业发生灾害事故时独立开展救援工作，直至救援局的救援队伍到达，并与之合作继续开展救援。为此，专职救援队必须确保至少有1组救援人员随时处于备勤状态，并在接到报警后5 min内开始救援工作；同时，发电企业可以组织员工成立辅助救援小组（pääste abimeeskondi）参与救援工作——类似于我国近年来推动高危企业建立的灾害事故“工艺处置队”。此外，专职救援队应当与救援机构合作开展备灾工作，包括开展风险评估、制定应急预案和规划防范措施。发电企业应当在每年3月1日之前，按照制式表格，向救援局提交专职救援队的备勤情况说明，包括人员、装备、培训和工作组织的变化等内容，如果救援局认为发电企业提供的材料无法说明专职救援队的执勤能力，有权要求补充材料。为了确保适时了解发电企业发生的灾害事故，《重要民生服务提供机构建立救援队的要求及其与救援机构的协作程序》专门规定，发电企业应当及时向报警中心通报厂内发生的事故。此外，企业专职救援队应当按照2011年1月6日制定的行政法规《国家和地方政府机构以及单位、人员参与灾害事故救援工作的协作程序》（5号令），与相关机构密切配合，开展灾害处置、信息通报、事故调查、现场监护、培训演练等工作。

为确保专职救援队履行上述职责，《重要民生服务提供机构建立救援队的要求及其与救援机构的协作程序》规定，企业专职救援队的负责人和队长在从业两年内，必须取得救援队长（5级）（Päästemeeskonna juht，tase 5）职业资格，救援员则必须在从业两年内取得救援员（4级）（Päästja，tase 4）职业资格。此外，企业专职救援队的救援人员还必须符合内政部2011年2月15日制定的《救援人员的职业条件：体能、教育和健康要求》关于体能和健康条件的要求。

以爱沙尼亚最大的发电企业爱沙尼亚发电厂（Eesti elektrijaam）为例，该厂位于东维鲁县的奥维尔（Auvere），是爱沙尼亚能源集团（Eesti Energia）的子公司，总装机容量为1 615 MW，管理着世界上装机容量最大的油页岩动力蒸汽发电机组，其专职救援队共有1名队长和4名救援员，配备1辆消防救援车和2辆泡沫消防车，一次性可装载4 t

泡沫、6 t 水，配备有正压式空气呼吸器、绳索救援装备、拉梯、发电机、照明灯具、圆盘切割机、医疗器材、无线电台、浮艇泵等装备，可以在接到报警后 5 min 内在厂内开展救援工作，日常负责开展事故预防工作，检查指导落实各项安全措施，是电厂安全运行的重要保障①。

1.5　救援指挥协调联动

正如《救援法》第一章“总则”强调的，救援工作是涵盖防灾、减灾、救灾等环节的完整体系，包括辨识和控制风险、预防和减少灾害事故、及时开展专业救援、提高安全保障水平等内容。实现上述目标，必然需要政府机构、单位和公众的广泛参与。为确保国家和地方政府机构以及相关单位、人员在救援工作中履行各自职责并协调配合，根据《救援法》第 5 条第（3）款的规定，爱沙尼亚政府于 2011 年 1 月 6 日制定《国家和地方政府机构以及单位、人员参与灾害事故救援工作的协作程序》②，明确了救援工作的组织管理主责、三级指挥体系、机构职责分工、机构之间的协作，构建了涵盖灾害处置、信息通报、应急调查、现场监护、培训演练的协同工作机制。

1.5.1　参与救援工作的机构

《救援法》延续苏联时期确保消防指挥员绝对权威的成功经验，赋予救援负责人（päästetöö juht）对救援工作的统一领导权。根据《救援法》第 6 条的规定，救援工作由救援负责人指挥，救援负责人应当是救援官员，所有参与救援工作的国家和地方政府机构、单位和个人，均应听从救援负责人的指挥。

按照《国家和地方政府机构以及单位、人员参与灾害事故救援工作的协作程序》，救援负责人有权根据灾害事故的类型、规模、波及范围、后果等情况，要求相关机构和人员参与救援工作。接到通知的机构和人员应当按照《行政合作法》《救援法》的规定参与救援工作，并在救援过程中执行救援负责人依照法定职责和权限下达的命令。参与灾害事故处置的机构和人员到达现场、开展行动和撤离现场，均应当向救援负责人报告。救援局、警察和边防局、急救机构作为基本的救援力量，在灾害事故应急响应过程中应当依照职责，完成表 3－10（笔者整理）中的工作任务。

---

① 爱沙尼亚能源集团：《爱沙尼亚发电厂的安全信息》（*Eesti elektrijaama ohutusinfo*），https：//www.energia.ee/－/doc/8644186/ettevottest/tehnoloogia/failid/EEJ－ohutusinfo.pdf。

② 《国家和地方政府机构以及单位、人员参与灾害事故救援工作的协作程序》（RT I，14.01.2011，5），https：//www.riigiteataja.ee/akt/114012011005。

表 3-10 救援局、警察和边防局、急救机构的灾害事故应急响应职责

救援局	警察和边防局	急救机构
1）根据需要增派救援力量和资源 2）起草相关计划、方案等文件 3）协调有关机构和人员的行动 4）确保参与救援行动人员的安全 5）下达疏散命令并制定疏散方案 6）参与组织人员疏散 7）组织救援机构的现场无线电通信 8）确保参与救援人员的卫生条件 9）向公众发布相关信息 10）监督各机构履行职责的情况	1）预防、识别和消除对公共秩序的威胁，制止危害公共秩序的行为 2）组织记录受灾人员信息 3）交通管制 4）保护现场及有关人员的财产 5）参与提供相关信息，组织疏散危险区域的人员 6）组织本机构的现场无线电通信 7）管理疏散撤离人员集合点、现场财物集中存放处，收敛遇难人员遗体 8）确保现场道路畅通和装备集结点、指挥部、直升机着陆点等的运行	1）向受灾人员和救援人员提供急救服务 2）对受伤人员进行伤情分类 3）将受伤人员运送到医院 4）组织急救机构现场无线电通信 5）确保伤亡人员现场收容和治疗点的运作

1.5.2 三级救援指挥体系

为强化灾害事故救援工作的指挥协调，《国家和地方政府机构以及单位、人员参与灾害事故救援工作的协作程序》确立了三级救援指挥部体系。各级救援负责人有权根据救援工作的需要，分别决定组建现场救援指挥部（sündmuskoha staap）、区域救援指挥部（regionaalne staap）和国家救援指挥部（üleriigiline staap），并确定指挥部的构成。在现场指挥部成立前，为加强对救援工作的管理，协调相关机构和人员，救援负责人可以决定组建“救援管理组”（juhtimisgrupi）。表 3-11 是三级救援指挥部和救援管理组的构成（笔者整理），除了表中必须参加的机构和单位外，救援负责人还可以根据需要，要求其他相关机构以及相关专业领域的专家加入各级救援指挥部。相关机构必须确保其派出的代表在最短时间内完成准备，并按照规定时限内加入救援指挥部履行职责：救援管理组和现场指挥部在 1 h 之内，区域救援指挥部在 2 h 之内，国家救援指挥部在 3 h 之内。根据灾害事故波及的范围、规模和解决难度，救援负责人有权下令同时组建多个分指挥部和管理团队。

表 3-11 三级救援指挥部和救援管理组的构成

机构层级	参与机构和单位
救援管理组	警察和边防局，急救机构

续　表

机构层级	参与机构和单位
现场救援指挥部	警察和边防局，急救机构，环境局，国防军，国防联盟，发生灾害事故的单位，地方政府相关机构
区域救援指挥部	警察和边防局，卫生局或医疗机构，环境局，国防军，国防联盟
国家救援指挥部	警察和边防局，卫生局，环境局，国防军，国防联盟

为确保各级指挥部和救援管理组切实发挥决策、指挥和协调作用，防止议而不决、层层请示，延误救援时机，《国家和地方政府机构以及单位、人员参与灾害事故救援工作的协作程序》要求各机构参加指挥部工作的人员必须具有相应职权，或者获得相应授权。救援管理组成员，有权指挥本机构参与救援工作的力量并调动相关资源；现场救援指挥部成员，有权指挥本机构参与救援工作的力量，并协调本机构在该区域救援中心辖区内的力量和资源；区域救援指挥部，有权指挥本机构在该区域救援中心辖区内的力量，并协调本机构在全国范围内的力量和资源；国家救援指挥部，指挥本机构在全国范围内的力量和资源。其中，参加区域救援指挥部和国家救援指挥部的国防军和国防联盟代表，应当有权管理参与救援的部队，并有权指挥发生灾害事故的部队。

现场救援指挥部和救援管理组的职责是：（1）监测分析灾害事故的危害及其发展趋势；（2）制定救援处置方案和实施措施；（3）调集实施救援所需的资源；（4）组织疏散人员；（5）确定各机构的分工与协作；（6）划定救援区域和周边道路；（7）组织后勤保障；（8）向公众通告灾害事故及其危险；（9）执行救援负责人的决定；（10）起草救援工作的相关文件；（11）执行上级的决定和命令。

区域救援指挥部除履行上述救援现场指挥部和协调组的职责外，还要履行以下职责：（12）在发生多起灾害事故时，合理分配资源；（13）监督参与救援工作的各个机构和人员履行职责；（14）申请区域外的资源支援，或在必要时支援其他灾害事故的救援工作；（15）向现场指挥部下达命令，为现场指挥部组织实施救援行动提供支持。

国家救援指挥部除履行上述职责外，还应：（16）动员国家资源，支持救援工作；（17）在全国范围内监督并确保相关机构履行救援职责；（18）决定是否请求国际援助参与救援工作。

1.5.3　部门间救援协作机制

《国家和地方政府机构以及单位、人员参与灾害事故救援工作的协作程序》还就相关机构在信息通告、应急调查、救援终结、现场监护、培训演练等环节的协作配合做出了规定，从而形成了“全覆盖”的救援工作协作配合机制。

在灾害事故救援处置过程中，及时向公众提供真实全面的信息，有利于确保公众采取正确的应对措施，并最大限度地稳定公众心态，维护社会秩序。根据协作程序规定，救援局是向公众通报灾害信息的主责机构，应当同参与救援工作的其他机构及时分享信息，参与救援工作的其他机构在对外提供相关信息之前，应当与救援局进行协调，确保信息发布的权威性和统一性。

为查清灾害事故原因，《国家和地方政府机构以及单位、人员参与灾害事故救援工作的协作程序》规定，在救援过程中，具有管辖权的调查机构就应当派员到救援现场开展“紧急调查”（Edasilükkamatu uurimistoiminguid），调查人员经救援负责人批准后，方可开展现场勘察，并应在救援负责人的协调下开展工作。协作程序强调，现场参与救援的人员要有意识地保护现场，在不影响救援工作效率的同时，将对现场的改动或破坏最小化，为事故调查创造条件。

灾害事故救援活动结束后，仍然涉及机构之间的协作。根据《国家和地方政府机构以及单位、人员参与灾害事故救援工作的协作程序》，救援工作终止后，如果下一步的调查、善后工作属于其他机构和部门的职责，救援局应当提出将后续的应急响应管理工作移交其他机构的建议，并与相关机构签署交接书。自双方签署交接书之时起，灾害事故的后续应急响应管理工作即由接受机构负责。签署交接书后，救援负责人应立即通知报警中心，以及所有参与灾害事故处置的机构和人员。对于规模较小、只设立救援管理组的灾害事故，双方移交应急响应管理权时，无需签署书面文件。

救援结束后，救援负责人应当决定是否需要进行现场监护，并由救援局、警察和边防局或者其他机构、人员以及物主等当事人负责现场监护。现场监护应当确保现场安全、财产安全和调查工作的顺利进行。如果救援局将现场监护权转交其他机构和人员，双方应当签署交接书。

为加强救援局与相关机构的协作，《国家和地方政府机构以及单位、人员参与灾害事故救援工作的协作程序》专门规定，各区域救援中心每年应当至少与救援指挥部的组成机构开展1次协作培训，并至少举行1次联合演练。现场救援指挥部与区域救援指挥部的协作培训和演练，由各区域救援中心组织；国家救援指挥部的协作演练，由救援局组织开展。除了协作程序中指定的机构外，救援局可以邀请其他机构参与应急响应协作培训和演练，凡是可能参与救援工作的机构，均应当主动参与救援局组织的上述培训和演练。救援局承担筹备和开展救援协作培训和演练的有关费用，相关机构承担各自参与培训和演练的费用。

1.5.4　院前急救领域的协作

1.5.4.1　院前急救的基本制度安排

恢复独立初期，随着综合救援事业发展，一些地方的救援机构配备了救护车，开展院前急救服务，有些救援机构还专门规划建设了急救站。1993 年 6 月 1 日莱内县救援局聘用了第一批医护人员，同年秋季，塔林消防救援局也聘用了医护人员。当时救援员为期 2 年的职业教育中，一半时间是接受医疗护理教育，这也为救援机构承担院前急救创造了条件。1994 年《医疗卫生法》未对院前急救制度做明确要求，医疗机构则对救援机构参与院前急救存在不同意见。

2002 年 6 月 1 日《医疗卫生服务法》(*Tervishoiuteenuste korraldamise seadus*) 生效①，根据该法第 16 条的规定，急救"属于特殊的门诊医疗服务，对危及生命的伤病或中毒进行初步诊断和治疗，并在必要时送往医院"。所有爱沙尼亚居民（不分国籍）均免费享受急救这一基本公共服务，急救站（kiirabibrigaad）根据报警中心的调度指令，或者通过其他方式收到的求助信息提供服务。在急救服务的供给方面，鉴于当时救援机构仍承担少量急救职责，《医疗卫生服务法》第 17 条采取了过渡性措施，规定社会事务部负责规划全国急救网络，并确定急救站的数量（当时是 85 个），由卫生局根据急救站的规划布局，通过国家购买服务的方式，公开招标确定急救站的运营机构；此外，通过非招标方式，确定由救援机构运行的 2 个急救站。此后，救援机构未再增加院前急救方面的装备和人力投入。

2006 年 11 月 22 日议会修订《医疗卫生服务法》，删除第 17 条有关救援机构参与急救服务的条文，救援机构不再承担急救职责。2010 年《救援法》在第 1 条"适用范围"专门规定"本法不适用于医疗卫生服务"。根据《救援法》第 5 条第（1^1）款第 1）项的规定，2012 年 1 月 1 日起，报警中心通过 112 平台统一受理包括急救在内的各类紧急求助报警，属于院前急救的，直接向急救站下达出动指令。

2017 年 12 月 6 日，议会修订《健康保险基金法》《医疗卫生服务法》（自 2018 年 1 月 1 日生效）②，规定由爱沙尼亚健康保险基金出资，以购买服务的方式提供急救服务。根据修订后的《医疗卫生服务法》第 17 条第（3）款第 1）项的规定，2017 年 12 月 19 日卫生和劳工部部长签署《爱沙尼亚健康保险基金保障的急救站数量》（自 2018 年 1 月

---

① 《医疗卫生服务法》(RT I 2001, 50, 284), https://www.riigiteataja.ee/akt/27072。

② 《〈健康保险基金法〉及相关法律修正案》(RT I, 28.12.2017, 4), https://www.riigiteataja.ee/akt/128122017004。

1 日起生效）[①]，要求在爱沙尼亚境内至少保障 102 个急救站全天候运行，这一标准适用至今。

1.5.4.2　急救、医院、救援、警察部门的协作机制

为提高各类灾害事故受伤遇险人员的生存率，加强急救、医院、救援、警察等部门在院前急救领域的合作，根据《医疗卫生服务法》第 17 条第（2）款的规定，2002 年 6 月 1 日，行政法规《急救、医院、救援和警察机构在急救领域的合作程序》[②] 与《医疗卫生服务法》同时生效。根据上述程序，报警中心负责统一受理急救报警并调派救护车。如果患者出现生命危险，而当地没有可用的免费救护车，报警中心有权就近调派救援队赶赴现场提供急救服务，同时调派最近的可用救护车赶赴现场。《急救、医院、救援和警察机构在急救领域的合作程序》规定了需要同时调派救援、急救力量的有关情形：

报警中心接到以下 8 类灾害事故报警时，有权在调派救援队的同时，调派急救力量赶赴现场，以保障现场可能的遇险受伤人员得到及时救治：（1）爆炸；（2）居住建筑火灾；（3）火灾高风险单位火灾；（4）有毒、危险物质泄漏；（5）可能危及人员生命健康的水域事故；（6）体育场、商市场等人群密集场所发生灾害事故；（7）山体滑坡；（8）可能危及救援人员生命安全的其他情况。

报警中心在接到以下 5 种情形的急救报警时，有权在调派救护车的同时，调派救援力量到场：（1）患者处于难以接近的位置；（2）患者体重较大，运送过程中可能出现问题；（3）急救人员可能面临来自外部因素的危险（如触电、大面积烧伤或腐蚀、工业事故、挥发性和接触性毒物中毒等）；（4）机动车交通事故，如果没有救援人员帮助，无法安全转移和救治患者；（5）其他可能危及急救人员生命的情况。

《急救、医院、救援和警察机构在急救领域的合作程序》明确了救援、急救力量在现场的职责分工和配合机制。如果救援力量首先到场，即使没有出现人员伤亡，救援负责人也可以根据现场情况，要求报警中心调派急救力量到场，以确保一旦救援过程中有人受伤，可以及时送医救治。救援负责人在了解现场基本情况后，应当通过报警中心，向赶赴现场的救护车通报进场入口、现场存在的危险、需要救治的人员数量和基本情况。急救力量到场后，其负责人应当向救援负责人通报到场的救护车和医护人员情况，

---

① 《爱沙尼亚健康保险基金保障的急救站数量》（RT I，23. 12. 2017，19），https：//www. riigiteataja. ee/akt/123122017019。

② 《急救、医院、救援和警察机构的急救领域的合作程序》（RT I 2002. 12. 61），https：//www. riigiteataja. ee/akt/27687。

接受救援负责人的指挥，定时向救援负责人通报现场急救工作情况，并在必要时提供医疗救治方面的建议。经救援负责人同意，急救力量方可撤离现场。如果是急救力量首先到场，应当及时向报警中心报告现场基本情况，在考虑现场危险因素的前提下，尽可能开展急救行动。救援力量到场后，急救负责人应当向救援负责人通报事故情况和已经采取的措施。近年来，救援局支持配合急救、警察机构的出动有所增长。以 2021 年为例，全年救援机构共出动 27 541 次，其中 4 136 次是为急救或警察提供支援。比如，当有人在家中跌倒受伤、自己无法开门，急救人员无法进入房间时，就需要救援人员出动提供帮助。

2019 年 1 月 1 日，修订后的《急救、医院、救援和警察机构的急救合作程序》生效①，规范了相关机构在急救领域的合作程序，重点明确了急救负责人在现场的职责。如果有多支急救力量到场，首先到场的急救站负责人履行现场急救力量的初期组织指挥职责，直至确定急救工作负责人。急救工作负责人应当参加现场管理和指挥团队，向现场总指挥报告情况，并履行相关职责。

1.5.5　国防军和国防联盟参与救援

军队参与重大灾害事故抢险救援，是世界各国的普遍做法。爱沙尼亚国防军（Kaitseväe，英文名称 Estonian Defense Forces）是常备武装力量，下辖总参谋部、第一步兵旅、第二步兵旅、情报中心、网络战司令部、后勤司令部、特战司令部、宪兵、空军、海军和国防学院，截至 2021 年底有现役军人 2 974 名。国防联盟（Kaitseliit，英文名称 Estonian Defence League）是爱沙尼亚的全国性志愿军事组织，属于国防力量的组成部分。

2008 年 12 月 11 日，根据《和平时期国防法》第 5 条第（2）款第 21）项“制定国防军参与救援和应急工作的程序”之规定，以及《救援法》第 16 条第（8）款的有关规定，爱沙尼亚政府制定行政法规《国防军参与救援和应急工作的程序》②，自 2009 年 1 月 1 日起实施。根据该程序，在发生火灾、爆炸、自然灾害，事故灾难、交通事故和其他事故时，为抢救人员生命和保护财产、环境安全，救援机构可以申请国防军参与救援和应急工作，申请时应当提交《部门协作申请表》——该表由爱沙尼亚政府根据《行政

① 《急救、医院、救援和警察机构的急救合作程序》（RT I，22. 12. 2018，22），https：//www. riigiteataja. ee/akt/122122018022。

② 《国防军参与救援和应急工作的程序》（RT I 2008，55，309），https：//www. riigiteataja. ee/akt/13091719。

合作法》第19条第（3）款的规定，于2003年6月17日确定格式并适用至今①，共包括7部分内容：申请日期；提出协作申请的机构名称和地址；被请求提供协作的机构名称和地址；协作需求；申请理由（本机构不能自行完成的原因，以及需要通过部门协作保护的利益）；请求协作的法律依据；提出协作申请的机构负责人签名。收到申请后，国防军应当根据实际情况，按照指挥权限，做出是否同意参与的决定。

2009年7月3日颁布的《危急事件法》废止《和平时期国防法》第5条第（2）款第21）项，在第三章"应急响应"专门设置第三节"国防军和国防联盟参与应急响应、救援和维护安全"，其中第31条第（2）款授权爱沙尼亚政府就国防军、国防联盟参与应急救援工作制定行政法规。据此，2009年11月26日，爱沙尼亚政府制定《国防军和国防联盟参与救援和应急工作的程序》（自12月4日生效）②，立法依据由《和平时期国防法》改为《危急事件法》，新程序增加了准军事组织国防联盟，细化了做出拒绝参与救援的决定时，应当考虑的因素。由于警务工作同样需要国防军的支持，2012年12月20日爱沙尼亚政府又制定《国防军参与警务工作的程序》。

2015年2月11日议会全面修订《国防法》，同步在《救援法》中增加第6^1章"国防军和国防联盟参与救援"。为统一国防军和国防联盟参与警务、救援和应急工作的程序，结合《国防法》《救援法》等法律的调整，2015年12月18日爱沙尼亚政府制定《国防军参与警务工作、国防军和国防联盟参与救援和应急工作的程序》（自2016年1月1日生效）③，同时废止了2009年和2012年关于国防军、国防联盟参与救援和应急工作、警务工作的单行法规。

2017年2月8日《危急事件法》全面修订，并同步对《救援法》第6^1章进行修改。根据上述调整，2017年6月22日爱沙尼亚政府修订《国防军参与警务工作、国防军和国防联盟参与救援和应急工作的程序》，将立法依据调整为《危急事件法》《国防军组织法》《国防联盟法》《救援法》，用"灾害事故响应"代替"救援"，并将法规名称修改为《国防军和国防联盟参与警务、灾害事故响应和应急工作的程序》④，自2017年7月1日生效。

---

① 2003年6月17日，爱沙尼亚政府第176号令《部门协作申请表》（Ametiabi taotluse vorm，RT I 2003，47，334），自7月1日起生效。https：//www. riigiteataja. ee/akt/600216。

② 《国防军和国防联盟参与救援和应急工作的程序》（RT I 2009，56，379），https：//www. riigiteataja. ee/akt/13237418。

③ 《国防军参与警务工作、国防军和国防联盟参与救援和应急工作的程序》（RT I，29. 12. 2015，10），https：//www. riigiteataja. ee/akt/129122015010。

④ 《国防军和国防联盟参与警务、灾害事故响应和应急工作的程序》（RT I，28. 06. 2017，32），https：//www. riigiteataja. ee/akt/128062017032。

1.5.5.1 申请

《国防军和国防联盟参与警务、灾害事故响应和应急工作的程序》首先引用《救援法》《危急事件法》《警察和边防法》，对“灾害事故响应”“应急工作”“警务工作”的范围做了界定。其中，“灾害事故响应”包括《救援法》第3条第（1[1]）和第（1[2]）款定义的“救援工作”和“排爆工作”；“应急工作”即《危急事件法》中的定义——“应对导致宣布应急状态的危急事件，包括为受害人员提供援助，以及组织大规模人员疏散、撤离”（不再包括灾后恢复工作）。“警务工作”引用《警察和边防法》中的定义。

警察和边防局、救援局和应急工作负责人，分别是申请国防军和国防联盟参与警务、救援和应急工作的主体。其中，“应急工作负责人”是《危急事件法》的概念——根据该法，宣布进入应急状态后，爱沙尼亚政府应当任命相关领域的部长作为应急状态负责人（eriolukorra juht），负责指挥协调应急响应工作。应急状态负责人是应急状态期间的最高指挥人员，对爱沙尼亚政府负责，有权根据需要任命一名或者多名应急工作负责人（eriolukorra tööde juhti），具体组织实施应急响应工作，协调维护公共秩序，完成应急状态负责人指派的任务。

在提出申请时，警察和边防局、救援局和应急工作负责人必须充分考虑以下三方面因素：任务的重要性，以及人员、财产和环境安全面临的威胁；国防军和国防联盟不参与的可能后果；国防军和国防联盟参与的预期成效，可能发生的费用支出。申请应当以书面形式，提交给国防军或者国防联盟（现行程序未强调必须采用2003年制定、目前仍然有效的《部门协作申请表》），包括以下信息：（1）申请国防军和国防联盟参与的依据，明确具体任务；（2）申请国防军和国防联盟参与的原因，解释申请人不能或者不能及时执行任务的原因，以及完成该项任务需要的技能、装备和其他资源；（3）预计的参与人数上限；（4）预计经费支出及其说明；（5）任务的预计持续时间；（6）任务区域。如果情况紧急，人员、财产或环境安全面临迫在眉睫的威胁，需要国防军或者国防联盟立即参与处置，则可以通过其他方式提出申请，并尽快补充提交书面申请。

1.5.5.2 决策

国防军和国防联盟接到申请后，应当区分不同情况，及时做出是否参与的决策。在正常情况下，国防军司令有权做出国防军参与相关工作的决定，国防军司令授权的下一级指挥人员可以做出其部属参与相关工作的决定；国防联盟司令或其授权的下一级指挥人员可做出类似的决定。在战争状态、戒严状态、紧急状态，部队动员或复员状态下，或者参与相关工作影响执行军事行动、军事训练的，则只能由国防军司令或其授权人员做出是否参与的决定。如果情况紧急，需要国防军或者国防联盟立即参与处置，低于前述职位的指挥人员可以做出参与决定，并立即报告有决策权的人员。

不论是否同意参与相关工作，国防军和国防联盟均应以书面形式做出决定，并立即将决定转送提出申请的机构和国防部。其中，做出同意参与决定的，必须列明以下信息：法律依据、具体任务、出动人数、预计开支、任务地域和预计的持续时间。如果情况紧急，相关指挥人员可以依照职权直接下达参与行动的命令，并尽快形成书面决定。

在决定参与相关工作后，如果国家安全受到迫在眉睫的威胁，或者进入战争状态、戒严状态、紧急状态，以及部队进入动员或复员状态，国防军司令和国防联盟司令可以更改决定。对于国防军和国防联盟参与警务、救援和应急工作，国防部长有最终决定权，可以修改是否参与的决定，或者对决定的具体内容进行修改。

1.5.5.3 实施

国防军和国防联盟作为武装力量，在参与救援、应急工作过程中，其指挥管理具有特殊性。根据《国防军和国防联盟参与警务、灾害事故响应和应急工作的程序》第5条规定，国防军和国防联盟人员参与相关工作时，应当听从其所在部队指挥人员的命令，部队指挥人员从警务、救援和应急工作负责人领受任务。如果符合以下情形，参与相关工作的国防军或者国防联盟人员有权拒绝执行警务、救援和应急工作负责人下达的命令：可能使国防军或国防联盟人员的生命健康或财产面临不成比例的威胁；超出国防军或国防联盟成员的知识、技能、训练和体能状况。如果国防军和国防联盟人员拒绝执行警务、救援和应急工作负责人下达的命令，应当说明理由并立即报告其上级指挥人员。

任务结束后30天内，国防军和国防联盟应当向警察和边防局、救援局或者应急工作负责机构提交报销参与任务费用的申请。警察和边防局、救援局和应急工作负责机构应当在部门预算内，向国防军和国防联盟支付参与相关任务的直接合理费用，预算不足时申请使用政府储备金（Vabariigi Valitsuse reserv）予以补偿。

1.5.6 救援信息管理

1.5.6.1 《灭火救援记录卡》（2000年）

根据2000年《救援法》第13条第（2）款第2）项的要求，2000年11月6日内政部制定《灭火救援记录规程》，包括11个附件，详细规定了灭火救援行动的报告内容和程序。根据该规章，救援机构执行灭火救援任务后，应当及时填写《灭火救援记录卡》

传输给报警中心，存储在调度信息系统数据库，报警中心应当在每月前5个工作日之内，将上个月的灭火救援信息报送至救援局信息技术办公室，所有数据均通过电子传输方式报送，灭火救援信息的保存期限为5年。

《灭火救援记录卡》包括事件类别、发生地点、联系方式、行动过程、联动力量、救援成果（现场实施医疗急救人数、从灾害现场营救人数、保护财产价值）、爆炸物品、人员伤亡、事故原因、财产损失10类内容，所有可按分类标准编码的信息，均按统一的代码填写。

事件类别，分为火灾、放射性污染、化学污染、自然灾害、爆炸、炸弹、交通事故、飞机失事、铁路事故、水域事故、燃气事故、电网事故、生产事故、假警（分恶意报假警、误报警）等23类。**发生地点**，分为住宅、住宿和娱乐、餐饮、商业、医疗、教育、体育、文化、宗教、办公、厂房、仓库、农林渔业设施、交通、电信设施以及其他建筑、建筑附属物和交通工具等共22类。**事故原因**，分为疏忽大意、放火、自然现象、设备故障、疾病、原因不明6类——疏忽大意，分为生活用火、吸烟、明火作业、使用电气设备、使用取暖设备、烹饪、生产操作、储存自然类物质、儿童玩火、其他10小类；自然现象，分为雷击、暴风、洪水、暴雪、其他5小类。

此外，参加灭火救援的车辆装备分为消防救援主战车（põhiauto）、水罐消防车（paakauto，载水超过4t）、救援车（päästeauto）、登高平台和云梯车（autotõstuk ja autoredel）、指挥车（juhtimisauto）、辅助车辆（abitehnika）、舟艇（ujuvvahend）、救护车（kiirabiauto）等。联动力量包括医疗急救、燃气、电力、其他公共事业机构、警察、国防军、国防联盟、边防、海上救援、空中救援、林业、民防等18类部门和组织机构。

1.5.6.2　救援信息系统和紧急报警数据库（2017年）

2016年12月7日，议会修订《救援法》第9条并增加第9[1]条，分别就建立救援信息系统和紧急报警数据库提出要求。同年12月21日，内政部通过第36号和第38号规章《紧急报警数据库的建立和维护》《救援信息系统的建立和维护》①，自2017年1月1日起施行。救援信息系统和紧急报警数据库的建立，构成了完整的救援综合信息系统。

救援信息系统（Päästeinfosüsteem，PÄIS）用于处理以下五方面的信息：（1）救援机构开展的救援行动情况，救援人员和其他参与救援工作人员的信息；（2）灾害事故

① 《紧急报警数据库的建立和维护》（RT I，30.09.2020，3），https：//www.riigiteataja.ee/akt/130092020003；《救援信息系统的建立和维护》（RT I，23.02.2021，16），https：//www.riigiteataja.ee/akt/123022021016。

的人员伤亡情况；（3）安全监督和审核等行政许可的情况；（4）在防灾、培训和宣传过程中收集的数据，以及在开展家庭消防安全建议时，经同意收集的住宅信息、人员健康情况；（5）供暖等建筑设施的数据，以及消防安全服务机构的相关信息。具体包括十方面的内容：（1）执勤救援力量情况；（2）救援工作情况；（3）排爆工作情况；（4）建筑火灾情况；（5）消防安全服务和监督、审批情况；（6）火灾伤亡人员情况；（7）其他灾害事故伤亡人员情况；（8）溺亡者及溺水事故情况；（9）住宅安全建议情况；（10）开展安全培训和宣传情况。见表3－12（笔者整理）。

表3－12 救援信息系统的数据项目和内容

序号	项目	数据内容
1	执勤救援力量	1）执勤救援人员的信息，包括姓名、身份证号、所属救援队伍，以及执勤人员的数量、职级和专业技能 2）执勤和备用救援装备的信息，包括装备的类型、编号和名称
2	救援工作	1）灾害事故基本情况，第一出动救援力量及其负责人姓名 2）灾害事故的大类、子类和灾情级别 3）灾害事故发生位置，包括地址和坐标以及周边情况描述 4）第一到场救援队或志愿救援队关于到场时灾害事故的描述 5）救援队或志愿救援队到达前，灾害事故现场的初期灭火救援行动 6）救援行动情况和救援工作分类 7）救援措施和灾害事故发展情况详述 8）救援人员姓名 9）灾害事故发生场所有关人员的信息，包括姓名、电话、电子邮件、身份证和住址 10）死亡、受伤以及疏散、逃生、获救人员的信息，包括人数和年龄、性别 11）救援负责人对灾害事故可能原因和可能肇事人员的评估，包括姓名、电话、身份证和住址
3	排爆工作	1）排爆工作的地点和时间 2）现场有关人员的信息，包括姓名和电话 3）发现爆炸物的地点和时间 4）排爆过程采取的措施及其分类 5）排爆人员和辅助人员的信息，包括姓名和电话 6）销毁爆炸物的时间、地点、方法和结果 7）爆破所用炸药的数量和种类 8）排爆工作使用的设备和工具 9）排爆工作发现的爆炸物名称和数量 10）死亡、受伤以及疏散、逃生、获救人员的信息，包括人数和年龄、性别

续　表

序号	项目	数据内容
4	建筑火灾	1）火灾分类 2）火灾发生地点 3）起火建筑与最近居民点的距离（住宅建筑除外） 4）建筑内的用火位置 5）建筑的设计用途和实际用途 6）电气线路和门窗的情况 7）火灾和烟雾的蔓延情况 8）建筑的建造时间和使用许可情况 9）建筑材料 10）建筑供暖系统类型 11）建筑内部损坏情况 12）建筑设备、设施的损坏情况 13）消防安全自查报告情况及最后一次自查的时间 14）消防安全设施的情况，包括是否正确安装了感烟火灾报警器 15）财产损失和保护的财产情况 16）死亡、受伤以及疏散、逃生、获救人员的信息，包括人数和年龄、性别 17）救援人员的姓名和职务 18）现场救援行动和程序 19）火灾原因 20）违反消防安全要求的情况 21）投保情况 22）火灾肇事者的性别、年龄、社会背景、语言 23）火灾自动报警系统及其动作情况，取消火警的信息，包括取消时间、联系人的姓名和电话 24）吸烟情况
5	消防安全服务和监督、审批	1）建筑名称 2）建筑产权人或使用人的姓名、身份证或机构代码 3）建筑位置 4）建筑设计用途、实际用途和使用情况 5）建设时间 6）建筑高度和面积 7）建筑用户数量 8）建筑是否属于文化遗产保护范围 9）消防安全检查资料，包括实施检查人员的姓名、身份证、职业资格证书、编号和有效期 10）危险企业和重大事故风险企业的化学品安全数据及其强制性文件 11）消防安全自查报告 12）编制消防安全自查报告的人员信息 13）实施监督的救援人员姓名、职务和单位 14）实施监督的情况 15）设计文件的情况 16）设计人员的姓名和电话 17）消防安全信息

续　表

序号	项目	数据内容
5	消防安全服务和监督、审批	18）建筑供暖系统的清扫情况，包括供暖系统的技术条件、安全和构造，烟道清扫工和壁炉工的姓名、身份证、注册号、电子邮件、电话，以及职业资格证书、编号和有效期 19）消防设施及其维护情况 20）火灾自动报警系统及其运行和故障状态，接收火警信号以及取消火警信号的时间，包括取消火警信号的时间、操作人的姓名和电话 21）火灾自动报警系统维护和运行人员的姓名和电话 22）建筑所在区域总体规划、详细规划的审批情况，包括规划编制、协同审批人员的姓名、电话、电子邮件和提交审批的日期 23）建筑施工和使用申请的审批情况，包括建筑基本信息，业主和协同审批人员的姓名、电话或电子邮件，火警信号传输系统情况，施工情况，提交施工和使用申请的时间
6	火灾伤亡人员	1）性别 2）身份证 3）死亡时间或者发现死亡人员的时间 4）火灾死亡人员生前已知最后一次对外联系情况 5）死亡人员在现场的位置 6）死亡原因 7）受伤分类 8）死亡人员健康状况与火灾发生和死亡的关系 9）伤亡人员在起火建筑内或起火地点的原因 10）生活方式，包括是否独居以及所居住建筑的类型 11）可能的火灾原因和火灾蔓延途径 12）火灾是否由死伤人员引起 13）现场是否存在吸烟现象，以及香烟商标等信息 14）危及火灾伤亡人员安全的行为，包括住宅的消防安全状况 15）饮酒情况 16）中毒情况 17）人员在火灾时的行为 18）现场是否有灭火器 19）疏散情况 20）之前开展的家庭消防安全访查情况 21）现场曾经发生的火灾 22）之前与救援局的联系 23）火灾现场的外部环境 24）职业 25）母语 26）犯罪记录，仍然生效的判决 27）之前与社工的接触 28）当地社会工作的基本情况 29）社会关系，包括与亲属或其他人员的联系情况 30）当地警察的职务和电话 31）当地政府社工联系人的职务和电话

续　表

序号	项目	数据内容
7	其他灾害事故伤亡人员	1）性别 2）年龄 3）母语 4）职业 5）死亡时间或者发现死亡人员的时间 6）火灾死亡人员生前已知最后一次对外联系情况 7）死亡原因 8）受伤分类 9）死伤人员的健康状况，及其与灾害发生和造成死伤的关系 10）出现在灾害事故现场的原因 11）造成危险的行为，包括违反安全要求的情况 12）饮酒情况 13）中毒情况 14）在现场的准确位置 15）当地警察的职务和电话 16）地方政府社工联系人的职务和电话
8	溺亡者及溺水事故	1）性别 2）身份证 3）母语 4）职业 5）住址 6）生活方式，包括是否独居以及所居住建筑的类型 7）游泳技能 8）服装 9）之前与社工的联系情况 10）健康状况与溺水的关系 11）溺亡前的活动和危险行为，包括中毒和其他可能导致溺水的行为 12）溺水事故发生的时间和地点 13）发现溺亡者的时间和地点 14）外部环境描述 15）溺水地点海岸警卫队的情况 16）附近救生设备的情况 17）溺亡者如为儿童，是否有监护人 18）溺水现场是否有居民点或者其他人存在 19）使用船只和救援设备的情况 20）溺亡者是否属于之前通报的失踪人员 21）溺亡者生前已知最后一次对外联系情况 22）死亡时间 23）死亡原因 24）当地警察的职务和电话
9	住宅安全建议	1）户主姓名 2）户主电话 3）住宅地址 4）住户的生活方式，包括吸烟、饮酒情况

续 表

序号	项目	数据内容
9	住宅安全建议	5）交流的语言 6）住户的身体、精神状况 7）户主的收入情况 8）家庭成员的数量和年龄 9）户主的教育程度 10）户主的就业情况 11）户主享受生活补助等类似津贴补助的情况 12）住宅情况，包括住宅类型、建筑材料、火灾负荷和电气系统、供暖系统及其维护情况，以及住宅内消防设施和使用明火情况 13）住宅的安全风险评估 14）住宅外的危险信息，包括所处场地的危险、来自邻居的危险、住宅与救援机构的距离 15）住宅建筑共用区域和场地的安全信息 16）住户的消防安全意识，包括对安全出口、初期灭火设施的了解情况 17）安全建议服务人员的姓名、地区、单位和咨询持续时间
10	开展安全培训和宣传	1）开展预防活动的时间 2）开展的预防活动服务 3）开展的预防活动项目 4）开展预防活动的地点 5）预防活动的持续时间 6）参加预防活动的人数 7）预防活动使用的语言 8）组织预防活动的机构和对象名称 9）开展预防活动的人员姓名、职务和单位

上述内容涉及发生火灾等灾害事故的建筑情况，以及日常监督、检查、管理、服务和救援工作以及人员伤亡等各个方面，可以全面了解灾前、灾中、灾后的情况。救援信息系统内数据的常规保存期限为20年，有关排爆工作的数据保存期限为75年。

为了准确统计火灾中的疏散、逃生、获救人员，救援局在2015年12月28日制定《救援局基本统计指标的概念和计算程序》①，对火灾疏散人员（Tulekahjust evakueeritu）、火灾逃生人员（Tulekahjust pääsenu）和火灾获救人员（Tulekahjust päästetu）进行了定义和说明，见表3-13（笔者整理）。其中，火灾疏散人员，是根据救援人员的指令或者在救援人员引导下，从建筑内尚未被火灾波及、但可能存在危险的区域内撤离的人员；火灾逃生人员，一定是在没有外界帮助的情况下，从已经被火灾波及、存在安全危险的区域离开的人员，可能属于火灾受伤人员；火灾获救人员，是在外界帮助下（可以

① 《救援局基本统计指标的概念和计算程序》（Päästeameti statistiliste põhinäitajate mõisted ja arvestuse kord，PA 1.1-3/15/444-1），https：//adr. rescue. ee/paa/dokument/785008。

是救援人员，也可以是其他人员），从危险环境离开的人员。上述 3 类人员不存在交叉重叠，不能重复统计。

表 3－13　火灾疏散人员、逃生人员和获救人员的辨析

分类	火灾疏散人员	火灾逃生人员	火灾获救人员
定义	救援人员从火灾尚未波及但可能存在危险的区域组织撤离的人员	火灾时自行从危险环境中离开的人员	在救援人员或其他人的帮助下（不论是否使用救援工具），从危险环境离开的人员
特点	火灾疏散人员不属于火灾逃生人员和获救人员	火灾逃生人员可能属于火灾受伤人员	1）如果有理由认为是在没有外界帮助的情况下离开的，则不属于火灾获救人员 2）火灾获救人员可能属于火灾受伤人员

为确保数据真实可靠和部门共享，《救援信息系统的建立和维护》第 7 条“数据共享”专门规定，救援局是救援信息系统管理维护的主责机构，相关部门、机构、单位和个人应当向救援信息系统提供相关数据：(1) 报警中心，通过紧急报警数据库提供有关灾害事故报警、初期情况、响应过程的信息；(2) 警务信息系统，提供火灾伤亡人员、溺亡者以及与溺水有关的事故数据；(3) 消费者保护和技术监督局，通过信息系统提供按照《化学品法》确定的危险企业、重大事故风险企业的数据；(4) 国防军，提供与排爆工作有关的爆炸物数据；(5) 人口登记系统，提供与消防安全有关的个人身份信息；(6) 国家人力资源和工资数据库，提供救援人员的相关数据；(7) 建筑登记系统，根据《建筑法典》提供建筑及其设计资料，以及施工和使用许可等数据；(8) 地理数据系统，提供发生灾害事故地点的位置坐标等地理信息；(9) 土地登记系统，提供有关不动产产权人的信息；(10) 文化古迹登记系统，提供纳入文化遗产保护范围的建筑信息；(11) 火灾自动报警系统维保机构、火警信息传输通信企业，提供系统运行维护管理的信息；(12) 具有相应职业资格的人员，提供与建筑设施运行以及建筑是否符合消防安全的相关信息；(13) 职业资格局，提供取得相关职业资格人员的姓名、身份证、职业资格名称和证书编号、有效期；(14) 有义务提交消防安全自查报告的建筑业主，提交报告要求的信息以及《救援操作卡》，以确保消防监督和实施救援的需要；(15) 志愿救援机构和人员参加志愿救援和预防工作的信息。

同时，救援信息系统也应当向其他相关部门的业务信息系统提供数据。根据《救援信息系统的建立和维护》第 10 条规定，以下部门和机构有权通过救援信息系统，共享相关数据：消费者保护和技术监督局（获取灾害事故数据，用于开展设备、电力或燃气故障引起的事故原因调查，以及开展事故预防工作）；警察和边防局（获取执法和刑事案件调查相关信息）；报警中心（用于处理紧急报警）；内政部（用于收集和分析灾害事故的救援行动信息)；检察官办公室（用于提起刑事诉讼)；安全警察局（履行《安全机构法》规定的职责)；税务和海关局（用于评估和分析具有相关职业资格的人员违反所得税等税收法律的风险)；环境局（起草环境领域有关火灾情况的报告)；国防军（用于识别爆炸物和排爆工作使用的爆炸品)。上述部门可以直接登录救援信息系统，经身份验证后获取相关数据，也可以通过 X－Road 和其他安全的电子数据交换渠道，或者提交纸质申请的方式获取数据。

根据《救援法》第 9^1 条和内政部规章《紧急报警数据库的建立和维护》，报警中心负责建立和维护紧急报警数据库（Hädaabiteadete menetlemise andmekogu，HKSOS)，该数据库包括以下 8 类内容：(1) 报警人和危急事件相关人员的信息；(2) 被救助人员的信息，包括健康信息；(3) 报警信息；(4) 报警信息的处置；(5) 报警信息的注册用户；(6) 报警信息的受理人员；(7) 提供给报警人的帮助信息；(8) 报警电话录音。紧急报警数据库的数据常规保存期限为 10 年。

与救援信息系统类似，紧急报警数据库与相关部门的数据库建立了双向数据共享机制。紧急报警数据库有权使用以下信息系统和数据库的相关资源：车辆第三者责任保险登记系统（车辆保险信息)；车辆登记系统（车辆及其所有人、使用人、驾驶员的信息)；警务信息系统（参与救援的警务力量，当事人和相关人员的信息)；救援信息系统（救援力量信息)；人口登记系统（报警人、求助人和其他当事人的信息)；国家人力资源和工资数据库（报警人员的相关信息)；电信运营商（提供报警呼叫数据和报警人员的位置信息)；边防监视系统数据库（救援相关信息)；健康信息系统（疑似受害人员的相关信息)。同时，以下部门和机构有权共享紧急报警数据库的相关数据：救援局（用于预防灾害事故、辨识风险、预防危险和处置火灾等灾害事故)；警察和边防局（履行警务职责)；内政部（监督紧急报警的处置情况，监控可能导致应急状态的危急事件)；社会事务部（提供医疗急救服务)；交通管理局（交通安全)；环境局（处置破坏环境资源的事件)；地方政府（履行地方政府职责)；安全警察局（履行《安全机构法》规定的职责)。

根据《信息公开法》和配套的行政法规《信息系统安全措施体系》（2008 年 1 月 1 日起生效)①，爱沙尼亚参照信息安全领域的国际标准 ISO/IEC 27001《信息技术—安全技术—信息安全管理体系要求》②，将信息系统的安全级别分为高、中、低 3 个等级，分

① 《信息系统安全措施体系》(RT I，15.09.2020，15)，https：//www.riigiteataja.ee/akt/115092020015。

② 国际标准化组织：ISO/IEC 27001《信息技术—安全技术—信息安全管理体系要求》(*Information technology—Security techniques—Information security management systems—Requirements*)，https：//www.iso.org/standard/54534.html。

别使用英文字母 H、M 和 L 表示；并根据系统内数据的重要性，通过可靠性（K）、完整性（T）、保密性（S）这 3 个指标的赋分（0 至 3），组合在一起界定数据的安全等级，以“K＊、T＊、S＊”表示（“＊”代表从 0 至 3 的数字）。其中，“可靠性”是指数据的可获得性，通过每周允许的系统总停机时间，以及峰值荷载时访问系统的允许响应时间延迟，从低至高分为 K0 至 K3 共 4 个等级；“完整性”是指数据来源真实，其修改、变更和损坏必须可识别，不得存在未经授权的更改，通过准确性（防篡改、防破坏）、完整性和及时性指标，从低至高分为 T0 至 T3 共 4 个等级；“保密性”是指对信息访问授权的限制程度，通过对数据阅读、使用权的限制，从低至高分为 S0 至 S3（公开、内部、秘密、机密）4 个等级。

以救援信息系统为例，其整体安全级别为“高”，系统中有关救援和排爆工作的数据安全等级是“K2、T2、S2”，“K2”意味着数据的可靠性应当达到 99%（系统每周的停止服务时间不超过 2 h，峰值荷载时访问系统的最高允许响应时间延迟为 1 min）；“T2”意味着数据的所有修改必须是可识别的，并应当定期验收信息的准确性、完整性和及时性；“S2”对应的保密级别为“秘密”，只有符合法定条件的机构和人员才可以访问相关信息。此外，灾害事故伤亡人员的数据安全等级为“K1、T2、S2”，“K1”意味着数据的可靠性应当达到 90%（系统每周的停止服务时间不超过 24 h，峰值荷载时访问系统的最高允许响应时间延迟为 1 h）；与建筑火灾自动报警系统相关的数据安全等级为“K3、T2、S2”。“K3”意味着数据的可靠性应当达到 99.9%（系统每周的停止服务时间不超过 10 min，峰值荷载时访问系统的最高允许响应时间延迟为 1 s）。

1.6 征用和紧急避险

很多国家的法律均规定，在抢险救灾和应急救援过程中，政府和相关机构为保护公共利益，可以依照法定权限和程序，对公民、法人或者其他组织的财产、劳务等取得暂时的占有权和使用权，包括紧急调用和征用急需的物资、设备、设施，调集人力，组织公民参与应急救援，要求有专门技能和技术的人员提供服务等，并在事后予以返还或者给予补偿。爱沙尼亚在这方面也建立了专门制度，《救援法》第 19 条、第 20 条、第 44 条、第 45 条和第 46 条分别就调集人员、征用物资和补偿做出了规定。由于征用物资、调集人力都是对财产权、人身权等基本权利的限制，如本节关于“比例原则”的阐释，《救援法》严格限定了征用物资、调集人力的主体、权限、范围、程序和适用条件，要求只有在“绝对必需”“别无选择”“其他选择的成本不可接受”“不会对被调集人员及其财产造成不成比例的安全威胁”等情况下，才可以征用物资、调集人力，并应当及时终止、合理补偿。

1.6.1　调集人员与征用物资

《救援法》第 19 条就救援工作中调集人力做出规定，明确只有同时符合以下 3 个条件，并且绝对必需的情况下，救援负责人才可以调集（rakendamine）年满 18 岁的自然人参加救援工作：(1) 灾害事故的规模超出救援局的救援能力；(2) 仅靠志愿救援人员不足以及时有效开展救援；(3) 不会对被调集人员及其财产造成不成比例的安全威胁。但是，救援负责人不得安排被调集人员从事涉及爆炸品、危险化学品或辐射危险的作业。

紧急征用物资，是抢险救灾和应急救援过程中较为普遍的现象。根据《救援法》第 20 条，在绝对必需且没有其他选择，或者其他选择的成本极高、不可接受的情况下，救援负责人有权根据救援需要，征用水、沙石以及其他物资材料、设备设施等，并要求被征用物品的所有权人将可移动的被征用物品运输到起运地点。救援机构应当如实记录征用过程，救援负责人应当确定终止征用的时间，且不得迟于救援工作结束。

由于调集人员、征用物资主要出现在动用人力物力较多、持续时间较长的重大灾害事故应急救援过程中，《救援法》专门就“大规模救援工作”“长时间救援工作”进行了定义。其中，“大规模救援工作”（Ulatuslik päästetöö）是指“灾害事故响应过程中，救援局需要调集超过 20 名志愿救援人员或者自然人，或者需要调用、征用其他机构和单位技术装备的救援工作”；“长时间救援工作”（Pikaajaline päästetöö）是指“持续 24 h 以上的救援工作”。上述定义从参与人员数量和救援持续时间两个角度提出量化指标，方便了救援机构在实践中准确区分情况，科学实施征用和调集行为。

1.6.2　补偿

1.6.2.1　调集人员的补偿、报酬和餐饮补贴

1997 年 2 月 25 日，根据《应急状态法》第 25 条第（2）款关于“国家应当制定法规，明确向被调集参加救援工作的自然人支付工资补偿的范围和程序”的规定，爱沙尼亚政府制定《应急状态下自然人参与救援工作的工资和补偿范围及程序》①。2005 年 3 月 18 日，根据《应急状态法》第 25 条第（2）款和《救援法》第 33 条第（2）款，爱沙尼亚政府制定《参与救援工作的自然人工资补偿办法》②。

---

① 《应急状态下自然人参与救援工作的工资和补偿范围及程序》（RT I 1997，16，274），https：//www. riigiteataja. ee/akt/34434。

② 《参与救援工作的自然人工资补偿办法》（RT I 2005，16，97），https：//www. riigiteataja. ee/akt/869718。

2010 年 9 月 1 日，行政法规《大规模或者长时间救援、排爆工作费用补偿和报酬支付的范围和程序》[①] 与《救援法》同步实施。该程序依据《救援法》第 45 条、第 46 条和第 47 条的规定，明确了被调集参与救援工作的法人机构（志愿救援组织）、志愿救援人员和自然人申请补偿、报酬的范围和程序。需要辨析的是，“补偿”和“报酬”分别适用于不同的情况：**“补偿”**（Hüvitamine），是对被调集参与救援工作的法人机构、志愿救援人员和自然人由于参与救援工作而产生的合理支出的弥补，是对上述机构和人员因维护公共利益而被减损的财产权的补偿；**“报酬”**（Tasu），是被调集的志愿救援人员、自然人参与救援工作的合理劳务所得，与参与救援工作的持续时间有关，不涉及法人机构。如果被征集参与救援工作的是公职人员，而且该公职人员在参与救援工作期间仍然获得相应的工资，则不能因为参与救援工作获得额外的报酬。

根据《大规模或者长时间救援、排爆工作费用补偿和报酬支付的范围和程序》，被征集参与救援工作的志愿救援人员和自然人获取报酬的基准，是最低职级职业救援人员的工资标准。例如，根据 2022 年 1 月 1 日起施行的救援人员工资标准，救援员的月最低工资是 930 欧元，除以救援员每月的标准工作时间 168 h，即可得到志愿救援人员和自然人获取报酬的基准金额约为每小时 5. 54 欧元，再乘以其实际参与救援工作的时间，就得到国家应当给予的报酬。

在补偿和报酬之外，2010 年《救援法》第 47 条（1）款规定“如果救援、排爆工作持续超过 4 小时，救援局应当向所有参与救援工作的人员免费提供食品和饮用水”。根据《大规模或者长时间救援、排爆工作费用补偿和报酬支付的范围和程序》，每人每天餐饮补贴（Toitlustamise ja joogivee kulu）标准为 15 欧元并适用至今，上述标准包括备餐、包装、一次性餐具，以及食物运送和餐后垃圾处理等费用（2005 年根据原《救援法》第 33 条确定的餐饮补贴标准是每人每天 60 爱沙尼亚克朗，约合人民币 40 元）。但上述规定存在缺陷，没有包括同样在救援现场工作，但并未直接参与救援的人员（如急救人员和维持秩序的警察）。为此，2020 年 7 月 15 日修订《救援法》时，调整了第 47 条第（1）款的表述“如果救援、排爆工作持续超过 4 小时，救援局应当向所有参与救援工作的人员免费提供食品和饮用水”。将救援和排爆现场的所有工作人员均纳入了保障范围。

根据《大规模或者长时间救援、排爆工作费用补偿和报酬支付的范围和程序》，符合申领补偿和报酬条件的人员，应当在救援工作结束之日起，或者知道、应当知道在救

---

① 《大规模或者长时间救援、排爆工作费用补偿和报酬支付的范围和程序》（RT I 2010，64，479），https：//www. riigiteataja. ee/akt/13357334。

援过程中发生相关支出之日起的 10 个工作日内，向救援局提交补偿申请，并附申请补偿的明细。公职人员如果申请领取救援工作报酬，应当提供所在单位的证明，证明其在参与救援工作期间未从单位领取报酬。救援局接到上述申请材料后，应当对申领费用的合理性、相关支出的必要性进行审核，并形成书面意见。同意发放补偿和报酬的，救援局应当在收到申请 20 个工作日内，向内政部提交使用政府储备金发放补偿和报酬的拨款申请，并附相关材料。内政部审核后，如果同意救援局的意见，即向财政部报送相关材料，由财政部拨付相应的专项资金。救援局收到财政部拨款后，应当即行向申请人发放补偿和报酬。在收到财政部拨款之前，救援局可以先行垫付补偿和报酬，以及时维护申请人的权益。

1.6.2.2 征用物资的补偿

早在 1994 年，《消防救援法》第 31 条第（4）款“对企业和自然的补偿”即规定，在灭火救援过程中征用企业、个人的物资材料、设施设备后，应当予以补偿。1998 年 6 月 30 日，爱沙尼亚政府制定行政法规《灭火救援征用物资材料、设施设备的国家补偿程序》①，确定由财政部使用政府储备金进行补偿，并于 2005 年 6 月 2 日重新制定《救援工作国家补偿的范围和程序》（自 7 月 1 日起生效）②，规定了对灭火救援中征用水、沙石和其他物资材料的补偿范围和程序。

2010 年 9 月 1 日新《救援法》生效后，根据第 44 条（2）款关于“共和国政府应当制定法规，规定救援和排爆工作征用补偿的范围和程序”的规定，2012 年 1 月 1 日行政法规《救援和排爆工作征用补偿的范围和程序》生效③，规定在救援和排爆工作中，根据救援负责人、排爆负责人的决定征用相关物资后，除非法律另有规定，救援机构均应向被征用物资的所有权人进行公平合理的补偿。如果被征用的动产、不动产在救援过程中损毁、灭失或者无法正常使用，应当提供同样物品或者按照当地同类物品的平均价格进行补偿，适用《行政程序法》的一般规定和《救援法》的专门规定。

根据《救援和排爆工作征用补偿的范围和程序》，在实施征用行为后，救援局应当尽快通知被征用物资的所有权人依法申请补偿。所有权人应当在征用结束之日起，或者知道、应当知道物资被征用之日起 10 个工作日内，向救援局提交补偿申请，并附申请补偿的明细。救援局收到申请后应当进行审核，在申请材料齐全后，应当在 10 个工作

① 《灭火救援征用物资材料、设施设备的国家补偿程序》（RT I 1998，63，996），https：//www. riigiteataja. ee/akt/75732。

② 《救援工作国家补偿的范围和程序》（RT I 2005，32，239），https：//www. riigiteataja. ee/akt/908290。

③ 《救援和排爆工作征用补偿的范围和程序》（RT I，01. 02. 2011，1），https：//www. riigiteataja. ee/akt/101022011001。

日内完成审核，做出是否同意补偿的书面决定，如果同意补偿，应当确定核定的补偿金额。

救援局局长审批同意后，救援局即应使用预算资金进行补偿。如果补偿金的额度超出救援局的年度专项预算，救援局应当向内政部专题报告，由内政部申请使用政府储备金进行补偿。在收到财政部拨款之前，救援局应当先行垫付补偿款。为切实维护被征用物资所有权人的权益，《救援和排爆工作征用补偿的范围和程序》专门规定，凡是符合补偿条件的，自受理补偿申请之日起，救援局应当在2个月内完成审核、拨款流程。

1.6.3　紧急避险

紧急避险思想源于古希腊的自然法思想。自然法思想重视人的自然本性，认为人天生具有趋利避害的本性，在紧急情况下采取避险措施，也就成为顺理成章的选择。19世纪晚期，随着大陆法系犯罪构成理论的发展，紧急避险理论逐渐完善。我国有学者认为，紧急避险是“为了使国家、公共利益、本人或者他人的人身、财产和其他权利免受正在发生的危险，不得已实施的损害另一个较小合法利益的行为”[①]。从所维护的法益区分，紧急避险可分为公众避险与私人避险，就消防救援而言，就是在自然灾害、事故灾难等紧急情况下，为控制灾害规模、减少灾害损失而采取的减损第三者合法权益的行为，属于公众避险。

《救援法》第21条规定，如果确实属于救援和排爆工作绝对必需，救援局可在未经所有权人同意的情况下，拆除其建筑、房屋，或者进行挖掘、砍伐树木、逆烧、阻断沟渠河流和其他类似作业，并予以记录。根据《救援法》第48条规定，救援局采取上述紧急避险措施，对法人或自然人造成的损害，均视为事故灾害造成的损失，救援机构不承担赔偿责任。

1.7　消防救援装备

不论是在苏联时期还是恢复独立之后，爱沙尼亚基本不生产消防救援装备。恢复独立以来，消防救援装备器材主要有三个来源：首先是沿用苏联时期遗留的装备，如使用ZIL 130载重汽车底盘的消防车等；其次是20世纪90年代中后期的人道主义援助，主要是芬兰、瑞典、挪威等国捐赠的二手消防车，以及个人防护设备和水带等器材；最后是

① 李小涛：《紧急避险研究》，武汉大学博士学位论文，2009年，第6、9页。

2000 年以来，救援局使用国家预算并在欧洲结构和投资基金支持下①，持续购置更新消防救援装备。

1.7.1 苏联时期遗留的消防装备

苏联时期，爱沙尼亚的消防装备均为苏联产品。当时，苏联的消防车生产企业共三家：乌克兰的普里卢基（Pryluky）消防车制造厂，以及位于俄罗斯瓦尔加（Варгаши）和特维尔（Тверь）的消防车制造厂。消防员的防护装备比较简陋，有些甚至使用渔民的防水橡胶服作为防护服。

1991 年 1 月 1 日，爱沙尼亚的现役和职业消防队共配备 120 辆消防车、8 辆其他专用消防车、13 辆云梯消防车和 3 辆登高平台消防车，除 1 辆 1983 年产 32 m 登高平台消防车是使用苏制 Kamaz－53213 卡玛斯底盘、安装芬兰博浪涛（Bronto）公司的上装外，其他装备均完全是苏联产品。

当时最常见的 ATC－40（431412）－63B 型水罐消防车，使用莫斯科利哈乔夫汽车厂生产的 ZIL 130 中型载重汽车底盘，驾驶室 4 门，可容纳 6—7 名消防员。ZIL 130 是苏联时期长盛不衰的传奇产品，1956 年 12 月原型车问世，1962 年定型量产，基本型整备质量 6 700 kg，有效荷载 5 000 kg，采用排气量 6.96 L 的 8 缸汽油发动机，最高速度 80 km/h，从 1962 年至 2010 年累计生产约 340 万辆，在军事和民用领域都应用广泛（军用版称为 ZIL 131，使用柴油发动机），同时也大量出口，1973 年被授予苏联国家质量奖，是苏联时期产量最大的载重汽车车型之一。

20 世纪 80 年代后期，特维尔消防车制造厂开始使用 ZIL 131（131 N）底盘生产云梯消防车，爱沙尼亚的现役消防队共装备 24 辆该型云梯消防车，此外，塔林等地还装备了少量扑救油库火灾的泡沫举高喷射消防车。在几个位于中心区域的现役消防队，配备了由大功率水泵和 150 mm 直径输水管组成的远距离供水车组，但由于设备复杂笨重，往往需要几小时才能出动。

1.7.2 恢复独立初期接受的捐赠消防救援装备

恢复独立后，爱沙尼亚开始接受芬兰、瑞典、挪威、德国等国捐赠的二手消防救援

① 欧盟为支持成员国经济社会事业的均衡发展，先后在五个方面设立欧洲结构和投资基金（European structural and investment funds，ESIF），分别是：欧洲地区发展基金（European regional development fund，ERDF）、欧洲社会基金（European social fund，ESF）、凝聚基金（Cohesion Fund）、欧洲农业和农村发展基金（European agricultural fund for rural development，EAFRD）、欧洲海洋和渔业基金（European maritime and fisheries fund，EMFF），https://ec.europa.eu/info/funding－tenders/funding－opportunities/funding－programmes/overview－funding－programmes/european－structural－and－investment－funds_ en#thefunds。

车辆。1991 年当年就接受不少于 7 辆，但这些车辆的服役时间多数超过 20 年，有的甚至超过 30 年，如 1991 年接收的两辆福特 F 600 底盘消防车，分别是 1958 年和 1962 年的产品。1992 年至 1996 年间，爱沙尼亚共收到国外捐赠的 86 辆主战消防车、12 辆水罐消防车、8 辆特种消防车（包括 4 辆云梯消防车），主要是老旧的福特和欧宝闪电消防车，载水量 1 000—4 000 L，消防泵流量 1 000—2 800 L/min。在 1997 年之前，除 1996 年从奥地利卢森堡亚公司（Rosenbauer）为塔林机场购买 3 辆机场消防车外，爱沙尼亚未再购买过新消防车。

1.7.3 新购置的消防救援装备

在继续使用苏联时期遗留的消防车辆，并接受国外捐赠二手消防车的同时，爱沙尼亚救援局积极规划订购新型消防救援车辆。1992 年，救援局委托奥地利卢森堡亚公司为其量身定制 20 辆新型消防救援主战车——该车的基本参数：使用斯堪尼亚 94 G 型 3 550 mm轴距底盘，安装斯堪尼亚 DSCO 11 型柴油发动机，2 000 rpm 时输出功率为 162 kW，最高行驶速度 108 km/h，最大质量 13 200 kg，配有 2 700 L 的水罐和 200 L 的泡沫液罐，N－30 离心泵的流量 3 000 L/min。车前部有 1 个牵引力为 23 kN 的电动绞盘，车内配有 5 kW 交流发电机和安装 4 盏 500 W 泛光灯的照明灯杆。此外，随车配备 20 条高压水带和金属拉梯等各类灭火救援装备，以及消防员防护服和空气呼吸器。该车价格为 328.8 万克朗，按当时汇率约合 203 万元人民币。

1997 年 6 月 28 日是爱沙尼亚救援装备更新的历史性一天，当天卢森堡亚公司交付首辆专为爱沙尼亚生产的新型消防救援主战车，配发给塔林消防救援局的市中心救援站，被命名为“卡玛斯·叶卡捷琳娜”（Kärmas Katariina）——沿用了 1882 年爱沙尼亚历史上第一台蒸汽消防泵的名称，当时是以俄罗斯女皇叶卡捷琳娜二世命名的。直到今天，爱沙尼亚仍然保留着为消防救援装备命名的传统。到 1999 年，20 辆新型消防救援主战车完成交货，被分配给各地的现役和职业救援站，其中 1 辆提供给维克－马里（Väike－Maarja）救援学校供教学使用。此外，在 1999 年底前，救援局还采购了多辆森林消防车、登高平台消防车，以及 2 辆带起重功能的斯堪尼亚底盘集装箱式救援装备运输车。

2001 年至 2002 年，救援局再次从卢森堡亚公司采购 12 辆新型消防救援主战车，与几年前相比，车辆性能全面提升。2003 年，救援局又采购 1 辆德国马基路斯公司的 30 m 云梯消防车，价格近 800 万克朗，按当时汇率约合 440 万元人民币。此外，救援局还从奥地利车辆改装厂安普（EMPL）订购了 18 辆消防救援车，该型车配备 1 个容量 3 000 L 的水罐和 2 个容量分别为 200 L 和 50 L 的泡沫液罐。针对城市道路狭窄，且经常发生垃圾箱等小规模火灾的情况，2004 年 4 月，塔林消防救援局配备了法国标致公司生产的小型消防救援车，该型车利用厢式货车改装而成，配备 1 个 400 L 水箱和 1 台流量15 L/min 的高压消防泵——被命名为费加罗（Figaro），价格 45 万克朗，按当时汇率约合 30 万元人民币。

2007 年，救援局从波兰瓦尔扎泽克特种车辆公司 WISS（Wawrzaszek Inzynieria Samochodów Specjalnych，成立于 1988 年）购买的 20 辆新型消防救援车交付。该型车采用带自动变速器的四轮驱动 MAN 底盘，配备排气量 11.7 L 的 250 kW 柴油发动机。2008 年，瓦尔扎泽克公司又为救援局提供了 6 辆 MAN 底盘的消防救援车。在 2009 年夏天之前，救援局尚未装备专门的大型水罐车，当时在用的 18 t 大型水罐车，都是用油罐车或者牛奶罐车改装的，平均车龄几十年。为解决这一问题，救援局又从瓦尔扎泽克公司订购了 6 辆 MAN 底盘的大吨位水罐消防车。

2013 年后，大多数救援队配备了红外热成像仪，总数超过 100 部，有的主战车配备 2 部，搜索和营救被困人员的效率大幅提升。救援人员的个人防护装备也不断改善。2013 年 3 月，救援局投入超过 100 万欧元，购置瑞典 Interspiro 公司生产的 Q II 型正压式消防空气呼吸器，包括 1 833 个面罩、780 个带减压器和供气阀的背托总成，以及 1 410 个轻型气瓶，之前老旧的 Spiromatic 90、Spiromatic 323 和 Spiromatic QS I 型空气呼吸器基本被淘汰。

2014 年起，救援局开始为救援车辆配备多媒体地理信息系统（Multimedia Geographical Information System，MGIS）终端，使用爱沙尼亚和瑞士联合开发的 GIS-112 地理信息系统，将文字、图像、声音、动画等技术与地理信息系统融合，确保救援车辆更快捷、更准确地赶到现场，并实现救援车辆与报警中心之间的实时信息交换。2016 年，救援局首次采购 4 架无人机，并从初期的简单航拍，发展到 3D 建模应用。

到 2017 年救援局成立 25 周年时，救援装备持续更新，共拥有 600 多辆各型消防救援车和特种车辆，其中消防救援车 295 辆，配备给 72 个职业救援队，其中就包括在欧盟凝聚基金资助下，当年购置的 46 辆消防救援主战车、26 辆水罐消防车、22 辆集装箱式勤务保障车和 3 辆指挥车。

爱沙尼亚政府对救援装备建设非常重视。《国家行动计划（2019—2023 年）》第二部分“内部安全”，专门就“持续更新救援装备”提出了要求。综合考虑消防救援车辆经常在高温、寒冷、浓烟等恶劣极端条件下运行，结合维修成本、折旧等因素，爱沙尼亚将消防救援主战车的最佳服役年限确定为 15 年。在 2025 年之前，职业救援队约一半的执勤车辆将达到 15 年的服役年限，需要逐步更新。随着新购置的消防救援车辆在职业救援队投入执勤，救援局有计划地将退役的消防救援车辆移交志愿救援队，以提高志愿救援队伍的装备水平。

第二节　救援人员管理

恢复独立后，爱沙尼亚适应构建综合救援力量体系的需求，突出救援职业特点，确定了“救援服务是特殊类型公共服务、救援人员是特殊公职人员”的基本定位。基于《劳动合同法》《公共服务法》《国家养老保险法》等关于劳动用工和公职人员管理的通用法律体系，通过《消防救援法》（1994 年）、《救援法》（1998 年）、《救援组织法》（2008 年）等专门立法，建立了完善的救援人员分类管理体系，包括独立的职位设置和职级、衔级制度，工时和工资制度，奖励激励制度，伤亡抚恤和提前退休、养老金发放等社会保障制度，形成了促进职业化、专业化发展的救援职业发展路径。

截至 2021 年 7 月 1 日，救援局实有 2 080 名救援人员，是爱沙尼亚规模第三大的公共机构，此外还有 2 319 名经认定的志愿救援人员。在 72 支职业救援队、4 支拆弹小队和 117 支志愿救援队，随时都有约 350 名职业救援队员和 200 多名志愿救援人员处于备勤状态，他们秉持“**奉献，勇气，信任**”（Abivalmidus，julgus ja usaldus）的价值观，履行着“**预防事故，应急准备，拯救生命，保护财产和环境安全**”的使命。

2.1　救援人员分类

1992 年 4 月 15 日，爱沙尼亚最高委员会通过《爱沙尼亚共和国劳动合同法》（*Eesti Vabariigi töölepingu seadus*）——作为劳动用工方面的基本法律，该法围绕规范和保护劳动关系，就劳动合同的订立、修改、终止、撤销和失效，单位和员工双方的责任、义务，以及劳动争议的解决等，做出了全面规定①。根据《劳动合同法》第一章“总则”确定的原则，该法适用于劳动用工性质的消防救援员，不适用于公务员性质的消防救援官员。

1994 年《消防救援法》第 9 条规定“消防救援人员的劳动关系，根据劳动合同或公共服务方面的立法进行管理”。该法对**消防救援人员**（Tuletõrje - ja päästetöötajad）的定义是“各类消防救援机构负责组织、实施消防救援工作的成员”。虽然在当时的管理实践中，已将消防救援人员区分为救援官员（公务员）和救援员（劳动用工）两大类，

① 《爱沙尼亚共和国劳动合同法》（RT 1992，15，241），https：//www. raulpage. ee/akt/30594。

但 1994 年《消防救援法》尚未对消防救援人员的身份进行明确分类。

1995 年 6 月 1 日《公共服务法》（*Avaliku teenistuse seadus*）生效①，就公共服务（Avalik teenistus）、公职人员（Avalike teenistujate）的范围和分类，以及公职人员的录用、管理、权利、义务、奖惩等做了全面规定。根据《公共服务法》第一章“总则”，公共服务是指“为国家或地方政府机构工作”，公职人员分为 3 类：**公务员**（Ametnik）、**辅助职员**（Abiteenistuja）和**外包人员**（Koosseisuvälisteks teenistuja）。其中，公务员是指“通过选举或任命，在政府机构担任职务的人员”；辅助职员是指“政府机构根据劳动合同聘用的技术人员，从事辅助性的技术工作”；外包人员是指“为履行临时性任务，政府机构通过任命或签订劳动合同，在确定限期内聘用的工作人员”。根据法律适用范围的规定，消防救援官员适用《公共服务法》，不适用《劳动合同法》等关于劳动关系的立法。

根据《劳动合同法》《公共服务法》的基本原则，结合救援工作特点，2008 年生效的首版《救援组织法》确定了救援服务的组织和救援人员的法律地位，确定“救援服务属于特殊类型公共服务”——这一规定适用至今。目前列入“特殊类型公共服务”（avaliku teenistuse eriliik）范围的还有警察、狱政、外交、检察等职业，以及在国防军服现役。《救援服务法》将救援人员（Päästeteenistujad，总体概念）分为“救援官员”“救援员”。救援官员（Päästeametnik）是指“救援机构或救援学院内，在《救援法》第 3 条规定的领域组织、管理和实施救援工作的人员”；救援员（Päästetöötaja）是指“救援机构或救援学院内，根据劳动合同从事《救援法》第 3 条规定的救援工作的雇员”。关于救援官员、救援员的上述分类保持至今，只是根据法律修订，对相关表述做了微调。

2009 年 7 月 1 日，全面修订的《劳动合同法》（*Töölepingu seadus*）生效并适用至今②，截至 2022 年 9 月 21 日最近一次修订，共修订 34 次。新《劳动合同法》优化了法律框架，将**平等原则**（Võrdse kohtlemise põhimõte）明确为调整劳动合同关系的基本原则，强调雇主必须落实《平等待遇法》《性别平等法》，确保员工享受平等待遇，免受歧视。2009 年《劳动合同法》在实施条款中同步修订了《公共服务法》《救援法》《救援组织法》等 45 部法律。其中，《公共服务法》的修订内容明确“除非另有规定，劳动关系立法适用于政府公职人员”；《救援组织法》第 1 条第（3）款修改为“规范劳动关系的法律以及本法的专门规定，适用于救援员”。

---

① 《公共服务法》（RT I 1995，16，228），https：//www. riigiteataja. ee/akt/28736。

② 《劳动合同法》（RT I 2009，5，35），https：//www. riigiteataja. ee/akt/130042022004。

2013 年 4 月 1 日，全面修订后的《公共服务法》生效并适用至今[①]，截至 2022 年 5 月 18 日最近一次修订，共修订 22 次。现行《公共服务法》将公职人员的分类简化为**公务员和政府雇员**（töötajat），取消了高级、中级、初级公务员的分级，并同步修订了《救援组织法》等 42 部法律。根据修订后的《公共服务法》，公务员是“与国家、地方政府具有法定服务或委托关系的人员”；政府雇员是“受雇于政府机构，不行使公权力，只提供支持工作的劳动合同人员”。根据《公共服务法》第 2 条关于适应范围的规定，该法适用于救援机构内的公务员，政府雇员则适用《公共服务法》的专门规定以及《劳动合同法》和其他规范劳动关系的法律。

根据《劳动合同法》《公共服务法》的基本原则和《救援组织法》的专门规定，目前，爱沙尼亚将救援人员按身份分为救援官员和救援员两类，这两类人员均适用《救援组织法》的专门规定。此外，救援官员适用《公共服务法》的一般规定，以及《劳动合同法》关于休假时间和平均工资计算的专门规定；救援人员则适用《劳动合同法》的相关规定。

2.2 救援人员的职级、职位和衔级

2.2.1 职级

职级（ametinimetus）是公职人员等级的划分。1993 年 7 月 7 日，爱沙尼亚政府公布《国家和地方政府消防救援人员的职级和制服样式》[②]，消防救援人员的职级从高至低分为四级：高级管理人员（国家救援局的局长、副局长，县市政府消防办公室负责人，救援学院院长）；中级管理人员（国家救援局的部门负责人，县市政府救援机构的副职和部门负责人，救援学院的副院长和教授、副教授、讲师，民防培训中心的负责人、讲师，救援学校的校长、副校长和讲师）；专业技术人员（国家救援局的专家，县市政府救援机构的技术人员，救援学院、民防培训中心和救援学校的中级教学人员）；初级管理和行动人员（县市政府救援机构的消防员、救援人员、调度员，救援学院和救援学校的学员）。

1996 年 2 月 16 日，为了统一公职人员的职级序列和工资标准，议会通过《公职人

---

① 《公共服务法》（RT I，06. 07. 2012，1），https：//www. riigiteataja. ee/akt/104062022008。

② 《国家和地方政府消防救援人员的职级和制服样式》（RT I 1993，48，656），https：//www. riigiteataja. ee/akt/29604。

员职级和薪级法》（*Riigiteenistujate ametinimetuste ja palgaastmestiku seadus*）[①]，建立了公务员和辅助职员的职位分类和职级序列，将公务员分为高级、中级、初级。高级公务员细分为政府负责人、管理人员、顾问等 3 类；中级和初级公务员未再细分。辅助职员分为文员、服务人员、技工、设备操作驾驶人员、非技术工人 5 类。表 3 - 14 是公职人员的职级分类和举例（笔者整理）。其中，消防救援职业包括：高级公务员中属于“管理人员”的救援局局长；中级公务员中的救援指挥员（päästekorraldaja）；辅助职员中属于技工类的消防救援员（tuletõrjuja - päästja）。

表 3 - 14　公职人员的职级分类和举例

公职人员	分级	职位举例	
公务员	高级	政府负责人	国务秘书，常务副部长，副部长，县长等
		管理人员	局长，处长，科长，检察官等
		顾问	顾问，助理等
	中级	助理检察官，土地管理员，**救援指挥员**等	
	初级	法庭书记员，法警等	
辅助职员	文员	信息录入员，会计，绘图员，收款员，秘书等	
	服务人员	管理员，厨师，仓库保管员等	
	技工	园丁，电工，**消防救援员**等	
	设备操作驾驶人员	司机，锅炉工等	
	非技术工人	清洁工，帮厨，搬运工，门卫等	

1998 年《消防救援法》修改为《救援法》后，根据第 9 条第（2）款关于“内政部部长应当制定消防救援人员的职级和职务清单”的授权，同年 7 月 10 日内政部通过《消防救援人员职级》[②]（10 月 1 日起生效），规定了救援局、县政府救援机构、地方政府救援机构、内政学院、维克 - 马里救援学校的人员职级。其中，救援局人员分为四级，从高至低是：局长和副局长，部门负责人，救援、排爆等领域的专业人员，司机；县政府救援机构的人员分为六级，从最高的主任、副主任，到最低的指挥助理、消防救援员；地方政府救援机构的人员职级分为三级；内政学院、维克 - 马里救援学校的人员未细分职级。2001 年 2 月 1 日，修订后的《消防救援人员职级》实施[③]，整合了县政府

① 《公职人员职级和薪级法》（RT I 1996，15，265），https：//www. riigiteataja. ee/akt/28488。

② 《消防救援人员职级》（Tuletõrje - ja päästetöötajate ametinimetused，RTL 1998，232，939），https：//www. riigiteataja. ee/akt/88323。

③ 《消防救援人员职级》（RTL 2000，122，1928），https：//www. riigiteataja. ee/akt/26630。

和地方政府救援机构的人员职级，并将内政学院和维克－马里救援学校的人员职级分别拓展到二级和六级。

2000年5月30日《救援法》全面修订，重新制定第六章“消防救援人员及其培训”，明确了消防救援人员的范围——包括国家和地方政府救援机构的工作人员、内政学院救援学院以及维克－马里救援学校的教职人员。2005年2月21日内政部修订《救援人员职级》①，将救援局及其地方机构救援人员的职级分为七级，内政学院救援学院的救援人员职级分为三级，各职级之前可以附加“首席”（pea－）、“高级”（juhtiv－）、“主管”（vanem－）、“初级”（noorem－）等由高至低的修饰词，予以限定和补充。2006年1月3日内政部再次修订《救援人员职级》②，根据教育程度和职业培训、身体素质等方面的要求，将救援人员分为四等八级，奠定了现行职级分类体系的基础。

2008年3月1日施行的《救援组织法》确定了救援人员“四等八级”的职级体系并适用至今，《公职人员职级和薪级法》同步删除了公职人员职级序列中的救援职业，标志着爱沙尼亚为救援人员建立了专门的职级和薪级制度。根据《救援组织法》第5条第（1）（2）款，救援人员的职级分为四等八级：一等是救援总监，分为2个职级：救援总监（päästepeadirektor）、救援副总监（päästedirektor）；二等是救援督察长（päästepealik），不分级；三等是救援长，分为4个职级：高级救援长（päästepeaspetsialist）、一级救援长（päästejuhtivspetsialist）、二级救援长（päästevanemspetsialist）和三级救援长（päästespetsialist）；四等是救援员（päästja），不分级。

2.2.2　职位

职位（Teenistuskohtade）是国家机构内部由预算保障的工作岗位，**职位清单**（Teenistuskohtade koosseis）反映了国家机构履行职责所必需配置的人力资源。2013年4月1日起实施的《国家机构的职位构成和分类程序》③ 确定了国家机构的职位设置和分类，并以附件形式列举了国家机构的各类职业及其分级，适用于政府各部及其管理的机构以及总理府、性别平等和公平待遇专员办公室，并推荐议会办公厅、总统府办公厅、国家审计署以及司法机构和地方政府机构采用。其中，“救援工作”是指履行预防事故、抢险救援职责，以拯救生命、保护财产和环境安全的工作，并按照工作内容的复杂程

① 《救援人员职级》（RTL 2005，26，369），https：//www.riigiteataja.ee/akt/856394。
② 《救援人员职级》（RTL 2006，5，86），https：//www.riigiteataja.ee/akt/979940。
③ 《国家机构的职位构成和分类程序》（RT I，13.11.2012，12），https：//www.riigiteataja.ee/akt/113112012012。

度和职级，将救援人员的职位由低至高分为4级，如表3－15所示①。

表3－15 救援人员的职位划分

	基本职责
一级	（1）参与救援或排爆执勤 （2）按照指令实施救援或排爆作业 （3）驾驶应急救援车辆 （4）检查、维护救援设备器材 （5）开展预防工作
二级	（1）在职业资格规定的范围内，管理和组织实施救援或排爆作业 （2）组织救援人员执勤，做好出动准备 （3）组织开展预防工作 （4）填写值班备勤记录，将救援或排爆作业数据输入信息系统 （5）检查、维护救援装备器材，组织救援工作的后勤保障服务 （6）对救援、排爆人员开展职业培训，训练排爆犬 （7）指导职业救援人员、志愿救援人员
三级	（1）计划、管理和组织实施责任区内的救援工作 （2）组织开展预防工作 （3）与其他参与救援的机构和人员开展合作 （4）组织责任区内的救援或排爆执勤，以及相关的保障工作 （5）在所属救援人员职业资格规定的范围内，组织实施救援或排爆工作 （6）组织开展对救援人员的教育培训 （7）指导职业救援人员、志愿救援人员 （8）检查救援设备器材是否符合要求，组织开展维修、保养、保管工作
四级	（1）管理一个或多个责任区内的救援工作和排爆工作 （2）计划、组织并监督所属救援机构开展执勤工作 （3）参与编制救援领域的规划和预算 （4）协调并参与国际合作 （5）在所属救援人员职业资格规定的范围内，组织实施救援或排爆工作 （6）组织、计划和提供救援工作所需的后勤和医疗保障

根据《国家机构的职位构成和分类程序》第3条第（3）款，主管部门每年应当至少审查调整1次机构的职位设置。2021年12月3日，救援局局长发布第1.1－3.1/237号局长令《救援局的职位和对应的救援人员职级》②，确定了救援局内设的2 321个职位，及其对应的救援人员职级。其中，除143个是辅助性的非救援岗位外，2 178个救援职位的职级分布呈金字塔形：救援总监1名，救援副总监12名，救援督察长110名，

① 笔者根据《国家机构的职位构成和分类程序》附件4《职位分类》（*Teenistuskohtade klassifikaator*）整理。

② 《救援局的职位和对应的救援人员职级》（1.1－3.1/237），https：//adr.rescue.ee/paa/dokument/1427798。

高级救援长 84 名，一级救援长 170 名，二级救援长 65 名，三级救援长 452 名，救援员 1 284 名。

2.2.3　衔级

作为准军事化机构（poolsõjaväeline asutus），爱沙尼亚救援局建立了专门的衔级制度，主要通过制服的肩章、领章等予以区分。领章是金色火炬图案，如图 3－7（见彩插第 5 页），总监级（包括救援总监、副总监）是 3 把火炬，督察长是 2 把火炬，救援长（包括高级救援长和一级、二级、三级救援长）是 1 把火炬。

如图 3－8 所示（见彩插第 5 页），救援人员肩章底板为黑色，长边的边缘是红色装饰线，根据职级、衔级不同，肩章上缀有数量不等的大、小两种星花，大、小星花均为四角形，由 20 片楔形叶子装饰而成，对角线长度分别为 21 mm 和 18 mm。救援学院学员肩章上标有字母“K”。各职级救援人员的衔级标志：（1）救援总监为 3 颗大星花和橡树叶环绕的金色国徽，国徽高度 20 mm，橡树叶环的外径为 32 mm；（2）救援副总监为 3 颗大星花；（3）救援督察长为 2 颗大星花；（4）高级救援长和担任高级救援行动主管的一级救援长为 1 颗大星花；（5）一级救援长和担任救援行动主管的二级救援长为 4 颗小星花；（6）二级救援长为 3 颗小星花；（7）担任分队长的级救援长为 2 颗小星花；（8）三级救援长为 1 颗小星花。

通过《救援局的职位和对应的救援人员职级》和上述职级、职位与衔级的对应关系可见，爱沙尼亚救援机构突出以实际工作为主的职务导向，同时实行“一级多职”“一级多衔”“一衔多级”“一职多级”的制度。“一级多职”（同一职级对应多个职位），如救援副总监可以对应 3 类职位：救援局副局长（2 名）；救援局机关主要业务处室（行政处、安全监督处、预防处、应急管理处、救援处、排爆中心）的负责人；4 个区域救援中心的主任——救援局共有 12 名救援副总监。“一级多衔”（即同一职级对应多个衔级），如二级救援长的基本衔级标志是 3 颗小星花，担任救援行动主管时的衔级标志为 4 颗小星花，担任分队长时的衔级标志为 2 颗小星花，也就是说同为二级救援长职级，由于职位不同有 3 种不同衔级。“一衔多级”（同一衔级对应多个职级），如高级救援长和担任高级救援行动主管的一级救援长同一衔级（1 颗大星花），一级救援长和担任救援行动主管的二级救援长同一衔级（4 颗小星花）。“一职多级”（同一职位对应多个职级），如三类救援站的站长，可以是一级救援长衔，也可以是二级救援长衔。上述职级、职位、衔级的对应关系，既建立了适应准军事化机构的层级管理制度，也充分体现了工作导向的基本原则。

2.3　救援人员录用和职业发展

根据《救援组织法》第 7 条，申请成为救援官员的基本条件是：具有爱沙尼亚国籍、不低于中等教育学历和法律规定的爱沙尼亚语水平，有完全民事行为能力并符合救援职业资格要求；特殊情况下，可以不通过考试选拔，直接任命救援官员。申请成为救援员，不需要具有爱沙尼亚国籍，基本条件是具有不低于中等教育学历和法律规定的爱沙尼亚语水平，有完全民事行为能力并符合救援职业资格要求。

2.3.1　入职条件

恢复独立后，在构建综合救援体系过程中，爱沙尼亚非常重视救援人员的职业能力建设（包括志愿救援人员的专业能力），内政部迄今共通过 4 部规章，完善了包括个人品质、教育程度、职业资格、体能、健康状况等从业条件，保障了救援队伍的职业化建设、专业化发展。

2.3.1.1　《国家和地方政府消防救援人员的职业条件和体能要求》（1999 年）

1998 年 12 月 30 日，内政部制定《国家和地方政府消防救援人员的职业条件和体能要求》，自 1999 年 7 月 1 日起生效[①]。在教育程度方面，要求国家和地方政府的消防救援人员必须符合以下两项条件之一：具有消防或消防救援方面的高等教育、中等教育或中等职业教育学历；完成救援局局长批准的消防和救援培训课程，且具有中等教育学历。鉴于部分在职人员难以在短时间内达到教育程度要求，故放宽至 2004 年 1 月 1 日取得中等教育学历即可。

在体能方面，共设定 5 个测试项目：2 700 m 计时跑、3 000 m 划船机计时、仰卧起坐、45 kg 杠铃蹲起、45 kg 杠铃胸前推举——这些项目保留至今。当时的测试标准不分性别，只区分 3 个年龄组：18 岁至 35 岁，36 岁至 50 岁，50 岁以上。体能测试每年 1 次，必须在 1 天内完成所有项目（不得安排在冬季测试），每个项目的成绩为1—5 分，测试结果低于 1 分的标准时，则该项目没有成绩。例如，18 岁至 35 岁年龄组 2 700 m 计时跑得 1 分的对应成绩是 14 min，如果用时超过 14 min 则该项没有成绩。5 个项目的总成绩不低于 5 分，且没有成绩的项目不多于 1 项，则通过相应年龄组的体能测试。体能测试不合格的可在 60 天内复测，仍不合格的在 120 天内进行第二次复测，第二次复测仍

---

① 《国家和地方政府消防救援人员的职业条件和体能要求》（RTL 1999，7，85），https：//www.riigiteataja.ee/akt/89628。

不合格的视为体能不达标，不具备职业条件。

2.3.1.2　《消防救援人员资格基本要求：教育和体能》（2002 年）

2000 年 5 月 30 日《救援法》全面修订，新增的第 30[1] 条规定，由内政部制定有关消防救援人员教育程度、体能等方面的基本要求。据此，2002 年 1 月 8 日内政部制定《消防救援人员资格基本要求：教育和体能》①，根据救援人员的职位、岗位提出了差异化的教育程度要求，将体能测试的年龄分组增至 4 组（18 岁至 30 岁，31 岁至 40 岁，41 岁至 50 岁，51 岁以上），将 2 700 m 计时跑确定为必考项目，为防止测试过程中发生意外，专门增加规定，只有健康检查合格后方可参加体能测试。

2002 年《消防救援人员资格基本要求：教育和体能》增加了救援人员任职资格考核的规定。根据第三部分“考核基本要求和实施条件”，任职资格考核分为入职考核和定期考核，由救援人员的直接上级负责，具体实施程序由救援局规定。任职资格考核的目的，是确认救援人员是否按质保量完成工作职责和临时指派的任务。其中，入职考核在试用期届满后进行，考核合格即可正式进入救援机构工作；定期考核至少每 2 年进行 1 次。入职考核和定期考核不合格的，在 1 个月内进行复核。

2.3.1.3　《救援人员和合同制救援人员的职业条件：教育、体能和健康要求》（2008 年）

2008 年 3 月 1 日《救援组织法》生效，根据该法第 7 条第（4）款和《救援法》第 8[1] 条的规定，内政部制定《救援人员和合同制救援人员的职业条件：教育、体能和健康要求》②，与《救援组织法》同步实施。新的职业条件对救援人员的“职业适应性”（kutsesobivuse）进行了定义：“救援人员的职业适应性要求，包括体能、教育和健康要求。”此外，首次增加了对救援人员的**个人品质**（isikuomadus）要求。教育培训方面，2008 年在继续根据职级对教育程度提出差异化要求的同时，全面引入职业资格制度，对消防监督、灭火救援、接警调度、排爆等不同岗位、不同职级的救援人员，提出了差异化的职业资格要求，全面推进了救援队伍的职业化建设。体能测试方面，2008 年保留了原来的 5 个测试项目和 4 个年龄分组，测试仍然不分性别，合格标准也没有变化。2 700 m计时跑仍是必测项目，但增加了放宽条款：如果其他 4 个项目的总分不低于 16 分，或者属于 51 岁以上年龄组且其他 4 个项目的总分不低于 5 分，则免考 2 700 m 计时跑。

2008 年职业条件的一个突出特点，是增加了有关救援人员身体健康状况的内容，并

---

① 《消防救援人员资格基本要求：教育和体能》（RTL 2002，11，122），https：//www.riigiteataja.ee/akt/163282。

② 《救援人员和合同制救援人员的职业条件：教育、体能和健康要求》（RTL 2008，21，318），https：//www.riigiteataja.ee/akt/12937618。

根据工作环境的危害性、职业健康风险，以及救援机构的工作组织情况，将救援人员分为4类：第一类救援人员需要穿着防护服，进入浓烟或化学危险品环境工作、训练，或者从事排爆、水域救援工作；第二类救援人员需要到救援现场组织实施救援或开展训练，但不参加第一类人员从事的工作；第三类救援人员在报警中心组织救援工作；第四类救援人员从事或学习潜水工作。相应地，对4类救援人员的工作条件以及视力、听力、禁忌症、身体情况等提出了具体要求。

2.3.1.4 《救援人员的职业条件：体能、教育和健康要求》(2011年至今)

2010年9月1日，由原《救援法》拆分后重新制定的《救援法》《消防安全法》同时生效，有关救援人员管理的内容，统一调整至《救援组织法》。根据《救援组织法》第7条第（4）款规定，内政部于2011年2月15日制定《救援人员的职业条件：体能、教育和健康要求》[①] 适用至今，截至2022年10月底共修订11次。现行救援人员职业条件的主要特点：（1）继续沿用“职业适应性”的定义，并对救援人员的个人品质要求做了调整；（2）简化了对教育程度的要求；（3）细化了职业资格要求；（4）体能测试开始区分性别；（5）调整了救援人员的分类及其健康要求。

根据现行职业条件，对救援人员个人品质的要求是：（1）忠于国家，诚实守法；（2）具备抗压能力，能够在紧张情况下稳定有效工作、进行团队合作；（3）具备决断力和责任感，能够在职责范围内，独立做出决定并预见后果；（4）具备辨别、判断、分析和综合能力，以及汇总信息、适应变化的能力；（5）具备良好的沟通能力。

在教育程度方面，救援人员最低应当接受中等教育。救援督察长、高级救援长、一级救援长和从事安全监督的救援官员，应当具有高等教育学历，救援总监、救援副总监应当具有硕士学位或同等学历。在职业资格方面，担任小队长职务的三级救援长、担任分队长或者救援行动主管职务的二级救援长，应当符合救援队长（5级）职业标准的要求，或者完成相应的职业教育课程；救援员应当在入职两年内，接受相应的职业教育或达到救援员（4级）职业标准的要求。负责紧急报警受理调度业务的高级救援长，应当在上岗2个月内完成相应的培训课程；调度员岗位的二级救援长，应当在上岗2个月内完成调度员培训课程，并在6个月内取得调度员（5级）职业资格；接警员岗位的三级救援长，应当在上岗6个月内取得接警员（4级）职业资格，或者接受相应的在职培训。

在体能方面，继续保留了2 700 m计时跑、3 000 m划船机计时、仰卧起坐、45 kg杠铃蹲起、45 kg杠铃胸前推举等5个测试项目和4个年龄组，并进行了全面完善。首先，

① 《救援人员的职业条件：体能、教育和健康要求》（RT I，03.03.2011，26），https：//www.riigiteataja.ee/akt/119032021005。

区分职业方向，细化调整了测试内容，将救援人员分为救援、排爆两个职业方向，确定了差异化的测试标准，从事排爆工作的救援人员用引体向上代替 45 kg 杠铃胸前推举。其次，改变了测试合格与否的判定方法，原来是根据测试结果，对照标准确定成绩（1—5 分），目前改为只要达到最低标准，即视为测试合格，不再进行有区分度的打分。最后，开始区分性别进行测试，女性救援人员不分年龄组，按照统一的合格标准进行测试，进行负重蹲起测试时，使用重量不低于其体重一半但不得超过 45 kg 的杠杆，并用引体向上代替男性的 45 kg 杠铃胸前推举测试。男性和女性救援人员的体能测试项目及合格标准，分别见表 3－16 和表 3－17（笔者整理）。

表 3－16　男性救援人员的体能测试合格标准

从事救援工作的男性救援人员					
测试项目	测量单位	18—29 岁	30—39 岁	40—49 岁	50 岁以上
2 700 m 计时跑	min	14	14.5	15	15.5
3 000 m 划船机计时		13	13.5	14	14.5
仰卧起坐	2 min 内的次数	40	34	28	22
45 kg 杠铃蹲起		31	27	23	19
45 kg 杠铃胸前推举		26	23	20	17
从事排爆工作的男性救援人员					
测试项目	测量单位	18—29 岁	30—39 岁	40—49 岁	50 岁以上
2 700 m 计时跑	min	14.5	15	15.5	16
3 000 m 划船机计时		13.5	14	14.5	15
仰卧起坐	2 min 内的次数	40	34	28	22
45 kg 杠铃蹲起		27	23	19	15
引体向上		25	20	15	10

表 3－17　女性救援人员的体能测试合格标准

项目	2 700 m 计时跑	3 000 m 划船机计时	仰卧起坐	负重蹲起	引体向上
	min		2 min 内的次数		
从事救援工作	15.5	14.5	22	19	17
从事排爆工作	16	15	22	15	10

2011 年《救援人员的职业条件：体能、教育和健康要求》完善了有关救援人员身体健康状况的要求，调整了救援人员分类标准：第一类救援人员需要穿着防护服，使用无线电等通信工具，在浓烟或化学危险品环境工作、训练；第二类救援人员一半以上的工

作时间在救援现场，使用无线电等通信工具和计算机等设备组织实施救援，但不参加第一类救援人员从事的工作；第三类救援人员在报警中心从事接警和组织调度工作；第四类救援人员从事或学习潜水、排爆工作。为确保救援人员的身体素质符合工作要求，2020 年 1 月 1 日起，凡是患有相关禁忌症的救援人员，不得从事第一类和第四类的工作。对救援人员的体检，分为入职前体检和在职期间的定期体检，40 岁以下的救援人员应当至少每 3 年进行 1 次定期体检，40 岁至 50 岁的救援人员至少每 2 年进行 1 次定期体检，50 岁以上的救援人员每年至少进行 1 次体检。

第一类救援人员的健康状况，必须能够确保在以下条件下正常工作：（1）影响正常生物节律的倒班、夜班；（2）体力劳动；（3）高温、低温和温度快速变化；（4）低能见度；（5）噪音；（6）穿着影响人体散热的防护服；（7）可能暴露于火灾等事故释放的燃烧气体、烟雾和化学物质；（8）遭受生物危害的风险；（9）精神压力和危险增加的情况；（10）使用无线电或其他通信方式。在满足上述条件的基础上，在入职体检和定期体检中，第一类救援人员的视力和听力必须达到相应的要求，如表 3－18所示①。

表 3－18　第一类救援人员的视力和听力要求

项目	要求
视力	1）水平视野不低于 120°，有其他视力障碍时不低于 140° 2）入职和在职期间，不得单眼失明 3）入职体检，不得存在色盲 4）在职体检发现色盲症后，应当对职业适应性进行评估 5）入职和在职体检，均不得出现复视 6）入职体检，不得存在青光眼、白内障、视网膜病变、夜盲症 7）在职体检，不得存在青光眼，白内障、糖尿病性视网膜病变 8）必须在眼内屈光手术至少 6 个月后进行视力检查 9）允许佩戴隐形眼镜和框架眼镜 10）入职体检，矫正后双眼 30 cm 视力不低于 0. 8；在职体检 30 cm 视力矫正前不低于 0. 2，矫正后不低于 0. 8 11）入职和在职体检，双眼远视矫正视力不低于 0. 7，弱视矫正视力不低于 0. 5
听力	1）入职体检，不使用助听器，听力较弱的耳朵在 500 Hz、1 000 Hz、2 000 Hz 和 3 000 Hz 频率时的辨音能力好于 25 dB 2）在职体检，听力较好的耳朵在 500 Hz、1 000 Hz、2 000 Hz 和 3 000 Hz 频率时的辨音能力好于 40 dB；听力较弱的耳朵在 500 Hz、1 000 Hz、2 000 Hz 和 3 000 Hz 频率时的辨音能力好于 60 dB 3）如果不符合听力要求，则必须综合考虑救援人员的职责、直接上司对其履行职责情况的评估以及听力障碍的性质和可能的发展，做出是否适合继续工作的决定

① 笔者根据《救援人员的职业条件：体能、教育和健康要求》第 14 条整理。

第二类救援人员的健康状况，必须能够确保在以下条件下正常工作：（1）影响正常生物节律的倒班、夜班；（2）可能暴露于火灾等事故释放的燃烧气体、烟雾和化学物质；（3）噪声；（4）暴露于生物危害的风险；（5）精神压力和危险增加的情况；（6）使用无线电或其他通信方式；（7）强迫姿势和肌肉骨骼劳损；（8）视觉系统紧张。在满足上述条件的基础上，入职体检和定期体检时，第二类救援人员的视力、听力、语言能力、呼吸功能、精神健康情况必须达到相应的要求，如表3－19所示①。

表3－19　第二类救援人员的视力和听力要求

项目	要求
视力	1）入职和在职体检，双眼30 cm近视矫正视力不低于0.8 2）入职和在职体检，双眼矫正视力不低于0.7，视力受损眼睛的矫正视力不低于0.5 3）入职和在职期间，不得单眼失明 4）入职和在职体检，不得存在色盲 5）在职体检发现色盲症后，应当对职业适应性进行评估 6）入职和在职体检，均不得出现复视 7）入职和在职体检，不允许出现30°中心视野缺陷或水平视野低于120°，伴有其他视力障碍时水平视野不低于140°
听力	1）入职体检，不使用助听器时，双耳在500 Hz、1 000 Hz、2 000 Hz和3 000 Hz频率的辨音能力好于40 dB 2）在职体检，使用助听器，双耳在500 Hz、1 000 Hz、2 000 Hz和3 000 Hz频率的辨音能力均好于40 dB
语言能力	1）入职体检，不得存在妨碍交流的语言障碍 2）定期体检，应当根据救援人员的职责，对妨碍使用通信手段的语言障碍进行评估
呼吸功能	1）入职体检，FEV1/FVC比率不得小于70%；在职体检，如果FEV1/FVC小于或等于70%，应当根据救援人员的职责，对职业适应性进行评估 2）入职体检，不得存在限制性肺部疾病；在职体检如发现限制性肺部疾病相关症状，应当根据救援人员的职责，对职业适应性进行评估
精神健康情况	1）入职和在职体检，不得存在伴有明显认知或生理障碍的精神疾病 2）除尼古丁外，不得存在其他麻醉品、精神药物依赖；入职和在职体检，不得存在药物滥用

注：FEV1/FVC比率称为一秒率，FEV1是第一秒用力呼气的容积，FVC是用力肺活量，FEV1/FVC通常可以表现是否存在通气功能障碍，如低于70%，是诊断慢性阻塞性肺疾病的标准。

第三类救援人员的健康状况，必须能够确保在以下条件下正常工作：（1）查看监视器显示屏；（2）精神压力增加；（3）使用无线电或其他通信方式；（4）夜班。且不得存在语言能力缺陷、双耳听力障碍等影响使用电话交流的健康问题。

---

① 笔者根据《救援人员的职业条件：体能、教育和健康要求》第15条整理。

第四类救援人员应当符合潜水员的健康要求，本书不予详述。

有关消防救援领域职业标准的内容，见本书第五章。随着职业标准体系和职业资格授予制度的完善，配合《救援人员的职业条件：体能、教育和健康要求》，爱沙尼亚形成了完整的救援人员职业“门槛”，从而为救援队伍的职业化、专业化发展提供了依据。

2.3.2 救援人员的录用、考核和辞退

2.3.2.1 录用

经过面试和审核，确认申请人符合《救援人员的职业条件：体能、教育和健康要求》规定的个人品质、教育程度和健康体能要求，即具备录用为救援人员的基本条件。申请救援官员职位的人员，如果其工作接触内政部、警察和边防机构、爆炸品转运以及特定领域人员信息，还应填写个人情况表，用于评估其是否适于所申请的职位。如有以下情形之一，则不能被上述特定职位录用：因故意犯罪受过刑事处罚（不论犯罪记录是否已删除）；被判处有期徒刑（不论犯罪记录是否已删除）；处于刑事诉讼嫌疑人或被告人状态；因违纪被开除公职不满一年；从欧盟、瑞士联邦或北约组织以外的国家领取退休金、报酬或其他定期津贴；因违反《反腐败法》受过处罚。

近年来，爱沙尼亚出于国家安全等考虑，不断强化对公职人员的背景调查。根据2022年7月1日起施行的《救援组织法》修正案，所有申请从事救援工作（包括在救援机构实习）的人员，不论岗位，均须提交六方面的个人信息，由警察机构开展背景调查：个人基本情况（联系方式、居住地址、公民身份、工作经历等）；最近5年受到刑事处罚、轻罪处罚、行政处罚以及免于处罚的情况，包括处罚的执行情况；被认定为犯罪嫌疑人或者作为刑事诉讼被告的情况，以及审理结果；参与危害公共程序、暴力推翻国家政权、危害国家独立和领土完整的组织的情况；国外过境和停留情况，是否到访过依据《国家机密法》第19条第（3）款制定的清单所列的国家，以及是否备案；与外国情报机构或者安全机构联系的情况。即使救援人员已经被录用，如果警方有理由怀疑其违反上述要求，也可以随时组织调查。警方在上述调查过程中，可以向国家机关、地方政府以及自然人和法人索取资料，在各类数据库中查询数据，与被核查人及其雇主或学校负责人面谈，并请相关人员自愿提供书面证明。

除了适用于普通职位的录用程序外，根据《救援组织法》第8条的特别规定，救援局局长由总统根据内政部部长的提名，在征得议会同意后任命，任期5年；救援局副局长和4个区域救援中心的负责人，由内政部部长根据救援局局长的提名任命，任期5年；救援学院院长，由内政部部长根据内政学院院长的提名，征得救援局局长同意后任命。

根据《救援组织法》第10条规定，首次入职救援机构的人员应当在救援机构队旗

下（图3-9，见彩插第6页），向内政部部长、救援局局长或其指定的官员宣誓，誓词是："我加入救援机构，我（姓名）宣誓忠于爱沙尼亚宪法，遵守法律；保守国家和职业秘密，不滥用权力和人民的信任，尊重组织的核心价值，始终忠诚履职。"救援学院的学员应当在首次学习前完成宣誓。参加宣誓仪式的援救人员应当朗读誓词，并在宣誓文本上签名，签名的誓词文本存入救援人员档案。

2022年7月1日施行的《救援组织法》修正案，新增了救援学院学员参与救援工作的规定。对于一些规模较大、持续时间长的救援行动，职业救援人员和志愿救援人员往往不能满足需要，救援学院的学员已经接受一定的专业教育，比其他临时调集的人员更适合参与救援工作。为此，第8条"任命救援官员的特别规定"新增第（5）—（7）款，规定经救援学院院长同意，救援局局长可以组织救援学院的全日制中等职业教育和高等职业教育学员参与救援工作——按照《公共服务法》第39条第（1）款和《劳动合同法》第44条第（4）款的规定，这一临时性工作被界定为加班，学员在工作期间享受《救援法》《救援组织法》规定的救援人员的各项保障待遇，如果出现伤亡，按照当时救援人员的最低工资计算抚恤金。

2.3.2.2　考核

根据《救援组织法》第9条，2008年3月3日内政部制定《救援人员考核和高级救援官员聘用程序》①，并于2013年4月2日修订为《救援人员考核程序》（*Päästeteenistujate hindamise kord*）②，规定救援机构（包括救援局和报警中心）应当对救援人员的工作业绩、参加在职培训的效果，以及是否符合职业适应性要求进行考核评估。考核评估以谈话面试、知识技能考核两种方式实施，除新录用人员在试用期结束后的考核外，对在职救援人员每年考核1次。谈话面试由救援人员的直接上级进行，知识和技能测试由救援局考核委员会（hindamiskomisjon）组织实施。对救援局局长的年度考核，由分管救援工作的内政部副部长通过谈话进行。对于救援、消防安全监督和接警调度岗位的救援人员，包括小队长、分队长、救援行动主管（operatiivkorrapidaja）、高级救援行动主管（vanemoperatiivkorrapidaja），以及主管监督员（vaneminspektor）、高级监督员（juhtivinspektor）和首席监督员（peainspektor），由救援局按照相应的职业资格标准，组织开展年度考核。

考核前应当以电子或书面形式，通知救援人员考核安排。考核过程中，首先要确认救援人员是否具备与其职位相适应的职业资格，然后进行谈话面试和知识技能考核，考

① 《救援人员考核和高级救援官员聘用程序》（RTL 2008，20，289），https：//www.riigiteataja.ee/akt/12934736。

② 《救援人员考核程序》（RT I，09.12.2016，4），https：//www.riigiteataja.ee/akt/109122016004。

核结果记入救援人员档案。考核不合格的，应当在考核结果发布后3个月内组织复考，复考仍不合格的，可被降职或辞退。

2.3.2.3　辞退

根据1992年《劳动合同法》第86条，如果员工的工作技能、健康情况不符合岗位职责要求，或者违反工作义务、存在腐败等违法行为和不合道德规范的行为，以及出现单位撤销、企业破产等情况，用人单位可以单方终止劳动合同。第101条则列举了员工的工作技能不符合岗位职责要求的3种情况：（1）未取得从事本职工作必须具备的准入类职业资格；（2）不具备岗位职责要求的语言能力；（3）单位已按照劳动合同约定提供学习条件，但员工未学习补充相关知识和技能。出现上述3种情况后，如果单位无法向员工提供其他工作岗位，或者员工拒绝单位提供的新岗位，单位可以根据《劳动合同法》第86条第（4）款的规定终止劳动合同。根据上述规定，如果消防救援人员未取得与其岗位职责匹配的职业资格，单位可以依法终止与其签订的劳动合同。

2009年7月1日新《劳动合同法》施行。根据第10条，固定期限劳动合同的用工期限不得超过5年，如果单位已经连续2次与员工订立工作内容相似的固定期限劳动合同（“连续”是指间隔不超过2个月），或者在5年内延长固定期限劳动合同超过1次，则再次订立劳动合同时，应当订立无固定期限合同（即长期合同）。《劳动合同法》第88条规定，即使订立了无固定期限劳动合同，如果员工存在健康或工作技能不适应、违法、泄密、酗酒等8种情形，单位可以单方面终止劳动合同。其中，健康状况不适应，是指身体情况妨碍履行职责，如果员工因为健康原因，超过4个月不能履职，即推定其健康情况不适应；工作技能不适应，是指不具备相应的工作技能，导致长期不能履职。为保护员工利益，第88条第（2）款专门规定，单位在根据健康状况和工作技能原因终止劳动合同之前，应当在可能的情况下为员工提供其他工作岗位，或者安排在职培训、调整工作场所、改变工作条件——前提是不会给用人单位带来不成比例的成本，并且提供的另一份工作不能超越合理预期。同时，《劳动合同法》第97条规定，单位在解除劳动合同之前，应当提前通知员工——提前通知的时间与员工的工作期限挂钩：工作不满1年的，应当至少提前15天通知；工作1年至5年的，应当至少提前30天通知；工作5年至10年的，应当至少提前60天通知；工作超过10年的，应当至少提前90天通知。此外，还应当依法对员工予以适当的经济补偿。

如前所述，根据《救援组织法》第二章“救援人员的招录”第9条规定，救援局对救援人员的工作绩效、职业资格等进行定期考评评估，认为救援人员不适合本职岗位的，可以降职或辞退。2015年2月18日修订《救援组织法》时，增加第10^4条，规定如果救援人员的健康情况不符合要求，可以予以辞退。综上，对于已同救援局订立无固定期限劳动合同救援人员而言，如果不再符合相应的职业资格、体能和健康条件，也可以被辞退。在这种情况下，救援局应当根据比例原则，尽量提供其他工作岗位，或者安排在职培训、调整工作场所、改变工作条件，并在解除劳动合同时依法予以补偿。

我国现行《劳动合同法》也有类似的规定，应当作为管理专职消防队员劳动关系的法律依据。根据我国《劳动合同法》第四十条，如果“劳动者不能胜任工作，经过培训或者调整工作岗位，仍不能胜任工作的”，用人单位提前30日以书面形式通知劳动者本人，或者额外支付劳动者1个月工资后，可以解除劳动合同。为充分保障劳动者的合法权益，第四十二条规定，如果存在以下情形，则用人单位不得依照上述第四十条解除劳动合同：劳动者从事接触职业病危害的作业，未进行离岗前职业健康检查，或者疑似职业病病人在诊断或者医学观察期间的；在本单位患职业病，或者因工负伤并被确认丧失或者部分丧失劳动能力的；患病或者非因工负伤，在规定的医疗期内的；女职工在孕期、产期、哺乳期的；在本单位连续工作满15年，且距法定退休年龄不足5年的。此外，第四十六条、第四十七条规定，由于劳动者不能胜任工作而解除劳动合同的，用人单位应当按照劳动者在本单位的工作年限，每满1年支付1个月的平均工资作为经济补偿（最高不超过12个月的工资）。

根据我国《劳动合同法》的上述规定，结合当前消防工作实际，对于地方政府专职消防队员、企业专职消防队员而言，取得相应职业资格，是从事消防救援工作的必备条件。2017年9月12日，经国务院同意，人力资源和社会保障部印发《关于公布国家职业资格目录的通知》（人社部发〔2017〕68号），在2013年以来分7批减少70%职业资格的基础上，公布实施140项职业资格（其中技能人员职业资格81项，包括准入类5项、水平评价类76项），确立国家对职业资格实行清单式管理制度，目录之外一律不得许可和认定职业资格，目录之内除准入类职业资格外一律不得与就业创业挂钩，并对目录实行动态调整。其中，准入类职业资格所涉职业（工种）必须关系公共利益，或涉及国家安全、公共安全、人身健康、生命财产安全，且必须有法律法规或国务院决定作为依据。根据2021年11月23日公布的《国家职业资格目录（2021年版）》①，虽然“消防员”仍属于“技能人员职业资格”中的“水平评价类”，但由于消防职业涉及安全，根据2019年12月30日国务院常务会议精神，拟依法调整为准入类职业资格（类似情况的还有“森林消防员”“应急救援员”“民航安全检查员”“机场运行负责人”）。同时，根据强制性国家职业卫生标准《消防员职业健康标准》（GBZ 221—2009）②，消防员的

① 人力资源和社会保障部，2021年11月23日，关于公布《国家职业资格目录（2021年版）》的公告，http：//www.gov.cn/zhengce/zhengceku/2021－12/03/content_ 5655553.htm。

② 中华人民共和国卫生部通告：《发布强制性国家职业卫生标准〈消防员职业健康标准〉》（卫通〔2009〕16号），2010年4月14日起实施。http：//www.nhc.gov.cn/fzs/s7852d/200911/ee47956f22694da8bb0bcccff58cf5d1.shtml。

体格（人体的形态和结构，包括生长发育水平、体型、姿态与器官组织的构造）、体能（人体通过先天遗传和后天训练获得的，在形态结构、功能与调节及物质能量的储存与转移等方面所具有的潜在能力，以及与外界环境结合所表现出来的综合运动能力）、心理也必须达到相应要求。综上，具备相应的职业技能水平、职业健康水平，是地方政府和企业专职消防队员从事消防工作的前提条件。

如果专职消防队员已经与用人单位（对于政府专职消防队员，用人单位是地方人民政府，或者消防救援机构；对于企业专职消防队员，用人单位是企业）订立劳动合同，但在合同执行期间，未按照约定取得相应等级的职业资格证书，或者不能达到《消防员职业健康标准》对体格、体能、心理的要求，则用人单位在充分保障专职消防队员合法权益的前提下（如提供相应的职业技能培训条件、安排转岗等），可以与之解除劳动合同，并按照相应的标准发放补偿金。

2.3.3　救援人员的职业发展路径

2017 年救援局发布专题报告《救援局的职业发展路径和机遇》[①]，系统介绍了救援机构的职位设置、救援人员的职业发展路径。救援局将救援职位分为两类：**主要业务领域**（Põhivaldkonnad，包括预防、监管、救援、排爆、应急管理五方面）和**支持保障服务**（Tugiteenust，包括行政、财务、规划发展、公共关系、人事等）；将救援人员分为管理系列（Juhtide tasand）和专业技术系列（Spetsialisti tasand）。职业发展路径分为三种：第一种是垂直的职业发展通道，也就是在同一业务领域内的发展，比如从救援员升任小队长、分队长，从主管监督员升任高级监督员、首席监督员，这种垂直通道是能上能下的双向发展；第二种是水平的职业发展通道，也就是从一个领域到另一个领域，比如从行政、财务等支持保障类职位调整到主要业务领域，需要学习新的知识、技术和技能；第三种是专业技术发展通道，也就是在某个专业技术领域，通过持续的工作实践、学习积累和自我完善，成为该领域的“专家”（asjatundja），并承担人员培训、业务指导等拓展职责。

根据所从事工作的特点，救援局将内设职位分为四类。

第一类职位，是各救援中心所属救援站、保障分队直接从事救援工作的岗位，从低到高分别是救援员、小队长、分队长、救援行动主管、高级救援行动主管。此类救援人员在高危险环境下工作，需要至少具有中等教育学历，掌握基本的信息通信技术，能够

---

① 《救援局的职业发展路径和机遇》（*karjääriteed ja võimalused päästeametis*）。https：//www. rescue. ee/files/2018 - 12/karj - rijuhtimine. pdf。

使用救援技术装备，遵守救援法规和职业安全规定，取得驾驶证，并相应取得救援员（4 级）、救援队长（5 级）、救援指挥长（6 级）职业资格。此类救援人员按照“24/72 四班一运转”的轮值班制度，“做 1 休 3”（工作 24 h，休息 72 h），需要在夜间以及周末和法定假日工作，实行综合计算工时制（对需要连续作业的人员，以周、月、季、年等为周期综合计算工作时间的特殊工时制度）。

救援员（Päästja）的基本工作职责是在发生灾害时进行专业救援，保护人员生命健康和财产、环境安全。从事救援员工作，无需提前自费参加职业培训，符合条件的申请者可以直接报名，经审查合格被录用后，由救援局安排到救援学院的维克 - 马里校区全日制学习，学时 40 周，分两个阶段。第一阶段（29 周）在校学习，以基础理论为主；第二个阶段（11 周）在救援机构，通过实践学习基本救援技能和专业救援技术，毕业考核合格即可获得救援员（4 级）职业资格。2022 年，新入职救援员实习期间的月基本工资是 1 143欧元，正式入职后是 1 238 欧元[①]。担任救援员的工作经历，是获得救援队长（5 级）职业资格的前提，也是晋升为小队长、分队长的必备条件。

小队长和分队长属于救援站的班组管理人员（päästemeeskonna juhi），作为初级救援指挥管理人员，主要职责是确保所属的救援人员处于备勤状态，组织开展救援和预防工作。如果小队长、分队长职位出现空缺，接受过救援队长（5 级）职业教育，或者取得救援队长（5 级）职业资格的救援员可以择优晋升。为确保救援岗位人才的接续发展，救援局会安排有意愿的救援员参加救援队长（5 级）职业教育，完成学业考核合格即可取得救援队长（5 级）职业资格。

救援行动主管是中级救援指挥管理人员，负责指挥复杂的灾害事故救援工作，并监督检查救援人员的执勤备战情况。如果该职位出现空缺，至少有 3 年以上救援工作经验的小队长、分队长可以择优晋升。

高级救援行动主管也属于中级救援指挥管理人员，必须具有消防或救援专业的高等教育学历——一般是在内政学院救援专业（päästeteenistuse eriala）学习，在取得高等职业教育学历的同时，取得消防安全监督员（5 级）和救援指挥长（6 级）职业资格。如果该职位出现空缺，具有高等教育学历、从事救援工作 5 年以上的小队长、分队长和救援行动主管，可以择优晋升。

第二类职位，是救援中心的救援勤务管理岗位，从低到高分别是救援站站长、各县救援部负责人和保障办公室主任，需要具有高等教育学历，一般情况下应当具有救援工

---

① 救援学院：《救援员专业简介》，https：//www. sisekaitse. ee/et/vastuv6tt_ p22stja；救援局：《救援员招录简章》，https：//talendipank. ee/toopakkumine/UN5k6J－97。

作经历，也可从救援机构之外或者救援机构的其他岗位调入，实行周一至周五每天8小时工作制。

救援站站长（Päästekomando komandopealik）负责救援站的日常运行，组织实施救援和开展预防工作，管理救援员、小队长和分队长。原则上，站长应当从符合条件的救援站勤务人员中提任。其中，一类救援站（I grupi päästekomando）的站长必须具有消防救援专业的高等教育学历，或者具有中等教育学历，并在任职1年内完成救援局局长批准的相关救援培训课程。二类、三类救援站的站长必须具有消防救援专业的高等教育学历，或者其他专业的高等教育学历，并在任职1年内完成救援局局长批准的相关救援培训课程。需要说明的是，根据救援站的分类，第三类救援站承担的任务最复杂，人员编配和装备配备最多，所以站长的任职要求更为严格。

救援部负责人（Päästepiirkonna juhataja）负责组织辖区内（通常是以县为单位）的救援站、维修保障分队开展救援工作，管理辖区内的救援站站长、维修保障分队队长以及专业技术人员。每个救援中心设置的救援部数量不等，除西部救援中心在人口较少、毗邻的希尤县和莱内县合设1个救援部外，其他救援中心均是每县设置1个救援部，所以全国4个救援中心共设有14个救援部。救援部负责人必须具有消防救援专业的高等教育学历或者其他专业的高等教育学历，并在任职1年内完成救援局局长批准的相关救援培训课程。

保障办公室主任（Korrapidamisbüroo juhataja）负责本救援中心辖区内的救援保障工作，组织完成救援中心指派的其他任务，应当具有高等教育学历，并完成救援局局长批准的基础救援培训课程。

第三类职位，是救援中心所属各救援部和应急准备办公室的专业技术岗位，从低至高是主管专家、高级专家、首席专家、顾问、办公室主任。需要熟悉本领域的法规，符合《救援人员的职业条件：体能、教育和健康要求》的入职要求。除主管专家可以具有中等教育学历外，其他职位均应是高等教育学历，具有良好的沟通表达和协作能力，实行周一至周五8小时工作制。

第四类职位，是救援中心所属预防办公室、安全监督办公室和应急准备办公室预防、安全监督和危机管理岗位，从低至高是主管专家、高级专家、首席专家，主管监督员、高级监督员、首席监督员，顾问、主任。上述人员必须熟悉本领域的法规，符合《救援人员的职业条件：体能、教育和健康要求》的入职要求，具有良好的沟通表达、协作能力以及分析能力，实行周一至周五8小时工作制，工作期间需要经常外出工作。除主管专家（监督员）可以具有中等教育学历外，高级、首席专家（监督员）和顾问、主任必须是高等教育学历，并在任职1年内取得救援消防安全监督员（5级）职业资格。

救援中心负责人（Päästekeskuse juht）负责管理本救援中心的工作，组织完成救援局指派的任务，必须具有硕士学位或同等学历，由内政部部长根据救援局局长的提名任命。

图 3－10 是救援中心各职位的相互关系和晋升通道[①]，横坐标是对救援人员教育程度的要求，由左至右分别是救援员中等职业教育、救援分队长职业教育、高等教育、硕士学位教育；纵坐标是救援人员的层级，由下至上分别是操作人员、救援部管理人员、救援中心专业技术人员、救援中心管理人员。由图可见，救援人员的职业起点是救援员，基本要求是完成中等职业教育，随后可以逐级晋升为小队长、分队长和救援行动主管、高级救援行动主管——只有具备小队长、分队长职业经历，才可能晋升为救援行动主管和高级救援

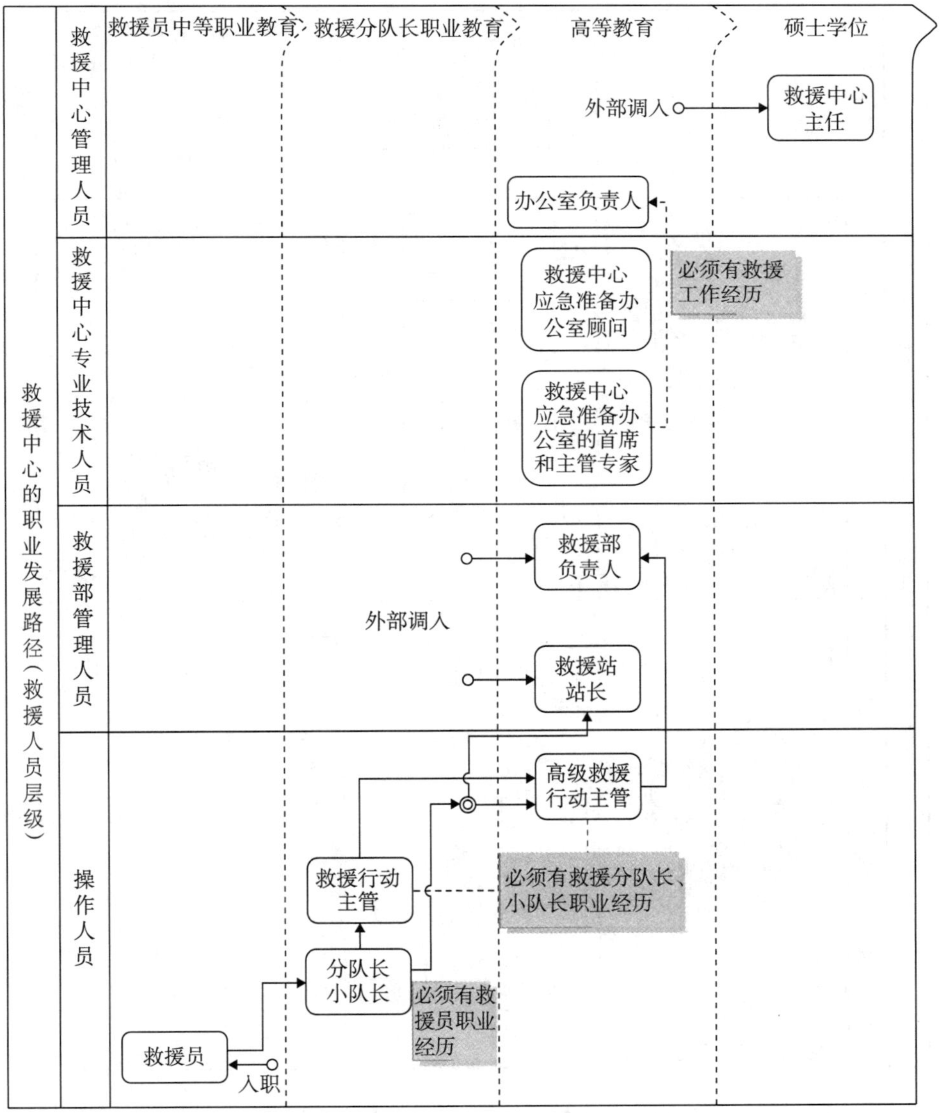

图 3－10　救援中心的职业发展路径

① 救援局 2017 年《救援局的职业发展路径和机遇》，第 10 页。

行动主管——上述人员均直接从事救援作业，属于第一层级的“操作人员”（Operatiivtasandi teenistujad）。第二层级的“救援部管理人员”（Päästepiirkond juhtide tasand）包括救援站站长和救援部负责人员，原则上应当由第一层级的高级救援行动主管晋升，但也可以直接从外部调入。第三层级的专业技术人员包括应急准备办公室的高级专家、首席专家和顾问，必须具有救援工作经历和高等教育学历。第四层级包括应急准备办公室主任和救援中心主任，其中，救援中心主任必须具有硕士学位，并可以直接从外部调入。

图 3-11 是救援中心和救援局的职业发展路径①。其中，救援中心机关人员职位的

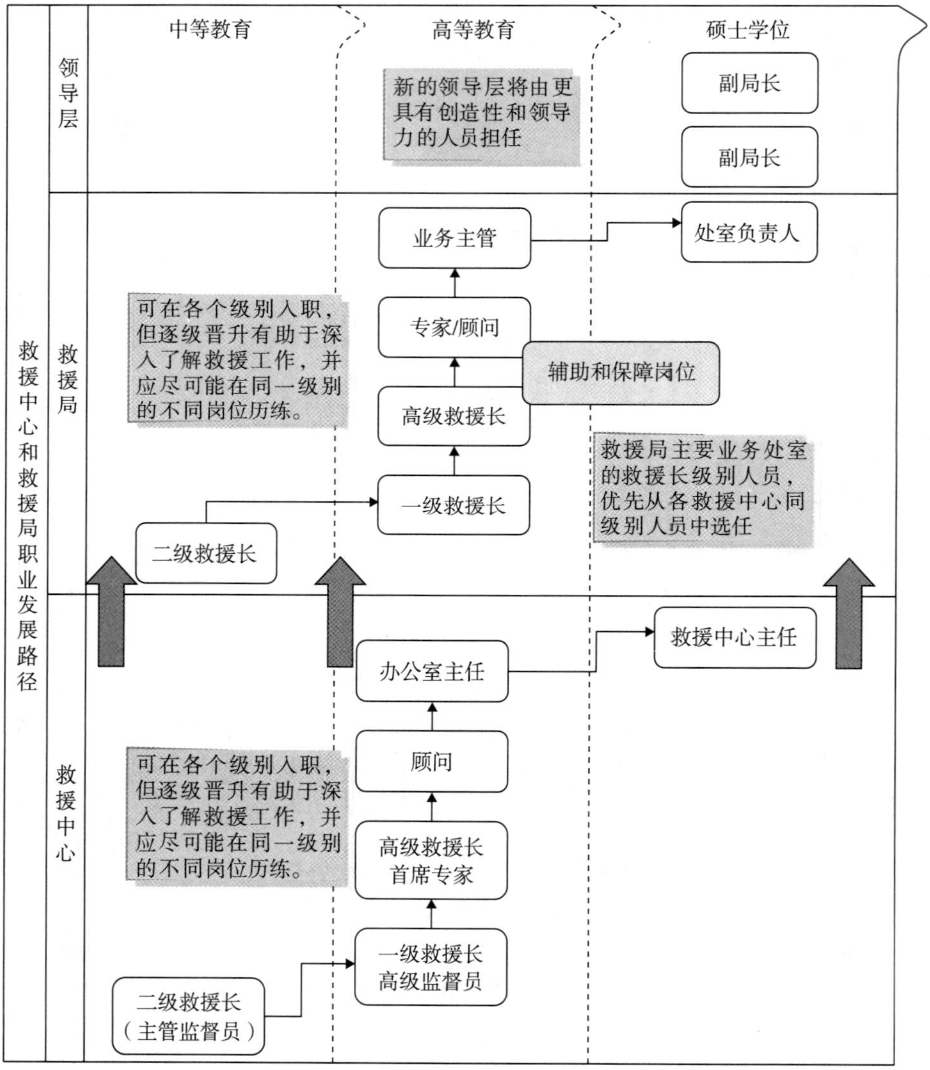

图 3-11 救援中心和救援局的职业发展路径

① 救援局 2017 年《救援局的职业发展路径和机遇》，第 15 页。

起点是二级救援长（主管监督员），随后可以逐级晋升为一级救援长（高级监督员）、高级救援长（首席监督员）、顾问、办公室主任、救援中心主任。原则上，救援人员可以在上述各个级别直接入职，但从二级救援长（主管监督员）起步，逐级晋升并尽可能在同一级别的不同岗位历练，有助于深入了解救援工作。救援局机关人员职位的起点也是二级救援长，随后可以逐级晋升为一级救援长、高级救援长、顾问、业务主管、处室负责人、副局长。其中，救援局主要业务处室的救援长级别职位，优先从各救援中心的同级别人员中选任，处室负责人和副局长必须具有硕士学位。2022 年 7 月，救援局公开招录预防处的处长，预防处是救援局机关的 6 个主要业务处室之一（其他 5 个是行政处、安全监督处、应急管理处、救援处、排爆中心），担负着规划和组织开展风险评估和预防工作，组织协调预防领域宣传工作，协调其他政府部门、地方政府和单位开展预防工作等重要职责。根据招录公告，预防处处长的月工资是 3 700 欧元。

2.4　救援人员的工时制度

消防救援人员的工时制度，与消防救援队伍体制和轮值班模式密切相关，也是决定消防救援人员工资标准的主要因素。

2.4.1　工作时间的基本概念

工作时间（劳动时间）是劳动者为所在单位工作、履行职责任务的时间，是劳动者创造价值的时间；**休息时间**是劳动者不必进行生产劳动，由自己支配的用于恢复和生产劳动力的时间。当劳动效率一定时，延长工作时间，创造的价值相应增加；但是，随着工作时间延长，休息时间必然相应减少，如果休息时间过分缩减，劳动者的劳动能力得不到有效恢复和提高，又会降低劳动效率，从而影响价值的创造。因此，工作时间标准既是计量劳动者贡献、支付劳动报酬的基本依据，也是保障劳动者休息权和身心健康的基本手段，是最基础、最重要的劳动标准（又称“劳动基准”，英语 Labor Standard）。

工业革命后，随着工业化大生产的普及发展，早期工业化国家率先打破“日出而作，日落而息”的“日光工作制”，但资本家为了最大限度追逐利润，仍然采取各种手段延长工作时间。由于工人阶级的反抗，到 19 世纪初，主要资本主义国家的日工时减至 14—15 h；1817 年英国空想社会主义者罗伯特·欧文提出“8 h 劳动，8 h 休闲，8 h 休息”的口号。1848 年，英国政府规定了 10 h 工作制，同年法国开始执行每日法定劳动时间 12 h 的制度。19 世纪末，美国工人阶级经过斗争，在 100 多个城市实现了 8 h 工作制。1889 年 7 月第二国际在巴黎召开国际工人代表大会，把争取以 8 h 工作制为中心的国际劳工保护立法列入议程，并通过相应决议。[①] 到20世纪初，8 h工作制在欧美基本普及；20世纪30年代后，每周44 h工作制（5天半工作）乃至每周40 h工作制（5天工作）的工时制度逐渐普及。近几十年，各国顺应劳动弹性化趋势和网络技术对生产方式带来的深刻变革，在积极鼓励发展新的工时制度。

马克思对时间与实践、时间与劳动的关系以及劳动时间进行了深刻探讨，形成了以劳动时间为基础的社会时间理论[②]。根据马克思主义政治经济学基本原理，价值是凝结在商品或服务中无差别的一般人类劳动——即抽去了具体形式的人类抽象劳动。在生产商品和提供服务的过程中，符合社会必要劳动时间规定的抽象劳动形成了商品或服务的价值，即社会必要劳动时间决定了商品或服务的价值[③]。

对于消防救援这一基本公共服务而言，其价值同样是由消防救援人员的社会必要劳动时间决定的。由于工作对象（火灾爆炸、事故灾难、自然灾害等）的出现在时间、空间上具有高度不确定性（或者叫随机性、偶然性），消防救援人员的工作时间和工作状态也具有鲜明特点：一方面，要确保24 h不间断服务，不分白天黑夜和周末假期，必须随时准备出动，执行灭火救援任务；另一方面，消防救援人员的时间运用状态多样化，既包括高危险、高强度的灭火救援和训练演练，也包括在消防站等指定地点执勤期间的休息娱乐甚至睡眠时间，还包括在非工作场所随时准备完成工作任务的备勤待命状态。现役消防体制下，消防人员作为军人24 h驻队执勤，不存在计算工作时间的问题。但是，对于职业消防体制而言，如何界定消防救援人员的工作时间、休息时间，尤其是如何认识消防救援人员的“待命时间”——一种是在工作场所（如消防站）执勤待命；另一种是在非工作场所（如家中等）备勤待命——进而确定计算工作时间的方法，并确定合理的工作时间标准，则是一个复杂问题，需要遵循法理、结合实践、深入辨析，提出符合实际的方案对策。

2.4.2 消防救援人员工作时间、待命时间的国际观点

由于社会分工的多样性，除了消防救援，还有一些职业存在类似的待命现象，如医疗、通信、交通、新闻等，这些职业的从业人员都需要在指定地点（通常是单位）值班值守，以应对随时可能出现的任务——这类特殊的工作状态，推动国际劳工界对待命时间的性质进行了深入研究。其中，针对职业制消防救援人员待命期间的时间属性认定问

---

① 郭捷：《劳动法与社会保障法》，法律出版社2016年版，第187页。

② 吴兰丽：《劳动、时间与自由——马克思的社会时间理论的逻辑》，《哲学动态》2013年10期，第17—22页。

③ 李炳炎：《商品价值量的决定规律新探——论社会必要劳动时间的四层含义》，《经济学家》2010年第10期，第5—12页。

题，国际上曾经长期存在不同认识。有观点认为消防救援人员只要在岗执勤，均属于工作时间；也有观点认为消防救援人员只有执行灭火救援任务和训练演练期间是工作时间，其他待命时间属于休息时间；还有观点认为消防救援人员在灭火救援、训练演练之外处于待命状态，可以从事娱乐活动（如打球、打牌）或者休息睡眠，但活动地点严格限定在消防站内，是一种既区别于工作时间，也区别于休息时间的特殊状态。

随着职业消防救援制度的发展，各国通过区分消防救援人员待命时所处的地点，结合履行义务程度等其他因素，就上述问题逐渐形成了基本一致的观点。首先，凡是在消防站等指定地点执勤，均属于工作时间。虽然消防救援人员在队期间常常处于“等待状态”，工作强度明显低于灭火救援、训练演练，可能一天甚至几天没有出动执行任务，但这种等待不同于“因为等待工作而产生的等待”（即处于待业状态），而是“因为工作而执行的等待”，时刻处于上级管理人员监督和控制之下。在等待期间，消防救援人员并不完全享有对时间的自由支配权，活动区域受到严格限制，不能离开作为工作场所的消防站。尤为重要的是，为了确保随时出动，待命期间消防救援人员有义务持续保持关注、戒备的状态——即兼具表象上的“不作为”与随时提供灭火救援服务的“可能性”这两个特征，是由于消防救援工作特点而产生的特殊工作状态。因此，各国普遍将消防救援人员在消防站执勤时的待命时间视为工作时间。

其次，如果消防救援人员在非工作时间、非工作场所自由安排活动的同时，按照单位要求，随时准备完成不可预见的突发任务（不限于灭火救援，也可能是指挥调度、综合协调甚至文案工作），则这段时间仍然属于休息时间，只是为了确保接到指令后尽快返回岗位、及时完成任务，这段休息时间的活动自由必然要受到一定限制（主要是地域限制，例如不能外出旅游），单位则应当针对上述待命时间，给予一定的经济或时间补偿。一旦消防救援人员按照指令到岗履行职责，对应的时间即转为工作时间，并应当根据具体情况，享受加班、夜班工作的工资标准。

欧盟《工作时间指令》①、英国《工作时间条例（2003 年修订）》② 和德国《工作时间法》③ 的相关原则和规定，都支持上述两方面的基本判断。以欧盟为例，2003 年 11 月 4 日欧洲议会和欧洲理事会修订 1993 年《工作时间指令》，通过第 2003/88/EC 指令《关于工作时间安排的若干问题》（2004 年 8 月 2 日生效），对工作时间（Working time）、休息时间

---

① 1993 年 11 月 23 日欧盟发布《工作时间指令》（*Working Time Directive*，93/104/EC），现行有效的是 2003 年 11 月 4 日欧洲议会和欧洲整理会《关于工作时间安排的若干问题》（*concerning certain aspects of the organisation of working time*，2003/88/EC）。https：//eur－lex. europa. eu/legal－content/EN/TXT/PDF/？uri＝CELEX：32003L0088&from＝EN。

② 2003 年 7 月 3 日，英国政府制定《工作时间条例（2003 年修订）》（*The Working Time*［*Amendment*］*Regulations 2003*），https：//www. legislation. gov. uk/uksi/2003/1684/introduction/made。

③ 1994 年 7 月 1 日，德国《工作时间法》（*Arbeitszeitgesetz*）生效，http：//www. gesetze－im－internet. de/arbzg/。

（Rest period）、夜班（Night time）、倒班（Shift work）等给出了定义，并对工作时间安排提出原则要求，包括：劳动者每天的连续休息时间不得少于 11 h（第 3 条）；连续工作时间超过 6 h 的，必须安排中间休息（第 4 条）；在最长不超过 14 天的计算周期内，平均每周至少有 1 天的连续休息时间（第 5 条）；在最长不超过 4 个月的计算周期内，平均每周的工作时间不得超过 48 h（第 6 条），每天的夜班工作时间不起超过 8 h（第 8 条）等。第 17 条第（3）款第 3）项规定，对于“新闻、广播、电视、电影放映、邮政、通讯、急救、消防、民防”等需要连续生产、提供服务的职业，在确保劳动者安全和利益的前提下，可以不适用上述第 3、4、5、8 条的规定，但必须遵守平均每周工作时间不超过 48 h 的基本要求。

美国于 1938 年通过《公平劳动基准法》①，确立了每周工作时间不超过 40 h 的劳动基准，超过这一标准的工作时间，应当按照正常工资标准的 150% 发放加班工资。同时，《公平劳动基准法》对一些特殊职业做出了例外规定：一类是需要连续工作，但确有一定时段处于休息状态的职业，如消防人员和警察等执法人员，采用类似我国“综合计算工时制”的工时计算方法；另一类是不需要“坐班”的高管和销售等职业从业人员，采用类似于我国“不定时工作制”的工时计算方法。《公平劳动基准法》对消防员、执法人员工作时间上限的例外条款，通常被称为“7（k）”，如表 3－20 所示②，确定了不同计算周期的工作时间上限。比如，以 7 天为 1 个周期，消防员、执法人员工作时间的上限分别是 53 h 和 43 h；以 8 天为 1 个周期，分别是 61 h 和 49 h……以此类推，以 28 天为 1 个周期，消防员和执法人员工作时间的上限分别是 212 h 和 171 h——之所以确定了从 7 天到 28 天的 22 个计算周期，主要是为了适应各地消防部门不同的轮值班安排。综上，对美国的职业消防救援人员而言，最基本的工作时间标准就是每周不超过 53 h。

表 3－20　美国《公平劳动基准法》确定的消防员、执法人员工作时间上限

计算周期（天）	工作时间上限（h）	
	消防员	执法人员
28	212	171
27	204	165
26	197	159
25	189	153
24	182	147

① 1938 年 6 月 25 日，美国国会通过《公平劳动基准法》（*Fair Labor Standcrds Act*），此后经过多次修订，https：//uscode. house. gov/view. xhtml？ path =/prelim@ title29/chapter8&edition = prelim。

② 引自《美国联邦法典》，https：//www. ecfr. gov/current/title－29/subtitle－B/chapter－V/subchapter－A/part－553/subpart－C/subject－group－ECFR96693411968ccba/section－553. 230。

续　表

计算周期（天）	工作时间上限（h）	
	消防员	执法人员
23	174	141
22	167	134
21	159	128
20	151	122
19	144	116
18	136	110
17	129	104
16	121	98
15	114	92
14	106	86
13	98	79
12	91	73
11	83	67
10	76	61
9	68	55
8	61	49
7	53	43

根据《公平劳动基准法》的原则，判断在工作场所的待命时间是否属于工作时间，关键看该时段内主要是为谁（雇主还是雇员）的利益行事，如果是为雇主的利益，就属于工作时间。1944 年 12 月 4 日，美国最高法院就两起涉及企业消防员待命时间认定问题的上诉案做出判决，这两起案件分别是：阿莫尔及其公司（原审被告，上诉人）诉宛陶克案（Armour & Co. v. Wantock）[①]，以及斯基德莫尔诉斯威夫特公司案（Skidmore v. Swift & Co. ）[②]。两起诉讼案由类似，都是企业消防队员根据雇主的要求，夜间在厂内消防站待命，职责是及时处置火警和自动喷水灭火系统动作的情况，期间可以睡觉、吃

① 阿莫尔及其公司诉宛陶克案（Armour & Co. v. Wantock），https://supreme.justia.com/cases/federal/us/323/126/。

② 斯基德莫尔诉斯威夫特公司案（Skidmore v. Swift & Co. ），https://supreme.justia.com/cases/federal/us/323/134/。

饭、娱乐（厂方在消防站配备了床铺、炊具等生活设施，以及纸牌、台球、收音机等娱乐休闲器材），消防员的诉求是按照《公平劳动基准法》，将待命时间认定为工作时间，并享受相应的工资待遇。美国最高法院在阿莫尔及其公司诉宛陶克一案的判词中认为："（消防员）保持待命状态和实际工作是同样的，其待命的目的，是处置雇主财产可能面临的安全威胁，是基于雇主的利益。""他们（消防员）处于雇主的指挥控制下，要随时接受指令行动并不得离开。他们虽未从事具体行动，但无疑是处于履行职责的状态。他们的职责就是备勤和待命。"1946 年，在安德森诉克莱门斯陶艺公司案①，美国最高法院进一步提出，即使"不要求付出体力或心智"，只要"雇员被要求放弃对其本人时间或活动实质性的支配"，就属于工作时间。可见，美国司法偏重考察时间的目的性和支配权，而不是劳动者的实际行为，只要是按照雇主的安排和利益，即使雇员把时间用于娱乐，也属于工作时间。

总体而言，随着现代消防救援职业的发展，职业制消防救援人员的工作时间标准逐渐缩短，同时又保持了略高于当地基本工时制度的水平。上述过程不可能一蹴而就，以我国香港特别行政区为例，在第二次世界大战之前，英国殖民统治下的香港消防员每周工作 6 天，休息 1 天，即每周工作 144 h；1946 年缩短为每周工作 84 h，相当于每周工作 6 天，每天 14 h；1967 年再次缩短为每周工作 72 h，1980 年改为每周工作 60 h，1990 年进一步缩短为每周工作 54 h。2016 年以来，香港特别行政区政府消防处的消防员实行每周工作 51 h 的工时制度②。

需要特别强调的是，研究消防救援人员的工时问题，必须结合具体国情特别是消防救援队伍体制和劳动用工等相关法律制度，以辩证统一的观点，综合分析消防救援人员的工时、工资制度，切忌脱离国情和社会背景，简单类比甚至机械套用其他国家和地区的做法。

2.4.3　爱沙尼亚对救援人员工作时间、待命时间的认定

苏联时期的初期，塔林、塔尔图的职业消防人员实行"三班一运转"的轮值班模式（每班执勤 24 h，休息 48 h）；1945 年 4 月 14 日后，塔林等地的消防队伍转为现役体制，消防员作为军人 24 h 驻队执勤，不存在计算工作时间的问题。1991 年恢复独立以来，爱沙尼亚在构建综合性救援体系过程中，以《劳动合同法》（1992 年）、《工作和休息时间法》（1994 年）、《公共服务法》（1995 年）等劳动用工和公职人员管理的基本法律为基

① 安德森诉克莱门斯陶艺公司案（Anderson v. Mt. Clemons Pottery Co.），https：//supreme. justia. com/cases/federal/us/328/680/。

② 香港特别行政区政府消防处：历史简介，https：//www. hkfsd. gov. hk/chi/aboutus/history. html。

础，通过《消防救援法》（1994年）、《救援法》（1998年）、《救援组织法》（2008年）和配套的行政法规、部门规章，建立完善了消防救援人员工作时间法律制度，明确了工作时间、待命时间的范围和标准，保障了消防救援人员的权益。

2.4.3.1　《工作和休息时间法》

由于1992年4月15日通过的"劳动合同法"未涉及工作时间问题，急需通过专门立法予以明确。1993年12月15日议会通过《工作和休息时间法》（*Töö－ja puhkeaja seadus*），自1994年3月1日起生效①。作为规范工时制度的基本法律，《工作和休息时间法》适用于所有根据劳动合同工作的人员，确定了每天工作不超过8 h、每周工作不超过40 h的基本工时标准，并对"工作时间"（Tööaeg）、"休息时间"（Puhkeaeg）、"倒班"（Töövahetus）、"加班"（Ületunnitöö）、"待命时间"（Valveaeg）等术语进行了定义。其中，工作时间是"劳动者根据法律法规、集体合同、劳动合同或者当事人之间的约定，在用人单位管理和控制下履行工作职责的时间"。——救援人员在救援站执勤期间，显然受到救援机构的管理和控制，因此，这段时间显然属于工作时间。

1994年《工作和休息时间法》第16条第（1）款首次对"待命时间"进行了定义："待命时间，是员工在休息期间，准备在雇主指定的地点完成不可预见或者紧急工作任务的时间。"根据该条第（2）（3）款，员工每月的待命时间不得超过24 h，待命时间不计入总的工作时间，由雇主额外支付专门的报酬（lisatasu），并应当在集体合同或者劳动合同中，约定待命时长、执行程序和报酬金额。上述规定表明，爱沙尼亚认为员工在休息期间待命不属于工作时间，但有权获得相应报酬。

1995年《公共服务法》第44条专门规定，公职人员的工作时间和休息时间执行《工作和休息时间法》和其他法律的专门规定。因此，《工作和休息时间法》同时适用于劳动用工性质的救援员和公务员性质的救援官员。2002年1月1日，修订后的《工作和休息时间法》生效②，第10条第（1）款调整了待命时间的定义："待命时间，是员工在休息期间，准备完成雇主安排的紧急工作任务的时间。"——与1993年比较，新法删除了"在雇主指定的地点"的限定，放宽了认定待命时间的条件。同时，该条（2）（3）（4）款规定，如果需要执行不可预见和紧急的工作任务，雇主可以在正常工作时间之外设置待命时间，并将待命时间的上限由原来每月24 h增加到30 h，仍然认为待命时间不属于工作时间，由雇主支付专门的报酬，应当在集体合同或者劳动合同中约定待命时长、执行程序和报酬金额。

① 《工作和休息时间法》（RT I 1994，2，12），https：//www. riigiteataja. ee/akt/28621。
② 《工作和休息时间法》（RT I 2001，17，78），https：//www. riigiteataja. ee/akt/72738。

2.4.3.2　消防救援立法关于工作时间、待命时间的规定

1994 年《消防救援法》第 9 条（3）款规定，消防救援人员的劳动关系适用于《劳动合同法》和有关公务员管理的立法，未具体就消防救援人员的工时制度进行规定。1998 年，《消防救援法》经过全面修订后改称《救援法》，仍未就工时制度进行专门要求。2006 年 3 月 8 日议会修正《救援法》《工作和休息时间法》等法律，修订后的《救援法》第六章“救援人员的工作时间和培训”增加第 29[1] 条，明确救援人员的工作和休息时间执行《工作和休息时间法》的规定。

2008 年，爱沙尼亚对消防救援法律体系进行重大调整，剥离《救援法》中有关救援人员管理的内容，专门制定《救援组织法》。作为第一部消防救援人员管理法，《救援组织法》专设第四章“救援人员的工作和休息时间”（päästeteenistuja töö – ja puhkeaeg），首次就消防救援人员的工作时间、休息时间和待命时间做出系统规定。其中，第 20 条“救援人员的工作、休息时间和待命时间”共 4 款，第（1）款首先强调，救援人员的工作时间和休息时间执行《工作和休息时间法》的一般规定和《救援组织法》的专门规定。第（2）款则首次定义了救援人员的待命时间：“待命时间，是救援人员在休息期间准备履行工作职责的时间。”第（3）（4）款规定，救援人员每月的待命时间不得超过 150 h，单位应按救援人员每小时工资标准的 5%—10%，支付待命报酬。

根据《救援组织法》的上述规定，救援人员（包括救援员、救援官员）在岗执勤值班完全属于工作时间（即使期间没有出动执行灭火救援任务），不存在计算待命时间的问题；某些岗位的救援人员，如果需要在部分休息时间保持“待命状态”（相当于不在单位的值班备勤），随时准备完成临时性紧急任务，则存在计算待命时间的问题。当时，救援人员通常每月会有 8 天被安排待命（不是每月的 8 个周末休息日，而是 5 个工作日、3 个休息日）。其中，每个工作日的待命时间是 15.5 h（工作时间 8 h，再扣除 0.5 h，$24-8.5=15.5$），5 个工作日的待命时间为 $15.5\times5=77.5$（h），3 个休息日全部属于待命时间，$24\times3=72$（h），$77.5+72\approx150$（h）。

2008 年 12 月 17 日议会通过新《劳动合同法》①，同时废止《爱沙尼亚苏维埃社会主义共和国劳动法典》《工资法》《休假法》《工作和休息时间法》等劳动用工领域的专门法律（相关内容统一纳入《劳动合同法》），并一揽子修订了包括《救援组织法》在内的 45 部相关法律，自 2009 年 7 月 1 日生效。总体而言，2009 年《劳动合同法》第三章第三节“工作和休息时间”类似于之前的《工作和休息时间法》，主要包括以下内容：雇主必须依法保障员工的自由时间（第 42 条）——这里没有使用“休息时间”（puh-

---

① 《劳动合同法》（RT I 2009，5，35），https：//www.riigiteataja.ee/akt/13120899。

keaja)，而是用了“自由、空闲时间”（Vabaaja）；实行每天8 h、每周40 h的基本工时制度（第43条）；加班、夜班及其补偿标准（第44、第45条）；如果实行综合计算工时制，在最长不超过4个月的计算周期内，周均工作时间不得超过48 h（第46条）；工作期间的休息（第47条）；待命时间（第48条）；未成年人就业限制（第49条）；限制夜班时间（第50条）；每天和每周的休息时间（第51、第52条）等。其中，《劳动合同法》第48条关于待命时间的规定如下（再未修改，目前有效）：

（1）如果员工与雇主达成协议，员工在非工作时间处于准备履行职责的状态（称为“待命时间”），雇主应当向员工支付不少于1/10平均工资的报酬；

（2）如果关于待命时间的协议不能保证员工每日和每周的休息时间，则协议无效；

（3）员工受雇主管理和控制的那部分待命时间，视为工作时间。

根据上述规定，待命时间属于休息时间的一部分，待命期间员工享有自由支配时间的权力，但其活动范围必须限定在一定范围，以便于及时赶回完成紧急任务。同时，对待命时间的安排（必须由员工与雇主达成协议）、相应的报酬（不少于1/10平均工资）、前提条件（必须保证员工每日、每周的法定休息时间）进行了限定，特别是第（3）款关于“员工受雇主管理和控制的那部分待命时间，视为工作时间”的规定，与目前国际劳工界对待命时间性质的普遍认识是一致的——只要员工按照单位指令开始履行职责，受到雇主的实际管理和控制，待命时间就转化为工作时间。

《劳动合同法》涉及面广、事关重大，由于立法过程中考虑不足、存在纰漏，在2009年7月1日生效之前，议会先后对其以及相关法律进行了多达5次修订——其中2次修订涉及《救援组织法》关于救援人员工作时间的计算。2009年7月1日与《劳动合同法》同步生效的《救援组织法》第20条规定：

（1）救援人员的工作和休息时间，按照《劳动合同法》第三章第三节计算，并执行本法的专门规定；

（2）救援人员工作时间的计算周期，最长为6个月；

（3）在不危及救援人员健康和安全的前提下，《劳动合同法》第50条对夜间工作时间的限制不适用于救援人员，但夜间工作时间不得超过《劳动合同法》第46条（1）款的限制；

（4）如果根据岗位职责，救援人员必须在工作时间以外准备按照救援机构的指令完成工作任务（称为“待命时间”），在确定其工资时应当予以考虑，救援人员的待命时间不再享受额外报酬，也不安排补休；

（5）如果为执行公务，救援人员必须在工作时间以外准备按照救援机构的指令完成工作任务，且上述义务未纳入其岗位职责，确定其工资时也未考虑上述义务（称为“应急待命时间”)，则应当给予不低于工资 1/10 的补偿，或者不少于应急待命时间 1/4 的补休；

（6）救援人员的待命时间是休息时间的一部分，每月的待命时间不得超过 128 h；

（7）救援人员的待命时间，包括应急待命时间，不适用于《劳动合同法》第 48 条的规定。

2009 年《救援组织法》第 20 条的上述规定，奠定了爱沙尼亚确定救援人员工作时间、休息时间和待命时间的基本原则。首先，《劳动合同法》关于工作时间和休息时间的一般规定，适用于全体救援人员，是确定救援人员工时制度的基础，同时执行《救援组织法》的专门规定，即：救援人员执行每周工作时间不超过 40 h 的基本工时制度。其次，根据第（4）款规定，如果救援人员的岗位职责中明确规定（通常是以招录时的岗位说明为准），需要在工作时间之外完成紧急、突发任务，且在确定其工资标准时已经考虑岗位职责的上述特殊性（即享受高于其他不需要待命岗位的工资待遇），则救援人员应当按照救援局的统一安排，每月在一定的时间内保持待命状态，且待命时间不再享受额外报酬，也不安排补休（这方面对我们的启示是：如果国家已经根据消防救援工作的特点，为消防救援人员设计了优于其他公务人员的专门薪酬制度，就无需因为安排完成紧急消防救援任务再予以额外补偿）。再次，根据第（5）款的规定，对于岗位职责不包括待命义务的其他救援人员而言，单位如需安排其待命，则应当给予不低于工资 1/10 的补偿，或者不少于待命时间 1/4 的补休，每月待命时间的上限是 128 h。上述规定，对于合理确定消防救援人员的工资待遇，以及正确看待职业特点所产生的待命和加班，有重要的参考意义。

2009 年修订《救援组织法》时，之所以将 2008 年规定的待命时间上限由 150 h 缩短到 128 h，主要是根据当时救援机构的编制和任务，救援人员每月平均待命 7 天即可（5 个工作日、2 个休息日）——其中，工作日每天待命 16 h（$24-8=16$），共 $16\times5=80$（h），休息日全部属于待命时间，共 $24\times2=48$（h），$80+48=128$（h）。

2013 年 4 月 1 日，修订后的《公共服务法》生效，第 38 条关于待命时间的规定如下［此后除第（4）款的文字微调外，再无修改，目前有效］：

（1）公务员应当按照岗位职责规定，在工作时间以外准备按照政府机构的要求履行职责（称为待命时间），以确保提供公共服务；

（2）如果岗位职责不包括本条第（1）款规定的义务，经公务员书面同意后，适用有关待命时间的规定；

（3）公务员的待命时间补偿应当不少于基本工资的 1/10，或应其要求，安排不少于待命时间 1/4 的补休；

（4）公务员履行职责期间的待命时间视为工作时间；

（5）政府机构安排待命时间，应当考虑公务员怀孕、抚养3岁子女或未成年残疾子女等重要情况；

（6）安排待命时间，应当保证公务员每天、每周有必要的休息时间；

（7）本法第61条第（5）款规定的浮动工资上限，不含待命时间补偿。

此后，议会多次修订《公共服务法》《劳动合同法》《救援组织法》。其中，2013年新《公共服务法》第35条，为公务员确定了与《劳动合同法》相同的工作时间标准。2015年2月18日一并修订《警察和边防法》《救援组织法》，目的是根据新《公共服务法》确定的基本原则，完善警务、救援等特殊领域公职人员的管理制度[①]。这次修订在《救援组织法》第20条增加第（8）款，规定在不影响安全和健康的前提下，《公共服务法》《劳动合同法》中有关每天连续休息时间不小于11 h、每周连续休息时间不少于48 h的要求，不适用于救援人员。

2017年6月19日议会再次一并修订《警察和边防法》《救援组织法》[②]，将警察和救援人员每月的待命时间上限统一调整为155 h。此前，各领域专门立法规定的待命时间上限差别很大：救援人员是128 h，普通警察是150 h，随船执勤警察和航班机务人员是200 h，检察官、狱政人员是250 h——产生如此悬殊区别的主要原因，是不同领域的人员配备和工作强度差异较大。内政部认为，根据当时警务和救援人员编制收紧的实际情况，有必要适当提高待命时间上限，而且警务和救援人员同属内政部管理，统一待命时间标准后可以共用人员管理系统，有利于降低行政成本。如前所述，2008年《救援组织法》规定的救援人员待命时间上限是150 h，2009年调整为128 h，当时救援人员平均每月待命7天，根据2017年的情况，随着救援机构编制逐步紧缩（2014年1月1日是2 658人，2016年6月6日减少到2 622人），救援人员每月的平均待命时间可能增加1天至1.5天，因此将待命时间的上限调整为155 h（警察的待命时间上限也同步调整为155 h）。此外，鉴于《公共服务法》第38条、《劳动合同法》第48条已经对待命时间的适用做出专门规定，为避免重复，2017年6月19日和2019年2月20日修订《救援组织法》，废止了第20条（4）（5）（7）款，从而建立了现行的救援人员工作时间、休息时间和待命时间制度。

---

① 2014年11月28日，爱沙尼亚政府通过《〈警察和边防法〉〈救援组织法〉和相关法律修正草案说明》，https://www.riigikogu.ee/download/e52c9648-4b36-45ae-96f2-11e556eea925。

② 2017年3月30日，爱沙尼亚政府通过《〈警察和边防法〉〈救援组织法〉修正草案说明》，https://eelnoud.valitsus.ee/main/mount/docList/1f008359-e3a4-4282-8336-f644d2bc988d?activity=2#OghSkKgB。

专栏

现行《救援组织法》第 20 条“救援人员的工作、休息时间和待命时间”

（1）救援官员的工作和休息时间应当根据《公共服务法》确定，救援员的工作和休息时间应当根据《劳动合同法》确定，同时执行本法的专门规定。【2012 年 6 月 13 日修订】

（2）救援人员工作时间的计算周期最长为 6 个月。

（3）在不损害健康和安全的前提下，救援官员在公共假日和夜间工作不受《公共服务法》的限制，但工作时间不得超过《公共服务法》第 36 条规定的限制。在不损害健康和安全的前提下，救援员夜间工作不受《劳动合同法》的限制，但工作时间不超过《劳动合同法》第 46 条第（1）款规定的限制。

（4）【2017 年 1 月 1 日废止】

（5）【2017 年 1 月 1 日废止】

（6）救援人员的待命时间属于休息时间，每月的待命时间不得超过 155 h。【2017 年 6 月 19 日修订】

（7）【2019 年 5 月 1 日废止】

（8）在不损害身体健康和安全的前提下，《公共服务法》第 41 条第（1）款不适用于救援官员，《劳动合同法》第 51 条第（1）款规定的不适用于救援员。【2015 年 2 月 18 日增加】

综合《救援组织法》《公共服务法》《劳动合同法》的上述规定，为确保公共利益，救援人员（包括救援官员和救援员）应当根据救援机构的安排，在一部分休息时间处于待命状态，以完成突发紧急任务，待命时间的上限是每月 155 h。一般而言，招录救援人员时，相应的岗位职责中应当就上述待命义务予以说明，如果岗位职责没有说明，但救援人员通过书面形式同意，则救援人员同样有义务按照救援机构的安排参加待命。待命期间，即使救援人员没有接到任何工作指令，也应当按照待命时长，享受不低于其工资水平 1/10 的补偿，救援官员可以要求不领取补偿，而是享受不低于待命时间 1/4 的补休。如果待命期间内救援人员根据救援机构的要求履行职责，则这一部分实际从事工作的时间属于工作时间，享受相应的加班待遇。救援机构在安排救援人员待命时，应当考虑公务员怀孕、抚养 3 岁子女或未成年残疾子女等特殊情况。

2.4.4 加班

《公共服务法》《劳动合同法》规定了加班的基本原则和限制性要求。根据《公共服务法》第 39 条，加班（Ületunnitöö）是“公务员根据政府机构的要求，在非工作时间为完成紧急公务而工作”。如果实行综合计算工时制度，加班是指实际工作时间超出计算周期内平均工作时间上限的情况（以 7 天为 1 个计算周期，工作时间的上限是 40 h）。需要强调的是，加班是公务员应政府机构的要求，在非工作时间履行职责，如果公务员自行在工作时间之外工作，则不计入加班时间。为保障公务员的休息权，在 4 个月的计算周期内，包括加班在内的每周平均工作时间不得超过 48 h——即每周的加班时间不得超过 8 h。《公共服务法》第 39 条第（5）款规定，不得要求怀孕和休产假的公务员加班，对于抚养 3 岁以下子女或未成年残疾子女的公务员，安排加班时应当充分考虑其实际困难。政府机构应当按照基本工资的 1.5 倍，向公务员支付加班工资；公务员也可以要求不领取加班工资，而享受与加班时间相同的补休。《劳动合同法》对劳动用工人员的加班也有类似规定。

2008 年制定《救援组织法》时，未就救援人员的加班做出专门规定。2009 年 6 月 18 日修订《救援组织法》时，明确在最长 6 个月的计算周期内，救援人员平均每周 7 天的加班时间不得超过 8 h，并新增第 20^1 条“**紧急加班**”（Erakorraline ületunnitöö），结合救援工作特点，提出了有别于一般“加班”的“紧急加班”概念，规定“为完成紧急公务，救援机构可以要求救援人员在非工作时间工作（紧急加班）。实行综合计算工时制度的，超出计算周期内工作时间上限的时间属于加班”。经多次修订，现行《救援组织法》第 20^1 条共 3 款，强调了救援人员“紧急加班”的强制性——在突发紧急情况时，救援机构可以不经救援人员同意，要求其在包括下班后、法定假日等非工作时间履行职责。在计算工作时间时，紧急加班时间单独列出。同时，为保障救援人员权益，规定不得要求怀孕和休产假的救援人员紧急加班，紧急加班的工资是正常工资的 1.5 倍，或者根据本人要求，安排与紧急加班时间相等的补休时间。

2.5 救援人员的工资制度

工资，是用人单位依据法律规定或者与员工的约定，以货币形式向员工支付的劳动报酬。作为劳动者提供劳动的对价，确定工资的基本原则是按劳分配、同工同酬。爱沙尼亚遵循《公共服务法》《劳动合同法》的基本规定，结合救援职业特点，建立了与救援人员职级、岗位、工作时间挂钩的专门工资制度。

2.5.1　恢复独立初期的救援人员工资制度

2.5.1.1　现役救援人员的工资标准（1992 年）

1992 年 5 月 20 日爱沙尼亚发行本国货币克朗，8 月 27 日爱沙尼亚政府通过《国防军现役军官和士官的工资等级》①，确定了国防部、救援局、边防局所属现役人员的工资标准，自 8 月 1 日起追溯生效。根据《国防军现役军官和士官的工资等级》规定，现役救援队伍军官、士官的月工资标准分别是：准尉 150 克朗，少尉 180 克朗，中尉 210 克朗，上尉 240 克朗，少校 280 克朗，中校 320 克朗，上校 400 克朗，大校 500 克朗；初级士官 100 克朗，中级士官 120 克朗，高级士官 140 克朗。按照《现役救援机构章程》，3 支现役救援队属于营级建制，队长的军衔为上尉，月工资为 240 克朗（按当时汇率，约合人民币 150 元）。

此后，现役救援队伍军官、士官的工资标准又有所调整，不予详述。根据 2001 年 6 月 12 日爱沙尼亚政府通过的《义务兵津贴范围和支付程序》，现役救援队和边防部队义务兵的津贴标准调整为每月 150 克朗。

2.5.1.2　职业救援人员纳入公职人员统一薪级制度（1996 年）

1996 年《公职人员职级和薪级法》结合公务员和政府职员的职级序列，建立了公职人员统一的工资体系——所谓“薪级”（palgaastme），就是公职人员职级与工资等级（palgamääraga）的对应关系。根据《公职人员职级和薪级法》第 9 条和第 10 条，公职人员的薪级共分 35 级（最低 1 级，最高 35 级），各职级对应的薪级可以是确定的等级，也可能是一个范围。

对于公务员而言，国务秘书、常务副部长、县长等的薪级为最高的 35 级，副部长是 34 级，政府顾问是 32—33 级，国家局局长、总理顾问、部长顾问是 30—34 级；政府各部的正、副司长是 28—33 级；中级公务员是 18—28 级，初级公务员是 12—19 级。一般而言，副职比正职的薪级低 1—3 级。对于辅助职员而言，文员的薪级是 8—13 级，技工的薪级做了细分：从事普通专业工作的是 6—9 级，从事复杂专业工作的是 8—13 级，从事特别复杂专业工作的是 9—19 级（与初级公务员类似），设备操作是 9—19 级，非技术工人是 1—7 级。

这一阶段，现役救援人员执行《国防军现役军官和士官的工资等级》，国家和地方的职业制消防救援人员执行《公职人员职级和薪级法》，其中，属于高级公务员的国家救援局局长薪级是 30—34 级，属于中级公务员的救援指挥人员是 18—28 级，属于政府

① 《国防军现役军官和士官的工资等级》（RT 1992，39，518），https：//www. riigiteataja. ee/akt/29155。

职员的消防救援员为6—19级。

2.5.2　建立救援人员的专门薪级制度（2008年）

如前所述，2008年3月1日施行的《救援组织法》确立了救援人员“四等八级”的职级体系，并为救援人员建立了专门的11级薪级制度（1级最低，11级最高）——根据《救援组织法》第12条，各职级救援人员对应的薪级：救援总监11级，副总监10级，救援督察长8—9级，高级救援长7级，一级救援长6级，二级救援长5级，三级救援长4级，救援员1—3级。

根据《救援组织法》第11条“救援人员的薪酬”第（3）款关于“共和国政府应当制定法规，明确救援人员各职级对应的工资标准，以及浮动工资、加班工资、绩效工资的标准和范围”的规定，2008年2月21日爱沙尼亚政府制定《2008年救援人员薪酬确定办法》[①]，3月1日与《救援组织法》同步实施。根据该办法，救援人员的工资由基本工资和岗位工资、绩效工资、加班工资等4个部分组成。基本工资，是根据救援人员薪级确定的工资，见表3－21（笔者整理）的第三列[②]。当时救援总监的基本工资是55 000克朗，最低薪级救援员的基本工资是9 000克朗，按照15.6466克朗兑换1欧元的汇率，分别是3 515欧元和575欧元。2009年至2010年爱沙尼亚的社会平均工资是每月12 000克朗，约合767欧元[③]，最低薪级救援员的基本工资比社会平均工资低25%。

表3－21　救援人员的月基本工资标准

薪级	职级	2008年3月1日起（克朗）	2009年7月1日起（克朗）	2011年1月1日起（欧元）
11	救援总监	55 000	50 600	3 233.93
10	救援副总监	36 000	33 120	2 116.75
9	救援督察长	23 000	21 160	1 352.37
8		19 000	17 480	1 117.18
7	高级救援长	15 500	14 260	911.38
6	一级救援长	13 000	11 960	764.38
5	二级救援长	11 800	10 856	693.82

① 《2008年救援人员薪酬确定办法》（RT I 2008，11，76），https：//www. riigiteataja. ee/akt/12930878。

② 根据2008年3月1日生效的爱沙尼亚政府51号令《2008年救援人员薪酬确定办法》，其中救援员的工资标准是按照三级救援站（规模最大、勤务最复杂）确定。

③ 《经济活动法典　总则》立法说明第六部分，https：//www. riigikogu. ee/tegevus/eelnoud/eelnou/ea272fce－517d－efd0－0274－b1b8247c5de5。

续 表

薪级	职级	2008 年 3 月 1 日起（克朗）	2009 年 7 月 1 日起（克朗）	2011 年 1 月 1 日起（欧元）
4	三级救援长	11 100	10 212	652.67
3	救援员（三级救援站）	10 600	9 752	623.27
2		10 100	9 292	593.87
1		9 000	9 200	587.99

岗位工资，就是根据救援人员的工作岗位和职责任务，按照一定比例对基本工资的上浮。例如，北部救援中心的一级救援长、高级救援长、救援督察长、救援副总监，在基本工资基础上增加5%；三级救援长、二级救援长和救援员增加10%。救援局机关的一级救援长、高级救援长、救援督察长、救援副总监增加10%，三级救援长、二级救援长增加15%，等等。如果救援人员同时符合两种及以上的工资上浮条件，可以累计增加。绩效工资，是根据考核结果，向高效优质完成工作的救援人员发放的奖励工资。加班工资，是对救援人员完成职责以外工作任务的补偿，总额不得超过基本工资的20%，根据《2008 年救援人员薪酬确定办法》，总监和副总监职级的救援官员不享受加班工资，但内政部部长可以决定向总监职级的救援官员（即救援局局长、报警中心主任）发放绩效工资。

2008 年 12 月 30 日爱沙尼亚政府制定新的《救援人员薪酬》[①]，将《公共服务法》第 9 条（3）款“其他公职人员的薪级表由法律规定。共和国政府应当制定相应的工资标准和支付绩效工资、加班工资的办法”增加为立法依据，自 2009 年 1 月 1 日起生效。根据新的《救援人员薪酬》，各职级救援人员的基本工资标准总体稳定，部分岗位做了微调。受 2008 年金融危机影响，爱沙尼亚政府从 2009 年 7 月 1 日起下调包括救援人员在内的公职人员工资标准，各职级的降幅均为8%，调整后的工资标准见表 3－21 第四列。作为 2011 年 1 月 1 日加入欧元区的准备工作，2010 年 8 月 23 日爱沙尼亚政府对涉及货币单位的法规进行一揽子修订，表 3－21 最右列是 2011 年 1 月 1 日起，以欧元为单位的救援人员工资标准。

2011 年 12 月 8 日议会修订《救援组织法》等法律[②]，将救援人员的薪级由 11 级调整为 12 级。12 月 22 日爱沙尼亚政府相应修订《救援人员薪酬》，自 2012 年 1 月 1 日生

① 《救援人员薪酬》（*Päästeteenistujate töötasustamine*，RT I 2009，3，20），https：//www. riigiteataja. ee/akt/13117126。

② 《修订〈警察和边防法〉〈救援法〉〈救援组织法〉以及与机构重组相关的其他法律》（RT I，29. 12. 2011，1），https：//www. riigiteataja. ee/akt/129122011001。

效。这次调整，将救援总监的薪级确定为 12 级（但基本工资标准仍是之前 11 级的 3 233. 93欧元），副总监的薪级调整为10 至11 级，其中11 级的基本工资标准是2 328. 43 欧元，10 级是 1 924. 32 欧元，平均值是之前 10 级的 2 116. 75 欧元，其他未调整。这次微调的主要原因，是副总监职级对应的职位较多（包括救援局的副局长、报警中心的副主任、救援学院的院长，救援局机关 6 个主要业务处室的负责人），通过增加薪级，可以合理设置差异化的工资标准。

根据《救援组织法》第 11 条（3）款的规定，2013 年 1 月 10 日爱沙尼亚政府通过新的《救援人员薪酬》①，将救援局、报警中心、内政学院救援学院的工资标准分别作为附件，自 2013 年 1 月 1 日起追溯生效。从救援局的工资标准看，总监（12 级）未调整，仍然是 3 234 欧元，副总监区分不同职位分别是副局长（11 级）2 328 欧元，区域救援中心主任（10 级）2 264 欧元，救援局处室负责人（10 级）2 057 欧元，其他救援人员的工资标准也做了适度上涨，如三级救援站救援员的工资标准分别是 735 欧元（3 级）、698 欧元（2 级）和 669 欧元（1 级），比 2012 年的标准（623. 27、593. 87 和 587. 99 欧元）分别提高了 17. 9%、17. 5% 和 13. 8%。

2. 5. 3　重构救援人员薪酬制度（2013 年至今）

2012 年 6 月 13 日议会通过新版《公共服务法》（2013 年 4 月 1 日实施）②，同步修订《救援组织法》等相关法律，废止《公职人员职级和薪级法》和 35 级的公职人员职级体系，建立了新的公职人员薪酬制度。2013 年《公共服务法》调整了篇章结构，第四章“公务员的权利”概述了公务员享有的工资、休息、休假等权利，第六章“工资制度”则详细规定了公务员工资的构成、工资标准、支付时间和方式、减薪停薪、信息公开等内容。

根据 2013 年《公共服务法》，公务员的工资（Palga）包括基本工资（Põhipalk）、浮动工资（muutuvpalk）和其他法定收入。其中，基本工资是公务员薪酬的固定部分，根据公务员的职责和知识、技能、工作经验确定；浮动工资包括绩效工资（tulemuspalga）、加班工资（lisatasuna täiendavate teenistusülesannete täitmise）和优异服务奖金（preemiana），浮动工资总额不得超过基本工资的 20%，政府机构不得向公务员支付上述工资之外的报酬。《公共服务法》第 63 条第（4）款规定，政府各部应当按照统一程序制定本部门的工资制度，经财政部核准后生效。

① 《救援人员薪酬》（RT I，11. 01. 2013，10），https：//www. riigiteataja. ee/akt/111012013010。

② 《公共服务法》（RT I，06. 07. 2012，1），https：//www. riigiteataja. ee/akt/104062022008。

2013 年 3 月 14 日，新版《公共服务法》即将生效之际，议会再次修订《救援服务法》等法律[①]，4 月 1 日与新版《公共服务法》同时生效。这次修订将《救援服务法》第 3 章名称改为"救援人员的工资和社会保障"，重写第 11 条"救援人员的薪酬"，废止了第 12 条关于救援人员薪级的规定——2008 年《救援组织法》建立救援人员薪级制度，2012 年从 11 级调整为 12 级，再到 2013 年废止，前后存续 5 年。

根据 2013 年 3 月 14 日修订的《救援组织法》第 11 条第（5）款"内政部部长负责制定救援人员的工资标准、确定基本工资的程序以及向救援人员支付浮动工资和奖金的规定"，5 月 2 日内政部通过《救援人员工资标准和确定救援人员基本工资、支付浮动工资的程序》[②]，以 3 个附件确定了救援局、报警中心和救援学院的工资标准（均为一定的范围），取代 1 月 1 日刚刚生效的《救援人员薪酬》。按照 2013 年《公共服务法》确定的公职人员工资构成，救援人员的基本工资根据其职级、岗位、工作地区、职业资格、职责任务等因素综合确定，浮动工资由绩效工资、加班（包括节假日加班、夜班、待命、替班）工资和优异服务奖金组成，不得超过基本工资总和 20%。5 月 30 日内政部部长签发《救援局工资细则》[③]，细化了救援局薪酬制度，包括救援人员工资确定的方法、程序等。

截至 2022 年 6 月底，救援局工作人员的基本工资标准共调整 10 次，每次调整的间隔在半年至两年之间，2022 年 1 月 1 日起生效的标准与上一次调整（2020 年 1 月 1 日起实施）相比，平均增长幅度在 10% 以上，职级越低涨幅越高，如担任装备技师的救援员从 1 000—1 400 欧元调整为 1 200—1 700 欧元，涨幅超过 20%；而救援局局长只从 5 000—6 000 欧元调整为 5 500—7 000 欧元，涨幅略超 10%。同期，报警中心和救援学院工作人员的基本工资标准分别调整了 7 次和 3 次。

表 3 - 22 是部分职级、职位救援人员的基本工资标准[④]。可见担任不同职务的同一职级人员，基本工资标准有较大差异。以最高职级的救援总监为例，救援局和报警中心都是直接隶属于内政部的机构，报警中心的职责相对单一且工作环境更好，救援局的职责任务更为复杂繁重，所以救援局局长的基本工资下限和上限（5 500—7 000 欧元）分

① 《〈警察和边防法〉〈救援组织法〉和相关法律修正案》（RT I，26.03.2013，2），https：//www.riigiteataja.ee/akt/126032013002。

② 《救援人员工资标准和确定救援人员基本工资、支付浮动工资的程序》（RT I，07.05.2013，26），https：//www.riigiteataja.ee/akt/107052013026。

③ 《救援局工资细则》（*Päästeameti palgajuhend*，nr 1 - 3/63），https：//www.rescue.ee/files/2018 - 10/p - steameti - palgajuhend.pdf？535d6cc9f4。

④ 根据 2021 年 6 月 1 日起生效的《救援人员工资标准和确定救援人员基本工资、支付浮动工资的程序》整理，https：//www.riigiteataja.ee/akt/108062021012。

别比报警中心主任（3 000—5 300 欧元）高出 83% 和 32%。再如，救援官员中职级最低的三级救援长，其基本工资下限因岗位不同，有很大差异：在救援局的拆弹岗位最高（1 350 欧元），报警中心的接警员次之（950 欧元），救援学院的救援装备讲师最低（820 欧元）。也就是说，拆弹专家的基本工资下限比救援学院装备讲师高出 65%。此外，试用期的工资通常比正常工资低 10%。

表 3－22　各职级、职位救援人员的月基本工资标准（2022 年 1 月 1 日生效）（单位：欧元）

职级	救援局		报警中心		救援学院	
	职位	工资标准	职位	工资标准	职位	工资标准
救援总监	局长	5 500—7 000	主任	3 000—5 300	无	
救援副总监	副局长	4 400—6 000	处长	1 800—3 300	院长	2 360—3 400
	救援中心主任	3 900—5 500			副院长	1 750—2 400
	处长	3 300—4 200			系主任	1 500—2 700
救援督察长	科长	2 700—3 500	质量监察员	1 200—2 500	教授	1 930—3 100
	顾问	1 500—3 300			副教授	1 700—2 700
高级救援长	首席消防监督专家	1 300—2 300	医务专家	1 120—2 100	高级讲师	1 400—2 200
	县消防监督主任	1 600—2 700	调度中心值班长	1 150—1 800	职业教育讲师	1 300—2 100
一级救援长	主管监督员	1 300—2 400	无		继续教育主任	1 360—1 900
					高等教育主任	1 150—1 600
二级救援长	高级监督员	1 200—1 600	调度员	1 050—1 600	初级研究员	910—1 300
三级救援长	拆弹专家	1 350—2 000	接警员	950—1 550	救援装备讲师	820—1 200
救援员	通信分队长	3 300—4 200	无		无	
	救援装备技师	1 200—1 700				

根据爱沙尼亚统计局的数据，2011 年至 2021 年全社会平均工资从 839 欧元增至 1548 欧元，年均增幅 5. 73%。由于不同职级救援人员的工资标准差距较大，最高的救援总监在 5 500—7 000 欧元之间，最低的二类救援站的救援员在 1 070—1 400 欧元之间，为便于与全社会平均工资比较，选取担任高级监督员（juhtivspetsialist）职务的一级救援长作为参照——在救援局的职位分布“金字塔”中，一级救援长（共 170 名）处于中等偏上的位置——之上还有救援总监、救援副总监、救援督察长和高级救援长，共 207

名；之下有二级救援长、三级救援长和救援员，共 1 801 名。由图 3－12 可见[1]，担任高级监督员职务的一级救援长 2011 年、2013 年、2015 年、2017 年、2019 年和 2021 年的基本工资分别是 764 欧元、877 欧元、1 166 欧元、1 224 欧元、1 330 欧元和 1 550 欧元，与当年的全社会平均工资基本相当，年均增幅 6.64%，比全社会平均工资增幅高出将近 1 个百分点。由于救援人员的工资收入除基本工资外，还有浮动工资（包括绩效工资、加班工资和奖金，但总额不得超过基本工资的 20%），实际上应当略高于全社会平均水平。在经济发达地区，救援人员的工资水平则基本属于平均水平，2013 年塔尔图大学社会科学应用研究中心在《偏远地区灾害预防、监督、救援服务的权重和模型》中即指出“救援局的工资水平在塔林的劳动力市场上没有足够的竞争力”。

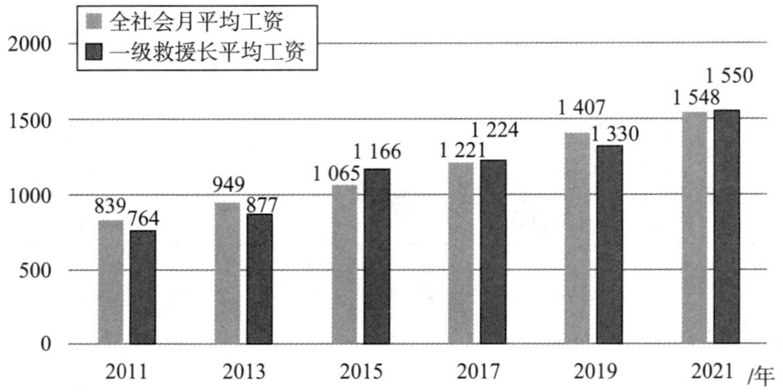

图 3－12　全社会平均工资与担任高级监督员的一级救援长工资比较（2011—2021 年）

根据《公共服务法》第 119 条的规定，自 2015 年起，财政部通过人力资源和工资数据库，公开所有公务员的工资收入——包括所在机构、职级、姓名、基本工资、浮动工资、其他收入和总收入。根据 2021 年的数据，可以查询到救援局上至局长、下至三级救援长的所有救援官员工资收入，表 3－23 是有代表性的各职级救援官员 2021 年工资收入[2]，其中的“工资序号”，是该公务员在所有政府机构公务员中的自然排序（与职级、工资高低无关）。可见，救援站站长虽然职级最低，但由于直接从事灭火救援，工作负荷大、危险性高，全年工资收入反而略高于在救援局机关任首席监督员的高级救援长。

---

① 笔者根据爱沙尼亚统计局和救援局资料整理。爱沙尼亚统计局“社会平均工资”，https：//www. stat. ee/en/find－statistics/statistics－theme/work－life/wages－and－salaries－and－labour－costs/average－monthly－gross－wages－and－salaries。

② 笔者根据爱沙尼亚财政部《2021 年和 2022 年一季度公务员工资》（*Ametnike kuupõhipalgad seisuga* 01. 04. 2022 *ja aastakogupalgad* 2021）中的 2021 年工资整理，https：//www. fin. ee/media/6251/download。

表 3-23　2021 年救援局各职级救援官员的实际工资收入（单位：欧元）

工资序号	职级	职位	姓名	基本工资	浮动工资	其他收入	总收入
7585	救援总监	救援局局长	Kuno Tammearu	65 999.94			65 999.94
7588	救援副总监	救援局副局长	Tauno Suurkivi	52 799.94	4 500		57 299.94
7664	救援督察长	救援局法制处长	Eneken Kost	39 599.96	2 900		42 499.96
7772	高级救援长	救援局安全监督首席监督员	Alar Tetting	22 281.77	1 300		23 581.77
7782	一级救援长	救援局安全监督高级监督员	Küllike Valkmann	19 320.00	924	61.44	20 305.44
8213	二级救援长	救援局安全监督主管监督员	Tiiu Jürgenson	16 168.89	1 207.50		17 376.39
8257	三级救援长	救援站站长	Ragnar Neudorf	20 883.49	1 050	2 738.77	24 672.26

总体而言，爱沙尼亚救援人员的工资水平与全社会平均水平基本相当。需要强调的是，对于任何一个职业收入水平的判断，都应当综合考虑工作任务、劳动强度、工作时间，乃至退休待遇等多方面因素，既要看在岗时的当期收入，也要看退休后的养老待遇。如前所述，虽然救援人员的职业风险较高，但爱沙尼亚职业制救援人员的工作时间与其他职业基本相同，按照目前“24/72 四班一运转”的轮值班制度，救援人员每工作 1 天，休息 3 天，平均每周工作 42 h，虽然总体工资水平不高，但可以利用休息时间从事兼职增加收入（较为普遍）；此外，救援人员享受的提前退休待遇（本节后文详述），实际上也是对救援人员高强度、高危险职业付出的预期补偿。

2.6　救援人员的休假制度

1992 年 7 月 7 日爱沙尼亚最高委员会通过《休假法》①，确定了基本的休假制度，规定劳动者享有年休假（põhipuhkus）、父母假（Vanemapuhkus）、无薪假等假期。工作时间满 1 年的员工均享有 28 天的年休假，未成年人（指符合特定条件合法就业的未成年人）以及残疾人、公务员的年休假是 35 天，教育机构教职人员的年休假（包括寒暑假）上限是 56 天。从事地下作业和有害健康的其他特殊职业的人员，按照专门规定提高年休假上限。员工在年休假期间，享受与正常工作期间相同的薪酬。此外，根据劳动

① 《休假法》（*Eesti Vabariigi puhkuseseadus*，RT 1992，37，481），https：//www. riigiteataja. ee/akt/30663。

合同约定，员工可以申请一定期限的无薪休假。父母假包括产假和育儿假，其中，产假126天（产前70天，产后56天），生育多胞胎或者难产的，产后假期延长为70天。收养1岁以下儿童的，自收养之日起可享受70天的休假。子女在3岁之内的，每年都可以享受一定的育儿假。

2009年7月1日，全面修订后的《劳动合同法》生效，同时废止《休假法》等劳动用工领域的专门法律，有关休假的规定纳入《劳动合同法》第三章“雇员和雇主的义务”第四节“休假”（第54条至第71条）。根据2009年《劳动合同法》规定，休假是员工的基本权利，年休假的基本标准是28天，未成年就业人员、各类教育机构教职人员的年休假标准没有变化。产假由此前的126天延长到140天，并增加了30天的父亲陪产假；收养10岁以下儿童的养父母，可以享受70天的领养假。在子女3岁前，父母双方每年有一方可以享受14天的育儿假；抚养14岁以下子女或者18岁以下残疾子女的，每年可以享受10天以内的无薪育儿假。此外，员工有权根据《成人教育法》规定的条件和程序，每年享受30天的“学习假”（Õppepuhkust），参加高等教育、继续教育、在职培训（包括到国外相应的教育培训机构参加学习），学习期间单位应当支付20天的基本工资。2013年生效的《公共服务法》第43条“休假”专门规定，《劳动合同法》关于休假制度的上述规定均适用于公务员，同时执行《公共服务法》的专门规定——公务员年休假的基本标准是35天。

2008年《救援组织法》第三章“救援人员的工作和休息时间”只有3条，其中第21条“救援人员的休假和休假中断”未正面规定救援人员的休假权利，只是对其休假权做了限制，规定在发生危急事件或者国家宣布进入应急状态（针对自然灾害、事故灾难、传染病疫情）、紧急状态（针对威胁宪法秩序的情形）时，救援机构有权强制要求救援人员中断休假、返回岗位。2010年5月20日《救援组织法》修订时，增加第20^2条“救援人员的休假”，对救援人员的假期做出规定，包括年休假基本标准是35天，从事救援工作超过3年的，每增加1年，年休假延长1天，最多不超过10天。2015年2月18日，根据新制定的《公共服务法》对《救援组织法》进行修订，整合第20^2条和第21条，规定：（1）救援人员的年休假基本标准是35天；（2）救援人员有权根据《救援组织法》和相关法律享受其他休假和假期；（3）正常情况下，救援人员每年最多可申请10天的带薪假期；（4）发生危急事件或者国家宣布进入应急状态、紧急状态或战争状态，不经救援人员同意，救援机构可以召回休假的救援人员。

2.7 救援人员的社会保障

1994年《消防救援法》即确定了消防救援人员的伤亡抚恤标准，规定消防救援人员和参加灭火救援的其他人员因公死亡的，国家向家属一次性支付相当于其 10 年工资的抚恤金，并承担丧葬费；因公导致一、二类伤残的，给予相当于 5 年工资的抚恤；三类伤残的，给予相当于 1 年工资的抚恤。此后，历次修订《救援法》《救援组织法》时，均对职业救援人员的伤亡抚恤、养老金待遇等社会保障做出专门规定。

2.7.1　伤亡抚恤

2016 年之前，救援人员伤亡抚恤执行 2008 年《救援组织法》第 14 条的规定，基本标准是死亡人员一次性给予 10 年工资的抚恤，国家承担丧葬费；伤残人员按照伤情给予 1—7 年工资的抚恤。为促进劳动能力障碍人员就业，2014 年 11 月 9 日议会通过《劳动能力支持法》[①]，一并修订《公共服务法》《救援组织法》等多部法律，自 2016 年 1 月 1 日起实施。修订后的《公共服务法》第 49 条建立了统一的公务员伤亡抚恤制度，《救援组织法》第 14 条明确规定，救援人员（不区分救援官员和救援员）因公伤亡或者全部、部分丧失劳动能力的，享受《公共服务法》第 49 条规定的公务员抚恤待遇。

根据《公共服务法》第 49 条，以及配套的行政法规《公务员死亡或者全部、部分、暂时丧失劳动能力的抚恤金以及丧葬费、医药费的计算和支付程序》[②]，救援人员去世或因公意外死亡的，一次性向其子女、父母、配偶和由其抚养的其他人员支付相当于其 10 年平均工资的抚恤金——称为“一次性补偿”（ühekordne hüvitus）；如果救援人员是由于执行公务时受到攻击，或者为预防犯罪、抢险救灾而死亡的，抚恤金标准提高 1 倍，是其 20 年的平均工资。上述两种情形，救援人员的丧葬费均由国家承担。救援人员因公受伤、患病而部分丧失劳动能力的，由爱沙尼亚失业保险基金（Eesti Töötukassa）[③] 按照《劳动能力支持法》，视情况给予 2—7 年平均工资的抚恤金；全部丧失劳动能力的，视情况给予 8—13 年平均工资的抚恤金——称为“部分或全部丧失劳动能力补偿”（osalise või puuduva töövõime hüvitis）；救援人员因公暂时丧失劳动能力的，给予相当于其 1 个月平均工资的一次性抚恤金——称为“暂时丧失劳动能力补偿”（ajutise töövõimetuse hüvitis）。救援人员因公受伤、患病的，医疗费用由国家承担。计算上述抚恤金时，平均工资采用救

---

① 《劳动能力支持法》（*Töövõimetoetuse seadus*，RT I，13.12.2014，1），https：//www.riigiteataja.ee/akt/104032022008。

② 2016 年 4 月 1 日，爱沙尼亚政府通过第 41 号行政法规《公务员死亡或者全部、部分、暂时丧失劳动能力的抚恤金以及丧葬费、医药费的计算和支付程序》（RT I，24.03.2021，11），7 月 1 日生效，https：//www.riigiteataja.ee/akt/124032021011。

③ 爱沙尼亚失业保险基金，是根据 2002 年《失业保险法》（*Töötuskindlustuse seaduse*）运作的独立法人，2009 年 5 月 1 日，该基金接管了爱沙尼亚劳动力市场委员会（Tööturuameti）的职能。

援人员死亡或者受伤之前6个月的平均工资。

按照《公务员死亡或者全部、部分、暂时丧失劳动能力的抚恤金以及丧葬费、医药费的计算和支付程序》的规定，救援人员执行公务时意外死亡、由于受到攻击或者为预防犯罪、抢险救灾而死亡，救援机构应当在5个工作日内通知有权获得补偿的人员；有权获得补偿的人员，以及部分、全部或者暂时丧失劳动能力的救援人员，应当在相关情形出现90天内，向救援机构提交书面补偿申请和相关证明材料。救援机构收到申请后，应当在10个工作日内做出是否支付抚恤金的决定。抚恤金等补偿经费列入救援机构预算，由财政资金保障。救援机构在向救援人员支付抚恤金后，可以根据《责任法》的规定，要求造成救援人员伤亡的责任人赔偿相关支出。

专栏

《公共服务法》第49条“公务员死亡、全部或部分丧失劳动能力的社会保障”

（1）公务员去世或者执行公务时意外死亡的，应当向其子女、父母、配偶和根据《家庭法》由其抚养的其他人员一次性支付10年的平均工资作为抚恤金。

（2）公务员执行公务时受到攻击或者为预防犯罪、抢险救灾而死亡的，应当向其子女、父母、配偶和根据《家庭法》由其抚养的其他人员一次性支付20年的平均工资作为抚恤金。

（3）公务员在生前可以指定一名或多名自然人，由上述人员领取不超过50%的本条第（1）（2）款规定的抚恤金。如果公务员没有本条第（1）（2）款提及的继承人，则抚恤金全部支付给上述指定人员。

（4）公务员在本条第（1）（2）款规定的情况下死亡，国家承担其丧葬费，包括遗体运输、火化、掩埋以及葬礼的费用。

（5）国家应当就本条第（3）款中自然人的指定程序及其享有抚恤金的比例制定法规。

（6）公务员由于执行公务时受伤、患病而部分或全部丧失劳动能力的，应当根据首次劳动能力鉴定结果，由爱沙尼亚失业保险基金按照《劳动能力支持法》，视情况发放抚恤金：

1）部分丧失劳动能力的，最高2年的平均工资；

2）完全丧失劳动能力的，最高7年的平均工资。

（7）公务员由于执行公务时受到攻击或者为预防犯罪、抢险救灾而部分或全部丧失劳动能力的，应当根据首次劳动能力鉴定结果，由爱沙尼亚失业保险基金按照《劳动能力支持法》，视情况发放抚恤金：

1）部分丧失劳动能力的，最高8年的平均工资；

2）完全丧失劳动能力的，最高13年的平均工资。

（8）本条第（7）款第1）项规定的抚恤金，应当分两期支付。第一期支付的金额取决于失业保险基金在首次鉴定劳动能力时确定的部分丧失劳动能力的持续时间，并不得少于4年的平均工资。

（9）如果失业保险基金重新进行劳动能力鉴定，确定公务员部分或全部丧失劳动能力，应当向其补发本条第（7）款第1）项规定的抚恤金与已经支付的抚恤金之间的差额。

（10）公务员由于受到攻击或者为预防犯罪、抢险救灾而暂时失去劳动能力的，应当向其一次性支付1个月平均工资的抚恤金。

（11）根据本条的规定支付抚恤金时，应当按照《劳动合同法》第29条第（8）款计算公务员的平均工资。

（12）公务员由于受到攻击或者为预防犯罪、抢险救灾而受伤，或者因履行公务患病的，医疗费用由国家承担。

（13）国家应当就本条规定的抚恤金的计算和支付程序制定法规。

（14）公务员有下列情形的，不适用本条第（1）、（2）、（6）至（8）和（10）款的规定：

1）犯罪；

2）自杀或自杀未遂；

3）与医疗或他人不法侵害无关的自残；

4）酒精、麻醉药品或精神药物中毒。

（15）支付抚恤金的决定，应当由政府机构的负责人或者其授权的人员做出。

（16）支付本条规定抚恤金的经费，列入公务员所在政府机构的预算，由国家保障。

（17）政府机构根据本条的规定支付抚恤金后，可以根据《责任法》的规定，要求造成损害的人赔偿相关支出。

2.7.2　养老金

1991 年恢复独立后，爱沙尼亚建立了以《国家养老保险法》为主体的国家养老金制度，同时制定《提前退休养老金法》，为军人、警察、救援人员、医务人员和高危险、重体力劳动等特殊职业人员建立了提前退休制度，发放相应的特殊职业养老金。2008 年实施的《救援组织法》确定，救援人员的养老金待遇适用《国家养老保险法》的一般规定，并建立了救援人员养老过渡津贴制度。近年来，随着人口老龄化形势日趋严峻、人口抚养比持续攀升，爱沙尼亚改革退休和养老金制度，于 2000 年和 2017 年分别将退休年龄调整至 63 岁和 65 岁，救援人员的退休和养老金制度也做了相应调整。

2.7.2.1　退休和养老金制度概述

1991 年 4 月 15 日爱沙尼亚最高委员会通过《爱沙尼亚共和国养老金法》（*Eesti Vabariigi pensioniseadus*）①，作为恢复独立后的首部退休养老制度专门法律，该法将国家养老金（Riiklikud pensionid）分为退休养老金、残疾抚恤金、遗属抚恤金、特殊职业养老金和护理养老金等 5 类，并分别规定了发放条件和标准，满足领取多种养老金条件的人员，只能选择其中 1 种。退休养老金（vanaduspension）发放给年满 60 岁并至少工作 25 年的男性，以及年满 55 岁并至少工作 20 年的女性。残疾抚恤金（invaliidsuspension）发放给部分或全部丧失劳动能力的人员（包括 16 岁以下的残疾儿童），不论其是否具备领取退休养老金的条件。遗属抚恤金（toitjakaotuspension）发放给去世人员生前抚养的未成年子女、老人和配偶。特殊职业养老金（väljateenitud aastate pension）发放给所从事工作对健康造成影响和危害，导致在达到法定退休年龄前即丧失劳动能力的人员。护理养老金（hoolduspension）发放给不具备领取退休金资格，但年龄超过法定退休年龄 5 年的人员，以提供基本的生活来源，属于“兜底”的社会保障。

2000 年 1 月 1 日施行的《国家养老保险法》（*Riikliku pensionikindlustuse seadus*）取代 1991 年养老金法，将国家养老金分为退休养老金、残疾抚恤金、遗属抚恤金和国民养老金（rahvapension，类似于之前的护理养老金）②，并将退休年龄不分性别统一延长到 63 岁，工作年限则缩短到 15 年以上即可，并专门规定参加过切尔诺贝利核电站事故处置的人员，可以提前 5 年退休。为了照顾按原标准（女性 55 岁、男性 60 岁）接近退休年龄人员的合理预期，2000 年《国家养老保险法》对 1942 年至 1953 年出生的女性、1937 年至 1938 年出生的男性，分别设定了渐进延长的退休年龄，如 1942 年出生的女性

---

① 《爱沙尼亚共和国养老金法》（RT 1991，12，169），https：//www. riigiteataja. ee/akt/30517。

② 《国家养老保险法》（RT I 1998，64，1009），https：//www. riigiteataja. ee/akt/75752。

在 57 岁 6 个月退休，1943 年出生的女性 58 岁退休，以此类推，出生每晚一年，退休年龄延迟半岁，直到 1953 年及之后出生的女性 63 岁退休；1937 年出生的男性在 62 岁半退休，1938 年及之后出生的男性 63 岁退休。如表 3－24所示[①]。

表 3－24　2000 年《国家养老保险法》确定的过渡期退休年龄

退休时间	女性		男性	
	出生年份	年龄	出生年份	年龄
1999/2000 年	1942 年	57 岁 6 个月	1937 年	62 岁 6 个月
2001 年	1943 年	58 岁	1938 年	63 岁
2002/2003 年	1944 年	58 岁 6 个月		
2004 年	1945 年	59 岁		
2005/2006 年	1946 年	59 岁 6 个月		
2007 年	1947 年	60 岁		
2008/2009 年	1948 年	60 岁 6 个月		
2010 年	1949 年	61 岁		
2011/2012 年	1950 年	61 岁 6 个月		
2013 年	1951 年	62 岁		
2014/2015 年	1952 年	62 岁 6 个月		
2016 年	1953 年	63 岁		

2001 年议会重新制定《国家养老保险法》[②]，自 2002 年 1 月 1 日起施行并适用至今，截至 2022 年 2 月 9 日最近一次修订，共修订 57 次。2016 年 1 月 1 日起残疾抚恤金调整到新制定的《劳动能力支持法》，至此，爱沙尼亚将国家养老金分为 3 类：退休养老金、遗属抚恤金和国民养老金。2010 年 4 月 7 日议会修订《国家养老保险法》，决定自 2017 年 1 月 1 日起将退休年龄进一步提高到 65 岁。参照之前做法，为 1953 年至 1960 年出生的人口设定了渐进延长的退休年龄。2018 年 12 月 12 日议会对《国家养老保险法》进行重大修订，规定自 2027 年起，按照爱沙尼亚统计局每年公布的人口平均预期寿命，动态调整退休年龄（每年增加不超过 3 个月，自宣布后的第三年后生效）——例如，假定 2027 年人口平均预期寿命增加 0. 3 岁，则 2028 年政府将发布新的退休年龄为 65 岁 3 个月，自 2030 年生效。

根据《救援组织法》第 18 条，救援人员的养老金待遇适用《国家养老保险法》的

① 引自 2000 年《国家养老保险法》第 7 条。

② 《国家养老保险法》（RT I 2001，100，648），https：//www. riigiteataja. ee/akt/118022022007。

一般规定，同时执行《救援组织法》的专门规定。退休养老金的额度，根据基础养老金、工作年限、社会保险缴费等因素综合计算。对于从事救援工作10—15年、16—20年、21—25年、26—30年和30年以上的救援人员，在按照《国家养老保险法》享受基本养老金的基础上，再分别提高10%、20%、25%、40%和50%，列入国家财政预算予以保障。上述为救援人员增发的养老金，其他公务员也享受。如果退休的救援人员因为危害国家安全等犯罪被判处5年以上有期徒刑，则停发上述根据服务年限增发的养老金（保留基本养老金待遇）。根据《公共服务法》，其他公职人员也享受上述增发待遇，但适用《劳动合同法》的人员无此待遇。《救援组织法》规定救援官员、救援员均享受增发养老金的待遇，体现了对救援人员的政策倾斜。

2.7.2.2 救援人员提前退休制度

救援工作具有高强度、高危险、作业持续时间长、体力消耗大的特点，且长期接触有毒有害物质，危害身体健康，随着年龄增长，必然不同程度出现体能和劳动能力下降，如果执行全社会统一的退休年龄标准，势必影响救援人员的人身安全和救援工作成效。为此，2008年3月1日实施的首版《救援组织法》第19条即规定，从事救援工作满15年，尚不符合领取特殊职业养老金条件（从事救援工作满25年）的救援人员，可以按照《国家养老保险法》第7条规定的退休年龄，提前3年退休——按照当时63岁退休的标准，救援人员可以在60岁退休。为确保救援人员在60岁提前退休后、63岁领取国家养老金之前的养老待遇，《救援组织法》建立了专门的**“养老过渡津贴”**（Vanaduspensioni oote toetus）。2008年3月1日，内政部制定的配套规章《救援服务养老过渡津贴的核发程序》① 与《救援组织法》同步生效。

根据《救援组织法》《救援服务养老过渡津贴的核发程序》，养老过渡津贴具有以下特点：第一，申请人必须从事救援工作满15年，尚未达到法定退休年龄，也不符合领取特殊职业养老金的条件，符合上述条件的救援人员即可向救援局提交申请，经核准后领取该津贴，津贴额度按照救援人员应当领取的退休养老金确定，纳入救援局的年度预算，逐月发放；第二，申请人必须不再从事救援工作，且不能同时享受其他退休养老待遇，如果救援人员领取养老过渡津贴后，重新从事救援工作（比如到企业救援队工作），则停发津贴；第三，最多发放3年，领取津贴的人员如果达到法定退休年龄开始领取退休养老金，或者领取其他养老金，应当在10日内向救援局报告，救援局核实后即停止发放该津贴。根据《救援组织法》第19条第（2^1）款，救援人员如果因为危害国家安全等犯罪被判处5年以上有期徒刑，则剥夺其领取养老过渡津贴的权利。

---

① 《救援服务养老过渡津贴的核发程序》（RTL 2008，20，291），https：//www.riigiteataja.ee/akt/109122016008。

鉴于自2017年1月1日起退休年龄延长到65岁，为确保救援人员能够在60岁退休，根据2022年7月1日起施行的《救援组织法》修正案，救援人员养老过渡津贴的发放年限从3年调整为5年。据测算，2023年至2026年每年将有30名救援人员领取养老过渡津贴，按照养老金指数计算，2023年至2026年，养老过渡津贴的平均额度分别是560、581、603、626欧元，每年支出约为25万—30万欧元。

从国际上看，根据2006年欧洲公共服务工会联合会的研究报告，2001年奥地利消防救援人员的退休年龄是55—60岁，比利时消防救援人员可以在58岁提前退休，捷克消防救援人员的退休年龄是62岁，丹麦是60—65岁，芬兰是56—57岁，法国是55岁，德国是60岁，希腊是55岁（从事消防救援工作25年），爱尔兰是55—58岁，意大利是53—59岁，荷兰是55岁，斯洛伐克是62岁，斯洛文尼亚是55岁（从事消防救援工作32年），西班牙是65岁，英国是55岁。美国没有统一的退休年龄，最低退休年龄是62岁，65岁被普遍认为是正常退休年龄。1967年美国国会通过《反年龄歧视法》（*Age Discrimination in Employment Act*，ADEA），禁止雇主对40岁及以上的员工进行年龄歧视。由于通常只有在65岁退休才能领取全额养老金，近年来美国发生多起消防员起诉消防局"年龄歧视"的诉讼，案由均是消防局要求未达到65岁的消防员退休，这也是消防救援领域劳动用工的新动向。

2.7.2.3　特殊职业养老金

目前，爱沙尼亚救援人员养老保障的另一个方案，是按照《特殊职业养老金法》领取特殊职业养老金。1991年《爱沙尼亚共和国养老金法》设立特殊职业养老金后，1992年即制定《特殊职业养老金法》（*Eesti Vabariigi väljateenitud aastate pensionide seadus*）[①]，规定了特殊职业的范围、清单，以及领取特殊职业养老金的条件和发放程序。纳入特殊职业范围的包括以下10类职业：（1）国防军、边防部队、救援机构的现役军官和志愿兵（不含义务兵）；（2）警察、消防人员；（3）民航飞行人员、乘务人员，试飞员、飞行教练员等；（4）地下矿井和露天矿作业人员；（5）船员，引航员；（6）纺织女工；（7）孤残儿童福利和医疗机构的工作人员；（8）芭蕾舞演员，杂技演员，独唱演员等；（9）感染艾滋病病毒的医务人员；（10）公交车司机。2000年4月16日《国防服役法》（*Kaitseväeteenistuse seadus*）生效后，为现役军人建立了专门的养老保障制度，不再向其发放特殊职业养老金，其他9类职业仍然实施特殊职业养老金制度。

根据上述规定，如果劳动者从事的职业对健康造成影响和危害，导致其在达到法定退休年龄前即丧失劳动能力，符合一定条件（主要是从事该职业的具体年限），即可在

① 《特殊职业养老金法》（RT 1992，21，294），https：//www.riigiteataja.ee/akt/30647。

法定退休年龄之前退休，并领取特殊职业养老金。特殊养老金的额度根据基础养老金、工作年限和职业特点等因素综合计算，略低于正常退休的养老金。需要强调的是，按照建立特殊职业养老金制度的内在逻辑（该职业对从业人员的健康造成损害，导致其在达到正常退休年龄之前即丧失继续从事该职业的劳动能力），虽然法律并未规定对从业人员的劳动能力进行鉴定，但领取该养老金的基本前提是不得再从事本职业（但可以从事其他职业），一旦重新从事原职业，即停发特殊职业养老金。比如，芭蕾舞演员在领取特殊职业养老金后，即不得再从事芭蕾舞职业，但可以从事其他职业；矿工在领取特殊职业养老金后，也不得再从事采矿职业，但同样可以从事其他职业。但事实上，多数符合领取特殊职业养老金的人员，在退休时仍然具备从事本职业的能力。

根据《特殊职业养老金法》，救援人员从事救援工作满25年即可退休，并领取特殊职业养老金。与普通退休养老金制度相比，特殊养老金制度的最大特点是，大大提前了救援人员领取养老金的年龄。比如，如果从20岁即从事救援工作，到45岁即具备退休领取养老金的条件——相比之下，按照退休养老金制度，救援人员最早也只能在60岁退休，也就是说作为特殊职业的从业人员，可以提前15年领取养老金。

近年来，领取特殊职业养老金后不得从事原职业的限定政策，产生的负面影响逐渐凸显。如前文所述，爱沙尼亚救援人员的平均工资收入水平相对较低，2021年的最低工资为1 068欧元，虽然同期特殊职业养老金平均只有430欧元，仍然对救援人员有一定吸引力，这就造成一些年龄甚至不到50岁的救援人员过早离开了救援岗位。要弥补空缺，就必须招录新消防员，而由于救援职业高风险、高强度，招录难度较大，专业培训的支出也不菲——近年来，爱沙尼亚每年平均要招录培训80名救援员，支出的费用是100万欧元。为解决这一问题，2022年5月11日议会通过《〈警察和边防法〉及其他法律修正案（统一特殊类型服务）》[①]，一并修订《救援法》《救援组织法》《特殊职业养老金法》等14部法律（自7月1日生效）。其中，在《特殊职业养老金法》第12条增加第（3）款，规定救援人员领取特殊职业养老金后，仍然可以继续从事救援工作。

爱沙尼亚的特殊职业养老金制度产生于20世纪90年代初期，当时之所以为特定职业的从业人员建立专门的养老保障政策，主要是因为这些职业不仅危险性高、劳动强度大、危害身体健康，而且工资水平在劳动力市场也没有竞争力，因此，特殊职业养老金也被当作增加职业吸引力的重要措施。30年后的今天，爱沙尼亚的社会环境和劳动就业市场发生很大变化：一方面，随着科学技术发展，纳入特殊职业范围的很多工作劳动强

① 《〈警察和边防法〉及其他法律修正案（统一特殊类型服务）》（RT I，27. 05. 2022，2），https：//www. riigiteataja. ee/akt/127052022002。

度明显降低，个人防护、劳动保障措施也有了明显进步，这些职业对劳动者健康的危害明显减轻；另一方面，失业保险、养老保险等社会保障制度不断完善，相关职业的工资水平也不同程度得到提高，划定特殊职业并专门设置养老金制度的必要性明显降低。尤其是领取特殊职业养老金后不得从事原职业的限定政策，导致一些仍然具有劳动能力的人员过早离开岗位，在人口老龄化程度不断加重、人口抚养比持续攀升的背景下，其弊端更加引起关注。

2014 年 2 月 21 日，爱沙尼亚审计署向议会提交专题报告《国家养老金体系的可持续性——如何确保养老金制度的高效运行?》[①]，指出很多爱沙尼亚人在 52 岁即退休，2013 年全国共有 41.2 万名养老金领取者，占当时总人口（131.9 万）的比例高达 31.2%，当年养老金支出 16.1 亿欧元，占国家预算 21%，2014 年国家养老保险支出赤字 3.63 亿欧元，预计 2017 年赤字达到 4.74 亿欧元。在分析退休和养老金政策的问题后，审计署提出对策建议，其中就包括废止特殊职业养老金制度，将提前退休这种“事后补偿”，转变为在岗期间的“当期保障”——为相关职业的从业人员改善劳动条件、配备更加有效的个人防护装备、提供职业病防治服务，降低职业健康风险。同时，提高工资水平，提供在职期间的转岗培训机会，让这些职业的从业人员延长工作时间，到正常退休年龄再领取养老金。这样，既有助于减少熟练劳动力的流失，又可以突出雇主创造更健康、更安全工作环境的主体责任，还可以减少社会保障支出。上述建议得到议会认同，预计后期将适时废止《特殊职业养老金法》。

与爱沙尼亚的“特殊职业”制度类似，我国也建立了“特殊工种”制度。根据 1953 年中央人民政府政务院修订的《劳动保险条例》和 1978 年全国人大常委会批准通过的《国务院关于颁发〈国务院关于安置老弱病残干部暂行办法〉和〈国务院关于工人退休、退职的暂行办法〉的通知》（国发〔1978〕104 号），目前我国实行男职工 60 周岁、女干部 55 周岁、女工人 50 周岁的退休年龄。1978 年《国务院关于工人退休、退职的暂行办法》专门规定，“从事井下、高空、高温、特别繁重体力劳动或者其他有害身体健康的工作”提前 5 年退休。此后，“井下、高空、高温、特别繁重体力劳动或者其他有害身体健康的工作”被统称为“特殊工种”。1985 年 3 月 4 日劳动人事部印发《关于改由各主管部门审批提前退休工种的通知》（劳人护〔1985〕6 号），决定将之前劳动人事部统一审批提前退休工种，改为分别由国务院各有关主管部门审批。现行的特殊工种名录，大多数是 20 世纪 80、90 年代，由劳动人事部和各行业主管部门审批公布的，

① 《国家养老金体系的可持续性——如何确保养老金制度的高效运行?》，https：//www. riigikontroll. ee/Suhtedavalikkusega/Pressiteated/tabid/168/ItemId/704/amid/557/language/et – EE/Default. aspx。

包括电工、焊接、起重、驾驶、登高、锅炉、制冷、爆破、矿山、危险物品作业等行业的大量职业和工种。对特殊工种从业人员的保护措施，既包括在职时领取特岗津贴、发放劳保物品、定期体检疗养等方面，也包括办理提前退休。在计划经济时期劳动生产力落后、保障渠道单一的情况下，特殊工种提前退休政策，对保护职工的身体健康起到了积极作用。但是，由于当时企业消防队伍比较集中的石油、化工等行业未提出将消防员纳入特殊工种，导致火灾扑救这一工作环境具有明显高温、浓烟、粉尘、有毒、缺氧、坍塌、易燃、易爆特征的职业并未列入特殊工种目录，企业专职消防人员无法享受提前退休待遇。

1999 年 3 月 9 日，为制止和纠正违规办理提前退休的行为，劳动和社会保障部印发《关于制止和纠正违反国家规定办理企业职工提前退休有关问题的通知》（劳社部发〔1999〕8 号），明确要求加强对特殊工种提前退休的管理，暂不批准新的特殊工种，国家也不再新开提前退休政策口子。2018 年 11 月 26 日，人力资源和社会保障部下发《关于进一步加强企业特殊工种提前退休管理工作的通知》（人社部发〔2018〕73 号），进一步加强对提前退休的审批管理。

近年来，随着我国国民经济和社会发展，火灾多发的情况，引起社会各界对消防救援这一高危职业的关注，多位人大代表、政协委员在全国“两会”提出将消防职业纳入特殊工种、高危职业，让消防员享受提前退休待遇的建议和提案，还有全国人大代表提出“调整提前退休岗位工种目录”的建议（十三届全国人大二次会议第 6934 号建议）。人力资源和社会保障部认为：“从根本上看，提前退休既不利于个人，也不利于制度可持续发展。具体来讲，一是影响参保人员的养老保险权益，按照现行制度，退休人员基本养老金水平与缴费年限、缴费水平和退休年龄等因素直接相关，提前退休将会降低待遇水平，影响退休后的基本生活；二是造成基金减收增支，加大基金支付压力，同时对其他正常缴费的参保人员也不公平，特别是随着我国人口老龄化形势日趋严峻，提前退休对养老保险制度的公平可持续发展会产生不利影响。”①

退休年龄是一项复杂的社会经济政策，涉及人口结构、人力资源供求、代际关系、社会保障基金平衡等多方面因素。我国当前的经济社会发展环境，已经与建立“特殊工种”制度的时期大不相同，不宜再简单套用计划经济的手段和措施。消防救援职业属于高危职业，消防救援人员显然应当适当提前退休，但确无必要强求纳入“特殊工种”。随着科学技术日新月异的发展，工作环境和劳动条件发生明显变化，对于消防救援职业而言，虽然仍然是高风险、高强度、高负荷，但灭火救援装备器材、消防员个人防护装

---

① 2019 年 7 月 25 日人力资源和社会保障部《对十三届全国人大二次会议第 1960 号建议的答复》（人社建字〔2019〕24 号），http：//www. mohrss. gov. cn/xxgk2020/fdzdgknr/zhgl/jytabl/jydf/201911/t20191112_ 341257. html。

备都有了长足进步，消防员职业安全、职业病防护也得到重视。2015 年 11 月 17 日国家卫生计生委、人力资源和社会保障部、安全监管总局和全国总工会印发新版《职业病危害因素分类目录》，将危害因素分为粉尘（炭黑、石膏粉尘等）、化学因素（一氧化碳、二氧化硫、苯等）、物理因素（噪声、高温、振动、红外线等）、放射性因素、生物因素和其他因素共六大类，其中很多都与灭火救援直接有关，为有针对性地提高消防员职业安全提供了前提和保障。同时，通过提高工资待遇、实行特岗补贴、定期体检疗养等措施，对从事消防救援职业的人员给予“当期补偿”，而不是囿于纳入“特殊工种”，可以兼顾公平和效率，更好地维护消防救援人员的利益。

2.8　救援人员的奖励

爱沙尼亚非常重视救援人员的职业荣誉和奖励激励。苏联时期，根据苏联最高苏维埃主席团 1957 年 10 月 31 日的命令，每年由各加盟共和国最高苏维埃主席团颁发“消防勇士”奖章，表彰在灭火救援等消防工作中做出突出贡献的现役、职业、志愿消防员以及军人和其他公民。此外，在消防领域做出突出贡献的人员还会被授予“维护公共秩序优秀模范”奖章。

恢复独立后，1994 年《消防救援法》第 38 条“消防救援人员的奖励”规定，由内政部对表现优异的消防救援人员和参与灭火救援工作的其他人员予以表彰，由国家对做出特别杰出贡献的消防救援人员予以表彰。1998 年《消防救援法》修改为《救援法》时，对第 38 条进行了细化，规定内政部部长、县长和救援机构负责人可以向在灭火救援行动中表现优异的消防救援人员颁发奖状，或者给予物质奖励，对于表现突出的消防救援人员，由内政部部长授予奖章。

根据 1998 年《救援法》第 38 条的规定，1998 年 5 月 21 日内政部制定《救援服务奖章授予程序》（7 月 1 日生效）[①]，规定对于在抢救人员生命和财产过程中表现英勇，以及在消防救援领域做出突出贡献的消防救援人员和其他人员（包括非爱沙尼亚公民），授予救援服务荣誉奖章（Päästeteenistuse aumärgiga），奖章从低至高分为 4 等：救援服务奖章、救援服务银质奖章、救援服务金质奖章、救援服务大金质奖章。《救援服务奖章授予程序》规定了上述奖章的样式：救援服务奖章（päästeteenistuse medal）是直径 35 mm 的金色橡树叶浮雕圆形花环；救援服务银质奖章（päästeteenistuse Hõberist）和救援服务金质奖章（päästeteenistuse Kuldrist），均为直径 42 mm 的白色等边十字造型，十字

① 《救援服务奖章授予程序》（RTL 1998，197，792），https：//www. riigiteataja. ee/akt/88072。

造型的末端是红色倒三角，相邻分枝之间各有5个火焰浮雕装饰（银质奖章为白色火焰，金质奖章为金色火焰）；救援服务大金质奖章（päästeteenistuse Suur Kuldrist）的白色十字造型直径为47 mm。所有奖章的中心，都有一个象征速度和勇气的蓝色狮子标志。根据奖章授予程序，消防救援机构负责人、县政府或地方政府负责人有权向救援局提出建议，经救援局组织的专门委员会（5名成员由县市救援机构联席会议选举产生）审查后，由救援局局长提出表彰建议，报内政部部长审定后实施表彰。

2006年9月4日内政部通过《救援服务奖章规定》①，将救援服务奖章分为两大类：救援服务十字勋章和拯救生命奖章。其中，救援服务十字勋章（Päästeteenistuse Rist）从高至低分为大金质勋章、金质奖章、银质奖章和普通奖章；拯救生命奖章（Elupäästja Medal）从高至低分为一等、二等和三等。救援服务十字勋章保持了1998年的样式，新增设的拯救生命奖章样式与普通救援服务奖章相同，在直径35 mm的金色橡树叶浮雕圆形花环中央，镶嵌长度33 mm的狮子标志，并通过绶带上狮子标志的颜色区分不同等级（一等为金色，二等为银色，三等为蓝色），抢救1人的授予三等拯救生命奖章，累计抢救2人的授予二等拯救生命奖章，累计抢救3人及以上的授予一等拯救生命奖章。新规定完善了授予奖章的程序，增加了追授奖章的规定，并规范了奖章的佩戴方法，规定除救援机构负责人、各级地方政府负责人之外，所有救援人员都有权向救援局提出颁奖建议，救援局每年1月15日和7月15日各征集一次颁奖建议。

2008年制定《救援组织法》时，专门设置第五章"救援人员的奖励"，规定对于表现优异的救援人员，可以给予颁发奖状、奖金、奖品、荣誉证书和奖章的奖励，对于长期优异服务的救援人员可以授予奖章，并规定了奖励的权限。根据上述规定，2008年4月30日内政部通过第32号令《救援服务奖章的分类、样式和授予、佩戴程序》②，基本保持了2006年规定的主要内容。2017年7月24日，内政部对32号令进行全面修订，将救援服务奖章分为四大类：救援服务十字勋章、拯救生命奖章、救援局优异服务奖章、救援局奖章。其中，救援服务十字勋章仍然分为大金质、金质、银质和普通四等；拯救生命奖章在原有一等、二等、三等的基础上，增加了授予累计抢救生命超过3人的专门奖章，在绶带上标注拯救生命的数字。新增的救援局优异服务奖章（Päästeameti Teenetemedal）分为金质、银质两等，分别装饰金色和银色橡树叶，授予勤勉服务超过10年和15年的救援人员。新增的救援局奖章（Päästeameti Rinnamärk）是直径20 mm的金色救援局徽章，授予在各项工作中做出突出贡献的人员。2017年10月4日修订时，

① 《救援服务奖章规定》（RTL 2006，69，1281），https://www.riigiteataja.ee/akt/12732094。

② 《救援服务奖章的分类、样式和授予、佩戴程序》（RTL 2008，37，535），https://www.riigiteataja.ee/akt/12959183。

将规章名称改为《救援服务奖章的分类、样式和授予、佩戴及撤销程序》，规定可以向非救援人员授予救援服务奖章，并增加了有关撤销奖励的情形——凡是经法院判决属于故意犯罪的，以及行为不检点、违反公序良俗的，均撤销奖励、收回奖章。图 3－13 是救援服务奖章的样式（见彩插第 7 页），表 3－25 是救援服务奖章的授予条件①。

表 3－25　救援服务奖章的授予条件

类别	等级	授予条件
救援服务十字勋章	大金质	在救援领域做出卓越贡献
	金质	出色完成重大救援行动任务，或者在救援领域做出杰出贡献，以及在救援机构长期优异服务
	银质	出色完成复杂救援行动，或者在救援工作中表现优异
	普通	在复杂救援行动或日常救援工作中表现英勇
拯救生命奖章	特等	抢救 4 人及以上
	一等	抢救 3 人
	二等	抢救 2 人
	三等	抢救 1 人
救援局优异服务奖章	金质	在救援局优异工作满 15 年
	银质	在救援局优异工作满 10 年
救援局奖章		在各项工作和活动中为实现救援局目标做出突出贡献

目前，救援服务奖章每年授予两次，上半年是在 2 月 24 日的共和国独立日前后，下半年是在 9 月 7 日全国消防日前后。在 2020 年 9 月 23 日的颁奖仪式上，总统柯斯迪·卡留莱德（Kersti Kaljulaid）、内政部部长马特·赫尔姆（Mart Helme）和救援局局长库诺·塔梅鲁（Kuno Tammearu）参加了表彰仪式，共有 112 人被授予不同级别的勋章和奖章②。2021 年 9 月 24 日内政部部长克里斯蒂安·贾尼（Kristian Jaani）向 120 人颁奖③，在被授予拯救生命奖章的 79 人中，包括一名 10 岁的小女孩，她帮助一名被困在谷仓中的小伙伴成功逃生。此外，1 人被授予救援服务大金质奖章，1 人被授予救援服

① 笔者根据《救援服务奖章的分类、样式和授予、佩戴及撤销程序》整理。

② 2020 年 9 月 23 日，《救援局授予 112 人奖章》，https：//www. rescue. ee/et/uudised/paeaesteamet－tunnustas－aumaergiga－112－inimest－754。

③ 2021 年 9 月 24 日，《救援局授予 120 人奖章》，https：//www. rescue. ee/et/uudised/paeaesteamet－tunnustas－aumaergiga－120－inimest－1139。

务金质奖章，11 人被授予救援服务银质奖章，28 人被授予救援服务奖章。其中，救援服务大金质奖章被授予约尔瓦县救援部负责人于里·阿兰迪（Jüri Alandi）——他也成为 1998 年开始向救援人员颁奖以来，第 18 位获此殊荣的救援人员。登录救援局网站，可以看到 1998 年以来荣获各类救援服务奖章的人员名单[①]。

2.9　救援人员的服装和标识

1990 年 12 月 22 日，爱沙尼亚政府公布《爱沙尼亚共和国采用统一制服的国家机构、企业和组织清单》[②]，确定警察、消防救援人员、内政部执法人员以及人口登记处、海关、海事局、民航局、林业局的工作人员，自然保护监察人员，法官，法警，铁路和邮政企业的工作人员穿着统一制服。

独立初期，消防救援人员暂时沿用苏联时期的制式服装。1992 年 5 月 25 日爱沙尼亚政府发布第 159 号令，决定撤销国家消防局，整合民防、消防和其他救援力量组建国家救援局，并同意国家救援局关于暂时沿用苏联时期消防队伍制服和徽章的建议。1993 年 7 月 7 日爱沙尼亚政府决定将内政学院更名为爱沙尼亚国防学院，并于同日公布《国家和地方政府消防救援人员的职级和制服样式》，统一了国家和地方政府救援机构的人员（包括救援学院、救援学校学员）的制服样式，包括肩章、臂章、领章、帽徽等配饰的样式，并通过肩章的标志和星花的数量，区分消防救援人员的级别和所属机构。国家消防救援机构和救援学院、救援学校工作人员的肩章装饰国徽，县市消防救援机构工作人员的肩章装饰所在县市的徽章，再通过星花的大小和数量标示消防救援人员的职级。

1998 年 9 月 22 日，根据《救援法》第 9 条第（5）款的规定，爱沙尼亚政府发布《国家和地方政府消防救援人员、救援领域职业教育机构和高等职业教育机构学员的制服样式》[③]，完善了救援人员（包括救援领域职业教育机构、高等职业教育机构学员）的制服样式，通过肩章上星花的大小和数量（大星花 1 个至 3 个，小星花 1 个至 4 个），区分救援人员的衔级：（1）救援局的局长、副局长，县政府救援机构的负责人，塔林消防救援局的局长，肩章上是 3 颗大的四角星（边长 16 mm）；（2）救援局的部门负责人，

---

① 救援局：1998 年以来荣获救援服务奖章的人员名单，https：//www. rescue. ee/files/2022 - 05/aumaerkide - register - 2022 - mai. xlsx。

② 《爱沙尼亚共和国采用统一制服的国家机构、企业和组织清单》（RT 1991，3，53），https：//www. riigiteataja. ee/akt/24067。

③ 《国家和地方政府消防救援人员、救援领域职业教育机构和高等职业教育机构学员的制服样式》（RT I 1998，85，1389），https：//www. riigiteataja. ee/akt/76165。

县政府救援机构的副职，塔林消防救援局的副局长，地方政府救援机构的负责人，救援学院的院长和教授，肩章上是2颗大的四角星；（3）救援局的顾问、部门副职，县政府救援机构的顾问、部门负责人，塔林消防救援局的顾问、部门负责人、副局长，地方政府救援机构的部门负责人，救援学院的副教授，肩章上是1颗大的四角星；（4）救援局的总工程师、首席专家，县政府救援机构的部门副职，塔林消防救援局的部门副职，地方政府救援机构的顾问，救援学院的讲师、助教等，肩章上是4颗小的四角星（边长12 mm）；（5）救援局的高级专家、高级排爆员，县政府救援机构的高级专家、队长，塔林消防救援局的高级监督员、高级工程师、高级调度员，地方政府救援机构的首席专家等，肩章上是3颗小的四角星；（6）救援局的专家、中级排爆员，县政府救援机构的专家、工程师，塔林消防救援局的监督员、工程师、调度员，地方政府救援机构的专家等，肩章上是2颗小的四角星；（7）救援局的初级技术人员，县政府救援机构的班组长，塔林消防救援局的班组长，地方政府救援机构的检查员等，肩章上是1颗小的四角星。此外，救援学院学员的肩章上标志“K”。

2000年12月6日，根据《救援法》第30^3条第（1）款的规定，爱沙尼亚政府通过第409号令《消防救援人员和维克－马里救援学校、内政学院救援学院学员的制服样式》[①]，自2002年1月1日起生效。2007年11月22日，爱沙尼亚政府通过第236号令《救援人员和内政学院救援学院学员的制服样式》[②]，对制服样式进行了完善，并第一次以附件的方式确定了肩章、绶带、领章、臂章、国旗标志、帽徽和纽扣的样式。

2008年《救援组织法》实施后，爱沙尼亚继续沿用2007年第236号政府令确定的救援人员制服样式，只是将法规名称调整为《救援人员和内政学院救援学院全日制学员的制服样式》，并将立法依据相应调整为《救援组织法》第17条第（2）款。此后，于2011年对制服样式做了局部修改。2017年9月11日，内政部通过第36号令《救援人员和内政学院救援学院全日制学员的制服及专用配饰样式》，经2020年2月17日修订后至今有效[③]。

根据现行《救援人员和内政学院救援学院全日制学员的制服及专用配饰样式》，救援人员的制式服装包括常服、礼服和特殊服装等3类，其中，常服、礼服为黑色，配饰

---

① 《消防救援人员和维克－马里救援学校、内政学院救援学院学员的制服样式》（RT I 2000，96，622），https：//www.riigiteataja.ee/akt/72508。

② 《救援人员和内政学院救援学院学员的制服样式》（RT I 2007，61，393），https：//www.riigiteataja.ee/akt/12886784。

③ 《救援人员和内政学院救援学院全日制学员的制服及专用配饰样式》（RT I，21.02.2020，6），https：//www.riigiteataja.ee/akt/121022020006。

为红色或金色，特殊服装为黑色或灰色。

常服包括夹克式制服上衣、制服裤（裙）、白色衬衣（长袖和短袖）、深蓝色领带（女士为领结）、大檐帽、软帽、冬帽、大衣、毛衣、腰带、黑色皮鞋。其中，救援局局长、副局长大檐帽的帽墙分别装饰有双行、单行的金色橡树叶图案。

礼服包括上衣、裤子（裙）、马夹、衬衣、领结。礼服上衣的两个袖口有表示职级的金色缎带和红色丝光条纹细杠，不同组合的含义是：1 条金色缎带是救援员；2 条金色缎带加 1 条红色细杠是救援长（包括高级救援长、一级救援长、二级救援长、三级救援长）；3 条金色缎带加 2 条红色细杠是救援督察长；4 条金色缎带加 3 条红色细杠是救援总监、副总监，救援总监的袖口还加绣国徽。裤子两侧中缝，有 20 mm 宽的红色装饰条（中间是 5 mm 宽的金色缎带）。

特殊服装包括冬季夹克（带衬里，面层为防风雨、防污染材料，下摆加长）、夏季夹克（带网眼衬里和可拆卸的帽兜）、运动裤、POLO 衫、T 恤、束腰夹克、滑雪帽、无檐便帽、皮凉鞋、皮手套、围巾等。

制服上的标识包括：肩章、领章、臂章、国旗标志、绶带、姓名牌、“救援”标志、帽徽和纽扣。肩章和领章的样式及含义前文已做介绍。救援人员左肩的臂章，分为救援局、报警中心和救援学院 3 种，直径均为 76 mm，在黑色圆形背景上，救援局、报警中心和救援学院徽章的基本造型都是八角形，中央均采用爱沙尼亚国徽，救援局和报警中心徽章在内环上部分别标有“PÄÄSTEAMET”（救援局）、“HÄIREKESKUS”（报警中心）的文字，并在下部分左右两侧装饰有半环形的橡树叶。其中，救援局徽章两组橡树叶的中央，是代表国际民防组织的以橙色地球为背景的蓝色三角；报警中心徽章的中央，是欧盟统一的紧急报警号码“112”；救援学院徽章的上方，是代表知识和光明的熊熊火炬。救援局和救援学院徽章的外缘有 1. 5mm 宽的红色细环。见图 3－14（见彩插第 8 页）。救援人员臂章的上方，是爱沙尼亚国旗和“ESTONIA”（英语“爱沙尼亚”）文字。

如图 3－15 所示（见彩插第 8 页），救援局、报警中心和救援学院人员的帽徽采用金色黄铜材质，直径均为 50 mm。其中，报警中心和救援学院帽徽的图案与本机构的徽章类似。救援局人员原来的帽徽图案为三角形，顶部是小的爱沙尼亚国徽，中央红色背景的 3 层同心环由内向外，分别采用代表爱沙尼亚国旗色的白、黑、蓝色，外围是象征火焰和橡树叶的装饰花纹。2020 年，救援局人员的帽徽改为与救援局徽章相同。

救援人员制服上有姓名牌和“PÄÄSTE”（救援）职业标志，制服纽扣为金色，带有 3 只狮子的图案，分为大（直径 20 mm）、小（直径 14 mm）两种。

第三节 志愿救援事业发展

恢复独立后，爱沙尼亚志愿消防事业传统接续发展，志愿救援人员成为职业救援队伍的重要补充。特别是2010年《救援法》就志愿救援事业做出全面规定后，爱沙尼亚的志愿救援事业进入法制化、专业化的新发展时期，救援局对志愿救援人员进行培训、考核、认定，给予装备和经费支持，对伤亡人员进行抚恤。截至2022年上半年，全国共有2 319名救援局认定的志愿救援人员和117支与救援局签订服务协议的志愿救援队，灭火救援的平均响应时间和到场时间不断缩短，志愿救援组织更广泛地参与到灾害预防工作。

3.1 恢复独立后消防、救援领域志愿组织的发展

3.1.1 消防联盟日渐式微

1991年1月23日，鉴于苏联时期的全国消防协会已经停止活动，来自18个地方消防协会的代表在塔林召开会议，发起成立**爱沙尼亚消防联盟**（Eesti tuletõrjeliit），会议通过了联盟章程草案，选举了由5名成员组成的联盟理事会。与会代表在发起成立大会上强调，爱沙尼亚消防联盟是1919年9月7日成立的爱沙尼亚全国消防联盟的继承者，作为全国性的志愿组织，成员包括各市、县的消防协会，以及其他参与火灾预防、扑救和自然灾害等灾害事故应急救援的组织机构。同年4月24日，创始成员会议批准联盟章程。

根据爱沙尼亚消防联盟章程，其宗旨是动员志愿力量开展志愿服务，从事火灾预防和扑救，并在发生自然灾害、事故灾难时进行紧急救援和医疗急救。消防联盟开展以下活动：（1）组建志愿消防救援组织并协调指导其开展活动，培训组织成员，为成员提供必要的消防救援装备；（2）采取多种措施，推动消防救援领域的企业和专业机构发展；（3）向公众宣传消防安全知识，普及应对火灾、事故、自然灾害的知识和技能；（4）组织消防领域的竞赛、会议、培训、体育比赛等群众性活动，以及展销、发售彩票等创收活动；（5）出版发行刊物，承揽广告业务；（6）作为团体会员加入其他联盟和机构；（7）组建体育社团、管弦乐团、合唱团等下属组织，从事火灾预防工作，承揽消防设备修理业务；（8）组织消防和应急救援方面的课程、讲座、研讨班、演练等活动；（9）拥有、取得、使用固定资产和其他财产、非财产权益；（10）成立企业、商业机构并从

事其他交易；（11）与国家和地方政府机构、企业和机构签订协议，从事消防救援工作。

1992 年 5 月 25 日爱沙尼亚政府撤销国家消防局，整合民防、消防和其他救援力量，重新组建国家救援局。救援局成立后，对消防联盟予以了一定的经费支持，1992 年下半年拨款 79 万克朗。虽然在成立初期，消防联盟在发展现代救援服务理念方面发挥了重要作用，但是，随着综合救援体系的构建，消防联盟的发展却日渐式微，活动处于萎缩状态，近年来主要作为职业资格授予机构，从事烟道清扫工职业培训，并组织开展烟道清扫工（3 级）、烟道清扫工（4 级）和烟道清扫技师（5 级）的职业资格考试。

3.1.2　救援协会发展壮大

随着爱沙尼亚综合救援体制的建立和发展，与之相适应的社会组织应运而生。2010 年 1 月 22 日，在议会大厅举行了救援联盟（PÄÄSTELIIT）成立仪式。根据 2012 年 11 月 17 日通过的章程，救援联盟的性质是非营利组织（Mittetulundusühing，MTÜ），所有在爱沙尼亚从事公益活动的志愿救援组织均可申请加入。救援联盟的宗旨是加强志愿救援组织的合作，推广志愿救援领域的经验，吸引公众参与志愿救援工作，共同致力于保护公共利益。经过短短十几年的发展，救援联盟从最初的 19 个创始成员，目前成为已经拥有 120 个团体成员，从事陆上、海洋和特种领域救援的全国性志愿组织。

2013 年 6 月 8 日，爱沙尼亚救援局与救援联盟签署《志愿救援人员和爱沙尼亚救援局友好合作备忘录》，强调在救援领域，专业部门与志愿服务的合作至关重要，救援局认同救援联盟是志愿服务领域最重要的合作伙伴，双方合作的目的是鼓励更多志愿者参与救援工作，合作的重点是信息交流、教育培训、专业技能和装备领域，双方要及时互通信息，至少每季度举行 1 次会晤。2015 年 1 月 14 日，内政部部长与救援联盟理事会主席签署《内政部与非营利组织救援协会的合作协议》，并于 2016 年 6 月 16 日补充修订，确定内政部应当邀请救援联盟的代表参与起草和修订救援领域的立法和战略规划，救援联盟在每年 2 月底之前，向内政部提出下一年度的经费补助申请，包括拟开展的项目、预计的成果和经费预算，内政部核定后予以拨款支持，相应的经费支出纳入救援局的年度预算。

救援联盟成立后与消防联盟建立了合作关系，消防联盟作为救援联盟的名誉会员（auliige）参与其相关活动，但总体而言，消防联盟明显弱化、边缘化，救援联盟则综合化、主体化。在这一背景下，2019 年迎来了爱沙尼亚全国消防联盟成立 100 周年，9 月 6 日爱沙尼亚邮政发行一套 2 枚纪念邮票，图案分别是 20 世纪 30 年代的女性志愿消防员，以及扑救森林火灾的现代职业救援人员。2020 年 1 月 22 日，在议会大厅举行救援联盟成立 10 周年纪念活动时，签署了消防联盟并入救援联盟的协议。

2021 年 11 月 17 日，内政部部长克里斯蒂安·贾尼、救援局局长库纳·塔梅鲁、警察和边防局局长埃利亚·瓦赫（Elia Vaher）、救援联盟理事会主席皮亚·卡拉斯（Piia Kallas）代表各自机构，签署四方合作协议①，根据《内部安全发展规划（2020—2030 年）》的总体目标，决定加强安全领域志愿服务合作，共同致力于改善生活环境，降低生命、健康、财产和宪法秩序面临的风险，确保在发生各类灾害事故时，提供及时有效和专业的救援救助。

2022 年 1 月 3 日，爱沙尼亚消防联盟正式并入救援联盟，消防联盟开展的职业培训、职业资格考试以及颁奖等传统活动全部移交救援联盟。新任救援联盟理事会主席赖特·基兰迪（Rait Killandi）表态："消防联盟一直是爱沙尼亚志愿救援事业历史连续性的传承者，不论身处顺境还是逆境，消防联盟的成员为保持和发展志愿救援事业，为发扬专业救援的传统和文化，做了大量工作，拯救了众多生命，保护了财产和自然环境，赢得了无尽的感激。我们很自豪，成立 12 年的救援联盟接过这一庄严的接力棒，成为已有 112 年历史的志愿救援价值观的接续者，我们将延续这一事业，像我们成立时的愿景一样，更加强大、充满活力，共同面向光明的未来。"②

3. 2 志愿救援事业发展规划

3. 2. 1 《全国志愿救援事业发展指引（2013—2016 年）》

2013 年，内政部发布《全国志愿救援事业发展指引（2013—2016 年）》③，指出爱沙尼亚的城市化进程仍在持续推进，尤其是北部地区的人口数量和经济规模占全国很大比例，与此同时，全国的人口规模持续萎缩，人口密度相对较低，而且岛屿众多，仅仅依靠职业救援队，难以实现灭火救援服务的均等化。如何适应人口和经济社会发展的上述地域性差异，在有效控制行政成本的前提下，满足居民对生活环境安全感不断提升的期望，是一项重大挑战。

---

① 2021 年 11 月 17 日，内政部、救援局、警察和边防局、救援联盟签署《合作协议》，https：//paasteliit. ee/wp – content/uploads/2021/12/Koost% C3% B6% C3% B6kokkulepe – 2021. pdf。

② 2022 年 1 月 5 日，爱沙尼亚救援联盟：《救援联盟与爱沙尼亚消防联盟合并获批》（*Kinnitati Päästeliidu ja Eesti Tuletõrjeliidu ühinemine*），https：//paasteliit. ee/blog/2022/01/05/yhinemine/。

③ 《全国志愿救援事业发展指引（2013—2016 年）》（*Riiklikud suunad vabatahtliku pääste arengus* 2013 – 2016），http：//ligimesekaitseks. ee/wp – content/uploads/2015/02/vpk – arengusuunad – 2013 – 2016. pdf。

《全国志愿救援事业发展指引（2013—2016年）》指出，救援局的职业救援队伍网络体系可以确保15 min内覆盖全国93%的人口，其余约8.5万名居民则需要更长时间，才能得到职业救援队伍的救助。这些地区人口密度低、位置偏僻，不可能建立职业救援队伍，唯一有效的解决方案，就是构建更为广泛、更加灵活的志愿救援体系，满足救援服务的及时性和可达性。志愿救援队弥补职业救援队覆盖范围不足的问题，理应得到政府的补助。《全国志愿救援事业发展指引（2013—2016年）》专门提出规划目标，要求救援局和地方政府加大对志愿救援队的经费支持力度。由于救援局和地方政府可用于支持志愿救援队的经费有限，因此，建队位置是否符合救援局的规划，以及救援局和地方政府的专项经费额度，是影响志愿救援队建设的两个重要客观因素。

《全国志愿救援事业发展指引（2013—2016年）》编制前，2011年爱沙尼亚有85个志愿救援队，2012年增加到95个（其中59个是救援联盟的成员），分布在79个城镇。这些志愿救援队与救援局签订协议，共1 238名志愿救援人员参与执勤。同期，职业救援队72个（分布在66个城镇），职业救援人员1 695名。职业、志愿救援队共157个，人员合计2 933名，占总人口的万分之22.2。当时，爱沙尼亚共有213个建制城镇，其中81个城镇既没有职业救援队，也没有志愿救援队，救援力量处于空白状态。《全国志愿救援事业发展指引（2013—2016年）》实施后，2015年志愿救援队达到109个，2016年115个，经救援局认定的志愿救援员达到1 959人，比2012年的1 238人增加58.2%，救援局支持志愿救援事业的专项经费也从45.5万欧元，增加到2016年的153万欧元，增长236%。

3.2.2 《内部安全发展规划（2020—2030年）》

爱沙尼亚将发展志愿服务作为促进国家内部安全的重要措施。在爱沙尼亚政府批准的《内部安全发展规划（2015—2020年）》《内部安全发展规划（2020—2030年）》① 中，均包含在警务、救援、交通等领域发展志愿服务的内容。《内部安全发展规划（2015—2020年）》指出，与北欧国家相比，爱沙尼亚职业救援人员的比例高于平均水平，职业救援队伍的平均响应时间与芬兰相当，甚至更快；但是，爱沙尼亚志愿救援人员占人口的比例低于北欧国家的平均水平——因此，工作重点不是再增加职业救援队数量，而是更充分地发展志愿救援力量。2021年发布的《内部安全发展规划（2020—2030年）》强调，国家内部安全发展的重要目标之一，就是推动所有社会成员参与提升安全保障水平。根据2020年度关于国内安全的民意调查，共有17%的人口参加了与安全有关的志愿服务活

① 《内部安全发展规划（2015—2020年）》（*SISETURVALISUSE ARENGUKAVA* 2015－2020），https://www.siseministeerium.ee/media/205/download；《内部安全发展规划（2020—2030年）》（*SISETURVALISUSE ARENGUKAVA* 2020－2030），https://www.siseministeerium.ee/media/748/download。

动；与2015年相比，2020年国内安全领域的志愿者人数进一步增加：警务志愿人员（辅警，abipolitseinikku）从884人增加到1 236人，志愿救援人员从1 768人增加到2 163人，志愿救生员（vabatahtlikku merepäästjat）从237人增加到444人，近200名志愿人员具备接听非紧急类求助咨询号码1247的能力，还有624人在网上虚拟民防组织“Komando. ee”注册①。

根据《内部安全发展规划（2020—2030年）》提出的发展目标，到2025年和2030年，志愿救援人员拟从目前的2 163人，分别发展到2 700人和5 000人以上。规划指出，当前制约公众参与安全领域志愿服务的主要障碍是：年龄不适应、时间不足和体能不满足要求。为确保安全领域志愿服务的可持续性，《内部安全发展规划（2020—2030年）》提出以下措施：（1）为志愿者创造更加灵活和多样化的服务机会，支持志愿者参与多项类似的志愿服务（比如，辅警同时作为志愿救援人员），鼓励志愿人员更多参与预防工作；（2）提高政府机构和非政府组织支持和发展志愿服务的能力；（3）激励志愿者积极参与申报各类资助和表彰项目，为志愿者提供必要的装备保障和工作环境，努力将志愿救援人员的流失率控制在4.5%以内（2020年是4%）。

3.3 志愿救援法规制度

恢复独立后，虽然志愿消防救援事业继续发展，但在相当一段时间内缺乏专门的法律制度，1994年《消防救援法》以及1998年《救援法》均未就志愿消防救援做出专门规定，2008年《救援组织法》也未涉及志愿救援领域。直至2010年重新制定《救援法》时，专设第七章“志愿救援人员参与救援”，确立了志愿救援人员的法律地位，明确了志愿救援工作的基本原则，全面规范了志愿救援工作的制度机制。截至2022年6月底，内政部就志愿救援人员的条件、招募、培训、认定、工作、退出、津贴、抚恤等专门制定了3部规章，结合其他相关法律、法规和规章，基本构建了规范志愿救援工作的法律法规制度。

3.3.1 志愿救援工作的基本原则

根据《救援法》，志愿救援工作作为救援工作的一部分，同样应当遵循合法性、比例性、合理性3个基本原则，具体见本章第一节的阐释。就志愿救援工作而言，具有3个突出特点：

第一，强调志愿救援工作的专业化发展。救援工作直接涉及被救助人员和救援人员

① 内政部：志愿服务，https：//www. siseministeerium. ee/vabatahtlikuna - tegutsemine#vabatahtlikud - pstj。

自身的安全，涉及公共利益，对参与救援工作人员的专业知识和技能，提出了越来越高的要求。因此，《救援法》等法律法规对志愿救援人员，特别是直接从事救援工作的志愿人员，提出了教育程度、体能、健康状况等职业适应性要求。其中，按照救援官员指令独立开展需要经过特殊训练才能完成的救援工作的志愿救援人员，必须符合职业救援人员的相应条件。如果志愿者持有国外相关消防救援职业的资格证书，根据《外国职业资格认可法》予以认可。

在此，有必要澄清关于“志愿”“专业”“职业”的模糊认识。长期以来，社会公众乃至部分消防救援领域的专业人士，都存在这样的认识误区：“志愿 = 非专业”“职业 = 专业”——前者，认为志愿活动是业余的、非专业的；后者，认为只有“职业化”才是“专业化”。实际上，随着现代志愿服务事业发展，很多志愿服务岗位都对专业性提出很高要求，很多投身志愿服务事业的人员，也都具有相应服务领域的专业知识和技能，因此，志愿服务同样可以是专业的。同理，职业化并不必然等于专业化，只有真正全面促进职业制度的发展，健全和运用的职业化管理的机制措施，职业化才可能实现专业化。

第二，注重发挥社会力量开展志愿救援服务的作用。《救援法》第 2 条第（5）款专门规定，救援机构可以与法人订立协议，委托其组织志愿救援人员参与防灾、救援和危机信息服务工作，并建立了相应的经费保障和补偿制度。

第三，赋予志愿救援人员相应的职权。根据所从事工作的复杂程度和专业知识、技能要求，对志愿救援人员进行分类，完成相应培训的志愿救援人员，可以独立开展预防或救援工作，并按照《救援法》第 38 条的规定，依法行使《执法法》规定的权力——包括盘问和检查证件，识别身份，禁止停留，强行进入，搜查、查看视频监控信息等。

3.3.2 志愿救援人员分类

根据《救援法》第 32 条，志愿救援人员（vabatahtliku päästja）是指“依法自愿参与救援或预防工作的人员”。志愿救援人员与职业救援人员共同开展灾害预防和救援工作，或者按照救援官员的指令，独立实施相关工作。年满 18 岁并符合职业适应性要求的自然人，均可根据本人申请，被认定为志愿救援人员——需要强调的是，相关法律使用了与《救援组织法》对职业救援人员要求相同的“职业适应性”（kutsesobivuse）一词——虽然志愿救援人员和职业救援人员的要求并不完全相同，但强调志愿救援人员的职业适应性，说明爱沙尼亚对志愿救援工作专业化发展的重视。

2010 年 11 月 10 日，根据《救援法》第 33 条第（2）款、第 35 条第（5）款和第

38 条第（8）款的规定，内政部制定《志愿救援人员的职业适应性要求及其核查程序，培训及其评估程序》①，此后分别于 2011 年、2018 年和 2020 年局部修订，并将名称调整为《志愿救援人员的职业适应性要求和认定条件及程序，个人信息的保存期限、培训和评估程序》。上述规章根据职责任务不同，将志愿救援人员分为四类，只有达到相应类别的职业适用条件和标准，经救援局认定并取得相应证书的志愿者，才可以依法从事相应的志愿救援工作：

第一类，独立开展预防工作的志愿救援人员；

第二类，与职业救援人员共同参加救援工作的志愿救援人员；

第三类，按照救援官员指令，独立开展救援工作的志愿救援人员；

第四类，按照救援官员指令，独立开展需要经过特殊训练才能完成的救援工作的志愿救援人员。

3.3.3　志愿救援人员的职业适应性要求

根据《志愿救援人员的职业适应性要求和认定条件及程序，个人信息的保存期限、培训和评估程序》，志愿救援人员的职业适应性主要包括个人品质、体能和健康状况。

3.3.3.1　个人品质

在个人品质方面，对所有志愿救援人员提出了 3 项要求——比对职业救援人员的要求（5 项）有所简化：（1）在压力下稳定有效工作、进行团队合作；（2）诚实尽责，具有决断力和责任感，能够在职责范围内独立做出决定并预见后果；（3）具有良好的沟通能力。

救援局应当对申请参与救援工作的志愿者进行面试，要求申请人陈述其参加救援工作的想法，以判定其个人品质是否符合要求。

3.3.3.2　体能

在体能方面，对各类志愿救援人员提出了差异化的要求：第三类志愿救援人员，体能只要确保可以正常履行职责即可；第四类志愿救援人员，体能必须符合内政部《救援人员的职业条件：体能、教育和健康要求》对职业救援人员的要求。在第二、第三、第四类志愿救援人员接受高级培训期间，救援局应当对其进行体能测试，并根据需要进行后续的体能测试，频次不超过每 3 年 1 次。志愿救援人员服务期间，救援局可以根据需要组织体能测试。

---

① 《志愿救援人员的职业适应性要求及其核查程序，培训及其评估程序》（RT I，19. 11. 2010，1），https：//www. riigiteataja. ee/akt/119112010001。

3.3.3.3　健康状况

《志愿救援人员的职业适应性要求和认定条件及程序，个人信息的保存期限、培训和评估程序》完善了对志愿救援人员身体健康状况的要求。志愿者在提交申请前应当接受体检，服务过程中还要接受定期体检，以证明其健康符合规定。志愿者提交申请时的初次体检自费，服务期间的定期体检和应急体检费用，由救援局承担。同时，救援局免费向志愿救援人员提供疫苗接种。

申请者和志愿救援人员也可以通过提供以下资料，证明其健康状况：机动车驾驶员健康证明，《武器法》规定的持枪人员健康证明，职业救援人员健康证明，军人、警察、狱政人员、志愿救生员或辅警的职业健康状况证明。第四类志愿救援人员，必须符合《救援组织法》对第一类职业救援人员（需要穿着防护服，使用无线电等通信工具，在浓烟或化学危险品环境工作、训练）的健康要求。

3.3.4　志愿救援人员的培训和考核要求

志愿救援人员必须按照要求参加培训，经考核合格方可上岗。培训分为初级培训（不少于16 h）、高级培训（不少于36 h）两个阶段，主要由救援局承担，具备场地、技术条件的法人和自然人，经救援局批准后，也可以开展志愿救援人员培训。

根据《志愿救援人员的职业适应性要求和认定条件及程序，个人信息的保存期限、培训和评估程序》，第一、第二类志愿救援人员，应当完成初级培训；第三类志愿救援人员，应当完成高级培训，并在服务期间，每5年完成不少于6 h的高级培训。上述初级、高级培训的内容，均必须由救援局局长核准。第四类志愿救援人员，应当完成救援局局长核准的相应特殊培训课程和在职培训。志愿救援工作申请者，以及在职志愿救援人员参加上述强制培训的费用，由救援局承担；志愿救援人员自愿参与其他培训的费用，由本人承担。

在自愿参加救援工作的人员提交申请6个月内，救援局必须组织其参加初级培训，并确保已经完成初级培训的志愿救援人员在提交申请1年内参加高级培训。对于第一、第二类志愿救援人员，救援局在认定其为志愿救援人员之前，应当对其参加初级培训后掌握相关知识和技能的情况进行考核；对于第三类志愿救援人员参加高级培训后，救援局应当对其掌握相关知识和技能的情况进行考核，并在此后每5年的在职培训之后，进行相应考核；对于第四类志愿救援人员，救援局应当在其完成相应特殊培训课程和在职培训后，对其掌握相关知识和技能的情况进行考核。

志愿救援人员完成初级培训后，必须掌握以下知识和技能：（1）独立开展灾害预防工作的知识；（2）根据救援官员指令参与救援工作的知识；（3）了解救援机构的任务和职责范围；（4）使用基本消防装备的技能；（5）辅助参与处置各类灾害事故的知识；（6）执行《救援法》第38条第（4）款规定措施（包括救援、监督检查、采取直接强制措施）的知识和技能。

志愿救援人员完成高级培训后，必须掌握以下知识和技能：（1）按照救援官员指令独立开展救援工作的知识；（2）现场组织救援工作的知识；（3）现场组织无线电通信的知识；（4）现场使用救援装备和辅助装备的能力；（5）开展特殊灾害救援，并识别救援现场风险的知识；（6）执行《救援法》第38条第（7）款规定措施（包括救援、监督检查、采取直接强制措施）的知识和技能。

除初级培训、高级培训后的考核外，救援局对志愿救援人员进行其他考核，应当至少提前30天发出书面通知，对考核不合格的人员在60天内组织复考，仍不合格的在120天内再次组织复考，第二次复考仍不合格的人员，不再具有从事志愿救援工作的资格。

3.3.5　志愿救援人员的认定和退出

根据2010年11月9日内政部制定的《志愿救援人员证书样式及其授予和使用》①，申请者应当填写《志愿救援人员申请表》，承诺不存在《救援法》第34条规定的以下任何情形：限制法律能力；酒精、麻醉药品或精神药物上瘾；患有严重精神疾病或者人格、行为障碍；肢体残疾影响履行救援职责（参与预防工作的人员除外）。对于同时符合以下4项条件的申请者，救援局应当颁发志愿救援人员证书（Vabatahtliku päästja tunnistus）：（1）符合志愿救援人员的职业适应性和体能要求；（2）符合健康状况要求；（3）参与志愿救援人员初级或高级培训，并通过考核评估；（4）经救援局局长或其授权人员批准，在救援官员指导下从事工作，或者编入救援局认定的志愿救援队。

根据《志愿救援人员的职业适应性要求和认定条件及程序，个人信息的保存期限、培训和评估程序》，救援局应当保存志愿救援人员考核、体检、认定、服务等记录信息，并在志愿救援人员服务期满后保存10年。《救援法》第43条规定了志愿救援人员退出的情形。如果本人提出退出要求，或者不再符合志愿救援人员的条件（《救援法》第33条）、存在禁止从事志愿救援工作的情形（《救援法》第34条），以及有不当行为，不适于继续作为志愿救援人员的，救援局局长或其授权人员应当宣布终止其志愿救援人员身份，并予以公告。

2020年6月17日议会修订《救援法》，允许符合公务人员录用条件的志愿人员参与

① 《志愿救援人员证书样式及其授予和使用》（RT I，17.11.2010，4），https：//www.riigiteataja.ee/akt/107072020002。

报警中心工作。为规范志愿人员参与报警中心的工作，2022 年 5 月 11 日议会修订《救援法》，在第 2 条新增第（4^2）款，授权报警中心主任制定志愿人员参与报警中心工作的管理制度，同时《救援法》新增第七^{1}章“志愿人员参与报警中心工作”，针对在报警中心工作的志愿人员抚恤、补偿以及背景审查、身份认定和终止，做出了规定。

3.3.6　志愿救援工作的经费补偿和人员抚恤

3.3.6.1　经费补偿

志愿消防救援事业是对职业消防救援工作的重要补充。在现代社会治理体系下，支持志愿消防救援事业发展，是政府以“多元化”供给方式，推进消防救援基本公共服务均等化的必然选择。从本质上讲，志愿消防救援队伍是在弥补政府职业消防救援的不足，甚至是填补“空白点”，因此，政府理所应当通过经费补偿等多种方式，支持志愿消防救援事业的可持续发展。

根据《救援法》第 40 条“费用补偿”（Kulude hüvitamine）关于“救援局可以向志愿救援人员或者本法第 2 条第（5）款规定的法人支付因参与救援和预防工作，支出的交通费、通信费和其他必要费用补偿”的规定，内政部于 2010 年 12 月 7 日制定《救援机构向志愿救援人员、法人补偿的费用种类以及金额确定和支付程序》[①]，根据《救援法》第 2 条（5）款，该程序中的“法人”（juriidiline isik），是依法独立享有民事权利和承担民事义务的社会组织，与救援机构签订合作协议，接受救援机构的委托，承担组织志愿人员开展防灾、救援等工作的职责。

根据《救援机构向志愿救援人员、法人补偿的费用种类以及金额确定和支付程序》，救援机构可以使用部门预算，对志愿救援机构和人员的 4 类支出予以补偿，并分别确定了补偿金额的核定程序。第一类，是志愿救援机构的日常运行支出，由救援机构根据志愿救援队与国家救援队的距离和出动速度，确定差异化的基本补偿标准。通常而言，志愿救援队距离国家救援队越远，就意味着要独立承担更多的灭火救援任务，应当给予相对较高的补偿；出动速度越快，说明志愿救援机构的训练管理和执勤备战水平越高，也应当给予较高的补偿。第二类，是救援装备维护的保养支出，根据 1 辆救援车的年度平均保养支出进行估算，再乘以救援车辆的实际数量。第三类，是参与救援机构组织的培训、训练、演练的支出，由救援机构根据实际情况估算年度平均值。第四类，是志愿救援人员的通信、就餐、交通等支出，由救援机构确定每名志愿救援人员的年度平均支出

---

① 《救援机构向志愿救援人员、法人补偿的费用种类以及金额确定和支付程序》（RT I，17.12.2010，13），https：//www.riigiteataja.ee/akt/117122010013。

标准。上述补偿标准，在救援机构与志愿救援机构、志愿救援人员签订的服务协议中确认，并不得高于救援局局长确定的限度。

为确保志愿救援机构和人员及时收到补偿经费，《救援机构向志愿救援人员、法人补偿的费用种类以及金额确定和支付程序》第4条，专门规定了补偿经费的支出程序。对于志愿救援机构的日常运行支出和装备维护支出，按照发票等支出凭证，每季度拨款1次；对于志愿救援机构开展救援和预防工作的专项支出，按照发票等支出凭证和工作情况报告，每季度拨款1次；对于志愿救援人员的通信、就餐、交通等津贴，按照其提供的工作报告，每月拨款1次。救援机构在对上述支出进行审核时，如果发现不准确、不完整等问题，应当通知志愿救援机构和志愿救援人员在10个工作日内予以补充、说明和调整。如果志愿救援机构和志愿救援人员逾期未进行更正和说明，则按照救援机构核定的支出予以补偿。上述所有补偿，均由救援机构负责人审核后予以拨付。

3.3.6.2 人员抚恤

志愿救援人员为社会公益而参与救援工作，一旦因公伤亡，理应得到抚恤、受到褒扬。2010年9月10日，根据新版《救援法》第41条第（14）款关于志愿救援人员抚恤的规定，以及《救援组织法》第15条关于职业救援人员抚恤的规定，内政部制定《救援人员和志愿救援人员因公死亡或丧失劳动能力抚恤的计算、核定和支付的程序及范围》，自9月1日起追溯生效①。

2016年5月23日，内政部制定《志愿救援人员因公死亡或者部分、全部丧失工作能力的抚恤范围和程序》（自7月1日起生效）②，建立了专门的志愿救援人员伤亡抚恤制度。根据《救援法》第41条“社会保障”和《志愿救援人员因公死亡或者部分、全部丧失工作能力的抚恤范围和程序》，志愿救援人员因公死亡或者受伤后死亡的，国家一次性向遗属支付总额为其10年工资的抚恤金，并支付其丧葬费。与《救援组织法》第14条引用《公共服务法》确定的职业救援人员抚恤标准（因公死亡的，给付10年工资的抚恤金；执行公务时受到攻击或者为预防犯罪、抢险救灾而死亡的，给付20年工资的抚恤金）比较，志愿救援人员因公死亡的抚恤标准未区分具体情形，即使是由于抢险救灾死亡也只能享有10年工资的抚恤金，是职业救援人员的一半。志愿救援人员因公受伤或患病，导致部分或全部丧失劳动能力的，由爱沙尼亚失业保险基金按照劳动能力鉴定结论，视情况给予抚恤：对部分丧失劳动能力的，支付不超过2年平均工资的抚

① 《救援人员和志愿救援人员因公死亡或丧失劳动能力抚恤的计算、核定和支付的程序及范围》（RT I 2010，65，487），https：//www. riigiteataja. ee/akt/13358186。

② 《志愿救援人员因公死亡或者部分、全部丧失工作能力的抚恤范围和程序》（RT I，27. 05. 2016，5），https：//www. riigiteataja. ee/akt/107072020008。

恤金；完全丧失劳动能力的，支付不超过 7 年工资的抚恤金。与职业救援人员执行的《公共服务法》第 49 条相比，志愿救援人员的伤病抚恤标准，同样没有区分导致受伤、患病的具体情形，如果志愿救援人员是在抢险救灾中受伤、患病导致部分或全部丧失劳动能力，只能享受到职业救援人员抚恤的 25% 和 54%。

上述用于计算抚恤金的工资基数，按照志愿救援人员死亡或受伤前 1 个月的工资确定，如果志愿救援人员未就业，则以其伤亡前 1 个月的社会最低工资标准作为计算抚恤金的工资基数。必要时，由爱沙尼亚社保局（Sotsiaalkindlustusamet）按照《公共服务法》第 49[1] 条的有关规定，对志愿救援人员劳动能力损害与其参与志愿救援工作的关系进行判定。如果后续的劳动能力鉴定结论发生变化，应当及时调整抚恤金发放标准，但是，如果根据新的劳动能力鉴定结论确定的抚恤金少于已实际支付的金额，不得索回已支付的金额。志愿救援人员因公受伤或患病，医药费由国家承担。上述各项支出，均列入内政部预算予以保障。

志愿救援人员出于公益和奉献精神投身救援事业，与职业救援人员相比，除了没有与政府签订劳动合同、不获取劳动报酬之外，从事相同的工作，承担同样的风险，只领取少许交通、通信、误餐津贴，如果“同命不同价”，不能享受同样的伤亡抚恤待遇，显然不利于吸引更多志愿者参与救援工作，也不利于稳定现有的志愿救援人员安心服务。在世界各国志愿服务事业发展过程中，共通的做法，都是逐步完善抚恤保障制度，形成促进长远发展的正向激励机制。近年来，随着各领域志愿事业的发展，爱沙尼亚也更加关注辅警、志愿救援人员、志愿救生员乃至警方“秘密合作人”（线人）等高风险志愿服务人员的抚恤保障。2022 年 5 月 11 日议会通过《〈警察和边防法〉及其他法律修正案（统一特殊类型服务）》，一并修订《警察和边防法》《辅警法》《安全机构法》《国防联盟法》《救援法》《救援组织法》等 14 部法律（自 7 月 1 日生效），主要目的就是，确保特殊服务领域工作人员的待遇平等，包括同一行业内不同身份人员的待遇平等，以及不同职业领域待遇的相对平衡，让志愿服务人员意识到，一旦发生意外，本人和家属会得到国家的妥善照顾，从而减少后顾之忧，吸引更多人员投身志愿服务事业。

2022 年 7 月 1 日实施的《救援法》修正案，对第 41 条“志愿救援人员死亡和丧失劳动能力的补偿”进行了全面调整，志愿救援人员的伤亡抚恤标准与职业救援人员一致，均执行《公共服务法》第 49 条关于公务员的抚恤待遇。根据志愿救援人员因公死亡的不同情节，遗属一次性享有相当于志愿救援人员生前 10 年或 20 年的平均工资；根据完全丧失劳动能力的不同情节，发放相当于 7 年至 13 年平均工资的抚恤金；根据部分丧失劳动能力的不同情节，发放相当于 2 年至 8 年平均工资的抚恤金。

在确定平均工资时，为充分保障志愿救援人员的权益并体现合理性，2022 年 7 月 1

日实施的《救援法》修正案，区分了以下3种情况：第一，如果志愿救援人员有工资收入，以其死亡或受伤前1个月的工资作为基准，如果志愿救援人员的工资高出爱沙尼亚统计局公布的当月平均工资3倍，则以3倍工资为限；第二，如果志愿救援人员的工资低于职业救援人员的最低月工资（2022年是930欧元），则以职业救援人员的最低工资为准；第三，如果志愿救援人员死亡或者受伤前没有工资收入，则以爱沙尼亚政府公布的最低工资为准，2022年爱沙尼亚的最低时薪是3.86欧元，最低月薪是654欧元①。

3.4　志愿救援事业的最新进展

3.4.1　志愿救援人员

截至2022年上半年，共有2 319人取得志愿救援人员证书，当年新增194人，38人由于各种原因被取消资格，净增156名，比2020年（2 163人）增加7.2%。在2 319名志愿救援人员中，1 846人已取得独立开展救援工作的资格，比2020年（1 433人）增加28.8%。由图3-15（笔者绘制）可见，2009年至2021年，救援局认定的志愿救援人员从853人增加到2 319人，年均增加8.0%。其中，2018年志愿救援人员减少的原因，是当年集中取消了未提供有效医疗证明人员的资格。根据救援局到2025年拥有3 000名志愿救援人员的规划，未来几年，每年应当新增170名志愿救援人员。

与欧美其他国家类似，近年来，爱沙尼亚的志愿救援人员也呈现年龄偏大的趋势。2021年，志愿救援人员平均年龄43岁（比2020年增加1岁），最小18岁，年龄最长的82岁。31—40岁年龄组的志愿救援人员数量最多，占总数32%。全部志愿救援人员中，81%（1 881人）是男性，19%（438人）是女性。

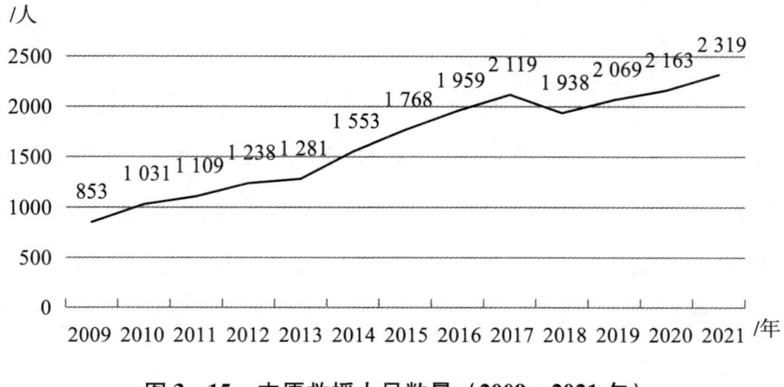

图3-15　志愿救援人员数量（2009—2021年）

① 《最低工资标准》（RT I，11.12.2021，17），https：//www.riigiteataja.ee/akt/111122021017。

3.4.2　志愿救援队

3.4.2.1　队伍数量

2021 年，与救援局签订服务协议的志愿救援队（Vabatahtlikus Päästekomando，VPK）共 117 个（比 2020 年增加 1 个），1 874 名志愿救援人员参与执勤（比 2020 年增加 2%）。由图 3－16（笔者绘制）可见，2009 年至 2021 年，与救援局签订服务协议的志愿救援队从 73 个增加到 117 个，年均增长 4.4%。

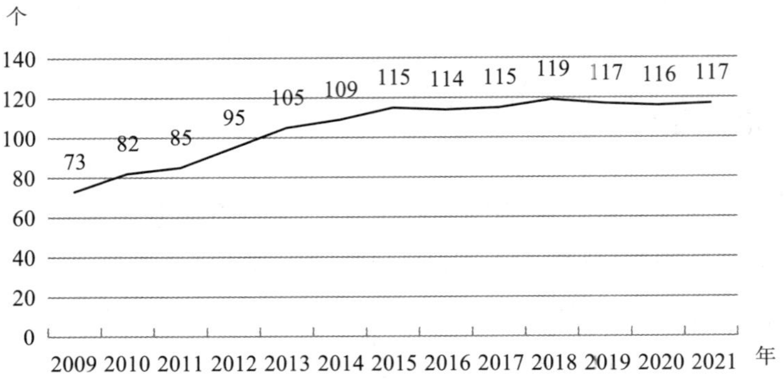

图 3－16　志愿救援队数量（2009—2021 年）

救援局积极推动志愿救援队加强专业化建设，提高灭火救援能力。2021 年，24 个志愿救援队具备交通事故救援能力，2 个志愿救援队具有水域救援能力，2 个志愿救援队具有排烟作业能力。同时，救援局在积极推进志愿人员与职业人员联合执勤的模式，2015 年，有 59 名志愿救援人员在 16 个职业救援队参与执勤，2021 年有 93 名志愿救援人员在 33 个职业救援队参与执勤，累计执勤 601 人次，缓解了职业救援人员不足，控制了职业救援人员经费的增长。

3.4.2.2　出动情况

2021 年度，志愿救援队共出动 3 564 次，占全国救援队伍出动总数（27 541 次①）12.9%，比 2020 年（12.4%）增加 0.5 个百分点，其中超过三分之一是扑救火灾（1 246起），其次是消除各类危险因素（699 起）、误报火警（501 起）、交通事故处置（239 起），共出动各类消防救援车辆 4 751 辆次（比 2020 年的 3 753 辆次增加 26.6%）。在全部 3 564 次出动中，77.1%（2 747 次）是处置各类灾害事故，占全年处置灾害事故

① 在 2022 年 3 月救援局发布的《2021 年志愿救援年鉴》（*Vabatahtlikudpäästjad*，2021. AASTA）中，这一数字是 26 496 次，在随后发布的《救援局年鉴（2021 年）》（*Aastaraamat* 2021）中，使用的是 27 541 次，并说明 2021 年对救援出动和灾害事件的统计方法进行了修订，故部分数据做了调整。

总数（13 098 次）的 21.0%，比 2020 年的 16.9% 增加 4.1 个百分点。

志愿救援队 2021 年的出动次数比 2020 年（3 184 次）增加 11.9%，77 个志愿救援队的出动次数增加，28 个志愿救援队出动次数减少，其他持平。全年，有 8 个志愿救援队出动超过 100 次（2020 年是 4 个），最高的达到 278 次（塔尔图县的 Tõrvandi 志愿救援队，该队 2020 年出动 236 次，当年也是全国最高），6 个志愿救援队全年无出动任务。志愿救援人员独立处置 1 288 起灾害事故，占出动总数的 36.1%（2020 年志愿救援队独立处置 1 377 起，占比 43.2%），占全年救援队伍出动总数的 4.9%，为职业救援队集中力量，处置更为严重的灾害创造了条件。志愿救援人员与职业救援人员共同处置 2 276 起灾害事故，占志愿救援队出动总数的 63.9%（2020 年是 1 807 起，占比 56.8%）；在志愿救援队全部 3 564 次出动中，1 989 次早于职业救援队到场，占比 55.8%（2020 年是 1 907 起，占比 59.9%）。

图 3－17（笔者绘制）是 2009 年至 2021 年志愿救援队出动情况。可见，除 2017 年略有下降外，总体呈现明显的增长态势。出动次数从 585 次增加到 3 564 次，年均增长 14.9%；志愿救援队先于职业救援队到场从 248 次增加到 1 989 次，年均增长 17.4%；志愿救援队独立解决的灾害事故从 157 次增加到 1 288 次（2021 年略有下降），年均增长 17.6%。

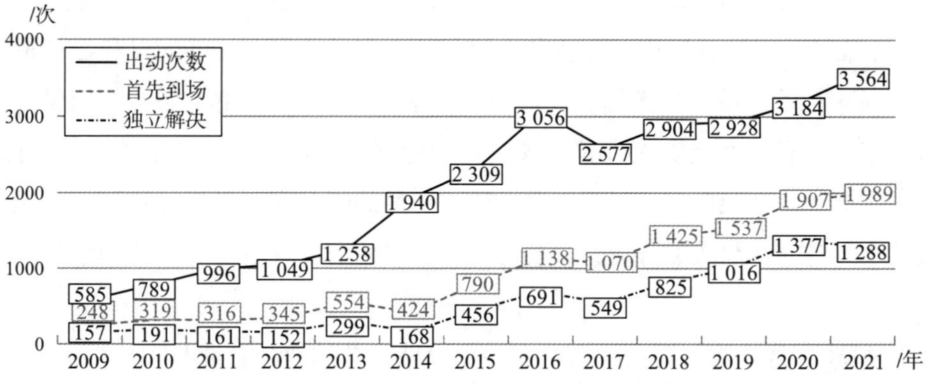

图 3－17　志愿救援队出动情况（2009—2021 年）

3.4.2.3　响应时间

响应时间（reageerimise aeg päästesündmustele），是指从接到出动指令，到救援车辆离开救援站的时间。不同于职业救援队必须在接到指令后 1 min 之内出动的要求，救援局在与志愿救援队签订提供服务协议时，会综合考虑志愿救援队所在地域的人口分布、道路交通等情况，提出差异化的平均响应时间要求：5 min、10 min 和 15 min——通常，志愿救援队要随时确保 2 名队员在家（或工作岗位）值班，收到报警中心通过手机短信发送的指令后，立即赶赴志愿救援站，在最短时间内出动。

按照救援局与各志愿救援队签订的协议，2021 年度响应时间标准为 5 min、10 min 和 15 min 的志愿救援队分别为 19 个、64 个和 32 个（2020 年是 12 个、61 个和 43 个），志愿救援队的实际平均响应时间为 4 min 56 s，比 2020 年（5 min 54 s）缩短近 1 min，压缩了 16.6%，而2020 年已经比2019 年（7 min 44 s）缩短 1 min 50 s。可见，近年来志愿救援队的备勤水平明显提高，平均响应时间从 2019 年到 2021 年缩短了 2 min 48 s，压缩 36.2%。2021 年度，92 个志愿救援队的响应时间快于协议规定的标准。2021 年，志愿救援队的平均到场时间（kohalejõudmise aeg）为 14 min 59 s，比 2020 年（16 min 6 s）减少 1 min 7 s，在 2019 年压缩 8.6% 的基础上，又缩短了 6.9%。

截至 2021 年底，全国共有 1 554 名职业救援人员和 1 874 名志愿救援人员参与一线灭火救援执勤（职业救援人员共 2 134 名，其他 580 名从事预防等其他工作），随时保证有约 350 名职业救援人员和 200 名志愿救援人员处于待命状态，可以在 15 min 内向 93% 的居民提供救援服务，2021 年救援力量平均 7 min 29.4 s 到达灾害事故现场。

3.4.2.4 志愿后备救援队

爱沙尼亚北部地区，有一类特殊的志愿救援队伍——志愿后备救援队（Vabatahtliku Reservpäästerühma，RPR）。2002 年，塔林消防救援局推动建立志愿后备救援队，目的是培养一支训练有素的后备救援力量，在发生重大灾害事故时参与救援行动。2005 年以来，志愿后备救援队作为独立的非营利组织，一直在爱沙尼亚北部人口和经济最为集中的哈留县（包括首都塔林）运作。区别于其他志愿救援队，志愿后备救援队没有常备执勤的责任区，只有在发生重大森林火灾、石油泄漏、环境污染、城镇火灾、山体滑坡、洪水等灾害时，才会根据救援局或者警察和边防局的指令参与救援。每年，志愿后备救援队大约会参与 500 起救援行动，大多是秋季在森林中搜救因采摘蘑菇和浆果而迷路失踪的人员。

截至 2021 年底，志愿后备救援队有 3 个分队，共约 200 名成员，包括医生、教师、官员、公司员工等，都具有陆地、海上救援或者搜救犬训导等专业技能，分为行动组和预备队。行动组约有 100 名成员，必须保证接到指令后迅速参与救援行动；如果因为工作、家庭等原因不能满足上述要求，则被分派到预备队。志愿后备救援队的成员可以根据自身情况，在行动组和预备队之间调整。

志愿后备救援队具有专业的保障支持能力，可以为职业救援队伍搭建营地，并提供保障和维修服务。根据与救援局签订的协议，志愿后备救援队接到救援局指令后，应当在 1 h 内做好出动准备。按照预案，如果哈留县或塔林发生持续时间超过 4 h 的火灾，志愿后备救援队即应到场，提供食物、饮用水、燃料等保障，必要时还可以提供通信服务。2020年第一波新冠疫情期间，志愿后备救援队的巴士几乎全天24 h向当地的家庭医疗中心运送个人防护设备和消毒剂。

3.4.3　经费

根据2010年《救援法》第40条，救援局可以向志愿救援人员支付因参与救援和预防工作支出的交通、通信和其他必要费用。与职业救援队相比，志愿救援队没有工资支出，具有更高的成本效益。2012年，1个普通职业救援队的年度预算约为36万欧元，其中工资等人员成本约占82%，平均为295 200欧元，水电费、装备维护等运行成本64 800欧元。当年，救援局使用国家预算向所有志愿救援队拨款455 472欧元，仅相当于救援局全部经费的1%，其中13万欧元，还是志愿救援人员开展灾害预防工作的开支。此前的2010年和2011年，救援局向志愿救援队的拨款分别是253 512欧元和300 385欧元。2013年的拨款比2012年增加约1倍，达到94万欧元（其中用于预防工作的经费171 432欧元）。

救援局与志愿救援队签订协议后，在确定拨款额度时，主要考虑两方面因素：一方面是装备维护等固定支出，如2012年每个志愿救援队575欧元；另一方面是根据出动情况给予的补助，按志愿救援队与国家救援队的距离、累计出动时间等确定，每队在980—3 050欧元之间。除了救援局的拨款外，当地政府也会给予一定经费补贴，有些单位会通过免费提供场地、建筑、装备以及培训等多种方式，支持志愿救援队伍。2012年，全国226个地方政府中的82个（比2011年增加7个）向志愿救援队提供了经费支持。

总体而言，志愿救援队仍然普遍面临经费不足的问题，2012年度，每个志愿救援队的平均经费预算只有2 397欧元，消防救援车辆的平均使用年限达到29年，1 238名志愿救援人员中，只有350名基本配齐个人防护装备，62个志愿救援队没有值班住宿场所（占当年全部95个志愿救援队的65%），夜间值班的志愿救援人员只能在家待命。根据测算，要想保障志愿救援队的可持续发展，每个队的年度经费应当达到24 000欧元。在积极争取政府拨款的同时，志愿救援队和志愿救援协会也在积极争取社会捐赠，并通过有偿服务自筹资金，如开展清扫烟道、维修消防器材、提供消防安全咨询等。

2021年度，救援局支持志愿救援工作的经费为2 165 983欧元，比2020年（1 996 159欧元）增长8.5%。其中，救援准备和出动津贴1 704 689欧元，灾害预防经费260 554欧元，装备采购和维护支出137 080欧元，医药费、培训费63 660欧元。由图3－18（笔者绘制）可见，救援局用于支持志愿救援事业发展的经费从2009年度的253 512欧元，增加到2021年度的2 165 983欧元，年均增长17.9%，持续加大投入力度，说明了爱沙尼亚对志愿救援工作的高度重视。

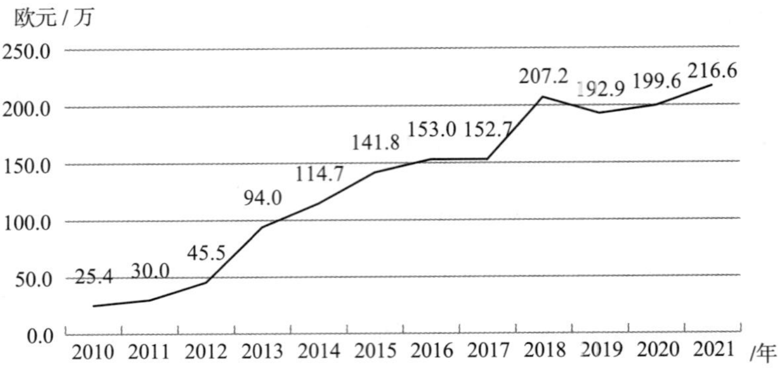

图 3-18　救援局支持志愿救援工作的经费（2010—2021 年）

3.4.4　装备

2014 年至 2021 年间，爱沙尼亚继续利用欧盟凝聚基金（Cohesion Fund）[①] 等外部援助项目，支持志愿救援事业发展。除直接拨款外，救援局还通过移交退役车辆装备等多种方式，支持志愿救援队提高装备水平和战斗力。2018 年，随着大批新购置的消防救援车辆在职业救援队投入执勤，救援局决定将 23 辆退役的卢森堡亚消防救援主战车（1997 年至 1999 年配备，平均使用年限 19.5 年）移交志愿救援队，所有与救援局签署协议的志愿救援队均可提出申请，通过竞争方式决定配发对象。

爱沙尼亚认为，向志愿救援队移交职业救援队的退役车辆，是改善志愿救援队装备水平的有效方法，并纳入了国家中期发展规划。在 2019 年 5 月 30 日通过的《国家行动计划（2019—2023 年）》中，在第二部分"内部安全"专门提出，内政部应当"向志愿救援人员提供可用的二手救援装备"，并将这项工作纳入《内部安全发展规划（2015—2020 年）》。2020 年度，救援局再次向志愿救援队移交 51 辆退役的消防救援车辆。

2021 年，与救援局签订协议的 117 个志愿救援队共配备 234 辆消防救援车辆，其中各类消防车 148 辆，占 63%。志愿救援队执勤车辆的平均使用年限仍然高达 44 年，车辆老旧现象十分明显。2023 年之前，救援局还计划向志愿救援队移交 150 辆各类消防救援车辆。

① 凝聚基金是欧盟结构和投资基金之一，于 2006 年设立，用于支持人均国民总收入（GNI）低于欧盟平均水平 90% 的成员国，旨在缩小成员国的经济社会差距，促进可持续发展。2014—2020 年，凝聚基金共为保加利亚、克罗地亚、塞浦路斯、捷克、爱沙尼亚、希腊、匈牙利、拉脱维亚、立陶宛、马耳他、波兰、葡萄牙、罗马尼亚、斯洛伐克和斯洛文尼亚投入 634 亿欧元。随着爱沙尼亚经济发展，2021—2027 年的资助范围已不包括爱沙尼亚。https：//ec. europa. eu/regional_ policy/en/funding/cohesion - fund/2014 - 2020。

3.4.5　预防工作

灾害预防一直是志愿救援服务的重要领域。2019 年度，690 名志愿救援人员参与了 6 478 次灾害预防活动，参与人数和活动次数比 2018 年增加 7% 和 16%，共为 3 902 个家庭提供了入户消防安全检查咨询，占全部接受此项服务家庭的 17%。2020 年以来，受新冠肺炎疫情影响，志愿救援组织开展的防灾活动呈下降态势。2020 年度，92 个消防和救援领域的志愿组织开展了 5 581 次灾害预防活动，占全年开展的灾害预防活动（28 651次）19.5%，主要包括消防安全宣传日活动、入户消防安全检查咨询、水域和消防安全培训、青少年消防安全活动等形式，共向 3 812 个家庭提供了入户消防安全检查咨询，比 2019 年略有减少，但占全部接受此项服务家庭的比例仍然从 17% 提高到 19%。2021 年度，96 个消防和救援领域的志愿组织开展了 3 450 次灾害预防活动，占全年开展的灾害预防活动（31 351 次）19.5%。

根据 2010 年《救援法》，只有从事救援工作的志愿人员才能享受津贴、补偿和抚恤待遇，从事预防工作的志愿人员则不能享受相应待遇。但是，从事预防工作的志愿人员在往返工作场所途中，以及开展社区宣传教育培训、入户消防安全检查咨询过程中，同样可能面临各类风险，由于得不到相应的保障待遇，直接影响从事预防工作的志愿人员合法权益，同时也形成了不利的导向，造成志愿人员更愿意从事救援工作而非预防工作，这显然不利于灾害预防。而且，职业救援人员不论从事救援、预防工作，都依法享受相应的保障待遇，根据平等原则，志愿救援人员同样应当不论岗位均享受同样的待遇。针对上述问题，2020 年 6 月 17 日议会修订《救援法》第 41 条第（1）（2）（3）（3^1）（10）（11）（12）（15）款，将从事预防工作以及其他工作的志愿救援人员纳入相应的保障范围。

2010 年，救援局设立“防灾 2010”（Õnnetuste ennetamine 2010）专项资助，面向志愿服务组织广泛征集灾害预防项目，对通过评审的项目予以拨款资助。这一专项资助活动逐年开展，坚持至今。2020 年度，“防灾 2020” 收到 11 份申请，其中 9 个项目通过评审，共获得了 32 753.57 欧元拨款①。其中发放拨款最多的，是塔尔图县诺沃（Nõo）救援协会提出的“提高救援协会防灾宣传能力”项目，包括配备消防宣传面包车、火灾模拟演示设备，用于面向塔尔图县乃至爱沙尼亚南部地区的居民、企业，开展消防和防灾宣传，项目总预算 6 300 欧元，救援局拨款 5 500 欧元。

① 救援局官网：2020 年项目征集（Projektikonkurss 2020），https：//www. rescue. ee/et/projektikonkurss –2020。

第四节　报警中心

1991年恢复独立之初，《爱沙尼亚综合救援服务框架》即提出建立统一的接警调度中心的目标。到1998年，各县均已建立集中受理紧急求助的报警中心，并于2000年整合为4个区域报警中心，从当年4月1日起，爱沙尼亚全面使用欧盟统一的紧急服务号码112（比加入欧盟早4年）。2005年，4个区域报警中心整合为救援局管理的统一报警中心，于2012年升格为内政部直接管理的国家机构，集中受理救援、警务、急救等各类紧急求助报警，并建立了部门间协作联动机制——这被认为是爱沙尼亚在内部安全领域最重要的制度安排之一。2020年新冠肺炎疫情暴发后，报警中心开通非紧急类求助咨询号码1247，形成了紧急报警、非紧急类求助咨询的分类受理渠道。

4.1　综合接警调度体系的构想

苏联时期，爱沙尼亚的火警（Tuletõrje）电话是01，警察（Politsei）、急救（Kiirabi）和燃气紧急服务（Gaasiavariiteenistuse）也各有独立的报警服务号码，分别是02、03和04。在刚刚恢复独立的1991年，爱沙尼亚各地共有28个分散的火警受理系统、42个急救报警受理系统、20个燃气紧急服务受理系统——全国共有90个属于消防、急救、燃气系统的相互独立的分散接警系统，分别受理各类报警求助，并调派相应的力量进行处置。图3－19是苏联时期的火警电话宣传海报，用爱沙尼亚语和俄语分别提示“发生火灾，拨打消防队电话01”。

图3－19　苏联时期的火警电话宣传海报

恢复独立初期，在规划国家综合救援体系的过程中，爱沙尼亚借鉴瑞典的“报警中心”（瑞典语 LARM Centralen）、芬兰的“综合应急报警中心”（芬兰语 Soome Yleisen Hätäilmoituskeskus），提出了建立统一综合接警调度体系的愿景。恰好在这一时期，欧洲共同体正处于向欧盟过渡的阶段，于 1991 年 7 月 29 日决定设立欧洲统一的紧急服务号码 112，要求各成员国在 1991 年底前开通 112 紧急服务号码（可暂时保留原有的紧急服务号码）。基于争取尽早加入欧盟的国家战略，这一阶段爱沙尼亚即开始规划推广应用 112。

瑞典是最早使用 112 作为紧急服务号码的国家之一，“112” 这个数字组合有两方面优点：首先，使用 2 个不同数字，可有效减少意外错误呼叫；其次，在危险紧急情况下，只按键盘上紧邻的 2 个按钮相对容易——早期的转盘拨号电话机也是如此，因为 1 和 2 拨号旋转最少、最为快捷——相对而言，不论是美国的 911 还是我国的 119，2 个数字都是键盘或转盘上距离最远的，虽然可以避免误报警，但在转盘拨号电话时代，也增加了拨打电话报警的耗时。2009 年，欧洲议会、欧盟理事会和欧盟委员会决定，将每年的 2 月 11 日确定为欧洲紧急服务号码 112 纪念日（European 112 Day）。

1991 年底爱沙尼亚开通移动通信服务，但当时手机不能拨打以 “0” 开头的国内电话——意味着无法使用手机拨打当时 “0” 开头的报警电话——这也是当时倒逼爱沙尼亚引入 112 号码的原因之一。到 1992 年，已有使用手机拨打 112 报警的记录。1994 年至 1999 年，在保留原有以 “0” 开头报警号码的同时，112 得到进一步推广，特别是随着移动通信基站建设，人们也可以更方便地使用手机报警呼叫救援人员和救护车。1999 年 11 月 1 日以 “0” 开头的报警号码全部关闭，如果继续拨打原号码，会接到拨打 112 或 110 的语音呼转提示。从 2000 年 4 月 1 日起，爱沙尼亚全面使用欧盟统一的紧急服务号码 112——比 2004 年 5 月 1 日正式入盟提前 4 年 1 个月。但需要说明的是，涉及治安等警务方面的报警，仍要拨打专用号码 110。

1991 年 12 月 4 日，爱沙尼亚政府公布《爱沙尼亚综合救援服务框架》，提出整合消防和民防力量，按照“两步走”的路线图建立统一的救援服务体系。框架的附件 3《国家救援局报警中心》指出，苏联时期消防、警察、急救、燃气部门分别设立报警电话，只考虑本领域的接警和应急处置，各自为战，缺乏部门之间沟通合作的平台，无论服务理念还是装备配备，都已不适应综合救援服务的发展需求；构建统一救援服务体系的首要任务，是建立综合接警和应急响应调度中心，并将全国划分为东、西、南、北、中 5 个救援区域，每个区域建设 1 个通信指挥中心（报警中心），承担以下职责：

——通过统一的报警求助电话“000”[①]，集中受理各类报警信息，代替原来各领域分设的01、02、03、04等服务号码；

——将报警信息传送给消防、急救、救援等专业机构；

——向灾害事故现场调派部署必要的人员、装备；

——协调应对处置和消除各类灾害后果；

——记录和处理灾害事故救援现场传回的信息；

——向灾害事故救援现场提供必要的信息支持保障（如危险化学品特征及危险因素）；

——保存救援工作记录，维护相关统计数据，建立专门的数据库；

——协调海上、航空、铁路等专业救援力量与国家救援力量的合作。

4.2　县级报警中心的发展

4.2.1　初期完全由县政府管理

1991年2月4日、11月26日，爱沙尼亚政府先后通过了国家消防局、国家救援局章程，其中均未涉及报警中心的机构编制和职责——由此可见，在恢复独立初期，消防、救援领域的接警调度尚属于地方事权。1992年5月25日爱沙尼亚政府决定撤销国家消防局，将其职能并入国家救援局，在同日公布的《救援局章程》及其1994年11月1日修订版[②]，同样未涉及报警中心的机构编制和职责，5个救援区域的通信指挥中心建设也暂未提上日程。

1994年4月8日《消防救援法》公布施行，根据该法第10条第（4）款和第11条规定，县政府应当组建报警中心（Häirekeskus），负责受理消防、救援等领域的紧急报警，调派消防救援队伍到场处置，组织救援现场的通信和信息交换，并按照内政部规定的程序，通知警察部门予以协助。根据上述规定，各地开始建立综合性的县级报警中心。

4.2.2　救援局统筹县级报警中心建设（1996年7月1日之后）

根据1996年7月1日起生效的《重组消防救援机构的决定》，县级救援局从“地方

① “000”只是当时初步提出的统一报警号码，并未实际推行。

② 《救援局章程》（RTL 1994，49，0），https：//www.riigiteataja.ee/akt/28225。

政府机构”转变为“县政府管理的国家机构”，标志着消防救援从独立初期以地方事权为主，向地方事权与国家事权相结合转变。与之相适应，根据 1997 年 5 月 1 日生效的《救援局章程》，救援局首次设立通信信息处（side - ja infoosakond），负责“设计、开发、维护救援信息通信系统，发展各报警中心”——标志着救援局开始统筹各县报警中心的建设与发展。

1998 年 2 月 25 日议会全面修订《消防救援法》并改称《救援法》，根据《救援法》第 11 条第（4）款，内政部负责制定县级报警中心的建设标准。同年 9 月 24 日，爱沙尼亚政府批准施行《县级救援机构报警中心建设要求》①，规定了县级报警中心的工作标准和规程、文件资料配备、接警通信线路设备配备要求，以及建筑布局、结构、安全、供电、照明、通风、空调、隔音和设施要求。其中，对报警中心的核心要求是“在1 min 内受理事故报警（包括事件类型、发生地点和影响范围），并立即发送给相关应急救援部门”。到 1998 年，15 个县均已建立县级报警中心，全国共有 16 个集中接警系统（首都塔林市及其所在的哈留县分别设有报警中心）。

4.3 建立区域报警中心

到 2001 年，爱沙尼亚境内受理各类报警求助的系统从 1991 年的 90 个减少到 13 个，集中接警体系建设取得明显成果。当年 3 月 23 日内政部修订《救援局章程》，调整救援局的内设机构，撤销通信信息处，将其职责拆分后，分别设立信息技术办公室和报警中心处，信息技术办公室主要负责救援领域信息技术的开发应用，报警中心处的职责包括“协调和组织各报警中心接收、处理和传输灾害事故报警；组织各报警中心调派消防救援、急救和其他必要的紧急服务机构赶赴现场；确保救援局及其下属机构的通信联络”。

报警中心处成立后，重点推进整合各县分散建立的报警中心。2001 年上半年至 2002 年初，内政部整合各县级报警中心，成立了隶属救援局的东部、南部、西部共 3 个区域报警中心，并分别下达了各区域报警中心的章程和编制。根据章程规定，区域报警中心是“救援局的地方机构”，纳入国家预算保障范围，任务是受理和传输灾害事故报警，调派救援、急救和其他必要的应急服务力量，组织应急救援行动和信息交流。

根据区域划分，南部报警中心负责塔尔图、珀尔瓦县、沃鲁、瓦尔加、约格瓦和维尔扬迪 6 个县，编制 38 人；东部报警中心负责东维鲁、西维鲁 2 个县，编制 39 人；西部报警中心负责派尔努、莱内、拉普拉、萨雷、希尤和耶尔瓦 6 个县，编制 39 人。上述

① 《县级救援机构报警中心建设要求》（RT I 1998，85，1394），https：//www. riigiteataja. ee/akt/76170。

3 个区域报警中心的章程和编制都是分别独立下达的，根据 2001 年内政部第 63 号、第 64 号部长令，负责首都塔林所在哈留县的北部报警中心直属救援局管理，其人员编制（73 人）纳入救援局。4 个区域报警中心总编制 189 人，表 3－26 是东部报警中心的编制表①。

表 3－26　东部报警中心的编制表（2002 年 6 月 1 日）

职位	人数
主任	1
副主任	1
首席专家	3
会计	1
首席接警员	5
高级接警员	5
接警员	17
医生	5
保洁员	1
总数	39

各区域报警中心编制内的职位主要包括：接警员、高级接警员、首席接警员、医疗专家、信息技术专家等。2000 年 9 月 1 日，维克－马里救援学校开始组织接警员职业培训。需要说明的是，2002 年 6 月 21 日首版《接警员（4 级）》职业标准生效，2013 年 11 月 21 日首版《调度员（5 级）》《调度中心值班长（6 级）》职业标准生效，此前，爱沙尼亚将接警员按技能水平从低到高，分为接警员、高级接警员和首席接警员。

4.4　报警中心纳入救援局管理

4.4.1　建立统一的报警中心

2005 年 1 月 1 日，内政部批准的《报警中心章程》《报警中心机构设置和人员编制》生效②。根据上述规章，成立由救援局管理的报警中心，负责“受理灾害事故报警，

① 《东爱沙尼亚报警中心编制》（RTL 2002，18，231），https：//www. riigiteataja. ee/akt/163405。

② 《报警中心章程》（RTL 2004，152，2298），https：//www. riigiteataja. ee/akt/822970；《报警中心机构设置和人员编制》（*Häirekeskuse struktuur ja teenistujate koosseis*，RTL 2004，152，2299），https：//www. riigiteataja. ee/akt/822954。

调派救援和急救力量，传输相关信息和维护数据库"，下设机构包括开发培训部、技术部和4个区域报警中心。4个区域报警中心的职责是：（1）接收、处理、记录、存储来自辖区内的灾害事故报警信息；（2）调派相应的救援、急救机构和必要的人员和装备赶赴现场；（3）向县或地方政府的危机管理委员会负责人通报其辖区内发生的重大灾害事故，根据其要求召集危机管理委员会会议并提供相关信息。根据编制表，报警中心编制190人，其中管理层7人，开发和培训部7人，技术部9人，北部中心67人，东部中心35人，西部中心30人，南部中心35人。

2006年1月1日，报警中心编制调整为198人，2007年1月1日进一步明确了人员构成：178人属于救援人员，20人属于辅助人员。2008年1月1日内政部首次统一下达的救援局、报警中心和4个区域救援中心编制生效①，报警中心编制180人。此后，内政部逐年对报警中心编制进行微调，2012年1月1日起为178人（其中救援人员160人，辅助岗位18人）。

从2006年起，接警员职业培训由内政学院承担（2004年9月1日，维克－马里救援学校并入内政学院所属的救援学院），课程包括救援、警务和急救报警求助的受理与调度等内容，还要接受150学时的医学培训，内容包括解剖学、生理学和典型疾病简介。接警员在接警调度过程中，不负责指导现场人员如何采取急救措施——这项工作由报警中心专门配备的医务人员承担。

由于灾害事故特别是洪水等自然灾害的发生具有区域性特点，可能出现某个区域报警中心集中接到大量呼叫不能及时受理，其他区域报警中心却处于正常或偏低负荷水平的情况。为解决这一问题，报警中心于2006年5月22日引入"呼叫溢出分流系统"（ülevoolusüsteem），在某个区域报警中心的呼入量超出受理能力后，系统自动将排队等待的呼叫转入其他区域报警中心，基本保证了每通报警电话的等待接听时间不超过10 s。2008年7月22日，报警中心又启用名为"Solidus"的呼叫共享服务，其特点是当一个区域报警中心的接警席位全部占线时，不会将后续呼叫盲目转移到其他报警中心造成继续等待，而是会智能选择正处于空闲状态的接警席位。

2010年9月1日，全面修订的《救援法》生效，根据该法第二章"救援机构及其职责"第4条第（4）款的规定，报警中心是救援局管理的国家机构。2011年1月1日，修订后的《报警中心章程》生效②，首次规定了报警中心的徽章样式和英文名称。报警中心徽章是由渐变光束组成的银色八角星，中间的红色圆圈内是银色数字112，圆圈周

① 《救援局、报警中心和救援中心人员编制》（RTL 2007，101，1692），https：//www.riigiteataja.ee/akt/12903034。

② 《报警中心章程》（RT I，29.12.2010，151），https：//www.riigiteataja.ee/akt/129122010151。

围是蓝色圆环，上半圆内是大写的“报警中心”（HÄIREKESKUS）字样，下半圆的左右两侧是银色橡树叶，橡树叶中间的小圆形内是代表爱沙尼亚国旗色的蓝、黑和白三色。报警中心的英文名称是“Estonian Emergency Response Center”（爱沙尼亚应急响应中心）。

2011 年《报警中心章程》继续将报警中心定位为救援局管理的国家机构，并进一步明确了其职责任务。根据新章程，报警中心内设机构进行调整，保留东、西、南、北 4 个区域报警中心，将 2005 年起设置的开发培训处、技术处调整为发展处、综合处，增设**求助和信息中心**（abi – ja infokeskus），负责“接听、分析、记录和转发收到的求助和咨询电话，向国家和地方政府机构、其他法人和民众提供与救援相关的非紧急信息”——求助和信息中心的设立，表明爱沙尼亚开始区分紧急和非紧急类求助，提供差异化的受理和调派力量、反馈信息等服务，以提高效率。实际上从 2001 年开始，塔林就开设了非紧急类求助热线 1345，此后爱沙尼亚报警中心先后开通 1345、1524、1313 等号码，接听非紧急类求助咨询，以减少紧急服务号码 112 的压力。

4.4.2 报警中心的功能和建设要求

2002 年 1 月 23 日爱沙尼亚政府通过《国家救援机构报警中心要求》（自 6 月 1 日起生效）[①]，对 1998 年《县级救援机构报警中心建设要求》进行局部修订。2004 年 12 月 16 日，根据《救援法》的相关修订，爱沙尼亚政府调整 2002 年《国家救援机构报警中心要求》，将法规名称修改为《报警中心要求》（*Nõuded häirekeskusele*），并按照《救援法》修正案，将通篇的“消防救援”（tulekustutus – ja pääste）表述全部替换为“救援”（pääste）[②]。修订后的《报警中心要求》2005 年 1 月 1 日起生效，共 4 章，分别规定了报警中心的职责任务、文件资料要求、建筑要求、通信和信息技术装备配备。

4.4.2.1 报警中心的职责

根据 2005 年《报警中心要求》第一章“职责任务”，报警中心的职责是及时受理各类灾害事故紧急报警，根据预案调派救援、急救等力量，掌握救援现场情况并及时传递相关信息，按照程序向公众发布相关信息，为地方危机管理委员会提供信息保障等。具体包括以下方面：

（1）接收、处理、记录、存储灾害事故报警信息；

（2）在 1 min 内了解基本的报警信息（事件类型、发生地点和发展程度），并立即

---

① 《国家救援机构报警中心要求》（RTL 2002，10，54），https：//www. riigiteataja. ee/akt/27680。

② 《根据〈救援法〉修正案修改有关的政府法规的决定》，https：//www. riigiteataja. ee/akt/828549。

发送给负责应急处置的相关部门；

（3）根据调度规程、行动预案和联动协议，调派相应的救援、急救以及必要的人员和装备赶赴现场进行应急救援和处置；

（4）执行并记录救援工作负责人的行动指令；

（5）按照程序，将事故报警信息转发给相关的机构和法人；

（6）接收、处理、记录和保存从救援和急救现场收到的信息；

（7）向救援和急救现场传输必要的信息；

（8）掌握救援队伍、急救机构在各自责任区内，人员、装备的备勤情况等信息；

（9）按照法律规定的程序，发布灾害事故信息；

（10）向县或地方政府的危机管理委员会负责人报告重大事故，根据要求召集危机管理委员会会议并提供相关信息。

4.4.2.2　报警中心配备的文件资料

为履行职责，报警中心应当配备以下方面的文件资料：

（1）报警记录表单；

（2）各服务区域及邻近各县救援队伍的装备清单；

（3）比例不小于1∶20万的爱沙尼亚全国地图；

（4）比例不小于1∶5万的辖区及邻近县市地图；

（5）救援、急救机构的行动预案、联动协议，国家和地方政府救援机构之间的合作协议；

（6）无线通信呼叫程序；

（7）录音存储记录；

（8）处理各种事故报警的规程；

（9）高风险对象的清单、概述及其和位置图；

（10）辖区内发生灾害事故后，通知相关机构和人员的程序；

（11）县政府、城镇政府的主要行政官员的名单及其单位、家庭电话和移动电话号码；

（12）县危机管理委员会的成员名单及其单位、家庭电话和移动电话号码，以及通知委员会成员的程序；

（13）县及所辖各市、乡的危机管理预案；

（14）辖区内的消防取水点清单；

（15）危险化学品的相关数据；

（16）报警中心的员工名单以及家庭电话、移动电话号码；

（17）辖区内县级医疗机构的灾害应急医疗预案；

（18）医院的直升机起降点位置图；

（19）群众活动的计划；

（20）发布应急事件信息的程序。

4.4.2.3 建筑要求

为确保报警中心实现上述功能，2005 年《报警中心要求》的第三章“建筑要求”对建筑位置、布局、结构、设施等做出了专门规定。

在总平面布局和安全措施方面，报警中心应当独立建设，宜为一、二层建筑，具备保证全天候工作的条件，全面设置火灾自动报警系统；内部划分为外围安全区、核心安全区，核心安全区的门应当采用带密码锁的防火门，只有接警调度人员可以打开，并设可视对讲系统，或者安装视野不低于 120°的猫眼，也可设置面积不大于 200 cm^2、厚度不小于 1 cm 的防弹玻璃。

在功能用房方面，接警调度大厅内工作人员的平均使用面积不应小于 10 m^2，另设危机管理委员会办公室、报警中心主任和专家办公室、餐厅、休息室、更衣室、卫生间、淋浴间、配电间、备用发电机间、通风设备间、通信设备间。

在建筑材料和结构、装修装饰方面，外墙应当采用厚度不小于 225 mm 的砖墙或者不小于 150 mm 的现浇混凝土墙、不小于 200 mm 的装配式钢筋混凝土墙；板楼应为厚度不小于 100 mm 的钢筋混凝土结构；不得采用可燃的外部装修和保温隔热材料；内墙、天花板和地板应当采用吸音材料；室内装饰材料应易于清洁且不得积聚静电，不得采用可燃饰面材料。

在采光照明、通风空调和电力供应方面，应当采用金属材料窗框的降噪多层安全玻璃窗，安装遮光百叶，地下室的采光窗应当设置安全防护网；室内照度在白天不低于 300 lux，夜间不低于 100 lux，应急照明设备应当配备备用电源；室内应当设通风空调系统，室温 22 ℃—24 ℃，相对温度在 40%—60% 之间，室内风速不高于 0.1 m/s，进风口应当安装空气净化过滤器。报警中心应当由 2 个独立电源供电和工作时间不小于 30 min 的 UPS 电源；如果采用发电机组作为第二电源，发电机的启动时间不得超过 30 min，且现场应存放可供使用 48 h 的燃油。

4.5 内政部直接管理报警中心

4.5.1 职能拓展

从 1991 年《爱沙尼亚综合救援服务框架》提出建立统一的综合报警受理平台，到 20

年后警务方面的接警职责纳入报警中心，这一构想终于进入全面实施阶段。2011 年 12 月 8 日议会修订《救援法》①，规定自 2012 年 1 月 1 日起，报警中心统一受理各类紧急求助（包括警务方面），调度救援、排爆、急救行动，并向警察和边防局通报相关警情——由于职责范围扩大，报警中心不再由救援局管理，升格为内政部管理的政府机构，并对相关法律进行了一揽子修订，包括在《共和国政府组织法》增加第 105[11] 条，规定“从 2012 年 1 月 1 日起，将救援局管理的政府机构报警中心重组为内政部管理的政府机构”。

根据内政部修订的《报警中心章程》②，从 2012 年 1 月 1 日起，报警中心所属的 4 个区域报警中心除继续通过 112 受理紧急服务报警外，还负责通过 110 受理警务领域的报警信息，并传送到警务信息系统。同时，报警中心的副主任增至 2 名，分别负责紧急报警业务和发展规划工作。到 2014 年春季，报警中心的 4 个区域中心均可同时受理 112 和 110 报警求助信息。

2012 年 12 月 11 日，报警中心推出面向听力和语言障碍人士的 SMS－112 服务③，上述人员可以通过手机、电脑等终端设备，使用爱沙尼亚语、俄语、英语免费发送紧急求助信息，并获得相应的服务和指导。截至 2015 年 2 月 11 日，之前由不同部门受理的 80 余类报警求助，统一划归 112 平台受理，警务报警专用号码 110 也停止使用。

4.5.2　编制调整

随着职能拓展，2013 年 1 月 31 日报警中心的编制增加到 204 人（其中救援人员 184 人，辅助岗位 20 人），编制总数增加 13%。从 2013 年 3 月 27 日起，内政部开始单独下达报警中心的编制④，4 月 1 日报警中心编制再次增加到 278 人（其中救援人员 238 人），2014 年 3 月 1 日又增至 296 人（其中救援人员 254 人，辅助岗位 40 人）——两年时间内，报警中心的编制增加 66%，主要原因是从警察和边防局接收 110 多个负责受理警务方面报警的人员编制。

2014 年 10 月 3 日内政部修订《报警中心章程》⑤，为适应报警中心职能的拓展，加强报警中心与内政部各部门的协调，明确由常务副部长负责协调报警中心与内政部各机构的联系，并规定报警中心的工作人员佩戴与救援人员相同的资历标志。此外，未对报警中心的内设机构和职责任务进行调整。新章程对报警中心徽章的样式进行了修改，不

① 《根据机构重组修订警察和边防法、救援法、救援组织法和相关机构法律的法案》（RT I，29. 12. 2011，1），https：//www. riigiteataja. ee/akt/129122011001。

② 《报警中心章程》（RT I，29. 12. 2011，141），https：//www. riigiteataja. ee/akt/129122011141。

③ 报警中心：关于 SMS－112 服务，https：//www. 112. ee/et/juhend/arendused/sms－112。

④ 《报警中心编制》（RT I，02. 04. 2013，8），https：//www. riigiteataja. ee/akt/102042013008。

⑤ 《报警中心章程》（RT I，09. 10. 2014，10），https：//www. riigiteataja. ee/akt/109102014010。

再采用与救援局徽章类似的渐变光束造型，而是改为外廓更为圆润的银色八角星，原来标注银色数字“112”的红色圆圈被蓝底的国徽图案取代，外围的蓝色圆环改为白色，两组橡树叶中间蓝黑白国旗色的小圆形被“112”取代（报警中心人员的帽徽，即采用了报警中心徽章样式）。2015 年 1 月 22 日内政部再次修订《报警中心章程》，增加报警中心的旗帜样式——长方形蓝底旗面上，是报警中心徽章的图案。上述报警中心徽章、旗帜的样式适用至今。

2017 年 8 月 17 日内政部修订《报警中心章程》，增设通信处，负责开发通信系统并评估其合规性和效果，制定、组织和协调报警中心的内外沟通，组织、协调报警工作领域的信息交流，发展、组织和协调风险和危机沟通。2019 年 10 月 29 日，内政部再次修订报警中心章程和人员编制、工资标准①，撤销综合处，将其人事管理职责调整到新设立的人事处，同时撤销 2011 年 1 月 1 日起设立的求助和信息中心，由 4 个区域报警中心直接负责受理、分析、记录和传输报警中心收到的求助与咨询电话。截至 2022 年 10 月底，报警中心的内设机构包括：发展规划处、通信处、人事处和北部中心、东部中心、西部中心、南部中心。

2014 年 10 月 1 日新的《报警中心编制》生效，编制总数未变（296 人）。此后内政部不再直接规定报警中心内设机构的岗位编配，而是授权报警中心主任在编制总数范围内，根据需要进行调整。从 2014 年 10 月 1 日至 2021 年 9 月 20 日，报警中心编制共调整 7 次，平均每年调整 1 次，从最高峰的 296 人，下降到最低 250 人，现行编制是 254 人。见图 3－20（笔者绘制）。

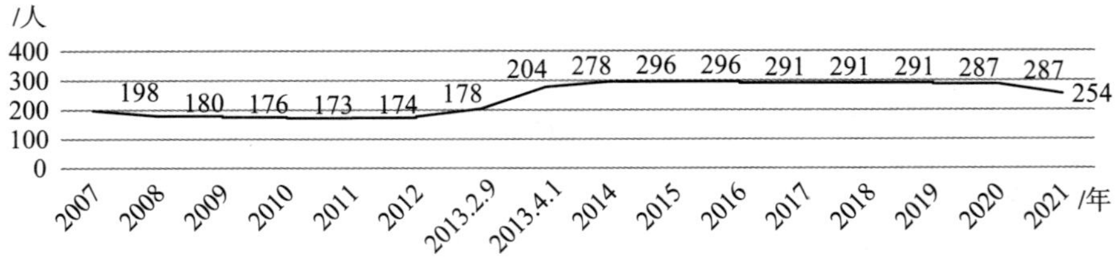

图 3－20　爱沙尼亚报警中心的人员编制（2005—2021 年）

4.6　非紧急类求助咨询号码 1247

2020 年初新冠肺炎疫情暴发后，除家庭医生热线（Perearsti nõuandetelefon）1220

① 《修订内政部关于报警中心章程、编制和工资标准的规章》（RT I，31. 10. 2019，1），https：//www. riigiteataja. ee/akt/131102019001。

之外[1]，拨打 112 的求助咨询猛增，影响及时受理处置紧急报警。3 月 12 日爱沙尼亚政府宣布全国进入应急状态，4 天后的 3 月 16 日，报警中心开通非紧急类**求助咨询号码**（abi－ja infoteenuse number）1247——“1247”的寓意是 1 个号码、每天 24 h、每周 7 天不间断服务。1247 开通后，每天接听超过 2 000 通电话，极大缓解了 112 和 1220 的压力（同期，112 每天接听约 2 600 通电话），随着进入夏季疫情趋于缓解，1247 的日均通话量减少到几百通，秋季疫情反弹后通话量也有所回升，报警中心则招募志愿者参与接听电话提供服务。2020 年全年 1247 共接听 129 266 次呼叫。

2020 年 5 月 18 日，爱沙尼亚政府终止应对新冠疫情的全国应急状态，1247 则被确定为国家信息服务号码（riigiinfo telefon）继续使用，由报警中心每天 24 h 运行，使用爱沙尼亚语、俄语和英语，就不危及生命健康、财产安全的求助和咨询事项提供服务，涵盖紧急报警（112）、家庭医生热线（1220）之外的所有内容。同年 6 月 29 日，根据新修订的《救援法》，内政部调整报警中心章程[2]，增加了有关求助咨询服务号码 1247 的内容。公众可以通过 1247，了解危急情况的应对方法和受到危机影响的人员信息。

从 2021 年起，为更好地提供信息咨询服务，报警中心与环境局、交通局和救援局合作，将相关领域的非紧急类咨询服务全面整合到 1247，由报警中心统一受理后，分别发送至有关机构。

交通局：道路堵塞，路面遗撒，交通安全隐患，道路损坏，路面被淹，路面湿滑，交通标志损坏、缺失或者错误，树木倒伏，其他可能危及交通安全的情况。

环境局：环境污染或有污染风险，非法采伐、捕鱼或其他非法利用自然资源的行为；非法倾倒废物，动物、鸟类或鱼类大量死亡，虐待动物，其他环境违法行为，需要救助的野生动物，道路上死亡的大型动物。

救援局：有关住宅安全的信息咨询，救援人员的联系方式和预约服务，有关使用明火的咨询，举报危险建筑或未加遮盖的水井，有关预防灾害事故的信息咨询，取得职业资格的烟道清扫人员联系方式等。

到 2021 年上半年 1247 号码开通 1 年时，累计接听约 17 万通非紧急类求助和咨询电

---

① 家庭医生热线设立于 2005 年 8 月 1 日，就是否需要到急诊就医、是否需要联系家庭医生等健康和医疗方面的问题，提供 24 h 有偿咨询服务，除短号码 1220 外，还有长号码 372 634 6639。2020 年 4 月 29 日起由 Osaühing Perearsti Nõuandeliin 公司运营，爱沙尼亚健康保险基金提供资助。家庭医生热线与报警中心建立合作关系，由报警中心将非紧急类医疗咨询转至家庭医生热线，家庭医生热线则将紧急求助呼叫转至报警中心。https：//1220. ee/。

② 《根据新修订生效的〈救援法〉修订和废止部分内政部规章的决定》（RT I，07. 07. 2020，1），https：//www. riigiteataja. ee/akt/107072020001。

话，与同期的紧急报警量基本相当①。

4.7 报警中心的现行职责

恢复独立以来，爱沙尼亚积极运用欧洲统一紧急服务号码 112，从多部门分散受理各类报警求助的传统模式，成功转变到一个平台、一个号码、统一受理各类紧急报警求助，辅以其他非紧急类求助和咨询号码，实现了《国家行动计划（2011—2015 年）》②关于建立“功能强大的综合报警中心”（tugeva ühendhäirekeskuse）的既定目标，成为很多国家学习的典范。2016 年，欧洲应急号码协会向爱沙尼亚报警中心颁发“欧洲 112 奖”③。目前，报警中心通过全面引入并深度改进地理信息系统（英语 Geographic Information System，GIS），可以在数字地图上定位报警求助者的位置，规划最快捷的出动路线，实时跟踪掌握救援、警察、急救力量的出动情况，并将所有信息与相关机构共享。

2012 年施行的《救援法》修正案首次单独列出报警中心的职责，经多次修改后，现行《救援法》第 5 条第（1^1）款确定了报警中心的职责：（1）通过紧急服务号码 112 或其他方式，受理并处置紧急求助信息，根据风险评估，向救援局、医疗急救机构发出救援、排爆和急救指令，并将情况通报警察和边防局；（2）根据权限提供求助信息服务，包括通报灾害信息，向国家和地方政府机构提供危机信息服务；（3）其他法定职责。2015 年 6 月 11 日议会局部修订《共和国政府组织法》时，在第 66 条“内政部职责”中增加了与“救援”并列的“紧急报警”（hädaabiteadete）职能，以强调“紧急报警”是包括救援、警务、急救等方面的综合接警调度，而不是从属于救援工作的职能。

近年来，国际上重大灾害事故处置和危机管理的经验教训说明，及时有效的信息沟通，对于应急处置成功与否意义重大。一方面，各级政府部门要及时准确了解事态进展，以便果断做出科学决策；另一方面，要及时向社会公众提供真实全面的信息，确保公众采取正确的应对措施，并最大限度地稳定公众心态，维护社会秩序。在上述背景下，随着综合救援体系的完善，作为救援机构重要组成部分，报警中心的职能也在相应

---

① 报警中心：《国家信息服务号码 1247 介绍》（*Riigiinfo telefon* 1247），https：//www.112.ee/et/juhend/riigiinfo－telefon－1247/miks－riigiinfo－telefon－loodi。

② 根据《共和国政府组织法》《战略发展规划的分类及其编制、补充、实施、评估和报告程序》，爱沙尼亚政府每 4—5 年制定《国家行动计划》（*Vabariigi Valitsuse tegevusprogramm*），以表单形式提出各领域的目标任务、完成期限等。2011 年 5 月 5 日，爱沙尼亚政府以第 209 号令发布《国家行动计划（2011—2015 年）》（*Vabariigi Valitsuse tegevusprogrammi* 2011—2015，RT III，10.05.2011，1），https：//www.riigiteataja.ee/akt/310052011001。

③ 欧洲应急号码协会（European Emergency Number Association，EENA）是成立于 1999 年的非政府组织，致力于推动欧洲统一应急号码 112 的广泛运用和技术进步，总部设在比利时布鲁塞尔。https：//eena.org/。

拓展，从单纯的受理紧急报警、调派相应专业队伍应急处置，发展为汇总各类灾害事故信息、向政府机构和社会公众提供紧急信息服务的综合平台。为此，2020 年 6 月 17 日议会修订《救援法》，在第一章“总则”第 3 条“术语”中增加“危机信息服务”（Kriisiinfo teenus）的定义：“危机信息服务，是指在发生重大火灾、爆炸、倒塌和严重交通事故、辐射或核事故、恐怖袭击、大规模枪击，或者严重骚乱等造成重大伤亡的极端特殊事件时，报警中心根据国家和地方政府的要求，向公众提供危急事件情况（必要时包括疑似受害人员的信息）和应对行动提示的公共信息服务。”并围绕危机信息服务，完善了报警中心的职责——在《救援法》第 5 条（1^1）款的报警中心职责中增加“根据权限提供求助信息服务，包括通报灾害信息，向国家和地方政府机构提供危机信息服务”的内容。

作为此次修订的重要内容，《救援法》第 9^1 条增加（2^1）至（2^8）款，明确了在发生造成重大伤亡的极端特殊事件时，报警中心提供危机信息服务时公开疑似受害人员信息的程序。根据规定，如果发生重大火灾、爆炸、倒塌和严重交通事故、辐射或核事故、恐怖袭击、大规模枪击，或者严重骚乱等造成重大伤亡的极端特殊事件，在常规信息渠道不能及时通知疑似受害人员的亲属，而且符合比例原则的情况下，卫生局、救援局、警察和边防局或者安全警察局有权根据各自职责，决定公布疑似受害人员的信息。如果相关机构同意将卫生信息系统的数据用于危机信息服务，则报警中心可以了解疑似受害人员接受医疗救治的时间、地点等基本信息，但不必在危机信息服务中公开详细信息。如果疑似受害人员拒绝通过危机信息服务公布其个人信息，则应予以保密。如果疑似受害人员的近亲属提出要求，报警中心可以向其提供疑似受害人员的信息，内政部还专门制定规章《通过危机信息服务系统查询疑似受害人员的人员身份识别及其关系验证》①，自 2020 年 7 月 15 日与修订后的《救援法》同步实施。

根据 2021 年 6 月 11 日生效的现行《报警中心章程》②，报警中心作为内政部管理的政府机构，下设规划发展部、通信部、人力资源部和 4 个区域中心，履行以下职责：（1）受理通过紧急服务号码 112 和其他法定方式的报警，收集报警信息、确定救援需求并进行风险评估，获取处理警情所需的信息，包括与警务有关的人员和物品信息，发出调派指令；（2）制定报警中心的发展规划，就本领域的政策、规划和法规、标准制修订提出建议，就本领域的立法草案提出意见并参与相关工作；（3）收集、分析、处理通过紧急号码 112 和其他法定方式收到的报警统计数据；（4）按照法定程序，向公众通报工

① 《通过危机信息服务系统查询疑似受害人员的人员身份识别及其关系验证》（RT I，03.07.2020，9），https：//www.riigiteataja.ee/akt/103072020009。

② 《报警中心章程》，https：//www.riigiteataja.ee/akt/108062021015。

作情况和存在迫在眉睫危险的危急事件；（5）与其他政府机构、地方政府、非政府组织、公众和外国相关机构、国际组织开展合作，以履行报警中心的职责；（6）处理求助和信息咨询，包括向国家机构和地方政府提供危机信息服务；（7）履行根据法律和立法颁布的其他职责。

4 个区域报警中心的职责：（1）受理通过紧急号码 112 和其他法定方式收到的报警，并收集相关信息；（2）根据报警信息，确定救援需求并进行风险评估；（3）调派救援和急救力量；（4）将有关警察职责的信息和报警转发警察和边防局处理；（5）将接处警信息录入紧急报警数据库；（6）受理、分析、记录和转发报警中心通过非紧急服务号码 1247 收到的求助和咨询电话；（7）与国家和地方政府机构合作，组织报警中心求助和咨询电话的相关工作；（8）监督通过紧急号码 112 和其他法定方式收到的报警信息的受理情况；（9）根据对接处警情况，确定人员需求。

随着职能拓展，报警中心受理的紧急报警和非紧急类求助咨询持续增加，受编制所限，引入志愿人员参与相关工作的需求逐渐凸显。2020 年 6 月 17 日议会修订《救援法》，在第 2 条“救援工作的基本原则”增加第（4^1）款，规定只有符合《公共服务法》公务人员录用条件（中等教育程度，完全行为能力，爱沙尼亚公民，相应的爱沙尼亚语水平）的志愿人员，才可以参与报警中心的工作。2022 年 5 月 11 日，议会再次修订《救援法》（7 月 1 日起生效），限定了志愿人员参与报警中心工作的范围——规定志愿人员不得受理接听紧急报警，但可以对使用外语的紧急报警进行评估。同时，新增第七^1 章“志愿人员参与报警中心工作”，规定由警察和边防局负责对申请参与报警中心工作的志愿人员进行严格的背景审查，通过审查的志愿人员方可参与报警中心工作，接触敏感信息；志愿人员在报警中心工作期间如果因公伤亡，享有与参与救援工作的志愿人员相同的抚恤待遇。如果志愿人员违反相关规定或者不再具备相应条件，报警中心可以终止其参与报警中心工作的资格。

2008 年以来，报警中心每年均开展报警知识知晓率和满意度调查。根据调查结果，2015 年以来，爱沙尼亚居民对使用 112 平台呼叫救援、急救和警察的知晓率保持基本稳定。2020 年，在被问及呼叫救援、急救和警察应当拨打哪个号码时（从 112 和 110 中选择），94%、92% 和 91% 被调查者选择拨打 112。①

2021 年，报警中心共受理 1 050 015 次紧急报警、425 201 次非紧急类求助和咨询，分别比 2020 年（963 960 次，406 342 次）增加 8.9% 和 4.2%。平均每天受理 2 877 次

① 报警中心：《求助和信息服务满意度调查（2021）》（*Abi－ja infoteadete menetlemise rahulolu uuring elanikkonnas 2021*），https：//www. 112. ee/files/2021－12/elanikkonna－rahuolu－uuringu－aruanne－2021－kantaremor－3011. pdf? 5320d9d0cd。

报警求助，比 2020 年（2 634 次）增加 9.2%。92% 的报警求助电话在 10 s 内接听（2020 年为 90%），来电平均等待时间为 6.5 s。公众对报警中心的满意度为 96%。此外，非紧急类求助咨询号码 1247 共接听电话 326 569 次（同比增加 72%），平均每天接听 895 个电话，95% 的电话在 10 s 内接听。[①]

第五节　消防救援教育体系

恢复独立初期，爱沙尼亚就将教育确定为促进救援事业发展的三大导向之一（技术、教育、预防）。在构建国家综合救援体系过程中，随着救援服务的内涵不断拓展丰富，救援局强烈意识到，对救援人员知识和技能的要求，已远远超出传统的消防人员。为适应救援事业发展需求，爱沙尼亚借鉴芬兰、瑞典等国经验，对消防救援教育机构进行优化整合，建立了包括基础业务技能培训、中等职业教育和高等教育（包括高等职业教育）三个层级的消防救援专业教育培训体系，并将学历教育与职业资格授予有机结合，确保毕业生具有从事救援工作的实际能力。目前，隶属内政学院的救援学院已经成为北欧重要的消防救援教育培训机构。

5.1　救援专业教育培训体系

苏联时期，爱沙尼亚境内没有专门的消防教育机构，专业消防人员主要是在莫斯科和列宁格勒的消防学院接受学历教育，爱沙尼亚只能通过塔林建筑和机械技术学院，对消防人员开展函授培训。1991 年恢复独立后，由于没有专业的消防救援教育培训机构，新入职的消防救援人员只能在消防队接受“传帮带”式的培训。警察机构也面临类似问题，爱沙尼亚国防军和边防部队同样存在军事人才，尤其是初级军官奇缺的突出问题。

随着“救援”概念的丰富和拓展，爱沙尼亚强烈意识到，传统意义上消防人员的知识结构和专业技能，已远远不能适应现代救援人员承担的任务需要，一名合格的救援员绝不仅仅是消防员，而应当掌握更多、更全面的专业知识和实践技能，因此，亟待构建专门的救援教育培训体系。

借鉴欧洲尤其芬兰、瑞典等北欧近邻，以及美国在消防救援领域教育培训的经验，爱沙尼亚逐渐确立了救援专业教育培训的发展方向，从 1993 年开始构建三个层级的救援

① 报警中心：《统计与研究》（*Statistika ja uuringud*），https：//www.112.ee/et/statistika。

培训体系：第一层级，是县市救援机构面向新入职的救援人员，开展实际操作和技能培训；第二个层级，是由职业教育机构开展的救援专业中等职业教育；第三个层级，是救援领域的高等教育（包括高等职业教育）。在推进实施过程中，中等职业教育主要借鉴了芬兰的经验，高等教育则在参考莫斯科高等消防工程学院课程设置的同时，借鉴了芬兰和瑞典的做法。

5.2 成立爱沙尼亚内政学院（1992 年）

5.2.1 决策建立内部安全、国防安全联合学院

恢复独立初期百废待兴，填补内部安全和国防领域教育体系的空白，成为爱沙尼亚面临的迫切挑战。但是，如果同时新建两所高等教育机构，分别为内部安全机构和国防军培养人才，显然超出这个新生国家的能力。根据法学教授爱德华·拉斯卡（Eduard Raska）的提议，爱沙尼亚政府决定设立一所综合性的联合学院，同时为警察、海关、预审、狱政、边防、救援机构和国防军培养专业人才——在全世界范围，这样的专业组合也极为少见，甚至可以说是绝无仅有。

1992 年 4 月 15 日，爱沙尼亚政府通过《关于成立爱沙尼亚内政学院的决定》[①]，决定利用位于塔林的原苏军工程兵部队高等政治军事学校校区，建立爱沙尼亚内政学院（Eesti Sisekaitse Akadeemia），由教育部（当年 10 月 21 日，教育部改组为文化和教育部）负责管理，财政部将学院纳入国家预算保障，同时废止了年初制定的《关于成立爱沙尼亚警察学院的决定》[②]，不再组建专门的警察学院。经过紧张筹建，仅仅半年后的 1992 年 10 月 12 日，首批招录的 185 名学员进入警察、海关、预审、狱政、边防和国防专业学习，当年暂未招收消防救援专业的学员。

1992 年 7 月 20 日，爱沙尼亚政府批准了内政学院的徽章样式，如图 3－21（见彩插第 6 页），为黑色铁十字造型，每个分支上有三道金色光芒，中央是爱沙尼亚国徽。黑色象征着知识，三道金色光芒分别象征着光明、教育和博学。十字造型后面是两把交叉的银剑，象征着保卫国家。座右铭的拉丁文“VERBIS AUT RE”，意味着以语言和行动来守护校徽所体现的理念：国家、光明、知识和教育。

鉴于当时救援队伍仍然暂时沿用苏联时期的现役体制，而且内政学院同时还为国防

① 《关于成立爱沙尼亚内政学院的决定》（RT 1992，14，234），https://www.riigiteataja.ee/akt/29311。
② 《关于成立爱沙尼亚警察学院的决定》（RT 1992，3，45），https://www.riigiteataja.ee/akt/28877。

军和边防部队培养初级军官，1992 年 10 月 15 日爱沙尼亚政府通过《关于在爱沙尼亚内政学院学习期间等同在爱沙尼亚国防军服役的决定》[①]，规定内政学院各专业的学员在校学习期间，以及毕业后的全职工作时间，均视同在国防军服现役；学院的管理人员、教学人员和学员，是国防军的预备役人员，必要时可作为独立的国家内部安全力量，在内政部部长的领导下参与相关行动。

5.2.2　首次招收救援专业本科生（1993 年）

1993 年 7 月 7 日，内政学院更名为爱沙尼亚国防学院（Eesti Riigikaitse Akadeemia）[②]，下设警察学院（Politseikolledž）、狱政学院（Korrektsioonikolledž）、救援学院（Päästekolledž）、海关学院（Tollikolledž）和国防军联合教育机构，由文化和教育部管理。同年，首批 16 名消防救援专业学员进入救援学院学习，这也被视为救援学院正式开始运作的标志。在救援学院筹建过程中，芬兰和瑞典的同行提供了师资培训等多方面支持。办学初期，救援学院的教学计划和课程设置不断调整优化，学员们既要学习理论知识，也会通过救援局工作人员的讲授，熟悉实践操作。

现任救援局局长库诺·塔梅鲁，就是 1993 年入学的救援学院首批学员之一，据他回忆，当时学院规模很小，条件也很简陋，但师生的凝聚力很强，一起动手解决问题，一起分享成功喜悦，都在思考如何发展爱沙尼亚的救援事业。学习期间，救援学院安排学员到瑞典救援学院实习两周，同时，学员作为预备役军官，还要参加相应的军事训练。4 年后的 1997 年，有 12 名学员完成学业，成为爱沙尼亚自己培养的首批救援专业本科毕业生。

5.2.3　救援学院移交内政部管理（1995 年）

1995 年 5 月 16 日，爱沙尼亚政府通过《关于将爱沙尼亚国防学院移交内政部管理的决定》[③]，决定自当年 7 月 1 日起，将国防学院由文化和教育部移交内政部管理，移交后的国防学院仍然履行原职能，包括按照之前的条件继续录取新生。此后，爱沙尼亚的国防教育体系逐渐建立，随着 1998 年 3 月 17 日在国防军总参谋部培训中心和国防学院的国防教育院系基础上，成立爱沙尼亚国防军联合教育机构（Kaitseväe Ühendatud

① 《关于在爱沙尼亚内政学院学习期间等同在爱沙尼亚国防军服役的决定》（RT 1992，42，564），https：//www. riigiteataja. ee/akt/32304。

② 《调整爱沙尼亚内政学院组成和名称的决定》（RT I 1993，48，655），https：//www. riigiteataja. ee/akt/29603。

③ 《关于将爱沙尼亚国防学院移交内政部管理的决定》（RT I 1995，49，753），https：//www. riigiteataja. ee/akt/30803。

Õppeasutused，KVÜÕA），1998 年 6 月 4 日爱沙尼亚政府通过《爱沙尼亚国防学院更名为内政学院并批准其章程的决定》，内政学院恢复原名，不再承担国防教育任务，并根据《共和国政府组织法》明确为“内政部管理的公共机构”。

作为高等职业教育机构，内政学院的职责是培养警察、海关官员、消防救援人员、监狱官员和行政官员，学员在完成教学课程考试合格后，即可获得高等教育学历。此外，内政学院还在上述领域开展在职教育、远程教育、专题培训，以及应用科学研究和开发活动。学院的内设机构分为专业学院、教研机构和保障机构 3 类，4 个专业学院是警察学院、救援学院、狱政学院和行政管理学院。

5.3 成立维克-马里救援学校

1993 年，根据西维鲁县消防监督员奥拉维·洛西（Olavi Lossi）的建议，位于该县南部的维克－马里农业学校决定开设学制两年的消防救援（tuletõrjuja－päästja）中等职业教育。办学初期，一切都从零开始，教师们收集、整理、翻译国外的消防教育资料，有时学生们也要一起参与教学准备工作，师生们虽然面临诸多困难，但都热情高涨。其间，芬兰的库奥皮奥（Kuopio）救援学院给予大力支持，包括指导课程规划、设计教具器材，并派出教师参与授课，从 1994 年起还先后接收 14 名农校教师参加师资培训。1994 年，维克－马里农校成立消防救援教研室，两年的学习内容还包括专门的医学培训，毕业生可同时掌握消防救援和医疗护理的专业技能。

从发展初期，维克－马里农校的消防救援职业教育就得到了救援局的支持，因为这正好契合救援局构建中等职业教育、高等教育相结合的消防救援教育体系的构想。鉴于维克－马里农校的消防救援职业教育已具备相应条件和规模，1998 年 12 月 31 日爱沙尼亚政府决定，由教育部（1996 年，文化和教育部拆分为文化部、教育部）将维克－马里农校的部分固定资产划归内政部，授权内政部按照《职业教育机构法》的规定，在农校已有消防救援职业教育基础上，成立维克－马里救援学校①。

1999 年 1 月 21 日，内政部批准《维克－马里救援学校章程》②，将该校确定为内政部管理的国家职业教育机构，按照《职业教育机构法》，在消防救援领域开展全日制中等职业教育，以及包括远程教育在内的在职培训，接受救援局领导。维克－马里救援学校设立教学部、行政部、财务部和办公室，教学部负责规划和组织教育工作、编写培训教材，

---

① 《维克－马里救援学校章程》（*Väike－Maarja Päästekooli asutamine*，RT Ⅰ 1999，2，47），https：//www. riigiteataja. ee/akt/25763。

② 《维克－马里救援学校章程》（RTL 1999，19，205），https：//www. riigiteataja. ee/akt/89771。

学校共开设灭火（tulekustutustöö）、救援（päästetöö）、报警管理（häirekorraldus）、医疗（meditsiini）、监督（järelevalve）5个专业和通用基础科目（üldõppeainete），凡是符合消防救援人员健康和体能要求，具有中等教育学历的爱沙尼亚公民，即可报考。2001年救援学校的校舍进行了全面翻修，教学条件有了很大改观。

2001年《职业资格法》生效后，爱沙尼亚将消防救援领域确定为开发职业标准的优先方向，维克－马里救援学校积极参与了《消防救援员（1级、2级）职业标准》《消防救援长（3级）职业标准》《接警员（2级、3级）职业标准》等首批消防救援领域职业标准的编制工作（上述标准于2002年6月21日发布），并开始将职业教育与职业资格授予相结合。

2002年2月19日，内政部重新修订《维克－马里救援学校章程》①，一是调整管理体系，规定救援学校直接接受救援局管理，由救援局局长决定其内设机构设置和人员任命；二是将专业合并调整为灭火救援（tulekustutus－ja päästetöö）、消防安全监督（tuleohutusjärelevalve）、报警管理、医疗；三是完善保障措施，规定免费为学员提供膳食和制服，学员可以申请助学贷款。

5.4　救援学校并入救援学院（2004年）

1993年至2004年，救援学院和维克－马里救援学校按照各自定位，在救援领域分别开展高等教育和中等职业教育，为爱沙尼亚培养了专业救援人才，救援职业也成为热门职业，救援人员更加受到社会尊重。为整合资源，充分发挥救援学院和救援学校的优势，让救援学院学员有机会熟悉实践操作，让救援学校的学员学习更多的理论知识，2004年8月23日爱沙尼亚政府修订《内政学院章程》②，决定自2004年9月1日起，将维克－马里救援学校并入救援学院。

根据新章程，内政学院的教育目标是“为学生提供工作所需的知识、技能、能力、价值观和行为规范，培养从事公共服务所需的个人品质”。在高等教育、中等职业教育和在职培训3个层面的定位是：高等教育层面，在警察、救援、狱政、初级法官、税务和海关、行政管理、边防等7个领域，开设高等职业教育和硕士教育；中等职业教育层面，面向具有中等教育学历的学员开展警员、消防救援员、消防救援长、狱警和边检员5个职业的中等职业教育；同时，组织开展上述领域的在职培训，以及内部安全和其他

---

① 《维克－马里救援学校章程》（RTL 2002，32，457），https：//www. riigiteataja. ee/akt/163693。

② 2003年11月21日，第291号政府令《〈内政学院章程〉修正案》（RT I 2004，63，448），https：//www. riigiteataja. ee/akt/793997。

公共服务方面的应用研究。

合并后的内政学院将内设机构分为教学、研究、保障等3类，教学部门由专业学院（kolledž）、研究所（instituut）、系（õppetool）和中心（keskus）组成，其中，专业学院拥有独立预算，包括警察学院、救援学院、司法学院、金融学院、行政管理学院和边防学院。此外，在继续教育中心、公务员发展培训中心和地方政府研究所基础上，2005年增设工作犬训导中心，负责组织相关领域工作犬训导员的在职培训和相关研究。在入学条件方面，凡是具有中等教育学历或者相应外国教育资格的人员，只要符合相关专业的课程设置要求，不论是否具有爱沙尼亚国籍均可申请学习，但对年龄、职业或专业培训有特殊要求的除外。

2008年1月1日，再次修订的《内政学院章程》生效①，将内政学院的职责确定为5个方面：（1）开展警察、救援、边防、狱政、税收和海关领域的高等职业教育，开展硕士研究生课程教学；（2）开展中等职业教育；（3）开展内部安全和其他公共服务领域的应用研究；（4）组织公务员培训；（5）组织工作犬训导员在职培训。学院的内设机构，分为从事教学研究的学术机构和综合保障机构两大类。其中，学术机构由专业学院、研究所和中心组成，包括警察学院、救援学院、边防学院、司法学院、金融学院、行政学院，以及公务员发展与培训中心、语言中心、体育中心、国内安全研究所和研究部；综合保障机构，包括财务部、人事部、信息技术部、营销传播部、图书馆、总务部、经济与维修部。2008年3月1日《救援组织法》实施，将救援学院的教职人员纳入救援人员范围，并完善了对救援学院学员的管理措施。

鉴于救援、警察等职业的特殊性，根据《高等教育法》《救援组织法》《警察组织法》规定，为吸引青年人报考，2003年4月28日内政部制定《内政学院学生和警察学员的奖学金金额、发放条件和程序》②，为全日制学生建立了奖学金制度。奖学金共分3类：基础奖学金、优异奖学金和专项奖学金。基础奖学金授予所有正常完成学业的学员，每学年按10个教学月逐月发放，第一、第二、第三、第四学年，每月额度分别是1 500、1 700、2 000、2 200克朗（约合人民币1 000、1 133、1 333、1467元）；优异奖学金分为两等，每学年授予1次，学年平均分达到4分（5分制）的2 500克朗（约合人民币1 667元），平均分在4.6分以上的3 750克朗（约合人民币2 500元）；专项奖学金授予学业突出，代表内政学院或以其他方式做出突出贡献的学员。

① 《内政学院章程》（*Sisekaitseakadeemia põhimäärus*，RT I 2007，64，403），https：//www.riigiteataja.ee/akt/12889166。

② 《内政学院学生和警察学员的奖学金金额、发放条件和程序》（RTL 2003，56，812），https：//www.riigiteataja.ee/akt/575961。

2009 年 8 月 26 日内政部重新制定《内政学院学员奖学金的金额、发放条件和程序》[①]，取消了优异奖学金，只保留基本奖学金和专项奖学金。学员只要处于正常学制规定的学习期间，遵守《高等教育法》和学校的规章制度以及其他法律法规，每学年都能获得 10 个月的基础奖学金，休假期（学员如果因为生病或者生育，可以申请休假 1 学年）暂停发放，受到纪律处分的学员最多扣发 3 个月的基础奖学金。受 2008 年金融危机影响，从 2009 年 7 月 1 日起，爱沙尼亚所有公职人员的工资标准下调 8%，内政学院的基础奖学金标准也做了相应下调。2011 年 1 月 1 日爱沙尼亚加入欧元区后，奖学金改为同等币值的欧元。从 2014 年 1 月 1 日起，不分学年，统一按照每月 150 欧元的标准发放基础奖学金，当年 9 月 1 日上调为每月 200 欧元，2016 年 1 月 1 日起上调为每月 260 欧元（约合人民币 1 838 元），这一标准执行至今。

此外，根据《救援组织法》规定，在职救援人员在救援学院全日制学习期间，由所在救援机构按原标准发放工资（带薪学习的学员应当签订协议，保证毕业后从事救援工作不少于 3 年）；救援专业的中等职业教育或者高等职业教育全日制学员，可在实习期内被录用为救援人员，毕业后必须从事救援工作至少 1 年，如果由于个人原因从事救援工作不满 1 年（如犯罪、违纪被开除），必须退还学习费用。

5.5 救援学院的最新发展

2010 年 1 月 28 日内政部再次修订《内政学院章程》，将学院的官方英语名称改为 Estonian Academy of Security Sciences，直译“爱沙尼亚安全科学学院”——此前是 Public Service Academy of Estonia（爱沙尼亚公共服务学院）。根据该学院的爱沙尼亚语名称“Sisekaitseakadeemia”——“sise－kaitse－akadeemia”（内—防—学院），结合其教学领域，本书将其名称翻译为“内政学院”。

需要说明的是，2019 年 2 月 20 日议会整合有关高等教育的法律，制定《高等教育法》（9 月 1 日起生效）[②]，同步废止《大学法》《高等职业教育机构法》。根据《高等教育法》，爱沙尼亚将高等教育分为本科、硕士和博士教育共 3 个层级，其中，本科教育又细分为学士学位教育（bakalaureuseõpe）和高等职业教育（rakenduskõrgharidusõpe）。根据《高等教育法》第 20 条，只有同时开展本科和硕士、博士学位教学，并在多个专业领域开展研究的教育机构，才能使用“大学”（Ülikool）的称谓（包括相应的外语名

① 《内政学院学员奖学金的金额、发放条件和程序》（RT I，29.08.2019，6），https：//www.riigiteataja.ee/akt/13215347。

② 《高等教育法》（Kõrgharidusseadus，RT I，19.03.2019，12），https：//www.riigiteataja.ee/akt/119032019012。

称)；开展高等职业教育，且至少2/3的在校生接受高等教育（包括本科或硕士学位教育）的教学机构属于“高等职业教育机构”（Rakenduskõrgkool)。内政学院就属于内政领域的高等职业教育机构（sisekaitselise rakenduskõrgkool)。

目前，塔尔图大学（Tartu Ülikool)、塔林大学（Tallinna Ülikool)、爱沙尼亚生命科学大学（Eesti Maaülikool)、塔林科技大学（Tallinna Tehnikaülikool）在名称中使用“大学”称谓。此外，爱沙尼亚艺术学院（Eesti Kunstiakadeemia)、爱沙尼亚音乐与戏剧学院（Eesti Muusika - ja Teatriakadeemia）同时开展本科和硕士、博士学位教学，也属于大学。公立高等职业教育机构共7个：内政学院、国防学院（Kaitseväe Akadeemia)、爱沙尼亚航空学院（Eesti Lennuakadeemia)、塔林医学院（Tallinna Tervishoiu Kõrgkool)、塔尔图医学院（Tartu Tervishoiu Kõrgkool)、帕拉斯高等艺术学院（Kõrgema Kunstikooli Pallas)、塔林技术学院（Tallinna Tehnikakõrgkool)。上述教育机构的名称中往往使用“Akadeemia”（学院）或“Kõrgkool”（高校)，由所属领域的相关部门管理，一般译为“学院”，其下设机构“学院”（kolledžid）相当于“专业学院”，如内政学院下设的救援学院等。

依据《高等教育法》第23条（4）款关于“国家高等职业教育机构的章程，由相应领域的部长批准”的规定，2019年10月4日内政部发布新的《内政学院章程》[①]，规定内政学院作为内政领域的高等职业教育机构，是内政部管理的公共机构。内政学院的内设机构仍分为教学和保障两大类。其中，教学机构仍由专业学院、研究所和中心组成，包括国内安全研究所、警察和边防学院、救援学院、司法学院、金融学院、语言中心、继续教育中心、学术中心。救援学院的院长，由内政学院院长听取救援局局长的意见后向内政部部长提名，由内政部部长任命。图3-22是目前的内政学院架构[②]。

根据2017年2月22日通过的《救援学院章程》，救援学院作为内政学院的组成机构，英文名称为Rescue College（救援学院)，职责包括在救援领域开展中等职业教育、高等职业教育和职业培训，以及救援领域的研究、开发和创新活动。毕业生取得相应学历的同时，根据专业和学制，还可获得救援员（4级)、接警员（4级)、调度员（5级)、救援队长（5级)、救援指挥长（6级）和消防安全监督员（5级)、消防安全专家（5级）等相应的职业资格，详见本书第五章关于救援职业体系的介绍。内政学院的高等职业教育学制3年，毕业生可以继续攻读内部安全（Sisejulgeolek）专业的硕士学位。维克-马里校区以中等职业教育和短期培训为主，学制根据专业和课程不同，在3个月

① 《内政学院章程》(RT I, 08.10.2019, 12), https://www.riigiteataja.ee/akt/108102019012。
② 内政学院网站：https://www.sisekaitse.ee/en/structure-eass。

至1年之间，最主要的是面向新招录救援员的中等职业教育。学习期间，救援学院为学员发放服装，并提供津贴和免费食宿，学业合格的毕业生同时获得救援员（4级）职业资格，并由救援局统一安排进入救援站工作。

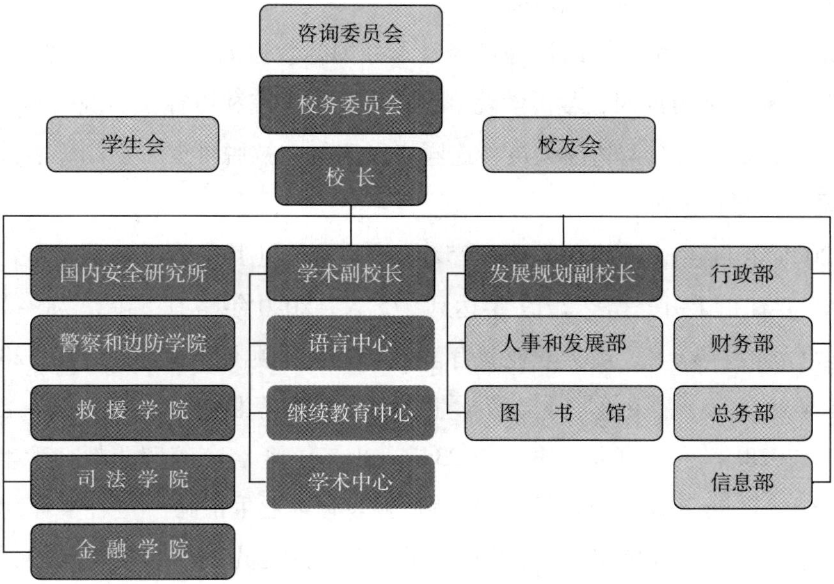

图3－22　内政学院架构

创建救援学院和维克－马里救援学校，被认为是爱沙尼亚恢复独立后，关乎救援事业发展的最重要的决定之一。经过30年的发展，爱沙尼亚救援学院已发展为北欧地区重要的消防救援教育培训机构，设有本部（位于塔林市）和维克－马里两个校区，2019年，本部新建的火灾和化学实验室投入使用，使其成为欧洲为数不多可以让学生动手参与火灾实验的消防救援教育机构。

救援学院积极参加国际交流，仅2019年，学院的师生就到访了39个国家和地区。近年来，救援学院积极参加欧盟框架内的消防救援教育和应急管理合作，2019年担任“欧洲消防学院协会”（European Fire Service Colleges’ Association，EFSCA）主席，承办了协会年会，近30个欧洲国家的消防救援教育机构代表参会。此外，救援学院与瑞典和丹麦合作开展的欧盟民事保护机制员工管理课程SMC（Staff Management Course）也受到积极评价。救援学院参与了对格鲁吉亚、摩尔多瓦消防救援部门的援助项目，与乌克兰在排爆领域开展了合作，并与芬兰库奥皮奥救援学校、柏林消防学院、斯洛文尼亚救援学校，以及拉脱维亚、立陶宛的相关教育机构开展了广泛的项目合作。

内政学院位于维克－马里校区的训练场，是1994年在废弃的采石场基础上建设的，经过多次扩建，目前占地面积26.8公顷，是北欧最大的消防救援训练场地之一，建设了多种火灾模拟设施和其他灾害仿真救援设施，可以开展火灾、倒塌、水域、绳索、化学品事故、交通事故等多种灾害救援教学，除了保障内政学院的教学需要，每年都有来自多国的救援人员和警察、急救、军队人员在此接受培训，2015 年救援学院与救援局签署协议，承担所有救援人员的在职培训。

近年来，维克 – 马里校区的训练场经常承办国际救援演练。在例行的年度“警笛”（Sireen）国际救援演习期间，救援学院、警察与边防学院和塔林医学院的学生，以及职业和志愿救援人员、警察与边防人员，连同来自芬兰、拉脱维亚、立陶宛、波兰和德国的救援人员共同参加演练。

截至 2020 年 11 月，内政学院共有 252 名教职员工（其中教学人员 91 名），在校生数量自 2015 年保持上升态势，2019 年达到 975 人，2020 年略有下降，为 940 人，包括中等职业教育学生 360 名，高等职业教育学生 479 名，硕士研究生 101 名。2020 年共有 427 名学生毕业，其中，中等职业教育学生 285 名，高等职业教育学生 128 名，硕士研究生 14 名。2018 年至 2020 年，分别有 23 名、8 名、14 名高等职业教育学生从救援学院毕业。表 3 – 27 是 2018 年至 2020 年中等职业教育毕业生情况（笔者整理）①，毕业生均取得了相应的救援职业资格，3 年共培养了 212 名救援员、47 名救援队长、31 名接警员和 11 员调度员。

表 3 – 27　救援学院中等职业教育毕业生数量（2018—2020 年）

职业资格	2017—2018 年	2018—2019 年	2019—2020 年	小计
接警员（4 级）	10 人	11 人	10 人	31 人
救援员（4 级）	61 人	76 人	75 人	212 人
救援队长（5 级）	13 人	14 人	20 人	47 人
调度员（5 级）	11 人	0 人	0 人	11 人
合计	95 人	101 人	105 人	401 人

① 《内政学院年报（2020 年）》，https：//www. sisekaitse. ee/sites/default/files/inline – files/2020. pdf。

附录1

救援法[①]

修订情况

议会通过时间	修正法案编号	生效时间
2010年12月15日	RT I，30.12.2010，1	2011年1月1日
2010年12月16日	RT I，30.12.2010，2	2011年1月1日
2011年2月9日	RT I，04.03.2011，1	2011年4月1日
2011年12月8日	RT I，29.12.2011，1	2012年1月1日，部分条款 2014年1月1日和11月1日生效
2014年2月19日	RT I，13.03.2014，4	2014年7月1日
2014年6月19日	RT I，29.06.2014，109	2014年7月1日
2014年11月19日	RT I，13.12.2014，1	2016年1月1日
2014年12月17日	RT I，31.12.2014，4	2015年1月1日
2015年2月11日	RT I，12.03.2015，1	2016年1月1日
2015年2月18日	RT I，23.03.2015，3	2015年7月1日
2015年11月25日	RT I，17.12.2015，1	2015年12月20日， 部分条款2016年7月1日生效
2015年12月9日	RT I，30.12.2015，1	2016年1月18日
2016年12月7日	RT I，15.12.2016，2	2017年1月1日
2017年2月8日	RT I，03.03.2017，1	2017年7月1日
2017年12月6日	RT I，28.12.2017，8	2018年1月1日
2019年2月20日	RT I，13.03.2019，2	2019年3月15日
2020年6月17日	RT I，03.07.2020，1	2020年7月15日
2020年12月15日	RT I，30.12.2020，2	2021年3月1日
2022年5月1日	RT I，27.05.2022，2	2022年7月1日
2022年9月12日	RT I，20.09.2022，1	2022年9月30日

① 2010年5月5日，议会通过《救援法》（*Päästeseadus*，RT I 2010，24，115），自9月1日起生效，适用至今，截至2022年9月12日最近一次修订，共修订20次。本文为现行最新版本。为方便阅读，删除了历次修订时间、修订法案编号等注释信息，并在篇首增加了目录。https：//www.riigiteataja.ee/akt/120092022004。

目录

第一章　总则

第 1 条　适用范围

（1）本法规定了救援机构的职责、组织和权利，国防军和国防联盟参与救援工作的要求，以及志愿救援人员的权利和义务。

（2）《行政程序法》适用于本法规定的行政诉讼程序，并应当执行本法的专门规定。

（3）救援机构组织实施救援活动，应当执行《紧急状态法》和《危急事件法》的规定。

（4）本法不适用于医疗卫生服务，相关内容应执行《医疗卫生服务法》的规定。

第 2 条　救援工作的基本原则

（1）救援机构的职责，是预防各类风险，及时开展专业救援，创造和维护安全的生活环境。

（2）救援工作的目的，是通过辨识和控制风险，预防和减少灾害损失，防止灾害事故危及人员生命健康和财产、环境安全，其他法律另有规定的从其规定。

（3）救援机构应当针对区域性风险因素制定工作计划。风险因素包括区域内可能造成威胁的人、自然现象、过程、物品等，以及它们之间的相互作用。

（4）志愿救援人员可以根据本法第七章规定的程序，自愿参加救援工作。

（4^{1}）符合《公共服务法》关于公务人员录用条件的志愿人员，可以参与报警中心除受理紧急报警之外的其他工作，可以对使用外语的紧急报警进行评估。

（4^{2}）报警中心主任应当制定志愿人员参与报警中心工作的管理规定。

（5）救援局可以与法人订立民事法律协议，委托其组织志愿救援人员参与救援和防灾工作。

（5^{1}）报警中心可以与法人订立民事法律协议，委托其组织志愿人员参与本条第（4^{1}）款规定的工作。

（6）救援机构在开展行动和采取措施时，应当遵循合法原则、比例原则和合理原则，兼顾造成危险的人员和遇险人员。

第3条　术语

（1）就本法而言，灾害事故是指火灾、自然灾害、爆炸、交通事故、环境污染，以及其他直接威胁人员生命健康、财产安全和环境安全的类似意外事件。

（1^{1}）就本法而言，救援工作是指预防和消除灾害危险，以及灾害事故发生后必须立即实施、不得延误的减少灾害影响的措施。

（1^{2}）就本法而言，排爆工作是指消除各类爆炸品威胁的行为。

（1^{3}）就本法而言，预防工作是指提高防灾和应对灾害事故的能力，以及收集分析灾害事故和人们防灾意识、备灾准备情况的行为。

（2）【废止】

（3）《消防安全法》第2条和《执法法》的术语，适用于本法。

（4）就本法而言，危机信息服务是指在发生重大火灾、爆炸、倒塌和严重交通事故、辐射或核事故、恐怖袭击、大规模枪击，或者严重骚乱等造成重大伤亡的极端特殊事件时，报警中心根据国家和地方政府的要求，向公众提供危急事件情况（必要时包括疑似受害人员的信息）和应对行动提示的公共信息服务。

第二章　救援机构及其职责

第4条　救援机构

（1）救援机构包括：

1）救援局；

2）报警中心。

（2）救援局和报警中心，是内政部管理的政府机构。

第 5 条　救援机构的职责

（1）救援局的职责：

1）在陆地和内陆水域开展救援工作，法律另有规定的除外；

1^1）根据《警察和边防法》第 3 条第（1）款 4）项的规定，当遇险人员面临生命健康威胁时，参与近岸海域的搜索救援工作；

2）在陆地和内陆水域开展排爆工作；

3）监督《消防安全法》和其他有关消防安全的法律法规执行情况；

3^1）根据救援局的目标和职责，对指定的火灾进行原因调查；

4）预防工作；

5）【废止】

6）根据《危急事件法》进行应急准备和应急响应；

7）审查总体规划和详细规划；

8）对于法律规定需要进行消防设计的建筑，按照《建筑法典》的规定，在收到申报材料 10 个工作日内，做出是否同意发放施工许可或者使用许可的决定；

9）其他法定职责。

（1^1）报警中心的职责：

1）通过紧急服务号码 112 或其他方式，受理并处置紧急求助信息，根据风险评估，向救援局、医疗急救机构发出救援、排爆和急救指令，并将情况通报警察和边防局；

1^1）根据权限提供求助信息服务，包括通报灾害信息，向国家和地方政府机构提供危机信息服务；

2）其他法定职责。

（2）救援局局长应当制定救援人员和排爆人员的职业健康和安全要求。

（3）共和国政府应当制定法规，规定国家、地方政府和法人、个人参与处置灾害事故时的协调机制。

（3^1）履行本条第（1）款 1^1）项规定的职责时，应当遵照《警察和边防法》第 3 条第（4^1）款款规定的最快救助原则。

（4）负责该领域的部长应当制定规章，规定紧急报警信息的处理程序和工作标准。

第 6 条　救援和排爆作业指挥

（1）救援工作由救援负责人指挥，救援负责人应当是救援官员。

（2）排爆工作由排爆负责人指挥，排爆负责人应当是救援官员。

（3）所有参与救援工作的国家和地方政府机构和单位，均应当听从救援负责人、排爆负责人指挥。

（4）救援负责人、排爆负责人有权根据其他政府机构、单位的职责和实际能力，命令其参与救援和排爆工作。

第三章　个人信息处理

第一节【废止】

第 7—8 条【废止】

第二节　救援机构的数据管理

第 9 条　救援信息系统

（1）救援信息系统属于国家信息系统，用于处理以下信息：

1）救援局为及时有效履行职责，开展的救援行动及其程序信息；

2）灾害事故的人员伤亡情况等用于规划预防和监督工作的信息；

3）为确保符合安全要求，开展安全监督和行政许可工作的情况；

4）在防灾、培训和宣传过程中收集的数据，以及在开展家庭消防安全建议时经同意收集的住宅信息、人员健康情况，用以规划救援局工作、提高安全水平的信息；

5）供暖系统等有关设施系统的数据，以及提供《消防安全法》第 2 条第（1^1）款规定的消防安全服务的机构及其相关信息。

（2）救援信息系统，应当包括以下内容：

1）救援和排爆工作的信息；

2）灾害事故伤亡人员的信息；

3）救援人员的信息；

4）参与救援工作的其他人员的信息；

5）有关监督、审核和预防工作的信息；

6）对建筑使用人的消防安全建议等预防工作的信息；

7）建筑使用人的信息；

8）建筑设施数据；

9）与本条第（1）款 5）项规定的消防安全服务有关的信息；

10）数据提供者的信息。

（2^1）志愿救援人员及其申请者应当通过健康信息系统，将机动车驾驶证健康证明传输至救援信息系统，或者直接将健康证明提交救援局。

（3）负责该领域的部长应当制定规章，规定救援信息系统的建立和维护要求。

（4）关于救援信息系统的规章，应当规定系统的维护程序、数据详细构成和来源、数据保存期限，以及其他必要的程序。

（5）救援信息系统由救援局管理。

第 9^1 条　紧急报警数据库

（1）紧急报警数据库属于国家信息系统，用于快速处理紧急报警信息，及时组织救援行动，以保护人员生命健康和财产、环境安全，向公众提供包括危机信息服务的求助信息服务。

（2）紧急报警数据库，应当包括以下内容：

1）报警人和灾害事故相关人员的信息；

2）被救助人员的信息，包括健康信息；

3）报警信息；

4）报警信息的处置；

5）报警信息服务系统的注册用户；

6）报警信息的受理人员；

7）求助信息服务数据；

8）报警中心的电话录音。

（2^1）根据本法第 3 条第（4）款的规定开展危机信息服务时，卫生局、救援局、警察和边防局或者安全警察局有权根据职责，决定公布疑似受害人员的信息。

（2^2）本条第（2^1）款所指的机构，在决定是否公布疑似受害人员的信息时，应当评估确认：

1）涉及的事件属于本法第 3 条第（4）款所指的极端特殊事件，公布疑似受害人员的信息是否符合比例原则；

2）常规信息渠道不足以及时通知疑似受害人员的亲属。

（2^3）为提供危机信息服务，除本条第（2）款 7）、8）项规定的信息外，紧急报警数据库还应当包括本条第（2^4）款涉及的个人信息。

（2^4）发生本法第 3 条第（4）款所指的极端特殊事件后，如果本条第（2^1）款所指的机构同意将卫生信息系统的数据用于危机信息服务，报警中心应当了解疑似受害人员是否已接受医疗救治，以及救治的地点和时间，但不必在危机信息服务中公开疑似受害人员的医疗记录。

（2^5）如果疑似受害人员拒绝通过危机信息服务公布其个人信息，则不得将卫生信息系统中疑似受害人员的信息提供给报警中心。

（2^{6}）如果调查机构为防止犯罪、逮捕罪犯或者查明犯罪嫌疑人，禁止询问或发布疑似受害人员的信息，则报警中心不得向卫生信息系统索取相关信息。

（2^{7}）提供危机信息服务后，可以应要求，向疑似受害人员的近亲属提供其信息。就本法而言，近亲属包括配偶、事实伴侣、父母、祖父母、子女，孙子孙、兄弟、姊妹，以及根据其日常生活，被视为有权获得信息的人。

（2^{8}）负责该领域的部长应当制定规章，规定可以申请了解危机信息服务中疑似受害人员信息的人员范围，以及核实其相互关系的程序。

（3）负责该领域的部长应当制定规章，规定紧急报警数据库的建立和维护要求。

（4）紧急报警数据库的规章，应当规定系统的维护程序、数据详细构成和来源、数据保存期限，以及其他必要的程序。

（5）紧急报警数据库由报警中心管理。

第10—13条【废止】

第四章　国家监督

第13^{1}条　国家监督的特别措施

（1）为履行本法赋予的监督职责，救援局有权按照《执法法》的程序，行使该法第30条、第32条、第44条、第49条、第50条和第51条规定的国家监督特别措施。

（2）为履行本法赋予的监督职责，报警中心有权按照《执法法》的程序，行使该法第34条规定的国家监督特别措施。

第13^{2}条　国家监督的专门措施

（1）为预防发生事故危及人员生命健康安全和环境，救援局可以禁止人员在内陆水域冰面行走。

（1^{1}）在处理紧急报警信息时，报警中心可以使用通信企业掌握的报警人员位置信息。

（2）救援机构进行救援和排爆作业时，可以不经使用人同意，根据需要进入各类场地、建筑和住宅、房间，包括开门、拆除障碍物。

（3）救援机构进行救援和排爆作业时，可以不经法院许可，根据需要进入住宅。

（4）如果能够确定使用人，救援机构在进入场地、建筑后应当及时予以通知。如果进入后导致贵重资产的安全失去保障，救援局应当进行监护，直到使用人或者其授权人员或者警察到场。

第 14 条【废止】

第 15 条 责令整改通知和行政强制执行

（1）为制止违法行为和消除安全隐患，符合下列情形的，救援官员可以下达《责令整改通知》：

1）安全隐患可能导致灾害事故并造成重大损失，要求暂停使用相关建筑、暂停相关活动或者设备运行；

2）要求采取确保安全、防止发生灾害事故的措施。

（2）如果当事人未执行《责令整改通知》，救援人员可以按照《强制执行法》规定的程序采取强制执行措施，并处以最高 3 200 欧元的罚款。

第 16 条 无线电通信限制

（1）救援局可以限制无线电通信，以防止爆炸品被无线电信号引爆。

（2）在限制无线电通信时，救援局应当遵守《电子通信法》第 115 条的规定。

第 17—18 条【废止】

第 19 条 调集人员参加救援

（1）以下情形时，救援负责人可以调集年满十八岁的自然人参加救援工作：

1）灾害事故的规模超出救援局的救援能力；

2）仅靠志愿救援人员不足以及时有效开展救援；

3）不会对被调集人员及其财产造成不成比例的安全威胁。

（2）不得安排被调集人员从事涉及爆炸品、危险化学品或辐射危险的作业。

（3）只有在绝对必要的情况下，才可以按照本条第（1）款的规定调集人员参加救援。

（4）本法第 41 条规定的社会保障待遇，适用于本条第（1）款指定的人。

第 20 条 征用物资

（1）在绝对必需且别无选择，或者其他选择的成本不可接受的情况下，救援负责人或排爆负责人有权根据救援和排爆工作的需要，征用水源、沙石和其他物资、材料、设备和辅助工具。

（2）救援负责人或排爆负责人负责确定停止征用的时间，不得迟于救援和排爆工作终止。

（3）救援负责人或排爆负责人可以要求所有权人将被征用的物资运输到起运地点。

（4）必须记录依照本条规定采取的措施。

第 21 条 拆除、挖掘、砍伐、逆烧和阻断沟渠、河流

（1）在救援和排爆工作绝对必需的情况下，救援局可以在未经所有权人同意的情况下，拆除其建筑、房屋，或者进行挖掘、砍伐树木、逆烧、阻断沟渠河流和其他类似作业。

（2）必须记录依照本条规定采取的措施。

第22—24条【废止】

第24[1]条　直接强制措施和特殊装备的使用

（1）救援官员或者依据其命令的救援员，可以按照《执法法》的程序和本法的专门规定，使用直接强制措施和特殊装备。

（2）救援局的特殊装备包括：

1）专用爆破器材，但不得对人使用；

2）工作犬。

第25条　爆破器材的使用和现场要求

（1）为防止爆炸和危险物质扩散，以及销毁弹药或者开展排爆训练，救援局可以使用专用爆破器材进行爆破。

（2）负责该领域的部长应当制定规章，规定救援局处理爆炸品的程序和现场要求。

第26条　工作犬的使用

（1）以下情形，救援局可以使用工作犬：

1）嗅探爆炸品；

2）搜寻人员。

（2）在本条第（1）款规定的情况下，工作犬无需佩戴口笼。

（3）工作犬的饲养和使用，应当遵守《动物保护法》和本法的专门规定。

第26[1]条　配备和使用武器

（1）救援局配备的武器是枪支。

（2）从事排爆作业的救援人员在工作时，可以佩戴枪支。

（3）从事排爆作业的救援人员在履行职责期间遭遇紧急情况时，可以使用枪支，但不得超过应急处置的必要限度。

第五章【废止】

第27—30条【废止】

第六章　参与国际救援和排爆

第31条　参与国际救援和排爆

（1）根据国际救援协议或欧盟成员国的请求，以及《国际民事任务法》的规定，可以到爱沙尼亚共和国境外参与国际救援和排爆工作。

（2）共和国政府应当制定法规，就根据欧盟成员国请求或者国际救援协议，派员组队参与国际救援和排爆工作的批准程序以及经费保障，做出规定。

（3）根据国际协议，救援局可以邀请其他国家的有关机构到爱沙尼亚境内参与救援和排爆工作，上述国家的有关机构应当具备根据国际协议在爱沙尼亚开展工作的能力和权限。

（4）根据国际协议，爱沙尼亚救援局可以到其他国家参与救援和排爆工作。爱沙尼亚救援局应当根据国际协议的规定，具备在其他国家开展工作的能力和权限。

（5）参加本条第（1）款规定的国际救援和排爆工作，但不适用《国际民事任务法》的人员，适用《救援法》第 41 条和《救援组织法》第 16 条关于社会保障的规定。

第六[1]章 国防军和国防联盟参与灾害事故处置

第 31[1] 条 国防军和国防联盟参与救援

（1）国防军、国防联盟可以参与灾害事故处置。

（2）共和国政府应当制定法规，规定国防军和国防联盟参与灾害事故处置的程序。

第七章 志愿救援人员参与救援工作

第一节 一般规定

第 32 条 志愿救援人员

（1）志愿救援人员，是依法自愿参与救援或预防工作的人员。

（2）就本法而言，志愿救援人员参与救援工作，是指其与救援官员共同或按照救援官员的指令开展救援工作。

（3）志愿救援人员在开展工作和采取措施时，应当遵循合法原则、比例原则和合理原则，兼顾造成危险的人员和遇险人员。

第二节 志愿救援人员的认定和组织管理

第 33 条 志愿救援人员的条件

（1）年满 18 岁且符合职业适应性要求的自然人，均可被认定为志愿救援人员。

（2）负责该领域的部长应当制定规章，规定志愿救援人员的职业适用性要求及其认定程序，以及个人数据的保存其期限。

（2[1]）符合本条第（2）款志愿救援人员条件的申请者，如果持有有效的机动车驾驶证健康证明，则不必接受志愿救援人员体检。

（2^2）本条第（2^1）款规定的健康证明，应当通过健康信息系统传输至救援信息系统，或者由本人直接提交。

（3）如果持有根据《外国职业资格认可法》被认可的其他国家相应职业资格，可以被认定为志愿救援人员。根据《外国职业资格认可法》第 7 条第（2）款的规定，负责认可外国相应职业资格的机构是救援局。

第 34 条　禁止认定志愿救援人员的情形

有以下情形，禁止认定为志愿救援人员：

1）限制法律能力者；

2）酒精、麻醉药品或者精神药物上瘾者；

3）患有严重精神疾病或者人格、行为障碍者；

4）肢体残疾影响履行救援职责者，但参与预防工作的人员除外。

第 35 条　志愿救援人员的预防接种

救援局应当向志愿救援人员免费提供疫苗接种，并制定专门的规定。

第 36 条　志愿救援人员的认定

（1）救援局负责组织认定志愿救援人员。

（2）认定志愿救援人员，应当确认本人意愿，并核查是否符合志愿救援人员的要求。

（3）根据本条第（2）款核查的数据，可以作为拒绝认定志愿救援人员的依据。如果公开核查过程中确认的资料、拒绝认定的原因和相关情况，不得危及公共秩序或国家安全。

第 37 条　志愿救援人员的工作组织

（1）救援局应当以局长或其授权人员的命令认定志愿救援人员，并将志愿救援人员分派到救援局管理的志愿救援队伍。

（2）【废止】

（3）救援局应当记录志愿救援人员的情况。

（4）救援局局长负责制定有关组织志愿救援活动的规定。

（5）志愿救援人员有权根据与雇主的协议，请假参加志愿救援工作。

第 38 条　志愿救援人员培训、参与救援和预防等工作

（1）救援局负责组织对志愿救援人员进行培训。

（2）对志愿救援人员的培训分为两个阶段。

（3）志愿救援人员初级培训的内容，是从事志愿救援工作的基本知识和技能，不少于 16 小时，培训结束后应当记录培训时长。

（4）完成初级培训的志愿救援人员，可以在救援官员的指挥下，或者与救援官员共同：

1）参与救援工作；

2）根据《执法法》的程序实施监督检查，行使本法第 13^1 条和第 13^2 条规定的措施；

3）在救援过程中，根据《执法法》规定的程序使用直接强制措施。

（5）完成初级培训后，志愿救援人员可以独立开展灾害预防工作。

（6）完成初级培训考核合格后，志愿救援人员可以接受高级培训。高级培训不少于 36 小时，内容是独立执行救援任务所需的知识和技能，培训结束后进行考核。

（7）完成高级培训的志愿救援人员，可以根据救援官员的指挥，独立开展以下工作：

1）参与救援工作；

2）根据《执法法》的程序实施监督检查，行使本法第 13^1 条和第 13^2 条规定的措施；

3）在救援过程中，根据《执法法》规定的程序使用直接强制措施。

（8）负责该领域的部长应当制定规章，规定志愿救援人员的培训程序和合格标准。

第 39 条　志愿救援人员的证件和标识

（1）应当向志愿救援人员颁发证件。志愿救援人员在履行职责时，应当佩戴统一的标识。

（2）志愿救援人员在参加救援或预防工作时，应当根据要求出示证件。

（3）负责该领域的部长应当制定规章，规定志愿救援人员证件的样式和授予程序，以及标识的样式和佩戴方式。

第三节　志愿救援人员的费用补偿和社会保障

第 40 条　费用补偿

（1）救援局可以向志愿救援人员或者本法第 2 条第（5）款规定的法人支付因参与救援和预防工作，支出的交通费、通信费和其他必要费用补偿。

（2）救援局应当规定支付费用补偿的项目、程序和标准。

第 41 条　志愿救援人员死亡和丧失劳动能力的补偿

（1）志愿救援人员因履行职责发生意外、遭受攻击，或者因预防犯罪、避险而死亡或者受伤后死亡的，应当向其子女、父母、配偶或者事实伴侣，以及根据《家庭法》认定的由其抚养的其他人员发放一次性补偿。

（2）志愿救援人员因履行职责发生意外、遭受攻击，或者因预防犯罪、避险而患病，导致暂时部分或全部丧失劳动能力的，应当给予补偿。

（3）属于本条第（1）款和第（2）款规定情形的，应当按照《公共服务法》第49条和第49[1]条的标准和方式予以补偿，并执行本条的专门规定。

（4）本条第（1）款和第（2）款规定的补偿金计算，应当以志愿救援人员的平均工资为依据，并不得超过爱沙尼亚统计局最近一次公布的社会平均工资的三倍。

（5）如果本条第（4）款中志愿救援人员的平均工资低于职业救援员的最低工资标准，则应当以职业救援员的最低工资作为计算本条第（1）款和第（2）款规定的补偿金的依据。

（6）如果志愿救援人员没有工资收入，应当按照志愿救援人员死亡或受伤时的社会最低工资标准，计算本条第（1）款和第（2）款规定的补偿金。

（7）本条规定的补偿金，由内政部通过国家预算支付。

第42条　奖励

可以根据《救援组织法》第五章的规定，对表现突出的志愿救援人员和其他参与救援工作的人员予以奖励。

第四节　志愿救援人员的退出

第43条　志愿救援人员的退出

（1）有以下情形，由救援局局长或其授权人员宣布终止志愿救援人员的身份：

1）志愿救援人员本人提出要求；

2）志愿救援人员不再符合本法第33条的规定，或者符合本法第34条规定的情形；

3）存在不当行为，不适于继续作为志愿救援人员。

（1[1]）如果志愿救援人员在履行职责过程中不再具备相应的条件，应当终止其志愿救援人员身份。上述程序适用《行政程序法》的规定。

（2）救援局应当公告不再属于志愿救援人员的人员名单。

第七[1]章：志愿人员参与报警中心工作

第43[1]条　参与报警中心工作志愿人员的社会保障和补偿

（1）志愿人员在报警中心工作期间，因履行职责死亡或者劳动能力受到影响的，国家应当根据本法第41条规定的程序给予补偿。

（2）本法第2条第（4[1]）款规定的志愿人员或者第（5）款规定的法人，因参与报警中心工作而支出的交通费、通信费和其他必要费用，由报警中心补偿。

第 43^{2} 条　参与报警中心工作志愿人员的背景调查

（1）警察和边防局负责核查申请参与报警中心工作的志愿人员是否符合本法第 2 条第（4^{1}）款规定的条件。

（2）为核查评估申请者是否具备作为志愿人员参与报警中心工作的条件，可以识别申请者身份，并收集和处理以下个人信息：

1）联系方式、居住地址、公民身份、个人信息和二作场所信息；

2）近五年受到刑事处罚、轻罪处罚、行政处罚以及免于处罚的情况，包括处罚的执行情况；

3）被认定为犯罪嫌疑人或者作为刑事诉讼被告的情况，及其审理结果；

4）参与危害公共秩序、暴力推翻国家政权、危害国家独立和领土完整的组织的情况；

5）国外过境和停留情况，是否到访过依据《国家机密法》第 19 条第（3）款制定的清单所涉及的国家，以及是否履行了备案义务；

6）与外国情报机构或者安全机构联系的情况。

（3）警察和边防局有权采取以下措施，核实本条第（2）款规定数据的准确性：

1）向国家机关和地方政府以及自然人和法人索取被核查人的个人资料；

2）与被核查人及其雇主或学校负责人面谈，了解其个人品质，并请相关人员自愿提供书面证明；

3）在国家机关和地方政府或其他机构、法人的数据库中查询个人数据；

4）在犯罪记录档案中查询数据；

5）分析从公开来源获得的个人信息。

（4）报警中心可以依据本条第（2）款确认的事实，拒绝接受申请者作为志愿人员参与报警中心工作。

（5）披露做出本条第（4）款规定的拒绝决定的理由和依据时，不得影响：

1）国家安全；

2）国防安全；

3）公共秩序；

4）预防、侦查、起诉和判决刑事犯罪；

5）保护提供数据的机构或者人员。

（6）背景调查的相关信息，应当自调查结束或者志愿人员身份终止后，保存五年。

第 43^{3} 条　终止志愿人员参与报警中心工作

（1）参与报警中心工作的志愿人员，如果不再符合《公共服务法》规定的公务人员录用条件，应当终止其志愿人员身份。

（2）本法第43条第（2）款的规定，适用于报警中心终止志愿人员身份的情况。

第八章　经费

第44条　征用物资的补偿

（1）国家根据本法第20条的规定征用物资后，应对其所有权人进行补偿。如果是在大规模或者长时间救援、排爆工作期间征用物资，相关的补偿费用可以从共和国政府储备金支付。

（2）共和国政府应当制定法规，规定救援和排爆工作征用补偿的范围和程序。

第45条　对参与大规模或者长时间救援或排爆工作的法人、志愿救援人员和自然人的补偿

（1）法人、志愿救援人员和其他自然人，根据本法第19条的规定参与大规模或者长时间救援、排爆工作支出的费用（不含收入损失），应当使用共和国政府储备金进行补偿。

（2）共和国政府应当制定法规，规定对参与大规模或者长时间救援及排爆工作的法人、志愿救援人员和自然人进行补偿的程序。

第46条　参加大规模或者长时间救援工作的报酬

（1）志愿救援人员和自然人根据本法第19条的规定，参与大规模或者长时间救援工作，共和国政府应使用政府储备金，按照工作时间支付报酬。

（2）共和国政府应当制定法规，规定向参与大规模或者长时间救援工作的志愿救援人员或其他自然人支付报酬的范围、标准和程序。

第47条　餐食补贴

（1）如果救援、排爆工作持续超过4小时，救援局应当向所有参与救援工作的人员免费提供食品和饮用水。

（2）参与大规模或者长时间救援或排爆工作时，参与人员的食品和饮用水费用，由共和国政府使用政府储备金支付。

（3）共和国政府应当制定法规，规定向参与大规模或者长时间救援或排爆工作的人员免费提供食品和饮用水的范围和程序。

第48条　灾害事故造成的意外损失

救援机构在救援过程中根据本法第21条的规定进行破拆等作业，以及在执行《执法法》第49、50和52条规定的措施过程中，对法人或自然人造成的损害，均视为灾害事故造成的意外损失。

第九章 实施

第 49 条 志愿救援人员的培训

（1）完成本法第 38 条第（3）款规定的志愿救援人员初级培训后，再参加第（6）款规定的高级培训的要求，不适用于根据《救援组织法》第 13 条已服务三年以上的志愿救援人员，上述人员参加不少于 6 小时的高级培训即可。

（2）本法第 38 条第（6）款关于高级培训的时间要求，不适用于本法生效前已经服务三年以上的志愿救援人员。

（3）在本法生效之前，如果志愿救援人员已经完成本法第 38 条第（3）款规定的初级培训，则不必重新参加培训。

（4）在本法生效之前，如果志愿救援人员已经完成本法第 38 条第（6）款规定的培训至少 30 小时，则再接受 6 小时以上的高级培训即可。

第 49^1 条 永久丧失劳动能力者

根据《国家养老保险法》被确定为部分丧失劳动能力的志愿救援人员，等同于符合本法第 41 条规定的关于部分丧失劳动能力的要求。根据《国家养老保险法》被确定为完全丧失劳动能力的志愿救援人员，等同于符合本法第 41 条所规定的完全丧失劳动能力的要求。

第 49^2 条 危机信息服务

（1）报警中心应当自 2020 年 7 月 15 日起，具备向内政部所属各机构提供危机信息服务的能力。

（2）报警中心应当自 2021 年 1 月 1 日起，具备向国家和地方政府提供危机信息服务的能力。

第 50—63 条【《救援法》生效时，同步修订《危急事件法》《矿山法》《国防军组织法》《化学品法》《航空法》《交通法》《规划法》《救援组织法》《国有资产法》《社会福利法》《医疗卫生服务法》等法律，废止 1998 年《救援法》。具体内容略**】**

第 64 条 法律生效

本法自 2010 年 9 月 1 日起施行。

附录 2

救援组织法[①]

修订情况

议会通过时间	修正案编号	生效时间
2008 年 12 月 17 日	RT I 2009，5，35	2009 年 7 月 1 日
2009 年 6 月 18 日	RT I 2009，36，234	2009 年 7 月 1 日
2009 年 11 月 26 日	RT I 2009，62，405	2010 年 1 月 1 日
2010 年 5 月 5 日	RT I 2010，24，115	2010 年 6 月 10 日
2010 年 5 月 20 日	RT I 2010，29，151	2010 年 6 月 20 日
2011 年 2 月 9 日	RT I，04. 03. 2011，1	2011 年 4 月 1 日
2011 年 12 月 8 日	RT I，29. 12. 2011，1	2012 年 1 月 1 日，部分条款 2014 年 1 月 1 日和 11 月 1 日生效
2012 年 6 月 13 日	RT I，06. 07. 2012，1	2013 年 4 月 1 日
2012 年 6 月 13 日	RT I，10. 07. 2012，2	2013 年 4 月 1 日
2013 年 3 月 14 日	RT I，26. 03. 2013，2	2013 年 4 月 1 日
2013 年 6 月 20 日	RT I，11. 07. 2013，1	2013 年 9 月 1 日
2014 年 6 月 19 日	RT I，29. 06. 2014，109	2014 年 1 月 1 日，根据《政府组织法》 第 107^3 条（4）款，将法律中对各部 部长的称谓统一调整为“负责该领域的部长”
2014 年 11 月 19 日	RT I，13. 12. 2014，1	2016 年 7 月 1 日
2014 年 12 月 17 日	RT I，31. 12. 2014，4	2015 年 1 月 1 日
2015 年 2 月 18 日	RT I，19. 03. 2015，2	2015 年 3 月 29 日
2015 年 11 月 25 日	RT I，17. 12. 2015，1	2015 年 12 月 20 日， 部分条款 2016 年 7 月 1 日生效

① 2008 年 1 月 31 日，议会通过《救援组织法》（*Päästeteenistuse Seadus*，RT I 2008，8，57），自 3 月 1 日起生效，适用至今，截至 2022 年 5 月 11 日最近一次修订，共修订 23 次。本文为现行最新版本。为方便阅读，删除了历次修订时间、修订法案编号等注释信息，并在篇首增加了目录。https：//www. riigiteataja. ee/akt/127052022041。

续　表

议会通过时间	修正案编号	生效时间
2016 年 6 月 1 日	RT I，22.06.2016，1	2018 年 1 月 1 日
2017 年 6 月 19 日	RT I，06.07.2017，2	2017 年 10 月 1 日
2018 年 10 月 17 日	RT I，26.10.2018，1	2022 年 4 月 1 日
2019 年 2 月 20 日	RT I，13.03.2019，2	2019 年 3 月 15 日
2019 年 2 月 20 日	RT I，19.03.2019，6	2019 年 5 月 1 日
2021 年 6 月 15 日	RT I，08.07.2021，1	2021 年 6 月 15 日
2022 年 5 月 11 日	RT I，27.05.2022，2	2022 年 7 月 1 日， 部分条款 2023 年 3 月 1 日生效

目录

第一章　总则

第 1 条　适用范围

（1）本法规定了救援服务的组织和救援人员的法律地位。

（2）救援官员应当遵守《公共服务法》和本法的专门规定。

（3）救援员应当遵守《劳动合同法》以及其他规范劳动关系的法律和本法的专门规定。

第 2 条　救援服务

（1）本法中的救援服务，是指在救援机构从事救援人员的工作。

（2）救援服务，包括在内政高等职业教育机构的救援专业（救援学院）担任救援人员的职务。

（3）救援服务是特殊类型的公共服务。

第 3 条　救援人员

（1）救援人员，是指在救援机构负责管理、组织或实施《救援法》规定职责的人员。

（2）救援人员包括救援学院的院长、副院长和教员。

第 4 条　救援人员的分类和职位

（1）救援人员包括：

1）救援官员；

2）救援员。

（2）救援官员，是指：

1）救援机构负责管理、组织和实施《救援法》规定职责的人员；

2）救援学院的院系主管及其副职，以及救援专业的教员。

（3）救援员，是根据劳动合同在救援机构或者救援学院的相应岗位履行《救援法》规定职责的人员。

（4）【废止】

（5）救援官员职位，是救援机构或内政高等职业教育机构救援官员的工作职位。

（6）救援员岗位，是救援机构内救援员的工作岗位。

第 5 条　救援人员的职级

（1）救援官员的职级：

1）救援总监；

2）救援副总监；

3）救援督察长；

4）高级救援长；

5）一级救援长；

6）二级救援长；

7）三级救援长。

（2）救援员的职级是救援员。

（3）救援机构各职位对应的职级，由救援机构的负责人确定。

（4）救援学院各职位对应的职级，由内政高等职业教育机构的校长确定。

第 6 条　救援学院学员

（1）高中毕业后接受救援专业职业教育或者在内政高等职业教育机构学习的全日制学生，可在实习期内录用为救援人员，本法第 11 条不适用于实习期间的救援人员。

（2）救援学院的全日制学生享受奖学金待遇。

（3）负责该领域的部长应当制定规章，规定救援学院全日制学生的奖学金额度，以及颁发奖学金的条件、程序。

（4）救援人员在救援学院全日制学习期间的工资，由原救援机构发放，列入国家预算保障。

（5）带薪学习的学员应签订协议，保证毕业后从事救援工作不少于3年。

第6[1]条　个人生物信息自动识别系统数据库

（1）个人生物信息自动识别系统数据库（以下简称ABIS数据库）是一个电子数据库，目的是处理从事排爆工作的救援官员的指纹生物识别信息。

（2）从事排爆工作的救援官员的指纹生物识别信息，只能用于本法第7[3]条第（1）款规定的目的。

（3）共和国政府应当就ABIS数据库的建立及其管理制定法规。

（4）警察和边防局、爱沙尼亚法医科学研究所负责ABIS数据库的建立和使用，数据库相关法规应当明确其控制人员。

（5）数据库相关法规应当确定录入ABIS数据库的信息构成及其保存期限。

（6）ABIS数据库信息的查询应当设定权限，作为内部信息使用。

第二章　救援人员录用

第7条　救援人员录用的一般要求

（1）具有不低于中等教育学历和法律规定的爱沙尼亚语水平，有完全法律能力，符合救援人员职业适应性要求的爱沙尼亚共和国公民，可以被录用为救援官员。

（1[1]）可以不通过考试选拔，直接任命救援官员。

（2）具有不低于中等教育学历和法律规定的爱沙尼亚语水平，有完全法律能力，符合救援人员职业适应性要求的人员，可以被录用为救援员。

（3）【废止】

（3[1]）【废止】

（4）负责该领域的部长应当制定规章，规定救援人员的职业适应性要求，包括体能、教育程度和健康状况。

（4[1]）应当对救援人员进行健康检查，以发现影响履行救援职责的健康问题。

（5）救援人员的教育水平、身体素质和健康状况，必须满足履行工作职责的要求。

（6）根据《公平待遇法》第9条第（2）款的规定，负责该领域的部长可以制定规章，根据救援人员的年龄对其身体素质提出要求。

（7）根据《公平待遇法》第9条第（2）款的规定，救援机构负责人可以按照依据本条第（4）款制定的规章，在特殊情况下，临时雇佣不符合本条第（2）款要求的人员作为救援员。

第7[1]条　录用救援人员的特别要求

（1）有下列情况的人员，不得被录用为有可能接触内政部、警察和边防局、爆炸品转运以及特定领域人员数据的救援官员：

1）因故意犯罪受到刑事处罚，不论犯罪记录是否已删除；

2）被判处有期徒刑，不论是犯罪记录是否已删除；

3）处于刑事诉讼嫌疑人或被告人状态；

4）因违纪被开除公职不满1年；

5）从欧盟、瑞士联邦或北大西洋公约组织以外的国家领取退休金、报酬或者其他定期津贴的人员；

6）因违反《反腐败法》受到刑事处罚的人员；

7）【废止】

8）【废止】

9）故意提供虚假个人信息或隐瞒重要信息的人员。

（2）救援局局长应根据本条第（1）款，确定涉及上述特殊要求的职位清单。

第7[2]条　背景调查

（1）为评估申请人是否具备在救援机构担任救援官员和救援员的条件，需要根据其申请的工作或实习职位、岗位，识别其身份并收集和处理以下个人信息：

1）联系方式、居住地址、公民身份、个人信息和工作场所信息；

2）近五年受到刑事处罚、轻罪处罚、行政处罚以及免于处罚的情况，包括处罚的执行情况；

3）被认定为犯罪嫌疑人或者作为刑事诉讼被告的情况，及其审理结果；

4）参与危害公共秩序、暴力推翻国家政权、危害国家独立和领土完整的组织的情况；

5）国外过境和停留情况，是否到访过依据《国家机密法》第19条第（3）款制定的清单所涉及的国家，以及是否履行了备案义务；

6）与外国情报机构或者安全机构联系的情况。

（2）向救援机构申请救援官员职位、救援员岗位的人员，可能需要提交个人信息表。是否提交个人信息表的决定，由所申请的救援机构做出。个人信息表包括用于评估岗位适应性所需的信息。此外，可能会要求提供父母、兄弟姐妹、子女、配偶或者事实伴侣的姓名、身份号码（如无，填写出生日期和地点）的联系方式，以确保他们在紧急情况下获得法律规定的社会保障和必要的信息。

（3）本条第（2）款规定的个人信息表样式，由负责该领域的部长制定。

（4）警察和边防局负责核查本条第（1）款规定的信息，以及第（2）款规定的个人信息表数据。

（5）救援人员在职期间，警察和边防局如果有理由怀疑其违反本条第（1）款规定的条件，可以进行核查。

（6）本条第（2）款规定的数据应在救援人员离职，或者关于离职的法律程序结束后，保存五年。

（7）警察和边防局有权采取以下措施，核实本条第（1）规定的信息，以及第（2）款规定的个人信息表数据的准确性：

1）向国家机关和地方政府以及自然人和法人索取被核查人的个人资料；

2）与被核查人及其雇主或学校负责人面谈，了解其个人品质，并请相关人员自愿提供书面证明；

3）在国家机关和地方政府或其他机构、法人的数据库中查询个人数据；

4）在犯罪记录档案中查询数据；

5）分析从公开来源获得的个人信息。

（8）救援机构可以依据本条第（1）款确定的事实，拒绝接受申请人的工作或实习申请。

（9）披露做出本条第（8）款规定的拒绝决定的理由和依据时，不得影响：

1）国家安全；

2）国防安全；

3）公共秩序；

4）预防、侦查、起诉和判决刑事犯罪；

5）保护提供数据的机构或者人员。

（10）本条的规定，适用于申请接受救援专业职业教育或者高等职业教育的人员，以及申请内政高等职业教育机构救援职位、岗位的人员。

第 7^3 条　救援官员的指纹和 DNA 样本采集

（1）救援机构应当采集从事排爆工作的救援官员指纹和 DNA 样本。

（2）除上述第（1）款外，救援局局长可以发布命令，确定需要采集指纹和 DNA 样本的其他救援官员的范围。

（3）采集的救援官员指纹生物识别数据应当录入 ABIS 数据库和国家指纹数据库，

DNA 样本应当录入国家 DNA 数据库。

（4）救援官员离职 3 年后，应当从国家数据库删除其指纹和 DNA 样本，救援局应当将需要删除的信息通知爱沙尼亚法医科学研究所。

（5）负责本领域的部长应当制定规章，明确采集和提供救援官员指纹和 DNA 样本的程序。

第 8 条　任命救援官员的特别规定

（1）救援局局长，由爱沙尼亚总统根据内政部部长的提名，在征得议会同意后任命，任期 5 年。

（2）救援局副局长，由内政部部长根据救援局局长的提名任命，任期 5 年。

（3）区域救援中心主任，由内政部部长根据救援局局长的提名任命，任期 5 年。

（3[1]）区域报警中心主任，由报警中心主任任命，任期 5 年。

（4）救援学院院长，由内政部部长根据内政学院校长的提名、征得救援局局长同意后任命。

（5）根据《公共服务法》第 39 条第（1）款和《劳动合同法》第 44 条第（4）款的规定，经救援学院院长同意，救援局局长可以组织全日制学习的救援学院中等职业教育学员和内政高等职业教育机构学员参与救援工作。

（6）《救援法》第四章以及本法第 14、16、20、20[1] 和 22 条规定的社会保障、权利和责任，适用于在本条第（5）款规定的情况下参与救援工作的救援学院和内政高等职业教育机构学员。

（7）计算本法第 14 条规定的伤亡抚恤金时，以救援学院和内政高等职业教育机构学员死亡或受伤之日有效的救援人员最低工资为标准。

第 8[1] 条　救援机构的管理

（1）救援机构负责组织和管理救援人员，包括录用和辞退救援人员，签订或解除劳动合同，暂停救援人员行使职权，根据需要为救援人员进入特定场所出具证明，救援机构负责人或其代表可以调动救援人员的工作岗位。

（2）救援局局长及其委托的人员可以下达命令，以履行本条第（1）款规定的职责和管理救援机构。

第 9 条　救援人员的考核

（1）负责该领域的部长应当制定规章，规定对救援人员工作绩效、在职培训效果、是否符合职业适应性要求进行考核的程序，以及考核结果的保存期限。

（2）【废止】

（3）考核认为不适合本职岗位的救援人员，可以被降职或辞退。

（4）【废止】

第 10 条　救援人员宣誓和誓词

（1）首次入职救援机构的人员应当向负责该领域的部长、救援局局长或其指定的官员宣誓。誓词："我加入救援机构，我（姓名）宣誓忠于爱沙尼亚宪法，遵守法律；保守国家和职业秘密，不滥用权力和人民的信任，尊重组织的核心价值，始终忠诚履职。"

（2）救援学院的学生应当在首次学习前宣誓。

（3）宣誓仪式应当在救援机构的队旗下举行。

（4）援救人员应当朗读誓词，并在宣誓文本签名。

（5）救援人员签名的誓词文本，存入其个人档案。

（6）入职救援机构之前曾在其他公共服务部门宣誓的人员，不再宣誓。

第 10^1 条　救援官员在其他政府机构和国际组织任职

（1）经本人同意，可以任命救援官员在需要入职培训的其他政府机构和国际组织任职，并明确任期，任期内暂停履行作为救援官员的职权。

（1^1）救援官员在其他政府机构或国际组织的任期，按照《公共服务法》第 33 条第（4）款确定。

（2）救援官员在其他政府机构和国际组织任职，应当由对该政府机构或国际组织有人员任命权的官员任命。

（3）救援人员在其他政府机构或国际组织的任期届满后，应当立即恢复其在原救援机构的职务。

（4）救援官员由于在其他政府机构任职而暂停履行救援职责期间，可以选择由救援机构或新任职的机构为其发放工资，工资标准应当按照其在救援机构最后所任职位确定。

第 10^2 条　救援人员在内政高等职业教育机构任职

（1）经本人及其所在救援机构和内政高等职业教育机构负责人同意，可以任命救援官员在内政高等职业教育机构任职，并明确任期。

（2）救援人员在内政高等职业教育机构任期届满后，应当恢复在救援机构的职务。

第 10^3 条　辞退违反入职要求的救援人员

救援人员存在本法第 7^1 条第（1）款 1）、2）、4）至 6）和 9）项规定的情形，应当予以辞退。

第 10^4 条　辞退不符合健康条件的救援人员

如果救援人员的健康情况不符合本法第 7 条第（4）款的要求，应当予以辞退。

第三章　救援人员的工资和社会保障

第11条　救援人员的工资

（1）救援人员的工资包括基本工资、浮动工资和其他法定收入。

（2）基本工资，是根据救援人员的职务，对照工资标准确定的报酬。工资标准可以是确定的数量，也可以是一定的范围。

（3）浮动工资，包括绩效工资、加班工资和法定奖金。

（4）确定工资标准时，应当考虑救援人员的职业资格、职责任务、工作条件、地区差别和其他体现工作特点的指标。

（5）负责该领域的部长应当制定指令，规定救援人员的工资标准，以及确定基本工资、浮动工资和法定奖金的程序。

（6）内政部部长或者救援局局长、报警中心主任、内政学院校长应当根据职权，制定公务员、政府雇员和救援人员的工资细则，明确制定工资标准、支付工资的程序，包括夜间和公共假日工作、加班以及待命时间计算标准。

第12条　【废止】

第13条　救援服务工龄计算

（1）救援人员的工龄，应当包括其从事救援工作的所有时间。

（2）救援人员的工龄，应当包括：

1）1994年4月24日之后，在国家或地方政府救援机构、内政高等职业教育机构或维克－马里救援学校担任救援人员、消防员和救援员的时间；

2）1991年2月5日至1994年4月23日，在国家或地方政府救援机构担任消防员的时间；

3）1991年2月4日之前，在内务部及其所属机构从事救援领域工作的时间；

4）2010年1月1日之前，根据《警察和边防法》从事警察和和边防工作的时间；

4[1]）2010年1月1日之后，根据《警察和边防法》担任警官的时间；

5）在现役救援机构工作的时间；

6）在现役和职业消防队以及各级民防机构工作的时间；

7）在国家消防监督部门的各地派出机构工作的时间；

8）在消防队担任驾驶员、消防员、防火巡查员和队长的时间；

9）由救援局委派到其他国家和国际救援组织工作的时间，以及担任国际民事救援专家的时间；

10）在内政高等职业教育机构的救援专业、维克－马里救援学校和其他国家的消防救援教育机构学习的时间；

11）在国防军服役的时间；

12）在内政部或者其他机构从事消防、救援工作，或者在内政部部长确定的其他有关救援的岗位工作的时间。

第 14 条 救援人员的伤亡抚恤

救援人员因公死亡或者全部、部分丧失劳动能力，国家应根据《公共服务法》第 49 条规定的程序抚恤。

第 15 条 【废止】

第 16 条 救援人员的体检和预防接种

（1）救援机构应当免费为救援人员进行身体检查，以确认其是否符合本法第 7 条第（4）款规定的健康要求。

（2）救援机构应当按照救援局局长确定的程序，根据救援工作需要，免费为救援人员接种疫苗。救援人员自愿接受疫苗接种。

第 17 条 救援人员和救援学院全日制学员的制服

（1）应当免费向救援人员和救援学院的全日制学员发放制服。

（2）制服样式由负责该领域的部长制定规章确定。

（3）制服发放和着装规则，由救援局局长和内政高等职业教育机构负责人确定。

（4）经救援局局长同意，与救援领域有关的其他组织和人员可以穿着救援人员的制服。

第 17^1 条 救援人员的证件和救援官员的徽章

（1）负责该领域的部长应当制定规章，规定救援人员证件和救援官员徽章的样式。

（2）救援人员证件和救援官员徽章的发放范围，由救援局局长发布命令决定。

第 18 条 救援人员的国家养老金

（1）《国家养老保险法》的规定适用于救援人员，并应当执行本法的专门规定。

（2）按以下比例，为救援人员增发国家养老金：

1）服务 10—15 年，10%；

2）服务 16—20 年，20%；

3）服务 21—25 年，25%；

4）服务 26—30 年，40%；

5）服务 30 年以上，50%。

（3）《公共服务法》第 113 条不适用于救援人员。

（4）因本条第（2）款规定增加的养老金，由国家预算资金支付。

（5）救援机构在救援人员退休后、领取本条规定的国家养老金之前，应向其发放养老过渡津贴。

（6）犯有《刑法》第15章、第17章第2节规定的罪行并被判处5年以上有期徒刑的，丧失按照本条第（2）款增发养老金的权利。

（7）如果救援人员丧失了本条规定的享受增发养老金权利，则应从法院判决后的第二个月起停止支付增发的养老金。

（8）法院应当在判决生效10个工作日内，将救援人员丧失本条规定的增发养老金权利告知社保局。

第19条　救援人员的养老过渡津贴

（1）从事救援工作15年以上，不符合《特殊职业养老金法》领取养老金条件的救援人员，在达到《国家养老保险法》第7条规定的退休年龄之前，最多可领取5年养老过渡津贴。

（2）在救援人员领取国家养老金之前，救援机构应当按照本法规定，向其支付相当于其养老金的养老过渡津贴。救援人员在职期间，不得享受养老过渡津贴。

（2^1）救援人员因触犯《刑法》第十五章或第十七章第二节所列罪名被判处5年以上有期徒刑的，剥夺其领取本条规定的养老过渡津贴的权利。

（2^2）法院判决生效次月起，停发救援人员的养老过渡津贴，但保留其领取国家养老金的权利。

（2^3）法院应当在判决生效10个工作日内，通知救援机构有关救援人员丧失领取养老过渡津贴的权利。

（3）本条第（2）款规定的养老过渡津贴，由国家预算资金支付。

（4）负责该领域的部长应当制定规章，规定救援人员养老过渡津贴的发放程序、计算标准和支付方法。

第19^1条　财产损失补偿

（1）救援人员因履行职责，造成本人或者家属直接财产遭受损失的，由国家赔偿。国家向有关责任人追偿。

（2）财产损失赔偿的条件和程序，由负责该领域的部长制定。

第四章　救援人员的工作和休息时间

第20条　救援人员的工作、休息时间和待命时间

（1）救援官员的工作和休息时间应当根据《公共服务法》确定，救援员的工作和休息时间应当根据《劳动合同法》确定，同时执行本法的专门规定。

（2）救援人员工作时间的计算周期最长为6个月。

（3）在不损害健康和安全的前提下，救援官员在公共假日和夜间工作不受《公共服务法》的限制，但工作时间不得超过《公共服务法》第36条规定的限制。在不损害健康和安全的前提下，救援员夜间工作不受《劳动合同法》的限制，但工作时间不超过《劳动合同法》第46条第（1）款规定的限制。

（4）【废止】

（5）【废止】

（6）救援人员的待命时间属于休息时间，每月的待命时间不得超过155小时。

（7）【废止】

（8）在不损害身体健康和安全的前提下，《公共服务法》第41条第（1）款不适用于救援官员，《劳动合同法》第51条第（1）款规定的不适用于救援员。

第20^1条 紧急加班

（1）在突发紧急情况时，救援机构可以不经救援人员同意，要求其在下班后、法定假日等非工作时间履行职责（以下称紧急加班）。在计算工作时间时，紧急加班时间单独列出。

（2）不得要求怀孕和休产假的救援人员紧急加班。

（3）紧急加班的工资是正常工资的1.5倍，或者根据本人要求，安排与紧急加班时间相等的补休时间。

第20^2条 救援人员的休假和假期中断

（1）救援人员每年休假35天。

（2）应当根据本法和其他法律的规定，安排救援人员享受年休假和其他假期。

（3）正常情况下，救援人员每年最多可申请10天的额外带薪假期。

（3^1）本条第（3）款规定的额外带薪假期当年有效，未申请额外假期或申请额外休假不满10天的不予补偿。

（4）【废止】

（5）如果发生突发事件、紧急情况，或者国家宣布进入紧急状态或战争状态，不经救援人员同意，可以召回休假的救援人员。

（6）本条第（3）款规定的额外带薪假期的条件和程序，由救援机构、内政学院的负责人或者其授权人员制定。

第21条 【废止】

第22条 跨区域执行救援任务

救援局局长调派救援人员到辖区外实施不超过24小时的救援任务时，不适用《公共服务法》第44条、《劳动合同法》第21条的规定。

第五章　奖励和处分

第23条　奖励

（1）对救援人员可实施以下奖励措施：

1）颁发奖状；

2）颁发奖金；

3）颁发奖品；

4）颁发荣誉证书；

5）授予荣誉奖章。

（2）负责该领域的部长应当制定规章，规定救援人员荣誉奖章的分类、样式和授予、佩戴及撤销的程序。

（3）本条第（1）款规定的奖励措施，适用于非救援人员。

第24条　实施奖励的情形

（1）可以对以下救援人员实施奖励：

1）长期优异服务，或

2）出色履行职责任务。

（2）可以同时实施几种奖励措施。

第25条　实施奖励的权力

（1）救援机构的部门负责人按照救援机构负责人的授权，对所属人员实施奖励。救援机构负责人应当制定奖励实施办法，明确部门负责人实施奖励的权限。

（2）负责该领域的部长和救援局局长，有权对所有救援人员实施奖励。

（3）只有负责该领域的部长有权实施本法第23条第（1）款5）项规定的奖励。

第六章　实施

第一节　过渡性规定

第25^2条　永久丧失劳动能力的人员

（1）对于在2016年7月1日之前，经鉴定永久丧失劳动能力的救援人员，应当根据2016年7月1日生效的《救援组织法》第14条，向其补发差额部分的抚恤金。

（2）救援人员按照《劳动能力支持法》经鉴定丧失全部或部分劳动能力的，即被视为满足本法规定的丧失全部或部分劳动能力的要求。

第一[1]节　其他法律的生效

第26—32条【《救援组织法》生效时，同步修订《公共服务法》《警察法》《警察组织法》《救援法》《公职人员职级和薪级法》等法律，具体内容略**】**

第二节　生效和有效期

第33条　国家养老金的有效期

（1）本法第18条的有效期，截至2043年2月28日。

（2）本条第（1）款规定的有效期届满前，如果救援人员符合增发国家养老金的条件，应当保留这一权利，根据本法第18条第（2）款的规定为其增发国家养老金。

（3）2008年3月1日后加入救援机构的人员，或者2008年2月29日后应当领取养老金和增发养老金的人员，有权享受本法第18条规定的增发养老金待遇。

第33[1]条　【废止】

第33[2]条　第20[2]条的生效时间

本法第20[2]条的规定，自2011年1月1日起生效。

第33[3]条　额外带薪假期的有效期和补偿

2013年4月1日之前未使用的额外带薪假期，在从2013年4月1日开始的4年内到期。如果救援人员由于产假、探亲假、育儿假，或者服兵役、替代役未使用额外带薪假期，应当在退出救援机构时给予经济补偿。

第33[4]条　救援局和报警中心副职，区域救援中心、区域报警中心主任的服务年限计算

自2022年7月1日起，救援局和报警中心副职、区域救援中心和区域报警中心主任的任期至2027年6月30日。

第34条　生效

本法自2008年3月1日起施行。

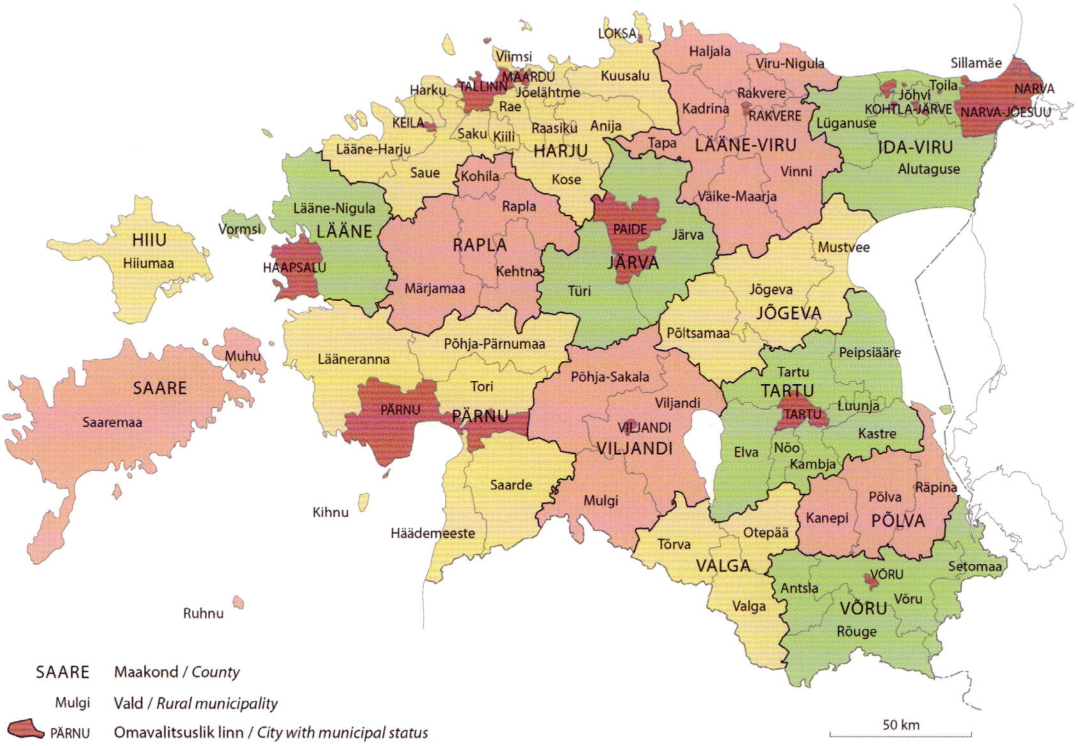

◉ 图 1-2　爱沙尼亚行政区划简图

◉ 图 2-2　苏联时期宣传电气消防安全的海报

◉ 图 2-3　黑头兄弟会的纹饰

◉ 图 2-7　苏联时期的“消防勇士”奖章

图 2-8 苏联时期的志愿消防队流动红旗

左图："全世界无产者联合起来！爱沙尼亚共和国志愿消防协会流动红旗"，
右图："授予社会主义竞赛中的最佳志愿消防队"

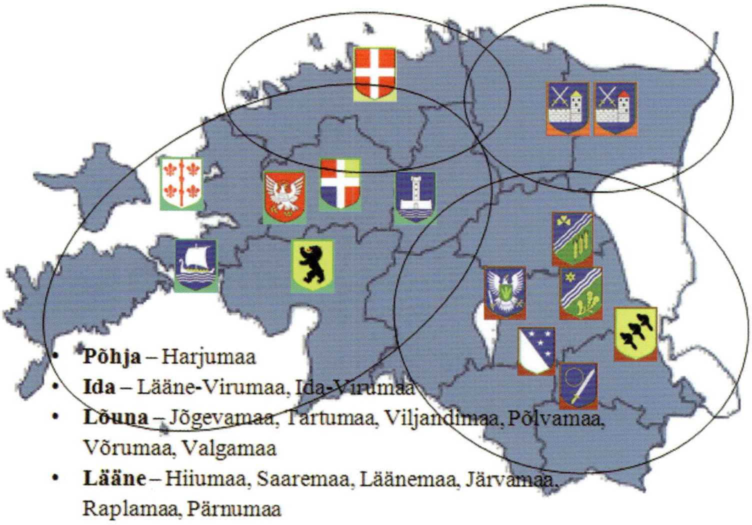

图 2-11 区域救援中心的责任区划分（徽章分别代表 15 个县）

图 2-12 救援局徽章样式

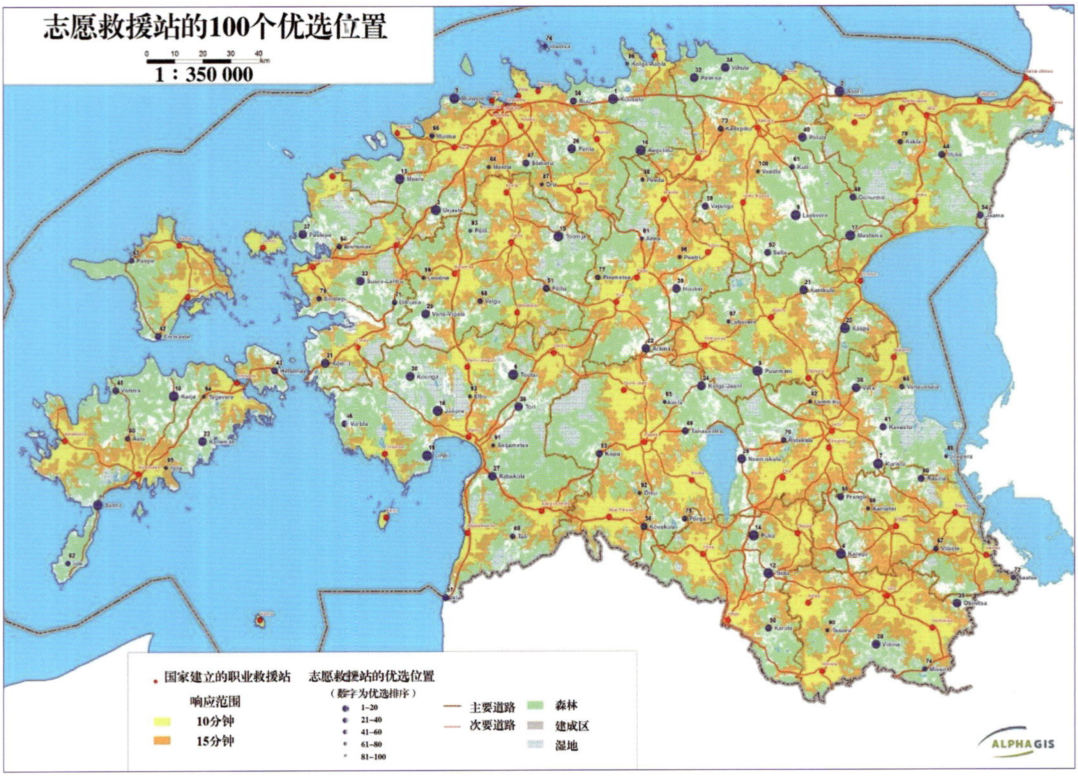

◉ 图 3-3　志愿救援站的 100 个优选位置

◉ 图 3-4　塔林周边的职业救援站和志愿救援站

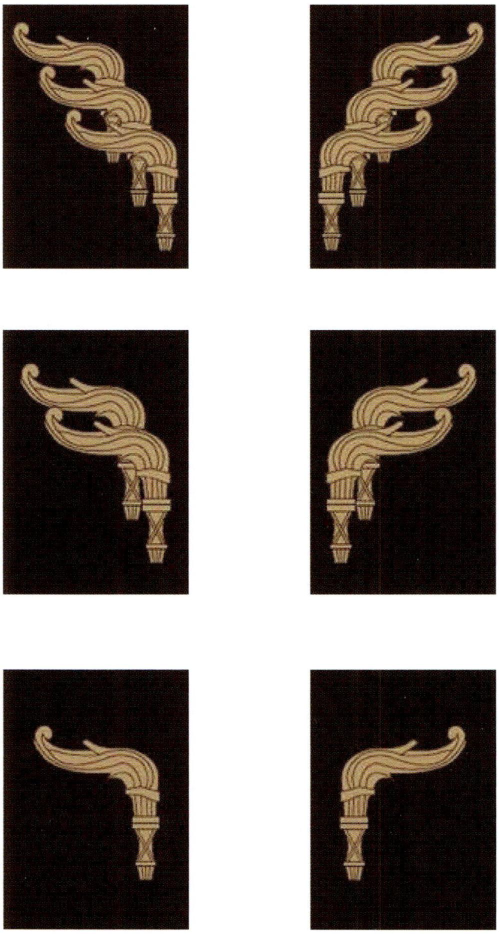

◉ 图 3-7　救援人员的领章

◉ 图 3-8　救援人员的肩章

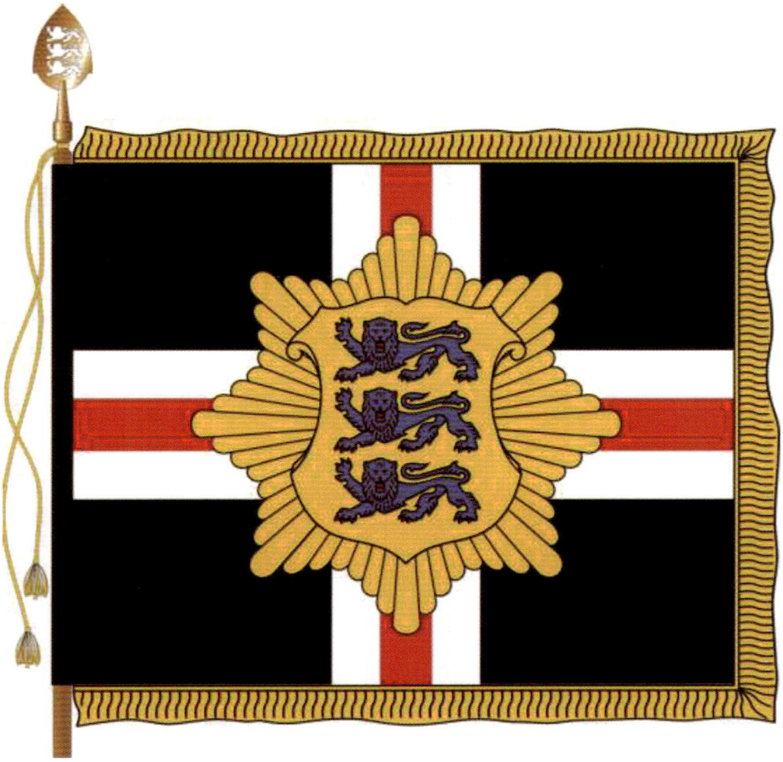

◉ 图 3-9　救援局队旗

◉ 图 3-21　内政学院的徽章

救援服务十字勋章：大金质、金质、银质、普通

拯救生命奖章：左为特等，右为一至三等（绶带上狮子颜色：一等是金色，二等是银色，三等是蓝色）

救援局优异服务奖章：金质、银质

图 3-13　救援服务奖章的样式

◉ 图 3-14　救援局、报警中心和救援学院的臂章（从左至右）

◉ 图 3-15　救援局、报警中心和救援学院的帽徽（从左至右）

消防救援改革发展之路

爱沙尼亚篇

（下册）

司戈 著

中央党校出版集团 大有书局

目录
CONTENTS

第四章　消防安全管理

在恢复独立后的一段时期内，如何处理“救援”与“消防”的关系，是爱沙尼亚救援机构面临的一个微妙课题。随着2010年原《救援法》“一分为二”，分为《救援法》《消防安全法》，“救援”与“消防”的关系基本确定，《救援法》是救援领域的综合性法律，《消防安全法》是消防安全管理的专门法律，救援机构的职责包括监督实施《消防安全法》。

爱沙尼亚高度重视消防安全领域的预防工作，强调“防范胜于救灾”（Alati on nutikam ennetada kui reageerida），并就提高消防监督管理效能进行了持续探索，2021年刚刚完成消防监督管理制度的“三步走”改革，初步构建了社会单位、消防服务机构、救援机构共治的消防安全多元治理格局。在火灾预防方面，坚持“刚柔并济”：一方面，通过宣传教育培训，也就是“柔性”的“软”措施，提高公众的安全意识和能力；另一方面，通过基于风险的监督检查，也就是“刚性”的“硬”措施，依法督促落实消防安全要求。2021年修订《消防安全法》，简化了救援机构与地方政府在建筑许可领域的协作程序，提高了行政效率。

第一节　从“全面覆盖”到“基于风险”的多元消防安全管理

1991年恢复独立以来，消防监督管理一直是爱沙尼亚救援局的重要职责。以2021年全面修订《消防安全法》为标志，爱沙尼亚用30年时间，完成了消防监督管理制度的“三步走”改革：2000年，《救援法》修订时，延续了救援机构对消防安全重点单位“全面覆盖”的传统监督管理模式；2010年，《消防安全法》基于目标管理理论，建立了消防安全自查报告制度，单位的消防安全管理主体责任回归，救援机构开始引入“基于风险”的消防监督模式，启动了社会消防安全管理从“管制型”向“自治型”的过渡进程；2021年，《消防安全法》进行重大修订，全面引入由消防服务机构开展的消防安全检查，初步构建了单位承担消防安全主体责任、专业机构提供消防安全检查、救援机构实施国家监督的消防安全多元治理格局。本节还介绍了爱沙尼亚轻罪制度的立法和执法实践，及其在消防安全领域的运用，并结合2021年《消防安全法》修正案，详细介绍了爱沙尼亚议会对法律草案的三读审查过程。

纵观1991年以来，爱沙尼亚消防监督管理制度“三步走”的变革进程，可以梳理出两条相互交织、互相促进的主线：一条主线是如何落实单位的消防安全责任，可以分为三个阶段——第一阶段，以2000年修订《救援法》为标志，建立了全面覆盖的“管制型”管理制度，将救援机构对消防安全重点单位每年不少于1次的监督检查，作为督促落实消防安全责任的主要甚至唯一可选手段；第二阶段，以2010年《消防安全法》基于目标管理理论，建立的消防安全自查报告制度为标志，从“管制型”管理制度向“自治型”管理制度过渡，单位消防安全管理主体责任全面回归，救援机构通过分析火灾数据和单位提交的消防安全自查报告，开始引入“基于风险”的消防监督模式；第三个阶段，以2021年修订《消防安全法》、全面引入专业机构提供的消防安全检查为标志，针对单位“想管不会管”的突出问题，通过“专业的人做专业的事”，促进提升社会消防安全管理水平，开始构建单位承担消防安全主体责任、专业机构提供消防安全专业服务、救援机构实施国家监督检查的社会消防安全多元治理格局。

另一条主线是如何提高消防监督检查的效能——以2008年围绕《消防安全法》立法开展的研究为起点，救援机构积极探索如何开展“基于风险”的消防监督。2010年《消防安全法》实施后，废止了救援机构对消防安全重点单位每年至少进行1次“全面覆盖”检查的传统消防监督模式；2012年修订《共和国政府组织法》《救援法》，对救援机构的组织架构和职能进行整合重组，顺应全社会对救援服务质量的持续关注，在灭火救援、监督检查等救援工作的全领域，引入“服务导向”的绩效管理模式，救援机构通过对各类建筑、场所的风险辨识、风险分析和风险评价，在风险评估基础上确定监督检查重点，并对单位消防安全自查、专业机构开展的消防安全服务进行监督，发挥了衔接单位、社会、政府多元主体的纽带作用。

1.1 “全面覆盖”的消防监督检查制度

1.1.1 《救援法》修订（2000年）

1991年恢复独立后，爱沙尼亚延续苏联时期做法，一直将消防监督作为救援机构的重要职责。1992年5月25日，撤销国家消防局，整合民防、消防和其他救援力量重新组建国家救援局，根据章程规定，国家救援局的基本职责之一就是“协调实施消防监督”。1994年3月23日议会通过《消防救援法》，在“总则”部分明确规定，消防救援工作由“消防监督”“灭火救援”两方面内容构成。

1994 年《消防救援法》第五章“消防监督”（Tuletõrjejärelevalve）的内容比较简单，只有 3 条。其中，第 26 条“消防监督的实施”规定了消防监督的主体，明确“消防救援机构”（tuletõrje－ja päästeasutused）负责实施消防监督，铁路、海上、内陆水路、航空运输以及地下设施、森林和自然保护区的消防监督，分别由相应的主管部门实施——具有显著的“条线管理”特征。第 27 条“消防监督”规定了消防监督人员的职权和监督措施，包括：检查单位和自然人是否遵守消防安全要求，在检查过程中进入任何建筑和场所；向单位和个人下达《责令整改通知》，督促整改隐患、确保安全；免费获取开展消防监督所需的文件和信息；免费使用国家媒体资源，开展消防救援方面的宣传教育；发现未及时消除火灾危险，对人员生命健康和环境造成威胁的情形，责令部分或全部停业营业，或者禁止使用建筑、房间或设备。第 28 条“消防监督法规”，授权爱沙尼亚政府制定有关消防监督的法规制度。

1998 年修订《消防救援法》并改称《救援法》，对涉及消防监督的条款只做了微调。2000 年 5 月 30 日全面修订《救援法》时，为突出消防监督的国家事权属性，将第五章名称改为“国家消防安全监督”（Riiklik Tuleohutusjärelevalve）并全文重写，新增第 28^{1} 条至 28^{7} 条，细化了消防监督的主体和职责、监督内容和程序、法律文书，构建了比较完善严密的消防监督管理机制。其中，第 28^{3} 条“消防安全检查对象”（Objekti tuleohutusülevaatus）第（4）款规定“相关领域的部长应当批准每年至少进行一次消防安全检查的对象清单。其他对象的消防安全检查频次，由国家消防安全监督部门的负责人确定”，延续了对消防安全重点单位“全面覆盖”的传统监督管理模式。

根据 2000 年《救援法》第 28^{3} 条的规定，同年 8 月 2 日内政部批准《救援机构每年至少进行一次消防安全检查的对象清单》①，见表 4－1，自 10 月 1 日起与修订后的《救援法》同步生效。该清单涵盖了 19 类建筑和场所，包括：10 层及以上的住宅，社会福利机构，酒店等住宿场所，100 个座位以上的餐饮场所，4 层及以上的办公楼和重要办公建筑（银行、政府、法院），规模和危险性较大的商业场所，交通运输场站，停车建筑和 400 个车位以上的停车场，通信导航设施，规模较大和重要的工业建筑，规模和危险性较大的仓储设施，公共娱乐场所，博物馆和图书馆，教育和科研机构，医疗机构，体育建筑，规模较大的农用建筑，容纳 200 人以上的宗教建筑，特殊建筑（警察、边防和救援机构，监狱，防空掩体等）。

① 《救援机构每年至少进行一次消防安全检查的对象清单》（*Objektide loetelu*, *mille tuleohutusülevaatus viiakse päästeasutuste poolt läbi vähemalt üks kord aastas*, *kinnitamine*, RTL 2000, 90, 1388），https：//www. riigiteataja. ee/akt/83163。

表 4-1 救援机构每年至少进行一次消防安全检查的对象清单

（2000 年 10 月 1 日生效）

序号	类别	描述
1	住宅	1.1 10 层及以上的住宅
2	社会福利机构和宿舍	2.1 社会之家 2.2 救助中心 2.3 孤儿院 2.4 青少年康复中心 2.5 寄宿制学校 2.6 残疾人康复中心 2.7 社会康复服务中心 2.8 学生宿舍
3	宾馆及其他住宿场所	3.1 旅馆，酒店 3.2 汽车旅馆，度假屋 3.3 观光农场，游客之家，宿营地，森林小屋（10 个及以上住宿点）
4	餐饮场所	4.1 餐厅，食堂，咖啡馆和酒吧（100 个及以上座位）
5	写字楼和办公建筑	5.1 4 层及以上的办公楼 5.2 银行 5.3 地方政府机构建筑 5.4 国家政府机构建筑 5.5 法院
6	贸易服务机构	6.1 百货商店，购物中心，商店，市场（400 m^2 及以上） 6.2 化学品商店 6.3 药房（400 m^2 及以上） 6.4 展厅 6.5 车辆维修服务站（400 m^2 及以上） 6.6 加油站 6.7 批发仓库（400 m^2 及以上）
7	交通运输机构	7.1 机场和航站楼 7.2 火车机车库 7.3 汽车站和火车站（400 m^2 及以上） 7.4 无轨电车、有轨电车和公共汽车停车场 7.5 客货运码头
8	车库和停车场	8.1 停车建筑 8.2 有人看守的停车场（车位超过 400 个）
9	通信导航机构	9.1 广播、电视信号放大和传输中心 9.2 电话交换站（建筑面积 400 m^2 及以上） 9.3 邮局 9.4 空中交通管制中心

续　表

序号	类别	描述
10	工业建筑	10.1　可燃矿物（油页岩，泥煤等）加工企业 10.2　发电厂（水电、火电） 10.3　化工厂（400 m^2及以上） 10.4　木材等可燃材料加工厂（400 m^2及以上）
11	仓储建筑	11.1　保税仓库（800 m^2及以上） 11.2　工业品仓库（800 m^2及以上） 11.3　集装箱码头 11.4　燃油、可燃气体转输站 11.5　液化石油气充气站 11.6　升降梯 11.7　冷库（800 m^2及以上） 11.8　特殊建筑（包括放射性物质存放设施）
12	公共娱乐设施	12.1　剧院和电影院（200 个座位及以上） 12.2　歌厅 12.3　音乐厅和多用途大厅（300 个座位及以上） 12.4　舞厅、迪斯科舞厅、赌场 12.5　文化中心，社区居民活动中心（200 个座位及以上）
13	博物馆和图书馆	13.1　博物馆，美术馆 13.2　国家和地方政府的图书馆和档案馆
14	教育和研究机构	14.1　学龄前教育机构（托儿所，幼儿园，日托中心，学前班） 14.2　普通教育机构 14.3　职业教育机构 14.4　高等教育机构 14.5　特殊教育学校 14.6　科研机构
15	医院和其他医疗机构	15.1　医院 15.2　综合诊所，药房 15.3　疗养院，泥浴场，隔离所 15.4　医院门诊及社区医疗服务中心 15.5　住院楼 15.6　监狱医院 15.7　血站 15.8　救护站
16	体育建筑	16.1　体育场，体育馆
17	农用建筑	17.1　畜禽养殖场（牛 200 头及以上、猪 400 头及以上、马 20 匹及以上，禽类 1 000 只及以上） 17.2　皮毛动物饲养场（200 头及以上） 17.3　饲料和其他可燃农产品仓库（800 m^2及以上） 17.4　农业机械库（800 m^2及以上） 17.5　处理能力超过 8 t/h 的农产品干燥机械

续 表

序号	类别	描述
18	宗教建筑	18.1 教堂，清真寺，犹太教堂，祈祷室和其他宗教建筑（200 人及以上）
19	特殊建筑	19.1 警察局，边防站和救援站 19.2 羁押场所，监狱，拘留所 19.3 区域供热锅炉房 19.4 防空掩体

上述建筑和场所性质重要，火灾危险性和火灾扑救难度大，其中多数不论规模大小均列入清单，少数按照建筑面积和容纳人数等指标设定了下限，涉及的范围非常广泛。鉴于2000 年的清单过于宽泛，内政部分别于 2003 年、2006 年和 2008 年对清单做了调整①，一方面逐步收缩了范围，另一方面提高了建筑面积等指标的下限，其中 2006 年的收缩幅度最大。到 2010 年 9 月 1 日《消防安全法》生效前，纳入清单的建筑和场所减少为 7 类，包括高层建筑、住宿场所、社会福利机构、科教机构、公众聚集场所（包含商业、交通、娱乐、文博、体育、宗教用途）、重要的工业建筑和通信设施，见表 4－2。

表 4－2 救援机构每年至少进行一次消防安全检查的对象清单

（2008 年 8 月 18 日生效）

序号	用途
1	10 层及以上建筑
2	50 个床位以上的住宿建筑，不含内部安全机构和国防机构所属的住宿建筑
3	24 h 使用的以下建筑： ——残疾儿童福利院 ——孤儿院 ——青少年康复中心 ——普通福利院 ——寄宿制学校 ——残疾人康复中心 ——社会康复服务中心 ——医院
4	教育科研机构： ——学前教育机构（托儿所，幼儿园，学前班） ——初中和高中 ——职业教育机构 ——大学和高等职业教育机构

① 2008 年 8 月 12 日，内政部第 42 号令修订《救援机构每年至少进行一次消防安全检查的对象清单》（RTL 2008，69，991），https：//www. riigiteataja. ee/akt/13015626。

续　表

序号	用途
5	公众聚集场所： ——商业和服务业建筑（1 500 m^2及以上） ——交通设施和建筑（机场、火车站、汽车站、港口建筑）（1 500 m^2及以上） ——公共娱乐场所（剧院、电影院、音乐厅、舞厅、俱乐部、社区活动中心）（1 500 m^2及以上） ——博物馆和图书馆（美术馆、档案馆、研究中心）（1 500 m^2及以上） ——带观众席的体育建筑（1 500 m^2及以上） ——宗教和传统习俗建筑（800 m^2及以上）
6	工业建筑： ——可燃矿物采矿和加工企业（1 500 m^2及以上） ——能源企业（1 500 m^2及以上） ——化工企业（1 500 m^2及以上） ——木材和造纸企业（800 m^2及以上） ——其他加工、生产或储存可燃材料的企业（1 500 m^2及以上） ——燃油等的转输站 ——液化石油气充气站
7	广播、电视信号放大和传输中心（1 500 m^2及以上）

此外，其他负有消防监督职责的部门，也根据职权划分明确了相应的检查对象。2000 年 11 月 2 日，环境部发布林业领域《每年至少进行一次消防安全检查的对象清单》，确定了每年至少检查 1 次的 47 块林地名录；同年 11 月 9 日，道路和交通部发布铁路、民航、航运领域《每年至少进行一次消防安全检查的对象清单》，包括火车站和铁路调度指挥、机车停放修理、货运仓库等生产设施，塔林机场等 5 个民用机场和 Ämari 军民两用机场，港口建筑和设施；同年 12 月 18 日，经济部批准《技术监督机构每年至少进行一次消防安全检查的对象清单》，确定了矿井、市政消防供水设施等 12 类检查对象；2002 年 1 月 4 日，国防部批准《每年至少进行一次消防安全检查的对象清单》，确定了国防军司令部、国防学院、国防联盟总部等 7 类对象①。

一个值得关注的细节是，虽然 2000 年修订《救援法》时将第五章改称“国家消防安全监督”，目的是强调消防安全监督检查的“监督”（järelevalve）属性——类似于英语的 supervision，但内政部多次修订的检查对象清单一直使用“tuleohutu sülevaatus”（消防安全检查）一词——“sülevaatus”的核心词义是“检查”——类似于英语的“in-

① 环境部《每年至少进行一次消防安全检查的对象清单》（RTL 2000，116，1819），https：//www. riigiteataja. ee/akt/83653；道路和交通部：《每年至少进行一次消防安全检查的对象清单》（RTL 2000，120，1878），https：//www. riigiteataja. ee/akt/83717；经济部：《技术监督机构每年至少进行一次消防安全检查的对象清单》（RTL 2000，134，2142），https：//www. riigiteataja. ee/akt/26686；国防部：《每年至少进行一次消防安全检查的对象清单》（RTL 2002，12，130），https：//www. riigiteataja. ee/akt/163290。

spection”，强调的是“仔细查看某物或某人，以确认是否各个方面都符合要求”（the act of looking closely at sth /sb，especially to check that everything is as it should be）[①]，这也从一个侧面说明，当时救援机构的工作重点是具体的“检查”，而非宏观的“监督”。

2000 年到 2010 年的十年间，爱沙尼亚救援机构对列入清单的单位每年至少检查 1 次，类似于我国的重点单位消防监督管理制度。回顾新中国成立以来的消防监督管理发展历程，1957 年，公安部在《关于进一步开展当前防火工作的通报》中，就提到“有意识地选择重点单位，帮助其研究制订具体的防火制度，建立志愿消防组织，开展防火宣传教育，以便培养创造典型，总结经验指导工作”。1963 年，全国消防工作会议印发的《关于城市消防管理工作的规定（试行草案）》中，把消防保卫的重点概括为“四大、六个方面”。“四大”就是“火灾危险性大，发生火灾后政治影响大，经济损失大和人员伤亡大”；“六个方面”就是“一是重要厂矿企业、基建工地、交通通讯枢纽；二是粮、棉、油、百货等物资集中的仓库、堆栈；三是生产、储存化工、石油等易燃易爆物品的单位和部位；四是首脑机关、重要的科学研究、事业单位；五是文物建筑、图书馆、档案馆、陈列馆等单位；六是易燃建筑密集区和经常聚集大量人员的重要场所”。上述原则，成为此后我国各级公安消防部门确定消防监督管理重点的主要遵循。

1998 年 9 月 1 日施行的《中华人民共和国消防法》第十六条规定：“县级以上地方各级人民政府公安机关消防机构应当将发生火灾可能性较大以及一旦发生火灾可能造成人身重大伤亡或者财产重大损失的单位，确定为本行政区域内的消防安全重点单位，报本级人民政府备案。”同年 9 月 30 日，公安部发布施行《消防监督检查规定》（公安部令第 36 号），将消防监督确定为 5 种形式：（1）对消防安全重点单位的定期监督检查，对非消防安全重点单位的抽样性监督检查；（2）对公众聚集场所使用或者开业前和具有火灾危险的大型群众性活动举办前的消防监督检查；（3）对举报、投诉的违反消防法律、法规行为的监督检查；（4）针对重大节日、重大活动和火灾多发季节的消防监督检查；（5）其他根据需要进行的专项监督检查。其中，消防安全重点单位的范围，是发生火灾可能性较大，以及一旦发生火灾可能造成人身重大伤亡或者财产重大损失的单位，并确定了“每季度不少于一次”的检查频次。2002 年 5 月 1 日，《机关、团体、企业、事业单位消防安全管理规定》（公安部令第 61 号）生效，公安部《关于实施〈机关、团体、企业、事业单位消防安全管理规定〉有关问题的通知》（公通字〔2001〕97 号）进一步提出了 11 个方面的消防安全重点单位界定标准。2004 年 9 月 1 日起实施的《消防监督检查规定》（公安部令第 73 号）将消防安全重点单位的检查频次降低为“每半年至

① 霍恩比：《牛津高阶英汉双解词典（第 8 版）》，商务印书馆、牛津大学出版社 2014 年版，第 1089 页。

少组织 1 次”。以下是 1998 年《消防监督检查规定》确定的消防安全重点单位范围：

——商场、市场、宾馆、饭店，体育场（馆）、会堂、公共娱乐场所等公众聚集场所；

——车站、机场、码头、广播电台、电视台和邮电、通信枢纽等重要场所；

——政府首脑机关；

——重要的科研单位、大专院校、医院；

——高层办公楼、商住楼、综合楼等公共建筑；

——图书馆、档案馆、展览馆、博物馆以及重要的文物古建筑；

——地下铁道以及其他地下公共建筑；

——粮、棉、木材、百货等物资集中的大型仓库、堆场；

——发电厂（站）、地区供电系统变电站；

——城市燃气、燃油供应厂（站）、大中型油库、危险品库、石油化工企业等易燃易爆物品生产、储存和销售单位；

——国家和省级重点工程以及其他大型工程的施工现场；

——其他重要场所和工业企业。

对比爱沙尼亚“全面覆盖”的检查对象清单，以及我国 1998 年《消防监督检查规定》确定的消防安全重点单位范围，可以发现两国划定的消防安全重点单位范围非常相似，只有三方面的差异：一是爱沙尼亚将包括住宅在内的所有高层建筑纳入清单，我国只限定于高层公共建筑；二是爱沙尼亚将包括幼儿园在内的所有教育机构均纳入清单，我国只限定于大专院校；三是我国将政府首脑机关、国家和省级重点工程以及其他大型工程的施工现场纳入清单，爱沙尼亚没有相关规定。

不论我国的消防安全重点单位，还是日本提出的“防火对象物”、前苏联的“重要目标”、美国的“危险对象”，乃至爱沙尼亚纳入每年至少检查一次清单的“火灾高危对象”（suurema tuleohuga objektideks），都具有火灾危险性大和容易造成重大人员伤亡、财产损失、社会影响的共同特点，将这些建筑和场所单位作为消防安全监督管理的重点，体现了“抓重点”的共通理念，是有效预防群死群伤和严重财产损失火灾的必然路径选择。但是，在确定工作重点后，采取不同的工作机制和措施，火灾防控的效果和社会成本往往有很大差异。如何适应本国国情特别是经济社会发展阶段，理性选择费效比更高、社会效益更好的监督管理模式，则是对各国消防救援部门智慧的考验。

1.1.2　“全面覆盖”的监督检查实施

2000 年《救援法》修订后，救援机构主要开展 3 种方式的消防安全监督检查：

（1）根据《救援机构每年至少进行一次消防安全检查的对象清单》，对纳入清单的建筑每年至少进行1次检查；（2）对未列入上述清单，但存在火灾风险的建筑和场所进行检查；（3）根据申请开展的监督检查。此外，救援机构结合实施“消防安全之家”（Kodu tuleohutuks）等火灾防控项目，对居民家庭开展入户检查服务，在住宅内推广安装独立感烟报警器，指导整改不安全因素。但救援机构最主要的任务，还是对纳入清单的建筑开展每年至少1次的监督检查，这种检查被形象地比喻为“从地下室到阁楼的检查”，虽然非常彻底，但效果却很有限，只对防控特定建筑的火灾作用较为明显①。表4－3是2008—2011年救援机构开展消防安全检查的情况②，每年实际完成的检查次数均高于计划要求，最高超出21.7%（2009年）。在2008—2011年开展的全部消防安全检查中，对纳入清单建筑的检查占比最高，达到67%—84%。

表4－3　救援机构开展的消防安全检查（2008—2011年）

计划和实际实施的消防安全检查	2008年	2009年	2010年	2011年
计划检查的单位数量	6 004	4 824	4 535	4 352
实际检查的单位数量，其中：	6 459	5 871	5 477	4 987
——每年至少检查一次的消防安全检查次数	5 402	3 939	3 789	—
——对存在风险场所开展的消防安全检查	839	1 624	1 361	4 544
——根据申请开展的消防安全检查	218	308	327	443
“消防安全之家”项目入户次数	508	461	136	111
入户检查独立感烟探测报警器和消防安全要求	—	5 181	3 114	3 164

2012年，爱沙尼亚内政学院的马丁·兰宾（Martin Lambing）撰写硕士学位论文《更加灵活的国家消防安全监管的规划和实施》，对2008—2011年救援机构检查的建筑按用途进行了分类（建筑分类标准，见本章第二节），见表4－4。需要说明的是，之所以纳入2011年的数据，是因为2010年《消防安全法》建立的消防安全自查报告制度是从2012年1月1日起实施的，即2011年仍在延续之前的消防监督模式。由表4－4可见③，救援机构“全面覆盖”监督检查的重点，是第四类用途建筑（教育、商

① 救援局：《安全文化建议（2017年）》（*year book 2017 safety culture advocate*），第37页，https://www.rescue.ee/files/2018-10/pa-aastaraamat-2017-eng.pdf。

② 马丁·兰宾（Martin Lambing）：《更加灵活的国家消防安全监管的规划和实施》（*Riikliku tuleohutusjärelevalve paindlikum planeerimine ja rakendamine*），表2《消防安全检查办公室开展的消防安全检查（2008—2011年）》，爱沙尼亚内政学院硕士学位论文，2012年，第37页，https://digiriiul.sisekaitse.ee/bitstream/handle/123456789/99/2012_Lambing%20.pdf?sequence=1。

③ 《更加灵活的国家消防安全监管的规划和实施》，表3《按建筑用途对消防安全检查对象的分类（2008—2011年）》，第38页。

业等人员密集场所），占全部检查数量的 44.1%；第六类用途（厂房、仓库等工业建筑），占比 24.8%；第一类用途（住宅、公寓等），占比 13.5%；第二类用途（酒店、宿舍等），占比 8.3%；第三类用途（医院、疗养院等），占比 6.0%；第五类用途（办公等），占比 2.7%；第七类用途（车库、停车楼等），占比 0.2%。

表 4－4　按建筑用途对消防安全检查对象的分类（2008—2011 年）

建筑用途	消防安全检查次数及占比				
	2008 年	2009 年	2010 年	2011 年	合计
一类用途（住宅、公寓等）	474（7.5%）	1 258（21.4%）	746（13.6%）	678（12%）	3 156（13.5%）
二类用途（酒店、宿舍等）	751（11.8%）	418（7.1%）	366（6.7%）	409（7.3%）	1 944（8.3%）
三类用途（医院、疗养院等）	352（5.6%）	329（5.6%）	320（5.8%）	390（6.9%）	1 391（6.0%）
四类用途（教育、商业等）	2 898（45.7%）	2 450（41.7%）	2 659（48.5%）	2 287（40.6%）	10 294（44.1%）
五类用途（办公、行政用房等）	262（4.1%）	150（2.6%）	89（1.6%）	139（2.5%）	640（2.7%）
六类用途（厂房、仓库等）	1 576（24.8%）	1 258（21.4%）	1 264（23%）	1 691（30%）	5 789（24.8%）
七类用途（车库、停车楼等）	—	—	—	42（0.7%）	42（0.2%）
特殊建筑（国防设施、监狱等）	32（0.5%）	11（0.2%）	41（0.8%）	—	84（0.4%）
合计	6 345（100%）	5 874（100%）	5 485（100%）	5 636（100%）	23 340（100%）

表 4－5 是对 2008—2011 年发生火灾建筑按照用途的分类①。可见，第一类用途建筑的火灾发生率最高，占全部火灾的 76.1%；其次是第六类用途建筑，占比 11.1%；第四类用途建筑占比 6.2%；之后分别为第二类用途（2.2%）、第七类用途（1.9%）、第五类用途（1.6%）和第三类用途（0.9%）建筑。

① 《更加灵活的国家消防安全监管的规划和实施》，表 4《按建筑用途的火灾分类（2008—2011 年）》，第 39 页。

表 4-5　不同用途建筑的火灾情况（2008—2011 年）

建筑物的用途	火灾起数和占比				
	2008 年	2009 年	2010 年	2011 年	合计
一类用途（住宅、公寓等）	2 172（78.2%）	1 986（76.4%）	1 463（74.6%）	1 438（74.3%）	7 059（76.1%）
二类用途（酒店、宿舍等）	57（2.1%）	77（3%）	36（1.8%）	36（1.9%）	206（2.2%）
三类用途（医院、疗养院等）	11（0.4%）	31（1.2%）	18（0.9%）	22（1.1%）	82（0.9%）
四类用途（教育、商业等）	154（5.5%）	166（6.4%）	124（6.3%）	127（6.6%）	571（6.2%）
五类用途（办公、行政用房等）	36（1.3%）	43（1.7%）	31（1.6%）	37（1.9%）	147（1.6%）
六类用途（厂房、仓库等）	308（11%）	248（9.5%）	248（12.7%）	228（11.8%）	1 032（11.1%）
七类用途（车库、停车楼等）	41（1.5%）	47（1.8%）	40（2%）	47（2.4%）	175（1.9%）
合计	2 779（100%）	2 598（100%）	1 960（100%）	1 935（100%）	9 272（100%）

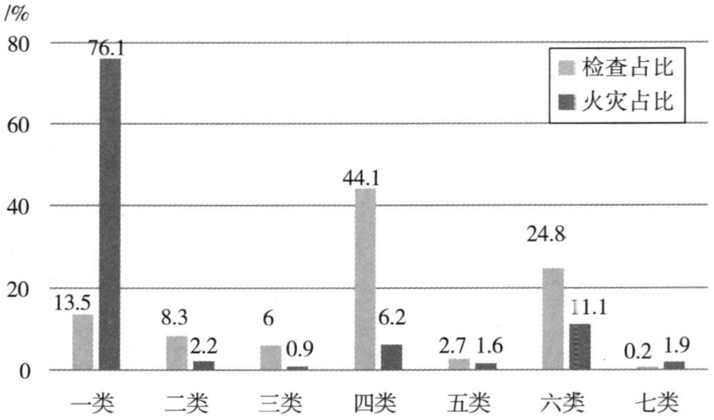

图 4-1　各类用途建筑的消防监督检查占比和火灾占比（2008—2011 年）

由图 4-1（笔者绘制）可见，消防安全检查的重点与火灾高发建筑存在很大“错位”：救援机构对第四、六类建筑的检查占比较高，分别为 44.1% 和 24.8%，第一类建筑占比仅 13.5%。但火灾数据恰恰相反：第一类建筑的火灾发生率达 76.1%，第四、第六类建筑分别为 6.2% 和 11.1%。可见，第一、第四、第六类建筑的消防安全检查，完全没有与火灾发生率关联，基本没有反映现实的火灾问题，缺乏灵活性。比较而言，第二、第三、第五、第七类建筑的消防安全检查率和火灾发生率都较低，处于相对平衡。

总体而言，2008—2011 年，95% 的火灾发生在内政部规定的检查对象范围之外，只有 5% 的火灾发生在每年至少检查 1 次的建筑——这也说明了改进消防监督模式的必要性。

1.1.3 消防安全要求

1994 年《消防救援法》第 21 条提出了“强制性消防安全要求”（Kohustuslik tuleohutusnõue）的概念——为确保消防安全，在法律、法规、规章，以及消防安全规则、标准、技术条件中提出的强制性要求，并在第 23 条规定“应当按照共和国政府规定的程序，制定消防安全规则”。根据上述规定，1995 年 3 月 31 日爱沙尼亚政府发布《编制消防安全规则的程序》[①]，要求相关部门按照职责分工，与内政部协调，分别制定本领域的消防安全规则（Tuleohutus Eeskiri）。根据《消防救援法》第 26 条，具体分工是：国防部负责军事设施，环境部负责林区，经济部负责地下设施，道路和交通部负责铁路、民航和水运，内政部负责制定上述领域之外的消防安全规则。

在随后的约一年时间内，内政部先后批准了《消防安全规则 总则》（TE 1）、《消防安全规则 火灾报警系统的设计安装》（TE 2）、《消防安全规则 初起火灾扑救设备》（TE 3）等 3 部重要的消防安全规则，“TE”是“Tuleohutus Eeskiri”（消防安全规则）的缩写。这 3 部规则初步构建了消防安全管理的基本术语框架，并广泛涉及消防安全监督管理的各领域——既包括单位消防安全管理的责任体系、制度措施、应急程序，也涉及重点场所、建筑、部位和活动的消防安全管理和技术要求，以及火灾报警系统的设计、安装、调试、维护、管理，灭火器等初起火灾扑救设备配备等，兼具“管理制度”与“技术法规”的双重特点。在批准上述消防安全规则的同时，苏联时期的相应法规、标准、规范被废止，标志着爱沙尼亚开始“另起炉灶”，建立自己的消防安全管理法规制度——但从内容看，TE 系列消防安全规则仍有比较明显的苏联时期印记。

在 2010 年 9 月 1 日《消防安全法》生效前，以《消防安全规则 总则》（TE 1）为基础发展而来的《通用消防安全要求》成为消防安全管理的基本依据，其内容侧重于消防安全管理方面的“软件”要求；2005 年 1 月 1 日起，依据《建筑法》制定实施的行政法规《建筑及其局部的消防安全要求》，则涵盖了建筑结构防火、安全疏散、消防设施等建筑消防安全要求，侧重“硬件”要求。

---

① 《编制消防安全规则的程序》（*Tuleohutuseeskirjade väljatöötamise ja kehtestamise kord*, RT I 1995, 38, 507），https://www.riigiteataja.ee/akt/30749。

1.1.3.1 《消防安全规则 总则》(TE 1)

1995 年 6 月 22 日，内政部批准《消防安全规则 总则》(TE 1)[①]，同时废止苏联时期爱沙尼亚内务部制定的《住宅消防安全规则》(1974 年 3 月 27 日)、《旅馆、酒店、露营地、汽车旅馆和宿舍的消防安全规则》(1977 年 4 月 27 日)、《农业设施消防安全规则》(1981 年 1 月 22 日)、《办公建筑消防安全规则》(1984 年 1 月 4 日) 和《避暑小屋、花园小房或园艺合作社消防安全规则》(1989 年 2 月 21 日)，并宣布苏联的以下消防安全管理法规在爱沙尼亚无效：苏联内务部《医院、诊所、药店、幼儿园、孤儿院、疗养院和其他医疗保健场所消防安全规则》(1971 年 6 月 9 日)、《商业和餐饮场所、仓储设施和基地消防安全规则》(1981 年 1 月 6 日)；苏联内务部消防总局《工业企业和文化设施消防安全条例》(1971 年 11 月 15 日)、《工业企业消防安全规则》(1975 年 8 月 21 日)；苏联教育部《普通教育学校、寄宿学校、孤儿院消防安全规则》(1969 年 1 月 3 日)；苏联国家电影局《电影院和电影放映设备消防安全规则》(1984 年 8 月 10 日)。

作为恢复独立后第一部系统的消防安全管理要求，《消防安全规则 总则》共七章、89 条，包括：基本要求，消防安全管理，场地、建筑、设施设备和活动的消防安全要求，初起火灾扑救设备，自动消防设施，消防供水，火灾处置程序，以及《单位消防安全管理手册编写程序》《单位消防安全导则和消防安全演练预案的基本要求》《不相容的危险物质列表》《儿童、学生和住院病人的火灾疏散预案范本》《疏散示意图要求》《访客消防安全提示范本》6 个附件。

在《消防安全规则 总则》的第一部分，强调该准则适用于各类场所和建筑，所有法人和自然人都必须遵守消防安全要求，违者将被视情况追究纪律、行政、民事和刑事责任。第一部分给出了 22 个常用消防安全术语的定义，包括“火灾”(tulekahju)、“自动消防设施”(automaatne tuletõrjevahend)、“疏散”(evakuatsioon)、“安全出口”(evakuatsioonipääs)、“疏散通道”(evakuatsioonitee)、“逃生出口”(hädaväljapääs)、“消防车道”(juurdesõidutee)、“群众性活动”(massiüritus)、“可燃材料”(põlevaine - materjal)、“防烟楼梯”(suitsuvaba trepikoda)、“防火墙”(tulemüür)、“防火间距”(tuleohutuskuja)、“防火分区”(tuletõkkesektsioon)、“耐火结构”(tuletõkketarind)、“消防救援设施”(tuletõrje - ja päästevahend) 等。其中，火灾的定义是：“任何导致财产或其他损失的不可控制的燃烧过程，特征是放出热量或烟雾。”

第二部分“消防安全管理”，包括单位及其员工的消防安全责任、自然人的消防安

---

① 《消防安全规则 总则》(TE 1) (*Tuleohutuseeskirjade üldeeskirja TE 1 kinnitamine Tuleohutuseeskirjad. Üldeeskiri TE 1*, RTL 1995, 48, 0), https://www.riigiteataja.ee/akt/30860。

全义务、消防安全培训与演练、防止未成年人玩火、易燃易爆生产安全等内容。业主或使用人对消防安全负责，应当任命消防安全管理人（tuleohutuse eest vastutavad isik）并确定其具体职责。根据第6条，业主或使用人应当履行以下消防安全责任：

（1）建立消防安全制度；

（2）组织制定和落实消防安全措施，减少工艺过程、生产设备和产品的火灾危险，在发生火灾时确保人员和财产安全，为防止火势蔓延和扑救火灾提供必要条件；

（3）制定针对火灾爆炸、自然灾害、事故灾难、交通事故等的应急预案，以抢救人员生命和财产安全并保护环境；

（4）按要求配备消防救援设备和消防设施，确保完好有效，禁止挪作他用；

（5）按照国家标准设置消防救援设备、疏散逃生路线的标识，划定火灾高危部位和区域；

（6）编制本单位的《消防安全管理手册》；

（7）为易燃易爆危险生产部位，以及人员密集场所编制消防安全导则；

（8）对员工进行消防安全培训，确定培训内容、程序和周期；

（9）在租赁、使用和组织活动等合同中，明确相关各方确保消防安全的义务和责任。

第8条规定了自然人的6项消防安全义务：

（1）遵守所在单位的消防安全制度；

（2）熟悉生产、使用的物质材料燃烧特性及其消防安全要求；

（3）避免可能引起火灾或爆炸的活动；

（4）进行易爆、易燃作业时，使用专用的工具、设备，遵守消防安全要求；

（5）发现火灾，立即报警；

（6）了解发生火灾或其他事故时的义务，掌握基本的报警和灭火救援技能。

第三部分“场地、建筑、设施设备和活动的消防安全要求”，分别就场地、建筑及其附属设施、群众性活动的消防安全提出了要求。在建筑及其附属设施的消防安全方面，强调所有企业、事业单位和组织机构，均应制定人员和财产疏散预案，明确建筑各层的疏散路线，以及发生火灾等灾害事故时报警、组织疏散、初期灭火救援和其他应急救援的分工，并在附录给出了《儿童、学生和住院病人的火灾疏散预案范本》《疏散示意图要求》《访客消防安全提示范本》。这一部分的重点是第55条，列举了23项消防安全领域禁止性行为：

（1）未经消防部门审核同意，重建、改建或变更建筑用途；

（2）阻塞疏散通道；

（3）锁闭安全出口；

（4）在疏散通道使用侧拉门、转门等影响安全疏散的设施；

（5）锁闭通向阳台、连廊和室外疏散楼梯的门和出口；

（6）封闭可用于应急逃生的窗户或者安装栅栏；

（7）在疏散通道使用产生有毒燃烧产物的可燃地毯等装饰材料；

（8）防烟楼梯间的门使用普通玻璃；

（9）员工在生产过程中擅离岗位，生产设备的消防设施故障；

（10）在距火炉0.5米以内或者距烟道1.25米以内的范围内，放置燃料等可燃物；

（11）直接使用可燃液体点燃加热设备用火；

（12）使用临时供电线路（临时维修用电除外）；

（13）使用有缺陷的电线、电缆和电气设备；

（14）使用不合规格的保险丝等电气保护装置；

（15）使用不符合环境条件的电气设备；

（16）使用非标准的电加热和照明设备；

（17）临时用电设备无人看管；

（18）在建筑的地下室、阁楼和技术夹层储存和使用易燃、易爆物质；

（19）在通风机房内存放设备和材料；

（20）在地下室、阁楼以及易燃材料生产储存部位使用明火，使用喷灯等明火解冻管道；

（21）使用可燃溶剂清除污渍；

（22）打开可燃液体容器口后，不及时关闭；

（23）遮挡消防救援设施。

1998年，《消防救援法》修订为《救援法》，修改第21条并废止了第23条。修订后的《救援法》第21条规定，内政部负责制定通用的基本消防安全要求，道路和交通部、经济部、环境部和国防部仍然负责制定本领域的消防安全要求，并应征得内政部同意，如果法律法规对产品、商品或活动的强制性安全要求中包括消防安全要求，相关要求也属于法定要求。根据上述规定，1998年7月3日内政部发布《通用消防安全要求》[①]，自7月22日起生效，同步废止《消防安全规则 总则》。《通用消防安全要求》基本保持了《消防安全规则 总则》的结构，内容进行了提炼压缩，正文共6章、69条，

① 《通用消防安全要求》（*Tuleohutuse üldnõuded*，RTL 1998，226，915），https：//www.riigiteataja.ee/akt/88292。

分别是：基本要求，消防安全管理，场地、建筑、设施设备和活动的消防安全要求，使用电气和加热取暖设施的要求，消防供水管网要求，火灾处置程序。

2000 年 5 月 30 日，议会全面修订《救援法》，同年 10 月 1 日，作为配套措施的《救援机构每年至少进行一次消防安全检查的对象清单》《通用消防安全要求》[①] 与修订后的《救援法》同步生效。2000 年《通用消防安全要求》总体结构和内容与 1998 年版类似，正文部分共 6 章、75 条，最大的变化，是规定纳入清单的对象——也就是消防安全重点单位，除履行其他消防安全职责外，还应当结合生产或活动的特点，分析每座建筑的火灾、爆炸危险，组织编制本单位的《消防安全管理手册》（*Objekti Üldise Tuleohu-Tusjuhend*），报救援机构批准。根据《通用消防安全要求》第 6 条，《消防安全管理手册》应当包括以下 8 方面的内容：

（1）本单位的火灾和爆炸危险；

（2）消防车通道、消防车取水口通道的管理维护要求；

（3）生产、储存和废弃易燃材料的要求；

（4）机动车准入、行驶和停放要求；

（5）吸烟场所和吸烟管理要求；

（6）通信设施、消防救援设备和消防供水系统的维护要求；

（7）员工在火灾时报警、组织疏散、使用消防救援设备的义务，以及与消防救援队伍的配合；

（8）各岗位的消防安全负责人及其任命程序。

出现以下情况，单位应当修订《消防安全管理手册》并重新报审：（1）单位的管理制度、工作环境发生变化；（2）单位发生火灾等灾害事故；（3）相关法律法规发生变化；（4）采用新的消防救援设备。此外，易燃易爆单位应当确定各岗位的消防安全负责人，成立消防安全委员会和灭火救援组织机构，定期检查消防安全要求和措施的落实情况。

2004 年 7 月 15 日内政部一并修订《通用消防安全要求》等 10 部规章。这次修订后的《通用消防安全要求》[②] 实施到 2010 年 9 月 1 日《消防安全法》生效，基本结构未变，仍然是 6 章，附件减少为 5 个：《消防安全培训指南和标准》《不相容的危险物质列表》《儿童、学生和住院病人的火灾疏散预案范本》《疏散示意图要求》《访客消防安全提示范本》。第一章“总则”明确了适用范围是“场地和建筑及其使用活动、设备操作

---

① 《通用消防安全要求》（RTL 2000，99，1559），https：//www. riigiteataja. ee/akt/83361。

② 《通用消防安全要求》（RTL 2004，100，1599），https：//www. riigiteataja. ee/akt/788101。

的通用消防安全要求”，对“火灾”等14个术语进行了定义。与1995年《消防安全规则 总则》（TE 1）相比，“火灾”的定义出现一词之变：1995的定义是“任何导致财产或其他损失的不可控制的燃烧过程，特征是放出热量或烟雾”。2004年的定义是“任何导致财产或其他损失的失去控制的燃烧过程，特征是放出热量或烟雾”。将mittekontrollitav（不可控制）改为kontrollimatu（失去控制），表述更为严谨。2004年的定义沿用至今。

2004年《通用消防安全要求》规定，消防安全责任由“业主或使用人”（omanik või valdaja）承担。此前，1994年《消防救援法》第25条对消防安全责任主体的称谓是“业主和使用人”（omanik ja valdaja），1998年修订时改为“业主或使用人”（omanik või valdaja），2000年和2006年修订《救援法》时，又先后将“业主或使用人”简称为使用人（valdaja）和业主（omanik）。从词义上分析，omanik是指业主、产权人，valdaja是指使用人、占有人，根据爱沙尼亚《物权法》① 第33条的规定，“使用人”是通过租赁、质押等方式，享有某物实际控制权的人。在2010年《消防安全法》施行之前，根据《救援法》第25条、第25¹条的规定，建筑的业主或使用人共同负责按照要求配备和维护消防设施，并明确了具体义务。大多数情况下，建筑的使用人就是业主本身，不会产生争议；但是，如果业主和实际使用人不同，上述关于“业主”的笼统界定，就容易造成两者间消防安全责任不清和“扯皮”：业主认为，建筑使用过程中的消防安全应当由实际使用人负责，实际使用人认为，建筑消防设施的安装、维护应当由业主负责。救援机构在实施消防监督时，为了辨清责任，还要细究产权人、使用人之间的合同约定，降低了行政效率。为解决上述问题，2010年《消防安全法》区分了业主与使用人不同的消防安全责任。第31条、第32条、第36条规定，业主负责建筑消防设施的运行维护，以及为居住建筑配备安装独立感烟报警器、将火灾报警系统报警信号联网发送至报警中心；使用人负责组织消防安全自查——之所以将消防安全自查义务赋予使用人，是因为在业主与使用人不同的情况下，使用人作为实际控制人，对建筑的使用管理负有责任。

《通用消防安全要求》第二章“消防安全管理要求”延续了消防安全重点单位编制《消防安全管理手册》的要求，并保留了对手册内容、修订条件，以及成立消防安全委员会的要求。此外，对1995年《消防安全规则 总则》第6条、第8条进行修订，重新界定了单位和自然人的消防安全责任，明确了所有单位均应履行的消防安全责任：

（1）按照《通用消防安全要求》附件一，组织员工按照规定的内容和程序参加消防安全培训，并定期进行在职消防安全教育；

---

① 《物权法》（*Asjaõigusseadus*，RT I 1993，39，590），https://www.riigiteataja.ee/akt/108122021003。

（2）组织制定和落实消防安全措施，以预防火灾发生、防止火势蔓延、确保人员安全疏散和扑救火灾；

（3）按照《通用消防安全要求》附件三、四、五，制定火灾和其他灾害事故的人员疏散和环境保护预案，每年至少组织 1 次全体员工、学生参加的演练，确保做好应急准备；

（4）按照要求安装配备救援设施，做好检查维护，确保完好有效；

（5）遵守其他消防安全规定和国家消防监督人员提出的要求。

自然人应当履行以下消防安全责任：

（1）遵守所在单位的消防安全制度；

（2）熟悉使用、加工、制造、储存的物质或材料的易燃易爆特性及其消防安全要求；

（3）使用设备时遵守安全说明，发生火灾或爆炸时听从消防安全负责人的指挥；

（4）使用明火或吸烟时采取防止发生火灾的措施，不进行可能引起火灾或爆炸的活动；

（5）将火柴和其他引火物放置在未成年人接触不到的位置，确保未成年人远离易燃易爆设备，不得让未成年人在没有成年人监护的情况下，使用可燃材料和电气设备、取暖设备、篝火等；

（6）清楚发生火灾或者其他灾害事故时的义务，会使用所在单位的通信和救援设施；

（7）发现火灾或其他灾害事故，立即报警并通知单位的相关管理人员。

1.1.3.2　《消防安全准则火灾自动报警系统的设计和安装》（TE 2）

1995 年 6 月 29 日，在批准《消防安全规则 总则》（TE 1）一周后，内政部批准《消防安全准则 火灾自动报警系统的设计和安装》（TE 2）①，自 10 月 1 日起施行，同时废止苏联有关火灾自动报警系统设计安装的技术规范。作为火灾自动报警系统（Automaatne Tulekahjusignalisatsioonisüsteem，ATS）设计、安装的强制性要求（kohustuslikud nõuded），TE 2 共 12 章，包括：总则、定义、设计、火灾报警器选择、火灾报警器安装、火灾报警按钮、警报装置、控制中心、电源、位置图示、系统安装、向报警中心传输火警信号——可以说，是糅合了设计规范、施工安装验收规范、使用管理规定的“综合体”。TE 2 以常规的技术性要求为主，此外，有三方面的特点值得关注：一是在

① 《消防安全规则 火灾自动报警系统设计安装》（TE 2）（RTL 1995，48，0），https：//www. riigiteataja. ee/akt/30872。

“总则”部分规定，救援机构可以根据具体建筑的实际情况，放宽相关要求或者提出更严格的要求；二是首次提出，火警自动报警系统的设计、安装，必须由取得资格的人员（setifikaati omav projekteerija ja paigaldaja）承担，相关产品必须经过认证；三是设置专章“向报警中心传输信号”，要求单位将消防控制中心收到的火警和故障信息自动传输到当地救援机构的报警中心。

1998 年，在《消防救援法》修订为《救援法》时，对第 25 条进行了修改，授权内政部部长就消防救援设备的性能和安装、维护要求，以及初起火灾扑救设备、消防安全标志的配置标准制定规章。根据上述规定，1998 年 7 月 1 日，内政部发布实施《火灾报警系统要求》①，同步废止 1995 年《消防安全准则 火灾自动报警系统的设计和安装》。1998 年《火灾报警系统要求》的结构更加系统，正文部分共 7 章，分别就火灾报警系统的基本要求、设计、安装、调试、使用、维护等环节提出了要求，并设立专章，首次引入独立火灾报警设施（Autonoomse tulekahjusignalisatsioon）——在同一设备内包含火灾探测和声音警报部件，由电池或外部电源供电的火灾报警装置，分为 3 种安装形式：（1）独立型，每个火灾探测报警器只在其安装的位置发出火灾警报；（2）联网型，一组火灾探测报警器相互关联，1 个启动全部报警；（3）联动型，一组火灾探测报警器相互关联，1 个启动全部报警，并可以联动控制相关的消防设备。

1998 年《火灾报警系统要求》第一章“总则”给出了相关术语的定义，要求火灾自动报警设备必须经过认证，设计、安装和操作必须符合相应的电气安全规定。第二章“火灾报警系统的设计”包括探测区域划分，火灾探测器选型、报警按钮、消防控制室、电源、设计文件构成等内容；第三章“火灾报警系统的安装”包括探测器及线路的安装和保护要求，专门要求在消防控制室门外设置“**火灾报警系统**”（TULEKAHJUSIGNALISATSIOONISÜSTEEM）的明显标志，施工安装单位应当准备“报警平面图”，列表详细标注报警区域划分、联动控制的灭火和防排烟设备、报警按钮分布，以及消防控制室位置等信息。

第四章“火灾报警系统的调试”规定，系统安装后、用户验收前，施工安装机构应当会同具备相应资格的人员检查系统运行情况。火灾报警系统验收，由施工安装机构、业主和当地救援机构三方共同参加，包括三方面内容：一是查阅设计和施工文件，二是检查系统外观并评估是否符合设计要求，三是进行系统运行测试，包括模拟火灾测试。验收合格的，填写火灾报警系统交接书，在三方见证下履行业主接收程序，施工安装机构应当向业主提供系统使用维护说明、施工图等相关资料。

---

① 《火灾报警系统要求》（*Nõuded tulekahju - signalisatsioonisüsteemidele*，RTL 1998，220，880），https：//www.riigiteataja. ee/akt/88255。

第五章“火灾报警系统的运行”规定，业主必须聘请具备相应资格的人员负责火灾报警系统值班操作（未要求双人值守），详细填写系统运行记录。

第六章“火灾报警系统的维护”强调，火灾报警系统验收后，无论建筑是否投入使用，均必须定期进行维护检查，确保系统正常运行。业主必须与火灾报警设备生产企业或者具有相应维保资质的机构签订协议，明确系统出现故障时的到场维修时限，并在消防控制室的显著位置标明维保机构的名称和联系方式。此外，分别明确了日检、月检、季检、年检的要求：（1）日检，必须检查火灾报警控制器工作是否正常，及时将故障信息录入值班日志并通知维保机构；确认前一日的故障均已排除；检查打印机工作是否正常。（2）月检，必须检查电源运行是否正常；通过模拟火灾，测试系统的联动功能（每月必须对不同探测区域进行联动测试）。（3）季检，必须检查值班日记并核实相关措施是否落实，检查备用电源，检查火灾报警控制器的报火警、报故障和其他辅助功能，完成产品说明中指定的定期检查内容，检查建筑使用过程中是否存在影响火灾探测器、报警按钮和警报装置正常运行的变化。（4）年检，按照产品说明对系统运行情况进行全面检查，检查火灾探测器、报警按钮、警报装置和线路连接是否完好，检查所有备用电源是否完好，编制年检报告提交给业主。

2000 年 9 月 13 日，内政部修订《火灾报警系统要求》①，简化了火灾报警系统维护机构的定期检查频次，只保留了季检和年检，其他检查由值班操作人员承担。2002 年 6 月 7 日，内政部再次修订《火灾报警系统要求》②，重点是增加了火灾报警系统向报警中心自动传输火警和故障信息的要求（类似于我国的消防远程监控系统），规定在医疗、护理和儿童福利机构，如果火灾报警控制器接收到火警和故障信息 1 min 后，值班人员未做任何操作，则系统应当通过专门的传输系统，将上述信号自动传输到报警中心；如果火警信号源于手动报警按钮，则无需延迟，直接发送到报警中心。此后，内政部又分别于 2003 年、2004 年、2005 年和 2009 年局部修订《火灾报警系统要求》，将火灾报警系统向报警中心传输火警和故障信号的延迟时间，从 2002 年规定的 1 min 延迟到 3 min。2010 年 9 月 1 日《消防安全法》施行后，内政部配套制定《火灾自动报警系统要求和必须将火警信号传输到报警中心的建筑》，并于 2013 年和 2021 年做重大修订，相关内容下文详述（本章 1. 2. 3. 8）。

① 《火灾报警系统要求》（RTL 2000，116，1822），https：//www. riigiteataja. ee/akt/26587。

② 《火灾报警系统要求》（RTL 2002，78，1202），2003 年、2004 年、2005 年和 2009 年局部修订，最终版本：https：//www. riigiteataja. ee/akt/13122676。

1.1.3.3 《消防安全准则 初起火灾扑救设备》(TE 3)

1996 年 5 月 14 日，内政部批准《消防安全准则 初起火灾扑救设备》（TE 3）①，该规定主要适用于手提式灭火器、小型消火栓、消防沙箱、消防储水箱和灭火毯等供建筑内部人员使用的初起火灾扑救设备，并于 1998 年 6 月 30 日进行修订，改称《初起火灾扑救设备的要求和配置标准》②。

手提式灭火器（kantav tulekustuti），是指总质量不超过 20 kg 的移动式灭火器具。《初起火灾扑救设备的要求和配置标准》规定了手提式灭火器的配置标准、灭火性能和维护管理要求——其内容，基本相当于我国《建筑灭火器配置设计规范》（GB 50140）和《建筑灭火器配置验收和检查规范》（GB 50444）的结合。按照当时的火灾分类标准，手提式灭火器分为 A 类（用于固体可燃物火灾）、B 类（用于油类和易于熔化固体火灾）、C 类（用于气体火灾）和 D 类（用于金属火灾）；按照灭火药剂，分为泡沫灭火器、水基灭火器、干粉灭火器、二氧化碳灭火器和卤代烷灭火器。如果被保护场所设置了自动灭火系统，手提式灭火器的配置数量可以减少 50%；如果设置了水带直径大于 36 mm 的消火栓系统，手提式灭火器的配置数量可以减少 25%。此外，《初起火灾扑救设备的要求和配置标准》规定，应当由具备相应资格的人员每 2 年至少对灭火器进行 1 次检查。

小型消火栓（väike tuletõrjekraan），是指水带管径不超过 30 mm、长度不超过 30 m，流量大于 1.7 L/s 的消防软管卷盘，应当符合爱沙尼亚标准 EVS－EN 671《固定消防系统 消防水带系统 第 1 部分：半刚性软管卷盘》（*Paiksed tulekustutussüsteemid Voolikusüsteemid Osa* 1：*Pooljäiga voolikuga voolikupoolid*）的要求。消防软管卷盘的平面布置，应当能够保证建筑内任何部位都可以被 1 支软管卷盘喷枪的充实水柱覆盖。

消防沙箱（kast liivaga）应当储存不少于 0.1 m^3 的沙子，或者其他可用于扑救火灾的散装不燃烧材料物质，箱体涂刷为红色，设置在建筑室外并应采取防止进水的措施，附配至少 1 把铁锹。消防储水箱（anum veega）是容积不少于 0.15 m^3 的金属容器，外观红色并附配至少 1 个水桶，不得放置在可能结冻的位置。灭火毯（tulekustutusvaip）是面积不小于 1.5 m^2 的不燃烧材料织物，应当符合爱沙尼亚标准 EVS－EN 1869《灭火毯》（*Tulekustutusvaibad*），平时存放在生产厂家提供的包装内，在工业和民用建筑均适用。

2009 年 12 月 7 日，内政部发布《手提式灭火器和消防软管卷盘的要求》③，同时废止 1998 年《初起火灾扑救设备的要求和配置标准》。这次修订有两个特点，一是根据国

① 《消防安全准则 初起火灾扑救设备》（*Tuleohutuseeskiri TE* 3 *Esmasea tulekustutusvahendid*，RTL 1996，57，361），https：//www.riigiteataja.ee/akt/31229。

② 《初起火灾扑救设备的要求和配置标准》（RTL 1998，220，875），https：//www.riigiteataja.ee/akt/88250。

③ 《手提式灭火器和消防软管卷盘的要求》（RTL 2009，92，1340），https：//www.riigiteataja.ee/akt/13241907。

际标准化组织 ISO 3941：2007《火灾分类》，增加了适用于 E 类（物体带电燃烧的火灾）和 F 类（烹饪器具内动植物油脂等烹饪物火灾）火灾的灭火器；二是删除了之前有关消防沙箱、消防储水箱和灭火毯的内容，只保留了对手提式灭火器和消防软管卷盘的要求。

2010 年 9 月 1 日，《消防安全法》生效后，内政部制定《灭火器和软管卷盘的要求，及其选择、安装、标识和维护要求》[①]，经 3 次修订，适用至今。根据该要求，"大型厨房"（Suurköök）应当至少配备 1 个 2 L 的 F 类手提式灭火器。《灭火器和软管卷盘的选择、安装、标识和维护要求》将灭火器维护检查分为两类：第一类，是业主每季度进行的"目测检查"（vaatlus），主要查看灭火器是否放置在指定位置，是否被遮挡、使用说明的文字是否清晰，外观是否有明显损坏，压力表指针是否处于绿区，密封件是否完好。第二类，是按照产品说明确定的频次进行"专业检查"（kontrollimine），如果产品说明未规定检查频次，配置场所潮湿、振动或温度波动较大的，每年检查 1 次；配置在干燥、温度稳定位置的，每 2 年检查 1 次。对于贮气瓶式灭火器，主要检查以下内容：铭牌文字是否清晰可读、对贮气瓶称重并检查标签、灭火剂类型、阀门和密封件、软管连接等。对于贮压式灭火器，主要检查以下内容：铭牌文字是否清晰可读，提把、开启机构和阀门、密封件，压力，称重（二氧化碳灭火器），干粉的流动性，软管和筒体外观等。

根据《灭火器和软管卷盘的要求，及其选择、安装、标识和维护要求》，应当按照产品说明确定灭火器的维修频次，如果产品说明没有规定，水基和泡沫灭火器每 5 年维修 1 次，其他灭火器每 10 年维修 1 次。灭火器维修包括以下内容：清空灭火器并检查筒体内部、检查部件的完整性并更换损坏零件、按照生产厂商说明更换充填灭火药剂、对筒体和贮气瓶进行压力试验、检查压力表、在贮气瓶和贮压式灭火器的筒体外加贴维修标签、进行密封和充压等。

1.1.3.4　内政部制定的其他消防安全要求

除 TE 系列的 3 部消防安全规则，以及由其发展的消防安全要求外，2000 年前后，内政部先后制修订多部有关消防安全管理和技术要求的规章，比较有代表性的是 1998 年 6 月 18 日制定的《消防安全标志的要求及其配置标准》及其 2010 年修订版《消防安全标志》[②]，以及 9 月 12 日、13 日制定的《应急照明系统要求》《消防供水设备要求》[③]。

---

① 《灭火器和软管卷盘的要求，及其选择、安装、标识和维护要求》（RT I 2010，61，444），现行版本：https：//www. riigiteataja. ee/akt/110022016004。

② 《消防安全标志的要求及其配置标准》（RTL 1998，214，841），https：//www. riigiteataja. ee/akt/88182；《消防安全标志》（*Nõuded tuleohutusmärkidele*，RTL 2000，98，1543），https：//www. riigiteataja. ee/akt/83344。

③ 《应急照明系统要求》（RTL 2000，101，1586），https：//www. riigiteataja. ee/akt/83390；《消防供水设备要求》（RTL 2000，101，1587），https：//www. riigiteataja. ee/akt/83391。

《消防安全标志》将消防安全标志（Tuleohutusmärk）分为4类：易燃易爆危险场所的警告性标志、禁止从事火灾爆炸危险活动的禁止性标志、火灾和其他紧急情况的疏散逃生标志、消防救援设备的指示性标志，并规定了标志的安装位置、间距，要求消防安全标志应当符合爱沙尼亚标准 EVS 620 – 2《消防安全 第二部分：安全标志》，并通过产品认证。

《应急照明系统要求》将应急照明细分为疏散照明、防恐慌照明和备用照明3类，并就设计、维护、操作提出了要求，规定应急照明系统的安装应当符合爱沙尼亚标准 EVS – EN 1838《照明设备 应急照明》。此后，多次调整应急照明系统的术语和分类。根据2021年修订的现行《建筑消防安全要求》，“应急照明”（Evakuatsiooni valgustus）分为4类：疏散照明、防恐慌照明、备用照明和安全标志照明。其中，“疏散照明”（Väljapääsutee valgustuseks）是在紧急情况下，供现场人员迅速确定疏散通道、消防救援设施和急救设备位置，并安全使用的照明设施。根据建筑或场所特点，对疏散照明时间提出了差异化的要求。以下建筑、场所或部位的疏散照明时间不小于1 h：（1）11个房间及以上的住宿建筑；（2）日间使用的社会福利机构、门诊建筑；（3）人员密集场所，不含50个座位以下、面积不超过300 m^2，且有直通室外出口的单层餐饮建筑；（4）疏散通道；（5）同时工作人员超过50人的厂房和仓库；（6）300 m^2以上的办公建筑；（7）超过1 000 m^2的非货运类车辆的车库或者停车场。以下建筑和场所的疏散照明时间不小于1.5 h：（1）全天使用的社会福利机构、医疗建筑和羁押场所；（2）有国际航线的机场、码头建筑；（3）9层及以上建筑（不含住宅建筑）；（4）多层地下车库、停车场或其他多层地下建筑。“防恐慌照明”（Paanikavastase valgustus）的目的，是在火灾等紧急情况下，避免大空间或相对封闭部位内的人员恐慌，确保安全顺利找到安全出口和疏散通道，连续照明时间不少于1 h。以下建筑和场所，应当安装防恐慌照明：（1）同一时间使用人数10人以上或者面积超过60 m^2的大空间厅室或者开放区域；（2）面积超过10 m^2的卫生间、更衣室（不包括住宅内的卫生间、更衣室）；（3）供残障和其他行动不便人员使用的卫生间、更衣室（不包括住宅内的卫生间、更衣室）；（4）自动扶梯、自动人行道；（5）公共桑拿浴房。“备用照明”（Ohtliku tööpiirkonna valgustus），是在火灾等紧急情况下仍需工作部位的照明，目的是确保从事危险作业或者消防等应急操作人员的安全，如消防控制室、消防水泵房等消防设备机房，以及需要控制生产工艺设备安全停车的操作间、控制室等。“安全标志照明”（Ohutusmärk valgustus），是为确保安全标志清晰可见而设置的应急照明，安全标志包括安全出口、疏散方向等与安全有关的标志。

《消防供水设备要求》规定了消火栓的选型、安装、标识和维护要求。该规定将“消火栓”（tuletõrjehüdrant）定义为“从供水管网抽取消防用水的固定设施”，分为地上消火栓、地下消火栓和墙壁式消火栓，均应符合爱沙尼亚标准 EVS 620－3《消防救援设备 消火栓》。需要强调的是，爱沙尼亚的“墙壁式消火栓”（seina tuletõrjehüdrant）不同于我国的建筑室内消火栓，是安装在建筑外墙、供水接口面向室外的消防供水设备，用于替代地上或地下消火栓。爱沙尼亚也将开启消火栓阀门的扳手称为“消火栓钥匙”（tuletõrjehüdrandi võti），将符合 EVS 620－3 的消火栓称为“T”型消火栓，将符合欧盟标准的消火栓称为“E”型消火栓，目前爱沙尼亚还在大量使用双栓口的“莫斯科型”（Moskva tüüp）和“列宁格勒型”（Leningradi ventiiliga tüüp）消火栓。

根据《消防供水设备要求》，由于冬季寒冷多雪，爱沙尼亚优先选用地上消火栓，且必须采用厚度不小于 50 mm，导热系数不高于 0.035 W/（m·K）的聚氨酯泡沫或其他等效绝缘材料，对消火栓的地下部分进行防水防潮处理。消火栓的安装位置应当距离建筑外墙 1.5 m 以上，距离路边石不超过 2.5 m，并在 20 m 范围内安装高度为 2.5 m 的标识牌，标明消火栓的类型、位置和供水管道直径。自来水公司负责消火栓及其标牌的检查维护，并可邀请救援人员共同参加。每 2 年至少对所有消火栓检查一遍，重点检查消火栓的技术条件是否符合要求，标识牌信息是否准确，在室外温度高于 0 ℃的情况下进行放水试验，一并检查供水立管的泄水排空情况。所有检查均应形成记录，对于检查和使用过程中发现的消火栓故障，自来水公司应当在 1 个月内予以修复。未经自来水公司同意，不得将消火栓用于与灭火救援无关的用途。每月 15 日之前，救援机构应当将上月使用消火栓的情况，以及在使用中发现的消火栓故障通报自来水公司。自来水公司或者消火栓所在供水管道的管理单位如需进行维修作业，应当事先通知救援机构。

此外，内政部还在 1998 年 6 月 18 日制定《自动灭火、防雷和防烟系统的要求》①，该规章仅 2 条，并无实质性内容，只是规定在爱沙尼亚制定相关规定之前，业主委托建筑设计时，应当要求按照国外标准（包括专业协会的标准）进行灭火、防雷和防烟系统设计，并向救援局说明引用的国外标准，由设计人员承诺相关设计符合所引用的国外标准。这是在尚未制定相关标准要求背景下的无奈之举。

2004 年 11 月 5 日，内政部通过第 64 号令，决定自 2005 年 1 月 1 日起废止《自动灭火、防雷和防烟系统的要求》《消防安全标志》《应急照明系统要求》②，与之衔接的，是 2005 年 1 月 1 日起施行的行政法规《建筑及其局部的消防安全要求》。2005 年 1 月 1 日是爱沙尼亚消防安全管理法规体系发展的重要时间节点，此后，与建筑消防安全

① 《自动灭火、防雷和防烟系统的要求》（RTL 1998，214，842），https：//www.riigiteataja.ee/akt/88184。
② 《废止部分内政部规章》（RTL 2004，145，2188），https：//www.riigiteataja.ee/akt/815717。

有关的“硬件”要求，主要纳入依据《建筑法》制定的《建筑及其局部的消防安全要求》，及其后续的《建筑消防安全要求》；有关消防安全管理的“软件”要求，则主要由内政部制定的相关规章调整。当然，这一发展过程也涉及消防救援主管部门（内政部）与建筑主管部门（经济和基础设施部）的职责划分与协调配合。相关内容，见本章第二节。

1.1.3.5 相关部门制定的消防安全要求

根据《救援法》第25条第（2）至（5）款的规定，1998年环境部制定《林区消防安全要求》，道路和交通部制定《铁路运输消防安全要求》《民用航空消防安全要求》，2000年国防部制定《国防军消防安全要求》，2003年经济和通信部制定《地下建筑消防安全要求》，见表4－6（笔者整理）。

表4－6 相关部门制定的消防安全要求

部门	消防安全要求名称	通过时间和部令编号
环境部	林区消防安全要求	1998年6月15日，第46号令
道路和交通部	铁路运输消防安全要求	1998年7月30日，第45号令
道路和交通部	民用航空消防安全要求	1998年12月24日，第69号令
国防部	国防军消防安全要求	2000年1月10日，第1号令
经济和通信部	地下建筑消防安全要求	2003年2月17日，第38号令

《民用航空消防安全要求》① 适用于民用航空机场和通用航空机场，相关内容参照了国际民用航空组织（ICAO）制定的《机场服务指南 机场维护》（9137－AN/898 Part 9），自1999年1月1日起实施。按照国际民用航空组织的统一标准，《民用航空消防安全要求》根据航空器规模（机身全长、机身最大宽度）以及运行次数，划分了机场的消防保障等级，见表4－7。如果机场最高类别航空器在最繁忙的连续3个月内起降架次少于700架次，在1998年底之前，可以将消防安全保障等级降低2级，在2000年1月1日起降低1级。不同消防安全保障等级的机场，应当配备相应数量的消防救援车辆，以及A类、B类泡沫和二氧化碳、干粉、卤代烷灭火剂，因为当时爱沙尼亚没有达到10级消防安全保障等级的机场，故《民用航空消防安全要求》只对1—9级机场的消防救援车辆和灭火药剂配备提出了要求。此外，《民用航空消防安全要求》还对民用航空器内灭火器的配置提出了要求。

① 《民用航空消防安全要求》（RTL 1999，2，25），https：//www. riigiteataja. ee/akt/89551。

表 4-7　民用航空机场的消防安全保障等级和消防救援车辆配备

消防安全保障等级	机身全长（m）	机身最大宽度（m）	消防救援车辆最低配备数量（辆）
1	0—9	2	1
2	9—12	2	1
3	12—18	3	1
4	18—24	4	1
5	24－28	4	1
6	28—39	5	2
7	39—49	5	2
8	49—61	7	3
9	61—76	7	3
10	76—90	8	

1.2　消防安全自查报告制度

2010 年 9 月 1 日，由《救援法》“一分为二”的《救援法》《消防安全法》生效。作为恢复独立后消防安全领域的首部专门法，《消防安全法》聚焦于识别和消除火灾风险、预防和减少火灾危害，建立了消防安全责任和国家消防安全监督的统一法律框架。其重要意义在于，适应当时爱沙尼亚社会对救援服务质量（包括消防监督和灭火救援）持续关注的大背景，对“全面覆盖”的传统消防监督模式进行重大改革，建立了消防安全自查报告制度，以及与之配套“基于风险”（riskipõhiselt）的消防监督模式。

虽然 2013 年塔尔图大学发布的《偏远地区灾害预防、监督、救援服务的权重和模型》认为[①]，2010 年之前救援机构对消防安全重点单位“全面覆盖”的检查也属于“基于风险”的检查——这一观点在一定程度上是成立的，因为纳入检查范围的建筑和场所，确实火灾危险性更高、火灾危害更严重。但是，主要根据建筑用途确定的“重点单位”范围过于宽泛，没有体现建筑和场所的个体风险特征，而且“每年必查”的“确定性”，使纳入检查范围的单位对救援机构产生依赖，客观上导致了单位消防安全主体意

① 2013 年，塔尔图大学社会学科应用研究中心（Tartu Ülikooli sotsiaalteaduslike rakendusuuringute keskus, RAKE）：《偏远地区灾害预防、监督、救援服务的权重和模型》（*Abikaugetes piirkondades päästealase ennetustöö, ohutusjärelevalve ning päästetöö teenuste optimaalsete osakaalude määratlemine ja sellealase planeerimismudeli väljatöötamine*），第 32 页，https：//www. siseministeerium. ee/en/media/306/download。

识的弱化。通过对爱沙尼亚消防监督制度变迁的全面研究，笔者认为，2010 年之前的消防监督仍然属于传统模式，2010 年《消防安全法》才是引入“基于风险”的消防监督模式的标志。

2010 年《消防安全法》的最大贡献，就是以目标管理理论为支撑，构建了消防安全自查制度，及其配套的消防安全自查报告制度。消防安全自查（Tuleohutuse Enesekontrollile），是所有单位的普遍义务，即各类法人、机构、团体等单位均应自行核查建筑、场地和设备是否符合消防安全要求，评估员工是否掌握相应的消防安全知识技能，采取措施整改消除问题隐患，以确保人员安全，预防火灾并减轻火灾危害。消防安全自查报告（Enesekontrolli Tuleohutusaruanne），是在所有单位全面开展消防安全自查的基础上，要求规模较大、危险性较高的单位必须编制自查报告并提交救援机构。2010 年《消防安全法》废止了救援机构每年对消防安全重点单位至少进行 1 次检查的传统消防监督模式，救援机构不再承担开展“全面覆盖”式检查的责任，而是根据监督检查工作计划，对单位遵守消防安全要求的情况进行监督，处罚违法行为并督促整改，同时开展灾害预防和宣传教育工作。救援机构制定消防安全监督检查工作计划时，主要考虑区域特点、建筑火灾风险评估结论、消防安全自查报告、火灾自动报警系统向报警中心传输的信息，以及历史火灾数据等因素。

1.2.1 “目标管理”与消防安全自查

1.2.1.1 目标管理理论的引入

《消防安全法》立法过程中，围绕建立消防安全自查制度的可行性，内政部救援和危机管理政策司委托消防安全专家赖特·普克（Rait Pukk）进行了专题论证，并于2008 年发布研究报告《实施消防安全自查制度的影响分析》①。该报告分析了此前消防监督管理制度存在的问题，应用目标管理理论，借鉴瑞典 2004 年以来实施的消防安全自查制度，对 3 类典型企业进行了访谈，分析了实施消防安全自查制度的可行性、社会效益、可能遇到的问题，列举了必要的准备工作。

1954 年，美籍奥地利裔管理学家彼得·F. 德鲁克（Peter F. Drucker）在《管理实践》一书中首次提出目标管理（Management by Objectives，MBO），该理论经过不断发展，已成为现代管理学理论体系的重要组成部分。所谓“目标管理”，就是以组织目标为导向、以组织成员的自我控制为核心，以工作绩效为标准的现代管理方法。目标管理

① 赖特·普克（Rait Pukk）：《实施消防安全自查制度的影响分析》，https：//siseministeerium. ee/media/301/download。

的鲜明特点，是全面运用了行为科学理论，一方面，强调管理的目标导向——德鲁克认为，并不是有了工作才有目标，恰恰相反，是有了目标才能确定每个人的工作——作为结果导向的管理模式，目标管理理论要求组织成员紧紧围绕组织目标，确定各自的分目标，把完成目标作为使命，这种“参与式管理”（participative management）是目标管理的一大优势。另一方面，目标管理理论强调管理过程中的“内部控制”（self - control），也就是激发组织成员的内在动机，用组织成员的自我控制管理，代替外界威权式的压制监督，让组织成员通过比较工作结果与组织目标，评估工作绩效，指导改进工作，从而实现自我控制的激励功能，发挥组织成员的积极性、主动性和创造性。2010 年《消防安全法》引入的消防安全自查制度，本质上就是各类单位在消防安全管理方面实施的“自我控制”。

1.2.1.2　对国内外经验的借鉴

爱沙尼亚在设计消防安全自查制度过程中，借鉴了瑞典改革消防监督检查模式的经验。2004 年之前，瑞典消防监督检查的基本模式，是国家救援局根据法定标准确定定期检查的单位范围，由地方政府的救援机构实施监督检查——这一模式最大的问题是缺乏针对性和灵活性，难以真正体现火灾防控的重点，而且导致社会单位普遍认为，确保消防安全是政府机构的责任。2004 年起，瑞典实施单位消防安全自查制度，强化业主和经营者确保自身消防安全的主体责任，通过减少低效率的例行检查，将救援机构从全面覆盖的检查中解脱出来，根据单位消防安全自查报告暴露的问题，明确消防监督的优先事项，开展基于风险的监督检查，取得了较好效果。

在研究建立新制度的过程中，爱沙尼亚救援局还借鉴了国内其他领域的监督检查机制。以食品安全监管为例，1997 年之前完全依靠食品和兽医局（Toidu - veterinaaramet）的检查，食品企业只需按照检查意见整改问题即可，普遍认为食品安全完全是国家的责任。1997 年之后，爱沙尼亚建立了食品安全自查制度，食品企业在登记注册后，食品和兽医局会收到相应的信息，并对食品企业进行风险分类，根据不同的安全风险等级，设定 3 个月至 3 年一次的差异化检查频次，对规模大、特别重要的食品企业，则实施长期驻点检查。经过十几年实践，食品安全自查制度收到了明显成效，但是也存在一些问题，主要是部分企业特别是中小企业不掌握自查方法，自查时往往只是“打钩”应付，或者套用其他企业的自查内容，不能反映自身的实际情况。

1.2.1.3　可行性论证

可行性论证表明，推行单位消防安全自查制度，有利于将救援机构的消防监督人员解放出来，真正从事基于风险的监督检查，提高行政效能。与我国消防监督人员的日常工作安排类似，爱沙尼亚救援局监督人员的日常工作主要包括七方面的内容：完成与执法程序有关的工作，按照计划对单位开展监督检查，根据指令对特定对象开展检查，参与宣传教育培训等灾害预防工作，处理举报和投诉，工作汇报，参加培训和演练。《实施消防安全自查制度的影响分析》对2008年度救援机构监督人员的情况和任务进行了统计，4个区域救援中心共有59名监督执法人员，全年共检查6 459个单位，每名监督人员年均检查110个单位，按照每年10个月、每月20天有效工作时间计算，监督人员平均每2天检查1个单位。实施消防安全自查报告制度，救援机构并未放弃监督职能，只是转变了监督模式，利用从此前“全面覆盖”式检查中释放出来的大量时间，对高风险单位开展针对性监督检查，具有更高的成本效益。

实施消防安全自查报告制度，是对传统消防监督模式的重大变革，既需要更新理念，也要做大量准备工作。一方面，救援机构必须开展相应的培训，提供各类用途建筑的火灾风险评估指南等资料，使单位学会如何开展消防安全自查；另一方面，救援机构要摸清底数，通过与经济活动登记系统、保险公司等平台和机构合作，按照《消防安全法》确定的标准，“寻找”应当提交消防安全自查报告的单位，更为重要的，是甄别报告中的虚假信息，并通过分析自查报告确定火灾风险高的领域和单位，列入监督检查的优先清单。为确保消防安全自查报告制度落实，《消防安全法》第42条、第43条专门规定，未按要求开展消防安全自查，或者不提供自查报告以及提交虚假信息的均属于轻罪，对责任人员处以最高200个罚款单位的罚款，对法人处以最高3万克朗的罚款（2011年1月1日爱沙尼亚加入欧元区后，改为2 000欧元）。

对于多年来习惯于被动接受救援机构定期检查的单位而言，要承担开展消防安全自查的主体责任，确实存在顾虑甚至异议，有的企业认为“国家似乎想放弃监督责任”，有的提出自身没有专业人员，难以通过自查判断是否符合消防安全要求，还有的认为每年提交的自查报告很可能流于形式，对业主和救援机构而言都是新的负担——事实也证明，上述担心并非杞人忧天，根据2013年塔尔图大学的研究报告，在实施消防安全自查制度的第一年（2012年），70%—80%的自查报告质量不高。

与我国对消防监督检查制度的渐进改革横向比较，就会发现，几乎在爱沙尼亚实施消防安全自查报告制度的同一时期，我国于2012年11月1日实施的《消防监督检查规定》（公安部令第107号）建立了“根据本地区火灾规律、特点等消防安全需要组织监督抽查”的抽查制度，将消防安全重点单位作为监督抽查的重点，规定“对属于人员密集场所的消防安全重点单位每年至少监督检查1次”。——对消防安全重点单位的检查频次，从1998年“每季度不少于一次”，降低到2004年“每半年至少组织1次”，再到2012年实施抽查制度，将必检范围缩小到属于人员密集场所的消防安全重点单位，并将检查频次进一步降低到“每年至少监督检查1次”，体现了这一阶段我国改革“全面覆盖”式消防监督机制的探索路径。这也说明，适应经济社会发展需要，优化消防监督管理制度，是各国消防救援机构面临的共同挑战和课题，加强这方面的国际交流，互鉴互学，大有裨益。

1.2.2 消防安全自查报告制度的实施

2012 年以来，得益于“制度 + 平台 + 工具”的组合，消防安全自查报告制度在爱沙尼亚得到了全面实施。“制度”，主要是《消防安全法》和内政部规章《消防安全自查及报告编制和必须提交消防安全自查报告的建筑范围》；“平台”，就是救援局开发的消防安全自查报告平台，建立了单位自助提交消防安全自查报告的网络环境；“工具”，就是救援局开发的“消防安全计算器”，为单位提供了掌握消防安全要求的便利途径。

1.2.2.1 自查报告的范围和内容

作为消防安全自查报告制度的基础，2010 年《消防安全法》第 3 条将开展消防安全自查明确为所有法人、机构和自然人的基本义务，第 4 条规定了消防安全自查报告的内容和提交报告的频次。内政部于 2011 年 2 月 10 日制定《消防安全自查及报告编制和必须提交消防安全自查报告的建筑范围》[①]，连同其附件《消防安全自查报告模板》《应当编制消防安全自查报告的建筑范围》，明确了消防安全自查的内容和方式，规定了需要提交消防安全自查报告的建筑范围，以及编制和提交消防安全自查报告的要求，自 2012 年 1 月 1 日起实施。此后，内政部于 2013 年和 2021 年两次修订提交消防安全自查报告的建筑范围，消防安全自查的内容则保持稳定，未做调整。

根据 2011 年《消防安全自查及报告编制和必须提交消防安全自查报告的建筑范围》，必须提交消防安全自查报告的建筑和场所包括：（1）高层、地下等救援工作危险性高、难度大的建筑；（2）水、电、油、气供应等重要民生领域和通信等重要基础设施建筑；（3）住宿建筑；（4）人员自主行动能力受限的医疗机构等建筑；（5）教育和科研机构建筑；（6）人员密集场所；（7）火灾危险性大的工农业建筑。2013 年修订时，根据高层建筑（kõrghoone）的定义，将“十层及以上的建筑”调整为“九层及以上的建筑”，并剔除了火灾危险性较小的高层住宅建筑；增加了使用人数超过 300 人的大型办公建筑，并将供电、供热、电信、供水或污水处理建筑的服务对象增加到 1 万人，因为此前“服务 1 000 人以上”的标准过低，爱沙尼亚实际上并没有规模如此之小的公用事业企业。此外，对厂房、仓库的表述进行了调整，强调必须具有“火灾和爆炸危险”，

① 《消防安全自查及报告编制和必须提交消防安全自查报告的建筑范围》（RTI，15.02.2011，5），https：//www.riigiteataja.ee/akt/102022021003。

删除了“火灾荷载”这样令非消防专业人员感到困惑的术语，代之以“火灾危险等级”——爱沙尼亚根据生产储存物质和工艺的火灾危险程度，将厂房、仓库划分为1、2、3级火灾危险等级（1级危险最小，3级最大）。

2021年3月1日起，随着“消防安全检查制度”（由专业机构承担，属于消防安全技术服务）实施，内政部相应调整《消防安全自查及报告编制和必须提交消防安全自查报告的建筑范围》，将需要通过购买服务开展消防安全检查的建筑（建筑面积超过750 m^2的办公楼、超过1 000 m^2的厂房和仓库、超过1 000 m^2的车库）从必须提交消防安全自查报告的建筑中删除。表4－8是必须提交消防安全自查报告的建筑范围①。

表4－8　必须提交消防安全自查报告的建筑范围比较

2011年	2021年
1. 救援工作危险性高、难度大的建筑 1.1　十层及以上的建筑 1.2　总面积超过2 000 m^2的地下车库	1. 救援工作危险性高、难度大的建筑 1.1　九层及以上的建筑（不含住宅）
2. 通信、导航等重要民生领域或公用事业机构的建筑 2.1　服务1 000人以上的供电、供热、电信、供水或污水处理建筑	2. 通信、导航等重要民生领域或公用事业机构的建筑 2.1　服务1万人以上的供电、供热、电信、供水或污水处理建筑（无消防安全要求的建筑除外）
3. 住宿建筑 3.1　50张及以上床位的住宿建筑 3.2　容纳50人及以上，或者有25个及以上房间的学生宿舍或营地	3. 住宿建筑 3.1　50张及以上床位的住宿建筑 3.2　容纳50人及以上，或者有25个及以上房间的学生宿舍或营地
4. 全天有不能自行疏散人员的病房或其他建筑 4.1　不能自行疏散的人员在10人及以上的医疗或护理设施 4.2　行动自由受限制的被拘禁者在10人及以上的监狱、拘留所和其他矫正场所	4. 全天有不能自行疏散人员的病房或其他建筑 4.1　10张及以上床位，或者不能自行疏散的人员在10人及以上的医疗或护理设施 4.2　拘禁10人及以上的监狱、拘留所和其他矫正场所
5. 容纳10人及以上的教育和研究机构的建筑 5.1　学前教育机构 5.2　小学，中学 5.3　职业教育机构 5.4　大学和高等职业教育机构	5. 容纳10人及以上的教育和研究机构的建筑 5.1　学前教育机构 5.2　小学，中学 5.3　职业教育机构 5.4　大学和高等职业教育机构
6. 人员密集的建筑 6.1　额定150人以上的房间或建筑 6.2　额定50人以上的两层及以上的建筑	6. 人员密集的建筑 6.1　额定150人以上或者建筑面积超过1 000 m^2的公众聚集场所 6.2　额定150人以上的非居住用途建筑

① 笔者根据2011年、2021年《消防安全自查及报告编制和必须提交消防安全自查报告的建筑范围》整理。

续 表

2012 年	2021 年
7. 工业、农业建筑 7.1 加工、储存可燃材料或者爆炸性物质，面积超过 1 500 m^2的厂房、仓库（火灾荷载大于 600 MJ/m^2） 7.2 根据《化学品法》，危险企业或者重大事故风险企业的建筑	7. 工业、农业建筑 7.1 根据《化学品法》，有重大事故风险的厂房、仓库，以及主要加工、储存可燃材料或者爆炸性物质，存在火灾或者爆炸危险，面积超过 1 500 m^2 的危险企业（火灾危险等级为 2 级、3 级）

根据《消防安全自查及报告编制和必须提交消防安全自查报告的建筑范围》，所有单位均应制定消防安全管理制度，明确消防安全负责人和消防安全自查程序，并为纳入上述范围的建筑编制《消防安全自查报告》。如果同一建筑由两个及以上单位使用，应当明确负责组织开展消防安全自查并编制自查报告的人员，建筑内各使用单位必须提供相关信息并配合工作，报告编制人对报告的准确性负责。如果一个单位有多座建筑符合开展消防安全自查的标准，则应当为符合标准的每座建筑编制《消防安全自查报告》。《消防安全自查报告》应当包括以下 9 个方面的内容：

（1）建筑的基本情况；

（2）建筑的使用情况；

（3）建筑内各使用单位的情况；

（4）建筑内各使用单位的消防安全管理情况，包括消防安全负责人和具体负责部门；

（5）救援设备、消防设施的情况，以及供暖系统等建筑设备设施的维护情况；

（6）落实消防安全管理要求的情况；

（7）火灾应急准备情况；

（8）自查发现的缺陷问题及其整改情况；

（9）在建筑场地内开展的活动情况。

对于消防安全自查发现的问题，应当在《消防安全自查报告》中注明问题的内容、位置、责任人和整改消除的期限，截至报告提交时尚未整改的问题均应予以注明，已经消除的问题不再纳入报告。单位应当在次年 3 月 31 日前，通过救援信息系统提交本年度的《消防安全自查报告》。

1.2.2.2 消防安全自查报告平台

2012 年是实施消防安全自查报告制度的第一年，救援局共收到 3 356 份以电子邮件或者纸质材料形式提交的自查报告。通过分析，救援局发现消防安全自查报告制度存在两方面问题：一方面，《消防安全自查报告》格式设计有缺陷，未标注相关消防安全要求的依据，单位在自查过程中难以全面了解相关要求，导致采集的信息不能全面反映建筑火灾风险；另一方面，自查报告数据项的格式不适合通过网上自助填报，也不便于救援机构进行批量数据处理，导致不能对自查涉及的建筑进行全面风险分析，进而筛选出火灾风险较高的建筑①。

针对上述问题，2013 年内政部修订《消防安全自查及报告编制和必须提交消防安全自查报告的建筑范围》，调整了必须提交自查报告的建筑范围，围绕自查方式更加简捷便利、报告内容更加便于风险分析这两个目标，修订《消防安全自查报告模板》，简化填报内容和流程，很多内容通过选择“是”“否”回答，提高了单位自查和编制报告的效率，也便于救援局进行数据分析处理——其中最重要的修订，就是在报告模板中增加了第 2. 17 项“建筑潜在火灾风险”，如表 4 – 9 所示②，由单位选择“是”或“否”，救援机构可以据此初步筛选出可能存在较高火灾风险的建筑。

表 4 – 9　《消防安全自查报告》中的“建筑潜在火灾风险”选项

2. 17 建筑潜在火灾风险	是	否
进行易燃易爆作业		
储存大量可燃材料或有害物品（超过 1 000 m^3）		
正常使用人数超过 150 人		
疏散困难或复杂		
全天 24 h 开放使用		
建筑内有全天使用的病房		
火灾可能造成严重的财产损失		
救援工作难度大（包括难以进入、有危险物品、内部通道长、灭火操作复杂等）		
存在其他火灾风险		

在上述工作基础上，救援局于 2014 年开通“消防安全自查报告平台”（Tuleohutuse enesekontrolli aruannete keskkonna，TEAK），网址是 https：//tuleohutusaruanne. ee/，并专门编写《消防安全自查报告编制指南》③。单位登录消防安全自查报告平台，借助相关指

① 2013 年 9 月 10 日，修订《消防安全自查及报告编制和必须提交消防安全自查报告的建筑范围》的立法说明，https：//eelnoud. valitsus. ee/main/mount/docList/be07d47f – db96 – 459c – 997e – 8edc01591426？activity = 1 # 8fVoR4tT。

② 笔者根据 2013 年《消防安全自查及报告编制和必须提交消防安全自查报告的建筑范围》附件 1《消防安全自查报告》整理。

③ 救援局：《消防安全自查报告编制指南》，https：//tuleohutusaruanne. ee/Kasutusjuhend_ v1_ 4. pdf。

南和工具，可以方便快捷地填报自查报告。救援局通过分析平台采集的消防安全自查数据，可以筛选出火灾风险高的建筑，从而开展基于风险的监督检查。在消防安全自查报告平台开通后，用户仍可通过电子邮件或纸质方式提交报告，但2021年3月1日后，所有自查报告必须通过平台提交。

用户可以使用IE 10、Firefox 24.2或Chrome 38.0及以上版本的浏览器，登录消防安全自查报告平台，该平台与“救援操作卡”提交系统共用一个界面，见图4-2。用户在平台主页向救援局提交注册申请，经过身份验证后，即可进入消防安全自查报告提交页面，输入开展消防安全自查的建筑地址后，系统会根据地理信息系统进行匹配，并由用户在电子地图上进行确认。此后，用户即可按照平台提示，逐一录入相关信息，最后点击“确认并提交”按钮并进行数字签名，即完成消防安全自查报告的网上提交流程。

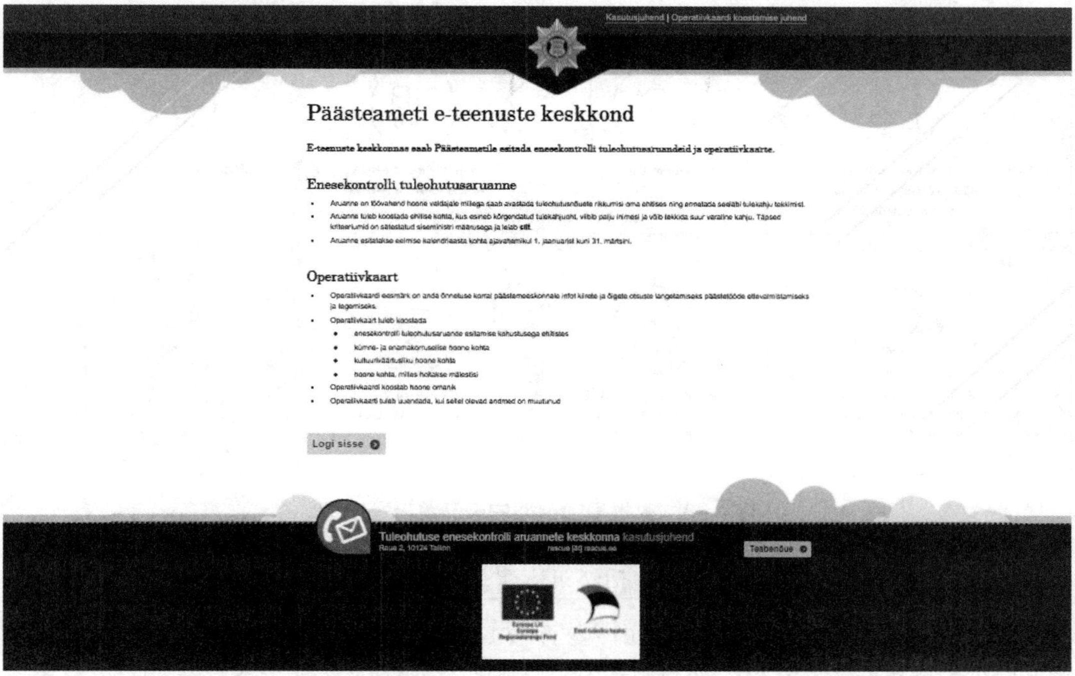

图4-2 消防安全自查报告平台页面

用户提交消防安全自查报告后，即进入审核流程，由所在区域救援中心的监督人员对报告进行审核，就报告中存在的问题提出补充完善意见，通过平台发送给单位并电子邮件提醒，如果补充后的报告仍未通过，即判定该消防安全自查报告不合格，要求单位重新申报。单位在《消防安全自查报告》提交虚假信息构成犯罪的，适用《刑法典》第280条对于提交虚假信息犯罪的刑罚。

1.2.2.3　“消防安全计算器”

消防安全自查报告制度能否取得实效，关键是单位必须了解消防安全要求。为便于单位准确描述并判断建筑的消防安全状况，救援局开发了细分为 11 个专题的“消防安全计算器”（Tuleohutusnõuete kalkulaatorid），网址是 https：//www. kalkulaator. eu/。如图 4－3所示，用户输入建筑基本信息后，系统即以直观的方式罗列出相应的消防安全要求，并附有解释说明，如果使用者仍有问题，还可以咨询所在区域的救援中心。“消防安全计算器”的 11 个专题简介如下：

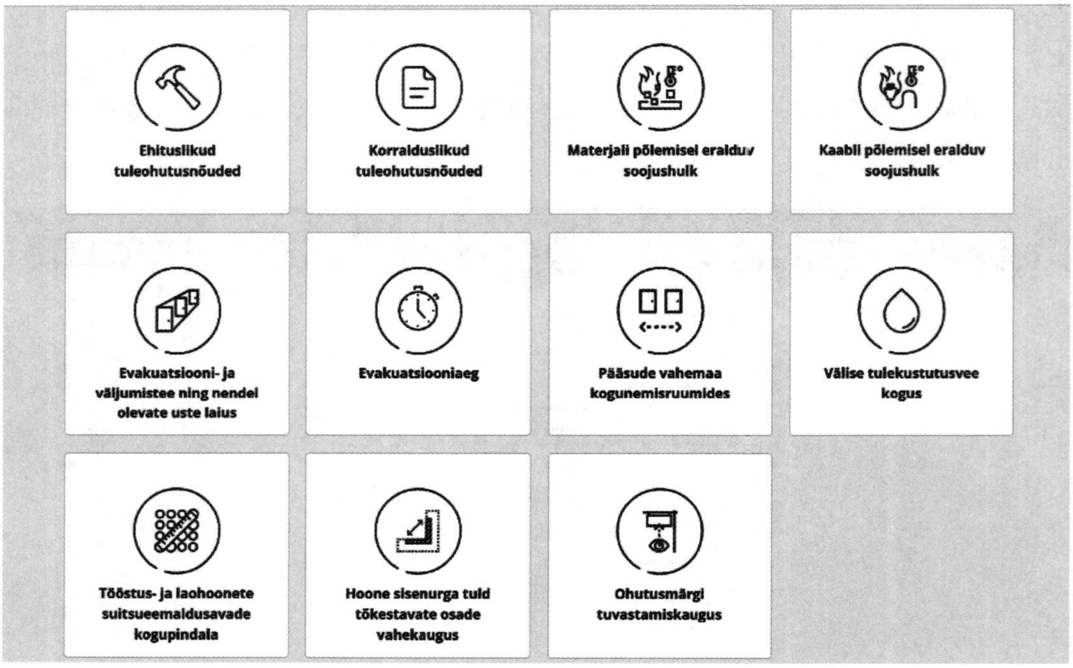

图 4－3　救援局“消防安全计算器”页面

（1）建筑消防安全要求：主要包括建筑用途，是否需要向当地政府申报建筑设计并取得施工许可，是否需要救援局对建筑消防设计进行审核，以及建筑消防安全等级、建筑材料和构件的燃烧性能、安全疏散、消防设施、防雷保护等建筑消防安全方面的要求。

（2）消防安全管理要求：主要包括火灾报警系统是否需要向报警中心传输信号，灭火器配置，建筑供暖系统烟道的定期清扫要求，救援操作卡的要求，是否需要进行消防安全自查并提交报告，是否需要制定火灾应急预案、开展疏散灭火演练，以及储存可燃物质的要求。

（3）材料燃烧释放的热量：输入建筑或场所内材料的状态、种类和质量，即可得到其燃烧时释放的热量（单位是 MJ）。

（4）电缆燃烧的热释放率：输入电缆绝缘材料的种类、质量和电缆长度，即可得到电缆燃烧的热释放率（单位是 MJ/m）。

（5）疏散通道和疏散门的宽度：输入建筑使用人数（按固定座椅、床位数或者人员密度确定），即可得到疏散通道和疏散门的最低宽度要求，并根据使用人数对疏散门或者疏散通道上其他门的锁具提出要求，如：不超过 30 人且熟悉建筑情况的，可以使用旋转锁闭装置开关的门锁（即球锁）；30—150 人的，可以使用按压把手开关的门锁；超过 150 人的，必须使用能直接推开的门锁（如推闩式逃生门锁）。

（6）疏散时间：输入建筑使用人数，水平疏散距离、疏散楼梯宽度，建筑高度和地下部分深度（如有），即可得到该建筑内人员全部疏散的理论计算时间，并对照系统提供的允许疏散时间，判断疏散时间是否符合要求。

（7）相邻疏散门的最近距离：输入房间的周长，即可得到该房间相邻两个疏散门最近边缘之间水平距离的上限要求。

（8）室外消防用水量：输入建筑的火灾荷载、建筑层数和高度、最大防火分区面积，即可得到室外消防流量（单位是 L/s），火灾延续时间，室外消防用水量（单位是 m^3），以及对消防用水取水口的要求。

（9）工业和仓库建筑的排烟口面积：输入火灾荷载、建筑面积和高度，以及是否安装了自动灭火系统，即可得到排烟口面积的下限要求（如果安装了自动灭火系统，排烟口面积减半）。

（10）建筑内转角处非燃烧材料墙体之间最近水平距离：输入建筑两翼内夹角的度数，即可得到防火墙两侧不开门窗洞口的非燃烧材料墙体之间的最近水平距离（Vk）。例如，如果夹角是 120°，最近水平距离是 2. 7 m，如果两翼非燃烧材料墙体的宽度（L）相同，则该宽度不应小于 1. 15 m。如图 4 – 4 所示①。

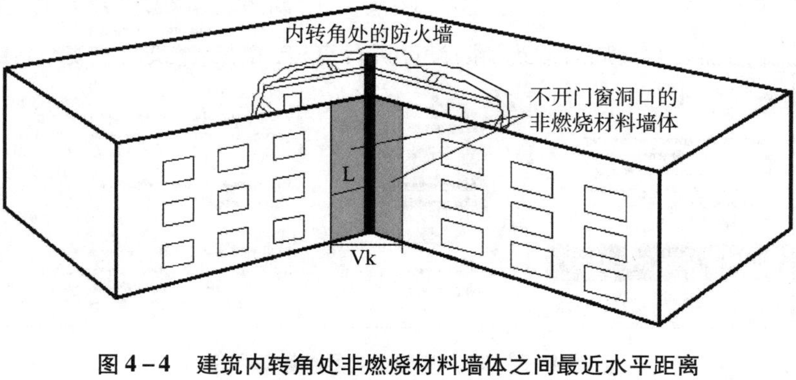

图 4 – 4　建筑内转角处非燃烧材料墙体之间最近水平距离

① 救援局：“消防安全计算器”网站。

（11）安全标志的可见距离：输入安全标志的高度（单位是 mm），区分安全标志的照明方式（内置发光或者外部照明），即可得到安全标准的最大可见距离（单位是 m）。

为便于使用，上述可量化的项目均直接输入数字，其他项目则通过下拉式菜单选择填写。如第一项“建筑消防安全要求”中，“建筑用途”按照《建筑消防安全要求》的附件 1，划分为“居住建筑”等 7 类；第三项“材料燃烧释放的热量”中，建筑或场所内材料的状态，分为“固体”“液体”“气体”；等等。在相关页面均附有对术语的解释，以便于理解。

以一座建筑面积 10 000 m^2、使用面积 8 000 m^2，建筑高度 20 m 的 5 层商场为例，设定其火灾荷载是 600—1 200 MJ/m^2，同一时间的最大使用人数是 1 200 人，在消防安全计算器的第一项“建筑消防安全要求”左侧的问答框输入上述信息后，系统就会在页面右侧，自动生成该商场的建筑消防安全要求，如图 4 – 5 所示①。表 4 – 10 是该商场的建筑消防安全要求内容（笔者整理）。

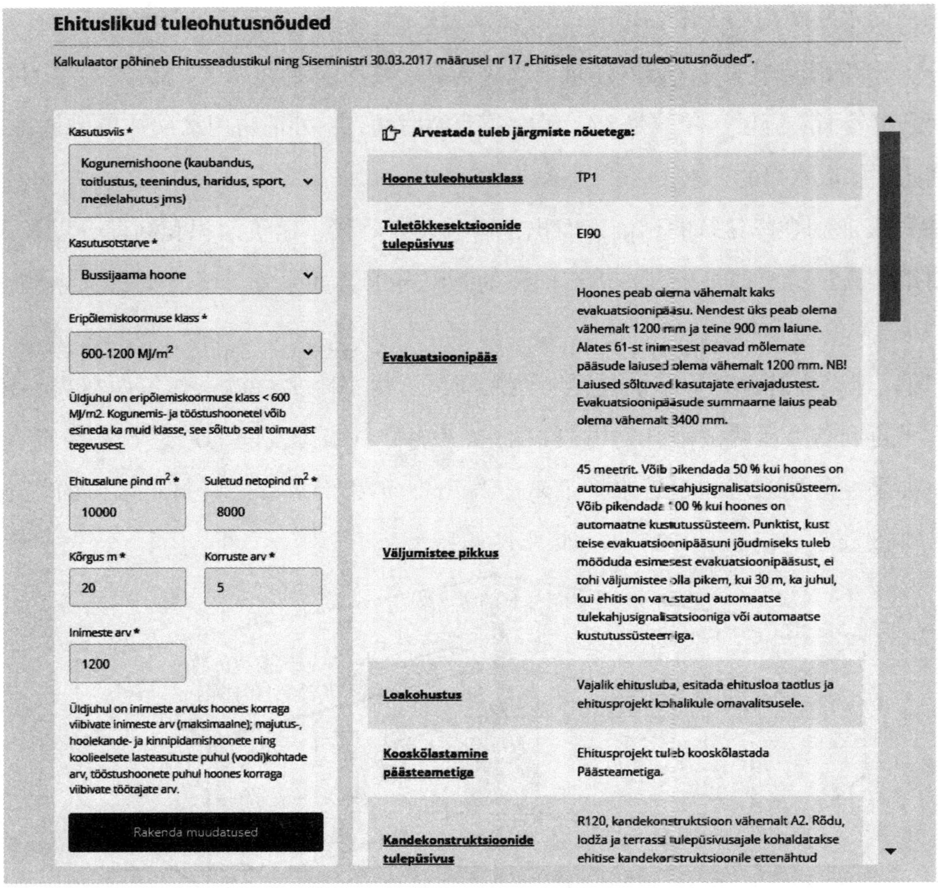

图 4 – 5　建筑消防安全要求计算示例

① 救援局：“消防安全计算器”网站。

表 4－10　建筑消防安全要求示例

项目	内容
建筑消防安全等级	TP 1
防火分隔构件的耐火极限	EI 90 min
安全出口	至少应有 2 个安全出口，净宽度分别不小于 1.2 m 和 0.9 m；疏散人数超过 61 人的疏散通道，净宽不小于 1.2 m；每层总净疏散宽度不小于 8.4 m
疏散距离	小于 45 m。安装火灾自动报警系统的，疏散距离可以增加 50%；安装自动灭火系统的，疏散距离可以增加 100%。即使安装火灾自动报警或自动灭火系统，两个安全出口之间的距离也不得超过 30 m
建筑许可	应当向当地政府申报建筑设计并取得施工许可
救援局	建筑设计必须经救援局审核
承重构件的耐火极限	承重构件的燃烧性能不低于 A2，耐火极限不低于 120 min。阳台、外廊的耐火极限不低于 60 min
防火分区面积	不超过 2 400 m^2
火灾报警系统	必须安装火灾自动报警系统
疏散照明	照明时间不少于 1 h，疏散照明设备符合 EVS－EN 1838《照明设备 应急照明》
防恐慌照明	照明时间不少于 1 h，疏散照明设备符合 EVS－EN 1838《照明设备 应急照明》
湿式立管	必须安装湿式立管，符合 EVS 812—6《建筑消防安全 第 6 部分：消防给水》
防雷保护	建筑高度超出周围建筑 15 m 以上，必须安装防雷设施

1.2.3　消防安全要求

实施消防安全自查报告制度的前提，是单位必须明确自身的消防安全职责和相应的消防安全要求。作为《消防安全法》主体的第二章“火灾预防”，明确了自然人和法人等各类机构的消防安全职责，并用占全文近一半的篇幅（共 10 小节、25 条），汇集了建筑管理、供暖系统、明火作业、林区、可燃材料储存、公共活动、消防给水、爆炸危险区域等 10 个方面的消防安全要求——从这个角度看，《消防安全法》更像各类场所消防安全要求的纲目，确实具有安全领域专门立法的特点。

1.2.3.1　自然人和法人、各类组织机构的消防安全职责

《消防安全法》将自然人、法人、国家和地方政府机构，以及各类组织团体统称为“人”（isik），并规定了上述主体共同的消防安全职责：

（1）遵守消防安全要求；

（2）开展消防安全自查，检查拥有或使用的不动产、建筑、场所、设备的安全性和合规性；

（3）使用供暖系统、烧烤设备和其他设备设施，以及进行户外用火、明火作业时，确保人员生命和财产、环境安全；

（4）按照要求为建筑物安装、维护救援设备和《消防安全法》第30条要求的消防设施；

（5）采取措施防止发生火灾，避免可能引起火灾的活动；

（6）确保人员安全疏散；

（7）向单位负责人和救援部门报告威胁人员生命健康的安全风险；

（8）扑救初起火灾，防止火势蔓延；

（9）知道自己在发生火灾时的职责；

（10）发现火灾立即拨打欧洲统一紧急服务号码112报警；

（11）配合国家实施的消防监督和火灾原因调查，除非可能扩大损失，在火灾原因查明前保留火灾现场；

（12）及时执行国家监督部门下达的整改要求。

此外，企业和各类机构的负责人，还应当履行以下职责：

（1）向新上岗、转岗的员工开展岗前消防安全培训，按照《消防安全法》第6条第（3）款的要求，每年至少组织员工参加一次疏散和灭火演练；

（2）向员工说明其工作岗位的消防安全要求，并检查遵守情况；

（3）确保员工能够使用消防设施和救援设备；

（4）告知员工火灾风险和防火措施。

1.2.3.2 建筑消防安全要求

如前所述，有关建筑消防安全的要求，主要集中在内政部根据《建筑法典》制定的《建筑消防安全要求》，其内容侧重于设计、建设阶段的“硬件”要求。《消防安全法》第二章“火灾预防”的“建筑消防安全要求”只有2条，主要对建筑消防设计审核、验收的程序，以及安全疏散提出了原则要求。关于《建筑消防安全要求》和建筑消防设计审核、验收，将在本章第二节专述。

值得借鉴的是，《消防安全法》汲取空置建筑疏于管理、无关人员进入后用火不慎容易造成伤亡的教训（2007年，塔林市共有12名无家可归者在此类火灾中丧生），规定所有空置建筑必须将外墙的门、窗和其他开口，以及地下室和阁楼关闭；或采取其他措施防止无关人员进入。

1.2.3.3 火灾应急预案和疏散灭火演练

根据《消防安全法》第6条，所有应当开展消防安全自查以及委托专业机构进行消防安全检查的建筑，均应编制火灾应急预案（Tulekahju korral tegutsemise plaan），并每年组织疏散灭火演练（Evakuatsiooni ja tulekahju korral tegutsemise õppus）。2010年9月1日，内政部制定的《火灾应急预案和疏散灭火演练的要求》[①] 与《消防安全法》同步生效，并适用至今。

不同于通常意义上的一份文件和一次演练，爱沙尼亚的火灾应急预案编制和疏散灭火演练，具有内容全面、贴近实际、全员参与的特点。根据《火灾应急预案和疏散灭火演练的要求》，火灾应急预案包括“行动计划”（tegevuskava）和“疏散指示图”（skeem）两部分内容，将我国通常在宾馆客房等场所才设置的疏散指示图，作为各类建筑火灾应急预案的强制组成部分，并明确了图示内容和标注规范。疏散灭火演练则包括理论和实践两部分内容，理论部分是向全体员工讲授消防安全知识，介绍疏散灭火演练的安排；实践部分，就是根据假定的火灾场景，进行全员参加的实地演练。

“行动计划”是火灾应急预案的主体，包括六方面的内容：一是基本信息，包括建筑用途、层数、面积、耐火等级，正常使用时间以及早晨、白天、晚上不同时段的使用人数，建筑内无法自主疏散的人员情况，安保人员情况，安全出口、疏散路线，初起火灾扑救设备和消防救援设施，急救设备、个人防护设备和其他确保安全疏散的辅助设施情况。二是建筑的火灾危险性，包括火灾和爆炸危险以及相应的预防措施，储存的可燃材料、危险物质及其安全要求和措施，最可能出现的火灾场景和防范措施。三是发生火灾时的信息通告，包括确认火灾、报告火警的程序，向建筑内和危险区域内人员通报火情的程序，以及员工之间的紧急沟通程序。四是组织疏散的要点，包括疏散预案的启动程序，确保全员尤其是有特殊需要人员疏散的程序，疏散撤离人员的集合点，清点员工、学龄前儿童、学生和住院患者的程序。五是火灾应急处置的要点，包括火灾时单位的灭火救援指挥架构，使用灭火器等初起火灾扑救设备控制火势蔓延的措施，确保设备和工艺安全的措施。六是与救援人员的配合，包括报警后等候救援车辆的地点、引导救援车辆接近起火建筑的路线，向救援人员通报起火位置、火灾蔓延范围、被困人员的情况，向救援人员提供火灾报警系统、自动喷水灭火系统、消防立管和消防软管卷盘，以及其他灭火设备的情况，消防控制室、水泵接合器的位置，建筑内可燃材料、有害物质的情况等。

---

① 《火灾应急预案和疏散灭火演练的要求》（RT I 2010，63，467），https：//www. riigiteataja. ee/akt/13356586。

根据《火灾应急预案和疏散灭火演练的要求》，“疏散指示图”是火灾应急预案的组成部分，凡是有人使用的楼层，均应按照统一要求绘制疏散指示图，标识走廊、楼梯、房间、出入口、阳台、疏散路线和安全出口、逃生出口、火灾报警按钮，以及消防软管卷盘箱、灭火器的位置。疏散指示图的符号必须简明清晰易懂，用绿色实线标注最近的疏散路线，用绿色虚线标注备用的疏散路线，并用图例标识其他符号的含义，必要时增加一种常用外语。宾馆、酒店等住宿场所的疏散指示图还应根据建筑实际，增加消防安全提示内容。图 4-6 是疏散指示图的示例（见彩插第 9 页）①。为提高疏散指示图的实用性，《火灾应急预案和疏散灭火演练的要求》专门规定，指示图中表达疏散路线的线条宽度，应当是其他线条宽度的 2 倍以上——这种注意细节的做法，值得借鉴。

为确保火灾应急预案的可操作性，《火灾应急预案和疏散灭火演练的要求》专门规定，单位负责人应当任命负责执行和落实预案的工作人员，明确火灾时人员疏散和应急行动的责任分工。此外还专门要求，在以下情况应当对预案进行修订：单位情况发生变化，或者相关法律法规和技术标准规范修订；实地演练暴露出预案存在缺乏针对性等问题；发生火灾，表明预案存在缺陷不足；因建筑存在消防安全违法行为被救援机构处罚。

爱沙尼亚疏散灭火演练的突出特点，是将实地演练和全员消防培训紧密结合，要求结合实地演练，对全体员工进行消防安全培训，《火灾应急预案和疏散灭火演练的要求》以附件形式，提供了对员工开展消防安全理论培训的主题和要点。单位组织开展疏散灭火演练时，应当结合实际假定火灾场景，设定起火点和火灾蔓延发展程度，并可邀请当地救援机构和报警中心参与（需提前申报）。为确保疏散灭火演练取得实效，实地演练结束后，单位负责人应当充分听取演练参与人员的意见，解决暴露的问题，在 1 个月内组织编写书面总结，内容包括：演练的基本情况、假定的火灾场景、取得的效果，发现的问题及其解决方案和措施，调整单位消防安全管理组织机构的建议等。疏散灭火演练报告应当至少保存 5 年。2021 年 3 月 1 日起施行的《消防安全法》修改案，将制定火灾应急预案和组织疏散灭火演练均列入了由专业机构提供的“消防安全服务”范围，以进一步提升预案编制质量和消防演练的专业性。

---

① 《火灾应急预案和疏散灭火演练的要求》附件 1《疏散指示图》。

专栏

疏散灭火演练理论培训的主要内容[①]

专题一：消防安全意识

1. 火灾的基本知识及其发展蔓延；
2. 火灾对生命健康和财产、环境安全的危害；
3. 火灾原因；
4. 灭火的基本方法和安全守则。

专题二：人员疏散

1. 安全疏散的原则；
2. 疏散路线和指示标识；
3. 人员疏散。

专题三：火灾时的行动要点

1. 从危险区域救人；
2. 向现场人员通告火情；
3. 火灾报警系统的原理；
4. 报火警的方法和内容；
5. 初起火灾扑救设备和消防设施的使用方法。

爱沙尼亚非常重视火灾应急预案和疏散灭火演练的全面性和可操作性，要求单位必须将火灾应急预案提供给全体员工，让所有员工了解预案内容和自己的职责；此外，修订后的预案，以及疏散灭火演练后的总结报告，均应提供全体员工周知。为确保全员参与演练，应当组织无法在规定时间参加演练的员工“补课”，另行参加演练。如果同一建筑内由两个以上单位管理或者使用的，各个单位都必须参加预案的编制以及演练，确保在发生火灾时迅速、统一采取行动。

1.2.3.4　供暖系统的消防安全要求

爱沙尼亚的森林覆盖率高达56.1%（2021年），有使用木材作为燃料的传统。木柴等固体燃料燃烧产生的油烟具有黏性，易于附着在烟道内壁形成油垢，尤其是在烟道转

① 《火灾应急预案和疏散灭火演练的要求》附件2《疏散灭火演练理论培训的主要内容》。

弯处堆积，如果长时间不清扫就会越积越厚甚至堵塞烟道，影响烟气排放，造成烟道内温度过高。油垢具有可燃性，遇明火或温度过高时都可能燃烧起火，并沿烟道内壁蔓延扩大，引燃周边的可燃材料造成火灾。根据2011年的普查数据，爱沙尼亚共有165 938座住宅建筑，壁炉是主要的供暖方式。根据救援机构统计，爱沙尼亚28%的建筑火灾是由于壁炉、火炉等供暖系统造成的。针对上述问题，《消防安全法》用1小节、5条，占全文篇幅近10%的内容，提出了供暖系统的消防安全要求，2010年8月30日内政部专门制定《供暖系统清扫要求》①。

供暖系统（Küttesüsteem）包括加热装置、烟道、烟囱，加热装置就是燃烧固体、液体或气体燃料的壁炉、火炉。预防和减少供暖系统火灾的最有效方法，是确保建造施工符合设计要求，并定期清扫烟道积存的油垢。根据《消防安全法》第7条，供暖系统的设计、安装、检查、维护和使用，应当符合技术标准、产品说明和安全要求，最主要的依据是爱沙尼亚国家标准EVS 812－3《建筑消防安全 第3部分：供暖系统》（现行的是2018版）。壁炉工和烟道清扫工目前均属于准入类职业。2010年《消防安全法》规定，使用固体燃料的建筑供暖系统，必须由取得相应职业资格的壁炉工和烟道清扫工建造和清扫（不含单户住宅及其附属建筑，或者其他建筑面积不超过60 m^2、高度不超过5 m的自用建筑）。

2021年3月1日实施的《消防安全法》修正案，增加了壁炉工和烟道清扫工报告执业行为的义务。壁炉工在建造安装壁炉、火炉和烟囱、烟道后，应当在10个工作日内将相关信息上传至救援信息系统；烟道清扫工在清扫作业后，必须向业主说明供暖系统的安全状况和存在问题，并在完成清扫作业后的10个工作日内，将供暖系统存在的安全隐患上传至救援信息系统。实际上，在2021年3月1日之前，救援局已经要求烟道清扫工通过电子邮件提供相关信息，2017年、2018年分别收到333项和293项隐患报告，平均每年300件左右。

在欧洲一些国家的传统文化中，烟道清扫工的形象被赋予多重含义：一方面，由于工作原因，他们常常浑身黑漆漆的，被认为“与魔鬼有关”；另一方面，清扫烟道可以预防火灾避免灾祸，在新年第一天，烟道清扫工会挨家拜访，作为新年的第一个客人，烟道清扫工又成为象征幸运的职业。在救援局网站的“家庭消防安全”（kodu tuleohutuks）子页面②，有“爱沙尼亚壁炉工协会”（Eesti Pottsepad）③、“爱沙尼亚烟道清扫工协会”（Eesti Korstnapühkijate koda）的网址链接，可以查询全国壁炉工和烟道清扫工的信息。

---

① 《供暖系统清扫要求》（RT I，23.02.2021，14），https：//www.riigiteataja.ee/akt/123022021014。

② 救援局“家庭消防安全”网站：https：//kodutuleohutuks.ee/。

③ 爱沙尼亚壁炉工协会：https：//pottsepad.ee/。

2008 年 6 月，爱沙尼亚共有 23 人取得烟道清扫工职业资格，到 2022 年 6 月已经达到 196 人，其中最集中的哈留县 42 人，塔林市 30 人。图 4－7 是爱沙尼亚烟道清扫工协会的标志和烟道清扫工具①。烟道清扫工具是捆扎成放射状球形的硬钢丝，上端用绳索牵引，下面系有配重铅垂，清扫作业时将钢丝球从烟囱坠入烟道，向上拉拽的过程中，钢丝会将烟道内部附着的油垢刮下，反复操作就可以完成清扫作业。

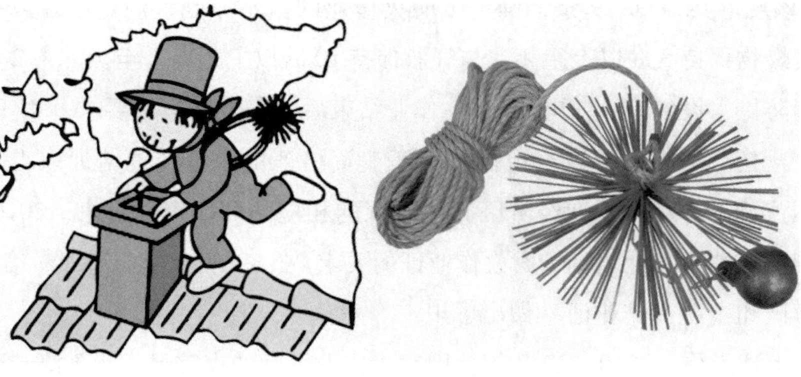

图 4－7　爱沙尼亚烟道清扫工协会的标志和烟道清扫工具

1.2.3.5　明火作业的消防安全要求

焊接等明火作业不慎，是引起火灾的重要原因。爱沙尼亚一直将管理明火作业作为预防火灾的重要措施。苏联时期，执行的是 1971 年 11 月 24 日苏联内务部消防总局制定的《国民经济单位焊接等明火作业的消防安全规则》②，包括动火作业的审批管理、现场监护（由企业专职、志愿消防队承担）、应急措施等规定，并针对气焊、电焊及使用液体燃料的焊割、熔融沥青等 4 类重点明火作业，分别提出了专门要求。

1998 年 6 月 15 日，根据当时《救援法》第 21 条第（1）款的规定，内政部制定《明火作业的消防安全要求》，将明火作业（tuletöö）定义为“通过加热产生明火或者火花的作业”，并分为电焊、气焊等 9 种作业类型，要求作业人员必须具有相应的职业资格，并取得《明火作业证》。明火作业分为在固定地点的长期作业和临时实施的明火作业，如果确需临时使用明火作业，必须由单位负责人签发《动火证》，内容包括明火作业人员和带班人员、监护人员的姓名，明火作业的地点、类型和期限，消防安全措施，最近的报警电话位置和当地救援机构的联系方式。

2010 年《消防安全法》将明火作业管理作为火灾预防的重要措施之一，在第二章

---

① 爱沙尼亚烟道清扫工协会：https：//korsten. ee/。

② 《国民经济单位焊接等明火作业的消防安全规则》，https：//www. magazin01. ru/blog/standards – and – rules/ppb – pri – provedenii – rabot – na – obektah – narodnogo – hozyaystva/。

“火灾预防”的第二节“消防安全要求”专设第三小节“明火作业的消防安全要求”，共3条。其中，第12条将明火作业分为6种：气焊、电焊、使用圆盘切割机切割金属、加热并使用沥青等其他可燃凝胶材料、使用气体火焰，以及其他使用火焰、火花或高温的活动。第13条提出了明火作业的消防安全要求，授权内政部制定专门规定，据此，内政部于同年9月7日制定《明火作业要求》（*Tuletöö tegemisele esitatavad nõuded*）并适用至今[①]。该规章共3章、9条，确定了明火作业的基本原则，规定了现场准备（包括明火点与可燃物保持3 m以上距离，与气瓶保持10 m以上距离，至少配备2具6 kg灭火器或临时消防供水设施等）、作业监护、作业结束后的安全措施等要求。第14条“明火作业人员”规定，明火作业应当由持相应职业资格证书或者经过培训取得《明火作业证》的人员实施，并承认欧洲经济区其他国家的相应的职业资格证书。2010年8月30日内政部制定《明火作业培训和明火作业证的要求》[②]，就明火作业培训、培训机构、培训科目、考试和《明火作业证》做出了规定。

得益于上述工作，2010—2017年，因明火作业引起的火灾呈逐年下降趋势：2010年78起、2011年86起、2012年64起、2013年48起、2014年40起、2015年51起、2016年50起、2017年31起，8年间平均每年发生56起明火作业引起的火灾，2017年比2010年下降了28.2%。

1.2.3.6 林区的消防安全要求

爱沙尼亚将森林消防统一纳入《消防安全法》调整范围，授权救援局确定森林高火险区域和高火险期。在高火险期，林地产权人应当按照救援局的命令，在林区显著位置设置禁火标志，禁止野外用火、烧烤、吸烟和其他可能引起火灾的活动，禁止人员在林区逗留。此外，全年禁止在林区焚烧干草和芦苇。

2011年2月28日，根据《消防安全法》第17条第（2）款的规定，环境部制定《建立防火隔离带和防火隔离区的要求和程序》[③]，要求在易燃针叶林占70%以上的林地周边，设置至少2.5 m宽的防火隔离带，也可以采用2.5—4 m宽的道路和开阔地作为防火隔离带；高火险地区应当在防火隔离带的基础上划分防火隔离区，通常做法是在防火隔离带两侧各种植5 m的落叶乔木，或者将防火隔离带两侧各5 m范围内的灌木和杂物清除，并定期清理可燃物。上述防火隔离带、防火隔离区，综合运用了工程、生物和自然手段，类似于我国的“林火阻隔系统”。我国于2014年制定林业行业工程建设标准

① 《明火作业要求》（RT I 2010，64，473），https：//www.riigiteataja.ee/akt/13357221。

② 《明火作业培训和明火作业证的要求》（RT I 2010，61，443），https：//www.riigiteataja.ee/akt/13354848。

③ 《建立防火隔离带和防火隔离区的要求和程序》（RT I，08.03.2011，3），https：//www.riigiteataja.ee/akt/108032011003。

《林火阻隔系统建设标准》（LY/T 5007—2014），将“林火阻隔系统”定义为“林区内由人工开设或自然形成的，符合防火标准要求的，具有一定宽度，能有效阻隔林火蔓延的，封闭式的带状障碍物集成体系”，并分为自然阻隔带、工程阻隔带、生物阻隔带、组合阻隔带。其中，自然阻隔带主要是由裸岩、戈壁、沙漠、常年冰雪覆盖区、河流、水域、沟渠、石滩等组成；工程阻隔带包括防火线、生土带、防火沟等；生物阻隔带主要由人工乔木林带、经济作物带、天然植被带等活力植物构成；组合阻隔带则是由上述两种或两种以上阻隔带构成的林火阻隔系统。

2021 年 3 月 1 日施行的《消防安全法》修正案，增加了林地“计划烧除”的规定，允许自然保护区管理机构和国防军在各自管理的林地开展计划烧除（maastiku kontrollitud põletamise）。“计划烧除”也叫“受控燃烧”（英语 Prescribed fires，prescribed burns，controlled burns），是指按照计划，人为主动烧除可燃物，以降低森林火灾风险，提高自然保护效率[①]。2021 年内政部制定《林区计划烧除的要求和程序》[②]，要求国家森林管理中心（Riigimetsa Majandamise Keskus，隶属环境部）编制《计划烧除导则》，明确实施计划烧除的自然条件、作业方法、工作计划和各阶段内容，以及风险因素和应对措施。一般而言，计划烧除的面积不宜大于 0.2—0.5 hm^2，同一林地两次计划烧除的时间间隔，应当在 10—20 年。实施计划烧除时，应当至少提前 5 天进行公告，并书面通知当地政府和区域救援中心。计划烧除作业过程中，必须持续监控，以防燃烧失控。

根据《林区计划烧除的要求和程序》，实施计划烧除必须提前编制《安全作业计划》，并由当地自然保护机构批准，必要时可以邀请区域救援中心参与编制。《安全作业计划》包括以下内容：（1）组织实施计划烧除作业的负责人；（2）计划烧除区域内应保留的对象；（3）计划烧除的目的；（4）为参与作业人员和交通工具划定的安全区；（5）消防取水口；（6）救援车辆设备的进场路线；（7）作业区域地图；（8）作业区域坐标；（9）作业区域面积；（10）直接实施计划烧除的人员；（11）参与计划烧除的人员；（12）计划烧除作业使用的装备清单；（13）合适的风向；（14）合适的点火方法；（15）合适的燃烧方向；（16）防止未经授权人员进入作业区域的措施；（17）作业期间的现场监护措施；（18）计划烧除后的监督；（19）火灾失控时应采取的措施。

上述关于计划烧除的要求，值得我国林业部门借鉴。在我国，一直存在对计划烧除截然相反的意见，倡导者认为，通过计划烧除可以就地清除可燃物，打造工程阻隔带，成本低，能有效阻止森林火灾蔓延、防止“火烧连营”；反对者认为，计划烧除

① 美国农业部林务局（U. S. Department of Agriculture's Forest Service）关于计划烧除的介绍，https://www. fs. usda. gov/managing－land/prescribed－fire。

② 《林区计划烧除的要求和程序》（RT I，11. 02. 2021，1），https://www. riigiteataja. ee/akt/111022021001。

破坏植被，改变土壤理化性状，增加二氧化碳排放，如果不慎“跑火”还可能引起森林火灾，弄巧成拙，得不偿失。2010年，原国家林业局发布林业行业标准《东北、内蒙古林区营林用火技术规程》（LY/T 1173—2010）——该标准中的“营林用火”是指“在经营和保护森林中，通过控制火强度，在林区规定的范围内，烧除林地可燃物，达到预防森林火灾、控制森林病虫害、促进森林更新、复壮山特产资源、改善野生动物饲料等多种目的的用火”，实际就是计划烧除。在国外，计划烧除的运用较为广泛，北欧国家瑞典、芬兰、挪威的自然保护区，普遍将计划烧除作为控制森林火灾风险的重要手段，目前芬兰有52个保护区开展了系统的计划烧除作业。当然，如果组织计划和实施控制出现疏漏，计划烧除确实存在巨大风险，如2022年5月美国新墨西哥州北部造成重大损失的林火，就是由于美国农业部所属林务局（USFS）实施计划烧除时失控造成的。

1.2.3.7　公共活动的消防安全要求

公共活动（Avalik üritus）是指在公共场所进行的娱乐活动、体育竞赛、文化演出、商贸活动或者其他类似的人员聚集活动，不包括会议。举办公共活动时，严禁超出建筑或场所的设计容纳人数，举办参加人数超过200人的公共活动时，座位之间应当相互连接或者固定在地面，且不得缩小相邻两排座位间的过道宽度，或者在过道临时增加座位，以防紧急情况下影响疏散，造成拥挤。此外，公共活动期间必须采取有效措施，确保在发生危险时能够及时通知所有人员立即疏散。

根据《消防安全法》第22条，救援局对大型公共活动实施行政许可制度。在设计用途并非公众聚集场所的建筑举办超过150人参加的公共活动，或者在临时建筑、室外举办超过300人参加的公共活动，均应事先报救援局审批。活动组织者提交申请时，必须绘制活动现场平面图，标明人员疏散逃生路线和救援车辆的进入路线，并检查确认活动场所的消防安全状况，尤其是疏散通道、安全出口、疏散指示标志是否能保证及时疏散撤离，消防设施、救援装备和其他设备运行是否正常。室外公共活动使用篝火时，如果活动规模未达到报救援局审核的上述标准，则不必就使用篝火单独报批，只需符合内政部2021年7月3日制定的《篝火和烧烤的安全要求》① 即可，该规章对使用篝火的基本要求包括：现场配备至少1个灭火器，与其他可燃物的距离大于8 m，只能使用未经加工的天然木材，活动结束后将余火彻底熄灭等。

但是，正如内政部2017年12月1日在《消防安全法》修订草案起草说明中指出的，大型公共活动组织者虽然准备了平面图、疏散路线等资料，但往往只是为了申报审

① 《篝火和烧烤的安全要求》（RT I，06.07.2021，5），https：//www.riigiteataja.ee/akt/106072021005。

批，真正开展活动时并未严格执行①。即使救援局是附带安全条件批准举办活动，活动组织者往往也并未全面落实相关要求、满足必要条件。而且，在习惯了救援局的审批之后，活动组织者甚至会认为救援局应当承担确保公共活动安全的责任。上述问题并非孤例，很多涉及安全的行政审批事项，如果不能合理设置审批流程，真正突出主体责任，就可能造成安全责任“倒置”，导致当事人把取得行政许可作为唯一目的，却忽视如何落实相应的安全要求。虽然救援局和内政部建议改革大型公共活动审批制度，但议会出于对公共活动安全的担忧，在 2020 年 12 月 15 日通过的《消防安全法》修正案中，仍然保留了现行的审批制度。

1.2.3.8　火灾报警系统的火警信号传输

如前所述，为确保救援人员尽快到场，1995 年《消防安全准则 火灾自动报警系统的设计和安装》（TE 2）即设专章“向报警中心传输信号”，要求单位将消防控制中心收到的火警和故障信号自动传输到报警中心。此后，1998 年制定的《火灾报警系统要求》及其历次修订版完善了相关要求。2010 年《消防安全法》第 36 条专门规定，人员密集、财产贵重的火灾高风险建筑，必须通过信号自动传输系统（Automaatne teateedastussüsteem，ATeS），将火灾自动报警系统接收的火警信号自动传输至报警中心。图 4 – 8 是火警信号自动传输系统的构成②。

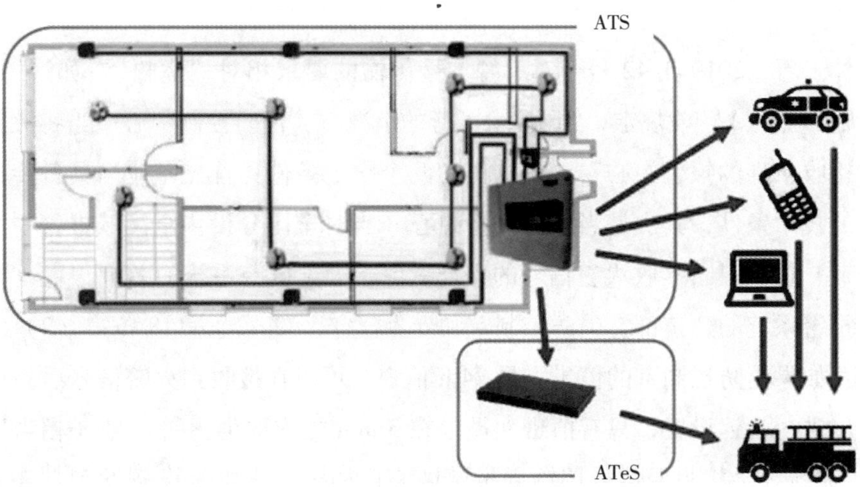

图 4 – 8　火警信号自动传输系统

---

① 《〈消防安全法〉修订草案起草说明》，https：//eelnoud. valitsus. ee/main/mount/docList/26fc2501 – 1f7c – 4b5d – 9ff6 – e6416a7ca5df? activity = 1#XHtoxkNG。

② 《〈消防安全法〉修正案草案说明》，第 3 页，https：//www. riigiteataja. ee/eelnoud/menetluskaik/SIM/17 – 1407。

根据上述规定，2010 年 8 月 30 日内政部通过 42 号令《火灾自动报警系统要求和必须将火警信号传输到报警中心的建筑》[①]（9 月 4 日生效），确定了必须将火警信号发送到警报中心的建筑清单，主要集中在人员密集场所，包括额定人数超过 100 人的宾馆、酒店等住宿建筑，超过 50 人的医院、疗养院，超过 300 人的公众聚集场所，其他还包括超过 4 层的办公楼、建筑面积超过 1 500 m^2的厂房和仓库，如表 4－11 所示[②]。符合上述条件建筑的业主，应当与火警信号传输系统（Tulekahjuteate edastussüsteem）运营商签订服务协议，并向救援局提交与报警中心联网传输火警信号的申请。

表 4－11 必须将火灾自动报警系统接收的火警信号传输到报警中心的建筑（2010 年）

建筑用途	建筑指标		
	使用人数	层数	建筑面积
住宿建筑	>100	—	—
医院、疗养院	>50	—	—
公众聚集场所	>300	—	—
办公楼	—	>4	—
厂房和仓库	—	—	>1 500 m^2

从总体上看，2010 年 42 号令对火警信号传输的要求相对“宽松”，如第 18 条“火警信号传输”第（1）款规定，“在技术可行的情况下，消防控制中心应当将火警信号传输到具备接收条件的报警中心”——这里有两个限定条件：首先是应当具备传输火警信号所必需的技术条件，其次是当地的报警中心（当时全国分设 4 个区域报警中心，见第三章第四节）应当具备接收火警信号的条件。由于火灾报警系统的差别很大，并非全部设有火灾报警系统的建筑都有消防控制室和专人值守，42 号令第 18 条第（2）款设定了两种模式：如果消防控制室的值班人员 24 h 值守，可以在接收到火警信号后立即进行核实，则可以进行延迟设置，只有值班人员未在 3 min 之内取消火警信号（相当于确认发生火灾），系统才会将火警信号传输到报警中心；如果火灾报警设备没有专人值守，则应当在接收到火警信号后，立即自动传输到报警中心。

2013 年 1 月 7 日，内政部通过 1 号令《火灾报警系统要求和应当将火警信号传输到

① 《火灾自动报警系统要求和必须将火警信号传输到报警中心的建筑》（RT I 2010，61，447），https：//www. riigiteataja. ee/akt/13355097。

② 《火灾自动报警系统要求和必须将火警信号传输到报警中心的建筑》附件 3，https：//www. riigiteataja. ee/aktilisa/0000/1335/5097/13355169. pdf#。

报警中心的建筑》[1]，同步废止2010年42号令。新规章虽然名称变化不大，只是将原来的“火灾自动报警系统”改为“火灾报警系统”（扩大了适用范围），但主体内容做了较大调整——根据立法说明，此次修订的出发点是：高风险（suuremad riskid）建筑确有必要向报警中心传输火警信号，但是，为了避免因误报警增加救援队出动，浪费救援资源，必须合理限制与报警中心联网的建筑数量。

根据上述原则，2013年1号令调整了必须向报警中心传输火警信号的建筑范围，如表4-12所示[2]，将公众聚集场所的额定人数下限从300人提高到500人，将办公建筑的层数下限从4层提高到8层以上（即高层建筑），将厂房、仓库的建筑面积下限从1 500 m^2提高到4 000 m^2。同时，为了提高危险化学品经营企业的灭火救援响应速度，增加了按照《化学品法》属于“重大事故风险企业”的厂房和仓库（面积不限）。上述标准适用至今。此外，2013年1号令第16条第（3）款的规定，上述范围之外的历史文化遗产建筑和档案馆、博物馆等对国家具有重要意义的建筑，可以提交申请，经救援局同意后与报警中心联网。虽然2013年修订时把握的主旨是“控制与报警中心联网的建筑数量”，但在具体制度设计时，又对易燃易爆企业、重要历史文化遗产建筑予以政策倾斜，体现了灵活务实的特点。

表4-12　必须将火灾自动报警系统接收的火警信号传输到报警中心的建筑（2013年）

建筑用途	建筑指标		
	使用人数	层数	建筑面积
住宿建筑	>100	—	—
医院、疗养院	>50	—	—
公众聚集场所	>500	—	—
办公楼	—	>8	
厂房和仓库	—	—	>4 000 m^2，或 重大事故风险企业

2013年通过的《火灾报警系统要求和应当将火警信号传输到报警中心的建筑》增加了联网前的测试环节。所有必须与报警中心联网的建筑，其业主应当与火警信号传输系统运营商签订服务协议，并向救援局提交联网申请，救援局审核确认具备联网条件后，可以设定最长2个月的测试期——测试期间，火灾报警系统发出的火警信号不得直接传

① 《火灾报警系统要求和应当将火警信号传输到报警中心的建筑》（RT I，18.01.2013，2），https：//www. riigiteataja. ee/akt/118012013002。

② 《火灾报警系统要求和应当将火警信号传输到报警中心的建筑》附件2，https：//www. riigiteataja. ee/aktilisa/1180/1201/3002/SIM_ m1_ lisa2. pdf#。

输到报警中心，火警信号传输系统运营商应当监测误报警情况，并在测试期结束后向救援局和业主提交监测报告。如果截至测试期结束，仍未消除导致火灾报警系统误报警的故障，救援局有权延长测试期直至故障全部消除。在救援局确认消除导致误报警的故障、测试期结束后，火警信号即可直接传输到报警中心。

《火灾报警系统要求和应当将火警信号传输到报警中心的建筑》第 17 条“火警信号传输”保留了 2010 年提出的火灾报警系统 2 种运行模式（有人值守的，设定不超过 3 min的延迟确认时间；无人值守的，直接向报警中心传输火警信号），并新增了主动取消误报火警信号的规定——在向报警中心传输火警信号后，如果建筑业主或其授权人员确认属于误报警，则可以通过火警信号传输系统，向报警中心发送取消火警的信号。明确有权发出取消火警信号指令的人员，并通过系统发送取消火警信号的指令，是确保这一机制运行的两个重要环节，因为错误发出取消火警信号的指令将延误火灾扑救，相关人员要承担相应的法律责任；如果只是打电话要求取消火警，报警中心无从确认致电人员的身份、权限和可信度，只有通过火警信号传输系统发出取消指令，才可以消除上述疑虑，确保安全可靠。内政部认为，在采取上述措施后，可以有效减少误报警导致救援队伍出动，因此在《火灾报警系统要求和应当将火警信号传输到报警中心的建筑》第 17 条第（3）款规定，报警中心接到通过火警信号传输系统上传的火警后，应当立即调动救援队伍出动。

在 2010 年 42 号令的基础上，2013 年《火灾报警系统要求和应当将火警信号传输到报警中心的建筑》进一步完善了火警信号传输系统的技术要求，主要包括：系统必须保持连续运行并设备用电源，在信号传输链路中断 100 s 内，应当发出故障报告；从开始传输火警信号，到报警中心接收显示的响应时间不应大于 10 s；系统应当具备至少传输火警、故障、取消等 3 种信号的能力。此外，还首次规定了火警信号传输系统运营商的责任，包括确保系统连续不间断运行，在系统出现故障时向业主通报并及时排除故障，系统运行和维护信息保存至少 2 年等。

虽然采取了增设系统运行测试期等多种措施，但总体而言，火警信号传输系统的运行差强人意。据救援局统计，近年与报警中心联网的建筑数量基本稳定，2016 年底是 1 235座，截至 2020 年 2 月是 1 287 座，2018 年、2019 年共向报警中心传输 4 760 次和 4 692次火警，平均误报率高达 93%，只有 7% 属于真实火警，而火灾只有 39 起和 27 起，占全部火警信号 0. 7%，职业救援站平均每年有 2 419 h 的出动是由于此类误报警引起的，造成救援资源浪费。火警误报率居高不下，主要有三方面原因：火灾报警系统维护不当、建筑或场所使用不当（比如在禁烟场所吸烟）、火警信号传输系统运行不当（没有及时取消误报火警等）。救援局也曾考虑将火警信号传输到专门的保安公司

（turvaettevõtte）——类似于我国《城市消防远程监控系统技术规范》（GB 50440）中的"远程监控系统的监控中心"，由其甄别火警信号的真伪——但这个方案等于在火警系统传输链条又增加了一个环节，在没有从根本上解决误报警问题的同时，又造成了延误报警的新问题，因此被各方否决。

为解决上述问题，2017 年 12 月 1 日内政部就修改《消防安全法》[①] 征求相关部门意见时，曾提出"未来取消火警信号传输系统"的想法，司法部和社会事务部予以强烈反对——司法部在 2018 年 1 月 3 日致内政部的回函中，引用了爱沙尼亚恢复独立后的 3 起重大亡人火灾（1996 年 2 月 9 日塔林精神病院火灾，造成 8 名老年男性病人死亡，另有 7 人受伤；1997 年 4 月 9 日派尔努县养老院火灾，造成 8 名行动不便的老年女性死亡，最年长的 90 岁，年龄最小的 69 岁，另有 14 人受伤；2011 年 2 月 20 日莱内县哈普萨鲁孤儿院火灾，造成 11 名残疾青少年死亡），指出至少在未成年人、老年人、残疾人等行动不便人员集中的孤儿院、养老院、医院等社会福利机构和医院，为确保人员安全，应当保留火警信号传输系统，同时采取措施解决误报率高的问题。社会事务部认为，内政部在考虑火灾信号传输系统"去留"问题时，分析了救援局、报警中心、保安公司、火警信号传输系统运营商的关切，却忽略了相关场所内人员的因素——对于医院、社会福利机构而言，一旦发生火情，工作人员很可能忙于组织疏散行动不便的患者、儿童、老人和残疾人，而疏忽了报告火警（夜间失火时，由于工作人员比白天少，这一问题更为突出），而火警信号传输系统恰恰可以解决这一问题，确保救援力量迅速到场，从而减少人员伤亡。统计数据也说明了火警传输系统对医院、社会福利机构的重要性：2017 年、2018 年，医院、社会福利机构共向报警中心发送 399 次和 475 次火警信号，占报警中心同期接收自动传输火警总数（4 123 次和4 760次）的 9. 7% 和 10. 0%，其中真实火警分别为 28 次和 39 次，误报率 76. 7%（明显低于全国平均的 93%），在这 67 次真实火警中，有 18 次成灾。

吸收上述意见后，2019 年 12 月，《消防安全法》修正草案在议会一读时，将目标调整为"逐步缩小火警信号传输系统的安装范围"，而不是完全取消。2021 年 3 月 1 日实施的《消防安全法》修正案，删除了第 36 条第（1）款关于所有新建建筑的火灾自动报警系统均应自动向报警中心传输火警信号的要求。稍早前的 2 月 16 日，内政部修订 2013 年 1 号令，将名称改为《火灾报警系统要求和必须将火警信号传输到报警中心的建

---

① 2021 年 12 月 1 日，内政部《关于修改部分内政部规章的说明》，第 6 页，https：//eelnoud. valitsus. ee/main/mount/docList/4154f638 - b944 - 4ae7 - b644 - 27bcc2ad0a73？ activity = 1#BBNxzNFD。

筑，以及火警信息传输和撤销的程序》①，在第 16 条增加第（2^1）款，规定对于必须与报警中心联网的建筑，如果业主能够确保发生火灾时立即向报警中心报警并组织人员疏散，则可以向救援局申请免除与报警中心联网的义务。事实上，单位对火警信号传输技术的效果同样存在疑虑，在修订《消防安全法》的调研过程中，三分之二已联网的建筑业主表示，如果救援局同意，他们将放弃该系统。

居高不下的火灾自动报警系统误报率，从一个侧面说明消防安全自查的效果不容乐观，因为这些建筑每年都在按要求进行消防安全自查，其中很多还必须逐年上传《消防安全自查报告》。目前，对于一个月内误报警超过 3 次的联网建筑，救援局会通知业主加强火灾报警系统的检查维护。要从根本上解决这一问题，则需要发挥专业技术人员的作用，提高火灾自动报警系统的安装和维护质量。2021 年修订的《火灾报警系统要求和必须将火警信号传输到报警中心的建筑，以及火警信息传输和撤销的程序》第 2 条增加第（17）款，要求火灾自动报警系统维护人员应当具备《消防安全法》规定的相应职业资格，这一制度的全面实施，将有助于从根本上提高系统的可靠性，降低误报率。据统计，截至 2020 年初，爱沙尼亚共有近 700 人具备火灾自动报警系统安装、维修的职业资格，其中，安防和消防系统技师（4 级）、安防和消防系统专业人员（5 级）共 545 人，安防和消防系统设计师（6 级）144 人。

爱沙尼亚火警信号传输技术的应用实践表明，建筑消防安全取决于全面有效的消防安全管理，不可能仅仅依靠某一项技术的运用得以实现，而且任何技术都有其局限性，必须及时总结经验教训，调整和修正政策，确保技术“为我所用”，而不是成为得不偿失的“鸡肋”。

1.2.3.9　独立感烟报警器和一氧化碳报警器

为有效减少居住建筑火灾亡人，继 2009 年 7 月 1 日起强制要求所有住宅安装火灾探测报警器，自 2022 年 1 月 1 日起，《消防安全法》要求使用固体燃料供暖系统的住宅、公寓和其他建筑必须安装一氧化碳报警器（autonoomne vingugaasiandur）。至此，火灾探测报警器和一氧化碳报警器成为爱沙尼亚住宅、公寓等居住建筑的“安全双标配”。现就有关术语予以说明：爱沙尼亚语“autonoomne tulekahjusignalisatsiooniandur”直译是“独立火灾探测报警器”，简称“独立火灾报警器”；国际标准化组织标准 ISO 7240 – 7：2018 使用的术语是“point – type smoke detectors”（点型感烟探测器）；美国保险商实验室（Underwriter Laboratories Inc.）标准 UL 217 使用的术语是“single station smoke alarm”

---

① 《火灾报警系统要求和必须将火警信息传输到报警中心的建筑，以及火警信息传输和撤销的程序》（RT I，23.02.2021，9），https：//www.riigiteataja.ee/akt/123022021015。

（点式感烟报警器），英美国家通常简称为“感烟报警器”（smoke alarm）；我国在国家标准 GB 20517 使用的是“独立式感烟火灾探测报警器”。综合上述表述，下文中如非原文引用法律时，均使用“独立感烟报警器”。

火灾中的大多数遇难人员，是由于发现火情迟缓、来不及疏散逃生，吸入有毒烟气而中毒死亡的，有的甚至死于睡眠过程。独立感烟报警器可以及时探测火灾并发出警报，提醒现场人员疏散逃生，具有技术成熟、安装方便、维护简单、成本低廉、效果明显等特点，是防范应对各类居住建筑、人员密集场所火灾亡人的有效技术手段。20 世纪 70 年代以来，美国和部分欧洲国家通过宣传引导和强制立法，在新建和既有居住建筑积极推广独立感烟报警器，有效减少了火灾伤亡。借鉴欧美国家经验，2004 年 10 月 27 日，爱沙尼亚制定行政法规《建筑消防安全要求》时，规定以下场所必须安装独立感烟报警器：（1）每套居住建筑内，至少 1 个有人居住的房间；（2）10 个房间以内住宿建筑的每个房间；（3）5 张床位以内福利机构、医疗机构的每个房间；（4）10张床位以内幼儿园的每个房间；（5）人员密集场所面积在 50 m^2 以内的房间。符合上述第（1）款规定的既有居住建筑，必须在 2009 年 7 月 1 日前安装符合要求的独立感烟报警器，符合第（2）至（5）款规定的其他既有公共建筑，必须在 2007 年 7 月 1 日前安装。

实践证明，独立感烟报警器确实发挥了显著作用。2006 年，爱沙尼亚有 164 人死于火灾，2007 年至 2009 年，分别减少了 32 人、43 人和 26 人——在既有住宅尚未全面强制安装独立感烟报警器的前 3 年，火灾亡人就累计减少 101 人，比 2006 年下降 61.6%。到 2016 年，火灾死亡人数下降到 39 人，比 2006 年减少 76.2%——火灾亡人减少是多方面工作的综合成果，但独立感烟报警器确实发挥了重要作用。到 2021 年底，爱沙尼亚约 92% 的住宅已经安装独立感烟报警器，随着应用范围基本实现全面覆盖，独立感烟报警器减少火灾亡人的边际效应逐渐显现。在这种情况下，一方面，需要指导居民合理检查维护火灾探测报警器（尤其是定期更换电池），确保其发挥作用；另一方面，需要采取进一步的综合火灾防控措施。

对火灾遇难人员死亡原因的分析表明，燃烧产生的有毒烟气（包括不完全燃烧产生的一氧化碳，以及二氧化硫、二氧化碳、氮氧化物、硫化氢、氯化氢、氰化氢等）中毒是主要的致死原因，其中最为常见的是一氧化碳中毒。根据爱沙尼亚法医科学研究所（Eesti Kohtuekspertiisi Instituut，EKEI）统计，近年爱沙尼亚约 95% 的火灾死亡是一氧化碳中毒造成的。一氧化碳无色、无味、无臭、有毒，中毒机理是一氧化碳与血红蛋白的亲合力比氧高 200—300 倍，与血红蛋白结合后形成碳氧血红蛋白，使血红蛋白丧失携氧能力，造成组织窒息，对全身组织细胞均有毒性作用，常见的中毒症状包括头痛、头晕、疲劳、恶心、呕吐、心悸、气促、睡意、幻觉、视觉障碍等，中毒较轻时可能不会将上述症状与一氧化碳联系起来，导致其危害具有很大的隐蔽性。可燃物阴燃时，在出现明火和肉眼可见的烟雾之前，火灾报警器尚未动作，产生的一氧化碳就可能致人死亡。

目前，燃气系统以天然气（主要成分是甲烷）、液化石油气（主要成分是丙烷、丙烯、丁烷、丁烯）为主，较少使用煤制气（主要成分是一氧化碳），但烷烃、烯烃不完全燃烧时同样产生一氧化碳。此外，非火灾情况下，含碳可燃物不完全燃烧产生的一氧化碳，也是导致人员中毒甚至死亡的重要原因，爱沙尼亚大约有 20 万个家庭使用壁炉、火炉等固体燃料供暖设施，其他则使用燃气系统，每年取暖季节都会出现一氧化碳中毒导致的死亡。据统计，2008—2018 年，约有 20—30 人死于燃气装置、壁炉等固体燃料供暖系统故障导致的一氧化碳中毒。

一氧化碳中毒导致人员伤亡，是各国普遍遇到的问题。近年来，一些国家开始强制安装一氧化碳报警器。2014 年起，加拿大要求所有出租房屋和公寓必须安装一氧化碳报警器；英国从 2015 年开始，要求所有出租房屋必须安装一氧化碳报警器；美国多地也通过了相关立法，如加利福尼亚州从 2016 年起，强制要求所有设有燃气加热器和壁炉、火炉的建筑安装感烟报警器和一氧化碳报警器。借鉴欧美国家经验，2017 年 3 月 6 日，爱沙尼亚经济和通信部修订 2015 年《燃气供热系统供气设施的建造安全要求，以及气瓶、用于气体灌装的储气罐要求》①，在第 45 条“室内通风要求”增加第（11）款，规定“使用燃气设施的住宅必须配备一氧化碳报警器，除非采取了防止一氧化碳积聚和进入房间的措施”。并要求既有建筑在 2018 年 1 月 1 日前落实上述规定。

根据 2020 年 12 月 15 日修订的《消防安全法》第 30 条，一氧化碳报警器被列入“消防设施”范围，并在第 32 条“消防设施的设计、安装、检查和维护要求”增加第（3^1）款：“如果住宅或公寓使用固体燃料供暖系统，除配备火灾自动探测报警器外，应当至少配备一个一氧化碳报警器。其他建筑或建筑局部使用固体燃料供暖系统时，产权人必须在相应位置至少配备一个一氧化碳报警器。”上述规定最迟于 2022 年 1 月 1 日起生效。同步修订的《设备安全法》在第 6 条增加第（2^1）款，规定使用燃气加热器或燃气烧水器的建筑必须配备一氧化碳报警器。根据上述规定，安装一氧化碳报警器的住宅范围，从使用燃气的住宅扩展到使用固体燃料（主要是木柴、煤炭）的住宅、公寓和其他建筑。

与 2021 年《消防安全法》配套，内政部同步修改《建筑消防安全要求》第 29 条，

① 《燃气供热系统供气设施的建造安全要求，以及气瓶、用于气体灌装的储气罐要求》（RT I，07.07.2015，32），https：//www.riigiteataja.ee/akt/125012022004。

将该条名称从“独立火灾探测报警器”改为“独立火灾探测报警器和一氧化碳报警器”，并增加第（4）款：“如果建筑或其局部使用固体燃料供暖系统，必须按照产品说明，在相关部位至少安装一个独立一氧化碳报警器。”根据现行《建筑消防安全要求》第29条，以下5类场所必须安装独立感烟报警器：（1）每套住宅或公寓的至少1个房间；（2）10个房间以内住宿建筑的每个房间；（3）10张床位以内社会福利机构、医疗机构和羁押场所的每个房间，不包括卫生间；（4）使用面积300 m^2以下人员密集场所的每个房间，不包括卫生间；（5）使用面积750 m^2以下办公建筑的每个房间，不包括卫生间。除了上述第（1）种情形的住宅或公寓外，其他场所的独立感烟报警器，应当由建筑供电系统供电并设备用电源，或者采用寿命不低于5年的电池（在不具备供电条件的场所，如露营地、森林小屋等，不需与建筑供电系统连接）；同时，必须确保一个探测报警器动作后，整个建筑物内的报警器均发出火灾报警信号。

谈及独立感烟报警器的应用，笔者回想起2014年8月，北京大学出版社出版了我翻译的《美国在燃烧》，该书是1973年美国全国火灾防控委员会撰写的专题报告，从社会治理和公共服务的角度，系统分析了当时美国社会面临的消防安全问题和深层次原因，并就公民意识、政府责任、专业力量、技术装备、城乡统筹、教育培训等方面提出了90条建议，在美国现代消防史上具有里程碑意义，推动了美国公共消防服务体系重构。报告发布次年（1974年），一直将消防安全视为地方事权的美国联邦政府，突破性地成立全国火灾防控管理局（1978年改称国家消防管理局USFA，目前隶属于国土安全部管理的紧急事务管理总署FEMA），并持续推动落实《美国在燃烧》提出的建议。

经过近半个世纪的持续努力，美国长期居高不下的火灾伤亡得到遏制，从1980年的6 505人死亡、30 200人受伤，到2020年的3 500人死亡、15 200人受伤，死伤人数分别下降了46.2%和49.7%，这期间美国人口从2.295亿增加到3.310亿，百万人口火灾死伤率分别从1980年的28.3和131.6，下降到2020年的10.6和45.9，降幅分别达到62.5%和65.1%。根据美国消防协会的研究报告，火灾伤亡大幅减少的重要经验之一，就是在住宅等住宿场所全面应用独立感烟报警器。在《美国在燃烧》的90条火灾防控建议中，有4条涉及在住宅推广火灾探测报警装备，包括鼓励居民主动安装，运用保险、税收手段进行引导，国家通过行政手段予以支持等，可以说综合了市场、行政、宣传等多种手段，如表4-13所示①。

① 笔者根据《美国在燃烧》（2014年，北京大学出版社）整理。

表 4－13　《美国在燃烧》与推广运用感烟火灾探测报警器有关的建议

编号	内容
71	所有美国人都应当本着对自己和家人负责的态度，在住宅内安装经过认证的火灾探测报警装置
72	保险业应当通过下浮保险费率等激励措施，鼓励投保人在住宅内安装经过认证的火灾探测报警装置
73	国会应当尽快修改《国内税收法》，对于业主安装经过认证的火灾探测报警装置的支出，适当减征所得税
74	拟成立的国家消防管理局，应当及时跟踪掌握产业界和政府机构在火灾探测技术研发方面取得的进展，并根据需要提供必要的支持

《美国在燃烧》出版后，在国内消防界受到关注。推动地方政府把家庭火灾报警装置配备纳入为民办实事项目，也列入公安部消防局2015年工作要点，成为当时笔者所在的社会消防工作指导处的重点任务。

经与有关部门反复沟通，2015年11月2日公安部会同民政部、住房和城乡建设部、中国保险监督管理委员会、全国老龄工作委员会办公室、中国残疾人联合会印发《关于积极推动发挥独立式感烟探测报警器火灾防范作用的指导意见》（公消〔2015〕289号），提出在《建筑设计防火规范》（GB 50016）、《火灾自动报警系统设计规范》（GB 50116）、《住宿与生产储存经营合用场所消防安全要求》（GA 703）等规范标准已有要求的基础上，鼓励和引导扩大独立感烟报警器的应用范围，并明确了重点应用场所（养老院、福利院、残疾人服务机构、特困人员供养服务机构、幼儿园等老年人、残疾人和儿童建筑，居家养老、“空巢老人”、分散养老特困人员等人群住宅，社区综合服务设施等社区居民活动场所，位于棚户区、城乡接合部、传统文化村落和三级及以下耐火等级的老旧居民住宅，宿舍、出租屋、农家乐、小旅馆、地下居住空间等亡人火灾多发的场所，以及其他居民住宅）和重点应用部位（相关建筑和场所内的公共活动区域，居住建筑的卧室等休息用房，起居室、客厅，厨房、餐厅，内走道，每层疏散楼梯上部，以及其他具有火灾危险的房间和部位）。

此后，地方政府、有关部门和社会各界积极推广独立感烟报警器，根据《中国消防年鉴》《中国消防救援年鉴》，2016年，全国推广安装独立感烟报警器450余万个；2017年，在居民家庭、群租房等场所新增独立感烟报警器600余万个；2018年，新增237余万个；2019年新增410余万个。2020年后，暂无专门的统计数字。在2016—2019年的4年间，全国至少安装了1 700万个独立感烟报警器，为遏制“小火亡人”发挥了积极作用。回首这一历程，独立感烟报警器的推广运用和发挥作用，得益于坚实的法规标准基础，以及此前推广运用积累的经验，是消防部门和社会各界共同努力的成果。能够通过介绍国外做法，结合中国国情“为我所用”，在推广独立感烟报警器这项造福于民的工作中尽绵薄之力，让笔者深感欣慰。

1.2.4　基于风险的消防监督

1.2.4.1　基本制度

2010 年《消防安全法》第三章“监督措施”只有 4 条，分别就监督主体、获取信息、强制措施和性能化论证做出了规定。其中，第 38 条确定了实施消防监督的主体：救援局负责在全国范围监督《消防安全法》及其相关规定的执行情况，各区域救援中心在本区域内行使上述监督职责；技术监督局负责铁路运输、地下设施的消防安全监督；民航局负责民航消防安全监督；海事局负责船舶及浮船坞的消防安全监督；国防部负责国防军和国防联盟军事训练的消防安全监督；环境监察局负责林区的消防安全监督。后期虽然国家机构多次调整、名称变动，但一直保留了“条线管理”的消防安全监督职责分工。根据现行的《消防安全法》，消费者保护和技术监督局负责铁路运输、地下设施和爆炸危险区域的消防安全监督；交通局负责民航、船舶和浮船坞的消防安全监督；国防部负责国防军和国防联盟军事训练的消防安全监督；环保局负责林区的消防安全监督。正常情况下，救援局不参与专业领域的消防安全监督，只有在紧急情况时才会介入。

国家监督人员为履行消防监督职责，可以在当事人在场的情况下进入相关建筑和场所；发生灾害事故时，有权在当事人不在场的情况下进入相关建筑和场所。此外，为履行消防监督职责，国家监督人员有权要求当事人提供必要的文件资料信息。以下 3 种情形，国家监督人员应当依法下达《责令整改通知》：一是要求相关单位和人员消除违反消防安全要求的行为；二是为防止发生灾害事故、造成严重后果，责令暂停使用相关建筑、设备或者暂停相关活动；三是为预防灾害事故发生采取其他行为。如果单位和个人拒不执行《责令整改通知》，国家监督人员有权根据《强制执行法》规定的程序，采取代履行、罚款等强制措施，最高罚款为 5 万克朗（2011 年 1 月 1 日爱沙尼亚加入欧元区后，改为 3 200 欧元）。

1.2.4.2　实施情况

2012 年以来，在全面实施消防安全自查制度的同时，救援局持续开展了基于风险的消防监督。根据建筑登记系统（Ehitisregistri，EHR），爱沙尼亚现有约 60 万座建筑，其中公共建筑约 7.5 万座，公共建筑的使用人员流动性大，可能不熟悉建筑情况，有些建筑还属于公众聚集或者人员密集场所，一旦发生火灾，可能造成严重的人员伤亡和财产损失——这些建筑既需要满足建筑结构、防火分区、消防设施等消防安全方面的“硬件”要求，也需要符合消防安全管理、灭火疏散演练等组织管理方面的“软件”要求。救援局的职责，就是通过推行消防安全自查制度，开展建筑消防设计审核验收和基于风险的监督检查，以及宣传教育培训，提高这些建筑的消防安全水平，预防火灾、减少火灾危害。以 2016 年为例，救援局 104 名从事安全监督工作的人员（包括部门负责人），共开展了以下与消防监督有关的工作①：

（1）对 4 914 座建筑实施了消防监督检查；

（2）开展了 893 次临时消防监督检查；

（3）下达了 2 694 份《责令整改通知》，其中 160 份要求停止使用建筑、停止举办活动或者停用相关设备；

（4）完成了 1 956 项其他程序性工作，包括火灾原因调查；

（5）审查批准了 632 份详细的预案；

（6）审核了 108 份重大事故隐患单位提交的应急预案、风险分析报告、安全报告；

（7）审查了 3 408 份消防安全自查报告（其中一半以纸质形式提交）；

（8）核准了 7 203 项建筑施工许可和 3 959 项建筑使用许可。

需要说明的是，救援站的救援人员虽然广泛参与日常的预防工作，但并不履行消防监督检查职责。塔尔图大学在 2013 年发布的《偏远地区灾害预防、监督、救援服务的权重和模型》报告指出，如果组织救援站的站长参与消防监督检查，相当于增加 70 多名监督检查人员，但是开展监督就必然要实施处罚，单位可能产生抵触情绪，影响救援站与辖区单位原本密切的关系；另外，救援站与辖区单位长期相处，也可能影响消防监督的有效性。因此，救援站目前尚未从事消防监督检查。笔者认为，上述两方面的顾虑比较牵强，似乎不能作为排除救援站人员参与消防监督检查的理由。

1.2.4.3　建筑火灾风险评估

为推进基于风险的消防监督，内政部和救援局开展了一系列理论研究。实际上，2001 年 1 月 1 日《危急事件准备法》生效后，爱沙尼亚即在危机管理领域全面引入了风险管理理论和风险评估技术，建立了风险识别、分析、评价、应对的流程，要求国家、县、市（乡）的危机管理委员会定期开展风险分析，辨识可能发生的危急事件，并将风险分析作为编制危机管理预案、确保国家储备、经费预算的前提和依据，见第六章第四节。

为确保基于风险分析，合理选择消防监督检查对象，提高监督检查效能，2016 年内

① 2017 年 12 月 1 日，内政部《〈消防安全法〉修订草案起草说明》，第 1 页。

政学院通过分析2009—2015年的建筑火灾数据，测算了各类用途建筑的火灾概率、后果和风险，评估了各类用途建筑的火灾风险，并发布《消防监督对象选择方法研究》①。该报告共分三部分，第一部分概述了开展建筑火灾风险评估的背景和相关概念、风险准则；第二部分对2009—2015年的建筑火灾进行了分析；第三部分运用4种方法，对各类用途建筑的火灾风险进行了评估，并进行了风险排序。下面简要介绍该报告第二、三部分的主要内容和结论。

据统计，2009—2015年，爱沙尼亚共发生10 900起建筑火灾。《消防监督对象选择方法研究》将其中统计了财产损失的4 936起火灾纳入研究范围——最低损失2欧元，最高损失29 070 480欧元，共造成6.758亿欧元的财产损失，平均每起火灾财产损失136 924欧元，财产损失的25分位数是1 003欧元（即25%的火灾损失低于1 003欧元），中位数是7 508欧元（即50%的火灾损失低于7 508欧元），75分位数是37 555欧元（即75%的火灾损失低于37 555欧元）。表4-14是2009—2015年的建筑火灾财产损失分布②。2016年1月1日生效的《刑法典》修订案增加第12^1条，规定在需要根据财产损失，衡量违法行为的严重程度时，以4 000欧元、40 000欧元为界，划分为损失较轻（4 000欧元以下）、严重（4 000—40 000欧元）、特别严重（40 000欧元以上）三等，《消防监督对象选择方法研究》又设定了400欧元和400 000欧元两个分界点，进一步细化了损失分级。分析表明，超过1/3的建筑火灾财产损失在4 000—40 000欧元，超过400 000欧元的不到7%。

表4-14 2009—2015年建筑火灾的财产损失（单位：欧元）

	400以下	400—4 000	4 000—40 000	40 000—400 000	大于400 000
火灾起数	599	1 405	1735	853	344
占比	12.14%	28.46%	35.15%	17.28%	6.97%

此外，同期共发生309起亡人建筑火灾，造成363人死亡，其中93起未统计到财产损失。因此，纳入这次研究范围的建筑火灾共4 936+93=5 029起（为简化表述，下文将此类火灾简称为“建筑火灾”），平均每年发生718.4起，其中只造成财产损失的705.1起。需要说明的是，笔者发现，《消防监督对象选择方法研究》在研究过程中，引用年均火灾起数时出现错误，在应当使用年均造成财产损失和人员死亡的建筑火灾起数（718.4）时使用了705.1，鉴于误差只有1.85%，且该研究报告在引用各类用途建筑的

① 《消防监督对象选择方法研究》（*Tuleohutusülevaatuste Subjektide Valiku Metoodika*），https：//digiriiul.sisekaitse.ee/bitstream/handle/123456789/1800/TULEOHUTUSuLEVAATUSTE-tr.pdf？sequence=1&isAllowed=y。

② 《消防监督对象选择方法研究》，第55页。

相应火灾起数时，均出现类似的错误，所造成的误差进一步抵消，不会对研究结论造成影响，故下文仍引用原报告的数据。2015 年 6 月 2 日，经济和基础设施部通过《建筑用途清单》，按照用途对建筑进行了统一分类并确定了代码。表 4-15 是 2009—2015 年各类用途建筑火灾的基本情况①。

表 4-15 建筑火灾的概率（2009—2015 年）

序号	代码	用途	年均火灾起数（次）	同类建筑数量（座）	建筑火灾发生率（‰）	相对风险
1	11000—11199	单户住宅	233.3	191 215	1.22	0.492
2	11200—11299	双户及以上住宅	283.6	23 616	12.01	4.843
3	11300—11319	其他居住建筑	3.6	519	6.88	2.776
4	11320—11329	宿舍	4.1	233	17.78	7.172
5	12110—12129	其他住宿建筑	6.1	3 166	1.94	0.783
6	12130—12139	餐饮建筑	6.3	1 004	6.26	2.525
7	12201—12209	办公建筑	16.4	4 141	3.97	1.600
8	12310—12322	商业建筑	16.7	3 677	4.55	1.834
9	12330—12339	服务业建筑	7.3	2 040	3.57	1.441
10	12410—12439	交通运输建筑	19.7	13 755	1.43	0.578
11	12510—12519	车库	41.3	8 636	4.78	1.928
12	12520—12599	工业建筑	12.6	7 783	1.62	0.652
13	12610—12619	仓储建筑	3.3	1 043	3.15	1.271
14	12621—12625	娱乐建筑	0.3	387	0.74	0.298 *
15	12630—12639	博物馆和图书馆建筑	16.9	2 173	7.76	3.129
16	12640—12649	教育和科研建筑	6.3	539	11.66	4.704
17	12650—12659	医疗建筑	2.6	651	3.95	1.593
18	12710—12719	体育建筑	23.1	19 104	1.21	0.489
19	12721—12729	农林畜渔业建筑	1.7	750	2.29	0.922
合计			705.1	284 432	2.48	1.000

风险评估的前提，是确定事件及其概率和后果。对于建筑火灾风险评估而言，就是确定建筑火灾的发生率和财产损失、人员伤亡、过火建筑面积等后果。根据建筑登记系

① 《消防监督对象选择方法研究》表 6《建筑火灾的概率》，第 29 页。

统，2009—2015 年，爱沙尼亚共登记上述 19 类建筑 284 432 座，建筑火灾发生率为 2.48‰。为更直观地反映各类建筑的火灾风险，《消防监督对象选择方法研究》报告引入了“相对风险”（英语 Relative Risk，RR），即某类建筑的火灾发生率与全部建筑火灾发生率的比值。以单户住宅为例，其火灾发生率为 1.22‰，相对风险为 1.22/2.48 = 0.492，也就是说，单户住宅的火灾发生率是平均水平的约一半；宿舍建筑的火灾发生率为 17.78‰，相对风险为 17.78/2.48 = 7.169，在 19 类建筑中最高，是所有建筑平均水平的 7 倍多。

《消防监督对象选择方法研究》在分析 2009—2015 年建筑火灾的后果时，选用了财产损失、火灾死亡和过火建筑面积等 3 项典型指标，如表 4 - 16 所示[①]。其中，财产损失占比最高的是单户住宅，年均损失 0.6886 亿欧元，占所有建筑火灾财产损失近一半（45.28%）。年均 51.86 人死于火灾，其中，单户住宅的火灾死亡人数占年均总数的 51.24%，双户及以上住宅为 42.42%，其他居住建筑为 3.03%，3 项合计达到 96.69%，说明住宅是造成火灾亡人的最主要场所。全部建筑火灾的过火面积与总建筑面积之比为 0.221‰，单户住宅的过火面积占比最高（0.390‰），是平均水平的 1.77 倍，说明单户住宅发生火灾时，最容易蔓延扩大。

表 4 - 16　建筑火灾的财产损失、过火面积和死亡人数（2009—2015 年）

用途	财产损失		过火面积		死亡人数	
	年均（百万欧元）	占比（%）	年均占比（‰）	相对值	年均（人）	年均占比（%）
单户住宅	68.86	45.28	0.390	1.77	26.57	51.24
双户及以上住宅	14.65	9.63	0.118	0.53	22.00	42.42
其他居住建筑	1.78	1.17	0.077	0.35	1.57	3.03
宿舍	1.07	0.70	0.114	0.52	0.29	0.56
其他住宿建筑	1.18	0.78	0.166	0.75	0.00	0.00
餐饮建筑	1.84	1.21	0.078	0.35	0.00	0.00
办公建筑	1.65	1.09	0.080	0.36	0.14	0.27
商业建筑	10.19	6.70	0.207	0.94	0.14	0.27
服务业建筑	0.49	0.32	0.099	0.45	0.00	0.00
交通运输建筑	1.10	0.72	0.203	0.92	0.14	0.27
车库	22.03	14.49	0.143	0.65	0.14	0.27

① 《消防监督对象选择方法研究》表 8《火灾的后果（2009—2015 年）》，第 31 页。

续　表

用途	财产损失		过火面积		死亡人数	
	年均（百万欧元）	占比（%）	年均占比（‰）	相对值	年均（人）	年均占比（%）
工业建筑	4.23	2.78	0.143	0.65	0.29	0.56
仓储建筑	0.37	0.25	0.089	0.40	0.00	0.00
娱乐建筑	0.00	0.00	0.277	1.26	0.00	0.00
博物馆和图书馆建筑	2.09	1.37	0.104	0.47	0.14	0.27
教育和科研建筑	0.80	0.53	0.141	0.64	0.00	0.00
医疗建筑	0.63	0.41	0.063	0.28	0.00	0.00
体育建筑	19.07	12.54	0.329	1.49	0.43	0.83
农林畜渔业建筑	0.03	0.02	0.109	0.49	0.00	0.00

为了对不同用途建筑的火灾风险进行排序，从而确定消防监督的重点，必须选取适合的风险评估技术。本书第六章对风险评估技术在危机管理和救援领域的运用做了概要介绍。《消防监督对象选择方法研究》选用了最常用的风险矩阵，作为建筑火灾风险筛查工具，并设定了建筑火灾的可能性（概率）分级标准，如表4－17所示①，以及建筑火灾的后果（严重程度）分级标准，如表4－18所示②。其中，将发生建筑火灾的可能性按概率分为极低、低、中、高、极高等5级，分别用数字1、2、3、4、5代表；将建筑火灾的后果按人员伤亡和财产损失的严重程度，分为极轻微、轻微、重大、严重、灾难性等5级，分别用字母A、B、C、D、E代表。根据上述标准，对2009—2015年各类建筑火灾的可能性和后果进行了分级，如表4－19所示③。

表4－17　建筑火灾的可能性评估标准

可能性		评估标准
极高	5	发生的概率大于0.11
高	4	发生的概率在0.041—0.1
中	3	发生的概率在0.021—0.04
低	2	发生的概率在0.011—0.02
极低	1	发生的概率<0.01

① 《消防监督对象选择方法研究》，第30页。
② 《消防监督对象选择方法研究》表9《火灾后果的量表分级》，第32页。
③ 《消防监督对象选择方法研究》表7《矩阵的可能性计算》、表10《火灾后果的量表分级》，第33—34页。

表4－18　建筑火灾的后果评估标准

严重程度		后果	
A	极轻微	人员生命健康	1人健康受到影响，但不需要住院治疗
		财产损失	400欧元以内
B	轻微	人员生命健康	1—2人死亡和（或）多人需要住院治疗
		财产损失	400—4 000欧元
C	重大	人员生命健康	3—5人死亡和（或）10人以上需要住院治疗
		财产损失	4 000—40 000欧元
D	严重	人员生命健康	6—10人死亡且多人受伤，10人以上被疏散
		财产损失	40 000—400 000欧元
E	灾难性	人员生命健康	10人以上死亡，10人以上住院治疗，大量人员被疏散
		财产损失	400 000欧元以上

表4－19　各类用途建筑火灾的可能性和后果分级

建筑用途	火灾频次	可能性分级	建筑火灾平均财产损失（欧元）	年均火灾死亡人数	后果分级
单户住宅	0.0061	1	295 173	26.571	D
双户及以上住宅	0.0600	4	51 661	22	D
其他居住建筑	0.0347	4	498 122	1.571	E
宿舍	0.0880	4	258 091	0.286	D
其他住宿建筑	0.0096	1	192 575	0	C
餐饮建筑	0.0314	3	292 913	0	D
办公建筑	0.0198	2	100 563	0.143	D
商业建筑	0.0227	3	609 803	0.143	E
服务业建筑	0.0179	2	67 435	0	D
交通运输建筑	0.0072	1	55 774	0.143	D
车库	0.0239	3	533 608	0.143	E
工业建筑	0.0081	1	336 764	0.286	D
仓储建筑	0.0158	2	113 506	0	D
娱乐建筑	0.0039	1	12 247	0	C
博物馆和图书馆建筑	0.0389	3	124 025	0.143	D
教育和科研建筑	0.0584	4	127 873	0	D
医疗建筑	0.0200	2	245 382	0	D
体育建筑	0.0060	1	824 060	0.429	E
农林畜渔业建筑	0.0113	2	17 464	0	C

风险矩阵中，建筑火灾的风险等级分为低、中、高和很高共 4 级，分别用灰色、绿色、黄色和红色表示。将各类用途建筑的火灾可能性、后果分级结果填入风险矩阵，即可区分各类用途建筑的火灾风险等级，如图 4-9 所示（见彩插第 9 页）①。其中，第 3 类（其他居住建筑）的风险等级为“很高”；第 2 类（双户及以上住宅）、第 4 类（宿舍）、第 6 类（餐饮建筑）、第 8 类（商业建筑）、第 11 类（车库）、第 15 类（博物馆和图书馆建筑）、第 16 类（教育和科研建筑）的风险等级为“高”；第 1 类（单户住宅）、第 7 类（办公建筑）、第 9 类（服务业建筑）、第 10 类（交通运输建筑）、第 12 类（工业建筑）、第 13 类（仓储建筑）、第 17 类（医疗建筑）、第 18 类（体育建筑）、第 19 类（农林畜渔业建筑）的风险等级为“中”；第 5 类（其他住宿建筑）、第 14 类（娱乐建筑）的风险等级为“低”。

风险矩阵只能进行定性分类，不能清晰地进行风险排序。为解决这一问题，《消防监督对象选择方法研究》的研究人员基于 R = f（F，C），即某一事件的“风险”（Risk）是其发生的“可能性”（Frequency）与“后果”（Consequences）函数的基本原理，设计了 4 个方案，通过对各类用途建筑火灾的可能性（火灾概率）与后果（财产损失、火灾死亡和过火建筑面积）进行一定形式的组合，尝试进行了量化的风险排序。为突出重点，每个方案只给出了风险排序前 10 位的建筑用途。

方案一：风险 = 可能性 ×（年均财产损失 + 年均火灾亡人）

其中，可能性是建筑火灾发生率（‰），年均财产损失是该类建筑的年均火灾财产损失（单位是百万欧元），年均火灾亡人是该类建筑的年均火灾死亡人数。这一方案考虑了火灾发生概率，以及财产损失、死亡人数这两方面的火灾后果。需要强调的是，“年均财产损失 + 年均死亡人数”，将两种不同单位的数值相加，是为了综合反映火灾后果进行的无量纲化处理，该研究的其他几个方案，也采取了类似的数据处理技术。计算结果如表 4-20 所示②。风险排序位于前 3 位的是：双户及以上住宅、单户住宅和车库。

表 4-20　方案一的建筑火灾风险评价和排序

用途	火灾发生率（‰）	年均财产损失（百万欧元）+ 年均死亡人数	风险值	风险排序
单户住宅	1.22	95.43	116.43	2
双户及以上住宅	12.01	36.65	440.07	1

① 《消防监督对象选择方法研究》，第 34 页。

② 《消防监督对象选择方法研究》表 12《风险评估和排序的方案一》，第 35 页。

续　表

用途	火灾发生率（‰）	年均财产损失（百万欧元）+年均死亡人数	风险值	风险排序
其他居住建筑	6.88	3.35	23.06	7
宿舍	17.78	1.35	24.09	5
其他住宿建筑	1.94	1.18	2.30	—
餐饮建筑	6.26	1.84	11.53	8
办公建筑	3.97	1.79	7.12	—
商业建筑	4.55	10.34	46.98	4
服务业建筑	3.57	0.49	1.75	—
交通建筑	1.43	1.24	1.78	—
车库	4.78	22.17	106.00	3
工业建筑	1.62	4.52	7.30	10
仓储建筑	3.15	0.37	1.17	—
娱乐建筑	0.74	0.00	0.00	—
博物馆和图书馆建筑	7.76	2.23	17.33	7
教育和科研建筑	11.66	0.80	9.37	9
医疗建筑	3.95	0.63	2.49	—
体育建筑	1.21	19.50	23.62	6
农林畜渔业建筑	2.29	0.03	0.07	—

方案二：风险＝年均火灾总数×（年均财产损失占比＋年均火灾亡人占比）

其中，年均财产损失占比，是某类用途建筑的火灾财产损失占全部建筑火灾财产损失的百分数；年均火灾亡人占比，是该类建筑火灾亡人占全部建筑火灾亡人的百分数。这一方案的缺陷在于，各类用途建筑均采用“年均火灾总数”（705.1）反映火灾的可能性不尽合理，因为19类建筑均乘以同一数字，对风险评价结果不会产生任何校正，如果采用该类建筑的年均火灾起数，则可以反映不同用途建筑的火灾风险。表4－21是《消防监督对象选择方法研究》中方案二的计算结果①，风险排序位于前3位的是：单户住宅、双户及以上住宅、车库。表右侧带＊的两列，是笔者按照“风险＝该类建筑年均火灾起数×（年均财产损失占比＋年均火灾亡人占比）”的公式，重新计算的风险值及排序，风险排序前4位的建筑用途与《消防监督对象选择方法研究》相同，其后的排序有所不同。

① 《消防监督对象选择方法研究》表13《风险评估和排序的方案二》，第36页；带＊的后两列为笔者添加。

表 4－21　方案二的建筑火灾风险评价和排序

用途	年均财产损失占比（%）	年均火灾亡人占比（%）	风险值	风险排名	风险值 *	风险排序 *
单户住宅	45. 28	51. 24	68 046. 60	1	22516. 60	1
双户及以上住宅	9. 63	42. 43	36 695. 25	2	14763. 12	2
其他居住建筑	1. 17	3. 03	2 961. 00	6	15. 11	10
宿舍	0. 70	0. 55	881. 25	10	5. 18	
其他住宿建筑	0. 78	0	549. 90		4. 74	
餐饮建筑	1. 21	0	853. 05		7. 63	
办公建筑	1. 09	0. 28	965. 85	9	22. 24	8
商业建筑	6. 70	0. 28	4 920. 90	5	116. 43	5
服务业建筑	0. 32	0	225. 60		2. 36	
交通建筑	0. 72	0. 28	705. 00		19. 56	9
车库	14. 49	0. 28	10 412. 85	3	609. 41	3
工业建筑	2. 78	0. 55	2 347. 65	7	42. 12	6
仓储建筑	0. 25	0	176. 25		0. 81	
娱乐建筑	0	0	0		0. 00	
博物馆和图书馆建筑	1. 37	0. 28	1 163. 25	8	27. 80	7
教育和科研建筑	0. 53	0	373. 65		3. 33	
医疗建筑	0. 41	0	289. 05		1. 08	
体育建筑	12. 54	0. 83	9 425. 85	4	308. 82	4
农林畜渔业建筑	0. 02	0	14. 1		0. 03	

方案三：风险＝（年均财产损失＋年均火灾亡人）/人口总数

其中，人口总数是 2016 年 1 月爱沙尼亚的居民总数 1 315 944 人，公式以百万人口为单位，所以数值是 1. 315944，其他指标与方案一相同。这一方案虽然引入了人口基数，但其缺陷与方案二类似，由于各类用途建筑均采用全国总人口数据，对风险评价结果不会产生任何校正，相当于没有引入火灾可能性或相关参数。计算结果如表 4－22 所示①。由于方案三与方案二类似，所以两个方案的风险排序也基本相同，位于前 3 位的仍是：单户住宅、双户及以上住宅、车库。

---

①《消防监督对象选择方法研究》表 14《风险评估和排序的方案三》，第 37 页。

表 4－22　方案三的建筑火灾风险评价和排序

用途	年均损失（百万欧元）	年均火灾死亡人数	风险值	风险排名
单户住宅	68. 86	26. 571	72. 519	1
双户及以上住宅	14. 65	22. 000	27. 850	2
其他居住建筑	1. 78	1. 571	2. 546	7
宿舍	1. 07	0. 286	1. 030	
其他住宿建筑	1. 18	0	0. 899	
餐饮建筑	1. 84	0	1. 399	10
办公建筑	1. 65	0. 143	1. 364	9
商业建筑	10. 19	0. 143	7. 854	5
服务业建筑	0. 49	0. 000	0. 373	
交通建筑	1. 10	0. 143	0. 944	
车库	22. 03	0. 143	16. 850	3
工业建筑	4. 23	0. 286	3. 434	6
仓储建筑	0. 37	0	0. 283	
娱乐建筑	0	0	0. 003	
博物馆和图书馆建筑	2. 09	0. 143	1. 697	8
教育和科研建筑	0. 80	0	0. 611	
医疗建筑	0. 63	0	0. 479	
体育建筑	19. 07	0. 429	14. 818	4
农林畜渔业建筑	0. 03	0	0. 023	

方案四：风险＝年均火灾起数×（年均财产损失占比＋年均亡人占比＋年均过火面积占比）

其中，年均火灾起数，是某类用途建筑火灾的年均起数；年均财产损失占比，是该类用途建筑年均火灾财产损失占全部建筑年均火灾财产损失的百分数；年均亡人占比，是该类用途建筑火灾亡人占全部建筑火灾年均亡人的百分数；年均过火面积占比，是该类用途建筑年均过火面积占全部建筑年均过火面积的千分数。本方案同时考虑了建筑火灾的可能性（年均火灾起数）和后果（财产损失、火灾亡人、过火面积），突出了三方面的火灾后果，相对其他方案而言更为全面。计算结果如表 4－23 所示①，风险排序位于前 3

① 《消防监督对象选择方法研究》表 15《风险评估和排序的方案四》，第 38 页。

位的是：单户住宅、双户及以上住宅、车库，与方案二和方案三相同。

表 4－23 方案四的建筑火灾风险评价和排序

用途	年均火灾起数	年均财产损失占比（%）	年均亡人占比（%）	过火面积占比（‰）	风险值	风险排序
单户住宅	233.3	45.28	51.24	17.66	26634.73	1
双户及以上住宅	283.6	9.63	42.42	5.33	16272.75	2
其他居住建筑	3.6	1.17	3.03	3.47	27.38	
宿舍	4.1	0.70	0.56	5.16	26.58	
其他住宿建筑	6.1	0.78	0	7.53	51.05	
餐饮建筑	6.3	1.21	0	3.53	29.78	
办公建筑	16.4	1.09	0.27	3.6	81.50	
商业建筑	16.7	6.70	0.27	9.38	273.40	5
服务业建筑	7.3	0.32	0	4.48	34.97	
交通建筑	19.7	0.72	0.27	9.18	200.67	6
车库	41.3	14.49	0.27	6.48	876.88	3
工业建筑	12.6	2.78	0.56	6.46	123.19	7
仓储建筑	3.3	0.25	0	4.03	14.04	
娱乐建筑	0.3	0	0	12.55	3.59	
博物馆和图书馆建筑	16.9	1.37	0.27	4.73	107.49	8
教育和科研建筑	6.3	0.53	0	6.37	43.39	
医疗建筑	2.6	0.41	0	2.84	8.37	
体育建筑	23.1	12.54	0.83	14.89	654.02	4
农林畜渔业建筑	1.7	0.02	0	4.93	8.49	

表 4－24 是《消防监督对象选择方法研究》中 4 种方案计算的风险值和风险排序汇总，有以下基本特点：（1）方案二、三、四的风险排序结果中，第 1、2、3、4、5、8、9 位的一致；（2）所有 4 个方案的风险排序第 3 位，均是车库；（3）工业建筑风险排序结果，在方案二、三、四中类似；（4）商业建筑、博物馆和图书馆建筑的风险排序结果，在 4 个方案类似；（5）宿舍的风险排序结果，在各个方案中差别较大，分别是第 5（方案一）、第 10（方案二），在方案三、四中排序在第 10 位之后；（6）机场、码头、车站等交通运输建筑在方案四的风险排序第 6，在方案一、二、三的风险排序均在第 10 位以外。

表 4－24　四个方案建筑火灾风险评价和排序汇总

用途	方案一		方案二		方案三		方案四	
	风险值	排序	风险值	排序	风险值	排序	风险值	排序
单户住宅	116.43	2	68 046.60	1	72.519	1	26634.73	1
双户及以上住宅	440.07	1	36 695.252	2	27.850	2	16272.75	2
其他居住建筑	23.06	7	2 961.00	6	2.546	7	27.38	—
宿舍	24.09	5	881.25	10	1.030	—	26.58	—
其他住宿建筑	2.30	—	549.90	—	0.899	—	51.05	—
餐饮建筑	11.53	8	853.05	—	1.399	10	29.78	—
办公建筑	7.12	—	965.85	9	1.364	9	81.50	—
商业建筑	46.98	4	4 920.90	5	7.854	5	273.40	5
服务业建筑	1.75	—	225.60	—	0.373	—	34.97	—
交通建筑	1.78	—	705.00	—	0.944	—	200.67	6
车库	106.00	3	10 412.85	3	16.850	3	876.88	3
工业建筑	7.30	10	2 347.65	7	3.434	6	123.19	7
仓储建筑	1.17	—	176.25	—	0.283	—	14.04	—
娱乐建筑	0	—	0	—	0.003	—	3.59	—
博物馆和图书馆建筑	17.33	7	1 163.25	8	1.697	8	107.49	8
教育和科研建筑	9.37	9	373.65	—	0.611	—	43.39	—
医疗建筑	2.49	—	289.05	—	0.479	—	8.37	—
体育建筑	23.62	6	9 425.85	4	14.818	4	654.02	4
农林畜渔业建筑	0.07	—	14.1	—	0.023	—	8.49	—

总体而言，4 个方案前 5 位的风险排序结果接近，方案二、三的结果非常接近，《消防监督对象选择方法研究》的研究团队认为，方案四更具全面性，是最适合的风险评估和排序方法。因此，该报告的最后结论认为，火灾风险从高至低的前 10 类用途建筑分别是：单户住宅、两户以及上住宅、车库、体育建筑、商业建筑、交通建筑、工业建筑、博物馆和图书馆建筑、办公建筑和宿舍建筑，并建议救援机构在确定基于风险的监督检查重点时，予以参考。

1.2.5　消防安全领域的“轻罪”

1.2.5.1　“轻罪”概述

国外的“轻罪”（英语 misdemeanor），是区别于“重罪”（英语 felony）的违法行为，是犯罪分类意义上的轻罪，与我国刑法学界传统意义上仅就刑罚轻重而言的“轻罪”有很大不同（我国《刑法》中较轻的犯罪，主要指法定刑是3年或5年以下有期徒刑的犯罪）。不论是以判例制著称的英美法系，还是以成文法为特征的大陆法系，都有轻罪制度，而且尽管重罪、轻罪范围的划界有所差异，但刑法典根据犯罪的危害程度和刑罚轻重进行分类，是普遍做法。

高长见在《轻罪制度研究》[①] 一文中举例指出，美国刑法传统上确认了三类犯罪：重罪、轻罪和称谓各异的第三类犯罪。其中，重罪包括谋杀罪、抢劫罪、绑架罪、纵火罪等；轻罪包括程度略轻的上述犯罪，以及各种违反公共秩序的犯罪（如违反建筑或公共卫生领域法律的行为，酒后驾车、无照驾驶等交通违法行为）；第三类犯罪是最轻的犯罪类型，包括更轻微的交通违法和各种不严重的违法行为，一般不认为是“实质犯罪”（crime），只是属于所谓的“违法行为”（offence），通常可判处罚款或者其他非监禁处罚。法国刑法按照严重程度，将犯罪分为三类：重罪（适用于自然人的刑罚为10年以上有期徒刑、无期徒刑）、轻罪（适用于自然人的刑罚为10年以下监禁、罚款、公益劳动、附加刑、剥夺和限制权利等）和违警罪（限于“纯粹实际过失”引起的违法行为，适用于自然人的处罚是罚款和剥夺或者限制权利）。

关于重罪、轻罪分类在刑事程序法和刑事实体法上的重要意义，本书不予详述，显而易见的是，通过在重罪和行政违法行为之间设置“轻罪”，一方面，可以将一些危害公共安全、侵犯公民权益的违法行为“定罪”“入刑”，有利于法益的保护和社会秩序的维护；同时，又与其他犯罪加以区分，可以解决将轻微犯罪与严重犯罪笼统视为犯罪带来的“犯罪扩大化”问题。另一方面，在诉讼程序上，轻罪程序以简易、快速为原则，一般由基层法院或法律授权的行政机关负责审查，如法国设有专门的轻罪法院，预审法官对轻罪的介入也是选择性的（违警罪原则上不经过预审），有利于提高诉讼效率、节约司法资源。

1.2.5.2 爱沙尼亚的轻罪制度

苏联时期，爱沙尼亚没有建立轻罪制度，对轻微违法行为依法适用行政处罚。1992年，爱沙尼亚最高委员会先后通过《刑法典》[②]《行政处罚法》[③]，《刑法典》按刑罚，将犯罪分为一级（8年以上有期徒刑、死刑[④]）、二级（最高8年有期徒刑）、三级（罚款、

---

① 高长见：《轻罪制度研究》，中国社会科学院研究生院博士学位论文，第3—23页。

② 《刑法典》（*Kriminaalkoodeks*，RT 1992，20，288），https：//www. riigiteataja. ee/akt/13062607。

③ 《行政处罚法》（*Haldusõiguserikkumiste seadustik*，RT 1992，29，396），https：//www. riigiteataja. ee/akt/30396。

④ 1998年5月13日，议会修订《刑法典》等法律，包括废止死刑，https：//www. riigiteataja. ee/akt/75366。

拘役、限制在特定职业工作或在特定领域经营的权利）。

《行政处罚法》基本延续苏联时期做法，确定了适用行政程序进行处罚的违法行为，及其处罚措施，并规定了相应的执法机关、执法人员、行政法庭、处罚和救济程序。根据《行政处罚法》，“行政违法行为”（Haldusõiguserikkumise），是由于故意或者过失违反法律法规，尚不够追究刑事责任的违法行为；“行政处罚”（Halduskaristus），是追究行政违法行为责任的措施。只有法律、行政法规、共和国政府的命令，以及市（乡）议会在部分领域制定的条例，可以设定行政处罚。行政处罚的对象是自然人和法人，包括罚款、暂扣许可证件和行政拘留（只能由行政法官裁决，不超过 30 天）等三类。《行政处罚法》第二编“专门领域”共 9 章，分别规定了劳动和医疗卫生、交通、公共秩序等领域的行政违法行为，以及相应的处罚措施。

2002 年，爱沙尼亚对刑法体系进行重大调整，全面引入轻罪制度。2002 年 9 月 1 日，新版《刑法典》和首次制定的《轻罪程序法》生效①，同步废止 1992 年《刑法典》《行政处罚法》。2002 年《刑法典》将犯罪（Süütegu）分为“刑事犯罪”和“轻罪”，“刑事犯罪”（Kuritegu）是指按照《刑法典》或者其他法律，对自然人处以罚款、监禁，对法人处以罚款的有关违法行为；“轻罪”（Väärteo）是指按照《刑法典》或者其他法律，处以罚款、拘留（最长 30 天）的违法行为。刑事犯罪分为一级、二级，“一级犯罪”是指对自然人适用 5 年及以上有期徒刑或者无期徒刑的犯罪，以及对应的法人犯罪；“二级犯罪”是指法定刑为 5 年以下有期徒刑的犯罪行为。《刑法典》规定，对犯有轻罪的自然人，可以处以罚款、拘留和吊销驾驶资格的处罚。

《轻罪程序法》确定了办理轻罪案件的主体、程序和办案人员资格。办理轻罪可以采取庭外程序、法庭程序两种程序，对应的主体分别是“庭外机构”和法庭。所谓“庭外机构”，就是依法运用非诉讼程序办理轻罪案件的行政机关，包括“受权的国家机构”和市（乡）政府。《轻罪程序法》第 10 条规定，庭外机构应当以行政命令的方式，确定代表本机构参与庭外程序的公务人员并颁发证书，必要时还可以确定参与庭外诉讼人员的权限。根据《轻罪程序法》第十章“庭外程序”，启动庭外程序后，庭外机构应当向当事人告知其权利和义务，并在法定期限内直接做出决定，无需传唤当事人到场，但当事人有权提出上诉。

根据《犯罪记录法》②，所有犯罪均记入犯罪登记系统（Karistusregister）。对轻罪作

---

① 《刑法典》（*Karistusseadustik*，RT I 2001，61，364），https：//www. riigiteataja. ee/akt/128042022027；《轻罪程序法》（*Väärteomenetluse seadustik*，RT I 2002，50，313），https：//www. riigiteataja. ee/akt/171515；《刑法典实施法》（*Karistusseadustiku rakendamise seadus*，RT I 2002，56，350），https：//www. riigiteataja. ee/akt/177120。

② 《犯罪记录法》（*Karistusregistri seadus*，RT I，21. 03. 2011，3），https：//www. riigiteataja. ee/akt/127052022033。

出的处罚决定（不含庭外程序做出的警告决定）在执行完毕1年后，相关信息在犯罪登记系统删除，移入档案，存档10年。刑事犯罪记录从登记系统删除的时限因刑罚不同而异，二级犯罪为5年，5年至20年有期徒刑为10年，20年以上有期徒刑为15年，所有刑事犯罪记录移入档案后，均存档50年。

根据2002年《刑法典》第47条，对犯有轻罪的自然人，罚款范围是3—300个罚款单位（1个罚款单位是60克朗）——“罚款单位”（Trahviühik）是爱沙尼亚法律体系设定的罚款基数，最早出现在1992年《行政处罚法》，当时将政府公布的日均最低工资（päevapalg）作为行政罚款的基数，罚款范围是日均最低工资的0.5—200倍。2011年，爱沙尼亚加入欧元区后，每个罚款单位由60克朗调整为4欧元，并适用至今——设置罚款单位，是一种便捷的立法技术，各个专门法可以直接规定罚款单位的数量（而不是具体金额），如果需要普遍调整对违法行为的处罚力度，由《刑法典》重新规定罚款单位对应的货币金额即可。法人的轻罪行为，由各个专门法直接确定罚款额度，范围在100—40万欧元。自然人轻罪拘留的最长时间是30天（未成年人是10天）。

1.2.5.3 消防安全领域的轻罪

《消防救援法》第37条规定“违反消防救援法规，应当依法追究行政、民事或刑事责任”。1992年《刑法典》第206[1]条“故意违反消防安全规定”规定：“故意违反消防安全规定，造成火灾危险的，处以罚款或者拘留；导致发生火灾的，处以罚款或者拘留，或者最高1年有期徒刑；造成严重后果的，处以罚款或者最高5年有期徒刑。”

1992年《行政处罚法》设置3条与消防安全直接相关的行政处罚措施。其中，第十一章“贸易金融领域”第135条，规定了“制造和销售产品、商品违反消防安全要求，危害生命健康和财产安全”的行政违法行为；第十二章“公共秩序、社会保障领域”第156条，规定了“违反消防安全法规”的行政违法行为；第十三章“其他”第179条，规定了“故意报假警（包括火警、治安、急救等特殊服务）”的行政违法行为。《行政处罚法》第三编“管辖”，确定了行政处罚的主体，消防监督人员（Tuletõrjejärelevalve ametiisikud）负责对上述第135、156、179条涉及的违法行为进行行政处罚。

2000年5月30日，议会全面修订《救援法》，增加第十[1]章“对法人的行政处罚”，规定对法人存在的以下三类违法行为，按照《行政处罚法》规定的程序，处以最高5万克朗的罚款：（1）逾期未执行国家消防监督人员下达的《责令整改通知》；（2）逾期未执行国家消防监督人员下达的《责令停止使用（举办活动）决定》；（3）消防救援设备设计、安装、检查和维护不符合要求。

2002年6月19日，作为即将于9月1日实施的《刑法典》《轻罪程序法》配套措施，议会通过《〈刑法典〉相关法律修改及补充法》①，集中修订未成年人保护、侵犯知识产权、危害公共安全等10个领域的119部专门法，设定了数百项轻罪。以《交通法》（*Liiklusseadus*）为例，一次性将40项交通违法行为纳入轻罪，其中既包括交通事故逃逸、醉酒驾驶这样的严重交通违法行为（均最高处以300个罚款单位的罚款或者拘留），也包括违法停车等常见轻微交通违法行为（最高处以10个罚款单位的罚款，约合400元人民币）。在6月19日的一揽子修订中，对《救援法》第十^{1}章做了全面修改，将原来进行行政处罚的三类消防安全违法行为纳入轻罪范围，并将违法主体从法人扩展到自然人。根据新增的第39^{3}条规定，违反消防安全要求和消防设施设计、安装、检查和维护要求的行为属于轻罪，由消防监督机构按照《刑法典》《轻罪程序法》的程序，对自然人和法人分别处以最高200个罚款单位、3万克朗的罚款；对于重复出现上述违法行为的，罚款上限分别提高到300个罚款单位和5万克朗。有权办理上述轻罪案件的庭外机构，包括救援局、铁路局、民航局、海事局、技术监督局和环保局。2004年修订《救援法》时，在第27条“国家消防监督职权”中增加第（3^{1}）款“依法办理轻罪案件”。

2010年9月1日《消防安全法》实施，在第四章“法律责任”，第42—56条将15类消防安全违法行为确定为轻罪，见表4－25（笔者整理）。第57条规定，由救援机构和环保局（负责第47条规定的违反户外用火和烧烤设备的消防安全要求）按照《刑法典》的一般规定和《轻罪程序法》的庭外程序，办理上述案件。

表4－25　2010年《消防安全法》规定的消防安全领域轻罪

条文	构成轻罪的消防安全违法行为名称	处罚
42	未开展消防安全自查	自然人最高200个罚款单位； 法人最高3万克朗罚款
43	未提交消防安全自查报告或者提交虚假信息	自然人最高200个罚款单位； 法人最高3万克朗罚款
44	违反建筑消防安全要求	自然人最高200个罚款单位； 法人最高5万克朗罚款
45	违反供暖系统的消防安全要求	自然人最高300个罚款单位； 法人最高5万克朗罚款
46	违反明火作业的消防安全要求	自然人最高300个罚款单位； 法人最高5万克朗罚款
47	违反户外用火和烧烤设备的消防安全要求	自然人最高200个罚款单位； 法人最高3万克朗罚款

① 《〈刑法典〉相关法律修改及补充法》（RT I 2002，63，387），https：//www. riigiteataja. ee/akt/212735。

续 表

条文	构成轻罪的消防安全违法行为名称	处罚
48	违反储存可燃材料的消防安全要求	自然人最高300个罚款单位； 法人最高5万克朗罚款
49	违反公共活动的消防安全要求	自然人最高300个罚款单位； 法人最高5万克朗罚款
50	违反消防设施设计、安装、检查和维护要求	自然人最高300个罚款单位； 法人最高5万克朗罚款
51	停用消防设施	自然人最高300个罚款单位； 法人最高5万克朗罚款
52	住宅和公寓未配备独立火灾探测报警器	自然人最高300个罚款单位； 法人最高5万克朗罚款
53	未将火灾自动报警系统控制中心接收的火警信息传输到报警中心	自然人最高200个罚款单位； 法人最高3万克朗罚款
54	造成火灾自动报警系统误报警	自然人最高200个罚款单位； 法人最高3万克朗罚款
55	违反消防给水设施的消防安全要求	自然人最高200个罚款单位； 法人最高3万克朗罚款
56	违反设施设备的消防安全要求	自然人最高300个罚款单位； 法人最高5万克朗罚款

此外，《轻罪程序法》第九章“刑法中轻罪的管辖”，明确了行政机构采取庭外程序办理的轻罪清单。其中，《刑法典》第277条规定的“非法使用公务员制式服装和证件”、第278条规定的“报假警”以及第352条规定的“在森林等自然环境造成火灾危险”，由救援局负责办理，见表4-26（笔者根据《轻罪程序法》《刑法典》整理）。

表4-26 《轻罪程序法》规定由救援局管辖的轻罪

《刑法典》条文	违法行为	刑罚
第277条	非法使用公务员制式服装和证件	自然人最高300个罚款单位的罚款，或者拘留； 法人最高3 200欧元的罚款
第278条	报假警	自然人最高300个罚款单位的罚款，或者拘留； 法人最高3 200欧元的罚款
第352条	在森林等自然环境造成火灾危险	自然人最高200个罚款单位的罚款，或者拘留； 法人最高3 200欧元的罚款

由于2002年《刑法典》设置的轻罪过多过滥，爱沙尼亚社会积聚了较强的抵触情

绪。为此，2015 年 1 月 1 日起实施的《〈刑法典〉和相关法律修正案》，修改了《刑法典》和《消防安全法》等 133 部专门法中有关轻罪的条款。这次修订的基本原则，就是避免“过度定罪”，取消“过度刑罚”——只有不及时消除或者不完全履行法定义务，可能对合法权益或者公共利益造成重大威胁或损失，而且行政强制措施不足以消除上述威胁或损失的违法行为，才被认定为轻罪。此次《刑法典》修正案的立法说明，对上述原则在实践中的运用做了举例说明：严重超速、酒后驾驶、交通事故逃逸，都是直接对公共安全造成严重威胁的违法行为，应当列入轻罪；而故意污损遮挡号牌，可能导致驾驶人毫无顾虑地违章，一旦发生交通事故逃逸还会给案件调查带来困难，但毕竟没有对公共安全构成直接威胁，而且可以通过采取行政措施予以纠正，因此不必列入轻罪范围①。

根据上述原则，在 2015 年 1 月 1 日起实施的一揽子修订中，《消防安全法》第 42、43、45、46、47、48、51、53、55 和 56 条被删除，相应的 10 类消防安全违法行为不再列入轻罪范围——修订说明指出，爱沙尼亚的消防监督体制运行顺畅，基于现行的工作机制，上述条款涉及的消防安全违法行为，均可通过救援机构下达《责令整改通知》，或者采取行政强制措施予以纠正，而且，上述违法行为并未构成直接的火灾危险，因而没有达到构成轻罪的严重程度。同步修订的《消防安全法》第 44 条规定，如果上述条款涉及的消防安全违法行为引发火灾，或者造成火灾危险、影响安全疏散，则属于轻罪，对自然人和法人分别处以最高 300 个罚款单位、3 200 欧元的罚款。在修订说明中，再次举例阐释：如果在夜总会等人员密集场所的疏散通道堆放可燃物，一旦发生火灾可能阻碍疏散逃生、造成重大人员伤亡，对公共安全形成严重威胁，此类违法行为应当列为轻罪。

经过上述调整，自 2015 年 1 月 1 日起，消防安全领域的轻罪共有 5 项：（1）违反建筑、供暖系统、明火作业和户外用火、烧烤消防安全要求，引发火灾或者造成火灾危险，或者影响安全疏散（第 44 条）；（2）违反公共活动的消防安全要求（第 49 条）；（3）违反消防设施设计、安装、检查和维护要求（第 50 条）；（4）住宅和公寓未配备独立火灾探测报警器（第 52 条）；（5）故意造成火灾自动报警系统误报警（第 54 条）。根据《消防安全法》第 57 条的规定，救援局负责按照简易程序，办理上述轻罪案件。

近年来，爱沙尼亚司法部认为轻罪过多的问题仍然存在，一直在推动避免过度定罪

① 2013 年 12 月 19 日，爱沙尼亚政府《〈刑法典〉及相关法律修正草案说明》，第 107 页，https：//www. riigikogu. ee/tegevus/eelnoud/eelnou/78433b29 – 8b2f – 4281 – a582 – 0efb9631e2ad。

和过度刑罚，对轻罪设置进一步“瘦身”，包括多次建议删除《消防安全法》第52条，即不再将“住宅和公寓未配备独立火灾探测报警器”列入轻罪。司法部认为，经过多年宣传，公众在居住建筑安装火灾探测报警器的意识已经明显提高，对于未按要求安装的，救援局完全可以通过责令整改乃至行政强制措施解决，没有必要纳入轻罪。但这一观点至今并未被议会采纳。根据救援局提供的数据，2014—2016年，依据《消防安全法》第52条第（1）款，办理对自然人处以罚款的轻罪案件分别是40起、26起和37起。

2018年5月9日，议会修订《轻罪程序法》《消防安全法》等6部专门法（自2019年1月1日施行）①。《轻罪程序法》增加第54[8]条，引入可以完全无纸化操作的简易程序（Lühimenetluse），适用于情节轻微、事实清楚、当事人无异议，罚款不超过80欧元的轻微违法行为，并规定对上述违法行为的罚款（mõjutustrahv）不同于对轻罪的罚款，不计入犯罪记录。引入简易程序后，虽然仍将有关违法行为定性为轻罪，但从处罚程序、处罚信息运用看，实际上已经等同于行政处罚，这样既达到了处罚违法行为的目的，又简化了程序、提高了效率，有利于最大限度避免过度刑事定罪。这次修订在《消防安全法》增加第56[1]条，规定对于自然人违反第44条第（1）款、第50条第（1）款规定，构成轻罪的消防安全违法行为适用简易程序，予以40欧元的罚款，见表4-27（作者整理）。综合上述规定，对于自然人违反表4-27中所列条款的消防安全违法行为，如果情节轻微、事实清楚、当事人无异议，应当按照简易程序予以40欧元的罚款，不计入犯罪记录。如果情节严重，则仍然适用《轻罪程序法》规定的庭外程序，按照《消防安全法》第44条、第50条的规定，分别对自然人和法人进行最高300个罚款单位、3 200欧元的罚款，记入犯罪记录。

表4-27 消防安全领域适用简易程序的轻罪（2019年1月1日起施行）

《消防安全法》依据	轻罪行为
第5条（3）款	建筑工程投入使用时，防火、防烟分隔措施未达到设计功能
第5条（4）款	吸烟、明火作业，使用存在火灾风险的设施设备时，未采取防止发生火灾的措施
第6条（1）款	建筑疏散通道被堵塞
第8条（4）款	供暖系统违反消防安全要求，不能确保安全

① 《〈轻罪程序法〉和其他相关法律修正案》（RT I，31.05.2018，1），https：//www.riigiteataja.ee/akt/131052018001。

续　表

《消防安全法》依据	轻罪行为
第8条（6）款	未按供暖系统说明文件规定的频率，清扫烟囱和烟道
第10条（3）款	使用固体燃料炉、壁炉或火炉时，未与燃料或其他可燃材料保持安全距离
第15条（1）款	户外用火和使用烧烤设备时，未清理周围环境并采取防止火灾蔓延的措施
第15条（2）款	在不符合消防安全要求的环境和天气条件下，使用户外用火和烧烤设备
第15条（4）款	户外用火和使用烧烤设备时，未全程监护，用火结束后未将燃烧残留物烧尽、熄灭或者用水冷却
第50条（1）款	违反消防设施设计、安装、检查和维护要求

纵观近30年来，爱沙尼亚在行政处罚与轻罪领域的立法与执法实践，从1992年《行政处罚法》的行政处罚，到2002年《轻罪程序法》实施、全面引入轻罪制度，119部专门法增设轻罪的“集中扩容”，再到2014年134部专门法减少轻罪设置的“集体瘦身”，及至2018年对情节轻微、事实清楚、当事人无异议的轻罪设定“简易程序”，进行实事上的行政处罚，说明在确定对违法行为的处罚措施时，必须综合考虑违法行为的社会危害程度，以及处罚效果、成本、影响等多种因素，在坚决制裁违法行为的过程中，综合运用行政、刑事处罚手段，合理划分轻罪与行政违法行为的边界，切记过犹不及，切忌矫枉过正。

1.3　消防安全“多元治理”格局初建

2012年以来，随着消防安全自查报告制度的全面实施，一些问题也逐渐显现。最主要的就是单位“不会管”“管不好”，虽然内政部和救援局先后开发消防安全自查报告平台、“消防安全计算器”等工具，编制发布了一系列的说明和指南，但消防安全管理毕竟是一门综合了建筑、电气、给排水以及管理学等多学科，具有很强综合性、实践性的应用科学，没有经过专门学习和训练的单位负责人与员工，很难深入系统地开展消防安全自查，排查并解决不安全因素和各类隐患问题，导致消防安全自查不同程度流于形式，没有完全达到当初制度设计时的初衷。

例如，近年来建筑火灾报警系统自动传输的火警误报率高达93%，浪费了宝贵的救援资源——而按照现行规定，与报警中心联网的建筑几乎均在提交消防安全自查报告的范围之内，可见消防安全自查报告制度的效果有限，并未彻底解决火灾自动报警系统运行维护中存在的问题。而且，消防安全自查报告的质量，直接影响到救援局对消防安全形势的分析研判，进而影响到基于风险的消防监督实效。如何解决上述问题，是爱沙尼亚救援机构当前面临的新挑战。

1.3.1 消防安全“多元治理”纳入国家发展规划

1.3.1.1 爱沙尼亚的发展规划体系和国家行动计划

恢复独立后，爱沙尼亚将制定战略发展规划和相关领域的发展规划、实施计划，明确为政府的法定职责。第一章介绍的《爱沙尼亚 2035》，就是最高层级的国家中长期战略发展规划。规划作为政策的先导，往往是下一步修订法律的风向标，在内部安全领域乃至消防安全管理方面，同样如此。

2005 年 12 月 13 日，爱沙尼亚政府发布《战略发展规划的分类及其编制、补充、实施、评估和报告程序》①，将战略发展规划（Strateegilised arengukavad）分为专业领域规划和组织机构规划两类，其中，“专业领域的战略发展规划”，旨在反映国家在某个领域的战略目标，以及为实现目标需要采取的工作措施，由一个或多个部门联合组织制定，报爱沙尼亚政府批准，是下一步编制相关领域工作规划、实施计划的基础。“组织机构的战略发展规划”，是各部门或者其管理的国家机构在职责、工作、编制、经费等方面的发展规划，由相关部门批准。爱沙尼亚政府批准的《内部安全发展规划（2015—2020 年）》《内部安全发展规划（2020—2030 年）》，均属于内部安全领域的战略发展规划。

2005 年 12 月 14 日，也就是爱沙尼亚政府制定《战略发展规划的分类及其编制、补充、实施、评估和报告程序》的次日，议会修订《共和国政府组织法》，在第 30 条“共和国政府令”增加第（3^1）款：“爱沙尼亚政府可以通过政府令的形式，向行政机构下达任务”——根据上述授权，2007 年 5 月 31 日爱沙尼亚政府制定《国家行动计划（2007—2011 年）》，此后相继制定《国家行动计划（2011—2015 年）》《国家行动计划（2016—2019 年）》《国家行动计划（2019—2023 年）》——“国家行动计划”全部以表单形式下达，分领域提出了目标任务、主责和协同部门、政策层级（一般分为共和国政府和部门两级）和完成期限。以《国家行动计划（2011—2015 年）》为例，共分 18 个领域：市场竞争环境，家庭友好型国家，教育，积极的劳动力市场政策和社会保障，卫生，能源安全，交通运输，国家信息化，安全，文化政策，体育和健康，语言和思想，民族和文化融合，环境，农村发展，外交政策，国防和安全政策，公民国家等，救援工作纳入了第 9 项“安全”。

---

① 《战略发展规划的分类及其编制、补充、实施、评估和报告程序》（RT I 2005，67，522），https：//www.riigiteataja.ee/akt/968099。

根据2020年1月1日起施行的行政法规《各领域发展规划和计划的编制、实施、报告、评估和修改程序》①，各领域的发展规划均应符合国家长期战略，并服务于国家长期战略目标的实现。原则上，每个领域均应制定发展规划，规划期7—10年，由共和国政府批准启动编制，任命相关部长或者国务秘书领导编制工作，再由主管该领域的部长任命规划编制指导委员会（arengukava juhtkomisjon），并向共和国政府提交规划编制计划。规划编制指导委员会的成员，包括政府相关部门、总理府、利益相关方的代表和专家。各领域的发展规划，应当包括以下内容：规划名称和规划期，总体目标、子目标及其相关指标（包括基期水平和目标值），实现既定目标的主要政策工具，对当前情况的分析，规划实施管理，成本预测。同时，还应一并提交4个附件：（1）前期回顾、当前情况和影响因素分析；（2）实施规划可能产生的影响评估；（3）实施规划的措施和资源及其指标；（4）规划编制过程。在规划实施过程中，还应当加强监测评估（包括中期评估）并及时进行修改。

1.3.1.2　《内部安全发展规划（2015—2020年）》

2015年2月27日，爱沙尼亚政府批准《内部安全发展规划（2015—2020年）》。该规划围绕“**树立整体安全观、安全始于每个人、预防是最明智的、安全问题重在治本**”这4个基本原则，确定了8个方面的目标：（1）更安全的社区；（2）更高效的救援能力；（3）更可靠和及时的帮助；（4）危机预防和应急准备；（5）加强内部安全；（6）平衡的公民和移民政策；（7）可靠安全的身份管理；（8）更有效的边境管理。上述每个方面，均在回顾历史发展、分析现状的基础上，提出若干项“核心政策工具”，并就每项政策工具提出需要解决的主要问题、预期绩效和主要工作措施。以第二方面“更高效的救援能力”（Tõhusa päästevõimekuse tagamine）为例，其基本结构如下。

专栏

《内部安全发展规划（2015—2020年）》结构示例

目标2：更高效的救援能力

政策工具1：强化救援基础

…………

① 《各领域发展规划和计划的编制、实施、报告、评估和修改程序》（RT I，23.12.2019，5），https：//www.riigiteataja.ee/akt/123122019005。

政策工具2：确保陆地和内陆水域救援能力

…………

政策工具3：确保海上和空中救援能力

…………

政策工具4：确保环境灾害救援能力

…………

政策工具5：强化国家监督，预防灾害事故并减少损失

重点工作之1：国家监督的组织实施

重点工作之2：私营部门参与消防安全检查

重点工作之3：更新消防安全要求

第二方面“更高效的救援能力”共提出5项核心政策工具，第五项是“强化国家监督，预防灾害事故并减少损失”，并分解为3项重点工作：国家监督的组织实施，私营部门参与消防安全检查，更新消防安全要求，如表4－28所示①。第一项重点工作“国家监督的组织实施”聚焦于有效履行国家的消防监督职责，围绕“加强部门合作，强化对高风险对象的监督；提高单位和公众的消防安全意识；通过国家监督促使纠正违法行为”的预期绩效，提出了6项工作措施，重点是“所有实施消防监督的机构，均应开展基于风险的监督”，并明确了内政部、救援局，以及其他相关部门和机构的职责。由《内部安全发展规划（2015—2020年）》可见，爱沙尼亚持续致力于开展“基于风险”的监督，以提高消防监督的效率和效能。

表4－28　政策工具5“强化国家监督，预防灾害事故并减少损失”的重点工作和工作措施

重点工作	工作措施
一、国家监督的组织实施	1. 所有实施消防监督的机构，均应开展基于风险的监督
	2. 与社会事务部合作，提高医院和福利机构的消防安全水平
	3. 内政部信息技术与发展中心与救援局合作，建立支持基于风险的国家监督的信息系统
	4. 救援局、警察和边防局建立对导致救援机构出动的违法行为调查机制，必要时向责任人追偿因此类情况导致的救援机构支出
	5. 救援局指导负有消防监督管理责任的相关机构更好地了解消防安全要求，确保及时发现违反消防安全要求的行为
	6. 重点加强对环境、船舶和化学品安全的有效监督，以防止发生灾害事故

① 笔者根据《内部安全发展规划（2015—2020年）》整理，第61—63页。

续　表

重点工作	工作措施
二、私营部门参与消防安全检查	7. 救援局制定私营部门开展消防安全检查的程序和规则，明确私营部门与内政部合作的义务，包括及时向救援局通报随时可能导致灾害事故的火灾危险
	8. 救援局与保险公司合作，鼓励保险公司采取措施降低投保单位的火灾风险
	9. 救援局继续组织完善单位的消防安全自查体系
三、更新消防安全要求	10. 内政部和救援局共同评估修订相关法律的必要性，并在必要时启动修订工作
	11. 救援局指导制定专门措施并组织培训，确保木结构建筑消防安全
	12. 内政部、经济和通信部、救援局合作，制定通风和供暖系统施工的消防安全要求
	13. 救援局指导制定性能化消防安全设计程序，并组织宣传培训

第二项重点工作是“私营部门参与消防安全检查”，共分解了三项工作措施，包括引入私营部门（erasektor）开展消防安全检查，鼓励保险企业根据火灾风险厘定保险费率，以及完善消防安全自查制度。在分析2010年《消防安全法》确立的消防安全自查报告制度实施效果后，《内部安全发展规划（2015—2020年）》指出，近年来在实施消防安全自查报告制度过程中，很多单位由于不熟悉消防安全要求，已经在聘请消防服务机构或者具备相应职业资格的专业人员开展消防安全自查并提交报告——这些消防服务机构（包括独立执业的个人）从事包括消防安全自查在内的消防安全管理工作，以及消防设施设计、安装、维护、管理等专业技术工作，由于专业性强，发现和解决问题的效果更好，有助于提高单位的消防安全水平，在实践中发挥了积极作用。但是，由于《消防安全法》尚未在法律层面认可消防服务机构开展的消防安全自查，造成救援机构和消防服务机构开展了很多重复性的工作。因此，《内部安全发展规划（2015—2020年）》提出，应当建立政府机构和消防服务机构合作的多赢模式（vastastikku kasulik mudel），将救援机构有限的消防监督力量进一步解放出来，真正用于对高风险对象（riskiobjektide）的监管。上述工作目标，为2020年修订《消防安全法》确定了方向——也就是将属于私营部门的消防服务机构引入消防安全检查领域，构建多元主体参与消防安全治理的法律框架。

第三项重点工作“更新消防安全要求”，实质上是在为完成第二项工作创造条件，包括适时修订《消防安全法》等法律法规和技术标准，修订完善有关专门领域的消防安全要求，目的还是推动运用消防服务机构的专业力量开展消防安全检查，建立救援机构与消防服务机构的有效合作模式，避免重复工作，使消防安全检查覆盖更多对象、提高质量，切实发挥作用。

1.3.2 2021年《消防安全法》引入“消防安全服务”

1.3.2.1 修法动议

为提高消防监督管理效能，落实《内部安全发展规划（2015—2020年）》关于“私营部门参与消防安全检查”的重点工作任务，并解决其他相关立法问题，2017年12月1日内政部向司法部、经济和通信部、国防部、环境部致函《关于起草〈消防安全法〉修正案草案的动议》，抄送救援局和爱沙尼亚市镇联盟、爱沙尼亚消防设施维保企业联盟①，就《消防安全法》修正案草案初稿征求意见，启动了历时3年的《消防安全法》及相关法律修订工作。需要说明的是，第一轮征求意见之所以主送上述4个部门，是因为司法部是立法主管部门，经济和通信部是建设主管部门（草案涉及简化建筑许可流程的内容），环境部是林业主管部门，国防部的训练基地也有大量林区（草案涉及林区计划烧除的内容），抄送的3个部门和机构，分别涉及到消防监督的实施、地方政府与救援局在建筑许可过程中的合作、消防安全服务的提供。在《关于起草〈消防安全法〉修正案草案的动议》②，内政部列举出了希望通过修改《消防安全法》解决的10项问题，以及初步的修订设想：

——按照现行消防安全自查报告制度和基于风险的消防监督模式，仍然不能全面掌握火灾高风险建筑的消防安全状况，需要引入私营部门，对一定范围的建筑每三年进行一次消防安全检查并向救援局提交报告，以便于救援机构全面了解火灾风险，集中力量对高风险对象进行监督。

——救援机构实施的建筑消防设计审核和验收，是地方政府发放施工和使用许可的前置条件，占用了救援机构监督人员的大量精力，也拖长了许可时限。应当区分建筑用途和规模，简化流程，将单户住宅等消防安全要求简单的建筑审查许可交由地方政府负责。

——虽然独立感烟报警器的安装率明显提高，但火灾亡人的主要原因是有毒烟气中毒（吸入一氧化碳）。亟待在使用燃气和固体燃料的住宅、公寓和其他住宿场所普及一氧化碳报警器。

---

① 爱沙尼亚消防设施维保企业联盟（Eesti Tuleohutuspaigaldiste Hooldajate Keskliit，ETHK），成立于2009年5月21日，由消防设施安装、维护、保养等消防安全服务领域的17家企业组成，广泛参与职业标准制定等工作，是爱沙尼亚标准化中心多个工作组的团体成员。https：//www. ethk. ee/。

② 《关于起草〈消防安全法〉修正案草案的动议》，https：//eelnoud. valitsus. ee/main/mount/docList/26fc2501 - 1f7c - 4b5d - 9ff6 - e6416a7ca5df? activity = 1#XHtoxkNG。

——火灾自动报警系统联网传输的火警信号误报率居高不下，导致救援资源浪费，建筑火灾报警系统的业主却不用承担任何责任。应当取消火灾自动报警系统与报警中心联网的要求。

——建筑供暖设施的安全问题比较集中，壁炉工和烟道清扫工的职责有待强化。

——建筑室外消防取水口的建设责任和技术要求不明确，应当予以澄清。

——为降低林区火灾风险，有必要在《消防安全法》中引入计划烧除。

——明火作业人员的消防安全意识不强，仍然是导致火灾的重要原因。应当进一步加强对明火作业人员的消防安全培训。

——在消防技术服务活动中，专业人员的职业资格可能被冒用，应当完善相关制度。

——现行《消防安全法》的部分术语不规范、不统一，应当予以修订。

1.3.2.2　征求意见

2018 年 1 月 3 日，司法部回函内政部，就《消防安全法》修正案草案及其说明提出多项异议①，尤其对“私营部门参与消防安全检查”持坚决反对的态度。司法部认为，私营部门不符合《执法法》对执法主体的要求，因为行使公权力的前提是存在公共服务和相应的信赖关系，要求内政部具体说明，如何在不违反《执法法》原则规定的前提下，在消防安全检查工作中引入私营部门。此外，司法部还要求内政部说明，如何防范和控制私营部门不按照消防安全要求进行检查，甚至出具不实报告的风险？如果立法强制要求将私营部门引入消防安全检查，是否会导致相关的服务价格上涨，从而增加企业负担？

实际上，自 2010 年《消防安全法》引入消防安全自查报告制度后，不论是单位自行开展检查，还是自愿通过购买服务方式，聘请专业人员开展检查并编制报告（《消防安全法》未就通过购买服务开展消防安全自查报告做出规定，也无禁止性要求），都存在提供虚假不实信息的风险，如何应对这一风险，也一直是内政部重点关注的问题。为此，2010 年《消防安全法》第四章“法律责任”第 42 条、第 43 条分别将不开展消防安全自查，以及不提交自查报告和提交虚假信息确定为轻罪。2014 年 6 月 19 日议会修订《刑法典》和《消防安全法》等 133 部专门法，大幅缩小轻罪范围，包括删除了《消防安全法》第 42 条、第 43 条等 10 条有关轻罪设定的条文。此后，当事人如果提供虚假信息构成犯罪，均按照《刑法典》第 280 条关于提供虚假信息犯罪的规定追究法律责任。

---

① 《关于不同意〈消防安全法〉修正案草案的意见》，https：//eelnoud. valitsus. ee/main/mount/docList/26fc2501 – 1f7c – 4b5d – 9ff6 – e6416a7ca5df？activity = 1#h02dpAb4。

在与司法部、经济和通信部反复沟通、研究修改后，2018 年 12 月 13 日内政部向政府各部、总理府和爱沙尼亚市镇协会发送《〈消防安全法〉〈自然保护法〉〈森林法〉修正案草案》征求意见，附件包括修正案草案说明，以及需要配套制修订的 10 部规章初稿。按照程序，各部门和机构应当在 20 个工作日内反馈意见。本轮征求意见，内政部共收到 13 个部门和机构的 70 条意见建议：经济和通信部（10 条）、环境部（4 条）、国防部（7 条）、司法部（13 条）、财政部（2 条）、社会事务部（1 条）、救援局（13 条）、爱沙尼亚市镇联盟（4 条）、科教部（2 条）、爱沙尼亚供水企业协会（3 条）、爱沙尼亚保险公司协会（4 条）、环保局（5 条）、工商业联合会（2 条），内容涉及草案的各个方面。

2019 年 1 月 18 日，爱沙尼亚工商业联合会（Eesti Kaubandus－Tööstuskod）① 回函，反对引入由私营部门承担的消防安全检查制度。主要理由可以概括为 3 个方面：一是现行的消防安全自查报告制度已经深入人心，成为单位消防安全管理的有机组成部分，单位习惯于开展年度消防安全自查，制定火灾应急预案，组织疏散灭火演练，并准备必要的说明、图表、报告、总结等，单位负责人必须签署消防安全自查报告并负责，这促使其更加关注日常消防管理，落实相关措施以防止发生火灾。二是新制度将增加企业的经济负担、时间成本和其他开支。按照拟议的消防安全检查制度，如果企业不想从消防服务机构购买服务，就只能聘用取得相应职业资格的专业人员，或者组织员工参加培训、考取相应的职业资格，这都将增加企业成本。此外，如果强制要求由私营部门承担消防安全检查，社会需求必然猛增，供求平衡被打破，相关服务收费很可能大幅上涨（此前引入强制性的包装审查服务时，其价格就在短时间内大幅上涨）。三是不利于企业树立消防安全主体意识。如果按照目前拟议的制度，每 3 年由私营部门进行一次消防安全检查，单位平时虽然要履行消防安全自查义务（不需提交自查报告），但实践中很可能只会在消防安全检查前几个月，才集中处理消防安全问题——如果单位负责人不关心自身的消防安全，那么任何制度都不能防止火灾发生。

关于引入私营部门开展消防安全检查是否会增加单位负担，经济和通信部也表达了疑虑，认为草案中单位和消防服务机构的权利义务设定不均衡，明显倾向于消防服务机构，却增加了单位的经济负担。如果法案生效，购买消防安全检查服务成为单位的法定

---

① 爱沙尼亚工商业联合会（Eesti Kaubandus－Tööstuskod，英文名称 Estonian Chamber of Commerce and Industry，ECCI）是爱沙尼亚规模最大、最具影响力的工商业组织，成立于 1924 年 12 月 1[illegible] 日，苏联时期终止活动，1989 年 3 月 21 日恢复运作，现有近 3 500 名成员，多数是中小企业主。是欧洲商会（Eurochambres）、波罗的海国家理事会（Council of the Baltic Sea States）的成员，广泛参与爱沙尼亚及波罗的海国家的经济社会活动，是爱沙尼亚标准化中心（Eesti Standardikeskus）、职业资格局（Kutsekoda SA）、经济研究所（Eesti Konjunktuuriinstituut）等 20 余个机构的发起或参与单位。网站：https：//www. koda. ee/et。

责任，社会需求必然大幅增加，而截至2018年夏季，爱沙尼亚全国只有80名具备相应职业资格的人员可以提供此类服务（其中6级职业资格20名，5级职业资格60名），必然出现供不应求的局面，从而导致服务价格上涨①。

针对司法部、经济和通信部、工商业联合会和其他部门对的质疑，内政部围绕私营部门参与消防安全检查，做了重点说明。第一，私营部门开展的消防安全检查属于有偿技术服务，并非监督执法，其职责是通过检查发现违反消防安全要求的问题，向单位提出整改方案和建议，消防服务机构只对检查质量和报告的全面性、真实性负责，没有强制单位整改的权力，不存在违反《执法法》关于执法主体资格规定的问题。第二，并非所有单位都必须聘请私营部门进行消防安全检查，初步考虑只限定于达到一定规模的办公楼、厂房和仓库、车库——这三类建筑的共同特点是，基本都配备了消防设施，使用人员一般都熟悉建筑内部情况，定期进行疏散灭火演练，在发生火灾时可以自行疏散撤离。按照2013年修订后《消防安全法》，这些建筑多数并不需要提交年度消防安全自查报告，救援机构并不了解其消防安全管理的实际情况。如果由消防服务机构每三年进行一次全面检查，并向救援机构提交检查情况，既有利于救援机构全面掌握消防安全状况，也可以推动单位履行消防安全自查义务。第三，2010年《消防安全法》建立消防安全自查报告制度后，部分单位已经自愿通过购买服务的方式，开展消防安全自查并提交报告，每年平均支出约300欧元，按照修正案草案每三年由消防服务机构进行一次消防安全检查测算，每三年可为单位节省300×3－300＝600欧元。至于对消防服务收费上涨、增加企业负担的担忧，内政部认为，要相信市场适应供求关系的调节能力，近年来取得消防安全专业人员（5级）和消防安全专家（6级）职业资格的人数持续增加，有助于平抑消防服务价格。第四，通过引入私营部门开展的消防安全检查，为多元主体共同参与提高消防安全水平提供了机会，救援机构可以更全面地了解火灾风险情况，并把监督力量集中到高风险对象，真正开展基于风险的消防监督，从而提高监督效能。

2019年5月8日，司法部回函内政部，部分同意草案内容。6月28日，在第一轮全面征求意见的基础上，内政部按立法程序致函司法部，提交《〈消防安全法〉及其他法律修正案草案》以及《修正案草案说明》《征求意见处理汇总表》《配套规章初稿》等附件，再次征求意见。8月2日（超出20个工作日的法定时限），司法部批复同意《消防安全法》及相关法律修正案草案，并提出36条意见，主要涉及具体文字表述等立法

① 2019年2月5日，经济和通信部《同意修订〈消防安全法〉〈自然保护法〉〈森林法〉以及对修正案草案的建议》，第2页，https：//eelnoud. valitsus. ee/main/mount/docList/26fc2501－1f7c－4b5d－9ff6－e6416a7ca5df? activity＝1#a7o1g5Zm。

技术问题。这期间，爱沙尼亚保险公司协会于7月31日提出1条补充意见，爱沙尼亚市镇协会于8月21日提出3条补充意见。连同2017年12月1日第一次征求司法部等7个部门和机构的意见，以及2018年12月3日、2019年6月28日征求意见，在前后共3轮征求意见过程中，共有13个政府部门和行业协会累计提出110条意见，内政部逐一提出了采纳、部分采纳或者不采纳的意见并进行了说明。至此，《消防安全法》修正案草案在政府部门层面的征求意见工作结束。

1.3.2.3 议会一读

2019年11月29日，内政部致函总理府办公厅，报送《消防安全法》修正案草案以及征求意见汇总表、配套规章稿等附件。12月12日总理府向议会办公厅发出《立法发起函》，并附《消防安全法》及相关法律修正草案及说明，以及配套规章稿、征求意见汇总处理表，授权内政部部长马特·赫尔姆（Mart Helme）在议会审议过程中，全权代表政府进行说明。12月16日议会法律委员会同意《消防安全法》及相关法律修正草案进入一读程序（Esimene lugemine），印发《〈消防安全法〉及相关法律修正草案》（立法编号120 SE I，罗马数字“Ⅰ”代表一读）及相关说明文件①。

2020年5月18日，议会法律委员会对《〈消防安全法〉及相关法律修正草案》进行第一次审议，内政部部长马特·赫尔姆，主管应急救援和危机管理的副部长维拉·穆尔德（Viola Murd），内政部救援和危机管理政策司法律顾问卡迪·帕尔马（Kadi Parmas）、马里·蒂坎（Mari Tikan），以及司法部副部长、立法司司长，总理府办公厅副主任等列席。内政部部长马特·赫尔姆首先做了立法说明，阐述了修订《消防安全法》及相关法律的主要目的：一是建立由私营部门提供消防安全检查等专业服务的法律制度，确保救援局准确掌握消防安全状况；二是强制在使用燃气和固体燃料的住宅及其他住宿场所安装一氧化碳报警器；三是要求烟囱清扫工和壁炉工通过救援信息系统，报送供暖系统的安全状况；四是简化救援局处理小型建筑的审核程序，提高建筑行政许可效率；五是完善火灾报警系统火警信号传输的相关制度；六是建立在林区实施计划烧除的制度。法律委员会成员就上述内容的可行性、社会成本以及可能遇到的问题等进行了问询，并同意将修改完善后的草案适时提交议会全体会议审议。6月17日，内政部向议会法律委员会报送了修正草案的补充修改意见。

2020年11月9日，法律委员会再次审议《消防安全法》及相关法律修正草案，7名委员参加，1名委员缺席。内政部、救援局的有关官员和二商业联合会总干事梅特·

① 《〈消防安全法〉及相关法律修订案的说明》，https://www.riigikogu.ee/download/b26844fa-210c-4dea-b3e5-63d6f49453b7。

帕尔茨（Mait Palts）列席，爱沙尼亚保险公司协会法律部、防损部的负责人以视频方式参加。工商业联合会再次表达了对引入私营部门开展消防安全检查的担忧，对如何确保消防服务机构的独立性、公正性表示怀疑，希望由企业在消防安全自查和购买安全检查服务之间自主选择。对此，内政部救援和危机管理政策司顾问马里·蒂坎表示，作为技术服务的消防安全检查，将由具备5级或6级职业资格的消防安全专业人员实施，未来，这类人员的数量将达到救援局国家监督人员的2倍。这样，即使国家监督人员规模不变，根据消防安全专业人员的检查结果，也可以有针对性地加强对高风险建筑和场所的监督检查，从而有效促进提高单位的消防安全水平。实施新制度后，根据单位的不同情况，将有3种工作路径：首先，如果经消防服务机构检查，确认建筑火灾风险低（如金属制品、不燃材料仓库），救援局就不必再对其进行监督检查，只有建筑改扩建或者改变用途，才会再由消防服务机构进行检查；其次，如果消防安全检查未发现问题，则可以在6年（而不是3年）后进行下一次检查，以减少单位负担，其间单位只需履行正常的消防安全自查义务（不需每年报送自查报告）；再次，如果单位存在火灾隐患和问题，则必须主动予以整改，并在3年后组织下一次消防安全审查。爱沙尼亚保险公司协会代表坚决支持引入消防安全检查制度，认为通过定期检查，可以及时发现问题，减少火灾发生。

在2020年11月9日的会议上，法律委员会决定结束一读审查，进入二读审查程序。作为二读的准备工作，在11月9日会议之后，法律委员会又先后征求了壁炉工协会、烟道清扫工协会、物业管理协会、住宅合作社协会、房地产协会、消防安全专家协会、消防安全专业人员协会、消防设施维保企业联盟等社会组织的意见。

1.3.2.4　议会二读

2020年11月20日，在一读结束、二读开始之前，工商业联合会专门致函议会法律委员会，认为拟议的《消防安全法》修订内容增加了企业负担，实质上是将国家的一部分消防安全监督职责转移到了私营部门，鉴于此前提出的意见并未被采纳，这次以书面形式阐述了5点意见，可以概括为3个问题：

问题一：修改《消防安全法》引入私营部门开展消防安全检查，究竟要实现什么目标？什么是合理的社会成本？是否考虑了替代方案？

内政部反复强调，修改《消防安全法》是为了减少火灾事故和损失，并提出到2024年将火灾财产损失降低到1 100万欧元的目标。工商业联合会认为，上述目标本身就值得商榷，因为2019年全国火灾财产损失是1 440万欧元，其中一起火灾就占37%（约540万欧元），可见个案对整体火灾形势的影响很大，一味要求减少火灾造成的损失并不科学，也不现实。而且，减少财产损失，应当主要靠业主控制火灾风险，包括采取积极的预防措施和投保火灾保险，既然宪法强调“私有财产不可侵犯”，那么“同样必须严格控制公权力对私有财产的支配”。关于火灾起数，根据救援局的统计数据，2010 年到 2019 年，爱沙尼亚的百万人口建筑火灾发生率从 1 474 下降到 819，降幅 44.4%，与北欧国家 2019 年数据比较，除高于冰岛外，已经低于芬兰（937）和瑞典（1 078），“虽然不是很好，但也很不错了”（on hea kui mitte väga hea），而且灭火救援也并未占用过多的国家资源。此外，虽然内政部认为目前只有不到一半的建筑按照《消防安全法》要求，提交了消防安全自查报告，但实际情况可能并非如此——根据救援局 2019 年统计，在 300 座发生火灾的非住宅建筑中，只有 47 座应当提交消防安全自查报告。结合上述情况，工商业联合会认为，在当前的消防工作和火灾形势下，没有必要在消防安全管理领域引入私营部门——这一制度增加了企业负担，不符合“比例原则”这一基本立法原则。

问题二：引入私营部门开展的消防安全检查，是否能够实现大幅提高消防安全水平的目标？

内政部提出，到 2024 年要把消防安全良好建筑（检查确认各方面均符合消防安全要求）的比例从目前的 21% 提高到 46%，并认为引入私营部门开展的消防安全检查，可以在促进提高单位消防安全管理水平方面发挥重要作用。工商业联合会对私营部门消防安全检查的实际效果表示怀疑：花钱购买服务者与被检查者是同一主体，这种制度设计在逻辑上就存在问题——因为如果检查不合格，单位就要面临被列入火灾高风险范围、3 年后（而不是合格建筑的 6 年）再次购买服务接受检查等一系列不利后果，单位很可能会“想办法”让消防服务机构出具合格报告，这种检查能否促进实现大幅提高消防安全水平的目标，令人怀疑。

问题三：关于消防安全服务的供求关系，以及服务价格是否会保持相对稳定？

根据内政部介绍，目前取得 5 级和 6 级职业资格的消防安全专业人员已超过 100 人，但并不清楚这些人的具体情况，其中有些是救援局的工作人员，不能参与消防安全服务，还有的不在爱沙尼亚工作。根据现行的消防安全自查报告制度，单位可以自愿以购买服务的方式，聘请消防服务机构开展消防安全检查并编制和提交报告——这样的消防安全服务市场处于充分竞争状态，供求关系由市场调节并趋于平衡，价格维持在合理区间。根据内政部测算，按照新制度，可能有 1 万座建筑需要向私营部门购买服务，这必然导致供不应求的失衡状态，在塔林、塔尔图、派尔努等中心城市之外，特别是海岛和边疆地区，消防安全服务价格必然上涨甚至成倍增加——前些年引入强制性的“职业健康服务”（töötervishoiuteenus）时，就出现了这种情况。关于内政部提到，会有更多单位聘用取得相应职业资格的人员，或者安排员工参加培训并考取消防安全人员职业资格，工商业联合会认为，对于绝大多数中小企业而言，这都是极不现实的：一方面，消防安全专业人员的技术要求很高，职业资格考试难度较大；另一方面，报考消防安全专业人员（5级）必须在最近3年有不少于1年从事相关消防安全工作的经历，导致消防安全技术人员的规模短期内难以明显增加。

2020年11月23日议会法律委员会启动二读程序，当天会议上，工商业联合会仍然就私营部门开展的消防安全检查提出质疑，内政部副部长维拉·穆尔德做了解释，强调引入私营部门开展的消防安全检查并不会增加企业负担，而且相当于在社会消防安全管理体系中引入“额外一双眼睛”（lisa silmpaari），有助于提高社会消防安全管理水平和救援机构的行政效率。针对工商业联合会对企业“扎堆”购买服务，可能加剧供求矛盾的顾虑，内政部表示，将合理设置实施新制度的时间表，让不同类型建筑“错峰”完成消防安全检查。议会法律委员会主席贾努斯·卡里莱德（Jaanus Karilaid）同意了工商业联合会的要求，请内政部以书面形式，回应工商业联合会关切的问题。在这次会议上，法律委员会成员对修正草案逐条进行了表决，同意在进一步修改后，提交2020年12月9日的议会全体大会审议，并结束二读程序。如果二读顺利完成，建议于2020年12月15日对法案进行最后表决。

2020年12月10日，内政部书面回复工商业联合会，篇幅不长，结合此前论述，强调私营部门开展检查的质量肯定高于单位开展的消防安全自查，这种检查不属于国家监督；恰恰相反，私营部门也要接受救援机构的监督，而且近年来，取得相应职业资格的消防安全专业人员持续增加，2019年新增33人，2020年增加19人，2021年1月又有10人报名参加职业资格考试。总之，内政部坚持认为，引入私营部门开展的消防安全检查制度后，从长远看，企业负担应当减少，而且更重要的是，可以提高消防安全水平，收到社会效益。

1.3.2.5 三读通过和颁布实施

2020年12月15日议会召开全体会议，以过半数同意的表决结果通过《〈消防安全法〉及相关法律修正案》，并于同日送总统府。12月18日，总统阿拉尔·卡里斯（Alar Karis）签署第677号总统令，颁布《〈消防安全法〉及相关法律修正案》①，自2021年3月1日起施行。

表4-29是《消防安全法〉及相关法律修正案》的完整立法过程（笔者整理），从2017年12月1日正式发起，到2021年3月1日实施，历时3年零3个月，经过政府部门三轮征求意见、议会三读审查。回顾上述过程，主管消防救援事务的内政部、主管立

---

① 《〈消防安全法〉及相关法律修正案》（RT I，30.12.2020，2），https：//www.riigiteataja.ee/akt/130122020002。

法工作的司法部，主管经济、建设、环境等事务的相关政府部门，以及代表工商业、保险业的社会组织和机构，都充分表达了意见和各自关切，虽然并未完全达成一致，但通过充分讨论，促使内政部完善了私营部门开展消防安全检查，乃至整个消防安全管理体系的制度设计。

表 4－29　《〈消防安全法〉及相关法律修正案》立法过程

阶段		主责部门	起始时间	结束时间	内容
政府	发起	内政部	2017 年 12 月 1 日	2018 年 1 月 2 日	2017 年 12 月 1 日，内政部向司法部等 4 个部门发送《关于起草〈消防安全法〉修正案草案的动议》并抄送有关机构，就《消防安全法》修正案草案初稿征求意见
	征求意见	内政部	2018 年 12 月 13 日	2019 年 1 月 7 日	2017 年 12 月 13 日，内政部向政府各部、总理府和爱沙尼亚市镇联盟致函，征求对《消防安全法》修正案草案修改稿的意见
	征求意见	内政部	2019 年 6 月 28 日	2019 年 7 月 26 日	内政部致函司法部，提交修改后的《消防安全法》修正案草案及相关附件； 2019 年 8 月 2 日，司法部批复同意申报修订《消防安全法》并提出 36 条意见
	提交	内政部	2019 年 11 月 29 日		内政部向总理府办公厅报送《消防安全法》修正案草案及相关附件
	提交	总理府	2019 年 12 月 12 日		总理府向议会办公厅报送《立法启动函》，附《消防安全法》及相关法律修正案草案、征求意见处理汇总表等附件，授权内政部部长代表政府参与议会立法过程
议会	启动	议会法律委员会	2019 年 12 月 16 日		议会法律委员会程序委员会印发《消防安全法》及相关法律修正草案和相关附件，进入一读程序
	一读	议会法律委员会	2020 年 5 月 18 日	2020 年 11 月 9 日	2020 年 5 月 18 日，议会法律委员会第一次审议《消防安全法》修正草案及相关附件； 2020 年 11 月 9 日，法律委员会审议同意进入二读
	二读	议会法律委员会	2020 年 11 月 23 日	2020 年 12 月 9 日	2020 年 11 月 23 日，法律委员会审议决定将修正草案提交； 2020 年 12 月 9 日的议会全体大会审议； 2020 年 12 月 11 日，法律委员会审决同意提交三读
	三读	议会全体会议	2020 年 12 月 15 日		2020 年 12 月 15 日，议会全体会议通过《〈消防安全法〉及相关法律修正案》； 同日，将通过的法律送总统府

续　表

阶段		主责部门	起始时间	结束时间	内容
总统府	颁布	总统府办公厅	2020 年 12 月 18 日		2020 年 12 月 18 日，总统签署第 667 号总统令，颁布《〈消防安全法〉及相关法律修正案》，自 2021 年 3 月 1 日实施
《政府公报》公告			2020 年 12 月 30 日		2020 年 12 月 30 日，政府公报刊登《〈消防安全法〉及相关法律修正案》，编号 RT I，30. 12. 2020，2

《〈消防安全法〉及相关法律修正案》共对《消防安全法》43 个条款做了修订，是 2010 年《消防安全法》施行以来，涉及内容最多的一次修改，同时对《建筑法典》《自然保护法》《森林法》《救援法》《设备安全法》的相关条款做了修订。在 2019 年 12 月 16 日议会启动一读程序时，预想《消防安全法》及相关法律的修订内容自 2020 年 7 月 1 日施行，后因新冠肺炎疫情影响，延后至 2021 年 3 月 1 日施行，故本书将该版《消防安全法》简称为 2021 年《消防安全法》。

2021 年《消防安全法》最重要的修订，是全面引入由私营部门提供的“消防安全服务”。此外，为简化建筑工程许可，对第 5 条“建筑消防安全要求”做了全面修订，调整了救援局参与地方政府建筑行政许可的程序，规定单户住宅、避暑小屋、花园小房及其附属服务建筑不再需要救援局审核，直接交由地方政府审查许可。相关内容在本章第二节详述。

鉴于供暖系统导致的火灾多发，2021 年《消防安全法》对“供暖系统的消防安全要求”做了全面修订，增加了壁炉工和烟道清扫工报告执业行为和问题隐患的义务，并授权内政部就供暖系统和烟囱、烟道的清扫制定规章。

在林区引入计划烧除，是 2021 年《消防安全法》修订的重要目标之一。在第二章第二节的第 5 小节“林区的消防安全”增加第（5）至（8）款，明确了实施计划烧除的要求，授权内政部就林区计划烧除制定规章，并同步修订了《自然保护法》《森林法》。

如前所述，鉴于火警信号传输系统的误报率高达 93%，导致救援队伍虚警出动浪费大量资源，2017 年底内政部提出《消防安全法》的动议时，曾考虑取消火警信号传输系统，但司法部、社会事务部均强烈反对，强调火警信号传输对于社会福利、医疗等机构的必要性。在吸收相关意见后，2021 年《消防安全法》删除了新建建筑的火灾自动报警系统均应自动向报警中心传输火警信号的要求，并允许经救援局审批同意的建筑不再向报警中心自动传输火警信号。

1.3.3 消防安全服务概述

2021 年《消防安全法》在第一章“总则”第 2 条增加第（1^{1}）（1^{2}）款，引入由私营部门提供的“消防安全服务”（Tuleohutusteenus），并将编制消防安全自查报告、开展消防安全检查等 9 项工作纳入消防安全服务范围，涵盖了建筑消防设计及其审核、建筑消防安全评估，以及制定火灾应急预案、开展消防安全培训、组织疏散灭火演练、编制消防安全自查报告、开展消防安全检查等消防安全管理的全过程，其中的“消防安全检查”（tuleohutusülevaatuse），是指“对场地、建筑及其消防设施，以及建筑使用是否符合消防安全要求进行的检查”。在第二章“火灾预防”第一节“消防安全义务和消防安全服务”新增第 4^{1} 条和第 4^{2} 条，其中，第 4^{1} 条“消防安全服务”根据消防安全服务的不同内容，明确了相应的职业资格和备案要求；第 4^{2} 条“消防安全检查”确定了消防安全检查的范围、主体责任，并授权内政部制定详细规定。

专栏

消防安全服务的范围①

1）建筑消防设计专家审查；

2）建筑消防安全评估；

3）编制消防设计文件；

4）编制消防安全自查报告；

5）组织疏散灭火演练；

6）制定火灾应急预案；

7）进行消防安全培训；

8）进行明火作业培训；

9）开展消防安全检查。

在消防安全服务的 9 项内容中，前 3 项主要涉及建筑消防安全，将在本章第二节介绍；后 6 项主要涉及消防安全管理，除下文重点介绍的消防安全检查外，编制消防安全自查报告、组织疏散灭火演练、制定火灾应急预案、进行消防安全培训（第 4—7 项），

① 笔者根据《消防安全法》第 2 条第（1^{1}）款整理。

已经在有关章节做了相应介绍。下面，重点介绍明火作业培训。

如前所述，爱沙尼亚一直高度重视明火作业的消防安全问题。2021 年《消防安全法》将“进行明火作业培训”纳入消防安全服务范畴后，内政部于 2021 年 1 月 28 日全面修订《明火作业培训和明火作业证的要求》[①]，建立了由具备相应职业资格的专业人员实施明火作业培训的制度。

根据现行《明火作业培训和明火作业证的要求》，“培训机构”（Koolitaja）是组织对明火作业人员进行培训的法人或者自雇经营者，应当具备相应的教学场地和明火作业设备等教具，培训机构必须聘请具有相应职业资格的专业人员担任培训师（koolituse tegija）——也就是说，如果培训机构是以自然人自雇经营方式开办的，培训组织者本人可以不具备相应的职业资格，只要聘请培训师开展培训即可。培训师应当持有“消防安全专业人员（5 级）”或者“消防安全专家（6 级）”职业资格证书并具有相应的能力。通过对培训机构举办者和培训师区别提出要求，让专业的人做专业的事，有利于提高培训质量，明确培训机构和培训师各自的责任。

类似于我国的职业技能鉴定，《明火作业培训和明火作业证的要求》将培训分为理论学习、实际操作（简称“实操”）两部分。理论学习（teoreetiline），是有关明火作业安全知识的教学，不低于 6 学时（每学时 45 min），表 4 – 30 是理论学习必须涵盖的专题和最低学时[②]。实操（praktiline），是在培训师监督指导下，实际进行明火作业，学习安全作业技能。考试由培训机构组织，主要采取笔试形式，考试内容必须涵盖所有的培训专题，必要时可以组织实操。笔试正确率不低于 75%，且必会内容（类似于我国职业技能标准中的“关键技能”[③]）不得出现错误，方为合格。2010 年制定《明火作业培训和明火作业证的要求》时，笔试正确率的标准是 70%，2021 年修订时借鉴“北欧明火作业卡”（芬兰、瑞典、挪威和丹麦通用）[④] 培训 75% 的正确率标准，也提高为 75%。

---

① 《明火作业培训和明火作业证的要求》（RT I，02.02.2021，4），https：//www.riigiteataja.ee/akt/102022021004。

② 2021 年 1 月 28 日修订的《明火作业培训和明火作业证的要求》附件《明火作业的课程和最低学时》。

③ 根据人力资源和社会保障部 2018 年 3 月 7 日颁布的《国家职业技能标准编制技术规程（2018 年版）》，职业标准中标注“★”的为涉及安全生产或操作的关键技能，如考生在技能考核中违反操作规程或未达到该技能要求的，则技能考核成绩为不合格。

④ “北欧明火作业卡”（Põhjamaade tuletöökaart）培训由芬兰承办，主要面向造船工人、电工、焊工和其他明火作业人员，完成课程考核合格的人员在芬兰救援服务中心（Soome Päästeala Keskorganisatsioon，SPEK – is）注册并取得明火作业卡，有效期 5 年，在芬兰、瑞典、挪威、丹麦和爱沙尼亚有效。https：//www.koolitamine.ee/koolitused/pohjamaade – tuletookaardikoolitus – est。

表 4-30 明火作业培训的课程和最低学时

培训课程	培训内容	学时	学习成果
1. 明火作业及其火灾风险	1.1 明火作业简述及其分类 1.2 明火作业的风险 1.3 明火作业引起的火灾及其原因 1.4 明火作业的消防安全责任	2	能够区分不同类型的明火作业。了解明火作业的风险，能够说明由明火作业引起的火灾及其蔓延情况。掌握并能列举明火作业人员的消防安全责任
2. 明火作业的安全操作	2.1 火灾预防和消防安全要求 2.2 明火作业的操作要求 2.3 明火作业的必备条件 2.4 明火作业的地点选择和动火前准备 2.5 明火作业的灭火措施 2.6 作业设备的风险和安全使用	2	列举火灾预防措施，了解明火作业的要求。描述明火作业的安全要求（准备、实施、结束作业）。列举适合的灭火器材
3. 火灾扑救措施	3.1 火灾时的应急措施 3.2 灭火方法和安全事项 3.3 发现火灾和通知相关人员 3.4 报火警 3.5 灭火器使用	2	描述火灾时的应对措施，包括发现火灾、扑救火灾、报火警、疏散。列出扑救火灾时的安全注意事项
4. 实际操作	进行真火扑救		正确、有效地使用消防设备

完成全部培训课程并考试合格的人员，由培训机构发放《明火作业证》，该证书的有效期不超过5年，逾期必须重新参加全部培训并考试取证。《明火作业证》包含以下信息：明火作业人员的姓名、身份证号码，证书签发日期和有效期，证书签发机构（培训机构）的名称和注册代码，培训师的姓名、职业资格证书编号及有效期。之所以在《明火作业证》上同时标注培训机构和培训师的相关信息，就是为了突出培训机构作为组织者、培训师作为教学者的各自责任，以便于对培训质量进行监督。

1.3.4 消防安全检查制度概述

根据2021年《消防安全法》将“消防安全检查”纳入消防安全服务范围的规定，2021年2月16日内政部制定《消防安全检查的程序、实施要求及其报告内容和提交程序》①，自3月1日起与2021年《消防安全法》同步施行。作为引入私营部门开展消防安全检查的主要配套政策，从2018年12月13日内政部就《消防安全法》修正草案第

① 《消防安全检查的程序、实施要求及其报告内容和提交程序》（RT I，23.02.2021，7），https://www.riigiteataja.ee/akt/123022021007。

二轮征求意见时，就将该规章草稿作为附件一并征求意见，并在立法过程不断调整完善。因此，在议会2020年12月15日表决通过《〈消防安全法〉及相关法律修正案》后，这部规章的出台也就水到渠成。

1.3.4.1　消防安全检查的范围

根据2021年《消防安全法》第4[2]条第（1）款，下列建筑每三年进行一次消防安全检查：（1）建筑面积超过750 m^2的办公楼；（2）建筑面积超过1 000 m^2的厂房和仓库；（3）建筑面积超过1 000 m^2的车库。上述建筑仍要履行开展消防安全自查的基本义务，但不需提交消防安全自查报告。根据建筑登记系统，2020年符合上述标准的建筑约有1万座（厂房、仓库和车库约8 000座，办公楼约2 000座），其中约2 000座建筑此前需要逐年提交消防安全自查报告①。按照每三年一次的频次，消防服务机构每年大约要对3 300座建筑进行消防安全检查。

正如内政部在《消防安全法》修订过程中反复强调的，上述建筑并非火灾高风险对象，之所以将其纳入消防安全检查范围，是因为它们具有“使用人员相对固定且熟悉建筑情况，能够定期组织疏散灭火演练，建筑消防设施有日常维护管理，发生火灾或其他紧急情况时，建筑内的人员能够自行疏散逃生”的共同特点，消防安全管理比较规范，火灾风险总体可控。将这些建筑纳入消防安全检查范围，有助于救援机构掌握更多建筑的消防安全状况，而且即使私营部门的消防安全检查质量出现问题，也不会对火灾防控造成重大影响。2015年以来，上述建筑年均发生火灾200起左右（2017年191起，2018年217起，2019年前8个月132起），占同期全部办公、厂房和仓库、车库火灾（2017年215起，2018年230起，2019年前8个月144起）的88.8%、94.3%和91.7%，火灾形势总体平稳。

爱沙尼亚现有约60万座各类建筑，其中公共建筑约7.5万座，根据内政学院开发的消防监督检查模型，救援局每年应当掌握1万座左右建筑的消防安全状况，才能确保对全国建筑消防安全水平的总体把控，进而更精准地确定基于风险的监督对象。现阶段，受限于监督人员编制，救援机构每年只能检查5 000—6 000座建筑，引入私营部门（消防服务机构）开展的消防安全服务后，每年大约对3 300座建筑进行消防安全检查，两者合计，基本可以实现每年掌握1万座左右建筑消防安全状况的目标。

在2018年12月13日就《消防安全法》修正草案第二轮征求意见时，内政部最初

① 2021年2月15日，内政部：《〈消防安全检查的程序、实施要求及其报告内容和提交程序〉的立法说明》，第9页，https://eelnoud.valitsus.ee/main/mount/docList/6632ee34-aecb-435f-be37-f47f0649c47c?activity=1#IuvtfANA。

确定的办公建筑标准是600 m^2以上——当时考虑，将额定人数超过150人的办公建筑纳入消防安全检查范围，但建筑登记系统中没有办公建筑额定人数的数据，为此，参照《工作场所的职业健康和安全要求》关于工作场所人均活动空间不少于10 m^3的规定，结合室内净高一般2.5 m的情况，则员工的均摊面积不应少于4 m^2，$4\times150=600$ m^2。但救援局认为上述算法过于理想化，大多数办公建筑并未达到1人/4 m^2的密度。此后，根据《建筑消防安全要求》关于建筑面积超过750 m^2的办公建筑应当设置火灾自动报警系统的规定，采用750 m^2作为纳入消防安全检查范围的办公建筑面积下限。

根据2021年《消防安全法》第4^2条第（4）款，下列建筑或场所自愿开展消防安全检查：（1）高度超过28 m的建筑；（2）《化学品法》第21条第（3）款所指危险企业；（3）《化学品法》第21条第（4）款所指存在重大事故风险的企业。上述建筑和场所，第（1）项是高层建筑，第（2）和（3）项是危险化学品企业，均属于典型的火灾高风险对象，是救援机构监督检查的重点，如果单位自愿聘请消防服务机构进行消防安全检查，有助于提高消防安全水平。下面简要介绍爱沙尼亚的危险化学品安全监管制度。

1997年爱沙尼亚正式启动与欧盟的入盟谈判，议题之一是如何有效实施危险化学品安全监管——根据1996年12月9日欧洲理事会《关于控制重大危险品事故风险的指令》①，成员国必须明确危险化学品监管部门，完善监管措施，确保危险化学品企业及其周边安全。鉴于救援机构的职责之一是监督危险品企业开展风险分析、制定应急预案，救援局承担了相关职责。1998年5月6日，爱沙尼亚议会通过独立后的首部《化学品法》②，对化学品生产、加工、包装、储存、运输、销售、使用等活动及其监督提出了要求，规定环境监察机构、救援机构以及经济部、内政部、社会事务部、道路和交通部依照职责，共同负责化学品监管工作。其中，救援局的职责是收集存在重大事故风险企业的相关信息，与其他部门和国际组织共享交换，并在发生事故时组织实施救援。

2006年12月18日，欧洲议会和欧洲理事会通过第1907/2006号指令③，就化学品

---

① 欧洲理事会通过《关于控制重大危险品事故风险的指令（96/82/EC）》（*council directive* 96/82/*EC of* 9 *December* 1996 *on the control of major - accident hazards involving dangerous substances*），https：//eur - lex. europa. eu/legal - content/EN/TXT/PDF/？uri = CELEX：31996L0082&from = EN。

② 《化学品法》（*Kemikaaliseadus*，RT I 1998，47，697），https：//www. riigiteataja. ee/akt/75303。

③ 欧洲议会和欧洲理事会第1907/2006号条例：《化学品注册、评估、授权和限制以及成立欧洲化学品管理局，修订1999/45/EC号指令并废止793/93、1488/94、76/769/EEC、1/155/EEC、93/67/EEC、93/105/EC和2000/21/EC号指令》，（*concerning the Registration*，*Evaluation*，*Authorisation and Restriction of Chemicals*（*REACH*），*establishing a European Chemicals Agency*，*amending Directive* 1999/45/*EC and repealing Council Regulation*（*EEC*）*No* 793/93 *and Commission Regulation*（*EC*）*No* 1488/94 *as well as Council Directive* 76/769/*EEC and Commission Directives* 1/155/*EEC*，93/67/*EEC*，93/105/EC and 2000/21/EC）。https：//eur - lex. europa. eu/legal - content/EN/TXT/？uri = CELEX：32006R1907。

的注册、评估、授权和限制做出规定，并决定成立欧洲化学品管理局（European Chemicals Agency，ECHA）。2015 年 10 月 29 日，爱沙尼亚议会通过新《化学品法》[①]，包括总则、化学品生产加工要求、危险化学品经营企业和重大事故风险企业、化学品领域的监管部门和国家监督、法律责任、法律实施等 6 章，引用欧洲议会和欧洲理事会第 1907/2006 号指令，全面规范了化学品特别是危险化学品的使用和相关经营活动，确定消费者保护和技术监督局、救援局、卫生局、警察和边防局、化学品安全委员会（Kemikaaliohutuse komisjon，隶属于社会事务部的咨询机构）按照各自职责任，对化学品实施联合监管。截至 2022 年 10 月底，2015 年《化学品法》共修订 8 次。

《化学品法》按照风险从高至低的顺序，将危险化学品经营企业分为 A、B、C 等 3 类。其中，C 类企业处理的化学品数量超过最低危险水平，但低于安全阈值（künniskogusest），称为“危险企业”（Ohtlik ettevõte）；B 类和 A 类企业指处理的化学品数量超过安全阈值，称为“重大事故风险企业”（Suurõnnetuse ohuga ettevõte），A 类的危险性高于 B 类。化学品的最低危险水平、安全阈值，以及确定企业危险类别的具体方法，执行内政部 2016 年制定的《危险化学品最低危险水平和安全阈值以及确定企业危险类别的程序》[②]。针对危险化学品事故易于产生连锁效应、蔓延扩大的特殊性，《化学品法》第 21 条专门提出“连锁效应”（Doominoefekt）的概念：“连锁效应，是由于位置、间距以及危险品储量等因素，装置内部或多个装置之间可能导致重大事故或严重后果的潜在高风险。”也就是化工装置发生事故后，蔓延扩大、相互波及，导致严重灾害损失的风险。

《化学品法》第 22 条规定了危险化学品企业的主体责任，主要包括 6 个方面：一是根据加工处理的化学品数量，确定企业的危险等级（A、B、C）；二是根据企业的危险等级，编制相应的风险防范和应对文件（见表 4－31，笔者根据《化学品法》第 22 条整理），提交消费者保护和技术监督局、救援局审批并及时更新；三是在日常生产经营和发生事故时，应用风险分析、安全报告、应急预案和安全保障体系指南确定的各项措施；四是可能产生连锁效应的危险企业、重大事故风险企业之间，应当定期交换信息，采取相应防范措施，并向公众通报相关信息；五是重大事故风险企业应当至少每 3 年组织一次应急预案演练，并在演练前至少 20 个工作日通知救援局；六是危险企业或者重大事故风险企业停产（包括临时停产），经营者应当至少提前 5 个工作日，通知消费者保护和技术监督局。此外，根据《化学品法》第 25 条，重大事故风险企业（即 A 类、

---

① 《化学品法》（RT I，10. 11. 2015，2），https：//www. riigiteataja. ee/akt/115072022005。

② 《危险化学品最低危险水平和安全阈值以及确定企业危险类别的程序》（RT I，11. 02. 2016，22），https：//www. riigiteataja. ee/akt/104062021018。

B 类企业）必须投保经营者责任保险，保险责任应当包括第三者人身伤亡和财产损失赔偿，投保金额应当根据经营地点、范围、化学品数量、可能造成的损失和危害等因素综合确定，并不得低于 40 万欧元。

表 4－31　危险化学品企业应当编制的风险防范和应对文件

风险等级	文件清单
C 类	基本信息表、风险分析报告、应急预案
B 类	基本信息表、风险分析报告、安全保障体系指南、应急预案
A 类	基本信息表、安全报告（包括风险分析报告、安全保障体系指南和其他相关内容）、企业应急预案

根据《化学品法》，消费者保护和技术监督局负责发放化学危险品经营许可证，应当将申请人提交的风险分析报告、应急预案转交救援局审核，救援局应当在 30 个工作日内做出是否核准的决定，并可以申请延长期限一次（不超过 30 个工作日）。消费者保护和技术监督局应当在 60 个工作日内做出是否核发经营许可证的决定（可以申请延长一次，不超过 30 个工作日），需要进行环境影响评价的项目，可以进一步延长审批期限。鉴于危险化学品经营的特殊性，《化学品法》专门规定，即使消费者保护和技术监督局、救援局逾期未做出决定，也不默认为同意。

根据《化学品法》第 32 条，新建、扩建危险化学品项目时，应当将总体规划、专项规划和详细规划报救援局审批，以评估是否增加了发生重大事故的风险或者事故后果，预防措施是否充分，并根据情况要求企业提供补充信息。此外，救援局还应当根据危险企业或者重大事故风险企业提供的信息，辨识可能产生连锁效应的装置或装置组，并通知相关企业；对于 A 类重大事故风险企业，救援局应当制定应急救援预案，并向公众通报。在重大事故风险企业发生重大事故时，救援局应当向欧盟委员会通报情况。

1.3.4.2　消防安全检查的内容

根据 2021 年内政部《消防安全检查的程序、实施要求及其报告内容和提交程序》第 2 条，消防安全检查应当包括五方面的内容：外部检查、消防设施检查、文件资料检查、实际用途核查、应急能力检查。

第一方面的外部检查，是对场地、建筑及其使用是否符合消防安全要求做出总体判断，包括消防安全通道是否畅通、是否安装了消防安全标识等基本设施设备。

第二方面的消防设施检查，是消防安全检查的重点，要确定建筑是否按照要求安装了消防设施并完整好用，是否由具备相应职业资格的人员进行维护检查。消防安全检查人员可以要求消防设施维保人员随同参与检查，并在必要时进行实际操作——出于安全和责任的考虑，除非无法以其他方式确认消防设施的运行状态，否则，消防安全检查人员不宜直接动手操作。此外，还应当查看消防控制室的值班日志，以确认消防设施运行和值班情况。

第三方面的文件资料检查，是检查消防安全管理文件是否齐全、是否及时更新。不同用途的建筑，需要准备差异化的消防安全文件，但所有建筑都必须制定火灾应急预案和疏散预案。

第四方面的实际用途核查，是评估建筑的实际用途是否与设计相符，并发现改变使用性质的问题——这也是消防安全检查的重点之一。由于不同用途建筑的消防安全要求不同，因此必须核对实际用途是否与登记用途一致。需要强调的是，在实际用途核查过程中，要将建筑作为一个整体，综合考虑主要用途和其他合理附属功能，允许建筑在登记的主要用途之外有其他附属功能——这种情况下，必须对建筑进行全面检查，以确认建筑的各个部分是否根据用途采取了相应的消防安全措施。如果发现建筑改变使用性质，消防安全检查人员应当向救援局报告，救援局可以向当地政府通报相关情况，如果改变用途不影响消防安全，当地政府应当要求业主提出申请，在建筑登记系统按照实际用途变更登记。

第五方面的应急能力检查，是检查火灾应急预案，以及是否组织过实地疏散灭火演练，以确认建筑使用人员是否具备相应的消防安全知识和疏散逃生技能。这项检查主要是通过查阅资料开展，核查是否编制预案以及是否与实际符合，包括是否组织过实地演练。检查过程中，一般不需要实际组织疏散演练，但如果被检查单位与消防安全检查人员达成一致，也可以组织实地疏散演练。

1.3.4.3　消防安全检查人员

根据2021年《消防安全法》第4^1条“消防安全服务的提供”第（2）款，消防安全检查应当由取得5级或6级职业资格的消防安全专业人员实施，上述行为按照经济活动进行管理，需要在经济活动登记系统备案。在爱沙尼亚的职业资格分类目录中，设有“消防安全专业人员”（Tuleohutusspetsialist）职业小类，其工作内容是从事消防安全评估、咨询和教育培训、组织演练、防灾宣传、火灾调查等技术服务，下设“消防安全专业人员（5级）”和“消防安全专家（6级）”两个职业，按照2008年《职业资格法》的8级职业资格框架（1级最低，8级最高），分别属于5级、6级，其职业标准和职业资格授予要求，详见第五章。

截至2020年秋季，爱沙尼亚共有98人取得消防安全专业人员（5级）或消防安全专家（6级）职业资格，其中20人是在职的救援官员。根据《公共服务法》第60条，如有充分理由，政府机构可以禁止公务员从事兼职活动，救援局的内部管理制度也明确规定，救援人员必须及时报告从事兼职活动的情况，由救援局评估是否可能影响履行职责。根据现行规定，20 名持有相关职业资格证书的救援官员均不得兼职从事消防安全检查，但是法律并未限制救援局的政府雇员和救援员从事兼职活动——目前有 3 名救援员持有消防安全专业人员职业资格证书，他们在不影响工作前提下，可以兼职从事消防安全服务活动，因为这与他们从事的灭火救援工作并无关系，况且其兼职活动同样会受到监督，可以预防和控制腐败风险。

1.3.4.4　消防安全检查报告

检查结束后，消防安全检查人员应当编制《消防安全检查报告》（*Tuleohutusülevaatuse akt*），并尽早将报告草稿提供给建筑业主或使用人，商定检查发现问题的整改期限。《消防安全检查报告》定稿后，消防安全检查人员即可登录救援信息系统，通过消防安全检查门户网站（https：//ylevaatus. paasteamet. ee/）向救援局提交报告，见图 4－10。被检查建筑的业主或者使用人也可以登录系统查看报告。为规范《消防安全检查报告》的内容，救援局确定了 8 类必填字段（每项均可提交附加内容）：（1）消防安全检查人员信息；（2）建筑和场地信息；（3）建筑用途信息；（4）救援设备、消防设施、供暖系统和其他设施设备的清单及其维护信息；（5）建筑及其管理是否符合消防安全要求；（6）可燃材料和危险品储存信息；（7）火灾应急预案和疏散灭火演练信息；（8）检查发现的缺陷及其整改要求。

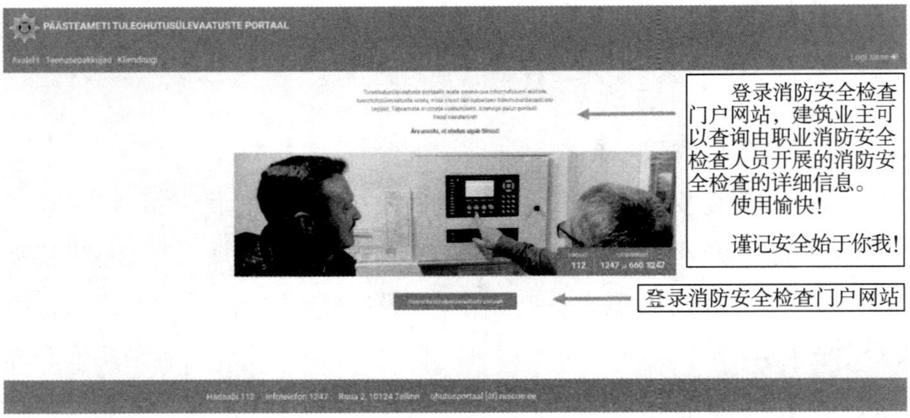

图 4－10　消防安全检查门户网站

在上述 8 项内容中，第（5）项包括建筑消防设施的施工安装和维护管理情况，虽然在《消防安全法》《建筑法典》和其他相关法律法规、标准规范中，一般将建筑消防设施的要求分为设计安装和维护管理两个方面，但在消防安全检查时必须一并考虑。例如，《建筑消防安全要求》规定了划分防火分区的要求，以及确保防火门处于关闭状态的要求——前者属于工程建设阶段的要求，后者属于使用管理阶段的要求，在消防安全检查时，必须兼顾这两方面要求的落实情况，才能确保防火分区发挥作用。第（6）项是可燃材料和危险品的储存情况、检查的主要依据，是2010年9月2日内政部制定的《可燃材料和危险物品储存的消防安全要求》①。该规章对可燃材料和危险物品的存放地点、储存量、相容性提出了要求，规定如果可燃物储量超过1 000 m^3时，应当编制储存方案和应急预案，并报当地救援中心批准。

内政部在设计消防安全检查流程时，使用了消防安全“缺陷”（puudus）的概念——这类问题不得直接危及人员生命健康，但也必须尽早予以整改消除，包括未按要求检查灭火器、消防设施，或者没有聘请专业人员清扫烟道等。《消防安全检查的程序、实施要求及其报告内容和提交程序》第4条规定，对于检查发现的各类缺陷，检查人员应当与建筑业主或使用人商定整改措施和期限，并在完成检查后30天内，通过救援信息系统提交《消防安全检查报告》——之所以确定为30天，一方面是为报告编制留出必要时间；另一方面，也是考虑到“轻微缺陷”（Väiksemate puuduste）一般可以在30天内整改消除——已整改消除的缺陷不纳入《消防安全检查报告》，但如果单位未按期整改消除，则应当将相关缺陷问题纳入正式报告，提交给救援局。

从目前设定的消防安全检查流程看，基本具备了消防监督检查的特征：检查人员不但要发现缺陷问题，还要跟踪复查整改情况；当然，作为一项技术服务，消防安全检查也具有区别于消防监督检查的特点，如：要与被检查单位商定整改期限，并将检查报告草稿提供给被检查单位。根据《消防安全检查的程序、实施要求及其报告内容和提交程序》第4条，检查人员应当在约定的整改期限届满60日内，复查纳入《消防安全检查报告》的各项缺陷整改情况。对于可能导致灾害事故并造成严重损失和影响的重大威胁，或者需要暂停相关建筑、设备使用的，检查人员应当在检查后的3个工作日内，通过救援信息系统报告救援局。为确保消防安全检查与国家实施的消防监督检查有效衔接，《消防安全检查的程序、实施要求及其报告内容和提交程序》第4条第（6）款专门规定，根据缺陷问题的性质和危害，救援局有权在《消防安全检查报告》确定的整改期限之前，或者针对消防安全检查人员紧急提交的重大威胁问题，随时启动国家监督程序。

为确保消防安全检查的专业性、公正性，建立单位和消防安全检查人员之间的信任关系，鼓励消防服务机构的执业人员严格履职，《消防安全检查的程序、实施要求及其

① 《可燃材料和危险物品储存的消防安全要求》（RT I 2010，63，468），https：//www.riigiteataja.ee/akt/13356396。

报告内容和提交程序》专门规定，单位无正当理由，不得随意更换检查人员——这里所说的正当理由，主要是检查人员遭遇意外或者因病不能履职。如果被检查单位和消防安全检查人员出现分歧，任何一方提出中止合作，均应向救援局说明情况，由救援局做出是否同意解除合作关系的决定。救援局如果确认消防安全检查人员不称职，可以提出更换检查人员的建议。上述规定，看似是救援局对消防安全检查的干预，实际上可以有效避免被检查单位利用作为购买服务方的优势地位，为规避和掩饰问题而更换消防安全检查人员，也可以避免相关单位由于信息不对称，聘用执业能力出现问题的消防安全检查人员——这对于保护业主和消防检查人员的合法权益，确保消防安全检查质量均非常重要，值得借鉴。当然，单位无正当理由不得更换消防安全检查人员，只是限定在一个检查周期内，在启动下一轮消防安全检查时，单位可以重新选择消防安全检查人员。

单位认为消防安全检查人员不称职，或者对其服务不满意，有权报告救援局。救援局可以委托专家，对消防安全检查人员的工作质量进行评估。如果专家认为其服务确实存在缺陷，救援局应当将专家意见转发职业资格授予机构，由其评估该人员是否符合职业标准，并在必要时根据《职业资格法》第 22 条第（1）款 3）项的规定，撤销消防安全检查人员的职业资格。假定建筑在消防安全检查 1 个月后发生火灾，如果是由于吸烟不慎等违反消防安全管理要求的行为引发火灾，则消防安全检查人员对火灾的发生不承担责任；但是，如果消防安全检查人员存在检查范围不全面、报告内容不完整，特别是没有提供重要信息等问题，则可以按照上述程序，撤销其职业资格证书。需要强调的是，消防安全检查人员只对其知悉的信息负责——从这个角度看，业主与消防安全检查人员的充分合作非常必要，这样才能确保消防安全检查覆盖所有必要区域，及时发现问题隐患。

1.3.4.5 消防安全检查的频次

2021 年《消防安全法》第 4[2] 条规定的消防安全检查频次是每三年一次，为避免建筑业主扎堆购买服务，加剧供求矛盾，同时也为了提供适应新制度的缓冲期，《消防安全检查的程序、实施要求及其报告内容和提交程序》规定，办公楼、厂房和仓库、车库分别于 2023 年 1 月 1 日、2024 年 1 月 1 日和 2025 年 1 月 1 日之前，提交首次消防安全检查报告。对于 2021 年 3 月 1 日（2021 年《消防安全法》生效时间）之后获得使用许可的建筑，应当在取得使用许可 6 年后进行第一次消防安全检查——上述规定减轻了建筑业主的负担，类似于 2014 年 4 月 29 日我国公安部、质检总局在《关于加强和改进机动车检验工作的意见》中建立的“6 年以内的非营运轿车和其他小型、微型载客汽车（面包车、7 座及 7 座以上车辆除外）免检制度”，即符合条件的车辆在每两年需要定期检验时，无需到检验机构进行安全技术检验，可以直接向公安机关交通管理部门申请领取检验标志。

此外，《消防安全检查的程序、实施要求及其报告内容和提交程序》第 5 条第（2）款专门规定，如果消防安全检查人员在实施检查后，根据建筑用途等具体情况，认为该建筑火灾危险性小，没有必要进行检查，则可以在《消防安全检查报告》中建议免除该建筑的消防安全检查义务，由救援局做出决定。例如，一座建筑面积超过1 000 m^2的不燃结构仓库，内部没有用电和供暖设施，也没有工作人员，储存的也是不燃材料，就可能属于这类情形。但是，此类建筑必须至少进行一次消防安全检查并提交《消防安全检查报告》，否则救援局没有做出豁免其消防安全检查义务决定的依据。此外，即使不再需要委托消防服务机构进行消防安全检查，单位也必须履行消防安全自查义务。

对于经消防安全检查，确认完全符合消防安全要求的建筑，《消防安全检查的程序、实施要求及其报告内容和提交程序》建立了激励机制。根据第 5 条第（3）款规定，如果消防安全检查的结论是“消防安全无缺陷”（tuleohutuk spuudusteta），下一次消防安全检查可以延至 6 年之后，也就是豁免了 1 次委托消防安全检查的义务。这样的激励措施，有助于强化业主的主体责任，保险公司也有可能给予其降低火灾保险费率的优惠，从而让遵守消防安全要求的业主享受到更多实惠。需要强调的是，即使列入豁免范围，救援局也可以进行随机检查（pistelise kontrolli），如果建筑用途变更，业主必须及时通知救援局，以确定是否延续相应的豁免待遇。

1.3.4.6　消防安全检查制度的实施预测

建立由私营部门实施的消防安全检查制度，标志着爱沙尼亚消防监督管理制度“三步走”改革进入第三个阶段，其目的是借助市场手段，发挥专业技术人才作用，通过“专业的人做专业的事”，促进提高消防安全管理水平，从而解决单位“想管不会管”的问题。需要强调的是，消防服务机构实施的消防安全检查只是对国家消防监督的补充，救援局的消防监督职能仍然保留，相应的执法监督程序也没有改变。引入私营部门开展的消防安全检查，有利于救援机构更准确地掌握社会消防安全管理状况，提高基于风险的消防监督效能，从而形成单位承担消防安全主体责任、专业机构提供消防安全专业服务、救援机构实施国家监督检查的社会消防安全多元治理格局。

截至 2022 年 10 月底本书定稿，消防安全检查制度刚刚实行一年多，爱沙尼亚救援局和消防服务机构尚未对新制度的实施效果开展系统分析。在前期《消防安全法》修订过程中，工商业联合会最为关注的问题之一，就是随着消防安全检查制度纳入法律，是否会因为供求失衡导致服务价格大幅上涨、增加企业负担。根据建筑登记系统的数据，目前约有 1 万座建筑符合委托消防安全检查的标准，从 2021 年 3 月 1 日起，这些建筑必须在 2025 年 1 月 1 日前完成首轮消防安全检查，即每年约有 2 700 座建筑需要由取得职业资格的消防安全专业人员进行检查。截至2020年秋季，可以从事消防安全检查的取得相应职业资格人员为78人，排除由于各种原因不能参与消防安全检查的人员，保守估计至少有50名取得相应职业资格的人员可以参与提供消防安全检查服务，按照每年约有2 700座建筑需要检查测算，平均每人每年检查54座建筑，总体上不会出现明显的供求失衡问题。

消防安全检查的实际费用，目前尚无统计数据，主要取决于建筑的用途、规模和复杂程度，最终价格还是要由消防安全检查人员与客户协商，也就是市场定价。估计应当与此前聘请专业人士开展消防安全自查并编制和提交报告的费用相当，不低于300欧元。但消防安全检查的支出，确实应当按照3年或6年进行平摊，这样就肯定低于每年聘请专业人员开展消防安全自查并提交报告的支出。

第二节 建筑消防安全

建筑是人类居住和生产、生活的场所，建筑消防安全是消防安全的重中之重。《规划法》《建筑法典》《消防安全法》共同构成了爱沙尼亚建筑消防安全领域的法律基础。《规划法》将消防安全内容纳入全国规划、县域规划和地区总体规划、详细规划等各个层级规划的编制。《建筑法典》将“安全”确定为建筑活动的四大基本原则（适用、安全、绿色、专业）之一，将确保消防安全和救援工作，作为建筑全寿命周期内必须满足的基本要求。根据《建筑法典》制定的《建筑消防安全要求》，全面涵盖了建筑材料和结构耐火、防火分区、安全疏散、消防设施、救援安全、消防给水等内容。救援局作为《建筑法典》执法主体之一，对建筑消防安全实施国家监督，办理相关的轻罪案件，承担建筑消防设计审核、验收职责。2021年修订的《消防安全法》简化了救援机构与地方政府在建筑许可领域的协作程序，提高了行政效率。

2.1 规划和建筑立法概述

1995年6月14日议会通过《规划和建筑法》（*Planeerimis - ja ehitusseadus*）①，初步构建了规划和建筑领域的法律制度框架。《规划和建筑法》共分五个部分：总则，用地规划，建筑设计，建筑与施工，法律实施。在第二部分“用地规划”，确定了由全国规划、县域规划和地方政府总体规划、详细规划构成的4级规划体系，在第9条“详细规

---

① 《规划和建筑法》（RT I 1995，59，1006），https：//www. riigiteataja. ee/akt/28423。

划”第（10）款，专门规定“制定详细规划时，应当考虑卫生、环保、国防、消防安全等法律和规范的要求”。第四部分“建筑与施工”第43条“建筑要求”，对建筑设计和施工提出了7个方面的基本要求，其中就包括“避免对人员生命健康、财产安全和环境造成危害”，“有效预防和控制火灾等事故的发生蔓延”。为与上述规定衔接，2000年修订《救援法》时，在新增的第28^2条“国家消防安全监督”专门规定，救援机构负责监督《规划和建筑法》有关的消防安全要求落实情况——即《规划和建筑法》是一部由多部门、多主体共同监督执行的法律：环境部负责全国规划的审批，地方政府负责有关建筑设计、区域规划的审批，内政部救援机构负责消防安全要求的监督。

2002年5月和11月，议会先后通过《建筑法》① 《规划法》②，均自2003年1月1日起生效，1995年《规划和建筑法》同时废止。2013年6月，为适应建筑和规划领域的发展，司法部牵头启动《建筑法》《规划法》修订工作。根据立法定位，修订后的建筑立法，应当不仅包括对房屋建筑、构筑物的一般规定，还要涵盖市政、道路工程等特殊建设项目，成为建设工程领域的综合性法律制度，因此，法律名称中使用“法典”（seadustik）代替原来的“法”（seadus）。经过近两年的征求意见、反复修改和议会三读审议，议会于2015年2月11日通过《建筑法典》③，结合稍早前通过的新《规划法》，2月18日通过《〈建筑法典〉〈规划法〉实施法》，决定自2015年7月1日起实施《建筑法典》《规划法》。

2.1.1　《规划法》概述

2.1.1.1　空间规划体系

在《规划法》中，“规划”（planeerimine）是“空间规划”（Ruumiline planeerimine）的简称，是“区域内的空间综合利用方案，是确定土地利用和建筑条件的法定依据”。规划范围包括陆地、空中和水域，规划内容涉及协调空间布局、改善人居环境、基础设施建设等方面，目的是“统筹兼顾社会成员的需求和利益，提供均衡的空间布局、土地利用和高质量的人居环境，促进环境友好和经济、文化和社会的可持续发展”——爱沙尼亚的空间规划体系，具有典型的“多规合一”特征。《规划法》第二章专门阐述了编制空间规划的五个原则：改善人居环境、公众充分参与、利益平衡整合、信息全面公开、高效集约用地。

2015年《规划法》共8章、143条，分别是：总则，规划原则，全国规划，国家专

① 《建筑法》（*Ehitusseadus*，RT I 2002，47，297），https：//www. riigiteataja. ee/akt/133139。

② 《规划法》（*Planeerimisseadus*，RT I 2002，99，579），https：//www. riigiteataja. ee/akt/226995。

③ 《建筑法典》（*Ehitusseadustik*，RT I，05. 03. 2015，1），https：//www. riigiteataja. ee/akt/105032015001。

项规划，县域规划，总体规划，地方政府专项规划，详细规划。根据爱沙尼亚“国家—15 个县—79 个市（乡）”的区域划分和空间布局，《规划法》构建了从全国规划到县域规划，再到市和乡的总体规划、详细规划的空间规划体系，如图 4-11 所示[①]。

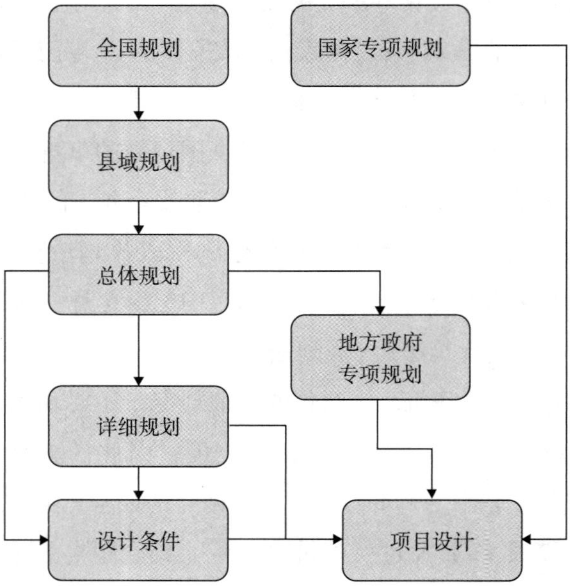

图 4-11 爱沙尼亚的空间规划体系

全国规划（Üleriigiline Planeering，ÜRP），是整个国土空间的综合利用规划，是编制县域规划的基础。财政部负责牵头组织编制全国规划，协调相关部门和机构参与，并按程序征询社会意见。

国家专项规划（Riigi Eri planeering，REP），是具有重大影响、涉及国家重大利益或者产生国际影响的项目布局，是相关建筑和设施进行设计的基础。根据《规划法》第 27 条，编制国家专项规划的项目包括：国家公路，铁路，工作压力超过 16 bar 的油气管道，国际机场，国际港口，国防或安全机构建筑，150 MW 以上的火力发电厂、400 MW 以上的风力发电厂，110 kV 及以上高压输电线路，危险废物处置场所。国家专项规划，也由财政部负责牵头组织编制。

县域规划（Maakonna planeeringu，MP），是一个或几个县的空间发展布局，发挥承上启下的作用，一方面，县域规划必须符合全国规划和国家专项规划；另一方面，作为市（乡）政府编制总体规划的基础，县域规划要充分反映地方的发展需要和利益诉求。需要强调的是，如本书第一章第二节所述，2018 年起，爱沙尼亚对行政区划设置进行重

① 引自救援局 2021 年《空间规划手册》。

大改革，实行单一层级的政府建制，“县”完全成为地域概念，不再设置县级政府，全国只保留 79 个地方政府建制（15 个市和 64 个乡）。因此，县域规划是纯粹的区域规划，同样由财政部负责牵头组织编制。

市（乡）的总体规划（Üld planeering，ÜP），反映本行政区域的空间发展布局，必须符合全国规划、国家专项规划和县域规划。根据《规划法》第 75 条，市（乡）的总体规划涵盖多达 31 个方面的内容，包括土地利用和保护，基础设施建设，以及产业发展、公共安全、自然保护等。总体规划由市（乡）政府组织编制，是制定详细规划和地方政府专项规划的基础；在不需编制详细规划的区域，总体规划还是市（乡）政府组织编制设计条件的依据。原则上，每个市（乡）均应单独编制总体规划，相邻的多个市（乡）政府也可以联合编制总体规划。

根据《规划法》第七章，对于未纳入市（乡）总体规划，但对区域空间有重大影响的建设项目，应当编制地方政府专项规划（Kohaliku omavalitsuse eriplaneering，KOV EP）。2015 年 10 月 1 日，爱沙尼亚政府制定行政法规《具有重大空间影响的建筑清单》①，明确了必须编制地方政府专项规划的 13 类建设项目，包括储量超过 5 000 m^3 的石油或液化可燃气体加工企业，日加工超过 10 t 有毒有害物质的企业，硬铺装跑道长度超过 1 000 m 的机场，机组高度超过 30 m 的风力发电场，停靠 500 艘以上船舶的港口，日焚烧 100 t 以上的垃圾处理场，容量超过 25 000 t 的普通垃圾填埋场，危险废弃物储存和处理场所，日生产能力超过 200 t 的木材加工厂，可举办国际比赛的汽车和摩托车赛道，储量超过 25 000 t 的尾矿库，放射性废物最终贮存场所，建筑面积超过 20 000 m^2 的购物中心。

详细规划（Detail planeering，DP），确定规划区域详细的空间布局方案，具体安排建设用地及其控制指标，为区域内未来几年的建设活动提供基本依据。详细规划应当以总体规划为依据，同样由市（乡）政府组织编制。根据《规划法》第 126 条，详细规划将规划区域划分为地块，包括地块内的建设区域、建设条件、交通道路、园林绿化、环境污染防治、公共安全等 22 个方面的内容。

2.1.1.2　救援机构参与规划审批

根据《规划法》，财政部和地方政府组织编制相关规划时，必须邀请相关领域的政府机构参与，或者就规划内容征求相关政府机构的意见——这一过程称为“协调”（kooskõlastus）——类似于我国政府部门之间的“征求意见”，是规划编制过程中必须履行的步骤。由于各层级的规划均涉及消防安全和救援工作，因此救援机构参与了各层级

① 《具有重大空间影响的建筑清单》（RT I，06.10.2015，6），https：//www.riigiteataja.ee/akt/106102015006。

规划的编制和审批。现行《救援法》第5条规定的救援局职责中，第8项就是“审查总体规划和详细规划”。在救援局网站的“申请与批准”栏目设有“规划”子页面，分别介绍了救援局参与审查县域规划、总体规划、详细规划和地方政府专项规划的程序，以及审查要点和依据。

为了规范救援机构参与规划审查的流程，确保消防安全和救援要求落实到各层级规划，救援局专门编制《空间规划手册》，并于2021年再次进行修订①。《空间规划手册》共3部分，分别介绍了各层级规划的特点，救援局依法应当承担的职责，重点是明确了救援局对各层级规划提出意见时，应当坚持的基本原则和考虑的主要因素。

根据《空间规划手册》，救援机构收到规划草案后，首先，必须确认其是否符合《规划法》确定的规划体系，所附的风险分析报告等材料是否符合要求；然后，再具体审查规划草案是否符合消防安全和救援工作要求，重点审查以下三个方面的内容：现有风险源对规划内容的影响、规划新增的风险源及其影响、消防供水等确保救援工作连续性的措施是否充分。如果规划所附材料不完整，救援机构应当要求补充；如果规划内容不符合消防安全和救援工作要求，救援机构应当正式回函予以拒绝，并指出规划草稿存在的问题及依据。

例如，2022年6月20日塔林市规划局致函救援局，就该市派尔努大街154号地块的高层建筑详细规划征求意见。2022年7月19日，救援局回函《关于不同意详细规划消防安全内容的意见》②，由北部救援中心安全监督办公室的首席监督员瓦西尔·哈特舒克（Vassil Hartšuk）承办。该意见书共提出3项问题，包括：未考虑建筑室内消防用水（包括湿式立管和消防软管卷盘系统）、未考虑在高层部分和低层裙房之间设置防火分隔、未在规划平面图上标示消防救援车辆通道，并分别列出了所提问题的法律依据。从上述意见可见，一方面，救援局对详细规划的审查很细致，涉及到总平面布局、消防给水和防火分隔，确定了下一步建筑消防设计必须把握的重点内容，至少达到了我国城市规划体系中“修建性详细规划”的深度③；另一方面，救援机构在收到详细规划30天后才回复意见，已经达到《规划法》第133条规定的时间上限（30天），说明救援局的规划审查工作量较大，可能面临人手不足等问题。

---

① 《空间规划手册》，https：//www. rescue. ee/files/2021 – 03/1617096095 _ kaesiraamat – ruumiline – planeerimine2021. pdf。

② 《关于不同意详细规划消防安全内容的意见》，https：//adr. rescue. ee/paa/dokument/1449332。

③ 根据2019年修订的《中华人民共和国城乡规划法》，我国的城市规划、镇规划分为总体规划和详细规划，详细规划分为控制性详细规划和修建性详细规划。控制性详细规划进行地块细化，确定各类用地性质、人口密度和建筑容量，提出控制指标和规划管理的要求。修建性详细规划直接对建设项目和周围环境进行具体的安排和设计，主要确定各类建筑、各项基础工程设施、公共服务设施的具体配置，为建筑工程的初步设计和施工图设计提供依据。

根据《化学品法》第32条，如果规划涉及危险化学品项目新建、改建、扩建，救援局必须对总体规划、专项规划和详细规划进行审核，重点评估以下三方面的内容：是否增加了发生重大事故的风险或者事故后果、相应的预防措施是否充分、企业提供的其他相关信息。如果救援局评估认为项目增加了发生重大事故的风险，或者增加了事故后果的严重程度，但未采取充分的预防和应对措施，则不予批准。

2.1.2　《建筑法典》概述

《建筑法典》共三编、十七章，第一编“一般规定”共七章，适用于常规的房屋建筑，围绕建筑工程的设计、施工、使用、维护等主要阶段，明确了业主和从事设计、施工、维护、专业服务的人员和机构的义务。第二编“特殊建筑及其要求”共八章，分别就建筑能效，以及通信、铁路、道路、水域建设工程、国防和国家安全建筑、钻井（地下水、热源等）等做出规定。第三编“国家监督和法律责任”共二章，规定了建筑领域实施国家监督的主体、监督措施、法律责任、轻罪设置和办理等。下面，重点就第一编和第三编做概要介绍。

专栏

现行《建筑法典》的结构

第一编　一般规定

　第一章　总则

　第二章　原则和基本要求

　　第一节　原则

　　第二节　建筑和施工的基本要求

　　第三节　建筑领域的主体责任

　第三章　设计条件

　第四章　施工备案和许可

　　第一节　施工备案

　　第二节　施工许可

　第五章　使用备案和许可

　　第一节　使用备案

　　第二节　使用许可

第六章 建筑登记系统
第六[1]章 高速互联网基础设施建设（2017 年 1 月 1 日新增）
第二编 特殊建筑及其要求
第七章 建筑能效
第八章 建筑工程的保护范围
第九章 通信及其他建筑设施
第十章 铁路设施
第十一章 道路工程
第十二章 水域建设工程
第一节 适用范围
第二节 公共水域的建筑施工
第三节 近岸水上建筑
第四节 缴费
第十三章 国防和国家安全建筑、边境基础设施
第十四章 钻井
第三编 国家监督与法律责任
第十五章 国家监督
第十六章 法律责任

作为建筑领域的综合性法律制度，《建筑法典》第一章“总则”第 1 条即明确了立法宗旨：“促进可持续发展，确保建筑安全、满足使用功能要求和实用性。”第 2 条规定了适用范围：适用于建筑设计、施工、使用和维护，以及领海和专属经济区内的建设工程，不适用于救灾临时建筑。根据第二章“原则和基本要求”，建筑领域的基本原则是“适用”（Hea tava）、“安全”（Ohutu）、“绿色”（Keskkonnasäästlikkus）和“专业”（Asjatundlikkus）。由上可见，“安全”分别纳入了《建筑法典》的立法宗旨和基本原则。

《建筑法典》第一章还明确了“建筑”（ehitis）、“房屋建筑”（hoone）、“构筑物”（rajatis）、“建筑群”（ehituslikku kompleks）、“临时建筑”（ajutine ehitis）、“建筑设计”（ehitusprojekt）、“施工”（ehitamine）、“新建”（ehitise püstitamine）、“改建”（ehitise ümberehitamine）、“扩建”（ehitise laiendamine）、“拆除”（ehitise lammutamine）、“建筑设施”（tehnosüsteem）等术语的定义。其中，“建筑”作为总体概念，包括房屋建筑和构筑物，是“人类活动的产物，与土地相连，其用途目的、使用方法和使用时间，使其区别于其他事物”；“房屋建筑”是“通过屋顶和其他围护结构与外部环境分隔，具有室

内空间的建筑”；“构筑物”是“房屋建筑之外的其他所有建筑”。与爱沙尼亚类似，我国国家标准《民用建筑设计术语标准》（GB/T 50504－2009）的相关定义，也体现了“建筑”“建筑物”“构筑物”的特点和相互关系：“建筑，既表示建筑工程的营造活动，又表示营造活动的成果——建筑物，同时可表示建筑类型和风格。”“建筑物，是用建筑材料构筑的空间和实体，供人们居住和进行各种活动的场所。”“构筑物，是为某种使用目的而建造的、人们一般不直接在其内部进行生产和生活活动的工程实体或附属建筑设施。”

《建筑法典》第二章第二节“建筑和施工的基本要求”，分别就建筑要求、施工要求、设计条件、设计文件编制、设计审查、施工文件、建筑使用和维护要求、《建筑使用维护手册》、建筑评估做了规定，厘清了建筑管理的主要环节；第三节“建筑领域的主体责任”，则规定了在建筑活动中，业主和专业机构以及具有相应职业资格人员的义务和职责。第三章“设计条件”规定了组织编制设计条件的程序。下面分别予以概述。

2.1.2.1　建筑要求

《建筑法典》第11条“建筑要求”确定了对建筑的总体要求：“建筑应当符合使用要求，并在使用寿命内保持安全”，并提出了11个方面的要求：（1）结构强度和稳定性；（2）消防安全；（3）卫生、健康和环境；（4）安全使用和出入，包括人员疏散，满足编制救援操作卡等救援需要；（5）防噪音；（6）节能；（7）可持续利用自然资源；（8）无障碍；（9）建筑性能的交互性和兼容性；（10）满足使用和维护要求；（11）地址和标识。其中，第（1）（2）（3）（4）（8）（10）项均直接或间接涉及消防安全。同时，授权负责相关领域的部长制定本领域的建筑要求。截至2022年10月，经济和基础设施部部长、企业和信息技术部部长、内政部部长共签发9部规章，涉及建筑空间、通风、燃气、无障碍设施、消防安全、火炸药生产储存等领域。有关消防安全的要求，本节第三部分将专门介绍。

2.1.2.2　设计要求

根据《建筑法典》第13条“建筑设计要求”、第14条“建筑设计和设计审查”，建筑设计必须充分考虑5个方面的因素：建筑用途及其特殊要求，根据建筑选址等因素进行的风险分析，相关规划或者设计条件，相关法律法规对建筑选置的要求，施工要求。根据第13条第（3）款的规定，2015年7月17日经济和基础设施部制定《建筑设计要求》[①]，确定了应当编制设计文件的建筑范围——包括应当取得建筑施工、使用许可的建

---

① 《建筑设计要求》（*Nõuded ehitusprojektile*，RT I，18.07.2015，7），https://www.riigiteataja.ee/akt/126022021007。

筑，申报建筑施工和使用备案时需要附送设计文件的建筑，大修改建的建筑，并将建筑设计分为“初步设计”（eelprojekt）、“基础设计”（põhiprojekt）和“施工图设计”（tööprojekt）共3个阶段，明确了各阶段设计文件的要求，多人参与设计的必须明确设计负责人。

根据《建筑设计要求》第4条，建筑设计文件应当包括位置图、建筑、结构、设备系统、电气设施（包括强电和弱电）、消防安全、建筑能效7个部分，并可以结合建筑具体情况增加内容。根据《建筑设计要求》第22条，建筑消防安全设计应当包括以下内容：

（1）设计规范、技术标准和导则等设计依据的清单。主要包括爱沙尼亚国家标准（EVS）、欧洲标准（EN），“EVS－EN”表示爱沙尼亚等效采用的欧洲标准。如果设计文件违反上述依据，应当予以说明并解释原因。

专栏

爱沙尼亚有关建筑消防安全设计的现行法规和标准

法规[①]：

①《消防安全法》

② 2017年3月30日内政部第17号部长令《建筑消防安全要求》（2021年修订）

③ 2010年8月30日内政部第39号部长令《灭火器和软管卷盘的要求，及其选择、安装、标识和维护要求》（2016年修订）

④ 2010年9月20日内政部第44号部长令《可燃材料和危险物品储存的消防安全要求》

⑤ 2013年1月7日内政部第1号部长令《火灾报警系统要求和必须将火警信号传输到报警中心的建筑，以及火警信息传输和撤销的程序》（2021年修订）

⑥ 2015年7月17日经济和基础设施部第97号部长令《建筑设计要求》

⑦ 2021年2月18日内政部第10号部长令《消防取水点建设测试、使用维护、标识和信息交换的要求、条件和程序》

① 以《政府公报》（www. riigiteataja. ee）的最新法规为准。

标准规范①：

① EVS 812－2：2014/AC：2018《建筑消防安全 第2部分：通风系统》

② EVS 812－3：2018/AC：2018《建筑消防安全 第3部分：供暖系统》

③ EVS 812－4：2018《建筑消防安全 第4部分：厂房、仓库和车库》

④ EVS 812－5：2014《建筑消防安全 第5部分：油库和加油站》

⑤ EVS 812－6：2012＋A1＋A2《建筑消防安全 第6部分：消防给水》

⑥ EVS 812－8：2018/AC：2019《建筑消防安全 第8部分：高层建筑》

⑦ EVS 871：2017《防火封堵材料和疏散门及其配件》

⑧ EVS－EN 1838：2013《照明设备 应急照明》

⑨ EVS－EN 50172：2005《疏散照明系统》

⑩ CEN/TS 54－14：2018《火灾探测和报警系统 第14部分：规划、设计、安装、检查、操作和维护导则》

⑪ EVS－EN 12845：2015《固定灭火系统 自动喷水灭火系统 设计、安装和维护》

⑫ EVS－EN 15004－1：2019《固定灭火系统 气体灭火系统 第1部分：设计、安装和维护》（由ISO 14520－1：2015修改采用）

⑬ EVS－EN 62305－1：2011/AC：2016《防雷 第1部分：一般原则》

⑭ EVS－EN 62305－2：2013《防雷 第2部分：风险评估》

⑮ EVS－EN 62305－3：2011《防雷 第3部分：建筑损害和生命危险》

⑯ EVS－EN 62305－4：2011/AC：2016《防雷 第4部分：建筑电气和电子系统》

⑰ EVS 919：2020《排烟系统 设计、安装、维护》

（2）建筑用途和消防安全等级。爱沙尼亚从消防安全角度，将建筑按用途划分为7类，如果是综合建筑（mitu kasutusviisi），可以包括多种用途；如果建筑设计用途未纳入现行分类列表，设计人员应当根据建筑使用目的，确定最接近的用途分类。设计文件未注明建筑各部位用途的，救援机构不予审查。

（3）防火间距，承重结构和防火分隔结构的耐火极限、火灾荷载。如果与邻近建筑的间距小于8 m（正常防火间距的下限），应当说明防止火灾在邻近建筑之间蔓延的措施；建筑不同部位承重结构、防火分隔结构的耐火极限可以不同；火灾荷载应当根据建

① 以爱沙尼亚标准化和认证中心（www.evs.ee）的最新标准为准。

筑用途确定，如果是计算确定的，应当提交计算过程。

（4）厂房和仓库的火灾危险等级。

（5）防火分区划分示意图，防火分区围护结构的耐火极限，内墙、吊顶、地板，外墙及外保温材料、屋顶和疏散走道使用材料的燃烧性能。

（6）建筑内各疏散区域的设计使用人数上限。

（7）防烟分区划分和防排烟设计原则，包括排烟方式和系统启动模式，在建筑平面图标示专用排烟窗、排烟口的位置，以及有效排烟面积；采用电动打开机构的，标示排烟口和排烟窗的现场紧急开启按钮位置。

（8）总平面图，标示相邻建筑的位置、周边道路，原有和新建室外消火栓等消防取水点位置。

（9）安全出口、逃生出口的位置，消防车道，救援人员入口的位置。在建筑平面图标示防火分区和疏散路线的线条，必须与其他线条有明显区别。

（10）防火分区的防火门、洞口等开口部位，孔隙封堵材料及其耐火极限。使用未经检测认证的防火封堵材料，应当说明原因。如果防火分区的开口部位平时处于打开状态，应当说明火灾时的关闭方法。

（11）疏散设计方案。包括建筑的设计使用人数上限及其计算方法，疏散走道、安全出口的数量、宽度及其计算过程，以及疏散门的锁具选择。

（12）进入地下室、阁楼，以及上屋面的路线。进入阁楼的入口尺寸，不得小于600 mm × 800 mm，说明屋面的檐口、围栏等确保救援人员安全的措施。

（13）通风、供暖系统的消防安全设计。通风系统的消防安全设计原则，在建筑平面图标示各防火分区内通风设备的位置，说明通风空调管道穿越防火分区处，防止火势蔓延的措施，防火阀的耐火性能，通风系统清扫入口的位置，火灾报警系统动作后，空调通风系统关闭的连锁设计。供暖系统的消防安全设计原则，燃料类型，壁炉、炉具等的位置，烟囱、烟道及其清扫入口的位置等。

（14）建筑消防设施清单。主要包括火灾自动报警系统（含独立感烟报警器），自动灭火系统，防排烟系统，应急照明系统，室内消防给水系统，防雷系统，灭火器，其他用于探测火灾、防止烟火蔓延，以及确保人员疏散和救援安全的设备设施。

（15）建筑室外消防给水。包括设计消防用水量和火灾延续时间，说明消防取水设施的类型（天然水体、消防水池、消火栓等）及其与建筑的距离和通道，市政供水管道和消火栓的供水能力。

（16）其他影响消防安全的因素，以及采取的相应措施。

2.1.2.3　设计条件

在爱沙尼亚的建筑活动过程中，对于一些重要建设项目，还有一个介于详细规划和建筑设计之间的重要环节，即编制设计条件——所谓“设计条件”（Projekteerimistingimuste），类似于我国在规划领域的“修建性详细规划”，内容包括所在地块的现状条件分析、规划原则和总体构思、用地布局、空间组织，以及道路和绿地、各项专业工程规划及管网综合、竖向设计，主要技术经济指标（总用地面积，最大允许建筑面积、层数、高度等），配有区块位置图、现状图、规划总平面图，以及道路交通规划图、竖向规划图、单项或综合工程管网规划图等图示。设计条件是开展建筑设计的重要遵循，因此也直接影响到建筑的消防设计内容。

根据《建筑法典》第三章“设计条件”第26条和第27条，不论建设项目所在地块是否已经编制详细规划，符合以下两种情况的，地方政府应当组织编制设计条件，用以指导建设项目设计和施工。第一种情况，虽然建设项目所在地块不需要编制详细规划，但该建设项目需要办理施工许可（新建，或者扩建量超过原规模33%以上），或者涉及重大公共利益；第二种情况，建设项目所在地块的详细规划已编制超过5年，或者详细规划编制后有关立法、上位规划发生变化，对详细规划的实施产生重大影响。2015年，经济和基础设施部制定《设计条件申请和设计条件格式》①。

属于上述两种情况的建设项目，业主应当通过建筑登记系统，提交核发设计条件的申请，地方政府审查同意受理后，应当组织编制设计条件草案，并征求有关部门和利益相关方的意见，在60天内下达设计条件。设计条件的有效期一般为5年，如果编制设计条件的依据发生变化，或者之后该地块编制了详细规划，则地方政府应当宣布设计条件失效。

2.1.2.4　设计审查

爱沙尼亚的建筑设计专家审查（Ehitusprojekti ekspertiis）简称“设计审查”，类似于我国的施工图设计文件审查，是由取得相应职业资格的专业人员，对建筑设计文件进行独立审查的制度。《建筑法典》第14条“建筑设计和设计审查”第（4）款规定，功能复杂、风险较高的建筑工程开工前，必须由独立于设计人员的专业人员对建筑设计是否符合要求进行审查。根据上述规定，2015年6月8日，经济和基础设施部制定《建筑设计专家审查要求》②，细化了必须进行设计审查的建筑范围，并就设计审查的程序和审查人员的职业资格、执业规范提出了要求。

---

① 《设计条件申请和设计条件格式》（RT I，03.07.2015，33），https：//www.riigiteataja.ee/akt/103072015033。

② 《建筑设计专家审查要求》（RT I，09.06.2015，25），https：//www.riigiteataja.ee/akt/109062015025。

根据《建筑设计专家审查要求》，以下新建、改建、扩建建筑工程的设计文件，必须在开工前，由具备相应职业资格的专业人员审查通过：（1）荷载特殊（包括静荷载、动荷载）、环境特殊（湿度明确高于常规水平，如游泳池、水上乐园、水疗中心）、采用创新设计和施工技术的建筑，以及其他复杂和特殊建筑（如主题公园、探险步道等）；（2）同时使用人数超过 50 人的以下建筑：社会福利机构、宿舍、宾馆、餐饮场所、办公建筑、商业和服务设施、航站楼、停车库、公共娱乐场所、博物馆和图书馆、教育和科研设施、医疗机构、体育场馆、宗教场所；（3）特殊结构建筑，如建筑高度超过 30 m、地下深度超过 5 m 的建筑；（4）特殊的道路、桥梁、隧道工程；（5）设计熔断电流超过 250 A 的大用电负荷建筑。

设计审查人员必须具备相应的职业资格，受雇于法人机构执业，也可以作为自雇经营者独立执业。为确保设计审查的公正性，审查人员必须向委托方提交书面承诺，证明其独立于设计人员，并向委托方报告可能影响其独立性的情况。审查结束后应当编写《建筑设计专家审查报告》，载明设计文件和审查人员的基本信息，对建筑设计是否符合要求做出结论性意见，列出不符合要求的设计内容，并提出修改建议。

2.1.2.5 施工要求和《建筑使用维护手册》

根据《建筑法典》第 12 条和第 15 条，建筑施工必须遵守规划、设计文件，以及法规标准规范的要求，使用符合欧盟标准的建筑材料和产品。施工方必须依法记录施工过程，需要取得施工许可的建筑，必须全程记录施工过程。施工文件（Ehitusdokumendid）包括施工图、施工日志、施工会议记录、反映施工过程的其他资料，以及设备设施安装、调试资料和《建筑使用维护手册》，并应当尽量以电子方式生成和保存。施工方必须将施工文件上传至建筑登记系统，并将相关的纸质资料移交地方政府或者法律规定的主管部门。

《建筑使用维护手册》（*Ehitise kasutus - ja hooldusjuhend*），由设计、施工或者其他具备相应专业能力的人员编制，内容包括建筑材料、产品和设备、设施生产厂商提供的使用说明和要求，以及建筑使用维护和评估所必需的其他信息。根据《建筑法典》第 17 条，除非法律有规定，并不强制要求编制《建筑使用维护手册》，如果编制了手册，应当上传至建筑登记系统，并依法提交给其他登记系统或主管部门。2015 年 9 月 4 日，经济和基础设施部制定《施工记录以及施工文件的保存和移交要求，〈建筑使用维护手册〉的交付要求》①。

① 《施工记录以及施工文件的保存和移交要求，〈建筑使用维护手册〉的交付要求》（RT I，09.09.2015，3），https：//www.riigiteataja.ee/akt/118022020009。

2.1.2.6　建筑评估

根据《建筑法典》第18条，在建筑使用前、使用过程中以及特定情况下，为证明建筑符合安全要求，应当由具备相应职业资格的专业人员进行建筑评估（Ehitise auditit）。与设计审查类似，建筑评估人员必须确保独立性和公正性，不得与建筑业主、使用者和设计、施工人员，以及建筑产品厂商、进口商或分销商以及安装人员进行联系。2015年9月24日，经济和基础设施部制定《建筑评估程序》①，规定了建筑评估的方法、评估频次，以及评估报告的内容和提交要求，并于2020年10月12日进行了全面修订。

建筑评估的依据，包括建筑及其施工要求，规划和设计条件，建筑设计文件和设计审查意见，施工文件，建筑材料、产品和设备、设施生产厂商提供的使用说明和要求，之前的评估报告等。建筑评估，主要采取目视检查、功能检查、文件核查等3种方法，如果评估人员认为必要，还可以局部打开建筑承重结构、围护结构和建筑设施进行检查，或者取样送实验室检测。《建筑评估报告》应当包括以下内容：评估目的、评估人员的职业资格证书、被评估建筑的基本信息、设计和施工方的基本信息、目视检查记录、功能检查和文件核查情况、评估结论、对不符合要求内容的整改建议、评估依据的文件资料清单。《建筑评估报告》必须上传至建筑登记系统，建筑业主或者使用人应当将与评估相关的材料保存至少7年以上，或者按照《档案法》移交相关部门。

根据《建筑法典》，凡是依法需要取得使用许可的建筑，在投入使用前必须进行评估，使用过程中的评估频次，取决于法律法规的要求、核发建筑使用许可时的附加条件，以及《建筑使用维护手册》和之前评估报告的建议。此外，如果建筑发生事故，则应开展特别评估，以查明原因和对建筑的损害情况，确认是否存在违反建筑要求的情形。

2.1.2.7　监督执法

《建筑法典》的特点之一，就是明确了建筑领域的多部门执法权。第130条“国家监督机构”明确了地方政府和以下行政机关，按照职责在建筑领域履行监督职责：消费者保护和技术监督局、环保局、交通运输局、警察和边防局、国家遗产委员会、救援局、卫生局、农业食品局，如表4－32所示②。根据第131条“国家监督措施”，地方政府和上述行政机关在履行建筑监督职责时，可以按照《执法法》的程序和《建筑法典》的专门规定，采取“盘问和检查证件”“传唤”“识别身份”“物品检查”“强行进入”“搜查”“扣押物品”7类监督措施；第132条“国家监督的特别措施”规定了行政机关

① 《建筑评估程序》（RT I，25.09.2015，9），https：//www.riigiteataja.ee/akt/120102020004。

② 笔者根据现行《建筑法典》第130条整理。

在建筑领域的特别监督措施，包括：责令业主公告建筑存在的危险（费用由业主承担）；责令拆除违反建筑工程要求且造成重大安全风险的建筑，以及对周边建筑造成严重影响的非法建筑。根据第133条，如果当事人逾期未采取措施预防和消除威胁，可以按照《行政强制法》采取代履行措施，并对自然人和法人分别处以最高6 400欧元和45万欧元的罚款。

表4-32 《建筑法典》关于国家监督职权的规定

部门	主要职权
地方政府	1）检查建筑遵守详细规划、专项规划、设计条件的情况 2）检查建筑及其施工是否符合要求，包括在建筑使用前检查建筑的安全性 3）检查建筑施工是否备案或申请许可，包括备案和申请许可资料的准确性 4）检查建筑使用是否备案或申请许可，包括备案和申请许可资料的准确性 5）检查建筑的使用和维护是否符合要求 6）检查道路的使用和维护是否符合要求
消费者保护和技术监督局	1）检查建筑和铁路设施的压力容器、电气设备、电梯索道、起重设备等的安全性 2）检查供暖或制冷系统的能效 3）检查建筑无障碍设施是否符合要求 4）检查能效标签的符合性
环保局	检查建筑对环境和自然保护的影响，以及遵守辐射安全、水质等方面要求的情况
交通运输局	1）检查市政道路建设是否符合相关要求 2）根据《航空法》，检查机场与飞行安全有关的建筑 3）检查与海上和内陆水域航行安全有关的建筑
警察和边防局	对国道和地方道路的使用和保护情况，行政国家监督权
国家遗产委员会	根据《遗产保护法》规定的程序，行使国家监督权
救援局	对建筑遵守消防安全要求的情况，行使国家监督权
卫生局	对建筑遵守卫生安全要求的情况，行使国家监督权
农业食品局	对动物饲养建筑，行使国家监督权

《建筑法典》第十六章“法律责任”规定了建筑领域的7类轻罪，如表4-33如示[①]，由执法机关按照程序处以罚款，上限均是对个人300个罚款单位，对法人32 000欧元。这里需要强调，正如本章第一节所述，根据2015年1月1日生效的《刑法典》修正案，按照避免过度定罪、取消过度刑罚的原则，对133部专门法设定的轻罪进行了大幅缩减，在这一背景下，《建筑法典》仍然设定了7类轻罪．涵盖建筑设计、施工、使用、维护等环节，说明了爱沙尼亚对建筑安全的重视。

① 笔者根据《建筑法典》整理。

表 4-33 《建筑法典》规定的建筑领域轻罪

条号	名称	行为
134	违反建筑要求	既有建筑或在建建筑违反要求，对财产和环境安全、国家安全或国防安全造成危害
135	违反施工要求	违反建筑施工要求，对财产和环境安全、国家安全或国防安全造成危害
136	违反建筑设计要求	设计文件不符合要求，导致已完工或在建建筑对人员生命健康、财产和环境安全、国家安全或国防安全造成危害
137	违反数据保存义务	建筑设计文件以及建筑评估、设计审查、能耗标识授予等相关资料或其副本，未完整保存至少 7 年，对建筑安全评估造成严重影响
138	未经许可擅自施工	应当办理建筑施工许可而没有办理
139	未经许可擅自使用	应当办理建筑使用许可而没有办理
140	在建筑工程保护范围内从事违规活动	在建筑工程保护范围内进行违法活动，对人员生命健康和财产、环境安全构成威胁

2.2 建筑消防设计审查和验收

2.2.1 建筑施工、使用的许可和备案制度

2003 年《建筑法》建立了建筑施工、使用的行政许可制度。在施工许可（Ehitusluba）环节，根据《建筑法》第 12 条，除小型建筑外，其他建筑的设计文件必须报送地方政府，经审核同意取得许可后，方可施工。小型建筑（Väikeehitis），是指建筑面积不超过 60 m^2、高度不超过 5 m，不向公众开放的建筑或者现有建筑的附属建筑。在使用许可（kasutusluba）环节，根据《建筑法》第 32 条，除涉及国家秘密的建筑和国防建筑、小型建筑（不包括用于居住目的的小型建筑）外，其他建筑竣工后，业主必须向地方政府提交申请并报送施工文件，经审核同意取得许可后，方可投入使用。按照 2003 年《建筑法》，地方政府审核颁发建筑施工许可、使用许可的时限均为 20 天。此外，建筑面积在 20—60 m^2的小型建筑，以及建筑设施改造项目，虽然不需要取得施工许可，但应当向地方政府申领程序相对简化的“书面同意”（Kirjalik nõusolek）。

2015 年《建筑法典》对建筑施工、使用许可制度做出重大调整，引入了备案制度，简化了小型建筑的审批程序，减轻了业主负担（申请施工许可和使用许可需要缴费，提交备案不需缴费）。在《建筑法典》的附件 1《建筑施工备案、申请许可和报送设计文件要求》和附件 2《建筑使用备案、申请许可和报送设计文件要求》，区分不同规模的

新建、改建、扩建、部分复建和拆除工程，确定了在施工和使用之前，申请许可或者提交备案的要求，如表 4-34 和表 4-35 所示。

表 4-34 建筑施工备案、申请许可和报送设计文件要求①

房屋建筑 \ 建筑活动	新建	改建	扩建（不超过原规模的 33%）	扩建（超过原规模的 33%）	部分复建	拆除
住宅及其附属建筑						
建筑面积 0—20 m^2，且建筑高度≤5 m	无要求	无要求	无要求	无要求	无要求	无要求
建筑面积 20—60 m^2，且建筑高度≤5 m	施工备案并报建筑设计	施工备案	施工备案	施工备案并报建筑设计	无要求	施工备案并报建筑设计
建筑面积 0—60 m^2，且建筑高度 >5 m	施工许可	施工备案并报建筑设计	施工备案并报建筑设计	施工许可	无要求	施工许可
建筑面积 >60 m^2	施工许可	施工备案并报建筑设计	施工备案并报建筑设计	施工许可	无要求	施工许可
非住宅建筑						
建筑面积 0—20 m^2，且建筑高度≤5 m	施工备案	无要求	无要求	施工备案	无要求	施工备案
建筑面积 20—60 m^2，且建筑高度≤5 m	施工备案并报建筑设计	施工备案并报建筑设计	施工备案并报建筑设计	施工备案并报建筑设计	无要求	施工备案并报建筑设计
建筑面积 0—60 m^2，且建筑高度 >5 m	施工许可	施工备案并报建筑设计	施工备案并报建筑设计	施工许可	无要求	施工许可
建筑面积 >60 m^2	施工许可	施工许可	施工许可	施工许可	无要求	施工许可
构筑物（略）						
…………						

表 4-35 建筑使用备案、申请许可和报送设计文件要求②

房屋建筑 \ 建筑活动	新建	改建	扩建（不超过原规模的 33%）	扩建（超过原规模的 33%）	部分复建	拆除
住宅及其附属建筑						
建筑面积 0—20 m^2，且建筑高度≤5 m	无要求	无要求	无要求	无要求	无要求	无要求

① 笔者根据《建筑法典》附件 1《建筑施工备案、申请许可和报送设计文件要求》整理，有关构筑物的要求省略。

② 笔者根据《建筑法典》附件 2《建筑使用备案、申请许可和报送设计文件要求》整理，有关构筑物的要求省略。

续　表

房屋建筑 \ 建筑活动	新建	改建	扩建（不超过原规模的33%）	扩建（超过原规模的33%）	部分复建	拆除
建筑面积20—60 m²，且建筑高度≤5 m	使用备案	使用备案	使用备案	使用备案	无要求	使用备案
建筑面积0—60 m²，且建筑高度>5 m	使用许可	使用备案并报建筑设计	使用备案并报建筑设计	使用许可	无要求	使用许可
建筑面积>60 m²	使用许可	使用备案并报建筑设计	使用备案并报建筑设计	使用许可	无要求	使用许可
非住宅建筑						
建筑面积0—20 m²，且建筑高度≤5 m	使用备案	无要求	无要求	使用备案	无要求	无要求
建筑面积20—60 m²，且建筑高度≤5 m	使用备案	使用备案	使用备案	使用备案	无要求	使用备案
建筑面积0—60 m²，且建筑高度>5 m	使用许可	使用备案并报建筑设计	使用备案并报建筑设计	使用许可	无要求	使用备案
建筑面积>60 m²	使用许可	使用许可	使用许可	使用许可	无要求	使用备案
构筑物（略）						
…………						

对于建筑施工，《建筑法典》附件1《建筑施工备案、申请许可和报送设计文件要求》提出了4类差异化的要求：第一类是“无要求”，即不需要申请许可或者申报备案，可以直接施工；第二类是“施工备案”（Ehitusteatis），即至少在开工前10日，通过建筑登记系统上传《建筑施工备案表》并申报备案，如果地方政府在10日内未提出核查备案信息的要求，则可进行施工；第三类是“施工备案并报建筑设计”，即在申报《建筑施工备案表》时，提交建筑设计文件备查；第四类是“施工许可”（Ehitusluba），即通过建筑登记系统上传《建筑施工许可申请表》和设计文件（如果建筑设计需由专业人员进行设计审查，还应提供《建筑设计专家审查报告》），由地方政府进行审核，合格的核发《建筑施工许可》（国家专项规划范围内的建设项目，由消费者保护和技术监督局审核）。《建筑施工许可》有效期5年，施工期一般2年，即《建筑施工许可》自颁发之日起7年内有效（也可以根据建设项目实际，设定不同的施工许可有效期）。根据《建筑法典》第46条，如果经批准的建筑设计文件修改，在消防安全、能效、结构安全等方面有重大变化，应当重新申报审核。

根据《建筑法典》第42条“建筑施工许可程序”，地方政府应当在受理申请30日内，做出是否准予施工的决定（情况复杂的，最多可延长10日），其间，应当根据建设项目类型，征求相关部门意见，各部门应当在10日内反馈意见（逾期视为同意）。也就是说，地方政府通过建筑登记系统，统一受理施工申请和设计文件，再征求相关部门意见，最终以地方政府名义做出是否颁发《建筑施工许可》的决定，形成“网上一站受理，部门内部循环”的工作机制。救援机构属于地方政府征求意见的部门之一，必须在接到地方政府转送的相关材料后，对建筑设计的消防安全内容进行审查评估，并在10日内提供是否同意的意见。

对于竣工建筑的使用，《建筑法典》附件2《建筑使用备案、申请许可和报送设计文件要求》也提出了4类差异化的要求：第一类是“无要求”，即不需要申请许可或者申报备案，可以直接投入使用；第二类是“使用备案”（Kasutusteatis），即至少在使用前10日，通过建筑登记系统上传《建筑使用备案表》并申报备案，如果地方政府在10日内未提出核查备案信息的要求，则可以使用；第三类是“使用备案并报建筑设计”，即在申报《使用备案表》时，提交建筑设计文件备查；第四类是“使用许可”，即通过建筑登记系统上传《建筑使用许可申请表》和设计文件，由地方政府进行审核，如果检查确认建筑符合《建筑施工许可》和设计文件，地方政府应当核发《建筑使用许可》。根据《建筑法典》第54条“使用许可程序”，地方政府核发《建筑使用许可》的程序、时限，包括征求相关部门意见的要求，均与施工许可环节相同。

作为实施《建筑法典》的配套措施，2015年6月19日，经济和基础设施部制定《建筑备案和施工、使用许可及其申请程序和表格》[①]，7月1日起与《建筑法典》同步生效。该规章共17个附件，包括《建筑施工备案表》、《建筑施工许可申请表》、《建筑使用备案表》、《建筑使用许可申请表》、《建筑拆除备案表》、《提交建筑数据备案表》以及《建筑施工许可》、《建筑使用许可》制式等，由于《建筑法典》适用于道路工程，因此也设计了适用于道路工程的类似表格。上述申报备案、申请许可程序，均通过建筑登记系统网上办理，如果申请人受条件所限不能在网上提交，可向地方政府提交纸质材料，由地方政府负责网上录入。

上述备案表和许可申请表，包括建设项目的详细信息。以《建筑施工备案表》为例，首先要明确建筑施工的类型（分为新建、改建、扩建、拆除、部分复建共5类），然后分别填写以下信息：（1）申请人的基本信息，区分自然人和法人；（2）设计人员的信息，分为独立执业的自然人和法人；（3）设计审查人员的信息，同样也分为独立执业的自然人和法人；（4）提交备案所附文件资料的清单；（5）建筑能效标签信息；（6）建筑和

① 《建筑备案和施工、使用许可及其申请程序和表格》（RT I，26.06.2015，10），https：//www. riigiteataja. ee/akt/126062015010。

施工信息，包括建设项目在建筑登记系统中的注册号，建筑分类（房屋建筑或者构筑物），建筑用途，建筑名称，计划投入使用时间；（7）建筑技术数据，包括建筑面积和层数（区分地上、地下），使用面积，建筑高度，供暖面积等；（8）各部分的使用功能和对应的建筑面积；（9）建筑位置数据，包括坐标；（10）建筑结构和材料，包括承重结构、屋顶结构、外墙、层面结构等；（11）建筑设施信息，包括电气、供暖、制冷、给水、排水、能源、通风、供电、燃气和电梯系统。

2.2.2 救援机构对建筑消防设计的审核、验收

1994 年《消防救援法》以及 1998 年修订并更名的《救援法》，均未对救援机构参与建筑消防设计审核、验收做出具体规定。2000 年修订《救援法》时，第 27 条“国家消防监督职责”增加第（2）款“监督规划、设计和施工是否符合消防安全要求”，原则上明确了救援机构对规划和建筑设计、施工是否符合消防安全要求的法定监督职责。2003 年 1 月 29 日修订《救援法》（5 月 1 日生效），第 27 条增加第（8）款“对于法律规定消防安全要求的建筑，审核设计文件和相关资料是否符合核发《建筑施工许可》《建筑使用许可》的条件，向地方政府提供书面意见”。2006 年修订《救援法》时做了进一步细化，分别就建筑消防设计审核、验收做出规定：将第（8）款修改为“审核建筑设计文件，以确认是否符合核发《建筑施工许可》的要求，向地方政府提供书面意见”。新增第（9）款“根据建筑设计文件，确认建筑消防安全状况是否符合核发《建筑使用许可》的要求，向地方政府提供书面意见”。

2010 年 9 月 1 日，由《救援法》一分为二制定的《消防安全法》和新《救援法》生效。根据《救援法》第 5 条第（1）款“救援机构的职责”第 8）项，救援机构的一项重要职责，就是建筑消防设计审核和验收：“对于法律规定消防安全要求的建筑，业主在根据《建筑法》向地方政府申请施工和使用许可之前，应当将设计文件报救援机构审核，救援机构应当在 10 个工作日内，做出是否同意核发施工和使用许可的书面意见，提交地方政府。”《消防安全法》第 5 条“建筑消防安全”第（1）款同步规定：“如果救援机构批准建筑设计文件或者同意建筑投入使用，地方政府即可根据《建筑法》，颁发施工许可或使用许可。”即救援机构的消防设计审核、验收意见，是地方政府下达建筑施工许可和使用许可的前置条件。2013 年 3 月 27 日，议会修订《消防安全法》时，将第 5 条第（1）款改为：“对于法律规定消防安全要求的建筑，如果救援局批准了设计文件或者使用许可，地方政府可以依据《建筑法》下达施工和使用许可。”与 2010 年《救援法》第 5 条的规定一致，将救援机构进行消防设计审核、验收的范围限定在“法律规定消防安全要求的建筑”，减少了救援机构不必要的工作量。

根据2015年7月1日生效的《〈建筑法典〉〈规划法〉实施法》，议会同步修订了《救援法》《消防安全法》有关建筑设计审核验收的条款，将《救援法》第5条第（1）款第8）项改为："对于法律规定消防安全要求的建筑，（救援局）按照《建筑法典》的规定，在收到申报材料10个工作日内，做出是否同意发放施工许可或者使用许可的决定。"目前仍在执行上述规定。

虽然2013年3月27日修订《消防安全法》第5条第（1）款，明确了法律未规定消防安全要求的建筑，不需要经过救援机构审核验收，但实践中，仍有大量规模较小的建筑，虽然消防安全要求简单（主要是防火间距），仍然要报经救援机构审核验收。以2016年为例，救援局共批准7 203项建筑施工许可和3 959项建筑使用许可——其中约38%发放给了居住建筑。上述工作量远远超出救援局人员的处理能力，导致核发施工许可和使用许可的用时明显超出法定的10个工作日，平均达到27个工作日。2018年调整行政区划后全国共有79个市（乡），救援局的每名建筑消防设计审查验收人员负责6—7个市（乡），有时仅仅踏查一个现场，往返就要1天时间（偏僻海岛的时间更长）。特别是一些大型和复杂的建筑项目，由于消防设计审核验收用时超出规定时限，影响工程进度，给开发商、业主造成严重损失。

为解决上述问题，2017年12月1日，内政部在《消防安全法》修订草案说明中建议，救援机构不再对住宅进行消防设计审核验收，由地方政府承担相应职责，并做出是否核发施工、使用许可的决定。议会采纳了内政部的意见，2021年《消防安全法》第5条第（1）款补充规定，对于需要办理施工、使用备案的建筑，只有《建筑法典》规定应当在申报备案时提交设计文件时，地方政府才需要征求救援局的意见。同时，第5条增加第（1^1）（1^2）款，规定对于单户住宅、别墅和花园洋房等简单建筑，如果地方政府具备审查消防安全条件的能力，则可以不经救援机构审核、验收，直接予以许可或者备案。对于上述单户住宅、别墅和花园洋房等简单建筑，地方政府在施工许可环节，主要核查建筑材料的燃烧性能、建筑之间的防火间距，以及救援通道和消防供水设施的情况；在使用许可环节，重点检查供暖系统是否符合要求（可以根据救援信息系统的信息，确认供暖系统的安全性）。必要时，地方政府可以根据《建筑法典》第14条、第18条的规定，要求组织设计审查和评估，确认建筑是否符合消防安全要求。

在《消防安全法》修订草案征求意见阶段，内政部专门就上述修订内容征求地方政府意见，近一半反馈意见的地方政府表示赞同。部分地方政府担心，全面承担简单建筑施工、使用许可职责后，自身的人力、素质不能满足要求。救援局表示，一方面将编制相应的培训材料，加强对地方政府从事建筑许可人员的培训；另一方面，因为《消防安全法》规定"可以"（而非"必须"）不经救援机构审核验收，如果少数地方政府确实不具备相应的人员和能力，救援机构可以继续承担这一职责。

2.2.3　营商环境报告对爱沙尼亚的评述

难能可贵的是，2021 年《消防安全法》免除救援机构对简单建筑审核、验收权的提议，是由救援局和内政部主动提出的，这种主动放权的自我革命，既有利于救援机构集中精力开展基于风险的火灾防控工作，也促进了营商环境的改善。

2002 年，为衡量各个国家和地区（统称“经济体”，economies）的监管法规是否有助于促进商业活动，特别是小型企业的发展，世界银行启动“营商环境项目”（Doing Business project），并于 2004 年发布首份专题报告《2004 年营商环境——理解规则》（*Doing business in* 2004 *Understanding Regulation*），开始建立营商环境评价指标体系，此后，“营商环境”的概念深入人心，在全球范围产生深远影响。2004 年的首份营商环境报告共设 5 个一级指标：开办企业（Starting a Business）、雇佣工人（Hiring and Firing Workers）、合同履行（Enforcing Contracts）、获得信贷（Getting Credit）和破产程序（Closing a Business），对 133 个经济体（不含爱沙尼亚，2005 年及之后均包括爱沙尼亚）进行了评估。此后每年发布的《营商环境报告》受到各国工商界和政府高度关注，特别是营商环境排名、前沿距离（distance to frontier）以及相关的评述建议，成为各经济体完善法规制度，改进营商环境的风向标。

2004 年以来，营商环境评估指标不断完善。其中，办理建筑许可（Construction licenses）的难易程度，特别是如何平衡严格管制促进建筑安全与简化程序便利服务的关系，是衡量营商环境的重要指标。2004 年、2005 年的《营商环境报告》，均未就办理建筑许可设立一级指标。2006 年《营商环境报告》的一级指标增至 10 个，第二个就是“办理许可”（dealing with licenses），虽然开办企业涉及办理很多许可事项，但建筑许可无疑是其中最重要、最具代表性的。世界银行为此设计了专门的测评模型，假定在各经济体的最大城市，申请新建一座 2 层、建筑面积 1 300 m^2的仓库（存放书籍），从审批环节（个）、用时（天）和收费（与人均收入之比）3 个方面，衡量办理建筑许可的难易程度。设定的条件还包括：业主是有限责任公司，拥有建设用地（743 m^2）的使用权，没有需要拆除的旧建筑，已经完成建筑设计，竣工后需要连通市政供电、供水、排水和有线电话。

根据 2006 年《营商环境报告》（数据截至 2005 年 1 月），爱沙尼亚办理建筑许可的测评结果是：12 个审批环节，用时 116 天，收费是人均收入（income per capita）的 41.4%，在 155 个经济体居第 6 名（前五位是新西兰、日本、丹麦、新加坡和泰国）。我国大陆审批环节 30 个、用时 363 天（均为全球倒数第 9 位），收费是人均收入的

126%。根据2011年《营商环境报告》（数据截至2010年6月），由于爱沙尼亚的建筑许可审批环节增至14个，审批用时增至134天，办理建筑许可的全球单项排名从2006年的第6名跌至第24名（当年共183个经济体参与评估）。

从2006年开始，《营商环境报告》对各经济体的营商便利度进行综合排名。在当年参与测评的155个经济体中，爱沙尼亚第16位，中国香港第7位，中国台湾第35位，中国大陆第91位。上述排名，反映了当时我国在营商环境方面存在的差距，近年来，我国连续出台深化改革的政策措施，全面推进“放管服”（简政放权、放管结合、优化服务）改革，营商环境持续改善，营商环境测评排名连年上升。2019年10月8日国务院常务会议通过《优化营商环境条例》（自2020年1月1日起施行），提出持续深化“放管服”改革，最大限度减少政府对市场资源的直接配置、对市场活动的直接干预，加强和规范事中事后监管，着力提升政务服务能力和水平，切实降低制度性交易成本，激发市场活力和社会创造力，增强发展动力。

2020年版《营商环境报告》（数据截至2019年5月）的评测范围扩大到190个经济体，设置12个一级指标，如图4－12所示①：开办企业（starting a business）、办理建筑许可（dealing with construction permits）、获得电力（getting electricity）、产权登记（registering property）、获得信贷（getting credit）、保护少数投资者（protecting minority investors）、纳税（paying taxes）、跨境贸易（trading across borders）、合同履行（enforcing contracts）、破产办理（resolving insolvency）、雇佣劳工（employing workers）以及政府合同（contracting with the government），最后2项指标未纳入测评。2020年，爱沙尼亚的营商便利度全球排名第18名，中国大陆31名（香港特别行政区第3名，台湾地区第15名）。2006—2020年，中国大陆的营商便利度全球排名从第91名跃升至第31名，是改善速度最快的经济体之一，2020年，被列为全球营商环境改善度最高的10个经济体之一。其中，“办理建筑许可”改进最为明显。同期，爱沙尼亚的营商便利度排名基本稳

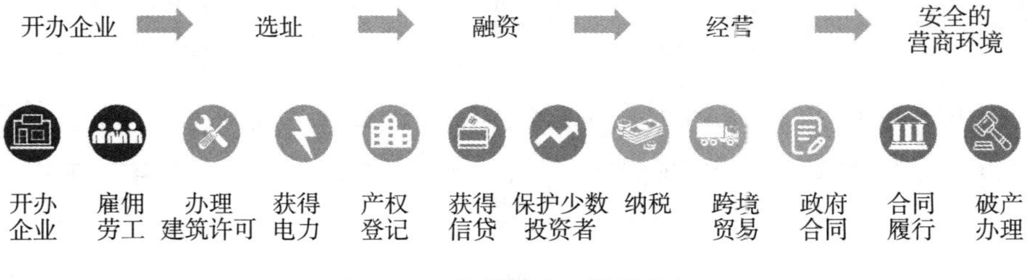

图4－12　衡量营商环境的指标

① 世界银行《营商环境报告（2020年）》（Doing Business 2020），第3页，https://openknowledge.worldbank.org/bitstream/handle/10986/32436/9781464814402.pdf?sequence=24&isAllowed=y。

定（2006年是第16名，2020年是第18名），虽然在包括建筑消防设计审核、验收等方面做了一定优化，但并无重大变革。

2021年9月，世界银行管理层决定停止发布《营商环境报告》，计划推出“营商支持环境”项目（Business Enabling Environment project）①，并于2022年2月8日至3月15日进行了项目的前期概念说明和磋商。根据目前披露的资料，在“营商支持环境”项目中，拟采用“不动产租赁、产权和城市规划的监管质量”（the quality of regulations for immovable property lease，property ownership and urban planning）等指标取代“营商环境”中的办理建筑许可、产权登记指标。新项目对促进全球经济发展的作用，值得期待。

2.3　建筑消防安全要求

根据2003年《建筑法》第3条“共和国政府应当制定建筑安全使用规定”的要求，爱沙尼亚政府于2004年10月27日通过第315号令《建筑及其局部的消防安全要求》②，自2005年1月1日起施行。《建筑及其局部的消防安全要求》共7章、41条，9个附件，涵盖了建筑材料的燃烧性能，建筑及其构件的耐火极限，以及防火分区、防火间距、外墙保温、安全疏散、消防设施等方面的要求，建立了完整的建筑消防安全要求体系。

2015年1月1日起《建筑法典》生效，其第二章“建筑和施工的基本要求”提出了“消防安全”等11个方面的要求，并授权相关部门制定本领域的建筑要求。虽然2005年《建筑及其局部的消防安全要求》在很多方面已不适用，但因时间仓促，作为配合《建筑法典》实施的过渡措施，2015年6月2日主管建筑事务的经济和基础设施部发布《建筑消防安全要求》③，自7月1日起实施——与2005年《建筑及其局部的消防安全要求》比较，除了删除名称中的“及其局部”（原因是文中并未就建筑局部提出单独的消防安全要求）并做必要的文字调整，主体要求完全一致，仍然是7章、41条，9个附件。与此同时，作为消防安全主管部门的内政部，开始编制新的建筑消防安全要求。

2016年7月7日，内政部致函政府各部和爱沙尼亚市镇联盟，就新的建筑消防安

① 世界银行“营商支持环境”项目（Business Enabling Environment project）介绍，https：//www. worldbank. org/en/programs/business - enabling - environment/bee。

② 《建筑及其局部的消防安全要求》（RT I 2004，75，525），https：//www. riigiteataja. ee/akt/812131。

③ 《建筑消防安全要求》（*Ehitisele esitatavad tuleohutusnõuded*，RT I，05. 06. 2015，4），https：//www. riigiteataja. ee/akt/105062015004。

全要求草案征求意见。草案在保留2015年《建筑消防安全要求》基本框架和基础内容的同时，吸收了2005年以来爱沙尼亚建筑领域出现的新技术、新材料和新发展，并增加了有关消防给水的内容。司法部、经济和基础设施部等部门均原则同意。2017年3月30日，内政部通过《建筑消防安全和消防给水要求》[①]，4月7日生效；5月17日经济和基础设施部长签署命令，决定自5月23日起废止2015年《建筑消防安全要求》——也就是说，在2017年4月7日至5月17日的40天期间，2015年经济和基础设施部《建筑消防安全要求》与2017年内政部《建筑消防安全和消防给水要求》同时生效，没有实现完美的"无缝对接"。经济和基础设施部认为，根据政府部门职责分工[②]，"建筑"（ehitus）确属其职责范围，但鉴于建筑消防安全的重点是消防安全，因此，同意内政部依据《建筑法典》《消防安全法》，制定建筑消防安全要求方面的专门规定。

2021年《消防安全法》删除第23条有关授权内政部制定消防给水要求的规定，内政部相应于2月16日通过第6号部长令，将2017年《建筑消防安全和消防给水要求》的立法依据调整为《建筑法典》，名称修改为《建筑消防安全要求》，并对部分内容做了修改。

《建筑法典》将救援局明确为执法主体之一，构建了建筑领域的多部门执法格局。内政部强调，根据《建筑法典》第十五章"国家监督"、第十六章"法律责任"，救援局在依据《消防安全法》履行监督执法职责的同时，同样有权依据《建筑法典》，对遵守建筑消防安全要求的情况进行国家监督，并办理相关的轻罪案件。爱沙尼亚的上述做法，对于我国优化建设行政主管部门、消防救援机构在建筑消防安全领域的职责分工，应当有所启示。专业分工不断细化，是现代社会发展的基本特点，"建筑消防安全"既要围绕"建筑"这一主体，更要充分体现"消防安全"的专业性。一方面，建筑消防安全的对象是"建筑"，这就要求建筑立法必须涵盖消防安全内容，明确各类主体在建设活动全过程中的消防安全责任，在建设行政主管部门对建筑活动实施统一监督管理的同时，明确消防救援机构对建筑消防安全的监督主体资格；另一方面，建筑消防安全的落脚点是"消防安全"，必须充分体现消防安全工作"防""救"密不可分的基本规律特点——建筑消防安全，不仅取决于主动和被动的消防措施，还要依靠建筑设计、使用、维护过程中的灭火救援准备，因此，消防立法应当强化有关建筑消防安全的要求，尤其要围绕建筑火灾扑救需求，增加相应的要求。总之，科学界定建设行政主管部门、消防

---

① 《建筑消防安全和消防给水要求》（RT I，04.04.2017，14），https：//www.riigiteataja.ee/akt/104042017014。

② 2016年11月24日新一届爱沙尼亚政府成立，总理府通过第130号令《部门职权和部长职责》（RT Ⅲ，29.11.2016，2），https：//www.riigiteataja.ee/akt/329112016002。

救援机构在建筑消防安全领域的职责分工，是我国在构建和完善现代消防治理体系实践过程中，必须深入思考的课题，需要抓住主要矛盾，解决矛盾的主要方面，既提高政府治理效率，又突出确保消防安全的实效。

下面，结合现行《建筑消防安全要求》，介绍基本的建筑消防安全要求。

2.3.1 建筑分类和消防安全等级

《建筑消防安全要求》的一项基础性规定，是从消防安全角度，将建筑按照用途分为7类。具体而言，就是在经济和基础设施部《建筑用途分类清单》① 通用分类的基础上，结合使用人员是否熟悉建筑情况、是否掌握安全疏散方法、发生火灾时是否保持清醒等三个方面的因素（均直接关系安全疏散逃生），对建筑用途做了分类，如表4－36所示②。

表4－36　根据消防安全对建筑用途的分类

分类	建筑用途和使用人员的特点
1. 居住建筑	使用者熟悉建筑情况，掌握确保自身安全的方法，但不能24 h保持清醒。如： （1）单、双户居住建筑（独立、半独立式住宅，别墅，花园洋房） （2）3户及以上的居住建筑（阶梯式建筑、公寓楼和多层建筑） （3）居住建筑的辅助用房（遮阳棚、桑拿房、独立车库）
2. 住宿建筑	使用者不一定熟悉建筑情况，但应当掌握保证自身安全的基本方法，不能24 h保持清醒。如： （1）住宿建筑（酒店、汽车旅馆、招待所、青年旅社） （2）度假村或度假营地的住宿建筑 （3）救助安置场所 （4）宿舍（学生，其他社会组织成员等） （5）疗养院
3. 社会福利建筑和羁押场所	使用者不熟悉建筑情况，确保自身安全的行动能力受限或不足。如： （1）社会福利机构 （2）医疗建筑（医院、门诊中心） （3）24 h家庭医学中心 （4）羁押场所（监狱、拘留所、感化中心）

① 2015年6月5日，经济和基础设施部制定《建筑用途分类清单》（*Ehitise kasutamise otstarvete loetelu*，RT I，05.06.2015，1），自7月1日实施，https：//www.riigiteataja.ee/akt/126022021006。

② 《建筑消防安全要求》附件1《根据消防安全对建筑用途的分类》，https：//www.riigiteataja.ee/aktilisa/1230/2202/1013/Lisa_2.pdf#。

续 表

分类	建筑用途和使用人员的特点
4. 人员密集建筑	使用者难以充分熟悉建筑情况，但应当掌握保证自身安全的基本方法，火灾时可能处于清醒状态。如： （1）教育或研究建筑（幼儿园、学前班、学校，研究机构） （2）日间照料中心 （3）日间家庭医疗中心 （4）日间康复活动中心 （5）商业建筑 （6）服务设施建筑 （7）交通运输建筑的服务大厅和候车厅 （8）兽医诊所 （9）体育建筑（体育场馆、游泳池、水疗中心） （10）公共娱乐建筑（剧院、电影院、夜总会、社区中心、音乐厅） （11）博物馆（图书馆、档案馆） （12）宗教建筑（教堂、传统习俗建筑）
5 办公建筑	使用者熟悉建筑情况，掌握保障自身安全的知识技能，火灾时处于清醒状态。如： （1）办公楼 （2）交通运输建筑（机场、火车站、汽车站和码头、控制中心大楼） （3）银行建筑（不含属于人员密集场所的服务大厅） （4）救援站 （5）警务建筑 （6）急救站 （7）媒体建筑（电台、电视台、出版社）
6. 厂房和仓库	生产、储存建筑，车辆维修保养建筑。如： （1）加油站（不含附属的商业建筑） （2）能源企业建筑 （3）车辆服务建筑 （4）液体燃料、气体和其他介质输送站，包括存储设施 （5）农业建筑（烘干、储存） （6）畜牧养殖建筑 （7）木材加工建筑 （8）化工建筑 （9）采矿建筑 （10）水处理建筑 （11）垃圾处理建筑 （12）锅炉房、锅炉站
7. 车库	停放车辆的建筑或建筑的一部分。如： （1）车库（不含其他建筑的附属车库） （2）地下或地面车库 （3）停车楼

根据《建筑消防安全要求》的附件1《根据消防安全对建筑用途的分类》，第一类“居住建筑”（eluhooned）包括单、双户独立住宅和公寓等各类住宅及其附属用房，不限高度，这类建筑内人员的基本特点是熟悉建筑情况，一般应当了解火灾时的疏散方法，但在睡眠或休息期间，往往不能及时感知火灾并疏散逃生。第二类“住宿建筑”（majutushooned）包括各类宾馆、酒店、度假村和宿舍，建筑内的人员不一定熟悉建筑情况，一般应当掌握火灾时保证自身安全的基本方法，但在睡眠或休息期间，往往不能及时感知火灾并疏散逃生。第三类“社会福利建筑和羁押场所”（hoolekandehooned，kinnipidamishooned）包括各类社会福利机构、医疗机构和监狱、拘留所等羁押场所，建筑内的人员不熟悉建筑情况，确保自身安全的行动能力受限或不足。第四类“人员密集建筑”（kogunemishooned）包括各级各类教育机构和科研建筑、日间照料场所、商业和服务类建筑、文化娱乐场所、体育场馆、宗教设施等，建筑内的人员难以充分熟悉建筑情况，但应当掌握保证自身安全的基本方法，不属于24 h使用的场所，因此火灾时建筑使用人员一般应处于清醒状态。第五类“办公建筑”（kontorid）包括各类办公场所，建筑内的人员应当熟悉建筑情况，掌握保障自身安全的知识技能，火灾时应当处于清醒状态。第六类是“厂房和仓库”（tööstus - ja laohooned），包括各类生产、储存建筑，以及车辆维修保养建筑，建筑内的人员应当熟悉建筑情况，掌握保障自身安全的知识技能，火灾时应当处于清醒状态。第七类“车库”（garaažid），包括独立建筑的地上或地下停车建筑（不包括其他建筑的附属车库）。当然，实践中，还有很多综合建筑混合了多种用途。

在《建筑消防安全要求》的相关章节，对不同用途建筑提出了差异化的消防安全要求。考虑到有些建筑的使用人数少，火灾风险较小，《建筑消防安全要求》第5条第（6）款统一做了放宽，规定在不危及建筑内人员安全的前提下，使用人数不超过10人的建筑，只要符合一类用途建筑（居住建筑）的基本消防安全要求即可——比如，如果某个教育培训机构的师生总数不超过10人，那么符合住宅的消防安全要求即可。上述放宽不适用于第六、第七类用途建筑（即厂房、仓库、车库），以及正常情况下可能有残疾人或行动受限人员的建筑，如医疗机构、羁押场所等。

上述七类用途，除第六类“厂房和仓库”是工业建筑之外，其他均属于民用建筑。《建筑消防安全要求》的这种分类方法，聚焦于火灾时可能影响安全疏散的关键因素，为后续提出差异化的消防安全要求奠定了基础，也方便了行文表述，值得我国借鉴。我国《民用建筑设计统一标准》（GB 50352 - 2019）将民用建筑分为居住建筑、公共建筑，其中，居住建筑又分为住宅建筑和宿舍建筑；同时，根据建筑高度或层数，将民用建筑分为低层或多层（建筑高度不大于27 m的住宅建筑、不大于24 m的公共建筑，以及建筑高度大于24 m的单层公共建筑）、高层和超高层（建筑高度大于100 m）等三类。《建筑设计防火规范》(GB 50016 - 2014) 从消防安全角度对民用建筑分类时，把握的首要维度是建筑高度（层数），其次是使用功能（重要性）和规模（楼层的建筑面积），同样也体现了疏散、救援的特点和难度，如表 4 - 37 所示①。未来，可以借鉴爱沙尼亚的分类方法，更加突出建筑使用人员的特点，围绕人员安全疏散的需求，探索增加新的分类维度。

表 4 - 37　我国对民用建筑的分类

名称	高层民用建筑		单、多层民用建筑
	一类	二类	
住宅建筑	建筑高度大于 54 m 的住宅建筑（包括设置商业服务网点的住宅建筑）	建筑高度大于 27 m，但不大于 54 m 的住宅建筑（包括设置商业服务网点的住宅建筑）	建筑高度不大于 27 m 的住宅建筑（包括设置商业服务网点的住宅建筑）
公共建筑	1. 建筑高度大于 50 m 的公共建筑 2. 建筑高度 24 m 以上部分任一楼层建筑面积大于 1 000 m^2 的商店、展览、电信、邮政、财贸金融建筑和其他多种功能组合的建筑 3. 医疗建筑、重要公共建筑、独立建造的老年人照料设施 4. 省级及以上的广播电视和防灾指挥调度建筑、网局级和省级电力调度建筑 5. 藏书超过 100 万册的图书馆、书库	除一类高层公共建筑外的其他高层公共建筑	1. 建筑高度大于 24 m 的单层公共建筑 2. 建筑高度不大于 24 m 的其他公共建筑

建筑的消防安全水平不仅取决于其用途，还与建筑面积、层数、高度，以及防火分区划分、使用人数、火灾荷载、建筑内活动的火灾危险性等多重因素密切相关。爱沙尼亚《建筑消防安全要求》第 5 条综合上述因素，将建筑的“消防安全等级”(tuleohutusklass) 分为耐火级 (TP 1)、防火级 (TP 2) 和其他级 (TP 3) 共 3 个级别。(1) 耐火级 (tulekindel，TP 1)：火灾时建筑承重结构在规定的时间内保持稳定，一般不会倒塌；(2) 防火级 (tuldtakistav，TP 2)：火灾时建筑承重结构在规定的时间内保持稳定，通常其耐火极限低于 TP 1 类耐火级建筑；(3) 其他级 (tuldkartev，TP 3)：除保证防火分区划分外，建筑承重结构的耐火极限不确定。就建筑结构体系而言，总体上，TP 1 类建筑为混凝土、砖石等非燃烧结构建筑，TP 2 类建筑是包括可燃材料的混合结构建筑，TP 3 类建筑是未经耐火保护的木结构建筑。

① 《建筑设计防火规范》(GB 50016 - 2014，2018 年版)，表 5.1.1《民用建筑的分类》。

TP 1 类建筑的层数、高度不受限制，根据《建筑消防安全要求》的附件 2《TP 2、TP 3 消防安全等级建筑的层数、高度及使用人数限制》，不同用途 TP 2、TP 3 类建筑的层数、建筑高度和使用人数不得超出相应的限度，如表 4－38 所示①。根据《建筑消防安全要求》第 5 条，如果建筑的不同部分之间采用了防火分隔结构，其消防安全等级可以不同，但下层的消防安全等级不得低于上层；如果既有建筑加层，则必须确保整个建筑（包括原有部分）均符合基本消防安全要求，或者根据《建筑消防安全要求》第 4 条进行性能化论证，以确认其符合基本消防安全要求。

表 4－38　TP2、TP3 消防安全等级建筑的层数、高度及使用人数限制

建筑用途和层数		建筑消防安全等级	
		TP 2	TP 3
层数	一、五类用途	8 层以内	2 层以内
	六、七类用途	2 层以内	1 层
	三类用途	2 层以内	1 层
	其他	2 层以内	2 层以内
高度	3 至 4 层，一、五类用途	14 m 以内	不允许
	5 至 8 层，一、五类用途	28 m 以内	不允许
	1 层，六、七类用途	不限	14 m 以内
	三类用途	9 m 以内	9 m 以内
	其他	9 m 以内	9 m 以内
建筑面积	1 层建筑	不限	不超过 2 400 m^2
	2 层建筑	不限	不超过 1 600 m^2
	三类用途	不超过 2 400 m^2	不超过 1 200 m^2
	2 层，六、七类用途	不限	不允许
	2 层以上建筑	不超过 12 000 m^2	不允许
使用人数			
一类用途		不限	不限
二类用途	1 层	150 个床位	50 个床位
	2 层	50 个床位	10 个床位
三类用途	1 层	100 个床位	10 个床位
	2 层	25 个床位	不允许

① 《建筑消防安全要求》附件 2《TP 2、TP 3 消防安全等级建筑的层数、高度及使用人数限制》，https：//www. riigiteataja. ee/aktilisa/1230/2202/1013/Lisa_ 2. pdf#。

续　表

建筑用途和层数		建筑消防安全等级	
		TP 2	TP 3
四类用途	1 层	不限	500 人
	2 层	250 人	50 人
学前班、幼儿园	1 层	100 个床位	50 个床位
	2 层	50 个床位	不允许
五类用途	1 层	不限	不限
	2 层	不限	150 名工作人员
六类用途	1 层	不限	不限
	2 层	50 名工作人员	不允许

注：对于二类用途的 2 层建筑，容纳的床位数是 1 层和 2 层的总数。

2.3.2　基本消防安全要求和性能化论证

2005 年《建筑及其局部的消防安全要求》提出“基本消防安全要求”的概念并沿用至今——“基本消防安全要求”（Olulised tuleohutusnõuded），主要涵盖建筑在火灾时的承载能力，以及防止烟火在建筑内外蔓延、确保人员安全疏散、确保救援行动安全等内容。提出基本消防安全要求，是为了强调这些要求的基础性和重要性，并不意味着其他消防安全要求可有可无。根据现行《建筑消防安全要求》第 3 条，建筑全寿命周期内（包括设计、施工、使用、维护）的各项活动，均必须遵守以下 5 个方面的基本消防安全要求：（1）火灾时在规定的时间内保持结构承载能力；（2）控制建筑物内烟、火的产生和扩散；（3）控制火灾向临近建筑的蔓延；（4）确保安全疏散；（5）确保救援人员安全。

判定建筑是否符合基本消防安全要求的依据，是法律法规、技术标准、设计规范关于消防安全的要求，也可以通过“性能化论证”判定建筑是否符合基本消防安全要求。爱沙尼亚的“性能化论证”（analüütiline tõendamine）源于 2005 年《建筑及其局部的消防安全要求》提到的，对于不符合现行法规标准和规范的建筑，用以证明其是否符合基本消防安全要求的“分析或其他可靠方法”（analüütilisel või muul usaldusväärsel viisil）。由于 2005 年的规定过于原则，缺乏可操作性，因此 2005—2015 年，爱沙尼亚并未就建筑消防安全开展过分析论证。2017 年内政部制定《建筑消防安全和消防给水要求》时，在第一章“总则”专设第 4 条“性能化论证”，规定了性能化论证的适用范围、方法、依据和资格要求，相关内容沿用至今。

根据现行《建筑消防安全要求》，性能化论证的运用受到严格限制，原则上，新建建筑必须遵守《建筑消防安全要求》和相关技术标准、设计规范的消防安全要求，如果确因建筑功能、材料等极特殊情况，不得不突破现行规定，则必须进行性能化论证，以证明其能够达到基本消防安全要求。性能化论证的结论仅对具体建筑工程有效，其他建筑不得引用。性能化论证时，必须逐项分析突破现行建筑消防安全要求的设计内容，并提出可供选择的对策。比如，如果建筑结构的耐火极限达不到要求，可选的对策包括：为承重结构安装自动灭火系统进行保护，或者控制建筑的火灾荷载，确保建筑内的火灾发展强度低于《建筑构件耐火试验》ISO 834 的标准升温曲线等。由于建筑是一个有机整体，如果是重要的消防安全指标（如疏散、承重结构耐火极限、建筑层数和面积、火灾荷载）明显违反现行规定，则必须对整个建筑进行评估论证。

性能化论证，可以采用以下方法：（1）定性评估，就是根据统计数据、实践经验、实验测试、研究报告或其他类似文件，对建筑消防安全性能进行论证；（2）定量分析，就是通过数学建模，对建筑火灾概率及其后果和整体风险进行计算分析；（3）定性评估和定量分析相结合；（4）其他可靠的证明方法。性能化论证时，可以使用国际组织、专业协会或者救援局制定的相关导则、文件，如果使用其他方法，则必须证明该方法的可靠性。性能化论证，必须由取得消防安全专家（6 级）职业资格的专业人员承担。2014 年秋季，爱沙尼亚职业资格局颁发了首张消防安全专家（6 级）职业资格证书，到 2016 年 6 月已有 6 人取得该职业资格。目前，尚无系统介绍 2017 年以来爱沙尼亚开展建筑消防安全性能化论证的资料，但从上述制度设计看，对性能化论证的要求非常严格，并未成为随意突破现行标准规范的“方便之门”。

2.3.3　建筑材料的燃烧性能

“燃烧性能”（Tuletundlikkus），是指材料或物质燃烧或遇火时所发生的物理和化学变化，通常用材料表面着火性和火焰传播性，以及发热、发烟、炭化、失重以及毒性生成物的产生等特性来衡量。爱沙尼亚采用欧洲标准化委员会制定的欧洲标准 EN 13501 - 1《建筑制品和构件的火灾分级 第 1 部分：采用对火反应试验数据的分级》（*Fire classification of construction products and building elements - Part 1: Classification using test data from reaction to fire tests*），将建筑材料的燃烧性能分为 A1、A2、B、C、D、E、F 等 7 个基本等级，按照相应的试验标准，对照温升（ΔT）、质量损失率（Δm）、燃烧长度（Fs）、燃烧增长率指数（FIGRA）、火焰横向蔓延长度（LFS）、总热值（PCS）、净热值（PCI）、烟气生成速率（SMOGRA）、持续燃烧时间（t_f）、总放热量（THR）、总烟气产生量（TSP）、临界热辐射通量（CF）、产烟浓度（C）、产烟率（Y）等判据进行分级。此外，根据烟气和燃烧滴落物/微粒的产生量，设定了 s1、s2、s3、d0、d1、d2 6 个附加等级。

（1）A1：不燃；

（2）A2：不燃，产生极少量的烟雾；

（3）B：可燃，产生很少量的烟雾，且没有燃烧滴落物/微粒；

（4）C：可燃，产生少量烟雾，有燃烧滴落物和微粒但迅速消失；

（5）D：可燃，物质可以起火；

（6）E：可燃，物质容易起火；

（7）F：易燃或燃烧性能不确定；

（8）s1：烟气产生量很小；

（9）s2：产生少量烟气；

（10）s3：不符合 s1 或 s2 的要求；

（11）d0：600 s 内无燃烧滴落物/微粒；

（12）d1：600 s 内燃烧滴落物/微粒的持续时间不超过 10 s；

（13）d2：产生燃烧滴落物/微粒，不符合 d0 或 d1 的要求。

根据上述分级标准，任何建筑材料的燃烧性能，均可由字母和（或）数字的组合表示，并在产品标签予以注明。比如，“B－s1，d0”表示该材料的燃烧性能是“可燃材料，燃烧产生的烟气量很小，在 600 s 内不会产生燃烧滴落物或微粒”。

对于 TP 1 类耐火建筑，如果在 2 层以内，则外承重墙可以采用燃烧性能为 D－s2，d2 的材料，保温材料的燃烧性能不应低于 A2 级；如果在 3 层至 8 层之间，非承重外墙可以采用燃烧性能为 D－s2，d2 的材料，保温材料的燃烧性能不应低于 A2 级；如果是 8 层以上建筑，采取防止火焰在外墙外表面蔓延的结构措施，且保温材料为不燃材料（燃烧性能不低于 A2 级），则外墙外表面和空腔的装饰面层燃烧性能可以为 D 级；2 层以上的医疗建筑、社会福利机构和幼儿园建筑，以及 3 层以上学校建筑的保温系统，燃烧性能不应低于 A2，d0 级。

对于 TP 2 类防火建筑，如果在 3 层至 8 层之间，采取防止火焰在外墙外表面蔓延的结构措施，且保温材料为不燃材料（燃烧性能不低于 A2 级），则外墙外表面和空腔的装饰面层燃烧性能可以为 D，d2 级；如果在 3 层至 4 层之间，在基层墙体、装饰层之间的空腔内采取阻止火焰蔓延的措施，则外墙外表面及其空腔装饰面层的燃烧性能可以为 D－s2，d2 级；如果是第三类用途建筑（社会福利建筑和羁押场所），采取防止火焰在外墙外表面蔓延的结构措施，且保温材料为不燃材料（燃烧性能不低于 A2 级），则外墙外表面及其空腔装饰面层的燃烧性能可以为 D，d2，空腔内表面材料的燃烧性能可以为 D－s2，d2。

作为欧盟成员国，按照欧洲统一市场内商品和服务自由流动的基本原则，爱沙尼亚全面采用欧洲标准——在建筑材料的燃烧性能分级方面同样如此。欧洲三大标准化机构，是欧洲标准化委员会（法文 Comité Européen de Normalisation，CEN）、欧洲电工标准化委员会（European Committee for Electrotechnical Standardization，CENELEC）和欧洲电信标准化协会（European Telecommunications Standards Institute，ETSI）。欧洲标准化委员会成立于 1961 年，总部设在比利时布鲁塞尔，是非营利性的国际标准化科学技术机构，发布的主要标准化文件有欧洲标准（EN）、协调文件（HR）、技术规范（CEN/TS）、技术报告（CEN/TR）、工作协议（CWA）等。

回顾我国建筑材料燃烧性能分级标准的变化过程，说明采用国际标准，关键是要适合本国国情。1997 年国家技术监督局发布《建筑材料燃烧性能分级方法》（GB 8624－1997），取代 1988 年的首版标准，参照当时西德标准 DIN 4102－1：1981《建筑材料和构件的火灾特性 第 1 部分：建筑材料燃烧性能分级的要求和试验》，将材料的燃烧性能级别划分为 A 级（匀质材料）、A 级（复合夹芯材料）和 B1、B2、B3 等 5 个级别。此后近十年，上述分级方法在我国建筑工程消防设计、消防监督检查等领域广泛应用，受到普遍认可，在规范和提高建筑材料的防火性能方面发挥了重要作用。2006 年，我国参照欧盟 EN 13501－1：2002《建筑制品和构件的火灾分级 第 1 部分：采用对火反应试验数据的分级》，修订 GB 8624－1997，新发布的 GB 8624－2006 全面采用 EN 13501－1：2002，对建筑材料和制品的燃烧性能分级及其判据做了较大调整，将燃烧性能分级改变为 A1、A2、B、C、D、E、F 等 7 个级别，自 2007 年 3 月 1 日起实施。但在此后的建筑工程实践中，2006 年版《建筑材料及制品燃烧性能分级》对材料的燃烧性能分级过细，与我国工程建设实际不匹配的水土不服问题凸显。2012 年，国家质量监督检验检疫总局发布《建筑材料及制品燃烧性能分级》（GB 8624－2012），恢复了 1997 年版的分级方法，同时建立了与欧盟标准分级 A1、A2、B、C、D、E、F 的对应关系——这样，既简便实用，符合中国国情和长期以来的工程设计实际，又方便了与国际接轨。

爱沙尼亚重视建筑外墙的消防安全，自 2005 年《建筑及其局部的消防安全要求》就做了专门规定。现行《建筑消防安全要求》第 21 条规定，外墙的设计、施工必须采取有效措施，防止火焰通过外墙结构（包括空腔）及其表面蔓延。《建筑消防安全要求》的附件 7《建筑外墙、外墙外表面、装饰面层和内腔内表面的燃烧性能》针对不同消防安全等级和层数、用途的建筑，对外墙保温系统的燃烧性能提出了差异化要求，如

表 4－39所示①。采用可燃（C 级至 E 级燃烧性能）保温材料的保温系统，只能安装在建筑距地面 22 m 的范围内，并且应当在施工时采取有效措施，防止火焰通过保温材料内部蔓延。图 4－13 形象说明了建筑材料的燃烧性能、建筑构件的耐火极限与建筑消防安全等级的关系②。

表 4－39　建筑外墙、外墙外表面、装饰面层和内腔内表面的燃烧性能

建筑消防安全等级和层数					
部位	TP 1	TP 2			TP 3
	全部	三类用途建筑	3 至 8 层的一、五类用途建筑	其他	全部
保温体系	B，d0[1] A2，d0	A2，d0	B，d0	D，d0	D，d0
外墙外表面	B，d0	B，d0	B，d0	D，d2	D，d2
装饰面层	B，d0	B，d0	B，d0	D，d2	D，d2
内腔内表面	B－s1，d0	B－s1，d0	B－s1，d0	D－s2，d2	—

注［1］：高度 22 m 以内，不包括 2 层以上的医疗建筑、社会福利机构和幼儿园建筑，以及 3 层以上的学校建筑。

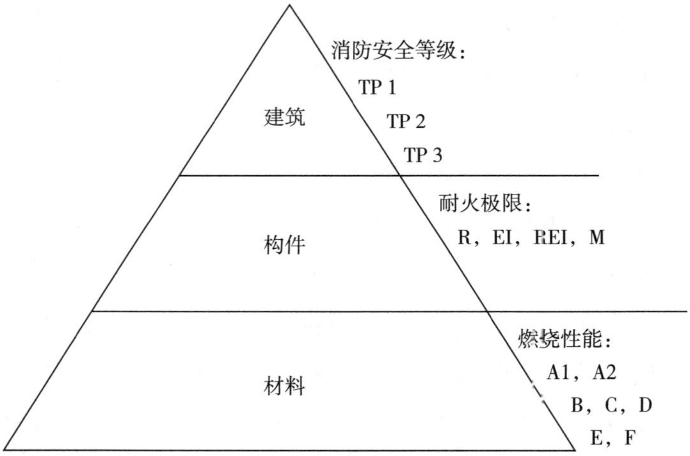

图 4－13　燃烧性能、耐火极限和建筑消防安全等级的关系

2.3.4　建筑构件的耐火极限

“耐火极限”（Tulepüsivus），是对建筑构件按时间－温度标准曲线进行耐火试验，

① 《建筑消防安全要求》附件 7《建筑外墙、外墙外表面、装饰面层和内腔内表面的燃烧性能》，https：//www. riigiteataja. ee/aktilisa/1230/2202/1013/SIM_ m17_ Lisa7. pdf#。

② 《建筑消防安全要求摘要》，第 17 页。

从受到火的作用时起，到失去支持能力或完整性被破坏或失去隔火作用为止的时间。耐火极限是反映建筑消防安全性能的关键指标之一，直接影响人员疏散和灭火救援行动的安全。爱沙尼亚标准化中心等同采用欧洲标准 EN 13501－2《建筑制品和构件的火灾分级 第 2 部分：通风设备以外耐火试验数据的分级》（*Fire classification of construction products and building elements－Part 2：Classification using data from fire resistance tests，excluding ventilation services*），命名为 EVS EN 13501－2。根据该标准，按照建筑承重构件和防火分隔构件的支持能力（R）、耐火完整性（E）和耐火隔热性（I），用分钟表示建筑构件的耐火极限。其中，“支持能力”是指在标准耐火试验条件下，建筑承重或非承重构件在一定时间内抵抗垮塌的能力；“耐火完整性”是指在标准耐火试验条件下，建筑分隔构件在一面受火的情况下，在一定时间内防止火焰和烟气穿透或在背面出现火焰的能力；“耐火隔热性”是指在标准耐火试验条件下，建筑分隔构件在一面受火的情况下，在一定时间内确保背火面温度不超过规定值的能力。将代表不同耐火性能的字母与分钟数组合，即可表示各类建筑构件的耐火极限。比如，“R 30”表示在标准耐火试验条件下，承重墙在 30 min 内不会倒塌；“E 30”表示在标准耐火试验条件下，火焰在 30 min 内不会穿透墙壁；“I 15”表示在标准耐火试验条件下，墙的另一侧温度不会在 15 min 内超过规定值。

根据《建筑消防安全要求》，常见的建筑构件耐火时间是 15、30、45、60、90、120、180 和 240 min。例如防火墙的要求是“REI 180”，就意味着在标准耐火试验条件下，从加热开始，该防火墙必须在 180 min 内保持支持能力、耐火完整性和隔火隔热性。对于承重构件和防火分隔构件之外的其他建筑产品，其耐火极限可能标注 W（代表抗热辐射性能）、M（代表抗机械冲击性）、C（代表装有自动关闭装置）、S（代表防烟性能）、K（代表墙面或顶棚复合材料的覆盖材料免于着火和炭化的能力）等。根据《建筑消防安全要求》第 6 条第（4）款，可燃材料制成的建筑承重构件，采用非燃材料进行全面充分包覆后，如果满足下列条件，可以视为非燃承重结构：对于耐火极限为 R 30 或 R 60 的承重构件，包覆材料的耐火极限不得低于 30 min；对于耐火极限为 R 90 的承重结构，包覆材料的耐火极限不得低于 60 min。表 4－40 是根据建筑用途、使用人数、高度、层数以及防火分区面积、火灾荷载密度等数据，确定的建筑承重构件耐火极限[①]。

① 《建筑消防安全要求》附件 3《建筑构件的耐火极限》。

表 4－40　建筑承重构件的耐火极限

		建筑消防安全等级						
		TP 1			TP 2			TP 3
		火灾荷载密度（MJ/m^2）			火灾荷载密度（MJ/m^2）			
		大于 1 200	600—1 200	小于 600	大于 1 200	600—1 200	小于 600	无要求
2 层以下建筑	一般要求	R 120[1]	R 90[1]	R 60[1]	R 30	R 30	R 30	无要求
	二、三类用途建筑及地下室	R 120[1]	R 90[2]	R 60[2]	R 30	R 30	R 30	无要求
3 至 8 层建筑		R 180[2]	R 120[2]	R 60[2]	不允许	不允许	不允许	不允许
3 至 8 层的一、五类用途建筑	地面以上	R 180[2]	R 120[2]	R 60[2]	R 180[1]	R 120[1]	R 60[1]	不允许
	地下室	R 180[2]	R 120[2]	R 60[2]	R 180[2]	R 120[2]	R 60[2]	不允许
8 层以上建筑		R 240[2]	R 180[2]	R 120[2]	不允许	不允许	不允许	不允许
地下 2 层及以下		R 240[2]	R 180[2]	R 120[2]	R 240[2]	R 180[2]	R 120[2]	R 60[2]

注［1］：如果承重构件的材料燃烧性能低于 A2－s1、d0，则该建筑保温材料的燃烧性能不得低于 A2。

注［2］：承重构件的燃烧性能不得低于 A2。

2.3.5　火灾荷载

“火灾荷载”（Eripõlemiskoormus），是某个空间内所有物质（包括装修、装饰材料）燃烧热值的总和，单位面积内的火灾荷载称为“火灾荷载密度”，单位是 MJ/m^2。火灾荷载的大小，决定了建筑的消防安全要求——既包括建筑结构等“硬件”方面的要求，也包括消防安全管理等“软件”方面的要求。根据《建筑消防安全要求》第 7 条，如果建筑各个部位的火灾荷载不同，应当分别确定各防火分区的火灾荷载，进而对承重结构、防火分隔结构的耐火极限提出差异化要求。在设计阶段，应当根据建筑用途，确定建筑火灾荷载密度的范围。根据《建筑消防安全要求》第 7 条第（3）款，TP 1 类耐火建筑，以及 3 至 8 层的 TP 2 类防火建筑，通常按火灾荷载密度分为以下 3 组，如果火灾荷载密度大于 600 MJ/m^2，安装自动灭火系统后，相应部位承重结构的耐火极限要求可以下调一级。

（1）大于 1 200 MJ/m^2，如带有书库的图书馆，储存可燃材料的仓库、档案库；

（2）在 600 至 1 200 MJ/m^2之间，如商店、展览馆、不带书库的图书馆、车辆维修车间、住宅的储藏室等；

（3）小于 600 MJ/m^2，如住宅、住宿场所、医疗机构、福利机构、拘留所、餐厅、办公楼、学校、体育馆、剧院、教堂等。

此外，根据火灾荷载密度以及发生火灾和蔓延的可能性，爱沙尼亚将厂房和仓库的火灾危险等级分为 1、2、3 共三级（1 级最低，3 级最高），如表 4－41 所示①。

表 4－41　厂房和仓库的火灾危险等级

火灾危险等级	加工、储存物质的火灾危险性特征及举例
1	几乎不可能发生火灾，火灾荷载密度小于 300 MJ/m²。例如： （1）金属冷加工和机械加工，包括焊接 （2）皮革、造纸和食品工业的湿法加工部位 （3）混凝土、水泥、砖厂 （4）金属制品仓库（无可燃包装）
2	发生火灾和蔓延的可能性很高，生产过程中加工或储存的可燃材料火灾荷载密度 300－1 200 MJ/m²，仓储的可燃材料火灾荷载密度大于 1 200 MJ/m²，加工处理闪点高于 55 ℃的易燃液体，或者可燃气体和固体粉末。例如： （1）皮革、纺织、食品、木材、家具企业 （2）火力发电厂和锅炉房 （3）汽车维修和保养建筑 （4）印刷厂
3	火灾危险性大，存在爆炸危险；加工或储存闪点低于 55 ℃的易燃液体；在接近或高于闪点的温度加工或储存闪点高于 55 ℃的易燃液体。例如： （1）炸药、泡沫、沥青 （2）木材厂、家具厂产生粉尘的部位 （3）面粉加工、饲料加工厂房及其仓库 （4）泥炭加工和泥炭发电厂 （5）喷漆车间 （6）炸药库

2.3.6　防火分区

根据《建筑消防安全要求》第 11 条，“防火分区”（Tuletõkkesektsioon），是在建筑内部采用墙体、楼板等分隔而成，能限制火灾蔓延并将火灾对建筑、人员、财产或环境的危害尽量减少的局部空间。通常，应当根据建筑各部位的用途、火灾荷载密度，以及起火爆炸的危险性划分防火分区，如果不同部分的火灾荷载密度之差大于 300 MJ/m²，则不应划分在同一个防火分区。除二、三类用途建筑（住宿建筑，社会福利建筑和羁押场所）外，其他建筑可以将多个楼层划分在同一防火分区。疏散楼梯间、火灾荷载密度大于 600 MJ/m² 的储藏空间、锅炉房、通风空调机房、电梯井道和机房、额定电流大于 100 A 的配电间，以及阁楼、地下室，应当单独划分防火分区。表 4－42 是按照建筑消

① 《建筑消防安全要求摘要》，第 7 页。

防安全等级确定的防火分区最大允许建筑面积①。

表 4-42 防火分区的最大允许建筑面积（单位：m^2）

建筑用途	消防安全等级		
	TP 1	TP 2	TP 3
二类用途	1 600	1 600	800
三类用途	800	800	400
四类用途	2 400	1 600	800
五类用途	2 400	1 600[1]	800
六、七类用途	根据相关标准确定		
阁楼	800	800	400
地下室	800	800	400

注［1］：5—8 层时为 600 m^2。

2.3.7 安全疏散

《建筑消防安全要求》第六章“安全疏散”共 9 条，就安全疏散的策略，以及安全出口、逃生出口、疏散通道的设置，及其数量、宽度等参数提出了要求。爱沙尼亚的安全疏散理念和实践有其独到之处，最显著的特点，一是以安全出口为界，通过区分“疏散通道”和“撤离通道”，将安全疏散过程分解为两个阶段，并分别提出了相应的安全要求；二是自 2017 年即创新性地引入了“全员疏散”“分步疏散”“原地待援”3 种疏散策略，并纳入火灾应急预案。全员疏散（massilisena），即发生火灾时，立即组织建筑内所有人员从建筑内部撤离；分步疏散（etapilisena），即发生火灾时，根据建筑高度、起火点位置、建筑内人员特点等因素，分阶段组织建筑内人员撤离；原地待援（passiivsena），即在可能（或被迫）的情况下，组织建筑内的部分人员留在安全位置等待救援。

2.3.7.1 安全出口与逃生出口

根据《建筑消防安全要求》，“疏散”（Evakuatsioon）是指“在火灾或其他紧急情况下，建筑内人员被迫转移到安全区域的过程。”“安全区域”（Ohutu koht）是指“在火灾被扑灭或者人员被营救之前，可以保护建筑内人员免受火焰、烟气、高温等威胁的室内外区域。”“安全出口”（Evakuatsioonipääs）是指“火灾时直接通往疏散楼梯间等撤离通道或者安全区域的门。”“逃生出口”（Hädaväljapääs）是指“不符合安全出口条件，

① 《建筑消防安全要求》附件 5《建筑防火分区面积》。

但可供人员疏散逃生的通道。”实际上，早在1995年内政部批准的《消防安全规则 总则》（TE 1）中，就分别定义了安全出口和逃生出口。通常而言，逃生出口可以是窗口、阳台，或者专门设置的开口，在火灾等紧急情况下，建筑内的人员借助消防云梯或者室外爬梯，可以通过逃生出口自行撤离，或者在救援人员及其他人员帮助下疏散逃生。图4-14是逃生出口的标识（见彩插第10页）①。表4-43是现行《建筑消防安全要求》对安全出口和逃生出口的要求②。

表4-43 安全出口和逃生出口的要求

安全出口	逃生出口
（1）安全出口应当分散布置 （2）电梯或其他类似设备通常不得作为安全出口 （3）动物建筑内的安全出口，应当确保火灾时能引导动物迅速顺利到达安全区域（动物建筑内安全出口的宽度，应当根据动物的类型和数量计算确定） （4）安全出口和疏散走道应当按照《消防安全法》设置标志	（1）逃生出口的高度不应小于0.6 m，宽度不小于0.5 m，高度和宽度之和不应小于1.5 m （2）所有逃生出口应当按照《消防安全法》设置标志

根据《建筑消防安全要求》第44条，应当按照建筑用途和额定人数，计算确定安全出口的数量和位置，原则上每个疏散区域至少应当有2个分散布置的安全出口。对于符合下列条件的住宅和办公建筑、厂房和仓库，以及同一时间使用人数较少的部分用途建筑，可以设置1个安全出口，但相应的疏散区域内必须至少有1个逃生出口：（1）8层及以下的住宅建筑；（2）每层建筑面积不超过450 m^2的9至16层的住宅建筑；（3）同一时间使用人员不超过10人，且不会危及使用人员安全的二、三、四类用途建筑（住宿建筑、社会福利建筑和羁押场所、人员密集建筑）；（4）8层及以下，使用面积不超过600 m^2的办公建筑；（5）使用面积不超过500 m^2的厂房和仓库。对于符合情况（1）（2）的一类建筑（住宅），分户门应当是防火门；对于符合情况（3）的二、三、四类建筑，所谓“不会危及使用人员安全”，是指建筑使用人员中不得有残疾人（包括肢体、视觉、听觉障碍）或行动受限人员（如患者、被羁押人员）；之所以对规模较小的办公建筑、厂房和仓库予以放宽，主要是因为这类建筑内的使用人员相对固定，熟悉建筑情况且具备独立疏散能力，而且单位每年均应组织疏散灭火演练。

2.3.7.2 疏散路线与撤离路线

要理解爱沙尼亚建筑疏散理念的独到之处，有必要概述我国对建筑安全疏散的基本

---

① 《建筑消防安全要求摘要》，第39页。

② 作者根据《建筑消防安全要求》第42、43条整理。

要求。根据我国《建筑设计防火规范》（GB 50016－2014，2018 年版），人员进入“安全出口”就相当于到达安全区域——从安全出口的定义“供人员安全疏散用的楼梯间和室外楼梯的出入口或直通室内外安全区域的出口”（2.1.14），即可得出结论：疏散楼梯间（包括防烟楼梯间、封闭楼梯间，以及 5.5.13 条规定情形之外的敞开楼梯间）的出入口，等同于直通室内外安全区域（包括避难层、避难走道，室外地面，符合疏散要求并具有直接到达地面设施的上人屋面、平台，以及符合《建筑设计防火规范》第 6.6.4 条要求的天桥、连廊）的出口。因此，在《建筑设计防火规范》第 5 章“民用建筑”的第 5.5 节“安全疏散和避难”，将安全出口视为建筑安全疏散路线的“终点”，仅就安全出口的数量、分布、从房间（厅）内最远点到安全出口的距离，以及观众厅或多功能厅的疏散时间等提出了要求，未就进入安全出口之后的行进路线提出要求，而是在《建筑设计防火规范》第 6 章“建筑构造”第 6.4 节“疏散楼梯间和疏散楼梯等”，以及第 10 章“电气”第 10.3 节“消防应急照明和疏散指示标志”，分别就疏散楼梯和疏散楼梯间的构造，以及疏散楼梯间内的疏散照明等提出要求。

相比之下，爱沙尼亚在建筑安全疏散方面的最大特点，就是以安全出口为界，将安全疏散过程分解为两个阶段——进入安全出口之前的行程，对应的是“疏散路线”（Väljumistee），可能直接受到火灾烟气威胁；进入安全出口之后的行程，对应的是“撤离路线”（Evakuatsioonitee），相对安全。在研究爱沙尼亚的建筑安全疏散要求时，Väljumistee、Evakuatsioonitee 这两个术语，一度令笔者困惑不解，经过反复研究特别是与相应的图示对比后，才理解了相关概念及其理念。根据《建筑消防安全要求》的术语解释，Väljumistee 是指“从楼层内任一点到安全出口的路线”（liikumiskõlblik vaba läbikäigutee hoone põranda mis tahes punktist evakuatsioonipääsuni），相应于我国《建筑设计防火规范》的疏散走道，本书译为“疏散路线”。Evakuatsioonitee 是指“建筑内始于安全出口、到达安全区域的路线，或者可以安全、自由通向安全区域的室内路线”（hoone evakuatsioonipääsust algav ja ohutus kohas lõppev või vabalt ja ohutult läbitav hoonesisene liikumistee ohutusse kohta），相当于进入安全出口后，在疏散楼梯内行进的路线，我国在疏散设计理论和实践中，尚未对这一段行程给出专门的定义，经请教《建筑设计防火规范》主要编写人员、天津消防研究所王宗存研究员，本书暂译为“撤离路线”。

图 4－15 直观显示了疏散路线和撤离路线的区别（见彩插第 10 页）①。图中，从位于建筑二层的房间内最远点，到达直通疏散走道的疏散门后，分别向分散布置的 2 个安全出口疏散，从房间内最远点分别到达 2 个安全出口的行进路线，就属于“疏散路线”，

---

① 《建筑消防安全要求摘要》，第 43 页。

在图中用带箭头的蓝色实线标示；进入疏散楼梯间后，通过楼梯下行，到达首层直通室外安全区域的出口的行进路线，就属于“撤离路线”，在图中用带箭头的绿色实线标示。相应的，将疏散路线对应的建筑范围称为“疏散区域”（Evakuatsiooniala），也就是从建筑内任何可能开始疏散的位置，到安全出口的全部区域。疏散区域通常按楼层划分，可以是一个防火分区（或其一部分），也可能由多个防火分区组成，在图中用绿色虚线围合；而疏散楼梯间所在的竖向空间，作为单独的防火分区，在图中用红色虚线予以标识。

2.3.7.3　疏散距离

根据《建筑消防安全要求》第46条，“疏散距离”（Väljumistee pikkus），是指从房间内任一点到安全出口的距离，实际包括了疏散过程中的两段行程：首先是从房间内任一点到疏散门的直线距离，然后是从疏散门到安全出口的直线距离，如表4-44所示①。以一座幼儿园位于一层的儿童活动室为例，该活动室有2个疏散门，疏散门通过疏散走道通向室外，儿童活动用房属于第四类用途建筑，疏散距离上限是30 m。再以一座商场（非高层建筑，TP 1级）为例，疏散距离上限仍然是30 m。

表4-44　疏散距离和人员密度

建筑用途		疏散距离（m）	人均面积（m^2）
一类	一般要求	30	10
	两个及以上安全出口	45	10
二类		30	10
三类		30	10
四类	一般要求	45	2.5
	教室、礼堂	30	按固定座位，或者0.5
	酒吧、餐厅	30	按固定座位，或者1
	购物中心、百货商店	30	3
	娱乐场所	30	1
五类	一般	30	10
	两个及以上安全出口	45	10
六类		45	30
七类		45	30

① 《建筑消防安全要求》附件8《疏散距离和人员密度》。

下面，就爱沙尼亚《建筑消防安全要求》与我国《建筑设计防火规范》（GB 50016－2014，2018 年版）的要求做简单对比。按照我国《建筑设计防火规范》，上述儿童活动室的疏散距离上限是 20＋25＝45 m，其中，20 m 是室内最远点到疏散门的距离上限（按照《建筑设计防火规范》表 5.5.17“位于袋形走道两侧或尽端的疏散门至最近安全出口的直线距离”确定），25 m 是位于 2 个安全出口之间的疏散门至最近安全出口的距离上限。按照《建筑设计防火规范》第 5.5.17 条 4 款，商场营业厅内任一点至最近疏散门的直线距离不应大于 30 m，从疏散门到安全出口的疏散走道长度不能超过 10 m，30＋10＝40 m。上述举例均未考虑安装自动消防设施后的调整，爱沙尼亚《建筑消防安全要求》要求的疏散距离上限均为 30 m，分别比我国《建筑设计防火规划》的要求少 33.3% 和 25%——当然，并不能简单据此认为爱沙尼亚的消防安全要求比我国更为严格。

2.3.8 建筑室内消防给水系统

2.3.8.1 消防立管和软管卷盘

爱沙尼亚将建筑消火栓系统区分为“湿式消防立管”和“消防软管卷盘”两类。“湿式消防立管”（märgtõusutoru），是建筑内与供水主管连接的固定管道，安装在楼梯间内，平时不配备消防水带，火灾时由救援人员通过立管上的接口，连接专用消防水带出水灭火。消防立管可以由消防水泵供水，也可以由消防车通过水泵接合器加压供水，水泵接合器应当设置在建筑物室外的救援人员入口附近，并有明显标识。不采暖的建筑可以采用干式立管（Kuivtõusutoru）代替湿式立管。这种专供救援人员使用的消防立管（包括湿式立管、干式立管）也被称为“A 级供水”（A－klassi veevärgiga）系统。根据《建筑消防安全要求》第 35 条，下列建筑应当安装湿式消防立管：（1）首层出入口距离室内最远点超过 50 m 的 2—4 层建筑；（2）4 层以上的建筑；（3）多层地下建筑；（4）多层停车库。

“消防软管卷盘系统”（tuletõrje voolikusüsteem），是一种广泛采用的室内消防设施，由供水管道、摇臂卷盘、半刚性的消防软管，以及控制阀门、手持喷枪等组成，消防软管的内径有 19 mm、25 mm 或者 33 mm 三种型号，最大长度不超过 30 m，也被称为“B 级消防软管系统”（B－klassi voolikusüsteem）。恢复独立后，爱沙尼亚借鉴芬兰的建筑消防规范，非常重视消防软管卷盘在扑救初起火灾方面的作用，认为与灭火器相比，消防软管卷盘出水快，持续时间长、充实水柱可达 10 m，灭火效果更好，因此 2010 年《消防安全法》就将软管卷盘列入了消防设施的范围。

2017 年前后，爱沙尼亚曾就是否设置消防软管卷盘展开争论，经过慎重考虑后还是予以保留①。支持保留消防软管卷盘的人士指出，如果是有人场所发生火灾，在自动喷水灭火系统启动前，现场人员就可能使用软管卷盘扑灭火灾，防止自动喷水系统的水渍危害，减少财产损失和保险赔付。因此，建议不但在商场、医院、办公楼等人员密集场所设置消防软管卷盘，在厂房、仓库内也应当设置。根据2017年的测算数据，在一座耗资1 000万欧元的新建建筑中，消防软管卷盘及消防水泵的投入约为23 500欧元（不含增值税）——只占建筑总成本的0.235%。而且维护成本也完全可以接受。上述规模的建筑，消防软管卷盘每年的检测费约为150—200欧元，消防软管每5年要进行一次压力测试，每根软管的检测费为8—10欧元，平均每年不足2欧元。

欧洲国家普遍认为，消防软管卷盘是性价比最高的水灭火系统，因此在新建的公共建筑内普遍设置，并在同一位置配置灭火器，共同发挥扑救初起火灾的作用。我国《建筑设计防火规范》（GB 50016－2014，2018年版）8.2.4条规定，人员密集的公共建筑、建筑高度大于100 m的建筑和建筑面积大于200 m^2的商业服务网点内，应当设置消防软管卷盘；老年人照料设施内应当设置与室内供水系统直接连接的消防软管卷盘，对其他建筑也提出了推荐安装消防软管卷盘的建议。实践证明，消防软管卷盘简便适用，关键是要通过培训，确保单位员工掌握使用方法。

2.3.8.2　自动喷水灭火系统

根据《建筑消防安全要求》第37条，下列建筑应当设置自动喷水灭火系统：（1）一个防火分区竖向跨越3层及以上（不包括独立进行防火分区的疏散楼梯间）的建筑，不包括单、双户住宅；（2）8层以上或者高度28 m以上的建筑；（3）多层地下建筑；（4）4层及以上的第三类用途建筑（社会福利建筑和羁押场所），消防用水可能对人员和财产安全造成重大威胁，或者严重影响重要民生服务的除外；（5）层数、高度、使用人数超出《建筑消防安全要求》附件2、5要求的建筑；（6）面积较大、火灾荷载密度较高，平常没有值班管理人员，一旦发生火灾可能对环境、财产安全或者文化遗产造成严重破坏的建筑；（7）其他一些特定耐火等级、燃烧性能、火灾荷载的建筑或场所；（8）由于用途、面积、层数、高度或者其他原因，使用人员和救援人员可能面临较高风险的建筑。《建筑消防安全要求》第37条第（2）款专门强调，发生火警时，自动喷水灭火系统必须能够自动启动，即消防水泵必须能够联动启动。

2.3.8.3　室外消防用水量

根据《建筑消防安全要求摘要》，爱沙尼亚根据不同的建筑用途（厂房和仓库的火

---

① 马蒂·希斯（Mati Hiis）：《消防软管系统：过时还是实用的安全设备?》，https：//www. kinnisvarauudised. ee/uudised/2017/05/20/voolikususteem－igand－voi－praktiline－ohutusvahend。

灾危险等级）和层数、建筑面积，分别确定了建筑室外消防用水设计流量和火灾延续时间，如表 4－45 所示①。

表 4－45 建筑室外消防用水设计流量和火灾延续时间

建筑情况	流量（L/s）	火灾延续时间（h）
一至五类用途建筑（8 层及以下，火灾荷载密度≤600 MJ/m^2）		
≤ 800 m^2	10	3[1]
>800—1 600 m^2	15	3[1]
>1 600—2 400 m^2	20	3[1]
设有自动灭火系统	20	2[1]
四类用途建筑（8 层及以下，火灾荷载密度>600 MJ/m^2）		
≤ 800 m^2	20	3[1]
>800—1 600 m^2	25	3[1]
>1 600—2 400 m^2	30	3[1]
设有自动灭火系统	30	2[1]
一至五类用途的高层建筑，≤50 m		
< 25 000 m^3	20	6
>25 000—50 000 m^3	25	6
>50 000 m^3	30	6
一至五类用途的高层建筑，>50 m		
< 25 000 m^3	25	6
>25 000—50 000 m^3	30	6
>50 000 m^3	40	6
六类用途、1 级火灾危险等级		
<12 000 m^2	10	2
设有自动灭火系统	10	2
六类用途、2 级火灾危险等级，或者七类用途		
<2 000 m^2	20	3
>2 000—3 000 m^2	25	3
>3 000—4 000 m^2	30	3
设有自动灭火系统	30	2

① 《建筑消防安全要求摘要》，第 49 页。

续　表

建筑情况	流量（L/s）	火灾延续时间（h）
六类用途、3 级火灾危险等级		
<2 000 m^2	20	6
>2 000—3 000 m^2	25	6
>3 000—4 000 m^2	30	6
设有自动灭火系统	30	4

注［1］：建筑配建消防取水口或消防水池的，火灾延续时间减为 1 h。

下面简要对比爱沙尼亚和我国在室外消防用水设计流量和火灾延续时间方面的要求。在室外消防用水设计流量方面，我国按照建筑体积和用途分类，爱沙尼亚划分建筑规模时，高层建筑按照建筑体积，其他建筑按照建筑面积，普通民用建筑增加了火灾荷载密度（以 600 MJ/m^2 为界区分）。假定一座一级耐火等级（相当于爱沙尼亚的 TP 1 级），建筑面积 2 500 m^2、5 层的多层商业建筑，层高 4 m，其建筑体积为 1 万 m^3，按照我国《消防给水及消火栓系统技术规范》（GB 50974－2014）第 3. 3. 2 条，其室外消火栓设计流量为 25 L/s；在爱沙尼亚属于四类用途建筑，商业建筑的火灾荷载密度大于 600 MJ/m^2，其室外消火栓设计流量为 30 L/s。再假定一座一级耐火等级的 20 层住宅楼，我国不论建筑高度，住宅的室外消火栓设计流量均为 15 L/s；爱沙尼亚则为 25 L/s，可见爱沙尼亚室外消防用水设计流量的标准总体高于我国。

根据《消防给水及消火栓系统技术规范》，在火灾延续时间方面，我国对工业建筑只按生产和储存物品的火灾危险性分类，甲、乙、丙类厂房和仓库为 3 h，丁、戊类厂房和仓库为 2 h，罐区、堆场、码头等另有规定；爱沙尼亚对工业建筑同时按火灾危险等级和建筑面积进行分类，1 级火灾危险等级（相当于我国的丁、戊类），建筑面积小于 1. 2 万 m^2 的工业建筑是2 h，其他建筑均不低于 3 h。对于民用建筑，我国除“高层商业楼、展览楼、综合楼、建筑高层大于 50 m 的财贸金融楼、图书馆、书库、重要的档案馆、科研楼和高级宾馆”的火灾延续时间为 3 h 外，其他公共建筑和住宅均为 2 h；爱沙尼亚民用建筑的火灾延续时间最低为 3 h，高层民用建筑为 6 h，是我国的一倍。可见，在火灾延续时间方面，爱沙尼亚的要求总体上也比我国高。

2. 3. 9　救援操作卡

《建筑法典》第二章“建筑和施工的基本要求”对建筑提出 11 个方面的要求，其中第（4）项是“安全使用和出入，包括人员疏散，满足救援操作卡等救援需要”，要求符合相应条件的建筑设置救援信息点、编制救援操作卡。

“救援信息点”（Päästemeeskonna infopunkt），是在建筑靠近救援人员入口处设置的固定地点，用于存放开展救援工作必需的建筑基本信息。根据《建筑消防安全要求》第52条，同时安装火灾自动报警和自动灭火系统的建筑，应当设置救援信息点。救援信息点必须有明显标志，可以是单独的房间，也可设置在门卫室或其他房间内，但每座建筑只能设置1处。救援信息点应当设有照度不低于5 lux、工作时间不低于1 h的应急照明，提供救援操作卡和以下信息资料：火灾自动报警、自动灭火、湿式立管、防排烟系统等消防设施的位置图、平面图，自动喷灭火系统和湿式立管系统的水泵接合器，备用发电机或者屋顶太阳能电池板的信息，以及开展救援工作必需的其他建筑设施的图纸和资料，建筑各层平面图应当标明防火分区划分，尤其是防火分隔结构的开口部位，以及防火封堵材料的位置和耐火极限。上述所有图示必须清晰易懂，并尽可能集中在一张图纸上。

“救援操作卡”（operatiivkaart）是一种制式表格，包括建筑概况以及消防设施和其他有助于救援人员处置灾害事故的基本信息，但不包括图纸。根据《建筑消防安全要求》52条第（4）款，以下3类建筑应当编制救援操作卡：（1）必须提交消防安全自查报告的建筑；（2）10层及以上的其他建筑；（3）历史文化建筑。上述建筑的基本特点是火灾风险高、人员聚集，可能发生造成重大人员伤亡和财产损失的火灾等灾害事故。根据《建筑消防安全要求》，建筑产权人负责编制并向救援局提交救援操作卡，在情况变化后必须及时更新并向救援局通报。如果是多产权、多用户的建筑，所有的产权人和使用人应当书面指定负责编制和提交救援操作卡的人员，并如实提供相应信息，被指定的人员对救援信息卡的准确性负责。建筑业主可以通过救援局的消防安全自查报告上传网站（https：//tuleohutusaruanne. ee/），向救援局提交电子版救援操作卡，救援机构应当在30天内审核完毕，并通过电子邮件反馈审核结果，必要时可以联系相关人员核实情况。对于应当准备救援操作卡，但不需要设置救援信息点的建筑，应当将救援操作卡放置在救援人员入口附近的专用保管箱内，该保管箱应当有明显标志并便于开启。

表4－46是《建筑消防安全要求》给出的救援操作卡样式，以及必须填报的信息要求①。救援信息卡的内容分为建筑概况、消防设施情况和其他方面情况3个部分。第一部分的建筑概况，包括建筑名称、地址、用途、层数、高度。其中，建筑用途按照《建筑用途分类清单》填写，如果是综合性建筑，则应当分别填写各层各类用途场所的数量；建筑层数区分地上和地下，为便于识别建筑首层，规定将“超出室外地面的高度大

---

① 《建筑消防安全要求》附件9《建筑救援操作卡》，https：//www. riigiteataja. ee/aktilisa/1230/2202/1013/LISA%209_ 21112018. pdf#。

于该层高度一半的楼层”确定为首层。为确保数据信息的准确性，所有位置信息（包括建筑位置和水泵接合器等消防设施的位置），均应当采用土地局使用的地理信息系统坐标；各类单位的行业分类等基础信息，也以相应的分类标准和登记注册系统为准。

表 4－46　建筑救援操作卡样式

建筑名称	示例：塔林市百货商场
建筑地址	示例：哈留县，塔林市，中心区，Gonsiori 街 2 号
版本信息	首次报告时填写编制日期，修订的填写最后一次修订的日期
建筑用途	对照 2015 年 6 月 2 日经济和基础设施部 51 号令发布的《建筑用途分类清单》，提供建筑的一个或多个用途
建筑内各类用途场所的数量和分布	示例： 商铺：1 层 10 家，2 层 7 家 仓库：1 层楼 1 个，2 层 3 个 办公：3 层 1 个 地下停车场：地下 1 层和 2 层
建筑层数	地上：　层
	地下：　层
建筑高度	（　　）m
消防安全等级	按照设计文件填写（TP 1，TP 2，TP 3）
消防控制室位置	
防排烟系统	填写防排烟系统的类型。 示例： 1 级：自然通风防烟、自然排烟 2 级：机械排烟 3 级：机械排烟、自然进风补风 4 级：机械排烟、加压送风
室内消防给水系统	有□无□ 如有，填写： A　——湿式立管； B－Ⅰ——软管卷盘（1.7 L/s）； B－Ⅱ——52 mm 消防水带系统（2.5 L/s）
室内消防给水系统的水泵接合器	有□无□ 如有，填写位置坐标和基本情况
干式立管	有□无□ 如有，填写位置坐标和基本情况
自动喷水灭火系统	有□无□ 如有，填写基本情况
自动喷水灭火系统的水泵接合器	有□无□ 如有，填写位置坐标和基本情况

续　表

建筑名称	示例：塔林市百货商场
消防电梯	有□无□ 如有，填写位置
最近消防取水口的位置和距离	示例： 距离 178 m，在 Pika 街和 Laia 街的交汇路处
人数	按照设计文件填写
疏散集合点的位置	位置
建筑物供电	切断建筑供电的配电室位置。 供电企业名称（联系人和联系方式）
其他风险	写下相关活动或设备可能产生的危害 如果有化学品，列出名称并描述其危害
其他详情	示例： 2 楼有服务器机房，不能用水灭火 道路限高、限重等数据
建筑联系人	姓名和移动电话号码
需要保护的贵重物品和设备及其位置	有□无□ 如有，按重要性顺序，提供具体情况和位置

第二部分是消防设施情况，包括建筑消防安全等级、消防控制中心位置、防排烟系统类型、消防立管和自动喷水灭火系统及其水泵接合器、消防电梯等信息。编制救援操作卡时，建筑消防安全等级应以设计文件为准。根据《建筑消防安全要求》，如果建筑的不同部位之间采用了防火分隔结构，可以分别确定消防安全等级，但应当在救援操作卡上注明。防排烟系统分为 4 级：1 级是自然通风防烟和自然排烟，2 级是机械排烟，3 级是机械排烟和自然进风补风，4 级是机械排烟和加压送风。室内消防给水系统分为 3 类：A 级是由建筑消防水泵供水的湿式立管（供专业救援人员使用），B1 级是供建筑内人员使用的消防软管卷盘系统，单支水枪流量是 1.7 L/s，B2 是供建筑内人员使用的 52 mm 水带消火栓系统，单支水枪流量不小于 2.5 L/s。

救援信息卡的第三部分是其他方面情况，包括消防取水口的情况，建筑使用人数，疏散撤离人员的集合点，建筑供电情况，化学危险品情况，其他特殊情况，建筑联系人及联系方式，需要保护的特殊贵重物品和设备情况等。其中，消防取水口分为市政消火栓、天然水源和人工水体（消防水池、游泳池等），需要在救援信息卡标明最近消防取水口的位置，及其与救援人员到达建筑现场的入口之间的实际距离。建筑的使用人数，按照设计文件中确定的额定容纳人数确定。为确保发生火灾时及时切断与消防救援无关的用电设备供电，救援信息卡应当标明配电室或者外部变电站的位置，以及为该建筑供电的电力企业联系人、联系方式。如果建筑内使用、经营、储存化学品，应当标明化学品的种类、数量和存放方式，如果建筑内还存在其他应当告知救援人员的特殊危险因素，以及需要保护的贵重物品、设备，也应当按照重要程度，在救援信息卡中予以注明。此外，救援信息卡还应提供建筑负责消防安全管理人员的姓名、手机号码和电子邮件地址，救援机构对救援信息卡的审核意见将反馈给消防安全管理人员。

2.3.10　建筑消防安全要求的溯及力

爱沙尼亚认为，当法律规定的建筑要求发生变化时，首先必须充分考虑法律的确定性原则（õiguskindluse põhimõte）——对于既有建筑而言，符合其投入使用时的要求即可，而不能用现行规定要求已经建成并合法投入使用的建筑。但是，如果法律对建筑提出的新要求（不仅限于消防安全）就维护公共利益而言绝对必要——具有“绝对压倒性”（piisavalt ülekaalukas）意义，则相关要求可以依法溯及既往，应用于既有建筑。

为了说明法律的确定性原则在建筑领域的应用，2013 年 6 月 21 日司法部在《建筑法典》草案的立法说明中，引用了2005 年12 月15 日爱沙尼亚最高法院宪法法院就一起房产纠纷诉讼（案件编号3 –4 –1 –16 –05）最终裁决的说明：“法律的确定性原则，源自《宪法》第 10 条的规定。这一原则最大的意义，是为现行的法律秩序创造确定性。法律的确定性，意味着法律规定的明确性，以及对法律规定稳定性的合理预期。根据法律的确定性原则，一个人必须能够清楚预测其行为的法律后果。”①

作为上述原则的具体体现，《建筑消防安全要求》第 55 条“既有、在建建筑的要求”规定，消防安全要求原则上不能溯及既往，但是，有关防火分区的划分、防火墙上开口及其封堵、火灾自动报警系统、应急照明、安全标志、安全疏散的规定，适用于既有建筑。《消防安全法》关于所有住宅必须安装火灾探测报警器，所有使用固体燃料供暖系统的住宅、公寓和其他建筑必须安装一氧化碳报警器的规定，也属于溯及既往。内政部在阐述溯及力问题时举例说，如果一座医院大楼建于 80 年前且仍在使用，为了确保安全，显然必须满足现行的基本消防安全要求，这同样属于溯及既往。

溯及力，是法的时间效力的重要方面，是法学的基础理论问题。法从产生之时起，就处于发展变化的动态过程中，新旧法律如何衔接、新法能否适用于其生效前发生的事

---

①　爱沙尼亚最高法院宪法法院“3 –4 –1 –16 –05”号判决，https：//www. riigikohus. ee/en/constitutional – judgment –3 –4 –1 –16 –05。

实，并影响其法律上的效果，就是法的溯及力。法的溯及力，从表面看是法律适用问题，本质是立法问题，法律适用机关只能在立法机关确定的范围内，运用法律解决问题[①]。

法的溯及力最本质的特征，体现在两个关键要素：一是时间分界点“生效”。法适用于其生效前发生的法律事实，就是有溯及力，反之则没有。二是法的效力对象“法律事实”。法律事实分为瞬间性事实和持续性事实，瞬间性事实即时完成，是否处于新法或旧法的效力范围界限清楚，不存疑义；持续性事实及其法律上的效果（如建筑竣工后投入使用）从发生到结束持续的时间长，如果跨越新法生效点，即面临如何适用法律的问题。新法如果只适用于其生效后发生的法律事实，就是没有溯及力，称为“不溯及既往”，如图 4－16 所示[②]；如果适用于其生效前发生的法律事实，并改变已发生的法律上的效果，就是有溯及力，称为“溯及既往”，如图 4－17 所示[③]。

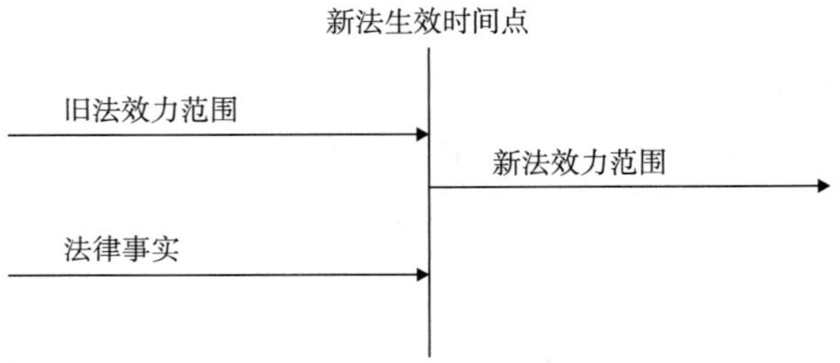

图 4－16　新法无溯及力

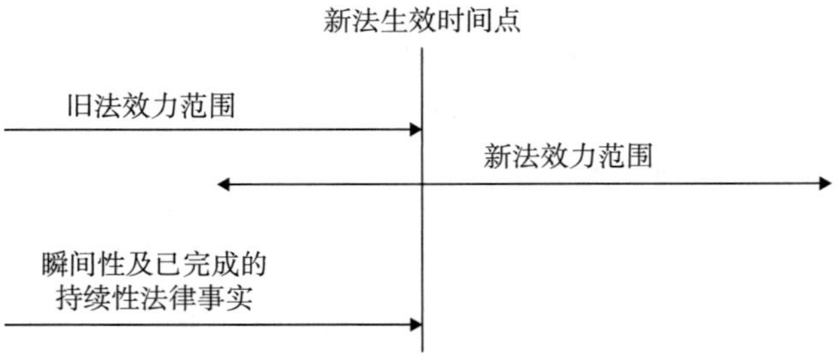

图 4－17　新法有溯及力

“法不溯及既往”作为一项基本的立法和法律适用原则，与法治有深刻渊源，得到国际法学界的广泛认同。在我国，根据现行《中华人民共和国立法法》第一百零四条

① 孙晓红：《法的溯及力问题研究》，中国法制出版社 2008 年版，第 1—2 页。
② 孙晓红：《法的溯及力问题研究》，中国法制出版社 2008 年版，第 7 页。
③ 孙晓红：《法的溯及力问题研究》，中国法制出版社 2008 年版，第 11 页。

“法律、行政法规、地方性法规、自治条例和单行条例、规章不溯及既往，但为了更好地保护公民、法人和其他组织的权利和利益而作的特别规定除外”的规定，法不溯及既往原则适用于各实体法和程序法。

法的**安定性**，是法不溯及既往原则的基本理论基础——法的安定性，强调法具有稳定性，以及由其带来的法律秩序的安定。也有学者提出，源于德国法治国家理念的“信赖保护”原则同样是法不溯及既往原则的基础，但涉及对“信赖保护”原则的全面认识和学术争议，本书不予详述。如前所述，爱沙尼亚最高法院对法律“确定性原则”的诠释，实际上包括两方面内容：法律规定的“明确性原则”（õigusselguse põhimõte）和“合理期待原则”（õiguspärase ootuse põhimõte）——前者，是指法律规定的内容必须清晰、明确、清楚（selgus 是“清晰度”之意）；后者，就是法的安定性，（õiguspäraselt 是“正当、公正”之意，ootus 是“期待”“期许”之意）。

例外时的溯及既往，是对法不溯及既往原则的重要补充。在亟待通过适用新法，以保护重大公共利益或者维护社会公平时，绝对的法不溯及既往，则有悖于法律保障人权的根本价值目标。打破法不溯及既往原则的绝对性，承认特殊情形下溯及既往的正当性，既有利于维护秩序、保护形式上的平等，又能反映社会发展进步的要求、保证实质上的平等。例外时法溯及既往，受到严格限制：一是维护重大公共利益。追求公共利益，是法的根本价值取向，为重大公共利益而适度限制私人利益，具有法律上的正当性，是法溯及既往的一个重要理由。二是修补完善法的瑕疵、漏洞和空白。如果法的瑕疵或漏洞被滥用，或者不及时修补可能影响公共利益，就不应拘泥于法不溯及既往原则的限制。要使一项法律溯及既往，必须在立法中明确规定。溯及既往的立法，必须严格遵循公共利益保护原则、比例原则，对公民权利的克减或者义务的增加，必须有充分的理由、在必要的限度内。

在我国，关于建筑消防安全要求的溯及力问题，尚待系统性的深入研究。2004 年和 2010 年，笔者分别就这一问题做了初步研究，发表了《建筑工程消防技术规范溯及力之研究》《消防法律法规溯及力研究》。上述两篇文章，截至 2022 年 10 月 22 日，在知网以“消防”“溯及力”为主题词检索的文献中，分别列“下载”“被引”的第一位。在上述研究过程中，笔者对英国、法国、日本、新加坡、加拿大等国消防法律法规的溯及力问题做了初步了解，得出以下两个基本结论。

首先，法不溯及既往是各国消防法律法规的通行原则。2004 年，美国消防协会（National Fire Protection Association，NFPA）建筑消防安全资深专家罗伯特·所罗门（Robert Solomon）就溯及力问题，与笔者交流时介绍：“在美国，除非存在可能随时造成人员伤亡的现实危险，（NFPA 101《生命安全规范》以外）包括 NFPA 5000《建筑结构和安全规范》的所有规范，均不适用于既有建筑。因为既有建筑在建造时，已经符合当时施行的规范。”（In the United States，every other code，including NFPA 5000 allows the building to remain in use provided there are no imminent hazards or dangers to the occupants，as long as when the building was originally constructed，it met the code requirements that were in effect at the time of construction.）上述观点，在很多国家的消防安全法律法规和规范中，均有明确体现。

其次，在坚持法不溯及既往基本原则的同时，为确保公共安全，尤其是为预防人员密集场所恶性火灾，国际上的通行做法，是严格依法设定消防法律法规溯及既往的范围，并综合考虑建筑实际情况和整改难度，确定合理的过渡期限，以方便当事人落实整改措施。2003 年 2 月 20 日，美国罗得岛州“车站”夜总会（The Station Nightclub）因在室内燃放烟花，发生造成 100 人死亡的火灾，成为 1978 年来美国死亡人数最多的火灾①。为汲取火灾教训，美国消防协会修订 NFPA 101《生命安全规范》，增加了第 13.3.5.1 条（2003 年 8 月 14 日后生效）：“额定人数在 100 人以上的下列既有公众聚集场所，必须安装符合本规范第 9 章第 7 节要求、经检测合格的自动喷水灭火系统：酒吧；舞厅；迪斯科舞厅；夜总会；无固定座椅的观看演出、收听节目场所。”② 美国消防协会的规范是推荐性规范，只有在被地方政府立法引用后，才具备相应的强制力。参照 NFPA 101 的要求，美国罗得岛州 2003 年版《消防安全法》规定：从 2004 年 1 月 1 日开始，既有建筑内的人员密集场所应当根据其规模，在 6—18 个月内增设与城市火警中心联网的火灾报警系统，并在 18—30 个月内增设自动喷水灭火系统，逾期达不到要求视为违法，不得继续使用。

综上，消防法律法规的溯及力问题，是一个带有价值判断、承载消防工作目标追求的重要理论问题。法不溯及既往，是消防法律法规的基本原则，而溯及既往又是其必要的例外和补充。研究消防法律法规的溯及力问题，要充分重视、准确把握消防安全关乎重大公共利益的特殊属性，将维护公民、法人和其他组织对消防法律法规稳定性的合理预期，与维护公共消防安全利益的根本目标有机统一，严格把握消防法律法规溯及既往的范围，在消防立法中建立完善溯及力制度，在法律适用中严格区分实体法和程序法溯及既往的原则，促进实现《消防法》“预防火灾和减少火灾危害，加强应急救援工作，保护人身、财产安全，维护公共安全”的立法宗旨。

---

① SHELLY REESE. If only become never again. *NFPA Journal*. 2004，(1/2)：52－59。

② NFPA，TIAs（No. 737/738/739/740/741/742/743，and 737R/739R/740R/741R/ 742R/743R)：NFPA 101©，Life Safety Code©，2003 edition and NFPA 5000™，Building construction and safety code™，2003 edition，2003－7－26。

2.4 消防产品和消防技术服务质量管理

消防产品和消防设施设计、施工、检查、维护的质量管理，是消防安全领域的重要基础性工作。恢复独立后，爱沙尼亚按照《消费者保护法》（1994 年）、《规划和建筑法》（1995 年）、《产品认证法》（1997 年）、《经济活动登记法》（2004 年）、《经济活动法典 总则》（2014 年）、《建筑法典》（2015 年）等法律建立的合格评定、经济活动管理（登记、备案、许可）等相关制度，通过制修订《消防救援法》（1994 年）、《救援法》（1998 年）、《消防安全法》（2010 年），建立完善了消防产品和消防设施设计、施工、检查、维护质量管理的专门制度。

从发展脉络上看，上述过程可以分为三个阶段：第一阶段（1994—2004 年），在消防产品和消防设施设计、施工、检查、维护领域，全面实施认证管理制度（产品和管理体系认证）。第二阶段（2004—2014 年），消防产品管理纳入《产品认证法》确定的合格评定程序；在消防设施设计、施工、检查、维护领域，建立类似行政许可的登记管理制度。第三阶段（2014 年至今），在强化专业人员职业资格管理的基础上，在消防设施设计、施工、检查、维护领域全面实施备案管理制度。

2.4.1 “消防设施”内涵和外延的变迁

首先，对爱沙尼亚消防法规中“消防设施”概念的发展予以简述。自 1994 年《消防救援法》，直至现行的 2021 年《消防安全法》，从“消防救援设备”到“消防救援设施”，再到“消防设施”，几经调整的术语及其定义，体现了消防设施集成化、系统化、专业化的发展趋势，以及与建筑功能紧密结合的特点。

1994 年《消防救援法》第 25 条仅提出“消防救援设备”（Tuletõrje - ja päästevahendid），但并未做定义。1995 年《消防安全规则 总则》（TE 1）首次对“消防救援设备”进行定义：“消防救援设备，是指用于扑救火灾或者实施救援的自行式、便携式或者固定安装的器材、装备、机械和设备，以及自动消防设备、初起火灾扑救设备和通信设备。”从上述定义可见，当时将救援队伍的装备器材也纳入了消防救援设备的范畴，此外，“器材”（seade）、“机械”（mehhanism）、“设备”（vahend）这些用词，突出的是完成某项具体功能的单一装置。1998 年《消防救援法》修订为《救援法》时，列举了“消防救援设备”的范围，包括初起火灾扑救设备、消防安全标志、消防给水设施，以及火灾报警、自动灭火、防排烟、紧急照明和防雷系统。需要说明的是，爱沙尼亚一直将防雷（piksekaitse）纳入消防安全范畴。

2004 年 6 月 28 日，全面修订《救援法》时，第 25 条引入“消防设施”（Tuleohutus-spaigaldised），并进行了列举式定义：“消防设施是为实现扑灭火灾、控制火焰和烟气蔓延、火灾报警目的，固定安装的成套消防安全设备”，并规定灭火器、灭火毯等初起火灾扑救设备，视同为消防安全设施。从“设备”（vahend）到“设施”（paigaldised），体现了从单一功能的器材装置，到实现完整功能的集成系统的转变。这次《救援法》修订的一个特点，是通篇将“消防救援工作”替换为“救援领域工作”，将“灭火救援工作”替换为“救援工作”，将“消防和救援领域”替换为“救援领域”，将“消防救援人员”替换为“救援人员”，在这一背景下，能够保留“消防设施”的概念，突出“消防安全”（Tuleohutus），说明消防安全确实具有相对独立的内涵与范畴。在此基础上，2006 年修订《救援法》时，进一步完善了消防设施的定义：“消防设施，是用于探测和扑灭火灾，控制火焰和烟雾蔓延，确保安全疏散和救援人员安全的建筑设施。”这一定义的意义在于，强调了消防设施的“建筑设施”（ehitise tehnosüsteem）属性，并在之前探测火情、扑灭火灾，控制烟火蔓延的基础上，增加了“确保安全疏散和救援人员安全”的内容。至此，“消防设施”的概念和定义得以确定，区别于灭火救援使用的“救援设备”（päästevahendite）。

2010 年制定《消防安全法》时，第二章“火灾预防”专设第三节“消防设施”，在 2006 年《救援法》定义的基础上略做调整，采用“列举 + 兜底”的方式，对“消防设施”进行了定义。2017 年 3 月 30 日，内政部依据《建筑法典》制定《建筑消防安全要求》时，沿用了《消防安全法》对消防设施的定义。2021 年《消防安全法》对消防设施的表述做了微调，包括增加“独立一氧化碳探测报警器”；删除了“自动灭火系统”中的“自动”（automaatne），从而扩大用于扑救火灾的消防设施范围。

根据现行《消防安全法》第 30 条第（1）款，消防设施是指“独立感烟火灾探测报警器；独立一氧化碳探测报警器；火灾自动报警系统；灭火系统；疏散照明；防雷系统；防排烟设备；消防软管卷盘系统；其他用于探测火灾，防止火焰和烟气蔓延，确保疏散和救援安全的设备与技术系统”。并在第（2）款专门强调，《消防安全法》关于消防设施的规定适用于灭火器。至此，在爱沙尼亚的消防救援法律体系中，“消防设施”“救援设备”成为两个并列的概念，前者重点强调由各类与火灾防控有关的设备、器材集成后，形成的具有完整功能的建筑设施；后者主要是指移动、固定安装的，用于实施救援的设备器材。在《消防安全法》第 3 条、第 4 条、第 22 条有关消防安全义务的规定中，均将消防设施、救援设备作为并列的对象提出要求。

2.4.2　全面实施认证管理制度（1994—2004 年）

1994 年 3 月 23 日，议会通过恢复独立后的首部《消防救援法》，就消防救援工作的职责范围、监督管理、保障措施等做出规定。根据该法第 24 条、第 25 条的规定，爱沙尼亚建立了消防产品认证制度，以及消防设施设计、施工、检查、维护管理体系的认证制度。

认证，是确认产品、服务、管理体系符合技术法规和标准要求的合格评定活动。爱沙尼亚于 1997 年制定首部《产品认证法》（1998 年 3 月 1 日起实施），并分别于 1999 年、2010 年做了全面修订。《产品认证法》实施之前的认证活动，主要依据爱沙尼亚政府制定的相关行政法规开展。需要指出的是，产品认证与管理体系认证，是功能不同的两类认证，在认证目的、对象、检查内容、方法等方面，均有所不同——产品认证，是为了证实产品满足特定的标准和技术规范，认证的对象是特定类别的产品；管理体系认证，是为了证实产品和服务提供者具备满足法规和客户要求的能力，认证的对象是管理体系。

2.4.2.1　产品强制性消防安全认证

根据 1994 年《消防救援法》第 24 条“商品和产品的消防安全要求”及《消费者保护法》的规定，1995 年 1 月 26 日爱沙尼亚政府批准《商品、产品的消防安全和救援要求认证程序》[①]，授权救援局认证办公室和其他认证机构，就产品是否符合消防安全和救援方面的要求，开展认证工作。1996 年 9 月 13 日，根据《规划和建筑法》《消费者保护法》的规定，爱沙尼亚政府批准《建筑材料和产品认证程序》[②]，要求有关部门按照职责分工，确定需要进行强制性认证的建筑材料和产品清单，以及相应的认证程序和认证机构，涉及环境部（建筑材料强度、环保、防噪声、节能蓄热）、内政部（消防安全）和社会事务部（卫生健康）3 个部门。《建筑材料和产品认证程序》就“认证”（nõuetele vastavuse tõendamine）、“认证证书”（vastavustunnistus）、“认证标志”（vastavusmärk）、“质量控制”（kvaliteedijärelevalve）等术语进行了定义，规定了委托认证、实施认证、认证结论、证书出具、跟踪检查、暂停或撤销认证证书的程序。

根据《建筑材料和产品认证程序》，1997 年 3 月 26 日内政部制定《应当进行强制性

---

① 《商品、产品的消防安全和救援要求认证程序》（RT I 1995，13，153），https：//www. riigiteataja. ee/akt/24856。

② 《建筑材料和产品认证程序》（RT I 1996，70，1209），https：//www. riigiteataja. ee/akt/31767。

消防安全认证的建筑材料和产品清单及其消防安全要求和认证机构》①，指定救援局认证办公室作为建筑材料和产品的消防安全性能认证机构。列入强制性消防安全认证的建筑材料和产品共13类：可燃建筑材料，地面材料，屋面材料，建筑结构面层，装饰织物，可燃建筑结构保护层，钢结构，墙、柱、梁、吊顶和屋顶结构，防火门，防火封堵材料，防火阀，排烟道，排烟口。实施认证的依据，包括等效采用国际标准化组织 ISO 1182 的爱沙尼亚国家标准 EV ST 620《消防安全》，对于爱沙尼亚尚未制定国家标准的钢结构、防火门、防火封堵材料、防火阀、排烟道、排烟口等材料和产品，《应当进行强制性消防安全认证的建筑材料和产品清单及其消防安全要求和认证机构》直接规定了必须满足的要求。

1998 年 3 月 1 日，《产品认证法》实施，确定在卫生、环保和安全领域实施强制性产品认证，同年 6 月 2 日，爱沙尼亚政府制定《产品认证法实施条例》②，授权内政部、环境部、经济部、农业部、社会事务部、道路和交通部在各自职权范围内，确定实施强制性认证制度的产品清单，并确定认证证书的有效期。12 月 21 日，内政部发布《必须取得强制性产品认证证书方可销售、使用的消防救援设备清单，以及认证证书的有效期》③，确定将手提式灭火器、消火栓、火灾自动报警系统 3 类消防救援设备列入强制性产品认证清单，只有取得认证的产品方可销售和使用，认证证书的有效期 5 年，首次颁发时最长为 3 年。

根据 1999 年修订的《产品认证法》和 2000 年修订的《救援法》，2001 年 6 月 19 日，内政部制定《消防救援设备认证程序》④，决定对 9 类消防救援产品实行强制性产品认证：火灾报警系统产品、自动灭火系统产品、初起火灾扑救设备、消防给水设备、应急照明设备、泡沫灭火剂、消防安全标志、防排烟设备、防雷设备。上述产品分为两类，分别采用不同的认证方法。第一类包括火灾报警系统产品、自动灭火系统产品、初起火灾扑救设备、消防给水设备、应急照明设备、泡沫灭火剂，在厂商提交“符合性声明”和技术文件基础上，由认证机构经过产品抽样检验和质量体系核查，出具认证证书。第二类包括火灾报警系统产品（也可选用第一类认证方法）、消防安全标志、防排烟设备、防雷设备，将厂商提交的“符合性声明”视为通过强制性认证的依据。“符合性声明”（vastavusdeklaratsioon，英语 declaration of conformity），是产品生产厂商出具的

---

① 《应当进行强制性消防安全认证的建筑材料和产品清单及其消防安全要求和认证机构》（RTL 1997，52，269），https：//www. riigiteataja. ee/akt/35237。

② 《产品认证法实施条例》（RT I 1998，51，767），https：//www. riigiteataja. ee/akt/75380。

③ 《必须取得强制性产品认证证书方可销售、使用的消防救援设备清单，以及认证证书的有效期》（RTL 1998，380，1628），https：//www. riigiteataja. ee/akt/89491。

④ 《消防救援设备认证程序》（RTL 2001，78，1067），https：//www. riigiteataja. ee/akt/27123。

书面证明，承诺其产品符合法律规定和技术标准要求，并且在生产过程中遵守相应的质量保障程序。作为一种特殊的认证方式，“符合性声明”体现了“事后监督”的理念，主要适用于认证机构不具备相应的检验条件（或者检验能力不足以满足实际需求），或者市场需求量不大的产品，前提是厂商必须具备良好的信誉，而且可以通过政府监管，以及行业协会、消费者保护组织、保险公司等多元主体的参与，对产品质量进行验证。

与爱沙尼亚的情况类似，我国的消防产品认证制度起步于1992年。根据标准化法、产品质量法确定的质量认证制度，从20世纪90年代初期开始，公安部逐步开始对重要的消防产品实施以产品质量认证管理为核心的市场准入制度。重要标志是1992年5月，经国家技术监督局同意，公安部牵头成立“中国消防产品质量认证委员会”（秘书处设在公安部消防局），其定位是“国家技术监督局授权的一个行业产品认证机构，代表国家实施消防产品质量认证管理”。在1993年首批开展点型感烟火灾探测器、点型感温火灾探测器和火灾报警控制器产品质量认证的基础上，自1995年7月1日起对上述3类消防电子产品实施强制认证管理，2000年开始对第2批7个品种的消防产品实行质量认证。2001年12月3日，国家质量监督检验检疫总局、国家认证认可监督管理委员会发布《第一批实施强制性产品认证的产品目录》，其中就包括3大类、10种消防产品：火灾报警设备（点型感烟火灾报警探测器、点型感温火灾报警探测器、火灾报警控制器、消防联动控制设备、手动火灾报警按钮），消防水带，喷水灭火设备（洒水喷头、湿式报警阀、水流指示器、消防用压力开关）。同年，公安部决定采用“型式检验 + 工厂条件 + 监督检验”模式的消防产品型式认可制度，替代生产许可证制度和强制检验制度，并授权中国消防产品质量认证委员会具体实施。

2.4.2.2　消防救援设备设计、安装、维护质量体系认证

根据1994年《消防救援法》第25条关于消防救援设备性能要求的规定，1995年5月31日，爱沙尼亚政府批准《消防救援设备性能认证程序》①，对消防救援设备设计、安装和维护企业的质量体系进行认证和监督管理。该程序共4章、20条，分别就质量体系认证程序、认证证书的颁发、质量监督和证书撤销做出了规定，确定救援局认证办公室作为认证机构，按照爱沙尼亚国家标准《质量体系评估和认证/注册机构的一般要求》（EVS EN 45012：1995），对消防救援设备设计、安装、维护企业的质量体系进行认证。

1996年6月26日，对《消防救援法》局部修订时，将制定消防救援设备性能要求的主体，由共和国政府调整为内政部，同年10月15日，内政部公布了新的《消防救援

① 《消防救援设备性能认证程序》（RT I 1995，60，1019），https：//www.riigiteataja.ee/akt/30834。

设备性能认证程序》。1998 年《消防救援法》修改为《救援法》，对第 25 条进行全面修订，授权内政部部长就消防救援设备的性能和安装、维护要求制定规章。2000 年修订《救援法》时再次修改第 25 条，将第（2）款修改为"从事火灾报警和自动灭火系统的设计、安装、维护，以及初起火灾扑救设备的检查、维护，应当取得认证证书"，并新增第（2[1]）款，要求内政部部长就上述认证的条件和程序制定规章。根据《救援法》第 25 条第（2）（2[1]）款的规定，2000 年 11 月 14 日，内政部制定《火灾报警和自动灭火系统设计、安装、维护，以及初起火灾扑救设备检查、维护机构的认证条件和程序》①，建立了对消防设施设计、安装、检查、维护服务的认证管理制度——认证的核心，是对从事上述服务机构的质量体系进行评定。其中的"初起火灾扑救设备"，包括手提式灭火器、消防软管卷盘、消防沙箱、消防储水箱和灭火毯。

根据《火灾报警和自动灭火系统设计、安装、维护，以及初起火灾扑救设备检查、维护机构的认证条件和程序》，从事火灾报警和自动灭火系统设计、安装、维护，以及初起火灾扑救设备检查、维护的机构，统称为"服务机构"（teenus tegelevate isikute）。凡是在爱沙尼亚登记，且章程中包括上述服务内容的法人，以及在爱沙尼亚商事系统（Eesti äriregistris）登记的自然人，均可提出申请，由认证机构依据《产品认证法》确定的程序，按照欧洲标准 EN 30011－1：1993《质量体系审核指南——审核》（*Guidelines For Auditing Quality Systems－Auditing*），对申请人的质量体系（kvaliteedisüsteem）和相关内容进行审核。申请人提交的质量手册（kvaliteedikäsiraamat），必须阐释其质量方针和质量体系——包括各级人员的质量管理责任，管理层的职责，支持质量体系运行的资源和配套制度，质量监测和持续改进的措施等，以确保其正确执行《火灾报警系统要求》《自动灭火、防雷和防烟系统要求》《初起火灾扑救措施要求》的技术要求。

上述认证证书的有效期由认证机构确定，初次认证一般为 2 年，最长不超过 3 年，3 年后通过复检的，有效期相应延长。在颁发认证证书时，从事消防设施设计、安装、维护服务的机构应当与认证机构签订质量监督协议，由认证机构每年至少进行 1 次跟踪检查，并向服务机构反馈意见，对质量体系不再符合认证条件的，依照规定撤销认证证书。与认证和检查有关的费用，均由从事相关服务的法人或自然人承担。2004 年 9 月 1 日，随着全面修订的《救援法》实施，上述认证制度废止，消防产品的认证统一按照《产品认证法》实施，不再建立专门制度。

1994—2004 年，爱沙尼亚对 9 类消防产品实行强制性产品认证，对火灾报警和自动

---

① 《火灾报警和自动灭火系统设计、安装、维护，以及初起火灾扑救设备检查、维护机构的认证条件和程序》（RTL 2000，125，2007），自 12 月 1 日生效，https：//www. riigiteataja. ee/akt/26654。

灭火系统设计、安装、维护，以及初起火灾扑救设备检查、维护机构实行质量管理体系认证。从制度设计的角度考量，在统一的产品认证制度基础上，建立消防产品强制性认证制度，有利于确保消防产品质量；对消防救援设备设计、安装、维护服务实行的质量体系认证，虽然不属于行政许可，但相关机构必须取得认证证书方可从业，还必须接受后续的跟踪监督和复评，在一定程度上已经具有行政许可的特征。

2.4.3　消防技术服务的登记管理制度（2004—2014 年）

2.4.3.1　经济活动管理制度简介

1989 年 12 月 4 日，尚处于恢复独立过渡期的爱沙尼亚制定《企业法》，就企业的设立、登记和经营活动提出基本要求。1995 年 9 月 1 日，《商事法典》（*Äriseadustik*）实施[①]，《企业法》同步废止。作为营商活动领域的基本法律制度，《商事法典》经多次修订，目前仍然有效。该法典将经营主体（Ettevõtja）分为两类：公司（äriühing）和自雇经营者（Füüsilisest isikust ettevõtja），后者是指以个人名义长期提供商品或服务的自然人，类似于我国的个体工商户。

根据 2004 年 4 月 15 日生效的《经济活动登记法》（*Majandustegevuse registri seadus*）[②]，爱沙尼亚建立经济活动登记系统，记录并公开企业和各类机构、非营利组织在"特殊领域"的经济活动信息——所谓"特殊领域"（Erinõudega tegevusala），是指必须依法登记或者取得许可后，才能开展经济活动的领域。《经济活动登记法》只是确定了对经济活动进行登记管理的一般程序，具体哪些活动需要进行登记或者取得许可，则由相关领域的专门法规定。经营主体依法向相关的行政机关提出登记申请，并提交相应的申请材料，经审核同意的，由行政机关做出予以登记的决定。对于在重大事项方面提交虚假信息，以及存在刑事犯罪等违法行为的经营主体，行政机关可以做出撤销登记的决定，从经济活动登记系统删除该经营主体的信息——市场禁入。

这一阶段，有关经济活动登记、许可的内容散见于 100 多部专门法，缺乏统一的原则，碎片化问题突出。特别是经济活动登记的内容繁复，且每年都要进行"年审"，导致经济活动登记成为每年重复一次的"变相许可"（pehmetest tegevusluba）。有违反欧盟《服务业指令》（*Teenuste direktiiv*，英语 *services directive*）之嫌。《服务业指令》是指 2006 年 12 月 12 日欧洲议会和欧洲理事会制定的《关于内部市场服务业的第 2006/123/ EC 号

---

① 《商事法典》（RT I 1995，26，355），https：//www. riigiteataja. ee/akt/112032022012。

② 《经济活动登记法》（RT I 2004，12，79），https：//www. riigiteataja. ee/akt/715230。

指令》①，该指令旨在消除服务业贸易壁垒，建立统一的服务业市场，要求各成员国确保其服务市场的自由准入和非歧视待遇，包括不得要求跨境经营企业在当地设立独立分支机构，或者向当地政府备案。

为解决上述问题，2011年2月23日议会通过《经济活动法典 总则》（*Majandustegevuse seadustiku üldosa seadus*）②，自2014年1月1日生效，同步废止《经济活动登记法》。作为经济管理的基本法律制度，《经济活动法典 总则》建立了经济活动许可、管理、监督活动的统一法律依据，其立法动议在20世纪90年代就已提出，于2007年春季正式启动立法工作，立法宗旨是消除经济活动领域的非必要限制，创造促进竞争和提高效率的营商环境，在发展经济与审慎监管之间取得平衡，从而形成经济管理制度方面的国际竞争优势。《经济活动法典 总则》对“经济活动”（Majandustegevus）做了定义：“（1）经济活动是指以营利为目的而稳定进行的合法活动。（2）需要备案或者许可才能进行的行为，即使不以营利为目的，也视为经济活动。”根据上述规定，需要向政府机构备案或者取得许可才能从事的行为，即使不以营利为目的，也视同为经济活动，应当按照《经济活动法典 总则》进行管理。

《经济活动法典 总则》将纳入监管范围的经济活动分为两类：第一类是有备案义务（teatamiskohustusega）的活动领域，经营主体必须登记备案，备案内容包括经营主体的名称、代码、联系方式、活动领域等基本信息，从业人员和活动场所的信息等。第二类是有申请许可义务（loakohustusega）的活动领域，经营主体提出申请，经监管机构按照相应的前置条件进行审查，同意核发许可后，方可开展经营活动，监管机构在核发许可时，可以依法提出限定性的附加条件。

借助发达的互联网技术和网络基础设施，《经济活动法典 总则》将“一站式受理”（Ühtse kontaktpunkt）、“网上办理”（elektroonilise menetlus）确定为基本原则，重塑再造了包括经济活动登记在内的经济管理体制机制。在爱沙尼亚政务服务门户网站（www. eesti. ee），按照经济活动领域，公开需要申请许可或者备案的经济活动，及其法律依据、办理要求（相当于政府的权力清单），极大方便了经营主体。《经济活动法典 总则》第7条对“经济监管机构”做了界定——凡是依法对经营主体及其经济活动核发（暂扣、吊销）许可，对经济活动实施监督的机构，均属于经济监管机构，同时也是《执法法》规定的执法机构。消费者保护和技术监督局负责管理新的经济活动登记系统（majandustegevuse registri，MTR），对经营主体及其经营活动进行记录和监督，纳入登记

① 《关于内部市场服务业的第2006/123/ EC号指令》，https：//eur - lex. europa. eu/legal - content/EN/LSU/? uri = CELEX：32006L0123。

② 《经济活动法典 总则》（RT I，25. 03. 2011，1），https：//www. riigiteataja. ee/akt/106042021005。

系统的内容包括：经营主体和经济活动的基本信息，与经营许可相关的信息（包括许可证的核发机构、时间、依据等），以及监管机构下达的《责令整改通知》《经济活动禁令》等信息，供社会公众免费查询。

经营主体在经营活动过程中，必须履行“尽职义务”（hoolsuskohustus）——也就是采取措施，确保符合经济活动要求和经营许可的附加条件，及时消除违反上述要求和条件的问题。如果经营主体严重违反经济活动要求和经营许可的附加条件，则视为违反尽职义务，由监管机构下达《责令整改通知》，限期内仍未整改的，责令部分或者全部暂停经营活动，或者暂扣经营许可；如果严重违反经济活动要求和经营许可的附加条件，则无需下达《责令整改通知》，可以直接责令暂停经营活动。对于责令暂停经营活动后仍未整改的，由执法机构按照《经济活动法典 总则》第 36 条下达《经济活动禁令》（*Majandustegevuse keeld*），禁止经营主体及其相关人员从事经营活动。

2.4.3.2　消防设施设计、安装、维护机构的登记管理

2004 年 6 月 28 日议会全面修订《救援法》，删除第 25 条第（2）（2^1）（3）款，废止了 2000 年以来实行的消防救援设备设计、安装、检查、维护服务认证管理制度；同步新增第 25^2、25^3 条，结合稍早前 4 月 15 日实施的《经济活动登记法》，建立了对消防设施设计、施工、检查服务的登记管理制度（自 2004 年 9 月 1 日起实施）。

专栏

2004 年《救援法》第 25^2、25^3 条

第 25^2 条　消防设施设计、施工和检查的经营主体

（1）《商事法典》规定的经营主体，符合以下条件，即可从事火灾自动报警和自动灭火系统设计、施工和维护，以及初起火灾扑救设备检查和维护工作：

1）在经济活动登记系统登记，并

2）与本法第 25^3 条规定的专业负责人建立雇佣关系，或者自雇经营者本人符合专业负责人的条件。

3）从事初起火灾扑救设备检查和维修的，应当具备相应的设备和工具。

（2）经营主体的登记和删除，执行《建筑法》和《经济活动登记法》的规定。

第25[3]条 专业负责人

（1）专业负责人，是指以下人员：

1）胜任组织管理和检查火灾自动报警系统和自动灭火系统设计、施工、维护，以及初起火灾扑救设备维护等工作；

2）就单位遵守本法和相关法规提出建议。

（2）在火灾自动报警系统和自动灭火系统设计、施工、维护，以及初起火灾扑救设备检查和维修方面，专业负责人必须具备以下条件：

1）取得《职业资格法》规定的职业资格，具备组织共享资源、共同工作的能力，并对工作负责，或

2）具有高等职业教育学历，且三年以上火灾自动报警和自动灭火系统设计、施工、维护或者初起火灾扑救设备检查、维修工作经历；或

3）具有中等职业教育学历，且三年以上火灾自动报警、自动灭火系统及初起火灾扑救设备的检查、维护工作经历。

（3）在初起火灾扑救设备的检查和维修方面，专业负责人必须具备以下条件：

1）取得《职业资格法》规定的职业资格，具备组织共享资源、共同工作的能力，并对工作负责，或

2）三年以上初起火灾扑救设备的检查和维修工作经历，具备组织共享资源、共同工作的能力，并对工作负责。

根据《救援法》第25[2]、25[3]条的上述规定，消防设施的设计、施工、检查、维护被列入《经济活动登记法》所指的“特殊领域”，纳入《建筑法》的调整范围。从事上述服务活动的法人或自雇经营者，必须具备《商事法典》规定的经营主体资格，提交相应的申请资料（包括经营主体的基本信息、拟从事服务的特殊领域、专业负责人的情况等），经技术监督机构（《建筑法》第62条确定的监管机构）依法登记后，才能开展相应的服务活动。技术监督机构进行登记审核时，主要核查经营主体是否具有相应的专业负责人。

《救援法》第25[3]条规定的“专业负责人”（vastutav spetsialist），需要取得《职业资格法》规定的相应职业资格，并具有3年以上从业经历，胜任在本领域从事组织管理工作的要求，执业方向包括消防设施设计、施工、检查维护，以及单位消防安全管理咨询（与我国注册消防工程师类似）。根据2001年《职业资格法》，爱沙尼亚于2005年建立共分5级的职业资格框架（1级最低、5级最高），并于2006年发布消防设施设计、安

装、维护领域的第一部职业标准《安防和消防系统技师（3 级）职业标准》，工作内容包括安防和消防设施的设计、安装、维护。2008 年《职业资格法》按照欧盟框架建立 8 级职业资格体系后，目前在本领域共设有 3 个准入类职业，包括安防和消防系统技师（4 级）、安防和消防系统专业人员（5 级）、安防和消防系统设计师（6 级），能力水平逐次提高，构成了安防和消防设施的设计、安装、维护职业系列。相关内容，在第五章第四节详述。

2010 年 9 月 1 日，《救援法》“一分为二”制定的《消防安全法》和新《救援法》同时实施。作为恢复独立后消防安全领域的首部专门法律，《消防安全法》建立了消防安全义务和国家消防安全监督的统一法律框架，在第二章“火灾预防”第三节“消防设施”，首先界定了“消防设施”的范围，进而明确了业主组织检查、维保消防设施，确保消防设施完好有效的义务。在此基础上，第 32 条至 35 条专门就消防设施的设计、安装、检查、维护做出规定，基本延续了 2004 年《救援法》的登记管理制度。其中，第 32 条“消防设施的设计、安装、检查和维护要求”提出了总体要求，即消防设施的设计、安装、检测和维护，应当符合技术标准和产品说明，确保消防设施发挥作用；符合技术标准规定条件的消防设施，即可销售和使用；授权内政部部长就消防设施的要求，及其设计、安装、标识、维护等制定规章。第 33 条“消防设施的设计、安装、检查和维护主体”，明确了纳入消防设施服务管理的 3 类内容：火灾自动报警系统和自动灭火系统（以下简称“双自动系统”）的设计、施工或维护，灭火器的维护，消防软管卷盘的检查和维护。从事上述服务的机构，必须具有相应的专业负责人，并在经济活动登记系统申报登记。第 34 条关于“专业负责人”的规定，基本沿用了 2004 年《救援法》第 25[3]条的规定。第 35 条“登记程序”规定，从事消防设施服务的经营主体应当按照《经济活动登记法》规定的程序登记，并授权救援局将存在以下情形的经济主体从登记系统删除（市场禁入）：（1）多次拒不执行《责令整改通知》；（2）违反关于消防设施设计、安装、检查和维护的要求；（3）违法行为危害生命健康和财产、环境安全，构成犯罪。

综合上述管理措施，2010 年《消防安全法》虽然只对消防设施设计、安装、检查和维护服务进行“登记”管理，但经营主体提出登记申请后，行政机关在做出是否登记的决定前，需要审核其从业条件（主要是专业负责人），并有权将存在违法行为的经营主体从登记系统删除，这些程序和行政行为，具备了行政许可的基本特征。也就是说，自 2004 年 9 月 1 日以来，爱沙尼亚对消防设施设计、安装、检查和维护服务机构的管理，形式上是“登记”，实质上就是**变相许可**。

2.4.4　全面实施备案管理（2014 年至今）

2011 年 2 月 23 日，议会通过《经济活动法典 总则》，立法目标之一，是统一有关经济活动许可、限制和禁止的法律依据，最大限度减少对经济活动的非必要干预。为此，《经济活动法典 总则》将纳入监管范围的经济活动分为备案和许可两类，按照“只有维护公共利益绝对必需，才能设置经济活动许可”的原则，在《消防安全法》等37部涉及国家安全、公共安全、食品安全、卫生健康等领域的专门法设置了行政许可。其中，在《消防安全法》第1条增加第（4）款“本法规定的经济活动许可发放、撤销和备案，以及不属于经济活动，但应当申请许可和备案的活动，均适用《经济活动法典 总则》”——这一规定保留至今，成为管理消防安全领域经济活动的基本原则。同时，修改第33条并增加第33^1、33^2条，将消防设施服务分为两类进行管理：灭火器维护和消防软管卷盘的检查、维护，实施备案管理，相关经营主体必须具有相应的专业负责人；“双自动系统”的设计、施工安装和维护，实施许可管理，发放许可的前提，是经营主体必须具有相应的专业负责人。同时废止第35条。上述规定，自2014年1月1日起与《经济活动法典 总则》同步生效。

专栏

2011年《消防安全法》修改第33条，新增第33^1、33^2条

第33条　经济活动备案及其要求

（1）从事以下领域的经济活动，必须备案：

1）灭火器维护；

2）消防软管卷盘检查和维护。

（2）从事本条第（1）款规定领域活动的经营主体，其技术负责人应当符合本法第34条规定的要求。

第33^1条　经济活动许可

从事火灾自动报警系统和自动灭火系统设计、施工和维护，应当取得许可。

第33^2条　经营活动许可的条件

经营主体如果具备符合本法第34条规定的专业负责人，则应予以许可。

第34条　技术负责人

（1）技术负责人，是符合以下条件的自然人：

1）具备组织管理和检查灭火系统、火灾报警系统和排烟系统设计、施工、维护，灭火器维护，以及消防软管卷盘系统检查、维护工作的

能力；

2）与从事本法第33条规定经济活动的法人订立合同，负责确保遵守本法和相关法规的要求。

（2）技术负责人应当具备职业标准规定的灭火系统、火灾报警系统和排烟系统设计、施工、维护能力，组织他人开展上述工作并承担责任。

（3）技术负责人应当具备灭火器维护和消防软管卷盘系统检查、维护的职业资格，以及该领域至少三年的工作经历。

（4）根据《外国职业资格认可法》和相关法律，认可在欧洲经济区其他成员国获得的本条第（2）款所指的职业资格。

《经济活动法典 总则》涉及面广、事关重大，由于2011年立法时对一些问题考虑不够全面，之后又在立法理念上有所调整，导致该法在原定2014年1月1日生效前，修订多达14次，生效时间也延后至2014年7月1日。其中最为重要的一次修订，是2014年6月5日通过的《〈经济活动法典 总则〉〈执法法〉修正案和相关法律修正案》[①]，删除了2011年《经济活动法典 总则》立法时《消防安全法》增加的第33^1、33^2条——也就是说，拟议对“双自动系统”设计、施工安装和维护实施的许可管理制度，尚未实施即被废止。在这次通过的修正案中，出现类似情况的，还涉及《建筑法》《电气安全法》等几十部法律。

对于上述重大调整，爱沙尼亚政府在提交议会的立法说明中指出：2011年制定《经济活动法典 总则》、配套修订《消防安全法》时，对灭火器维护、消防软管卷盘检查维护实施备案管理，相关的经营主体必须具备符合要求的专业负责人；对“双自动系统”设计、施工和维护实施许可管理，许可的“前置审查”（eelkontroll），也是要确认是否具备符合要求的专业负责人——也就是说，就灭火器维护，消防软管卷盘检查维护，以及“双自动系统”设计、施工和维护这3类行为而言，对经营主体的实质性要求并无不同——均必须具备符合要求的专业负责人，前两类行为（灭火器维护、消防软管卷盘检查维护）只要备案，不需等待任何登记核准，即可开展活动；而从事“双自动系统”设计、施工和维护，却必须提交申请，取得许可后，才能开展活动——不论从法理上还是程序上，上述差异化的制度安排，都是不合理、不公平的，为“双自动系统”设计、施工和维护领域的经济活动设置了不必要的限制。

---

① 《〈经济活动法典 总则〉〈执法法〉修正案和相关法律修正案》（RT I，29.06.2014，1），https://www.riigiteataja.ee/akt/129062014001。

对于消防设施服务质量管理而言，“事前管理”的核心，是相关的经营主体必须具备符合相应条件的专业负责人。而根据《消防安全法》《职业资格法》，对安防和消防系统技师（4级）、安防和消防系统专业人员（5级）、安防和消防系统设计师（6级）实施准入类职业资格制度，在职业资格授予环节，可以确保专业负责人具有相应的职业能力；在“事中管理”环节，根据《消防安全法》第五章“国家监督及其措施”，救援局在建筑消防设计审核、使用许可环节，以及基于风险的日常消防监督中，均可对相关消防设施服务活动进行监督；在“事后管理”环节，救援局对于发现的消防设施服务领域违法行为，可以采取罚款、追究轻罪责任等措施。综合上述事前、事中、事后环节的管理措施，议会同意爱沙尼亚政府提出的意见，即按照现行的消防监督管理制度和机制，在实施准入类职业资格的基础上，如果对经营主体全面实施备案管理制度，完全可以保障消防设施设计、施工、检查、维护的质量。2014年7月1日至今，根据对《消防安全法》的上述修改，统一对从事消防设施设计、施工、检查、维护的经营主体实施备案管理制度。

2021年《消防安全法》进一步完善了消防设施服务管理的规定。包括在第32条“消防设施的设计、安装、检查和维护要求”第（1）款增加“如果消防设施是按照有关标准或其他等效文件设计、安装、检查和维护的，即认为其是合格的”，对于采用新产品、新技术，暂时没有制定标准的消防设施，允许将制造厂商的产品说明以及国外标准等作为等效文件采用，目的是在鼓励采用新产品、新技术的同时，确保消防设施的性能。此外，对第33条第（1）款进行调整，删除了“自动”这一限定词，并增加了“防排烟系统”，即所有火灾报警系统、灭火系统和防排烟系统的设计、施工、检查、维护均纳入备案管理范围，而非仅局限于自动消防设施。

此外，2021年《消防安全法》通过局部调整相关表述，延续了2004年以来实施的消防产品市场准入政策——消防产品认证执行《产品认证法》建立的统一制度，不另行建立专门的工作机制。根据2010年修订的《产品认证法》第5条，爱沙尼亚对玩具、建筑材料和产品、电气设备、燃气设备、压力设备、防爆设备、电梯、索道、无线电设备、计量设备等17个领域的产品和设备，建立了专门的合格评定程序。根据经济和通信部于2013年7月26日制定的《建筑材料和产品要求及其认证程序》[1]，防火涂料、防火封堵材料等与防火分隔有关的建筑材料和产品，纳入了强制性产品认证范围。对于消防设施而言，则全面执行《产品认证法》确定的认证制度，《消防安全法》不再做出专门规定。

---

① 《建筑材料和产品要求及其认证程序》（RT I, 30.07.2013, 2），https://www.riigiteataja.ee/akt/110112020012。

针对可能出现的消防安全专业人员职业资格被盗名“冒用”的问题，即某些经营主体在进行经济活动备案时，录入与其没有合同关系的专业人员信息，2021 年《消防安全法》在第 33 条“从事经济活动的要求和备案义务”增加第（3）款“经营主体在经济活动登记系统提交与技术负责人的合同关系，即视为提交经济活动备案”。这样，既避免了不法经营主体冒用专业人员名义，违法从事消防设施服务活动，影响消防设施服务质量，又可以有效保障专业人员的合法权益。

近 30 年来，爱沙尼亚在消防产品和消防设施设计、施工、检查、维护质量管理领域，进行了 3 次重大的制度和机制变革。从 1994 年开始的认证制度，到 2004 年开始的登记管理（变相行政许可），再到 2014 年以来的备案制度，与我国在这一领域的探索有一定的相似性。每一项制度的出台和运用，都必然要适应当时具体的国情，并随着情况变化而动态调整。事实上，2004 年《救援法》修订，就是《经济活动登记法》立法的配套措施；2011 年、2014 年对《消防安全法》的修改，也是《经济活动法典 总则》立法的直接结果，可以说，是经济活动领域的立法，驱动了消防安全立法的发展。回顾上述过程，最有意义的启迪在于：第一，消防安全管理制度，尤其是对消防安全领域经营性活动、市场行为的管理，必须适应国家经济管理法律法规制度的大背景，顺应政策导向，选择适合时代要求的政策工具。第二，必须兼顾发展与安全，在服务和促进经济发展与坚守安全底线和审慎监管之间取得平衡，尤其不应以安全为由，为经济发展设置不必要的障碍。第三，对于消防安全领域的技术服务而言，从业人员是生产力的核心要素，通过发展消防安全领域的职业资格制度，培养和造就具备专业能力的消防安全技术和技能人才队伍，是提高全社会消防安全水平的基础性、先导性工作；管好从业人员的职业资格、执业行为，是管好专业服务机构、进而管好专业服务市场的前提和基础，也是最为关键的环节。

第五章　消防救援职业体系

职业是劳动分工的产物，职业分类和职业资格管理，是现代社会发展的重要基础性工作。消防救援职业体系的构建，是消防救援工作专业化、职业化发展的必要条件。爱沙尼亚对照国际劳工组织《国际标准职业分类》，全面对标欧洲一体化进程的重要成果欧洲资格框架，构建了适应本国国情、从“预防”到“救援”全覆盖的消防救援职业体系，并将主要的消防救援职业纳入准入类职业范畴，制定职业标准，在职业培训、引导就业、提升能力等方面发挥了重要作用。

第一节　消防救援职业体系概述

职业的形成和分类，是生产力发展和社会劳动分工的必然要求。国际劳工组织编制的《国际标准职业分类》，是“二战”后国际职业分类的重要成果，确立了“工作性质相似”“技能相似”相结合的职业分类维度，并与《国际标准教育分类》的教育水平分级建立了对应关系。消防救援职业已经全面融入国际标准职业分类，以及各个国家和地区的职业管理体系。1999 年颁布的《中华人民共和国职业分类大典》，标志着我国建立了现代职业分类体系，2015、2022 年修订版进一步完善了我国的消防救援职业体系。

1.1　职业和职业分类

1.1.1　职业

什么是职业（Occupation）？职业是劳动分工的产物，是“从业人员为获取主要生活来源所从事的社会性工作的类别”①，简言之，职业就是“合法的谋生手段”。传统意义上认为职业有 5 个基本特点：一是目的性，即以获得报酬为目的；二是社会性，即从业人员在特定社会生活环境中与其他社会成员相互关联、相互服务；三是稳定性，即职业在一定的历史时期形成，并具有较长的生命周期；四是规范性，即职业活动必须符合国

---

① 中华人民共和国国家标准《职业分类与代码》（GB/T 6565－2015）。

家法律和社会道德规范；五是群体性，即从业人员必须具有一定的数量规模[①]。

划分职业的基本原则，就是将工作性质、知识和技能水平相似的工作确定为同一职业——这就涉及“工作”“职业”的区分。国际劳工组织认为，“工作”（job）是“某人为雇主（或自雇）而被动（或主动）承担的任务和职责”（a set of tasks and duties performed, or meant to be performed, by one person, including for an employer or in self employment）。“职业”则是“主要任务和职责高度相似的一组工作”（a set of jobs whose main tasks and duties are characterised by a high degree of similarity）——也就是说，职业是具有相似性的工作的集合，工作是职业的基本构成单元[②]。一个劳动者可能经常换不同的工作岗位甚至工作单位，但从事的又可能始终是同一职业。比如，从国际上看，各国普遍将火灾扑救、抢险救援、火警调度等工作纳入消防救援职业的范畴。

国际劳工组织（International Labour Organization, ILO）1919 年 6 月正式成立，前身是“一战”后根据《凡尔赛和平条约》成立的“国际劳动立法委员会”（Commission on International Labour Legislation），1946 年成为联合国负责社会和劳动事务的专门机构，现有 187 个成员国[③]。作为以国家为单位参加的国际组织，国际劳工组织实行“三方机制”，即成员国代表团由政府、雇主组织和工人组织的代表组成，三方代表有平等独立的发言和表决权，是唯一一个政府没有绝对投票权的国际组织。国际劳工组织的活动主要包括：国际劳动立法和制订国际劳工标准、开展技术合作推动实施国际劳工标准、开展研究教育和出版。国际劳工组织的最高权力机构，是每年召开一次的国际劳工大会（International labour Conference），国际劳工大会闭会期间，由作为执行委员会的理事会（Governing Body）指导国际劳工组织的工作，设在瑞士日内瓦的国际劳工局（International Labour Office，缩写也是 ILO）是国际劳工组织的常设秘书处。中国是国际劳工组织的创始成员国和 10 个常任理事国之一，自 1983 年召开的第 69 届国际劳动大会起，中国政府正式参加国际劳工组织的各项活动，截止到 2022 年 4 月底，我国已批准 28 个国际劳工公约。

随着现代社会发展，劳动分工同时呈现精细化和交融性趋向，职业的属性更为丰

---

① 国家职业分类大典修订工作委员会：《中华人民共和国职业分类大典（2015 年版）》，中国劳动社会保障出版社 2015 年版，第 12 页。

② 国际劳工组织：《国际标准职业分类（ISCO－08）第一卷：结构、定义和表格》（*International Standard Classification of Occupations*（*ISCO－08*）*Volume I*: *Structure, group definitions and correspondence tables*），第 4 页。https://www.ilo.org/public/english/bureau/stat/isco/isco08/index.htm。

③ 国际劳工组织介绍，https://www.ilo.org/global/about－the－ilo/how－the－ilo－works/lang－－en/index.htm。

富，边界日趋融合，职业特征有了新的内涵：一是目的性更加丰富，从业人员不仅仅以获得支持生活的报酬为目的，职业也是实现自身精神价值、获得社会认可的重要平台。二是分工更加明确，同一职业的从业人员可能有不同的工作岗位，这就涉及一个实践中容易混淆的问题——“职业”与“职务”“岗位”的关系，比如，消防救援部门的“总队长”“支队长”“大队长”“中队长（站长）”，虽然职务、岗位不同，但从事的都是“消防救援指挥员”这同一职业。三是同类职业的工作性质、技能水平均具有较高相似性——职业不是根据人员身份、工作单位划分，而是将具有相似工作性质、知识背景和技能水平的工作归纳为同一职业类别（一般分为大类、中类、小类）。比如，国家综合性消防救援队伍的消防员、政府专职消防队伍的消防员、企业事业单位专职消防队的消防员，虽然具有不同的身份属性、管理体制和保障渠道，但都是从事消防救援工作，因此均属于“消防员”职业。四是规范性不断增强，每名从业者都有具体而且相对稳定的工作责任和权利、义务，各司其职，必须履行其职业使命和岗位责任，有一些涉及公共安全、人身安全职业的从业人员，还必须取得相应的职业资格。五是相对稳定性与动态变化性的辩证统一，社会分工具有天然的相对稳定性，一方面，有些职业（如医生、教师、理发师等）跨越时代长期存在；另一方面，随着社会变迁和科技进步，一些传统职业的内涵发生深刻变化，有的职业被整合调整甚至消亡，部分职业的分化程度越来越高，新职业不断产生，作为对当下和未来社会就业发展方向的描绘，职业设置必须及时、充分地加以反映，以发挥对社会就业的积极引导作用。我国于2004 年8 月建立了新职业信息发布制度，近年来陆续发布了多批新兴职业，如 2020 年 6 月 28 日，人力资源和社会保障部、市场监管总局和国家统计局联合发布了“区块链工程技术人员”“城市管理网格员”“互联网营销师”“在线服务学习师”等 9 个新职业①，以适应互联网和信息技术的快速发展，服务常态化新冠肺炎疫情防控。

在本书中，“资格”（Kvalifikatsioon，英语 Qualification）是指通过评估对能力的正式认可，包括职业资格（Kutsekvalifikatsioon，英语 Occupational qualification）和教育资格（Hariduslikud kvalifikatsioon，英语 Educational qualification）。教育资格，是教育主管部门颁发的学历证明，分为普通教育、职业教育和高等教育资格；职业资格是专门机构按照职业标准，对人员从事某一职业所必需能力水平的认可，取得职业教育、高等教育资格的人员，可以按照有关规定同时取得职业资格。

---

① 《人力资源和社会保障部办公厅 市场监管总局办公厅 统计局办公室关于发布区块链工程技术人员等职业信息的通知》（人社厅发〔2020〕73 号）。http：//www. mohrss. gov. cn/gkml/zcfg/gfxwj/202007/t20200706_ 378490. html。

1.1.2　职业分类

有了千差万别的职业，就必然需要分门别类、构建职业体系并进行管理——实质上，职业分类体系就是为所有职业构建一个体系化的“户口本”。我国春秋时期法家代表人物、齐国国相管仲提出“士农工商”[①]，以及相近时期《考工记》记述的木工、金工、皮革、染色、刮磨、陶瓷6大类、30多个工种，都从不同层面生动反映了当时以农业为主的生产方式和封建社会的社会形态，可以视为最早的职业分类。明代王阳明提出“四民异业而同道”，引入了职业平等的命题[②]。

从国际上看，15世纪在欧洲萌芽的资本主义带来了新的生产方式，极大促进了经济社会发展，有关社会分工与职业的研究也逐步兴起，如英国古典政治经济学家威廉·配第[③]以制表厂为例，就内部分工对工人技能影响的分析（1682年）；亚当·斯密[④]《国富论》关于分工的理论（1776年），等等。近代以来，最初只是通过经济分类、学科分类、职位分类对社会职业进行划分，现代意义的职业分类则只有不到200年的历史。马克思和恩格斯在系统考察资本主义雇佣劳动特点的基础上，以社会分工研究为杠杆，论述了劳动价值以及人的全面发展的理论，为准确把握分工与职业的本质联系，促进人的全面发展提供了科学的方法论[⑤]。19世纪初期，美国、英国等早期工业化国家在人口普查中，逐步认识到职业分类的必要性，但直到19世纪中后期，才开始结合国民经济统计、产业和行业分类、劳动力调整、人口普查等，建立初步的职业分类标准。以美国为例，在1850年全国人口普查后，模仿“标准行业分类系统”（Standard Industrial Classification）建立了最早的职业分类，包括322个职业。1939年，美国劳工部首次发布职业分类，并于1980年颁布《标准职业分类体系》（Standard Occupational Classification System），目前已修订4次，最新是2018年版[⑥]。英国的职业分类体系则形成于20世纪60年代。

劳动分工把人类社会的生产、服务划分为各行各业，这些相互联系又有明确区分的职业，构成了复杂的社会体系。职业分类和职业体系的构建，是现代国家经济社会发展、人力资源管理、职业教育培训的重要先行性、基础性工作。通过发展职业体系、制

---

① 李治安：《中近古“士农工商”较自由发展政策模式探研》，《文史哲》2019年第1期，第23—30页。

② 陈继红：《“四民”论转向与社会责任的主体建构》，《光明日报》2021年2月24日，第16版。

③ 威廉·配第（William Petty，1623—1678），英国古典政治经济学家，统计学创始人之一。

④ 亚当·斯密（Adam Smith，1723—1790），英国经济学家、哲学家、作家，经济学的主要创立者。

⑤ 中国就业培训技术指导中心：《中国社会职业发展观察报告（1978年—2008年）》，中国劳动社会保障出版社2010年版，第3页。

⑥ 陈慧梅、谢莉花：《美国标准职业分类的新发展及其启示》，《当代职业教育》2019年第2期，第95—101页。

定职业标准，明确各个职业的工作任务、工作活动和对求职者知识、技能、能力等胜任特征的要求，可以发挥预测劳动力需求、引领职业教育培训、提高劳动者素质、优化劳动力资源配置的作用，进而推动人才发展和社会就业，提高生产和服务效率、促进经济社会发展。

职业分类涉及产业、行业、工种、岗位、工作等一系列理论和实践范畴，其中，产业、行业、职业反映了劳动分工的社会性特征，与国民经济结构、社会劳动结构等宏观领域紧密联系；工种、岗位、工作，则主要从微观层面，反映社会劳动分工的个体性特征。

1.1.2.1　国际职业分类

国际劳工组织一直致力于发展职业分类体系，以服务劳动力统计。1923 年 10 月 29 日至 11 月 2 日召开的第一届国际劳工统计大会（International Conference of Labor Statisticians，ICLS）就建立职业分类方法进行了初步讨论，但此后的第二届（1925 年）、第三届（1926 年）、第四届（1931 年）、第五届（1937 年）国际劳工统计大会未继续深入讨论相关议题。由于第二次世界大战爆发，国际劳工统计大会中断 10 年。在 1947 年 4 月 4 日至 12 日召开的第六届国际劳工统计大会上，根据代表建议，做出“请理事会指导国际劳工局与联合国和有关专门机构合作，研究建立标准职业分类的相关问题，以便未来可能将该议题纳入国际劳工统计大会议程”的决议①，从而启动了国际标准职业分类体系的研究和编制工作。

在 1949 年 9 月 26 日至 10 月 8 日召开的第七届国际劳工统计大会上，第一项议程就是讨论国际标准职业分类的原则和体系构成，并成立了专门的工作组。与会代表讨论了职业分类的用途及其与产业分类的关系等问题，也有代表提出“除人口普查外，职业分类还能应用在什么领域?”等疑问。大会决议肯定了建立国际标准职业分类的必要性，建议各国按照联合国统计和人口委员会（United Nations Statistical and Population Commissions）的提议，在未来的人口普查中使用国际标准职业分类。但是，由于还有很多问题亟待研究——特别是在具体的职业组别（subgroups）层面尚不成熟，第七届大会只在职业大类划分方面形成共识，暂定了 9 个职业大类，并要求国际劳工局将职业分类与产业分类结合，进一步开展相关研究工作，提交下一届大会审议。这次大会的意义在于，全面启动了国际标准职业分类方法的研究，并提出了确定职业的基本原则“任何职业分类方法的基础，都必须是就业者从事的行业、专业或工作类型，而不是其所在的机构属性

① 1947 年，国际劳工局：《第六届国际劳工统计大会报告》，第 66 页。https：//www. ilo. org/public/libdoc/ilo/ILO－SR/ILO－SR_ NS7_ engl_ part. 4. pdf。

或者在行业中的地位”。这次会议确定的9个职业大类，也被认为是首版国际标准职业分类[①]。1952年，国际劳工组织参考当时8个工业化国家的职业分类方法，出版了《劳动力跨国流动和工作场所国际职业分类》（*International Classification of Occupations for Migration and Employment Placement*），详细描述了1 727个职业[②]。

在1954年11月23日至12月3日召开的第八届国际劳工统计大会上，决议通过了10个职业大类、71个职业小类（minor groups）的初步架构，并要求不迟于1957年建立包括大类（major groups）、小类（minor groups）、细类（unit groups），乃至更多层级架构的国际标准职业分类体系，以便各国在20世纪60年代的人口普查中予以运用。这次会议，再次重申了第七届大会确定的职业分类基本原则——即职业的划分只与就业者的行业、专业或工作类型有关，与机构属性、人员身份地位无关。

1955年4月，国际劳工局专门就职业分类草案（调整为10个大类、62个小类和168个细类）向各国征求意见，共收到29个国家和国际民航组织、联合国教科文组织、世界卫生组织、国际货币基金等国际组织的回复。到1956年，各方愈加认识到，层级更加丰富、内容更加详尽的职业分类体系不仅有利于统计，而且在就业、移民诸方面都裨益良多。同时，也逐步完善了“自下而上”（from the bottom up）的有效工作方法，即通过广泛收集与职业相关的工作信息，按照“职业→职业细类→职业小类→职业大类”的顺序，从下而上地构建职业体系的“金字塔”。在上述过程中，参照了美国人口普查局为1950年人口普查编制的《职业分类》（*occupational classification for the 1950 census of the america* ）[③]。

经过近十年努力，1957年4月24日至5月3日召开的第九届国际劳工统计大会通过了首部完整的《国际标准职业分类》（*International Standard Classification of Occupations*），于1958年由国际劳工组织正式出版——因此被称为ISCO－58。ISCO－58分为3个层级，包括9个职业大类（不含未分类的其他人员和军人）、73个职业小类和201个职业细类[④]。ISCO－58的推出，是国际标准职业分类方法开发过程中的第一个重要成果，具有里程碑意义。

---

① 1957年，第九届国际劳工统计大会报告之三《国际职业分类》（*International Classification According to Status*）。https：//www. ilo. org/public/libdoc/ilo/1957/57B09_ 81_ engl. pdf。

② 《国际标准职业分类（ISCO－08）第一卷：结构、定义和表格》，第5页。

③ 1951年，美国人口普查局发布《职业分类》的最终修订版，分为大类（major groups）、中类（subgroups）、细类（unit groups）和分群组（sub－classes）4个层级。第九届国际劳工统计大会报告之二《国际标准职业分类：大类、小类和细类（终稿）》的附件5“C. O. T. A.（1950）Occupational Classification”，第132—140页。https：//www. ilo. org/public/libdoc/ilo/1957/57B09_ 80_ engl. pdf。

④ 《第九届国际劳工统计大会报告》，https：//www. ilo. org/public/libdoc/ilo/1957/57B09_ 95_ engl. pdf。

1964 年，国际劳工组织启动了对 1958 年版分类体系的修订，修订工作组成员覆盖了各大洲，不仅包括统计和劳工领域的专家，经济合作与发展组织（OECD）、欧洲经济共同体等国际组织也派代表参加，具有广泛代表性。1964 年 4 月，国际劳工组织向所有成员国和相关国际组织发放了调查问卷，80 多个国家和 10 个国际组织回复了意见。经过修订工作组全面完善，1966 年召开的第十一届国际劳工统计大会审议了修订草案。大会之后的 1969 年，修订版《国际标准职业分类》定稿，被命名为 ISCO－68，包括 9 个职业大类、83 个职业小类、286 个职业细类和 1 506 个职业①。这次大会的决议，系统阐述了国际标准职业分类的 3 个主要用途：一是便于对各国的统计数据进行国际比较，二是指导各国开发本国的职业分类体系，三是为国家之间就相近职业之间的比较提供一个框架。最后一项用途虽然不像前两项那么“直接”，但却提出了未来通过国际标准职业分类这一“桥梁”，搭建国家之间职业资格相互认可的发展方向。从 1957 年的 ISCO－58 到 1969 年的 ISCO－68，国际标准职业分类的意义引起了各国普遍重视，特别是在 ISCO－68 之后，越来越多的国家开始以国际标准职业分类为基础，开发本国的职业分类体系。

在 1982 年 10 月 18 日至 29 日召开的第十三届国际劳工统计大会上，成立了 ISCO－68 修订工作组，讨论了瑞典统计专家比尔吉塔·埃伦斯特伦（Birgitta Ehrenström）提交的专题报告，该报告深入分析了 ISCO－68 的缺陷，包括划分职业时偏重于工作内容而忽视了技能要求，以及主要考虑发达工业国家、忽视发展中国家情况等，进而提出了改进建议，包括对 ISCO－68 进行全面而不是小修小补的修订，职业分类原则应增加反映劳动者技能水平的内容，应当充分考虑发展中国家的情况，要配合新修订的 ISCO 编制指南手册以便于应用等②。

1987 年 10 月 28 日至 11 月 6 日召开的第十四届国际劳工统计大会通过了全面修订的《国际标准职业分类》——因 1988 年经由国际劳工组织理事会定稿③，故称为 ISCO－88，包括 10 个职业大类、25 个职业中类、94 职业小类和 329 个职业细类，取消了对具体职业的描述。ISCO－88 界定了构建职业体系的基本概念，包括工作（job）、职业（occupation）、技能（skill）、技能水平（lever of skill）、技能专长（skill specialisation）等，其重大意义或者说主要进步，集中体现在两方面：首先，更加重视职业分类体系的宏观架构，在原来的职业大类和职业小类之间增加职业中类（sub－major group），将同

① 国际劳工组织：《国际标准职业分类简史》。https：//www. ilo. org/public/english/bureau/stat/isco/intro2. htm。

② 1982 年，《第十三届国际劳工统计大会关于修订国际标准职业分类的建议》。https：//www. ilo. org/public/libdoc/ilo/1982/82B09_ 602_ engl. pdf。

③ 实际上，英语版 ISCO－88 是 1990 年发布的，法语和西班牙语版是 1991 年发布的。见《第十五届国际劳工统计大会报告一：总报告》，第 3—4 页。https：//www. ilo. org/public/libdoc/ilo/1992/92B09_ 219_ engl. pdf。

一职业大类之下、具有相似性的职业小类归并为中类，避免了职业大类之下即为职业小类的梯度过大问题，使职业体系的结构趋于合理；同时，取消了 ISCO－68 对具体职业的定义和描述（但在会议决议中强调，未来可以根据需要恢复对职业的描述）①。其次，构建职业体系过程中，在坚持"工作相似性"的同时，明确引入"技能"的概念——国际劳工组织认为，技能是"完成某一工作的任务和职责所需要的能力"（the ability to carry out the tasks and duties of a given job），通常从"技能水平"和"技能专长"两个方面进行描述。其中，技能水平是"某一职业的职责任务范围及其复杂程度的综合反映"（a function of the complexity and range of tasks and duties to be performed in an occupation）；技能专长主要包括职业涉及的知识领域、工具和装备、工作材料、所提供商品和服务的种类。在构建职业大类时，主要考虑技能水平；在划分职业大类以下的各层级时，则主要考虑技能专长。此外，职业分类与教育培训的关系也更加受到关注，专家提出，职业体系应当体现新技术的发展，尤其应当增加计算机应用领域的职业细类，还要更多考虑与女性有关的工作，以体现性别平等。

ISCO－88 的另一个特点是更加注重需求导向，体现了国际职业分类与国家层面职业分类的差异。修编工作组提出，国家层面的职业分类体系，主要应用于两个方向：一是微观的用户导向，即通过详尽的职业描述，为人力资源管理、职业教育培训、移民管理等提供服务；二是宏观的统计导向，即为政府开展的劳动力统计、社会结构分析提供数据。国际职业分类体系，则更多侧重于宏观层面的应用：一是"比较"，即国家之间围绕某类职业的就业人口分布、工资、工时、职业待遇等的对比；二是"融合"，即通过汇总各国的数据，对职业领域的国际趋势进行分析。基于上述分析，ISCO－88 重点对职业细类进行了全面修订增补——在 329 个细类中，156 个保留原内容（或有微不足道的文字修改），19 个是由对原有内容归并产生的，154 个是重新调整设立的②。ISCO－88 在进一步引导各国开发本国的职业分类体系方面，发挥了积极作用，到 1993 年第十五届国际劳工统计大会召开时，约 30 个国家以 ISCO－88 为模板和基础，已经或正在制定本国的职业分类体系，欧盟统计办公室制定了地区标准职业分类 ISCO－88（COM），独联体国家统计委员会制定了 ISCO－88（CIS）③，南美洲地区也计划制定类似的区域性文件。到 1998 年第十六届国际劳工统计大会召开时，已有 53 个国家和地区制定或正在制

① 1987 年，《第十四届国际劳工统计大会报告四：国际标准职业分类修订，第一部分：背景、原则和草案审查决议》，第 1—2 页。https：//www. ilo. org/public/libdoc/ilo/1987/87B09_ 288_ engl. pdf。

② 《第十四届国际劳工统计大会报告》，第 27—32 页，https：//www. ilo. org/public/libdoc/ilo/1988/88B09_ 74_ engl. pdf；《第十四届国际劳工统计大会报告四：国际标准职业分类修订，第一部分：背景、原则和草案审查决议》，第 1—10 页，https：//www. ilo. org/public/libdoc/ilo/1987/87B09_ 288_ engl. pdf。

③ CIS 是 Commonwealth of Independent States（独立国家联合体）的英文缩写。

定职业分类体系[①]——1995 年，我国劳动和社会保障部、国家质量技术监督局和国家统计局共同启动了《中华人民共和国职业分类大典》的编制工作。

进入 21 世纪后，信息通信技术迅猛发展，带动了劳动力市场的巨大变革。为适应这种变化趋势，2003 年 3 月召开的联合国统计委员会[②]第 34 届大会，要求国际劳工局提出 ISCO－88 的修订时间表，为各国根据新标准开发本国的职业分类体系预留充足的时间，以便于各国在 2010 年前后这一轮的人口普查中予以运用。2003 年 11 月 24 日至 12 月 3 日召开的第十七届国际劳工统计大会做出决议，要求启动 ISCO－88 修订工作，并在 2007 年底前完成[③]。随后，国际劳工组织成立 ISCO－88 修订技术专家组（TEG－ISCO），成员包括有关成员国和相关国际组织的专家，联合国国际经济和社会分类专家组（United Nations Expert Group on International Economic and Social Classifications）提供了技术支持。

经过 2005 年 6 月和 2007 年 4 月两轮广泛征询意见，2007 年 12 月 3 日至 6 日，国际劳工组织理事会召开劳工统计领域多方专家会议，讨论评估了修订稿并建议理事会予以审议。2008 年 3 月，国际劳工组织理事会第 301 次会议通过了《国际标准职业分类》（ISCO－08）——在此前后，该分类体系先后被提交联合国统计委员会第 39 次大会（2008 年 2 月）和第十八届国际劳工统计大会（2008 年 11 月 24 日至 12 月 3 日召开），获得了广泛的国际认可。作为 ISCO－88 的“升级”（update）而非“改版”（revision），ISCO－08 继续沿用了 ISCO－88 的 4 级架构，由 10 个职业大类、43 个职业中类、130 个职业小类和 436 个职业细类构成。其中，10 个职业大类分别是：管理人员、专业人员、技术和辅助专业人员、办事人员、服务和销售人员、农林渔业技工、工艺和有关行业工人、工厂机械操作和装配工、初级工、军人。

回顾上述《国际标准职业分类》的发展历程，ISCO－88 是重要的分水岭。与之前的 ISCO－58、ISCO－68 比较，ISCO－88 在职业体系划分的基本原则方面做了重大调整，此前的国际标准职业分类和很多国家的职业分类一样，进行职业分类时，只强调“工作性质相似”的单一维度——也就是只关注各个职业提供的产品和服务——由此造成职业分类与国民经济行业分类趋同，没有充分反映同一行业领域内，不同岗位从业人

---

① 《第十六届国际劳工统计大会报告》（*International Labour Organization*（*ICLS/16/1998/IV*）*Report IV General report*），第 9—10 页。https：//www. ilo. org/public/libdoc/ilo/1998/98B09_ 210_ engl. pdf。

② 联合国统计委员会（United Nations Statistical Commission，UNSC）成立于 1947 年，是联合国经济及社会理事会的下设机构，国际统计体系的最高机构，负责制定统计领域的国际标准，推进统计领域的国际合作。https：//www. unwto. org/standards/united－nations－statistical－commission－unsc。

③ 2003 年，国际劳工组织发布《第十七届国际劳工统计大会关于国际标准职业分类未来工作的决议》。https：//www. ilo. org/wcmsp5/groups/public/---dgreports/---stat/documents/normativeinstrument/wcms_ 087556. pdf。

员在技能水平方面，可能存在的巨大差异。鉴于此，ISCO－88 拓展了职业分类原则，提出“工作性质相似”“技能相似”相结合的双重分类维度——这一原则，在之后的 ISCO－08 得以进一步完善——其中，“工作性质相似”是职业分类的根本依据，正如本章开篇时强调的，每个职业都是一系列具有相似性的工作的集合，而如何将数以千计的职业分门别类，划分到不同的职业大类，从而构成完整的职业体系，最重要的依据则是“技能相似”。

在制定 ISCO－08 的过程中，技能水平主要取决于三方面因素：一是该职业职责任务的特点；二是对照联合国教科文组织（UNESCO）制定的“国际标准教育分类”（International Standard Classification of Education，ISCED），履行该职业职责任务需要的学历和职业教育水平；三是履行职责任务必需的在职培训、工作经验。ISCO－08 将职业的技能水平划分为 4 级（1 级最低、4 级最高），由于学历教育和培训经历是确定技能水平的重要度量工具，所以国际劳工组织确定了各个技能水平与《国际标准教育分类》（ISCED－97）[①] 教育水平分级的对应关系，如表 5－1 所示（笔者整理）。

表 5－1　《国际标准职业分类》（ISCO－08）的技能水平与《国际标准教育分类》（ISCED－97）教育水平的对应关系

分级	技能描述	典型职业	与《国际标准教育分类》（ISCED－97）对应的教育水平
1 级	简单常规的体力劳动或手工操作需要的技能，可能使用手工工具（如铲子）或简单的电动工具（如真空吸尘器），多数对体力和耐力有要求	保洁员、装卸工、园丁、帮厨	1 级（小学或基础教育第一阶段）
2 级	操作机械或电动设备、驾驶交通工具、保养和维修机电设备，数据处理、信息存储等。一般需要掌握阅读安全提示、书面记录工作情况、准确进行简单算数计算的能力	公交车驾驶员、理发师、售货员、裁缝、电工、车辆技师	2 级（初中） 3 级（高中） 4 级（高中毕业后的职业教育） 有些需要工作经验和在职培训
3 级	进行复杂的机械和手工操作，需要掌握特定领域的实践、技术和操作知识	商场经理、药剂师、销售代表、计算机工程师	5b（1—3 年高等教育）
4 级	在特定领域运用广泛的理论和实践知识，解决复杂问题、做出决策和创新需要的技能	销售和市场经理、土木工程师、中学教师、执业药师、计算机系统分析员	5a 或更高（3—6 年的高等教育）

① 联合国教科文组织：《国际标准教育分类（1997 年）》（2006 年 5 月再版）。http：//uis. unesco. org/sites/default/files/documents/international－standard－classification－of－education－1997－en_ 0. pdf。

《国际标准职业分类》对技能水平的4级划分相对宏观和宽泛，主要运用于划分职业大类。表5－2是ISCO－08各职业大类对应的技能水平[①]。其中，第一大类“管理人员”除中类“14接待、零售和其他服务业的管理人员”为3级技能水平，其余均为4级技能水平；第十大类“军人”的3个中类，分别是1、2、4级技能水平；第二、第三、第四大类，分别只对应1个技能水平，第五、第六、第七、第八职业大类对应的技能水平不确定。需要注意的是，ISCO－68的第一职业大类是“专业人员、技术和相关工人”，其技能水平跨度大，既包括“白领”也包括“蓝领”，不利于引导就业，所以从ISCO－88开始，将其拆分为“专业人员”“技术和辅助专业人员”等2个职业大类，分别对应第4、3技能水平，有利于反映用人单位需求和劳动者利益，便于指导职业培训和社会就业[②]。

表5－2　《国际标准职业分类》（ISCO－08）中职业大类对应的技能水平

ISCO－08的职业大类		技能水平
1	管理人员	3＋4
2	专业人员	4
3	技术和辅助专业人员	3
4	办事人员	2
5	服务和销售人员	
6	农林渔业技工	
7	工艺和有关行业工人	
8	工厂机械操作和装配工	
9	初级工	1
0	军人	1＋2＋4

2007年，在国际劳工组织准备发布ISCO－08的后期，联合国教科文组织统计委员会[③]启动了《国际标准教育分类》（ISCED－97）修订工作，并在2011年11月召开的第36届联合国教科文组织大会上，批准了新版《国际标准教育分类》（ISCED－2011），将教育水平分组由原来的6级改为8级。新标准与原标准的对应关系，如表5－3所示[④]。

① 根据国际劳工组织《国际标准职业分类》（ISCO－08）。

② 国际劳工组织：《第十四届国际劳工统计大会报告四：国际标准职业分类修订，第一部分：背景、原则和草案审查决议》，第3页。https：//www. ilo. org/public/libdoc/ilo/1987/87B09_ 238_ engl. pdf。

③ 联合国教科文组织统计委员会（Institute for Statistics，UIS），成立于1999年，是联合国教科文组织的专职统计机构，负责全球教育、科学、技术、文化和通信领域的统计，总部位于加拿大蒙特利尔。http：//uis. unesco. org/。

④ 杨仲山、郑彦：《ISCED（2011）：理论发展与分类变化》，《统计研究》2012年第11期，第29页。

表 5-3　1997 年版和 2011 年版《国际标准教育分类》教育水平分级的对应关系

《国际标准教育分类》（ISCED-97）		《国际标准教育分类》（ISCED-2011）	
等级	名称	等级	名称
—	—	0 级	早期儿童教育
—	—	0 级 1 类	早期儿童教育开发
0 级	学前教育	0 级 2 类	学前教育
—	—	0 级 3 类	部分初等教育（未完成 1 级）
1 级	初等教育或基础教育第一阶段	1 级	初等教育
2 级	初级中等教育或基础教育第二阶段	2 级	初级中等教育
3 级	高级中等教育	3 级	高级中等教育
4 级	中等教育后、非高等教育	4 级	中等教育后、非高等教育
—	—	5 级	短期高等教育
5 级	高等教育第一阶段	6 级	学士或同等学位
—	—	7 级	硕士或同等学位
6 级	高等教育第二阶段	8 级	博士或同等学位

专栏

国际标准教育分类①

由于各国教育体系的层级结构、课程设置以及作为教育活动结果的学历体系差异很大，严重制约国家之间的教育交流和学习成果比较。1976 年联合国教科文组织首次制定《国际标准教育分类》（International Standard Classification of Education，ISCED），目的是建立一个综合框架体系，以便于各国对教育课程、学习成果进行比较互认和国际教育统计。作为联合国国际经济和社会分类体系（the United Nations International Family of Economic and Social Classifications）的组成部分，该分类体系由联合国教科文组织大会批准。

1997 年《国际标准教育分类》进行了首次修订。1999 年联合国教科文组织统计委员会成立后，相关工作由该委员会负责。2011 年 11 月，第 36 届联合国教科文组织大会批准了 2011 年版《国际标准教育分类》（ISCED-2011）。2011 年版分类体系在幼儿教育、高等教育领域进行了拓展和调整，将教育资格（学历）增加为统计项目，并对教育课程和教育程度进行了编码，完善了教育

① 联合国教科文组织统计委员会：《国际标准教育分类：2013 年教育培训领域（ISCED F 2013）详述》。http://uis.unesco.org/en/topic/international-standard-classification-education-isced。

水平分级（levels of education）和教育课程领域（fields of education）两方面相结合的教育分类体系。

2011 年版分类体系的修订主要集中于教育水平（levels of education of programmes），所以也被称为《国际标准教育分类：课程》（ISCED－P），“P”是“programmes”（课程）的缩写。2013 年，针对教育培训领域的需求，在《国际标准教育分类》基础上，编制了《国际标准教育分类：教育和培训领域》（The International Standard Classification of Education：Fields of Education and Training 2013，ISCED－F 2013），“F”是“field”（领域）的缩写。

必须强调的是，正如在《国际标准职业分类》开发过程中反复强调的，职业分类是对工作进行分类，而不是对从业人员进行分类，从业人员个体的技能水平、资格高低，并不会改变其所从事的工作在职业分类体系中的位置。比如，瓦匠是一个职业，有的瓦匠有资格，有的可能没有资格；有的技术很好，有的技术一般——但这都不能改变瓦匠这一职业在职业分类体系中的位置①。

20 世纪中期以来，在国际劳工组织带动下，很多国家和地区特别是发达经济体参照《国际标准职业分类》，结合自身情况，制定了职业分类体系并定期修订完善。其中，美国、加拿大、德国、英国、澳大利亚、新西兰、韩国、日本、新加坡和我国台湾地区的职业分类具有较强代表性。

1.1.2.2 我国的职业分类及消防救援职业概述

新中国成立后，基于劳动力管理、人口普查和劳动力市场调查等方面的需求，逐步发展了《中华人民共和国工种分类目录》《职业分类与代码》《劳动力市场职业分类与代码》等应用范围不同又彼此关联的职业分类体系——在此基础上，1999 年颁布的《中华人民共和国职业分类大典》，标志着我国标准职业分类体系的建立。

“工种”，是根据生产管理的需要，按照生产劳动性质和工艺技术特点划分的工作种类。20 世纪 50 年代中期，为适应计划经济体制下的劳动力管理需要，我国参照苏联模式，建立了工人技术等级标准，即由国务院各部委办局与劳动部门根据企业的生产技术、专业分工和劳动组织管理，联合制定《工人技术等级标准》，作为调配劳动力、组织生产服务以及确定劳动报酬和福利的依据——由于缺乏统一标准，各行业的工人技术等级标准存在工种划分过细、名称重复、技术等级标准不一等问题。经过 1963 年、1978 年两次全国性的技术等级标准修订后，从 1988 年下半年开始，劳动部组织国务院 45 个

① 《国际标准职业分类（ISCO－08）第一卷：结构、定义和表格》，第 14 页。

行业主管部门，开展了第三次工人技术等级标准修订工作，整合各行业名称与内容相同、操作技术与工艺相近、使用设备和工具类似的工种，于 1992 年 10 月颁布《中华人民共和国工种分类目录》，按照“行业—专业—工种”的层级顺序，将原来散布在不同行业的上万个工种合并为 46 大类、4 700 多个工种[①]。

1953 年 6 月 30 日为迎接普选而进行的全国人口调查登记，是我国第一次全面的人口普查，只登记了姓名、性别、年龄和民族 4 类项目，不涉及职业信息。1964 年 6 月 30 日的第二次全国人口普查，首次统计调查了全国人口的职业状况，但由于没有事先制定职业分类标准，在实际调查时难以区别不同种类的职业，事后也就难以分类、汇总和使用职业调查的数据，因此未对职业情况进行汇总。1980 年 6 月，中共中央、国务院决定于 1982 年 7 月进行第三次全国人口普查。1982 年 2 月 19 日国务院颁发《第三次全国人口普查办法》，明确将“职业”作为按人填报的 13 个项目之一。为制定全国统一的职业分类标准，国务院人口普查办公室、国家统计局、国家标准总局于 1980 年 4 月拟订《职业分类目录（草案）》，经试用并征求各方意见、借鉴国外经验，完善形成了供第三次全国人口普查使用的《职业分类标准》[②]。

第三次全国人口普查有关职业分类的实践，奠定了我国编制职业分类国家标准的基础。1986 年 6 月 21 日，国家统计局、国家标准局制发了我国第一部职业分类的国家标准《职业分类和代码》（GB/T 6565－1986）——包括 8 个大类、64 个中类和 301 个小类。大类的排列顺序是：（1）各类专业技术人员；（2）国家机关、党群组织、企事业单位负责人；（3）办事人员和有关人员；（4）商业工作人员；（5）服务性工作人员；（6）农林牧渔劳动者；（7）生产工人、运输工人及有关人员；（8）不便分类的其他劳动者——这种排序与国际标准职业分类相似，也为后续职业分类体系的建立奠定了基础。[③]

随着我国从计划经济体制向社会主义市场经济体制的过渡，产业和行业组织结构都发生了广泛而深刻的变化，特别是第三产业的快速兴起，带动产生了很多新的职业，传统的第一、二产业调整，导致了一些旧职业分化、聚合或消失，原来主要针对产业工人的《中华人民共和国工种分类目录》已经不适应新形势新要求，亟待实现从“工种分类目录”到“职业分类体系”的转变[④]。因此，在上述工作基础上，1995 年劳动和社会保

---

① 全衡：《关于编制〈中华人民共和国工种分类目录〉和第三次修订工人技术等级标准工作情况的介绍》，《北京成人教育》1993 年第 3 期，第 30—31 页。

② 孙兢新：《第三次全国人口普查中的职业分类问题》，《统计》1982 年第 1 期，第 21—22 页。

③ 此后，国家标准《职业分类与代码》每隔 10 年左右修订 1 次，基本与全国人口普查工作同步。历次版本分别是 1999 年版、2009 年版，现行的是 2015 年版 GB/T 6565－2015。

④ 中国就业培训技术指导中心：《中国社会职业发展观察报告（1978—2008）》的报告二《中国社会职业分类体系的演变》，中国劳动社会保障出版社 2010 年版，第 1—26 页。

障部、国家质量技术监督局和国家统计局共同启动了《中华人民共和国职业分类大典》编制工作。经过50多个部委局和全国近千名专家学者4年多的努力，《中华人民共和国职业分类大典》于1999年5月25日颁布施行。作为我国第一部对职业进行科学分类的权威性文献，职业分类大典以“工作性质的同一性”为基本原则，将我国的职业归为8个大类、66个中类、413个小类和1 838个细类（职业）①，职业名称前面标注的是体现职业层级的职业代码。其中包括“灭火员”“消防抢险救援员”“防火员”“建（构）筑物消防员”“火灾瞭望观察员”“其他消防人员”等6个消防职业，见表5－4（笔者整理）。

表5－4　1999年版《中华人民共和国职业分类大典》的职业大类和消防职业

<table>
<tr><th>大类</th><th>中类</th><th>小类</th><th>消防职业</th></tr>
<tr><td>1 国家机关、党群组织、企业和事业单位负责人</td><td></td><td></td><td></td></tr>
<tr><td>2 专业技术人员</td><td></td><td></td><td></td></tr>
<tr><td rowspan="3">3 办事人员和有关人员</td><td rowspan="3">3－02　安全保卫和消防人员</td><td rowspan="3">3－02－03
消防人员</td><td>3－02－03－01　灭火员
包括下列工种：
消防战斗员
消防供水员
消防通信员
特种灭火装备修配工
森林报务员
消防船艇机匠
消防船艇电匠
消防船艇水手
灭火战斗员</td></tr>
<tr><td>3－02－03－02　消防抢险救援员[1]
包括下列工种：
防毒防化抢险员
防核抢险员
一般事故抢险员
抢险救援器材工具调配工
抢险救援器材维修工</td></tr>
<tr><td>3－02－03－03　防火员
包括以下工种：
防火员
可燃气体（毒气）检测员
危险物品监督员
防火审核员</td></tr>
</table>

① 在《中华人民共和国职业分类大典》的编制说明中，关于职业分类大典基本结构的介绍是，“细类是最基本的类别，即职业。”

续　表

大类	中类	小类	消防职业
3 办事人员和有关人员	3－02　安全保卫和消防人员	3－02－03 消防人员	3－02－03－04　建（构）筑物消防员 包括以下工种： 消防中控室监管员 消防巡逻员 火警报警系统操作员 固定灭火系统操作员
			3－02－03－05　火灾瞭望观察员 包括以下工种： 城市消防瞭望员 水上消防安全观察员 森林消防瞭望员 森林航空护林观察员
			3－02－03－99　其他消防人员
		3－02－99 其他安全保卫和消防人员	3－02－99－00　其他安全保卫和消防人员
4 商业、服务人员			
5 农、林、牧、渔、水利业生产人员			
6 生产、运输设备操作人员及有关人员			
7 军人			
8 不便分类的其他从业人员			

注［1］：2011 年 1 月 27 日，人力资源和社会保障部办公厅、公安部办公厅印发《消防救援员国家职业技能标准》，将“灭火员”“消防抢险救援员”合并为 1 个职业“消防救援员”，职业编码 3－02－03－01。

2010 年 12 月，人力资源和社会保障部等部门启动职业分类大典修订，组织 74 个国务院部门和行业组织、近万名专业学者和工作人员参加修订工作。修订工作充分考虑我国社会转型期社会分工的新特点，参照国际标准职业分类 ISCO－08，将职业分类原则由原来的“工作性质同一性”调整为“工作性质相似性为主、技能水平相似性为辅”，提高了分类结果的合理性。2015 年 7 月 29 日，人力资源和社会保障部、国家质量监督检验检疫总局和国家统计局联合颁布《中华人民共和国职业分类大典（2015 年版）》，保留原有 8 个大类，调整设立了 75 个中类、434 个小类和 1 481 个职业，包括“消防工程技术人员”“消防员”“消防指挥员”“消防装备管理员”“消防安全管理员”“消防监督检查员”“森林消防员”“森林火情瞭望观察员”“消防设施操作员”9 个消防职业，涵盖第二、第三、第四等 3 个职业大类，实现了历史性突破，构建了适应消防工作专业化、职业化发展需求，具有中国特色的消防职业体系，见表 5

-5（笔者整理）。当然，上述消防职业的设置，也存在部门“条块管理”导致的缺陷——“森林消防员”“森林火情瞭望观察员”，显然应当是从属于“消防员”的工种，但由于当时公安部、国家林业局分别管理城镇和林区的消防工作，导致“森林消防员”“森林火情瞭望观察员”成为与“消防员”并列的“职业”，相信在未来合适的时机，这一问题能够得到解决。

表 5-5　2015 年版《中华人民共和国职业分类大典》的职业大类和消防职业

大类	中类	小类	消防职业
1 党的机关、国家机关、群众团体和社会组织、企事业单位负责人			
2 专业技术人员	2-02 工程技术人员	2-02-28 安全工程技术人员	2-02-28-02　消防工程技术人员
3 办事人员和有关人员	3-02 安全和消防人员	3-02-03 消防和应急救援人员	3-02-03-01　消防员 包含但不限于下列工种： 消防救援员 火警调度员 火场通信员 搜救犬训导员
			3-02-03-02　消防指挥员
			3-02-03-03　消防装备管理员
			3-02-03-04　消防安全管理员
			3-02-03-05　消防监督检查员
			3-02-03-06　森林消防员 L[1] 包含但不限于下列工种： 森林防火预防员 森林防火通信员 森林航空消防员 森林火灾扑火员 森林火灾扑救指挥员
			3-02-03-07　森林火情瞭望观察员 L[1] 包含但不限于下列工种： 森林消防瞭望员 森林航空护林瞭望观察员
		3-02-99 其他安全和消防人员	

续　表

大类	中类	小类	消防职业
4 社会生产服务和生活服务人员	4－07　租赁和商务服务人员	4－07－05 安全保护服务人员	4－07－05－04　消防设施操作员 分为以下职业方向：[2] 消防设施监控操作 消防设施检测维修保养
5 农、林、牧、渔业生产及辅助人员			
6 生产制造及有关人员			
7 军人			
8 不便分类的其他从业人员			

注［1］："L"代表"绿色职业"，《中华人民共和国职业分类大典（2015 年版）》将 127 个具有显著"环保、低碳、循环"特征的职业标示为绿色职业，主要包括监测、保护与治理、美化生态环境，生产太阳能、风能、生物质能等新能源，提供大运量、高效率交通运力，回收与利用废弃物等领域的生产活动，以及与其相关的科学研究、技术研发、设计规划等方式提供服务的社会活动。

注［2］：2019 年 5 月 10 日，人力资源和社会保障部办公厅、应急管理部办公厅印发《消防设施操作员国家职业技能标准》（人社厅发〔2019〕63 号），设立了"消防设施监控操作""消防设施检测维修保养"两个职业方向。

1999 年版职业分类大典的实施和 2015 年版大典的修订，最突出的贡献，就是主动适应我国社会主义市场经济体制建立发展的需要，积极借鉴吸收国际标准职业分类等先进做法的经验，通过对社会职业进行科学系统的划分和归类，为加强人力资源市场建设和职业教育培训、建设高素质劳动大军，以及国民经济信息统计和人口普查等工作，提供了重要支撑和保障。特别是 2015 年版大典明确了"工作性质""技能"相结合的双重分类维度，并借鉴国际经验，用"相似性"代替了过于绝对的"同一性"，使我国的职业分类体系更为科学、合理、适用。

2021 年 4 月，为贯彻落实《国务院关于推行终身职业技能培训制度的意见》关于"紧跟新技术、新职业发展变化，建立职业分类动态调整机制"的要求，适应我国人力资源开发与管理的需要，更及时、全面、客观反映我国的社会职业状况，参照国际职业分类修订调整的惯例和做法，人力资源和社会保障部启动国家职业分类大典的第二次修订工作，于 2022 年 9 月 28 日发布《中华人民共和国职业分类大典（2022 年版）》。2022 年版大典保持 8 个大类不变，净增 158 个新职业，职业总数达到 1 639 个，延续 2015 年版大典做法，共标注 134 个"绿色职业"（占职业总数的 8%），同时新增标注 97 个"数字职业"（标注为 S），占职业总数的 6%，反映出数字经济和绿色产业带来的职业变化①。其中，消防职业的设置没有变化，只是将"3－02－03－01 消防员"的工种修改

① 《中华人民共和国职业分类大典（2022 年版）》修订等情况举行发布会的情况见 http：//www. mohrss. gov. cn/SYrlzyhshbzb/dongtaixinwen/fbh/ztxwfbh/202209/t20220928_ 487878. html。

为“灭火救援员、搜救犬训导员、消防通信员、接警调度员”。

1.2 国际消防救援职业概述

在国际劳工组织和世界主要国家、地区的职业分类体系中，都设置了较完善的消防救援职业。表5－6是《国际标准职业分类》（ISCO－08）中的消防救援相关职业，具有下述两方面的突出特点①。

表5－6 国际劳工组织《国际标准职业分类》（ISOC－08）的消防救援相关职业

大类	中类、小类	细类（职业）	举例
1 管理人员	11 首席执行官、高级官员和立法人员 111 立法人员和高级官员	1112 政府高级官员	消防专员
	13 产品和专业服务管理人员 134 专业服务管理人员	1349 未分类的专业服务管理人员	消防机构管理人员
3 技术和辅助专业人员	31 科学和工程辅助技术人员 311 自然和工程科学技术人员	3112 土木工程技术人员	消防检查员 防火专家
		3119 未分类的其他工程技术人员	火灾调查员
	314 生命科学及相关辅助技术人员	3143 森林技术人员	森林消防员
4 办事人员	42 客户服务人员 422 客户信息服务人员	4229 未分类的其他客户信息服务人员	接警调度人员
5 服务和销售人员	54 安防人员 541 安防人员	5411 消防员	消防员
6 农林渔业技工	62 林业、渔业和狩猎人员 621 林业工人	6210 林业及相关工人	森林火灾瞭望员
8 工厂与机械操作和装配工	83 驾驶操作 833 重型卡车和公交车驾驶员 835 水手和相关人员	8332 重型卡车和货车驾驶员	消防车操作员
		8350 水手及相关人员	船舶消防救生设施维护、操作员

1.2.1 涵盖从预防到救援的全过程

国际消防救援职业的设置，普遍体现了事前预防与灾后救援并重的思路，尤其突出火灾预防，普遍在社会消防管理、消防技术服务和消防宣传教育方面，设置了相应的职业。

① 司戈：《国际消防职业分类及对我国的启示》，《消防科学与技术》2012年第1期，第93—96页。

在行政管理方面，普遍在“管理”职业大类中设置了高级、中级两个层面的消防管理类职业。高级管理层级，主要是参与制定、解释和执行政府的消防政策法规，并就消防工作提出建议、进行监督，如《国际标准职业分类》和加拿大《国家职业分类》中的“高级政府官员”中均有“消防专员”“消防队长”等专门的消防职位。中级管理层级，主要是各类消防机构的管理人员，工作内容包括对防火、灭火救援行动进行计划、组织、指导、指挥、评估，如韩国《标准职业分类》中“管理类”下设的“消防机构管理人员”、美国《标准职业分类系统》中的“消防部门管理人员”。

在技术服务方面，突出消防工作的专业技术特性，普遍设置了专门从事消防设施安装维护保养、消防安全监督检查、消防技术研究应用等方面工作的职业，并根据不同的技能水平要求，分设于“专业技术类”（或“工程类”）和“安保服务类”（或“辅助技术类”）两个层面（即通常理解的“白领”“蓝领”）。如美国《标准职业分类系统》的“消防检查和调查人员”“安防和火灾报警系统安装人员”；加拿大《国家职业分类》的“消防工程师”“消防技术人员”；我国台湾地区的“消防设备师”“消防设备士”“防火及建筑检验员”“消防技术员”；韩国的“消防技术士”“消防设备技士”“消防设备产业技士”“消防设施管理士”，日本的“消防设备士”“消防设备点检资格者”以及“防火管理者”等。

在火灾扑救和应急救援领域，普遍在“安保服务”职业大类设置了“消防员”，基本工作是从事火灾预防、扑救以及参与处置其他灾害事故，为保护生命和财产安全而实施救援行动。随着灾害事故种类、形态的复杂化，灭火救援的内容也日趋复杂，消防员职业对应的具体工作岗位、职位也明显多样化。美国的“消防员”包括消防泵浦操作员、森林消防员、船舶消防员、机降消防员等；加拿大的“消防员”包括建筑消防员、铁路消防员、机场消防员、船舶消防员、企业消防员等多个具体职位。日本《标准职业分类》和我国台湾地区《标准职业分类》也有类似分类。

在消防专业教育培训方面，加拿大《国家职业分类》在“社会科学、教育”职业大类的“专科和其他职业教育讲师”下设置了“消防人员培训讲师”“灭火救援讲师”；韩国《标准职业分类》设置了“消防安全教育士”。

1.2.2　实现融入相关职业大类的全覆盖

除从事火灾预防、应急救援等工作的“消防人员”职业类别（一般从属于“安保服务”职业大类）外，普遍在其他相关的职业类别中设置了消防职业：

在工程技术领域，《国际标准职业分类》在“技术和辅助专业人员”职业大类设置了“消防检查员”“防火专家”“火灾调查员”；美国在“建筑工程”职业大类设置了“消防工程师”“防火工程师”；韩国在“专业技术”职业大类专门设置“消防工程技术人员”细类，包括“消防工程设计及研究人员”“消防设施施工技术人员”“消防工程监理人员”等职业。

在技术服务领域，加拿大在“自然和应用科学类”职业大类设置“火灾报警系统安装和维护保养人员”“火灾报警系统技师”，在“贸易、运输和设备操作”职类大类设置“消防设备维修人员”“消防设备保养人员”；韩国在“专业技术”职业大类设置“火灾预防专家”“防灾减灾专家”；我国台湾地区在“技术员及助理专业人员”职业大类设置“防火服务推销员”。

在机械装备生产、操作领域，生产、安装和操作消防设备，特别是各类自动消防设施，在具有机电设备生产安装和操作共性的同时，必须充分体现其涉及公共安全的特殊性。美国在“安装、维修”职业大类设置“火灾报警系统安装人员”，在“生产”职业大类设置“防火门制作”“灭火器检验”“消防水带制作”；加拿大在“设备操作”职业大类设置“自动灭火系统安装人员”。

在其他产业类别领域，《国际标准职业分类》在“农林渔业熟练工人”职业大类设置“森林火灾瞭望员”；美国和加拿大分别在“办公和行政支持”“商业、金融和行政”职业大类设置“911 系统操作人员”“911 调度员”等从事火灾报警接警调度的职业①。

第二节 欧洲资格框架和消防救援职业体系

构建统一的职业分类和职业资格框架体系，进而建立无边界的统一劳动力市场，保障人员自由流动就业，是欧洲一体化的重要出发点和落脚点。2008 年，以欧洲资格框架的推出为标志，欧盟在推动人员自由流动就业方面取得了整体性突破。以此为基础，欧洲国家将消防救援职业全面纳入了欧洲技能、能力、资格和职业应用系统，将部分消防救援职业纳入了准入类职业管理。

① 参考以下国家的职业分类体系：（1）加拿大《国家职业分类》（2016 版），https：//www150. statcan. gc. ca/n1/pub/12 – 583 – x/12 – 583 – x2018001 – eng. pdf；（2）日本《标准职业分类》（2009 年版）《日本标准职业分类》，https：//www. e – stat. go. jp/classifications/terms/20；（3）韩国统计局《标准职业分类》（2017 年版），http：//kssc. kostat. go. kr/ksscNew_ web/ekssc/main/main. do#；（4）美国职业信息网络，https：//www. onetcenter. org/。

2.1　欧洲资格框架的构建

2.1.1　背景

长期以来，欧洲一直在持续不懈地推进各领域的统一联合。“二战”后，欧洲一体化进程始于经济领域。1951 年 4 月 18 日，根据法国外长舒曼倡议（即“舒曼计划”），法国、联邦德国、意大利、荷兰、比利时和卢森堡签署《巴黎条约》，成立“欧洲煤钢联合体”，以法、德的煤钢工业为基础，建立超国家的行业联合体，统一管理煤钢产业。在欧洲历史上，这是主权国家首次把部分权力委托给超国家机构，以开展国家间合作，迈出了欧洲联合的第一步，并逐渐拓展到政治和文化教育领域，进而服务于更高层次的一体化进程。

建立欧洲统一的劳动力市场，保障人员的自由流动就业，是欧洲一体化重要的出发点和落脚点——这就必然要求欧洲各国互认教育培训和职业资格。但是，由于历史文化背景和经济社会发展阶段的差异，欧洲各国的教育培训制度、职业资格体系和劳动力市场各不相同，难以进行横向比较，阻碍劳动力自由流动，成为影响生产力优化配置的制度性壁垒和超国界难题，仅仅通过国家间的双边合作，难以根本解决。

1957 年 3 月 25 日，欧洲煤钢联合体的 6 个成员国在罗马签署《关于建立欧洲共同体的条约》（即《罗马条约》）①。1958 年 1 月 1 日《罗马条约》生效，欧洲经济共同体（European Economic Community，EEC）正式成立，简称“欧共体”。根据《罗马条约》第 3 条第（1）（c）款“建立内部市场，取消成员国之间在商品、劳动力、服务和资本自由流动方面的障碍”，欧共体成立后，即持续致力于消除人才流动障碍，推动建立区域人员自由流动制度。1975 年，根据欧洲议会（European Parliament）② 337/75 号条例，欧共体成立“欧洲职业培训发展中心”③ ——作为欧共体较早成立的专门机构，该中心致力于在职业教育培训、技能和资格等领域，加强成员国和利益相关方之间的合作，共同推进实施包容性政策，构架一体化框架。此后，关于欧洲职业培训发展中心职能的

---

① 《关于建立欧洲共同体的条约合并文本》（*Consolidated Version of the Treaty Establishing the European Community*），https：//eur－lex. europa. eu/legal－content/EN/TXT/PDF/？uri＝CELEX：12002E/TXT&from＝EN。

② 欧洲议会前身是欧洲煤钢联合体议会，1962 年改称欧洲议会，目前是欧盟的监督、咨询和立法机构，有 705 名直选产生的议员。https：//www. europarl. europa. eu/portal/en。

③ 欧洲职业培训发展中心，https：//www. cedefop. europa. eu/en。

337/75 号条例做了多次修订。①

1992 年 2 月 7 日，比利时、丹麦、德国、爱尔兰、希腊、西班牙、法国、意大利、卢森堡、荷兰、葡萄牙和英国等 12 国签订《马斯特里赫特条约》。1993 年 11 月 1 日《马斯特里赫特条约》生效，作为“超国家共同体”的欧盟（European Union，EU）正式成立，实现了由区域性经济共同开发，向区域政经整合发展的转变。

2.1.2 突破

根据《马斯特里赫特条约》第 47 条第（1）款“为便于人们从事经营活动，理事会应当依据第 189 条 B 款确定的程序，制定关于成员国相互承认学历、证书和其他正式资格的指令”的规定，欧盟将推动人员自由流动就业作为一项重要目标，1996 年发布针对教育培训流动性的官方文件《跨国流动障碍绿皮书》，首次提出建立“欧洲资格区”（European area of qualifications）。20 世纪 90 年代之后，欧盟积极促进教育培训和职业资格互认，既是《马斯特里赫特条约》的制度性要求，也有强大的内需驱动和新技术提供的发展机遇。一方面，随着新技术快速发展和国际竞争加剧，持续上升的失业率对欧盟各国产生了较大压力，对推进区域内人员自由流动，建立职业资格、培训经历和院校学分互认、转换、积累制度，提出了更为迫切的需求；另一方面，快速发展的互联网技术、日新月异的信息手段，为信息传播提供了平台，创新了以“终身学习”为特征的多元化学习培训模式，为促进人才流动的集成解决方案出现创造了条件。

“终身学习”（lifelong learning），是 1965 年联合国教科文组织首先提出的创新理念——既不是“终身学校教育”，也不是“终身职业教育”，而是强调，未来的教育不再是“从任何一个学校毕业后就算完结，而应该通过人的一生持续进行”。1994 年在意大利罗马召开首届世界终身学习会议，对“终身学习”的定义是：“21 世纪的生存概念，是通过一个不断的支持过程来发挥人类潜能，它激励并使人们有权利去获得终身需要的全部知识、价值、技能与理解，并在任何任务、情况和环境中，有信心、有创造性地愉快应用它们。”②

进入 21 世纪后，以欧洲学分互认、积累和转换系统（包括高等教育 ECTS、职业教

---

① 《欧洲议会 1975 年 2 月 10 日关于建立欧洲职业培训发展中心的 337/75 号条例》。https：//eur - lex. europa. eu/legal - content/EN/TXT/PDF/？ uri = CELEX：31975R0337&from = EN；2019 年 1 月 16 日欧洲议会和欧洲理事会通过代替 337/75 的 2019/128 号条例。https：//eur - lex. europa. eu/legal - content/EN/TXT/PDF/？ uri = CELEX：32019R0128&amp； from = EN。

② 高志敏：《关于终身教育、终身学习与学习化社会理念的思考》，《教育研究》2003 年第 1 期，第 79—85 页。

育 ECSVET 两部分）等机制为支撑，以“欧洲通行证”（Europass）等统一的信息平台为工具，欧洲职业资格、教育培训、就业促进一体化进程取得明显成效。2002 年 11 月，欧盟各成员国分管职业教育和培训的部长在丹麦首都哥本哈根召开会议，通过了旨在加强欧盟职业教育和培训领域合作的《哥本哈根宣言》，启动了“哥本哈根进程”（The Copenhagen Process），提出大力发展“欧洲维度”的职业教育培训，并将提高职业资格透明度、推进能力和资格认证作为职业教育培训发展的优先领域。①

“哥本哈根进程”启动后，为使各国教育培训领域的资格更加透明，便于理解和相互衔接、兼容、可比，经过几年酝酿和广泛征求成员国意见，2008 年 4 月 23 日欧洲议会和欧洲理事会②通过关于建立基于终身学习的欧洲资格框架的建议③，建立了以“学习成果”作为参照标准的欧洲资格框架——其核心，是纵向 8 级（1 级最低、8 级最高）的资格框架体系，每级都从知识、技能和能力 3 个维度，在宽度、深度和复杂程度方面梯级递增，从而对学习成果进行定级——也就是把学习成果转化为在全欧洲得到认可的相应资格④，见表 5－7。在 2008 年版欧洲资格框架中，构成“学习成果”的“能力”（competence）是“可被证明的，将知识、技能和个人、社会及方法能力运用到工作、学习和职业与个人发展的本领，用责任感（responsibility）和自主性（autonomy）描述”。2017 年 5 月 22 日修订欧洲资格框架时，以“自主履责”（responsibility and autonomy）取代了“能力”⑤。

表 5－7　欧洲资格框架的等级指标

等级	知识	技能	自主履责
1	基本常识	完成简单任务所需的基本技能	在有组织的条件下和直接监督下工作或学习
2	某一工作或学习领域的基本实践知识	运用相关信息完成任务，运用简单规则和工具解决常规问题所需的基本认知和实践技能	在监督下进行具有一定自主性的工作或学习

① 严璇：《欧盟职业资格证书一体化发展研究》，华东师范大学硕士学位论文，2007 年，第 25 页。

② 欧洲理事会（European Council），又称欧盟首脑会议或欧盟峰会，由成员国国家元首或政府首脑，以及欧洲理事会主席、欧盟委员会主席组成，是欧盟的最高决策机构。https：//www. consilium. europa. eu/en/european－council/。

③ 《欧洲议会、欧洲理事会 2008 年 4 月 23 日关于建立基于终身学习的欧洲资格框架的建议》，https：//eur－lex. europa. eu/legal－content/EN/ALL/？uri＝CELEX：32008H0506（01）。

④ 笔者根据《欧洲理事会 2017 年 5 月 22 日关于基于终身学习的欧洲资格框架的建议，废止欧洲议会、欧洲理事会 2008 年 4 月 23 日关于建立基于终身学习的欧洲资格框架的建议》翻译整理。

⑤ 《欧洲理事会 2017 年 5 月 22 日关于基于终身学习的欧洲资格框架的建议，废止欧洲议会、欧洲理事会 2008 年 4 月 23 日关于建立基于终身学习的欧洲资格框架的建议》，https：//eur－lex. europa. eu/legal－content/EN/TXT/？uri＝CELEX%3A32017H0615%2801%29&qid＝1665121204470。

续 表

等级	知识	技能	自主履责
3	某一工作或学习领域内，关于事实、原则、程序和一般概念的知识	选择和运用基本方法、工具、材料和信息，完成任务和解决问题所需的一系列认知和实践技能	独立完成工作或学习任务，适应环境调整行动以解决问题
4	某一工作或学习领域广泛的实践和理论知识	解决某一工作或学习领域各种具体问题所需的一系列认知和实践技能	在常规但可能变化的工作或学习环境下，按照规则进行自我管理；监督他人开展常规工作，承担部分评估和推动改进工作或学习活动的责任
5	某一工作或学习领域的全面性、专业性、实践性和理论性知识，以及对这些知识适用边界的认知	创造性解决抽象问题所需的综合性认知和实践技能	在可能发生不可预知变化的工作或学习活动中进行管理和监督，总结和提高自我和他人的表现（成绩、绩效）
6	某一工作或研究领域的高深知识，包括对相关理论和原则的深刻理解	在特定工作或学习领域，解决复杂、不可预知问题的高级技能、熟练技艺和创新精神	管理复杂的技术工作、专业活动或项目，负责在可能发生不可预知变化的工作或学习活动中做出决策；负责管理个人和团体的专业发展
7	某一工作或学习领域高度专业化的知识，包括进行原创性思维和研究所需的前沿知识；对本领域以及跨学科衔接知识的明确认知	通过研究和创新，拓展新知识、新程序，以及整合不同领域知识必需的专业化解决问题技能	应对和驾驭复杂、不可预知且需要新战略的工作或学习环境；负责推进专业知识和实践发展，评估团队的战略绩效
8	某一工作或学习领域以及跨学科的最高深前沿知识	解决研究创新领域核心问题、拓展和更新现有知识及专业实践所需的最高深、最专业化的技能和技术，包括综合和评价能力	以高度的权威性、创新性、自主性、学术和专业的完整性以及持续性，发展工作、学习和研究领域的前沿新理念、新程序

根据欧洲资格框架（European Qualifications Framework，EQF），“学习成果”（learning outcomes，LO）是指通过完成一个阶段的学习（不拘泥于学习的形式、时限）后，学习者知晓、理解、会做的事项，包括知识、技能和自主履责 3 个维度。其中，“知识”（knowledge），是指通过学习所理解和吸收的成果，包括某个领域的事实、原则、理论和实践知识；“技能”（skill），是指运用知识和实际经验完成工作的能力，包括认知技能（逻辑、直觉和创造性思维）和实践技能（手工操作技巧以及对方法、材料、工具、设

备的运用)；“自主履责”，是指学习者自主运用知识和技能，履行职责的能力①。

欧洲资格框架是欧盟统一的资格互认参照标准，作为元框架（meta－framework）和共同参照标准（common reference point），其核心目标是实现学业和职业资格方面的“透明性”（transparency）和“可比性”（comparability），成为“不同国家资格框架之间的转换工具”（a translation tool between different national qualifications frameworks）——相当于在学业和职业资格领域，搭建统一坐标系和互为贯通的“桥梁”，发挥将不同国家、不同行业部门的资格进行转换、对应，以及比较、认可的平台枢纽作用，从而建立起欧洲在资格证书领域的互信与合作。

欧洲资格框架发挥了多方面作用，成为推动各国建立国家资格框架（National Qualification Frameworks，NQFs）的“催化剂”——在欧洲资格框架问世之前，欧洲只有部分国家建立了国家资格框架，而且分级差异很大，如 1999 年爱尔兰建立 10 级资格框架，2000 年英国建立 5 级资格框架（2004 年调整为 9 级），2001 年爱沙尼亚建立 5 级资格框架，2002 年法国建立 5 级资格框架。随着欧洲资格框架的提出及其优越性显现，多数欧洲国家开始建立 8 级资格框架。截至 2022 年 9 月底，已有 38 个欧洲国家加入欧洲资格框架，36 个国家正式建立了本国资格体系与欧洲资格框架的对应关系。27 个欧盟成员国和冰岛、列支敦士登、挪威、瑞士、土耳其建立了欧洲资格框架的国家级协调中心（National Coordination Point，NCP），以加强本国资格框架与欧洲资格框架的协调联系。

2017 年 5 月对欧洲资格框架的修订，是“欧洲新技能日程”（New Skills Agenda for Europe）的 10 项关键行动之一，除继续坚持 2008 年框架的透明性、可比性原则外，适应人员流动性和范围、广度不断深化的新挑战，进一步提高了资格框架的透明性和连贯性，更加强调各成员国资格框架之间的联系和质量保证，以发挥欧洲资格框架的纽带作用。未来，欧洲资格框架的一个关键优先选项，是“对最终用户更加明显易懂”（more visible to end users）——暂且可以理解为“可视性”，并发挥促进终身学习、提升就业能力、服务学习和就业流动、促进社会融合的更广泛作用②。

2.1.3　应用

作为全面推进欧洲资格框架的配套措施之一，2009 年 6 月 18 日，欧洲议会和欧洲

---

① 欧洲职业培训发展中心、欧洲培训基金、联合国教科文组织及其终身学习学院：《全球地区和国家资格框架清单 2019，第二卷：国家和地区》，第 723 页。https：//www. etf. europa. eu/sites/default/files/2019 － 05/03%20P221543_ Volume%20I%20 －%20PROOF%202_ IC%20 －%20080519%20 －%20x%20copies. pdf。

② 《全球地区和国家资格框架清单 2019，第二卷：国家和地区》，第 723—727 页。

理事会通过关于建立欧洲职业教育学分制度的建议①，正式推出“欧洲职业教育和培训学分制度”（European Credit System for Vocational Education and Training，ECVET），以促进欧洲各国在教育和培训领域的合作，提高人员在不同背景和国家之间流动时，学业成绩的透明度、可比性。

随着欧洲资格框架、欧洲职业教育和培训学分制度相继推出，稍早前建立的教育培训和职业资格“欧洲通行证”得到了全面推广应用。早在1998年11月，欧洲职业培训发展中心组织召开职业资格透明度欧洲论坛，在讨论欧盟成员国相互认可职业培训资格时，提出设计“证书补充文件”（Certificate Supplement）的构想——对通过职业教育培训取得的资格证书进行补充说明，展示职业资格证书未体现的内容——包括证书持有人的教育背景及层次、课程内容，以及所具备的知识和能力等，有效提高了欧洲职业教育与培训资格证书的易读性和可比性。② 2004年12月15日，欧洲议会和欧洲理事会通过关于建立资格和能力透明性单一框架Europass的决定（2005年1月1日生效）③，授权欧盟委员会④建立职业资格、教育培训等就业能力和经历的统一信息平台和网上工具“欧洲通行证”——之所以叫“通行证”，寓意就是为欧盟公民提供在欧洲范围内跨国流动就业的通行证明。

如表5-8所示，“欧洲通行证”由5个部分构成，通过设计具有更高“可视性”的工具包，将有关职业资格、教育培训、能力评价的各种工具整合到一个平台，有效提高了欧盟内部学业、职业资格和能力水平的透明度，让欧盟公民以统一格式，呈现自己的职业资格、工作经历、教育培训、成就等内容，并可以随时充实完善到每个人的专属文件夹（Europass profile）——使不同国家清楚地了解劳动者的能力水平。为确保“欧洲通行证”全面实施，欧盟成员国和参与这一项目的欧洲经济区国家⑤、欧盟候选国均被要求建立“欧洲通行证”国家中心（National Europass Centre，NEC）⑥，负责国家间协调、信息共享等职责。

---

① 《欧洲议会和欧洲理事会2009年9月18日关于建立欧洲职业教育和培训学分制度（ECVET）的建议》（2009/C 155/02），https：//eur-lex. europa. eu/legal-content/EN/ALL/? uri=CELEX：32009H0708%2802%29。

② 严璇：《欧盟职业资格证书一体化发展研究》，华东师范大学硕士学位论文，2007年，第26页。

③ 《欧洲议会和欧洲理事会2004年12月15日关于建立欧盟资格和能力透明性单一框架Europass的决定（第2241/2004号）》，https：//eur-lex. europa. eu/legal-content/EN/ALL/? uri=CELEX%3A32004D2241。

④ 欧盟委员会（European Commission），简称欧委会，欧盟的立法建议与执行机构，由每个成员国1名代表组成，其中主席1人，副主席8人，任期5年。https：//ec. europa. eu/info/index_ en。

⑤ 欧洲经济区（European Economic Area，EEA）1994年1月1日成立，当时是全球最大的区域经济一体化组织，由欧盟成员国和欧洲自由贸易联盟（European Free Trade Association，EFTA）国家组成，包括当时的12个欧盟成员国和挪威、芬兰、瑞典、冰岛、奥地利，目的是让欧洲的非欧盟国家享有欧洲单一市场（欧洲内部市场）的贸易和流动性便利。现有31个成员国，覆盖超过5亿人口，包括27个欧盟成员国和冰岛、列支敦士登和挪威，瑞士不是欧盟和欧洲经济区成员，但基于与欧盟的双边协议，是欧洲单一市场的成员。https：//www. efta. int/eea。

⑥ “欧洲通行证”国家中心：https：//europa. eu/europass/en/national-europass-centres。

表 5-8　欧洲通行证（Europass）的构成

序号	名称	定位和主要内容
1	简历 Europass - curriculum vitae（CV）	由个人按照统一格式自主填写，清晰全面地展示所拥有的资格和能力。主要内容包括：工作履历、教育培训经历、个人技能和能力（不局限于正式证书、学历证明的能力，还包括诸如母语、外语的听说读写水平，文化、体育等方面的生活工作经历，以及组织能力、计算机技能、技术能力、音乐创作等艺术能力，驾驶证等其他能力）
2	流动能力证明 Europass - Mobility	由参与本项目的机构按照统一格式填写，记录持有者的学习经历，以帮助证明其获得相关能力的方式。该证明为电子版本，同时向持有人发放纸质证明
3	高等教育学历补充文件 Europass - Diploma Supplement（DS）	由各国主管部门发放，目的是便于其他国家了解该高等教育学历持有人掌握的知识和能力。包括八方面的内容：持有人信息、学历名称、学历级别、学习内容和成绩、功能信息、附加信息、补充学历认证信息、国家高等教育系统信息
4	语言能力证明 Europass - Language Portfolio（LP）	由个人自主记录语言学习、相关文化经历和能力的文件，包括使用相关语言的生活和工作经历。母语能力包括听、说、读、写（自我评价）；外语学习经历包括教育层次和时间（1 年以内、3 年以内、5 年以内和 5 年以上）；外语使用经历包括使用该语言参加学习培训、工作或其他活动的时间（1 个月以内、3 个月以内、5 个月以内和 5 个月以上）
5	职业教育证明补充文件 Europass - Certificate Supplement（CS）	由各国主管部门发放，以便于其他国家了解证明持有人通过职业培训掌握的能力。包括六方面内容：获得的技能和能力、可进入的职业范围、培训机构和认可机构、证明级别、获得证书的各种方式、参加培训的条件

信息化手段和互联网平台的全面运用，是全面推行“欧洲通行证”的重要保障。在“欧洲通行证”建立之初，欧盟即专门强调必须按照开放性（open system）和互通性（Interoperability）原则，建立基于互联网的专用信息平台（https：//europa. eu/europass/en），确保在欧盟和各成员国两个层面的信息化运用。授权机构签发的所有“欧洲通行证”文件，均按照统一格式，以电子形式填写并提供给持有人；个人可以通过互联网填写、更新其“欧洲通行证”简历（Europass - CV），而不需要任何机构的介入和授权；个人有权在自己的“欧洲通行证”文件附加任何证明文件。同时，根据有关个人数据处理和隐私保护的规定，只有相关人员才能访问个人数据等文件——“欧洲通行证”的上述特点，具有明显的区块链技术特征和优势，而且以 24 种欧盟官方语言提供服务，使其成为欧洲促进人员流动的重要平台和工具。

2010 年 6 月，欧盟委员会通过《欧洲 2020 战略：智能、可持续和包容性增长》，作为欧盟面向新世纪第二个十年的经济振兴规划，为提高就业、生产力、社会凝聚力和生活质量，该战略专门提出，“通过建立国家资格框架并更好地使学习成果适应劳动力市场需求，增强教育系统的开放性和相关性”，“到2020年，确保1 600万个需要高级资格的岗位”，“各成员国建立国家资格框架，有力推动实施欧洲资格框架”等要求[①]。为进一步支持欧洲范围内的流动就业，建立统一、高效的劳动力市场，2017年7月28日欧盟委员会推出“欧洲技能、能力、资格和职业系统”（European Skills，Competences，Qualifications and Occupations，ESCO）[②]，由欧盟就业、社会事务和包容性总局（Directorate General Employment，Social Affairs and Inclusion，DG EMPL）负责运行。作为欧洲统一的技能、能力、资格和职业多维度分类体系，ESCO建立了与欧盟劳动力市场和教育培训体系的关联关系，通过丰富的线上工具包构建“数字劳动力市场”，帮助求职者了解各类职业需要的知识和技能，以及取得相应职业资格需要掌握的知识、技能和能力。2020年7月1日，欧盟对“欧洲通行证”和“欧洲技能、能力、资格和职业系统”进行完善，所有欧洲公民都可以依托上述平台和系统，终身管理自己的职业记录，创建关于技能、资格、特长、经验等个人资料，参加灵活而针对性强的教育培训课程，接受量身定制的职业建议，从而丰富就业和求学的机会。

2.2　欧洲的消防救援职业体系

欧洲职业分类体系完全引用了《国际标准职业分类》（ISCO－08），并根据国际劳工组织关于“可以设置第五职业层级，从而进行更为详细的职业分类”的建议[③]，在ISCO－08大类、中类、小类、细类的4级分类框架基础上，细分了职业和工种，相应的职业编码也从ISCO－08的4位发展到5位甚至6位。2013年10月，欧洲技能、能力、资格和职业系统（ESCO）发布了首版欧洲职业分类（v 0版），使用24种语言描述了4 761个职业、5 640项技能。此后又多次进行微调，现行欧洲职业分类是2022年1月27日发布的v1.1.0版，采用27种语言（24种欧盟官方语言和冰岛语、挪威语、阿拉伯语）[④]，对3 008个职业和13 890项技能进行了描述[⑤]，其中第一、第二、第三、第五、第六、第七、第八大类都涉及消防救援职业，见表5－9（笔者整理）[⑥]。

---

① 2010年6月，欧盟委员会通过《欧洲2020战略：智能、可持续和包容性增长》。https：//ec.europa.eu/eu2020/pdf/COMPLET%20EN%20BARROSO%20%20%20007%20－%20Europe%202020%20－%20EN%20version.pdf。

② “欧洲技能、能力、资格和职业系统”（ESCO）网站：https：//ec.europa.eu/esco/portal。

③ 《国际标准职业分类（ISCO－08）第一卷：结构、定义和表格》，第4页。

④ 目前，欧盟的官方语言共24种，但并非所有成员国的官方语言均在欧盟享有官方地位，如卢森堡的卢森堡语和塞浦路斯的土耳其语即未列入。

⑤ ESCO网站：各版本欧洲职业分类的介绍。https：//ec.europa.eu/esco/portal/version。

⑥ https：//ec.europa.eu/esco/portal/occupation。

表 5－9　欧洲职业体系中的消防救援职业

大类	中类、小类	细类	职业	职务、岗位举例
1 管理人员	11 首席执行官、高级官员和立法人员 111 立法人员和高级官员	1112 政府高级官员	1112.4 消防专员（fire commissioner）：负责监督消防部门，职责包括确保为消防部门配备必要的装备、保障消防部门提供有效服务，制定和管理消防救援政策以确保遵守相关法规，组织消防安全检查、开展防火宣传教育	①fire service commissioner ②fire brigade commissioner ③chief fire officer
	13 产品和专业服务管理人员 134 专业服务管理人员	1349 未分类的专业服务管理人员	1349.8 消防局长（chief fire officer）：负责管理消防部门，职责包括组织协调消防部门的日常运行，指挥火灾扑救、应急救援并确保消防救援人员安全，履行行政管理职责	①chief firefighter ②fire captain ③chief fire and rescue officer ④fire chief ⑤marshal ⑥fire lieutenant ⑦fire department chief ⑧chief fireman
2 专业人员	21 科学与工程专业人员 214 工程专业人员（不包括电子技术）	2149 未分类的工程专业人员 2149.8 健康与安全工程师	2149.8.1 消防安全工程师（fire prevention and protection engineer）：研究、设计和开发、创新旨在预防火灾、保护人员和环境的解决方案，就建筑、服装或其他应用需求的材料提出建议，设计火灾探测报警等消防系统	①fire prevention and protection technology engineering consultant ②fire prevention and protection technology engineering adviser ③fire prevention and protection technology engineering expert ④fire prevention and protection technology engineering specialist ⑤fire prevention and protection engineering specialist ⑥fire protection and prevention engineer ⑦fire protection engineer ⑧fire prevention engineer
	23 教学人员 232 职业教育教师	2320 职业教育老师 2320.1 职业教师	2320.1.12 消防员培训教师（firefighter instructor）：对新招录消防员、见习消防员和消防学员进行理论和实践培训；举办有关法律、化学、安全规程、风险管理、防火、读图等方面的理论讲座；消防学院的培训教师还开展消防救援器材（如消防水带、消防斧、空气呼吸器等）实践操作指导，以及高强度的体能训练、急救、自我防护和车辆操作等培训。针对新的法规和问题，制定课程和培训计划；指导监督学习进度、评估绩效并形成报告	①firefighter trainer ②instructor of firefighters ③instructor in fire academy ④fire instructor ⑤educator of firefighters ⑥fire academy instructor ⑦trainer of firefighters ⑧trainer in fire academy ⑨firefighter teaching practitioner ⑩fire academy trainer

续　表

大类	中类、小类	细类	职业	职务、岗位举例
3 技术和辅助专业人员	31 科学和工程辅助技术人员 311 自然和工程科学技术人员	3112 土木工程技术人员等 3112.1 土木工程技术人员	3112.1.6 消防检查员（fire inspector）：负责检查建筑和财产是否符合消防安全法规，并强制整改不符合上述法规的问题，向公众开展消防安全和防火宣传教育，宣传火灾案例、政策和灾难响应	①civil engineering technical assistant ②civil engineering technical officer ③civil engineering superintendent ④civil engineering design technician ⑤civils technician ⑥hydraulic engineering superintendent
			3112.1.7 消防安全技术员（fire protection technician）：负责安装、维护、检查、维修消防设备，例如灭火器，火警，火灾探测系统或自动喷水灭火系统，以确保符合安全标准并防止火灾	①fire risk assessor ②fire and security systems engineer ③fire protection service engineer ④fire and security maintenance engineer ⑤fire suppression engineer ⑥fire alarm service technician ⑦senior fire engineer
			3112.1.8 消防检测员（fire safety tester）：负责测试建筑、交通工具的消防系统，以及纺织品等材料的阻燃性能等燃烧性能	①fire inspection testing technology expert ②fire safety testing technician ③fire tester ④fire safety testing technology expert ⑤fire safety testing technology specialist ⑥fire inspection technician ⑦fire inspection testing technologist ⑧fire inspection testing technology specialist ⑨fire safety testing technologist
		3119 未分类的其他工程技术人员	3119 火灾调查员（fire investigator）：负责调查火灾事故，以确定起火和造成人员伤亡、财产损失的原因	
	314 生命科学及相关辅助技术人员	3143 林业技术员	3143 林业技术员（forestry technicians）：工作内容包括防控森林火灾	

续　表

大类	中类、小类	细类	职业	职务、岗位举例
5 服务和销售人员	54 安防人员 541 安防人员	5411 消防员等 5411. 1 消防员	5411. 1. 1 企业消防员（industrial firefighter）：负责在工厂、生产设施发生火灾、危险品泄漏或其他危险情况时实施紧急响应，保护工人和房屋建筑安全；确保工业设施符合健康和安全法规，负责清理事故现场并评估损失	①site firefighter ②factory firefighter ③industrial firewoman ④industrial fireman ⑤site emergency response team member ⑥emergency response team member ⑦industrial fire team member ⑧fire auxiliary
			5411. 1. 2 船舶消防员（marine firefighter）：负责预防和处置船舶、码头火灾等紧急情况，确保船舶安全设施符合法规要求，清理灾害现场和评估损失	①marine fire technician ②harbour firefighter ③ship's firefighter ④vessel firefighter ⑤engineer firefighter ⑥shipboard firefighter ⑦boatmaster firefighter
			5411. 1. 3 矿山救护员（mine rescue officers）：负责矿山救援行动和相关的培训	①mine emergency officer ②mine emergency response coordinator ③auxiliary mine rescue worker ④mines rescue officer ⑤mining rescue officer ⑥mine response and rescue officer ⑦mining safety officer
			5411. 1. 4 泵浦操作员（pump operator）：负责操控供水设施为扑救火灾提供水和其他灭火剂，应确保通过消防水带以正确的压力输送消防用水	①fireman ②fire fighter ③fire engine pump operator ④pump operator ⑤fire appliance pump operator
6 农林渔业技工	62 林业、渔业和狩猎人员 621 林业工人	6210 林业工人	6210 林业工人（forestry and related worker）：工作内容包括瞭望发现森林火灾，参加森林火灾扑救、完成灭火报告并维护消防设备	
7 工艺和有关行业工人	71 建筑及相关行业工人（电工除外） 712 建筑装修和相关行业工人	7126 管工	7126. 12 自动喷水灭火系统安装工（sprinkler fitter）：负责安装自动喷水灭火系统，包括连接管道、管件并测试系统是否泄漏	①fire sprinkler fitter ②fire protection system fitter ③fire safety system installer ④fire protection system installer ⑤sprinkler technician ⑥sprinkler installer ⑦sprinkler system fitter ⑧fire safety system fitter

续 表

大类	中类、小类	细类	职业	职务、岗位举例
7 工艺和有关行业工人	74 电气和电子行业工人 742 电子和电信安装维修工	7422 信息和通信技术安装服务人员	7422.5 安防报警系统技工（security alarm technician）：负责安装和维护防火、防盗等安防报警系统，包括安装传感器和控制系统，根据需要与供电、电信线路连接，向用户说明系统使用方法	①fire alarm technician ②security systems technician ③security alarm fitter ④electronic security systems installer ⑤fire alarm installer ⑥security alarm engineer ⑦security alarm installer
8 工厂与机械操作和装配工	83 驾驶操作 833 重型卡车和公交车驾驶员	8332 重型卡车和货车驾驶员	8332.5 消防车操作员（fire service vehicle operator）：负责驾驶和操作消防车等紧急救援车辆并协助开展火灾扑救和应急救援，确保随车器材完整好用	①fire engine operator ②fire and rescue service vehicle operator ③fire appliance driver ④emergency fire service vehicle operator ⑤fire and rescue service truck operator ⑥fire engine driver ⑦crew manager ⑧fire appliance operator

注：“职务、岗位举例”中很多名称的中译名雷同，故保留了英文名称，以便读者更准确地感受欧洲国家消防救援职业岗位名称的多样性。

2.3 欧盟准入类职业管理

2.3.1 法律制度

对涉及公共安全、人身健康等的职业建立就业准入制度，进行准入管理，是国际通行做法。虽然侧重点和把握的尺度不同，但欧洲各国对于涉及公共安全、人身健康的职业，普遍在国内法设定了从业条件，提出了专门的职业资格要求。任何制度都可能成为“双刃剑”，为避免由于各成员国的职业资格不能得到相互认可，影响从业人员的合理流动，2005 年 9 月 7 日欧洲议会和欧洲理事会通过关于认可职业资格的指令（2005/36/EC），明确了“准入类职业”（regulated profession）的定义，即“根据法律、法规或行政指令直接或间接的规定，需要取得特定职业资格才能从事的职业活动”。所有欧洲经济区国家，如果对从事特定职业的人员提出职业资格要求，则必须承认其他国家在该领域的职业资格，允许取得该职业资格的人员在本国从事相关职业①。爱沙尼亚

① 《欧洲议会和欧洲理事会 2005 年 9 月 7 日关于认可职业资格的 2005/36/EC 号指令》，https：//eur－lex.europa.eu/legal－content/EN/TXT/PDF/？uri＝CELEX：32005L0036&from＝EN。

在其《外国职业资格认可法》第 2 条即明确："本法的目的，是通过认可外国颁发的职业资格，确保其持有人在爱沙尼亚准入类职业从业或自雇（简称就业）时，享有同等待遇。"

2.3.2　欧盟单一市场准入类职业数据库

为便于从业人员了解欧洲各国的准入类职业和相关信息，并获得便利化服务，欧盟委员会建立欧盟单一市场准入类职业数据库（The EU Single Market Regulated Professions Database）①，提供准入类职业查询等服务——"欧盟单一市场"（The EU Single Market），是指根据 1994 年 1 月 1 日生效的欧洲经济区协议，由欧盟成员国和欧洲自由贸易联盟成员国构成的"内部市场"（Internal Market）。登录欧盟单一市场准入类职业数据库网站，输入职业名称以及求职者取得职业资格的"母国"（Home Member State）、拟就业的"东道国"（Host Member State），就可以查询该职业在"母国"和"东道国"是否属于准入类职业，以及相关的职业资格要求等。同时，网站还提供丰富的基础资料和统计数据，包括各个国家的准入类职业目录、职业流动统计等。

由于绝大多数欧洲国家都有自己的语言，各国的准入类职业名称以其官方语言的法定称谓为准。为便于查询检索，欧盟单一市场准入类职业数据库设置了英语的"职业统称"（Generic name of professions），输入职业统称，系统即列出成员国的相关准入类职业明细。目前，该数据库与"fire"（消防）有关的职业统称 4 个：Fire officer（消防官员）、Fire prevention/protection officer（防火官员）、Firefighter（消防员）、Airport fire officer/airport firefighter（机场消防官员/机场消防员），涉及 42 个职业；与"救援"（rescue）有关的职业统称 2 个：Emergency rescue personnel（应急救援员）、Mining safety/ rescue professions（矿山安全/救援人员），涉及 13 个职业。为避免遗漏，再以"fire（消防）""rescue（救援）"这两个关键词，对纳入数据库的全部6 701个准入类职业进行检索，增加了 5 个相关职业。表 5－10 是汇总后的 60 个职业（笔者整理）。需要说明的是，纳入欧盟单一市场准入类职业数据库的职业和消防救援类职业均处于动态调整过程中，2020 年底检索时共有 6 621 个准入类职业，其中消防救援类职业 44 个，到 2022 年 9 月底，分别增加了 80 个和 16 个。

① https：//ec. europa. eu/growth/tools－databases/regprof/index. cfm？ action＝homepage。

表 5-10 欧盟单一市场准入类职业数据库中的消防救援职业

职业统称	序号	职业名称	国家
消防官员 Fire officer	1	Holdleder i redningsberedskabet/brandvæsnet（Team leader in the Emergency Service/Fire brigade，应急服务/消防队队长）	丹麦
	2	Indsatsleder i redningsberedskabet（Incident Commander in the municipal fire brigade，市政消防队指挥员）	丹麦
	3	Befäl inom räddningsväsendet（Fire officer，消防官员）	芬兰
	4	Pelastusalan päällystö/befälet i räddningsbranschen（Fire officer，消防官员）	芬兰
	5	Brandweerofficier（Fire officer，消防官员）	荷兰
	6	Brannsjef（Fire officer，消防官员）	挪威
	7	In ynier po arnictwa（Engineer of fire protection，防火工程师）	波兰
	8	Príslušník hasi ského a záchranného zboru（Member of fire and rescue corps，消防救援队员）	斯洛伐克
防火官员 Fire prevention/protection officer	1	Djelatnik za obavljanje poslova zaštite od požara（Fire Prevention Officer responsible for the Streamlining of Fire-fighting Systems，灭火系统检查官员）	克罗地亚
	2	Djelatnik za obavljanje provjere ispravnosti i funkcionalnosti izvedenih stabilnih sustava，uređaja i instalacija（Officer for the Control of the Operation and Functioning of the Installed Stabile Systems，Equipment and Installations，固定消防系统检查员）	克罗地亚
	3	Stručnjak za izradu elaborata zaštite od požara（Person responsible for the Drafting of Fire-fighting Feasibility Studies，消防安全可行性研究人员）	克罗地亚
	4	Požární ochrana（Fire protection，防火人员）	捷克
	5	Brandteknisk sagsbehandler（Fire safety inspector，消防安全监督员）	丹麦
	6	Certificeret brandrådgiver（Certified fire safety consultant，注册消防安全咨询师）	丹麦
	7	vastutav spetsialist（Specialist in charge of fire alarm systems，火灾报警系统专家）	爱沙尼亚
	8	Forebyggende personell（Fire prevention personnel，防火人员）	挪威
	9	Leder for beredskapsavdeling（Deputy Chief Fire Officer Operations，消防安全负责人）	挪威
	10	Leder for forebyggende avdeling（Deputy Chief Fire Officer Prevention，防火负责人）	挪威
	11	Technik pożarnictwa（Technician of fire protection，防火技术员）	波兰

续　表

职业统称	序号	职业名称	国家
防火官员 Fire prevention/protection officer	12	Preskúšavanie komínov（Chimney testing，烟道检查员）	斯洛伐克
	13	Prevádzkovanie závodného hasičského útvaru（Fire unit operation，消防系统操作员）	斯洛伐克
	14	Vykonávanie odbornej prípravy na úseku ochrany pred požiarmi（Professional fire protection training，消防培训师）	斯洛伐克
	15	Tehnični preglednik za vgrajene sisteme aktivne požarne zaščite（Technical inspector of installed active fire alarm systems，火灾报警系统检查员）	斯洛文尼亚
	16	Technik požiarnej ochrany，špecialista požiarnej ochrany a preventinár požiarnej ochrany（Fire protection technician，fire protection specialist or fire prevention expert，消防安全技术人员，防火专家）	斯洛伐克
	17	Brandskyddskontroll enligt 3 kap. 4 § lagen（2003：778）om skydd mot olyckor（Inspector of fire prevention in and around chimneys and fireplaces，烟囱和壁炉消防安全检查员）	瑞典
	18	Sakkunniga inom brandskydd（Fire prevention/protection officer，防火官员）	瑞典
	19	Expert cantonal en prévention incendie（Fire protection expert，防火专家）	瑞士
	20	Spécialiste en prévention incendie（德语 Brandschutzspezialist，防火专家）	瑞士
	21	Kontrola těsnosti systému požární ochrany obsahujících regulované látky nebo fluorované skleníkové plyny（Check tightness of the fire protection system containing controlled substances or fluorinated greenhouse gases，含氟温室气体等受控灭火药剂消防设施密封性检查员）	捷克
消防员 Firefighter	1	Membres des services publics d' incendie n' étant pas officiers / Leden van de openbare brandweer die geen officier zijn（Members of the Fire Service not ranked，普通消防员）	比利时
	2	Sapeur－pompier（Zone de secours）/ Brandweerman（Hulpverleningszone）（Fire－Fighters（Emergency rescue zones），消防员（应急救援领域））	比利时
	3	Sergent（Zone de secours）/ Sergeant（Hulpverleningszone）（Sergeant（Emergency rescue zones），消防小队长（应急救援领域））	比利时
	4	Capitaine（Zone de secours）/ Kapitein（Hulpverleningszone）（Captain（Emergency rescue zones），消防队长（应急救援领域））	比利时
	5	Profesionální hasič（Professional firefighter，职业消防员）	捷克
	6	Brandmand（Firefighter，消防员）	丹麦
	7	Pelastusalan alipäällystö / underbefälet i räddningsbranschen（Fire and rescue services sub－officer，消防救援分队长）	芬兰

续 表

职业统称	序号	职业名称	国家
消防员 Firefighter	8	Pelastusalan miehistö / manskap i räddningsbranschen (Fire and rescue services crew member，消防救援员)	芬兰
	9	Underbefäl och manskap inom räddningsväsendet (Fire and rescue services crew member and sub - officer，消防救援员和小队长)	芬兰
	10	Alle brandweerberoepen niet zijnde brandweerofficier (Firefighter，消防员)	荷兰
	11	Brannkonstabel (Firefighter，消防员)	挪威
	12	Overordnet vakt (Incident commander，救援指挥员)	挪威
	13	Utrykningsleder (Crew Commander / Leading Firefighter，消防小队长)	挪威
	14	Strażak (Firefighter，消防员)	波兰
机场消防官员/机场消防员 Airport fire officer/airport firefighter	1	Pompier d' aérodrome (Airport firefightman，机场消防员)	法国
	2	Pompier professionnel (Professional fire fighter，职业消防员)	瑞士
应急救援员 Emergency rescue personnel	1	Salvator montan (Mountain rescuer，山岳救援员)	罗马尼亚
	2	Záchranná činnosč Translation (Mountain rescue service，山岳救援员)	斯洛文尼亚
	3	Reševalec iz vode (Lifeguard，救生员)	斯洛文尼亚
矿山安全/救援员 Mining safety/rescue professions	1	Bezpečnostní technik (Technician for safety，安全技术员)	捷克
	2	Báňská záchranná služba (Mining rescue service，矿山救援员)	捷克
	3	Bányamentõ - csapat parancsnok és helyettese (Mine rescue team commander and deputy，矿山救援队队长、副队长)	匈牙利
	4	Bányamentö - állomás vezetöje és helyettese (Mine rescue station chief and his deputy，矿山救援站站长、副站长)	匈牙利
	5	Kierownik jednostki ratownictwa górniczego oraz jego zastępca - w podmiotach wykonujacych czynności dla zakładów górniczych innych niż podziemne zakłady górnicze (Manager of the mine rescue unit, and his deputy - in the entities performing the activities for mining plants other than the underground mining plants，地下矿井以外其他矿山的救援队队长、副队长)	波兰
	6	Mechanik sprzętu ratowniczego (Operator of rescue equipment，救援设备技师)	波兰
	7	Ratownik górniczy (Mine rescuer，矿山救援员)	波兰

续　表

职业统称	序号	职业名称	国家
矿山安全/救援人员 Mining safety/rescue professions	8	kierownik jednostki ratownictwa górniczego oraz kierownik okręgowej stacji ratownictwa górniczego，a także ich zastępcy – w podmiotach wykonujacych czynności dla podziemnych zakładów górniczych (the manager of the mine rescue unit and the manager of the district mine rescue service，as well as their deputies – in the entities performing the activities for underground mining plants，地下矿井救援队队长、副队长)	波兰
	9	rewident urzadzeń systemówaczności，alarmowania i bezpieczeństwa (the auditor of the communication devices，alarms and security，通信、报警和安全设施审查员)	波兰
	10	Vodja službe za varnost in zdravje pri delu (head of security at work – mining safety manager，职业健康和安全主管)	斯洛文尼亚
受控物质安装、维护专业人员 Installation and dismantling specialist for controlled substances	1	Osoby dokonujace naprawy i obsługi technicznej oraz demontażu urzadzeń i instalacji przeciwpożarowych，a także odzysku，recyklingu，regeneracji i unieszkodliwiania substancji w nich zawartych (Persons performing repairs，maintenance and dismantling of fire protection devices and installations，as well as regaining，recycling，regeneration and disposal of the substance contained therein，消防设施维护保养，灭火药剂回收、循环、再生、处理人员)	波兰
安防人员 Security guard/Warden	1	agent de service de sécurité incendie et d' assistance à personne (private fire safety and first aid agent，企业消防安全和急救人员)	法国

注：笔者根据“欧盟单一市场准入类职业数据库”检索整理，截至2022年9月30日。职业名称均为设定该准入类职业的国家语言，括号内为“欧盟单一市场准入类职业数据库”的官方英译职业名称，中文名称由笔者翻译。

上述60个消防救援类准入职业，分布在比利时、丹麦、芬兰、荷兰、挪威、波兰、捷克、斯洛伐克、克罗地亚、爱沙尼亚、斯洛文尼亚、法国、瑞典、匈牙利、瑞士等15个欧洲国家，占全部准入类职业的0.9%，虽然部分欧洲国家并未将消防救援类职业作为准入类职业——但这并不妨碍在实际操作中，对消防救援人员提出严格的技能和体能要求。这也说明，在职业资格管理方面，行政许可和准入管理并不是确保职业能力的唯一手段和路径。

第三节　爱沙尼亚的职业资格管理

在欧洲职业分类体系、欧洲资格框架，以及“欧洲通行证”等促进人员流动的一体化平台基础上，爱沙尼亚建立了符合国情的职业分类、国家资格框架、职业资格分类目录，并通过立法，将国家职业资格管理的事务性工作委托给非营利组织爱沙尼亚职业资格局，构建了职业标准制定、职业资格授予等完善的职业资格管理体系，形成了灵活高效的运行机制。同时，将中等职业教育、高等职业教育全面纳入国家教育体系，与劳动力市场需求实现了紧密对接。

3.1 职业分类和职业资格框架的演进

爱沙尼亚强调职业活动的社会属性，重视职业活动的继承性和发展性，强调“职业的定义和职业范围的界定，应当基于传统并反映经济社会发展带来的新需求”。对职业和职业资格作如下定义：职业（kutse）是“一系列任务内容和培训要求相似的工作的集合”（on sisuliselt sarnaste ülesannete ja sarnast väljaõpet nõudvate tööosade ja tööülesannete kokkuleppeline kogum）。——在国际劳工组织“职业是主要任务和职责高度相似的一组工作”定义基础上，增加了“培训要求相似”的要求，突出了职业体系服务于就业培训和劳动力市场发展的定位；职业资格（kutsekvalifikatsioonid）是“通过职业考试取得的资格，其等级按照相关的职业标准确定”（on kvalifikatsioon，mis saadakse kutseeksami sooritamisel ja mille tase on määratud asjakohases kutsestandardis）。相关文件反复强调，职业资格是职业体系（Kutsesüsteem）的基石，是沟通教育培训制度与劳动力市场的桥梁。①

3.1.1 职业分类

苏联时期，爱沙尼亚执行苏联劳动和社会事务部统一制定的《国家职业和职位术语》（*Riiklik Tööliskutsete ja Teenistujate Ametikohtade Nomenklatuur*，俄语 *Национальная Номенклатура Занятий и Должностей*），并编制了《俄语－爱沙尼亚语言职业和职务名称手册》（*Vene－eesti kutse－ja ametinimetuste sõnastik*）——包括4部分内容：《俄语－爱沙尼亚语职业名称词典》（*Kutsenimetuste vene－eesti sõnastik*）、《俄语－爱沙尼亚语职务名称词典》（*Ametinimetuste vene－eesti sõnastik*）、《爱沙尼亚语职业名称索引》（*Eestikeelsete kutsenimetuste register*）和《爱沙尼亚语职务名称索引》（*Eestikeelsete ametinimetuste register*）。

1991年恢复独立后，爱沙尼亚在经济社会各领域全面“脱俄入欧”。鉴于职业分类

---

①　职业资格局：《职业标准的结构和编写指南（2019年版）》（*Kutsestandardi Koostamise ja Vormistamise Juhend*），第6页。https：//vana. kutsekoda. ee/fwk/contenthelper/10381894/10575848。

体系直接涉及劳动力市场管理和就业培训，是国民经济和社会发展的重要基础性工作，1992 年爱沙尼亚统计局（Statistikaamet）组织爱沙尼亚工商业联合会等机构，参照《国际标准职业分类》（ISCO－88），启动了重构职业分类体系的工作（“国际标准职业分类”的爱沙尼亚语是 *Rahvusvahelise Ametite Klassifikaator*），并于 1999 年推出《职业分类（1999 年）》（*Ametite klassifikaator* 1999，AK 1999）。《职业分类（1999 年）》强调职业分类的两个核心概念“工作”（töö）和“职业技能”（ametioskus），共设置 10 个职业大类（pearühma）、28 个职业中类（all－pearühma）、116 个职业小类（allrühma）和 391 个职业细类（ametirühma）①。

2008 年，与国际劳工组织《国际标准职业分类》（ISCO－08）同步，爱沙尼亚统计局推出《职业分类（2008 年）》（*Ametite klassifikaator* 2008，AK 2008）。新版职业分类全面引用了 ISCO－08 和欧洲职业分类体系，设有 10 个职业大类、43 个职业中类、130 个职业小类、436 个职业细类，在国际标准职业分类“大类—中类—小类—细类”体系基础上，增设第五层级“职业”（ametinimetus）。2008 版被称为 2008 v1.5a 版，近年来，又先后发布了 2008 v1.5b 版、2008 ap 版（现行版本，2019 年 11 月 25 日修订发布）。2008 v1.5b 版、2008 ap 版只是根据经济社会发展和社会就业变化，对部分具体职业做了调整。表 5－11 是爱沙尼亚《职业分类（2008 年）》的 10 个职业大类②。

表 5－11　爱沙尼亚《职业分类（2008 年）》的职业大类

序号	大类名称
1	管理人员（Juhid）
2	专业人员（Tippspetsialistid）
3	技术和辅助专业人员（Tehnikud ja keskastme spetsialistid）
4	办事人员（Ametnikud）
5	服务和销售人员（Teenindus－ja müügitöötajad）
6	农林渔业技工（Põllumajanduse，metsanduse，jahinduse ja kalanduse oskustöötajad）
7	工艺和有关行业工人（Oskustöötajad ja käsitöölised）
8	工厂机械操作工和装配工（Seadme－ja masinaoperaatorid ja koostajad）
9	初级工（Lihttöölised）
0	军人（Sõjaväelased）

① 爱沙尼亚统计局：《职业分类的较早版本》（*Klassifikaatori varasemad versioonid*），http：//metaweb. stat. ee/classificator_ version_ list. htm? id＝3266&siteLanguage＝ee。

② 爱沙尼亚统计局：《职业分类（2008 年）》，http：//metaweb. stat. ee/view_ xml. htm? id＝4456531& siteLanguage＝ee。

爱沙尼亚统计局是职业分类领域的主管部门，主要法律法规依据是2010年8月1日生效的《国家统计法》[①] 和2008年1月25日生效的行政法规《分类代码体系》（*Klassifikaatorite süsteem*）。在职业体系构建过程中，爱沙尼亚较好地运用了“工作内容、技能水平相似性”这一基本划分原则——《职业分类（2008年）》以“防火门安装人员”为例，就如何划定职业类别做了说明：防火门安装人员（tuletõkkeukse paigaldaja）的工作内容，是安装防火门及其配件，包括安装和连接发生火灾时控制防火门自动关闭的动力和信号电线电缆，也就是说，既需要木工的技能，也需要电工的技能——但在防火门安装中，最耗时的工作内容与木工有关，因此将防火门安装人员归类到7115“木工”（Puusepad），而不是7411“建筑电工”（Ehituselektrikud）[②]。

3.1.2 职业资格框架

爱沙尼亚认为，建立国家职业资格框架，在国内乃至欧洲、国际和不同行业之间实现职业能力的可识别、可比较，是实施职业资格管理的保障。根据2001年《职业资格法》（*Kutseseadus*，RT I 2001，3，7）[③]，2005年爱沙尼亚建立了共分5级的职业资格框架，见表5-12（笔者整理）。2004年5月1日加入欧盟后，爱沙尼亚积极参与欧盟推动人员自由流动的各项议程，与欧盟相关立法进程协调，全面融入欧洲资格框架，并同步调整完善相应的教育培训和资格认证体系。2005年，科学和教育部（Haridus-ja Teadusministeerium，HTM，下文简称“科教部”）[④] 在爱沙尼亚工商业联合会1997年以来工作的基础上，组建了由工商业联合会、社会事务部、经济和通信部等各方面专家构成的工作组，结合欧洲资格框架征求意见初稿，研究确定本国5级职业资格框架与欧盟8级资格框架的对应关系，并着手起草新的《职业资格法》，建立与欧洲资格框架相适应的国家资格框架。

表5-12　2001年《爱沙尼亚职业资格法》确定的5级职业资格体系

等级	职业资格
1	工作环境固定不变，工作过程中可能需要接受监督指导，主要通过职业培训获得所需专业技能和知识
2	在不同工作环境独立履行职责，主要通过职业培训获得技能和知识，还需要具有相关的技能和经验

① 《国家统计法》，https：//www. riigiteataja. ee/akt/13332259。
② 《职业分类（2008年）》，第20页。
③ 《职业资格法》，https：//www. riigiteataja. ee/akt/26716。
④ 科教部网站：https：//www. hm. ee/et。

续　表

等级	职业资格
3	在不同且变化的工作环境履行职责，主要通过职业培训获得技能和知识，具有拓展职业技能和知识、负责组织资源共享的能力
4	在变化的工作环境履行分析和决策职责，具有相关的职业知识和技能；组织资源共享并监督他人工作
5	在变化的工作环境履行职责，包括拓展知识、解决问题、应用科学理论和概念以及对现有知识进行分析、归纳和传授，具有广泛的专业知识和技能，能够组织资源共享和监督他人工作

2008 年 9 月 1 日新《职业资格法》① 生效并施行至今。《职业资格法》的立法宗旨是“建立完整的职业资格体系并确保其应用，以提高爱沙尼亚的经济竞争力，监测和预测劳动力需求，促进职业能力发展、评估、认可和比较”。并强调“职业资格体系属于对学习成果进行认可的资格制度，将教育培训体系与劳动力市场联系起来”。2008 年《职业资格法》依据欧洲资格框架和欧洲议会、欧洲理事会 2005 年 9 月 7 日关于认可职业资格的 2005/36/EC 号指令，引用欧洲资格框架，建立了共分 8 级的爱沙尼亚资格框架（Eesti kvalifikatsiooniraamistik，EKR；英语 Estonian Qualifications Framework，EstQF）——职业资格局在介绍爱沙尼亚国家资格框架与欧洲资格框架的关系时，用了“identical”（完全相同）一词。作为全面反映学业和职业资格的综合性框架，爱沙尼亚资格框架涵盖了通过普通教育（üldhariduse kvalifikatsioonid）、职业教育（kutsehariduse kvalifikatsioonid）、高等教育（kõrghariduse kvalifikatsioonid）、职业资格培训（kutsekvalifikatsioonid ehk kutsed）4 种渠道和方式形成的学习成果。表 5－13 是爱沙尼亚资格框架中，教育培训学习成果与职业资格的对应关系。②

表 5－13　2008 年《爱沙尼亚职业资格法》确定的资格框架与学历、欧洲资格框架的对应关系

爱沙尼亚资格框架级别	学历	职业资格举例	欧洲资格框架级别
8	博士	高级专业技术人员、高级管理人员（如：法医、注册工程师、建筑师）	8
7	硕士	专业技术人员、管理人员（如：信息技术经理、临床心理学家、取得工程行业资格的工程师、建筑师）	7

① 《职业资格法》（*Kutseseadus*，RT I 2008，24，156），https：//www.riigiteataja.ee/akt/12974050。

② 笔者根据欧洲职业培训发展中心《欧洲国家资格框架进展：爱沙尼亚（2018）》（*ESTONIA European inventory on NQF* 2018）整理，第 14—15 页，https：//www.cedefop.europa.eu/files/estonia_ －_ european_ inventory_ on_ nqf_ 2018.pdf；示例结合职业资格局网站：https：//www.kutsekoda.ee/en/estonian－qualifications－framework－estqf/。

续　表

爱沙尼亚资格框架级别	学历	职业资格举例	欧洲资格框架级别
6	学士 高等职业教育学历	专业技术人员，中层管理人员（如：档案保管员、货运代理、审计师、职业顾问）	6
5	5级职业教育培训证书	熟练技术工人，工艺师，一线管理人员，文书人员（如：电工、高级木匠、施工现场经理、会计师）	5
4	普通高中毕业证书 中等职业教育毕业证书 4级职业教育培训证书	技术工人，机械操作工，服务和销售人员（如：木匠、摄影师）	4
3	3级职业教育毕业证书	后勤保障人员（如：面包师）	3
2	基础教育毕业证书 简化基础教育毕业证书 2级职业教育培训证书	初级工（如：帮厨、园艺助理、伐木工、保洁员）	2
1	特殊基础教育毕业证书		1

3.2　职业资格管理制度

爱沙尼亚的职业资格管理体系，由职业资格分类目录、职业标准体系和职业资格证书三方面的制度构成，如图5-1（笔者绘制）。其中，职业资格分类是前提和基础，职业标准是手段和尺度，职业资格证书是劳动力市场通行的“质量标志”（kvaliteedimärk），是职业资格管理工作的落脚点。

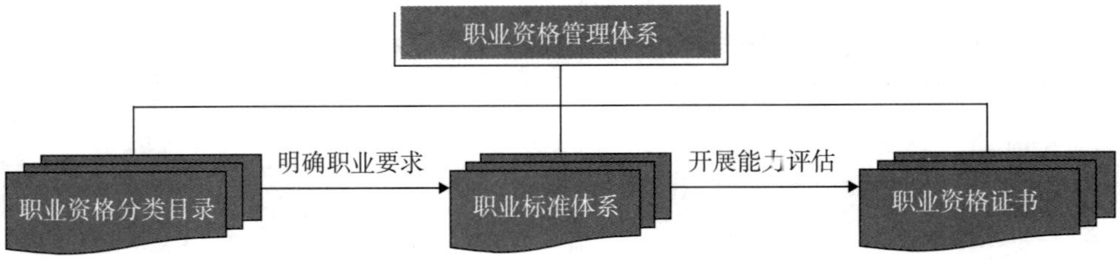

图5-1　爱沙尼亚职业资格管理体系

正如爱沙尼亚《职业资格法》立法宗旨强调的，建立职业资格管理制度的根本目标，是将教育培训体系与劳动力市场联系起来，为终身学习以及职业能力的发展、评估、认可和比较，提供制度性依据。爱沙尼亚认为，职业资格管理应当实现以“能力”为核心的双重目标：一是推动提高就业人员的职业能力和竞争力，使其拥有成功开展工作所需的知识、技能、能力和态度；二是促进职业培训的内容、质量符合劳动力市场需求，不论就业人员在哪里、以何种方式学习，都可以对其学习成果进行评估和认可，并推动实现职业资格的国内、国际可比性。在上述过程中，爱沙尼亚坚持了两个原则：一是社会共识原则（Konsensuse põhimõte），即通过劳动者、用人单位、职业培训教育机构和政府部门的多方合作，推动职业体系构建和职业资格管理在促进社会就业方面的效能最大化。二是终身学习原则（Elukestva õppe põhimõtete），即劳动者的能力可以通过多种方式取得，除传统的学历教育外，通过形式灵活多样的非正式学习、培训以及工作经历取得的能力，都应当受到重视和认可。[①]

图 5-2 是职业资格管理的“能力圈”（Kompetentsuse ring）[②]，说明了职业资格体系如何将劳动力市场与终身学习（包括正式、非正式的学习和培训）紧密联系起来，并形成往复循环的提升路径。

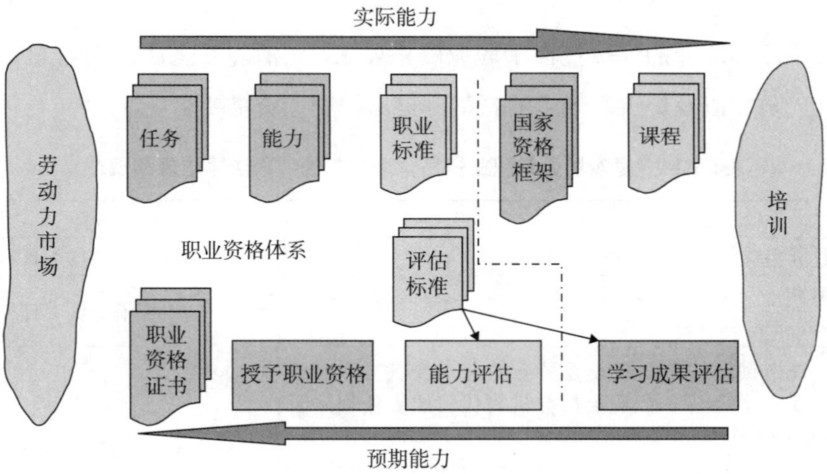

图 5-2 职业资格管理的“能力圈”

爱沙尼亚非常重视职业资格管理体系的质量管理，2014 年编纂《职业资格体系质量手册》[③]，涵盖了职业资格管理体系的两大基本流程——职业标准开发（kutsestandardite koostamine）和职业资格授予（kutse andmine），强调职业资格管理既是“行为”（tegevus），更是“过程”（protsess），职业资格体系本质上就是一种质量管理体系，进而提出“持续改进”的理念——即不断听取、总结和吸纳各方面的意见建议，改进职业资格体系的制度、机制，完善职业资格评估方法，改进授予职业资格的程序，满足职业资格领

① 职业资格局：《职业标准的结构和编写指南》（2019 年版），第 5 页。https：//www. kutsekoda. ee/wp - content/uploads/2019/KS/Kutsestandardi - juhend. pdf。

② 《职业标准的结构和编写指南》（2019 年版），第 5 页。

③ 《职业资格体系质量手册》（2014 年），https：//www. kutsekoda. ee/wp - content/uploads/2019/11/KVALITEEDIK% C3% 84SIRAAMAT - Kodulehele. pdf。

域各方面的需求和期望[①]。

3.2.1 法律法规体系

《职业资格法》《外国职业资格认可法》是爱沙尼亚实施职业资格管理的主要依据。截至2019年2月20日最近一次修订，2008年版《职业资格法》共修订11次，并出台了多部配套的行政法规和规章，构建了完善的职业资格管理制度体系，主要特点是以服务和促进就业为目的，与欧洲资格框架全面对接，按照欧盟相关法律和指令，政府相关部门密切配合，并以行政指令、公开竞争等多种方式，积极引入行业协会、私立机构等社会力量共同参与。

表5－14是职业资格管理领域法律法规和规章的清单[②]。此外，相关领域的专门法律也对本行业的职业资格管理做出了规定，如：《救援组织法》对救援机构内从事灭火救援、接警调度等职业的人员提出了职业资格要求，《消防安全法》对建筑消防设施的设计、安装人员，以及焊工、烟道清扫工等提出了职业资格要求。

表5－14 爱沙尼亚与职业资格管理有关的部分法律法规和规章

序号	名称	层级	施行时间	修订次数
1	《职业资格法》（*Kutseseadus*）	法律	2008年9月1日	11
2	《外国职业资格认可法》（*Välisriigi kutsekvalifikatsiooni tunnustamise seadus*）	法律	2008年7月1日	5
3	《职业资格领域清单，职业委员会的名录及其成立、终止和日常工作程序，职业委员会机构代表的委任程序及任期》（*Kutsetegevuse valdkondade loetelu, kutsenõukogude nimetused, moodustamise ja lõpetamise kord, töökorraldus ning kutsenõukogusse institutsioonide esindajate nimetamise kord ja nende volituste kestus*）	法规	2008年12月19日	1
4	《职业资格登记系统章程》（*Kutseregistri põhimäärus*）	法规	2009年6月4日	1
5	《职业标准的制定、修订和批准程序》（*Kutsestandardite koostamise, muutmise ja vormistamise kord*）	规章	2008年12月14日	无
6	《职业资格证书的发放程序和样式》（*Kutsetunnistuse statuut ja vorm*）	规章	2009年1月11日	1
7	《职业资格授予机构公开竞争选拔程序和参与竞争选拔所需证明文件清单》（*Kutset andva organi valimiseks avaliku konkursi korraldamise kord ning konkursil osalemise tingimustele vastavust tõendavate dokumentide loetelu*）	规章	2009年9月1日	1

① 《职业资格授予工作质量监控》（2019年），https：//www. kutsekoda. ee/wp－content/uploads/2020/04/Kutse－andmise－kvaliteedi－tagamine－ja－j% C3% A4relevalve_ . pdf。

② 笔者整理，截至2022年9月30日。https：//www. kutsekoda. ee/en/legal－framework/。

3.2.1.1　职业资格分类目录

建立职业分类体系，并不意味着国家对体系内的所有职业进行管理，很多职业（尤其是知识、技能水平要求较低的职业）主要依靠市场“无形的手”调控即可，只有在必要时，国家才会对职业进行资格管理——在现代国家治理的语境之下，即使对于“准入类职业”的管理，也应当是服务导向的管理——这也是当今各国职业资格管理工作的重要价值取向，即促进职业能力的提升和发展，而非单纯的管制和限制。

爱沙尼亚强调，拥有职业资格是完全自愿的，除非法律另有规定（即纳入准入类职业资格），否则职业资格不能成为就业的先决条件。2008 年《职业资格法》第 8 条第（6）款规定“爱沙尼亚政府应当制定法规，建立职业资格领域清单，明确职业委员会的名称及其成立、终止和日常工作程序”——之所以将部分职业纳入“职业资格领域清单”（Kutsetegevuse valdkonnad）进行职业资格管理，目的是通过开发职业标准、授予职业资格等规范化的措施，达到促进职业能力提升、推动高水平就业的效果。为此，爱沙尼亚在职业分类体系（如本节 3.1.1 所述）的基础上，专门建立了职业资格分类目录（Kutsesüsteemi klassifikaator，英译 Occupational Qualifications System Classification）[①]，见表 5－15（笔者整理）。该分类体系不同于职业分类的 5 级划分，而是采用 4 级分类，共 11 个大类，根据职业资格局统计，截至 2022 年 10 月底，共有 92 个行业（kutsealale）的 556 个职业纳入职业资格管理——标志是制定了相应的职业标准。需要强调的是，纳入职业资格管理，并不等同于确定为“准入类职业”（Reguleeritud Kutsed）——事实上，正如下一小节介绍的，在上述 556 个职业中，只有 147 个“准入类职业”，占比 26.4%。

表 5－15　爱沙尼亚的职业资格分类体系

序号	分类	
	中文	爱沙尼亚语
1	建筑、装修、房地产、测绘	ehitus，arhitektuur，kinnisvara，geomaatika
2	能源和电力	energeetika ja elektriala
3	教育和文化	haridus ja kultuur
4	信息技术、通信和电子	IT，telekommunikatsioon ja elektroonika
5	农林渔业和食品工业	põllumajandus，kalandus，metsandus，toiduainetööstus
6	服务业	teenindus
7	工程、制造和加工	tehnika，tootmine ja töötlemine

① 职业资格分类目录，https：//www. kutseregister. ee/et/standardid/klassifikaator。

续 表

序号	分类	
	中文	爱沙尼亚语
8	医疗和健康	tervis ja heaolu
9	运输和物流	transport ja logistika
10	财产和人身保护	vara – ja isikukaitse
11	商业和行政管理	ärindus，haldus

职业资格分类的实践应用特点鲜明，与国民经济和行业分类更为贴近——即以“工作性质相似性”的单一维度，将工作性质相似但分属“蓝领”（以技能操作为主）、“白领”（以专业技术工作）的职业划分到同一大类（在职业分类体系中，工作性质相似但技能差别明显的职业往往划分到不同大类）。例如，在《职业分类（2008 年）》中，火灾预防领域专业技术工作的“消防安全监督员”（3112 – 0004 Tuletõrjeinspektor）属于第三职业大类“技术和辅助专业人员”，灭火救援领域的“消防救援人员”（5411 Päästjad ja tuletõrjujad）属于第五职业大类“服务和销售人员”；但在职业资格分类目录中，上述职业均纳入了第十大类“财产和人身保护”的“救援服务”（Päästeteenistus）中类。

在职业分类体系基础上建立职业资格分类目录，也是近年来人力资源管理领域的国际通行做法，两个体系既有密切联系又有明显区别，职业分类体系是所有职业的“户口本”，是对全社会劳动就业进行分类和统计分析的基础，是建立职业资格分类体系的前提和基础；职业资格分类体系则聚焦于需要制定职业标准、开展职业培训、进行职业资格管理的职业，定位和目标是促进职业教育培训、引导劳动力市场发展、提升劳动就业水平。

根据 2008 年版《职业资格法》第 8 条第（6）款的规定，同年 12 月 11 日爱沙尼亚政府批准《职业资格领域清单，职业委员会的名录及其成立、终止和日常工作程序，职业委员会机构代表的委任程序及任期》（12 月 19 日施行），确定在 16 个领域开展职业资格授予工作，并相应确定了 16 个职业委员会，当时将消防救援纳入第 15 项“法律和内部安全”（Õigus – ja Sisekaitse）。2015 年 7 月 18 日修订上述法规，将职业活动领域缩减为 14 个，消防救援纳入第 13 项“财产和人身保护”（vara – ja isikukaitse），见表 5 – 16。[①]

① 笔者根据 2015 年 7 月 18 日修订实施的《职业活动领域清单，职业委员会的名录及其成立、终止和日常工作程序，职业委员会机构代表的委任程序及任期》整理。https：//www. riigiteataja. ee/akt/115072015002。职业资格局网站有各职业委员会的列表：https：//www. kutseregister. ee/ctrl/et/Noukogud/show/。

表 5-16　爱沙尼亚实施职业资格管理的行业领域及其职业委员会名称

序号	行业领域	职业委员会名称
1	建筑、测绘、施工和房地产	建筑、测绘、施工和房地产职业委员会
2	能源、矿业和化学工业	能源、矿业和化学工业职业委员会
3	教育	教育职业委员会
4	信息和通信	信息和通信职业委员会
5	文化	文化职业委员会
6	林业	林业职业委员会
7	社会福利	社会福利职业委员会
8	服务业	服务业职业委员会
9	技术、生产和加工	技术、生产和加工职业委员会
10	医疗卫生	医疗卫生职业委员会
11	食品工业和农业	食品工业和农业职业委员会
12	运输和物流	运输和物流职业委员会
13	财产和人身保护	财产和人身保护职业委员会
14	商业服务和其他商业活动	商业服务和其他商业活动职业委员会

3.2.1.2　准入类职业

如前文所述，设置准入类职业，是对涉及公共安全、人身健康的职业行为加强管理的必要手段。从另一个方面看，正如 2019 年 2 月 5 日经济和通信部就《消防安全法》等法律修订草案回函内政部时所指出的："职业资格限定越严格，理由就必须越充分，因为这种限定具有很高的社会成本。"[①] 为防止准入类职业泛化、成为就业壁垒，各国均严格控制准入类职业的范围，而且呈现范围逐步收缩的趋势。爱沙尼亚为防止准入类职业成为非必要的就业"门槛"和强制绑定培训，在《职业资格法》第 15 条专门规定"除非法律规定某个职位必须取得职业资格证书，否则不得将持有职业资格证书作为就业的先决条件"。而且，在授予职业资格时"不得要求或禁止申请人成为任何协会的会员，不得要求申请人在特定的教育机构中完成培训"。

目前，有 3 种途径了解爱沙尼亚的准入类消防救援职业。首先，"欧盟单一市场准入类职业数据库"提供了以国家为单位的准入类职业查询方式，如表 5-10"欧盟单一

① 2019 年 2 月 5 日，经济和通信部《同意修订〈消防安全法〉〈自然保护法〉〈森林法〉以及对修订草案的建议》，第 2 页。https://eelnoud.valitsus.ee/main/mount/docList/26fc2501-1f7c-4b5d-9ff6-e6416a7ca5df?activity=1#a7o1g5Zm。

市场准入类职业数据库中的消防救援职业”所示，其中，仅能查询到1个爱沙尼亚的消防救援类职业：“（火灾报警系统）技术负责人”（vastutav spetsialist）。其次，教育和青年局所属的爱沙尼亚学术认证信息中心网站在“职业资格认证”（Kutsealane tunnustamine）栏目下专门设有“爱沙尼亚的准入类职业”（Eestis Reguleeritud Kutsed）栏目[①]，可以查询到94个准入类职业，其中消防和安防领域（Tuleohutus ja turvalisus）7个，分别是：烟道清扫工（Korstnapühkija）、壁炉工（Pottsepp）、明火作业人员（Tuletööd tegev isik）、保镖（Turvatöötaja）、志愿救援人员（Vabatahtlik päästja）、保安（Valvetöötaja）、火灾报警和自动灭火系统技术负责人（Vastutav spetsialist，tulekahjusignalisatsiooni – ja automaatsed tulekustutussüsteemid），但相关数据相对简略，且有些职业名称的表述与职业标准不一致，缺乏严谨性。再次，职业资格局网站专门设有“准入类职业”专栏。

教育和青年局（Haridus – ja Noorteamet）[②] 是科教部的下属机构，成立于2020年8月1日，整合了创新基金会、阿基米德基金会、教育信息技术基金会和爱沙尼亚青年工作中心4个机构的职能。根据2020年6月16日科教部制定的《教育和青年局章程》[③]，教育和青年局的主要职责包括：参与教育和青年发展领域的立法、规划、咨询、服务，组织对教育机构进行外部质量评估，组织爱沙尼亚语测试和外语考试，发展高等教育领域的国际合作、参与欧盟相关项目，提供奖学金、助学金，管理爱沙尼亚教育信息系统等。“爱沙尼亚学术认证信息中心”（Akadeemilise Tunnustamise Infokeskus，英语 Academic Recognition Information Centre，又称 The Estonian ENIC/NARIC），是教育和青年局的下设机构，负责提供学业和职业方面的资格认证服务，同时也是欧洲信息中心网络（European Network of Information Centres，ENIC）、欧盟国家学术认证信息中心（National Academic Recognition Information Centres，ENIC – NARIC）在爱沙尼亚的国家工作节点[④]。

由于统计角度和数据颗粒度不同，以及整合更新不及时、不同步等问题，上述3个渠道的数据差异明显，前两种渠道缺乏严谨性和规范性，反映出在职业资格领域，欧盟一体化进程仍然有待深化。以“教师”（Õpetaja，英语 Teacher）为例，在欧盟单一市场准入类职业数据库，有“高等教育教师”（Õpetaja gümnaasium）、“基础教育教师”（Õpetaja põhikool）和“学前教育教师”（Õpetaja – koolieelse lasteasutus）共3个准入类职业；但在学术认证信息中心，只是“教师”（Õpetaja）1个职业；在职业资格局网站，

① https：//harno. ee/arenguvoimalused – ja – kvalifikatsioonid/valisriigi – kvalifikatsioonide – tunnustamine/kutsealane。

② 教育和青年局，https：//harno. ee/en。

③ 《教育和青年局章程》（RT I，19. 06. 2020，35），https：//www. riigiteataja. ee/akt/119062020035。

④ 欧洲信息中心网络和欧盟国家学术认证信息中心，由欧盟委员会、欧洲议会和联合国教科文组织共同发起成立，供各成员国的主管部门和相关机构提供和维护最新信息、履行相关职能。同时，该中心也是提供有关国际教育和职业流动信息以及各国之间资格认证程序的平台。https：//www. enic – naric. net/。

则分为“教师（7 级）”（Õpetaja，tase 7）、“高级教师（7 级）”（Vanemõpetaja，tase 7）和“特级教师（8 级）”（Meisterõpetaja，tase 8）共 3 个准入类职业。

从本书研究的角度分析，职业资格局作为爱沙尼亚的国家职业资格管理机构，其准入类职业数据以各行业的法律法规和职业标准为依据，直接指导就业，最为权威可靠。从本质上讲，设置准入类职业是各个行业领域的就业管理措施，科教部和职业资格局只是按照《职业资格法》的规定，为各个行业领域准入类职业资格的管理创建统一的制度框架、提供统一的服务。基于这一定位，职业资格局网站在“准入类职业”专栏定期汇总公布两个清单：清单 1 是《必须取得〈职业资格法〉规定的职业资格方能就业的职业清单》，清单 2 是《取得职业资格会在劳动力市场带来就业便利性的职业清单》[①] ——可以将清单 1 理解为“完全准入管理”的“负面清单”，清单 2 是“半准入管理”的“正面清单”，即如果主动遵守相应的职业资格管理措施，将获得就业便利——这种严格管制与正向激励引导相结合的管理措施，值得借鉴。

上述 2 个清单的内容均包括职业名称、职业资格授予机构、常见职位名称、法律依据、行政主管部门等内容。目前最新的统计数据截至 2018 年 8 月 29 日，清单 1 包括 147 个职业，涉及内政部、社会事务部、科教部、环境部、文化部、农村事务部、环保局、土地局、公路局、救援局、技术监督局等 11 个行政主管部门；清单 2 包括 94 个职业，涉及科教部、文化部、农村事务部、救援局、财政部、社会保险委员会、社会事务部、技术监督局 8 个行政主管部门和地方政府的职能。表 5 – 17 是与消防救援和消防安全有关的 17 个准入（半准入）类职业[②]，其中，前 15 个职业属于清单 1，占全部 147 个准入类职业的 10.2%；后 2 个职业属于清单 2，占全部 94 个“半准入”管理职业的 2.1%。两类合计，与消防救援和消防安全有关的 17 个准入、“半准入”管理职业，占 2 个清单中全部 241 个职业的 7.1%。

表 5 – 17　爱沙尼亚与消防救援和消防安全有关的准入（半准入）类职业

序号	职业名称	法律依据	行业主管部门	职业资格授予机构
1	接警员（4 级）	根据《救援组织法》第 7 条第（4）款制定的内政部规章《救援人员的职业条件：体能、教育和健康要求》第 6 条第（6）款：“从事报警信息受理工作的人员，应在入职 6 个月内达到接警员（4 级）职业标准要求，或者通过相应的在职培训”	救援局	内政学院

① 职业资格局：《必须取得〈职业资格法〉规定的职业资格方能就业的职业清单》，《取得职业资格会在劳动力市场带来就业便利性的职业清单》。https：//www. kutsekoda. ee/reguleeritud – kutsed/。

② 笔者根据职业资格局网站整理。https：//www. kutsekoda. ee/reguleeritud – kutsed/。

续 表

序号	职业名称	法律依据	行业主管部门	职业资格授予机构
2	调度员（5 级）	根据《救援组织法》第 7 条第（4）款制定的内政部规章《救援人员的职业条件：体能、教育和健康要求》第 6 条第（5）款“调度员应当在被任命 2 个月内达到调度员（5 级）职业标准要求”		
3	调度中心值班长（6 级）	根据《救援组织法》第 7 条第（4）款制定的内政部规章《救援人员的职业条件：体能、教育和健康要求》第 6 条第（4）款“调度中心值班长必须具有高等教育学历，并在上任 2 个月内完成报警中心主任确定的在职培训内容，上任 6 个月内具备报警中心值班长（6 级）的职业资格”		
4	救援员（4 级）	根据《救援组织法》第 7 条第（4）款制定的内政部规章《救援人员的职业条件：体能、教育和健康要求》第 5 条第（7）款“救援员应当在入职 2 年内接受相应的职业教育，或符合救援员职业标准”	救援局	内政学院
5	救援队长（5 级）	根据《救援组织法》第 7 条第（4）款制定的内政部规章《救援人员的职业条件：体能、教育和健康要求》第 5 条第（2）款“小队长、分队长、值班队长等应当符合救援队长（5 级）职业标准要求，或接受相应的职业教育”		
6	消防安全专家（6 级）	根据《建筑法》第 11 条第（4）款和《消防安全法》第 23 条第（3）款制定的内政部规章《建筑消防安全要求》第 4 条（4）款“从事性能化评估的人员应当取得消防安全专家职业资格”		
7	安防和消防系统技师（4 级）			
8	安防和消防系统专业人员（5 级）	《消防安全法》第 34 条第（2）（3）款规定，从事灭火系统、火灾报警系统和排烟系统设计、施工、维护，以及灭火器维护，消防软管卷盘系统检查、维护的技术负责人，应当取得相应的职业资格	救援局	爱沙尼亚保安公司协会
9	安防和消防系统设计师（6 级）			
10	烟道清扫工（3 级）			
11	烟道清扫工（4 级）	《消防安全法》第 11^1 条规定，从事清扫固体燃料炉、壁炉或者火炉以及使用其他燃料的加热装置的烟囱、烟道的经济活动，应当取得相应的职业资格	内政部	爱沙尼亚消防联盟
12	烟道清扫技师（5 级）			

续 表

序号	职业名称	法律依据	行业主管部门	职业资格授予机构
13	壁炉工学徒（3 级）	《消防安全法》第 9 条第（1）款规定，固体燃料炉、壁炉、火炉和其他加热装置（以下简称炉具、壁炉或者火炉）及其烟囱、烟道的建造和安装，应当由取得壁炉工职业资格的专业人员承担	救援局	爱沙尼亚壁炉工协会
14	壁炉工（4 级）			
15	壁炉技师（5 级）			
16	焊工（3 级）	《消防安全法》第 14 条规定，完成消防安全培训并取得《明火作业证》的人员，可以进行经济活动性质的明火作业	救援局	爱沙尼亚机械协会
17	焊工（4 级）			

近年来，我国在职业资格管理方面也采取了与国际做法类似的政策措施，在积极促进职业能力提升、服务“大众创业、万众创新”的同时，从严收紧准入类职业资格的范围，防止形成不必要的就业壁垒。如第三章第二节所述，2017 年 9 月 12 日人力资源社会保障部经国务院同意印发《国家职业资格目录》，正式开始对职业资格实行清单式管理，要求“目录之外一律不得许可和认定职业资格，目录之内除准入类职业资格外一律不得与就业创业挂钩；目录接受社会监督，保持相对稳定，实行动态调整”。2021 年 11 月 23 日，人力资源社会保障部公布《国家职业资格目录（2021 年版）》，其中专业技术人员职业资格 59 项（准入类 33 项，水平评价类 26 项），技能人员职业资格 13 项，包括目前暂时属于水平评价类的职业小类“消防和应急救援人员”（由消防员、森林消防员、应急救援员等 3 个职业组成），并注明“涉及安全，根据 2019 年 12 月 30 日国务院常务会议精神，拟依法调整为准入类职业资格”。这方面的工作，是消防救援工作职业化发展的重要基础性保障，意义重大。

3.2.2 多元参与的开放体系

爱沙尼亚的职业资格管理体系的运作，是一个多元主体参与、全面交融互动的开放系统，如图 5－3 所示①，每个参与主体都有明确的法律定位、职责任务和履职要求。

根据《职业资格法》第 6、第 7 条，科教部是爱沙尼亚职业资格领域的国家行政主管部门，主要职责包括：制定职业资格管理的规章制度，组建跨部门的职业资格协调委员会（Koordinatsioonikogu）、各行业领域的职业委员会（Kutsenõukogu）和职业资格授予

① 参考《爱沙尼亚职业体系质量手册》（2014 年），第 7 页。https：//www. kutsekoda. ee/wp－content/uploads/2019/11/KVALITEEDIK% C3% 84SIRAAMAT－Kodulehele. pdf。

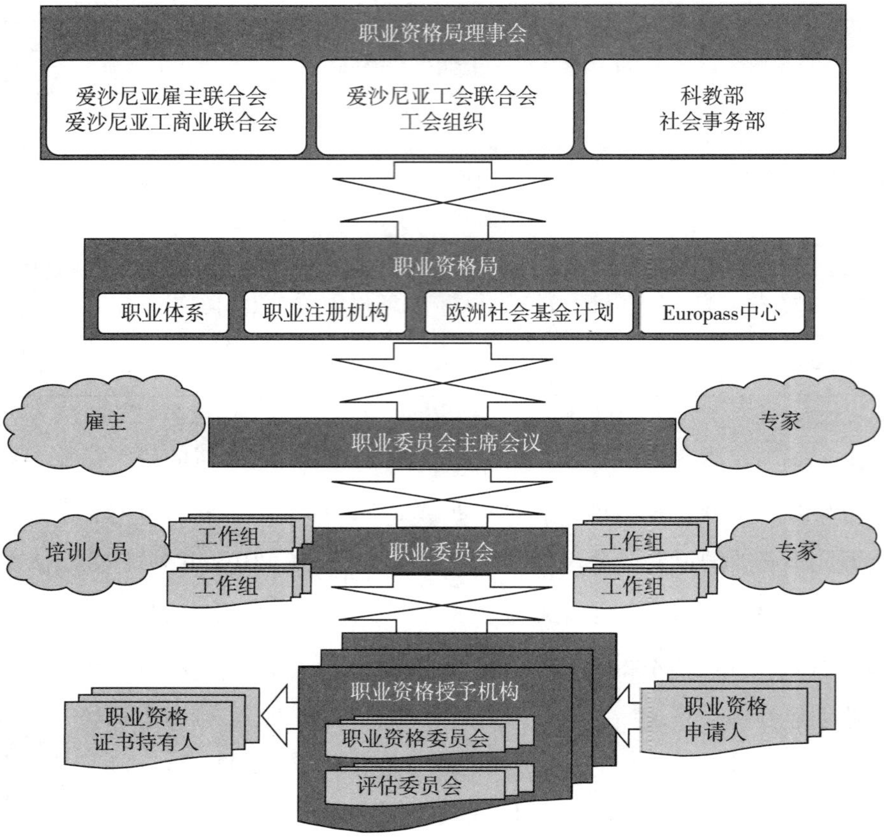

图 5-3 爱沙尼亚职业资格管理体系的多元参与主体

机构（Kutset andva organina，简称 kutse andja，缩写 KA）及其职业资格委员会（Kutsekomisjon）等相关工作机构，并对职业资格领域的各项工作进行监督，以及推动爱沙尼亚国家资格框架的国际化、组织欧洲资格框架和“欧洲通行证”等项目在爱沙尼亚的运用。

3.2.2.1 职业资格局

职业资格管理工作专业性较强、事务性工作繁杂，根据《职业资格法》第 6 条第（2）款“负责本领域的部长可以根据《行政合作法》规定的程序，与私人法人订立行政合同，委托其履行职业行政主管部门职能”的规定，科教部将职业资格管理领域的事务性工作授权给职业资格局——该机构名称 Sihtasutus Kutsekoda（简称 Kutsekoda）直译为“职业培训中心基金会”，结合其职能和官方英语名称 Estonian Qualifications Authority，本书将其译为“职业资格局”。

职业资格局成立于2001 年 8 月，是一个基金会性质的私营法人机构，发起人包括爱沙尼亚工商业联合会、爱沙尼亚雇主联合会（Eesti Tööandjate Keskliit）、爱沙尼亚雇员工会联合会（Teenistujate Ametiliitude Organisatsioon）、爱沙尼亚工会联合会（Eesti Ametiühingute Keskliit），2009 年后增加了爱沙尼亚政府，社会事务部和科教部先后代表爱沙尼亚政府行政发起人权利，经济和通信部的代表也是职业资格局监督委员会成员。

2012 年 6 月，爱沙尼亚政府采纳经合组织 2011 年 3 月 18 日报告的建议，成立由科教部、经济和通信部、社会事务部、财政部、内政部，以及相关非政府组织参加的专门工作组，研究促进爱沙尼亚职业技能与劳动力市场发展。根据工作组的报告，2014 年爱沙尼亚政府批准建立“劳动力市场监测预报和职业技能发展系统”（tööturu seire ja prognoosi ning inimeste oskuste arendamise koordinatsioonisüsteem，OSKA），按照每 5—6 年覆盖全部经济部门的频度，分析未来 5—10 年内，爱沙尼亚经济发展对就业技能和劳动力市场的需求。根据《职业资格法》第 7 条的授权，职业资格局履行以下职责[①]：

——建立和实施职业资格体系；

——组织协调各职业委员会的活动；

——编制制定职业标准、授予职业资格的通用方法；

——编制有关职业资格体系的方法、文件范本；

——根据职业委员会的决定，组织编修职业标准；

——组织监督职业资格授予机构；

——维护和管理职业资格登记系统；

——组织有关职业资格体系的咨询和培训；

——在国家间和国际上推介爱沙尼亚职业资格体系；

——发放职业教育证明补充文件；

——组织职业资格证书的注册和发放；

——承担“欧洲通行证”爱沙尼亚国家中心的职能；

——承担“欧洲资格框架”国家级协调机构的职能；

——开发和运行爱沙尼亚劳动力市场监测预报和职业技能发展系统 OSKA[②]。

3.2.2.2 职业委员会

职业委员会，是具体承担各行业领域职业资格管理工作的实体化运行机构。根据《职业资格法》第 8、第 9 条，职业委员会的成员，由本领域的从业人员、用工单位、行业协会商会以及政府部门的代表按照平等原则组成，成员资格必须经由科教部部长审核确认，并以部长令的形式授权各职业委员会成立和开展活动，职业委员会中的机构代表

---

① 职业资格局：https：//www. kutsekoda. ee/。

② 劳动力市场监测预报和职业技能发展系统（OSKA）：https：//oska. kutsekoda. ee/。

任期5年，同一人最长2个任期。职业委员会的主席、副主席由选举产生，负责召集和主持会议。职业委员会以全体会议形式履行职责，职业委员会会议根据需要召开，且每年不应少于2次，参会人数多于代表总数一半即达到法定人数，可以就各项议程进行投票表决（如果出现平局，则由职业委员会主席做出最终决定）；如果时间紧急，应职业委员会主席的要求，可以通过电子邮件投票。职业委员会的主要职责包括：（1）提出制定、修订职业标准的建议；（2）批准职业标准；（3）确定职业资格授予机构并监督其工作；（4）批准职业资格授予程序；（5）批准授予职业资格和重新认定职业资格的收费标准；（6）受理有关职业资格的投诉；（7）法律规定的其他工作。

不定期召开的全体会议，是职业委员会履行职业资格管理职责的主要方式。以负责消防救援领域的“财产和人身保护职业委员会”为例，该委员会近年来召开会议的频次是：2016年3次，2017年5次，2018年3次，2019年3次，2020年2次（受新冠肺炎疫情影响，以通信方式召开），2021年6次，2022年1次（截至9月底）①。以2020年11月4日的第二次会议为例，14名委员全部进行了书面投票，共决定12个事项，包括批准4项职业标准、3件职业资格授予程序、5个职业的职业资格授予和重新认证收费标准，会议内容由职业资格局以纪要形式，在职业委员会网站公开发布。

此外，职业委员会主席会议（Kutsenõukogude Esimeeste Kogu，KEK）作为职业资格管理领域的协调议事机构，成员包括各职业委员会的主席，主要职责包括：（1）协调各职业委员会之间的合作，统一处理涉及各个领域职业资格管理的共性事宜；（2）审查批准各职业委员会关于制定、修订职业标准的提案；（3）审查批准各职业委员会提交的职业信息，汇编并更新爱沙尼亚职业目录和分类；（4）确定各职业系列对应的爱沙尼亚资格框架级别（最低和最高的职业资格等级）；（5）与职业资格局共同审查批准与职业资格管理有关的文件样式和要求②。

3.2.2.3　职业资格授予机构

职业资格授予机构，是具体承担职业资格授予工作的机构，同一职业领域可以有多个职业资格授予机构。根据《职业资格法》第10、第11、第12条，凡是纳入职业资格管理的领域，由职业资格局通过组织公开竞争（avalikul konkurss），确定职业资格授予机构。根据2009年9月1日生效的科教部规章《职业资格授予机构公开竞争选拔程序和

---

① 职业资格局：《财产和人身保护职业委员会第16次会议纪要》，https：//www. kutseregister. ee/ctrl/et/Noukogud_ Otsus/downloadFile/10865279。

② 职业资格局：职业委员会主席会议职责。https：//www. kutsekoda. ee/kutsenoukogu/。

参与竞争选拔所需证明文件清单》[①]，职业资格局应当在其网站和爱沙尼亚官方公告网站（Ametlike Teadaanded）发布公告[②]，通过公开竞争，选拔某一职业领域（或具体到某一职业、某一职业水平）的职业资格授予机构。具备必要的人员和能力，能够独立、专业、公正、非歧视地开展职业资格授予工作的以下机构，均可报名参加选拔：（1）员工协会、雇主协会、职业资格持有人协会，行业协会；（2）法人；（3）政府机构。

职业资格局收到申请材料后，应当在10个工作日内完成材料审查，并在审查结束3个工作日内，做出是否同意其参与公开竞争的决定，如同意，应将申请材料转至相应的职业委员会。职业委员会应当在公开竞争报名截止期之后的2个月内做出决定，将胜出的机构注册为相应职业的职业资格授予机构，确定其有权授予的职业名称和级别，职业资格授予权的有效期不超过5年。如果连续2次公开竞争均未确定胜出机构，科教部部长可以指定职业资格授予机构。根据《职业资格法》第13条第（1）款的规定，如果职业资格授予机构存在虚假申报、违规运作、不接受监管、1年内未开展职业资格考试、不再具备相关条件等情况，职业委员会应当撤销其职业资格授予权。参与公开竞争的机构如对结果有不同意见，可提出申诉或提起行政诉讼[③]。

公开竞争并不是确定职业资格授予机构的唯一途径。为促进学历教育与职业资格的融合贯通，体现欧盟强调的基于学习成果的职业资格获得机制，《职业资格法》第10条第（2）款专门规定，如果教育机构（包括高等教育机构和职业教育机构）的课程已在爱沙尼亚教育信息系统（EHIS）注册[④]，符合相应的职业标准并且经过国家认可——这种“国家认可”（riiklikult tunnustatud），是以相关教育培训课程纳入EHIS系统为基础，通过教育机构的自我承诺实现的[⑤]，即教育机构承诺，其教育培训课程的学习成果符合职业标准的能力要求——该教育机构即可不参加公开竞争，直接向相应的职业委员会提出职业资格授予权申请，职业委员会审查同意后，即可赋予其职业资格授予权。取得职业资格授予权的教育培训机构，可以向完成学业、考试合格的学员颁发职业资格证书，

---

① 《职业资格授予机构公开竞争选拔程序和参与竞争选拔所需证明文件清单》，https：//www. riigiteataja. ee/akt/102042015016。

② Ametlikud teadaanded是爱沙尼亚的官方公告网站，由司法部所属的登记及信息系统中心（Registrite ja Infosüsteemide Keskus）承办，发布各类政府信息，个人也可以通过该平台发布启示等信息。https：//www. ametlikudteadaanded. ee/。

③ 职业资格局：职业资格授予机构公开竞争。https：//www. kutsekoda. ee/kutse－andja－juhend/。

④ 爱沙尼亚教育信息系统（Eesti Hariduse Infosüsteem，EHIS）由科教部建立，包括有关教育和培训机构、课程和培训活动、学生和教师以及毕业证书、助学金、奖学金等有关教育活动的信息。http：//www. ehis. ee/。

⑤ 职业资格局《职业资格授予工作质量监控》（2019年版）第六章“与职业资格授予有关的基础性文件”，分别列出了《非竞争性职业资格授予权预申请表》《职业培训机构职业资格授予权申请表》《大学职业资格授予权申请表》《课程与职业标准符合性对照表（样表）》。https：//www. kutsekoda. ee/wp－content/uploads/2020/04/Kutse－andmise－kvaliteedi－tagamine－ja－j% C3% A4relevalve_ . pdf。

录入职业资格登记系统并在毕业证上注明。这一政策极大便利了高等教育、职业教育学生就业，也避免了学生在毕业后再报考相关职业资格的弊端，实现了从学校教育到劳动力市场的无缝衔接。①

如图 5－4 所示②，职业资格授予机构分为两类：一类是“初始职业资格授予机构”（Esmataseme kutse andja），即相关职业领域的教育机构，另一类是通过参加公开竞争取得职业资格授予权的社会组织、法人、政府机构。这两类职业资格授予机构的职责略有不同，总体上包括：确定授予职业资格的程序并在报职业委员会同意后实施，组织编写相关的学习和考试辅导教材，测算授予职业资格的收费标准并在报职业委员会批准后实施，组建职业资格委员会和评估委员会，组织开展职业资格考试，公开相关信息并对涉及个人的信息予以保密，每年至少向职业委员会提交 1 次工作报告等③。根据《职业资格法》第 10 条第（3）款，职业资格授予权的最长期限是 5 年，对于高等教育和职业教育机构，因其开设的相关课程已经获得国家认可，为保持教学的连续性，其职业资格授予权长期有效。截至 2022 年 9 月底，爱沙尼亚共有 131 个职业资格授予机构，其中 107 个通过公开竞争产生，另外 24 个属于教育机构。

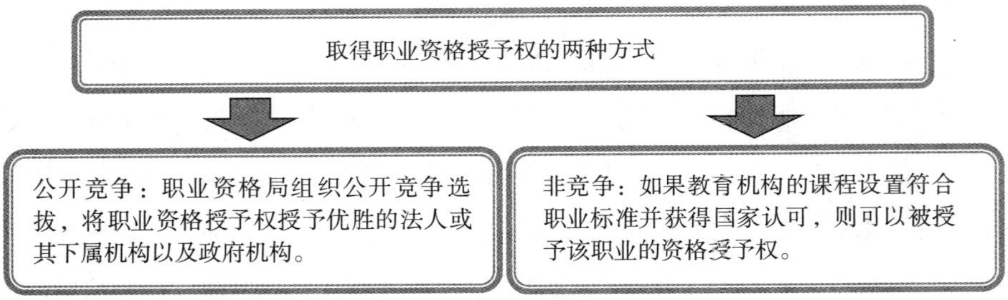

图 5－4　取得职业资格授予权的两种方式

为确保独立、专业、公正、非歧视地开展工作，《职业资格法》第 18 条要求各个职业资格授予机构应当成立职业资格委员会——成员包括本领域职业资格的利益相关者，如专家、雇主、从业人员、教育培训机构、专业协会，必要时还可以包括客户和消费者代表。职业资格委员会的主要职责是参与制定与能力评估、职业资格授予有关的程序和文件，决定职业能力评估的方式，必要时任命 1 个或多个评估委员会（hindamiskomisjo-

---

① 职业资格局：《教育机构申请职业资格授予权》。https：//www. kutsekoda. ee/kutse – andja – oiguste – taotlemine – oppeasutusele/。

② 《职业资格授予工作质量监控》，第 8 页。

③ 职业资格局：《职业资格授予过程中的能力评估》（2019 年）附件 1《授予职业资格的相关主体及其主要职责》，第 33 页。https：//www. kutsekoda. ee/wp – content/uploads/2019/KS/Kompetentsusp% C3% B5hine – hindamine – kutse – andmisel – JUHEND. pdf。

ni)，以具体负责评估申请者的能力是否符合职业标准，批准职业能力评估导则和考试材料，做出是否授予职业资格的决定，处理针对评估委员会的投诉，根据职业委员会的要求，评估教育机构的课程是否符合职业标准等。

以内政学院为例，作为警务、边防、消防救援领域的职业资格授予机构，相应成立了执法、边防、救援、消防安全专家4个职业资格委员会。其中，救援职业资格委员会(Päästeteenistuse kutseala kutsekomisjon)、消防安全专业人员和消防安全专家职业资格委员会（Tuleohutusspetsialisti ja tuleohutuseksperdi kutsete kutsekomisjon）分别由8名和11名专家组成，成员来自教育培训机构、保险公司、政府部门、行业协会，体现了行业代表性和雇主、员工、培训人员等的广泛参与性，见表5－18（笔者根据职业资格局网站整理)①。

表5－18　救援职业资格委员会、消防安全专业人员和消防安全专家职业资格委员会的构成

职业资格委员会	专家背景	人数
救援职业资格委员会（8人）	内政学院	2
	救援局	4
	报警中心	1
	爱沙尼亚消防救援队长协会	1
消防安全专业人员和消防安全专家职业资格委员会（11人）	内政学院	1
	救援局	2
	爱沙尼亚保安公司协会	1
	爱沙尼亚消防救援队长协会	1
	爱沙尼亚保险公司协会	2
	爱沙尼亚建筑咨询公司协会	1
	爱沙尼亚消防设施维保企业联盟	1
	爱沙尼亚消防安全专家协会	1
	爱沙尼亚消防安全专业人员协会	1

3.2.2.4　协调委员会

为加强政府与社会以及政府部门之间的合作，2015年3月1日《职业资格法》局部修订时增加第7^1条，授权成立职业资格领域的协调委员会——该委员会由科教部牵头，成员包括经济和通信部、财政部、社会事务部，以及失业保险基金、工商业联合

① https：//www. kutseregister. ee/ctrl/et/KAO/vaata/10086702。

会、雇主联合会、工会联合会和雇员工会联合会，主要职责包括：收集与劳动力供求和劳动者技能有关的信息；根据国家发展战略，规划开展有关劳动力市场需求的研究；就学历教育、职业教育的培养方向和培养规模，向相关部门、机构提出建议，以确保劳动力市场供求平衡和社会均衡发展；就提高公共财政在教育领域的投入效率提出建议等。

由于职业资格管理工作是政府委托的行政事项，特别是职业资格的授予和取消直接决定了当事人能否从事相关职业领域的工作，因此，爱沙尼亚职业资格管理的相关活动均适用于《行政程序规定》《行政诉讼法》，当事人有权根据《行政程序法》，针对职业委员会做出的是否授予职业资格等决定提出异议，并可以根据《行政诉讼法》，就职业委员会的决定等在行政法院起诉。

3.3　职业标准

职业标准（Kutsestandard，KS），是在职业分类的基础上，根据职业活动的内容，对从业人员知识、技能、自主履责能力提出的综合性水平规定，是开展职业教育培训以及考核、授予职业资格的依据。职业标准具有内容上的实用性、形式上的规范性，可以全面反映职业发展，是了解一个行业领域职业化发展水平的最佳视角，也是职业资格管理的核心。《职业资格法》第5条对职业标准的定义是："描述职业活动并提供能力要求的文件。"作为《职业资格法》的重要配套规章，2008年12月14日起施行的科教部第69号令《职业标准的制定、修订和批准程序》①，明确了职业标准制修订动议的提出、编写和审查、批准的程序等。

职业资格局作为职业资格管理的受权机构，为确保职业标准编写方法和概念的统一性，在欧洲社会基金（European Social Fund，ESF）发起的"职业体系发展"（Kutsete süsteemi arendamine）项目资助下，2011年编制了《职业标准的结构和编写指南》②，该指南包括9个方面的内容，全面规范了职业标准的编写工作：职业资格体系和职业资格，职业标准，职业分析，编写职业标准的准备工作，职业名称和资格框架等级，职业标准的编写，职业标准草案征求意见，职业标准的批准和发布，职业标准的修订。

---

① 《职业标准的制定、修订和批准程序》（RTL 2008，97，1345），https：//www.riigiteataja.ee/akt/13080263。

② 2011年7月7日，职业资格局职业委员会主席会议通过第22号决定，批准首版《职业标准的结构和编写指南》；2015年和2019年分别修订1次。

3.3.1 职业标准的开发步骤

根据《职业标准的制定、修订和批准程序》，职业资格局在《职业标准的结构和编写指南》明确了开发职业标准的6个阶段，《职业资格体系质量手册》则对各个阶段提出了质量管理要求：

第一个阶段，是确认需求并启动职业标准制修订。职业资格授予机构或者该领域的其他相关组织、机构、企业以及职业委员会等，均可向职业资格局提出制修订职业标准的动议，并填写统一的《职业标准编制申请》（*Taotlus kutsestandardi koostamiseks*）[①]。职业委员会主席会议对上述动议进行研究后，如果认为确有必要，即作出开发相关职业标准的决定并通知相应的职业委员会，职业委员会有权就职业委员会主席会议同意制定职业标准的决定提出异议，并要求提出动议的机构进行补充说明。

本阶段的重点是职业规划（kaardistamine），就是根据社会就业需求预测，构建有关该职业活动领域、工作范围的整体图景，确定职业范畴，奠定制定职业标准的基础。为此，提出动议的机构应当在《职业标准编制申请》中回答以下问题：

——制定职业标准的目的是什么？（选项：授予职业资格，开展在职培训，开展职业教育，作为准入类职业管理）

——目前本职业大约有多少就业人员？

——目前本职业的用工单位大约有多少？（列出单位名称）

——潜在的职业资格申请人大约有多少？

——目前本职业有哪些培训机会？（列出主要教育培训机构的名称、教学人员数量、学员数量）

——是否有可参照的国际职业标准或要求（如有请列出）

——哪些组织、机构、公司参与了对职业标准的需求论证？

第二个阶段，是成立工作组（töörühm），开展职业规划和工作分析，描述工作能力，起草标准草案。标准编写工作组的构成及其工作程序，必须经由职业委员会批准，其成员应当包括雇主、管理人员、行业专家、从业人员和教育培训机构代表，其中雇主和从业人员不应少于总数75%。标准编写工作组按照职业标准的统一格式以及《职业标准起草工作组工作程序规则》[②]，起草标准内容，研究提出工作能力要求，确定本职业对应的

---

① 《职业标准的结构和编写指南》附件D《职业标准编制申请》。

② 《职业标准的结构和编写指南》附件E《职业标准起草工作组工作程序规则》。

资格框架水平。为确保标准格式统一和编写质量，职业资格局统一向各个职业标准工作组提供技术服务。

第三个阶段，是职业标准草案征求意见。面向职业委员会成员、相关领域的雇主和从业人员，以及培训和职业教育人员、科教部代表征求意见，期限为2周。征求意见的重点，是以下4个方面的内容：(1) 职业描述是否充分、全面反映了职业特点？(2) 根据该职业的现状和未来发展趋势，职业标准中的工作内容是否与本职业密切相关并且充分？(3) 职业标准列出的能力要求是否与本职业密切相关，描述是否清晰？(4) 职业标准的逻辑结构是否合理？根据收到的建议和意见，标准编写工作组应当形成汇总表，对标准草案进行修改并形成最终报批稿。①

第四个阶段，是职业委员会主席会议审查。经过征求意见并修改后，职业标准的最终报批稿报经专家审查同意、职业委员会主席会议批准，即正式成为职业标准。审查职业标准时，尤其强调能力要求的定位，应当是满足履职要求的“门槛水平”，也就是各方达成共识的胜任本职工作的能力下限（kokkulepitud miinimum）。同时，对职业能力的描述，必须符合可观察（vaadeldavate）、可验证（tõendatavate）、可评价（hinnatavatena）的要求。

第五个阶段，是发布职业标准和开发培训课程。职业标准批准后，应在职业资格局网站公告发布，并录入职业资格登记系统，确保公众能够免费下载和使用。同时，职业委员会应当将新制定的职业标准通告相关教育和培训机构，开发相应的教育培训课程。

第六个阶段，是标准实施情况的评估和修订，跟踪分析职业标准实施情况。标准发布后，应当根据经济社会发展的需要适时开展评估，为确保标准内容的先进性，《职业资格法》规定职业标准的有效期不得超过5年，并应在有效期之前至少提前1年成立工作组，研究修订或起草新的职业标准。

职业资格局强调，从质量管理的角度分析，职业标准的开发及其应用是一个有机联系的完整过程，如图5-5所示②，每个步骤的输出，都是下一个步骤的输入，从而构成循环往复、螺旋上升的闭环过程（而不是单一任务、完成即终止的线性过程），职业标准开发和使用的每个周期，都在反映就业者、用人单位和利益相关方的期许，并通过不断提高职业标准的质量，服务和促进社会就业。

① 《职业标准的结构和编写指南》附件R《职业标准草案征求意见函》。

② 《职业资格体系质量手册》，第10页。

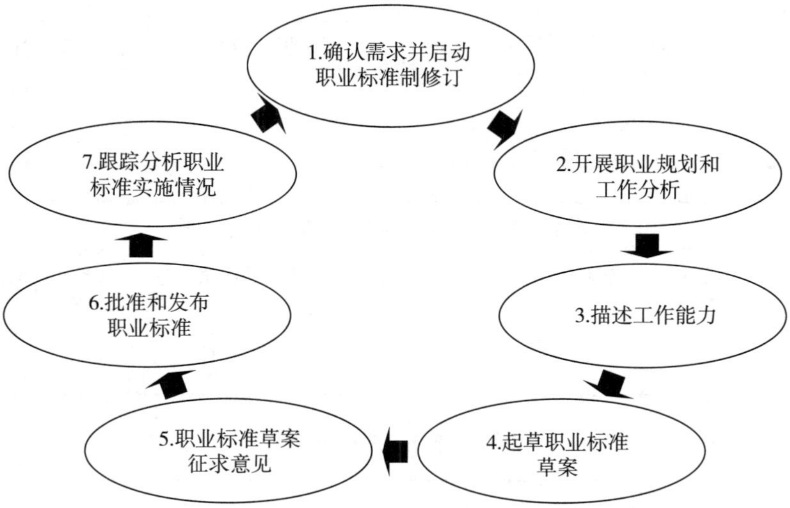

图 5－5　爱沙尼亚职业标准开发过程

3.3.2　职业标准的格式和内容

2008 年《职业标准的制定、修订和批准程序》确定了职业标准的统一格式，参见表 5－19。从结构上看，职业标准由前言和正文构成，所有职业标准在前言均有统一表述："职业标准是对工作内容以及完成工作所需技能、知识和责任等能力水平的规定，是开设教育培训课程和授予职业资格的依据。"正文包括"工作概述""能力要求""说明和附件"3 个部分，核心是第一、第二部分——即通过"工作"+"能力"的呼应和组合，全面反映从业人员应当完成的工作任务内容，以及必须掌握的知识、技能和态度。

表 5－19　爱沙尼亚职业标准模板

SIHTASUTUS Kutsekoda　职业标准

职业名称，等级（对照爱沙尼亚资格框架）

职业标准，是对工作内容以及完成工作所需技能、知识和责任等能力水平的规定，是开设教育培训课程和授予职业资格的依据。

职业名称	EKR 级别
＊＊＊＊，等级	（数字）

续　表

专项能力	职业资格证书应注明的专项能力

职业资格证书可注明的单项职业资格	
单项职业资格名称	《爱沙尼亚资格框架》（EKR）对应的级别

第一部分　工作概述

A. 1 工作概述
A. 2 工作内容
A. 2. 1 工作内容名称 A. 2. 2 工作内容名称
与专项能力有关的工作内容
专项能力名称 1 A. 2. 3 工作内容名称 A. 2. 4 工作内容名称…… **专项能力名称 2** A. 2. 5 工作内容名称 A. 2. 6 工作内容名称
可选工作
A. 2. 7 工作内容名称 A. 2. 8 工作内容名称
A. 3 职业培训
A. 4 常见职位
A. 5 准入要求
A. 6 未来技能

第二部分 能力要求

B. 1 能力构成

B. 2 ……（职业）通用能力

B. 3 能力

强制能力

B. 3. 1 能力名称	**EKR 等级**
能力指标： 1. 2. 3.	

B. 3. 2 能力名称	**EKR 等级**
能力指标： 1. 2. 3.	

专项能力

专项能力名称 1	
B. 3. 3 能力名称	**EKR 等级**
能力指标： 1. 2. 3.	
B. 3. 4 能力名称	**EKR 等级**
能力指标： 1. 2. 3.	

专项能力名称 2	
B. 3. 5 能力名称	**EKR 等级**
能力指标： 1. 2. 3.	

续　表

B. 3. 6 能力名称	EKR 等级
能力指标： 1. 2. 3.	

可选能力（如果没有可选能力，则不包括这部分内容）

B. 3. 7 能力名称	EKR 等级
能力指标： 1. 2. 3.	
B. 3. 8 能力名称	**EKR 等级**
能力指标： 1. 2. 3.	
B. 3. 9 能力名称	**EKR 等级**
能力指标： 1. 2. 3.	

第三部分　备注和附件

C. 1 职业标准编制、批准的信息和职业分类	
1. 职业标准注册编号	
2. 职业标准编写人员	
3. 职业标准批准机构	
4. 职业委员会的批准编号	
5. 职业委员会的批准日期	
6. 职业标准有效期截止日期	
7. 职业标准版本号	
8. 对应的《国际标准职业分类》（ISCO－08）职业	
9. 对应的《欧洲资格框架》（EQF）等级	
C. 2 外语职业名称	
英语	
＊语言	

续　表

＊语言
C. 3 附件
附件 1
附件 2

注：根据 2008 年职业资格局《职业标准的结构和编写指南》附件 C1《职业标准格式模板》整理，2019 年 10 月 17 日之前颁布的职业标准采用原来格式，与上表有区别。表中“EKR”为“爱沙尼亚资格框架”的缩写。

根据 2008 年《职业标准的制定、修订和批准程序》，职业标准的第一、第二部分分别是“职业描述”（kutsekirjeldus）和“职业要求”（kutsenõuded），2019 年 10 月 17 日职业资格局修订《职业标准的结构和编写指南》时，将这两部分的名称分别调整为“工作概述”（töö kirjeldus）和“能力要求”（kompetentsusnõuded），之前颁布的职业标准仍采用原来的名称。笔者认为，第二部分名称的修改强调了“能力”，但第一部分的新名称与其下一层级“A. 1 Töö kirjeldus”（A. 1 工作概述）重复，即两个从属关系的概念使用同一名称，显然不妥。但本文的论述仍以 2019 年修订后的最新名称为准。

3. 3. 2. 1　前言

爱沙尼亚职业标准的前言，包括职业名称、资格等级等基本信息。职业名称必须准确反映职业性质和工作内容，并符合语言学和构词法的要求，做到结构规整、语义准确、结构简洁。《职业标准的结构和编写指南》提出了确定职业名称时应当遵循的基本原则：（1）应当采用主语形式的词组，如社会工作者（sotsiaaltöötaja）、保姆（lapsehoidja）、木匠（tisler）、保镖（turvatöötaja）；（2）可以根据职业的复杂程度（即技能水平高低），使用“助理”（abi –）、“初级”（noorem –）、“高级”（vanem –）、“特级”（meister –）等进行修饰或限定；（3）对于“操作员”（operaator）、“专业人员”（spetsialist）、“组织者”（korraldaja）等通用名称，应当在职业名称中嵌入具体的行业领域进行限定，如“消防安全专业人员”（Tuleohutusspetsialist），就是“消防安全”（Tuleohutus）+“专业人员”（spetsialist）的组合。

3. 3. 2. 2　工作概述

职业标准的第一部分工作概述（A – osa töö kirjeldus）是描述性和信息性的，目的是帮助求职者对职业形成基本轮廓和印象，以便于做出职业选择，进而决定职业发展路径。本部分包括工作概述、工作内容、职业培训、常见职位、准入要求和未来技能六方面内容，涉及职业领域、职业目的、工作内容、职业活动、工具设备、工作环境特点，以及个人素质、教育培训要求等，还可能包括对职业顾问、劳动力市场顾问、人力资源经理和教育培训人员的建议，以及本职业与相似职业的关系和区别。

“A. 1 工作概述”（Töö kirjeldus）相当于职业定义，界定了工作内容、性质和目标，同时还包括环境条件（Töö keskkond ja eripära）、常用工具（Töövahendid）、职业能力特征（Tööks vajalikud isikuomadused）等信息。工作概述除阐释“做什么”这一核心内容外，还从两方面反映了职业的特点：一是独立性和责任感（iseseisvuse ja vastutuse ulatust），即该职业的从业人员是在他人监督下工作，还是独立工作，或者是管理和监督他人工作；二是工作沟通（tööd suhtlemise），即该职业的从业人员是单独工作还是团队工作，以及为完成工作需要与客户、同事沟通的程度。比如，在《消防安全专家（6 级）》的工作概述中，即包括“消防安全专家可以独立工作，也可以组成团队，应与同事、客户、媒体和相关机构保持良好沟通；指导消防安全专业人员和其他领域专家的活动。对提供的错误意见承担责任”。

工作概述中包含的“环境条件”，是指从业人员的客观工作环境及其特点，原来作为第一部分的独立内容，目前则纳入“A. 1 工作概述”，具体包括工作时间（固定或者灵活，白天或者晚上，是否轮值班，是否周末和节假日工作，是否季节性工作）、工作节奏（慢或快，例行工作或兼职工作）、工作地点（室内外）、工作姿势（是否要在强迫体位下工作，如只能坐、站或行走）、危险物质或影响健康的因素（化学物质、有毒有害物质，灰尘、噪声、振动、高温、低温，突然的温度波动，湿度）、对心理和身体的要求等。

“A. 2 工作内容”（Tööosad）是第一部分的核心，由工作过程中一系列完整的工作任务组成，这些相对独立的工作任务，是就业或教育培训的最小模块，分为强制性工作（Kohustuslikud tööosad）、专项工作（Spetsialiseerumisega seotud tööosad）和可选工作（Valitavad tööosad）等 3 类，分别是履行职责所必须完成的工作内容、应当根据职业方向选择完成的工作内容，以及自愿选择完成的工作内容。每项工作内容，均应当包含不少于 2 个可明显区分的工作任务。例如，《救援员（4 级）职业标准》包括“A. 2. 1 准备救援”“A. 2. 2 实施救援”等 2 项强制性工作内容，以及“A. 2. 3 驾驶救援车辆”“A. 2. 4 水域救援”“A. 2. 5 特种救援”“A. 2. 6 化学品救援”等 4 项可选工作内容，其中的“A. 2. 2 实施救援”包括 7 项相对独立的工作任务，相当于具体工作单元：“1. 救援安全隐患和风险评估，2. 火灾扑救，3. 技术救援，4. 化学品处置，5. 分水器供水，6. 疏散救人，7. 开展防灾工作”。

“A. 3 职业培训”（Kutsealane ettevalmistus），提供了该职业的教育和培训要求，包括教育水平、工作经历、培训机会等，以及不同教育培训途径之间的互通性，是着眼于未来，设计职业教育、学历教育和其他多种形式培训课程的重要依据。随着终身教育理念的深化，爱沙尼亚职业标准充分考虑获取知识和技能途径的多样性，包括通过工作实践积累的经验、未纳入学历和职业教育范畴的非正规学习等——核心是强调就业者可以通过多种方式获取职业技能，应当是“殊途同归”而非“万人同路”（ühte ja kõigile sarnast teed）。此外，如果将其他职业资格（包括本职业的低一级职业资格）作为申请职业资格的前置条件，则必须在职业标准中注明，并不得将工作年限作为申请职业资格的前置条件。作为特例，如果法律规定必须取得相应的学历教育、职业教育水平或一定年限的工作经验，则必须在职业标准中注明法律依据，防止形成不必要的就业壁垒。例如，《消防安全法》第 34 条规定，灭火系统、火灾报警系统和排烟系统设计、施工、维护的技术负责人应当具备至少 3 年的工作经历。

“A. 4 常见职位”（Enamlevinud ametinimetused），是指该职业在劳动力市场的常见职务称谓。“职业名称”“常见职位”最主要的区别是，前者具有唯一性、规范性，后者则是实践中对该职业从业人员的惯用称谓，有的是长时间形成、约定俗成、得到社会广泛认可的名称，有的则区分不同岗位。

“A. 5 准入要求”（Regulatsioonid kutsealal tegutsemiseks），是指如果该职业属于应当取得职业资格证书才能从业的准入类职业，则必须注明相关的法律依据，但不包括学历和工作经历方面的要求。如果不属于准入类职业，也没有相关的专门立法，也应注明“无”。

“A. 6 未来技能”（Tulevikuoskused），包括通过职业调查和职业标准编写工作组调研获得的信息，对未来该职业能力要求趋势的预测。《职业标准的结构和编写指南》举例，对于“酒店服务员”（Majutuse teenindaja）职业，随着全球化进程推进，未来对信息沟通和与他人协调能力的需求将更加强化，特别是随着亚洲游客增加，对亚洲语言能力的需求将不断增加。对未来技能的预测，有利于引导职业教育培训，适应劳动力市场发展趋向，值得推广借鉴。

3. 3. 2. 3 能力要求

第二部分的能力要求（B – osa Kompetentsusnõuded）是职业标准的核心，包括完成工作应当具备的可观察可评价的知识、技能、态度等。职业资格局强调“能力体现于行动”（kompetentsid avalduvad tegevuses）——能力是可以转化为行动的知识、技能、价值观、经验、态度等几乎所有个人素质的总合，是评估求职者职业资格（包括自我评估）的基础①。

2019 年职业资格局修订《职业标准的结构和编写指南》时，在“B. 1 能力构成”

① 《职业标准的结构和编写指南》，第 22 页。

（Kutse struktuur）之后新增“B.2 通用能力”（üldoskused），并进一步阐释，“通用能力”就是欧盟基于终身学习理念提出的“关键能力”（võtmekompetentse，英语 key competences）——2006 年 12 月 18 日欧洲议会和欧洲理事会通过关于终身学习关键能力的建议①，首次提出了“关键能力”的概念，2013 年爱沙尼亚政府在行政法规《职业教育标准》中，将该建议引用为附件 1。2018 年 5 月 22 日欧洲议会和欧洲理事会修订关于终身学习关键能力的建议②，对“关键能力”进行了定义：“所有人实现个人成就和发展、就业、社会包容、可持续生活方式、在和平的社会环境中成功生活，以及注重健康的生活管理和履行公民权所必需的能力。”（Key competences are those which all individuals need for personal fulfilment and development，employability，social inclusion，sustainable lifestyle，successful life in peaceful societies，health – conscious life management and active citizenship）调整后的“关键能力”包括 8 个方面的内容：“读写能力”（Literacy competence）、“多语言沟通能力”（Multilingual competence）、“数学能力和科学、技术与工程能力”（Mathematical competence and competence in science，technology and engineering）、“数字技术能力”（Digital competence）、“个人、社会和学习能力”（Personal，social and learning to learn competence）、“公民能力”（Citizenship competence）、“创业能力”（Entrepreneurship competence）、“文化意识和表达能力”（Cultural awareness and expression competence）。按照欧盟的上述建议，爱沙尼亚在职业标准中增加“通用能力”，以反映在全球化和知识经济背景下，各行各业劳动者均应当具备的读写能力、外语能力、基本科技和工程能力、数字化能力、公民意识、创业精神、文化意识和文化表达能力等基础性、共通性的能力。

与“A.2 工作内容”将工作内容分为强制性工作、专项工作和可选工作 3 类相对应，“B.3 能力”将职业能力也分为强制能力、专项能力和可选能力 3 类。其中，强制能力（kohustuslikud kompetentsid），是所有本职业资格申请人均必须具备的职业能力，也就是必须通过的职业“门槛”。专项能力（spetsialiseerumisega seotud kompetentsid），主要适用于一些细分方向较广泛的职业，职业资格申请人必须具备至少 1 项专项能力，并在职业资格证书应注明——所有专项能力，均在职业标准前言部分的“职业资格证书应注明的专项能力”列表注明。例如，在法医（7 级）（Kohtukriminalistikaekspert，tase 7，英语 Forensic Expert，EstQF Level 7）职业标准中，除勘验检测、出席听证、自我发展等 3 项强制职业能力外，还应根据工作需要，掌握以下 21 个专项能力中的至少 1 项：

① https：//eur – lex. europa. eu/LexUriServ/LexUriServ. do? uri = OJ：L：2006：394：0010：0018：en：PDF。

② https：//eur – lex. europa. eu/legal – content/EN/TXT/PDF/? uri = CELEX：32018H0604（01）&qid = 1668221720694&from = EN。

DNA检测、痕迹检验、枪支检验、火灾勘查（Tulekahjuekspertiisi tegemine）、爆炸装置检验、交通事故勘查、文件检验、笔迹检验、账目核查、声音检验、数字影像检验、信息技术检验、麻醉品检验、酒精检验、可燃液体检验、爆炸物检验、纤维检验、漆料检验、金属和枪弹残留物检验、毒理学检验、指纹检验。可选能力（valitavad kompetentsid），是申请人根据其能力特点，自愿证明具有的职业能力，不具有强制性。

专栏

法医（7级）职业标准中的“火灾勘查”专项能力①

1. 研究物品被引火源（加热设备、电气设备、工艺设备等）点燃的可能性，勘查现场并确定起火原因；

2. 勘查现场确定起火点位置，确定燃烧痕迹和破坏区域；

3. 勘查现场评估火灾损失，调查火势蔓延路线，寻找可能的引火源（电气设备、机械摩擦、烟头、蜡烛等）；

4. 在实验室检测火灾现场提取物品（电气设备等），拍摄并记录检测到的故障特征；

5. 调查评估造成火势蔓延成灾的环境因素（空气流动、火灾荷载、建筑围护结构开口等）。

此外，多数职业标准中还包含共同能力（läbivad kompetentsid），主要涵盖学习能力、语言能力、时间规划管理能力、创新能力、抽象分析能力、独立工作能力、决策能力、应对压力能力、实际运用知识能力、团队协作能力，以及职业道德、环境保护意识等方面的要求，如职业标准中出现共同能力，职业资格申请人也必须达到相应的要求。职业资格局2011年版《职业资格授予过程中的能力评估》的附件2《共同能力》②，有“根据欧洲议会和欧洲理事会2006年12月18日关于终身学习关键能力的建议，关键能力也被认为是共同能力”的表述。2019年修订《职业标准的结构和编写指南》时，职业资格局将“共同能力”纳入“通用能力”（即欧盟“关键能力”）。2019年之前颁布尚在有效期内的职业标准（如救援员（4级））仍有“共同能力”的表述。

---

① 职业资格局《法医（7级）职业标准》（编号：26－06112018－1.3/5k，2018年11月6日生效，有效期截至2024年2月29日）。https://www.kutseregister.ee/ctrl/en/Standardid/exportPdf/10723503/。

② 《职业资格授予过程中的能力评估》，第34页。

简言之，不论“通用能力”（即欧盟8项“关键能力”）还是“共同能力”，着眼点都是强调基础性、共通性的基本职业能力。实事上，从职业能力的特点看，任何一个职业的能力要求，都可以划分为两方面：一类是职业特有能力（Kutsespetsiifilised kompetentsid），专业性强，与其他职业的“转移性较低”（madala ülekantavusega）；另一类则是通用能力、共同能力，很多职业都可能要求具备，在不同职业之间虽有差异，但“转移性较强”（ülekantavaid käitumuslikke）。这也是特殊性与普遍性、个性与共性在职业能力领域的体现。爱沙尼亚形象地将上述这两类职业能力比喻为“硬能力”和“软能力”。需要强调的是，这两种职业能力相辅相成、缺一不可，而且在实践工作中，那些看似普通的沟通、规划、协调等“软能力”，往往发挥着重要作用，甚至成为职业领域的“秘密武器”（salarelvi）——在具有相近专业技术能力的人群中，那些能够脱颖而出的优秀员工，往往都具有更为广泛和优秀的“软能力”。

通过上述职业能力的灵活组合，即可描述完成特定工作或任务的能力要求。职业能力可能有8种组合方式：(1）强制能力；(2）强制能力＋专项能力；(3）强制能力＋可选能力；(4）强制能力＋共同能力；(5）强制能力＋专项能力＋可选能力；(6）强制能力＋专项能力＋共同能力；(7）强制能力＋可选能力＋共同能力；(8）强制能力＋专项能力＋可选能力＋共同能力。

每类职业能力均由一至多项能力模块组成，每个能力模块又由若干能力指标（Tegevusnäitajad）进行描述——为确保描述准确，符合可观察、可度量、可评估的要求，能力指标应当包括必须掌握的知识、技能和自主履责能力，以及使用必要工具等内容，涵盖“做什么”“怎么做”“做到什么程度”“数量多少”“使用什么”等内容。为此，在《职业标准的结构和编写指南》第6.3.2节的“能力描述”中，对能力指标表述提出了详细要求，主要包括：(1)使用动宾结构，如“解决问题、分析工作、规划时间、执行指令”等；(2)使用主动语态，不得使用被动语态和感受性的词语，如“知道”“感觉”等；(3)可以使用副词等进行明确的修饰和限定，反映质量、范围；(4)明确完成工作使用的工具设备；(5)不得在1个能力指标中包含2个不同的工作内容，等等。之所以对能力指标的描述提出上述要求，一个重要原因是在职业能力评估过程中，评估指标是与能力指标是一一对应的，如果能力指标不具有可观察、可度量、可评估的特性，就会直接影响到职业能力评估的开展，进而影响到职业标准的实施。

需要强调的是，职业标准第二部分的能力指标，与第一部分“A.2 工作内容”中的工作任务一一对应。例如，《救援员（4级）职业标准》包括“准备救援”“实施救援”2项强制能力模块，“驾驶救援车辆”“水域救援”“特种救援”“化学品救援”4项可选能力模块，以及1项共同能力模块。其中，“B.2.6 化学品救援”能力模块包括2项能力指标：

“1. 穿着化学防护服，按照指令在被危险物质污染的环境中救援遇险人员；按照指令进行洗消作业；2. 使用制式装备，在指定区域进行危险物质侦检；穿着化学防护服，使用制式装备控制危险物质扩散；设立化学污染物质洗消点并进行安全操作。”与“A. 2. 6 化学品救援”的 2 项工作任务“1. 救援遇险人员；2. 使用特种设备”分别对应。

3. 3. 2. 4　说明和附件

职业标准的第三部分是说明和附件（C – osa Üldteave ja lisad），主要是说明性信息，包括编写人员（或机构）、批准机构，有效期限、版本号、对应的《国际标准职业分类》职业名称、与欧洲资格框架的对应关系、本职业的外语名称（一般为英语，也可以是由职业委员会确定的其他外语）和附件等。

虽然科教部规章《职业标准的制定、修订和批准程序》和配套的指南、手册均明确了职业标准的格式，但职业资格局强调，开发职业标准并非纯粹的技术工作，不能简单机械套用格式模板而影响实质内容，在满足标准格式的基本要求后，可以根据本领域的特殊性和传统以及国际通行做法，以更适合的方式描述职业的工作内容和能力要求①。

3. 3. 3　职业标准的资格框架等级

为保障和服务职业资格在欧盟的互认和流动，爱沙尼亚在编制职业标准时，对照欧洲资格框架和《爱沙尼亚资格框架》，在能力模块和整体职业两个层面，分别确定了资格等级。

首先，职业标准分别确定了各个能力模块对应的技能水平，也就是对照《爱沙尼亚资格框架》EstQF 的 8 级分类，确定每个能力模块的资格等级。构成职业标准的多个能力模块，可以具有不同的资格等级——这种情形在较高资格等级的职业标准中尤为常见，因为取得这些职业资格仍须掌握一些基础性的能力，而这些基础性能力的资格等级往往低于本职业核心能力模块的资格等级。例如，在“救援人员”职业小类，设有资格等级依次提高的救援员（4 级）、救援队长（5 级）和救援指挥长（6 级）3 个职业。《救援指挥长（6 级）职业标准》包括“驾驶救援车辆”模块，其能力指标与《救援员（4 级）”职业标准》中“驾驶救援车辆”模块的表述虽然略有不同，但对知识、技能和自主履责能力的要求没有实质性变化，因此，救援指挥长（6 级）的“驾驶救援车辆”能力模块资格等级仍为 4 级。

其次，是确定职业的资格等级。如果构成该职业的各个能力模块资格等级相同，该

① 《职业标准的结构和编写指南》第 6. 1 节“起草职业标准的原则”，第 15 页。

职业的资格等级自然与之相同；如果某个职业由具有不同资咯等级的能力模块构成，就必须通过计算加权平均值，确定该职业的整体资格等级。计算公式如下：

$$职业资格等级 = \Sigma\ (L_1 \times WF_1 + L_2 \times WF_2 + \cdots\cdots + L_i \times WF_i)\ /\ \Sigma\ (WF_1 + WF_2 + \cdots\cdots + WF_i)$$

其中，L_i是第 i 个能力模块的资格等级，WF_i是第 i 个能力模块的权重。权重分为两类：非常重要（väga olulised）的职业能力模块，权重为“2”；基础性（olulised）的职业能力模块的权重为“1”。具体到每个职业，各个能力模块的权重由编写职业标准的专家共同确定。

例如，某职业由 3 个能力模块组成，其资格等级和专家确定的权重如下，计算后（四舍五入）的该职业资格等级为 4 级①。

能力模块序号	能力模块的资格等级	权重
1	2	1
2	3	1
3	5	2

$$职业资格等级 = \Sigma\ (2 \times 1 + 3 \times 1 + 5 \times 2)\ /\ \Sigma\ (1 + 1 + 2)\ = 15/4 \approx 4$$

3.4　职业资格授予

在爱沙尼亚职业资格管理体系中，广义的“职业资格授予”（kutse andmise）包括两方面内容：“确定职业资格授予机构”“向申请人授予职业资格”，在实践中可以按照质量管理体系的 PDCA 循环，划分为“计划”（Plan）、“执行”（Do）、“检查”（Check）、“处理”（Act）等 4 个阶段，进而形成促进职业资格管理体系不断提升的“PDCA 质量圈”，如图 5 – 6 所示②。如前所述，职业资格授予机构分为两类，即由相关领域教育机构承担的初始职业资格授予机构，以及通过公开竞争选拔产生的职业资格授予机构，这两类职业资格授予机构的申请、审查、授权等程序，前文已概要介绍，下面重点解析狭义的职业资格授予——即获得职业资格授予权的机构向申请人授予职业资格。

① 《职业标准的结构和编写指南》第 6.3 节“确定职业的资格等级”，第 24—25 页。
② 《职业资格授予工作质量监控》（2019 年），第 1.2 节“质量评估的原则”，第 5 页。

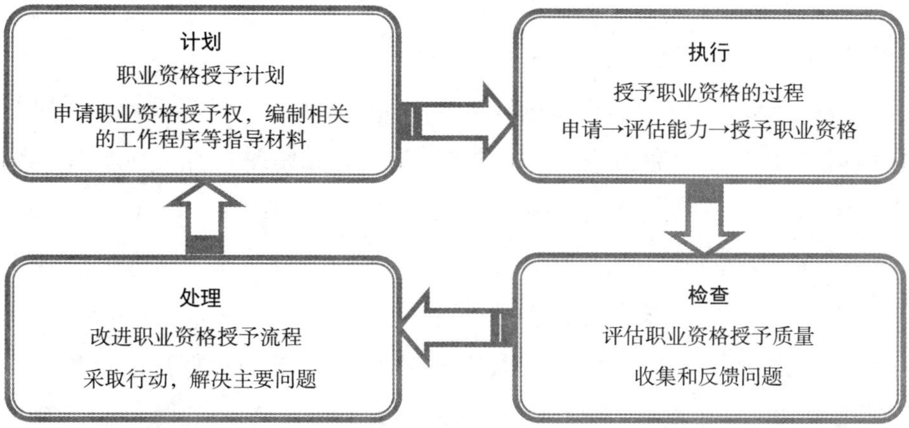

图 5－6　爱沙尼亚职业资格管理体系的“计划、执行、检查、处理质量圈”

3.4.1　授予职业资格的原则

根据《职业资格法》第 15 条，职业资格授予是根据职业标准对申请人（taotleja）的职业能力进行评估，授予评估合格人员职业资格并录入职业资格登记系统、发放职业资格证书的过程。职业资格授予工作的核心，是通过职业资格考试（kutseeksam），评估（Hindamist）申请人的职业能力——作为特殊的考试，评估什么、谁来评估、如何评估，都要围绕“能力”这个中心，并遵循基本的原则和程序。为此，爱沙尼亚通过构建“评估三角形”（Hindamise kolmnurk），形象展示了职业能力评估的构成要件，如图 5－7 所示[①]。评估三角形的内核是评估对象——“形成共识的关键问题”（kokkuleppelistest võtmeküsimustest），也就是本职业领域各方面专家形成共识的职业能力，3 个支撑角，分别是评估背景（hindamise kontekst）、评估组织（hindamiskriteeriumid ja－meetodid，hindamise korraldus）和评估主体（hindamise osapooled）。评估三角形体现了职业能力评估是以能力为核心，在一定背景下组织多方主体参与的职业资格管理活动。

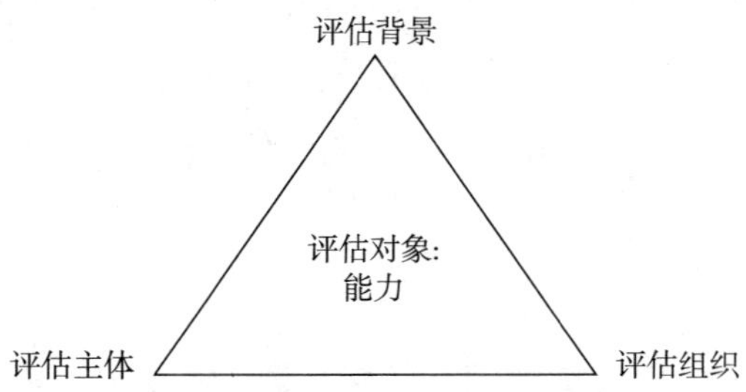

图 5－7　职业资格评估三角形

① 《职业资格授予过程中的能力评估》（2019 年版），第 5 节“评估标准的制定”，第 9 页。

3.4.1.1 合格性评定原则

职业能力评估是一种标准参照型（kriteeriumhindamine）的合格性评定（vastavushindamine），对照的是职业标准及其衍生的评估标准，评估结果具有可预期性。考试学将考试活动分为两类，一种是“标准参照型考试”（Criterion Referenced Test，CRT），即个人考试的结果只与所参照的既定标准有关，达标即合格，与参加考试人员的整体水平无关，如外语水平考试、驾驶资格考试。另一种是“常模参照型考试”（Normal Referenced Test，NRT），即根据预先设定的指标（最常见的是排名、选拔比例）决定考试结果，个人考试的结果具有相对性，受到参加考试人员的整体水平和数量影响，主要用于人才选拔，如高考、公务员考试。以打字录入速度考试为例，如果确定参照的标准是每分钟60个字，就属于标准参照型考试，只要达到这个标准，参加考试的人员可能全部合格；如果确定的标准是最快的10%，就属于常模参照型考试，如果高手如林，即使很熟练的打字员也可能落选，如果整体水平很低，初学者也可能脱颖而出①。

在实施职业能力评估之前，职业标准中的能力指标以及与之对应的评估标准中的评估指标（Hindamiskriteerium）均已确定并公开，且在评估过程中不会发生变化，具有公开性和稳定性，所有评估内容，均严格限定在职业标准和评估标准的范围之内，而且评估结果只与是否达到标准有关，既不会改变合格标准，也不设定合格比例。因此，职业能力评估的结果具有可预期性，只要申请人确实具备了职业标准要求的知识、技能和自主履责能力，就能够通过评估、取得职业资格。

职业能力评估之所以被称为“合格性评定”，是指评估指标均为满足本职业履职能力要求的最低“门槛”，评估的结果只是“合格/不合格”，对于合格人员，不再区分能力水平高低。因此，也将职业能力评估称为“底线评估”（hinnatakse baastasemel）或“无差别”“非歧视”评估（Mitteeristava hindamise）——只要被评估者达到评估标准设定的阈值，即认为其已经具备本职业要求的能力，可以进入相关的职业领域就业。那么，同样取得职业资格的人员，如何进一步区分其职业能力的高下呢？这已经不属于职业资格管理的范畴，而应当由用人单位或行业组织结合差异化的需求，通过更进一步的筛分加以确定。

3.4.1.2 综合性评价原则

职业能力评估是“能力”导向的综合考核评价，需要运用多种评估方法。作为“整

---

① 劳动和社会保障部培训就业司（职业技能鉴定中心）：《国家职业技能鉴定教程》，北京广播学院出版社2003年版，第6—7页。

体性评估”（tervikhindamine），职业能力评估不仅要了解被评估者“知道什么”，关键是了解其“会做什么”——是否具有职业标准描述的能力，是否适合工作岗位的需求。评估方法（Hindamismeetod）作为证明被评估者是否具备在实际工作中运用知识、技能和自主履责能力的手段，包括笔试、实际操作、模拟作业、专题报告、案例分析、现场展示、自我评估等多种方法。选择评估方法时，要突出能力评估的目的性，结合评估内容（知识、技能、自主履责）的特点，并遵守评估标准的要求。爱沙尼亚在选择职业能力评估方法时，主要考虑以下4个方面的因素：一是与评估指标的内容和特点相适应；二是与能力评估的阶段划分相适应，比如是短时间（例如1天）的集中评估，还是长期（在一段时间内）按评估内容分项进行评估；三是评估方法或者多种方法的组合，必须与所有评估指标的评估要求相适应；四是与评估人员的实际能力相适应。

近年来，爱沙尼亚对选择职业能力评估方法的价值取向做了重大调整。2011年版《职业资格授予过程中的能力评估》规定，“选择评估方法时，应避免从评估人员工作方便和减少评估人员的工作量、时间，以及降低评估成本的方面考虑”，即强调评估效果是选择评估方法的首要因素。2019年修订时，相关表述调整为“选择评估方法时，必须考虑最优化原则（optimaalsuse printsiipi），避免使用人力、时间和财力资源消耗过多的评估方法”。应当说，结合对职业能力评估的各方面要求，最优化原则是更为现实的价值取向，平衡了成本、效益，从而避免“不计成本”的评估倾向。

3.4.1.3　程序性原则

职业能力评估是多元参与的第三方认证，必须严格遵守评估程序。科教部根据《职业资格法》规定的程序，通过公开竞争等多种方式，将职业资格授予权赋予社会组织、教育机构等。职业资格委员会的成员包括雇主、雇员、教育培训机构、保险公司、政府部门、行业协会等各方面的代表，既具有广泛的代表性，又保障了第三方的独立性，进而保障职业能力评估工作的公平、公正和结果的可靠性。

职业能力评估离不开评估指标、评估方法、评估组织、评估程序、评估指南。为确保职业能力评估的公开性、公信力，爱沙尼亚在宏观、中观、微观三个层面，规范了职业资格授予的工作机制，明确了职业资格委员会、评估委员会的职责和工作要求。宏观层面，包括两方面内容：一方面是由《职业资格法》和相关法规、规章组成的法规体系；另一方面，是职业资格局制定的《职业资格体系质量手册》《职业标准的结构和编写指南》《职业资格授予工作质量监控》《职业资格授予过程中的能力评估》等规程性文件，明确了受理申请、组织评估、结果反馈、职业注册等各个阶段，职业资格管理工作的内容和质量要求。中观层面，根据职业资格局《职业资格授予工作质量监控》，各职业资格授予机构应当制定本领域的职业资格授予程序（Kutse andmise kord)，报职业委员会批准后施行并定期进行修订。例如，内政学院、保安公司协会、消防联盟、壁炉工协会作为消防救援、消防安全相关职业的职业资格授予机构，均制定了本领域的职业资格授予程序，明确了申请职业资格的条件、需要提交的申请材料和证明文件，能力评估方法、职业资格的授予、异议和申诉，以及职业资格委员会和评估委员会的组成等内容。微观层面，每个职业的职业资格授予机构都制定了相应的评估标准、评估指南。如“救援员（4级）”职业，分别制定了《救援员（4级）职业资格考试评估指南》和《救援员（4级）职业资格考试程序》。同时，强调授予职业资格的程序不是一成不变的，尤其要适应劳动力市场的动态变化，根据需要改变职业资格评估等相应的程序。

3.4.2 授予职业资格的程序

《职业资格法》第三章“职业资格授予”共11条，从工作程序、经费保障、工作机构、资料存档、证书发放及撤销等方面，全面规范了授予职业资格的工作程序。各职业资格授予机构及其下设的职业资格委员会，应当制定职业资格授予程序，报本领域的职业委员会批准后施行。

为指导职业资格授予机构规范工作程序、保证工作质量，职业资格局编写了《职业资格授予程序》(*Kutse Andmise Kord*)[①]，目前施行的是2020年4月版本。各个职业的职业资格授予程序，均由9个部分组成：

第一部分是总则，包括职业资格授予机构的名称、授予职业资格的职业名称和资格框架等级，相应的职业标准，强调授予职业资格的依据是职业标准，职业资格授予程序及其修正案，应当由职业委员会批准并公告。

第二部分是首次申请和重新认证职业资格的前提条件及证明文件，强调两个基本原则：一是可以将工作经历作为前提条件，但除非法律法规有明确规定（如《消防安全法》第34条规定，灭火系统、火灾报警系统和排烟系统设计、施工、维护的技术负责人应当具备至少3年的工作经历），不应设置具体的工作年限；二是除非法律法规有明确规定，不得将学历作为前提条件，而且即使有学历要求，根据爱沙尼亚资格框架，职业资格证书可以替代相同资格等级的学历。

第三部分是能力评估，明确每个职业首次申请和重新认证职业资格（包括单项职业能力和专项能力）的评估方法，主要的评估方法包括：工作场所能力展示、学习和工作

① 《职业资格授予程序》，https：//www.kutsekoda.ee/wp－content/uploads/2020/04/Kutse－andmise－kord_04.2020.docx。

成果等资料审查、面试、笔试、自我评估、模拟作业、案例分析、实际操作等。如果专门编制了评估标准（Hindamisstandardi），则应标明其网址链接。此外，程序模板中还专门明确了向职业教育毕业生授予职业资格的考试形式，如果职业教育机构取得了职业资格授予权，则可以通过笔试、实际操作或者综合测试等方式，评估其毕业生是否具备相应的职业资格。

第四部分是信息公告，包括每年授予职业资格的频次、最新消息，下载申请书及相关文件的网址、提交申请的方式，以及进行职业资格考试的时间、收费标准等。

第五部分是证书签发，包括做出是否授予职业资格的决定，向申请人发出通知并对不授予职业资格的说明原因，明确申诉、诉讼等救济渠道，职业资格证书发放的时限、证书的撤销等。

第六部分是证书有效期，多数职业资格证书明确了有效期限，但也可以长期有效。

第七部分是职业资格委员会的构成、议事规则，基本要求是委员会成员应当具有代表性，全面了解本领域的职业资格体系，并且行事公正。

第八部分是评估委员会的构成、工作规则，基本要求是数量原则上不少于 3 人，委员会成员应具有相应的职业背景，掌握评估方法，并且行事公正。

第九部分是文件和档案保存。

例如，内政学院作为消防救援领域两个职业资格授予机构之一（另一个是爱沙尼亚保安公司协会，负责安防和消防系统设计安装职业），共承担了“执法”“边防”“救援服务”3 个领域共 25 个职业的职业资格授予工作，按“执法人员”“边防人员”“救援人员”“消防安全专家”4 个细分的职业领域，分别制定并定期修订职业资格授予程序。其中，《内政学院职业资格授予程序（救援人员）》《内政学院职业资格授予程序（消防安全专家）》的现行版本，均是经由 2020 年 11 月 4 日财产和人身保护职业委员会会议审议批准的。[①]

一般而言，授予职业资格的程序主要包括以下环节：

——职业资格申请人缴费并提交申请文件；

——职业资格授予机构审查申报材料；

——评估委员会根据职业特点确定评估方法，对申请人的职业能力进行评估；

——评估委员会向职业资格委员会报告评估情况和结果；

——职业资格委员会做出是否授予职业资格的决定；

——职业资格授予机构将是否授予职业资格的决定通知申请人，不授予的书面说明

① 职业资格局：内政学院的职业资格授予权。https：//www. kutseregister. ee/ctrl/et/KAO/vaata/10086702。

原因，申请人可以向职业资格授予机构申诉，或者提起行政诉讼；

——职业资格授予机构在做出决定后的10个工作日内，将取得职业资格人员的相关信息录入职业资格登记系统；

——根据取得职业资格人员的要求，在做出决定的30个工作日内颁发纸质职业资格证书。

为确保职业能力评估的公正性，在职业资格授予程序中建立了回避制度。根据职业资格授予程序，各职业资格授予机构下设的职业资格委员会决定是否授予申请人职业资格，《职业资格法》第18条第（3）款专门规定，如果职业资格委员会的成员直接参与了评估过程，则不得参与决定是否授予职业资格，避免对自己的评估结果进行评判，防止既当“运动员”又当“裁判员”；如果职业资格委员会的成员参与了对申请人的职业培训，也应当回避，避免对自己培训的人员进行评判，防止“考培不分”；如果职业资格委员会的成员是申请人的雇主，或者存在其他利益关系，也应当回避。本章第四节将详述消防救援职业的职业资格授予程序。

3.4.3　职业能力评估标准

职业资格授予机构下设职业资格委员会，负责编制评估标准或评估指南，细化职业能力评估的完整过程。评估标准或评估指南由职业资格授予机构报所属的职业委员会批准发布后生效，其结构框架如表5-20，一般包括以下内容①：

——评估对象和评估的重点内容；

——评估指标及其权重；

——评估方法及其使用介绍；

——评估任务；

——评估的组织实施，确定评估日程表，包括评估地点、环境条件（日常工作环境，或者尽量贴近日常工作环境的模拟场所，专用的考试中心、各类模拟器等）和各阶段的评估内容；

——供评估人员使用的导则，包括详尽的评估内容和实施顺序、评估方法建议、评估所需的辅助材料明细等；

——评估委员会组成或评估人员名单；

——其他评估材料（如定量评估使用的表格、模板等）；

——评估工具（如测量和记录评估结果的设备、电子表格等）。

① 《职业资格授予过程中的能力评估》（2019年版），第27—28页。

表 5－20　职业能力评估标准的结构框架

（编制该评估标准的职业资格授予机构名称） （批准该评估标准的职业委员会名称） 批准时间，决定编号 **职业名称，级别** **评估标准**
一、基本信息 **评估内容：**评估申请人的职业能力是否符合相关职业标准中描述的能力要求 **评估主体：**（从以下三方面予以说明） ——评估人员可以是雇主代表、雇员代表，教育培训机构及其代表，本职业领域其他人员代表，职业资格委员会成员 ——评估委员会的规模 ——对评估人员的要求 **评估的组织实施** ——评估的时间、地点和条件 ——评估的阶段划分、时间表 ——各个阶段评估的职业能力
二、评估方法及说明 ……
三、评估指标 ——详述评估中使用的指标
四、申请表 ……
五、评估指南和表格 1. 评估前，检查确认以下内容： ——拟开展评估的职业名称，是否有现行的职业标准 ——评估指标 2. 评估期间： ——根据评估指标，评估申请人的职业能力 ——为每名申请人填写评估表 ——如有必要，就评估表的内容与申请人沟通 ——确定每项评估指标的评估结果 3. 评估后： ——起草评估报告 ——向申请人提供建设性的反馈意见 ——向职业资格委员会提交评估报告，就是否授予职业资格提出意见 ——完成相关的评估表

评估指标（Hindamiskriteeriumid）是评估标准的核心，应当根据职业标准中的能力指标对应确定，可以是定量指标（绝对数字、比例等），也可以是定性描述（如工作或任务的完成情况），定量和定性评估指标的分布，应当由专家根据能力指标的特点确定。作为对职业标准中能力指标的详细说明，评估指标主要供评估人员对职业资格申请人进

行能力评估，也适合申请人进行自我评估。一般而言，评估标准可以就以下方面的内容，设置评估指标：

——工作任务，包括：工作方法，使用的工具、材料；

——工作流程，包括：制定工作计划，了解不同阶段的工作内容，从一个工作阶段独立过渡到另一个阶段，完成工作任务，保证工作质量；

——职业安全，包括：了解职业风险，遵守工作岗位的安全要求和提示；

——与工作相关的知识，包括：工作所需的知识，在新的工作环境中运用知识；

——共同能力。

评估标准的措词必须明确、严谨，确保评估人员能够依据评估标准，客观做出结论。职业资格局从语言学角度，强调评估指标应当包括以下4类用词：（1）动词，描述申请人应当完成的动作；（2）名词，描述申请人完成动作的目标、对象；（3）程度副词，描述申请人完成能力指标的速度、状态等；（4）范围副词，描述申请人完成能力指标的环境、背景等。职业能力评估的核心是“动作”，因此，表征动作的动词是评估指标描述的中心。在构建评估指标过程中，通过运用教育目标分类领域的布鲁姆分类法（Bloom's taxonomy）和SOLO分类法，规范了评估指标中动词的使用。

教育目标分类，有助于更深刻理解职业能力评估的本质，进而更科学地指导职业能力评估工作。20世纪40年代，美国教育家和心理学家本杰明·布鲁姆（Benjamin Bloom）与同事马克斯·恩格哈特（Max Englehart）等人合作，对教育目标进行归类研究，以评估大学生的学业表现，提出了布鲁姆分类法（Bloom's taxonomy）。此后经不断完善，布鲁姆在1956年出版《教育目标分类法：认知领域（手册1）》（*Taxonomy of Educational Objectives: The Classification of Educational Goals, Handbook I: Cognitive Domain*），提出了包括知识（knowledge）、理解（comprehension）、应用（appilcation）、分析（analysis）、综合（synthesis）、评价（evaluation）6个水平（从低到高）的认知领域教育目标分类学，从而为测量学习成果提供了参照标准。布鲁姆的研究带动了20世纪关于教育目标分类研究的热潮，先后出现了加涅的学习结果分类理论、豪恩斯坦的教育目标分类、马扎诺的教育目标分类学、SOLO分类理论等，但布鲁姆教育目标分类理论的运用最为广泛，并不断丰富发展和完善[①]。2001年，布鲁姆的学生洛林·安德森（Lorin Anderson）领衔的研究团队对布鲁姆分类法进行了修订，新版布鲁姆分类法的核心，是以动词代替原来使用的名词，以帮助学生更清晰地了解预期的学习成果，包括记忆

① 杨婷：《基于布鲁姆教育目标分类理论的初中记叙文写作教学目标设计研究》，广州大学硕士学位论文，2019年，第9—10页。

(remember)、理解（understand）、应用（apply）、分析（analyze）、评价（evaluate）、创新（create），如图 5－8 所示[①]。

图 5－8　布鲁姆认知教育目标分类法的演进

SOLO 分类法是“可观察的学习成果结构”（Structure of Observed Learning Outcome）缩写，由比格斯（J. B. Biggs）首倡，形象地用点、线、面、网络的构成，以逐级渐进的前结构(prestructural)、单点结构（unstructural)、多点结构（multistructural)、关联结构（relational)、拓展抽象结构（extended abstract)，描述了学习成果的渐进发展过程，表 5－21 是 SOLO 分类法对各阶段学习成果的描述[②]。SOLO 分类法的优势是侧重于可观察的学习成果，避免了布鲁姆分类法许多难以观察、评估的认知技能，便于评估学生对学习主题的理解水平，适用于开放性试题的评分，也可以根据预定回答试题的层次，逆向对试题进行分类。

表 5－21　SOLO 分类法对各阶段学习成果的描述

各阶段	特征
前结构	学习任务被关注，但学习者被之前的无关方面干扰或误导，还没有理解拟学习的内容
单点结构	学习者的注意力集中到相关领域，从一个方面了解了学习内容
多点结构	学习者发现了学习内容更多的特征，知道了大多数重要部分，但尚未把各方面结合起来
关联结构	学习者把各个部分结合在一起，掌握了整体连贯的结构和意义
拓展抽象结构	学习者体现出更抽象的特征，具有更高级模式的操作能力，可以在多种情况下运用学习内容

① https://tophat.com/blog/blooms－taxonomy/。

② 冯翠典、高凌飚：《现状与反思：SOLO 分类法国内应用研究十年》，《教育测量与评价（理论版）》2009 年第 11 期，第 4—11 页。

布鲁姆分类法和SOLO分类法，都深刻反映了学习者认知水平和综合能力渐进提升的过程，非常契合职业能力评估这一应用领域。因此，爱沙尼亚职业资格局在《职业资格授予过程中的能力评估》中，分别列出了根据上述两个分类法推荐的评估指标动词用语（不同水平的用语，存在重复），见表5－22和表5－23。

表5－22 布鲁姆分类法推荐的评估指标动词

水平	描述和评估学习者行为的动词
1. 知识	定义，描述，绘制，查找，计数，识别，匹配，放置，命名，复制，重复，选择，编写，模仿，引用，召回，模式化，说，写等
2. 理解	理解，连接，表征，制定，比较，说明，分类，区分，描述，举例，改写，概述，解释，概括，转移，结论，讨论，总结等
3. 应用	实施，调整，修改，选择，估算，影响，准备，应用，关联，补充，演示，决定，监控，监视，定向，执行，生产，预测，模拟，解决，使用，扮演，选择，显示，转移等
4. 分析	分析，表征，分解，归类，分类，比较，对比，区分，质疑，强调，联想，感觉，区别，检查，分组，增加，减少，优化，排序，选择，分离，修改，派生，整理，概述，剥离，建构等
5. 综合	合成，分级，计算，编码，组合，编译，组装，构造，设计，开发，增值，繁殖，贡献，归纳，概括，创建，证明，整合，组织，计划，提供，纠正，绑定，修改，分段，细化，制造，生产，呈现，关联，更正，复审，监督，改错，纠正，补充等
6. 评价	评估，讨论，评价，争论，证明，选择，结论，批评，决策，斟酌，考虑，预测，排序，衡量，监督等

注：引自职业资格局《职业资格授予过程中的能力评估》（2019年版），第12页。需要说明的是，2011年版、2019年版《职业资格授予过程中的能力评估》引用的均是1956年初版布鲁姆分类法。

表5－23 SOLO分类法推荐的评估指标动词

阶段	描述和评估学习者行为的动词
1. 前结构	—
2. 单点结构	记住，认识，识别，计数，绘制，查找，命名，匹配，任命，引用，召回，重复，述说，模式化，书写，猜测等
3. 多点结构	分类，描述，列举，总结，讨论，说明，选择，叙述，计算，排名，规划，剔除等
4. 关联结构	实施，整合，分析，解释，预测，结论，总结，评论，争论，证明，应用，规划，描述，比较，对比，区分，组织，论证，构建，评估，重构，研究，翻译，改写，解决等
5. 拓展抽象结构	创设理论，假设，概括，反映，发展，创造，汇编，发明，发起，证明，实证，解决等

注：引自职业资格局《职业资格授予过程中的能力评估》（2019年版），第13页。

3.4.4 职业能力评估方法

如前所述，职业能力评估是一类特殊的考试，而任何一项考试都包括 3 个主要技术环节：确定考试目的、命题、实施考试——后两个环节，均直接涉及评估方法的选择。职业能力评估的特殊性在于，由于其测量的焦点是能力（而不仅仅是掌握知识的水平），因此评估方法除常规的笔试外，还包括实际操作、模拟作业、专题报告、案例分析、现场展示、自我评估等多种方式方法。定性和定量评估都可以用于职业能力评估，但重点还是定性评估，或者叫“实质性评估”（sisulisel hindamisel）——即评估在工作中运用知识和技能，解决实际问题、执行特定任务的能力。在选择和组合使用评估方法时，必须突出职业能力评估的目的性，落实能力评估的基本原则，并兼顾难度、区分度、信度、效度等参数，以确保职业能力评估的质量。难度是反映评估测试难易程度的指标，可以用失分率（难度系数）表征；区分度是反映评估测试使高水平考生得高分、低水平考生得低分的倾向力的指标，可以用区分度表征；信度是反映评估测试结果是否代表考生真实水平的指标，可以用信度系数（也称内部一致性系数）表征；效度是反映评估测试达到目的程度的指标，可以用相关系数表征①。

职业资格局针对职业能力评估中不同的评估内容（知识、技能、自主履责），提出了推荐的评估方法组合，表 5－24 是职业能力评估方法矩阵②。为指导职业资格授予机构根据职业特点优选评估方法，职业资格局还分析汇总了主要评估方法的优势和缺陷，如表 5－25 所示③。

表 5－24　职业能力评估方法矩阵

评估内容	评估方法
知识	自我评估，综合笔试，工作报告，测试，展示，口试，研究，分析
技能	实际操作，模拟作业，报告，对实际工作的反思，展示音频或视频展示（音乐会、展览），分析，自我评估，工作场所能力展示
态度（自主履责）	自我评估，论文，工作场所能力展示，案例分析，展示
综合（知识＋技能＋态度或自主履责）	项目，学习文档，学习日志，案例分析，实践练习

① 吴承祯、何丽华、林立群等：《试卷质量分析方法及其应用》，《中国林业教育》2008 年第 3 期，第 26—30 页。

② 《职业资格授予过程中的能力评估》（2019 年版），第 21—22 页。

③ 《职业资格授予过程中的能力评估》（2019 年版），表 4《职业资格授予评估方法举例》，第 15—21 页。

表 5－25　常用职业能力评估方法分析

评估方法	优势	缺陷
实际操作	1. 便于申请人综合展示实际能力 2. 确保职业能力评估的公平性 3. 可同时对多名申请人进行评估 4. 可以评估通用职业能力 5. 比在实际工作岗位开展评估的成本低	1. 陌生环境可能会对申请人造成压力 2. 环境条件可能与申请人的实际工作环境不完全相同 3. 可能需要同时采用其他评估方法，增加评估成本
技能展示	1. 便于申请人综合展示实际能力 2. 确保职业能力评估的公平性 3. 可同时对多名申请人进行评估 4. 可以评估通用职业能力 5. 比在实际工作岗位开展评估的成本低	1. 陌生环境可能会对申请人造成压力 2. 环境条件可能与申请人的实际工作环境不完全相同 3. 部分职业能力无法展示，需要结合其他评估方法
工作场所能力展示	1. 便于申请人展示全部能力 2. 便于申请人在真实环境中展示能力 3. 减少人为因素或未知环境对申请人的压力 4. 可以评估通用职业能力	1. 评估时间只能根据申请人及其所在单位情况安排 2. 工作场所空间有限，可能难以满足多名评估人员安全有效地开展评估 3. 根据安全规定，部分工作场所限制评估人员进入 4. 某些特定职业对评估人员的能力要求很高 5. 可能导致评估费用较高
书面材料审查	1. 便于申请人证明其分析能力，即运用相关材料解决实际工作问题的能力 2. 便于申请人根据相关材料展示工作规划技能 3. 便于申请人查找职业信息来源并评估其价值 4. 申请人不必记忆所有内容，减轻机械记忆的压力	1. 如果评估涉及的问题过少，申请人可能抄袭他人 2. 如果辅助材料过多，部分并未掌握关键知识的申请人，可能靠延长时间解决评估提出的问题
自我评估	1. 便于申请人展示分析、综合、判断等复杂的思维能力 2. 便于申请人展示逻辑思维能力和多角度分析问题能力 3. 自我评估是终身学习理念的关键特征 4. 可以评估通用职业能力	1. 需要申请人掌握开展自我评估的基本知识和技能 2. 可能受到申请人自我描述的误导
报告	1. 便于申请人描述、分析和评估自己的经验 2. 准备报告的过程有利于促进申请人提高职业能力，对于之后的职业发展很有意义 3. 便于申请人提供与职业能力相关的书面材料，避免混杂无关内容 4. 有统一的模板，便于申请人完成报告 5. 申请人可以突出自己的优势能力	1. 报告的真实性可能存在问题（申请人可能依靠外部帮助或参考之前的报告） 2. 申请人填写的报告可能格式不规范

续　表

评估方法	优势	缺陷
展示	1. 便于申请人展示通用能力	1. 受条件所限，申请人无法展示专业技能
模拟作业	1. 便于申请者展示全部或部分能力 2. 便于申请人在接近真实的环境中展示能力 3. 便于申请人展示通用能力	1. 人为因素或未知环境可能对申请人产生压力
项目	1. 便于申请人综合展示实际能力 2. 可同时对多名申请人进行评估 3. 便于申请人展示通用能力	1. 可能导致评估费用较高
面试	1. 方法灵活，便于申请人充分表达 2. 除知识考察外，还可以评估申请人综合、分析、评估和解决问题等能力 3. 确保申请人能力展示的真实性 4. 便于申请人展示通用能力	1. 不能同时评估大量申请人 2. 评估中主观因素干扰风险大于书面材料审查
学习和工作成果等资料审查	1. 便于申请人综合展示能力 2. 便于申请人选择提交最适合的材料 3. 为申请人提供充分的材料准备时间 4. 便于申请人展示通用能力	1. 申请人提供申报材料的任务量大
笔试	1. 可同时对多名申请人进行评估 2. 便于申请人回答各种问题、完成不同性质的任务	1. 通常只适用于评估较低层级认知水平的能力 2. 难以对申请人的真实能力进行全面评估

实践中，往往是多种评估方法结合使用。以消防安全专业人员（5 级）为例，职业资格考试由笔试、案例分析、面试共 3 部分组成，满分 100 分。其中，笔试满分 40 分，包括 30 道多项选择题（每题 1 分，所有选项正确才能得分）和 5 道简答题（每题 2 分，回答正确但不完整的可得 1 分），考试时间是 45 min；案例分析满分 40 分，包括 2 道题（各 20 分，根据评分要点给分），考试时间是 3 h，参加考试时，可以随身携带纸质或电子版的法律法规、标准规范（也可以使用考场内的专用计算机查询，但禁止使用个人计算机和其他电子设备）；面试满分 20 分，考试时间 30 min（收到题目后，有 30 min 的准备时间）。上述考试的合格标准不低于 70 分，且笔试、案例分析、面试分别不低于 28 分、28 分和 14 分——即 3 个部分的考试成绩，均不能低于满分的 70%。如果某一科目没有合格，则申请人参加下一轮次的职业资格考试时，已经合格的科目分数继续有效，可以不再参加考试。

同一系列的职业，随着资格等级提高，评估方法的组合以及不同方法的权重也会调整，一般来说，资格等级越高，需要评估的职业能力越复杂，主观性评估所占的比例就越高，而且合格标准也可能更为严格。例如，“消防安全专业人员”职业小类包括“消防安全专业人员（5 级）”“消防安全专家（6 级）”等 2 个职业，评估方法的相同之处，是职业资格考试均由笔试、案例分析、面试 3 部分组成，满分 100 分；区别在于，与“消防安全专业人员（5 级）”相比，“消防安全专家（6 级）”职业资格考试的笔试满分从 40 分减到 20 分，面试则由 20 分增到 40 分，合格标准由满分的 70% 提高到 80%，笔试、案例分析、面试 3 部分的成绩，分别不得低于 16 分、32 分和 32 分①。

爱沙尼亚职业能力评估的一个突出特点，是将自我评估和上级评估明确为评估方法之一。自我评估（enesehindamist）的依据同样是评估标准，是由申请人将自身能力与职业标准、评估标准进行比较，完成《职业能力自我评估表》。自我评估作为一种辅助性评估方法，从自身角度审视职业能力，并提供正式和非正式的学习、教育、培训和工作经历，有利于职业资格授予机构更全面地评估其真实职业能力，主要用于申请重新认证职业资格。

上级评估，是指为证明申请人确实从事相关职业，并具备相应的职业能力，部分职业资格的申请人在报名时，必须提供由工作单位负责人填写的《工作能力评估表》（Komandopealiku või juhendaja täidetud hindamisleht）——这种评估不同于工作或培训经历证明，而是严格对照职业标准，从能力模块和总体能力两个层面分别给出评估结论。这种建立在诚信基础上的业内评估，可以反映职业资格申请人员的真实情况，也可以在一定程度上防止出现“只会考、不会做”的现象。本章第四节将结合消防救援职业的职业资格授予，做具体介绍。

3.4.5　职业能力评估人员

职业能力评估人员（hindaja）是职业能力评估的直接实施者，由于职业能力评估的对象广泛，涉及的内容复杂，评估方式方法多样，对评估人员的综合素质也提出很高要求，其能力水平直接影响职业能力评估和职业资格授予的质量。确保评估人员的能力符合履职要求，是保证职业资格管理质量的重要前提和支撑。

职业能力评估人员应当具备三个方面的素质：本职业领域的职业能力，评估考核技术和方法，职业道德规范。根据职业资格局《职业资格体系质量手册》“职业资格委员会和评估委员会的组建和运作，应当遵循国际标准《合格评定人员认证机构通用要求》

---

① 内政学院：《消防安全专业人员（5 级、6 级）考试指南》。https：//www. sisekaitse. ee/et/kutse_ andmine? language_ content_ entity = et。

（ISO 17024）的规定，严格遵守职业资格授予程序和能力评估的要求，以确保职业资格授予的质量”的要求，职业资格授予机构属于“人员认证机构”，评估人员应当符合《合格评定人员认证机构通用要求》（ISO 17024）的规定。2003 年 4 月，国际标准化组织（ISO）发布 ISO/IEC 17024《合格评定 人员认证机构通用要求》（*Conformity assessment — General requirements for bodies operating certification of persons*），并于 2012 年 7 月修订。ISO 17024 所称的“人员认证机构”，是指对特定领域人员的特定能力与规定要求的符合性进行评价的机构，该标准是从事人员认证/注册工作的机构建立内部管理体系和人员认证制度的重要基础性文件。首版 ISO 17024 发布后，我国即启动标准采用工作，2004 年发布国家标准 GB/T 27024－2004《合格评定 人员认证机构通用要求》，并于 2014 年发布了修订版。

为保证职业能力评估以及其他与人员能力评估有关工作的质量，爱沙尼亚在职业资格分类目录中设置了“人员能力评估师（5 级）”（isiku kompetentsuse hindaja，tase 5）和“首席人员能力评估师（6 级）”（isiku kompetentsuse juhtivhindaja，tase 6）职业（不属于准入类职业），教育职业委员会（Hariduse Kutsenõukogu）编制了相应的职业标准——需要强调的是，这两个职业的工作范围广泛，职业标准对“人员能力评估师（5 级）”的工作概述是“判断评估对象的能力是否与能力要求符合，需要在不断变化的情况下独立执行与评估相关的各种任务，根据需要调整评估工作流程并组织实施，能够选择使用最新的评估方法，通过运用技术和工具获得客观的评估结果”。“首席人员能力评估师（6 级）”的工作概述是“精通评估业务，具有创新能力，可以在复杂多变的情况下独立开展各类评估工作，能够分析并创建新的评估模型，整合评估工作及其方法并评估可能的效果，分析其他评估人员的工作并进行协调、提供建议。可以根据有限的信息做出决策，负责确保自己和他人的评估结果客观公正”。其工作内容广泛，包括在多个领域从事人员能力评估工作，如根据学习和工作经验认定同等学力（VÕTA）的评估人员，以及人力资源人员、招聘专员、职业规划师、培训师、职业顾问、评估师、单位主管等，职业能力评估只是其工作内容之一。①

鉴于职业能力评估人员的工作直接涉及对申请人职业能力的判断并影响其就业，职业资格局强调，评估人员除应具备组织评估考核的专业知识、逻辑思维等能力外，还必须理解并尊重评估对象的自我发展和主体意识，通过积极的反馈，确保评估对象参与到

① 现行《人员能力评估师（5 级）职业标准》和《首席人员能力评估师（6 级）职业标准》均为 2018 年 4 月 18 日发布的第 2 版。https：//www. kutseregister. ee/ctrl/et/Standardid/exportPdf/10683732/；https：//www. kutseregister. ee/ctrl/et/Standardid/vaata/10683745。与这两个职业对应的《国际标准职业分类》（ISCO－08）职业是“2359 未分类的专业教学人员”（Teaching Professionals Not Elsewhere Classified）。

评估过程，而不只是被动接受评估。评估人员尤其要保持积极态度，善于沟通合作，具有以下人格特征：社交性（信任、友善、真诚、无私、领悟、宽容、助人），开放性（经历、思维、价值观、行动），坚忍性（专业、有序、认真、目的明确）以及自律、灵活、冷静，等等。上述两个职业的职业标准以附件形式，专门制定了道德守则。

专栏

人员能力评估师的道德守则①

1. 独立、公平、公正开展能力评估。
2. 保守评估对象和评估机构的秘密。
3. 行为举止规范，确保评估对象和公众的信任。
4. 尊重评估对象，积极维护评估对象的权利。
5. 向评估对象提供反馈建议。
6. 严格遵守有关评估工作内容、形式、期限和结果的规定。
7. 热爱本职工作并与同事分享经验和信息。
8. 勇于承认错误。
9. 回避原则。
10. 秉持可靠、公平、独立、公正、尊重评估对象的道德操守。

3.4.6 职业资格考试收费

职业资格管理是国家支持劳动者提升职业能力、促进劳动力市场发展的基本公共服务，相关支出应当由从业人员和政府、有关机构合理分担。《职业资格法》第 17、第 17^1 和 17^2 条明确了职业资格考试收费管理的基本原则：职业资格申请人应当缴纳考试费用，职业资格考试缴费和支出实行“收支两条线”管理；职业资格授予机构作为非营利组织，必须依规测算报批收费标准；国家通过多种方式对职业资格考试进行经费支持；对职业教育机构学生采取特殊的支持政策。

职业资格考试的收费标准，由职业资格授予机构测算并提出方案，报职业委员会审

① 《人员能力评估师（5 级）职业标准》（2018 年 4 月 18 日生效）附件 1《人员能力评估师道德守则》（*Isiku kompetentsuse hindaja eetikakoodeks*）。https：//www. kutseregister. ee/ctrl/et/Standardid/exportPdf/10683732/。

核同意后生效。测算收费标准时，必须参照职业资格局统一的模板填写《职业资格授予工作支出测算表》，结合职业特点和评估方法、复杂程度，按照职业资格授予工作的不同阶段和主要内容，计算以下四个方面的开支：一是准备职业资格考试的支出，包括人员薪酬、行政性支出、业务费和不可预见费；二是评估委员会的人员支出，即考评人员以及相关服务保障人员的薪酬；三是职业资格考试支出，包括考评人员的住宿费、交通费，以及考试场地租用费、耗材费等；四是职业资格证书注册、发放和再次认证的支出。如表5-26所示[①]。上述支出之和除以每次职业资格考试的参加人数，就是测算的收费标准，经职业委员会审核同意后执行。单项职业能力考试的费用，酌情参照确定。

表5-26 职业资格考试的支出费用

支出说明		开支项目
1	准备职业资格考试的支出	考试组织人员的报酬：负责发布考试通知、受理审查和登记申请材料、组织相关会议等工作
		职业资格委员会成员的报酬：负责确定职业考试形式、任命评估委员会、编制修订相关工作程序文件、做出是否授予职业资格的决定、处理相关投诉等相关工作
		行政性开支：包括职业资格授予机构办公场地租金、办公用品开支、信息通信费、邮寄费等
		业务费和不可预见费：包括更新考试材料、培训评估人员、应急费用等
2	评估委员会人员支出	评估委员会成员的报酬：根据考试形式和复杂程度，确定评估人员的小时工资标准
		评估委员会辅助人员的报酬：为评估工作提供服务的人员工资
3	职业资格考试支出	住宿费：评估委员会人员的住宿费用
		交通费：评估委员会人员的交通费用
		考试场地租用费：组织职业资格考试所需场所的租金（教育机构毕业生的考试不计此项）
		考试耗材费：考试消耗的纸张、工具等
4	职业资格证书注册、发放和再次认证支出	职业资格证书注册费：4.8欧元； 纸质职业资格证书工本费：2.5欧元

职业资格考试收费施行“收支两条线”的管理制度，申请人根据收费标准，将考试费用缴至财政部专户，报名时出示缴费凭证即可，国家则通过多种方式对职业资格考试

① 笔者根据《职业资格授予工作质量监控》第2.3.4节和《职业资格授予工作支出测算表》整理。https://www.kutsekoda.ee/wp-content/uploads/2020/04/Kutse-andmise-kvaliteedi-tagamine-ja-j%C3%A4relevalve_.pdf。

工作给予经费支持。继申请人缴费、国家预算拨款这两种方式之外，为拓宽职业资格考试经费的保障渠道，减轻职业资格授予机构压力，2015 年局部修订《职业资格法》时，对第 17 条第（2）款进行了补充，增加了使用在职员工培训经费、失业保险基金专项补贴这两种职业资格考试经费保障方式。

为进一步鼓励和引导公众积极考取职业资格，爱沙尼亚规定失业人员可以在失业保险基金资助下，参加相应的职业培训。此外，根据失业保险基金在欧洲社保基金支持下开展的“职业资格支持项目”（Kvalifikatsiooni saamise toetamine），所有在职或失业人员，在取得职业资格证 3 年内，均可申请报销报名费、考试费和申请证书的费用，3 年内累计申请退费不得超过 500 欧元。申请人只要通过电子邮件，向当地失业保险基金办公室提交数字签名的《职业资格支持项目退费申请》，以及相关付款凭证和取得的职业资格证书即可，也可以通过普通信件邮寄，或者上门办理。

为促进职业教育与劳动力市场紧密对接，2015 年 3 月 1 日议会修订《职业资格法》时增加第 17^2 条，规定职业教育学校（包括高等职业教育学校）的学生参加相应职业资格考试的费用由国家承担。为便于经费管理，职业资格局将职业资格考试的支出分为两部分：开展职业资格考试的直接费用，职业资格委员会与考试相关的间接费用。具体分为两种情形：如果学校已通过非竞争方式取得职业资格授予权，则职业资格考试的间接费用拨付给职业委员会，由职业委员会将费用拨付给该校；如果学校未取得职业资格授予权，则学生在校期间或毕业 1 年内参加职业资格考试的报名费由国家发给学生，再由学生在报名时正常缴纳。根据 2017 年月 1 日起生效的科教部规章《职业教育培训学生参加职业资格考试的费用上限》①，确定了职业教育学生参加职业资格考试的收费上限（分为笔试、实际操作和综合 3 种情况），同时，规定各职业委员会每年用于每个职业的资格考试开发费用（即前述的“间接费用”）上限为 2 700 欧元。

3.4.7　学习和工作经历认定

一般而言，职业标准会对从业人员的学历教育、职业培训或工作经历提出要求（或者要求申请人具有本职业系列的上一级职业资格），职业资格授予机构在受理职业资格申请时，需要对这些前置条件进行审核。从职业能力发展的过程而言，必要的学历、工作经历是形成职业能力的重要前提，但如果“唯学历”“唯经历”，则有悖于职业能力评估的“能力”导向原则，因为随着社会发展，人们通过正式、非正式等途径学习知识、

① 《职业教育培训学生参加职业资格考试的费用上限》（RT I，13.07.2015，5），https：//www.riigiteataja.ee/akt/106042021007。

提升能力的渠道越来越多——这也是“终身学习”理念受到普遍认可的原因。“英雄不论出处”，为防止学历、工作经历成为制约那些确实具备能力人员申请职业资格的“玻璃门”，职业资格局专门开展了“学习和工作经历认定”（Varasemate õpingute ja töökogemuse arvestamine，VÕTA），并确定了基本的原则和方法[①]。

爱沙尼亚认为，“学习和工作经历认定”的本质是特殊形式的职业能力评估，是对职业资格申请人实际能力的公允评价，而不论其获取能力的时间、地点和方式，尤其有助于改进对弱势群体等人群的教育水平评估，从而促进就业领域的机会平等，支持践行终身学习理念，促进多种形式教育培训与劳动力市场之间的联系，以更有效地开发和运用人力资源。图 5－9 是学习和工作经历认定的基本程序[②]，在这一过程中，需要职业资格申请人、职业资格授予机构等的共同参与。

职业资格局强调，学习和工作经历认定应当遵循 6 个基本原则：一是目的性，评估的重点不是申请人的经历，而是从整体上判断通过各种学习和工作经历，申请人学会了什么、掌握了什么。如果只是罗列普通教育、职业教育之外，非传统教育培训经历和工作经历，不能以工作成果等多种方式证明确实获取了知识、技能和自主履责能力，或者相关经历与拟申请的职业资格不相关，则不能通过认定。二是自愿性，申请人应当认真熟悉职业标准、评估标准对学历、工作经历的要求，根据自身情况提出学习和工作经历认定申请，提交相应的证明材料，才能启动学习和工作经历认定程序。三是可靠性，学习和工作经历认定在《职业资格法》中并无明确依据，方法和程序也与普通的能力评估不尽相同，其可靠性来源于社会信任，而社会信任则源于职业标准这个统一的评估依据，以及透明、公开的认定过程。四是独立性，评估人员必须具备“人员能力评估师（5 级）”“首席人员能力评估师（6 级）”等职业标准确定的能力，独立、公正地开展认定工作。五是程序性，学习和工作经历认定不是一项独立的工作，是职业资格授予过程的有机组成部分，必须严格按照规定的程序开展认定。申请人如果对认定结论有异议，可以根据《行政程序法》，在接到认定结论 1 个月内提出申诉，如果对申诉处理决定不服，可以提起行政诉讼。六是持续改进性。申请人准备各项证明材料的过程，就是对其职业能力的考察和提升，各个职业资格授予机构经常举办宣传活动和研讨会，促进劳动者熟悉职业标准的相关要求，有针对性地提升自身能力；职业资格授予机构每次开展学习和工作经历认定后，都必须及时向申请人反馈结果并提出建议，指导申请人规划职业发展路径。申请人如果不同意认定结论，可以通过行政诉讼等方式提出异议。

---

① 2020 年 1 月，职业资格局发布《职业资格体系中学习和工作经历的认定》（*VÕTA kutse andmisel*）。https：//www. kutsekoda. ee/JUHENDID－JA－KASIRAAMATUD/。

② 《职业资格体系对学习和工作经历的认定》，第 6 页。

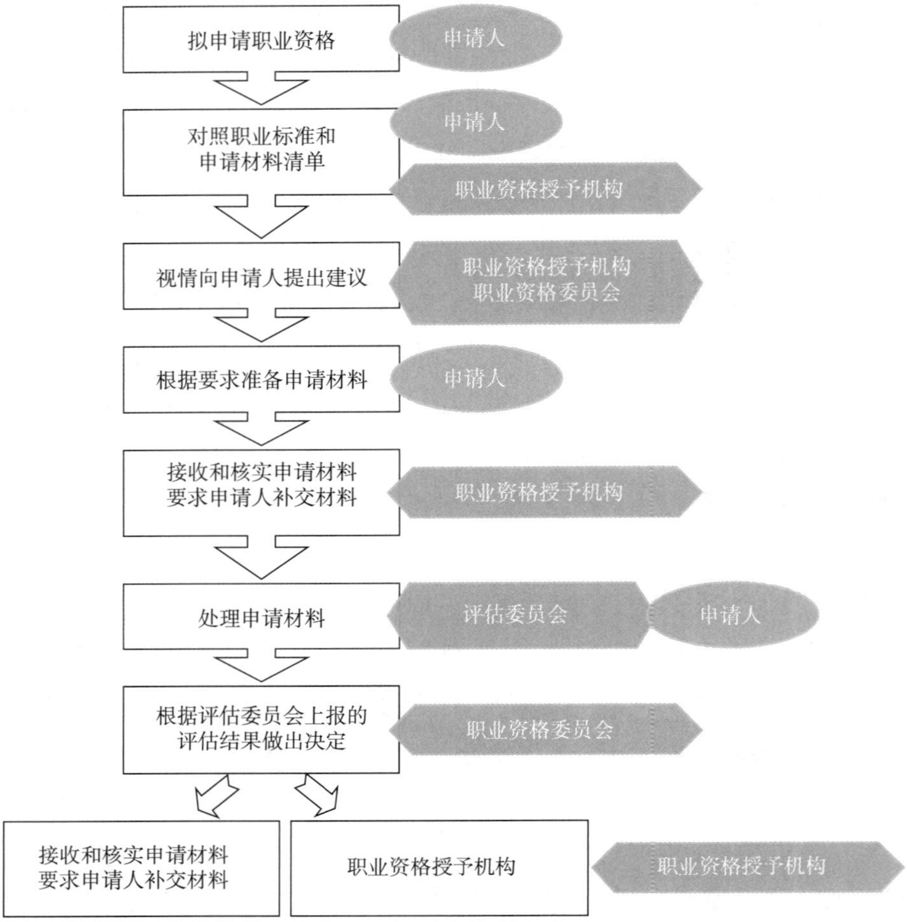

图5-9 认定学习和工作经历的基本程序

申请人提供的学习和工作经历认定材料，可分为二类：一类是申请人直接完成的工作成果，包括生产的产品，设计的图纸、软件，撰写的论文、报告、教材，自我总结等。另一类是第三方证明材料，如成绩单，在职培训证书（附有培训大纲和课程安排），职业经历、工作经验（劳动合同、单位鉴定等），主要业绩（完成的工作任务证明等）等。例如，申请“消防安全专家（6级）”职业资格时，如果申请人希望就其学历和工作经历进行认定，就应当提供其承担的消防安全咨询、消防安全评估项目数量和简介[①]。

认定学习和工作经历，需要同时使用多种评估方法，最常见的方法包括：工作成果等资料评审，面试，案例分析，模拟工作，笔试。工作成果等资料，包括申请人的工作和学习经历，工作业绩以及自我总结等，是证明申请人具备职业标准提出的能力要求的

① 内政学院：《学习和工作经历认定的条件和程序》，https：//www. siseka.tse. ee/et/kutse_ andmine。

最重要依据。面试，包括多种形式的对话、访谈，申请人可以通过回答评估人员者提出的问题、进行综合性的阐述，以证明自己的能力。案例分析也是一种有效的综合评估方法，申请人通过分析给定的案例，提出问题解决方案以证明自己的能力。模拟工作，就是让申请人在接近实际工作环境的背景完成一定的工作，以证明其能力。笔试则可以有效地考核申请人的专业理论知识。上述方法的核心目的，就是证明虽然申请人的学历、工作年限没有满足职业标准的要求，但其实际掌握的知识、技能和自主履责能力符合相应层级教育机构的入学要求、课程教学目标，或者职业标准的全部（部分）能力要求。

3.4.8　职业资格证书

职业资格证书（Kutsetunnistus），是证明持有者职业能力符合职业标准要求的文件。作为电子政务发展总体水平居世界前列的国家，近年来，数字社会（e－Estonia）建设已覆盖爱沙尼亚经济社会生活的方方面面，数字化服务的优势全面释放，同样惠及职业资格管理。2018 年 12 月 28 日，议会通过《〈职业教育机构法〉修正案及相关法律修订案》[①]，对“职业资格证书”的定义做了划时代的变革，提出“职业资格证书是职业资格登记系统中的电子条目，以及据此签发的文件，用以证明持有人的职业能力符合职业标准要求（对于单项职业能力，是符合职业标准的一项或几项能力要求）”。与此前的定义“职业资格证书是证明个人能力符合职业标准要求（或单项职业能力要求）的文件”相比较，将**电子条目**（而非纸质文件）被确定为职业资格证书的基本属性，体现了爱沙尼亚的职业资格管理已全面步入信息化阶段。同时修订的《职业资格法》第 21 条第（5）款专门规定，只有在职业资格登记系统中存在电子条目，纸质职业资格证书才具备效力。与新的职业资格证书定义同步，从 2019 年 1 月 1 日起，爱沙尼亚不再默认向所有职业资格获得者发放纸质证书，只向主动索取的人员提供纸质证书；从 2020 年 1 月 1 日起，如果申请人要求提供纸质证书，需另外缴纳 2.5 欧元；注册职业资格证书的费用不变，标准仍然是 4.8 欧元，职业培训毕业生是 2.5 欧元[②]。

职业资格证书管理主要涉及申报、核发、注册、撤销等环节。职业资格授予机构在组织职业能力评估后，向职业资格委员会报告评估结果，经职业资格委员会同意后，向职业资格局提交合格人员名单，由后者将相关信息录入职业资格登记系统，生成统一编号的职业资格电子条目，并根据职业资格持有人的申请，印制统一格式的纸质证书，由

---

① 《〈职业教育机构法〉修正案及相关法律修订案》（RT I，28. 12. 2018，3），https：//www. riigiteataja. ee/akt/128122018003。

② 职业资格局：《关于纸质职业资格证书发证事宜的通知》，https：//www. kutsekoda. ee/paberkandjal－kutsetunnistuste－valjastamine－on－nuud－vabatahtlik/#more－13297。

职业资格授予机构颁发。授予职业资格后，如果发现申请过程中存在虚假信息、欺诈行为，或者职业资格持有人存在违法职业标准的行为，职业资格授予机构有权撤销职业资格，在注册系统中删除相关电子条目，通过挂号信将撤销决定寄送当事人，并在政府官方公告网站（Ametlikud teadaanded）公告。被撤销职业资格的人员如有异议，可申诉或提起行政诉讼。

为方便从业人员灵活就业，2013 年 7 月 2 日议会修订《职业资格法》时新增单项职业资格（Osakutse），对于在劳动力市场上能够独立存在的工作内容，职业标准的前言部分会标注"职业资格证书可注明的单项职业资格"，列出单项职业资格的名称和资格等级。在职业标准的第一部分"工作概述"会标注取得单项职业资格应当完成的工作内容；与之对应，在职业标准的第二部分"能力要求"会注明与该单项职业资格对应的能力模块。职业资格授予机构按照程序组织职业资格考试，授予合格者《单项职业资格证书》（Osakvalifikatsioon）①。需要强调的是，单项职业资格不同于专项能力，前者可以单独存在并核发《单项职业资格证书》；后者不能单独存在，只能在《职业资格证书》上予以标注，如法医（7 级）中的"火灾勘查"专项能力模块。

如果单项职业资格包括多个能力模块，则应当在职业资格证书上注明单项职业资格的名称及其等级；如果单项职业资格仅包括 1 个能力模块，则应当在职业资格证书上注明该能力模块的名称和等级。此外，一个职业标准中可能包括多个单项职业资格，这些单项职业资格包含的能力模块可能重叠。例如，焊工（3 级）包括两个单项职业资格：手工电弧焊（3 级）和半自动焊（3 级），职业标准相应注明，申请手工电弧焊（3 级）单项职业资格，应当达到 B. 2. 1 至 B. 2. 4 和 B. 2. 6 至 B. 2. 11 能力模块；申请半自动焊（3 级）单项职业资格，应当达到 B. 2. 1 至 B. 2. 3 和 B. 2. 5 至 B. 2. 11 能力模块——在单项职业资格证书上，会分别标注"手工电弧焊（3 级）""半自动焊（3 级）"。

普通职业资格和单项职业资格的电子条目，均包括以下信息：职业资格授予机构名称，职业资格证书注册号，专项能力，职业资格证书持有人的姓名、身份信息，证书签发日期和有效期截止时间等，以上全部用爱沙尼亚语记录，如果职业资格考试使用了外语，则要注明外语种类。

根据 2008 年 12 月 19 日科教部制定的《职业资格证书的发放程序和样式》②，纸质职业资格证书采用竖版 A4 格式，由职业资格局统一印制，使用带有安全要素的特种水印纸全彩色防伪印刷，抬头左、右两侧分别是职业资格授予机构和职业资格局的徽章，

① 职业资格局：《职业资格领域通用能力术语》（*Üldised kompetentsid. Kvalifikatsiooniga seonduvad terminid*），第 17 页。https：//www. kutsekoda. ee/wp - content/uploads/2019/KS/Uldised - kompetentsid. pdf。

② 《职业资格证书的发放程序和样式》（RTL 2009，2，32），https：//www. riigiteataja. ee/akt/106072016019。

职业资格局徽章下面是该职业对应的欧洲框架等级，以便于持有人在欧洲其他国家就业时的资格互认。普通职业资格证书印有“职业资格证书”（KUTSETUNNISTUS）字样，单项职业能力资格证书印有“单项职业资格证书”（OSAKUTSETUNNISTUS）字样，下面是持有人的姓名和身份号，然后是职业名称和爱沙尼亚资格框架等级。左下角标注“爱沙尼亚共和国，已录入职业资格登记系统”，右下角是职业资格委员会主席的签名、职业资格授予机构的印章，如图 5－10 所示（见彩插第 11 页）。

如果纸质证书模糊损毁（至少 1 个字母难以辨认）或者丢失、被盗，持有人可以向职业资格授予机构提出补发申请，如果原职业资格授予机构已不存在，则可以直接向职业资格局提出申请。补发的职业资格证书与原件内容相同，只是在右上角注“复制件”（DUPLIKAAT）。如果是由于非当事人原因造成的补发，相关的印制、邮寄费用，由职业资格授予机构或职业资格局承担。

2018 年 4 月 18 日，欧洲议会和欧洲理事会通过关于改进技能和资格服务框架 Europass 的决定，要求建立网上框架平台，并提供各种便利化的工具，由各国主管部门或机构按照统一格式生成《欧洲通行证职业资格证书附件》，以支持运用 Europass，进一步提高欧洲在技能和资格领域的流动性[①]。欧盟国家的职业资格证书持有者如果想到其他欧盟国家求学、就业，可以登录职业资格登记系统，输入目的地国家后，下载使用目的地国家语言自动生成的“欧洲通行证职业资格证书附件”（Europassi kutsetunnistuse lisa，英语 Europass Certificate Supplement），该附件的核心内容是 4 个方面：资格的类型（学业或职业）、框架水平、学习成果、有关教育培训的信息，以便其他国家对学业或职业能力进行快速认可。在此基础上，欧盟提出“职业资格证书＋欧洲通行证职业资格证书附件，是到另一个欧洲国家求学、就业的必备组合”。目前，职业资格局提供的是英文版本的证书附件。需要强调的是，该附件并非具有法律效力的独立证明文件，必须与职业资格证书共同使用才有意义。

根据《职业资格法》第 16 条，应当在职业资格授予程序中明确职业资格证书的有效期。限定职业资格证书的有效期，主要是为了适应知识、能力要求的不断更新，促进就业人员通过终身学习，不断提高职业能力，一般来说，知识更新越快，职业资格证书的有效期限越短。但并不是所有职业资格证书都设定有效期限。目前，安防和消防系统技师（4 级）、安防和消防系统专业人员（5 级）、安防和消防系统设计师（6 级）3 个职业的职业资格证书有效期为 3 年；消防安全专业人员（5 级）、消防安全专家（6 级）

① 《关于改进技能和资格服务共同框架 Europass 的（EU）2018/646 号决定，同时废止第 2241/2004 / EC 号决定》。https：//eur－lex. europa. eu/legal－content/EN/TXT/PDF/？ uri＝CELEX：32018D0646&from＝EN。

职业资格证书的有效期为 5 年。救援员（4 级）、救援队长（5 级）、救援指挥长（6 级）、接警员（4 级）、调度员（5 级）、调度中心值班长（6 级）和消防安全监督员（5 级）7 个职业的职业资格证书则长期有效。

3.4.9 职业资格重新认证

在爱沙尼亚职业资格管理制度中，“职业资格重新认证”（kutse taastõendamise）是指按照现行职业标准，对已有职业资格进行确认，可分为两种情况：

第一种情况，也是最为普遍的，是相关职业资格证书设定了有效期限——如前述的安防和消防系统安装、设计人员的职业资格有效期 3 年，消防安全专业人员和消防安全专家的职业资格有效期 5 年，此类职业资格证书在有效期届满之前（最多宽限至超出有效期 12 个月），应当向职业资格授予机构申请重新认证。申请重新认证时提交的材料包括申请表、原职业资格证书复印件，最重要的是在职培训和工作经历证明。

第二种情况，对于长期有效的职业资格证书，鉴于 2008 年《职业资格法》将国家资格框架从 5 级调整为 8 级，为保持劳动力市场的有序衔接，2008 年《职业资格法》第 26 条“过渡性规定”的第（4）款专门规定“本法生效之前签发的职业资格证书，继续有效直至有效期届满，或者直到原职业资格证书符合根据本法第 4 条附件 1 建立的资格框架”。为方便 2008 年《职业资格法》生效前长期有效的职业资格证书过渡到新的资格框架体系，持有此类职业资格证书的人员也可以申请重新认证，以取得按照新《职业资格法》的 8 级资格框架设定的职业资格。

3.4.10 职业资格登记系统

职业资格登记系统（Kutseregister）建立于 2001 年，根据科教部授权，由职业资格局负责运行。2008 年《职业资格法》生效后，爱沙尼亚政府于 2009 年 5 月 28 日制定了新的《职业资格登记系统章程》（自 6 月 7 日起生效）①。根据该章程，职业资格登记系统包括职业资格、职业标准、职业资格证书附件，以及职业能力、职业资格授予机构、职业委员会等信息，由 7 个子系统组成：（1）职业资格证书系统（Väljastatud kutsed），可以查询包括普通职业资格、单项职业资格、学校毕业取得职业资格的行业领域、职业名称、资格等级等信息。（2）职业标准系统（Kutsestandardid），包括所有现行职业标准及其之前的各个版本，并通过职业资格分类目录系统，对职业标准进行分类。用户既可以通过爱沙尼亚的职业名称查询，也可以按照国际标准职业分类（ISCO）和国际标准教

① 《职业资格登记系统章程》（RT I 2009，28，171），https：//www.riigiteataja.ee/akt/13185447。

育分类（ISCED）等进行检索。(3) 职业资格证书附件（Kutsetunnistuse lisad），可以用爱沙尼亚语、英语两种语言，自动生成与职业资格证书对应的附件。(4) 能力模块（Kompetentsid），可以查询所有构成职业标准的能力模块，截至2022年9月底，共有26 331个能力模块。(5) 职业资格授予机构（Kutse andja），包括两类职业资格授予机构的信息，用户可以按照职业领域、职业资格分类目录体系和职业名称，查询相应的职业资格授予机构。(6) 职业委员会（Kutsenõukogud），包括14个职业委员会的构成、做出的决定、相应的文件等信息。(7) 信息摘要（Väljavõtted kutseregistrist），包括批准发布职业标准的信息、职业资格考试收费标准，以及与职业资格管理相关的统计数据。如图5－11所示[①]。

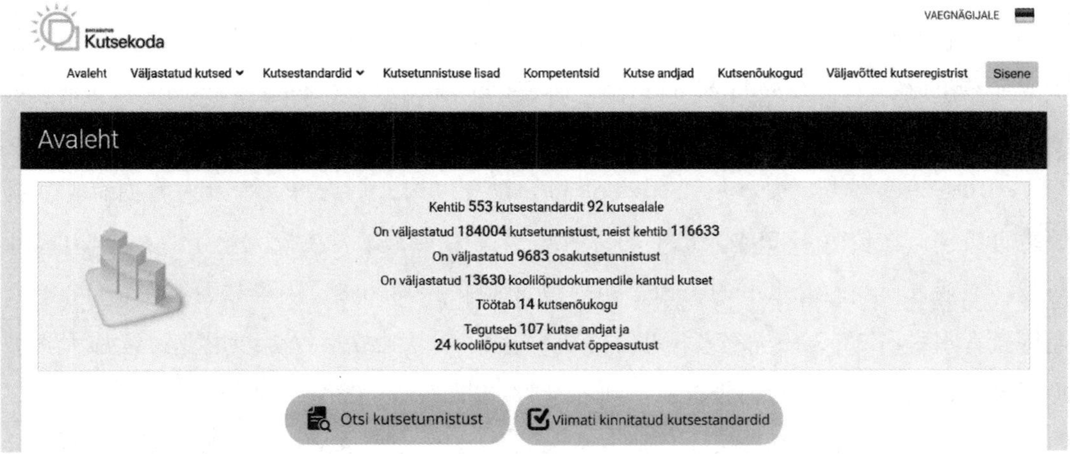

图5－11　职业资格局网站“职业资格登记系统”页面

根据《职业资格登记系统章程》，职业资格登记系统中数据的发布，应符合《信息公开法》的规定；同时，职业资格局应当按照《个人数据保护法》，将职业资格登记系统中个人信息的录入、修改等情况通知本人。爱沙尼亚非常重视职业资格数据在部门之间的信息共享，职业资格登记系统中的个人职业资格信息，通过国家数据交换共享机制，同步分享给建筑登记系统、经济活动登记系统，以及科教部、失业保险基金、统计局、技术监督局、农村事务部、农业信息登记局和救援局，为相关部门及时了解职业资格信息、开展跨部门监管提供便利条件。同时，爱沙尼亚公民可以通过政务服务门户网站（www. eesti. ee），查询自己持有的职业资格证书相关信息[②]。

① 职业资格局网页截图，2022年9月30日。https：//www. kutseregister. ee/et/avaleht/。

② 《职业资格登记系统中个人数据的使用》，https：//www. kutseregister. ee/et/Avaleht_ isikuandmete_ kasutamine/。

3.5 职业教育

3.5.1 爱沙尼亚教育事业概述

1991 年恢复独立后，爱沙尼亚高度重视教育事业发展，把教育作为促进个人、民族和国家全面发展，进而融入国际社会的重要手段，完善了符合国情的教育体系，培养了大量创新型人才，助力爱沙尼亚发展为全球前列的数字化社会。爱沙尼亚将每年 9 月 1 日（新学年开学日）确定为全国性节日“知识节”（Teadmistepäev），其对教育的重视可见一斑。2016 年 10 月 10 日，爱沙尼亚第一位女总统柯斯蒂·卡留莱德（Kersti Kaljulaid）在就职典礼上，曾自豪地说：“我们是一个信仰教育的社会，学生素质几乎超越全世界所有的孩子。”（Meil on hariduse usku ühiskond，kus koolilapsed teevad pea kogu maailma eakaaslastele silmad ette.）[①]

2016—2017 学年，爱沙尼亚有 24 所高等教育机构，平均每 5.5 万人就拥有 1 所高等教育机构，在校生 47 794 人，平均每万名居民中有 363 名在校大学生。根据 2021 年对爱沙尼亚人口受教育水平的统计，初等教育水平占 18.6%，中等教育水平占 44.9%，高等教育水平占 35.9%，情况不明的占 0.6%[②]。恢复独立后，爱沙尼亚持续加大科教经费投入，近年来，又专门将提高教师工资水平纳入衡量教育事业发展的 10 项指标之一，取得了明显成效。2011 年时，普通教育机构教师的工资水平只是拥有高等学历就业人员平均值的 68%，到 2014 年已接近 98%，2019 年提高到 112%[③]。

近年来的“国际学生评估项目”（The Program for International Student Assessment，PISA）[④]，展示了爱沙尼亚较高的基础教育水平。该项目是由经济合作与发展组织（OECD）开展的全球性研究，一般每 3 年进行 1 次，范围包括经合组织成员国和非成员国，目的是通过评估 15 岁学生阅读、数学、科学素养和运用知识解决现实问题的能力，反映学生参与未来生活的潜力，是具有广泛国际影响的基础教育第三方评价项目。在 2015 年的 PISA 评估中，爱沙尼亚全球排名第三，仅落后于新加坡和日本，在欧洲成绩最优，在教育均等化和解决实际问题能力方面表现尤为突出。在 2018 年开展的最近一次

---

① 《爱沙尼亚共和国 100 年统计专辑》，第 181 页。

② 爱沙尼亚统计局：《2021 年爱沙尼亚人口教育水平分类》。https：//www. stat. ee/et/avasta - statistikat/valdkonnad/rahvastik/rahvaarv。

③ 《科教部 2019 年度分析摘要》，第 4 页，https：//www. hm. ee/sites/default/files/htm_ tulemusaruanne_ 2019_ en. pdf。

④ 国际学生评估项目，http：//www. oecd. org/PISA/。

评估中，爱沙尼亚学生得分（阅读523分、数学523分、科学530分）居经合组织国家之首，明显高于经合组织国家平均水平（487分、487分、489分），在79个参加的国家和地区中，阅读、数学、科学分别排名第5、第8和第4，保持了明显优势。2018年也是北京、上海、江苏、浙江组成的中国部分地区联合体（B-S-J-Z，China）第二次参加PISA测评，取得全部科目均排名第一的好成绩（555分、591分、590分），高水平学生数量位居前列，显示了我国“教”与“学”的显著优势。

3.5.1.1　教育法律法规

1992年3月23日，在恢复独立仅半年后，最高委员会就通过《爱沙尼亚教育法》（*Eesti Vabariigi haridusseadus*）①，生效至今，截至2022年2月23日最近一次修订，已累计修订61次，对教育事业的重视可见一斑。首版教育法即对“教育”（haridus）进行了定义：“教育是社会认可并管理的，关于知识、技能、能力、价值观和行为规范的学习体系。”并明确了教育的3个目的：“（1）在世界经济文化背景下，为个人、家庭、爱沙尼亚民族和少数民族的发展，以及经济、政治、文化和自然的发展，创造有利条件；（2）塑造遵从法律的人；（3）为所有人创造终身学习的条件。”上述定义和对教育目标的阐述，体现了爱沙尼亚教育事业的定位和价值追求，在此后教育法的历次修订中均未做调整。

《爱沙尼亚教育法》施行后，爱沙尼亚就相关领域的教育事业发展，先后制定了《职业教育机构法》（*Kutseõppeasutuse seadus*）、《学前儿童保育机构法》（*Koolieelse lasteasutuse seadus*）、《私立学校法》（*Erakooliseadus*）、《高等职业教育机构法》（*Rakenduskõrgkooli seadus*）、《高等教育法》（*Kõrgharidusseadus*）、《初等教育学校和高中法》（*Põhikooli - ja gümnaasiumiseadus*）、《业余学校法》（*Huvikooli seadus*）、《成人教育法》（*Täiskasvanute koolituse seadus*）等多部法律，以及大量配套的法规、规章，并适时进行修订，建立了较为完善的教育机构管理、课程设置以及学历证书、奖学金、教育信息管理，国外教育证明认证等机制、制度和体系。

3.5.1.2　教育管理体系

《爱沙尼亚教育法》将教育体系分为普通教育（Üldharidus）、职业教育（Kutseharidus）和兴趣教育（Huviharidus）3类，确立了职业教育在国家教育体系中的重要地位。从教育水平的角度，将教育程度由低到高分为学前教育（alusharidus）、初等教育（põhiharidus，1年级至9年级）、中等教育（keskharidus，10年级至12年级）和高等教育（kõrgharidus，12年级以后）。教育机构划分为学前教育机构（koolieelsed lasteasu-

① 《爱沙尼亚教育法》（RT 1992，12，192），https：//www.riigiteataja.ee/akt/115032022004。

tused）、基础教育学校（põhikool）和高中（gümnaasium）、职业教育机构（kutseõppeasutused）、高等职业教育机构（rakenduskõrgkool）、大学（ülikool）、业余学校（huvikool）和在职培训机构（täienduskoolitusasutused）。需要说明的是，爱沙尼亚实行9年制初等教育制度（英语 basic education），没有单独的初中；中等教育包括高中（Gümnaasiumi lõputunnistus，英语 upper secondary education）和中等职业教育（kutsekeskharidus，英语 vocational school）。

科教部作为教育主管部门，负责组织制定和实施国家教育发展计划，主要职责包括：监督执行国家教育标准，推动提高全国教育质量；协调指导地方政府和有关部门组织教育活动，组建和管理公立教育机构，任命其负责人；指导各类教育机构编制教学计划，协调各类教育机构的师资培训，为有特殊需要的学生提供教具；建立统一的教育水平评价体系，登记国家认可的学历证明；参与制定和组织实施国家教育政策并委托开展相关研究，参与劳动力市场预测并制定国家职业培训方案，协调高等职业院校和职业培训机构，开展面向专业人员和技术工人的教育培训；开展教育领域的国际合作；制定国家教育经费保障办法；审批私立学校和其他法人机构开办的教育机构等。

3.5.1.3　教育信息系统

作为电子政务的重要应用领域，爱沙尼亚高度重视教育活动的信息化管理。2003年8月7日《爱沙尼亚教育法》修订时，专门增加第九^{2}章“爱沙尼亚教育信息系统”，要求科教部建立统一的教育信息系统，以满足以下需求：为制定教育政策、提供教育经费，提供决策支持；向教育机构和公众提供全面、权威的教育信息；公开向学生提供学业保障和奖学金的信息；为教育研究和战略管理提供可靠的统计信息；对教育机构的教学活动进行外部评估；提供有关教育机构资质许可、课程设置等方面的信息和文件查询。

2004年5月8日，爱沙尼亚政府制定《爱沙尼亚教育信息系统的建立和章程》（自9月1日起生效）①，确定了“爱沙尼亚教育信息系统”（Eesti hariduse infosüsteem，EHIS）的定位——作为一个多用户的综合性教育信息门户网站，该系统包括学生和教师等人员信息、学历证书信息和教育机构信息，以及课程设置、质量评估、助学金、奖学金发放等相关信息。近20年来，教育信息系统已经成为社会各界深入了解各类教育信息的平台，得到了广泛应用。

每名爱沙尼亚公民都可以在教育信息系统创建“教育ID”（Har ID），登录系统后申请终身有效的电子教育服务账号（hariduse e－teenustele），既可以获取教育资源，也可

① 《爱沙尼亚教育信息系统的建立和章程》（RT I 2004，61，434），https：//www.riigiteataja.ee/akt/789722。

以输入和查询相关信息。在该系统的公众查询界面，可以查询各类教育机构、课程设置、教学许可等信息。例如，在“教育机构”（Koolid）专栏，可以查询每个教育机构的名称、地址、登记号、类型（学前班、初等教育机构、职业学校、高等职业院校、大学、兴趣学校）、所有制性质、学习形式（全日制、在职）、教学语言等信息。再如，在“课程设置”（Õppekava）专栏，可以查询课程类型（职业教育、高等教育、兴趣教育课程）、课程代码、关键词等信息。图 5－12 是教育信息系统的主页面①。

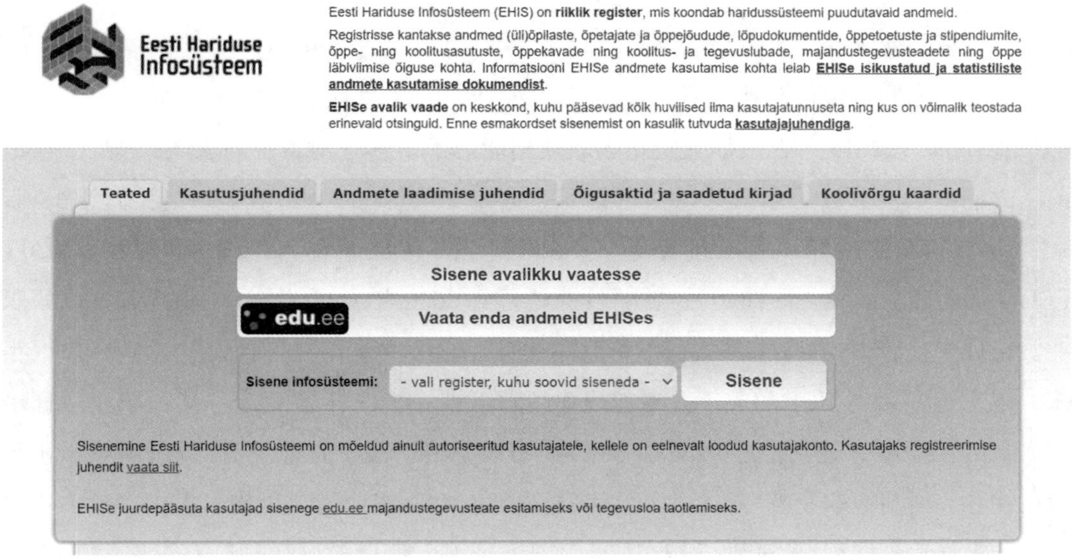

图 5－12　爱沙尼亚教育信息系统主页面

3.5.2　职业教育概述

根据《爱沙尼亚教育法》第 12 条，“职业教育，是为获得从事某种职业所必需的知识，技能、能力、价值观和准则，取得相应职业资格所开展的教育活动，是就业和有效开展职业活动的前提。”爱沙尼亚高度重视职业教育对劳动就业的促进作用，将发展职业教育提升到国家安全战略的高度。2001 年议会通过《爱沙尼亚国家安全政策基础》——在列举传统军事、政治风险的基础上，全面分析了经济社会发展过程中出现的非传统风险，在第三部分“国家行动”中专门指出：“必须高度关注劳动力市场的问题，以确保爱沙尼亚保持社会稳定。技术工人短缺，可能成为未来限制经济增长的不利因素。目前，爱沙尼亚劳动力市场存在结构性矛盾：高失业率和熟练劳动力短缺同时存

① 教育信息系统网页截图，2022 年 9 月 30 日。https：//www. ehis. ee/。

在。要提高劳动者素质，就必须优先发展针对年轻人、成年人的职业教育和继续教育体系，并提高教育系统的效率。”①

为此，爱沙尼亚将职业教育全面融入国家教育体系，采取了高等职业教育、中等职业教育并重的发展战略，充分发挥国家、地方政府和私立教育机构的作用，与劳动力市场需求紧密对接，培养了不同技能层级的应用型人才，促进了经济社会发展。目前，在中等教育阶段，职业教育学生与普通高中学生的比例已经达到26.3∶73.7，职业教育学生占中等教育阶段在校生的比例超过1/4。2018年，中等职业教育毕业生的就业率为71%，高等职业教育学生为78%②。

爱沙尼亚非常重视职业教育领域的知识更新，正如总理府战略顾问蒂亚·兰德玛（Tiia Randma）2013年在《职业资格领域通用能力术语》在前言中的感慨：“半个世纪前，人们在学校学习的知识可以受用终身。进入21世纪的第二个十年，我们意识到，唯一不变的，就是知识每天的变化。”③ 2014年科教部制定《终身学习战略2020》（Elukestva õppe strateegia 2020），首要目标就是到2020年，25岁至64岁就业人口的职业资格证书持有率提高到75%（2012年的基期值是69.7%），目前已基本实现④。近年来，越来越多25岁以上的成年人参加职业教育培训，2019年占到全部参加职业教育培训人员的41.7%，达到将近1万人。2018—2019学年，爱沙尼亚共有32所中等职业教育机构和6所高等职业教育机构，每县都至少拥有1所职业教育机构，提供多达160种职业的教学培训课程，⑤ 职业学校在校生约2.5万名，职业教师2 173名，平均每12名学生有1名老师。⑥

3.5.2.1 职业教育机构

2013年9月1日生效的《职业教育机构法》⑦，是爱沙尼亚职业教育领域的基本法律，规范了职业教育机构的建立、运作、重组、终止，以及职业教育活动管理、课程设置、经费保障、责任义务和监督等内容。

根据《职业教育机构法》，职业教育机构分为中等职业教育机构和高等职业教育机构，同时执行《职业教育机构法》《高等教育法》。私立教育机构可以开展中等职业教育、高等职业教育，相关的教育活动应当遵循《私立学校法》《职业教育机构法》；成人

① 《爱沙尼亚国家安全政策基础（2001年）》，3.3节，https://www.riigiteataja.ee/akt/72805。
② 《科教部2019年度分析摘要》，第9页。
③ 《职业资格领域通用能力术语》，第3页。
④ 《科教部2019年度分析摘要》，第4页。
⑤ 科教部：职业教育介绍。https://www.hm.ee/et/eesmargid-tegevused/kutseharidus。
⑥ 《爱沙尼亚共和国100年统计专辑》，第142页
⑦ 《职业教育机构法》（RT I，02.07.2013，1），https://www.riigiteataja.ee/akt/116062020008。

教育机构如果开展职业教育，也要同时执行《成人教育法》《职业教育机构法》的规定。

职业教育的学习成果与职业资格密切关联。根据《职业教育机构法》第23条，爱沙尼亚将职业教育分为水平教育和继续教育。水平教育（tasemeõppe），是以获得一定级别职业资格为目标的职业教育。对照《职业资格法》确定的8级资格框架，综合考虑入学条件、学习成果，将中等职业教育课程分为2级、3级、4级、5级共4个级别——职业教育课程级别的确定，取决于设置课程所依据职业标准的资格等级，或者学习成果在《爱沙尼亚国家资格框架》中对应的位置；如果相关领域尚未制定职业资格，则由科教部确定课程的级别。职业教育学生完成4级职业资格对应的课程学习（学制不少于3年、达到180个学分），经考试合格后，即可在取得中等职业教育学历的同时，取得相应领域的4级职业资格。继续教育（täiendusõppe），是面向在职人员的职业培训，可以由各类职业教育机构组织，其课程应当基于《国际标准教育分类》设置，课程名称和模块划分，以及教学方式和时间、目标群体、参加学习的条件、结业和毕业要求等，均应执行科教部规章《职业教育机构组织继续教育的条件和程序》①《继续教育标准》② 的有关规定。

3.5.2.2　高等职业教育机构

高等职业教育机构属于职业教育机构，鉴于其区别于一般职业教育机构的特殊性，在此予以专门介绍。1998年6月10日议会通过《高等职业教育机构法》③，规定高等职业教育属于应用型高等教育，学制为3—4年，可以采取全日制学习（statsionaarne õpe）、远程教育（kaugõpe）、在职教育（eksternõpe）等多种教学方式，其课程设置可以包括中等职业教育的课程，但高等教育课程不得少于总学时的三分之二，并专门规定，内政学院是内政部管理的国家高等职业教育机构。为体现职业教育的实践性特点，《高等职业教育机构法》专门规定，实习课程占全部学时的比例不应低于35%。2019年2月20日《高等教育法》全面修订时，纳入了有关高等职业教育的内容，《高等职业教育机构法》同时废止。

根据现行《高等教育法》，爱沙尼亚将高等教育从低到高分为三个层级：一级是学士学位和高等职业教育，二级是硕士学位教育，三级是博士学位教育。高等职业教育属于一级高等教育，其课程设置的重点，是在深化通识教育的基础上，提供特定职业领域

---

① 2013年9月18日，科教部制定《职业教育机构组织继续教育的条件和程序》（RT I，20.09.2013，10）。https：//www.riigiteataja.ee/akt/120092013010。

② 2015年6月19日，科教部制定《继续教育标准》（*Täienduskoolituse standard*，RT I，26.06.2015，9）。https：//www.riigiteataja.ee/akt/126062015009。

③ 《高等职业教育机构法》（RT I 1998，61，980），https：//www.riigiteataja.ee/akt/75707。

的基本知识，以及未来就业、工作或者参加硕士学位学习所需的知识、技能和自主履责能力，学制为3—4年，每年60个学分（1学分对应26学时），修满180—240学分，考试合格方可取得相应的学历证书。

3.5.2.3 职业教育机构资质许可

爱沙尼亚对职业教育机构实施办学资格许可制度。根据《职业教育机构法》，由科教部对职业教育机构进行资质审查，通过审查的，授予相应的临时（3年）或长期办学资格。在资质审查环节，科教部所属的教育和青年局具体负责组织专家评审，重点审查以下5个方面的内容：是否能够实现课程规定的学习成果，并符合职业教育标准要求；师资力量是否满足“课程组”的教学要求；教学资源是否满足“课程组”的教学要求；是否能够按照发展规划，保障学习的可持续性；根据劳动力市场预测，是否有足够的潜在生源。上述评审费用，由拟开办职业教育机构的申请人承担（上限是1 200欧元）。通过评审后，每6年再进行1次教育质量评估。根据《职业教育机构法》，“课程组”（õppekavarühm）是指“为开展职业教育和培训，按照《职业教育标准》确定的课程集合”。

职业资格授予机构取得办学资格后，也可以开展职业教育培训。为确保职业能力评估的公正性，防止出现“考培不分”的问题，《职业资格法》第18条第（3）款专门规定，如果职业资格授予机构参与了对申请人的职业教育培训，在职业资格授予环节应当回避。

3.5.2.4 职业教育标准

爱沙尼亚通过制定不同层级教育的“教育标准”，建立了包括教育机构设立、课程设置、日常管理、教学成果等内容的一整套要求，既是指导教育机构规范化运行的统一标准，也是教育主管部门进行资质许可和监督管理的基本依据。

按照《职业教育机构法》第22条的要求，爱沙尼亚政府于2013年8月26日制定《职业教育标准》①，强调职业教育活动的基本依据是相应的职业标准，如果相关领域尚未制定职业标准，则应当按照欧盟2006年关于终身学习关键能力的建议（2006/962/EC）中的关键能力，结合职业特点开展职业教育。根据《职业教育标准》第4条的规定，为统一度量和描述职业教育学生的学习量，为学生创造更多灵活学习的机会，并保障不同职业教育机构之间互认学习成果，参照欧洲职业教育学分制度，爱沙尼亚建立了与高等教育学分制度类似的“职业教育学分制度”（Eesti kutsehariduse arvestuspunktides，EKAP），每学分（1 EKAP）相当于26学时，每学年应当完成60学分。学生可以通过正

① 《职业教育标准》（*Kutseharidusstandard*，RT I，28.08.2013，13），https：//www.riigiteataja.ee/akt/117042019006。

式、非正式学习获得学分，学校有权调整与学习成果对应的课程时长。

科学的课程设置，是实现职业教育目标的保证。《职业教育标准》将职业教育课程分为国家课程和学校课程：国家课程（Riiklik õppekava），是中等职业教育的基础性内容，设置依据是《职业教育标准》和相关的职业标准，以及普通高中阶段的课程；学校课程（Kooli õppekava），是学校根据《职业资格法》设置的课程，更加注重适应职业发展的要求，与相应职业资格等级对应，包括多个课程模块（Õppekava Moodul）——每个课程模块都是一个独立的教学单元，其学习成果与职业标准中的能力模块对应，分为"基础学习模块"（põhiõpingute mooduliteks）、"选定专业课模块"（valikõpingute mooduliteks）和"通识学习模块"（üldõpingute mooduliteks）。需要强调的是，不同于我国完全由学生自主选择的"选修课"，爱沙尼亚职业教育中的"选定专业课"，是指确定职业方向后，必须选择的课程。

如上文所述，根据职业教育课程学习成果与《职业资格法》确定的职业资格等级的对应关系，爱沙尼亚将中等职业教育课程分为2级、3级、4级和5级共4个级别：

2级职业教育课程采用全日制教学，无需任何教育经历即可参加学习，学习成果是与2级职业资格对应的知识、技能和自主履责能力，毕业生主要从事《国际标准职业分类》（ISCO－08）中第九职业大类"初级工"的工作。2级职业教育应取得30—120学分，其中选定专业课30学分，特殊情况下，科教部部长有权批准开设60学分的选定专业课。在全部课程中，实操课和实习课合计不应少于总学分的70%。

3级职业教育课程的学习成果，是与3级职业资格对应的知识、技能和自主履责能力，毕业生主要从事《国际标准职业分类》（ISCO－08）中第五、第六、第七、第八职业大类对应的工作（即：服务和销售人员；农林渔业技工；工艺和有关行业工人；工厂机械操作和装配工）。3级职业教育同样应取得30—120学分，其中实操课、实习课合计不少于总学分的50%，且一般应当各占25%。

4级职业教育课程的学习成果，是与4级职业资格对应的知识、技能和自主履责能力，毕业生主要从事《国际标准职业分类》（ISCO－08）中第四、第五、第六、第七、第八职业大类对应的工作（在3级职业教育的基础上，增加了第四职业大类"办事人员"）。参加4级职业教育的前提是具有初等教育学历，但年龄超过22岁并具有基础教育同等学力的人员也可以参加。3级职业教育应取得30—150学分，其中实操课、实习课合计不少于总学分的50%，且一般应当各占25%。

5级职业教育课程的学习成果，是与5级职业资格对应的知识、技能和自主履责能力，毕业生主要从事《国际标准职业分类》（ISCO－08）中第二、第三职业大类对应的工作（即：专业人员，技术和辅助专业人员）。参加5级职业教育的前提是具有中等教育学历，应取得60—150学分，其中实操课、实习课合计不少于总学分的50%，且一般应当各占25%。

为规范高等职业教育，根据《爱沙尼亚教育法》《大学法》《高等职业教育机构法》的有关规定，2008年12月18日爱沙尼亚政府颁布《高等教育标准》（*Kõrgharidusstandard*）①，该标准第8条明确了高等职业教育的基本要求，包括入学条件（具有中等教育学历或相应的国外学历）、学制（3—4年，修满180—240学分）、课程结构（实习不应少于总课时15%）、学习成果（期末考试合格并通过论文答辩）等。根据该标准的附件《各层级高等教育学习成果与资格框架的对应关系》，完成学士学位和高等职业教育课程学习并取得学历证书，相当于2008年《职业资格法》建立的8级资格框架中的第6级，完成硕士学位学习并毕业相当于第7级，完成博士学位学习并毕业相当于第8级。

2019年7月11日，根据修订后的《爱沙尼亚教育法》《高等教育法》，爱沙尼亚政府重新制定《高等教育标准》②，延续了2008年标准将高等教育分为3个层级的设置，在附件1《高等教育的学习成果》中明确规定，高等职业教育毕业生如果具备以下条件，通过毕业考试和论文答辩，即可获得学士学位：

——系统掌握本专业的基本概念、理论、原则和研究方法；

——能够认识到不同应用领域之间的跨学科联系；

——了解本专业当前面临的问题，以及如何运用专业知识；

——能够发现本专业的问题并分析评估不同的解决方案；

——能够使用适当的方法和工具独立收集资料，并进行批判性和创造性的分析；

——能够选择适当的方法和技术，解决给定框架内的专业任务，根据给定的信息建模并评估可能的结果；

——能够主动开展工作，并在执行过程中展现责任感、领导力和团队合作能力；

——掌握必要的沟通技巧和信息通信技术；

——能够口头和书面阐释本专业的相关问题，使用爱沙尼亚语和至少1种外语参加专业讨论；

——积极参与社会事务，对多样性的价值观和态度具有包容性；

——能够从社会和道德角度，评估职业活动对社会的影响和后果；

——能够作为专业人员或者企业经营者，在工作中运用所学的知识和技能。

综合《职业教育标准》《高等教育标准》，爱沙尼亚建立了与2—6级职业资格逐级

---

① 《高等教育标准》（RT I 2008，57，322），https：//www. riigiteataja. ee/akt/13099603。

② 《高等教育标准》（RT I，12. 07. 2019，17），https：//www. riigiteataja. ee/akt/112072019017。

对应的职业教育体系，从而实现了中等职业教育、高等职业教育学习成果与职业资格的逐级匹配，促进了职业教育与劳动力市场的有机衔接。

3.5.2.5　职业教育领域

以《国际标准教育分类：教育和培训领域》（ISCED－F 2013）建立的教育培训领域为基础，爱沙尼亚确定了实施职业教育的领域，作为《职业教育标准》的附件2《职业教育的领域和课程组》予以公布，见表5－27。其中，第十大类“服务业”领域的“安防服务”（Turvateenused）专业中，包括“财产和人身保护”（Vara－ja isikukaitse）课程组，涵盖消防救援领域的相关职业。

表5－27　爱沙尼亚开展职业教育的学科领域、专业和课程组①

<table>
<tr><th>国际标准教育分类（ISCED－F 2013）代码</th><th>领域</th><th>专业</th><th>课程组</th></tr>
<tr><td>00</td><td>通识</td><td>个人发展</td><td>个人发展</td></tr>
<tr><td>01</td><td>教育</td><td>教育</td><td>不分级别的培训</td></tr>
<tr><td rowspan="5">02</td><td rowspan="5">人文艺术</td><td rowspan="3">艺术</td><td>视听技术与媒体制作</td></tr>
<tr><td>手工艺</td></tr>
<tr><td>音乐与表演艺术</td></tr>
<tr><td>人文科学</td><td>不分级别的培训</td></tr>
<tr><td>语言</td><td>不分级别的培训</td></tr>
<tr><td rowspan="2">03</td><td rowspan="2">社会科学、新闻和信息</td><td>社会科学和行为科学</td><td rowspan="2">不分级别的培训</td></tr>
<tr><td>新闻和信息</td></tr>
<tr><td rowspan="8">04</td><td rowspan="8">商业，行政管理和法律</td><td rowspan="7">商业与行政管理</td><td>会计与税务</td></tr>
<tr><td>金融、银行和保险</td></tr>
<tr><td>行政管理</td></tr>
<tr><td>市场营销和广告</td></tr>
<tr><td>秘书和办公室工作</td></tr>
<tr><td>批发和零售</td></tr>
<tr><td>工作技能</td></tr>
<tr><td>法律</td><td>不分级别的培训</td></tr>
</table>

① 《职业教育标准》附件2《职业教育的领域和课程组》。

续 表

国际标准教育分类（ISCED－F 2013）代码	领域	专业	课程组
05	自然科学、数学和统计学	生物学及相关科学	不分级别的培训
		环境科学	自然环境与野生动植物
		物理学	不分级别的培训
		数学和统计学	不分级别的培训
06	信息和通信技术	信息和通信技术	计算机应用
			数据库和网络设计与管理
			软件和应用程序开发与分析
07	工程，制造和建筑	工程	化学工程与工艺
			电力和能源
			电子和自动化
			机械和金属加工
			汽车、船舶和航空设备
		生产加工	食品加工
			材料加工（玻璃、纸张、塑料、木材）
			纺织品（服装、鞋类和皮革加工）
			采矿和冶炼
		建筑和施工	建筑与城镇规划
			建筑和市政工程
08	农林渔业和兽医学	农业	农业和畜牧业
			园艺学
		林业	林业
		水产业	水产业
		兽医	兽医
09	医疗健康	医疗	牙齿保健
			医学诊断和治疗技术
			治疗和康复

续　表

国际标准教育分类（ISCED－F 2013）代码	领域	专业	课程组
09	医疗健康	健康	老年人和残疾人照料
			儿童和青少年服务
			社会工作与咨询
10	服务业	个人服务	家政服务
			美容美发
			宾馆、住宿和餐饮
			旅行、观光和休闲
		卫生与职业健康	不分级别的培训
		安防服务	军事和国防
			财产和人身保护
		运输服务	运输服务

3.5.2.6　职业教育质量评估

爱沙尼亚建立了对包括职业教育机构在内各类教育机构的内、外部质量评估制度。首先，职业教育机构应当持续开展对教学组织管理和质量的内部评估。其次，在内部评估的基础上，根据《职业教育机构法》第 14^1 条的规定，科教部所属的教育和青年局负责组织每6年对各类教育机构进行1次外部评估，评估的重点，是课程开发、教育与学习、组织管理、资源使用等方面的情况，以检验教育工作的有效性和可持续性。

根据科教部规章《职业教育培训质量评估的条件和程序》①，相关职业教育机构应当在上一轮评估到期之前1年，提出外部评估申请。为强化职业教育领域与职业资格授予领域的协同配合，《职业教育机构法》第 14^1 条第（5）款专门规定，职业教育机构评估委员会应当包括职业教育领域的专家（不少于3名），由相应的职业委员会任命，评估委员会还应当包括雇主协会或其他利益相关方的代表（不少于6名）、职业教育机构代表（不少于1名）、学生代表（不少于1名）。如果评估发现违反法律法规和评估标准的问题，应当通知职业教育机构整改，并在3年内重新进行评估；如果在评估过程中发现重大问题，则应当及时向科教部报告。

2016年5月2日，科教部制定《学前教育机构、基础教育机构、高中、职业教育机

① 《职业教育培训质量评估的条件和程序》（RT I，11.06.2019，3），https://www.riigiteataja.ee/akt/117072020011。

构和在职培训机构的绩效指标》[①]，建立了对各类教育机构的绩效管理指标体系，其中，职业教育机构的绩效指标，包括以下8项内容：

（1）中等职业教育学生的基础教育考试成绩；

（2）中等职业教育学生的学习满意度；

（3）职业教育活动中使用数字化解决方案的频率；

（4）考试通过率；

（5）辍学率；

（6）中等职业教育学生的按期毕业率；

（7）毕业1年内的就业率；

（8）就业率。

3.5.2.7 职业教育证书

根据《爱沙尼亚教育法》第27条和《职业教育机构法》第34条第（4）款的规定，爱沙尼亚政府于2013年9月18日制定《职业教育证书的样式、规定和发放》[②]，规定了职业教育毕业证书（lõputunnistus）的分类、样式、发放条件和程序，以及附属的成绩单、职业资格等内容。根据上述法规，爱沙尼亚将职业教育毕业证书分为3类，如图5-13所示（见彩插第11页）[③]。

（1）中等职业教育毕业证书（kutsekeskharidus），授予完成9年制初等教育后参加中等职业教育学习，学业合格的中等职业学校毕业生，证书为紫色，除标注“KK”（kutsekeskharidus的缩写）外，在下发证书时还会加印“kutsekeskhariduse õppekava (4. taseme kutseõpe)”（职业教育课程，4级资格）等信息。

（2）不定等级的职业教育证书（kutseõppe），授予完成相关课程职业教育的人员，所有人员不限学历，都可以参加此类职业教育（不属于学历教育），毕业后的知识、技能水平相当于2级、3级、4级职业资格，证书为浅蓝色，标注“K”（kutseõppe的缩写）。

（3）高等职业教育证书（kutseeriharidusõppe），授予完成12年制中等教育（包括普通高中和中等职业教育机构）后继续参加高等职业教育且学业合格的人员，证书为浅灰色，标注“KE”（kutseeriharidusõppe的缩写），在下发证书时还会加印“kutseeriharidusõppe õppekava (5. taseme kutseõpe)”（职业教育课程，5级资格）等信息。

---

① 《学前教育机构、基础教育机构、高中、职业教育机构和在职培训机构的绩效指标》（RT I，19.05.2016，12），https://www.riigiteataja.ee/akt/119052016012。

② 《职业教育证书的样式、规定和发放》（RT I，20.09.2013，1[illegible]），https://www.riigiteataja.ee/akt/120092013011。

③ 《职业教育证书的样式、规定和发放》附件1、2、3。

职业教育证书均采用竖版 A4 格式，使用带有安全要素的特种水印纸，彩色防伪印刷，抬头为国名“EESTI VABARIIK”（爱沙尼亚共和国）和国徽图案，下面是“lõputunnistus”（毕业证书）及相应的证书分类缩写，以及职业教育机构名称、课程代码、证书编号、持有人姓名等基本信息。所有职业教育证书均应在爱沙尼亚教育信息系统登记。如果职业教育机构具备职业资格授予权，在向毕业生颁发职业资格证书后，还应当在毕业证书标明“已授予职业资格（单项职业资格）”，并注明职业名称、资格等级和职业资格证书的注册号码。

根据《高等教育法》第 19 条第（4）款的规定，科教部于 2019 年 8 月 16 日制定《高等教育分级评估体系和学历证书授予程序》[①]，规定了包括高等职业教育在内的高等教育学历证书（Diplom）分类、样式、发放条件和程序，以及附属的成绩单、职业资格等内容。其中，对于完成高等职业教育（rakenduskõrgharidusõppe）并学业合格的人员，授予专门的高等职业教育毕业证书。如图 5－14 所示[②]，高等职业教育毕业证书为灰蓝色，标注“E”[③]，采用竖版 A4 格式，使用带有安全要素的特种水印纸彩色防伪印刷，抬头为国名“EESTI VABARIIK”（爱沙尼亚共和国）和国徽图案，下面是“DIPLOM”

图 5－14　爱沙尼亚高等职业教育学历证书样式

---

① 《高等教育分级评估体系和学历证书授予程序》（RT Ⅰ，23.08.2019，14），https：//www.riigiteataja.ee/akt/117072020013。

② 《高等教育分级评估体系和学历证书授予程序》的附件 2《高等职业教育学历样式》。

③ 高等职业教育学历证书标注的“E”，不是“rakenduskõrgharidusõppe”的缩写，而是从这个组合词中抽取的第 4 个字母“e”，博士学位证书上的“O”，是从“doktoriõppe”（博士）中抽取了第 2 个字母“o”。

（学历证书），证书编号由2位字母和6位数字组成，第1位字母，是学历证书的类型（学士学位为“L”，硕士学位为“M”，博士学位为“O”）；第2位字母，是教育机构的代码（塔尔图大学为“A”，塔林科技大学为“B”，塔林大学为“C”，爱沙尼亚生命科学大学为“D”，爱沙尼亚音乐与戏剧学院为“E”，爱沙尼亚艺术学院为“K”，其他大学为“M”，高等职业教育机构为“L”，其他高等教育机构提供的高等职业教育为“H”，高等教育机构联合颁发的毕业证书为“Y”），后6位数字是序列号。

第四节 爱沙尼亚的消防救援及消防安全相关职业

爱沙尼亚职业分类体系和职业资格分类目录中，包括救援、接警调度、消防安全监督、消防安全技术服务等12个消防救援职业，以及烟道清扫、焊接、壁炉建造等8个与消防安全直接相关的职业。本节从职业体系、职业标准、职业资格授予3个方面，对上述职业做了详细介绍。

4.1 消防救援及消防安全相关职业

全面了解爱沙尼亚的职业体系和职业资格管理制度后，即可分析和理解爱沙尼亚的消防救援及消防安全相关职业的管理制度。

4.1.1 消防救援职业

1998年2月25日，《消防救援法》全面修订并更名为《救援法》。在消防救援队伍管理方面，修订后的第9条“国家和地方政府的消防救援人员”明确了消防救援人员的范围：除国家和地方政府救援机构从事消防救援工作的人员外，将内政学院所属救援学院和维克-马里救援学校救援专业的教职人员纳入了救援人员范畴；新增第（2）款规定“内政部部长应当制定消防救援人员的职级和职业清单”，从而为在消防救援领域全面推行职业资格制度提供了法律依据。

2004年6月28日，爱沙尼亚议会再次对《救援法》进行全面修订，结合当时推动社会专业人员从事消防技术服务的需求，新增第25^2和25^3条，规定从事火灾自动报警系统和自动灭火系统设计、施工、维护，以及初起火灾扑救设备检查和维修的专业负责人，应当取得《职业资格法》规定的相应职业资格，并具有3年以上从业经历。

2008年实施的《救援组织法》第7条第（4）款规定，内政部部长应当制定规章，明确救援人员应当具备的职业资格等要求。根据上述规定，2008年3月1日内政部制定

《救援人员和合同制救援人员的职业条件：教育、体能和健康要求》，其中第5条、第6条、第7[1]条和第8条，分别对从事消防救援、接警调度、排爆和其他领域工作的救援人员，提出了职业资格或者职业教育的要求。如：担任分队长（Meeskonnavanemana）、小队长（rühmapealikuna）和组长（operatiivkorrapidaja）的三级救援长，应当具有救援队长（5级）的职业资格；救援员应当在入职2年内，接受相应的职业教育或具有救援员（4级）职业资格；接警员应当在上岗6个月内，取得接警员（4级）职业资格。

近年来，爱沙尼亚对职业救援人员的需求保持稳定增长趋势。截至2021年7月1日，救援局实有2 080名救援人员，是爱沙尼亚规模第三大的公共部门。此外，各类机构、单位也有消防救援专业的从业人员。2018年，劳动力市场监测预报和职业技能发展系统（OSKA）通过劳动力需求晴雨表（tööjõuvajaduse barometer），发布劳动力需求预测报告，估算全国救援人员的需求为5 411名①。

在爱沙尼亚职业资格分类目录中，共有12个消防救援职业，如表5－28所示②。由于消防救援直接涉及公共安全、人身安全，12个消防救援职业全部纳入职业资格体系进行管理，但少数职业不属于准入类职业，主要是职位较高的职业，如救援指挥长（6级）。虽然上述消防救援职业在《职业分类（2008年）》中分属第一、第二、第三、第四、第五等5个职业大类，但在职业资格分类目录中，除“安防和消防系统安装”“安防和消防系统设计”小类的3个职业归入第二大类“能源和电力”的“电气工程和自动化”中类外，其他消防救援职业——不论火灾预防还是应急救援、专业技术与技能操作，均纳入了第十大类“财产和人身保护”的“救援服务”（Päästeteenistus）中类，包括“消防安全监督员”“救援管理员”“救援人员”“消防安全专业人员”4个小类的9个职业。例如，在“救援人员”小类下，3个职业在《职业分类（2008年）》中分属第一职业大类（管理人员）、第五职业大类（服务和销售人员）——这也充分说明，职业资格分类的实践应用特点更为鲜明，与国民经济和行业分类更为贴近，突出了“工作性质相似性”的单一维度，不同于职业分类体系“工作相似性和技能相似性”的双重维度。

需要说明的是，爱沙尼亚将“排爆员”“救生员”小类的6个职业也纳入了“救援服务”中类，为聚焦消防救援重点，本书对上述两个小类的6个职业不做进一步介绍。

---

①　爱沙尼亚劳动力市场监测预报和职业技能发展系统：《爱沙尼亚劳动力市场的今天和明天：爱沙尼亚劳动力市场状况概览、劳动力需求以及由此产生的培训需求》，https：//oska. kutsekoda. ee/wp - content/uploads/2017/02/T% c3% b6% c3% b6turu_ uuring_ tervikteskt. pdf。

②　笔者根据职业资格局网站整理，https：//www. kutseregister. ee/en/standardid/klassifikaator/?。

表 5－28　爱沙尼亚职业资格分类目录中的消防救援职业

大类	中类	小类	职业资格名称	《职业分类》的对应职业
1 建筑、装修、房地产、测绘				
2 能源和电力	电气工程和自动化	安防和消防系统设计	安防和消防系统设计师（6级）	2152 电气工程师
		安防和消防系统安装	安防和消防系统技师（4级）	3114 电气技师
			安防和消防系统专业人员（5级）	
3 教育和文化				
4 信息技术、通信和电子				
5 农林渔业和食品工业				
6 服务业				
7 工程、制造和加工				
8 医疗和健康				
9 运输和物流				
10 财产和人身保护	司法和法律服务			
	国防			
	执法			
	边防			
	救援服务	排爆员[1]		
		消防安全监督员	消防安全监督员（5级）	3112 土木工程技术人员
		救援管理员	接警员（4级）	4229 未分类的客户信息服务人员
			调度员（5级）	
			调度中心值班长（6级）	1349 未分类的专业服务管理人员
		救援人员	救援员（4级）	5411 消防员
			救援队长（5级）	1349 未分类的专业服务管理人员
			救援指挥长（6级）	
		消防安全专业人员	消防安全专业人员（5级）	3112 土木工程技术人员
			消防安全专家（6级）	
		救生员[2]		

续　表

大类	中类	小类	职业资格名称	《职业分类》的对应职业
10 财产和人身保护	安保			
	狱政			
11 商业和行政管理				

注［1］：“排爆员”（Demineerija）职业小类下设5个职业，按资格等级从低到高分别是：排爆员（EOD 1，4级）、排爆员（EOD 2，4级）、排爆员（EOD 3，5级）、排爆员（EOD 3 +，5级）和排爆员（6级），EOD是Explosive Ordnance Disposal（排爆）的缩写。

注［2］：“救生员”（Vetelpäästja）职业小类设1个职业：“救生员（3级）”。

4.1.2　消防安全相关职业

在爱沙尼亚职业资格分类目录中，烟道清扫、壁炉建造和焊接3个领域的8个职业，因为与消防安全直接相关，根据《消防安全法》等规定，被确定为准入（或半准入）类职业，如表5－29所示①。其中，烟道清扫、壁炉建造领域的6个职业，属于职业资格分类目录中第一大类“建筑、装修、房地产、测绘”的“加热取暖设施建造维护”中类，焊接领域的2个职业，属于第七大类“工程、制造和加工”的“金属加工和金属制品生产”中类。由表5－17“爱沙尼亚与消防救援和消防安全有关的准入类职业”可见，虽然上述8个职业所属的职业领域不是“财产和人身保护”，但由于与消防安全直接相关，因此其职业资格的主管部门分别是内政部和救援局，这也表明爱沙尼亚在职业资格管理方面打破了部门分割观念，根据工作需要确定职业资格的管理主体。

表5－29　爱沙尼亚职业资格分类目录中的消防安全相关职业

大类	中类	小类	职业资格名称	《职业分类》的对应职业
1 建筑、装修、房地产、测绘	加热取暖设施建造维护	烟道清扫工	烟道清扫工（3级）	7133 建筑清洁工
			烟道清扫工（4级）	
			烟道清扫技师（5级）	
		壁炉工	壁炉工学徒（3级）	7314 陶瓷和相关工人
			壁炉工（4级）	
			壁炉技师（5级）	
2 能源和电力				
3 教育和文化				

① 笔者根据职业资格局网站整理，https://www.kutseregister.ee/en/standardid/klassifikaator/?。

续　表

大类	中类	小类	职业资格名称	《职业分类》的对应职业
4 信息技术、通信和电子				
5 农林渔业和食品工业				
6 服务业				
7 工程、制造和加工	金属加工和金属制品生产	焊工	焊工（3 级）	7212 金属焊割工
			焊工（4 级）	
8 医疗和健康				
9 运输和物流				
10 财产和人身保护				
11 商业和行政管理				

烟道清扫和壁炉建造职业，在爱沙尼亚有悠久的历史。苏联时期，从 1949 年开始，爱沙尼亚志愿消防协会就组织开展烟道清扫工、壁炉工的职业活动。塔林科技大学负责烟道清扫工的职业培训等相关工作，包括制定清扫烟囱、炉具的标准，设计制造专用工具，编制技能培训教材等。根据 1953 年相关法律的规定，国家职业资格委员会负责授予“烟道清扫师”职业资格，塔尔图和派尔努的分委员会有权授予 1 级、2 级烟道清扫工职业资格。到 1963 年，烟道清扫的从业人员几乎增加 1 倍，仅塔林市就有 63 人从事烟道清扫工作。20 世纪 70 年代之后，由于年轻人认为烟道清扫工作收入少，又脏又累，从业人数开始逐渐减少①。

4.2　消防救援职业标准

根据《职业资格法》，各职业委员会负责组织编制修订并批准本领域的职业标准。最初，消防救援领域职业标准的编修工作由法律和内部安全职业委员会（Õigus - ja Sisekaitse Kutsenõukogu）负责，2015 年 7 月 18 日爱沙尼亚政府修改《职业活动领域清单，职业委员会的名录及其成立、终止和日常工作程序，职业委员会机构代表的委任程序及任期》，消防救援领域的职业资格管理由财产和人身保护职业委员会（vara - ja isikukaitse Kutsenõukogu）负责。

① 《胸前的火焰：爱沙尼亚志愿消防事业 200 年》，第 217—218 页。

2001 年《职业资格法》生效后，爱沙尼亚将消防救援领域确定为开发职业标准的优先方向，借鉴欧洲职业培训发展中心提供的欧盟成员国消防救援人员职业技能分析，在内政学院等机构的积极参与下，推进了消防救援领域的职业资格制度建设。2002 年 6 月 21 日首批推出了灭火救援、消防监督方面的 4 部职业标准，包括《消防救援员（1 级、2 级）职业标准》《消防救援长（3 级）职业标准》《消防救援监督员（3 级）职业标准》《接警员（2 级、3 级）职业标准》，初步构建了消防救援领域的职业标准体系。表 5-30是截至 2021 年年底消防救援领域职业标准的基本情况（笔者整理）。虽然《职业资格法》规定职业标准的有效期不得超过 5 年，但消防救援领域职业标准的平均修订间隔不到 3 年，标准的及时更新，有利于及时反映消防救援领域的实际需求，更好地指导职业培训和就业。

表 5-30　消防救援领域职业标准基本情况

序号	职业名称	首版标准生效时间	现行标准			修订次数
			生效时间	失效时间	编号	
1	救援员（4 级）	2002 年 6 月 21 日	2018 年 4 月 11 日	2023 年 4 月 10 日	26-11042018-1.1/8k	8
2	救援队长（5 级）	2002 年 6 月 21 日	2018 年 4 月 11 日	2023 年 4 月 10 日	26-11042018-1.2/8k	8
3	救援指挥长（6 级）	2013 年 4 月 17 日	2018 年 4 月 11 日	2023 年 4 月 10 日	26-11042018-1.3/2k	2
4	接警员（4 级）	2002 年 6 月 21 日	2018 年 4 月 11 日	2023 年 4 月 10 日	26-11042018-1.8/7k	7
5	调度员（5 级）	2013 年 11 月 21 日	2018 年 4 月 11 日	2023 年 4 月 10 日	26-11042018-1.9/7k	2
6	调度中心值班长（6 级）	2013 年 11 月 21 日	2018 年 4 月 11 日	2023 年 4 月 10 日	26-11042018-1.10/3k	3
7	消防安全监督员（5 级）	2002 年 6 月 21 日	2017 年 9 月 1 日	2022 年 8 月 31 日	26-01062017-01/7k	7
8	消防安全专业人员（5 级）	2012 年 11 月 16 日	2017 年 9 月 1 日	2022 年 8 月 31 日	26-01062017-02/2k	2
9	消防安全专家（6 级）	2012 年 11 月 16 日	2017 年 9 月 1 日	2022 年 8 月 31 日	26-01062017-03/2k	2
10	安防和消防系统技师（4 级）	2006 年 4 月 6 日	2018 年 1 月 16 日	2023 年 1 月 15 日	26-16012018-01/3k	8
11	安防和消防系统专业人员（5 级）	2014 年 5 月 14 日	2018 年 1 月 16 日	2023 年 1 月 15 日	26-16012018-02/8k	3
12	安防和消防系统设计师（6 级）	2014 年 5 月 14 日	2018 年 1 月 16 日	2023 年 1 月 15 日	26-16012018-03/3k	3

4.2.1　“救援人员”职业小类的 3 个职业

职业资格分类目录的“救援服务”（Päästeteenistus）中类设有“救援人员”（Päästja）小类，包括救援员（4 级）（Päästja，tase 4）、救援队长（5 级）（Päästemeeskonna juht，tase

5）和救援指挥长（6级）（Päästejuht，tase 6）3个职业，能力水平逐次提升，按照爱沙尼亚国家资格框架，分别属于4级、5级和6级。其中，救援员（4级）对应《国际标准职业分类》（ISCO－08）的“5411 消防员”，以专业技能工作为主；救援队长（5级）和救援指挥长（6级）对应ISCO－08的“1349 未分类的专业服务管理人员”，以管理和专业技术工作为主。目前，这3个职业的职业资格授予机构均为内政学院。

从能力模块构成和学历经历要求看，上述3个职业有以下突出特点：一是在强制能力方面，在3个职业共有的“准备救援”“实施救援”模块基础上，救援队长（5级）和救援指挥长（6级）职业增加“组织救援”模块，内容包括确定救援战术、进行现场指挥，掌握救援进度，监督作业安全，评估救援成效，向上级和有关部门通报信息等内容。二是在可选能力方面，救援员（4级）的可选能力包括“驾驶救援车辆”“水域救援”“特种救援”“化学品救援”等4个模块；由于救援队长（5级）的职业定位主要是指挥管理，因此只有1个可选能力模块“特殊救援能力管理”。救援指挥长（6级）则将“驾驶救援车辆”确定为强制能力——主要适用于专门从事特种救援车辆驾驶操作的人员。三是在学历和工作经历方面，救援员（4级）、救援队长（5级）的学历要求均为高中（包括中等职业教育），并应在职业学校接受消防救援职业教育；救援指挥长（6级）应当是大学及以上学历和必要的职业经历，有救援队长任职经历的优先。表5－31是这3个职业的能力模块构成（笔者整理）。

表5－31　“救援人员”职业小类的能力模块

	强制能力			可选能力				
	准备救援	实施救援	组织救援	驾驶救援车辆	水域救援	特种救援	化学品救援	特殊救援能力管理
救援员（4级）	■	■		■	■	■	■	
救援队长（5级）	■	■	■					■
救援指挥长（6级）	■	■	■	■ 强制能力				

注：阴影代表该职业包括的能力模块。

在上述3个职业的职业标准中，描述了救援人员共同的职业特点。如，在“A.3 工作环境和特点”中，描述了救援人员共同的工作环境：24 h轮值班（包括节假日），各种天气情况，室内、外，通常在极端条件下（高温、窒息、狭窄、高空、地下等）工作，体力强度大；工作中面临可能影响生命和健康的风险因素（可燃气体、触电、危险物质、水域等）；必须准备好应对心理压力，符合健康标准和身体素质要求。又如，在“A.5 个人素质”中，概括了消防救援职业对从业人员个人素质的要求：“奉献，勇气，可靠，尽责，抗压。”

上述3个职业均包括开展防灾工作的能力要求，体现了“防消结合”的理念。从2002年首版救援员职业标准开始，爱沙尼亚即要求救援员应当具备基本的消防宣传教育培训、消防安全检查能力。根据现行职业标准，防灾工作均纳入了“实施救援”职业模块，其中，救援员的防灾工作内容包括“根据指令，在能力范围内开展防灾工作；向上级报告开展防灾工作的内容和方式”；救援队长和救援指挥的工作内容是“根据指令，在职责范围内组织开展防灾工作；向上级报告防灾工作的内容和方式；指导救援人员开展防灾工作，并报告防灾工作情况”。

虽然这 3 个职业的工作内容区分明显，但在体现消防救援职业共同特点的共同能力方面（即 2019 年施行的职业标准格式中的“通用能力”），则具有较高的相似性，主要包括职业安全、装备使用维护保养、信息和通信技术运用、医疗急救等方面的基本能力要求，以及遵守有关救援工作的法律法规、遵循救援人员的价值观和道德准则等内容。其中，具有特色的共同能力包括：（1）在职业发展方面，要求救援人员“关注自身和职业领域的发展，明确职业发展目标，坚持锻炼”。（2）在团队合作方面，对救援员（4 级）的要求是“适应团队并在团队合作中有效工作；尊重他人并在团队中发挥作用”；对救援队长（5 级）、救援指挥长（6 级）的要求是“在团队中有效工作，代表团队，适应团队，领导团队；尊重他人并在团队中发挥作用”。职业标准对救援人员的文化建设也予以了关注，在救援指挥长（6 级）职业标准中专门要求“了解所在救援组织的运作结构、原则和组织文化”。（3）在语言运用方面，则强调在工作中必须使用爱沙尼亚语。

4.2.1.1　救援员（4 级）

救援员（4 级）（Päästja，tase 4，英译 Rescuer，level 4）① 职业资格，是爱沙尼亚对一线救援人员最基本的职业能力要求。在各版职业标准中，虽然职业名称曾进行过调整，但对应的《国际标准职业分类》职业一直是“消防员”（Firefighters）——前 6 版职业标准，对应的是《国际标准职业分类》（ISCO－88）第五大类“服务业和商店、市场销售人员”中的“5161 消防员”（Fire－fighters）；第 7 版和第 8 版（现行）职业标准，对应的是《国际标准职业分类》（ISCO－08）第五大类“服务和销售人员”中的“5411 消防员”（Firefighters）。

现行《救援员（4 级）职业标准》2018 年 4 月 11 日生效（有效期至 2023 年 4 月 10 日），对救援员的工作概述是“在发生灾害事故时进行专业救援，保护人员生命健康和财产、环境安全；提高公众安全意识，创造和维护安全的环境。作为团队成员参与救援，应当服从指挥人员命令，必要时可独立决断并向指挥人员报告”。救援、保护、维护、参与、服从、报告——这一系列动词，概括了救援员以救灾、防灾为核心的基本工作内容，充分体现了救援员执行命令、直接从事救援工作的职业特点。根据内政学院 2017 年编纂的

① 职业名称括号内的“英译”，为爱沙尼亚职业资格分类目录和职业标准中的官方版本，下同。

《救援领域术语词汇》（*Päästetöö Terminite Seletav Sõnaraamat*），“灾害事故”（Õnnetus，英语 accident）是指对人员生命、财产和环境安全造成损害的事件，最基本的特点是突发性、意外性和危害性。

表 5－32 是救援员（4 级）职业标准的制修订情况。首版职业标准（2002 年 6 月 21 日施行）起草时，得到欧洲“达芬奇计划”①，以及欧盟消防官员联合会②“欧洲消防员职业研究”项目的支持，当时的职业名称是“消防救援员”（Tuletõrjuja－päästja，英译 Firefighter），根据 2001 年《职业资格法》建立的 1—5 级（从低至高）资格框架体系，属于 1 级和 2 级，两个级别的主要区别：2 级消防救援员在器材装备维护保养、使用安全，以及灭火救援作业、医疗急救、计算机使用和心理学知识方面的要求更高，而且应当具备大型货车的 C 级驾照（1 级只要求小型客车的 B 级驾照）③，此外，2 级消防救援员还应掌握消防监督知识和基本灭火救援现场指挥技能。

表 5－32　救援员（4 级）职业标准修订情况

<table>
<tr><th>版次</th><th>职业名称</th><th>生效时间</th><th>失效时间</th><th>职业标准编号</th></tr>
<tr><td>1</td><td rowspan="2">消防救援员
1、2 级
Tuletõrjuja－päästja Ⅰ, Ⅱ</td><td>2002 年 6 月 21 日</td><td>2004 年 12 月 12 日</td><td>18－21062002－04/1</td></tr>
<tr><td>2</td><td>2004 年 12 月 13 日</td><td>2006 年 1 月 31 日</td><td>18－13122004－02/2</td></tr>
<tr><td>3</td><td rowspan="4">救援员 1、2 级
Päästja Ⅰ，Ⅱ</td><td>2006 年 2 月 1 日</td><td>2008 年 12 月 9 日</td><td>18－01022006－01/3</td></tr>
<tr><td>4</td><td>2008 年 12 月 10 日</td><td>2010 年 11 月 23 日</td><td>Päästja Ⅰ 18－10122008－44/4
Päästja Ⅱ 18－10122008－45/4</td></tr>
<tr><td>5</td><td>2010 年 11 月 24 日</td><td>2011 年 11 月 14 日</td><td>Päästja Ⅰ 18－241102010－1.1/5s EKR tase 2
Päästja Ⅱ 18－241102010－1.2/5s EKR tase 3</td></tr>
<tr><td>6</td><td>2011 年 11 月 15 日</td><td>2013 年 12 月 31 日</td><td>Päästja Ⅰ 18－15112011－5.6/6s EKR tase 2
Päästja Ⅱ 18－15112011－5.7/6s EKR tase 3</td></tr>
<tr><td>7</td><td rowspan="2">救援员，4 级
Päästja，tase 4</td><td>2013 年 4 月 17 日</td><td>2018 年 4 月 10 日</td><td>18－17042013－1.1/7k</td></tr>
<tr><td>8</td><td>2018 年 4 月 11 日</td><td>2023 年 4 月 10 日</td><td>26－11042018－1.1/8k</td></tr>
</table>

注：第 7 版职业标准的有效期与第 6 版有重叠，原因是在第 6 版职业标准到期前，已经完成了第 7 版职业标准编制。https://www.kutseregister.ee/ctrl/et/Standardid/show/.

---

① 达芬奇计划（Leonardo Da Vinci Project），指欧洲理事会 1994 年启动的职业培训行动计划，旨在通过跨国合作，提高职业培训质量、促进职业培训领域革新。https://eacea.ec.europa.eu/sites/2007－2013/llp/leonardo－da－vinci－programme_en。

② 欧盟消防官员联合会（Federation of EUropean fire officers，FEU），由 24 个欧洲国家的消防官员协会或者国家消防主管部门组成，在消防救援职业化发展、火灾等灾害预防领域发起了多项专题研究。1997 年，联合会组织开展了“欧洲消防员职业研究”（European Firefighter Vocational Study），主要目的是构建欧洲统一的消防员和各级指挥人员职责和任务描述体系。网站：https://www.f－e－u.org/index.php#。

③ 爱沙尼亚的驾驶执照分 3 类：A 类（A kategooria）可驾驶摩托车；B 类（B kategooria）可驾驶小型车辆（最大质量不超过 3 500 kg，不超过 8 座）；C 类（C kategooria）可驾驶质量在 3 500 kg 以上的货车。

第2至6版救援员职业标准无重大变化，只是在体例、格式等方面做了调整。其中，第2版（2004年12月13日施行）删除了首版的第二部分“职业资格体系的术语”（这部分是所有职业标准的通用内容，包括“职业标准”“职业资格分类”等，确无必要纳入）。第3版（2006年2月1日施行）将职业名称改为“救援员”（päästja，英译仍是Firefighter）并保持至今，在工作内容和技能要求方面，无实质性变化——将职业名称中“消防”（Tuletõrje）剔除的原因，是2004年6月28日《救援法》全面修订时，将“消防救援人员”（tuletõrje - ja päästetöötaja）改为“救援人员”（päästeteenistuja）。从第4版（2008年12月10日施行）起，职业标准的印刷文本出现了爱沙尼亚职业资格局和欧盟的标识，同时，附件3“语言水平”的表述改为更为直观的表格形式（从阅读、口语、书写3个维度，从低到高分为A1、A2、B1、B2、C1、C2共6个级别），其他无实质性变化。从第6版职业标准（2011年11月15日施行）开始，根据2008年《职业资格法》的规定，职业标准的修订间隔从4年调整为5年——实际上，第1至6版的救援员职业标准的平均修订周期只有23个月，如此高的修订频次，体现了爱沙尼亚对消防救援领域职业化建设的高度重视。

第7版职业标准（2013年4月17日实施）按照2008年《职业资格法》做了全面调整，采用了沿用至今的新格式，并按照爱沙尼亚资格框架和欧洲资格框架，将职业资格等级确定为4级，职业名称改为“救援员（4级）”（Päästja，tase 4），英译从“Firefighter”（消防员）改为“Rescuer”（救援员）。现行的第8版标准（2018年4月11日实施）表述更加精炼，主要修订是将针对各类灾害救援单独分列的“救援安全隐患和风险评估”“火灾扑救”“技术救援”“危险品处置”能力模块整合为统一的“实施救援”（Päästetöö tegemine）模块。此外，添加了“驾驶救援车辆”“水域救援”“使用特殊技能救援”“化学品救援”等可选能力模块，使职业标准的结构更为优化、便于灵活运用。以下是“实施救援”模块的能力指标：

（1）根据职责和灾害类型，评估救援工作的风险并通知相关人员；

（2）根据火场情况和指令，使用救援装备进入热烟环境进行灭火救援；使用相应的工具和技术，安全实施清理燃烧物、破拆通风操作；根据指令评估灭火成效并上报信息；

（3）根据指令安全实施专业救援，营救遇险人员和动物，减轻人员伤亡，控制灾害影响并保护财产和环境；根据需要安全使用相应的救援技术和救援装备；根据需要使用个人防护设备；根据指令评估救援成效并上报信息；

（4）识别危险物品标识并向救援车辆驾驶员通报；根据危险物品性质和指令，使用适当工具进行清理；使用救援装备，执行抢救生命、控制危险物品扩散的指令；根据指令，协助开展化学品救援和污染物清理；根据指令使用救援装备，控制地面的油类污染扩散；根据指令评估化学品救援的成效并上报信息；

（5）根据救援行动类型和指令，安全地使用分水器供水，并选择合适的器材装备；

（6）根据救援行动的组织和灾害类型，有效安全地疏散人员和动物；根据指令和灾害类型，有效开展生命救援；使用保障自身和遇险人员安全的救援方法；

（7）根据指令，在能力范围内开展防灾工作；向上级报告开展防灾工作的内容和方式。

在各版救援员职业标准中，均对语言能力、计算机水平、驾驶能力等提出了要求。首版职业标准共有 3 个附件：语言水平、计算机水平、专用工具和设备。需要说明的是，1995 年 4 月 1 日《语言法》（*Keeleseadus*）生效，将语言水平（包括爱沙尼亚语及外语）分为基本（Algtase，具备满足日常生活所需的基本听力、口语能力和简单书写能力）、中级（Kesktase，能够听懂理解正常语速的语音，掌握本领域的书面表达能力）和高级（Kõrgtase，具备全面的听力、口语和书写能力）。2011 年 7 月 1 日重新修订的《语言法》生效后，引用“欧洲共同语言参考框架”（Common European Framework of Reference for Languages，CEFR），将语言水平分为 A、B、C 共 3 级，每级细分为二档，即 A1、A2、B1、B2、C1、C2。如果之前已经通过使用爱沙尼亚语的职业资格考试，并仍在相应的职业资格领域工作，则不必再参加爱沙尼亚语言等级考试①。

职业标准

救援员，4 级

职业标准是对工作内容以及完成工作所需技能、知识和责任等能力水平的规定，是设计教育培训课程和授予职业资格的依据。

职业名称	《爱沙尼亚资格框架》（EKR）对应的级别
救援员，4 级	4 级

第一部分：职业说明

A. 1 工作概述
救援员的工作内容是在发生灾害时进行专业救援，保护人员生命健康和财产、环境安全；提高公众安全意识，创造和维护安全的环境。 救援员作为团队成员参与救援，应服从指挥人员命令，必要时可独立决断并向指挥人员报告。 除本职业外，救援队长（5 级）负责指挥协调救援工作、做出决策，向救援员和其他参与救援的人员下达命令；救援指挥长（6 级）负责解决救援工作中的复杂问题。

① 1995 年 2 月 21 日，议会通过《语言法》（RT I 1995，23，334），2011 年 2 月 23 日重新制定（RT I，18. 03. 2011，1）。https：//www. riigiteataja. ee/akt/116062020005。

续 表

A. 2 工作内容
A. 2. 1 准备救援 1. 做好救援准备工作 2. 检查救援装备器材 A. 2. 2 实施救援 1. 救援安全隐患和风险评估 2. 火灾扑救 3. 技术救援 4. 化学品处置 5. 分水器供水 6. 疏散救人 7. 开展防灾工作
可选工作模块
A. 2. 3 驾驶救援车辆 1. 驾驶相应类别的救援车辆 2. 维护检查救援车辆 A. 2. 4 水域救援 1. 抢救遇险人员 2. 使用特种装备 A. 2. 5 特种救援 1. 使用技术手段救援 2. 使用特殊技术装备 A. 2. 6 化学品救援 1. 救援遇险人员 2. 使用特种设备
A. 3 工作环境和工作性质
24 h 轮值班（包括节假日），各种天气情况，室内、外，通常在极端条件下（高温、窒息、狭窄、高空、地下等）工作，体力强度大。 工作中面临可能影响生命和健康的风险因素（可燃气体、触电、危险物质、水域等）。 必须准备好应对心理压力，符合健康标准和身体素质要求。
A. 4 工具
电力、内燃机、压缩空气、液压等动力驱动的工具，绳索，梯子，消防装备，信息和通信技术设备，急救装备等，工作时穿着个人防护装备。
A. 5 个人素质
奉献，勇气，可靠，尽责，抗压。
A. 6 职业培训
高中，在职业学校学习职业技能。
A. 7 常见职位
救援员

续　表

A.8 准入要求
救援人员的准入依据是《救援组织法》。

第二部分：能力要求

B.1 能力构成
申请本职业资格，必须达到 B.2.1、B.2.2 的强制能力和 B.2.7 的共同能力。B.2.3 至 B.2.6 为可选能力。

B.2 能力

强制能力

B.2.1 准备救援	《爱沙尼亚资格框架》（EKR）4 级
能力指标： 1. 按照规定程序完成救援准备所需文件；执行与救援准备有关的法规和指令； 2. 检查救援装备器材状态确保好用；按照规定程序完成救援装备器材维护记录。	
B.2.2 实施救援	**《爱沙尼亚资格框架》（EKR）4 级**
能力指标： 1. 根据职责和灾害类型，评估救援工作的风险并通知相关人员； 2. 根据火场情况和指令，使用救援装备进入热烟环境进行灭火救援；使用相应的工具和技术，安全实施清理燃烧物、破拆通风操作；根据指令评估灭火成效并上报信息； 3. 根据指令安全实施专业救援，营救遇险人员和动物，减轻人员伤亡，控制灾害影响并保护财产和环境；根据需要安全使用相应的救援技术和救援装备；根据需要使用个人防护设备；根据指令评估救援成效并上报信息； 4. 识别危险物品标识并向救援车辆驾驶员通报；根据危险物品性质和指令，使用适当工具进行清理；使用救援装备，执行抢救生命、控制危险物品扩散的指令；根据指令，协助开展化学品救援和污染物清理；根据指令使用救援装备，控制地面的油类污染扩散；根据指令评估化学品救援的成效并上报信息； 5. 根据救援行动类型和指令，安全地使用分水器供水，并选择合适的器材装备； 6. 根据救援行动的组织和灾害类型，有效安全地疏散人员和动物；根据指令和灾害类型，有效开展生命救援；使用保障自身和遇险人员安全的救援方法； 7. 根据指令，在能力范围内开展防灾工作；向上级报告开展防灾工作的内容和方式。	

可选能力

除强制能力外，申请本职业时可以证明具有 B.2.3 至 B.2.6 的可选能力。

B.2.3 驾驶救援车辆	《爱沙尼亚资格框架》（EKR）4 级
能力指标： 1. 根据报警中心的出动指令、风险评估和出警规程，安全驾驶相应的救援车辆出动；根据救援车辆的用途、性能和灾害性质，履行被赋予的任务；值班结束后填写电子日志； 2. 根据救援车辆性能以及天气和道路、交通状况，评估出警途中可能存在的危险和风险；根据评估结果以及灾害情况，选择合适的速度、路线，安全驾驶救援车辆到达现场。	
B.2.4 水域救援	**《爱沙尼亚资格框架》（EKR）4 级**

续　表

能力指标： 1. 根据指令，安全实施内河救援； 2. 携带救援装备从岸边游泳 100 m，或者在使用救生装备的情况下游泳 300 m。

B. 2. 5 特种救援	**《爱沙尼亚资格框架》（EKR）4 级**
能力指标： 1. 使用信息采集、救援、减灾、运输等专用设备开展救援； 2. 安全有效地使用专用技术装备开展救援（如长度 12 m 以内的船只，云梯或梯子，绳索救援设备，越野车辆，模块式集装箱救援车，无人机）。	
B. 2. 6 化学品救援	**《爱沙尼亚资格框架》（EKR）4 级**
能力指标： 1. 穿着化学防护服，按照指令在被危险物质污染的环境中救援遇险人员；按照指令进行洗消作业； 2. 使用制式装备，在指定区域进行危险物质侦检；穿着化学防护服，使用制式装备控制危险物质扩散；设立化学污染物质洗消点并进行安全操作。	

共同能力

B. 2. 7 救援员（4 级）的共同能力	**《爱沙尼亚资格框架》（EKR）4 级**
能力指标： 1. 遵守职业安全规则；根据说明书正确使用装备；使用装备后及时恢复其技术状态，必要时在能力范围内进行维护保养； 2. 遵守有关救援工作的法律法规； 3. 积极学习，关注自身和专业领域的发展；职业发展目标明确；坚持锻炼； 4. 根据规程和说明，使用必要的信息和通信技术手段（包括硬件和软件，无线通信设备，导航设备等）； 5. 判断伤员的伤情，并选择适当方式进行急救；使用救援车辆配备的装备对伤员进行现场抢救；根据伤员的伤情和灾害类型，正确使用救援车辆配备的装备进行急救和转送；按照规程抢救伤员； 6. 适应团队并在团队合作中有效工作；尊重他人并在团队中发挥作用； 7. 按照法律规定，在工作中使用爱沙尼亚语； 8. 在工作中遵循救援人员的价值观和道德准则；开展灾害预防工作。	
评估方法： 在评估职业标准规定的其他职业能力时，一并对共同能力进行评估	

第三部分：备注和附件

C. 1 职业标准编制、批准的信息和职业分类	
1. 职业标准注册编号	26 - 11042018 - 1. 1/8k
2. 职业标准编写人员	HäliAllas，救援局救援处 Indrek Ints，救援局救援处 Karin Kasetalu，救援局人事处 Aivar Kilp，救援局救援处 Aivar Lepp，东部救援中心 Rakvere 维修保障组 Stella Polikarpus，内政学院所属救援学院 Gert Teder，北部救援中心 Lilleküla 救援队

续　表

3. 职业标准批准机构	财产和人身保护职业委员会
4. 职业委员会的批准编号	10
5. 职业委员会的批准日期	2018 年 4 月 11 日
6. 职业标准有效期截止日期	2023 年 4 月 10 日
7. 职业标准版本号	8
8. 对应的《国际标准职业分类》（ISCO－08）职业	5411 消防救援人员
9. 对应的欧洲资格框架等级	4
C.2 外语职业名称	
英语	Rescuer，level 4
C.3 附件（无）	

注：https：//www. kutseregister. ee/ctrl/et/Standardid/exportPdf/10684904/.

4.2.1.2　救援队长（5 级）

2002 年 6 月 21 日，《消防救援长（3 级）职业标准》《消防救援员（1 级，2 级）职业标准》同时生效，初步构建了由消防救援员、指挥员组成的梯次化职业结构。表 5－33 是救援队长职业标准的制修订情况，基本与“救援员”职业标准修订保持同步。其间，职业名称调整 2 次，首版是“消防救援长（3 级）”（Tuletõrje－ja päästespetsialist Ⅲ，英译 Sub fire officer Ⅲ，即消防分队长），按当时的 5 级资格框架确定为第 3 级；第 2 版（2006 年 2 月 1 日生效）将职业名称调整为“救援长（3 级）”（Päästespetsialist Ⅲ，英译未变）；第 6 版（2013 年 11 月 21 日生效）将职业名称微调为“救援队长”（Päästemeeskonna juht，tase 5，英译相应调整为 Rescue unit leader，level 5），按新的 8 级资格框架确定为 5 级。

表 5－33　救援队长（5 级）职业标准修订情况

版次	职业名称	生效时间	失效时间	职业标准编号
1	消防救援长 3 级 Tuletõrje－ja päästespetsialist Ⅲ	2002 年 6 月 21 日	2006 年 1 月 31 日	18－21062002－05/1
2	救援长 3 级 Päästespetsialist Ⅲ	2006 年 2 月 1 日	2008 年 12 月 9 日	18－01022006－01/2
3		2008 年 12 月 10 日	2009 年 12 月 02 日	18－10122008－43/3
4		2009 年 12 月 3 日	2011 年 11 月 14 日	18－03122009－2.1/4
5		2011 年 11 月 15 日	2013 年 11 月 20 日	18－15112011－5.4/5
6	救援队长 5 级 Päästemeeskonna juht，tase 5	2013 年 4 月 17 日	2018 年 4 月 10 日	18－17042013－1.2/6k

续　表

版次	职业名称	生效时间	失效时间	职业标准编号
7	救援长 5 级 Päästespetsialist Ⅲ	2013 年 11 月 21 日	2013 年 12 月 31 日	18 – 21112013 – 5. 1/7s
8	救援队长 5 级 Päästemeeskonna juht，tase 5	2018 年 4 月 11 日	2023 年 4 月 10 日	26 – 11042018 – 1. 2/8k

注：笔者根据职业资格局网站整理。第 7 版职业标准有效期仅 40 天，且处于第 6 版职业标准有效期之内，而第 6 版职业标准的失效期与第 8 版职业标准的生效期衔接，网站资料即如此。https：//www. kutseregister. ee/ctrl/et/Standardid/vaata/10684934.

现行《救援队长（5 级）职业标准》2018 年 4 月 11 日生效（有效期至 2023 年 4 月 10 日），对“救援队长”的工作描述是“组织和管理专业救援工作，保护人员生命健康和财产、环境安全。救援队长还应当提高公众安全意识，创造和维护安全的环境。救援队长负责指挥救援队开展救援，评估救援现场态势、做出决策，指挥救援人员和其他参与救援工作的机构和人员，并向救援指挥长（6 级）负责”。组织、管理、指挥、评估、决策——这一系列动词，充分体现了救援队长在灾害事故现场指挥救援行动的职业特点，与直接从事救援工作的救援员有明显区别。

基于上述定位，首版职业标准对应的《国际标准职业分类》（ISCO – 88）职业是第三职业大类“中级专业人员和技术人员”中的“3151 消防和建筑监督员”（fire and building inspectors），从而明确了该职业的专业技术属性；第 6 版职业标准适用至今，对应的《国际标准职业分类》（ISCO – 08）职业调整为第一职业大类“管理人员”中的“1349 未分类的专业服务管理人员”（Professional Services Managers Not Elesewhere Classified），体现了该职业“管理 + 技术”的综合性职业特征。

在救援队长职业标准的 8 个版本中，最具代表性的是首版和现行的第 8 版。首版职业标准由正文和 3 个附件组成，如表 5 – 34 所示①，其中第 5 部分“职业概述”描述了救援指挥人员的工作内容和工作环境特点，并明确了学历、职业资格、从业时间和身体素质、健康状况方面的要求——也就是申请职业资格的前提条件。当时，申请消防救援长（3 级）职业资格必须具有中等教育学历，取得消防救援员（2 级）职业资格，在消防救援领域工作不少于 3 年，参加按照职业标准要求进行的培训，并符合身体素质和健康要求。从第 3 版职业标准（2008 年 12 月 10 生效）开始，申请职业资格的前提条件不再由职业标准确定，而是在职业资格授予程序中提出要求。到第 6 版职业标准（2013 年 4 月 17 日生效），再次将学历、职业经历等前提条件纳入职业标准正文的第一部分“工作概述”。

① 笔者根据《消防救援长（3 级）职业标准》整理。https：//www. kutseregister. ee/ctrl/et/Standardid/vaata/10445559。

表 5-34 首版《消防救援长（3 级）职业标准》(2002 年 6 月 21 日至 2006 年 1 月 31 日生效）构成

序号	职业标准的构成及主要内容
1	职业标准的作用（明确从业条件、指导职业教育培训、指导职业资格考试评估、服务国际交流）
2	职业资格体系的术语（职业标准、职业资格分类目录、职业能力分类、职业技能分级）
3	职业标准相关联的统计分类代码（对应的国民经济、国际标准职业分类代码）
4	职业的外语名称（英、俄、芬兰语的职业名称）
5	职业概述（工作内容、环境特点、学历和职业培训条件、从业经历等）
6	职业能力要求
7	有效期限（4 年）
附件 1	语言能力
附件 2	计算机能力
附件 3	消防装备器材

首版职业标准的核心，是第 6 部分“职业能力要求”——由通用能力和知识、基本能力和知识、个人素质 3 个方面组成。其中，“通用能力和知识”包括基础法律知识、工作环境安全、语言能力（爱沙尼亚语为中级水平，1 门外语为初级水平）、计算机能力（掌握 AO1 至 AO7 等 7 个模块）①；“基本能力和知识”包括 15 个模块：（1）消防救援法律知识；（2）救援机构的组织架构；（3）组织行为学；（4）组织管理学；（5）心理学；（6）职业道德；（7）身体素质；（8）消防救援装备器材使用维护；（9）火灾扑救；（10）救援；（11）接警调度；（12）急救；（13）消防安全监督；（14）消防救援管理；（15）驾驶。“个人素质”包括适应性、抗压性、合作性、可靠性、主动性、责任感、决断力。

在现行的第 8 版职业标准中，“救援队长（5 级）”的职业能力由 3 项强制能力（“准备救援”“组织救援”“实施救援”）、1 项可选能力（“特殊救援能力管理”）和 8 个方面的共同能力构成，比救援员（4 级）增加了“组织救援”模块——作为最能反映救援指挥人员工作特点的内容，“组织救援”能力模块包括 3 项能力指标：（1）根据现场情况和灾害事故的类型、特点，确定救援的重点和战术；监督救援人员正确使用安全防护装备和技战术，确保救援人员安全；制定救援遇险被困人员的行动方案并下达命令，组织必要的资源用以实施救援；按照程序，管理救援队的救援工作，掌握救援进程，适时根据需

① 根据《计算机操作人员证书》（*Arvutikasutaja oskustunnistus*），计算机应用能力分为 7 个模块，依次是 AO1 - 信息技术和信息处理基础，AO2 - 计算机使用和文件管理，AO3 - 文字处理，AO4 - 电子表格，AO5 - 数据库，AO6 - 文稿演示，AO7 - 信息和通信技术。

要调整救援方案。(2) 按照程序，向参与救援工作的有关方面和公众提供救援工作信息。(3) 按照程序，报告救援工作进展并履行管理职责，到达现场后展开初期救援行动；组织救援队成员共同分析救援工作成效。此外，现行职业标准中的共同能力，也突出了救援队长作为各类灾害事故救援现场指挥人员，应当具备的基本能力要求：

(1) 遵守职业安全规则；对参与培训和救援人员的安全负责；在使用装备后检查维护保养情况，提出装备紧急维护需求并按程序上报；根据说明书正确使用装备；

(2) 监督救援工作遵守相关法规的情况；了解所在救援组织的运作结构、原则和组织文化；

(3) 积极学习，关注自身和专业领域的发展，职业发展目的明确，坚持锻炼；

(4) 根据规程和说明，使用必要的信息和通信技术手段（包括硬件和软件、无线通信设备、导航设备等）；

(5) 判断伤员的伤情，并选择适当方式进行急救；使用救援车辆配备的装备对伤员进行现场抢救；根据伤员伤情和灾害类型，正确开展急救和转送；按照规程进行心脏复苏操作；

(6) 在团队中有效工作，代表团队，适应团队，领导团队，尊重他人并在团队中发挥作用；

(7) 按照法律规定，在工作中使用爱沙尼亚语；

(8) 在工作中遵循救援人员的价值观、道德准则和官员的道德守则；开展灾害预防工作。

职业标准

救援队长，5 级

职业标准是对工作内容以及完成工作所需技能、知识和责任等能力水平的规定，是设计教育培训课程和授予职业资格的依据。

职业名称	《爱沙尼亚资格框架》(EKR) 对应的级别
救援队长，5 级	5 级

第一部分：职业说明

A. 1 工作概述
救援队长的工作内容是组织和管理专业救援工作，保护人员生命健康和财产、环境安全。救援队长还应当提高公众安全意识，创造和维护安全的环境。 救援队长负责指挥救援队开展救援，评估救援现场态势、做出决策，指挥救援人员和其他参与救援工作的机构和人员，并向救援指挥长（6 级）负责。 除本职业外，救援员（4 级）作为救援团队的成员从事救援工作，救援指挥长（6 级）负责组织指挥复杂大型的救援工作。

续　表

A. 2 工作内容
A. 2. 1 准备救援 1. 做好救援准备工作 2. 检查救援装备器材 3. 组织救援队伍培训* A. 2. 2 组织救援* 1. 管理救援工作 2. 共享救援信息 3. 初期救援展开 A. 2. 3 实施救援 1. 救援安全隐患和风险评估 2. 火灾扑救 3. 技术救援 4. 化学品救援 5. 分水器供水 6. 疏散救人 7. 与其他参加救援人员合作* 8. 开展防灾工作
可选工作模块
A. 2. 4 特殊救援能力管理* 1. 特种救援装备使用 2. 特殊救援活动管理
A. 3 工作环境和工作性质
24 h 轮值班（包括节假日），各种天气情况，室内、外，通常在极端条件下（高温、密闭、狭窄、高空、地下等）工作，体力强度大。 工作中面临可能影响生命和健康的风险因素（可燃气体、触电、危险物质、水域等）。 必须准备好应对心理压力，符合健康标准和体能要求。
A. 4 工具
使用个人防护装备、信息通信技术设备、情报和辅助手段，在必要时指导救援人员安全使用救援装备。
A. 5 个人素质
奉献，勇气，可靠，尽责，抗压。
A. 6 职业培训
高中，在职业学校学习职业技能。有救援员（4 级）工作经历者优先。*
A. 7 常见职位
救援队长、班组长。
A. 8 准入要求
救援人员的准入依据是《救援组织法》。

第二部分：能力要求

B.1 能力构成
申请该职业，必须达到 B.2.1 至 B.2.3 的强制能力和 B.2.5 的共同能力，B.2.4 为可选能力。

B.2 能力

强制能力

B.2.1 准备救援	**《爱沙尼亚资格框架》（EKR）5 级**
能力指标： 1. 按照程序组织轮值班和交接班，指派救援车辆执勤车组人员，及时通报备勤力量变化情况；检查并完善与值班备勤相关的文件，掌握辖区内的高风险单位和联勤联动资源等情况； 2. 组织维护救援装备，提出计划外维护需求并按程序报告； 3. 根据计划和实际情况，准备并组织开展勤务安全培训，讲解勤务安全要求，按照程序填写培训记录，评估救援人员的知识和技能水平是否符合要求。	
B.2.2 组织救援*	**《爱沙尼亚资格框架》（EKR）5 级**
能力指标： 1. 根据现场情况和灾害的类型、特点，确定救援重点和战术；监督救援人员正确使用安全防护装备和技战术，确保救援人员安全；制定救援遇险被困人员的行动方案并下达命令，组织必要的资源以实施救援；按照程序，在救援队层级有效管理救援工作，掌握救援进程，适时根据需要调整救援方案； 2. 按照程序向参与救援工作的相关方面和公众提供有关救援工作的信息； 3. 按照程序报告救援工作进展并履行管理职责，到达现场后展开初期救援行动；组织救援队成员共同分析救援工作成效。	
B.2.3 实施救援	**《爱沙尼亚资格框架》（EKR）5 级**
能力指标： 1. 根据灾害类型和发生时间、现场天气情况，评估救援工作的风险并通知参与救援的人员；就保障现场人员的安全提出初步意见； 2. 根据火灾现场情况，组织使用救援装备进行排烟操作并评估风险；评估火势和燃烧产物蔓延情况，合理确定控制和扑灭火灾的战术方法；组织有针对性地安全使用建筑消防设施；检查监督救援工作的效率和作业安全，并在必要时进行调整； 3. 根据灾害的动态变化选择救援战术；正确选用救援装备和救援方法，确保救援安全；根据救援过程获得的信息，进行风险评估；确保有效开展救援，并在必要时调整战术；根据救援需要，合理使用救援车辆配备的装备器材； 4. 根据现场侦察确定的危险物质性质和危害，采取必要防护措施，确保救援人员和遇险人员安全，并决定是否需要其他资源支援；适时评估化学品救援的风险，确保有效开展救援，并在必要时调整战术；根据灾害性质，合理使用救援装备器材；评估油类污染程度并组织清污作业，评估现场洗消需求并组织洗消作业； 5. 根据灾害的类型和性质，选择有效和安全的供水方式并进行指导；在救援过程中监控各供水线的效率，并在必要时进行调整； 6. 根据灾害的类型及其风险，评估组织疏散和救援工作的必要性；下达使用安全防护装备的命令，确保有效、安全地疏散撤离人员和动物；确保有效组织疏散和救援，并在必要时调整战术； 7. 根据职责范围和灾害类型，召集任何必要的部门和人员参与救援工作；按照程序指挥参与救援工作的人员； 8. 根据指令，在职责范围内组织开展防灾工作；向上级报告防灾工作的内容和方式；指导救援人员开展防灾工作，并报告防灾工作情况。	

可选能力

除强制能力外，申请本职业时可以证明具有 B. 2. 4 的可选能力。

B. 2. 4 特殊救援能力管理*	《爱沙尼亚资格框架》（EKR）5 级
能力指标： 1. 根据灾害类型和遇险被困人员位置，评估使用特殊方法实施救援的可行性、安全性和适当性，就使用专用救援设备下达命令； 2. 根据灾害类型和指令，组织实施必须使用特殊能力的救援行动（如化学品事故、水域事故和高空救援）；确保救援工作的有效性和安全性，并在必要时调整战术。	

共同能力

B. 2. 5 救援队长（5 级）的共同能力	《爱沙尼亚资格框架》（EKR）5 级
能力指标： 1. 遵守职业安全规则；对参与培训和救援人员的安全负责；在使用装备后检查维护保养情况，提出装备紧急维护需求并按程序上报；根据说明书正确使用装备； 2. 监督救援工作遵守相关法规的情况；了解所在救援组织的运作结构、原则和组织文化； 3. 积极学习，关注自身和专业领域的发展，职业发展目的明确，坚持锻炼； 4. 根据规程和说明，使用必要的信息和通信技术手段（包括硬件和软件，无线通信设备，导航设备等）； 5. 判断伤员的伤情，并选择适当方式进行急救；使用救援车辆配备的装备对伤员进行现场抢救；根据伤员的伤情和灾害类型，正确开展急救和转送；按照规程进行心脏复苏操作； 6. 在团队中有效工作，代表团队，适应团队，领导团队，尊重他人并在团队中发挥作用； 7. 按照法律规定，在工作中使用爱沙尼亚语； 8. 在工作中遵循救援人员的价值观、道德准则和官员的道德守则；开展灾害预防工作。	
评估方法： 在评估职业标准规定的其他职业能力时，一并对共同能力进行评估。	

第三部分：备注和附件

C. 1 有关职业标准编制、采用的信息和职业分类	
1. 职业标准注册编号	26 – 11042018 – 1. 2/8k
2. 职业标准编写人员	HäliAllas，救援局救援处 Indrek Ints，救援局救援处 Karin Kasetalu，救援局人事处 Aivar Kilp，救援局救援处 Aivar Lepp，东部救援中心 Rakvere 维修保障组 Stella Polikarpus，内政学院所属救援学院 Gert Teder，北部救援中心 Lilleküla 救援队
3. 职业标准批准机构	财产和人身保护职业委员会
4. 职业委员会的批准编号	10
5. 职业委员会的批准日期	2018 年 4 月 11 日
6. 职业标准有效期截止日期	2023 年 4 月 10 日
7. 职业标准版本号	8

续　表

8. 对应的《国际标准职业分类》（ISCO－08）职业	1349 未分类的专业服务管理人员
9. 对应的《欧洲资格框架》等级	5
C.2 外语职业名称	
英语	Rescue unit leader，level 5
C.3 附件	

注："＊"为笔者所加，标识比"救援员（4 级）"增加的工作内容。https：//www. kutseregister. ee/ctrl/en/Standardid/exportPdf/10684934/.

4.2.1.3　救援指挥长（6 级）

在"救援人员"职业小类的 3 个职业中，救援指挥长（6 级）的资格等级最高，是知识、技能和自主履责水平最复杂的职业，适用于消防救援队伍的高级管理指挥人员。对应的《国际标准职业分类》（ISCO－08）职业与"救援队长（5 级）"相同，均为第一职业大类"管理人员"中的"1349 未分类的专业服务管理人员"。

表 5－35 是救援指挥长（6 级）职业标准的制修订情况[①]，该职业标准编制时间较晚，2013 年 4 月 17 日，第 1 版《救援指挥长（6 级）职业标准》与第 6 版《救援员（4 级）职业标准》《救援队长（5 级）职业标准》同时公布施行，现行标准是 2018 年 4 月 11 日生效的第 2 版（有效期截止 2023 年 4 月 10 日），对"救援指挥长（6 级）"的工作描述是"管理救援工作，保护人员生命健康和财产、环境安全，与其他机构和人员合作处置灾害，提高公众安全意识，创造和维护安全的环境。救援指挥长负责协调救援队伍、监督救援工作，根据救援现场态势做出决策、向救援人员和参与救援工作的其他机构和人员下达命令，组织实施复杂大型的救援活动。"管理、协调、监督、决策、命令——这一系列动词，鲜明体现了救援指挥的职业特点和高于救援队长（5 级）的职责定位。

表 5－35　救援指挥长（6 级）职业标准修订情况

版次	职业名称	生效时间	失效时间	职业标准编号
1	救援指挥长 6 级 Päästejuht，tase 6	2013 年 4 月 17 日	2018 年 4 月 10 日	18－17042013－1.3/1k
2		2018 年 4 月 11 日	2023 年 4 月 10 日	26－11042018－1.3/2k

作为"救援人员"职业小类中资格等级最高的职业，救援指挥长（6 级）的工作内容范围进一步收缩，知识、能力和自主履责水平要求则进一步提高，区别于救援队长（5 级）对"一队"救援力量的具体指挥管理，救援指挥长（6 级）的定位是对辖区

---

① 笔者根据职业资格局网站整理。https：//www. kutseregister. ee/ctrl/et/Standardid/vaata/10684958。

"一域"综合救援力量的宏观监督管理。根据现行职业标准，救援指挥长（6级）仅包括"准备救援""组织救援""实施救援""驾驶救援车辆"共4个强制能力模块，不含可选能力模块。对比救援指挥长（6级）与救援队长（5级）的能力指标，即可凸显这两个职业的特点和区别：一是"准备救援"模块，不同于救援队长（5级）"组织轮值班和交接班""掌握辖区内的高风险单位和联勤联动资源等情况""组织维护消防救援装备""组织开展勤务安全培训"等具体、微观的管理职责，救援指挥长（6级）的工作内容则更为宏观，包括"监督辖区内的国家和志愿救援队伍""确保辖区内的救援力量处于备勤状态""确保辖区内救援装备维护良好"等"一城""一域"全局性的监督管理职责。二是"组织救援"模块，不同于救援队长（5级）"确定救援重点和战术""制定救援遇险被困人员的行动方案并下达命令，组织必要的资源以实施救援"，救援指挥长（6级）的工作内容主要是监督、评估救援工作进展、作业安全和救援成效，并"在必要时接管指挥权"，体现了对救援队长（5级）的监督管理职责。三是"实施救援"模块，删除了救援队长（5级）原来多达8项的具体能力指标，仅设置评估救援风险，通知联动部门并调动相关资源、请求其他地区救援力量增援，组织和报告防灾工作等3项能力指标，体现了救援指挥长（6级）对一线救援工作进行评估、监督、决策、协调的职业定位。

此外，"救援指挥长（6级）"职业标准也体现了资格等级的组合性特点。虽然本职业的整体资格框架等级是6级，但作为4个强制能力模块之一的"驾驶救援车辆"模块，其资格框架等级仍然是与救援员"驾驶救援车辆"模块相同的4级，而之所以将"驾驶救援车辆"模块纳入救援职业（6级）职业标准，主要是考虑到大型消防救援车辆对驾驶操作技术要求较高，有利于构建这部分熟练驾驶人员的职业上升通道、保留高技能人员。但根据4个能力模块的资格等级进行加权计算后，救援指挥长（6级）职业的资格等级仍然是6级，参见"3.3.3 职业标准的资格框架等级"中的计算方法。

根据职业标准的"A.6 职业培训"，申请"救援指挥长（6级）"职业资格，应当具有高等教育学历和职业发展必要的工作经历，有救援队长（5级）工作经历优先。需要强调的是，根据《救援组织法》第7条第（4）款的规定，内政部2011年制定《救援人员的职业条件：体能、教育和健康要求》，要求相关岗位的人员必须取得救援队长（5级）、救援员（4级）职业资格方可从业，但救援指挥长（6级）职业并未列为准入类职业。主要原因应当是对于高级管理人员而言，能力更多体现在经验和阅历的积累，不宜一刀切地只通过职业能力考试予以认定。

职业标准

救援指挥长，6 级

职业标准是对工作内容以及完成工作所需技能、知识和责任等能力水平的规定，是设计教育培训课程和授予职业资格的依据。

职业名称	《爱沙尼亚资格框架》（EKR）对应的级别
救援指挥长，6 级	6 级

第一部分：职业说明

A. 1 工作概述

救援指挥长的工作内容是管理救援工作，保护人员生命健康和财产、环境安全，与其他机构和人员合作处置灾害，提高公众安全意识，创造和维护安全的环境。

救援指挥长负责协调救援队伍、监督救援工作，根据救援现场态势做出决策、向救援人员和参与救援工作的其他机构和人员下达命令，组织实施复杂大型的救援活动。

救援队长以及参与救援活动的其他机构和人员，应当服从救援指挥长的命令。

除本职业外，救援员（4 级）作为救援团队的成员从事救援工作，救援队长（5 级）负责指挥协调救援工作、做出决策，向救援员和其他参与救援的人员下达命令。

A. 2 工作内容

A. 2. 1 准备救援
1. 做好救援准备工作
2. 检查救援装备器材
3. 组织救援队伍培训

A. 2. 2 组织救援
1. 管理救援工作
2. 共享救援信息
3. 初期救援展开

A. 2. 3 实施救援
1. 救援安全隐患和风险评估
2. 与其他参与救援机构、人员合作
3. 开展防灾工作

A. 2. 4 驾驶救援车辆
1. 驾驶相应类别的救援车辆出警
2. 救援车辆行驶危险和风险评估

A. 3 工作环境和工作性质

24 h 轮值班（包括节假日）；各种天气情况，室内、外，通常在极端条件下（高温、密闭、狭窄、高空、地下等）工作，体力强度大。

工作中面临可能影响生命和健康的风险因素（可燃气体、触电、危险物质、水域等）。

必须准备好承受心理压力，符合健康标准。

A. 4 工具

使用办公用品和信息通信技术、急救、情报和辅助设备，驾驶汽车等。

必要时，应当使用个人防护装备。

续　表

A.5 个人素质
奉献，勇气，可靠，尽责，抗压。
A.6 职业培训
高等教育和职业发展必要的工作经历，有救援队长（5级）工作经历者优先。*
A.7 常见职位
主管、高级主管。
A.8 准入要求
救援人员的准入依据是《救援组织法》。

第二部分：能力要求

B.1 能力构成
申请该职业，必须达到所有能力要求。

B.2 能力

强制能力

B.2.1 准备救援	《爱沙尼亚资格框架》（EKR）6级
能力指标： 1. 按照程序监督辖区内的国家和志愿救援队伍，确保辖区内的救援力量处于备勤状态；及时了解辖区内的高风险单位和联勤联动资源等情况； 2. 确保辖区内救援装备维护良好； 3. 根据辖区特点和救援需求，制定计划并组织业务学习和培训；指导参训人员遵守勤务安全等要求；按照规程填写与学习培训有关的文件。	
B.2.2 组织救援	**《爱沙尼亚资格框架》（EKR）6级**
指标： 1. 评估救援成效，在必要时接管指挥权；根据现场情况和灾害的类型、特点，确定救援重点和战术；监督救援人员正确使用防护装备以确保安全；制定救援方案，组织必要资源实施救援；根据预案下达救援指令；依法管理救援工作，监控救援进程，必要时调整救援方案； 2. 按照程序向参与救援工作的相关方面和公众提供有关救援工作的信息； 3. 按照程序报告救援工作进展并履行管理职责，到达现场后展开初期救援行动；评估救援成效并向相关方面提出建议。	
B.2.3 实施救援	**《爱沙尼亚资格框架》（EKR）6级**
能力指标： 1. 根据灾害类型和发生时间、现场天气情况，评估救援工作的危险和风险并通知参与救援的人员；必要时接管（或交还）指挥权；通知救援人员危险和风险；就保障现场人员的安全提出初步意见； 2. 根据职责范围、灾害类型和救援需要，通知相关部门和人员参与救援工作；按照程序指挥救援人员；向上级提出调动有关部门、相关资源和请求其他地区支援的建议； 3. 在职责范围内组织开展防灾工作；向上级报告防灾工作的内容和方式；就防灾工作的参与范围、内容提出建议；报告防灾工作情况。	

续　表

B. 2. 4 驾驶救援车辆	《爱沙尼亚资格框架》(EKR) 4 级
能力指标： 1. 根据报警中心的出动指令、风险评估和出警规程，安全驾驶相应的救援车辆出动；值班结束后填写电子日志； 2. 按照救援要求，根据救援车辆性能以及天气和道路、交通状况，评估出警途中可能的危险和风险；根据评估结果以及灾害情况，选择合适的速度、路线，安全驾驶救援车辆到达现场。	

共同能力

B. 2. 5 救援指挥长（6 级）的共同能力	《爱沙尼亚资格框架》(EKR) 6 级
能力指标： 1. 遵守职业安全规则；对参与培训和救援工作人员的安全负责； 2. 监督救援工作遵守相关法规的情况；了解所在救援组织的运作结构、原则和组织文化； 3. 积极学习，关注自身和专业领域的发展；职业发展目的明确；坚持锻炼； 4. 根据规程和说明，使用必要的信息和通信技术手段（包括硬件和软件，无线通信设备，导航设备等）； 5. 判断伤员的伤情，并选择适当方式进行急救；使用救援车辆配备的装备对伤员进行现场抢救；根据伤员的伤情和灾害类型，正确开展急救和转送；按照规程进行心脏复苏操作； 6. 在团队中有效工作，代表团队，适应团队，领导团队；尊重他人并在团队中发挥作用； 7. 按照法律规定，在工作中使用爱沙尼亚语； 8. 在工作中遵循救援人员的价值观、道德准则和官员的道德守则；开展灾害预防工作。	
评估方法： 在评估职业标准规定的其他职业能力时，一并对共同能力进行评估。	

第三部分：备注和附件

C. 1 有关职业标准编制、采用的信息和职业分类	
1. 职业标准注册编号	26 – 11042018 – 1. 3/2k
2. 职业标准编写人员	HäliAllas，救援局救援处 Indrek Ints，救援局救援处 Karin Kasetalu，救援局人事处 Aivar Kilp，救援局救援处 Aivar Lepp，东部救援中心 Rakvere 维修保障分队 Stella Polikarpus，内政学院所属救援学院 Gert Teder，北部救援中心 Lilleküla 救援队
3. 职业标准批准机构	财产和人身保护职业委员会
4. 职业委员会的批准编号	10
5. 职业委员会的批准日期	2018 年 4 月 11 日
6. 职业标准有效期截止日期	2023 年 4 月 10 日
7. 职业标准版本号	2

续 表

8. 对应的《国际标准职业分类》（ISCO－08）职业	1349 未分类的专业服务管理人员
9. 对应的《欧洲资格框架》等级	6
C.2 外语职业名称	
英语	Rescue commander，level 6
C.3 附件	

注：“＊”为笔者所加，标识比“救援队长（5 级）”增加的内容。https：//www. kutseregister. ee/ctrl/en/Standardid/exportPdf/10684958/.

4.2.2 “接警调度人员”职业小类的 3 个职业

接警调度人员，是报警中心负责受理报警求助、调派救援力量、协调部门联动、管理相关信息的专业人员。在爱沙尼亚职业资格分类目录的“救援服务”中类，设有“接警调度人员”（Päästekorraldaja）小类，分设接警员（Päästekorraldaja，tase 4）、调度员（Päästekorraldaja－logistik，tase 5）和调度中心值班长（Päästekorraldaja－valvevahetuse juht，tase 6）3 个职业，能力水平逐次提升，按照爱沙尼亚国家资格框架，分别属于 4 级、5 级和 6 级。需要说明的是，爱沙尼亚文“Päästekorraldaja”是一个合成词，由“pääste”（救援）和“korraldaja”（组织者）构成，直译是“救援组织者”，在职业资格局的职业资格分类目录中，该职业的官方英译是“Dispatcher”（调度员）。综合爱沙尼亚原文和官方英译，结合本职业小类的工作内容，特别是所属 3 个职业的定位，将本职业小类的名称确定为“接警调度人员”。

在这 3 个职业中，接警员和调度员的工作内容，主要是接警和调派救援力量，对应《国际标准职业分类》（ISCO－08）第四职业大类“办事人员”中的“4229 未分类的客户信息服务人员”；调度中心值班长的工作，主要是安排接警员和调度员的轮值班，并管理监督接警调度工作，对应《国际标准职业分类》（ISCO－08）第一职业大类“管理人员”中的“1349 未分类的专业服务管理人员”——形象地说，“接警员”“调度员”属于直接从事接处警信息服务的“蓝领”职业，“调度中心值班长”属于以监督管理为主的“白领”职业。目前，这 3 个职业的职业资格授予机构，均为内政学院。

表 5－36 是这 3 个职业的工作描述①，从中抽取关键动词，与布鲁姆教育目标分类法的典型动词（表 5－22）比较，可以发现反映接警员和调度员工作内容的动词，主要分布在前 3 个层次（记忆、理解、应用），如接收、处理、收集、记录，少数出现在第

① 笔者根据接警调度人员职业标准整理。https：//www. kutseregister. ee/ctrl/et/Standardid/show/。

四、五层次（分析、评价），如指导、评估、决策；而反映“调度中心值班长”工作内容的动词，则主要分布在第四、五层次，如监督、支持、沟通、协调等。另一个方面，从这3个职业的职业标准中反映工作程度和范围的修饰词看，常见立即、及时、所有、准确、独立等，说明了接警调度人员必须及时了解灾害情况，准确调派救援力量的鲜明特征。

表5-36　“接警调度人员”职业小类的工作描述

职业	工作描述	关键动词	程度、范围
接警员（4级）	接收并立即处理所有发送到紧急服务号码的报警信息，快速准确评估报警信息的危险，并根据要求提供基本的指导；应当具备独立接收和处理报警消息，做出决定并承担相关责任的能力	接收、处理、评估、指导	立即、所有、快速、准确、独立
调度员（5级）	及时向消防救援、医疗急救机构下达出动命令，并与上述力量实时沟通，进一步收集信息，进行协调和记录。能独立处理报警信息、做出决策并负责；需要团队合作以及与报警人和应急救援联动协作单位的沟通	命令、处理、决策、沟通、收集、协调、记录	及时、实时、独立
调度中心值班长（6级）	安排接警员（4级）、调度员（5级）轮流值班，监督和支持他们履行职责，确保及时受理和准确处置报警信息，协调和监督接警员（4级）、调度员（5级）的工作。需要团队合作，以及与报警人和应急救援联动协作单位的沟通	安排、监督、支持、确保、协调、合作、沟通	及时、准确

接警调度人员的3个职业类别均属于准入类职业。根据《救援组织法》第7条第（4）款“负责该领域的部长应当制定规章，规定救援人员的职业适应性要求，包括体能、教育程度和健康状况”的授权，内政部2011年制定《救援人员的职业条件：体能、教育和健康要求》，要求相关岗位的接警调度人员必须在从事相关职位工作的一定时期（2—6个月不等）内，达到接警员、调度员和调度中心值班长职业标准的要求。

从2000年4月1日起，爱沙尼亚全面使用欧盟统一的紧急服务号码“112”受理紧急救助报警，根据内政部《报警中心章程》的规定，报警中心在接到有关警务和边防管理的报警事项后，应当将信息及时转交警察和边防机构，因此，在接警调度人员的3部职业标准的“共同能力”中，均要求掌握《救援法》《警察和边防法》的相关知识；由于报警中心还会接到大量不涉及生命健康和财产安全的非紧急类求助信息，职业标准中还要求接警调度人员熟悉其他相关领域的法规。

4.2.2.1　接警员（4级）

表5-37是接警员（4级）职业标准的制修订情况，在累计共7版的职业标准中，最具代表性的是2002年首版和2013年的第5版。2002年6月21日，作为第一批消防救援职业标准之一，职业资格局发布《接警员（2级、3级）职业标准》（Päästekorraldaja

Ⅱ，Ⅲ，英译 Dispatcher Ⅱ，Ⅲ）——当时将接警员分为2级、3级，工作内容相同，学历要求均为中等教育水平，只是3级的部分技能水平高于2级，取得2级职业资格并具有不少于2年工作经历，即可申请3级职业资格。

表5-37 接警员（4级）职业标准修订情况

版次	职业标准名称	生效时间	失效时间	职业标准编号
1	接警员2级，3级 Päästekorraldaja Ⅱ，Ⅲ	2002年6月21日	2005年6月5日	18-21062002-07/1
2	接警员2级，3级 Päästekorraldaja Ⅱ，Ⅲ	2005年6月6日	2008年12月9日	18-06062005-01/2
3	接警员2级，3级 Päästekorraldaja Ⅱ，Ⅲ	2008年12月10日	2011年11月14日	18-10122008-41/3
4	接警员2级，3级 Päästekorraldaja Ⅱ，Ⅲ	2011年11月15日	2013年11月20日	18-15112011-5.1/4
5	接警员，4级 Päästekorraldaja，tase 4	2013年11月21日	2018年10月4日	18-21112013-3.1/5k
6	接警员2级，3级 Päästekorraldaja Ⅱ，Ⅲ	2013年11月21日	2013年12月31日	18-21112013-5.2/6s
7	接警员，4级 Päästekorraldaja，tase 4	2018年4月11日	2023年4月10日	26-11042018-1.8/7k

注：笔者根据职业资格局网站整理。需要说明的是，第6版职业标准的有效期与第7版有重叠，原因是在第6版职业标准到期前，已经完成了第7版职业标准编制。https://www.kutseregister.ee/ctrl/et/Standardid/show/.

首版职业标准对接警员的工作内容、能力要求做了描述，由于其内容相对全面、准确，在此后的3次修订中均未做实质性调整，所以从2002年至2013年底，接警员的职业要求保持了相对稳定。首版职业标准以列举方式，界定了接警员的工作内容：（1）接听112紧急服务电话；（2）接收和处理灾害报警；（3）派遣救援队、急救队；（4）必要时通知救援联动机构和单位；（5）向报警或受困人员提供初步指导；（6）传递有关灾害和救援的信息；（7）记录灾害和救援过程。从上述工作内容可以判断，该职业最初的定位是"接警+调度"，并不只限于受理报警求助——这也可以从该职业当时的官方英译"Dispatcher"（调度员）得到印证。只是随着分工细化，在2011年专门编制调度员职业标准后，才出现接警员、调度员这两个分立的职业，前者以接收报警信息为主，后者以调派救援力量为主。

作为首版职业标准的核心内容，接警员的能力要求由通用技能和知识、基本技能和知识、个人素质和能力3部分内容构成，如表5-38所示①。特别是基本技能

① 笔者根据《接警员（2级、3级）职业标准》整理。https://www.kutseregister.ee/ctrl/et/Standardid/vaata/10445530。

和知识方面的13项能力指标，涵盖了消防救援领域法律法规，与消防救援相关的部门机构组织架构和运作方式，以及组织行为学、组织管理学、普通心理学、沟通心理学、危机心理学基础知识与职业道德、救援工作基础、医疗急救、接处警管理。其中，作为接警员职业能力的重点，“救援工作基础”包括了消防救援工作的组织管理、特种灾害的特点、消防监督检查的基本知识，指导报警或受困人员第一时间开展自我保护减轻灾害危害等4方面内容，体现出接警员应当全面了解防灾、救灾知识。此外，“医疗急救”“接处警管理”2个模块的能力指标也都非常实用、有针对性。

需要强调的是，语言理解、沟通和表达，是接警员重要的工作方式，由于爱沙尼亚人口中有相当比例的俄罗斯人——根据爱沙尼亚统计局资料，2017年俄罗斯族占爱沙尼亚人口的25%①，因此，职业标准引用欧洲共同语言参考框架②，要求接警员除具备爱沙尼亚语C1级水平（理解各个领域的复杂表述及其隐含意义，自由进行口头和书面表达、分析概括）外，俄语也应达到B1级水平（理解本职业领域的表述，具备在使用该语言的地区生活工作的能力），此外还应掌握1门外语（未确定范围），达能A2级水平（理解生活和职业领域的常用表述，具备日常交流能力）。

表5-38　首版《接警员（2级、3级）职业标准》的能力要求

能力分类	能力指标		
通用技能和知识	法律常识（中级水平）		
	职业安全常识（职业健康与卫生；消防安全；电气安全；急救；安防系统；废弃物管理）		
	语言能力	爱沙尼亚语	C1级
		俄语	B1级
		1门外语	A2级
	计算机能力	A01-信息技术和信息处理基础；A02-计算机使用和文件管理；A03-文字处理；A04-电子表格；A05-数据库；A06-文稿演示；A07-信息和通信技术	

①《爱沙尼亚共和国100年统计专辑》，第45页。

② 1991年，欧洲国家在瑞士Rüschlikon召开的研讨会上，首次提出建立欧洲共同语言参考框架（Common European Framework of Reference for Languages，CEFR）的设想，并于2001年建立了外语能力自我评估的CEFR框架。该框架体系从语言的接收能力（听、读）、产生能力（说、写）、交互能力、中介能力（翻译）4个方面，用6个级别表述外语水平：A1和A2，B1和B2，C1和C2，并增加了3个“加”级（A2+，B1+，B2+），每个级别都有相应的评估标准。https：//www. coe. int/en/web/common-european-framework-reference-languages/level-descriptions。

续 表

<table>
<tr><th>能力分类</th><th colspan="2">能力指标</th></tr>
<tr><td rowspan="27">基本技能和知识</td><td colspan="2">（1）救援专业法律知识（Ⅱ级中级水平；Ⅲ级高级水平）</td></tr>
<tr><td colspan="2">（2）报警中心的组织和工作</td></tr>
<tr><td colspan="2">（3）救援机构的组织和工作</td></tr>
<tr><td colspan="2">（4）医疗系统的组织和工作</td></tr>
<tr><td colspan="2">（5）组织行为学基本知识（Ⅱ级初级水平；Ⅲ级中级水平）</td></tr>
<tr><td colspan="2">（6）组织管理学基本知识（Ⅱ级无要求；Ⅲ级中级水平）</td></tr>
<tr><td colspan="2">（7）普通心理学基础</td></tr>
<tr><td colspan="2">（8）沟通心理学基础</td></tr>
<tr><td colspan="2">（9）危机心理学基础</td></tr>
<tr><td colspan="2">（10）职业道德</td></tr>
<tr><td rowspan="4">（11）救援工作基础</td><td>救援工作的组织管理（Ⅱ级初级水平；Ⅲ级中级水平）</td></tr>
<tr><td>特种灾害事故的特点和救援装备</td></tr>
<tr><td>消防安全监督（初级水平）</td></tr>
<tr><td>向报警或受困人员提供初步指导</td></tr>
<tr><td rowspan="6">（12）医疗急救（中级水平）</td><td>人体解剖学和生理学基础</td></tr>
<tr><td>病理学基础</td></tr>
<tr><td>常见综合症和创伤</td></tr>
<tr><td>求助人员的状况评估</td></tr>
<tr><td>急救及其指导</td></tr>
<tr><td>确定医疗急救的优先等级</td></tr>
<tr><td rowspan="7">（13）接处警管理（Ⅱ级：中级水平；Ⅲ级：高级水平）</td><td>报警中心的工作流程</td></tr>
<tr><td>报警中心的信息通信技术硬件和软件</td></tr>
<tr><td>预警中心通信系统的结构和使用</td></tr>
<tr><td>灾害事故救援报告流程</td></tr>
<tr><td>各类灾害事故的风险评估和处置</td></tr>
<tr><td>危机管理</td></tr>
<tr><td>医疗救助</td></tr>
<tr><td>个人素质和能力</td><td colspan="2">沟通能力，准确性，语言表达能力，承压能力，可靠性，分析能力，责任心</td></tr>
</table>

2013 年 11 月 21 日，第 5 版接警员职业标准公布施行。这次修订，对职业标准的结构和内容做了较大改动。一方面，随着“调度员”职业的设置和职业标准的同步施行，

本职业的工作内容明确为以接收报警信息为主；另一方面，将此前分设的 2 级、3 级合并，按照 2008 年《职业资格法》确定为 4 级职业资格。基于上述调整，尤其是“接警员”“调度员”职业分工的明确，从这一版开始，本职业的官方英译从“Dispatcher”改为“Call taker”并沿用至今——这也是将本职业的中译名称确定为“接警员”的主要原因。

在第 5 版职业标准中，根据职业资格局制定的《职业标准的结构和编写指南》（2011 年版），全面调整了职业标准的体例，并整合了能力模块。本版职业标准将接警员的职业能力整合为 5 个强制能力模块（其中 4 个的资格等级为 4 级，1 个为 5 级）、2 个可选能力模块（资格等级均为 5 级）和 5 方面的共同能力，其中的“外语报警受理”不包括俄语。此后的两次修订均保持了上述内容，沿用至今。表 5－39 是现行第 7 版职业标准（有效期到 2023 年 4 月 1 日）的能力模块：前 4 个强制能力模块围绕“报警信息”，形成了“接收报警信息→处理报警信息和风险评估→录入报警信息→传输报警信息”的受理报警信息完整工作链条①。

表 5－39　接警员（4 级）职业标准中的能力模块

强制能力					可选能力		共同能力
接收报警信息 4 级	处理报警信息和风险评估 4 级	录入报警信息 4 级	传输报警信息 4 级	职业能力自我发展 5 级	监督 5 级	外语报警受理 5 级	5 项内容 4 级

在语言能力方面，现行职业标准根据 2011 年《语言法》确定的语言能力分级，要求接警员应当具备爱沙尼亚语 C1 级水平（即理解复杂表述及其隐含的意义，使用该语言自由进行口语和书面表达），俄语听说能力 B1 级水平（熟悉职业领域的表述，具备在使用该语言的地区工作的能力），同时，将使用外语接警作为可选能力模块，限定在英语、芬兰语、德语、法语这 4 种语言之一，要求至少在消防救援专业领域达到听说能力 B1 级水平。作为准入类职业，申请接警员（4 级）职业资格，应当具备中等教育学历，并在专门的职业学校学习。

4.2.2.2　调度员（5 级）

如前所述，调度员（5 级）职业出现较晚。2013 年 11 月 21 日，首版《调度员（5 级）职业标准》《调度中心值班长（6 级）职业标准》与第 6 版《接警员（4 级）职业标准》同时公布施行，从而构建了完整的接警调度人员职业标准体系。表 5－40 是调度

---

① 笔者根据职业标准整理。https：//www.kutseregister.ee/ctrl/en/Standardid/vaata/10684978。

员（5 级）职业标准的制修订情况[①]。申请调度员（5 级）职业资格，应当具备中等教育学历，并具有接警员（4 级）的工作经历。

表 5－40　调度员（5 级）职业标准修订情况

版次	职业名称	生效时间	失效时间	职业标准编号
1	调度员，5 级 Päästekorraldaja－logistik，tase 5	2013 年 11 月 21 日	2018 年 4 月 10 日	18－21112013－3. 2/5k
2		2018 年 4 月 11 日	2023 年 4 月 10 日	26－11042018－1. 9/7k

现行职业标准与首版无实质性调整，由 5 个强制能力模块、3 个可选能力模块和 5 个方面的共同能力构成，各模块的资格等级均为 5 级，如表 5－41 所示[②]。与接警员（4 级）相比，在强制能力方面，调度员（5 级）保留了“录入报警信息”“传输报警信息”“职业能力自我发展”等 3 个模块，增加了“下达出动命令”“传输救援信息”等 2 个模块，删除了“接收报警信息”“处理报警信息和风险评估”模块；在可选能力方面，增加了“培训”模块。一般而言，随着职业资格等级提高，各能力模块在更加侧重管理性、专业性工作的同时，都会增加与培训有关的能力要求，包括确定培训目的、培训内容，编写培训材料，组织实施培训，记录培训情况等。

表 5－41　调度员（5 级）职业标准的能力模块

强制能力					可选能力			共同能力
下达出动命令 5 级（新增）	录入报警信息 5 级	传输报警信息 5 级	传输救援信息 5 级	职业能力自我发展 5 级	培训 5 级	监督 5 级	外语报警接收 5 级	5 项内容 5 级

新增的“下达出动命令”“传输救援信息”2 个能力模块，突出反映了调度员（5 级）的职业特点。其中，“下达出动命令”是指根据灾害救援需求，及时调派相应类别和数量的救援力量，包括以下能力指标：（1）适时掌握辖区内救援和急救机构的力量资源、备勤情况及其变化；（2）根据《调度规程》调度救援和急救力量；（3）按照法律和工作规程，向救援和急救机构下达出动指令，并根据现场指挥人员的要求调派增援力量；向报警中心的值班领导报告现场指挥人员反馈的情况；（4）必要时，根据预案调动其他区域的力量进行增援；（5）明确下达出动命令；使用客观的语气；认真专心倾听；礼貌地结束通话，全面记录灾害情况并向相关人员提供帮助指导。“传输救援信息”

① 笔者根据职业资格局网站整理。https：//www. kutseregister. ee/ctrl/et/Standardid/show/。

② 笔者根据职业标准整理。https：//www. kutseregister. ee/ctrl/et/Standardid/vaata/10685006。

主要是指收集、分析和传输有关灾害处置的信息，包括以下能力指标：(1) 根据法律法规和工作程序，立即在组织内部并向有关机构报送有关救援行动的信息；(2) 收集分析报警信息，结合灾害救援现场情况录入信息系统；分析并做出判断、调整灾害应对；向现场指挥人员提供信息支持。

作为准入类职业，申请调度员（5 级）职业资格，必须具有中等教育学历和相应的职业技能，并取得接警员（4 级）职业资格——即调度员必须先从事接警员岗位工作并接受相应的职业培训，从而确保更好地履行调度职责。

4.2.2.3　调度中心值班长（6 级）

2013 年 11 月 21 日，首版《调度中心值班长（6 级）职业标准》公布施行。作为接警调度人员职业小类中资格等级最高的职业，调度中心值班长的工作内容主要是监督管理报警中心的工作，而非具体的接警、调度工作，职业名称的官方英译是 Supervisor in Control Room, level 6。作为准入类职业，申请调度中心值班长（6 级）职业资格，必须具有高等教育学历，并有接警员（4 级）、调度员（5 级）的职业经历，这也体现了爱沙尼亚救援部门非常重视高层管理人员的一线实务经历。

表 5－42 是调度中心值班长（6 级）职业标准的制修订情况[①]。2015 年第 2 次修订的目的是适应报警中心职能的拓展——这也再次说明，职业标准具有很强的实践性，永远是需求导向，必须满足和适应实践的需要，不能为了制定标准而制定标准[②]。

表 5－42　调度中心值班长（6 级）职业标准修订情况

版次	职业标准名称	生效时间	失效时间	职业标准编号
1	调度中心值班长，6 级 Päästekorraldaja – valvevahetuse juht, tase 6	2013 年 11 月 21 日	2015 年 6 月 17 日	18－21112013－3.3/1k
2		2015 年 6 月 18 日	2018 年 4 月 10 日	18－18062015－01/2k
3		2018 年 4 月 11 日	2023 年 4 月 10 日	26－11042018－1.10/3k

现行调度中心值班长（6 级）职业标准的职业能力，由 7 个强制能力模块、3 个可选能力模块和 5 个方面的共同能力构成，各模块的资格等级均为 6 级。与接警员（4 级）和调度员（5 级）相比，调度中心值班长（6 级）在强制能力方面，增加了“值班班次管理”模块，删除了“报警信息录入”模块，保留了“职业能力自我发展”模块，并对“报警信息接收”“报警信息处理和风险评估”“报警信息传输”“下达出动命令”4 个模块的定位进行了调整，均冠以“监督”，以体现本职业的监督管理定位。在可选能

① 笔者根据职业资格局网站整理。https://www.kutseregister.ee/ctrl/et/Standardid/show/。

② 职业资格局关于第 2 版《调度中心值班长（6 级）职业标准》修订内容的说明，可参考 https://www.kutseregister.ee/ctrl/et/Standardid/vaata/10569327。

力方面，增加“质量评估”模块，保留“培训”“监督”模块，删除了“外语报警受理”模块。表5-43是“接警调度人员”职业小类3个职业的能力模块构成[①]，可以直观地反映出，“接警员（4级）”“调度员（5级）”以实际操作为主，“调度中心值班长（6级）”以监督管理和沟通协调为主。

表5-43　“接警调度人员”职业小类的能力模块

职业	强制能力								可选能力				共同能力
接警员（4级）	接收报警信息	处理报警信息和风险评估	录入报警信息	传输报警信息				职业能力自我发展		监督	外语报警受理		5项
调度员（5级）	录入报警信息			传输报警信息	下达出动命令	传输救援信息		职业能力自我发展	培训	监督	外语报警受理		5项
调度中心值班长（6级）	监督接收报警信息	监督处理报警信息和风险评估		报警信息传输	监督下达出动命令	传输救援信息	值班班次管理	职业能力自我发展	培训	监督		质量评估	7项

注：阴影代表该职业包括的能力模块。

4.2.3　“消防安全专业人员”职业小类的2个职业

消防安全专业人员，是提供消防安全评估、咨询和教育培训、组织演练、防灾宣传等消防安全服务，参与解决新材料新技术等疑难消防安全问题和火灾调查等消防安全技术工作的专业人员，是社会消防管理的重要专业力量。在爱沙尼亚职业资格分类目录的“救援服务”中类，设有“消防安全专业人员”（Tuleohutusspetsialist，英译 Fire safety specialist）小类，包括消防安全专业人员（5级）（Tuleohutusspetsialist，tase 5，英译

① 笔者根据接警调度人员职业标准整理。

Fire safety specialist，level 5）和消防安全专家（6 级）（Tuleohutusekspert，tase 6，英译 Fire protection expert，level 6）共 2 个职业，按照爱沙尼亚国家资格框架，分别属于 5 级、6 级资格，形成了梯次配置的消防安全专业人员职业资格系列。目前，这 2 个职业的职业资格授予机构均为内政学院。

这 2 个职业均对应《国际标准职业分类》（ISCO－08）中的"3112 土木工程技术人员"，是典型的以专业技术工作为主的"白领"工作。2012 年 11 月 16 日，这两个职业的职业标准同时公布施行，现行的均是 2017 年 9 月 1 日施行的第 2 版职业标准。表 5－44 是这两个职业的职业标准制修订情况①。

表 5－44　消防安全专业人员（5 级）、消防安全专家（6 级）职业标准修订情况

版次	职业名称	生效时间	失效时间	职业标准编号
1	消防安全专业人员 5 级 Tuleohutusspetsialist，tase 5	2012 年 11 月 16 日	2017 年 8 月 31 日	18－16112012－01/1k
2		2017 年 9 月 1 日	2022 年 8 月 31 日	26－01062017－02/2k
1	消防安全专家 6 级 Tuleohutusekspert，tase 6	2012 年 11 月 16 日	2017 年 8 月 31 日	18－16112012－02/1k
2		2017 年 9 月 1 日	2022 年 8 月 31 日	26－01062017－03/2k

消防安全专业人员的主要工作内容包括：消防安全评估、咨询、培训、宣传和火灾调查等专业技术工作。其工作描述分别是：消防安全专业人员（5 级）负责"开展消防安全评估，向建筑管理人员、业主和其他相关人员提出消防安全建议，开展消防安全培训和预防火灾及其他灾害的宣传工作"。消防安全专家（6 级）负责"开展消防安全评估，就建筑、设施和活动的消防安全提出专业意见；向施工单位、设计单位、建筑管理人员和业主提供消防安全咨询和培训；解决建筑消防安全领域的疑难问题；就预防火灾和其他灾害提出建议，参与编制消防技术标准规范，开展火灾调查"。

表 5－45（笔者整理）是消防安全专家（6 级）、消防安全专业人员（5 级）的能力模块构成。这 2 个职业共有的"单位消防安全评估""消防安全信息服务""组织消防安全培训和演练""共同能力"模块资格等级均为 5 级。区别在于：一方面，"火灾风险评估""建筑消防安全评估" 2 个强制能力模块的资格框架等级分别为 5 级、6 级；另一方面，消防安全专家（6 级）比消防安全专业人员（5 级）增加了"特殊消防安全要求及其审查""火灾调查" 2 个能力模块。

① 笔者根据职业资格局网站整理。https：//www. kutseregister. ee/ctrl/et/Standardid/show/。

表 5－45　消防安全专业人员的能力模块

<table>
<tr><th rowspan="2">能力模块
职业</th><th colspan="5">强制能力</th><th colspan="2">可选能力</th><th>共同能力</th></tr>
<tr><th>火灾风险评估</th><th>建筑消防安全评估</th><th>单位消防安全评估</th><th>消防安全信息服务</th><th>特殊消防安全要求及其审查</th><th>组织消防安全培训和演练</th><th>火灾调查</th><th>7 个方面</th></tr>
<tr><td>消防安全专业人员（5 级）</td><td>建筑和场地火灾风险评估，5 级</td><td>两种评估方法，5 级</td><td rowspan="2">5 级</td><td rowspan="2">5 级</td><td></td><td rowspan="2">5 级</td><td></td><td rowspan="2">5 级</td></tr>
<tr><td>消防安全专家（6 级）</td><td>增加区域火灾风险评估，6 级</td><td>多种评估方法，6 级</td><td>6 级</td><td>6 级</td></tr>
</table>

注：阴影代表该职业包括的能力模块。

由于工作内容和能力指标的差异，消防安全专业人员（5 级）职业资格的申请条件是“高中学历，并通过职业培训或实际工作取得职业技能”，而消防安全专家（6 级）职业资格的申请条件则是高等教育学历，且一般应首先取得消防安全专业人员（5 级）职业资格。此外，这两个职业的工作环境、工具和对个人素质的要求完全一致，如表 5－46 所示①。

表 5－46　消防安全专业人员的工作环境、工具和个人素质要求

工作环境和工作性质
工作时间基于客户要求，不确定。工作环境是室内、外，包括高风险环境
工具
信息通信设备、个人防护装备，测量和存储记录工具，办公设备以及其他专用设备
个人素质
合作、负责，分析综合，纠正错误，做出决策，独立性

消防安全评估（tuleohutuse hindamine），是消防安全专业人员的主要职业能力，由“火灾风险评估”“建筑消防安全评估”“单位消防安全评估”3 个强制能力模块组成。在火灾风险评估（Tuleohu riskide hindamine）方面，消防安全专业人员（5 级）的能力指标只包括“建筑和场地火灾风险评估”，消防安全专家（6 级）则增加了“区域火灾风险评估”，体现了从微观评估发展到中观乃至宏观评估的更高职业能力要求。

① 笔者根据消防安全专业人员（5 级）、消防安全专家（6 级）职业标准整理。

鉴于目前国际上区域消防安全风险评估的方法较多，为防止产生局限性，故在这两个职业标准的能力指标中，均未对评估方法做进一步的列举或限定。在建筑消防安全评估（Ehitusliku tuleohutuse hindamine）方面，这两个职业的评估范围相同，均包括对建筑、设计、消防设施、消防产品、服务是否符合消防安全要求的评估，但消防安全专业人员（5 级）只要求掌握两种评估方法：实地检查和资料审查，消防安全专家（6 级）则应当掌握多种评估方法，同时，还应当具备针对特定对象的消防安全要求，开发并提供技术解决方案的能力。在单位消防安全评估（Korraldusliku tuleohutuse hindamine）方面，两个职业的能力指标基本相同，资格框架等级均为 5 级，只是消防安全专家（6 级）比消防安全专业人员（5 级）减少了"编制和更新单位的消防安全管理文件，并根据法律法规和技术规范，提出明确各方面消防安全责任的建议"这一具体业务工作要求。

"消防安全信息服务"（Tuleohutusalane teavitus ja nõustamine），是这两个职业共有的强制能力模块，能力指标完全相同，资格等级均为 5 级，包括两方面内容：一是向客户综合介绍重要、最新的消防安全信息，让客户了解消防安全要求；二是根据客户需求，提供针对性的消防安全建议——这一能力模块的设定，主要是通过"专业的人做专业的事"，解决单位"想管不会管"的问题。实事求是地讲，各类单位的负责人即使再重视消防安全，也不可能全面了解消防安全法律法规、技术标准的要求，通过消防安全专业人员从专业的角度，为客户提供相关的消防安全信息服务，并结合客户需求提出落实消防安全要求的具体建议，可以促进单位从根本上提高消防安全管理水平。如第四章所述，这也是爱沙尼亚消防监督管理制度"三步走"改革进入第三个阶段后，构建社会消防安全多元治理格局的主要手段。

"特殊消防安全要求及其审查"（Tuleohutuse eriosa ekspertiisi ja auditi tegemine），是消防安全专家（6 级）特有的强制能力模块，其能力指标的核心，是提出保障新材料、新工艺消防安全要求的创新性技术方案，工作内容包括：审查建筑设计文件是否符合消防安全要求，评估新材料、新研究成果的消防安全风险，提出有针对性的消防安全要求和解决方案，编写特殊消防安全要求的审核报告，并就不同意见进行分析、讨论等。为确保履行上述职责，在消防安全专家（6 级）职业标准中，专门对本能力模块的知识要求做了列举式要求：（1）建筑设计基础知识；（2）建筑产品认证及检测方法；（3）火灾原因和火灾发展过程；（4）灭火救援；（5）工作环境安全——可以说，从事特殊消防安全要求及其审核工作，应当具备建筑设计、产品方面的知识背景，以及火灾动力学、灭火救援等方面的专业知识。

"组织消防安全培训和演练"（Tuleohutusalaste koolituste ja õppuste ettevalmistamine ning läbiviimine)，是这两个职业共有的可选能力模块，能力指标完全相同，资格等级均为5级，包括4个方面的内容：（1）按照法律法规要求和客户需求，制定计划并开展消防安全培训，评估是否需要开展进一步培训。（2）根据培训计划确定的学习目的，准备培训内容；根据培训主题、学习环境和相关标准，编修教材；开展培训并确保在规定课时达到培训目的。（3）根据培训计划，评估培训工作及其效果；向客户反馈培训成效和进一步培训的建议。（4）根据法律法规和客户要求，做好培训记录。将组织消防安全培训和演练作为独立的能力模块，说明爱沙尼亚消防安全专业人员的重要职责之一，是指导各类单位履行消防安全主体责任，提高员工消防安全素质和扑救初起火灾、疏散逃生的能力。2021年3月1日起施行的《消防安全法》修正案，将制定火灾应急预案和组织疏散灭火演练均列入了由专业机构提供的“消防安全服务”范围，以进一步提升预案编制质量和消防演练的专业性。

对明火作业人员的培训，是消防安全专业人员承担的一项具体培训工作。根据《消防安全法》第14条第（1）款关于“完成消防安全培训并取得《明火作业证》的人员，可以进行经济活动性质的明火作业”的规定，从事明火作业的人员必须参加消防安全培训，经考试合格后持有《明火作业证》，方可从事经济活动性质的明火作业。按照内政部规章《明火作业培训和明火作业证的要求》，只有持有消防安全专业人员（5级）或消防安全专家（6级）职业资格证书的人员，才可以对明火作业人员进行培训，并为考试合格人员签发《明火作业证》。

“火灾调查”（Tulekahjujärgne uurimine），是消防安全专家（6级）特有的可选能力模块，也是2017年修订职业标准时新增的内容，其能力指标包括5方面的内容：（1）根据专业知识和实地检查，确定起火点和着火源，以及与火灾发生、发展有关的其他情况；勘查火灾现场情况、燃烧痕迹，收集证据和其他信息。（2）研究火源引燃着火物的可能性，分析数据和其他信息，以确定可能的起火原因。（3）根据收集的信息，按照法定程序和工作要求，选择火灾调查程序。（4）按照法律规定和工作要求，开展相关程序性工作。（5）根据收集的数据，给出专家意见。

需要辨析的是，如本章前文（3.3.2.3）所述，在法医（7级）职业标准中包含“火灾勘查”（Tulekahjuekspertiisi tegemine，英译 fire examination）专项能力模块，那么，“火灾调查”“火灾勘查”的关系是什么？从共性上看，这两个能力模块确有一定交叉，其工作内容都涉及勘查火灾现场，确定起火点和着火源，分析燃烧过程，确定起火原因。但两者也有明显区别：一是定位不同，“火场勘查”是法医职业的专项能力之一，在职业标准的前言部分即予以列举，从事法医工作的人员在申请职业资格时，可以申请“火场勘查”专项能力评估，并在取得的法医职业资格证书上注明“火场勘查”专项能力；而“火灾调查”只是消防安全专家的可选能力之一（同时也是下文介绍的“消防安全监督员（5级）”的可选能力模块），未列入专项能力，不能在职业资格证书上单独列注。二是工作内容不同，“火场勘查”的工作内容更为复杂，技术性更强，包括在实验室进行的物证检验，以及综合性的火灾成灾原因分析等工作，这是“火灾调查”能力模块未涵盖的。三是资格等级不同。由于工作内容不同、专业技术性的差异，“火场勘查”的资格等级为7级，“火灾调查”的资格等级为6级。

职业标准

消防安全专业人员，5级

职业标准是对工作内容以及完成工作所需技能、知识和责任等能力水平的规定，是设计教育培训课程和授予职业资格的依据。

职业名称	《爱沙尼亚资格框架》（EKR）对应的级别
消防安全专业人员，5级	5级

第一部分：职业说明

A.1 工作概述

消防安全专业人员的工作内容是开展消防安全评估，向建筑管理人员、业主和其他相关人员提出消防安全建议，开展消防安全培训和预防火灾及其他灾害的宣传工作。

消防安全专业人员可以独立工作，也可以组成团队，需要与同事、客户保持良好沟通。

除本职业外，消防安全专家（6级）在完成消防安全专业人员的工作内容基础上，还应具备开展消防安全检测和建筑消防安全、火灾调查方面的能力。

A.2 工作内容

A.2.1 火灾风险评估
1. 建筑和场地消防安全风险评估

A.2.2 建筑消防安全评估
1. 评估建筑、设计的全部或部分是否符合消防安全要求
2. 消防设施的合格评定
3. 评估产品是否符合消防安全要求
4. 评估服务的消防安全要求
5. 评估准备
6. 消防安全咨询服务

A.2.3 单位消防安全评估
1. 评估场地（建筑、空间）使用和设备安装是否符合消防安全要求
2. 评估单位的消防安全管理
3. 评估准备
4. 起草和修订评估文件

A.2.4 消防安全信息服务
1. 告知消防安全要求
2. 消防安全咨询

续 表

可选工作模块
A. 2. 4 组织消防安全培训和演练 1. 针对目标群体确定培训需求，制定培训规划 2. 准备和实施培训 3. 评估培训成效并反馈 4. 准备培训资料
A. 3 工作环境和工作性质
工作时间基于客户要求，不确定。工作环境是室内、外，包括高风险环境。
A. 4 工具
信息通信设备、个人防护装备，测量和存储记录工具，办公设备以及其他专用设备。
A. 5 个人素质
合作、负责，分析综合，纠正错误，做出决策，独立性。
A. 6 职业培训
高中学历，并通过职业培训或实际工作取得职业技能。
A. 7 常见职位
消防安全专业人员。

第二部分：能力要求

B. 1 能力构成
申请该职业，必须达到 B. 2. 1 至 B. 2. 4 的强制能力和 B. 2. 6 的共同能力，B. 2. 5 为可选能力。

B. 2 能力

强制能力

B. 2. 1 火灾风险评估	**《爱沙尼亚资格框架》（EKR）5 级**
能力指标： 1. 根据法律法规和建筑特点，评估建筑或场地的火灾风险。	
B. 2. 2 建筑消防安全评估	**《爱沙尼亚资格框架》（EKR）5 级**
能力指标： 1. 通过实地检查和资料审查，评估场地、建筑、建设设计的全部或部分是否符合基本消防安全要求； 2. 通过实地检查和资料审查，评估消防设施的设计、安装是否符合消防安全要求； 3. 通过实地检查和资料审查，评估建筑构件是否符合消防安全要求和设计要求； 4. 通过实地检查和资料审查，评估消防安全服务是否符合要求； 5. 按照规定格式提交评估报告； 6. 为客户提供消防安全咨询，告知客户是否需要消防安全专家（6 级）和其他领域的专家参与，以便更准确地评估建筑消防安全要求并找到更详细的解决方案。	

续　表

B. 2. 3 单位消防安全评估	《爱沙尼亚资格框架》（EKR）5 级
能力指标： 1. 通过实地检查和资料审查，评估场地（建筑、空间）使用、设备安装是否符合法律和技术规范的消防安全要求（包括检查和维护方面的要求）； 2. 通过实地检查和资料审查，评估建筑或单位的消防安全管理是否符合法律和技术规范要求； 3. 按照统一的程序准备评估； 4. 编制和更新单位的消防安全管理文件，根据法律法规和技术规范，提出明确各方面消防安全责任的建议。	

B. 2. 4 消防安全信息服务	《爱沙尼亚资格框架》（EKR）5 级
能力指标： 1. 向客户综合介绍重要、最新的消防安全信息，让客户了解消防安全要求； 2. 根据客户需求，提供针对性的消防安全建议。	

可选能力

除强制能力外，申请本职业时可以证明具有 B. 2. 5 的能力。

B. 2. 5 组织消防安全培训和演练	《爱沙尼亚资格框架》（EKR）5 级
能力指标： 1. 按照法律法规要求和客户需求，制定计划并开展消防安全培训，评估是否需要开展进一步培训； 2. 根据培训计划确定的学习目的，准备培训内容；根据培训主题、学习环境和相关标准，编修教材；开展培训并确保在规定课时达到培训目的； 3. 根据培训计划评估培训工作及其效果；向客户反馈培训成效和进一步培训的建议； 4. 根据法律法规和客户要求做好培训记录。	

共同能力

B. 2. 6 消防安全专业人员（5 级）的共同能力	《爱沙尼亚资格框架》（EKR）5 级
能力指标： 1. 爱沙尼亚语达到 B2 级水平； 2. 掌握以下基础计算机技能模块："计算机基础知识""互联网基础知识""文字处理和电子表格""标准模块数据库""信息技术安全""互联网应用"； 3. 行为得当，能够有效表达观点、解决矛盾； 4. 与不同方面的人员有效沟通，选择适当的行为和表达方式； 5. 保守工作秘密，认真履行职责； 6. 遵守岗位管理要求； 7. 按照要求记录工作活动。	
评估方法： 在评估职业标准规定的其他职业能力时，一并对共同能力进行评估。	

第三部分：备注和附件

C. 1 有关职业标准编制、采用的信息和职业分类	
1. 职业标准注册编号	26－01062017－03/2k
2. 职业标准编写人员	Kaupo Kuusik，保安公司协会 Margus Oberschneider，消防设施维保企业联盟 Mart Olesk，消防安全专家协会 Toomas Randmaa，消防安全专家 Mari Tikan，内政部 Rain Tõrrson，保险公司协会 Tagne Tähe，救援局 Alar Valge，内政学院
3. 职业标准批准机构	财产和人身保护职业委员会
4. 职业委员会的批准编号	7
5. 职业委员会的批准日期	2017 年 6 月 1 日
6. 职业标准有效期截止日期	2022 年 8 月 31 日
7. 职业标准版本号	2
8. 《国际标准职业分类》（ISCO－08）对应职业	3112 土木工程技术人员
9. 对应的《欧洲资格框架》等级	5
C. 2 外语职业名称	
英语	Fire safety specialist，level 5
C. 3 附件	
附件 1：语言水平（阅读＋口语＋书写）	
附件 2：计算机水平	

注：https：//www. kutseregister. ee/ctrl/et/Standardid/exportPdf/10647514/.

职业标准

消防安全专家，6 级

职业标准是对工作内容以及完成工作所需技能、知识和责任等能力水平的规定，是设计教育培训课程和授予职业资格的依据。

职业名称	《爱沙尼亚资格框架》（EKR）对应的级别
消防安全专家，6 级	6 级

第一部分：职业说明

A. 1 工作概述

消防安全专家的工作内容是开展消防安全评估，就建筑、设施和活动的消防安全提出专业意见；向施工单位、设计单位、建筑管理人员和业主提供消防安全咨询和培训；解决建筑消防安全领域的疑难问题；就预防火灾和其他灾害提出建议，参与编制消防技术标准规范，开展火灾调查。

消防安全专家可以独立工作，也可以组成团队，与同事、客户、媒体和相关机构保持良好沟通；指导消防安全专业人员和其他领域专家的活动。对提供的错误意见承担责任。

除本职业外，消防安全专业人员（5 级）不能独立开展消防安全评估、建筑消防安全咨询和火灾调查工作。

A. 2 工作内容

A. 2. 1 火灾风险评估

1. 区域消防安全风险评估*
2. 建筑和场地消防安全风险评估

A. 2. 2 建筑消防安全评估

1. 评估建筑、设计的全部或部分是否符合消防安全要求
2. 消防设施的合格评定
3. 评估产品是否符合消防安全要求
4. 评估服务的消防安全要求
5. 评估准备
6. 消防安全咨询服务

A. 2. 3 单位消防安全评估

1. 评估场地（建筑、空间）使用和设备安装是否符合消防安全要求
2. 评估单位的消防安全管理
3. 评估准备
4. 起草和修订评估文件

A. 2. 4 消防安全信息服务

1. 告知消防安全要求
2. 消防安全咨询

A. 2. 5 特殊消防安全要求及其审核*

1. 建筑设计的特殊消防安全要求
2. 建筑消防安全审核
3. 选择专家和技术人员
4. 评估新材料、新研究成果的消防安全要求
5. 工作流程协调
6. 数据分析
7. 编写特殊消防安全要求及其审核报告
8. 提出建筑全部或局部的结构消防安全方案
9. 编制消防安全专家审查报告

可选工作模块

A. 2. 6 火灾调查*

1. 现场调查和收集资料
2. 资料和证据检验
3. 提出意见

A. 2. 7 组织消防安全培训和演练

1. 针对目标群体确定培训需求，制定培训规划
2. 准备和实施培训
3. 评估并反馈培训成效
4. 准备培训资料

续 表

A.3 工作环境和工作性质	
工作时间基于客户要求，不确定。工作环境是室内、外，包括高风险环境。	
A.4 工具	
信息通信设备、个人防护装备，测量和存储记录工具，办公设备以及其他专用设备。	
A.5 个人素质	
合作、负责，分析综合，纠正错误，做出决策，独立性。	
A.6 职业培训	
高等教育，并通过职业培训或实际工作取得职业技能。一般应取得消防安全专业人员（5 级）职业资格。	
A.7 常见职位	
消防安全专家。	
A.8 准入要求*	
消防安全专家应遵守《建筑法典》。	

第二部分：能力要求

B.1 能力构成
申请该职业，必须达到 B.2.1 至 B.2.5 的强制能力和 B.2.8 的共同能力，B.2.6 和 B.2.7 为可选能力。

B.2 能力

强制能力

B.2.1 火灾风险评估	**《爱沙尼亚资格框架》（EKR）6 级**
能力指标： 1. 根据法律法规和地域特点，应用多种方法评估区域火灾风险；* 2. 根据法律法规和建筑特点，评估建筑或场地的火灾风险。	
B.2.2 建筑消防安全评估	**《爱沙尼亚资格框架》（EKR）6 级**
能力指标： 1. 使用多种方法，评估场地、建筑、设计的全部或部分是否符合基本消防安全要求； 2. 使用多种方法，评估消防设施的设计、安装是否符合消防安全要求； 3. 使用多种方法，评估建筑构件是否符合消防安全要求和设计要求； 4. 使用多种方法，评估消防安全服务（例如清洁烟道、维护消防设施）是否符合消防安全要求； 5. 按照规定格式提交评估报告； 6. 为客户提供消防安全咨询，告知客户是否需要其他专家参与，以便更准确地评估建筑消防安全并找到更详细的解决方案；开发并提供满足特定对象消防安全要求的技术解决方案。	
B.2.3 单位消防安全评估	**《爱沙尼亚资格框架》（EKR）5 级**

续　表

能力指标： 1. 根据资料审查和现场检查，评估场地（建筑、空间）使用、设备安装是否符合法律和技术法规的消防安全要求（包括检查和维护方面的要求）； 2. 根据资料审查、现场检查，评估建筑或单位的消防安全管理是否符合法律和技术法规要求。 3. 按照统一的程序准备评估。	
B. 2. 4 消防安全信息服务	**《爱沙尼亚资格框架》（EKR）5 级**
能力指标： 1. 向客户综合介绍重要、最新的消防安全信息，让客户了解消防安全要求； 2. 根据客户需求，提供针对性的消防安全建议。	
B. 2. 5 特殊消防安全要求及其审查*	**《爱沙尼亚资格框架》（EKR）6 级**
能力指标： 1. 分析评估建筑设计文件是否符合基本消防安全要求； 2. 分析评估建筑是否符合基本消防安全要求； 3. 组织相关领域的专家参与评估、审核等工作； 4. 评估相关消防安全要求、审核所需数据是否充分，提出补充收集要求； 5. 就特殊消防安全要求及时作出明确判断，向有关专家和专业人员提供明确的指导和任务； 6. 分析数据并系统整理研究结果，确定核心问题，做出合理评估； 7. 按照法律法规和技术标准，根据消防安全要求和相关数据分析，起草公正、明确、可行的专家设计审查或评估报告； 8. 在专家设计审查和评估报告的基础上，根据法律法规和技术标准，制定可行的消防安全问题解决方案； 9. 提交特殊消防安全要求专家设计审查和评估报告；就不同意见进行分析、讨论，清晰全面地表达观点，不隐藏相关信息，聚焦重点问题。	
知识： 1. 建筑设计基础知识； 2. 建筑产品认证及检测方法； 3. 火灾原因和火灾发展过程； 4. 灭火救援； 5. 工作环境安全。	

可选能力

除强制能力外，申请本职业时可以证明具有 B. 2. 6 和 B. 2. 7 的能力。

B. 2. 6 火灾调查*	**《爱沙尼亚资格框架》（EKR）6 级**
能力指标： 1. 根据专业知识和实地检查，确定起火点和着火源，以及与火灾发生、发展有关的其他情况；勘查火灾现场情况、燃烧痕迹，收集证据和其他信息； 2. 研究火源引燃着火物的可能性，分析数据和其他信息，以确定可能的起火原因； 3. 根据收集的信息，按照法定程序和工作要求，选择火灾调查程序； 4. 按照法律规定和工作要求，开展相关程序性工作； 5. 根据收集的数据，给出专家意见。	

续 表

B. 2. 7 组织消防安全培训和演练	《爱沙尼亚资格框架》（EKR）5 级
能力指标： 1. 按照法律法规要求和客户需求，制定计划并开展消防安全培训，评估是否需要开展进一步培训； 2. 根据培训计划确定的学习目的，准备培训内容；根据培训主题、学习环境和相关标准，编修教材；开展培训并确保在规定课时达到培训目的； 3. 根据培训计划评估培训工作及其效果；向客户反馈培训成效和进一步培训的建议； 4. 根据法律法规和客户要求做好培训记录。	

共同能力

B. 2. 8 消防安全专家（6 级）的共同能力	《爱沙尼亚资格框架》（EKR）5 级
能力指标： 1. 爱沙尼亚语达到 B2 级水平； 2. 掌握以下基础计算机技能模块："计算机基础知识""互联网基础知识""文字处理和电子表格""标准模块数据库""信息技术安全""互联网应用"； 3. 行为得当，能够有效表达观点、解决矛盾； 4. 与不同方面的人员有效沟通，选择适当的行为和表达方式； 5. 保守工作秘密，认真履行职责； 6. 遵守岗位管理要求； 7. 按照要求记录工作活动。	
评估方法： 在评估职业标准规定的其他职业能力时，一并对共同能力进行评估。	

第三部分：备注和附件

C. 1 有关职业标准编制、采用的信息和职业分类	
1. 职业标准注册编号	26 - 01062017 - 03/2k
2. 职业标准编写人员	Kaupo Kuusik，保安公司协会 Margus Oberschneider，消防设施维保企业联盟 Mart Olesk，消防安全专家协会 Toomas Randmaa，消防安全专家 Mari Tikan，内政部 Rain Tõnson，保险公司协会 Tagne Tähe，救援局 Alar Valge，内政学院
3. 职业标准批准机构	财产和人身保护职业委员会
4. 职业委员会的批准编号	7
5. 职业委员会的批准日期	2017 年 6 月 1 日
6. 职业标准有效期截止日期	2022 年 8 月 31 日
7. 职业标准版本号	2
8. 《国际标准职业分类》（ISCO - 08）对应职业	3112 土木工程技术人员

续　表

9. 对应的《欧洲资格框架》等级	6
C.2 外语职业名称	
英语	Fire safety specialist，level 5
C.3 附件	
附件1：语言水平	
附件2：计算机水平	

注："＊"为笔者所加，标识与"消防安全专业人员（5级）"相比增加的工作内容。https：//www. kutseregister. ee/ctrl/en/Standardid/exportPdf/10647474/.

4.2.4　"消防安全监督员"职业

消防安全监督员，是救援局从事消防监督、预防和减少火灾等灾害损失的专业人员，其工作的法律依据是《救援法》第5条第（1）款第3）项和《消防安全法》第38条，主要工作内容包括消防监督检查、预防灾害事故、参加火灾调查等，不属于准入类职业。在爱沙尼亚职业资格分类目录的"救援服务"中类，设有"消防安全监督员"（Päästeinspektor，英译 Fire safety inspector）职业小类，下设一个同名职业"消防安全监督员（5级）"（Päästeinspektor，tase 5，英译 Fire safety inspector，level 5）。从本职业与《国际标准职业分类》的对应关系看，第1版至5版职业标准对应的是《国际标准职业分类》（ISCO－88）第三大类"中级专业人员和技术人员"中的"3151 消防和建筑监督员"（Fire and building inspectors）；第6版、第7版职业标准对应的是《国际标准职业分类》（ISCO－08）第三大类"技术和辅助专业人员"中的"3112 土木工程技术人员"（Civil Engineering Technicians），是典型的以专业技术工作为主的"白领"工作。目前的职业资格授予机构是内政学院。

现行《消防安全监督员（5级）职业标准》2007年9月1日生效（有效期至2022年8月31日），对消防安全监督员的工作描述是："监督执行消防安全规定，预防火灾和其他灾害事故，规划减少灾害损失的措施，参加火灾调查。"监督、预防、规划、调查——这一系列动词，概括了消防监督员"监督＋技术"的基本职业特点。本职业的工作内容和能力指标，与消防安全专业人员具有较高的相似性，只是角度不同，前者以"监督"为特点，后者则以"技术服务"为主。

关于本职业的名称，有必要做专门说明。作为2002年6月21日首批实施的消防救援领域职业标准之一，首版职业标准中，本职业的爱沙尼亚文名称是 tuletõrje－ja päästeinspektor Ⅲ，即“消防救援监督员”。自2006年2月1日修订施行的第2版以及后续的5版职业标准中，均将职业名称改为Päästeinspektor，直译是“救援监督员”——修改后的职业名称，虽然适应了爱沙尼亚国内将消防、救援职能整合后统称“救援”的现实情况，但不便于在国际交流时，建立与其他国家相关职业的对应关系。因此，在本职业标准的前5个版本中（2002年6月21日至2013年12月31日），职业名称的官方英译均为Fire Inspector——即“消防监督员”，官方俄语和芬兰语名称分别为Пожарный инспектор和Palotarkastaja，直译也均为“消防监督员”，体现了本职业不可否认的“消防”主元素。自第6版起（包括现行的第7版），职业名称的官方英译均为Fire Safety Inspector——即“消防安全监督员”。因此，将本职业的名称译为“消防安全监督员”。

表5－47是消防安全监督员（5级）各版本职业标准的修订情况。在2013年11月21日之前，本职业按照2001年版《职业资格法》的5级资格框架体系，细分为3级、4级两个职业。2008年版《职业资格法》施行后，根据该法第26条关于原有职业标准在有效期内继续适用的过渡性规定，从2013年11月21日起，才按照新的8级资格框架体系，将消防安全监督员的资格等级分别确定为4级、5级，但这两个细分职业在工作内容、能力指标等方面的区别并不显著（主要是5级增加了数据分析、资源管理、内部监督方面的职责）。因此，在2017年9月1日起施行的现行职业标准中，将2个职业级别归并为1个（删除了数据分析和内部管理监督的工作内容，增加了可选能力模块“火灾调查”），对应新的资格等级为5级。

表5－47 消防安全监督员职业标准修订情况

《消防监督员》（2013年底之前的资格等级3级、2014年后的5级）				
版次	职业标准名称	生效时间	失效时间	职业标准编号
1	消防救援监督员，3级 Tuletõrje－ja päästeinspektor Ⅲ	2002年6月21日	2006年1月31日	18－21062002－06/1
2	救援监督员，3级 Päästeinspektor Ⅲ	2006年2月1日	2007年10月29日	18－01022006－01/2
3		2007年10月30日	2011年11月14日	18－30102007－01/3
4		2011年11月15日	2013年11月20日	18－15112011－5.3/4
5		2013年11月21日	2013年12月31日	18－21112013－5.4/6s
6	救援监督员，5级 Päästeinspektor，tase 5	2013年6月21日	2017年8月31日	18－21062013－01/5k

续　表

《消防监督员》（2013 年底之前的资格等级 4 级、2014 年后的 6 级）				
版次	职业标准名称	生效时间	失效时间	职业标准编号
1	救援监督员，4 级 Päästeinspektor IV	2006 年 12 月 11 日	2007 年 10 月 29 日	18 - 11122006 - 03/1
2		2007 年 10 月 30 日	2008 年 6 月 4 日	18 - 30102007 - 02/2
3		2008 年 6 月 5 日	2011 年 11 月 14 日	18 - 05062008 - 17/3
4		2011 年 11 月 15 日	2013 年 11 月 20 日	18 - 15112011 - 5. 5/4
5		2013 年 11 月 21 日	2013 年 12 月 31 日	18 - 21112013 - 5. 5/6s
6	救援监督员，6 级 Päästeinspektor，tase 6	2013 年 6 月 21 日	2018 年 6 月 20 日	18 - 21062013 - 02/5k
2017 年后，上述 2 个职业合并为 1 个职业《消防监督员》（5 级）				
7	消防安全监督员，5 级 Päästeinspektor，tase 5	2017 年 9 月 1 日	2022 年 8 月 31 日	26 - 01062017 - 01/7k

注：笔者根据职业资格局网站整理。第 5 版和第 6 版的有效期有重叠，原因是第 5 版职业标准到期前，已经完成了第 6 版职业标准编制。https：//www. kutseregister. ee/et/standardid/standardid_ top2/？.

从能力模块的构成看，消防安全监督员包括 5 个强制能力模块（火灾风险评估、建筑消防安全评估、单位消防安全评估、消防安全信息服务、消防违法行为查处）和 1 个可选能力模块（火灾调查）。其中，前 4 个强制能力模块的名称与“消防安全专业人员”职业小类的 2 个职业完全相同，只是根据本职业“监督检查”的角度，删改了部分工作内容，并调整了能力指标的角度。比如：“建筑消防安全评估”能力模块，在消防安全专业人员相关内容的基础上，只删减了最后一项“消防安全咨询服务”；“单位消防安全评估”能力模块，也是只删减了最后一项工作内容“起草和修订评估文件”；而“火灾风险评估”“消防安全信息服务”“火灾调查”能力模块的工作内容和能力指标完全相同，这也充分体现了“消防安全监督员”“消防安全专业人员”虽然定位和角度不同——一个是监督检查，另一个是技术服务，但工作内容和技能水平高度相似性——正是基于这种相似性，这两个职业小类的职业标准起草工作组人员构成相同。现行消防安全监督员职业标准 2017 年 6 月 1 日公布施行，同年 9 月 1 日公布施行的 2 部消防安全专业人员职业标准在修订说明中明确提出：“保持职业能力模块与消防安全监督员职业标准的可比性。”

“消防违法行为查处”，是反映本职业定位和特点的专有职业能力模块。本书第三章已专门介绍救援机构的监督职责，根据《“消防安全监督员（5 级）”职业标准》，消防安全监督员应当符合以下4个方面的能力标准：（1）收集违反消防安全规定行为的信息，根据法律法规和救援机构规定，确定是否立案追究责任；（2）根据法律法规和救援机构规定，结合风险研判和收到的信息、建议，实施监督检查；（3）根据法律法规和救援机构规定，在图纸审批、发放施工和使用许可证时，核实是否符合消防安全要求；（4）根据法律规定和救援机构规定，追究违反消防安全规定的轻罪行为。

《救援组织法》并未将消防安全监督员纳入准入类职业范围。关于申请本职业资格的条件，2002年的首版职业标准提出，申请消防救援监督员（3级）资格，应当具备以下三个条件之一：（1）中等教育学历，并取得救援员（2级）职业资格；（2）高等教育学历，参加按照职业标准内容要求组织的职业培训；（3）符合消防救援监督领域的职业能力要求。2006年的第2版标准将上述第（3）项具体为取得“救援长（3级）”职业资格，并将这一条件延续到2013年的第5版标准。第6版标准简化了职业资格申请条件，在教育水平方面，只要求4级、5级救援监督员分别具有中等教育学历、高等教育学历。2017年施行的现行职业标准明确“由内政部规定消防安全监督员的教育培训要求”，在救援局2017年制定的《救援局的职业发展路径和机遇》中，“5.4.2 救援中心的安全监督人员”明确提出，“从事安全监督检查工作的人员必须具有高等教育学历，并在担任该职位一年内达到消防安全监督员（5级）职业标准的要求。”

职业标准

消防安全监督员，5级

职业标准是对工作内容以及完成工作所需技能、知识和责任等能力水平的规定，是设计教育培训课程和授予职业资格的依据。

职业名称	《爱沙尼亚资格框架》（EKR）对应的级别
消防安全监督员，5级	5级

第一部分：职业说明

A.1 工作概述
消防安全监督员的工作内容是监督执行消防安全规定，预防火灾和其他灾害事故，规划减少灾害损失的措施，参加火灾调查。 消防安全监督员独立工作，与其他机构和单位合作以提高其消防安全意识，要有良好的沟通能力。
A.2 工作内容

续 表

A. 2. 1 火灾风险评估 1. 建筑和场地消防安全风险评估 A. 2. 2 建筑消防安全评估 1. 评估建筑、设计的全部或部分是否符合消防安全要求 2. 消防设施的合格评定 3. 评估产品是否符合消防安全要求 4. 评估服务的消防安全要求 5. 评估准备 A. 2. 3 单位消防安全评估 1. 评估场地（建筑、空间）使用和设备安装是否符合消防安全要求 2. 评估单位的消防安全管理 3. 评估准备 A. 2. 4 消防安全信息服务 1. 告知消防安全要求 2. 消防安全咨询 A. 2. 5 根据情节，对违反消防安全规定的行为实施处罚 1. 确定是否立案追究责任 2. 实施监督检查 3. 检查建筑工程是否符合消防安全要求 4. 提起轻罪诉讼
可选工作模块
A. 2. 6 火灾调查 1. 现场调查和收集资料 2. 检查分析收集的数据和证据 3. 确定程序需求 4. 执行程序步骤 5. 提出意见
A. 3 工作环境和工作性质
工作时间是相对固定的工作日。工作环境是室内、外，包括高风险、高危险环境。
A. 4 工具
信息和通信技术设备、个人防护装备和测量、记录设备以及办公设备用品。
A. 5 个人素质
合作、负责，分析综合，纠正错误，做出决策，独立性。
A. 6 职业培训
由内政部规定消防安全监督员的教育培训要求，应当通过工作或职业教育取得职业能力。
A. 7 常见职位
消防安全监督员，安全监督检查员。
A. 8 准入要求
救援人员从事本职业的准入依据是《救援组织法》。

第二部分：能力要求

B.1 能力构成
申请该职业，必须达到 B.2.1 至 B.2.5 的强制能力和 B.2.7 的共同能力，B.2.6 为可选能力。

B.2 能力

强制能力

B.2.1 火灾风险评估	《爱沙尼亚资格框架》（EKR）5 级
能力指标： 1. 根据法律法规和建筑特点，评估建筑或场地的火灾风险。	
B.2.2 建筑消防安全评估	**《爱沙尼亚资格框架》（EKR）5 级**
能力指标： 1. 通过实地检查和资料审查，评估场地、建筑、设计的全部或部分是否符合基本消防安全要求； 2. 通过实地检查和资料审查，评估消防设施的设计、安装是否符合消防安全要求； 3. 通过实地检查和资料审查，评估建筑构件是否符合消防安全要求和设计要求； 4. 通过实地检查和资料审查，评估消防安全服务是否符合要求； 5. 按照规定格式提交评估报告。	
B.2.3 单位消防安全评估	**《爱沙尼亚资格框架》（EKR）5 级**
能力指标： 1. 通过实地检查和资料审查，评估场地（建筑、空间）使用、设备安装是否符合法律和技术规范的消防安全要求（包括检查和维护方面的要求）； 2. 通过实地检查和资料审查，评估建筑或单位的消防安全管理是否符合法律和技术规范要求； 3. 按照统一的程序准备评估。	
B.2.4 消防安全信息服务	**《爱沙尼亚资格框架》（EKR）5 级**
能力指标： 1. 向监督对象综合介绍重要、最新的消防安全信息，让其了解消防安全要求； 2. 根据单位或个人的需求，提供针对性的消防安全建议。	
B.2.5 对违反消防安全规定的行为实施行政处罚或提起轻罪诉讼	**《爱沙尼亚资格框架》（EKR）5 级**
能力指标： 1. 收集违反消防安全规定行为的信息，根据法律法规和救援机构规定，确定是否立案追究责任； 2. 根据法律法规和救援机构规定，结合风险研判和收到的信息、建议，实施监督检查； 3. 根据法律法规和救援机构规定，在图纸审批、发放施工和使用许可证时，核实是否符合消防安全要求； 4. 根据法律规定和救援机构规定，追究违反消防安全规定的轻罪行为。	

可选能力

除强制能力外，申请本职业时可以证明具有 B. 2. 5 的能力。

B. 2. 6 火灾调查	**《爱沙尼亚资格框架》（EKR）5 级**
能力指标： 1. 根据专业知识和实地检查，确定起火点、着火源和与火灾发生、发展有关的其他情况；调查火灾现场情况、燃烧痕迹，收集证据和其他信息； 2. 研究火源引燃着火物的可能性，分析数据和其他信息，以确定可能的起火原因； 3. 根据收集的信息，按照法定程序和工作要求，选择火灾调查程序； 4. 按照工作要求法定程序，开展相关调查工作； 5. 根据收集的数据，给出专家意见。	

共同能力

B. 2. 7 消防安全监督员（5 级）的共同能力	**《爱沙尼亚资格框架》（EKR）5 级**
能力指标： 1. 爱沙尼亚语达到 C1 级水平，至少一种外语（最好是英语或俄语）达到 B1 级水平； 2. 掌握以下基础计算机技能模块："计算机基础知识""互联网基础知识""文字处理和电子表格""标准模块数据库""信息技术安全""互联网应用"；根据法律和单位规定，使用规定的数据库和制式表格； 3. 行为得当，能够有效表达观点、解决矛盾； 4. 与不同方面的人员有效沟通，选择适当的行为和表达方式； 5. 保守工作秘密，认真履行职责； 6. 遵守岗位管理要求； 7. 按照要求记录工作活动。	
评估方法： 在评估职业标准规定的其他职业能力时，一并对共同能力进行评估。	

第三部分：备注和附件

C. 1 有关职业标准编制、采用的信息和职业分类	
1. 职业标准注册编号	26－01062017－01/7k
2. 职业标准编写人员	Kaupo Kuusik，保安公司协会 Margus Oberschneider，消防设施维保企业联盟 Mart Olesk，消防安全专家协会 Toomas Randmaa，消防安全专家 Mari Tikan，内政部 Rain Tõnson，保险公司协会 Tagne Tähe，救援局 Alar Valge，内政学院
3. 职业标准批准机构	财产和人身保护职业委员会
4. 职业委员会的批准编号	7
5. 职业委员会的批准日期	2017 年 6 月 1 日
6. 职业标准有效期截止日期	2022 年 8 月 31 日

续　表

7. 职业标准版本号	7
8.《国际标准职业分类》(ISCO－08) 对应职业	3112 土木工程技术人员
9. 对应的《欧洲资格框架》等级	5
C.2 外语职业名称	
英语	Fire safety Inspector, level 5
C.3 附件	
附件1：语言水平（阅读＋口语＋书写）	
附件2：计算机水平	

注：https：//www. kutseregister. ee/ctrl/et/Standardid/vaata/10647446.

4.2.5　安防和消防系统设计、安装的3个职业

在爱沙尼亚职业体系中，安防和消防系统设计、安装人员，是专门从事安防和消防系统（包括火灾自动报警系统、自动喷水和泡沫灭火系统等）设计、安装、维护、监测的专业人员和技术人员。2006年，爱沙尼亚将安防和消防系统的设计、安装归为1个职业，2014年之后则根据工作内容和技能水平的差异，将设计、安装分别设定为独立的职业。目前，在爱沙尼亚职业资格分类目录的第二大类“能源和电力”（Energeetika ja Elektriala）下设的“电气工程和自动化”（Elektritöö ja Automaatika）中类，分设了“安防和消防系统安装”（Kehtivuse kaotanud kutsestandardid）和“安防和消防系统设计”（Turvasüsteemide projekteerija）2个小类，包括“安防和消防系统技师（4级）”（Turvasüsteemide tehnik, tase 4）、“安防和消防系统专业人员（5级）”（Turvasüsteemide vastutav spetsialist, tase 5）、“安防和消防系统设计师（6级）”（Turvasüsteemide projekteerija, tase 6）等3个职业，能力水平逐次提高，按照爱沙尼亚国家资格框架，分别属于4级、5级和6级，均属于准入类职业。这3个职业的职业资格授予机构，均为爱沙尼亚保安公司协会。

4.2.5.1　“安防和消防系统安装”职业小类的2个职业

“安防和消防系统安装”小类设有安防和消防系统技师（4级）、安防和消防系统专业人员（5级）等2个职业，均对应《国际标准职业分类》（ISCO－08）第三职业大类“技术和辅助专业人员”中的“3114 电气技师”（Electronics Engineering Technicians）。表5－48、表5－49是这两个职业的职业标准制修订情况。

表 5－48　安防和消防系统技师（4 级）职业标准修订情况

版次	职业标准名称	生效时间	失效时间	职业标准编号
1	安防和消防系统技师，3 级 Turvasüsteemide tehnik Ⅲ	2006 年 4 月 6 日	2006 年 12 月 4 日	07－06042006－01/1
2		2006 年 12 月 5 日	2008 年 11 月 20 日	07－05122006－01/2
3		2008 年 11 月 21 日	2011 年 5 月 25 日	07－21112008－09/3
4		2011 年 5 月 26 日	2012 年 12 月 31 日	07－26052011－5. 1. 8/4s
5		2013 年 2 月 5 日	2014 年 12 月 31 日	07－05022013－04/5s
6	安防和消防系统技师，4 级 Turvasüsteemide tehnik，tase 4	2014 年 5 月 14 日	2017 年 3 月 20 日	18－14052014－1. 1/1k
7		2017 年 3 月 21 日	2018 年 1 月 15 日	26－21032017－01/2k
8		2018 年 1 月 16 日	2023 年 1 月 15 日	26－16012018－01/3k

注：笔者根据职业资格局网站整理。需要说明的是，第 4、5 版之间有“空窗期”，第 5、6 版的有效期有“重叠区”。https：//www. kutseregister. ee/ctrl/et/Standardid/show/.

表 5－49　安防和消防系统专业人员（5 级）职业标准修订情况

版次	职业标准名称	生效时间	失效时间	职业标准编号
1	安防和消防系统技师，5 级 Turvasüsteemide tehnik，tase 5	2014 年 5 月 14 日	2017 年 3 月 20 日	18－14052014－1. 2/1k
2		2017 年 3 月 21 日	2018 年 1 月 15 日	26－21032017－01/2k
3	安防和消防系统专业人员，5 级 Turvasüsteemide vastutav spetsialist，tase 5	2018 年 1 月 16 日	2023 年 1 月 15 日	26－16012018－02/8k

注：笔者根据职业资格局网站整理。https：//www. kutseregister. ee/ctrl/et/Standardid/show/.

2006 年 4 月 6 日，职业资格局发布了本职业系列的首部职业标准《安防和消防系统技师（3 级）职业标准》（*Turvasüsteemide tehnik* Ⅲ），在 2014 年 5 月 14 日首版《安防和消防系统设计师（6 级）》职业标准施行之前，“安防和消防系统技师”承担了安防和消防设施设计、安装、维护的全部工作内容。

首版《安防和消防系统技师（3 级）职业标准》的工作内容主要集中于安防系统，虽然官方英译的职业名称是 Security and Fire Alarm Systems Technician Ⅲ（安防和火灾报警系统技师，3 级），但正如职业说明中的描述，“安防系统技师负责在服务业、工商业、建筑工程、房地产项目，或者其他单位和公共机构安装、维护和测试安防系统。”标准中关于消防系统的内容很少，只是在第 5 部分“职业技能要求”中，将火灾自动报警系统作为 6 类安防系统（防盗报警、视频监控、门禁、火灾自动报警、应急广播、计算机系统）之一，没有涉及自动喷水灭火系统、气体灭火系统、泡沫灭火系统、防排烟系统等常见的建筑消防设施，也没有体现消防系统的特殊性和差异化的技能、知识要求，不具有全面性，可以说在一定程度上是“名不符实”的。

2006年底施行的第2版职业标准全面增补了消防系统内容，是本系列职业标准发展过程中最重要的成果，奠定了后续发展的基础，标准的相关内容保持到2014年施行的第6版标准才略做修改。第2版职业标准最主要的贡献，是厘清了相关概念的关系：广义的安防系统（Turvasüsteemid）由消防安全系统（Tuleohutussüsteemid）和狭义的安防系统（valvesüsteemideks，主要包括防盗抢报警、视频监控、门禁等系统，相应的专门法律是《安防法》①）组成；消防安全系统是探测火灾、发出火灾报警信号或者灭火的设施，分为火灾自动报警系统（automaatseteks tulekahjusignalisatsiooni – süsteemideks）、气体灭火系统（gaaskustutus – süsteemid）和自动喷水和泡沫灭火系统（sprinkler – ja vahttulekustutussüsteemid）。根据对职业范围的拓展，相应调整了该职业的英文名称，从原来只限于Fire Alarm Systems（火灾报警系统），覆盖到Fire Protection Systems（即各类消防安全系统），调整后的表述沿用至今。

以上述概念为基础，第2版职业标准提出，安防和消防系统技师必须至少具备以下4个方面之一的专项能力：安防系统，火灾自动报警系统，气体灭火系统，自动喷水和泡沫灭火系统——每个系统均应掌握11个方面的职业能力（系统布线、设备安装维护、系统调试、编程、系统设计、施工图纸和资料准备、测量、施工组织、现场管理、资源共享、客户服务）。职业资格证书也会相应予以标注，如《安防和消防系统安装技师（3级）：火灾自动报警系统》等，从而明确证书持有人的职业方向。这一做法延续到第5版职业标准。在申请职业资格的条件方面，第2版职业标准明確，申请安防和消防系统技师（3级）职业资格，必须具有不少于5年的工作经历，并参加相应的在职培训；如果申请人具有高等教育学历（或在2001年6月16日之前获得中等职业教育学历）并具有不少于3年的工作经历，也可以申请职业资格。本版职业标准还明确了当时的职业资格授予机构：爱沙尼亚电气承包商协会②——根据2008年《职业资格法》规定的职业资格授予机构公开竞争程序，目前的职业资格授予机构是爱沙尼亚保安公司协会。

2014年5月14日，以第6版职业标准的施行为标志，爱沙尼亚完成了安防和消防系统设计、安装人员职业设置的调整，根据工作内容和技能水平的不同，将系统的设计、安装职业予以区分，分别设置独立的职业并编制职业标准。按照2008年《职业资格法》确定的8级资格等级，将之前按照5级资格框架确定的安防和消防系统技师（3

---

① 2003年10月8日，议会通过《安防法》（*Turvaseadus*，RT I 2003，68，461），自2004年5月1日起施行，主要规范安防服务、保安公司的设立和行政许可、单位的内部监控、保安人员及其培训等方面内容。https：//www.riigiteataja.ee/akt/639392。

② 爱沙尼亚电气承包商协会（EESTI ELEKTRITÖÖDE ETTEVÕTJATE LIIT，EETEL）成立于1995年5月16日，是由该国电气行业企业成立的非营利组织，是爱沙尼亚工商业联合会的团体会员，目前的108个成员单位雇员越过4 000人。https：//eetel.ee/。

级）确定为新资格框架下的4级，虽然该职业的爱沙尼亚文名称未变，但官方英译再次微调，将Technician（技师）改为Installer（安装人员），突出了本职业以具体安装作业为主的定位；同时，设置了新的职业“安防和消防系统专业人员（5级）”（Turvasüsteemide tehnik，tase 5）。这2个职业的职业行为都应当遵守《消防安全法》《安防法》。

第6版《安防和消防系统技师（4级）职业标准》，按照2011年版《职业标准格式》对职业标准体例的调整，构建了本职业的能力模块体系：4项强制能力（工作计划组织、工作环境安全、设施设备安装施工和竣工移交、设备检查维护）、8项可选能力（安防系统安装维护、火灾报警系统安装维护、气体灭火系统安装维护、水和泡沫灭火系统安装维护、防排烟系统安装维护、建筑智能系统安装维护、应急照明系统安装维护、含氟气体灭火系统安装维护）和2个方面的共同能力（语言能力和工作守则）。同时发布的首版《安防和消防系统专业人员（5级）职业标准》，只是在能力要求方面比4级略作调整。

为落实1987年《蒙特利尔公约》、1997年《京都议定书》等国际公约中减少温室气体排放、控制大气臭氧层破坏的要求，欧洲议会于2006年5月17日通过限制特定含氟温室气体排放的842/2006号条例。2008年4月2日，欧洲议会和欧洲理事会又通过304/2008号条例《使用含氟温室气体的固定灭火系统和灭火器相关企业、人员资格互认的最低要求和条件》[①]，全面严控卤代烷等含氟温室气体在消防领域的应用。为落实上述要求，第6版《安防和消防系统技师（4级）职业标准》专门增加了“含氟气体灭火系统的安装维护”模块，包括4个方面的能力指标：（1）使用专用设备工具和方法，按照欧盟委员会相关法规的要求，安装和维护含氟气体灭火系统；（2）按照带压气瓶的更换要求，安装含氟气体灭火系统的储气瓶；（3）按照系统设计文件检查气瓶泄漏情况，采取适当措施控制含氟气体泄漏排放；（4）按照规定程序记录系统维护活动。并要求从业人员掌握以下知识：欧盟有关法律、《京都议定书》、气候变化、相关技术标准、阀门等专用设备、系统触发机制、防止气体泄漏的措施、按照环保要求回收含氟气体灭火剂。

2017年3月21日，第7版安防和消防系统技师（4级）职业标准和第2版安防和消防系统专业人员（5级）职业标准同时发布施行，标准的内容没有实质性变化，只是在

---

① 《关于限制特定含氟温室气体排放的842/2006号条例》，https：//eur－lex. europa. eu/LexUriServ/LexUriServ. do？uri＝OJ：L：2006：161：0001：0011：EN：PDF；《使用含氟温室气体的固定灭火系统和灭火器相关企业、人员资格互认的最低要求和条件》（304/2008号条例），https：//eur－lex. europa. eu/legal－content/EN/TXT/PDF/？uri＝CELEX：32008R0304。

能力描述中，删除了与安防和消防系统设计师（6 级）的关联关系（原因是设计、施工已经分立为两个独立的职业小类）。这两个职业的现行职业标准均是2018 年1 月16 日施行的，内容与上一版相比也没有实质性变化。表5－50 是这两个职业的能力模块分布。

表5－50 安防和消防系统技师（4 级）、专业人员（5 级）的能力模块

	强制能力					可选能力								共同能力
能力模块	工作计划组织	工作环境安全	设施设备安装施工和竣工移交	设备检查维护	监督管理	安防系统安装维护	火灾报警系统安装维护	气体灭火系统安装维护	水和泡沫灭火系统安装维护	防排烟系统安装维护	建筑智能系统安装维护	应急照明系统安装维护	含氟气体灭火系统安装维护	
安防和消防系统技师（4 级）	4 级	4 级	4 级	4 级		4 级	4 级	4 级	4 级	4 级	4 级	4 级	4 级	4 级
安防和消防系统专业人员（5 级）	5 级	5 级	5 级	5 级	5 级	5 级	5 级	5 级	5 级	5 级	5 级	5 级		5 级

注：笔者根据职业标准整理。

根据《消防安全法》第34 条的规定，安防和消防系统技师（4 级）、安防和消防系统专业人员（5 级）均属于准入类职业，其职业资格申请条件相同，均是中等教育学历，通过职业教育或者工作实践学习职业技能，此外，一般应在具备安防和消防系统技师（4 级）资格后，才能申请安防和消防系统专业人员（5 级）职业资格。

2020 年11 月20 日，职业资格局在官网“职业标准征求意见”专栏发布通知①，拟对本职业系列的职业设置和职业标准进行全面调整，包括变更职业委员会、新增职业、拆分和新增能力模块等。具体包括：（1）鉴于该职业系列在爱沙尼亚职业资格分类目录中从属于第二大类“能源和电力”，结合本次修订，拟将职业领域从“财产和人身安全”调整为“能源、矿业和化学工业”，相应地将管理本职业系列的职业委员会由“财产和

① 职业资格局：《安防和消防系统技术人员和安全系统专家职业标准征求意见》。https：//www. kutsekoda. ee/kutsekoda－kuulutab－valja－turvasusteemide－tehniku－ja－turvasusteemide－vastutava－spetsialisti－kutsestandardite－arvamuskusitluse/。

人身安全职业委员会”调整为“能源、矿业和化学工业职业委员会”①。（2）为了反映该领域从业人群中具体安装施工人员占主体的实际情况，拟新增职业“安防和消防系统安装工”（Turvasüsteemide paigaldaja，tase 3），资格等级为3级，工作内容是“安防系统和消防设施的安装施工”，包括3项强制能力模块“工作计划组织”“工作环境安全”“设施设备安装施工”。（3）为了厘清不同资格等级人员的工作内容和责任，将安防和消防系统技师（4级）、安防和消防系统专业人员（5级）的能力模块“设施设备安装施工和竣工移交”按照最小工作单元进行拆分，设置4个强制能力模块：“设施设备安装施工”“系统调试”“安装工程归档和文件签署”“维保文件归档和签署”。（4）根据安防和消防系统实际管理工作的需要，为完整反映本职业的工作内容，增加强制能力模块“用户培训”（Kasutajakoolituste läbi viimine）。（5）根据《安防法》对安防系统的分类，将目前的可选职业能力模块“安防系统安装维护”拆分为2个模块：“报警系统安装维护”“监控系统安装维护”。（6）增加可选能力模块“自动消防系统安装维护”（Tuleohutusautomaatika paigaldamine ja hooldamine），能力指标包括自动消防系统的参数配置、测试调试、检测维护等。

此次征求意见已于2020年11月30日结束，原定12月上旬提交能源、采矿和化学工业职业委员会进行审议。如果新的职业标准获得通过，将形成梯次搭配、更为完备合理的安防和消防系统安装职业系列：“安防和消防系统安装工（3级）”负责安防系统和消防设施的安装施工；“安防和消防系统技师（4级）”负责安防系统和消防设施的施工维护，并签署上述系统和设施的维保报告；“安防和消防系统专业人员（5级）”负责安防系统和消防设施的施工维护，必要时从事施工维护工作，并负责检查上述系统和设施的施工维护、签署一致性承诺书和检测报告。

4.2.5.2　安防和消防系统设计师

安防和消防系统设计师（Turvasüsteemide projekteerija，tase 6，英译 Security and Fire Protection Systems Project Designer，EstQF Level 6），是从事安防和消防系统设计工作的专业人员，按照爱沙尼亚国家资格框架，属于第6级，对应《国际标准职业分类》（ISCO－08）第二职业大类“专业人员”中的“2152 电气工程师”（Electronics Engineers）。

表5－51是安防和消防系统设计师职业标准的制修订情况②。该职业的职业标准编制时间较晚，2014年5月14日，首版《安防和消防系统设计师（6级）职业标准》、

① 能源、矿业和化学工业职业委员会：https：//www.kutseregister.ee/ctrl/et/Noukogud/vaata/10586030。
② 笔者根据职业资格局网站整理，https：//www.kutseregister.ee/ctrl/et/Standardid/show/。

《安防和消防系统专业人员（5 级）职业标准》和第 6 版《安防和消防系统技师（4 级）职业标准》同时公布施行，标志着爱沙尼亚安防和消防系统设计、安装人员职业资格体系的建立。现行职业标准是2018 年1 月16 日生效的第3 版（有效期截止2023 年1 月15 日），对安防和消防系统设计师的工作描述是“从事安防系统和消防设施设计，应当具备独立工作能力，并至少从事以下领域之一的设计工作：安防系统、火灾报警系统、气体灭火系统、自动喷水和泡沫灭火系统、防排烟系统、建筑智能化系统和应急照明系统”。“设计”这一关键词，鲜明体现了本职业的特点。

表 5 – 51　安防和消防系统设计师（6 级）职业标准制修订情况

版次	职业标准名称	生效时间	失效时间	职业标准编号
1	安防和消防系统设计师，6 级 Turvasüsteemide projekteerija，tase 6	2014 年 5 月 14 日	2017 年 3 月 20 日	18 – 14052014 – 1. 3/1k
2		2017 年 3 月 21 日	2018 年 1 月 15 日	26 – 21032017 – 03/2k
3		2018 年 1 月 16 日	2023 年 1 月 15 日	26 – 16012018 – 03/3k

根据现行职业标准，安防和消防系统设计师的能力要求包括3 个强制能力模块（工作计划组织，工作环境安全，通用设计能力），7 个可选能力模块（安防系统设计、火灾报警系统设计、气体灭火系统设计、水和泡沫灭火系统设计、防排烟系统设计、建筑智能系统设计、应急照明系统设计）和 3 个方面的共同能力（语言、计算机和工作守则）。与安防和消防系统专业人员（5 级）相比，在强制能力方面，减少了“设备检查维护”“监督管理”2 个模块；在可选能力模块方面，仍然是 7 类安防和消防系统，只是工作内容和能力要求的角度从“安装维护”调整为“设计”。

需要强调的是，虽然职业标准未将上述 7 个可选能力模块列为“专项能力”，但根据职业标准“A. 1 工作概述”“B. 1 能力构成”的要求，职业资格申请人必须在 7 个可选能力中选择至少 1 项。此外，根据《消防安全法》第 34 条的规定，安防和消防系统设计师（6 级）属于准入类职业，其职业资格申请条件是具有硕士学位或者高等教育学历，并应在已经取得安防和消防系统设计师（6 级）职业资格的人员指导下工作，掌握相应的职业技能。

4. 3　消防安全相关职业标准

如表 5 – 52（笔者整理）所示，在爱沙尼亚职业资格分类目录中，烟道清扫、壁炉建造和焊接 3 个方面的 8 个职业因为与消防安全直接相关，根据《消防安全法》相关条文的规定，均纳入了准入类（半准入类）职业。现简要介绍相关职业标准的基本情况。

表 5－52　消防安全相关职业的职业资格管理情况

序号	职业名称	资格等级	规范职业行为的法律依据	是否属于准入类职业	行业主管部门	职业资格授予机构
1	烟道清扫工	3 级	《消防安全法》第 11 条	是	内政部	爱沙尼亚消防联盟
2	烟道清扫工	4 级		是		
3	烟道清扫技师	5 级		是		
4	壁炉工学徒	3 级	《消防安全法》第 9 条	是	救援局	爱沙尼亚壁炉工协会
5	壁炉工	4 级		是		
6	壁炉技师	5 级		是		
7	焊工	3 级	《消防安全法》第 14 条	半准入管理		爱沙尼亚机械工业协会
8	焊工	4 级		半准入管理		

4.3.1　烟道清扫职业

住宅和公共建筑的炉灶、壁炉产生的油烟具有黏性，易于附着在烟道内壁形成油垢，尤其在烟道转弯处更易于附着和堆积形成油垢。如果长时间不清扫，油垢就会越积越厚甚至堵塞烟道，影响热烟气排放，造成烟道内温度过高。由于油垢具有可燃性，遇明火或温度过高时都可能燃烧起火，并沿烟道内壁蔓延扩大，或者引燃烟道周边的可燃材料造成火灾。欧洲、北美洲地区有使用木材作为燃料的传统，炉灶、壁炉的烟道尤其是烟囱更是容易引起火灾，因此很多国家都有烟道清扫职业。

在爱沙尼亚职业资格分类目录第一大类“建筑、装修、房地产、测绘”的“加热取暖设施建造维护”（Küttesüsteemide ehitus ja hooldus）中类，设有“烟道清扫工”（Korstnapühkija）小类，包括主要从事各类取暖加热设施和烟道清扫工作的 3 个职业：烟道清扫工（3 级）（Korstnapühkija，tase 3）、烟道清扫工（4 级）（Korstnapühkija，tase 4）和烟道清扫技师（5 级）（Korstnapühkija－meister，tase 5），英译均为“Chimney sweeper”，能力水平逐次提升，按照爱沙尼亚国家资格框架，分别属于 3 级、4 级和 5 级，均对应《国际标准职业分类》（ISCO－08）中的“7133 建筑清洁工”。表 5－53 是这 3 个职业的职业标准基本情况和工作描述（笔者整理）。根据《消防安全法》第 11[1] 条的规定，烟道清扫职业属于准入类职业，目前由爱沙尼亚消防联盟（2022 年 1 月 3 日并入爱沙尼亚救援联盟）负责职业资格授予工作。

表 5-53 烟道清扫职业标准基本信息

职业	工作描述	现行职业标准信息
烟道清扫工（3 级）	检查和清扫各类房屋建筑的加热取暖设施和烟道，评估其消防安全状况，告知检查发现的问题；在烟道清扫技师指导下清除油垢；介绍维护和安全使用加热取暖设施的方法。可以独立工作，或者在烟道清扫技师（5 级）的监督下参与团队共同工作	第 6 版，2019 年 10 月 31 日实施，有效期至 2021 年 11 月 15 日；编号 22-31102019-01/6k
烟道清扫工（4 级）	检查和清扫各类房屋建筑的加热取暖设施和烟道，评估其消防安全状况，告知检查发现的问题，介绍维护和安全使用加热取暖设施的方法。独立开展工作，可以指导烟道清扫工（3 级）开展工作	第 6 版，2016 年 11 月 16 日实施，有效期至 2021 年 11 月 15 日；编号 22-16112016-3.2.1/6k
烟道清扫技师（5 级）	检查和清扫各类房屋建筑的加热取暖设施和烟道，评估其消防安全状况，告知检查发现的问题，介绍维护和安全使用加热取暖设施的方法。对烟道清扫人员进行技能培训，参与制定培训计划和教学	第 6 版，2016 年 11 月 16 日实施，有效期至 2021 年 11 月 15 日；编号 22-16112016-3.2.2/4k

4.3.2 壁炉建造职业

爱沙尼亚冬季漫长、气候寒冷，有在住宅等建筑内建造壁炉的传统，壁炉等取暖加热设施建造、安装、翻新、改造形成一个职业系列。在职业资格分类目录第一大类“建筑、装修、房地产、测绘”的“加热取暖设施建造维护”（Küttesüsteemide ehitus ja hooldus）中类，设有“壁炉工”（Pottsepp）小类，包括从事壁炉建造维护等相关工作的 3 个职业：壁炉工学徒（Pottsepp-sell，tase 3，英译 Apprentice Oven Builder，EstQF Level 3）、壁炉工（Pottsepp，tase 4，英译 Oven Builder，EstQF Level 4）和壁炉技师（Pottseppmeister，tase 5，英译 Master Oven Builder，EstQF Level 5），能力水平逐次提升，按照爱沙尼亚国家资格框架，分别属于 3 级、4 级和 5 级，均对应《国际标准职业分类》（ISCO-08）中的“7314 陶瓷和相关工人”。表 5-54 是这 3 个职业的职业标准基本情况和工作描述（笔者整理）。该职业系列应遵守《建筑法》《消防安全法》及其配套法规，以及相关的技术标准，如国家标准是 EVS 812《建筑消防安全 第 3 部分：供暖系统》等。根据《消防安全法》第 9 条第（1）款“固体燃料炉、壁炉、火炉和其他加热装置（以下简称炉具、壁炉或火炉）及其烟囱、烟道的建造和安装，应当由取得壁炉工职业资格证书的专业人员承担”的规定，壁炉建造职业均属于准入类职业，目前由爱沙尼亚壁炉工协会负责职业资格授予工作。

表 5-54 壁炉工职业标准基本信息

职业	工作描述	现行职业标准信息
壁炉工学徒（3 级）	在监督指导下，建造、安装、改造、翻新和拆除房屋建筑的加热取暖设施（如炉灶、壁炉、桑拿炉等）及其附属的烟道、烟囱等	第 6 版，2020 年 1 月 1 日实施，有效期至 2024 年 12 月 31 日；编号 22-06052019-4.2/6k
壁炉工（4 级）	独立建造、安装、改造、翻新和拆除房屋建筑的加热取暖设施（如炉灶、壁炉、桑拿炉等）及其附属的烟道、烟囱等；为客户提供选择加热取暖设施的建议；培训壁炉工学徒	第 6 版，2020 年 1 月 1 日实施，有效期至 2024 年 12 月 31 日；编号 22-06052019-4.3/6k
壁炉技师（5 级）	建造、安装、改造、翻新和拆除房屋建筑的加热取暖设施（如炉灶、壁炉、桑拿炉等）及其附属的烟道、烟囱等；起草相关的工作文件，为客户提供选择或组合使用加热取暖设施的建议；指导培训壁炉工学徒和壁炉工	第 6 版，2020 年 1 月 1 日实施，有效期至 2024 年 12 月 31 日；编号 22-06052019-4.4/6k

4.3.3 焊接职业

金属焊接、切割作业常见的能量来源包括气体焰、电弧、激光等，往往产生高温和明火，作业不慎极易引起火灾，因此各国普遍将焊割作业工人（英语 Welder）纳入职业资格管理范畴。爱沙尼亚的管理措施更为灵活，将焊工（Keevitaja）列入“半准入类职业”（osaliselt reguleeritud kutsed）——即“取得职业资格会在劳动力市场带来就业便利性的职业”，依据是《消防安全法》第 14 条第（1）款“完成消防安全培训并取得《明火作业证》的人员，可以进行经济活动性质的明火作业”。即作业人员如果完成明火作业安全培训并取得《明火作业证》，也可以不取得焊工职业资格证——但实践中，专门从事焊接作业的人员为了提高职业技能，更倾向于取得焊工职业资格。

在爱沙尼亚职业资格分类目录第七大类“工程、制造和加工”的“金属加工和金属制品生产”（Metalli töötlemine ja metalltoodete tootmine）中类，设有“焊工”（Keevitaja）小类，包括焊工（3 级）（Keevitaja，tase 3）和焊工（4 级）（Keevitaja，tase 4），英译均为 Welder，能力水平逐次提升，按照爱沙尼亚国家资格框架，分别属于 3 级和 4 级，均对应《国际标准职业分类》（ISCO-08）中的“7212 金属焊割工”。表 5-55 是这两个职业的职业标准基本情况和工作描述（笔者整理）。该职业应遵守《消防安全法》第 12 条、第 14 条的规定，以及相关的技术标准。目前，爱沙尼亚机械工业协会①负责本职业资格授予工作。

① 爱沙尼亚机械工业协会（Eesti Masinatööstuse Liit），是机械行业的非营利组织，https://www.emliit.ee/。

表 5-55　焊工职业标准基本信息

职业	工作描述	现行职业标准信息
焊工（3 级）	按照图纸要求，使用焊接工艺从事金属产品和结构的制造、安装、维护和维修工作；在焊工（4 级）指导下加工更复杂、需要质量检验的产品和结构。包括 2 个单项职业资格：手工电弧焊、半自动焊	第 8 版，2019 年 5 月 8 日实施，有效期至 2021 年 5 月 7 日；编号 24-08052019-2.3.1/8k
焊工（4 级）	按照图纸要求，使用焊接工艺从事金属产品和结构的制造、安装、维护和维修工作；与其他焊工合作加工更复杂、需要质量检验的产品和结构。包括 3 个单项职业资格：手工电弧焊、半自动焊、氩弧焊	第 7 版，2019 年 5 月 8 日实施，有效期至 2021 年 5 月 7 日；编号 24-08052019-2.3.2/7k

4.4　消防救援职业资格授予

如前文所述，爱沙尼亚职业资格分类目录包括 12 个消防救援职业，其中 9 个属于准入类职业，如表 5-56 所示（笔者整理）。目前，保安公司协会和内政学院分别承担上述职业的职业资格授予工作。此外，上述两个机构还分别承担职业资格分类目录中“财产和人身保护”大类所属边防、司法、执法、防爆、救生、安防、保安等其他领域 17 个职业的职业资格授予工作。

表 5-56　消防救援职业的职业资格管理情况

序号	职业名称	资格等级	是否属于准入类职业	行业主管部门	职业资格授予机构
1	救援员	4 级	是	救援局	内政学院
2	救援队长	5 级	是		
3	救援指挥长	6 级	否		
4	接警员	4 级	是		
5	调度员	5 级	是		
6	调度中心值班长	6 级	是		
7	消防安全监督员	5 级	否		
8	消防安全专业人员	5 级	否		
9	消防安全专家	6 级	是		
10	安防和消防系统技师	4 级	是		爱沙尼亚保安公司协会
11	安防和消防系统专业人员	5 级	是		
12	安防和消防系统设计师	6 级	是		

4.4.1　职业资格授予程序

消防救援类职业资格的授予，同样遵循授予职业资格的一般程序（见本章3.4.2）。在内政学院、爱沙尼亚保安公司协会等职业资格授予机构的网站，均设有专门的“职业资格授予”（kutse andmine）页面，系统介绍相关职业资格的申请程序，表5－57是消防救援和消防安全相关职业的职业资格授予程序、申请概述、考试评估指南、考试程序等文档明细（笔者整理）。

表5－57　消防救援和消防安全相关职业的职业资格授予程序等资料

序号	职业名称	职业资格授予程序	网址	职业资格授予机构
内政学院职业资格授予程序（救援人员）			https：//www. kutseregister. ee/ctrl/et/KAO_ Fail/downloadFile/10353258	
1	接警员（4级）	职业资格申请概述	https：//www. sisekaitse. ee/sites/default/files/inline－files/% C3% B5ige－p% C3% A4% C3% A4stekorraldaja% 2C% 20tase% 204% 20－% 20WORD_ 0. pdf	
2	调度员（5级）	职业资格申请概述	https：//www. sisekaitse. ee/sites/default/files/inline－files/% C3% B5ige－p% C3% A4% C3% A4stekorraldaja－logistiks% 2C% 20tase% 205% 20WORD. pdf	
3	调度中心值班长（6级）	职业资格申请概述	https：//www. sisekaitse. ee/sites/default/files/inline－files/parandatud% 20－% 20p% C3% A4% C3% A4stekorraldaja－valvevahetuse% 20juht% 2C% 20WORD. pdf	
4	救援员（4级）	职业资格申请概述和职业资格考试评估指南	https：//www. sisekaitse. ee/sites/default/files/inline－files/P% C3% 84% C3% 84STJA% 2C% 20tase% 204% 20_ 0. pdf	内政学院
		职业资格考试程序	https：//www. sisekaitse. ee/sites/default/files/inline－files/Kutsetaotleja% 20P% C3% A4% C3% A4stja% 20KE_ kord_ 2019_ 0. pdf	
5	救援队长（5级）	职业资格申请概述	https：//www. sisekaitse. ee/sites/default/files/inline－files/p% C3% A4% C3% A4stemeeskonna% 20juht% 2C% 20tase % 205. pdf	
		职业资格考试评估指南	https：//www. sisekaitse. ee/sites/default/files/inline－files/p% C3% A4% C3% A4stemeeskonna% 20juht% 2C% 20tase % 205. pdf	
		职业资格考试程序	https：//www. sisekaitse. ee/sites/default/files/inline－files/Kutsetaotleja% 20PMJ% 20tase% 205% 20kutseeksami% 20kord_ 2019_ 0. pdf	

续　表

序号	职业名称	职业资格授予程序	网址	职业资格授予机构
6	救援指挥长（6级）	职业资格申请概述	https：//www. sisekaitse. ee/sites/default/files/inline – files/P% C3% A4% C3% A4stejuht% 2C% 20tase% 206_ 0. pdf	内政学院
7	消防安全监督员（5级）	职业资格申请概述	https：//www. sisekaitse. ee/sites/default/files/inline – files/% C3% B5ige – p% C3% A4% C3% A4steinspektor% 2C% 20tase% 205% 20 – % 20WORD. pdf	
内政学院职业资格授予程序（消防安全专业人员）			https：//www. kutseregister. ee/ctrl/et/KAO _ Fail/downloadFile/10466029	
8	消防安全专业人员（5级）和消防安全专家（6级）	授予职业资格的程序	https：//www. kutseregister. ee/ctrl/et/KAO _ Fail/downloadFile/10466029	
		职业资格考试评估指南	https：//www. sisekaitse. ee/et/kutse_ andmine	
爱沙尼亚保安公司协会职业资格授予程序（安防和消防系统安装、维护和设计）			https：//www. kutseregister. ee/ctrl/et/KAO _ Fail/downloadFile/10544411	爱沙尼亚保安公司协会
9	安防和消防系统技师（4级）、安防和消防系统专业人员（5级）、安防和消防系统设计师（6级）	安防和消防系统设计、安装人员职业资格申请概述	https：//www. etel. ee/kvalifikatsioon/turvasusteemide – tehnik	
爱沙尼亚消防联盟职业资格授予程序（烟道清扫）			http：//www. tuletorjeliit. ee/upload/file/Korstnap% C3% BChkija% 20kutsete% 20KA% 20kord_ . pdf	爱沙尼亚消防联盟
10	烟道清扫工（3级）、烟道清扫工（4级）、烟道清扫技师（5级）	烟道清扫工（3级）职业资格考试评估指南	http：//www. tuletorjeliit. ee/upload/file/KORSTNAP% C3% 9CHKIJA% 20TASE% 203_ HINDAMISJUHEND% 202019. pdf	
		烟道清扫工（4级）职业资格考试评估指南	http：//www. tuletorjeliit. ee/upload/file/KORSTNAP% C3% 9CHKIJA% 20TASE% 204 _ HINDAMISJUHEND（1）. pdf	
		烟道清扫技师（5级）职业资格考试评估指南	http：//www. tuletorjeliit. ee/? mid = 19	

续　表

序号	职业名称	职业资格授予程序	网址	职业资格授予机构
爱沙尼亚壁炉工协会职业资格授予程序（壁炉工及其单项职业资格）			https：//www. kutseregister. ee/ctrl/et/KAO _ Fail/downloadFile/10381258	爱沙尼亚壁炉工协会
11	壁炉工学徒（3级）、壁炉工（4级）、壁炉技师（5级）	壁炉工学徒（3级）、壁炉工（4级）职业资格评估标准	http：//www. pottsepad. ee/kutse – andmine/kutse – andmise – info/	
		壁炉技师（5级）职业资格评估标准	http：//www. pottsepad. ee/wp – content/uploads/2020/04/Pottseppmeister – tase – 5_ hindamisstandard. pdf	
12	焊工（3级）、焊工（4级）	职业资格授予程序、职业资格考试评估指南	https：//www. emliit. ee/	爱沙尼亚机械协会

4.4.2　申请

申请职业资格必须满足相应的前提条件，提交申请表和相关申报材料，并按标准缴纳职业资格考试费用。

4.4.2.1　前提条件

从业人员在提出职业资格申请之前，应当认真对照职业标准，在职业资格授予机构网站查阅申请该职业资格的前提条件，初步判断自己是否符合要求。在消防救援职业领域，申请职业资格常见的前提条件包括学历、工作经历，部分职业还需要先取得本职业系列较低资格等级的职业资格。表5－58是12个消防救援职业申请职业资格的前提条件（笔者整理）。

表5－58　申请消防救援职业资格的前提条件

序号	职业名称	学历、培训	工作经历	上一级职业资格
1	救援员（4级）	中等教育，并在职业学校学习专业技能	无	无
2	救援队长（5级）	中等教育，并在职业学校学习专业技能	必要的工作经验，无年限要求	救援员（4级）
3	救援指挥长（6级）	高等教育	必要的工作经验，无年限要求	有救援队长（5级）资格的优先

续 表

序号	职业名称	学历、培训	工作经历	上一级职业资格
4	接警员（4级）	中等教育，并在职业学校学习专业技能	无	无
5	调度员（5级）	中等教育	有接警员工作经验，无年限要求	接警员（4级）
6	调度中心值班长（6级）	高等教育	有接警员、调度员工作经验，无年限要求	无
7	消防安全监督员（5级）	中等教育，职业培训	必要的工作经验，无年限要求	无
8	消防安全专业人员（5级）	中等教育	最近3年，至少有1年的消防安全专业工作经历	无
9	消防安全专家（6级）	高等教育，职业培训	最近5年，至少有3年的消防安全专业工作经历	无
10	安防和消防系统技师（4级）	中等教育	从事欧洲议会和欧洲理事会304/2008号条例关于含氟温室气体灭火系统相关职业方向的，要求3年以上工作经历	无
11	安防和消防系统专业人员（5级）	中等教育	所选职业方向3年以上工作经历[1]	安防和消防系统技师（4级）
12	安防和消防系统设计师（6级）	高等教育	所选职业方向3年以上工作经历	无

注［1］：具有3年以上工作经历，或者安防和消防系统技术（4级）职业资格2项条件之一即可。

从总体上看，爱沙尼亚救援类职业的学历要求“门槛”适中，对于以实际操作和基层一线指挥管理为主的职业（资格等级为4级、5级），一般具有中等教育学历（普通高中或中等职业教育）即可；对于中高层管理人员、技术人员（资格等级为6级），则应当具有高等教育学历。同时，为避免出现学历与能力不匹配的现象，对高学历人员——如救援指挥长（6级）、消防安全专家（6级）、安防和消防系统设计师（6级），均提出了具有本职业从业经历的要求：消防安全专家（6级）、安防和消防系统设计师（6级），必须具有3年以上的本职业工作经历，救援指挥长（6级）也应当具有相应的工作经历，《消防安全法》第34条对火灾报警系统、灭火系统、排烟系统等消防设施设计、施工、检查、维护的技术负责人，提出3年以上的从业经历要求。在2020年4月制定的《职业资格授予程序模板》中，职业资格局强调除非法律有明确规定，否则不得为职业资格申请者设置具体的工作年限要求。未来修订职业标准时，如何确认工作经历，值得持续关注。

4.4.2.2　申报材料

在确认满足前提条件后，职业资格申请人员应当填写统一的《职业资格考试申请表》，内容包括申请人的姓名、身份证号、居住地址、联系电话、电子邮件、通信方式、工作单位联系人等基本信息，以及申请的职业名称和级别，并区分首次和再次考试。如表 5－59 所示[①]。

表 5－59　职业资格考试申请表

<table>
<tr><td colspan="2">申请人信息</td><td>（申请人填写）</td></tr>
<tr><td colspan="2">姓名</td><td></td></tr>
<tr><td colspan="2">身份证号</td><td></td></tr>
<tr><td colspan="2">居住地址</td><td></td></tr>
<tr><td colspan="2">联系电话</td><td></td></tr>
<tr><td colspan="2">电子邮件</td><td></td></tr>
<tr><td colspan="2">通信方式</td><td></td></tr>
<tr><td colspan="2">工作单位（学校）联系人姓名，地址、联系电话</td><td></td></tr>
<tr><td colspan="3">申请的职业名称和级别
（申请人填写）</td></tr>
<tr><td colspan="3">首次/再次考试
（参加考试时，由申请人填写）</td></tr>
<tr><td>申报所附文件</td><td>页码</td><td>申报材料是否符合要求　（工作人员填写）</td></tr>
<tr><td>身份证复印件</td><td></td><td></td></tr>
<tr><td>学历证书复印件</td><td></td><td></td></tr>
<tr><td>培训和工作经历证明</td><td></td><td></td></tr>
<tr><td colspan="3">职业资格申请人（确认申请日期并签名）
“我同意在职业资格登记系统中披露我的姓名和个人识别码。”
签名：　　　　日期：</td></tr>
<tr><td colspan="2">符合申报条件</td><td>符合要求
（工作人员填写）</td></tr>
<tr><td colspan="2">符合之前的职业资格水平要求（如需要填写）</td><td></td></tr>
<tr><td colspan="2">申请费用已缴</td><td></td></tr>
</table>

① 此表为各类职业资格通用的申请表，https：//www. sisekaitse. ee/et/kutse－andmine－paaste－valdkonna－kutsetele。

续　表

受理情况 受理日期 受理人姓名 注册号码 （工作人员填写）		
通知申请人 （工作人员填写）		
1） 2） 3） 4）		
通知内容	被通知人姓名	日期

按照职业资格授予程序，申请人还应当提交身份证、学历证书、《工作能力评估表》（根据需要）、较低资格等级的职业资格证书（根据需要），以及培训和工作经历、工作成果（根据需要）等证明。表5－60是除身份证明、学历证明之外，职业资格申请人应提供的其他申请材料（笔者整理）。目前，各职业资格授予机构已经全面实行电子邮件受理申请。职业资格授予机构收到邮件报送的申请材料后，即审查申请人的学历、职业经历等申报材料，确认符合报名条件并已缴费，即予以受理。

表5－60　消防救援职业资格的申报材料

序号	职业名称	工作能力评估表	工作经历证明	职业资格证书	其他
1	救援员（4级）	要求			
2	救援队长（5级）	要求		救援员（4级）	
3	救援指挥长（6级）			救援队长（5级）	
4	接警员（4级）	要求			
5	调度员（5级）	要求		接警员（4级）	
6	调度中心值班长（6级）	要求			
7	消防安全监督员（5级）				
8	消防安全专业人员（5级）		最近3年，至少有1年的消防安全专业工作经历		

续　表

序号	职业名称	工作能力评估表	工作经历证明	职业资格证书	其他
9	消防安全专家（6级）		最近5年，至少有3年的消防安全专业工作经历		1. 消防安全咨询、特殊消防安全要求及审核、在职培训等工作业绩总结 2. 如申请可选能力“组织消防安全培训和演练”，应提供至少1份组织消防培训和演练的证明材料（包括单位的反馈评价） 3. 如申请自选能力“火灾调查”，应提供参加至少2起火灾调查的证明材料
10	安防和消防系统技师（4级）		自愿提供	自愿提供	如申请“含氟气体灭火系统安装维护”自选能力，应提供参加欧洲议会和欧洲理事会304/2008号条例规定的职业培训的证明
11	安防和消防系统专业人员（5级）		3年以上的工作经历[1]	安防和消防系统技师（4级）	根据申请的自选能力，提供相应的工作业绩总结，包括有代表性的工作成果
12	安防和消防系统设计师（6级）		3年以上的工作经历	无	根据申请的自选能力，提供相应的工作业绩总结，包括有代表性的工作成果

注［1］：具有3年以上工作经历，或者安防和消防系统技术（4级）职业资格2项条件之一即可。

根据职业资格授予程序，部分申请人必须提供由其所在单位负责人填写的《工作能力评估表》，以证明其确实从事相关职业并具备相应的职业能力——这种“上级评估”不同于工作或培训经历证明，也不是通常理解的“工作鉴定”，而是要严格对照职业标准，从能力模块、总体能力两个层面，分别给出评估结论。这种建立在诚信基础上的业内评估，可以反映职业资格申请人员的真实情况，也可以在一定程度上防止“只会考、不会干、干不好”。同时，职业资格授予机构通过运用上级评估的结果，还可以提高工作效率，减少职业资格评估过程中的资源消耗。目前，救援员（4级）、救援队长（5级）、接警员（4级）、调度员（5级）和调度中心值班长（6级）5个职业，在申请职业资格时必须提交由其上级填写的《工作能力评估表》。

以救援员（4级）职业为例，其工作能力评估表严格对照职业标准，从“准备救援”“实施救援”“共同能力”三个方面，由单位负责人分项，对申请人是否达到能力指标要求进行评估，分别做出评估结论并陈述理由，就申请人是否适合从事救援员（4

级）职业填写总体评估结论。表 5－61 是救援员（4 级）的工作能力评估表①。

表 5－61　救援员（4 级）工作能力评估表

依据：2018 年 4 月 11 日施行的职业标准

申请人（姓名）	
单　位（名称）	
评估人（姓名）	

申请人工作能力评估

准备救援的能力指标	**合格与否**
按照规定程序，完成救援准备所需文件	是/否
执行与救援准备有关的法规和指令	是/否
检查救援装备器材状态，确保好用	是/否
按照规定程序，完成救援装备器材维护记录	是/否
评估结论及理由	
实施救援的能力指标	
根据救援任务和灾害类型，评估救援工作的危险和风险	是/否
向相关人员通报救援工作的危险和风险	是/否
根据指令，在能力范围内开展防灾工作	是/否
向上级报告开展防灾工作的内容和方式	是/否
评估结论及理由	
共同能力的能力指标	
遵守职业安全规则	是/否
根据说明书正确使用装备	是/否
使用装备后及时恢复其技术状态，必要时在能力范围内进行维护保养	是/否
遵守有关救援工作的法律法规	是/否
积极学习，关注自身和专业领域的发展，职业发展目的明确；坚持锻炼	是/否
根据规程和说明使用信息通信技术手段（包括硬件和软件，无线通信设备，导航设备等）	是/否
适应团队并在团队合作中有效工作，尊重他人并在团队中发挥作用	是/否
按照法律规定，在工作中使用爱沙尼亚语	是/否

① 职业资格局《救援员（4 级）工作能力评估表》（*Komandopealiku või juhendaja täidetud hindamisleht Päätja, tase* 4）），https：//www. sisekaitse. ee/et/kutse－andmine－paaste－valdkonna－kutsetele。

续　表

在工作中遵循救援人员的价值观和道德准则，开展灾害预防工作	是/否
评估结论及理由	

总体意见（是否适合从事救援员（4级）工作）	
理由（如有需要，请说明）：	
评估人（签名）	时间

另一类特殊的申请材料，就是《职业能力自我评估表》，主要用于申请重新认证职业资格。以消防安全专业人员（5级）为例，如申请重新认证职业资格，应当填报《消防安全专业人员（5级）职业能力自我评估表》，如表5-62所示[①]。自我评估表的内容与职业标准中的能力模块一一对应，申请人需要对照职业标准中各能力模块的能力指标，考虑每种能力在实际工作中如何体现，逐项陈述介绍自己的情况，并提供证明材料，包括数据、例证，以证明自己具备相应的职业能力。对于已经取得职业资格并具有一定工作经历的从业人员，填写《职业能力自我评估表》的过程，就是对照职业标准，审视衡量自身能力水平、发现"短板"的过程，有利于促进就业人员主动提升职业能力。

表5-62　消防安全专业人员（5级）职业能力自我评估表

姓名：

首先，请认真分析消防安全专业人员（5级）职业标准中的能力要求。

工作中符合消防安全领域法规标准等相关要求
具备消防安全专业人员（5级）能力的说明和证明（不超过2 000字）

其次，请对照《消防安全专业人员（5级）职业标准》的各个能力模块，逐项分析各个能力指标，认真考虑每种职业能力在实际工作中应当如何体现，并据此陈述和分析您的相关工作。

对于每项能力指标，均请您填写"职业能力"（最多不超过2 000字），并在"证明材料"中提供事实和数据，必要时可以列举具体事例。

火灾风险评估		
1.1	根据法律规定和建筑特点，对建筑和场地进行消防安全风险评估。	
职业能力		（不超过2 000字）

① 内政学院：《消防安全专业人员（5级）职业能力自我评估表》，https：//www. sisekaitse. ee/sites/default/files/inline - files/1_ Kompetentsip% C3% B5hise% 20eneseanal% C3% BC% C3% BCsi% 20vorm% 20Tuleohutusspetsialist. docx。

续　表

证明材料		（填写事实、数据或具体事例）
2. 建筑消防安全评估		
2.1	通过实地检查和资料审查，评估场地、建筑、建设设计的全部或部分是否符合基本消防安全要求。	
职业能力		（不超过 2 000 字）
证明材料		（填写事实、数据或具体事例）
2.2	通过实地检查和资料审查，评估消防设施的设计、安装是否符合消防安全要求。	
职业能力		（不超过 2 000 字）
证明材料		（填写事实、数据或具体事例）
2.3	通过实地检查和资料审查，评估建筑构件是否符合消防安全要求和设计要求。	
职业能力		（不超过 2 000 字）
证明材料		（填写事实、数据或具体事例）
2.4	通过实地检查和资料审查，评估消防安全服务是否符合要求。	
职业能力		（不超过 2 000 字）
证明材料		（填写事实、数据或具体事例）
2.5	按照规定格式提交评估报告。	
职业能力		（不超过 2 000 字）
证明材料		（填写事实、数据或具体事例）
2.6	为客户提供消防安全咨询，告知客户是否需要消防安全专家（6 级）和其他领域的专家参与，以便更准确地评估建筑消防安全要求并找到更详细的解决方案。	
职业能力		（不超过 2 000 字）
证明材料		（填写事实、数据或具体事例）
3. 单位消防安全评估		
3.1	通过实地检查和资料审查，评估场地（建筑、空间）使用、设备安装是否符合法律和技术规范的消防安全要求（包括检查和维护方面的要求）。	

续　表

职业能力		（不超过 2 000 字）
证明材料		（填写事实、数据或具体事例）
3. 2	通过实地检查和资料审查，评估建筑或单位的消防安全管理是否符合法律和技术规范要求。	
职业能力		（不超过 2 000 字）
证明材料		（填写事实、数据或具体事例）
3. 3	按照统一的程序准备评估。	
职业能力		（不超过 2 000 字）
证明材料		（填写事实、数据或具体事例）
3. 4	编制和更新单位的消防安全管理文件，根据法律法规和技术规范，提出明确各方面消防安全责任的建议。	
职业能力		（不超过 2 000 字）
证明材料		（填写事实、数据或具体事例）
4. 消防安全信息服务		
4. 1	向客户综合介绍重要、最新的消防安全信息，让客户了解消防安全要求。	
职业能力		（不超过 2 000 字）
证明材料		（填写事实、数据或具体事例）
4. 2	根据客户需求，提供针对性的消防安全建议。	
职业能力		（不超过 2 000 字）
证明材料		（填写事实、数据或具体事例）
5. 组织消防安全培训和演练		
5. 1	按照法律法规要求和客户需求，制定计划并开展消防安全培训，评估是否需要开展进一步培训。	
职业能力		（不超过 2 000 字）

续　表

证明材料	（填写事实、数据或具体事例）
5.2	根据培训计划确定的学习目的，准备培训内容；根据培训主题、学习环境和相关标准，编修教材；开展培训并确保在规定课时达到培训目的。
职业能力	（不超过2 000字）
证明材料	（填写事实、数据或具体事例）
5.3	根据培训计划评估培训工作及其效果；向客户反馈培训成效和进一步培训的建议。
职业能力	（不超过2 000字）
证明材料	（填写事实、数据或具体事例）
5.4	根据法律法规和客户要求做好培训记录。
职业能力	（不超过2 000字）
证明材料	（填写事实、数据或具体事例）

4.4.2.3　缴费

表5-63是消防救援职业的职业资格考试和重新认证缴费标准[①]。申请人应当先行向财政部的指定账户缴费，并将缴费凭证作为申请材料一并提交。从缴费标准可见，由于不同职业类别、技能水平的能力评估方法有很大差别，导致缴费标准差异明显。由于所收费用是用于考试支出，所以即使考试不合格未取得职业资格，也不退费。

表5-63　消防救援职业资格考试缴费标准（单位：欧元）

职业	职业考试	重新认证
救援员（4级）	159.00	2.50
救援队长（5级）	163.00	2.50
救援指挥长（6级）	4.80	4.80
接警员（4级）	5.00	
调度员（5级）	5.00	

① 职业资格局：职业资格考试收费标准，https：//www.kutseregister.ee/ctrl/et/KAO/vaata/10086702。

续　表

职业	职业考试	重新认证
调度中心值班长（6 级）	5.00	
消防安全监督员（5 级）	97.09	4.80
消防安全专业人员（5 级）	147.00	78.00
消防安全专家（6 级）	212.00	111.00
安防和消防系统设计师（6 级）	159.60	120.00
安防和消防系统技师（4 级）	117.60	80.40
安防和消防系统专业人员（5 级）	144.00	108.00

由于部分职业的资格考试实行保留单科合格成绩的制度，所以相关职业的考试缴费标准可以拆分到每个科目，以便没有一次全科通过的申请人报名参加单科考试，待全部科目考试合格，即可取得职业资格。例如，消防安全专业人员（5 级）职业资格考试缴费 147 欧元，其中笔试 27 欧元，实际操作 50 欧元，面试 70 欧元；消防安全专家（6 级）职业资格考试缴费 212 欧元，其中笔试 20 欧元，实际操作 97 欧元，面试 95 欧元。重新认证职业资格也需要缴费，缴费标准的确定程序与初次授予职业资格相同。

4.4.3　职业资格考试

4.4.3.1　考试安排

根据 2008 年《职业资格法》要求，职业资格授予机构应当及时公告每年职业资格考试（包括重新认证职业资格）的频次和时间等具体安排。例如，内政学院目前承担救援人员和消防安全专业人员 2 个小类、9 个职业的职业资格授予工作，由于救援员（4 级）、救援队长（5 级）、救援指挥长（6 级）、接警员（4 级）、调度员（5 级）、调度中心值班长（6 级）、消防安全监督员（5 级）等 7 个职业的需求量相对较大（包括重新认证），所以 2021 年安排了 3 次考试，申请人提交材料的截止时间分别是 1 月 22 日、4 月 16 日和 9 月 17 日。对于消防安全专业人员（5 级）和消防安全专家（6 级）这 2 个职业，由于需求量相对较小，2021 年只安排了 1 次考试，提交申请材料的截止时间是 4 月 28 日，职业资格重新认证也安排了 1 次，申请截止时间是 2 月 1 日。有些社会需求量较少的职业，如果申请人数量低于下限，职业资格授予机构可以临时取消既定的职业资格考试，如安防和消防系统技师（4 级）、安防和消防系统专业人员（5 级）、安防和消防系统设计师（6 级）评估标准均规定，如果申请人少于 5 人，作为职业资格授予机构的爱沙尼亚保安公司协会有权取消考试，另行安排时间①。

以内政学院承担的救援员（4 级）职业资格考试为例，受理的申请人超过 4 人后，内政学院即可向财产和人身保护职业委员会提出开展职业资格考试的申请，每次考试的上限是 16 人。救援队长（5 级）举行职业资格考试的申请人员数量下限是 2 人，每次考试的上限是 12 人。在职业委员会同意组织考试后，内政学院会在考试 14 天之前，通过网站公布职业资格考试的时间和地点。

关于考试时间的安排，有些职业资格考试是多个科目连续进行，如救援员（4 级）、救援队长（5 级）职业资格考试，均在 2 天内完成；有些职业资格考试各个科目的时间安排则相对灵活，不要求连续进行，如《消防安全专业人员（5 级）和消防安全专家（6 级）职业资格考试指南》规定，这 2 个职业的各个考试科目可以安排在不同时间进行。

部分职业的资格考试实行保留单科合格成绩的制度，但有些知识更新较快、职业资格证书有效期较短的职业，则实行必须一次考试全科通过的制度。比如安防和消防系统专业人员（5 级）实行“串联式”的职业资格考试组织方式：申请人首先要参加笔试，合格后（15 道多项选择题，正确率不低于 80%，考试时间 45 min），评估委员会即向申请人告知笔试成绩，并通知其参加面试的时间；安防和消防系统技师（4 级）职业资格考试也有类似的安排，即笔试合格后，方可参加面试和实际操作。此外，安防和消防系统技师（4 级）、安防和消防系统专业人员（5 级）、安防和消防系统设计师（6 级）的职业资格评估标准都明确规定，申请人如果没有一次性通过全部科目，重新申请职业资格时，必须参加全部科目的考试。

4.4.3.2　评估方法选择

如前所述（本章 3.4.4），在职业资格考试环节，爱沙尼亚通常采取的评估方法包括：笔试、案例分析、实际操作、面试、模拟作业、技能展示（包括工作场所能力展示）、自我评估、业绩评估、书面材料审查等（见表 5－25：常用职业能力评估方法分析）。根据消防救援职业的特点，爱沙尼亚保安公司协会和内政学院分别确定了各个职业的能力评估方法，主要以笔试、案例分析、实际操作和面试为主，部分职业增加了业绩评估，如消防安全专业人员、消防安全专家、安防和消防系统专业人员、安防和消防系统设计师；少数职业只对申报的书面材料进行审查，如调度员和调度中心值班长。见表 5－64（笔者整理）。

---

① 爱沙尼亚保安公司协会：《申请安防和消防系统职业资格及其重新认证的信息提示》。https://www.etel.ee/kvalifikatsioon/turvasusteemide－tehnik。

表 5-64　消防救援职业的能力评估方法

序号	职业名称	笔试	案例分析	实际操作	面试	其他方法
1	救援员（4 级）	√60[1]		√	√	
2	救援队长（5 级）	√40	√	√		
3	救援指挥长（6 级）	√	√	√		
4	接警员（4 级）	√		√	√	
5	调度员（5 级）					书面材料审查
6	调度中心值班长（6 级）					书面材料审查
7	消防安全监督员（5 级）	√	√		√	
8	消防安全专业人员（5 级）	√40	√40		√20	书面材料审查、业绩评估
9	消防安全专家（6 级）	√20	√40		√40	书面材料审查、业绩评估
10	安防和消防系统技师（4 级）	√		√	√	
11	安防和消防系统专业人员（5 级）	√			√	业绩评估
12	安防和消防系统设计师（6 级）				√	业绩评估

注：[1]："√"表示选择该方法；数字表示该方法在全部考试（100 分制）中占的分数。

对于具体职业而言，还需确定每项能力指标的评估方法——一般是在《职业资格考试评估指南》中予以明确，指导组织实施职业资格考试。以救援员（4 级）为例，该职业采用笔试、实际操作、面试等 3 种评估方法，在《救援员（4 级）职业资格考试评估指南》中，针对强制能力模块"准备救援"的 2 项能力指标、"实施救援"的 7 项能力指标，以及共同能力的 8 项能力指标，分别确定了评估任务、评估指标和评估方法，如表 5-65 所示①。可见由单位负责人填写的《工作能力评估表》发挥了非常重要的作用，"准备救援"模块的全部 2 项能力指标、共同能力全部 8 项能力指标中的 7 项，完全以《工作能力评估表》为准进行评估，这些内容主要涉及到应知应会、日常养成、履职态度等，难以在短时间内，通过笔试、实际操作等手段，进行准确全面的评估，通过《工作能力评估表》进行判断，既有利于了解申请人的真实履职能力，又可以大幅缩减职业资格考试的评估范围，节约资源。作为本职业核心能力模块的"实施救援"，7 项能力指标全部纳入笔试范围，其中 5 项还同时要进行实际操作考核。

① 笔者根据《救援员（4 级）职业资格考试评估指南》整理。https://www.sisekaitse.ee/et/kutse-andmine-paaste-valdkonna-kutsetele。

表 5 – 65 救援员（4 级）强制能力、共同能力的评估方法

序号	职业模块和能力指标	工作能力评估表	理论考试	实际操作
	B. 2. 1 准备救援（强制能力）			
1	按照规定程序完成救援准备所需文件；执行与救援准备有关的法规和指令	√		
2	检查救援装备器材状态确保好用；按照规定程序完成救援装备器材维护记录			
	B. 2. 2 实施救援（强制能力）			
1	根据职责和灾害类型，评估救援工作的风险并通知相关人员	√	√	
2	根据火场情况和指令，使用救援装备进入热烟环境进行灭火救援；使用相应的工具和技术，安全实施清理燃烧物、破拆通风操作；根据指令评估灭火成效并上报信息	√	√	√
3	根据指令安全实施专业救援，营救遇险人员和动物，减轻人员伤亡，控制灾害影响并保护财产和环境；根据需要安全使用相应的救援技术和救援装备；根据需要使用个人防护设备；根据指令评估救援成效并上报信息		√	√
4	识别危险物品标识并向救援车辆驾驶员通报；根据危险物品性质和指令，使用适当工具进行清理；使用救援装备，执行抢救生命、控制危险物品扩散的指令；根据指令，协助开展化学品救援和污染物清理；根据指令使用救援装备，控制地面的油类污染扩散；根据指令评估化学品救援的成效并上报信息		√	√
5	根据救援行动类型和指令，安全地使用分水器供水，并选择合适的器材装备		√	√
6	根据救援行动的组织和灾害类型，有效安全地疏散人员和动物；根据指令和灾害类型，有效开展生命救援；使用保障自身和遇险人员安全的救援方法		√	√
7	根据指令，在能力范围内开展防灾工作；向上级报告开展防灾工作的内容和方式	√	√	
	B. 2. 7 共同能力			
1	遵守职业安全规则；根据说明书正确使用装备；使用装备后及时恢复其技术状态，必要时在能力范围内进行维护保养	√		
2	遵守有关救援工作的法律法规	√		
3	积极学习，关注自身和专业领域的发展；职业发展目的明确；坚持锻炼	√		
4	根据规程和说明，使用必要的信息和通信技术手段（包括硬件和软件，无线通信设备，导航设备等）	√		

续　表

序号	职业模块和能力指标	工作能力评估表	理论考试	实际操作
5	判断伤员的伤情，并选择适当方式进行急救；使用救援车辆配备的装备对伤员进行现场抢救；根据伤员的伤情和灾害类型，正确使用救援车辆配备的装备进行急救和转送；按照规程抢救伤员[1]		√	√
6	适应团队并在团队合作中有效工作；尊重他人并在团队中发挥作用	√		
7	按照法律规定，在工作中使用爱沙尼亚语	√		
8	在工作中遵循救援人员的价值观和道德准则；开展灾害预防工作	√		

注［1］：“√”表示选择该方法；能力指标中的“按照规程抢救伤员”，通过对人偶进行心肺复苏实际操作考核。

需要强调的是，有些重要的能力指标，可能要使用多种评估方法，从不同角度进行能力考查。以救援员（4级）“实施救援”能力模块为例，该模块包括7项能力指标，其中第2项的一部分和第3、4、5、6项（2. 根据火场情况和指令，使用救援车辆配备的装备进入热烟环境灭火救援。3. 根据指令安全实施技术救援，营救遇险人员和动物，减轻人员伤亡，控制灾害影响并保护财产和环境；根据需要安全使用相应的救援技术和救援车辆配备的装备；根据需要使用个人防护设备；根据指令评估救援成效并上报信息。4. 识别危险物品标识并将向救援车辆驾驶员通报；根据危险物品性质和指令，使用适当工具进行清理；使用救援车辆配备的装备执行抢救生命、控制危险物品扩散的指令；根据指令，协助开展化学品救援和污染物清理；根据指令使用救援车辆配备的装备，控制地面的油类污染扩散；根据指令评估化学品救援的成效并上报信息。5. 根据救援行动类型和指令，安全地使用分水器供水，并选择合适的器材装备。6. 根据救援行动的组织和灾害类型，有效安全地疏散人员和动物；根据指令和灾害类型，有效开展生命救援；使用保障自身和遇险人员安全的救援方法）均需通过理论考试和实际操作这2种方法进行评估。

目前，我国职业资格考试采取理论知识考核（笔试）、操作技能考核（实际操作）两种方式——属于“蓝领”的专业技能人员，进行笔试和实际操作考核；属于“白领”的专业技术人员，只进行笔试——与爱沙尼亚及其他国家的职业资格考试方式比较，我国的职业资格考核方式过于单一，未来可以在突出实际职业能力特点的基础上，丰富职业能力评估的方式方法，更好地发挥职业资格制度服务劳动力市场发展的作用。

4.4.3.3 笔试

笔试重点考查履职必备的基本知识，除少数职业（调度员、调度中心值班长、安防和消防系统设计师）外，爱沙尼亚大多数消防救援职业的资格考试均包括笔试。笔试题目的类型，因职业不同而异，包括单项选择、多项选择、简答等。各职业资格授予机构结合职业标准的能力模块，分专题设计笔试题目，只有总分和各专题均合格才视为笔试通过。一般而言，同一职业系列中资格等级越低的职业，笔试在职业资格考试中所占的比重越高。不同职业的笔试合格标准有所差异，有70%（消防安全专业人员，5级）、75%（救援员，4级；救援队长，5级）、80%（消防安全专家，6级）。还有的职业针对强制能力、可选能力，设置了差异化的笔试合格标准，如安防和消防系统技师（4级）强制能力模块的笔试合格标准是80%，可选能力模块的合格标准为60%。

以救援员（4级）为例，笔试满分60分，包括60道问题，由以下6个主题的各10道问题组成：灾害预防，救援指挥和现场管理，火灾扑救，技术救援，有害物质，医疗急救。每个测试主题的正确率均不低于75%（7.5分），才视为通过。比较而言，救援队长（5级）笔试满分40分，包括救援指挥和现场管理、火灾扑救、技术救援、化学事故救援4个主题的各10道问题，同样只有在每个测试主题的正确率均不低于75%（7.5分），才视为通过。

再如，消防安全专业人员（5级）笔试满分40分，包括30道多项选择题（每题1分，每道题目所有选项均正确，才能得分）和5道简答题（每题2分，回答正确但不完整的，可得1分），得分不低于28分（满分的70%）即为合格；消防安全专家（6级）笔试满分20分，包括20道多项选择题，得分不低于32分（满分的80%）即为合格，合格标准比消防安全专业人员（5级）提高了10个百分点。

笔试的时长，因职业和资格等级不同而差异很大，短的不到30 min，长的达到3 h。如消防安全专家（6级）仅为25 min，消防安全专业人员（5级）、安防和消防系统专业人员（5级）均为45 min，救援员（4级）和救援队长（5级）都是90 min。安防和消防系统技师（4级）笔试包括两部分，基础部分是20道多项选择题，此外，根据申请人报考的可选能力，每个能力模块增加5道题目（题目数量也可能因为能力模块不同而异），因此笔试的最长时间为2 h。

4.4.3.4 案例分析

案例分析（kaasusülesannete lahendamine），是向考生提供实际工作中可能遇到的场景并设定问题，要求考生综合运用理论知识进行研究分析，提出解决问题的方法对策。案例分析属于综合性较强的考试类型，不仅能评估考生掌握知识的程度，而且能考察高层次的认知、分析和判断能力，主要是针对“白领”性质的管理和专业技术职业，以笔试方式考核。目前，救援队长（5级）、救援指挥长（6级）、消防安全监督员（5级）、消防安全专业人员（5级）、消防安全专家（6级）等5个职业的职业能力评估，均包括案例分析。

比如，“救援队长（5级）”职业资格考试的第2个科目，就是60 min的案例分析，对照职业标准中的B.2.2“组织救援”能力模块，假定灾情和救援场景，考查申请人是否具备以下基本能力：有效组织开展初期救援工作，遵守相关法律法规，执行作业规程和预案，及时向上级报告现场情况和救援进展等。《救援队长（5级）职业资格考试评估指南》列出了案例分析的评分要点①：

（1）执行救援现场组织管理的法律法规和规程；

（2）掌握救援人员开展救援工作时的职责、可以采取的措施；

（3）掌握与相关部门协作的基本原则；

（4）掌握根据救援需求进行数据检索的方法；

（5）掌握救援领域的重点内容；

（6）掌握法律规定的消防救援监督程序，以及救援时进入相关场所的法律依据；

（7）掌握行政救济程序。

再如，消防安全专业人员（5级）和消防安全专家（6级）职业资格考试均包括案例分析，满分均40分，根据工作内容各设2道题目，每题20分，分别涉及建筑消防安全（火灾荷载，防火分区，消防设施等）和单位消防安全管理，考试时间均为3 h，考生可随身携带纸质或电子版的法律法规和标准规范，也可使用考场内的专用计算机进行查询，但禁止使用个人计算机和其他电子设备。

4.4.3.5　实际操作

对于消防救援职业而言，是否具备合格的实际操作能力，直接关系消防救援人员和遇险被困人员的安全，涉及公共安全，因此，实际操作能力考核评估是职业资格考试的重要方式。目前，救援员（4级）、救援队长（5级）、救援指挥长（6级）、接警员（4级）、安防和消防系统技师（4级）等5个职业的职业能力评估，均包括实际操作。

以救援员（4级）为例，实际操作考试设定了4部分考核任务，涉及9项工作内容，有的工作内容还细分了技能要求，如表5－66所示②。由于很多消防救援作业需要多人

① 《救援队长（5级）职业资格考试评估指南》，https：//www.sisekaitse.ee/sites/default/files/inline－files/Kutsetaotleja%20PMJ%20tase%205%20kutseeksami%20hindamisjuhend_2019_0.pdf。

② 笔者根据《救援员（4级）职业资格考试评估指南》整理。

（班组）配合完成，《救援员（4 级）职业资格考试评估指南》专门规定，对需要多人操作的技能，由几名考生抽签确定号员角色，共同参加考试。

表 5－66　救援员（4 级）实际操作的考试内容

工作内容		考核任务
1	单干线分水器向二层供水并进入热烟室	单干线分水器向二层供水
		空气呼吸器使用
		进入热烟室（包括以下 5 项技能要求） （1）准备 （2）使用红外热成像仪进入热烟室 （3）救援被困人员 （4）不使用红外热成像仪进入热烟室 （5）无线通信
2	道路交通事故救援	车辆破拆与创伤处置
		转移事故车辆内被困人员
3	绳索救援	索降
		检查被困人员并建立升降体系
4	建立洗消点并穿着轻型化学防护服	建立洗消点
		穿着轻型化学防护服

《救援员（4 级）职业资格考试评估指南》明确了每个功能模块、每项工作内容实际操作考试的装备器材、组织实施和评判标准。以“进入热烟室”这一工作内容为例，由 2 名考生随机组成战斗小组（Suitsusukeldujate lüli，SSL），抽签确定 1 号员和 2 号员，1 号员任战斗小组组长，实际操作考试设定的场景和任务是：“战斗小组持水枪和水带，进入充满烟雾的房间全面侦察，并区分是否使用红外热成像仪两种情况，进行搜救被困人员作业。战斗小组成员要随时互通信息，安全有效进行现场侦察和搜救被困人员。作为组长的 1 号员负责向现场指挥员报告情况。在 15 min 内完成全部作业。”考试评估指南详细列出了 5 项技能要求的评判标准（评分要点），如表 5－67 所示[①]。通过设定“使用红外热成像仪进入热烟室”“不使用红外热成像仪进入热烟室”这 2 项技能要求，实现了对 1、2 号员操作技能的全面均衡考核。

① 笔者根据《救援员（4 级）职业资格考试评估指南》整理。

表 5－67　救援员（4 级）实际操作考试“进入热烟室”工作内容的评判标准

技能要求	评判标准
一、准备	1. 检查个人防护装备 2. 检查灭火药剂 3. 检查通信器材 4. 快速互相检查 5. 听清指令并复述 6. 报告完成准备工作
二、使用红外热成像仪进入热烟室	1. 打开房门前，1 号员一手持红外热成像仪，一手触摸门扇；2 号员持水枪做好出水冷却房间内燃烧产物的准备 2. 检查门扇的开启方向 3. 控制门的开/闭状态 4. 正确使用红外热成像仪测量房间内燃烧产物的温度 5. 使用红外热成像仪侦察房间平面布置、可能的危险（如温度、火焰、地面裂隙、坍塌、危险品等） 6. 根据房间平面布置和物品摆放，进行全面侦察 7. 战斗小组成员了解对方位置 8. 遵守各项安全作业规程
三、救援被困人员	1. 确认被困人员位置，向现场指挥员报告 2. 搜索被困人员周边，确认是否有其他被困人员 3. 战斗小组成员商定救援被困人员的方法 4. 谨慎对被困人员进行初期处置 5. 安全转送被困人员并确保自身安全，保持通信畅通 6. 遵守各项安全作业规程
四、不使用红外热成像仪进入热烟室	1. 打开房门前，1 号员持水枪，2 号员触摸门扇侦察 2. 检查门扇温度（在外侧，用手从下向上触摸感知） 3. 检查门扇的开启方向 4. 控制门的开/闭状态 5. 做好射水冷却房间内燃烧产物的准备 6. 在进入房间时，战斗小组成员保持位置 7. 按照从周边墙体到房间中心的顺序，对房间进行全面侦察 8. 撤出房间时关闭房门 9. 保持与消防水带接触并了解队友位置 10. 遵守各项安全作业规程（包括上下楼梯防止踏空，沿墙边移动等）
五、无线通信	1. 战斗小组全过程（包括进入房间、处置被困人员、射水灭火冷却等）保持无线通信畅通 2. 战斗小组每间隔一段时间向现场指挥员报告所在位置、火场情况、被困人员情况、现场不安全因素等 3. 15 min 内完成上述全部作业内容

4.4.3.6　面试

面试，是评估人员通过面对面（包括视频）的方式，以交谈和观察为主要手段，对职业资格申请人的知识、能力、经验进行评估。面试为职业资格评估人员提供了与考生双向交流的机会，能使评估人员更直观、全面地了解考生的综合素质，尤其是笔试中难以获得的信息，是非常有效的职业资格评估方法，但也对评估人员自身的素质提出了较高要求。

面试主要以回答问题的方式进行，问题的设计分为两类，一类是针对能力模块中的能力指标，另一类是针对职业资格申请人提交的工作业绩、工作成果。以消防安全专业人员（5 级）为例，鉴于该职业的工作内容主要是消防安全评估和咨询服务，面试时根据假定场景，主要考查申请人实际开展消防安全咨询的能力，满分 20 分，面试时间 30 min，考生有 30 min 的准备时间[①]。

一般而言，对于同一职业系列，随着职业资格等级提高，面试在职业资格考试中所占的分值比重也会相应提高（面试的时间往往也会延长）。比如，消防安全专家（6 级）的面试内容，在消防安全专业人员（5 级）考核消防安全咨询能力的基础上，增加了对考生开展消防安全咨询、组织消防安全培训等工作业绩的评估，满分 40 分（两个方面各 20 分）。面试时间延长为 45 min（准备时间仍然是 30 min）。再如，安防和消防系统技师（4 级）、安防和消防系统专业人员（5 级）的面试时间分别是10 min、15 min，而安防和消防系统设计师（6 级）的面试时间则延长为 30 min。

由于面试是最后的考试科目，所以还增设了一项特殊内容，评估人员根据考生在之前笔试和案例分析环节中出现的错误，可以向其提问，如果考生能够修正笔试中的错误，则可以为笔试成绩增加 1 分；如果申请人能够修正案例分析中的错误，则每道案例分析题可以增加 1 分，评估人员必须将上述加分情况记录在评估报告中。这种独特的人性化安排，给职业资格申请人提供了弥补此前考试中错误的机会，对于刚刚低于“及格线”的申请人意义重大，也体现了爱沙尼亚职业资格考试灵活性与严谨性相结合、以真正评估能力为核心的定位，值得借鉴。

4.4.3.7　职业教育毕业生能力评估

为鼓励发展职业教育事业，促进职业教育与劳动力市场紧密对接，爱沙尼亚专门建立了授予职业教育学校毕业生职业资格的制度。根据 2008 年《职业资格法》第 15 条，符合下列情形的人员，在完成学业后即取得职业资格，并应在其毕业证书上予以注明：完成欧洲议会和理事会第 2005/36/EC 号指令涉及的准入类职业培训，且课程设置符合职业标准，经过国家认可。对于未通过公开竞争，直接被赋予职业资格授予权的职业教

① 《消防安全专业人员（5 级）和消防安全专家（6 级）职业资格考试指南》，https://www.sisekaitse.ee/et/kutse_andmine?language_content_entity=et。

育机构，在其毕业生申请参加职业资格考试时，为确保考试公正，根据《职业资格法》第22[1]条“完成学业后授予职业资格”的规定，职业资格委员会不能由该教育机构的人员组成，而是应由科教部组建，以免教育机构对自己培养的学生进行职业资格考试，影响公信力。

以安防和消防系统技师（4级）为例，职业教育毕业生申请该职业资格时，必须通过包括笔试、面试和实际操作的综合考试。其中，笔试包括针对强制能力指标的20道多项选择题和针对可选能力的附加题目，考试时间120 min。申请人只有通过笔试后，才可以参加面试和实际操作考核。面试是根据申请人选择的可选能力模块，以及笔试部分没有涉及到的内容进行能力评估，时间较短，每人不超过10 min。实际操作部分包括2个问题，对强制能力模块“设施设备安装施工和竣工移交”“设备检查维护”进行考查。

4.5　消防救援职业教育

正如本章第三节关于爱沙尼亚职业教育体系的介绍，根据《职业教育标准》的附件2《职业教育的领域和课程组》，在爱沙尼亚实行职业教育的领域中，第十大类“服务业”下设的“安防服务”专业，设有“财产和人身保护”课程组，涵盖了消防救援领域的相关职业。目前，爱沙尼亚形成了以内政学院救援学院为主体的消防救援职业教育体系。按教育层级分类，可以分为硕士学位、高等职业教育、中等职业教育和不分级别的在职教育培训；按教育目的分类，可以分为水平教育和继续教育；按教学方式分类，可以分为全日制学习、远程教育和在职教育；按教育机构的所有制分类，既有公办教育机构，也有私立教育机构。专业化、分众化的职业教育，为救援机构和社会防灾减灾提供了充分的人力资源保障。

4.5.1　消防救援职业教育机构

职业教育的根本目的，是让受教育者具备相应的职业资格。从职业资格授予的角度，目前爱沙尼亚消防救援领域的职业教育机构可以分为两类，一类是具有职业资格授予权的机构，如内政学院所属救援学院；另一类是不具有职业资格授予权的其他职业教育机构。有些课程同时在多个职业教育机构开设，形成了竞争关系。表5－68是消防救援领域职业教育机构的基本情况①。

① 笔者根据职业资格局和爱沙尼亚教育信息网整理。

表 5-68　爱沙尼亚消防救援领域的职业教育机构

序号	机构名称	注册号	注册时间	类型	所有制	教育层级
1	内政学院 (Sisekaitseakadeemia)	70004465	2004 年 10 月 8 日	高等职业院校	国有	高等教育 职业教育
2	东维鲁职业教育中心 (Ida - Virumaa Kutsehari-duskeskus)	70007742	2005 年 9 月 1 日	职业学校	国有	职业教育
3	派尔努德意志技术学校 (Pärnu Saksa Tehnoloogiakool)	10721315	2004 年 10 月 5 日	职业学校	私立	职业教育
4	塔尔图职业教育中心 (Tartu Kutsehariduskeskus)	75024308	2004 年 9 月 23 日	职业学校	塔尔图 市政府	职业教育

4.5.2　消防救援职业教育课程

在职业资格局网站，可以检索目前各消防救援职业对应的培训课程，如表 5-69 所示①。其中，既包括“救援服务”课程的高等职业教育，也包括以不同职业资格等级为教学目标的职业教育，还有针对已取得职业资格人员的继续教育。其中，“救援服务”课程属于高等职业教育，对应 6 级职业资格，毕业后可申请消防安全监督员（5 级），消防安全专家（5 级）和救援指挥长（6 级）职业资格；其他课程属于中等教育，主要对应 4 级和 5 级职业资格。

表 5-69　爱沙尼亚消防救援领域的职业教育课程

<table>
<tr><th>序号</th><th>职业</th><th>课程代码</th><th>学习时长</th><th>学分</th><th>注册时间</th><th>教育等级</th><th>职业资格等级及编码</th><th>教育机构</th></tr>
<tr><td>1</td><td>救援服务</td><td>115257</td><td>3 年</td><td>180</td><td>2019 年 8 月 27 日</td><td>高等职业教育</td><td>6 级职业资格（514）</td><td rowspan="8">内政学院</td></tr>
<tr><td rowspan="2">2</td><td rowspan="2">救援员</td><td>130377</td><td>1 年</td><td>60</td><td>2018 年 4 月 6 日</td><td>中等教育</td><td>4 级职业资格的初始教育（442）</td></tr>
<tr><td>200318</td><td>1 年</td><td>60</td><td>2020 年 1 月 29 日</td><td>中等教育</td><td>4 级职业资格的初始教育（442）</td></tr>
<tr><td rowspan="2">3</td><td rowspan="2">救援队长</td><td>140841</td><td>6 个月</td><td>30</td><td>2018 年 4 月 6 日</td><td>—</td><td>5 级职业资格的继续教育（453）</td></tr>
<tr><td>200319</td><td>5 个月</td><td>30</td><td>2019 年 7 月 8 日</td><td>—</td><td>5 级职业资格的继续教育（453）</td></tr>
<tr><td>4</td><td>接警员</td><td>130378</td><td>1 年</td><td>60</td><td>2019 年 7 月 8 日</td><td>中等教育</td><td>4 级职业资格的初始教育（442）</td></tr>
<tr><td>5</td><td>调度员</td><td>170177</td><td>3 个月</td><td>18</td><td>2019 年 7 月 8 日</td><td>—</td><td>5 级职业资格的继续教育（453）</td></tr>
</table>

① 笔者根据职业资格局和爱沙尼亚教育信息网整理。

续 表

序号	职业	课程代码	学习时长	学分	注册时间	教育等级	职业资格等级及编码	教育机构
6	安防和消防系统技师	214844	1 年	60	2020 年 2 月 27 日	—	4 级职业资格的继续教育（443）	东维鲁职业教育中心
		211797	1 年	60	2019 年 11 月 4 日	中等教育	4 级职业资格的初始教育（442）	派尔努德意志技术学校
		151773	1 年	60	2018 年 5 月 23 日	中等教育	4 级职业资格的初始教育（442）	塔尔图职业教育中心

上述课程在爱沙尼亚教育信息网均已注册，注册信息包括课程设置依据、课程结构、学习成果、适用人群、参加学习的前提条件、毕业要求、完成学业后可以获得的职业资格等。下面，分别以“救援服务”高等职业教育、救援员（4 级）初始职业教育为例，分析爱沙尼亚消防救援领域职业教育的特点。

4.5.2.1 “救援服务”高等职业教育课程

内政学院开设的“救援服务”（Päästeteenistus）高等职业教育课程学制 3 年（180 学分），是目前爱沙尼亚救援领域最主要的高等职业教育专业，在国家教育信息系统的课程编号是 115257，采用全日制在校学习或者远程教育方式组织教学。该课程的报名条件是：拥有爱沙尼亚国籍，具有中等教育或者同等学力，符合《公共服务法》第 14 条第(1) 款和第 15 条的要求，符合行政法规《公务员的教育、资历和外语水平要求》，并通过《救援人员的职业条件：体能、教育和健康要求》规定的身体和健康检查。其中，《公共服务法》第 14 条第（1）款规定“凡是具有中等教育及以上文化程度、爱沙尼亚语水平符合法律规定，具有完全法律行为能力的爱沙尼亚共和国公民，均可被聘任为公务员”。第 15 条规定了不得聘任为公务员的情形（有故意犯罪记录、被法院剥夺了有关权利，与所报考岗位的负责人存在应当回避的关系）。根据《公务员的教育、资历和外语水平要求》①，普通公务员应当具有不低于中等教育水平的学历，高级公务员应当具有高等教育学历；不同岗位、级别的公务员至少应具有 1 年以上的管理经验，或者 2 年以上的工作经历；高级公务员至少应当掌握英语、法语、德语、俄语中的 2 种语言，并达到欧洲共同语言参考框架的相应水平。

① 2012 年 12 月 19 日，爱沙尼亚政府制定《公务员的教育、资历和外语水平要求》（RT I，21. 12. 2012，37）。https：//www. riigiteataja. ee/akt/121122012037。

表5-70是“救援服务”高等职业教育教学大纲（2019年6月25日审定）①，全部180学分中，通识教育占30学分，专业教育占150学分，比例为1∶5。通识教育包括5个模块：国内安全和危机管理（4学分）、法学概论（8学分）、语言文字能力（4学分）、管理和社交（4学分）、通识选修（10学分，涵盖爱沙尼亚语、外语、社交等领域），涉及法学、语言学、管理学、社会学等广博的人文学科领域，特别是国内安全和危机管理模块，要求学生了解爱沙尼亚的周边安全环境，能够从国家内外部环境的角度，分析影响国内安全的因素，理解确保安全的基本原则，并具备运用危机管理、风险分析理论，应对不同灾害事件的能力，体现了爱沙尼亚将消防救援工作放在国际、国内大局的背景下进行审视，以培养救援专业人员战略思维能力和国际视野。

专业教育共150学分、20个模块，大致可分为5个方面：第一方面是专业基础，包括救援职业概述（3学分）、燃烧化学和物理学（6学分）、化学品安全（7学分，包括1学分的实习）、行政和诉讼程序（5学分）、专业英语（4学分）等5个模块，共25学分。主要介绍救援局和报警中心的工作性质、组织架构、战略目标、发展历史，指导学生进行职业规划；讲授有关燃烧和化学品安全的基本知识，以及与救援有关的行政诉讼、轻罪诉讼程序；培养学生提高运用英语进行职业交流的能力，并用英语撰写论文、发表评论和阐释观点。

第二方面是建筑防火，包括建筑设计（8学分）、建筑设施设备（8学分）、建筑防火Ⅰ（8学分）、建筑防火Ⅱ（6学分，包括3学分的实习）4个模块，共30学分，占全部专业教育课程的1/5，可见爱沙尼亚对建筑防火的重视。通过建筑防火方面的学习，学生应当对建筑分类和建筑规划、设计的各阶段有全面了解，掌握建筑制图和基本的建筑设施、系统设计能力，熟悉包括消防设施在内的各类建筑设施设备，会读图、能审图，能够从建筑图纸中发现有关消防救援的信息，判断建筑及其结构、设施是否符合消防安全要求。

第三方面是消防安全管理，包括单位消防安全管理（7学分，包括3学分的实习）、灾害预防（6学分，包括2学分的实习）、火灾调查（5学分，包括3学分的实习）3个模块，共18学分（包括8学分的实习）。学生通过这部分的学习，在微观上，可以全面了解单位消防安全的组织管理；在宏观上，可以初步掌握开展防灾工作的目标、原则、组织、对象、重点和指标体系。火灾调查也是救援服务教学中的重要内容，共5学分，通过学习，学生应当具备开展火灾原因调查的知识和基本能力，包括勘查火灾现场，确

① 笔者根据爱沙尼亚教育信息网的课程信息整理。https://enda.ehis.ee/avalik/avalik/oppekava/OppekavaOtsi.faces。

定起火点和可能的火灾原因，开展调查并按照法定程序收集证据，了解工作环境的风险和个人防护要求，能够使用工作所需的数据库和专用工具等。这一部分的教学实习（8学分）占全部学时的44.4%，体现了对消防安全管理实际操作能力的重视。

第四方面是应急管理，包括应急响应规划（6学分）、重大灾害响应和危机沟通（9学分，包括3学分的实习）、危机管理（10学分，包括2学分的实习）、统计分析（4学分）4个模块，共29学分（包括5学分的实习），几乎也占到全部专业教育课程的1/5。通过应急管理方面的学习，学生应当从宏观层面对防灾备灾减灾的基础理论、组织管理、监测预报、数据分析、资源保障、协调联动有比较全面的了解。其中，“重大灾害响应和危机沟通”模块（Suurõnnetuse juhtimine ja kriisikommunikatsioon）要求学生掌握发生重大灾害事故时的危机沟通机制、与其他机构合作的原则，了解地区和国家不同层面救援工作的目标和行动策略，在重大灾害时依法进行信息管理、危机沟通，掌握参加新闻发布会和接受采访的谈话原则，具备参加多部门危机管理联动机制的能力。“危机管理”模块（Kriisireguleerimine）要求学生了解各种风险，掌握运用风险分析、空间规划方法开展区域风险评估的能力，能够提出不同灾害等级应急响应的资源需求，并分析关键基础设施中断服务对救援工作的影响，就预防和减轻灾害后果提出措施建议，掌握寻求和接受国际救援援助的原则。

第五方面是应急救援，包括救援工作基础（15学分）、救援作业（4学分）、救援战术和管理（10学分，包括3学分的实习）3个模块，共29学分，也几乎占到全部专业教育课程的1/5。组织和管理救援工作的能力，是救援服务高等职业教育学生应当具备的核心职业能力，其中，救援工作基础15学分，相当于390学时，是用时最多的课程模块，包括火灾扑救、技术救援、化学品事故处置、现场急救等方面的知识；救援战术和管理模块10学分，教学时间仅次于救援工作基础，其中还安排了3学分的实习课程，从而保障学生具有良好的动手实践能力。

专业选修课，是救援服务高等职业教育中相对独立的部分，要求学生从救援能力（5学分）、出国实习（5学分）、国际合作（3学分）、油污控制（3学分）、国际民事合作（3学分）、无人机遥感（3学分）等6个模块中，自主选修不少于8学分的模块进行学习。虽然专业选修课只占专业学习全部150学分的5.3%，但课程内容体现了广阔的国际视野、紧跟新技术发展的创新精神。比如，出国实习的课程为130学时，国际合作的课程为78学时，按每天8个学时计，分别大约相当于16天和10天，目的是让学生通过到国外消防救援机构实习，或者参加国际救援合作，了解国外救援领域的法律法规、职责任务、工作制度，具备与国外同行进行专业交流的能力，积累国际救援合作所需的知识和经验，为加强国际交流储备人才。近年来，爱沙尼亚通过欧盟等多边平台，积极参与国际民事救援领域的合作。在此背景下，开设“国际民事合作”（Rahvusvahelised tsiviilmissioon）课程，目的是让学生全面深入了解国际民事救援任务和合作伙伴，熟悉参与国际民事救援任务的一般原则、文化背景和安全等有关问题，了解相关国际组织的活动及其在国际危机管理中的作用，掌握提供和接受国际援助的基本原则和运行机制，熟悉国际民事救援任务的事前、事中和事后规划，为爱沙尼亚救援队伍更多走出国门，以及接受国际救援援助创造条件。

表 5－70 “救援服务”高等职业教育教学大纲

课程模块及内容概述	学分（EAP）	考查方法 E/A[1]
通识教育（模块 1—5）	30	
1. 国内安全和危机管理 通过学习，了解爱沙尼亚的周边安全环境、危机管理理论和公职人员道德规范。能够在尊重不同文化、价值观和宗教信仰的基础上，从国家内外部环境的角度，分析影响国内安全的因素和确保安全的基本原则；运用道德规范和内部管理措施，预防解决腐败等道德风险；具备运用危机管理、风险分析理论，应对不同灾害事件的能力	4	E
2. 法学概论 通过学习，掌握基本的法律理论，包括爱沙尼亚现行法律体系，区分公法和私法领域，具备在实践中运用法律知识分析解决实际问题、规范行政管理行为的能力	8	E
3. 语言文字能力 通过学习，掌握各类文书的性质、目的和要求，具备正确运用书面语言起草文件的能力。掌握主要办公软件、数据库和现代信息通信技术的使用方法，能够起草逻辑顺畅、内容合理的演示文稿	4	E
4. 管理和社交 通过学习，掌握并运用职业沟通、组织行为和团队管理理论，包括能够分析自己和他人的职业行为，运用倾听、反馈、冲突管理等方法进行职业沟通，在团队管理和工作中运用管理学的基本原则	4	E
5. 通识选修 通过学习，提高语言能力、身体素质、心理素质和其他相关领域的知识和能力。包括爱沙尼亚语达到高级水平，英语和俄语达到中级水平，提高自我发展和社交能力，能够成功应对工作和社交生活	10	A
专业教育（模块 6—26）	150	
6. 救援职业概述 通过学习，了解救援局和报警中心的工作性质、组织架构、战略目标、发展历史，进行自我职业规划，遵守救援人员的道德准则和制服穿着要求	3	A

续　表

课程模块及内容概述	学分（EAP）	考查方法 E/A[1]
7. 建筑设计 通过学习，了解建筑规划、设计过程，能够读懂建筑设计图纸并发现有关消防救援的信息，包括了解建筑规划的类型、建筑设计的阶段划分，阅读建筑设计说明和图纸，通过读图确定自己所处位置，掌握简单的建筑制图和建筑设施设计能力，能够评估建筑的强度、刚度、稳定性，以及由于荷载造成的内部应力变化	8	E
8. 建筑设施设备 通过学习，了解主要建筑设施设备（包括消防设施），能够评估建筑设施是否符合消防安全要求，包括了解电气工程、电气安全的基础知识，了解主要建筑设施设备及其消防安全原则，评估建筑设施设备是否符合消防安全要求	8	E
9. 建筑防火 I 通过学习，了解建筑设计、施工的消防安全要求，掌握消防安全监督检查技能，包括区分不同的建筑类型，了解主要的建筑材料及其性能，了解建筑结构耐火的基本原则，了解建筑规划、设计、施工的消防安全要求	8	E
10. 建筑防火 II 通过学习，掌握评估审查建筑设计和建筑工程是否符合消防安全要求的能力，包括审查初步设计、详细设计是否符合消防安全要求，评估建筑及其构件是否符合消防安全要求，掌握建筑消防设计审查的原则并起草审查意见	6（3 学分实习）	E
11. 单位消防安全管理 通过学习，掌握单位消防安全管理的原则，具备编制消防安全管理文件的能力，包括了解单位消防安全检查的流程并能够参与检查，了解各类单位的消防安全要求，掌握查询火灾统计数据的方法，能够根据火灾趋势进行预警、制定工作计划，确定单位的消防安全管理组织机构并明确相关机构的职责，编制单位火灾应急预案并组织疏散逃生演练	7（3 学分实习）	E
12. 灾害预防 通过学习，掌握开展灾害预防工作的知识和技能，包括以服务对象为中心的沟通原则和方法，分析目标人群知识、能力和行为特点的基本方法，防灾工作的目标、原则、组织、对象、重点和指标体系，能够根据对象人群需求开展针对性防灾工作，掌握制定区域防灾规划的原则	6（2 学分实习）	E
13. 行政和诉讼程序 通过学习，掌握行政诉讼和轻罪诉讼的程序，了解消防安全监督的权力和责任，能够参与行政诉讼、轻罪诉讼，了解应用有关程序时的数据库	5	E
14. 火灾调查 通过学习，具备调查火灾原因的知识和能力，包括勘查火灾现场，确定起火点和可能的火灾原因，开展调查并按照法定程序收集证据，了解工作环境的风险和个人防护要求，能够使用工作所需的数据库和专用工具	5（3 学分实习）	E

续　表

课程模块及内容概述	学分（EAP）	考查方法 E/A[1]
15. 救援工作基础 通过学习，掌握救援工作的基础理论，具备运用所学知识开展救援工作，保护人员生命健康、财产和环境安全的能力，包括安全使用救援装备器材，了解火灾扑救、技术救援和化学品事故救援的特点，根据灾害情况确定救援方法和战术，对灾害现场的受伤人员进行急救，了解排爆工作和安全作业基本要求	15	E
16. 救援作业 通过学习，了解救援工作的组织、程序和行动要点。包括作为救援员参加值班执勤，作为安全员观察救援现场态势，了解救援机构的组织管理和救援作业的行动规程，了解并遵守救援作业的安全规程	4	A
17. 救援战术和管理 通过学习，掌握管理和组织救援工作的能力，包括了解救援机构的行政管理和指挥架构，明确各级救援机构的职责；了解处理灾害报警信息的程序；执行有关救援工作的法律法规；在各类灾害事故现场履行初级指挥员职责并确保作业安全；参加救援队伍的日常工作，具备组织指挥值班备勤、防灾和救援工作的能力	10（3 学分实习）	E
18. 应急响应规划 通过学习，掌握救援领域的备灾规划知识和技能，包括掌握常态化备灾的基础和需求，分析特定类型灾害的备灾要求；了解备灾规划的基础知识，以及在管理、合作、资源和后勤方面的需求；应用各类软件、信息系统和远程监测系统开展备灾工作	6	E
19. 重大灾害响应和危机沟通 通过学习，了解发生重大灾害事故时的危机沟通机制，以及与其他机构合作的原则，具备管理救援行动的能力，包括了解地区和国家层面救援工作的目标和行动策略，运用规划和信息交换系统支持救援管理，在重大灾害时依法进行信息管理、危机沟通；合理运用救援战术；掌握参加新闻发布会和接受采访的谈话原则；作为救援机构代表，参加由其他机构组建的应急响应联动机制；参与救援机构的日常指挥，掌握战术层面的备灾和救援管理技能 注：学习此模块之前，应当完成救援战术和管理、应急响应规划、危机管理等 3 个模块的学习	9（3 学分实习）	E
20. 燃烧化学和物理学 通过学习，了解燃烧过程及其对人员健康、财产和环境的影响，掌握包括爆炸在内各类燃烧现象的性质，以及燃烧过程的化学和物理学基础知识；掌握火灾动力学的基本原理和热力学基础知识；掌握热量传导模式、火灾的阶段划分、火灾类别；进行与消防安全有关的简单热工学、燃烧化学计算 注：学习本模块之前，应完成救援工作基础模块的学习	6	E

续　表

课程模块及内容概述	学分（EAP）	考查方法 E/A[1]
21. 化学品安全 通过学习，掌握危险化学品和化学品安全的基本知识，包括常见无机、有机有害物质的理化特性、用途、安全处置原则和相关法律法规；了解毒理学的基本知识，掌握通过信息查询评估化学品危害的方法；分析重大风险源单位生产运营过程的危险；确定有毒有害物质灾害事故处置的物资储备（包括进行中和、净化处置的物资），调用相应的化学品处置装备器材 注：学习本模块之前，应完成救援工作基础、燃烧化学和物理学等 2 个模块的学习	7（1 学分实习）	E
22. 危机管理 通过学习，了解救援领域的危机管理知识，掌握风险分析和应急规划的技能。包括了解各种风险，了解国家层面危机管理的联动机制、寻求和接受国际救援援助的原则；运用风险分析、空间规划方法开展区域风险评估，就预防和减轻灾害后果提出措施建议；分析关键基础设施中断服务对救援工作的影响；根据风险评估，分析不同灾害等级应急响应的资源需求；规划救援机构主导的应急响应演练	10（2 学分实习）	E
23. 统计分析 通过学习，了解救援信息系统的架构和数据内容，掌握收集、处理和展示救援工作成果的知识和技能，包括了解救援领域数据库，运用主要的国家和国际数据库，查询收集与救援工作有关的信息；了解救援领域数据与管理决策之间的关系；了解救援领域的主要数据分析方法，掌握并能运用至少一个救援领域的数据分析程序；使用计算机软件展示数据分析结果	4	A
24. 专业英语 通过学习，掌握使用英语进行专业交流所必需的词汇和语法。包括理解较长的演讲和陈述，理解专业领域复杂、细微的差别；在专业交流中流利自如地运用英语表达观点；了解当前与专业有关的英语文献观点；能够在专业领域用英语撰写清晰详细的文章，以传达信息、发表评论和阐释观点	4	A
25. 专业选修课 学生根据兴趣和职业发展需求选修相应课程，通过学习实现自我发展。包括发展职业专长、爱好、常识等方面的知识和能力；培养社交能力，以成功应对工作和社交生活；进行真火扑救、化学救援和技术救援；参加国际救援活动；掌握使用不同工具和技术，处理石油污染的方法；熟悉民事救援任务的事前、事中和事后规划；收集和分析无人机获取的信息	8	A
25.1　救援能力 通过学习，掌握真火扑救、技术救援和化学救援工作能力（具备 4 级职业资格水平）。包括组织救援人员使用空气呼吸器进入火灾现场，营救遇险被困人员、保护财产；在交通事故现场搜救遇险被困人员；在水域或冰面下搜救溺水人员；在高空或地下搜救遇险被困人员；在化学品事故中使用专用装备器材进行救援 注：学习本模块之前，应完成救援工作基础模块的学习，并达到内政部规章《救援人员的职业条件：体能、教育和健康要求》对第一类救援人员的要求。	5	A

续　表

课程模块及内容概述	学分（EAP）	考查方法 E/A[1]
25.2　出国实习 通过出国实习，了解国外救援工作制度，并参加日常救援工作。包括了解国外救援服务的法律法规，国外救援机构的组织结构和职责任务，按照实习计划参与执勤工作，使用外语与国外同行进行专业交流	5	A
25.3　国际合作 通过跨国交流，掌握国际救援合作需要的知识和经验。包括全面了解某个国家的救援组织结构，参加国际救援演练，掌握与国外救援人员进行交流的外语	3	A
25.4　油污控制 通过学习，了解石油污染的原因、后果和救援机构的处置能力。包括了解石油污染对海洋环境中植物、鱼类和微生物的影响，了解及时发现石油污染的方法和相关部门的职责，确定引起石油污染的潜在有害物质及其对环境的影响，掌握使用不同工具和技术处理油污的方法	3	A
25.5　国际民事合作 通过学习了解国际民事救援任务和合作伙伴，掌握提供和接受国际援助以及确保任务安全的知识。包括熟悉参加国际民事救援任务的原则，提供、申请和接受援助，熟悉援助接受国的法律制度；了解各个国际组织及其在国际危机应对中的作用和活动；了解参与国际民事救援任务的一般原则、文化背景和安全等有关问题；熟悉民事救援任务的事前、事中和事后规划；了解任务活动和团队合作伙伴，以及任务报告原则	3	A
25.6　无人机遥感 通过学习，掌握收集和分析无人机信息的知识和能力。包括了解通用航空及其安全飞行规则，操控无人机收集数据、记录场景，运用无人机遥感信息建模，进行场景分析	3	A
26.　论文或期末考试 准备研究论文，以检验学生是否具备高等职业教育的知识和技能。包括按照内政学院的论文写作规范，完成较简单的学习作品；了解学术研究的方法，能够规划并进行研究、撰写论文，解决案例问题	11	E
26.1　研究方法 通过学习，了解开展学术研究的方法，掌握最基本的数据收集和分析方法。包括在撰写研究论文时引用各种学术资源，掌握开展学术研究的基本技能，掌握最基本的定量和定性数据收集、分析方法；按照要求开展研究规划并进行总结，分析并提出研究成果；掌握使用基本的统计软件（如微软的电子表格 Excel，统计产品与服务解决方案 SPSS）进行数据分析的方法	3	A

续　表

课程模块及内容概述	学分（EAP）	考查方法 E/A[1]
26.2　论文或期末考试 撰写论文和答辩的目的：检查学生撰写论文和进行答辩的能力，包括根据学术研究原则，对选定的课题开展研究；分析和归纳研究工作中引用的资料；独立深入学习课题研究领域的专业知识；在撰写论文和答辩过程中展示运用所学知识和实践经验的能力 期末考试的目的：评估学生是否具备高等职业教育毕业后参加工作必需的知识和技能 通过期末考试和论文答辩，加深理论学习与实践工作之间的联系。期末考试的内容包括撰写论文和完成两项案例分析	8	E
合计	180	

注［1］：考查方法中的"E/A"，分别是指考试（eksam）和测评（arvestus）。

4.5.2.2　救援员（4级）初始培训课程

目前，内政学院所属救援学院开设了救援员（4级）、救援队长（5级）、接警员（4级）、调度员（5级）、消防安全专业人员（5级）等职业的教育课程，包括初始教育和继续教育，学时从3个月到1年不等。此外，东维鲁职业教育中心、派尔努德意志技术学校和塔尔图职业教育中心等3个教育机构，也开设了安防和消防系统技师（4级）的初始教育和继续教育课程。下面，重点介绍救援学院开设的救援员（4级）职业资格初始教育课程大纲，见表5-71①。

根据爱沙尼亚教育信息系统注册的课程信息，救援员（4级）职业资格初始教育的课程编号是130377，属于学制1年的非学历职业教育，2013年9月1日注册开设，课程设置依据是《救援员（4级）职业标准》。该课程的报名条件是，必须拥有爱沙尼亚国籍，符合法律规定的职业教育入学条件，通过《救援人员的职业条件：体能、教育和健康要求》规定的身体和健康检查，并符合《救援组织法》对救援人员的其他要求。在1年学习期间，应当修满不低于60学分，其中，"救援员基础训练模块"不少于14学分，"救援工作模块"不少于27学分，选定专业课不少于18学分，期末考试1学分。完成全部学业考试合格，即可申请救援员（4级）职业资格。

从职业教育课程与职业标准能力指标的关系看，"救援员基础训练模块"（Päästja alusõppe moodul）以职业标准中的共同能力为主，应修满不少于14学分，包括6个方面：救援领域的组织文化（1.5学分）、救援心理学（0.8学分）、计算机使用（0.8学分）、救援装备（3.5学分）、急救（6.0学分）和体能训练（3.5学分）。急救6.0学

① 笔者根据教育信息网的课程信息整理。https：//enda. ehis. ee/avalik/avalik/oppekava/OppekavaOtsi. faces。

分，相当于156学时，体现了对现场医疗急救的重视。

“救援工作模块”（Päästetöö moodul）的教学内容，以职业标准中的强制能力“实施救援”为主，应修满不少于27学分，包括5个方面的内容：防灾工作（1.5学分）、火灾扑救（9.0学分）、技术救援（3.0学分）、危险品处置（1.5学分）和基本救援操作（12学分）——这些内容体现了救援员的主要工作职责，其中，基本救援操作的课时比火灾扑救多出1/3，也体现出各类救援任务已经超过火灾扑救，成为救援人员最主要的工作内容。

“选定专业模块”（Valikõpingute moodul）以职业标准中的可选能力为主，还包括部分共同能力（主要是语言能力），学员需要根据个人兴趣，选修不少于18学分。其中，特殊救援操作为12学分，事实上成为必修课，其他可选课程包括：应急救援车辆操作、水域救援（分Ⅰ、Ⅱ共两个模块）、绳索救援、化学救援，以及爱沙尼亚语、俄语、英语，均为1.5学分。需要强调的是，由于课程内容之间存在递进关系，所以课程大纲强调，必须在完成前序课程后，才能开始相关选修课程学习，比如，学习水域救援Ⅰ、绳索救援、化学救援课程之前，必须完成技术救援模块的学习；同时，学习水域救援Ⅱ课程，也必须先完成学习水域救援Ⅰ课程的学习。

表5-71　救援员（4级）职业资格初始教育课程大纲

（说明：2014年12月17日批准，2015年1月16日、2018年5月7日修订）

<table>
<tr><td colspan="7">教育机构课程</td></tr>
<tr><td colspan="2">课程组</td><td colspan="5">财产和人身保护</td></tr>
<tr><td colspan="2" rowspan="3">课程名称</td><td colspan="5">救援员（PÄÄSTJA）</td></tr>
<tr><td colspan="5">英语：RESCUER</td></tr>
<tr><td colspan="5">俄语：СПАСАТЕЛЬ</td></tr>
<tr><td colspan="2">爱沙尼亚教育信息系统代码</td><td colspan="5">130377</td></tr>
<tr><td colspan="5">初始教育课程</td><td colspan="2">继续教育课程</td></tr>
<tr><td>EKR 2</td><td>EKR 3</td><td>EKR 4
中等职业教育</td><td>EKR 4</td><td>EKR 5</td><td>EKR 4</td><td>EKR 5</td></tr>
<tr><td></td><td></td><td></td><td>X</td><td></td><td></td><td></td></tr>
<tr><td>学分（EKAP）</td><td colspan="6">60 EKAP</td></tr>
<tr><td>课程设置依据</td><td colspan="6">《职业教育标准》《内政学院章程》《救援员（4级）职业标准》</td></tr>
</table>

续　表

<table>
<tr><td>学习成果</td><td colspan="3">学生通过学习本课程，应当具备以下知识和能力：
·热爱救援职业并提高职业技能
·能够在各种工作情况下，独立运用救援专业知识和技能
·尊崇消防救援职业传统，保持高度的职业水平
通用能力模块“职业规划与基础”的学习成果，已根据救援工作特点纳入基础学习课程</td></tr>
<tr><td colspan="4">课程适用于以下目标人群：
本课程教学的目标人群是救援人员，其工作是在发生灾害时进行专业救援，保护人员生命健康和财产、环境安全。救援人员的工作包括火灾扑救、应急救援和清除有害物质。救援人员作为团队成员参与救援工作，应服从指挥人员的命令，必要时可独立做出决定。该课程为全日制学习</td></tr>
<tr><td colspan="4">参加本课程学习的条件：
1）爱沙尼亚共和国公民
2）符合《高等职业学校》第 11 条（1^{1}）款规定的入学条件
3）通过《救援人员的职业条件：体能、教育和健康要求》规定的身体和健康检查
4）符合《救援组织法》对救援人员的要求
参加本课程学习的条件，由内政学院具体规定</td></tr>
<tr><td colspan="4">毕业要求：完成全部课程学习</td></tr>
<tr><td colspan="4">完成学业后获得的职业资格</td></tr>
<tr><td>职业资格</td><td colspan="3">救援员，4 级</td></tr>
<tr><td>可选能力</td><td colspan="3">驾驶救援车辆</td></tr>
<tr><td colspan="4">课程结构</td></tr>
<tr><td colspan="2">1. 救援员基础训练模块</td><td>14.0</td><td>A</td></tr>
<tr><td colspan="2">1.1. 救援领域的组织文化</td><td>1.5</td><td></td></tr>
<tr><td colspan="2">1.2. 救援心理学</td><td>0.8</td><td></td></tr>
<tr><td colspan="2">1.3. 计算机使用</td><td>0.8</td><td></td></tr>
<tr><td colspan="2">1.4. 体能训练</td><td>1.5</td><td></td></tr>
<tr><td colspan="2">1.5. 救援装备</td><td>3.5</td><td></td></tr>
<tr><td colspan="2">1.6. 急救</td><td>6.0</td><td></td></tr>
<tr><td colspan="4">本模块的教学目的：为学生讲授职业标准中的专业知识和技能，用以开展救援工作、减轻灾害后果。
通过本模块学习后，学生应当具备以下知识和能力：
·了解救援机构的组织架构、发展历史和职责任务
·了解并遵守职业行为准则
·遵守救援领域的法律法规
·使用救援领域的计算机程序
·了解并符合救援工作对身体素质的要求
·了解克服职业倦怠、保持救援工作所需心理状态的方法
·安全使用和维护救援装备器材
·对受伤人员进行现场急救
参加本模块学习，没有前提条件要求
学习成果评估：进行单独的期中考试，在模块教学计划中确定考试评估标准和方法</td></tr>
</table>

续　表

<table>
<tr><td>2. 救援工作模块</td><td>27.0</td><td>A</td></tr>
<tr><td>2.1. 防灾工作</td><td>1.5</td><td></td></tr>
<tr><td>2.2. 火灾扑救</td><td>9.0</td><td></td></tr>
<tr><td>2.3. 技术救援</td><td>3.0</td><td></td></tr>
<tr><td>2.4. 危险品处置</td><td>1.5</td><td></td></tr>
<tr><td>2.5. 基本救援操作</td><td>12</td><td></td></tr>
<tr><td colspan="3">教学目的：培养学生开展救援工作，保护人员生命健康、财产和环境安全的能力，简述灾害预防工作
通过本模块学习后，学生应当具备以下知识和能力：
·了解报警中心的工作组织，无线电通信组网结构，在救援工作中操作使用无线电通信设备
·作为救援团队成员，开展基础水平的火灾扑救专业操作
·作为救援团队成员，开展基础水平的技术救援专业操作
·作为救援团队成员，开展基础水平的危险品处置专业操作
·掌握灾害预防原则
·根据勤务标准和救援局预防处及上级的要求，在执勤期间开展安全培训
·在实际救援工作中运用学到的理论知识
开展本模块教学的要求：配齐各类救援装备器材
学习成果评估：进行单独的期中考试，对实际操作能力进行实地操作评估，在模块教学计划中确定考试评估标准和方法</td></tr>
<tr><td colspan="3">选定专业课（合计 18.0 学分）</td></tr>
<tr><td>3. 应急救援车辆操作</td><td>14.0</td><td>A</td></tr>
<tr><td colspan="3">本模块的教学目的：向学生提供职业标准中可选能力“驾驶救援车辆”附加的知识和技能。
通过本模块学习后，学生应当具备以下知识和能力：
·根据报警中心的出动指令，风险评估和出警规程，安全驾驶相应的救援车辆出动
·根据救援车辆的用途、性能和灾害性质，执行相应的救援任务
·根据实际观察和救援车辆性能，以及天气和道路、交通状况，评估出警途中可能存在的危险和风险
·根据危险和风险评估以及灾害情况，选择合适的速度、路线，安全驾驶救援车辆到达现场
参加本模块学习的要求：持有相应类别的驾驶执照
学习成果评估：在模块教学计划中确定考试评估标准和方法</td></tr>
<tr><td>4. 水域救援能力模块 I</td><td>1.5</td><td>A</td></tr>
<tr><td colspan="3">本模块的教学目的：向学生提供职业标准中可选能力“水域救援”附加的知识和技能
通过本模块学习后，学生应当具备以下知识和能力：
·使用专门的救援设备，安全有效地救援内河水域遇险的人员或动物
开展本模块教学的要求：已完成 2.3 技术救援模块的教学课程
学习成果评估：在模块教学计划中确定考试评估标准和方法</td></tr>
<tr><td>5. 绳索救援能力模块</td><td>1.5</td><td>A</td></tr>
<tr><td colspan="3">本模块的教学目的：向学生提供职业标准中可选能力“特种救援”附加的知识和技能
通过本模块学习后，学生应当具备以下知识和能力：
·使用专门的救援设备，安全有效地救援高空或地下遇险的人员或动物
开展本模块教学的要求：已完成 2.3 技术救援模块的教学课程
学习成果评估：在模块教学计划中确定考试评估标准和方法</td></tr>
</table>

续　表

6. 化学救援能力模块	1.5	A
本模块的教学目的：向学生提供职业标准中可选能力“化学品救援”附加的知识和技能 通过本模块学习后，学生应当具备以下知识和能力： · 使用专门的化学品事故救援设备，安全有效地救援人员生命或财产安全 **开展本模块教学的要求：**已完成1. 基础训练模块和2.3技术救援模块的教学课程 **学习成果评估：**在模块教学计划中确定考试评估标准和方法		
7. 水域救援能力模块Ⅱ	1.5	A
本模块的教学目的：向学生提供职业标准可选能力以外的激流救援、救生艇操控知识和技能 通过本模块学习后，学生应当具备以下知识和能力： · 使用救生艇和专用激流救援装备，安全有效地救援水域遇险人员或动物 **开展本模块教学的要求：**已完成4. 水域救援能力模块Ⅰ的教学课程 **学习成果评估：**在模块教学计划中确定考试评估标准和方法		
8. 爱沙尼亚语	1.5	A
本模块的教学目的：向学生提供职业标准以外的爱沙尼亚语能力 通过本模块学习后，学生应当具备以下知识和能力： · 掌握公务人员自我介绍的语言能力（词汇，语法和官方用语） · 掌握日常交流（电话交谈、工作面试等）能力，能够在教学课程范围内提问和回答问题 · 能够处理文档，找出并转述文档中的重要信息 **开展本模块教学的要求：**无 **学习成果评估：**在模块教学计划中确定考试评估标准和方法		
9. 俄语	1.5	A
本模块的教学目的：向学生提供职业标准以外的俄语能力 通过本模块学习后，学生应当具备以下知识和能力： · 掌握公务人员自我介绍的语言能力（词汇，语法和官方用语） · 掌握日常交流（电话交谈、工作面试等）能力，能够在教学课程范围内提问和回答问题 · 能够处理文档，找出并转述文档中的重要信息 **开展本模块教学的要求：**无 **学习成果评估：**在模块教学计划中确定考试评估标准和方法		
10. 英语	1.5	A
本模块的教学目的：向学生提供职业标准以外的英语能力 通过本模块学习后，学生应当具备以下知识和能力： · 掌握公务人员自我介绍的语言能力（词汇，语法和官方用语） · 掌握日常交流（电话交谈、工作面试等）能力，能够在教学课程范围内提问和回答问题 · 能够处理文档，找出并转述文档中的重要信息 **开展本模块教学的要求：**无 **学习成果评估：**在模块教学计划中确定考试评估标准和方法		
11. 特殊救援操作	12.0	A
本模块的教学目的：通过学习职业标准中可选能力之外的内容，提高特殊救援能力 通过本模块学习后，学生应当具备以下知识和能力： · 在团队中，以专业救援能力独立承担救援任务 · 运用学习到的理论知识，开展需要特殊能力的救援工作 **开展本模块教学的要求：**通过选定专业课相关模块的学习 **学习成果评估：**实际操作，在模块教学计划中确定考试评估标准和方法		

续　表

12. 期末考试	1.0	A
目的：评估学生掌握职业标准中救援能力（火灾扑救、技术救援、化学品处置）的情况 通过本模块学习后，学生应当具备以下知识和能力： ·利用学习的知识和技能开展救援工作 **启动模块的要求**：所有课程模块均已通过考核 **学习成果评估**：在模块教学计划中确定考试评估标准和方法		
专项能力（名称和模块数量）		

课程联系人	
姓名：	Igor Šarin
职务：	救援学院救援专业主任助理
电话：	+372 5048769
电子信箱：	igor. sarin@ sisekaitse. ee
备注：报名申请表链接 https：//www. sisekaitse. ee/et/node/988.	

附件1：救援员课程结构

模块	学分（EKAP）	评估方法
基础学习		
1. 救援员基础训练模块	14.0	A
1.1. 救援领域的组织文化（组织、历史、职业道德、立法）	1.5	
1.2. 救援心理学	0.8	
1.3. 计算机使用	0.8	
1.4. 体能训练	1.5	
1.5. 救援装备	3.5	
1.6. 急救	6.0	
2. 救援工作模块	27.0	A
2.1 防灾工作	1.5	
2.2. 火灾扑救	9.0	
2.3. 技术救援	3.0	
2.4. 危险品处置	1.5	
2.5. 基本救援操作	12.0	
在3-11项中选择的选定专业课（名称和学分）：至少18.0学分	1.5	A

续　表

3. 应急救援车辆操作	1.5	A
4. 水域救援能力模块 I	1.5	A
5. 绳索救援能力模块	1.5	A
6. 化学救援能力模块	1.5	A
7. 水域救援能力模块 II	1.5	A
8. 爱沙尼亚语	1.5	A
9. 俄语	1.5	A
10. 英语	1.5	A
11. 特殊救援操作	12.0	A
12. 期末考试	1.9	A
合计	60.0	

第六章　从“民防”到“危机管理”

恢复独立后，为有效应对自然灾害、事故灾难、传染病疫情、对宪法秩序的威胁等风险挑战，爱沙尼亚全面改革苏联时期的民防体系，按照1992年宪法划分的“应急状态”和“紧急状态”，先后制修订《民防法》（1992年）、《应急状态法》（1996年）、《紧急状态法》（1996年）、《危急事件准备法》（2001年）、《危急事件法》（2009年）等一系列法律，以2017年全面修订的《危急事件法》为标志，形成了以宪法为基础、以《危急事件法》为主干，辅以配套法规规章的危机管理法律体系；在实务层面，形成了涵盖风险分析与预防、应急准备与响应的危机管理体系。2021年6月2日修订的《危急事件法》撤销国家危机管理委员会，将危机管理领域的综合协调职能由内政部转至总理府，重构了国家层面的危机管理协调机制，体现了内部安全与国家安全从细分到统合的“广义安全概念”。

没有完美的制度，只有持续的努力、渐进的成效。爱沙尼亚的危机管理制度目前仍处于发展完善的动态过程中。迄今的发展历程，可以划分为三个阶段：第一个阶段，从恢复独立过渡期到20世纪末，标志性事件包括：1989年10月成立部长会议紧急情况委员会，1992年8月以民防委员会取而代之，1995年8月成立国家危机管理委员会，提出了涵盖所有危及生命健康、社会稳定、经济运行、自然环境风险因素的全口径“紧急情况”“危急事件”“危机状态”等概念。第二个阶段，以2001年《危急事件准备法》实施、《民防法》废止为起点，首次对“危机管理”进行定义，以确保发生危急事件时的社会安定为目标，构建了国家和地方政府以及各类单位共同负责的全国性措施体系，在危机管理委员会职责、区域风险分析、危机管理预案、重要民生领域的连续性等方面，做出多项开创性制度设计。第三个阶段，始于2009年《危急事件法》生效至今，通过整合《危急事件准备法》《应急状态法》，制定《危急事件法》，构建了危机管理领域的法律框架，形成了全流程的危机管理体系。

第一节　民防改革的酝酿

苏联时代末期，在自然灾害救助委员会基础上成立了各级“紧急情况委员会”，职责涵盖了自然灾害和重大事故灾难的预防、备灾、救援、恢复重建等工作。在恢复独立过渡期，爱沙尼亚于1990年首次提出“救援服务”的概念，并于1991年推出民防和消防领域改革的纲领性文件——《爱沙尼亚综合救援服务框架》。1992 年 5 月，爱沙尼亚撤销国家消防局，整合消防、民防和其他救援力量，重新组建国家救援局，启动了构建国家综合救援体系的改革进程。1992 年 6 月施行的《民防法》，集中体现了这一阶段民防改革的构想。

苏联时期，民防和消防是两个独立体系。爱沙尼亚的情况同样如此，消防工作由内务部消防局（Tuletõrje Valitsus）负责管理，专业消防队伍以现役体制为主，辅以职业消防队伍。在民防领域，民防部队采用现役体制，直接由部长会议领导，指挥机构是民防总部（Tsiviilkaitse Staap），各县和市、乡、镇人民委员会执行委员会管理当地的民防工作[①]。

苏联时期爱沙尼亚民防事业资料有限，只能根据相关档案[②]，概要梳理其发展过程：1944 年，成立爱沙尼亚苏维埃社会主义共和国内务人民委员会“人民防空局”（Kohaliku Õhukaitse Osakond）——Kohalik 是“本地人、当地居民”，Õhukaitse 是“防空”。1951 年改称内务部人民防空局（Siseministeeriumi Kohaliku Õhukaitse Valitsus），1956 年 8 月起改称“人民防空总部”（Kohaliku Õhukaitse Staap）。1960 年 1 月，根据苏联政府命令，苏联的人民防空体系全部划归国防部管辖，人员均为现役军人。其后，根据苏联部长会议 1961 年 7 月 13 日的法令，又改称爱沙尼亚“民防总部”（ENSV Tsiviilkaitse Staap）。1964 年根据苏联民防总部的命令，塔林市民防机构与爱沙尼亚民防总部合并，成立“爱沙尼亚苏维埃社会主义共和国及塔林市民防总部”（ENSV ja Tallinna Linna Tsiviilkaitse Staap），1971 年塔林市民防机构从民防总部分离，1973 年再次合并，1977 年再次分离，分别成立爱沙尼亚民防总部和塔林市民防总部——从 1964 年至 1977 年，合并、分设各两次，可谓分分合合。1991 年 11 月 14 日，随着爱沙尼亚救援局成立，民防总部被撤销，人员和职能移交爱沙尼亚救援局。

到苏联时代末期，随着国际形势变化，特别是美苏冷战对峙格局逐渐消解，世界范围内出现了民防改革趋势，民防工作的重点，从传统上应对战争时期的空袭等军事威胁，转移到更加关注各类事故灾难、自然灾害。在这一背景下，苏联也开始酝酿改革民防体系。1989 年 9 月 24 日，苏联部长会议通过第 792 号法规，决定成立苏联部长会议紧急情况国家委员会（俄语 Комиссии По Чрезвычайным Ситуациям）。据此，

---

① 爱沙尼亚救援局：《救援局简史》（*Päästeameti lühiajalugu*），https：//www. rescue. ee/et/paeaesteameti - luehiajalugu。

② 欧洲档案门户网站（Archives Portal Europe）：“ENSV Tsiviilkaitse Staap”。https：//www. archivesportaleurope. net/。

1989 年 10 月 19 日爱沙尼亚部长会议通过第 346 号决定[①]，改组 1981 年 12 月 8 日由爱共中央、部长会议决定成立的自然灾害救助国家委员会（Loodusõnnetuste Korral Abi Andmise Vabariiklik Komisjon），成立隶属爱沙尼亚部长会议的紧急情况委员会（Erakorraliste Olukordade Komisjon），委员会主席代表爱沙尼亚，参加苏联部长会议紧急情况国家委员会的会议。相应地，各市和地区的自然灾害救助委员会，也改组为紧急情况委员会。

1990 年 2 月 16 日，爱沙尼亚政府批准《紧急情况委员会暂行章程》和委员会组成[②]。根据暂行章程规定，紧急情况委员会是爱沙尼亚政府的常设机构，主要职能：一是确保国家处于常备状态，在出现自然灾害、重大事故灾难和其他紧急情况时，迅速、有效采取行动加以应对；二是协调县和市级紧急情况委员会，以及国家部门、政府机构和监察机构共同采取行动，预防紧急情况的出现，并防止可能造成的后果；三是管理救援行动和灾后恢复工作。紧急情况委员会的组成由爱沙尼亚政府批准，主席由政府部长担任，日常工作机构设在民防总部，负责监督委员会决定的执行落实情况。

紧急情况委员会的主席由建设部部长担任，副主席是民防司令和内务部部长，委员会秘书是民防部队参谋长。委员会共 19 名成员，包括卫生部、环境部的部长，工业和能源部、物资部、商业部、交通部、电信部、农业部的第一副部长，共和国政府交通和通信顾问，消防局、国家技术监督局、民航局、国家自然保护监督局的局长，财政部国家预算综合司司长，20405 部队部队长，爱沙尼亚铁路公司、航运公司、能源公司、渔业公司的总经理。从委员会构成看，包括了内务、建设、工业、农业、能源、交通、财政、民航、通信、卫生、物资、商务、环境、自然保护、技术监督等各个行业系统的主管部门，以及消防、民防、部队等专业救援力量，还有铁路、航运、能源、渔业等国营企业的负责人，有利于全面协调和组织灾害预防、救援和后期恢复工作。6 月 13 日改由交通部部长任主席，建设部部长任委员会成员，其他成员基本保持稳定。

综上可见，这一阶段，爱沙尼亚认为“紧急情况”包括自然灾害、重大事故灾难和其他类似情况，并将灾前的预防、备灾，灾中的救援，灾后的恢复重建，均纳入了紧急情况委员会的职责范围，而且强调国家应当处于开展上述工作的“常备状态”（alaline

---

① 《爱沙尼亚苏维埃社会主义共和国部长会议关于成立紧急情况委员会的决定》。https：//www. digar. ee/arhiiv/et/download/253639。

② 《爱沙尼亚苏维埃社会主义共和国政府紧急情况委员会暂行章程》，https：//www. digar. ee/arhiiv/et/download/253620。

valmidus）。值得注意的是，委员会职责中已出现“救援”（pääste）一词，为未来综合救援体系的构建埋下伏笔。

1.1　“救援服务”概念的提出

瑞典是最早整合民防和消防体系的国家之一（1986 年）。20 世纪 90 年代初，爱沙尼亚决定对现役民防体系进行全面改革，很大程度借鉴了瑞典的做法。1990 年 10 月 22 日，在爱沙尼亚政府紧急情况委员会的会议上，提出改革民防体系，整合民防和消防力量，建立综合救援体系的愿景。如第二章第六节所述，这次会议原则通过的草案，是在爱沙尼亚恢复独立过渡期，官方文件首次引入“救援服务”（Päästeteenistus）的概念。

1.1.1　依托民防总部组建爱沙尼亚救援局

1991 年 9 月 10 日，也就是宣布恢复独立仅仅 20 天之后，爱沙尼亚政府公布《关于组建爱沙尼亚共和国国家救援局的决定》，决定在内政部成立爱沙尼亚共和国国家救援局（简称爱沙尼亚救援局），建立国家民防体系，并成立专门的民防委员会——委员会的主席和副主席，分别由内政部部长和民防司令担任，成员包括消防局局长、边防局局长、民防总部副司令、交通和通信部部长以及塔林市副市长，委员会的日常工作机构设在民防总部。《关于组建爱沙尼亚共和国国家救援局的决定》对民防委员会委以重任（实际就是由民防总部承担），要求其必须在两周内完成以下任务：一是起草《爱沙尼亚综合救援服务框架》《爱沙尼亚救援局章程》和其他法律法规的草案，规划建立国家统一救援服务体系的路径；二是与苏联国防部协调履行相关协议；三是在 9 月 20 日之前，接收苏军移交的 75222 号、68315 号军事基地等。

1.1.2　重组民防体系的第一阶段措施

1991 年 11 月 14 日，民防总部撤销编制，其职能和人员移交救援局。26 日，爱沙尼亚政府通过《关于批准〈爱沙尼亚共和国国家救援局章程〉和重组民防体系第一阶段工作措施的决定》，公布《爱沙尼亚共和国国家救援局章程》，要求救援局在 1 个月内制定国家救援队伍管理规定，并推动县、市镇等地方政府建立民防和救援管理机构。根据上述决定，将两个月前《关于组建爱沙尼亚共和国国家救援局的决定》中提出建立的“国家民防体系”（tsiviilkaitse süsteem）重命名为“爱沙尼亚共和国民防体系”（Eesti

Vabariigi kodanikukaitse süsteem)，将民防委员会命名为 kodanikukaitse komisjon。从字面上看，tsiviilkaitse、kodanikukaitse 基本都是“民防”之意，tsiviilkaitse 是 tsiviil – kaitse，即“平民 – 保护”；kodanikukaitse 是 kodaniku – kaitse，即“公民 – 保护”。tsiviilkaitse 中的 tsiviil 是“平民”之意，与其对应的是“君主”“军队”；kodanikukaitse 中 kodanik 是“公民”之意，与其对应的是“外国人”——可以认为，调整后的民防体系名称，更加突出和强调保护所有公民之意。另外，kodanikukaitse 也是恢复了爱沙尼亚第一次独立期间对民防的表述 Kodanliku õhukaitse。

重组民防体系的第一阶段工作重点是组建爱沙尼亚救援局，协调相关各方参与救援工作。根据 1991 年 11 月 26 日批准的《爱沙尼亚共和国国家救援局章程》，救援局取代已撤编的民防总部，成为国家紧急情况委员会的日常工作机构，负责制定和组织实施国家民防政策和战略，确保在紧急情况下开展救援所需的人力和其他资源，以保护生命财产安全，消除自然灾害、事故灾难等的后果。根据章程规定，救援局应当开展以下工作：

（1）就民防工作提出建议并实施相应措施；

（2）在紧急情况下，协调救援队伍的行动；

（3）协调人员培训、在职培训和研究工作；

（4）与其他国家开展协作；

（5）起草爱沙尼亚政府有关决议和法规的草案，并就与救援工作相关的法规草案提出意见；

（6）向民众开展预防和应对紧急情况、减少损失的宣传教育；

（7）与其他机构合作，开发与救援服务有关的管理、通信等应用系统。

国家救援局章程首次对“紧急情况”（Erakorraline olukord）做了定义：“在民防领域，紧急情况是指由于技术原因、自然现象或武装冲突引起的，危及人员生命健康，或者导致社会生活和经济活动受到长期影响，或者造成严重环境污染的情形。”以上表述，在 1992 年 5 月 25 日修订的救援局章程，以及同年 6 月 4 日实施的《爱沙尼亚民防法》中，均予以沿用。可见在这一阶段，爱沙尼亚民防视角下的“紧急情况”是“全口径”概念，涵盖了所有危及生命健康、社会稳定、经济运行、自然环境的人为因素（包括武装冲突）和自然因素——协调应对上述风险威胁，均纳入了国家救援局的职责范围。由于当时仍在延续苏联时期的现役民防体制，所以 1991 年 11 月 26 日批准的救援局章程专门规定，现役体制的救援队伍接受救援局和国防军总参谋部的双重领导，救援局应当制定现役救援队伍的专门管理规定。

1.2　《爱沙尼亚综合救援服务框架》：建立综合救援体系的理论先导

1.2.1　构建综合救援体系的“两步走”规划

1991 年 12 月 4 日，爱沙尼亚政府批准《爱沙尼亚综合救援服务框架》。这部纲领性文件，首次系统阐述了民防和救援领域改革发展的构想，共分 5 个部分：总则、民防体系的组织结构和职责任务、管理与组织、国家救援力量、综合保障，包括《爱沙尼亚救援局所属国家救援队伍的组成和编制》《保障标准》《国家救援局报警中心》3 个附件。

《爱沙尼亚综合救援服务框架》的主旨，是建立完善统一的民防体系，以应对和平时期、战争状态可能出现的各类紧急情况。为达成上述目标，在第三部分“管理与组织”，确定了爱沙尼亚民防体系改革的“两步走”规划：

第一阶段，在民防总部基础上建立国家救援局，负责协调各类救援队伍之间的合作，并与国家消防局、爱沙尼亚救援协会等建立协调机制。

第二阶段，整合国家救援局、国家消防局和爱沙尼亚救援协会，组建新的国家救援局，重组民防、消防等队伍，建立国家统一的救援管理制度和力量体系。

1.2.2　综合救援体系的基本内容

1.2.2.1　可能导致紧急情况的 23 类情况

在《爱沙尼亚综合救援服务框架》的第一部分，全面梳理了和平时期或战争状态，在爱沙尼亚境内或邻近国家，可能导致紧急情况的情形，并划分为 5 个方面的 23 类：

（1）放射性和有毒物质事故：

——核电厂、核动力船舶发生放射性污染；

——放射性同位素丢失、运输车辆事故等造成的局部放射性污染；

——飞行器坠落撞击核设施，引发放射性污染；

——化学危险品生产、储存、运输等过程中发生的剧毒物质泄漏。

（2）火灾和爆炸事故：

——城镇、企业或者运输过程发生的，造成人员伤亡或者对生产生活造成长期影响的火灾；

——城镇居住区或工业建筑发生的爆炸。

（3）运输和通信事故：

——空难；

——造成人员死亡或者有毒有害物质泄漏、污染环境的铁路运输事故；

——危及人员生命或者有毒有害物质泄漏、污染环境的船舶等浮动设备事故；

——燃气管道爆炸起火；

——影响生产生活的电网等公用事业事故。

（4）自然灾害和传染病疫情：

——强度超过12级的飓风和风暴；

——造成通信和供电线路中断、影响生产生活的降雪、雨夹雪和气温骤降、凝冻；

——严重森林和沼泽火灾；

——洪水；

——传染病和动物疾病疫情；

——内河和沿海海域事故。

（5）军事和政治事件：

——意外发射核武器；

——犯罪集团发射核武器；

——载有核武器的飞机坠落，导致核武器破裂并可能发生核爆炸；

——军事机构、仓库、基地发生事故；

——恐怖袭击；

——故意破坏造成的生产事故等。

1.2.2.2 民防体系的主要任务

根据《爱沙尼亚综合救援服务框架》，为应对上述紧急情况可能引起的危险，国家建立民防体系，由总理通过民防委员会和国家救援局实施管理。国家民防体系的职责是在紧急情况下（不论平时还是战时），保护和帮助所有居民（不论国籍）免受威胁，具体应当开展5个方面的工作：

（1）辨识在特定地点可能出现的紧急情况，及其诱因、威胁和影响的范围，针对所有可能出现的紧急情况制定应对预案；

（2）指导居民和各级民防人员在紧急情况下采取行动；

（3）准备保护民众的方法和措施，并确保在紧急情况下予以实施；

（4）组建民防管理机构和救援队伍，确保救援力量时刻准备就绪，在出现紧急情况后及时向民众提供援助，并迅速消除对民众生活福祉的影响；

（5）配备专用民防装备，建立必要的监测、预警和通信系统。

通过《爱沙尼亚综合救援服务框架》关于可能导致紧急情况的5个方面、23类情形的描述，以及贯穿民防体系职责的紧急情况辨识、准备、应对，可见在这一阶段，爱沙尼亚确已将“紧急情况”发展为一个“全口径”的概念，既包括和平时期发生的火灾、爆炸、生产事故等传统风险，也包括恐怖袭击等非传统风险，从发生的背景看，涵盖了平时、战时可能出现的上述情形。

1.3　《民防法》（1992年）

1992年5月25日，爱沙尼亚最高委员会通过《关于撤销爱沙尼亚共和国国家消防局并将其职能移交爱沙尼亚共和国国家救援局的决定》，撤销国家消防局，整合民防、消防和其他救援力量，重新组建国家救援局。为固化民防改革的思路理念，6月3日爱沙尼亚最高委员会通过《爱沙尼亚民防法》（*Eesti Vabariigi kodanikukaitseseadus*）①，并于次日通过《关于施行〈民防法〉的决定》②，同时宣布苏联的民防法律不再适用于爱沙尼亚。需要注意的是，《民防法》的施行甚至早于新宪法的颁布施行——6月28日全民公决通过新宪法，自7月29日起施行——由此可见爱沙尼亚对民防改革的高度重视和迫切行动，可以说是紧锣密鼓，环环相扣。

1.3.1　民防职能

《民防法》共9章：总则、民防体系、民防管理、培训、义务与权利、保障、经费、国际合作、法律责任。在总则部分，对“民防”进行了定义：“民防，是在由于技术原因、自然现象和武装冲突引发的紧急情况下，组织各类单位和机构采取应对措施，保护和援助民众的国家体系。”同时，沿用了1991年11月26日《爱沙尼亚国家救援局章程》对“紧急情况”的定义：“紧急情况是指由于技术原因、自然现象或武装冲突引起的，危及人员生命健康，或者导致社会生活和经济活动受到长期影响，或者造成严重环境污染的情形。”

根据《民防法》，民防工作包括8个方面的职能：一是辨识特定区域内可能出现的紧急情况，判断成因及其影响范围，并针对所有可能出现的紧急情况，制定应急预案；二是确保民众和民防人员做好在紧急情况下采取行动的准备；三是保持民众在紧急情况下的心理韧性；四是组织做好各项应急和救援准备；五是建立民防队伍及其管理机构并

---

① 《爱沙尼亚民防法》（RT 1992，24，334），https：//www. riigiteataja. ee/akt/29062。

② 《关于施行〈民防法〉的决定》（RT 1992，24，335），https：//www. riigiteataja. ee/akt/29063。

提供保障，确保随时向民众提供援助，迅速消除事故后果；六是建立必要的监测、预警和通信系统；七是组织提供必要的救援和防护设备；八是组织保护食品、饮用水、牲畜和农作物等。

上述职能，涵盖了风险辨识（包括判断紧急情况的成因和影响）、应急准备（包括专业力量、管理机构、心理韧性、综合保障）、应急响应（包括感知预警、保障社会基本功能运行）和恢复重建（包括消除事故后果）4 个方面，虽然还被称为“民防工作”，实际上已经基本体现了现代应急管理的主要环节。

1.3.2　民防体系

《民防法》总则第 5 条“民防工作的组织原则”规定，爱沙尼亚的民防工作贯彻“属地原则”（territoriaalsel põhimõte）——即“按照行政区划，分级组织实施民防工作”，并建立了社会（社区 + 单位）、基层政府、县市政府和国家共 4 个层级的民防体系，明确了相应的组织和保障措施。

在社会层面，民防工作的基础包括居民社区和单位机构。居民社区的民防工作，由基层政府组织开展，包括对居民进行民防宣传教育，普及紧急情况下的应对和自我保护措施，提供基本的个人防护设备器材，在紧急情况出现后及时向民众提供信息。各类单位机构应当根据生产经营领域、员工数量等特点，采取差异化的民防措施，并接受地方政府的管理。单位负责人是民防工作责任人（kodanikukaitse juht），应当任命协助其具体实施本单位民防工作的人员，成立本单位的民防管理组织机构，成员包括相关的专业人员。建筑或场所的产权人有责任向民众告知本单位存在的安全风险，以及紧急情况时的行动程序、防护方法和应急措施。

在基层政府层面，如第一章第二节关于行政区域变革的介绍，当时，爱沙尼亚实行两级行政区划体系（县 + 市和乡），县辖市（maakondlike linnade）和乡（Vald）政府作为基层政府，在民防领域的主要职责包括：组织管理辖区内的民防工作，确保出现紧急情况时，居民社区和单位得到相应的保护，接受上级政府在民防领域的领导。基层政府的行政负责人是本辖区的民防工作责任人，民防局局长作为民防工作执行人（kodanikukaitse rakenduskonna juht），具体负责组织实施本辖区的民防工作，包括组织相关机构按照职责，保障本行政区域内民防领域的专业问题（医疗、食品、交通、供水、电力、供热、供气、执法、消防等）。如果紧急情况的波及区域超出辖区范围，或者超出其应对能力，基层政府应当及时报告县政府。

在县政府层面，应当结合本地特点建立民防体系，监督指导辖区内的基层政府开展民防工作，在必要时直接组织开展民防工作。县长是本行政区域内的民防工作责任人，执行爱沙尼亚政府的命令；县政府应当根据本地区特点设立救援局，其负责人是同级民防机构的副职；出现紧急情况时，县政府应当组织辖区内的专业民防机构进行应对，如果紧急情况造成的威胁超出基层政府辖区，或者超出其应对能力，县长负责统筹组织开展民防工作。根据《民防法》第 16 条，县政府应当成立民防委员会，其组成和章程由当地议会批准，县民防委员会负责制定本辖区民防工作的原则和措施，审查民防领域的工作规划和预算草案。根据《民防法》第 17 条“县和市的救援服务”，县、市的救援服务体系包括：社区和单位的民防组织、消防队伍、医疗急救队伍、职业救援队伍、执法部门、区域联合成立的救援机构等，必要时，国家救援机构将向县、市提供支援——体现了民防工作主体多元化、内容复合化、职责层级化的发展方向，初步显现由传统意义“民防”“消防”向现代“综合救援”发展的端倪。

在国家层面，根据《民防法》第 19、20 条的规定，总理统一组织全国的民防事务，体现了民防工作行政首长负责制。国家救援局是民防主管部门，根据《民防法》和爱沙尼亚政府的决定，组织实施民防工作。国家民防委员会的组成和工作规则，由爱沙尼亚政府确定，并指定 1 名部长担任委员会主席。救援局具体承担六方面的职责：一是协调地方政府及其机构解决民防领域的问题；二是制定紧急情况下的民防行动预案；三是指导发展和改善国家救援服务，制定统一的民防和救援设备标准，提高监测、预警、警报的效率；四是组织开展民防培训；五是确保随时就应对紧急情况提供专业咨询，必要时进行现场指导，在紧急情况的波及范围超出县级行政区域，或者超出其应对能力时，统一组织采取应对措施，包括组织国家救援队伍等力量予以支援；六是对民防工作实施监督，检查各级的民防准备情况。

《民防法》第 21 条强调，救援力量是国家民防体系的组成部分，包括不同地区、不同战备水平、不同专业方向和装备配备的救援队伍。救援力量的职责，是及时有效地开展应急救援工作，保护民众安全。当时，爱沙尼亚仍在延续苏联时期的现役民防、消防体制，所以《民防法》规定，国家的专业救援力量包括两个层级：国家救援局管理的现役救援队伍，县市政府建立的职业救援队伍。

此外，《民防法》还对民防领域的日常管理、人员培训、义务与权利、经费保障、国际合作、法律责任等做了规定。包括将民防内容纳入普通教育学校的教学内容，在职业学校和高等教育机构开展民防领域的专业教育。民防工作的经费，由承担相应民防职责的政府和单位分别负担。地方政府可以通过收费和接受捐赠设立民防基金（Kodanikukaitse fond），用于民防事业的开支。

1.3.3 民防委员会

1992年8月27日，爱沙尼亚政府通过第253号令《爱沙尼亚政府民防委员会》，任命了民防委员会成员，同步撤销紧急情况委员会[①]。民防委员会的主席由内政部部长担任，副主席3名：内政部副部长、救援局局长和国防军总参谋长，成员17名，包括建设部、商业部、环境部、财政部、卫生部、道路和交通部、工业和能源部、农业部的部长，民航局、航道局、林业局、边防局、警察局的局长，以及国营企业爱沙尼亚能源公司、燃料公司、航空公司、铁路公司的总经理。

1993年2月5日，根据《民防法》第19条第（2）款的规定，爱沙尼亚政府通过《关于成立共和国政府民防委员会的决定》，并附《民防委员会章程》，同步调整了委员会组成[②]。根据章程第5条，民防委员会主要承担四方面的职责：一是审查批准民防事业远景规划和目标计划；二是审查民防工作的计划和草案，提交共和国政府；三是向共和国政府提出宣布进入应急状态的建议；四是批准应急状态下的行动原则。根据章程第6条，在应急状态下，民防委员会负责协调地方政府的民防委员会组织开展灭火和救援工作，并在必要时指挥火灾扑救和救援工作。

1993年调整后的民防委员会，主席仍由内政部部长担任，副主席3名，分别是救援局局长、国防军总参谋长和救援局的救援部门负责人，成员17名：包括环境部、道路和交通部、经济部、农业部、财政部、社会事务部、外交部、民航局、海事局、边防局、警察局负责人指派的代表，国有企业爱沙尼亚能源公司、燃料公司、航空公司、铁路公司、航运公司的总经理，以及塔林市市长。调整后的民防委员会组成，有以下特点：一是将救援局的救援部门负责人增加为委员会副主席，体现了救援工作是民防的重要组成部分；二是不再要求政府各部和部管局的部长、局长参加，而是指派代表即可；三是根据1992年《共和国政府组织法》对政府机构的调整，增加了经济部、社会事务部和外交部，并将塔林市市长增加为委员会成员。

1992年，是爱沙尼亚民防体系改革的酝酿和推进之年。6月3日通过《民防法》，6月28日全民公决通过的《宪法》将“全口径”的“紧急情况”予以细分，提出“应急状态”“紧急状态”，8月27日成立国家民防委员会，并撤销1989年成立的紧急情况委员会。上述一系列的立法和改革举措，标志着爱沙尼亚启动了构建综合救援和危机管理体系的改革进程。紧急情况委员会虽然只存续了不到3年，但“紧急情况”涵盖了自然

① 《爱沙尼亚政府民防委员会》（RT 1992，39，517），https：//www. riigiteataja. ee/akt/13082523。

② 《关于成立共和国政府民防委员会的决定》（RT 1993，8，117），https：//www. riigiteataja. ee/akt/24391。

灾害、事故灾难、武装冲突等引起的，危及生命健康、经济和社会生活乃至环境安全的多重风险，为后续综合救援和应急管理体系的发展奠定了重要基础，发挥了重要作用。

第二节　厘清“应急状态”与“紧急状态”

1992 年宪法提出“应急状态”“紧急状态”，奠定了爱沙尼亚改革民防体系、构建现代危机管理体系的宪法基础。1996 年 1 月 29 日颁布施行的《应急状态法》《紧急状态法》，建立了针对“应急状态”“紧急状态”的差异化应对体系。在国家层面，国家危机管理委员会统筹协调应对“应急状态”“紧急状态”（统称“危机状态”），直至 2016 年国家安全委员会职能调整，形成国家危机管理委员会负责“应急状态”、国家安全委员会负责“紧急状态”的明确分工，在国家层面厘清了“应急状态”“紧急状态”的协调应对机制。

2.1　宪法关于“应急状态”“紧急状态”的划分

1992 年 6 月 28 日，爱沙尼亚全民公决通过新宪法，自同年 7 月 29 日起施行。1992 年宪法解决了此前《民防法》将由于技术、自然现象或武装冲突等原因引发的非正常状态笼统称为“紧急情况”的弊端，根据引发因素、性质机理和应对措施等方面的差异，将“紧急情况”划分为“应急状态”和“紧急状态”，为此后爱沙尼亚应急管理事业的改革发展，奠定了宪法基础。

根据 1992 年宪法第 87 条第（8）款，爱沙尼亚政府有权在“发生自然灾害、事故灾难，或者为防止传染病疫情时，在全国范围或部分地区宣布进入应急状态”，即“应急状态”适用于自然灾害、事故灾难、传染病疫情这三种情形；根据宪法第 129 条，“如果爱沙尼亚宪法秩序受到威胁，根据总统或政府的提议，议会经多数成员表决通过，可以宣布全国处于紧急状态，但时间不得超过 3 个月。紧急状态的管理由法律另外规定。”即“紧急状态”只适用于对宪法秩序的威胁（也就是狭义的国家安全）。

近年来，应急管理乃至国家治理领域的国际实践证明，做出上述划分是极其必要的——“应急状态”，针对的是自然灾害、事故灾难、传染病疫情造成的威胁；“紧急状态”，针对的是试图以暴力方式推翻宪政秩序，以及恐怖活动、大规模暴力冲突、武装暴动等危及宪法秩序的威胁——虽然在客观上，两者都对民众生命健康和财产安全、生产生活等社会运行乃至环境造成威胁和破坏，但由于诱发原因、危害机理、应对原则、方法措施、管理架构、恢复重建等方面都存在很大差异，如果笼而统之、混为一谈，必然造成应对措施缺乏针对性，并影响应对成效。爱沙尼亚能够在 20 世纪末即对应急状态、紧急状态进行区分，并通过宪法这一国家根本大法予以固化，确实难能可贵。

这里，有必要对“应急状态”（eriolukorra）和“紧急状态”（erakorralise seisukorra）这两个名词的翻译予以说明。从构词法分析，eriolukorra 是由“eri”“olu”“korra”组成，即 eri – olu – korra，其中，eri 是“特异、非同寻常”之意，olu 是“情况、情形”之意，korra 是“次序”之意，olukord 是“状态、形势、情况、局面、局势、情境”之意（korra 与 kord 是同义的一字两读）。因此，eriolukorra 的字面意思是“非同寻常、异常的状态或情形”，结合宪法和相关法律对其的阐释——应对的是自然灾害、事故灾难和传染病疫情，都需要进行应急准备、应急响应，因此，本书将 eriolukorra 译为“应急状态”。

类似的，erakorralise seisukorra 中的 erakorralise，由“era”“korra”“li”“se”组成，即 era – korra – li – se，分别是“特别 – 次序 – 来 – 的”之意；seisukorra 由“seisu”“korra”组成，即 seisu – korra，分别是“站位 – 次序”之意。erakorralise seisukorra 是区别于 eriolukorra 的非常规状态，涉及对正常法律秩序的暂停。结合宪法和相关法律对 erakorralise seisukorra 适用范围的阐释，其对应的是危及宪法秩序（狭义的国家安全）的情形，因此，将 erakorralise seisukorra 译为“紧急状态”。1992 年《民防法》中使用的 erakorraline，与 erakorralise 是同义词的一字两读，因此同样译为“紧急状态”。

2.2　同日出台的《应急状态法》《紧急状态法》

基于 1992 年宪法对“应急状态”“紧急状态”的划分，1996 年 1 月 10 日议会通过《应急状态法》《紧急状态法》①，确定了应对严重自然灾害、事故灾难、传染病疫情和宪法秩序危机 4 类突发情况的法律依据——前三类情况纳入《应急状态法》调整范围，后一类情况纳入《紧急状态法》调整范围，从而厘清了“应急状态”“紧急状态”关系，并建立了差异化的应对机制。《应急状态法》的适用范围是：“本法规定了发生自然灾害、事故灾难以及防止传染病疫情时，必须采取的措施：（1）宣布进入应急状态的依据、条件和程序，以及应急状态管理机构的权力；（2）在应急状态下采取的措施，以及应急状态期间的权利、义务和责任。”《紧急状态法》的适用范围是：“本法规定了为消

---

① 《应急状态法》（*Eriolukorra seadus*，RT I 1996，8，164），https：//www.riigiteataja.ee/akt/33707；《紧急状态法》（*Erakorralise seisukorra seadus*，RT I 1996，8，165），https：//www.riigiteataja.ee/akt/25054。

除对爱沙尼亚宪法秩序的威胁时，必须采取的措施：(1) 宣布进入紧急状态的依据、条件和程序，以及紧急状态管理机构的权力；(2) 在紧急状态下采取的措施，以及紧急状态期间的权利、义务和责任。”

上述划分，与我国2007年11月1日起施行的《中华人民共和国突发事件应对法》①将突发事件划分为自然灾害、事故灾难、公共卫生事件和社会安全事件高度相似，也反映出各国在探索构建应急管理体系和法制建设过程中，对规律性问题的共同思考。

图6－1是1992年至1996年爱沙尼亚应急状态、紧急状态立法的演进过程（笔者整理）。之所以建立差异化的法律体系，是因为“应急状态”“紧急状态”在性质机理和应对措施方面有较明显的区别。在诱发原因方面，“应急状态”主要是由于自然灾害、事故灾难、传染病疫情造成的；“紧急状态”则主要是试图以暴力方式推翻宪政秩序，以及恐怖活动、大规模暴力冲突、武装暴动等危及宪法秩序的情形造成的。在应对措施方面，“紧急情况”的主要应对措施，是应急救援、减少损失、恢复建设等；而“紧急状态”的主要应对措施，是限制言论自由、人身自由、党派活动、财产处置、通信、集会等，以尽快恢复宪法秩序。这两部法律的出台，使1992年宪法对“应急状态”“紧急状态”的划分得以落实，1996年也成为爱沙尼亚危机管理体系建设的重要起点。2009年，《危急事件法》取代了《应急状态法》和《危急事件准备法》；而《紧急状态法》虽经多次修订，目前仍然有效。

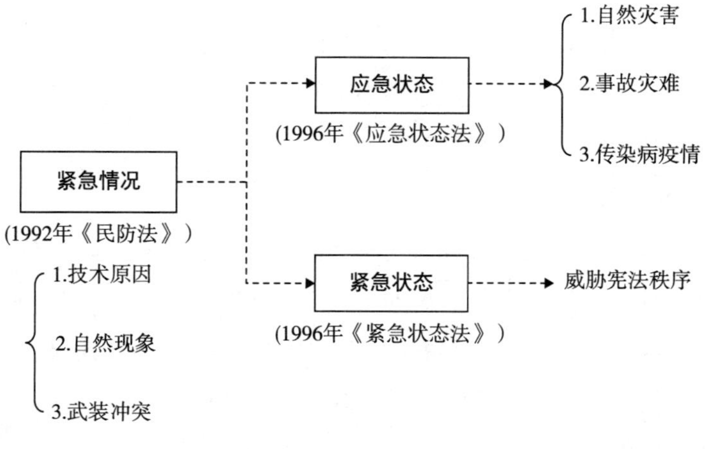

图6－1 1992年至1996年爱沙尼亚应急状态、紧急状态立法的演进

需要特别强调的是，虽然《应急状态法》《紧急状态法》建立了差异化的应对机制，

① 《中华人民共和国突发事件应对法》(2007年8月30日第十届全国人民代表大会常务委员会第二十九次会议通过)，http：//www. gov. cn/ziliao/flfg/2007－08/30/content_ 732593. htm。

如“应急状态”“紧急状态”的决策主体分别是政府和议会，具体应对程序也有明显不同，但国家层面的协调机构都是“国家危机管理委员会”（Vabariigi Valitsuse kriisikomisjon）——也就是说，国家危机管理委员会的职能范围是“全口径”的。上述状况一直持续到2016年1月1日，随着国家安全委员会（Vabariigi Valitsuse julgeolekukomisjon）职能调整，从2002年成立时只负责协调国家安全机构的活动，拓展到协调应对国家安全和宪法秩序领域的威胁，与“紧急状态”相对应；国家危机管理委员会的职责范围则收缩到与“应急状态”完全对应。表6-1是《应急状态法》《紧急状态法》的结构（笔者整理）。

表6-1 《应急状态法》《紧急状态法》的结构

应急状态法	紧急状态法
第一章　总则	第一章　总则
第二章　宣布和终止应急状态的程序	第二章　宣布紧急状态
第三章　应急状态管理机构的职责和应急措施，应急状态期间机构和人员的义务	第三章　紧急状态管理机构的职责和措施，紧急状态期间机构和人员的义务
第四章　征用补偿条件和参与应急救援人员的社会保障	第四章　紧急状态期间刑事犯罪和轻罪诉讼程序的调整
第五章　法律责任	第五章　法律责任

2.2.1 《应急状态法》简介

《应急状态法》是爱沙尼亚恢复独立后，在应急管理领域的一部重要法律，共5章、34条，分别是：总则，宣布和终止应急状态的程序，应急状态组织管理机构的能力、措施和义务，补偿和社会保障，法律责任。

2.2.1.1 基本概念

在《应急状态法》的总则部分，明确了该法适用于自然灾害、事故灾难以及防止传染病疫情，并分别对“自然灾害”（Loodusõnnetus）、“事故灾难”（katastroof）、“传染病疫情”（nakkushaiguse levik）和“救援工作”（Päästetöö）进行了定义：

自然灾害，是指由于自然力量的作用，对人员生命健康、自然环境或社会生活造成突发性严重破坏的事件。

事故灾难，是指对人员生命健康、自然环境或社会生活造成突发性严重破坏的以下事件：（1）化学、放射性或其他类似污染；（2）发电厂、矿山和天然气管道、通信、供电等公用事业领域的重大工业事故；（3）重大火灾、爆炸；（4）船舶、飞机、火车或其他运输工具重大事故；（5）其他重大事故。

传染病疫情，是指：（1）可能造成大规模患病、必须采取全面措施加以控制的致命性传染病传播；（2）可能在全国传播并造成大规模患病，必须立即采取全面措施加以控制的国际关注的危险传染病。

在上述定义的基础上，《应急状态法》给出了“救援工作”的定义：“就本法而言，救援工作是指：（1）发生自然灾害或事故灾难时，开展的应急救援和恢复工作；（2）防止传染病传播的工作；（3）发生自然灾害、事故灾难或者为防止传染病疫情时，向受影响人员提供的援助。”从而将“救援工作”从1994年《消防救援法》规定的“消防监督和灭火救援”，拓展到涵盖自然灾害、事故灾害、传染病疫情应对的更广范畴。

2.2.1.2　基本程序

如前所述，宪法第87条第（8）款，是实施应急状态的根本依据。《应急状态法》规定了宣布、调整和终止应急状态的程序：国家机构、市（乡）政府应当按照程序，报告本领域、本辖区内出现的自然灾害、事故灾难和传染病疫情情况；总理（总理缺位时，代行其职责的部长）应当及时召集会议，听取国家危机管理委员会的情况报告，如果认为只有采取《应急状态法》规定的特别措施，才能消除威胁，并向受影响的人员提供帮助，则应当做出进入应急状态的决定，并按照宪法第87条的规定，总理应签署行政法规，宣布在全国或部分地区进入应急状态——该决定，应当包括以下内容：宣布进入应急状态的原因，实施应急状态的区域，任命应急状态负责人，确定政府部门、市（乡）政府应当采取的应急措施等。新闻媒体应当立即免费全文发布上述决定。在应急状态期间，政府可以根据情况变化，调整实施应急状态的区域范围（不属于进入新的应急状态）；如果导致应急状态的危险因素已经消除，根据国家危机管理委员会的建议，政府应当及时做出终止应急状态的决定，总理应签署行政法规予以宣布。

2.2.1.3　基本措施

总理在依照法定程序决定进入应急状态时，应当确定1名部长担任应急状态负责人（eriolukorra juht），负责指挥采取相应措施，消除导致应急状态的危险因素。应急状态负责人有权任命1名或多名救援工作负责人（päästetööde juht），具体组织实施应急和救援工作。如果在紧急状态期间宣布进入应急状态，则应急状态负责人应当接受紧急状态负责人的命令。

在应急状态下开展的救援工作包括：发生自然灾害或事故灾难时开展的应急救援和恢复工作；防止传染病传播的工作；发生自然灾害、事故灾难或者传染病疫情时，向受影响人员提供援助等。

根据《应急状态法》第四章，在应急状态期间，如果紧急调用和征用急需的物资、设备、设施，应当及时予以返还，或者给予补偿；对于调集人力、组织公民参与应急救援，或者要求有专门技能和技术的人员提供服务的，应当按照工时给予合理报酬；对于因参与应急救援而伤亡的人员，应当按照平均工资水平予以抚恤，其中，对于因参与应急救援而死亡的人员，给予10年工资的一次性抚恤金，一、二类伤残人员享受5年工资的抚恤金，三类伤残人员享受1年工资性抚恤金。

根据《应急状态法》第五章“法律责任”，在疫情期间违反防疫规定的，以及在应急状态期间违反相关要求，不听从应急状态管理人员或者救援人员命令的，均构成轻罪，最高处以300个罚款单位的罚款。卫生局、警察局和救援局按照职权，作为庭外机构办理上述轻罪案件。

2.2.2 《紧急状态法》简介

根据《紧急状态法》第3条规定，以下6种情形，属于对宪法秩序构成威胁：企图暴力推翻宪法秩序，恐怖活动，暴力示威，大范围暴力冲突，强行分离国家领土，大规模暴力骚乱。《紧急状态法》第二章规定了宣布、调整和终止紧急状态的程序：出现上述情形后，应当立即报告总统以及共和国政府、国防委员会（Riigikaitse Nõukogu）、国家安全委员会成员，总理（总理缺位时，代行其职责的部长）应当立即召集会议，听取国家危机管理委员会的情况报告；总统（总统缺位时，议长）应当召集国防委员会会议，听取情况报告。如果总统或政府认为只有采取《紧急状态法》规定的特别措施，才能消除对宪法秩序的威胁，则应当向议会提出宣布国家进入紧急状态的书面建议。议会应当立即召开会议进行审议（如果议会处于休会阶段，应当在8小时内召开紧急会议），如果多数议员同意，则议会应当宣布在全国实施紧急状态，相关决定应当说明进入紧急状态的原因和持续时间（不得超过3个月）。如果在紧急状态期间，国家宣布进入战争状态，则紧急状态自动终止。

根据《紧急状态法》，总理（总理缺位时，代行其职责的部长）是国家紧急状态负责人（Erakorralise seisukorra juht），内政部部长是国家内部安全负责人（Sisekaitseülem），接受国家紧急状态负责人的指挥，负责组织实施紧急状态下的管理措施。如果在紧急状态期间宣布进入应急状态，则紧急状态负责人可向应急状态负责人下达命令。在紧急状态下，政府可以采取以下措施：暂停执行行政法规和地方政府发布的命令和规定，限制出入境，实行宵禁，实行通行证制度，禁止罢工，禁止集会和游行示威，实行新闻管制，中止广播电视节目和期刊发行，对食品和汽油销售等进行管制，限制通信和交通运输等。根据《紧急状态法》第四章，紧急状态期间，对刑事诉讼和轻罪案件办理程序进行调整，包括限制律师参与刑事诉讼，不经法院许可对嫌疑人进行拘留（不超过24 h），以及对审判期限的限制等。

2.3　国家危机管理委员会

“危机管理”（Kriisireguleerimise）引入爱沙尼亚，始于1992年秋季。当时23名政府高级官员到美国，参加了由美国国务院在反恐项目下资助的危机管理培训。培训课程于1993年2月结束，重点围绕如何应对恐怖袭击，就建立国家危机管理委员会，以及危机管理的基本理论进行了讲授。实际上，1993年1月，爱沙尼亚政府即专题研究了危机管理事项，授权救援局等部门成立工作组，制定国家危机应对预案，并确定了5个方向的工作重点，第一个就是建立国家危机管理委员会，并在接下来的几个月内，初步形成了危机管理的基本原则，以及跨部门危机管理合作的框架①。

稍早于1996年《应急状态法》《紧急状态法》出台，1995年8月15日，在民防委员会的基础上，爱沙尼亚建立了统一协调指挥应对各类危急事件的最高议事协调机构——国家危机管理委员会。1996年，《应急状态法》第11条和《紧急状态法》第8条，共同明确了国家危机管理委员会作为常设综合性协调机构的职责。委员会主席由总理任命，委员会的日常工作机构设在总理府办公厅。2001年《危急事件准备法》进一步确立了国家危机管理委员会的职责：“制定国家危机管理政策，指导和协调各部门、总理府和各县的危机管理活动，批准国家危机管理预案”，继续将其确立为国家层面危机管理活动的常设协调机构，由内政部部长任委员会主席，委员会的日常工作机构改设在内政部，内政部成为危机管理的综合协调部门。

2009年《危急事件法》基本延续了国家危机管理委员会的上述定位，直至2016年1月1日国家安全委员会职能调整，划清了两个机构分别应对“应急状态”“紧急状态”的职责边界：国家危机管理委员会的职责限定于应对自然灾害、事故灾难、传染病疫情导致的应急状态；国家安全委员会则应对国家安全和宪法秩序领域的威胁。2021年6月2日议会修订《危急事件法》，存续26年的国家危机管理委员会被撤销，国家层面的危机管理协调职能也由内政部调整回到总理府，具体情况将在本章第四节详述。

2.3.1　国家危机管理中心成立

1994年9月28日，“爱沙尼亚”号渡轮在从塔林港到瑞典斯德哥尔摩的航行途中，因密封不严和海况恶劣沉没于波罗的海，该船排水量15 556 t，乘客和船员共964人，其中852人不幸遇难（瑞典人501名，爱沙尼亚人285名，其他国籍66人），成为“二

① 《救援局25年——我们的故事》，第81页。

战”结束后欧洲最严重的海难。这起事故暴露出一个突出问题——由于没有专门的国家级危机管理综合协调机构，导致在应急状态和紧急状态下，不能及时收集分析信息、指挥协调处置。成立专门的危机管理综合协调机构，随即被爱沙尼亚政府列入重要议程——最初建议设在内政部或者救援局，因为内政部和救援局拥有危机管理的专业力量并掌握相关信息，但最终未被采纳。

1995 年 3 月 10 日，爱沙尼亚政府通过《设立国家危机管理中心的决定》，决定自 3 月 15 日起在总理府成立国家危机管理中心（Riigi Kriisikeskus），直接向总理报告情况①。国家危机管理中心履行 4 个方面的职责：一是在常态和危机状态下，收集、处理和分析相关信息；二是协调编制国家和区域层面的危急事件处置和危机管理预案；三是在国家和区域层面，组织开展培训和演练；四是在发生危急事件时组织协调应急工作。以下，是政府各部应当向国家危机管理中心报告的信息范围：

（1）司法部：拘留场所的大规模骚乱；

（2）国防部：国防军和国防联盟受到攻击；

（3）环境部：自然灾害，化学品事故等造成的污染，天气预报；

（4）经济部：发电厂、天然气管道、公用事业和电网发生的亡人事故，对生产生活造成长期影响的事故，矿山和危险化学品相关企业的事故，大规模罢工；

（5）农业部：农作物和畜牧业疫病，干旱，歉收；

（6）内政部：火灾和爆炸，化学和放射性等污染，排除爆炸物，事故灾难，边界冲突，劫持飞机、轮船、火车或公共汽车，劫持人质，炸弹和爆炸威胁，恐怖袭击或破坏活动，抢劫银行，种族冲突，骚乱，绝食；

（7）社会事务部：传染病，大规模中毒，失业率急剧上升；

（8）道路和交通部：空难，导致亡人或化学品污染的铁路和道路事故，导致亡人或水域污染的浮动设备事故，可能影响政府通信或者对生产生活造成长期影响的通信系统事故；

（9）外交部：从外国获得的可能影响国家安全的事件信息；

（10）财政部：可能导致社会动荡的金融市场变化，走私。

爱沙尼亚国家危机管理中心的定位，类似于我国 2006 年在国务院办公厅设置的国务院应急管理办公室（国务院总值班室）。2006 年 4 月 10 日，根据《国务院关于实施国家突发公共事件总体应急预案的决定》（国发〔2005〕11 号），为进一步加强应急管理工作，经国务院同意，国务院办公厅设置国务院应急管理办公室（国务院总值

① 《设立国家危机管理中心的决定》（RT I 1995，32，397），https：//www.riigiteataja.ee/akt/29281。

班室)[①]，承担国务院应急管理的日常工作和国务院总值班工作，履行值守应急、信息汇总和综合协调职能，发挥运转枢纽作用，主要承担7个方面的职责：

（1）承担国务院总值班工作，及时掌握和报告国内外相关重大情况和动态，办理向国务院报送的紧急重要事项，保证国务院与各省（区、市）人民政府、国务院各部门联络畅通，指导全国政府系统值班工作。

（2）办理国务院有关决定事项，督促落实国务院领导批示、指示，承办国务院应急管理的专题会议、活动和文电等工作。

（3）负责协调和督促检查各省（区、市）人民政府、国务院各部门应急管理工作，协调、组织有关方面研究提出国家应急管理的政策、法规和规划建议。

（4）负责组织编制国家突发公共事件总体应急预案和审核专项应急预案，协调指导应急预案体系和应急体制、机制、法制建设，指导各省（区、市）人民政府、国务院有关部门应急体系、应急信息平台建设等工作。

（5）协助国务院领导处置特别重大突发公共事件，协调指导特别重大和重大突发公共事件的预防预警、应急演练、应急处置、调查评估、信息发布、应急保障和国际救援等工作。

（6）组织开展信息调研和宣传培训工作，协调应急管理方面的国际交流与合作。

（7）承办国务院领导交办的其他事项。

主要办理各地区、各部门报送国务院涉及下列业务的文电和有关会务、督查工作等：

（1）涉及防汛抗旱、减灾救济、抗震救灾，以及重大地质灾害、重大森林草原火灾及病虫害、沙尘暴及重大生态灾害事件的处置及相关防范业务，重要天气形势和灾害性天气的预警预报等业务。

（2）涉及安全生产、交通安全、环境安全、消防安全及人员密集场所事故处置和预防等业务。

（3）涉及重大突发疫情、病情处置，重大动物疫情处置，重大食品药品安全事故处置及相关防范等业务。

（4）涉及社会治安、反恐怖、群体性事件等重大突发公共事件应急处置和防范业务，涉外重大突发事件的处置等业务。

---

① 《国务院办公厅关于设置国务院应急管理办公室（国务院总值班室）的通知》（国办函〔2006〕32号）。http：//www.gov.cn/zhengce/content/2008－03/28/content_1187.htm。

2.3.2 国家危机管理委员会的职责

国家危机管理中心仅存在不到5个月。1995年8月15日爱沙尼亚政府通过《批准国家危机管理委员会组成和章程，重组国家危机管理中心的决定》①，撤销国家危机管理中心，将其职能拆分给总理府办公厅和救援局：常态和危机状态下收集、处理和分析相关信息的职责，由总理府办公厅承担；在国家和区域层面，协调编制危急事件处置和危机管理预案，组织开展培训和演练，在发生危急事件时组织协调应急工作的职责，调整至救援局。1996年之后，国家危机管理委员会的会议均在救援局的指挥中心举行。1996年1月1日，为履行危机管理任务，救援局成立危机管理处。

根据1995年8月15日批准的《国家危机管理委员会章程》，委员会的组成由共和国政府批准，主席由总理任命，副主席2名，由内政部常务副部长、总理府办公厅主任担任，委员会成员6名：国防军总参谋长，外交部、国防部、司法部、社会事务部的常务副部长，救援局局长。委员会的日常工作机构设在总理府办公厅。国家危机管理委员会的职责如下：一是制定国家的危机应对政策，提交共和国政府批准；二是组织制定并审定危机应对预案，提交共和国政府批准；三是向共和国政府提交有关危机预警，以及进入危机状态的建议；四是通过信息分析，开展危机预测并提出预防和解决对策，及时报告总理；五是按照法定程序，协调应对解决危机状态。

专栏

1996年《应急状态法》《紧急状态法》关于
国家危机管理委员会职责的规定

《应急状态法》第11条：

成立国家危机管理委员会，在应对自然灾害，事故灾难和传染病疫情等方面，履行以下职责：

1）制定有关预测、预防和消除上述危险的国家政策和行动预案；

2）分析相关信息，向总理报告上述危险的预警、预防和消除措施；

3）就上述危险的预警及其基本情况、影响范围、消除措施，以及宣

① 《批准国家危机管理委员会组成和章程，重组国家危机管理中心的决定》（RT I 1995，69，1153），https：//www.riigiteataja.ee/akt/29992。

布进入应急状态，向共和国政府提供建议；

4）就应急状态期间采取的措施以及终止应急状态，向共和国政府和应急状态负责人提供意见。

《紧急状态法》第8条：

在应对爱沙尼亚宪法秩序受到的威胁时，国家危机管理委员会应当履行以下职责：

1）制定有关预测、预防和消除上述威胁的国家政策和行动预案；

2）分析相关信息，向总理报告上述威胁的预警、预防和消除措施；

3）就上述威胁的预警及其基本情况、影响范围、消除措施，以及宣布紧急状态，向共和国政府提供建议；

4）就紧急状态期间采取的措施，向共和国政府和紧急状态负责人提供意见。

2.4　“危急事件”“危机状态”的定义

1996年6月28日爱沙尼亚政府修订《国家危机管理委员会章程》，随附《危急事件信息报告程序》[①]，按照年初施行的《应急状态法》《紧急状态法》，对1995年8月15日通过的国家危机管理委员会职责进行了调整。根据新章程，国家危机管理委员会的职责可以概括为三个方面：一是制定国家危机应对政策，协调和指导有关政府机构和地方政府开展危机预测、预防工作，并制定应对危机的协作预案；二是就危机状态的相关问题，向共和国政府提交综述报告，提出建议和对策；三是代表共和国政府，协调有关政府机构和地方政府应对危机状态的活动。委员会的日常工作机构仍然设在总理府办公厅。

1996年制定的《国家危机管理委员会章程》《危急事件信息报告程序》，首次对“危急事件”“危机状态”进行了定义——这是两个非常重要的概念，前者，对导致“应急状态”“紧急状态”的各类事件进行了归纳概括；后者，在宪法已经区分“应急状态”“紧急状态”，但国家层面仍由危机管理委员会统一负责协调应对的背景下，为实际操作层面的执行，明确了依据和路径。此后经过不断调整，“危急事件”“危机状态”已经成为爱沙尼亚危机管理的基本概念。

---

① 《批准国家政府危机管理委员会章程和危急事件信息报告程序的决定》（RT I 1996，49，956），https：//www. riigiteataja. ee/akt/33144。

2.4.1 “危急事件”与“突发事件”之辨

“危急事件”（hädaolukord），是笔者在研究爱沙尼亚危机管理事业过程中，最难以给出中文译名的术语——事实上，造成这一困境的根本原因，并不在于从爱沙尼亚语到汉语的“转换”，而是因为在我国的公共安全和应急管理领域，一直没有可以全面涵盖 emergency 内涵的术语（或者叫“一般概念”）——虽然 2007 年 11 月 1 日施行的《中华人民共和国突发事件法》使用了“突发事件”这一术语，但“突发”作为“事件”唯一的修饰定语，显然不能反映 emergency 最为核心的特征，甚至在一定程度上造成对 emergency的表象化、片面化认识，影响到对应急管理体系完整性（涵盖预防准备、监测监控、预测预警、救援处置、恢复重建）的理解和把握。

不论是爱沙尼亚语的 hädaolukord，还是目前我国在公共安全和应急管理领域使用的“突发事件”，对应的都是英语的 emergency，这是不争的事实。因为在可见的近三十年来爱沙尼亚官方资料中，包括法律英文译本、政府网站信息，都将 hädaolukord 对应为 emergency；在我国，《中华人民共和国突发事件应对法》的官方英译是 *the Law of the People's Republic of China on Emergency Response*①，也就是认为“突发事件”对应的是 emergency。因此，与其说是翻译爱沙尼亚语的 hädaolukord，倒不如说是为英语emergency 找到一个合适的中文对应词。

在深入分析之前，有必要对“概念”以及“个别概念”“一般概念（术语）”，“本质特征”“区别特征”等做简单介绍。“概念”是客体在人们头脑中的反映，对个别客体形成的概念称为“个别概念”，用名称来指称，如“地震”“洪水”“火灾”“爆炸”“恐怖袭击”等；由划归同一类群的若干客体共有特征抽象而成的是“一般概念”，也就是通常所说的专业领域的“术语”。对术语的基本要求是：单名单义，最好能顾名思义、简单明了、易于派生，既要反映客体的“本质特征”（也就是某个专业领域内，反映客体根本特性的特征），也要反映其“区别特征”（据以区分此概念与彼概念）。当然，术语也要有稳定性，对于使用频率较高、范围较广，已经约定俗成的术语，如果没有特别重要的原因，即使有不理想之处，也不要轻易变动②。

《牛津高阶英汉双解词典》对 emergency 的英语解释是 a sudden serious and dangerous event or situation which needs immediate action to deal with it；汉语解释为“突发事件；紧急情况”③。在日常生活中将 emergency 称为“突发事件”并无大碍，而且形象、易懂，

---

① 中华人民共和国国务院《国务院公报》，2007 年 10 月 30 日第 30 期。

② 白殿一：《标准的编写》，中国标准出版社 2009 年版，第 81—84 页。

③ 《牛津高阶英汉双解词典（第 8 版）》，第 667 页。

不失为经典的翻译。但是，在公共安全和应急管理专业领域，不论是从对 emergency 丰富内涵、鲜明特征的解析，还是对《中华人民共和国突发事件应对法》适用范围、调整对象的理解来看，“突发事件”这一术语确实存在明显问题，很难被视为 emergency 最合理的中文译词。《公共安全与应急管理》（范维澄，闪淳昌等，2017 年）[①]、《新时代应急管理通论》（王宏伟，2019 年）[②] 等著述中，均对使用“突发事件”引发的疑惑和问题进行了阐释，指出这一术语“并不严密”，并认为虽然“出于对使用习惯的延续”仍然采用该词，但“有必要对突发的概念给予更合理的解释”。

从语义分析，以《牛津高阶英汉双解词典》对 emergency 的英语解释为例，emergency至少具有以下四个显著特征：①突然性（sudden），尤其强调危害结果的突然出现；②危害性（serious and dangerous），即对生命健康、生产生活乃至环境造成威胁、损害等严重的不利影响；③综合性（event or situation），不仅是一个“事件”，还可能是一种“情况、形势、局面”，是动态发展的过程，及其后果和影响；④应对性（needs immediate action），需要尽快采取措施予以应对，以控制和减少不利的影响。与上述四个特征对照，“突发事件”这一术语显然只描述了“突然性”这一个特征。“突发”是“突然发生”之意——但突然发生的事情，既可以是消极的、人们不希望出现的灾害和破坏等“坏事”，也可以是积极的、受欢迎的惊喜和“好事”。因此，至少从字面理解，“突发事件”这一表述只突出了事件的“突然性”，并未反映其危害性、破坏性，更遑论综合性、应对性——而在公共安全和应急管理领域，研究emergency的根本目的，恰恰是预防和减少其的危害性、破坏性，并规划相关的应对措施（也就是“应对性”）——仅就这一点而言，用“突发事件”指代 emergency 就值得商榷。

理论分析表明，使用“突发事件”更不利于对灾害要素的正确理解和认识。公共安全和应急管理理论认为，emergency 的孕育、发生、发展有其内在规律，本质上，各类 emergency 的发展演变，都是**物质**、**能量**或**信息**（即“灾害要素”）的作用或其耦合作用。正如范维澄、刘奕在《公共安全与应急管理》一书中所言，总体上，灾害要素导致“emergeney”的方式有两类：一是本身超临界，二是被非常规触发。前者，多数适用于本身没有毒害性的物质，比如洪水，水本身没有危害，只有当江河湖泊中的水量超出容纳能力时（即“超临界”），才会发生洪水；后者，多适用于有毒有害物质，比如易燃易爆的危险化学品，在正常的温度、压力等条件下使用和储存时，并不会造成危害，但如果超温、超压，或者泄漏遇明火、静电火花（即“非常规触发”），则可能起火、爆炸，

① 范维澄、闪淳昌等：《公共安全与应急管理》，科学出版社 2017 年版，第 55—60 页。

② 王宏伟：《新时代应急管理通论》，应急管理出版社 2019 年版，第 44 页。

对人员生命健康、生产生活和生态环境造成严重的威胁。

需要强调的是，在实践中，不论是灾害要素“超临界”，还是被“非常规触发”，都必然有其发生、发展、演变的过程，需要或长或短的时间积累——也就是从量变到质变的发展过程。量变往往是缓慢、不容易引起注意的，质变则往往是短期内甚至瞬间发生的。“突发事件”这一术语最大的问题，就是只强调发生质变时危害结果的“突然”出现，忽视了灾害事故酝酿、发生、发展，从量变到质变的过程，体现的是一种割裂、静止的观点——其消极影响在于，有意无意地给人以灾害事故“没有征兆”“突然发生”的暗示，不利于建立全面、系统的公共安全观和应急管理思维，进而用动态发展、普遍联系的观点看待灾害事故，从而指导做好预防、准备、监测、预警、响应等工作。

综上，用“突发事件”指代 emergency，集中反映的是对灾害事故“出乎意料、短时间内突然发生”的直观感受，没有体现其更为关键的危害性特征和更为核心的动态发展特征，总是给人以“经不起推敲”的遗憾，而且表象化的用词，具有一定误导性（灾害事故都是“突然发生”的，“屏蔽”了风险因素酝酿、发展、积累的过程），不利于全面深刻理解 emergency，更不利于深入推进公共安全和应急管理领域的理论研究、指导实务工作。这也是业内权威专家在沿用“突发事件”的表述时，纠结并反复强调“我们也更有必要对公共安全领域的突发事件的内涵给予更清晰的诠释”[①] 的原因。当然，我们不能苛求一个术语反映所对应概念的全部特征，但如果其只反映了客体的少部分特征，甚至只是表象化的非核心特征，而不能凸显其“核心特征”“区别特征”，则说明这个术语存在瑕疵和不足，确有改进的空间。近几十年来，我国的公共安全和应急管理研究刚刚兴起，作为快速发展的学科领域，相关概念和术语存在瑕疵、不尽如人意是正常的，需要在发展过程中予以完善，对类似 emergency 这样基础性、甚至可以说“基石性”概念的表述，则更需要专家学者进行科学审慎的研究论证。

在深入辨析“突发事件”表述存在的问题，但又苦于找不到更好解决方案之时，通过对爱沙尼亚语 hädaolukord 一词的解析，本书作者找到了一个也许并不完美、但可能更为贴近的“突发事件”的替代词——“危急事件”。从爱沙尼亚语的构词法分析，hädaolukord 是由“häda”“olu”“kord”组成，即 häda－olu－kord，其中，“häda”是“既有危，也有急”之意，“olukord”虽有“状态、形势、情况、局面、局势、情境”等多种意思，但结合 1996 年 6 月 28 日爱沙尼亚政府在《危急事件信息报告程序》中，将 hädaolukord 定义为“事件或系列事件”（sündmus või sündmuste ahel）的表述，本书将 hädaolukord 译为“危急事件”——同样也是作为对英语 emergency 的翻译。根据《现代汉语词典（第 7 版）》，

① 范维澄、闪淳昌等：《公共安全与应急管理》，科学出版社 2017 年版，第 56 页。

“危急”作为固定词组，是“危险而紧急”之意，“危急事件”同时突出了“危”和“急”，“危”表征“危险性、危害性”，“急”是“急迫”，既有“突然（发生）”之意，也表征“需要尽快采取措施予以应对”。未来可以进一步探讨，能否将“危急事件”作为代替“突发事件”的备选方案之一。

1996年6月28日批准的《危急事件信息报告程序》，首次对“危急事件”进行了定义：“危急事件，是危及公共安全和众多人员生命健康，可能导致重大经济损失的紧急事件或系列事件。”从上述定义可见，“危急事件”是一个“全口径”的上位概念，包括所有可能导致应急状态、紧急状态的事件或系列事件。

2.4.2 “危机状态”的提出

“危机状态”（kriisiolukord）作为一个术语，首次出现于1995年8月15日批准的《国家危机管理委员会章程》，当时的背景，是1992年宪法已提出“应急状态”“紧急状态”的划分，但《应急状态法》《紧急状态法》尚未出台，1992年《民防法》仍然是应对自然灾害、事故灾难、传染病疫情和对宪法秩序的威胁等各类风险挑战的基本法律依据。鉴于宪法已经对“应急状态”“紧急状态”进行了区分，而《民防法》中的“应急状态”与宪法中的“应急状态”在内涵和外延方面均已不同（《民防法》中的“应急状态”涵盖国家安全领域，是“全口径”的上位概念；宪法中的“应急状态”只涉及自然灾害、事故灾难和传染病疫情，是下位概念），因此，亟待提出一个新的“全口径”概念，以取代《民防法》中的“应急状态”，并与宪法中的“应急状态”加以区分。在这种情况下，“危机状态”作为总体性概念应运而生。

1995年8月15日《国家危机管理委员会章程》虽然提出了“危机状态”，但并未进行定义，只是在描述国家危机管理委员会的职责时，用括号注释的方式，对“危机状态”进行了诠释：“成立国家危机管理委员会，负责制定国家危机应对政策和协调消除危机状态（事故灾难、恐怖袭击、自然灾害等）。”即该委员会的定位，是应对由于各类人为、自然原因导致的危机状态——可以认为，“危机状态”是1989年提出、在1992年《民防法》固化的“紧急情况”的延续。

与1996年《应急状态法》《紧急状态法》配套，同年6月28日通过的《危急事件信息报告程序》首次对“危机状态”进行了定义：“需要在国家危机管理委员会协调下，由多个政府部门和地方政府共同应对的危急事件。为应对危机状态，可能需要宣布进入应急状态或紧急状态。”同时公布的《国家危机管理委员会章程》第2条，则列举了“危机状态”的3种情形：“1）危急事件，是可能进一步发展并导致宣布进入紧急状态或应急状态的危险情形，需要在危机管理委员会协调下，由多个政府机构和地方政府采取一致行动，才能予以消除；2）《应急状态法》规定的应急状态；3）《紧急状态法》规定的紧急状态。”——由此可见，“危机状态”确为“全口径”概念，即：

危机状态 = 危急事件 + 应急状态 + 紧急状态

国家危机管理委员会作为最高层级的危机管理综合协调机构，其职责范围涵盖了应对自然灾害、事故灾难、传染病疫情和对宪法秩序的威胁。在《应急状态法》《紧急状态法》，分别规定了危机管理委员会在其法律调整范围内的职责。

第三节　《危急事件准备法》（2001 年）

2001 年生效的《危急事件准备法》取代《民防法》，确立了应急准备和危机管理的法律依据，标志着爱沙尼亚全面开启了从冷战时期的传统民防，到现代危机管理的转型之路。作为新世纪爱沙尼亚危机管理体系建设的重要里程碑，《危急事件准备法》构建了国家和地方政府以及各类单位分级负责的应急准备体系，在危机管理委员会职责、区域风险分析、危机管理预案、重要民生领域等方面，做出多项开创性的制度设计。当然，相较于“预防与准备、监测与预警、救援与处置、恢复与重建”的完整应急管理体系，《危急事件准备法》并未涉及事前预防、应急响应这两个重要环节，具有“分段”式管理的明显局限性，这也是 2009 年整合《危急事件准备法》《应急状态法》，制定《危急事件法》的根本原因。

2000 年 11 月 22 日议会通过《危急事件准备法》（*Hädaolukorraks valmisoleku seadus*），自 2001 年 1 月 1 日起施行，1992 年《民防法》同时废止[①]。正如该法名称中 valmisolek（准备、戒备）一词强调的，《危急事件准备法》只适用于危急事件发生前的“应急准备”阶段，未涉及“灾害预防”“应急响应”这两个重要环节——关于灾害预防的要求，当时散见于《救援法》（1998 年）和相关领域的专门法，直到 2009 年制定《危急事件法》时，才将“预防”全面嵌入统一的危机管理法律体系；关于应急响应的要求，则适用《应急状态法》（1996 年）和《救援法》（1998 年）。

回顾爱沙尼亚恢复独立以来在危机管理领域的实践，沿着法律制度演进的历史脉络，可以看到，1992 年《民防法》具有浓厚的苏联时期民防体系底色，因此施行不久即已过时。到 1992 年底，爱沙尼亚开始使用“危机管理”的概念，并在 1990 年代中后期

① 《危急事件准备法》（RT I 2000，95，613），https：//www. riigiteataja. ee/akt/26653。

迅速将危机管理的重心向预防转移。1998 年 7 月启动《民防法》全面修订工作时，一度酝酿将新法的名称定为《危机管理法》（*Kriisireguleerimise seadus*），后经讨论和借鉴其他国家做法，确定为《危急事件准备法》。

本世纪初《危急事件准备法》实施，是爱沙尼亚危机管理事业发展的一个重要阶段，标志着从“民防”到“危机管理”的过渡全面开启，明确了各部门和单位应急准备、危机管理的职责任务，初步构建了危机管理体系和工作机制。通过《危急事件准备法》《应急状态法》《救援法》等立法，规范了危机管理的“准备”“监测”“预警”“响应”“救援”等环节，当然，对照**预防与准备、监测与预警、救援与处置、恢复与重建**的完整体系，上述法律“分段”式管理的问题较为突出，有待整合。但任何事物的发展都不可能一蹴而就，没有完美的制度，只有持续的努力、渐进的成效。作为实践经验的总结和提升，危机管理法律制度必然且只能随着对客观规律认识的深化，不断渐进完善。正是通过持续的实践和立法探索，特别是 2001 年《危急事件准备法》施行，才为 2009 年《危急事件法》的制定积累了经验、奠定了基础。

3.1　《危急事件准备法》简介

《危急事件准备法》为应急准备和危机管理提供了法律依据，明确了各级政府及其部门以及单位、机构的职责任务，建立了多项创新性的法律制度，包括重要民生领域的连续性、公众心理保护、风险管理、危机管理预案、单位的应急准备、危急事件信息报告和预警信息发布等。

3.1.1　基本结构

《危急事件准备法》共 11 章，从结构上可分为 4 个部分：第一部分（第一章）是法律的适用范围和相关定义；第二部分（第二章至第六章）是国家、部门、县、市（乡）、各类单位在应急准备和危机管理方面的职责；第三部分（第七章至第九章）是信息发布、宣传培训演练和国际合作；第四部分（第十、十一章）是法律责任、监督和实施。

专栏

2001 年《危急事件准备法》的结构

第一章　总则

第二章　共和国政府的应急准备职责和国家危机管理预案

第三章　政府各部、总理府、救援局的应急准备职责

第四章　县的应急准备

第五章　市和乡的应急准备

第六章　单位和机构的应急准备

第七章　危急事件通告和媒体的义务

第八章　危机管理的宣传、培训和演练

第九章　国际合作

第十章　监督与责任

第十一章　法律实施

3.1.2　适用范围与定义

《危急事件准备法》第 1 条，明确了适用范围：“本法确定了国家、政府机构和地方政府组织应急准备和开展危机管理的法律基础。”从该法的内容看，“应急准备”涵盖了以下几方面内容：明确应急管理职责、建立组织协调机构（即各级危机管理委员会）、确定应急响应（综合救援）的专门机构、开展本领域本辖区的风险分析、编制危机管理预案、收集整理发布信息、宣传培训演练、落实经费等保障措施。

《危急事件准备法》重新定义了“危急事件”：“危急事件，是危及国家安全、人员生命健康，造成严重环境污染或者重大经济损失，需要国家、政府机构和地方政府采取协调一致的行动共同应对的事件或系列事件。”与 1996 年 6 月 28 日《危急事件信息报告程序》的定义（危及公共安全和众多人员生命健康，可能寻致重大经济损失的紧急事件或系列事件）比较，新定义有两个特点：第一，将危及国家安全、人员生命健康，以及造成严重环境污染或者重大经济损失的 4 种情况并立，作为“危急事件”的后果；而 1996 年的定义，只是将危及公共安全、人员生命健康、可能造成重大经济损失的情形作为“危急事件”的后果——显然，《危急事件准备法》对“危急事件”的定义，体现了涵盖国家安全的“全口径”概念。第二，附加了“需要国家、政府机构和地方政府采取协调一致的行动共同应对”，强调为控制和减轻危急事件的后果及其危害，各级政府必须采取协调一致的应急处置措施——也就是前文强调的，危急事件四个特征之一的“应对性”。

当时的大背景，是爱沙尼亚正在全力争取加入欧盟和北约，作为实现上述国家战略的一部分，爱沙尼亚积极融入国际和区域安全体系——包括参与危机管理领域的国际合

作，特别是国际救援等人道主义行动。为此，《危急事件准备法》提出了“国际危急事件”（Rahvusvaheline hädaolukord）和“国际危机管理”（Rahvusvaheline kriisireguleerimine）的概念。“国际危急事件，是指其他国家发生的危及国际安全的事件或系列事件，爱沙尼亚根据国际义务或者请求，应当予以援助。”“国际危机管理，是应对国际危急事件的措施体系，包括国家间以及与国际组织的合作。”事实上，《危急事件准备法》生效不久后，2001 年 3 月 6 日议会批准的《爱沙尼亚国家安全政策基础》，也专门强调“有效参与国际危机管理，需要建立能够同时服务于国际和国内需求的国家危机管理体系。”

在总则部分，《危急事件准备法》第 2 条首次对“危机管理”进行了定义：“危机管理，是为确保发生危急事件时的社会安全，国家机构、地方政府和相关的企业、非营利组织、基金会共同准备和实施的全国性措施体系。”第 3 条“危机管理的任务”，细化了危机管理工作的 10 项职能：

（1）进行风险分析，辨识可能发生的危急事件；

（2）确定预防危急事件和减轻其影响后果的可能性；

（3）编制危机管理预案；

（4）准备应急响应体系；

（5）保障应急响应所需的资源；

（6）应对危急事件；

（7）组织信息公告；

（8）组织危机管理培训；

（9）提高民众的应急意识和能力；

（10）恢复重要民生服务的功能。

从上述 10 个方面的内容可见，自 2001 年首次提出，“危机管理”就是一个全流程的概念，涵盖了风险辨识、预案编制、应急体系、资源保障、应急响应、信息沟通、宣传教育、培训演练、恢复重建等内容。虽然《危急事件准备法》的适用范围是“国家、政府机构和地方政府组织应急准备和开展危机管理的法律基础”，但从其内容看，主要侧重于风险辨识、预案编制、应急体系、资源保障、信息沟通、宣传教育、培训演练等环节，并未真正涵盖危机管理的全流程——这一问题，直到 2009 年整合《危急事件准备法》《应急状态法》，制定《危急事件法》，才初步得到解决。

此外，《危急事件准备法》还给出一个新术语“危机管理团队”（Kriisireguleerimismeeskond）：“危机管理团队，是负责协调危机管理形势研判、信息交流、资源使用和机构间合作的常设机构，其构成、组织和值守，必须保证全天候应对危急事件。”在危机管理团队内部，分设行动组、协调组、媒体组和后勤组。在《危急事件准备法》和《国家危机管理预案》的相关条文中，要求国家、部门、县、市（乡）分别设立危机管理团队，并分别明确了差异化的工作职责。

3.2 各级危机管理委员会的职责

《危急事件准备法》的一个重要特点，就是明确界定了国家、县、市（乡）的应急准备职责，并规定国家、县必须组建危机管理委员会，市（乡）可以根据需要成立危机管理委员会，其中超过5万人口的市（乡）必须成立危机管理委员会。表6－2是各级危机管理委员会的职责（笔者整理）。总体而言，各级危机管理委员会的职责，应当包括以下内容：拟定危机管理的原则、政策，审查风险分析报告、危机管理预案，组建常设的危机管理团队，协调开展应急响应、申请调用必要的应急资源等。

表6－2　国家、县、市（乡）危机管理委员会的职责（2001年）

层级	危机管理委员会的职责
国家	1）拟定国家危机管理的总体原则，指导制定国家危机管理政策，就协调和指导政府各部、总理府和各县开展危机管理提出建议 2）审查政府各部和各县的风险分析报告摘要 3）批准政府各部和总理府的危机管理预案 4）审查国家危机管理预案并提出意见 5）组建国家危机管理团队 6）协调政府各部、总理府和各县开展应急响应 7）向共和国政府提交参与国际危机管理的原则和政策，指导政府各部和总理府参与国际危机管理
县	1）审查县风险分析报告，并就编制县危机管理预案提出建议 2）审查县危机管理预案 3）就危机管理团队的组成，向县长提出建议 4）就建立应急响应和消除后果的专项资金，向县长提出建议 5）就组织危机管理演练，向县长提出提议 6）协调应对县域内的危急事件 7）就增加调用应急资源，向县长提出建议 8）组织向民众通告危急事件和应急响应的信息
市（乡）	1）审查市（乡）的风险分析报告，就市（乡）的总体规划、详细规划编制提出建议 2）审查市（乡）的危机管理预案 3）就危机管理团队的组成，向市（乡）政府提出建议 4）就地方政府储备的建立、维护和使用，向市（乡）政府提出建议 5）就组织危机管理演练，向市（乡）政府提出建议 6）协调应对市（乡）行政区域内的危急事件 7）提议市（乡）政府申请县政府调用应急资源

2001 年 10 月 2 日爱沙尼亚政府批准《国家危机管理委员会章程》及其组成[①]，对国家危机管理委员会的职责做了更凝练的概括：“协调危机管理活动，规划应急准备工作。”章程第 2 条明确，委员会成立和履职的法律依据，是《危急事件准备法》《应急状态法》《紧急状态法》——可见，国家危机管理委员会是全面协调应对各类危急事件和危急状态、紧急状态的最高机构。国家危机管理委员会的主席和副主席，由内政部的部长、常务副部长担任；成员共 13 名：国务秘书，外交部、社会事务部、道路和交通部、经济部、国防部、司法部、财政部的常务副部长，国防军总参谋长、救援局局长，以及总理府顾问、办公厅主任和政府新闻办公室主任。委员会的日常工作机构设在内政部。

2003 年，作为加入北约的承诺之一，爱沙尼亚在首都塔林按照北约标准动工建设国家危机指挥中心（Rahvuslik Kriisikeskus，英语 National Crisis Center，缩写 NCC）——该工程被纳入爱沙尼亚加入北约的年度行动计划，2004 年完成一期建设任务，开通了跨部门保密数据通信网，成为国家危机管理委员会召开会议的固定场所。

3.3　区域风险分析

《危急事件准备法》高度重视风险分析，认为危机管理的首要任务，就是“进行风险分析，辨识可能发生的危急事件”，并将风险分析贯穿于国家、政府部门、县、市（乡）政府以及各级危机管理委员会、危机管理团队的职责，制定了风险分析方法导则，确定了风险分析的组织实施、方式方法，以及审查批准、定期修订等程序，并要求将风险分析作为编制危机管理预案、确定国家储备、经费预算的前提和依据。

2001 年 6 月 26 日内政部制定《县、市和乡风险分析方法导则》[②]，自 7 月 6 日起施行。该导则及其 4 个附件《事故发生的可能性评估表》《事故损害后果的分类标准》《风险矩阵》《风险表》，按照国际通行的风险管理原则和程序，建立了科学的风险分析流程，特别是使用风险矩阵，直观显现风险分布情况，有助于各级政府确定风险管理的关键控制点和风险应对方案，具有很强的实用性和可操作性。

2002 年 9 月 17 日爱沙尼亚政府制定《国家危机管理预案》（*Riikliku Kriisireguleeri-Misplaan*）[③]，定义了“风险分析”（Riskianalüüs）：“风险分析，是辨识可能发生的危急事件及其类型，分析事件发生的可能性及其后果，并制定相适应的管理和应对措施的过

---

① 《批准国家危机管理委员会章程、组成和主席的决定》（RT I 2001，80，484），https：//www. riigiteataja. ee/akt/73178。

② 《县、市和乡风险分析方法导则》（RT I 2001，82，1112），https：//www. riigiteataja. ee/akt/27137。

③ 《国家危机管理预案》（RTL 2002，112，1631），https：//www. riigiteataja. ee/akt/199760。

程。”根据《危急事件准备法》第11条，内政部在危机管理领域的职责共8项，其中4项涉及风险分析，分别是：制定县、市（乡）的风险分析方法导则（第一项）；编写政府各部和各县的风险分析摘要（第五项）；向国家危机管理委员会提交政府各部和各县的风险分析摘要，并开展国家层面的风险评估（第六项）；将政府各部和各县的风险分析摘要以及国家危机管理委员会的意见，提交共和国政府审查（第七项）。

3.3.1 基本定义

《县、市和乡风险分析方法导则》强调，风险分析的目的，是辨识和分析可能发生的事故（õnnetus）及其发生的可能性（tõenäosus）和可能的后果（tagajärg），以便判断事故可能对人员生命健康和财产安全、国家安全、环境安全造成的危害。风险分析的结果，是编制危机管理预案和市（乡）总体规划、详细规划，以及进行建筑设计、组织实施危机管理培训的重要基础和依据。

在《县、市和乡风险分析方法导则》的总则部分，给出了风险分析领域9个基本术语的定义，见表6－3。从风险管理的流程看，这些概念主要涉及导致风险的原因和风险源、风险的可能性和后果分析、管控措施评估等内容，与次年（2002年）国际标准化组织（ISO）发布的第一版《风险管理 术语》（ISO/IEC GUIDE 73：2002，*Risk management－Vocabulary*）[①] 对比，具有较强的科学性，符合风险管理的一般理论。

表6－3 区域风险分析的基本术语

术语	定义
风险（Risk）	在一定时间内，发生影响人员生命健康、重要民生服务、环境或财产安全的事故的可能性
后果（Tagajärg）	事故对人员生命健康、重要民生服务、环境或财产安全造成的损害
可能性（Tõenäosus）	根据可衡量的标准，预期在一定时间段内发生事故的频率
风险分析（Riskianalüüs）	系统辨识、评估可能发生的事故及其风险源，并规划相应的预防措施
风险源（Riskiallikas）	在一定条件下，可能导致事故发生的物体、系统或现象
风险等级（Riskiklass）	根据危急事件发生的可能性及其后果，确定的风险大小，用数字和字母表示

① 2009年，国际标准化组织在2002年标准基础上，修订公布《风险管理 术语》（ISO/IEC GUIDE 73：2009），https：//www.iso.org/standard/44651.html.2013年，我国使用翻译法等同采用上述标准，公布国家标准《风险管理 术语》（GB/T 23694－2013），代替GB/T 23694－2009，自2014年7月1日起实施。

续　表

术语	定义
风险对象（Ohustatud Object）	发生事故时受到威胁的人员生命健康、重要民生服务、环境或财产安全
事故（Õnnetus）	危及人员生命健康、重要民生服务、环境或财产安全，并可能发展为危急事件的意外和不想让其发生的事件
初始事件（Algsündmus）	直接导致事故或者引发系列事件导致事故的事件

3.3.2　风险分析的组织和准备

根据《危急事件准备法》的规定，县、市（乡）的行政负责人（即县长、市长、乡长）应当组建风险分析委员会（riskianalüüsi komisjon），任命委员会负责人，确定开展风险分析的时间表，为开展风险分析提供人力、设备和工作场所。各级风险分析委员会的负责人，具体负责指导和协调开展风险分析工作，确定委员会成员的职责和工作形式，并可以根据需要建议成立专门的工作组，或者听取相关领域专家的意见。风险分析委员会的负责人，对风险分析的内容准确性、方法合规性，以及工作进度负责。

一般而言，县、市（乡）的风险分析分为7个阶段：(1）收集信息，明确外部和内部环境；(2）识别可能发生的事故，进行风险辨识；(3）评估发生事故的可能性；(4）评估事故可能的后果；(5）确定风险等级、进行风险排序；(6）计划应对风险的预防措施；(7）编制风险分析报告。

3.3.3　信息收集和风险识别

根据《县、市和乡风险分析方法导则》第6条，为分析当地可能发生的事故，评估其可能性和后果，风险分析委员会应当收集以下21个方面的环境信息：(1）人口密度；(2）具有重大事故风险的企业，以及危险品加工产业密集区；(3）国防军和国防联盟驻地（包括公开和秘密机构）；(4）基础设施（通信和交通设施，电力、燃气、热力、供水和污水处理系统，废弃物处理）；(5）社会机构（医院、学校、拘留设施等）；(6）景观地貌，土壤地质；(7）矿山，采石场；(8）森林，沼泽；(9）自然保护区；(10）水源地，河流流域，水文资料；(11）天气情况；(12）相关领域的特殊情况；(13）事故统计数据；(14）当地的其他情况；(15）专家意见；(16）建筑和设备设施的技术数据；(17）现有的应急预案；(18）之前进行的风险分析；(19）各领域的监督检查报告；(20) 各种数据库和专业文献；(21) 区域地图。在汇总分析上述信息后，风险分析委员会还应当准备调查问卷，向县、市（乡）的行政负责人收集必要的信息。

在全面收集信息，了解内外部环境情况后，即可开展风险辨识，也就是发现、列举和描述风险要素，包括对风险源、风险事件及其原因和潜在后果的识别。这一阶段，要根据区域内的风险源，识别所有可能发生的事故。根据《县、市和乡风险分析方法导则》第7条，风险源共分5类：(1) 固定风险源，包括各类单位、场所和物体，以及森林、沼泽，通信路线、军事单位等；(2) 移动风险源，包括所有运输工具，以及基于运输工作形成的交通流；(3) 不确定风险源，包括环境条件、自然现象等；(4) 社会风险源；(5) 社会安全风险源。为提高风险分析的规范性和可比较性，基于上述5类风险源，将可能发生的风险事件细分为17类：(1) 火灾；(2) 爆炸；(3) 交通事故；(4) 危险品事故；(5) 饮用水污染；(6) 水体事故；(7) 公用事业事故；(8) 电力系统事故；(9) 通信系统事故；(10) 天然气管道事故；(11) 洪水；(12) 滑坡和倒塌（包括矿山、采石场、建筑和构筑物）；(13) 特殊自然现象（暴风雪等）；(14) 传染病；(15) 动物疫病；(16) 社会风险（大规模失业等）；(17) 其他可能的事故。对于上述每类可能发生的事故，都必须进行独立的风险分析。

3.3.4 可能性和后果评估

根据《县、市和乡风险分析方法导则》，对事故（风险事件）发生可能性的评估，主要考虑可能导致事故发生的原因、历史统计数据，以及专家评估意见。由于事故发生的可能性不仅取决于风险事件本身，还与风险控制措施的充分性和有效性密切相关，因此，导则第8条第(1)款专门强调，“在确定发生事故的可能性时，必须考虑预防措施对初始事件发生可能性的影响。”为便于分析，该导则将可能导致事故的原因分为6类：(1) 违反技术标准和要求；(2) 人为错误，包括错误决定、能力不足、过失、盲目自信、疲劳、管理失职、工作组织不当等；(3) 人员的情绪和健康状况；(4) 技术故障，包括设备故障、疲劳、磨损等；(5) 外部因素，包括自然和地理因素、天气现象、人口密度等；(6) 社会和经济因素，例如电力线缆被盗导致的供电中断。在《县、市和乡风险分析方法导则》的附件1，采用定性方法，按照事故发生的频次从低到高，将事故发生的可能性分为5级：几乎不可能、不太可能、可能、非常可能、经常发生，如表6-4所示[①]。

① 2010年内政部《县、市和乡风险分析方法导则》附件1《事故发生的可能性评估表》。

表 6－4　事故发生的可能性评估表

可能性	频率
几乎不可能（Mittetõenäoline）（1）	每 25 年少于 1 次
不太可能（Vähe tõenäoline）（2）	至少每 25 年 1 次
可能（Tõenäoline）（3）	至少每 5 年 1 次
非常可能（Väga tõenäoline）（4）	至少 1 年 1 次
经常发生（Sage）（5）	至少每月 1 次

后果评估，是假定事故发生后，分析可能造成的影响及其性质和类型。《县、市和乡风险分析方法导则》第 9 条强调，风险分析时，必须考虑所有可能发生的事故及其所有可能的后果，并进行清晰、详细的描述；而且必须区分事故影响的范围——是局部危害，还是范围更广泛的全面危害。为便于开展后果评估，导则将事故后果的影响分为四个方面：生命安全、重要民生领域、环境安全和财产安全。对于每类可能发生的事故，均采用定性分析方法，从上述四个方面，按照“无、有限、明显、严重、非常严重”5 个等级，对后果的影响程度进行分析，如表 6－5 所示①。其中，财产安全方面，由各县、市（乡）按照当地实际，确定具体的损失金额，再区分影响程度。

表 6－5　事故损害后果的分级标准

等级	生命健康	重要民生领域运行	环境安全	财产安全
无 Puudu/ A	没有危险	没有危险	没有危险	没有危险
有限 Piiratud/ B	不需要住院治疗，且不会造成永久性损害的疾病和伤害	短期中断	损害自然消失，且不会引起其他后果，或者通过救援可以消除	损失金额
明显 Tõsine / C	需要住院治疗，或者造成永久性的健康损害	必须启动备用系统或实施替代措施	对周围环境的破坏可以完全恢复，或者需要采取临时性的环境控制措施	损失金额
严重 Raske/D	导致人员死亡，或者受害人数超过该地区医疗机构救治能力	暂时中断，严重影响居住环境的安全性	对环境造成长期或严重损害，但主要损害可以恢复	损失金额
非常严重 Väga raske/E	造成 10 人以上死亡；受害人数超过国家卫生系统的有效救治能力； 需要在人口稠密地区组织疏散	完全停止	对环境造成不可挽回的破坏	损失金额

① 2010 年内政部《县、市和乡风险分析方法导则》附件 2《事故损害后果的分类标准》。

评估事故后果时，应当在区域平面图标注风险源位置和危险区域（即可能影响和危及的范围）。如果同一风险源可能导致不同类别的事故，则应当分别确定其危险区域。例如，发电厂作为固定风险源，可能发生火灾、电力系统故障这两类不同事故，而这两类事故对生命安全、重要民生领域、环境安全和财产安全的影响有很大差异，应当分别进行评估并标注危险区域。

应当根据每类事故四个方面后果的评估等级，综合确定事故后果的风险等级。一般而言，是按照四个方面中最严重的后果，确定总体的风险等级。比如，某发电厂作为风险源，如果评估认为发生火灾事故对生命安全、重要民生领域、环境安全和财产安全的影响，分别是“有限”“非常严重”“有限”“严重”，那么该发电厂发生火灾事故的后果就是“非常严重”。此外，如果通过对四个方面后果的评估，三个方面的等级相同，第四个方面较低，并且发生事故时可能同时出现所有后果，那么，考虑到风险的叠加作用，该类事故后果的风险等级就应当提高 1 级——这一做法，实际上就是针对风险矩阵“无法对风险进行累计叠加”的局限性，进行的人工干预。比如，假定某购物中心发生火灾，对生命安全、重要民生领域和财产安全的影响均为“严重”，对环境安全的影响是“明显”，那么，该购物中心发生火灾的后果风险等级就应当在“严重”基础上提高 1 级，确定为“非常严重”。最后需要强调的是，风险分析委员会必须从当地可能发生的事故中，辨识出后果最严重的一类或几类事故，以便于针对最不利情况，规划风险控制措施。

3.3.5 风险矩阵

为了直观展现风险的分布情况，以便于识别风险并进行优先排序，从而确定风险管理的关键控制点和风险应对方案，必须选取适合的风险评估技术。目前，常用的风险评估技术包括：头脑风暴法、结构化/半结构化访谈、德尔菲法、情景分析、检查表法、预先风险分析、风险矩阵、压力测试、保护层分析、风险指数、故障树分析、事件树分析、因果分析、层次分析法等。不同风险评估技术的应用范围、所需资源有所差异，有的可以提供定量结果，有的只能进行定性分析。结合爱沙尼亚国情和区域风险评估的定位与需求，《县、市和乡风险分析方法导则》采用了风险矩阵评估方法。在后面要讨论的危急事件风险分析、重要民生领域连续性风险分析中，均广泛运用了风险矩阵。

风险矩阵（riskimaatriks）通常作为一种筛查工具，用以对风险进行排序，根据在矩阵中所处的区域，可以确定哪些风险需要更细致的分析，或者应当优先处理哪些风险，具有很强的实用性和可操作性。风险矩阵的横坐标是事故后果的严重程度，纵坐标是事故发生的可能性。在分析各类事故的可能性和后果后，即可确定其风险类别，并填入风险矩阵的相应位置。比如，购物中心发生火灾的可能性是“非常可能”，后果是“严重”，那么“火灾”就应当填到横坐标是“严重”、纵坐标是“非常可能”的位置。将该地区可能发生的所有事故的评估结果填入风险矩阵，即绘制出了该地区的风险图谱。

当然，风险矩阵也有一定的局限性，包括：没有通用格式，必须根据实际需求设计适合具体情况的矩阵；只能进行定性分类，很难清晰地界定等级；主观色彩较浓，不同操作者的等级划分结果可能有较明显差别；无法对风险进行累计叠加，即无法将一定频率的低风险界定为更高一级的风险。

3.3.6 风险分析报告

作为风险分析的重要环节，在确定风险等级、进行风险排序后，还应当就控制和降低事故发生的风险，制定相应的预防措施。根据《县、市和乡风险分析方法导则》，风险分析委员会应当从四个方面，提出采取预防措施的建议：一是确保必要的风险防范水平；二是确保必要的应急救援能力和效能；三是通过宣传培训，提高民众的风险应对意识和能力；四是区域内的总体规划和建筑设计，必须落实必要的风险防范要求。在采取风险预防措施时，还应当考虑效费比，确保提出的风险管理策略和措施具有可操作性。

在完成上述工作后，即可编制风险分析报告。一份完整的风险分析报告，应当包括以下 7 个部分的内容：(1) 区域描述，即开展风险分析地域的基本情况；(2) 反映该区域特征的地图和相关图表；(3) 该区域各类事故的历史统计数据；(4) 环境影响；(5) 现有的风险分析资料；(6) 事故风险分析；(7) 附件（包括风险矩阵、《风险表》和风险地图等)。其中的《风险表》，应当按照《县、市和乡风险分析方法导则》附件 4 的格式，汇总每类事故风险分析的基本信息，包括事故名称、风险源及其说明、初始事件、可能性、后果、预防措施等内容。

2009 年《危急事件法》施行后，调整和完善了区域风险分析的内容、程序要求，明确了应当进行风险分析和编制应急预案的危急事件清单、主责部门，并于 2010 年制定《危急事件风险分析指南》，取代 2001 年的《县、市和乡风险分析方法导则》。

3.4 危机管理预案

3.4.1 各级危机管理预案的基本内容

根据《危急事件准备法》，编制危机管理预案（kriisireguleerimisplaan），是各级政府重要的危机管理职责之一。最高层级的是《国家危机管理预案》，政府各部和总理府也要结合职责，编制各自的危机管理预案，县、市（乡）政府需要编制本辖区的危机管理预案。《危急事件准备法》对不同层级危机管理预案的内容提出了明确要求，如表6－6所示[①]。国家和政府部门、总理府的预案偏重于组织协调，县级和市（乡）级预案的内容基本相近，更多是执行层面的具体要求。

表6－6 国家、县、市（乡）危机管理预案的内容

层级	危机管理预案的内容
国家	1）危机管理的基本原则 2）政府各部、总理府和县长的危机管理职责 3）应急响应的主责部门和参与部门 4）应急响应管理和协调的组织 5）发生危急事件时，动用国家储备的程序 6）信息共享 7）早期预警和社会公告 8）国防军和国防联盟参与危机管理的程序 9）危机管理领域的国际合作 10）修订和完善国家危机管理预案的程序
政府各部	1）发生危急事件时，本部门工作的组织 2）发生危急事件时，本部门负责的重要民生领域 3）本领域危急事件的应急响应计划 4）战时状态下，实施本部门危机管理预案的程序 5）修订和完善本部门危机管理预案的程序 6）本领域参与国际危机管理的资源
总理府	1）发生危急事件时，共和国政府和总理府工作的组织 2）社会公告和民众心理保护 3）战时状态下，实施危机管理预案的程序 4）修订和完善危机管理预案的程序
县政府	1）县情简介 2）术语解释 3）可能出现的危急事件清单 4）应急响应程序 5）召集县危机管理委员会会议的程序 6）社会公告的程序 7）临时安置或疏散撤离居民的措施 8）救援工作的组织 9）医疗卫生和心理援助的组织 10）执法活动的组织 11）对受害人员援助的组织

① 笔者根据《危急事件准备法》第6条、第9条、第10条、第18条和第23条整理。

续　表

层级	危机管理预案的内容
县政府	12）食物、饮用水和基本必需品供给的组织 13）应急响应期间相关服务的组织 14）与周边县的合作 15）与国防军和国防联盟的协作 16）损害评估和应急响应费用的计算办法 17）信息服务工作的组织 18）战时状态下，实施危机管理预案的程序 19）修订和完善危机管理预案的程序 20）通知相关机构和人员参与应急响应的程序 21）危急事件预防和应急响应所需资源及其调用程序
市（乡）	1）市（乡）情况简介 2）术语解释 3）可能出现的危急事件清单 4）应急响应程序 5）社会公告的程序 6）临时安置居民的措施 7）救援工作的组织 8）医疗卫生和心理援助的组织 9）对受害人员援助的组织 10）执法活动的组织 11）食物、饮用水和基本必需品供给、基本服务的组织 12）应急响应期间相关服务的组织 13）信息服务工作的组织 14）与周边市（乡）的合作 15）与国防军和国防联盟的协作 16）修订和完善危机管理预案的程序 17）战时状态下，实施危机管理预案的程序 18）通知相关机构和人员参与应急响应的程序 19）危急事件预防和应急响应所需资源及其调用程序

3.4.2　国家危机管理预案

2002年9月17日爱沙尼亚政府公布施行《国家危机管理预案》。按照《危急事件准备法》第6条第（2）款的规定，《国家危机管理预案》共分十个部分，明确了危机管理的基本原则，细化了政府各部和地方政府的危机管理责任，明确了应急响应的主责部门、参与部门，以及应急响应的组织管理、协调、信息发布等内容。

第一部分：危机管理的基本原则。包括编制预案的法律依据、预案的定位和构成（包括总体预案、国家级专项预案、各重要环节的附加说明）等。重点是排序列举国家危机管理的优先事项——也就是优先考虑消除的威胁，以及在不能消除威胁的情况下，应当努力将不利后果降至最低的威胁顺序：首先是“对民众生命健康的威胁”，其次是“对国家安全的威胁”，再次是“对生态环境的威胁”，最后是“对财产安全的威胁”——上述“生命健康→国家安全→环境安全→财产安全”的排序，清晰反映了爱沙尼亚在危机管理领域的**价值取向**。此外，本部分还对“危急事件”“事故灾难”“自然灾害”“风险分析”“国家储备”“救援现场负责人”“恐怖主义”“心理保护”“预警系统”9个术语进行了定义，其中，“危急事件”沿用了2001年《危急事件准备法》的定义。

第二部分：政府各部、总理府和县长的危机管理职责。首先，政府各部、总理府和县长均应履行《危急事件准备法》第3条规定的共同职责；其次，政府各部还应当按照预案，履行应急准备和应急响应期间的专门职责，并强调，那些没有直接负责应急响应的政府部门，也必须全面履行预案确定的义务，确保继续执行本部门基本职责，并完成应急响应主责部门和危机管理委员会指派的工作。内政部作为危机管理的牵头部门（Juhtivministeerium），是国家危机管理委员会的常设工作机构，负责组织和召集国家危机管理团队。作为单一制国家，爱沙尼亚的县长由共和国政府直接任命，因此，《国家危机管理预案》明确规定了县长在应急准备和应急响应期间的职责。

第三部分：应急响应的主责部门和参与部门。这部分的重点，是厘清应急响应“战略管理”与“执行管理”的区别。“战略管理”（Strateegiline Juhtimine），是指在国家层面，必须明确应对各类危急事件的主责部门，如果危急事件的应急响应涉及多个部门的业务领域，法律法规又未明确主责部门，则相关部门必须预先进行协商，并在《国家危机管理预案》明确应急响应的牵头部门。“执行管理”（Operatiivjuhtimine），是指政府部门的内设机构按照职责，具体组织实施应急响应工作。在《国家危机管理预案》的“3.2 应急响应的执行管理”中，明确了各个政府机构的应急响应职责，包括内政部的救援局、边防局、警察局、安全警察局，交通运输部的道路管理局、铁路管理局，环境部的环境监察局、辐射与核安全局，社会事务部的卫生监察局、卫生健康局，农业部的食品和兽医局等。

第四部分：应急响应管理和协调的组织。应急响应的基本原则是自下而上、分级响应，在这一部分，按照地方政府（市或乡）、县政府和国家三个层面，逐级明确了应急响应的基本要求。一般而言，危急事件发生地的地方政府应当首先组织初步响应，并根据危急事件的特点、持续时间等因素，决定是否成立现场指挥部；如果涉及多个地方政府的辖区，需要动用多个地方政府的资源，或者当地政府的能力不足以应对，需要其他额外资源的支持时，则应当由县政府组织指挥应急响应工作，协调各个地方政府与国家机构。升级为国家应急响应后，常设的国家危机管理团队视情况进入“蓝色”或“红色”工作状态——“蓝色”（siniseks）级别时，组长和行动组全员以及后勤组、媒体组的代表参与工作，对可能发生的危急事件进行监测评估，或者对已经发生的危急事件进行适时评估；“红色”（punaseks）级别时，根据危急事件发展或应急响应需要，召集全体成员参与工作，并根据需要增加人员。

第五部分：发生危急事件时，动用国家储备的程序。根据1994年《国家储备法》（*Riigireservi seadus*），爱沙尼亚将国家储备（Riigireserv）分为地方政府管理的生活储备（munitsipaalvaru）、国家管理的安全储备（julgeolekuvaru）和战备储备（mobilisatsioonivaru）等三个层级，1998年《国家储备法》修订时，又增加了由国家委托企业承担的商业储备（ettevõtja tegevusvaru）[①]。《国家危机管理预案》针对发生危急事件、进入应急状态、进入紧急状态，确定了动用相应储备的程序：发生危急事件时，地方政府可以决定动用生活储备，以保障辖区内居民的日常生活；需要动用安全储备时，应当由相应领域的政府部长下达命令；需要动用战略储备中的非军事物资时，需要共和国政府下达命令。在进入应急状态和紧急状态后，则分别由应急状态负责人、紧急状态负责人决定动用国家管理的安全储备，并根据与相关企业的协议动用企业的商业储备。

根据2009年7月24日起实施的《危急事件法》第42条，1994年《国家储备法》中规定的国家储备改称“国家运行储备”（Riigi tegevusvaru），分为“国家卫生储备”“国家粮食储备”两类，分别由社会事务部和农业部负责，储备物资的具体品类、数量，由上述两个部门与国家危机管理委员会协商确定。2009年10月15日，爱沙尼亚政府制定《国家运行储备的保存、使用、检查、更新和报告程序》[②]。上述调整，也标志着国家储备管理不再是内政部的职责。2015年6月11日议会修订《共和国政府组织法》时，在第66条“内政部职责”中删除了有关“国家运行储备”的内容。根据2021年6月2日修订《危急事件法》时，对《共和国政府组织法》第63条的同步调整，目前由经济和通信部负责“国家运行储备”的管理。

第六部分：信息共享。发生危急事件时，国家机构、地方政府、企业单位必须按照《危急事件信息报告程序》，立即报告情况。

第七部分：早期预警和社会公告。地方政府和县政府负责向居民发出危急事件预警，并通报应急响应信息，在总理府的危机管理预案中，即包括向社会公告应急响应信息的程序。内政部负责开发危急事件预警系统，各级危机管理委员会、危机管理团队负

---

① 《国家储备法》（RT I 1994，91，1529），https：//www.riigiteataja.ee/akt/28717。

② 《国家运行储备的保存、使用、检查、更新和报告程序》（RT I 2009，49，335），https：//www.riigiteataja.ee/akt/13226852。

责组织协调应急响应信息沟通。

第八部分：国防军和国防联盟参与危机管理的程序。在危机管理过程中，政府部门、总理府、县政府以及市（乡）政府如果需要军方支援，应当严格执行《爱沙尼亚国防政策重点》《爱沙尼亚国家安全政策基础》《爱沙尼亚国防战略》以及《和平时期国防法》《战时国防法》[①]《国家危机管理预案》规定的程序。基本原则是优先动用国防联盟参与应急响应，只有在“绝对必要”时，才能由总统按照法定程序，决定动用国防军。国防军只能用于：（1）保护国家核心机关；（2）搜救；（3）配合内政部的警察等其他武装力量，共同维护公共秩序和交通秩序，以确保居民安全；（4）对可能导致危急事件的大规模非法暴力活动进行武装戒备。国防联盟只能用于：（1）发生危急事件地区的安全保护；（2）搜救；（3）配合内政部的警察等其他武装力量，共同维护公共秩序和交通秩序，以确保居民安全。

第九部分：危机管理领域的国际合作。爱沙尼亚强调，危机管理领域的国际合作是常态化和双向的，既包括爱沙尼亚向其他国家和地区提供援助，也包括爱沙尼亚发生重大危急事件时，接受国际援助。《国家危机管理预案》明确了爱沙尼亚参与国际危机管理合作的依据：爱沙尼亚加入的国际公约，双边或多边国际协定，请求和提供国际援助的标准和程序等。《国家危机管理预案》专门规定，向国外派遣爱沙尼亚救援队以及接受国外救援队，均应严格执行联合国人道主义事务协调中心（Office for the Coordination of Humanitarian Affairs，OCHA）、国际搜索与救援咨询团（International Search and Rescue Advisory Group，INSARAG）的建议和要求。

第十部分：修订和完善国家危机管理预案的程序。《国家危机管理预案》由内政部会同政府各部共同制定，必须征求地方政府和有关企业单位、非政府组织的意见，经政府各部、总理府同意后，提交国家危机管理委员会审查，审查通过后提交共和国政府批准。预案经批准实施后，应当定期进行评估和修订，每次修订的时间间隔，不得超过2年。

3.5 “重要民生领域”的提出

危急事件发生后，不但危及民众生命健康、国家安全、环境和财产安全，更为严重的是，可能影响关系国计民生的关键基础设施运行和基本公共服务（如供水、供电、供

① 1994年9月28日，议会通过《战时国防法》（*Sõjaaja riigikaitse seadus*，RT I 1994，69，1194），https://www.riigiteataja.ee/akt/32898；1995年2月6日，议会通过《和平时期国防法》（*Rahuaja riigikaitse seadus*，RT I 1995，18，240），https://www.riigiteataja.ee/akt/28740；2016年1月1日，《国防法》（*Riigikaitseseadus*，RT I，12.03.2015，1）生效，《和平时期国防法》《战时国防法》同步废止。

油、供气、食品供应以及医疗、交通、通信等)，导致服务能力下降甚至彻底中断。这种衍生影响，会以几何级数放大危急事件的危害后果，在公共安全和危机管理领域，越来越受到重视。近年来，爱沙尼亚高度重视交通、电力、网络等基础设施对社会连续稳定运行的重大意义，致力于创建适应新挑战的安全机制，以减少这些重要系统的脆弱性[①]，“重要民生服务连续性”也成为爱沙尼亚在安全政策、危机管理方面重点考虑的因素。2001 年《危急事件准备法》首次提出“重要民生领域”（Elutähtsad valdkond)，2004 年《爱沙尼亚国家安全政策基础》也强调了重要民生领域对国家安全的意义。

2001 年《危急事件准备法》首次提出“重要民生领域”时，并未对其进行定义，只是在第 7 条第（2）款列举了 16 个重要民生领域，以及保障其运行的主责部门，并在第 9 条规定，主责部门应当在危机管理预案中明确提出，发生危急事件时保障重要民生领域运行的措施。以下是相关部门负责的 16 个重要民生领域：

（1）内政部：维护公共秩序，火灾扑救和应急救援，数据库安全；

（2）经济部：能源系统运行，基本消费品供应；

（3）农业部：粮食供应；

（4）财政部：财政系统运行；

（5）社会事务部：医疗卫生，社会保障，心理援助，难民援助，劳动统计；

（6）道路和交通部：邮政电信，交通运输；

（7）文化部：文化保护；

（8）环境部：环境保护和监测。

从国际背景看，爱沙尼亚提出“重要民生领域”乃至之后的“重要民生服务”概念，主要借鉴了 20 世纪 90 年代中期，美国克林顿政府提出的“关键基础设施安全”(Critical Infrastructure Security)[②]，以及欧盟的相关做法。特别是本世纪初，美国和欧盟在经历多次造成严重社会危害的恐怖袭击后（如 2011 年针对美国纽约、华盛顿的“9・11”恐怖袭击，2004 年针对西班牙马德里的“3・11”恐怖袭击，2005 年针对英国伦敦地铁和巴士的“7・7”恐怖袭击等)，更加重视有别于交通、电信、市政、物流等“传统基础设施”（conventional infrastructure）的“关键基础设施”安全。2006 年 12 月 12 日，欧洲理事会启动“欧洲关键基础设施保护计划”（European Programme for Critical

① 卡列夫・奥格尔（Kalev Õiger)：《哈留县居民的应急意识和重要民生服务中断的应急准备》，爱沙尼亚内政学院硕士学位论文，2020 年，第 24 页。https：//digiriiul. sisekaitse. ee/bitstream/handle/123456789/2497/2020_%C3%95iger. pdf? sequence = 1&isAllowed = y。

② 在 20 世纪 90 年代发展的基础上，2018 年 11 月 16 日，美国国土安全部成立网络安全和基础设施安全局(The Cybersecurity and Infrastructure Security Agency，CISA)，有关基础设施安全的内容参见该局网站：基础设施安全(INFRASTRUCTURE SECURITY)。https：//www. dhs. gov/topic/critical – infrastructure – security。

Infrastructure Protection，EPCIP）[①]，旨在通过一揽子措施，改善和加强对所有相关经济活动部门关键基础设施的保护。2008 年 12 月 8 日欧洲理事会通过《欧洲关键基础设施辨识以及改进保护的必要性评估》[②]，提出了“关键基础设施”“欧盟关键基础设施”的概念。

2009 年爱沙尼亚出台《危急事件法》，在“重要民生领域”的基础上提出“重要民生服务”的概念，以突出关键基础设施与社会运行的关系、“硬件”与“软件”的关系、人的因素与物的因素等多重交互关系。《危急事件法》设立专章“重要民生服务连续性的组织”，列举了涉及 7 个部门、单位和地方政府的共 43 项重要民生服务，2017 年全面修订《危急事件法》时，对“重要民生服务”进行了定义并完善了相关规定，详见本章第四节。

3.6　单位的应急准备

根据《危急事件准备法》第六章“企业和单位的应急准备”的规定，危险化学品生产经营企业应当按照《化学品法》第 11 条第（4）款的要求，进行风险分析并编制应急预案，采取措施预防事故发生。此外，市（乡）政府可以根据当地风险分析的结论，要求其他单位制定应急预案。企业等各类单位还应当按照当地政府的要求，提供应急响应所需的资源信息，并对员工开展应急培训。

各类单位的应急预案，应当包括以下七个方面的内容：（1）单位的基本情况；（2）可能发生的危急事件及其后果；（3）危急事件管理人（hädaolukorra juht）的姓名和联系方式；（4）应急响应需要的资源；（5）发生危急事件时应当采取的措施；（6）向员工通报危急事件情况的程序；（7）与其他企业和单位的应急响应协作。此外，企业在编制应急预案时，必须听取所在市（乡）政府或其指定机构的建议，并应当将应急预案报当地政府审查。

3.7　危急事件信息报告和预警信息发布

发生危急事件乃至进入危机状态后，及时有效的信息沟通，对于危机管理成功与否

① 欧洲理事会《关于欧洲关键基础设施保护计划的决议》。https：//eur - lex. europa. eu/LexUriServ/LexUriServ. do? uri = COM：2006：0786：FIN：EN：PDF。

② 欧洲理事会：《欧洲关键基础设施辨识以及改进保护的必要性评估》。https：//eur - lex. europa. eu/LexUriServ/LexUriServ. do? uri = OJ：L：2008：345：0075：0082：EN：PDF；《欧洲关键基础设施》，https：//europeanlaw. lawlegal. eu/european - critical - infrastructures/#European_ critical_ infrastructures。

意义重大。一方面，各级政府要及时准确掌握事态进展，以便科学果断决策；另一方面，要及时向社会公众提供真实全面的信息，确保公众采取正确的应对措施，并最大限度地稳定公众心态，维护社会秩序。为此，《危急事件准备法》第七章“危急事件通告和媒体的义务”专门规定，发生危急事件后，各级政府及其所属机构，以及企业等各类单位必须立即报告情况，不得隐瞒。2002 年 5 月 20 日，爱沙尼亚政府根据《危急事件准备法》第 28 条第（2）款关于“国家应当建立危急事件通告程序以及传输相关信息的要求”之规定，制定了《危急事件信息报告程序和信息要求》[①]，同时废止 1996 年 6 月 28 日施行的《危急事件信息报告程序》。根据新的规定，与危急事件应急响应相关的信息，分为初步信息（esmane teave）、现场信息（ettekanne olukorrast）和紧急信息（erakorraline teave）等三类，并确定了相应的报告程序及要求：

——初步信息，是危急事件发生后，各级政府及其所属机构和企业等各类单位，应当通过电话向内政部报警中心首次通报的信息。包括以下内容：报警人员信息，危急事件发生的时间、地点和基本情况，受害人员信息，人员疏散需求，造成的损失，对人员、环境和财产的威胁，事态可能的发展，已经开展的应急响应行动和采取的措施，参加应急响应的力量和资源，是否需要支援，救援现场负责人，本机构的联系人，已经通报情况的机构等。此外，还应按照《危急事件信息报告程序和信息要求》附件 1《初步信息报告表》的制式表格，尽快向内政部报警中心或救援局提交书面报告。书面报告应当包括以下信息：上报情况的机构名称，危急事件发生的日期、时间、地点，危急事件情况说明，人员伤亡，需要疏散和救助的人员，已经通报情况的部门，是否已召集地方政府危机管理委员会会议，现场救援情况，其他情况，报告人和签收人。

——现场信息，在应急响应期间，危急事件应急响应的主责部门应当每隔 60 min，向内政部报警中心或救援局报告 1 次现场情况（除非另有要求）。

——紧急信息，如果应急响应过程中情况发生突然变化，主责部门应当立即向报警中心或救援局报告，并在书面报告的首页顶部标示“**紧急**”（ERAKORRALINE）字样。

为确保及时准确地传播有关危急事件的信息，《危急事件准备法》第 29 条规定：“国家、总理府、政府部门、县长、市（乡）政府及其危机管理委员会发出危急事件预警信息后，新闻媒体运营机构应当立即原文予以发布”，并强调“发布危急事件预警信息，是媒体运营机构的法定公共义务，不得向国家或地方政府索取任何费用补偿”。

---

① 《危急事件信息报告程序和信息要求》（RT I 2002，43，279），https：//www. riigiteataja. ee/akt/95290。

3.8 应急宣传教育和培训演练

为提高全民应对危急事件的意识和能力，《危急事件准备法》第30条专门规定，必须普及危急事件预防、应对的知识宣传培训，纳入义务教育、高等教育、公务员培训、单位员工培训。其中，普通教育阶段，应当将危急事件预防和危机管理的知识纳入国家教育课程；高等教育阶段，高等院校应当与救援局合作，组织对大学生进行应急知识培训；此外，救援局负责组织对国家和地方政府的官员开展危机管理培训，接受培训的官员名单由共和国政府确定；市（乡）、县政府和有关的企业单位，负责对从事危机管理的人员、单位员工、居民开展培训；各部门、地方政府、救援局负责开展面向居民的应急知识宣传教育培训，提高居民预防、应对危急事件的意识和能力。

为检验各级政府、部门和企业等单位的应急响应和危机管理能力，《危急事件准备法》要求，内政部应当至少每四年举行1次跨部门的国家级应急响应综合演练。此外，各县应当按照内政部确定的时间表，组织县级的应急响应综合演练。国家级和县级应急响应综合演练的经费，统一由内政部在部门预算单独列支，国防军和国防联盟参与上述演练的经费，由国防部列入预算保障。市（乡）政府可以要求应当制定应急预案的企业开展应急响应演练，但频次不得超过一年1次，相关的开支由企业承担。

第四节 《危急事件法》（2009年至今）

2009年施行、2017年全面修订的《危急事件法》，确立了危机管理的原则，构建了国家、区域、地方三级危机管理委员会体系，将风险分析贯穿于危机管理全过程，完善了危急事件预防、应急准备、应急响应的机制，并就保障重要民生服务的连续性提出要求，是爱沙尼亚危机管理法律体系基本成熟定型的标志。《危急事件法》还规定了应急状态的宣布、应对和终止，以及国防军、国防联盟参与应对应急状态的程序。2021年《危急事件法》再次修订，重构国家层面危机管理体系，撤销国家危机管理委员会，将长期以来由内政部承担的国家危机管理协调职责调整到总理府，以更好发挥综合协调作用，也体现了内部安全与国家安全从细分到统合的“广义安全概念”。

“应急管理”“危机管理”，是公共管理领域高频出现又容易混淆的概念[①]。两者都

① 孔繁琦：《明概念 晓区别 知联系——风险管理 应急管理和危机管理的概念辨析》，《现代职业安全》2013年第9期，第77—79页。

是针对非常态的体系化管理措施，通常而言，应急管理的对象是“突发事件”（即爱沙尼亚的“危急事件”），往往需要多个部门、机构和利益相关方相互协同，迅速采取行动予以应对；危机管理的对象是“危机”，也就是事态规模更大、影响范围更广、应对难度更大的极端“突发事件”，需要在更高一级政府的统一组织下，多部门、多地区协同应对——可以认为，如果“突发事件”不能得到有效的预防、应对和控制，转化为“危机”，应急管理也就进入更高层级的危机管理，危机管理属于特殊质态的应急管理。

在不同国家和不同发展阶段，受社会文化背景、行政管理体制等多方面因素影响，“应急管理”“危机管理”的使用有所不同。就爱沙尼亚而言，恢复独立后的30余年间，相关法律政策中极少使用“应急管理”（eriolukorra lahendamise juhtimine），而1992年底从美国引入的“危机管理”表述，则得到了非常广泛的运用。在2009年《危急事件法》特别是其2017年修订版构建的语境中，认为“危机管理”是“包括危急事件预防、准备和响应的措施体系”（Kriisireguleerimine on meetmete süsteem，mis hõlmab hädaolukorra ennetamist，hädaolukorraks valmistumist ja hädaolukorra lahendamist），并认为《危急事件法》“确立了危机管理的法律基础”——具体而言，包括危急事件的应急准备、应急响应和保障重要民生服务的连续性，应急状态的宣布、应对和终止，国防军和国防联盟在应急状态期间参与应急响应，以及国家监督和法律责任。也就是说，在爱沙尼亚，“危机管理”基本取代了“应急管理”，成为广泛运用的语汇。

4.1　《危急事件法》概述

2009年6月15日议会通过《危急事件法》（*Hädaolukorra seadus*）①，自7月24日起施行，同时废止1996年《应急状态法》和2001年《危急事件准备法》。2017年2月8日《危急事件法》全面修订并重新发布②，自7月1日施行，截至2022年7月19日最近一次修订，已累计局部修订8次。其中，2021年6月2日修订时撤销国家危机管理委员会，重构了国家层面的危机管理协调体系③。

图6－2是恢复独立以来，爱沙尼亚危机管理领域相关法律制度的演进过程（笔者绘制）。2009年《危急事件法》特别是其2017年全面修订版的制定，标志着爱沙尼亚的危机管理法律体系基本成熟定型，在国家层面形成了《危急事件法》《紧急状态法》并

① 《危急事件法》（RT I 2009，39，262），https：//www. riigiteataja. ee/akt/13201475。

② 《危急事件法》（RT I，03. 03. 2017，1），https：//www. riigiteataja. ee/akt/103032017001。

③ 《〈危急事件法〉和相关法律修正案》（RT I，18. 06. 2021，1），https：//www. riigiteataja. ee/akt/118062021001。

立，共同应对自然灾害、事故灾难、传染病疫情、对宪法秩序的威胁等各类风险挑战的法律制度框架。

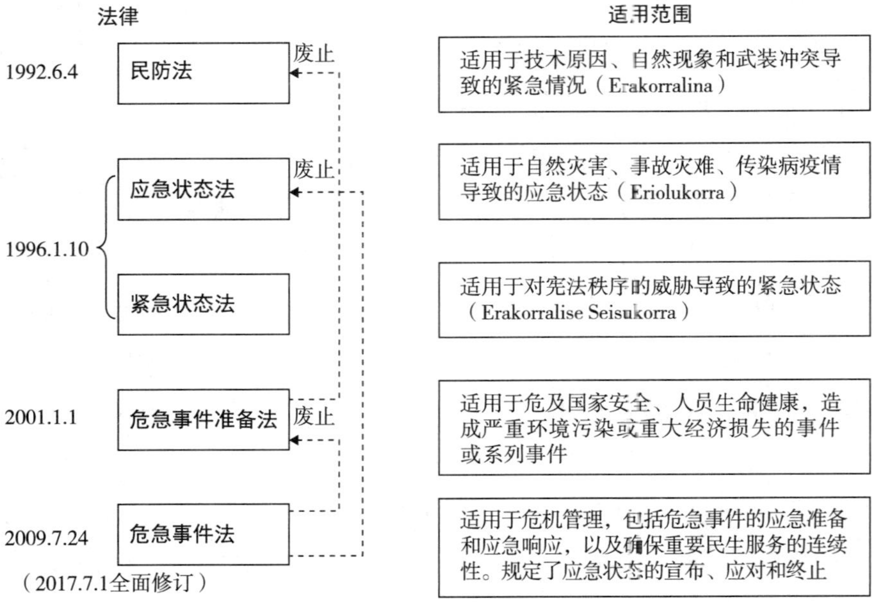

图 6－2　爱沙尼亚恢复独立以来危机管理领域法律制度的演进

近年来，随着国际安全形势的复杂变化，欧盟国家深刻感受到传统风险与非传统风险、国内安全与国防安全的关联度不断提高。在“变化的安全形势”之下，爱沙尼亚也在思考，如何更有效地应对各类安全风险挑战。2018 年 6 月 19 日，爱沙尼亚审计署发布专题报告《国家应对国内安全威胁的应急准备》①，对 2013 年至 2017 年的危机管理工作进行了绩效审计。

审计报告认为，在危机管理领域，爱沙尼亚要求所有机构和单位均应履行预防、准备和响应的职责，属于“分散式”（detsentraliseeritud mudel）应急准备模式，其优势在于落实主体责任，难点在于如何真正运用好风险分析结论，合理确定各类机构和单位参与应急准备的水平，确保措施的必要性、支出的合理性。在对威胁国内安全的 5 类典型危急事件（造成重大伤亡的火灾爆炸或建筑坍塌，大规模骚乱，武装袭击，劫持人质，大规模网络事件）进行分析后，审计报告做出的总体判断是：“针对威胁国内安全的危急事件，爱沙尼亚的应急准备缺乏系统性”，并列举了以下问题：

——针对国内安全风险，内政部和国防部分别开展了内容类似，但相互“平行”的

---

① 《国家应对国内安全威胁的应急准备》（*Riigi tegevus sisejulgeolekut ohustavateks hädaolukordadeks valmistumisel*），https：//www. riigikontroll. ee/tabid/206/Audit/2467/Area/20/language/et－EE/Default. aspx。

两套风险分析，重复性的工作造成明显的资源浪费。内政部按照《危急事件法》，组织对可能发生的危急事件进行风险分析并制定应急预案；国防部按照《国防法》《安全机构法》，从维护国家安全和宪法秩序的角度，开展风险分析，根据《国防目标保护程序》将重要机构、单位和场所确定为“国防目标”（Riigikaitseobjekt），并分为 A、B、C、E、D、F 共 6 类，相应制定安全预案（turvaplaan）[①]。内政部和国防部分别主导的这两类风险分析，虽然出发点不同，但分析过程、评判标准、技术方法、结论意见都很相似，例如，表示风险等级的矩阵就完全一致——审计署对此的评价是“事倍功半”——因为“同样的事情做两遍，效果不一定加倍，反倒可能造成混乱”。

——虽然花费大量时间和资源，组织开展了重复性的风险分析，但分析结果却并未被全面用于指导实施风险缓解措施，以系统降低风险水平。很多情况下，应急响应部门不了解是否以及在多大程度上降低了已辨识的风险，不了解哪些风险被消除、哪些风险仍然存在。

——许多单位没有记录或分析应急演练的过程和结果，导致应急演练流于形式，难以通过演练查找问题、吸取教训，达到促进提高应急准备水平和应急响应能力的目的。

——如果应急状态长时间持续，由于不能确保持续稳定地保障供水、供电、暖气等基本公共服务，类似于院前急救、医疗救治这样的重要民生服务，很可能难以保持连续供给。

……

针对上述问题，2020 年 3 月 10 日议会启动《危急事件法》修订程序。修订草案聚焦 3 个方面：第一，是否有必要改变目前两套风险分析体系重复工作的情况，合并内政部、国防部分别开展的风险分析；第二，是否有必要将危机管理领域的综合协调职能从内政部移交总理府（此前，国防安全领域的协调职能一直由总理府承担），以便更好发挥在各部门和地方政府之间的综合协调作用；第三，是否需要调整国家应急储备制度，完善应急储备的建立、管理和使用机制。围绕上述内容，议会中的保守人民党（Konservatiivse Rahvaerakonna fraktsioon）、祖国党（Isamaa fraktsioon）等党团共提出 7 项法律修正案，并进行了激烈辩论。历时 15 个月，经过三读，2021 年 6 月 2 日议会通过《〈危急事件法〉和相关法律修正案》[②]。

---

① 根据《国防目标保护程序》（*Riigikaitseobjekti kaitse kord*，RT I，27.09.2016，5），国防目标分为 6 类：A 类：政府机构；B 类：提供重要民生服务的机构；C 类：对维护公共秩序具有重要意义，一旦受到破坏会危及人员生命健康、民族文化遗产、影响社会安全感的对象；D 类：与国防军事活动有关的对象，包括军事用途建筑；E 类：国家安全机构；F 类：与保障国内安全有关的其他对象。https：//www.riigiteataja.ee/akt/112032019033。

② 《〈危急事件法〉和相关法律修正案》，https：//www.riigiteataja.ee/eelnoud/menetluskaik/MKM/20－1495。

事实上，近20年来，爱沙尼亚一直在积极探索“广义安全概念”（avar julgeolekukäsitlus），特别是2010年后，在《爱沙尼亚国家安全政策基础（2010年）》及其2017年版本中，均引入了广义安全概念，并作为国家安全政策中最核心的原则——2021年对《危急事件法》的修订，就是这一理念在危机管理领域的具体实践。关于广义安全概念的形成，以及危机管理和救援工作融入爱沙尼亚国家安全政策的发展过程，本章第五节将做介绍。

2021年6月2日的《危急事件法》修正案共做25处修订，主要涉及以下内容：一是调整法律适用范围，明确《危急事件法》适用于紧急状态、戒严（kõrgendatud kaitsevalmiduse）或战争状态（sõjaseisukorraga）；二是重构国家层面的危机管理协调机制，撤销国家危机管理委员会，将危机管理领域的综合协调职责由内政部调整至总理府；三是完善国家应急储备体系；四是明确在应急状态下，由救援局负责组织大规模人员疏散转移；五是对《政府组织法》《国防军组织法》《国防联盟组织法》《医疗服务组织法》等相关法律进行相应修改。

4.1.1 《危急事件法》的结构

表6-7是2009年、2017年《危急事件法》的章节结构对比。2009年《危急事件法》整合了《危急事件准备法》《应急状态法》，在突出主体责任的同时，贯通了危急事件预防、应急准备、应急响应的全流程。与2009年《危急事件法》相比，2017年版（包括历次局部修订）主要有3个特点。

第一，优化调整危机管理的组织架构。在2009年《危急事件法》“总则”确定的国家、县域、地方政府3级危机管理委员会职责基础上，2017年《危急事件法》按照主体责任原则，细化了内政部及政府各部的危机管理职责，新增第二章“危机管理的组织”，强化了各级政府及其部门的危机管理责任；2021年修订时撤销国家危机管理委员会，相关的综合协调职能由内政部转交总理府。

第二，突出预防在危机管理体系中的地位。整合2009年《危急事件法》第二章“应急准备的组织”、第三章第一节“危急事件报告、通知和媒体运营者的义务”，组成新的第三章“危急事件的预防和应急准备、应急响应”，在原有风险分析、应急预案、演练和危急事件报告、通告的基础上，新增应急响应管理机构、大规模人员疏散的组织等内容；2021年修订时新增第三[1]章“国家应急储备的建立、管理和使用”，完善了国家应急储备制度。

第三，整合应急响应的全程管理。合并2009年《危急事件法》第三章第二节“应急状态”、第三节“国防军或国防联盟参与应急响应、救援和维护安全”，组成第四章

“应急状态”，涵盖了应急状态宣布、应对、终止的全过程，突出了危机管理的组织架构和工作措施。

表 6－7　2009 年、2017 年《危急事件法》的章节结构对比

2009 年版	2017 年版（含 2021 年修正内容）
第一章　总则 第二章　应急准备的组织 　　第一节　危急事件风险分析 　　第二节　危急事件应急预案的编制 　　第三节　演练 第三章　应急响应 　　第一节　危急事件报告和媒体运营机构的义务 　　第二节　应急状态 　　　第一小节　应急状态的宣布和终止 　　　第二小节　应急状态的应对管理和应急工作 　　　第三小节　应急状态下采取的措施 　　第三节　国防军或国防联盟参与应急响应、救援和维护安全 第四章　重要民生服务连续性的组织 第五章　支出补偿和社会保障 第六章　监督 第七章　法律责任 第八章　法律实施 　　第一节　修订其他法律 　　第二节　废止法律和本法的生效	第一章　总则 第二章　危机管理的组织 第三章　危急事件的预防和应急准备、应急响应 第三^{1}章　国家应急储备的建立、管理和使用 第四章　应急状态 　　第一节　应急状态的宣布、终止和立法的公布、生效 　　第二节　导致应急状态的危急事件应对管理和应急响应 　　第三节　应急状态下采取的措施 　　第三^{1}节　应急状态下的雇佣和服务关系 　　第四节　国防军和国防联盟参与处置导致应急状态的危急事件 第五章　重要民生服务的连续性 第六章　应急状态下的损害补偿和自然人的社会保障 第七章　监督 第八章　法律责任 第九章　法律实施 　　第一节　过渡性规定 　　第二节　废止法律 　　第三节　生效

4.1.2　适用范围的变化

2001 年《危急事件准备法》的适用范围与 1992 年《民防法》类似，包括应对国家安全、宪法秩序领域的威胁。2009 年《危急事件法》同样只适用于危急事件——即“非常规事件”（päev aset leidvate sündmus）的预防、准备和应对，该法第 1 条关于适用范围的规定：“（1）本法确立了危机管理的法律基础，包括危急事件的应急准备、应急响应和保障重要民生服务的连续性。本法还规定了应急状态的宣布、应对和终止，国防军和国防联盟参与危急事件响应、救援和维护安全。（2）除非《紧急状态法》《战时国防法》另有规定，本法在紧急状态和战争状态适用。（3）本法不适用于由于军事威胁引起的危急事件的准备和响应。”——结合《危急事件法》对“危急事件”的定义，与 2001 年《危急事件准备法》比较，“危急事件”的外延已收缩到对生命健康、财产安全、自然环境、重要民生服务构成威胁的事件，不包括对国家安全和宪法秩序的威胁——因此，可以认为，2009 年《危急事件法》施行后，廓清了《紧急状态法》《危急事件法》的管辖边界：前者适用于应对和消除对宪法秩序（即狭义国家安全）的威胁；后者适用于预防、准备和应对危及生命健康、财产安全、自然环境、重要民生服务连续性的其他威胁。

2017 年《危急事件法》第 1 条对“适用范围”进行了完善：“（1）本法确立了危机管理的法律基础，包括危急事件的应急准备、应急响应和保障重要民生服务的连续性，以及应急状态的宣布、应对和终止，国防军和国防联盟在应急状态期间参与应急响应，以及国家监督和法律责任。（2）除非《紧急状态法》《国防法》另有规定，本法在紧急状态、戒严和战争状态适用。（3）本法不适用于预防对国家安全或宪法秩序的威胁。”本质上，2017 年全面修订时并未改变 2009 年《危急事件法》的适用范围，并且明确了《危急事件法》不适用于预防国家安全和宪法秩序领域的威胁。

2021 年修订《危急事件法》最重大的调整之一，就是拓展了法律适用范围，在保留 2017 年版第 1 条第（1）款规定的同时，将第（2）款修改为“除非其他法律另有规定，本法适用于在戒严、紧急状态和战争状态下，预防对国家安全和宪法秩序的威胁”。同时，删除了第（3）款的规定。上述调整，打破了 2009 年以来《危急事件法》管辖自然灾害、事故灾难和传染病疫情，《紧急状态法》管辖国家安全和宪法秩序领域威胁的界线，规定在戒严、紧急状态和战争状态下，《危急事件法》适用于预防对国家安全和宪法秩序的威胁，体现了“广义安全概念”——即传统的内部安全、国防安全彼此交织、相互影响，共同构成了总体国家安全。

从表象上看，从 1992 年《民防法》到 2001 年《危急事件准备法》，再到 2009 年《危急事件法》，及至 2021 年修订后的《危急事件法》，现今爱沙尼亚危机管理法律的适用范围，似乎又回到了传统民防时代，但本质上，这一“总体—细分—总体”的变迁过程，体现了历经近几十年国际安全形势的发展、变化和实践。包括爱沙尼亚在内的很多国家，越来越重视国家安全的综合性、全局性和总体性，将传统的自然灾害、事故灾难、传染病疫情、国防军事等安全风险，与网络安全、重要基础设施安全、社会安全等非传统安全风险结合，以建立统一的预防、准备、应急和消除后果的工作机制，提高应对各种安全风险的综合能力和实际效果。

4.1.3　“危急事件”概念的演进

1996 年《危急事件信息报告程序》提出“危急事件”概念后，随着危机管理领域实践的深化，爱沙尼亚在相关立法中，多次调整危急事件的内涵和外延，总体趋势是外延收缩，从最初延续《民防法》适用范围的“全口径”概念，到 2009 年《危急事件法》出台后即不再涉及对国家安全的威胁，并一直沿用至今，突出了应急管理的专业性和针对性。

1996 年首次提出的“危急事件”，涵盖了所有危及公共安全、可能导致紧急状态和应急状态的危险情形。2001 年《危急事件准备法》在列举“危急事件”的影响和后果时，在 1996 年定义的基础上增加了“危及国家安全”“造成严重环境污染”这两种情形，并强调国家和地方政府必须采取协调一致的行动，以应对危急事件。因此，在 2009 年《危急事件法》施行之前，“危急事件”是涵盖了自然灾害、事故灾难、传染病疫情、对宪法秩序的威胁等各类风险挑战的“全口径”概念。

2009 年《危急事件法》第 2 条重新定义“危急事件”，调整了对危急事件影响和后果的描述，删除了“危及国家安全”，增加了“重要民生服务大范围严重中断”。2009 年《危急事件法》对危急事件的定义，主要有以下特点：一是强调是对“众多”人员的生命健康造成威胁，更为严谨；二是在原来只强调政府单方面采取应对措施的基础上，增加了“利益相关方”（kaasatud isik），强调多个部门和利益相关方共同采取行动，体现了危机管理领域的多元治理；三是增加了“迅速”（kiire）采取应对行动的描述，强调了危急事件的紧急性。

2017 年全面修订《危急事件法》时，对“危急事件”的概念做了两方面调整：一是将“重要民生服务中断”增加为导致危急事件的原因——也就是说，“重要民生服务中断”既是危急事件的原因，也是后果，某一领域的重要民生服务中断后，由于其具有基础性作用、延伸性影响，可能通过放大效应，导致更大范围、更严重的重要民生服务中断，这也体现了爱沙尼亚对“重要民生服务中断”危害机理认识的深化；二是强调危急事件的应急响应，需要“非常态”的管理指挥体系，并要动员更多的人力、物力等资源，体现了危机管理区别于常态化工作的特殊性。2021 年修订《危急事件法》时，并未修改“危急事件”的定义。表 6-8 是 1996 年以来“危急事件”定义的演进（笔者整理）。

表 6-8　“危急事件”概念的演进

出处	定义
1996 年 6 月 28 日 《危急事件信息报告程序》	危及公共安全和众多人员生命健康，可能导致重大经济损失的紧急事件或系列事件
2001 年 1 月 1 日 《危急事件准备法》	危及国家安全、人员生命健康，造成严重环境污染或者重大经济损失，需要国家、政府机构和地方政府共同应对的事件或系列事件
2009 年 7 月 24 日 《危急事件法》	危及众多人员生命健康，或者造成重大财产损失、严重环境污染、重要民生服务大范围严重中断，需要多个部门或者利益相关方迅速共同采取行动应对的事件或系列事件
2017 年 7 月 1 日 《危急事件法》（修订）	危及众多人员生命健康，或者造成重大财产损失、严重环境污染、重要民生服务大范围严重混乱，需要多个部门或者利益相关方迅速共同采取协调一致的行动，运用非常态的管理安排，动员更多的人力和资源应对的事件、系列事件或者重要民生服务中断

4.2 危机管理的原则

4.2.1 “危机管理”概念的演进

如前所述，2001 年《危急事件准备法》首次对“危机管理”进行了定义：“危机管理，是为确保发生危急事件时的社会安全，国家机构、地方政府和相关的企业、非营利组织、基金会共同准备和实施的全国性措施体系。”并列举了危机管理工作的 10 项职能，从中可见，当时提出的“危机管理”就是一个全流程的概念，涵盖了风险辨识、应急预案和应急体系、资源保障、应急响应、信息沟通、宣传教育、培训演练、恢复重建等内容。

2009 年《危急事件法》修订了“危机管理”的定义：“危机管理，是包括危急事件预防、准备、响应和后果消除的措施体系。”与 2001 年《危急事件准备法》相比，新定义有三个特点：一是不再对危机管理的主体进行列举式描述，表达更为简洁——但在相关条文中，不但没有弱化，而且进一步强化了政府、单位、公民等全面参与的多元治理结构；二是不再强调危机管理是“全国性措施”，结合文中对区域、地方政府危机管理职责的强调，可以认为这一阶段，爱沙尼亚深化了对基层危机管理地方事权特征的认识；三是突出了预防、准备、响应和消除后果这四个阶段，比 2001 年增加了“消除后果”的表述，更加体现了危机管理的全过程特点。

2017 年全面修订《危急事件法》时，再次调整了“危机管理”的定义：“危机管理，是包括危急事件预防、准备和响应的措施体系。”这一定义的最大特点是，不再将“后果消除”纳入危机管理的范畴——相应地，在第四章第二节“导致应急状态的危急事件应对管理和应急响应”的第 25 条，将“应急工作”（eriolukorra töö）限定于“应对导致宣布应急状态的危急事件，包括为受害人员提供援助，以及组织大规模人员疏散、撤离”，取代 2009 年《危急事件法》第 19 条关于“应急工作包括在发生自然灾害或事故灾难时，应急、救援和恢复工作”的表述——即取消了“恢复工作”（taastamistöö，对应的英语是 renewal，restoration，recovery，revival，意即“恢复、更新、复兴、复苏”）的内容，也就是说，从 2017 年修订《危急事件法》后，爱沙尼亚不再将灾后恢复工作列入危机管理的范畴。

从近 20 年来“危机管理”概念的演进可见，2009 年增加了“消除后果”的内容，2017 年又不再将“消除后果”“恢复工作”纳入危机管理——这种“终点”回到“起点”的做法，似乎有悖于当前流行的对于危机管理的“全流程”认知——但实际上，对流程的必要切割，恰恰是深化认识、遵从客观规律的表现。因为，从事物发展规律，以及不同阶段主要矛盾和矛盾的主要方面转化发展的观点分析，虽然应急响应与恢复工作之间的实践界限相对模糊，甚至存在时间上的交叉，但很显然，危机管理更侧重于对危急事件的有效预防和及时应对，“恢复”是危机管理追求的目标，却不是工作的重点。因此，对“危机管理”涵盖范畴的适当收缩，有助于聚焦于危机管理的“主业”。当然，危机管理的过程，实际上就是对危急事件后果的“消除”、对灾前状态的“恢复”（对“恢复”的理解，并不限于简单的回到灾前状态、恢复原样，还包括减少致灾风险、提高抗灾能力等），比如，通过采取措施消除造成重要民生服务障碍和中断的危险，自然有助于恢复重要民生服务的连续供给。总之，爱沙尼亚“危机管理”概念的演进，对我们的启示是：必须全面看待“危机管理”“消除后果”“恢复工作”的关系，既要用唯物辩证法普遍联系的观点，从系统工程角度，认识其相互间的有机联系，又要避免“从头到尾”的大而全和无限泛化，只有突出各个阶段的重点，才能取得更好的实际效果。

正如本节开篇时对“应急管理”“危机管理”的辨析，在不同国家和不同发展阶段，受社会文化背景、行政管理体制等多方面因素影响，“应急管理”“危机管理”的使用有所不同。在我国，“应急管理”是高频使用的通用概念，官方文件中少见“危机管理”的表述。较早集中使用“应急管理”一词的，是《国家突发公共事件总体应急预案》（国发〔2005〕11 号）①，文中提到“建立健全分类管理、分级负责，条块结合、属地管理为主的应急管理体制”，“形成统一指挥、反应灵敏、功能齐全、协调有序、运转高效的应急管理机制”，“国务院是突发公共事件应急管理工作的最高行政领导机构”，“国务院办公厅设国务院应急管理办公室，履行值守应急、信息汇总和综合协调职责，发挥运转枢纽作用”，“国务院有关部门依据有关法律、行政法规和各自的职责，负责相关类别突发公共事件的应急管理工作”。——通过以上表述可见，不论突发公共事件的类别、规模、地域、领域，采取的对策措施均属于“应急管理”。2007 年 11 月 1 日起施行的《中华人民共和国突发事件应对法》，第四条规定“国家建立统一领导、综合协调、分类管理、分级负责、属地管理为主的应急管理体制”。虽然第三条第二款规定“按照社会危害程度、影响范围等因素，自然灾害、事故灾难、公共卫生事件分为特别重大、重大、较大和一般四级”，但在相应的国家级预案中，对于重大、特别重大的事件应对，并未使用“危机”“危机管理”的表述，如《国家地震应急预案》（2012 年 8 月 28 日修

① 中华人民共和国应急管理部：《国家突发公共事件总体应急预案》。https：//www. mem. gov. cn/xw/jyll/200602/t20060220_ 230269. shtml。

订)[①]，将地震灾害分为特别重大、重大、较大、一般四级，相应将地震灾害应急响应分为Ⅰ级、Ⅱ级、Ⅲ级和Ⅳ级；再如2015年5月14日国务院办公厅印发的《国家城市轨道交通运营突发事件应急预案》（国办函〔2015〕32号）[②]，根据运营突发事件的严重程度和发展态势，同样将应急响应设定为Ⅰ级、Ⅱ级、Ⅲ级、Ⅳ级4个等级。

2018年，为进一步推进国家治理体系和治理能力现代化，推进党和国家机构职能优化协同高效，国务院进行了新一轮的机构改革，其中就包括组建应急管理部（官方英译是 Ministry of Emergency Management of the People's Republic of China）。根据《中共中央关于深化党和国家机构改革的决定》（2018年2月28日中国共产党第十九届中央委员会第三次全体会议通过）[③]，组建应急管理部的目的是："防范化解重特大安全风险，健全公共安全体系，整合优化应急力量和资源，推动形成统一指挥、专常兼备、反应灵敏、上下联动、平战结合的中国特色应急管理体制"。应急管理部的主要职责是："组织编制国家应急总体预案和规划，指导各地区各部门应对突发事件工作，推动应急预案体系建设和预案演练。建立灾情报告系统并统一发布灾情，统筹应急力量建设和物资储备并在救灾时统一调度，组织灾害救助体系建设，指导安全生产类、自然灾害类应急救援，承担国家应对特别重大灾害指挥部工作。指导火灾、水旱灾害、地质灾害等防治。负责安全生产综合监督管理和工矿商贸行业安全生产监督管理等。"上述政策文件中，均未使用"危机管理"。综上，目前在我国，"应急管理"（Emergency Management）作为得到广泛认可和运用的通用概念，其内涵应当包括"危机管理"。

但在某些领域，"应急管理""危机管理"的使用还有待规范和统一。比如，现行国家标准《学科分类与代码》（GB/T 13745－2009），在一级学科"管理学"（代码630）所属的二级学科"公共管理"之下，设立三级学科"危机管理"，在备注中说明该学科也称为"应急管理"——将"危机管理"等同于"应急管理"，或者用"危机管理"替代"应急管理"，值得商榷。而且，《学科分类与代码》另外的一级学科"安全科学技术"（代码620）所属的二级学科"公共安全"，设有三级学科"应急决策指挥""应急救援"——《学科分类与代码》中上述学科名称的用词显然需要调整统一和规范。这也说明，目前我国应急管理学科体系建设滞后于实践发展，基础仍然薄弱，亟待加强。

① 《国家地震应急预案》（2012年8月28日修订）。http：//www.gov.cn/zhengce/content/2012－09/21/content_5571.htm。

② 《国务院办公厅关于印发国家城市轨道交通运营突发事件应急预案的通知》。http：//www.gov.cn/zhengce/content/2015－05/14/content_9751.htm。

③ 中华人民共和国应急管理部：机构主要职责《深化党和国家机构改革方案（摘要）》。https：//www.mem.gov.cn/jg/zyzz/201804/t20180416_232220.shtml。

4.2.2　危机管理的4项原则

如前文所述，2002年爱沙尼亚《国家危机管理预案》第一部分提出了危机管理的基本原则，但缺乏系统性和归纳概括，重点是明确了危机管理的优先价值取向——即“生命健康→国家安全→环境安全→财产安全”。2001年《危急事件准备法》和2009年《危急事件法》均未归纳危机管理的原则，只是要求在《国家危机管理预案》中确定危机管理的基本原则。2017年全面修订《危急事件法》时，在第一章“总则”新增第3条“危机管理的原则”，提出了主体责任、持续履职、辅助性和协同互助4项原则。

——主体责任原则。即“各类机构和人员均应承担本领域的危机管理职责”，强调各类机构单位和所有自然人必须依法承担相应的危机管理职责，既包括各级政府、相关部门领导组织协调危机管理、应急准备、应急响应的职责，也包括各类机构、单位和个人及时报告危急事件、消除不安全因素、参与危机管理等职责。从事物发展过程中，内因起决定性作用的角度看，只有每个单位和人员履行了预防、应对危急事件的责任，才能最大限度减少危急事件及其危害的发生。爱沙尼亚将落实主体责任作为危机管理的首要原则，符合危机管理的特点和规律。

——持续履职原则。即“除非本法或其他法律另有规定，否则在发生危急事件或者在应急状态下，各类机构和人员仍应继续履行本职”，目的是确保国家功能和社会运行的基本秩序，既有利于维护应急状态下的社会稳定，也可以为开展应急响应、及时消除威胁创造条件。

——辅助性原则。即“应当尽可能在最基层履行应急管理职责”。辅助性原则（lähimuse põhimõte，英语 the principle of subsidiarity），是欧盟立法中重要的宪法性基本原则——在欧盟成立和发展的过程中，最核心的特征，是主权国家与超国家机制的共存和互动，在多中心、多层级的复杂治理结构之下，为合理划分权责、提高治理效率，逐渐形成了“辅助性原则”这一基本原则——即“当欧盟与成员国、地方政府以及地区政府在共享权力范围内，需要对某一事项做出决策时，应当由与该事项联系最密切、受该事项影响最大的行为体做出；只有在该行为体没有能力做出决策，或者没有能力做出较好决策的时候，才由更高一级的行为体来做决策”。也被称为“最低程度干涉原则”①。这一原则在《危急事件法》中的运用，就是强调危机管理的地方事权属性，尽可能在最基层履行危机管理职责，只有在危急事件规模扩大、产生外溢影响，超出地方政府应对范围和能力时，区域、国家乃至欧盟才应当参与并予以支持。

---

① 回颖：《欧盟法的辅助性原则及其两面性》，《中外法学》2015年第6期，总第1615—1640页。

——协同互助原则。即“在危急事件的预防、准备和响应过程中，机构和个人应当合作互助。”协同治理理论，是由自然科学中的协同论与社会科学中的治理理论综合而成。在危机管理领域，协同互助原则与主体责任原则密切相关，一方面，主体责任原则强调，各类机构单位和个人必须履行危机管理的主体责任；另一方面，在危机管理过程中，任何一个主体都不可能单打独斗，必须通过政府、社会、公民的共同参与和协同互助，构建多元参与的结构体系和合理有序的治理格局，才能有效应对危急事件和应急状态，也更有助于充分发挥各个主体的责任，促进维护和实现公共利益。

4.2.3　国家危机管理综合协调机构的调整

2001 年 1 月 1 日《危急事件准备法》实施，同步将国家危机管理委员会的日常工作机构由总理府调整至内政部。根据《危急事件准备法》第 4 条，国家危机管理委员会作为爱沙尼亚政府的常设机构，负责协调危机管理活动。同年 10 月 2 日，爱沙尼亚政府批准新的《国家危机管理委员会章程》，将委员会职责概括为“协调危机管理活动，规划应急准备工作”。在《危急事件准备法》第 7 条“政府各部的职能”，规定了政府各部均必须履行的应急准备职责（在本领域开展风险分析，制定并组织实施危机管理预案，明确本部门负责危机管理的工作机构等），并将内政部确定为危机管理领域的“牵头部门”——也就是说，内政部既承担着重要而繁杂的应急准备、应急响应等具体的危机管理职责，又是国家危机管理委员会这一综合协调平台的日常工作机构，在国家危机管理活动中，同时肩负着组织实施、指导、协调等多重职能。日后的实践表明，在“运动员”“教练员”“裁判员”的多重身份之下，实施、指导、协调等职能之间潜在的张力，不仅使得内政部在协调自己与其他部门的职权冲突时，存在自己为自己“断案”的瑕疵；而且可能因为繁重的日常应急准备、应急响应任务，影响指导和协调职能的发挥。

2004 年 3 月 24 日议会修订《共和国政府组织法》，将第 66 条“内政部职责”中的有关表述从 1996 年的“组织民防和消防救援工作”，调整为“组织危机管理、国家储备、消防救援工作”，明确了内政部作为国家危机管理主责部门的职能定位（参见第二章 6. 3. 1. 1）。2009 年 7 月 24 日《危急事件法》生效后，《共和国政府组织法》仍然保持了内政部“组织危机管理”的职责表述。但是，由于“组织”（korraldamine，对应的英语是 arrange，organize，deal with，即“安排、组织、处理”）的含义相对宽泛模糊，导致逐渐出现一种倾向，认为内政部“负责国家的所有危机管理活动”（viib ellu kõiki kriisireguleerimisalaseid tegevusi riigis)[①]，而事实上，内政部显然无权，也不可能在其他部门的职责领域内“组织”实施危机管理活动。在实践中，“组织”一词逐渐成为一些部门减轻自身危机管理责任的托词，背离了危机管理的主体责任原则。例如，根据《危急事件法》第8条第（2）款规定，至少每4年应当组织1次全国应急演练，演练应当在国家危机管理委员会（而不是内政部）统一组织下进行，由相应部门（不限于内政部）组织，但2011年、2015年的国家应急演练，都是由内政部组织的。

为解决内政部“组织危机管理”这一模糊表述带来的问题，2015年6月11日议会修订《共和国政府组织法》[②]，将第66条内政部的有关职责调整为“组织救援、紧急报警；规划和协调危机管理”，即区分了两个层次：对于内政部职责范围内的“救援”“紧急报警”事项，使用了“组织”一词；对于涉及各部门、各地区职责的“危机管理”，使用了“规划和协调”的表述——与“组织”一词比较，“规划”（kavandamine）、“协调”（koordineerimine）更准确地表明了内政部在国家危机管理活动中肩负的职能，即对其他部门只是“协调”，而非越俎代庖的“组织”甚至实施。应当说，从2004年的“组织危机管理”，发展为2015年的“规划和协调危机管理”，更准确地界定了内政部在危机管理领域的多重职责定位，有利于明晰责任，是一种进步。

2017年7月1日新版《危急事件法》生效，在其立法过程中提出，内政部的主要任务是“塑造危机管理领域”。kujundama（对应的英语是reshape，dress，arange）是“塑造、描绘”之意，精准勾画出内政部在危机管理领域的职责定位：进行指导、提出建议。为了准确界定内政部在危机管理领域的“协调”职责，在2017年《危急事件法》第7条“内政部协调危机管理的职责”中，列出了内政部应当履行的5项职责：（1）制定国家危机管理政策和实施规划；（2）指导各类机构组织开展危机管理活动；（3）监督各机构履行危机管理职责的情况，并向共和国政府报告；（4）承担国家危机管理委员会日常工作机构的职责；（5）履行法律规定的其他危机管理职责。

但在实践中，又出现了另一个问题——即在国家危机管理活动中，如何才能真正发挥“协调”职能——虽然内政部具有危机管理的专业优势，管理着救援局这支专业救援力量，但作为政府组成部门之一，内政部就危机管理事宜“协调”其他部门时，其有效性、执行力都面临诸多问题。特别是现代危机管理工作的复杂性、多样性和广泛性，以及政府部门趋利避害的行为取向，都对危机管理领域协调机构的权威性提出了更高要

① 2014年5月9日，内政部发布《〈危急事件法〉〈共和国政府组织法〉修订意向说明》。https：//eelnoud. valitsus. ee/main/mount/docList/0b0a237c – a188 – 4a45 – 9a02 – bbf663510ab9#fzQaoxVa。

② 《修改〈共和国政府组织法〉和其他相关法律的法案》（RT I，30. 06. 2015，4），https：//www. riigiteataja. ee/akt/130062015004。

求。推而广之，在公共管理领域，如何在多部门协同治理的体制下，发挥综合协调机构作用，促进部门之间有效的协调合作，同样是一个必须深入研究的问题。国外有学者根据效率、有效性和可问责性三个标准，对政府部门之间协调的利弊进行了分析，认为“协调”通常能取得实质性的收益，同时强调，为确保综合协调发挥作用，必须明确协调的总体目标，并提供实现目标所必需的资源手段①。

如前所述，2018 年审计署发布专题报告《国家应对国内安全威胁的应急准备》后，爱沙尼亚政府和议会即酝酿修订《危急事件法》，重要内容之一，就是整合内政部、国防部同时重复开展的风险分析，将内政部开展的风险分析并入国防部对国防目标的风险分析。由于此前涉及国防安全的综合协调工作由总理府负责，为便于整合内政部、国防部分别承担的风险分析，更好地发挥“协调”政府部门作用，2021 年 6 月 2 日修订《危急事件法》时，撤销国家危机管理委员会，删除了内政部协调危机管理的职责（第 7 条），代之以新规定：“共和国政府负责指导国家危机管理政策的制定及其实施。”经过这次改革，内政部不再承担危机管理领域的协调职责，只是作为政府部门之一，承担职责范围内的危机管理职能。2021 年 6 月 21 日爱沙尼亚政府修订《总理府章程》《内政部章程》，删除原内政部章程第 14 条有关危机管理的职能，并在《总理府章程》中增加了相应职能②。

2020 年 3 月 10 日议会启动《危急事件法》修订程序后，对于是否将国家危机管理职责从内政部移交总理府，曾引起激烈争论。反对者认为，内政部是唯一真正具有危机管理组织协调能力的国家机构，总理府不具备相应的机构、能力和经验，如果要承担全国的危机管理协调职能，只能再成立一套类似于内政部的机构，这意味着重复设置机构，势必造成浪费和混乱。赞成者认为，只有总理府具备综合协调全国危机管理的权威性，而不是内政部或者任何一个其他政府组成部门，而且，通过整合内部安全与国防安全（国防安全的协调职能即归属总理府），可以提高政府组织危机管理的效能，内政部只应承担其职责范围内包括应急救援在内的危机管理职责。显然，赞成者的意见占了上风。

图 6－3 是爱沙尼亚危机管理综合协调机构及其职责的演进过程（笔者绘制）。在国家危机管理委员会（1995 年 8 月 15 日成立，2021 年 7 月 1 日撤销）存续的 26 年间，其职能基本保持稳定，日常工作机构在 2001 年 10 月 2 日之前是总理府办公厅，之后是内政部。期间，《共和国政府组织法》对内政部的危机管理职责做了 3 次重大的变化：第一次是 2004 年，将“组织危机管理”明确为内政部的基本职责；第二次是 2015 年，将

① 马英娟：《走出多部门监管的困境——论中国食品安全监管部门间的协调合作》，《清华法学》2015 年第 3 期，第 35—55 页。

② 《共和国政府 2011 年 11 月 17 日第 140 号法规〈总理府章程〉、2012 年 5 月 31 日第 39 号法规〈内政部章程〉修正案》（RT I，26. 06. 2021，2）。https：//www. riigiteataja. ee/akt/126062021002。

此前的“组织危机管理”调整为“规划和协调危机管理”；第三次是2021年，“协调危机管理”职能移交总理府，内政部在危机管理领域的职责回归到“组织救援、紧急报警”。正如哈佛大学法学院教授乔迪·弗里曼（Jody Freeman）所言：“对行政国家的正确理解，尤其需要更加全面地把握行政机构间的动力学。因为太多的社会性和经济性监管领域是由多个机构负责，为了完成使命，他们必须一起合作或者和谐共处。运用（目前）作为行政法核心的单一机构模式，不可能认识到这种挑战。”① 在危机管理领域，建立什么样的综合协调机构，如何促进部门间的有效协调合作，同样是一个值得深入探究的理论和实践问题。

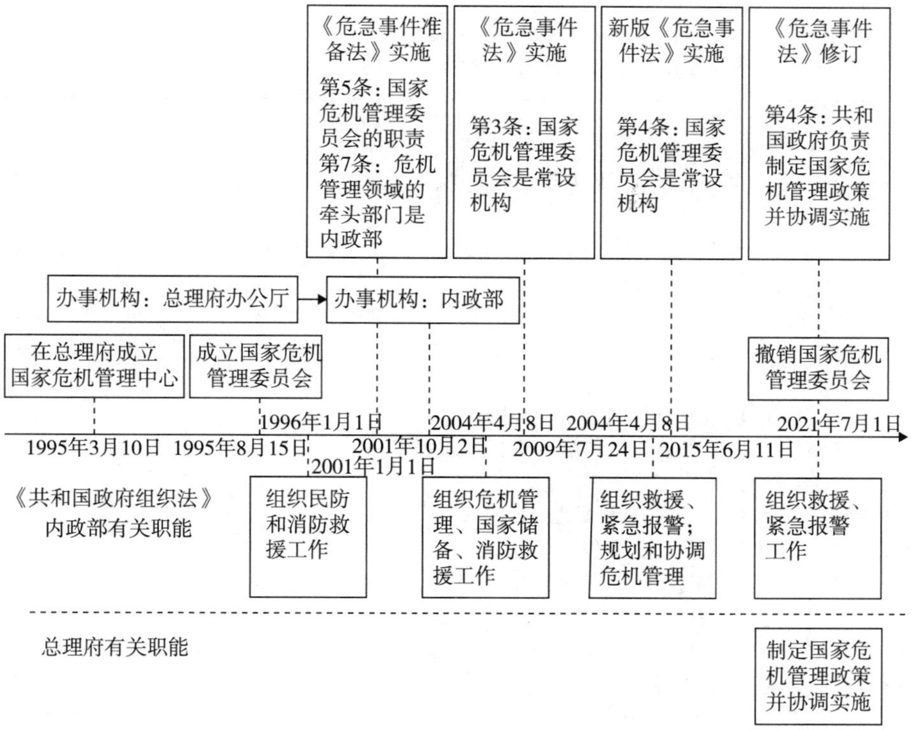

图6-3 危机管理综合协调机构及其职责的演进

4.3 危机管理委员会

4.3.1 危机管理委员会架构的调整

2009年《危急事件法》进一步强化了各级危机管理委员会的综合协调作用，在第一

① 《走出多部门监管的困境——论中国食品安全监管部门间的协调合作》，第37页。

章“总则”部分，规定了国家、区域和地方政府3级危机管理委员会的职责。2017年全面修订《危急事件法》时，保留了上述3级危机管理委员会的架构，并明确了国家、区域、市（乡）危机管理委员会差异化的职责定位。2021年6月2日修订《危急事件法》时，取消国家危机管理委员会，相关职能交由总理府，保留4个区域危机管理委员会（由共和国政府直接组建）和地方政府危机管理委员会。

4.3.2　危机管理委员会的职责

表6－9是2009年《危急事件法》规定的国家、区域和地方政府危机管理委员会职责①。

表6－9　国家、区域和地方政府危机管理委员会的职责（2009年）

层级	危机管理委员会的职责
国家	1）监测分析国家危机管理系统的运作，包括应急准备、应急响应和确保重要民生服务的连续性； 2）分析发生危急事件的可能性，并就应急准备、应急响应和重要民生服务连续性的组织，向国家和主管部门提出建议； 3）必要时组织信息共享，协调有关部门应对具有全国影响或者特别严重危害的危急事件； 4）必要时组织信息共享，协助应急状态负责人开展应急响应，执行应急状态负责人指定的其他任务； 5）审查危急事件风险分析报告编制导则； 6）审查重要民生服务连续性风险分析报告编制导则； 7）审查应急预案编制导则； 8）审查重要民生服务连续性预案编制导则； 9）批准危急事件风险分析报告摘要； 10）就宣布或终止应急状态，向共和国政府提出意见； 11）必要时向共和国政府和应急状态负责人提出实施法律规定措施的建议； 12）必要时向共和国政府提出申请国际援助以应对危急事件的建议； 13）根据法定程序，向公众通报危急事件的情况； 14）履行法律法规规定的其他职能
区域	1）监测分析危机管理系统的运作，包括应急准备、应急响应和确保本地区重要民生服务的连续性； 2）分析发生危急事件的可能性，并就应急准备、应急响应和确保本地区民众安全、重要民生服务连续性，向国家危机管理委员会和主管部门提出建议； 3）审查危急事件风险分析报告中有关危机管理委员会的内容； 4）必要时组织信息共享，协助应急状态负责人开展应急响应，执行应急状态负责人指定的其他任务； 5）必要时组织信息共享，协调应对具有跨区域影响的危急事件； 6）决定组织区域危机管理演练；

① 笔者根据2009年《危急事件法》第3、第4、第5条整理。

续　表

层级	危机管理委员会的职责
区域	7）根据法定程序，向公众通报危急事件的情况； 8）必要时组建地区性危机管理委员会，任命主席、制定章程并批准其组成； 9）履行法律法规规定的其他职能
地方政府	1）监测分析危机管理系统的运行，包括应急准备、应急响应和确保本地区重要民生服务的连续性，以及《地方政府组织法》第6条赋予地方政府的职责； 2）分析发生危急事件的可能性，并就应急准备、应急响应和确保本地区民众安全、重要民生服务连续性，向国家危机管理委员会、区域危机管理委员会和主管部门提出建议； 3）审查危急事件风险分析报告中有关危机管理委员会的内容； 4）必要时组织信息共享，协助应急状态负责人开展应急响应，执行应急状态负责人指定的其他任务； 5）必要时组织信息共享，协调相关部门应对危急事件； 6）决定组织地方政府危机管理演练； 7）根据法定程序，向公众通报危急事件的情况； 8）履行法律法规规定的其他职能

4.3.2.1　国家危机管理委员会（2021年撤销）

2009年《危急事件法》施行当年，爱沙尼亚政府即对2001年通过的国家危机管理委员会章程，以及委员会的组成进行了微调[①]，将设立国家危机管理委员会的法律依据改为《危急事件法》第3条和《紧急状态法》第8条，其他规定，包括委员会的组成、权限、工作制度等均未变化——由此可见，此时国家危机管理委员会仍然是一个“全口径”的最高协调机构，其职责范围涵盖自然灾害、事故灾难、传染病疫情和对宪法秩序的威胁。

这一状态持续到2016年1月1日全面修订的《国防法》（*Riigikaitseseadus*）施行——根据该法第4条规定，爱沙尼亚政府调整国家安全委员会（Vabariigi Valitsuse julgeolekukomisjon）职能，按照新的《国家安全委员会章程》[②]，其主要职责是维护国家安全，包括制定国家安全和国防政策，组织编制国家安全政策基础和国防战略规划、工作计划，协调有关部门开展国防领域的规划发展，协调国家安全机构和军事情报机构的活动，分析评估国家安全形势，组织收集有关国家安全的情报信息，组织保守国家秘密等。

---

① 《修订2001年10月2日第312号令〈批准国家危机管理委员会章程、组成和主席的决定〉》（RT I 2009，39，265），https：//www. riigiteataja. ee/akt/13204739。

② 《国家安全委员会章程》（*Vabariigi Valitsuse julgeolekukomisjoni põhimäärus*，RT I，15. 12. 2015，6），https：//www. riigiteataja. ee/akt/115122015006。

爱沙尼亚国家安全委员会成立于2001年，当时的职责主要是协调国家安全机构的活动。根据《安全机构法》[①] 第10条第（7）款授权，2002年爱沙尼亚政府制定《国家安全委员会章程》[②]，明确了国家安全委员会4个方面的职责：一是协调国家安全机构的活动，二是评估国家安全形势，三是确定国家安全领域的情报需求，四是执行法律或政府赋予的其他职能。从2001年成立到2015年底，国家安全委员会的职责限定在与国家安全有关的情报收集、分析、研判等领域（包括军事情报），在职能上与国家危机管理委员会没有关联，但2002年《国家安全委员会章程》对2001年《国家危机管理委员会章程》做了修订，要求国家危机管理委员会每年至少向国家安全委员会通报1次工作情况——需要强调的是，这种沟通机制是单向而非双向的，即只是国家安全委员会了解国家危机管理委员会的情况。此后，《国家安全委员会章程》又分别于2005年、2009年进行修订，但均不涉及危机管理委员会的职能。

2016年《国防法》对《紧急状态法》《危急事件法》的相关条款做了调整，涉及国家安全的协调工作，全部交由国家安全委员会负责，国家危机管理委员会的职责范围则收缩到与“应急状态”完全对应，从而厘清了国家安全与危机管理的关系。随着2016年国家安全委员会、国家危机管理委员会职责的调整，爱沙尼亚在国家层面真正落实了1992年宪法关于“应急状态”“紧急状态”的划分，建立了差异化的应对工作机制。

2017年《危急事件法》全面修订后，爱沙尼亚同步调整了危机管理委员会章程和人员组成[③]。根据政府机构重组和危机管理的需要，调整后的国家危机管理委员会主席、副主席，仍分别由内政部部长和常务副部长担任，成员19名：国务秘书，司法部、国防部、环境部、经济和通信部、农村事务部、财政部、社会事务部、外交部的常务副部长，国防军总参谋长，总理府顾问，救援局、警察和边防局、安全警察局的局长，报警中心主任，总理府安全与国防事务协调专员，内政部主管救援工作的副部长，国家信息系统局局长，卫生局局长。

根据2017年《国家危机管理委员会章程》，国家危机管理委员会的定位是协调危机管理工作，履行《危急事件法》和其他法律的相关规定，协调各部门在危机管理领域的规划发展，并组织相关工作。具体而言，包括6个方面的职责：一是向各部门下达危急事件预防和应急准备的工作任务，并监督执行落实情况；二是评估危急事件危险和已经发生的危急事件，提出应对建议；三是就更好地组织危机管理工作，向共和国政府提出建议；四是必要时，成立常设和临时工作组，并批准其议事规则；五是批准委员会的年

---

① 《安全机构法》（*Julgeolekuasutuste seadus*，RT I 2001，7，17），https：//www. riigiteataja. ee/akt/72624。

② 《国家安全委员会章程》（RT I 2002，15，84），https：//www. riigiteataja. ee/akt/27721。

③ 《国家危机管理委员会章程》（RT I，28. 06. 2017，38），https：//www. riigiteataja. ee/akt/128062017038。

度工作计划；六是批准委员会的议事规则。2021 年 6 月 2 日修订《危急事件法》时撤销国家危机管理委员会，内政部也不再承担危机管理领域的综合协调职责。

2021 年 10 月 15 日，爱沙尼亚政府修订《国家安全委员会章程》[①]，将第 3 条委员会职责的第 1）项修改为：“在共和国政府职权范围内，制定有关安全、国防、危机管理的政策。”（比 2019 年版章程增加了“危机管理”）

4.3.2.2 区域危机管理委员会

2001 年《危急事件准备法》确立了国家、县、市（乡）3 级危机管理委员会的架构。2009 年《危急事件法》出台时，虽然“县”仍是爱沙尼亚中央政府的下一级实体政府，但鉴于除了首都塔林市所在的哈留县、文化中心塔尔图市所在的塔尔图县之外，其他县的规模普遍较小，如果在 15 个县全面设置危机管理委员会，将增加不必要的中间层级，叠床架屋，影响危机管理的效率，因此 2009 年《危急事件法》取消了县级危机管理委员会，代之以区域危机管理委员会（Regionaalne kriisikomisjon）。

2009 年 7 月 27 日，内政部决定分别成立东、西、南、北 4 个区域危机管理委员会[②]，负责协调相应区域内的危机管理工作——各区域危机管理委员会与 2006 年 3 月 1 日起组建运行的 4 个区域救援中心一一对应，同样地，在警务、边防等领域，也都先后设立了区域一级的类似协调机构，目的是整合各县分散的资源、提高效率——从这个角度看，苏联时期在 1952 年设立的“州”级行政区划，虽然 9 个月后就因为“俄罗斯化”而水土不服，撤销夭折，但实际上也包含通过增加管理层级、缩小管理幅度，以提高管理效率的合理成份。

2017 年 7 月 1 日，内政部制定的《区域危机管理委员会章程》与全面修订的《危急事件法》同步施行，并于 2020 年 9 月 25 日局部修订[③]。根据上述章程，区域危机管理委员会的工作职责包括 9 个方面：一是协调各政府部门在该区域的下设机构，以及地方政府及其部门开展危机管理工作；二是就危急事件的预防、应急准备和应急响应，向国家危机管理委员会和政府部门提出建议，确保民众安全，确保区域内重要民生服务的连续性；三是批准区域和地方政府的危机管理演练方案；四是审查相关的危急事件风险分析报告和应急预案；五是组建常设和临时的工作机构，并批准其议事规则；六是酌情组成常设或临时的地区或部门危机管理委员会；七是批准委员会的年度工作计划；八是批

---

① 《国家安全委员会章程》，https：//www. riigiteataja. ee/akt/121122021006。

② https：//www. riigiteataja. ee/dynaamilised_ lingid. html？dyn = 13201475&id = 13209611；13209619；13209607；13209615。

③ 《区域危机管理委员会章程》（*Regionaalsete kriisikomisjonide põhimäärus*，RT I，09. 06. 2017，8），https：//www. riigiteataja. ee/akt/109062017008。

准委员会的议事规则；九是履行《紧急状态法》和其他法律规定的相关职能。

2021年6月2日修订《危急事件法》时，虽然撤销了国家危机管理委员会，但继续保留了区域危机管理委员会，并将第5条第（3）款修改为"区域危机管理委员会的成立、组成和工作程序，由共和国政府制定法规"。根据上述修订，由共和国政府（此前是内政部）负责组建各区域危机管理委员会——体现了爱沙尼亚作为单一制国家，中央政府直接介入地方危机管理事务管理。特别是在撤销国家危机管理委员会后，国家直接组建区域危机管理委员会，有利于构建更加高效的危机管理治理结构，提高组织实施危机管理的效率。

同年7月22日，依据上述授权，爱沙尼亚政府通过《区域危机管理委员会的成立、组成和工作程序》[①]。各区域危机管理委员会的主席，均由本区域救援中心的主任担任，成员包括该区域警务中心、区域报警中心的负责人，以及驻军、国防联盟、安全警察局、环保局、农业和食品局、卫生局，地方政府和财政部驻该区域办事处的代表、交通局、边防局、医疗卫生局、食品和兽医局的负责人或代表。

4.3.2.3 地方政府危机管理委员会

根据2017年全面修订的《危急事件法》第6条规定，市（乡）政府应当组建常设的危机管理委员会，也可以根据情况，由几个市（乡）联合组建危机管理委员会——2009年《危急事件法》规定，只有人口少于4万人的地方政府才可以联合组建危机管理委员会（2001年《危急事件准备法》规定的下限是5万人），2017年《危急事件法》修订时取消了人口限制。地方政府危机管理委员会应当履行三方面的职责：一是协调地方政府的危机管理工作；二是向区域危机管理委员会报告年度工作情况，以及下一年度的工作计划；三是履行法律法规规定的其他职能。市（乡）长是本级政府危机管理委员会的主席，负责批准委员会的组成。市（乡）政府制定的地方政府危机管理委员会章程，应当报救援局批准——这也充分表明作为单一制国家，爱沙尼亚中央政府对地方政府的危机管理工作具有直接的领导管理权。2021年修订《危急事件法》时，未对地方危机管理委员会的设置及其职责进行调整。

4.4 危急事件风险分析

2009年《危急事件法》延续2001年《危急事件准备法》规定，将风险分析作为危

① 《区域危机管理委员会的成立、组成和工作程序》（RT I，23.07.2021，6），https：//www.riigiteataja.ee/akt/123072021006。

机管理的重要基础性工作，第二章“应急准备”的第一节“危急事件风险分析”，规定了危急事件风险分析报告的内容，以及应当进行风险分析的危急事件清单和主责部门、风险分析的信息资源保障、风险分析报告的批准和更新频次等内容。根据2009年《危急事件法》及其2017年修订版，爱沙尼亚政府先后制定多部行政法规，明确了应当进行风险分析的危急事件清单和主责部门，内政部也制定多部规章，明确了风险分析的方法、要求和程序——2021年修订《危急事件法》时，作为重构国家层面危机管理机制的一部分，将原来内政部制定风险分析方法、要求和程序的立法权上收至共和国政府。

4.4.1　危急事件清单和风险分析的主责部门

根据2009年《危急事件法》第6条第（2）款关于“共和国政府应当规定必须进行风险分析的危急事件清单，指定负责风险分析的主管部门，并至少每两年评估1次修订上述清单的必要性”的规定，2010年2月18日，爱沙尼亚政府公布施行《应当进行风险分析的危急事件清单及其主责部门》（第54号令）和《应当编制应急预案的危急事件清单及其主责部门》（第55号令），确定了应当进行风险分析的26类危急事件、应当编制应急预案的19类危急事件①。

2013年4月25日，爱沙尼亚政府公布施行《应当进行风险分析并编制应急预案的危急事件清单及其主责部门》②，整合和调整2010年第54、55号令，共列出27类危急事件，如表6-10所示③。在这27类危急事件中，属于自然灾害的6类（森林火灾、风暴、洪水、冰层破裂、极冷、极热），属于事故灾难的12类（危化企业和其他企业事故、火灾爆炸和建筑坍塌、海洋污染、海岸污染、内陆污染、交通事故、列车事故、海难、空难、集体中毒、跨境核事故、核辐射），属于传染病疫情的2类（传染病疫情、动物疫情），属于宪法秩序威胁的7类（骚乱、劫持人质、难民涌入、网络事件、监狱骚乱、武装袭击、海外人员安全），上述4类危急事件，在总数中占比分别为22.2%、44.4%、7.4%和25.9%。

① 《应当进行风险分析的危急事件清单及其主责部门》（RTL 2010，9，169），https：//www. riigiteataja. ee/akt/13279811；《应当编制应急预案的危急事件清单及其主责部门》（RTL 2010，9，170），https：//www. riigiteataja. ee/akt/13279815。

② 《应当进行风险分析并编制应急预案的危急事件清单及其主责部门》（RT Ⅲ，30.04.2013，16），https：//www. riigiteataja. ee/akt/330042013016。

③ 笔者根据爱沙尼亚政府2013年《应当进行风险分析并编制应急预案的危急事件清单及其主责部门》附件整理，省略对危急事件的解释。https：//www. riigiteataja. ee/aktilisa/3300/4201/3016/VV_ 25042013_ 208k_ lisa. pdf#。

表 6－10　应当进行风险分析并编制应急预案的危急事件清单及其主责部门（2013 年）

序号	危急事件	危急事件风险分析		危急事件应急预案	
		主责部门	参与部门	主责部门	参与部门
1	大规模森林火灾	救援局	气象水文研究所，报警中心，环保局，环境监察局，环境部，农村事务部，内政部	内政部	国防部，环境部，农村事务部，社会事务部
2	危险化学品企业或其他厂房、仓库重大事故	救援局	报警中心，国防军，环保局，环境监察局，警察和边防局，内政部，技术监督局，卫生局	内政部	国防部，环境部，经济和通信部，社会事务部
3	多人受伤的火灾、爆炸或建筑坍塌	救援局	科教部，报警中心，文化部，警察和边防局，内政部，技术监督局，卫生局	内政部	科教部，文化部，国防部，经济和通信部，社会事务部
4	造成严重危害的风暴	救援局	气象水文研究所，报警中心，公路管理局，经济和通信部，环保局，环境监察局，内政部，卫生局	内政部	国防部，环境部，经济和通信部，社会事务部
5	人口稠密地区洪水泛滥	救援局	气象水文研究所，报警中心，环保局，环境监察局，经济和通信部，农村事务部，内政部，卫生局，海事局	内政部	国防部，环境部，经济和通信部，农村事务部，社会事务部
6	严重海洋污染	警察和边防局	环保局，环境监察局，环境部，经济和通信部，内政部，海事局	内政部	国防部，环境部，经济和通信部，农村事务部
7	严重海岸污染	环保局	环境监察局，环境部，警察和边防局，救援局，海事局，食品和兽医局		
8	严重内陆污染	环保局	环境监察局，环境部，公路管理局，救援局，技术监督局，卫生局，食品和兽医局	环境部	经济和通信部，农村事务部，内政部，社会事务部
9	严重道路交通事故	公路管理局	报警中心，环保局，环境监察局，经济和通信部，警察和边防局，救援局，卫生局	内政部	国防部，环境部，经济和通信部，社会事务部
10	严重列车事故	技术监督局	报警中心，环保局，环境监察局，经济和通信部，救援局，卫生局	内政部	国防部，环境部，经济和通信部，社会事务部
11	严重海难	海事局	报警中心，环保局，环境监察局，经济和通信部，警察和边防局，技术监督局，卫生局	内政部	国防部，环境部，经济和通信部，社会事务部

续　表

序号	危急事件	危急事件风险分析		危急事件应急预案	
		主责部门	参与部门	主责部门	参与部门
12	严重空难	民航局	报警中心，环保局，环境监察局，经济和通信部，警察和边防局，救援局，技术监督局，卫生局	内政部	国防部，环境部，经济和通信部，社会事务部
13	造成多人死亡的冰层破裂	警察和边防局	报警中心，环保局，救援局，内政部，卫生局	内政部	国防部，社会事务部
14	大规模骚乱	警察和边防局	报警中心，司法部，安全警察局，经济和通信部，救援局，内政部，卫生局	内政部	司法部，国防部，社会事务部
15	劫持人质	安全警察局	科教部，民航局，警察和边防局，救援局，内政部，技术监督局，海事局	内政部	国防部，经济和通信部，社会事务部
16	传染病疫情	卫生局	报警中心，社会事务部，食品和兽医局	社会事务部	国防部，经济和通信部，农村事务部，财政部，内政部
17	集体中毒	卫生局	报警中心，环保局，警察和边防局，救援局，社会事务部，食品和兽医局	社会事务部	环境部，农村事务部，内政部
18	极冷天气	救援局	气象水文研究所，报警中心，经济和通信部，内政部，卫生局	不需编制应急预案	
19	极热天气	卫生局	气象水文研究所，报警中心，经济和通信部，救援局，社会事务部	不需编制应急预案	
20	特别危险的动物疾病疫情	食品和兽医局	环保局，农村事务部，卫生局	不需编制应急预案	
21	跨境影响的核事故	环保局	报警中心，环境部，经济和通信部，救援局，卫生局，食品和兽医局	内政部	国防部，环境部，经济和通信部，农村事务部，社会事务部
22	国内辐射事故				
23	大量难民涌入	社会事务部	警察和边防局，外交部	社会事务部	内政部，外交部
24	重大网络事件	国家信息系统局	报警中心，司法部，国防部，安全警察局，国防军，经济和通信部，警察和边防局，财政部，内政部，内政部信息技术中心，新闻办公室	经济和通信部	司法部，国防部，财政部，内政部

续 表

序号	危急事件	危急事件风险分析		危急事件应急预案	
		主责部门	参与部门	主责部门	参与部门
25	监狱大规模骚乱	司法部	卫生局	司法部	内政部，社会事务部
26	武装袭击	警察和边防局	科教部，报警中心，安全警察局，救援局，内政部，卫生局	内政部	科教部，社会事务部
27	威胁大量境外爱沙尼亚人生命健康	外交部	国防部，安全警察局，救援局，内政部，新闻办公室	外交部	国防部，内政部，社会事务部

由于2013年实施的危急事件清单过于庞杂，2017年《危急事件法》全面修订后，根据该法第9条第（1）款的规定，同年6月22日爱沙尼亚政府通过第108号令《可能引起危急事件并应当进行风险分析的事件清单及其主责部门》，自7月1日起施行，将可能引起危急事件并应当进行风险分析的事件分为6类，并分别确定了风险分析的主责部门①。2020年5月28日，爱沙尼亚政府修订108号令（2021年1月1日起施行），增加了第七类“核生化、辐射或爆炸事件”②。2021年7月29日，爱沙尼亚政府通过第77、78号令：《可能引起危急事件并应当进行风险分析的事件清单，风险分析的要求、程序和主责部门》《可能引起危急事件并应当编制应急预案的事件清单和编制应急预案的要求、程序及主责部门，危急事件应急响应的牵头部门，必须组织风险通告的危急事件清单以及负责组织实施的部门》③，自8月3日起实施。表6-11是2021年起，应当进行风险分析的7类危急事件（2021年77号政府令延续了2020年5月28日修订后的7类危急事件），以及风险分析的主责部门（笔者整理）。其中，自然灾害、事故灾难导致的危急事件统称“灾害事故”（päästesündmus），由救援局负责牵头开展风险分析，“放射性或核事故”（kiirgus - või tuumaõnnetus）由环保局牵头开展风险分析；涉及“卫生事件”（tervishoiusündmus）、“动物疫病”（loomataud）的危急事件，分别由卫生局、农业和食品局负责牵头开展风险分析；“警务事件”（politseisündmus）、“网络安全事件”

① 《可能引起危急事件并应当进行风险分析的事件清单及其主责部门》（RT I，28.06.2017，33），https：//www.riigiteataja.ee/akt/128062017033。

② 《可能引起危急事件并应当进行风险分析的事件清单及其主责部门》（RT I，06.11.2020，9），https：//www.riigiteataja.ee/akt/106112020009。

③ 《可能引起危急事件并应当进行风险分析的事件清单，风险分析的要求、程序和主责部门》（RT I，31.07.2021，4），https：//www.riigiteataja.ee/akt/131072021004；《可能引起危急事件并应当编制应急预案的事件清单和编制应急预案的要求、程序及主责部门，危急事件应急响应的牵头部门，必须组织风险通告的危急事件清单以及负责组织实施的部门》（RT I，31.07.2021，5），https：//www.riigiteataja.ee/akt/131072021005。

（küberintsident）和“核生化、辐射或爆炸事件”（keemilise，bioloogilise，radioloogilise，tuuma - või lõhkeaine sündmus）涉及公共安全和国家安全，分别由警察和边防局、国家信息系统局、安全警察局按照职责，牵头开展风险分析。上述 7 类事件的划分，更多体现了政府部门在执行层面的职责分工，与宪法第 87、129 条关于自然灾害、事故灾难和传染病疫情、威胁宪法秩序的分类并不矛盾。

表 6 - 11　应当进行风险分析的危急事件清单及其主责部门（2021 年）

危急事件	定义	主责部门
灾害事故	在陆地和内陆水域发生的火灾、爆炸、坍塌、交通事故、环境污染，以及自然原因或其他类似原因引起的危及人员生命健康、财产或环境安全的事件	救援局
警务事件	在陆地、海域或边境水域发生的大规模骚乱、难民涌入、非法入境，以及非法侵占财物等危及人员生命健康、财产或环境安全，在警察处置职责范围内的事件	警察和边防局
网络安全事件	危及网络和信息系统安全的事件	国家信息系统局
放射性或核事故	由于意外暴露于放射性或核环境，危及人员生命健康、财产或环境安全的事件	环保局
卫生事件	已经或者有可能导致威胁生命的疾病、伤害或中毒的事件	卫生局
动物疫病	由生物病原体引起，在动物中广泛传播并威胁人类生命健康、财产或环境安全的动物疾病	农业和食品局
核生化、辐射或爆炸事件	由于恶意或者制造恐怖目的，使用化学、生物、放射性、核或爆炸性物质造成的危及人员生命健康、财产或环境安全的事件	安全警察局

4. 4. 2　风险分析的基本要求

2010 年 2 月 18 日，根据 2009 年《危急事件法》第 6 条第（7）款的授权，内政部通过《危急事件风险分析导则》（包括 5 个附件），3 月 1 日起施行①。该导则总体上延续了 2001 年《县、市和乡风险分析方法导则》的要求，明确了危急事件风险分析的基本程序和方法，最大特点是将风险分析的主体确定为国家部门（而不是地方政府），同时规定，国家部门可以根据危急事件的特点，指定区域或地方政府的危机管理委员会开展危急事件风险分析。

---

① 《危急事件风险分析导则》（RT I，25. 11. 2010，10），https：//www. riigiteataja. ee/akt/125112010010。

根据2017年《危急事件法》第9条第（3）款的规定，2017年7月1日内政部制定《危急事件风险评估要求和风险分析程序》（包括6个附件）[①]，发展和完善了危急事件风险分析的方法。2021年6月2日修订《危急事件法》时，原来由内政部负责的危机管理协调职能移交总理府，内政部2017年有关风险分析方法、要求和程序的规章废止，代之以爱沙尼亚政府2021年第77号令《可能引起危急事件并应当进行风险分析的7类危急事件清单，风险分析的要求、程序和主责部门》。77号令保留了2017年内政部制定的应当进行风险分析的7类危急事件清单，风险分析的原则也未发生本质变化，只是将原来内政部要求每2年更新1次风险分析，改为每年更新1次。目前，爱沙尼亚政府尚未出台新的风险评估导则，风险分析的程序和方法，仍然沿用2017年内政部《危急事件风险评估要求和风险分析程序》的相关规定。

4.4.2.1 基本概念

危急事件风险分析（Hädaolukorra riskianalüüs），是分析评估危急事件发生的可能性及其后果，并提出预防危急事件建议的过程。基于风险管理的基本理论，《危急事件风险评估要求和风险分析程序》提出了“场景”“最不利场景”“能力差距”“措施”4个基本术语的概念，奠定了危急事件风险分析的基础。

——场景（Stsenaarium），是预期的事件可能发展情形。

——最不利场景（Halvim tõenäoline stsenaarium），是在特定时间和空间，导致最严重后果的可能场景。

——能力差距（Võimelünk），是指负责或参与应对危急事件的机构和人员在危急事件预防、应急准备和应急响应方面，完全或部分的能力不足。

——措施（Meede），是机构或个人为更好地预防和应对危急事件而采取的行动。

“场景”“最不利场景”是风险分析的对象。其中，“最不利场景”的提出，源于2010年《危急事件风险分析导则》中的“最严重危急事件”（kõige raskema hädaolukorra）——当时的要求是“风险分析的主责部门应当按照危急事件分类，逐一确定最严重危急事件，并分析其最可能和最严重的后果。”按照2017年《危急事件风险评估要求和风险分析程序》要求，在确定危急事件的类型后，应当构建最不利场景，作为后续风险分析的对象。

按照风险管理的基本流程，风险分析之后即进入风险应对阶段，即选择并执行一种或多种改变风险的措施。常见的风险应对措施包括：规避风险、消除具有负面影响的风

① 《危急事件风险评估要求和风险分析程序》（RT I，22.06.2017，15），https：//www.riigiteataja.ee/akt/122062017015。

险源、改变风险事件发生的可能性和可能后果、转移风险、分担风险、保留风险等（根据风险管理理论，“风险”是“不确定性对目标的影响”，这种影响是指偏离预期，可以是正面的和/或负面的，因此，风险态度也包括增加风险或者承担新的风险，以寻求机会）。对于危急事件的预防、应急准备和应急响应而言，无论做出何种风险应对选择，前提都是对现有风险应对能力的客观评价——即“能力分析”（võimeanalüüs）——包括在危急事件预防、应急准备和应急响应方面，对装备设施、人力资源、组织管理等因素的评估。因此，2017 年《危急事件风险评估要求和风险分析程序》将能力分析作为风险评估的重要环节，对照风险承受度，将危急事件预防、应急准备和应急响应方面的缺陷定义为“能力差距”。在风险分析结论中，能力差距特别是“关键能力差距”（kriitilistest võimelünk），是选择风险应对措施的重要依据。

4.4.2.2　风险分析的流程

危急事件风险分析分为 5 个阶段：（1）辨识危急事件。即确定可能导致危急事件的事件类型，并确定可能出现的危急事件。（2）构建最不利场景。分析历史事件和国内外数据，结合专家评估和其他相关资料，确定各类危急事件的场景并说明环境信息。必要时，可以为某类危急事件确定多个场景；反之亦然，如果在分析过程中判定多个危急事件的影响和后果相似，也可以合并为一个场景进行分析。（3）场景风险等级评估。对场景发生的可能性和后果进行评估，确定场景的风险等级。（4）能力分析。针对危急事件预防、应急准备和应急响应所需开展的活动，分析相关主体的实际能力，找出能力差距并提出弥合差距的措施及其成本，确定负责执行这些措施的主责部门。（5）形成结论和定期评估更新。风险分析的主责部门应当会同参与风险分析的其他机构，至少每 3 年对风险分析报告的执行情况进行 1 次评估，如果风险分析的环境条件已经变化，应当及时对风险分析进行更新补充，或者组织新一轮风险分析。

4.4.3　风险等级判定

在辨识危急事件、构建最不利场景后，仍然使用风险矩阵，根据最不利场景发生的可能性和后果的严重程度，确定场景的风险等级。

关于场景发生的可能性，2017 年《危急事件风险评估要求和风险分析程序》延续了 2010 年《危急事件风险分析导则》的定性分级方法，仍然划分为“极低”“低”“中等”“高”“极高”共 5 级，但对分类标准进行了简化和调整，如表 6－12 所示①。可以

① 笔者根据 2010 年内政部《危急事件风险分析导则》附件 1 和 2017 年内政部《危急事件风险评估要求和风险分析程序》附件 1 整理。

看出，新标准比2010年更为严格，例如，2010年时只有在一年内发生危急事件的概率在50%以上（也就是2年至少发生1次）时，才属于“极高”可能性，而2017年概率为20%以上（“5年不止1次”）即属于“极高”可能性。

表6－12 场景发生可能性的判断标准变化

	极低	低	中等	高	极高
2010年 （1年内发生的概率）	<0.05%	0.05%—0.5%	0.5%—5%	5%—50%	>50%
2017年（现行）	百年不遇	50－100年1次	20－50年1次	5－20年1次	5年不止1次

关于场景发生的后果严重程度，2017年《危急事件风险评估要求和风险分析程序》延续了2010年《危急事件风险分析导则》的4方面标准（生命健康、财产安全、自然环境、重要民生服务），将2010年划分的A、B、C、D、E改为1、2、3、4、5级——对应的均为“极轻微”“轻微”“重大”“严重”和“灾难性”，并对具体分类标准做了调整。在生命健康方面，确定了死亡人数、伤病人数、疏散人数等3个指标；在财产安全方面，确定了直接财产损失和间接损失（利润损失）等2个指标；在自然环境方面，确定了影响范围（面积）和影响持续时间等2个指标；在重要民生服务方面，则确定了受影响的服务种类和影响持续时间等2个指标。在分别确定上述4方面的后果后，取其算术平均值作为该场景后果的严重程度（这也是2017年用数字代替字母，表示后果严重程度的主要原因）。如果4个方面指标评估的严重程度差别很大，则主管部门可以与相关机构和个人协商，在算术平均值的基础上，提高或降低1个风险等级；如果最不利场景比较特殊，无法从上述4个方面评估后果的严重程度，经内政部批准后，可以采取其他的评估方法。

例如，以某购物中心发生火灾作为最不利场景，其后集严重程度的评估结果分别是：生命健康方面，可能造成200人以内死亡，或者600人以内受伤、2 000人以内疏散撤离，评估结果为“极其严重”（4级）；财产安全方面，可能造成5 000万欧元以上、10亿欧元以下的直接财产损失，以及极大的间接损失，评估结果为“极其严重”（4级）；自然环境方面，影响范围小于1 km^2，持续时间小于1个月，评估结果为“极轻微”（1级）；重要民生服务方面，因为不会对重要民生服务造成实质性影响，评估结果为“极轻微”（1级）。以上合计，取算术平均值：$(4+4+1+1)\div4=2.5$，取整数为3，即可判定该最不利场景的后果严重程度为“严重”（3级）。

确定最不利场景发生的可能性和后果严重程度后，即可通过风险矩阵判定该场景的风险等级。2010年《危急事件风险分析导则》将风险等级分为4级：低（madal）、中（keskmine）、高（kõrge）和极高（väga kõrge），在风险矩阵中分别用白色、浅灰色、深灰色和黑色表示，后果为“极轻微”和“轻微”的，不论发生的可能性如何，均划入“一般事故和故障”；后果为“严重”“极其严重”和“灾难性”的，不论其发生的可能性如何，均属于“危急事件”，如图 6－4 所示①。

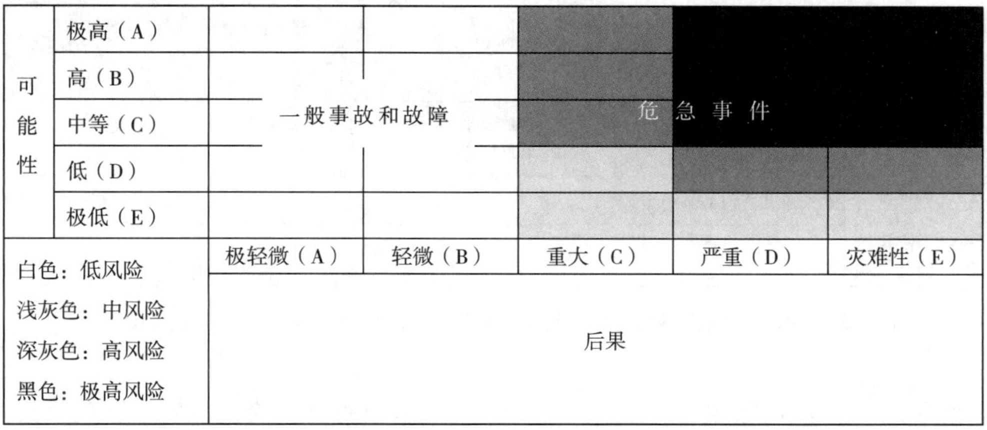

图 6－4 2010 年的风险矩阵

例如，2017 年 1 月 3 日，塔林市以市长令公布由该市危机管理委员会（Tallinna Kriisikomisjon）组织编制的《塔林市风险分析报告（2016 年）》，并提交内政部、救援局北部救援中心、警察和边防局北部中心。报告对可能引起火灾、爆炸和建筑坍塌的 6 类危急事件（建筑内燃气泄漏爆炸，建筑坍塌，医院或社会福利机构火灾，高层建筑或公众聚集场所火灾、爆炸或倒塌，危险品运输车辆行驶中起火或爆炸，危险品运输车辆在加油站起火或爆炸）进行风险分析后，形成了火灾风险矩阵，如图 6－5 所示②。其中，建筑内燃气泄漏爆炸，建筑坍塌，医院或社会福利机构火灾，高层建筑或公众聚集场所火灾、爆炸或倒塌属于高风险；危险品运输车辆行驶中起火或爆炸，危险品运输车辆在加油站起火或爆炸属于中风险。

2017 年《危急事件风险评估要求和风险分析程序》对风险矩阵做了调整，将风险等级由 4 级增至 5 级：低（madal），中（keskmine），重大（oluline），高（kõrge），极高（väga kõrge），分别用绿、黄、橙、红和深红色表示——与 2010 年相比，2017 年在“中”风险和“高”风险之间增加了“重大”风险等级，提高了风险等级的区分度，如

① 笔者根据 2010 年内政部《危急事件风险分析导则》附件 3《风险矩阵和风险等级定义》（*Riskimaatriks ja riskide määratlus*）整理。https：//www. riigiteataja. ee/aktilisa/1251/1201/0010/Lisa3. pdf#。

② 《塔林市风险分析报告（2016 年）》，第 34 页。https：//www. tallinn. ee/est/Tallinna－riskianaluus。

可能性	极高（A）					
	高（B）					
	中等（C）			1）建筑内燃气泄漏爆炸 2）建筑坍塌		
	低（D）				3）医院或社会福利机构火灾 4）高层建筑或公众聚集场所火灾、爆炸或倒塌	
	极低（E）			5）危险品运输车辆在加油站起火或爆炸	6）危险品运输车辆行驶中起火或爆炸	
白色：低风险 浅灰色：中风险 深灰色：高风险 黑色：极高风险		极轻微（A）	轻微（B）	重大（C）	严重（D）	灾难性（E）
		后果				

图6－5　塔林市可能引起火灾、爆炸和建筑坍塌的危急事件风险矩阵（2016年）

图6－6所示（见彩插第12页）①。根据2017年《危急事件风险评估要求和风险分析程序》第7条第（2）款的规定，如果在能力分析过程中发现存在明显的能力差距，风险分析的主责部门可以与有关机构和人员协调，将场景的风险等级提高1级。

4.4.4　能力分析

判定最不利场景的风险等级后，即可分析应对该场景的实际能力。进行能力分析时，首先要厘清与危急事件预防、应急准备和应急响应有关的活动，再针对这些活动，从设施设备（包括必需品的库存）、人力资源（包括人员的数量和知识、技能）、工作规程三方面，分析存在的差距和不足，找出能力差距并提出弥合差距的措施、估算其成本，确定负责执行这些措施的主管部门。

4.4.5　风险分析报告

风险分析的结论，应当包括以下主要内容：对某类危急事件应急准备总体水平的评估，关键能力差距清单，内部采取的措施清单和成本，需要各部门合作采取的措施清单，需要国家层面决策采取的措施清单及其成本，风险通告措施清单及其实施机构，可能导致危急事件、需要制定应急预案的事件清单，可能需要宣布应急状态的危急事件清单，必备物资库存和日常运行的需求量等。表6－13是风险分析报告的格式②。

---

①　笔者根据2017年内政部令第28号《危急事件风险评估要求和风险分析程序》附件4《风险矩阵》整理。https：//www. riigiteataja. ee/aktilisa/1220/6201/7015/SIM_ m28_ Lisa4. pdf#。

②　笔者根据2017年内政部《危急事件风险评估要求和风险分析程序》附件1《风险分析报告》整理。https：//www. riigiteataja. ee/aktilisa/1220/6201/7015/SIM_ m28_ Lisa1. pdf#。

表 6－13　风险分析报告的格式

基本情况	批准时间：
可能导致危急事件的事件名称	
主责部门： 参与部门： 协作部门：	
风险分析报告执笔人：	

第一部分　风险分析

1. 1 可能导致危急事件的事件类型：					
1. 2 可能发生的危急事件：					
1. 3 历史事件分析：					
1. 4 场景 1. 场景名称 2. 场景名称 3. ……					
1. 4. 1 可能导致危急事件的场景					
场景描述：					
可能性评估					
定性分级	极低	低	中等	高	极高
标准	百年不遇	50—100 年 1 次	20—50 年 1 次	5—20 年 1 次	5 年不止 1 次
可能性					
后果严重程度评估					
严重程度	1	2	3	4	5
定性分级	极轻微	轻微	重大	严重	灾难性
Ⅰ生命健康					
死亡（人数）	≤5	6—15	16—50	51—200	>200
伤病（人数）	≤15	16—45	46—150	151—600	>600
疏散（人数）	≤50	51—200	201—500	501—2 000	>2 000

续　表

Ⅱ财产安全					
直接财产损失（百万欧元）	<1	1—10	11—50	51—100	>100
间接损失	极轻微	轻微	重大	严重	灾难性
Ⅲ自然环境					
影响范围（km^2）	<1	1—10	11—100	101—1 000	>1 000
影响持续时间	<1 个月	1—6 个月	6—12 个月	1—3 年	>3 年
Ⅳ重要民生服务					
直接影响的服务数量（种类）	0—1	2—3	4—5	6—7	≥8
持续时间	<1 天	1—6 天	1—2 周	2 周至 1 个月	>1 个月
后果综合评估（计算）					
后果综合评估（工作组确定）					
计算风险等级					
最终风险等级（工作组确定）					

第二部分　能力分析

2.1 能力分析概述	
根据基于最不利场景的能力分析，确定的最重要的预防、应急准备和应急响应活动：	
根据基于最不利场景的能力分析，现有应急准备情况概述：	
根据基于最不利场景的能力分析，最重要的能力差距概述：	
根据基于最不利场景的能力分析，最重要的措施概述：	
场景可能发展为危急事件	是/否
场景应急响应需要宣布进入应急状态	是/否
场景应急响应需要启动应急预案	是/否

注：每个场景单独进行能力分析。

第三部分　风险分析结论

国家针对危急事件应急准备总体水平的评估：		
关键能力差距清单：		
内部采取的措施清单和成本：		
需要各部门合作采取的措施清单，以及需要国家层面决策采取的措施清单及成本：		
风险通告措施清单及其实施机构：		
可能导致危急事件，必须制定应急预案的事件场景：		
场景名称	主责部门	参与部门
场景 1		
场景 2		
需要宣布进入应急状态的事件场景及其原因：		
应急储备建议：		

在编制风险分析和危急事件风险评估报告过程中，主责部门应当按照规定程序，与参与部门和内政部合作和协商，风险分析和危急事件风险评估报告经由主责部门负责人批准后生效，同时应抄送总理府办公厅。风险分析的主责部门应当会同参与部门，每年对风险分析报告进行评估，如果认为风险分析的环境条件、危急事件发生的可能性和后果已经发生变化，应当及时进行更新和补充，或者组织新一轮的风险分析。

除非涉及国家秘密，应当为每类可能导致危急事件的事件准备《风险表》（相当于风险摘要），2017 年《危急事件风险评估要求和风险分析程序》的附件 6 确定了《风险表》的格式，如表 6－14 所示[①]。在风险评估报告被批准后，主责部门应当在其官方网站公布《风险表》，以提高公众防范和应对危急事件的意识和能力水平。

---

① 笔者根据 2017 年内政部《危急事件风险评估要求和风险分析程序》附件 6《风险表》整理。https：//www. riigiteataja. ee/aktilisa/1220/6201/7015/SIM_ m28_ Lisa6. pdf#。

表 6－14　风险表

<table>
<tr><td colspan="2">1. 导致危急事件的事件名称：</td></tr>
<tr><td rowspan="2">2. 风险分析的主责部门：</td><td>3. 风险分析日期：</td></tr>
<tr><td>4. 参考资料：</td></tr>
<tr><td colspan="2">5. 事件摘要：</td></tr>
<tr><td colspan="2">6. 场景分析</td></tr>
<tr><td>6.1　场景 1 的名称：</td><td>场景 1 的风险等级</td></tr>
<tr><td>6.2　场景 2 的名称：</td><td>场景 2 的风险等级</td></tr>
<tr><td colspan="2">7. 可能导致危急事件的事件场景：</td></tr>
<tr><td colspan="2">8. 人员保护措施：</td></tr>
<tr><td colspan="2">9. 风险通报措施：</td></tr>
<tr><td colspan="2">10. 其他措施：</td></tr>
</table>

4.5　应急预案

根据 2017 年《危急事件法》第 15 条第（2）款，应急预案（hädaolukorra lahendamise plaan，HOLP）是“应急响应的主责部门与参与机构或个人就开展应急响应达成的合作协议。”作为应对危急事件的规范性依据，应急预案是各级政府、有关部门和单位机构为应对危急事件，根据一定的场景和假定条件，预先制定的行动方案。编制应急预案的根本目的，是在既有制度和资源条件下，提高应急响应的速度、效率和效果。作为危机管理体制机制的重要载体，应急预案的核心职能，是明确和规范危急事件应急响应的组织指挥、工作流程、任务分工和主要措施，对应急预案的基本要求是具有针对性、实用性和操作性[①]。

① 范维澄、闪淳昌等：《公共安全与应急管理》，科学出版社 2017 年版，第 273—280 页。

4.5.1　编制应急预案的依据

根据2009年《危急事件法》第7条第（2）款关于“共和国政府应规定必须编制应急预案的危急事件清单，指定负责编制应急预案的主管部门，并至少每两年评估一次修订上述清单必要性”的规定，2010年2月18日爱沙尼亚政府施行《应当编制应急预案的危急事件清单及其主责部门》，确定了应当编制应急预案的19类危急事件，如表6-15所示①。其中，内政部作为主责部门承担了12类危急事件的应急预案编制工作，社会事务部承担3类，环境部、司法部、经济和通信部各承担1类。

表6-15　应当编制应急预案的危急事件及其主责部门（2010年）

序号	应当编制应急预案的危急事件	编制应急预案的部门	
		主责部门	参与部门
1	大规模森林火灾	内政部	国防部、环境部
2	严重的工厂、仓库火灾或爆炸	内政部	国防部、环境部、经济和通信部、社会事务部
3	多人受伤的火灾、爆炸或建筑坍塌	内政部	科教部、文化部、社会事务部
4	风暴	内政部	国防部、环境部、经济和通信部、社会事务部
5	人口稠密地区洪水泛滥	内政部	国防部、环境部、经济和通信部、社会事务部
6	严重的海洋或海岸污染	内政部	国防部、环境部、经济和通信部
7	多人受伤的旅客列车事故或者造成严重环境污染的危险品运输列车事故	内政部	环境部、经济和通信部、社会事务部
8	严重的土壤、地表水或地下水污染	环境部	内政部、社会事务部
9	多人伤亡的海难	内政部	国防部、环境部、经济和通信部、社会事务部
10	多人伤亡的空难	内政部	国防部、环境部、经济和通信部、社会事务部
11	大规模骚乱	内政部	司法部、国防部、社会事务部

① 笔者根据2010年《应当编制应急预案的危急事件清单及其主责部门》整理。

续 表

序号	应当编制应急预案的危急事件	编制应急预案的部门	
		主责部门	参与部门
12	劫持人质	内政部	国防部、经济和通信部、社会事务部
13	传染病疫情	社会事务部	国防部、农村事务部、内政部
14	集体中毒	社会事务部	环境部、农村事务部、内政部
15	国内辐射事故或者造成跨境影响的核事故	内政部	国防部、环境部、经济和通信部、农村事务部、社会事务部
16	大量难民涌入	社会事务部	内政部、外交部
17	严重的网络攻击	经济和通信部	司法部、国防部、财政部、内政部
18	造成人员伤亡的冰冻、冰层破裂	内政部	国防部、环境部、经济和通信部、社会事务部
19	严重的监狱骚乱	司法部	内政部、社会事务部

2013年4月25日，爱沙尼亚政府制定《应当进行风险分析并编制应急预案的危急事件清单及其主责部门》，列出应当编制应急预案的27类危急事件，并确定了相应的主责部门和参与部门，见前述表6-10“应当进行风险分析的危急事件清单及其主责部门(2013年)”。比较2013年和2009年的清单，除了对一些危急事件的细分，还增加了“极冷天气”“极热天气”“特别危险的动物疾病疫情”“武装袭击”和“威胁大量境外爱沙尼亚人生命健康”5类危急事件。

2018年7月26日，爱沙尼亚政府通过《应当编制应急预案、组织风险通告的危急事件清单及其主责部门》①。表6-16是应当编制应急预案的13类危急事件及其主责部门②，安全警察局应当参与上述各类危急事件应急预案的编制，明确在恐怖袭击导致危急事件时，安全警察局接管或参与应急响应的程序。在实践中，如果安全警察局有合理的理由认定危急事件是由于恐怖事件引起的，则应当指导危急事件的应急响应。

① 《应当编制应急预案、组织风险通告的危急事件清单及其主责部门》（RT I，31.07.2018，4），https：//www.riigiteataja.ee/akt/131072018004。

② 笔者根据2018年《应当编制应急预案、组织风险通告的危急事件清单及其主责部门》整理。

表 6 – 16 应当编制应急预案的危急事件及其主责部门（2018 年）

危急事件	主责部门
1. 大量难民涌入 2. 武装袭击 3. 大规模骚乱 4. 重大海上灾害事故，包括海洋污染	警察和边防局
5. 人口稠密地区洪水泛滥 6. 多人伤亡的建筑火灾 7. 重大生产安全事故	救援局
8. 邻国辐射事故 9. 国内辐射事故	环保局
10. 集体中毒 11. 传染病疫情	卫生局
12. 网络事件引起的危急事件	国家信息系统局
13. 动物疾病疫情引起的危急事件	农业和食品局
恐怖袭击引起的上述危急事件	安全警察局

4.5.2 应急预案的结构和基本要求

2017 年《危急事件法》全面修订后，内政部同步施行《编制应急预案的要求和程序》①，完善了应急预案的要求和编制、修订程序，并规范了应急预案的结构。2018 年 8 月 10 日，内政部发布《应急预案编制指南》②。应急预案的核心是“应急响应”（Hädaolukorra lahendamise），包括以下内容：

——危急事件管理人的任命及其职责。包括危急事件管理人的任命程序及其姓名，并按重要顺序，列出其职责任务和应当组织开展的工作清单。

——应急响应的管理架构和响应流程。包括危急事件应急响应的目标，应急响应过程中决策的价值取向和优先选项，指挥管理体系的架构，应急响应指挥部的预设位置、集结时间和联系方式，应急响应指挥部及其下设工作机构和组成人员的职责任务清单，应急响应所需资源清单及其备用状态，动用应急储备、寻求国际援助的程序，终止应急响应的条件，以及必要的支持文件。

——应急响应的信息沟通。包括发出危急事件预警，向相关部门和机构通报危急事件信息；参与应急响应的机构和人员之间的信息交流，包括召开会议的地点、时间，以

① 《编制应急预案的要求和程序》（RT I，28.06.2017，7），https：//www.riigiteataja.ee/akt/128062017007。

② 《应急预案编制指南》，https：//www. siseministeerium.ee/sites/default/files/dokumendid/Kriisireguleerimine/hadaolukorra_ lahendamise_ plaani_ koostamise_ juhendmaterjali_ eelnou.pdf。

及联系点的信息；向受危急事件影响的机构和人员发出信息通报的程序，包括信息发送的频率和方式；必要时向外交部、外国政府、国际组织或使馆通告相关信息。

——应急响应期间的社会公告。包括公告的目的和目标人群，公告的内容以及危急事件期间的行动提示，可用于发出社会公告的媒体等渠道清单，必要时包括开通应急咨询电话，以及应急响应期间新闻媒体（必要时包括国际媒体）的组织。

——危急事件的调查。包括负责调查的机构及其职责范围，调查机构与应急响应负责人的协作和信息交流。

——危急事件期间提供重要民生服务。包括在恢复正常服务之前，如何确保重要民生服务的可用性，以及恢复或部分提供重要民生服务的优先次序。

——应急状态。包括宣布进入应急状态的必要性和相应措施，危急事件应急响应主责部门为提请宣布进入应急状态应开展的工作，宣布进入应急状态后的管理架构，需要采取的应急措施。

专栏

应急预案的结构[①]

封面

目录

1. 总则

    1.1. 预案涉及的范围和危急事件影响摘要

    1.2. 参与应急响应的部门、人员及其职责

    1.3. 启动预案的条件

    1.4. 预案使用的术语和缩略语

2. 应急响应

    2.1. 危急事件管理人的任命及其职责

    2.2. 应急响应的组织结构和流程

    2.3. 信息沟通

    2.4. 社会公告

① 《编制应急预案的要求和程序》附件《应急预案的结构》，https：//www. riigiteataja. ee/aktilisa/1280/6201/7007/SIM_ m30_ Lisa. pdf#。

2.5. 调查

2.6. 危急事件期间提供重要民生服务

2.7. 支出记录和费用补偿

2.8. 应急状态

2.9. 其他工作

根据2017年《危急事件法》，主责部门组织编制应急预案后，应当报内政部审批；地方政府根据《危急事件法》第36条第（4）款的规定编制的重要民生服务连续性预案（涉及区域供热、地方道路维护、供水和污水处理），应当经救援局审批。

2021年6月2日修订《危急事件法》时，原来由内政部负责的危机管理协调职能移交总理府，内政部2017年有关应急预案编制要求和程序的规章废止，代之以爱沙尼亚政府第78号令《可能引起危急事件并应当编制应急预案的事件清单和编制应急预案的要求、程序及主责部门，危急事件应急响应的牵头部门，必须组织风险通告的危急事件清单以及负责组织实施的部门》，未对2017年内政部制定的应急预案编制要求和程序做实质性修改，但应急预案的批准机构调整为总理府。

应急预案编制完成后，应当至少每两年进行1次评估，其间如果发生危急事件并启动过预案，则必须在应急响应结束半年内，对预案的应用效果进行评估。上述评估结论应当报告总理府，地方政府编制的重要民生服务连续性预案的评估情况，仍然报救援局。如果评估发现预案不适用等问题，主责部门应当在半年内启动预案修编工作。

4.6　应急状态

根据宪法第87条第（8）款，爱沙尼亚共和国政府有权在“发生自然灾害、事故灾难，或者为防止传染病疫情时，在全国范围或部分地区宣布进入应急状态”。2009年《危急事件法》只是在第三章“应急响应”的第二节“应急状态”，规范了应急状态的宣布、终止，以及应急响应的管理、组织和具体措施（包括临时征集人员、征用物资、紧急避险、限制公民权利等）。2017年全面修订《危急事件法》时，贯通应急响应的全过程，将2009年版的第二节“应急状态”和第三节“国防军或国防联盟参与应急响应、救援和维护安全”整合成章，组成第四章“应急状态”（共5节：应急状态的宣布和终止，危急事件应对管理和应急响应，应急措施，应急状态下的雇佣和服务关系，国防军和国防联盟参与处置危急事件），突出了应急状态从宣布到应对，再到终止的全过程。2021年6月2日修订《危急事件法》时，只是调整了第34条第（4）款申请国防军和国防联盟参与应急响应的程序，原规定是由内政部部长统一提出申请，修订后改为危急事件相关领域的部长均可提出申请，其他未做修改。

4.6.1 应急状态的宣布和终止

《宪法》第87条第（8）款将宣布进入应急状态的权力赋予了共和国政府。如果必须采取《危急事件法》第四章规定的管理措施，才能解决由于自然灾害、事故灾难或者传染病疫情引起的危急事件，共和国政府有权宣布进入应急状态。为便于执行，2017年《危急事件法》第19条第（2）款明确规定，上述“事故灾难”是指“由于人为原因引起的重大事故或其他事故以及其类似事件，包括重要民生服务大范围或长期中断造成的严重后果”。传染病和动物疾病的认定，则应分别执行《传染病防治法》（*Nakkushaiguste ennetamise ja tõrje seadus*）和《动物疾病控制法》（*Loomatauditõrje seadus*）。

如果符合上述条件，共和国政府即可以政府令的形式，宣布在全国范围或部分地区进入应急状态。宣布进入应急状态的命令，应当包括以下内容：进入应急状态的原因、区域范围，应急状态负责人和其他重要情况。如果调整应急状态的区域范围、应急状态负责人和其他具体情况，不属于宣布进入新的应急状态。如果危急事件的应急响应取得成效，不再需要执行《危急事件法》第四章规定的管理措施，共和国政府应当及时宣布终止应急状态。宣布、调整和终止应急状态的政府令，应当在全国性媒体公布，并自公布后立即生效（另有规定的除外），相关命令还应当在政府公报刊载。

4.6.2 应急响应的组织管理

共和国政府宣布进入应急状态后，应当任命相关领域的部长担任应急状态负责人，负责指挥协调应急响应工作。作为应急状态期间的最高指挥人员，应急状态负责人对共和国政府负责，有权任命1名或多名应急工作负责人（eriolukorra tööde juhti），具体组织实施应急响应工作，协调维护公共秩序和交通秩序，完成应急状态负责人指派的任务。应急状态负责人有权向应急工作负责人、相关机构和行使公共管理职能的法人下达命令，组织应对导致应急状态的危急事件。必要时，地方政府危机管理委员会应当协助应急状态负责人指挥协调应急响应工作，组织信息交流，并执行应急状态负责人下达的命令。如果同时处于应急状态和紧急状态，则应急状态负责人应当服从紧急状态负责人的指挥。如果同时处于应急状态和戒严或战争状态，则应急状态负责人应当向总理报告工作。

4.6.3　应急措施

4.6.3.1　征集人员参与应急工作

根据《危急事件法》，公民有参加应急工作的义务。在应急状态下，如果专业和志愿人员不能满足及时开展应急工作的需求，应急状态负责人、应急工作负责人，以及由应急状态负责人任命的其他官员，可以要求年满18岁且具有相应知识、技能和健康状态的自然人参与应急工作，工作时间不得超过48 h，且终止时间不得晚于应急状态终止。

工作期间，应当保障被征集人员每24 h至少休息6 h，且其中4 h应当是不间断的休息时间。不得征集下列人员参与应急工作：中度及以上残疾程度的人员及其照料者，没有工作能力的人员，抚养中度及以上残疾程度儿童的人员，12岁以下儿童的单亲父母或唯一的监护人，现役军人以及其他履行国防职责的人员。此外，在电离辐射（γ射线、粒子射线等）危险区域内，不得征集35岁以下的女性参与应急工作。

4.6.3.2　征用物资和补偿

在应急状态下，应急状态负责人、应急工作负责人有权根据应急工作需要，征用燃料、食物、药品或其他材料，以及建筑、场地、交通工具、机械设备等，包括要求被征用物资的所有人在规定时间内，将物资运送到指定地点。在应急工作绝对必需的情况下，可以在未经所有权人同意的情况下，在其财产、建筑或场所内开展应急工作，包括拆除、伐木和阻断水体。为严格限制和规范应急状态下政府的征用权，确保采取的措施与危急事件可能造成危害的性质、程度和范围相适应，最大限度保护公民、法人和其他组织的合法权益，按照比例原则，《危急事件法》强调，只能由应急状态负责人、应急工作负责人下达征用命令，且只能在绝对必要、没有其他可能性的情况下进行征用，并且应当根据应急工作进展，及时归还物资或者停止征用，不得晚于应急状态终止。

政府部门将物资收为国有或者征用后，应当及时准确记录，相关记录一式两份，必须交所有权人1份。财产被征用或者征用后毁损、灭失的，国家应当给予合理的货币或实物补偿。为确保补偿的及时性和合理性，2017年6月22日，爱沙尼亚政府通过第109号令《应急状态下征用、强制使用物品的补偿金额计算和程序》，自7月1日起施行①。

4.6.3.3　限制行动自由

在应急状态期间，共和国政府、应急状态负责人、应急工作负责人，以及应急状态

---

① 《应急状态下征用、强制使用物品的补偿金额计算和程序》（RT I，28.06.2017，36），https://www.riigiteataja.ee/akt/128062017036。

负责人任命的其他官员，有权要求相关人员离开或者禁止进入相关区域。同时，在可能的情况下，应当为相关区域的居民和员工保留必要的通道。如果限制不特定人群进入相关区域，应当设立明显的警示和提示标志；如果禁令涉及的区域面积超过 1 km^2，应当在媒体发布通告。此外，在应急状态下，共和国政府、应急状态负责人可以下达命令，禁止或限制举行公开会议或者进行公众聚集活动，但在宣布终止应急状态后，应当立即取消相关的禁止或限制措施。

4.7　重要民生服务

4.7.1　“重要民生服务”的概念

2001 年《危急事件准备法》首次提出“重要民生领域”，列举了 16 个重要民生领域以及保障其连续运行的主责部门（参见本章 3.5）。在此基础上，2009 年《危急事件法》专门设立第四章“重要民生服务连续性的组织”，但并未对“重要民生服务”（Elutähtsad teenus）进行定义，只是在第四章提出：“重要民生服务连续性，是重要民生服务保持连续运行的能力，以及在服务中断后恢复运行的能力。”并按照组织重要民生服务连续运行的责任部门，列举了涉及 7 个部门、单位和各地方政府的共 43 项重要民生服务：

经济和通信部：（1）供电；（2）供气；（3）供油（液体燃料）；（4）机场运行；（5）民航飞行；（6）铁路运行；（7）铁路运输（包括客运、货运）；（8）破冰作业；（9）港口运行；（10）船舶交通管理；（11）国道及其辅路养护；（12）电话网络运行；（13）移动电话网络运行；（14）数据通信网络运行；（15）水上无线通信网络运行；（16）光纤网络；（17）广播；（18）邮政。

内政部：（1）维护公共秩序；（2）开展救援工作；（3）受理紧急事故报警；（4）空中和海上救援；（5）海洋污染监控；（6）专用无线通信网运行；（7）议会、共和国政府正常运转，总统正常工作。

社会事务部：（1）住院医疗服务；（2）院前急救；（3）饮用水安全；（4）血液供应。

环境部：（1）空气质量监测预警；（2）水文气象监测预警；（3）辐射危害预警。

农村事务部：食品安全管理。

财政部：支付结算（包括国家支付业务）。

爱沙尼亚中央银行：（1）支付结算，包括证券交易；（2）现金供应。

地方政府：（1）区域供热网络运行；（2）乡和城镇道路养护；（3）给排水系统运行，包括废水处理厂；（4）废物管理；（5）城镇公共交通运营。

2014 年 6 月 26 日，根据内政部建议，爱沙尼亚政府启动了国家内部安全领域的规划编制工作，并于 2015 年 5 月 27 日批准《国内安全发展规划（2015—2020 年）》[①]。规划第三部分“重大挑战”指出，2009 年《危急事件法》对重要民生服务的界定不够明确，列举的重要民生服务项目过于繁杂，没有真正关注如何增强关键服务的连续性。提出未来几年的一项重要工作，就是收缩重要民生服务的范围，强化对组织和提供重要民用服务的机构及其活动的监督，通过评估服务之间的相互依存关系，更加深刻地了解重要民生服务的连续性，尤其要强化数字基础设施的连续性，预防和减少信息技术领域危急事件的负面影响。

2017 年《危急事件法》全面修订时，根据实践中发现的问题，按照《国内安全发展规划（2015 年—2020 年）》，在第一章“总则”部分增加了“重要民生服务”的定义：“重要民生服务，是社会运行不可或缺，一旦中断会直接危及人员生命健康或其他关系公共利益的社会功能运行的服务。重要民生服务是一个整体，包括必要的建筑、设备、人员、保障等组成部分。”并对“重要民生服务连续性”（Elutähtsate teenuste toimepidevus）的定义做了微调：“重要民生服务连续性，是指重要民生服务提供机构的连续运行能力，以及中断后恢复运行的能力。”与 2009 年相比，2017 年的定义更加突出了重要民生服务提供机构（elutähtsa teenuse osutaja，ETO）的主体责任。同时，针对 2009 年列举的重要民生服务项目过于繁杂的问题，2017 年《危急事件法》做了归并整合，提出了由 3 个部门以及各个地方政府负责组织的共 14 项重要民生服务：

经济和基础设施部：（1）供电；（2）供气；（3）供油（液体燃料）；（4）国道维护；（5）电话服务；（6）移动通信服务；（7）数据通信服务；（8）电子身份识别和数字签名。

社会事务部：院前急救和住院治疗。

爱沙尼亚中央银行：（1）支付服务；（2）现金流通。

居民超过 1 万人的地方政府：（1）区域供热；（2）地方道路维护；（3）供水和污水处理。

从这 14 项重要民生服务项目可见，既涵盖“五供”（供水、供电、供油、供气、供热）和医疗、交通、通信、金融等传统的基本公共服务，也包括数据通信、电子身份识别和数字签名等数字化社会运行须臾不可或缺的服务——尤其对于爱沙尼亚这样高度信息化的社会，数字基础设施对于确保社会正常运行，具有更为重要的战略性意义。

---

① 《国内安全发展规划（2015—2020 年）》（*Siseturvalisuse arengukava* 2015—2020，RT Ⅲ，03. 03. 2015，5）。https：//www. siseministeerium. ee/siseturvalisuse - arengukava - 2015 - 2020。

4.7.2 重要民生服务组织、提供机构的责任

自2009年《危急事件法》制定以来，爱沙尼亚非常重视厘清重要民生服务组织机构（elutähtsa teenuse toimepidevust korraldav asutus，ETKA）与服务提供机构的差异化责任①。根据现行《危急事件法》第37条，重要民生服务组织机构应当履行以下责任：分析重要民生服务之间的相互依赖性，组织协调确保重要民生服务连续性的工作；向重要民生服务提供机构提出要求和建议；监督确保重要民生服务的连续性，采取措施防止重要民生服务中断；审查批准重要民生服务提供机构的风险分析报告和确保连续性的预案；指导编制预案、组织风险通报、开展危机管理演练和危急事件应急响应等。第37条第（2）款规定，重要民生服务组织机构应当就服务内容，及其连续性要求制定专门的规定。截至2022年10月底，相关部门已制定8部规章，全面覆盖了由政府部门负责的11项重要民生服务，如表6－17所示②。

表6－17 爱沙尼亚政府部门关于重要民生服务连续性的规定

序号	部门	名称	时间	涉及的重要民生服务项目
1	企业和信息技术部	电话、移动通信和数据通信重要民生服务的内容和连续性要求	2021年2月19日	电话服务；移动通信服务；数据通信服务
2	企业和信息技术部	电子身份识别和数字签名重要民生服务的内容和连续性要求	2019年1月11日	电子身份识别和数字签名
3	中央银行	支付服务和现金流通服务内容和连续性要求	2018年7月13日	支付服务；现金流通
4	经济和基础设施部	液体燃料供应重要民生服务的内容和连续性要求	2018年6月28日	供油（液体燃料）
5	经济和基础设施部	电力供应重要民生服务的内容和连续性要求	2018年6月28日	供电
6	经济和基础设施部	天然气供应重要民生服务的内容和连续性要求	2018年6月28日	供气
7	社会事务部	社会事务部组织的重要民生服务内容和连续性要求	2018年4月21日	院前急救和住院治疗
8	经济和基础设施部	国道重要民生服务的内容和连续性要求	2018年1月19日	国道维护

上述规章均包括以下共性内容：需要保持连续性的重要民生服务内容说明；在其他

① 重要民生服务（Elutähtsad teenused），https：//www. siseministeerium. ee/et/eesmark－tegevused/kriisireguleerimine/elutahtsad－teenused。

② 笔者根据爱沙尼亚政府有关部门按照《危急事件法》第37条第（2）款规定制定的规章整理。

重要民生服务中断、发生危急事件或类似情况时，对重要民生服务水平和应急准备的要求；防止重要民生服务中断的要求；重要民生服务的可接受中断时间，恢复重要民生服务的组织，以及恢复服务的优先级别；服务严重中断导致危急事件时，重要民生服务组织机构启动预案的条件；危急事件及其预警信息的通告；其他确保重要民生服务连续性必不可少的要求等。

以《电话、移动通信和数据通信重要民生服务的内容和连续性要求》为例，该规章由企业和信息技术部长2021年2月19日签发，涉及电话服务、手机服务和数据通信服务这三项重要民生服务①。首先，定义了“电话服务”“移动通信服务”“数据通信服务”：“电话服务，是使用属于爱沙尼亚的电话号码拨打和接听国内电话的通信服务”；“移动通信服务，是在不确定位置进行国内通话和接受、发送短消息的通信服务”；“数据通信服务，是以通信企业与终端用户协议约定的数据传输速度进行数据传输交换的通信服务”，并对认定上述领域重要民生服务的标准进行了界定：“如果某个通信企业提供的电话服务、移动通信服务或者数据通信服务的终端消费用户超过1万个，则该企业提供的服务属于重要民生服务。”

《电话、移动通信和数据通信重要民生服务的内容和连续性要求》对通信领域重要民生服务提供机构的基本要求是：“在规划、设计、建造、维护和使用通信网络时，必须保障其运营受到干扰时的影响最小。”并按照可能受影响的终端用户规模，确定了通信服务中断后恢复服务的时限，从8 h到1个工作日之间（如果是供电中断导致的通信服务中断，则不受时间限制），用户越多，时限越短，如表6－18所示②。通信企业和终端用户也可以在合同中约定恢复通信服务的时限，但必须比上述规定的时限短；如果由于不可抗力导致而无法恢复通信服务，则应当从消除不可抗力后计算时限。此外，提供重要民生服务的通信企业必须自备应急电源，以确保供电中断后的连续通信，表6－19是根据不同用户规模确定的最低供电时间③。

表6－18　通信服务中断后恢复服务的时限

终端用户数量	通信服务中断后恢复服务的时限
超过20万	8 h内恢复
3万至20万之间	16 h内恢复
1 000至3万之间	24 h内恢复
少于1 000	1个工作日内恢复

① 《电话、移动通信和数据通信重要民生服务的内容和连续性要求》（RT I，26.02.2021，11），https://www.riigiteataja.ee/akt/126022021011。

② 笔者根据企业和信息技术部《电话、移动通信和数据通信重要民生服务的内容和连续性要求》第3条整理。

③ 笔者根据企业和信息技术部《电话、移动通信和数据通信重要民生服务的内容和连续性要求》第5条整理。

表 6-19　自备应急电源保障的通信时间

终端用户数量	自备应急电源保障的通信时间
超过 20 万	通信系统的部分功能至少运行 24 h
3 万至 20 万之间	通信系统的部分功能至少运行 16 h
200 至 3 万之间	通信系统的部分功能（不含移动通信）至少运行 6 h
100 至 3 万	移动通信服务至少运行 2 h

此外，提供重要民生服务的通信企业应当依法进行服务连续性风险分析并编制预案，报重要民生服务组织机构审查批准。在进行重要民生服务的连续性风险分析时，必须确定通信服务中断可能对其他重要民生服务的影响。一旦出现通信中断，提供重要民生服务的通信企业应当立即启动服务连续性预案。如果不能按照规定的时限恢复服务，或者通信中断导致其他重要民生服务中断，则属于因重要民生服务中断导致的危急事件，服务提供者应当及时向消费者保护和技术监督局报告情况，并向社会公告。

根据《危急事件法》第 38 条，重要民生服务提供机构必须具有法人资格，符合在相应领域提供服务的法定条件。重要民生服务提供机构必须履行以下责任：编制重要民生服务的连续性风险分析和预案（toimepidevuse riskianalüüsi ja plaan）；采取措施防止重要民生服务中断，包括建立冗余备份系统、签订备用合同、使用替代解决方案等，以减少对其他重要民生服务机构，以及承包商、供应商和信息系统的依赖；确保在发生危急事件，或者其他重要民生服务中断等情况时，能够连续运行或者迅速恢复中断的服务；立即向重要民生服务组织机构报告服务中断危险、中断，以及严重干扰服务连续性的事件或类似事件；根据预案参与危急事件的应急响应；向重要民生服务组织机构或其指定机构提供有关重要民生服务的信息；至少每两年组织 1 次应急演练，验证重要民生服务的连续性。

4.7.3　重要民生服务连续性风险分析和预案

为确保重要民生服务的连续性并提高服务的弹性（vastupanuvõime），根据《危急事件法》第 39 条规定，重要民生服务提供机构必须开展服务连续性风险分析，并编制预案，辨识可能造成服务障碍或者中断的危险，分析其发生的可能性和对重要民生服务的影响，并规划应对措施，以尽快恢复服务并减轻服务中断造成的影响。

4.7.3.1　基本要求

为规范和指导重要民生服务连续性风险分析和预案编制，根据 2009 年《危急事件法》第 38 条第（5）款和第 39 条第（5）款的规定，2010 年 6 月 8 日，内政部制定《重要民生服务连续性风险分析指南》（第 16 号令）和《重要民生服务连续性预案编制指南》（第 17 号令）[1]，提供了重要民生服务风险分析和预案编制的依据。2012 年，在 43 个重要民生服务领域，共有约 170 个企业和机构提供重要民生服务，业务领域涉及 7 个政府部门和爱沙尼亚中央银行，以及 5 个最大的地方政府，上述企业和机构均就重要民生服务的连续性进行了风险分析，制定了预案，并报政府部门审查。根据自 2013 年 1 月 1 日起施行的《危急事件法》修正案[2]，重要民生服务所涉及领域的监管部门必须制定规章，明确重要民生服务的范围，并对服务的连续性提出要求。

2017 年 6 月 21 日，内政部通过《重要民生服务连续性风险分析程序和预案的编制及启动要求》，自 7 月 1 日起与新《危急事件法》同步施行[3]，并辅以《重要民生服务提供机构运营连续性风险分析和预案编制指南》[4]。上述规章和指南以“重要民用服务障碍或中断”为对象，通过辨识重要民生服务过程中的关键活动、必需资源和影响服务的危险，并分析相关场景出现的可能性、后果，评估其危害程度，以风险矩阵的形式，直观显现影响重要民生服务连续性的风险等级，并在此基础上提出应对重要民生服务障碍或中断的措施，编制恢复服务的预案并确定启动预案的条件。

4.7.3.2 基本概念

为开展重要民生服务连续性风险分析，2017 年《重要民生服务连续性风险分析程序和预案的编制及启动要求》对“重要民生服务障碍或中断”“关键活动”“关键活动资源”“允许障碍或中断时间”“关键活动恢复时间”“危险”“场景”等 14 个基本术语进行了定义。

——“重要民生服务障碍或中断”（Elutähtsa teenuse katkestuse või häire）。将影响重要民生服务连续性的不利情形分为“服务障碍”“服务中断”两类：“重要民生服务障碍”（Elutähtsa teenuse häire）是指导致部分服务功能中止，并可能造成服务全面中断的障碍；“重要民生服务中断”（Elutähtsa teenuse katkestus），是指停止提供重要民生服务。

——“关键活动”（kriitiline tegevus）。提供重要民生服务的过程可以分解为多个相互关联的活动，其中对于提供服务必不可少，如果缺少会导致服务障碍或中断的活动，即被定义为“重要民生服务关键活动”（Elutähtsa teenuse osutamise kriitiline tegevus），简

---

① 《重要民生服务连续性风险分析指南》（RT I 2010，33，179），https：//www. riigiteataja. ee/akt/13326405；《重要民生服务连续性预案编制指南》（RT I 2010，33，180），https：//www. riigiteataja. ee/akt/13326401。

② 《〈危急事件法〉修正案》（RT I，30. 10. 2012，1），https：//www. riigiteataja. ee/akt/130102012001。

③ 《重要民生服务连续性风险分析程序和预案的编制及启动要求》（RT I，28. 06. 2017，6），https：//www. riigiteataja. ee/akt/128062017006。

④ 《重要民生服务提供机构运营连续性风险分析和预案编制指南》，https：//www. siseministeerium. ee/sites/default/files/dokumendid/Kriisireguleerimine/toimepidevuse_ riskianaluusi_ koostamise_ juhend_ nov_ 2017. pdf。

称“关键活动”。

——“关键活动资源”（Kriitilise tegevuse ressurss）。在重要民生服务过程中，关键活动运行必不可少的人员、建筑、场地、设备、信息技术系统、信息、资金资源等，以及其他重要民生服务和供应商、合作伙伴等提供的服务，被定义为“关键活动运行必需资源”（Kriitilise tegevuse toimimiseks vajalik ressurss），简称“关键活动资源”，缺少这些资源可能会影响关键活动的运行，并导致重要民生服务出现障碍或者发生中断。

——“重要民生服务允许障碍或中断时间”（Elutähtsa teenuse katkestuse või häire lubatud aeg）和“关键活动恢复时间”（Kriitilise tegevuse nõutud taastamisaeg）。为确保重要民生服务的水平，相关部门和地方政府必须按照《危急事件法》第 37 条第（2）款的要求，确定重要民生服务出现障碍或发生中断后的最大允许持续时间——“重要民生服务允许障碍或中断时间”，这是对服务提供者的强制性要求。“关键活动恢复时间”则是服务提供者恢复关键活动、避免重要民生服务障碍或中断所用的实际时间，不得长于服务的允许障碍或中断时间。

——“危险”（Oht）。在重要民生服务连续性风险分析中，危险是指由于人为原因、自然现象或其他情况引起的，可能导致重要民生服务关键活动障碍或中断的危急事件，或者关键活动资源缺乏的情形。在风险分析过程中，危险分为两类情况：可能发生的危急事件、关键活动资源缺乏。

——“场景”（Stsenaarium）和“风险等级”（Riskiklass）。在重要民生服务连续性风险分析过程中，将危险实际发生后可能造成的预期情形称为“场景”，对场景出现的可能性、后果的严重程度分析得出的结果就是“风险等级”，按风险从低到高，分为低、中、重大、高、极高共 5 个等级。

——“风险分析报告”（Riskianalüüs）。是对重要民生服务的连续性进行风险分析，并规划预防措施以避免重要民生服务障碍或中断的文件。风险分析报告应当包括对重要民生服务内容和水平的说明、分析过程、说明性图表和总结 4 部分内容。

——“预案”（Plaan）和“重启计划”（Taastekava）。预案是说明在重要民生服务出现障碍或中断时，为恢复服务应当采取的措施的文件，由启动预案的条件和重启计划两部分组成。“重启计划”作为预案的主要组成部分，说明了在重要民生服务障碍或中断时，为恢复服务应当采取的措施。

——“预防措施”（Ennetav meede）和“缓解措施”（Leevendav meede）。预防措施，是指为防止或减少重要民生服务障碍或中断而采取的措施。缓解措施，是在重要民生服务出现障碍或者发生中断后，在服务恢复正常前，为防止不利影响扩大或者减轻对消费者影响而采取的措施。

4.7.4　重要民生服务连续性风险分析和预案编制步骤

如图6－7所示①，重要民生服务连续性风险分析和预案编制是一个系统过程，可以分为风险分析和预案编制2个阶段：风险分析阶段，包括7个步骤：（1）确定重要民生服务的内容和水平要求；（2）识别重要民生服务过程中的活动；（3）评估辨识重要民生服务的关键活动；（4）辨识关键活动的必需资源；（5）辨识影响关键活动的危险；（6）场景构建与评估；（7）制定预防措施。预案编制阶段，包括2个步骤：（1）明确启动预案的条件；（2）确定重启计划。

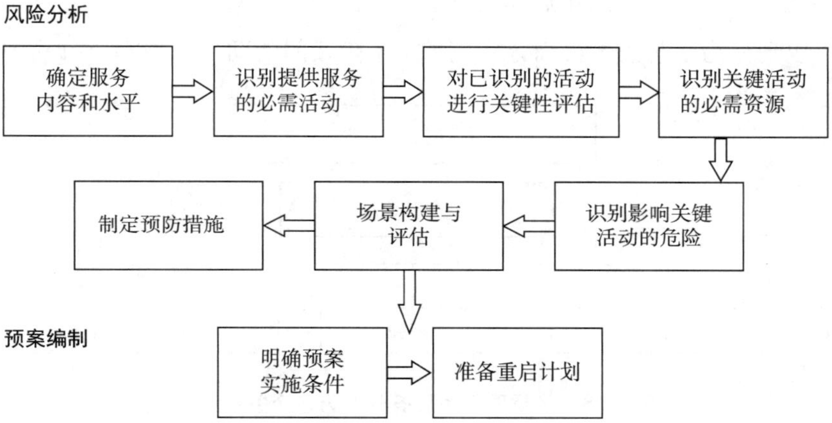

图6－7　重要民生服务连续性风险分析和预案编制流程

4.7.4.1　重要民生服务内容和水平要求

首先，应当明确重要民生服务的内容和水平要求。服务内容，主要包括重要民生服务的服务范围、对象及其数量、覆盖的服务区域等。服务水平，是在发生危急事件或类似情况，以及其他重要民生服务中断时，必须保障的最低服务能力，以及恢复正常服务的时限——重要民生服务提供机构应当按照相关部门依据《危急事件法》第37条第（2）款制定的规定（表6－17），确定服务水平——之所以对服务水平提出要求，就是要确保在发生危急事件或类似情况时，满足民众的最基本需求。如果主管部门未就服务水平提出要求，重要民生服务提供机构应当就此与主管部门协调并达成一致。

4.7.4.2　辨识关键活动

其次，是辨识重要民生服务过程中的关键活动。在提供重要民生服务的过程中，需要开展组织管理、协调调度、生产储存、运输销售、信息沟通等多种活动，这些活动有

① 参考内政部2017年编制的《重要民生服务提供机构运营连续性风险分析和预案编制指南》。

机组合在一起，即构成了重要民生服务的连续稳定运行。任何一个环节出现障碍，都会对整个重要民生服务的供给产生不利影响，甚至造成服务中断。显然，各个环节对服务供给的影响（重要程度）是有差异的，为辨识出对重要民生服务连续运行最为关键的活动，就需要对构成服务过程的各个活动进行关键程度评估，以辨识其中的关键活动。

上述过程，实际上就是对服务流程的分解，需要注意的是，一般不宜将整个服务过程笼统作为 1 个活动，这样很难识别危险并创建场景；同时，也不宜划分过细，防止重点不突出，导致真正影响服务连续性的关键环节被湮没。处理好上述关系的关键，是准确把握重要民生服务的特点，灵活地从不同角度（如提供服务的部门、职能、技术阶段等）进行活动划分。如果有助于后续的资源和危险分析，对于一些复杂的重要民生服务过程，也可以划分为子阶段，再细分构成每个子阶段的活动，如图 6－8 所示[①]。

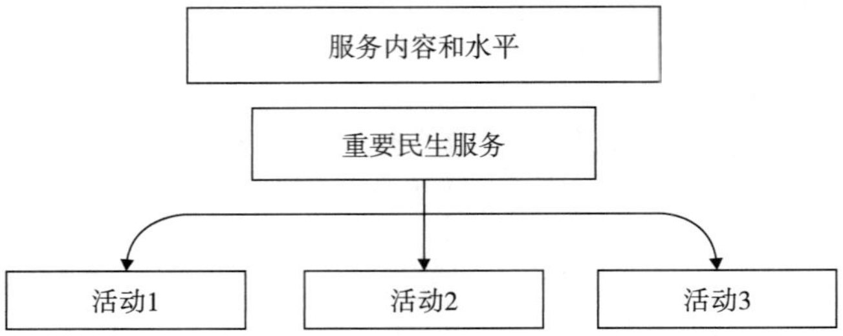

图 6－8　将重要民生服务分解为多个关键活动

根据《重要民生服务连续性风险分析程序和预案的编制及启动要求》规定，服务提供者应当采用定性与定量相结合的方法，对关键程度（Tegevuse kriitilisus）进行打分，在构成重要民生服务的活动中辨识关键活动。首先，根据活动停止后，服务出现障碍或发生中断所需的时间数量级（即秒、分钟、小时、日、周、年），进行“危急程度”赋分：如果某项活动停止后，重要民生服务在几个月甚至几年才出现障碍或者发生中断，就说明这项活动的危急程度很低，赋值为“1”，以此类推，以周为单位计算时赋值为“2”，以天为单位计算时赋值为“3”，以小时为单位计算时赋值为“4”，以秒或分钟为单位计算时赋值为“5”。其次，按照活动中断后重要民生服务受影响的范围，进行“影响范围”赋分：如果某项活动停止时，整个重要民生服务受影响的范围不超过 10%，则赋值为“1”，以此类推，受影响中断的范围达到 30%、50%、80%、100% 的，分别赋值为 2、3、4 和 5。需要强调的是，应当根据主管部门确定的标准，计算重要民生服务受影响的范围，可以采用受影响的客户数量与客户总数的比值，也可以采用产量等指标；如

① 参考内政部 2017 年编制的《重要民生服务提供机构运营连续性风险分析和预案编制指南》。

果主管部门尚未确定计算标准，则应由重要民生服务提供机构与主管部门共同商定。

将危急程度、影响范围的赋分相乘，即是某项活动的关键程度得分（Kriitilisuse punktid），分值在 1－25 之间，根据《重要民生服务连续性风险分析程序和预案的编制及启动要求》的附件 1《活动的关键程度评估》，以 5 分、10 分、15 分、20 分为区分点，对各项活动的关键程度进行分级：不重要（ole oluline，1－5 分）、轻微影响（vähesel määral oluline，6－9 分）、重要（oluline，10－15 分）、关键（kriitiline，16－20 分）、非常关键（väga kriitiline，21－25 分）。根据《重要民生服务连续性风险分析程序和预案的编制及启动要求》第 7 条第（3）款的规定，关键程度得分在 10 分及以上的活动属于关键活动，必须开展进一步的风险分析。

4.7.4.3　辨识必需资源

确定关键活动后，就应当辨识保障关键活动的必需资源。任何一项关键活动的顺利开展，都依赖必要的资源保障。在进行重要民生服务连续性风险分析时，必须对每项关键活动必需的资源进行独立分析。必需资源分为：人力资源（保证服务运行的最佳员工数和最低员工数，以及员工应当具备的技能、知识），建筑和场地（保证服务运行必不可少的建筑和场地，包括备用建筑和场地），设备和信息系统（包括数据库、通信系统等），信息（包括信息储存方式），资金，供应商和合作方等方面。图 6－9 是以“电力供应”为例进行的必需资源辨识[①]。

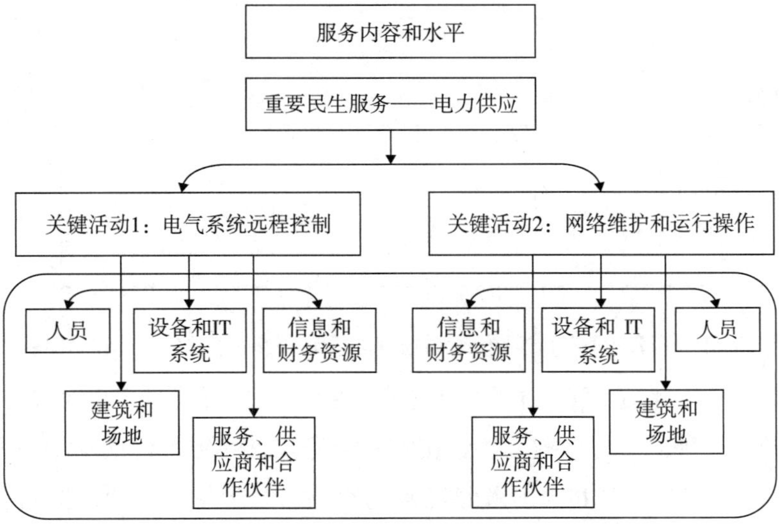

图 6－9　确定关键活动的必需资源

① 参考内政部 2017 年编制的《重要民生服务提供机构运营连续性风险分析和预案编制指南》。

确定关键活动的必需资源之后，就有必要评估哪些资源是最重要的——重要资源一旦出现不足，就会对重要民生服务的连续性构成危险——因此，通过评估资源的重要性，可以确定资源保障的优先级，进而指导后续制定预案时选择合适的预防措施。为全面衡量资源的重要程度，应当详细说明资源提供者（内部提供还是外包，如果是外包，提供者在国内还是国外）、没有该资源时关键活动的最长持续时间（即在没有该项资源保障的情况下，关键活动维持运行并不影响重要民生服务的最长时间，应当考虑资源的替代措施，包括备用供用商、库存等）、关键活动对资源的依赖程度（分为重要、中等、不重要 3 级）等情况，一并填入表 6－20。[①]

表 6－20　重要民生服务关键活动的必需资源

关键活动	关键活动所需资源分类	关键活动所需资源	资源说明	资源提供者	没有该资源时关键活动的最长持续时间	关键活动对资源的依赖程度（分为重要、中等、不重要）
关键活动 1	人力	资源 1				
		资源 2，等				
	建筑和场地	资源 1				
		资源 2，等				
	信息系统	资源 1				
		资源 2，等				
	其他	……				
关键活动 2	……					
	……					
	……					

评估关键活动对资源的依赖程度时，重要民生服务的提供者可以根据国内外标准、实际经验，自行选用评估方法。《重要民生服务提供机构运营连续性风险分析和预案编制指南》推荐了一种简单易行的方法：在某一资源缺乏导致关键活动中断所需的时间、改用替代资源所需的时间，以及对关键活动的影响后果等三个方面，按照表 6－21[②] 确定的标准，通过专家赋分加总，确定该项资源对关键活动的重要程度（3－6 分为

① 参考内政部 2017 年编制的《重要民生服务提供机构运营连续性风险分析和预案编制指南》附件 2《关键活动的必需资源》。

② 参考内政部 2017 年编制的《重要民生服务提供机构运营连续性风险分析和预案编制指南》。

“不重要”，7 – 9 分为“中等”，10 – 15 分为“重要”）。例如，针对“电力供应”这一重要民生服务，如果服务提供者将某个软件确定为“电气系统远程控制”这一关键活动的必需资源，经评估认为：（1）如果软件无法使用，将在 3 h 内造成服务中断，则该项的重要程度赋分为4；（2）如果最长需要 1 周时间才能使用替代软件，则该项的重要程度赋分为 3；（3）如果软件无法使用将对远程控制造成极其严重的影响，则该项的重要程度赋分为 4。综上，该软件作为“电气系统远程控制”这一关键活动的必需资源，其重要程度得分为：4 + 3 + 4 = 11 > 10。因此，该软件属于重要资源，需要继续进行风险分析。

表 6 – 21　关键活动必需资源的重要程度赋分标准

重要程度赋分	缺乏资源导致关键活动中断所需的时间	使用替代资源所需的时间	关键活动缺乏资源的后果
1	1 个月以上	可以立即使用	没有负面影响
2	最多 1 个月	最多 1 天	对关键活动造成轻微影响
3	最多 7 天	最多 7 天	对关键活动造成显著影响
4	最多 24 h	最多 1 个月	对关键活动造成极其严重的影响
5	最多 1 h	1 个月或更长	关键活动中断

4.7.4.4　辨识影响关键活动的危险

确定与重要民生服务连续性密切相关的关键活动及其必需资源后，就进入重要民生服务风险分析的最核心环节——危险辨识和风险分析。对于每项关键活动，都要辨识可能导致重要民生服务障碍或中断的危险，并评估其发生的可能性和后果，得出风险分析结论。根据《重要民生服务连续性风险分析程序和预案的编制及启动要求》对“危险”的定义——“危险是指由于人为原因、自然现象或其他情况引起的，可能导致重要民生服务关键活动障碍或中断的危急事件，或者关键活动资源缺乏的情形”。因此，影响重要民生服务关键活动的危险分为两类：危急事件和关键活动资源缺乏。为便于重要民生服务提供机构全面辨识危险，内政部在《重要民生服务提供机构运营连续性风险分析和预案编制指南》的附件 1 中，列举了应当考虑的危急事件清单，如表 6 – 22 所示①。主管部门还可以根据需要，指定必须进行风险分析的潜在危险（võimalikke oht）。同时，只有关键活动对某一资源的依赖程度为“重要”时，才有必要将缺乏该资源列入可能导致关键活动障碍或中断的危险，开展进一步的风险分析。

---

① 参考内政部 2017 年编制的《重要民生服务提供机构运营连续性风险分析和预案编制指南》附件 1《影响关键活动的风险清单》。

表 6－22 影响重要民生服务关键活动的风险清单

危险类型	危险列举
人为原因	失误，盗窃，欺诈，勒索，炸弹威胁，大规模骚乱，罢工，网络攻击，劫持人质
自然事件	暴雨，暴雪，极热或极寒天气，暴风，洪水，干旱，森林火灾，沼泽火灾，环境污染，传染病疫情
技术原因	硬件故障，软件错误，信息丢失，计算机病毒，建筑火灾，爆炸，危险品事故
资源不足	人员短缺，建筑和设备设施不足，停电，停气，手机、电话和数据通信中断，供排水中断，支付服务中断，现金供给异常，供应链中断，应急储备不足，国际贸易中断
其他	合同缺陷，立法缺陷

危险辨识，应当由重要民生服务提供机构实施，图 6－10 是关键活动的危险辨识流程①。以“供电”这一重要民生服务为例，对于“电气系统的远程控制”这一关键活动，从资源缺乏和危急事件两方面，进行了危险辨识。在资源缺乏方面，分别对由于人力资源、建筑和场地、设备和信息系统、服务和供应商与合作方、信息和资金可能出现的资源缺乏，对关键活动造成的危险进行分析，包括：罢工等原因造成重要岗位人员不足，

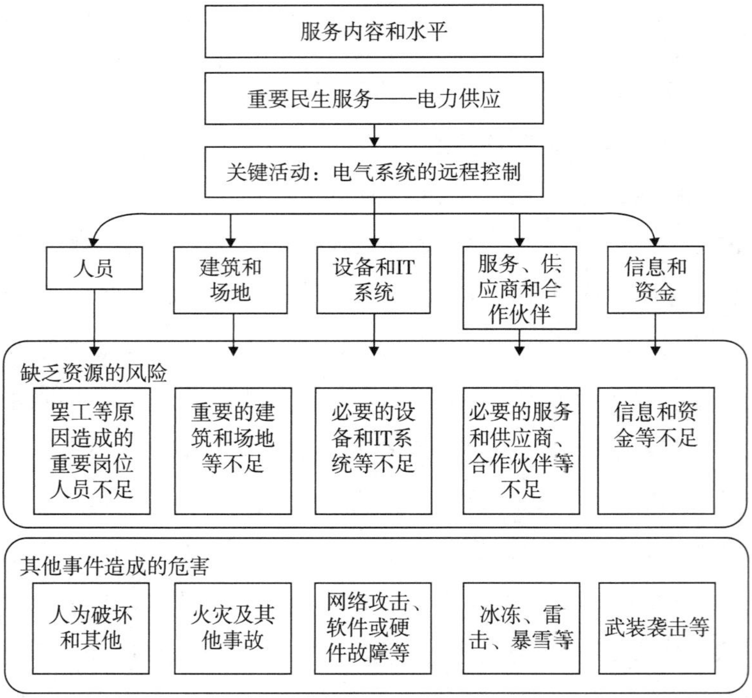

图 6－10 关键活动的危险辨识流程

① 参考内政部 2017 年编制的《重要民生服务提供机构运营连续性风险分析和预案编制指南》。

重要的建筑和场地等不足，必要的设备和信息系统等不足，必要的服务和供应商、合作伙伴不足，信息和资金等不足。在危急事件方面，结合供电服务特点和主管部门的提示性清单，列举了以下危险：人为破坏和其他，火灾及其他事故，网络攻击、软件或硬件故障等，冰冻、雷击、暴雪等，武装袭击等。

4.7.4.5 场景构建

在辨识重要民生服务的关键活动、必需资源和有可能危及关键活动的危险后，就可以构建风险分析的场景。在风险分析过程中，将危及关键活动的危险实际发生时，可能出现的预期情形称为“场景”——风险分析，就是要对每个场景发生的可能性和后果的严重程度进行评价，其间应当考虑相关统计数据、调查结果、专家意见、预防措施和其他相关信息。

仍以电力供应为例，基于对关键活动、重要资源和危险的识别，可以构建以下 4 个影响连续供电的场景：（1）电气系统发生火灾，导致远程控制系统出现故障或中断；（2）遭到网络攻击，导致远程控制系统出现故障或中断；（3）遭到风暴袭击，导致电网运行操作出现故障或中断；（4）数据通信中断，导致电网运行操作出现故障或中断。也可以按照季节、位置或其他因素指定场景，例如，位于某某地址的电网运行控制中心发生火灾，导致远程控制故障或中断，或者由于在某地发生风暴，导致电网运行操作故障或者中断，等等。

4.7.4.6 场景评估

在场景构建完成后，就要对每个场景发生的可能性及其后果的严重程度进行评估。首先，按照场景出现的概率、周期等因素，将场景出现的可能性分为 5 个级别：极高（väga suur），高（suur），中（keskmine），低（väike），极低（väga väike），如表 6－23 所示①。

表 6－23 场景出现的可能性评估标准

场景出现的可能性	评估标准
极高	出现的概率 >99%；经常出现；可能在几天和几周内发生
高	出现的概率 >50%；很容易出现；可能在数周或数月内发生
中	出现的概率 >10%；发生过；可能在一年内发生
低	出现的概率 >1%；没有发生过，但可能发生；可能在几年内发生
极低	出现的概率 <1%；只可能在极端情况下发生；百年一遇

① 参考内政部 2017 年编制的《重要民生服务连续性风险分析程序和预案的编制及启动要求》附件 3《场景出现的可能性评估》。

关于场景出现的后果，主要从对重要民生服务规模的影响（受影响的终端用户占全部用户的比例）、社会舆论和公众反响、经济收入（营业额、利润损失等）3个方面，将后果的严重程度分为灾难性（katastroofiline）、严重（väga raske）、重大（raske）、轻微（kerge）、极轻微（vähetähtis）5个级别，如表6－24所示①。在对场景发生后果进行总体评估时，应当采用最严重的后果。比如，某一场景下，在服务规模、经济收入方面的后果评估是"轻微"，但社会舆论方面的后果是"极其严重"，那么这一场景后果的总体评估就应当是"极其严重"。

表6－24 场景出现的后果严重程度评估标准

严重程度	评估后果的标准		
	服务规模	社会舆论	经济收入
灾难性	关键活动发生极其严重的中断，80%—100%的服务停止	社会公众和媒体持续数月的负面关注	营业额减少>30%，利润损失>30%
严重	关键活动发生很严重的中断，50%—80%的服务停止	社会公众和媒体持续数周的负面关注	营业额减少20%—30%，利润损失15%—20%
重大	关键活动发生严重中断，30%—50%的服务停止	社会公众和媒体持续多日反复出现负面关注	营业额减少5%—10%，利润损失5%—15%
轻微	关键活动发生轻度中断，10%—30%的服务停止	社会公众和媒体持续多日的负面关注	营业额减少1%—5%，利润损失1%—5%
极轻微	关键活动发生轻微中断，停止的服务不超过10%	公众没有或只有轻微的负面关注	营业额减少<1%，利润损失<1%

完成对所有场景的可能性和后果评估后，将结果对照风险矩阵，如图6—11所示（见彩插第12页）②，即可确定该场景的风险等级。根据《重要民生服务连续性风险分析程序和预案的编制及启动要求》的附件5，将场景的风险等级分为5级：低（madal），中（keskmine），重大（oluline），高（kõrge），极高（väga kõrge），分别用绿、黄、橙、红、深红色表示。对于重大风险、高风险和极高风险的场景，应当将风险分析的结果纳入《场景出现的可能性和后果汇总表》，如表6－25所示③。

① 参考内政部2017年编制的《重要民生服务连续性风险分析程序和预案的编制及启动要求》附件4《场景出现的后果评估》。

② 参考内政部2017年编制的《重要民生服务连续性风险分析程序和预案的编制及启动要求》附件5《风险等级》。

③ 参考内政部2017年编制的《重要民生服务连续性风险分析程序和预案的编制及启动要求》附件6《场景出现的可能性和后果汇总表》。

表 6－25 场景出现的可能性和后果汇总表

场景（关键活动＋危险）		场景出现的可能性	场景后果的严重程度	风险等级	风险管理措施（接受风险、调整风险或者预防风险）	立法允许的重要民生服务障碍或中断时间	关键活动的恢复时间	影响后果和规模	影响范围（全国、县、乡和市镇）	重要民生服务实际可能中断的时间
关键活动	危险									
关键活动 1	危险 1									
	危险 2									
	危险 3									
	……									
关键活动 2	……									
	……									
……										

4.7.4.7 预防措施

预防措施，是指为防止或减少重要民生服务障碍或中断而采取的措施。在风险分析基础上，为预防或减少重要民生服务障碍或中断，提高服务的连续性和弹性，服务提供者应当在《风险分析报告》中按优先顺序，说明已经采取和至少在未来 3 年内拟采取的预防措施——按照《重要民生服务连续性风险分析程序和预案的编制及启动要求》第 11 条及其附件 7 的要求，应当包括预防措施的内容、实施的截止日期和成本。预防措施的范围很广泛，包括预防和缓解、消除可能导致重要民生服务障碍或中断的危险的所有行动，如减少对其他重要民生服务、承包商、供应商和信息系统的依赖，设置冗余备份系统、储备关键活动必需资源等。如表 6－26 所示①。

表 6－26 关键活动、重要民生服务障碍或中断的预防措施

场景	按优先次序排列的预防措施	预防措施内容	实施预防措施的截止日期	采取措施的成本
关键活动 1＋危险				
关键活动 2＋危险				
……				

在确定预防措施的优先顺序时，应当综合考虑关键活动、必需资源、场景及其风险级别，尤其是关键活动的重要性和场景的风险等级，以及实施预案措施的成本和预期目标，重点解决“瓶颈”问题。要重视预防措施的可操作性，如果投入很大但预防和减轻

① 参考内政部 2017 年编制的《重要民生服务连续性风险分析程序和预案的编制及启动要求》附件 7《关键活动、重要民生服务障碍或中断的预防措施》。

风险的作用不明显，不应列为预防措施；还有些预防措施虽然成本很高但必不可少，为了确保经济上的可持续性，应当规划为在几年连续实施。

4.7.4.8　风险分析总结

根据《重要民生服务连续性风险分析程序和预案的编制及启动要求》第12条的要求，完成上述工作后，服务提供者应当编制重要民生服务连续性风险分析总结，包括3个方面的内容：（1）按重要程度排序的关键活动清单；（2）风险等级为重大、高和极高的场景清单；（3）概述可能导致重要民生服务长期或严重中断的危险，以及对民众预防和应对风险的建议。

4.7.4.9　重要民生服务连续性预案

开展重要民生服务连续性风险分析，并非为了分析而分析，根本目的还是预测、预防和应对可能影响重要民生服务连续供给的危险，提高服务的连续性和弹性。重要民生服务连续性预案，就是列举服务出现障碍或发生中断时应对措施的文件，供所有相关机构的人员使用。从结构上，重要民生服务连续性预案包括两部分：启动预案的条件、重启计划。

启动预案的条件，顾名思义就是触发预案的前提，实际上就是风险分析时所构建的场景。由于危急事件具有不可测性，很难在预案中列举所有可能造成服务障碍或者中断的风险因素，一般而言，服务提供者在预案中会明确提出，启动预案的条件包括不可预见的情况。

重启计划，是重要民生服务连续性预案的核心内容，阐述了如何应对重要民生服务障碍或者中断。制定重启计划时，必须考虑法规确定的重要民生服务最长允许障碍或中断时间，并充分体现全面性，针对每个风险等级为“重大”及以上的场景，都要分别确定重启计划。如果不同场景的应对措施相近或者相同，也可以制定适用于多个场景的联合重启计划——在应对措施只存在少数甚至微不足道的差异时尤其如此，但必须说明不同场景应对措施的具体差异。

根据《重要民生服务连续性风险分析程序和预案的编制及启动要求》，重启计划应当包括以下六个方面的内容：

（1）应急管理负责人的职务和联系方式。如果满足启动预案的条件——即风险分析时所构建的场景成为现实，重要民生服务提供机构的员工必须立即向应急管理负责人报告情况，后者应当与组织重要民生服务的主管部门合作，在重要民生服务提供机构的权限和能力范围内，开展应急响应工作。由于人员变动在所难免，所以重启计划中的联系方式必须与重要民生服务提供机构的岗位职务对应，在应急管理负责人变动时，一方面，要确保新上岗的负责人了解相应职责；另一方面，必须及时更新预案中的相关信息，防止紧急状态下联系不畅。

（2）应对重要民生服务障碍或中断的措施。应当针对不同的场景，说明服务提供者为恢复服务连续性而采取的主要活动及其步骤，包括组织管理协调，以及是否暂停某些非核心业务、是否调用库存或者联系合作伙伴等。

（3）替代方案的主要内容和联系人信息。应当在重启计划中明确，在重要民生服务障碍或中断时可能采取的替代措施。比如，由合作伙伴在一定时限内修复受损的设施设备，或者根据协议取得紧急资金支持等。为确保替代方案的可实施性，重启计划应当包括所涉及的法人和自然人联系方式，及其在恢复重要民生服务连续性方面的活动及其作用等。

（4）必需资源清单及其获取方式和时间。针对每项关键活动，都要列出使用什么方式、通过什么渠道、在什么时限内、获取多少数量的资源，比如资金是使用自有资金，还是从合作伙伴拆借；需要临时招聘多少人员等。尤其要列出那些在正常情况下不会使用，但紧急状态下必需的特定资源，以及应急状态下所需数量远远超出正常情况的资源种类、型号和规模。

（5）缓解措施及其实施程序。缓解措施，是在服务出现障碍或中断后，在服务恢复正常之前，为防止不利影响扩大或者减轻对重要民生服务消费者的影响而采取的措施。缓解措施可以单独采用，也可以作为应急响应措施的一部分。缓解措施必须有针对性，不同重要民生服务的缓解措施差别很大，比如停水时可以采取向终端用户紧急提供瓶装水、启动应急供水设施等缓解措施；停电时可以向用户集中区域派出应急发电车，等等。

（6）向公众发布的信息和应急提示。重要民生服务提供机构必须提前准备面向公众的信息材料，包括重要民生服务出现障碍或中断时发布的关键信息、重要问题和回答口径。虽然根据《危急事件法》，应当由重要民生服务组织机构负责危机沟通，但鼓励服务提供机构及时主动提供相关背景介绍、事件基本情况等原始信息。为防止多头发布信息造成混乱，所有面向公众提供的信息，必须经由重要民生服务组织机构协调核实确认。在及时准确公开信息的同时，要向公众提供应对重要民生服务障碍或中断的基本知识，面向单位、居民等不同目标群体，提供有针对性的指导信息，提高单位和公众应对重要民生服务障碍或中断及其衍生灾害的意识和能力水平。

4.8　新冠肺炎疫情的应急响应

为了更好地了解爱沙尼亚的危机管理制度机制，笔者对2020年以来爱沙尼亚应对新冠肺炎疫情的做法进行了简要梳理分析。

2020 年初新冠肺炎疫情在全球暴发后，爱沙尼亚政府根据国际国内疫情发展，按照宪法和《危急事件法》《传染病防治法》等法律授权，分 5 个阶段采取了应对措施：第一阶段（2020 年 1 月 28 日至 2 月 27 日），爱沙尼亚卫生局宣布进入传染病疫情危急事件风险预警状态；第二阶段（2020 年 2 月 28 日至 3 月 11 日），爱沙尼亚卫生局宣布进入公共卫生危急事件应急响应状态；第三阶段（2020 年 3 月 12 日至 5 月 17 日），爱沙尼亚政府宣布全国进入应急状态；第四阶段（2020 年 5 月 18 日至 6 月 8 日），爱沙尼亚政府宣布终止应急状态，降至公共卫生危急事件应急响应状态；第五阶段（2020 年 6 月 9 日以后），降至公共卫生危急事件预警状态①。

4.8.1　传染病疫情危急事件预警状态

2020 年 1 月上旬，爱沙尼亚卫生局（Terviseamet）开始密切关注新冠肺炎疫情的发展，1 月 27 日启动危机应对指挥部（Kriisistaap），并于 1 月 28 日宣布进入传染病疫情危急事件风险预警状态（levikuga seotud sündmuse tervishoiualase hädaolukorra ohuk）。

4.8.2　公共卫生危急事件应急响应状态

根据疫情发展形势，特别是全球医用防护设备普遍短缺的严峻情况，2020 年 2 月 28 日，爱沙尼亚卫生局宣布，将由于 COVID－19 病毒扩散导致的传染病疫情确定为公共卫生危急事件（tervishoiualase hädaolukorra），按照预案进入应急响应状态。

4.8.3　进入全国应急状态

2020 年 3 月 12 日，鉴于全球特别是欧洲地区疫情持续严峻，爱沙尼亚政府公布施行《关于爱沙尼亚全境进入应急状态的决定》②，根据宪法第 87 条第（8）款和《危急事件法》第 13 条、第 19 条第（1）款、第 21 条第（1）款、第 23 条的规定，宣布为应对 COVID－19 冠状病毒引起的传染病疫情，全国立即进入应急状态，任命总理于里·拉塔斯（Jüri Ratas）为应急状态负责人，并要求所有媒体和电子通信平台立即全文播发上述决定。表 6－27 是宣布进入应急状态的法律依据。

① 爱沙尼亚政府危机应对网站。https：//www. kriis. ee/et/eriolukord－koroonaviirus。

② 《关于爱沙尼亚全境进入应急状态的决定》（RT Ⅲ，13. 03. 2020，1），https：//www. riigiteataja. ee/akt/313032020001。

表 6－27　宣布进入应急状态的法律依据

法律	具体内容
宪法第 87 条第（8）款	共和国政府有权：……（8）发生自然灾害、事故灾难，或者为防止传染病疫情时，在全国范围或部分地区宣布进入应急状态
《危急事件法》第 13 条	国家、应急状态负责人、应急响应负责人和本法第 14 条第（1）款所指定的机构，可以命令新闻媒体和电子通信平台使用现有的技术手段，立即或者按照要求的时间，免费全文发送和传输有关危急事件风险预警，以及宣布、调整和终止应急状态的信息，包括应急响应期间的命令
《危急事件法》第 19 条第（1）款	如果不采取本章规定的管理措施，无法解决由于自然灾害、事故灾难或者传染病疫情引起的危急事件，共和国政府可以宣布进入应急状态
《危急事件法》第 21 条第（1）款	共和国政府宣布应急状态的命令，应包括以下内容： 1）宣布应急状态 2）宣布应急状态的原因 3）进入应急状态的区域 4）应急状态负责人 5）其他重大情况
《危急事件法》第 23 条	（1）除非另有规定，共和国政府应对造成应急状态的危急事件的行政命令自发布或者在全国性媒体上公布后立即生效。相关命令还应当在政府公报刊载 （2）除非另有规定，共和国政府关于宣布、调整和终止应急状态的命令，应按以下规定公布： 1）不迟于第二天刊载于政府公报 2）立即在全国性新闻媒体中发布

2020 年 3 月 13 日，爱沙尼亚政府公布施行《实施应急状态的措施》[①]，决定立即采取一系列的应急措施，对学校教学、公共集会、入境，以及探访福利机构、医院、拘留所等人员密集场所进行限制：

（1）根据《危急事件法》第 31 条第（1）款和第（3）款关于“禁止逗留或限制行动自由”的规定，决定自 2020 年 3 月 16 日起，暂停教育机构的常规教学活动，转换为远程教学。包括以下措施：所有小学、中学、职业院校停止课堂教育，改为远程教学，向学生提供远程学习所需的学习材料；共和国政府或应急状态负责人应当为有特殊需要的学生提供学习保障；幼儿园和托儿所是否继续开放，由其负责人自行决定；除非可以通过远程学习，暂停兴趣爱好活动及其教育培训，暂停开放青年中心和

① 《实施应急状态的措施》（RT Ⅲ，14.03.2020，1），https：//www.riigiteataja.ee/akt/314032020001。

青年营地；大学和研究机构不受上述措施限制。在新的命令发布之前，有关措施一直有效，其间必须至少每2周评估一次继续采取上述措施的必要性。

（2）根据《危急事件法》第32条第（1）款，从2020年3月13日至5月1日，禁止所有公共集会、电影放映、音乐会，以及夜总会和演艺、会展、体育健身等场所的开放。

（3）暂停塔林－斯德哥尔摩的往返航线。

（4）禁止探访社会福利机构、医院和拘留所。

3月15日，爱沙尼亚政府发布《为预防新冠肺炎疫情临时限制入境的命令》①，决定自3月17日起采取一系列的入境限制措施，除爱沙尼亚公民和持有居住证、享有永久居留权的人员，以及具有特定身份（外交人员）、从事特定工作（医疗、货运等）的人员外，不得出入爱沙尼亚国境。

4.8.4 全国应急状态终止，降至公共卫生危急事件应急响应状态

随着全球和欧洲新冠疫情的缓解，2020年5月16日爱沙尼亚政府发布《取消共和国政府宣布和实施应急状态的命令》②，决定自5月18日起，终止为应对新冠疫情在全国实施的应急状态。同日，爱沙尼亚总理发布《撤销总理作为应急状态负责人发出的命令》③，决定撤销在应急状态期间，总理下达的有关应急措施的8项命令。虽然不再继续实施全国范围的应急状态，为了继续防控疫情，5月16日爱沙尼亚政府发布《防止SARS－CoV－2病毒导致的COVID－19新冠疫情再次暴发的临时入境限制措施》④，决定自5月18日起，所有入境人员都必须进行为期14天的隔离观察。

需要说明的是，COVID－19是世界卫生组织对“2019年暴发的新型冠状病毒所引发疾病”的简称，“CO”代表“corona”（冠状），“VI”代表“virus”（病毒），“D”代表“disease”（疾病），“19”代表疾病发现于2019年。国际病毒分类学委员会根据基因测序等分类学研究，确定新型冠状病毒的英文名为“SARS－CoV－2”（Severe Acute Respiratory Syndrome Coronavirus 2），即“严重急性呼吸综合征冠状病毒2”，这一名字与2003年暴发的SARS（非典）疫情无关联。

① 《为预防新冠肺炎疫情临时限制入境的命令》（RT Ⅲ，15.03.2020，1），https：//www.riigiteataja.ee/akt/315032020001。

② 《取消共和国政府宣布和实施应急状态的命令》（RT Ⅲ，17.05.2020，1），https：//www.riigiteataja.ee/akt/317052020001。

③ 《撤销总理作为应急状态负责人发出的命令》，https：//www.riigiteataja.ee/akt/317052020012。

④ 《防止SARS－CoV－2病毒导致的COVID－19新冠疫情再次暴发的临时入境限制措施》。https：//www.riigiteataja.ee/akt/317052020002。

4.8.5　降至公共卫生危急事件预警状态

2020 年 6 月 9 日爱沙尼亚卫生局宣布，由于爱沙尼亚和欧洲的疫情进一步缓解，决定终止危急事件应急响应，将应对新冠疫情的响应等级调低为“公共卫生危急事件预警状态”（tervishoiualase hädaolukorra ohu faas），采取一系列的常态化疫情防控措施①。

根据爱沙尼亚卫生局的实时数据，截至 2021 年 7 月 9 日，爱沙尼亚累计进行了 1 550 386人次的新冠病毒测试，阳性 131 396 人次，感染率为 8.5%，累计 1 270 人因感染新冠病毒死亡，577 556 人至少接种一剂疫苗②。按 2020 年底的 132.95 万人口计算，感染率高达 9.9%，因新冠肺炎死亡人数占总人口 0.096%，新冠肺炎患者死亡率 0.97%，至少一剂疫苗接种率为 43.4%。

同期，全球疫情防控的基本情况是：1.84 亿人感染新冠病毒肺炎、400.2 万人死亡，累计接种疫苗 30.32 亿剂③。按照全球 77.13 亿人口计算，新冠病毒感染率 2.38%，死亡人数占全球总人口 0.051%，新冠肺炎患者死亡率 2.18%，至少 1 剂疫苗接种率 39.3%。比较而言，爱沙尼亚除新冠肺炎患者死亡率比全球平均水平低 55.5%、至少 1 剂疫苗接种率比全球平均水平略高 10.4% 外，其他数据均明显高于全球平均水平：感染率高出 4.2 倍，因新冠肺炎死亡人数占总人口的比例高出 88.2%。截至 2022 年 7 月底，爱沙尼亚共有 2 620 人因感染新冠病毒死亡，占总人口 0.197%，比全球平均水平（6 170 283人死亡，占全球总人口的 0.077%）高出 154%。总体而言，爱沙尼亚新冠肺炎疫情防控的效果有限，原因是多方面的，本书只对其应急响应过程进行概述，对疫情防控措施不做进一步分析。

第五节　国家安全政策中的危机管理和救援工作

鉴于特殊的地缘政治位置和长期遭受外强侵占的历史教训，1991 年恢复独立以来，爱沙尼亚高度重视国家安全，先后制定了《民防法》《和平时期国防法》《对外关系法》《应急状态法》《紧急状态法》《危急事件准备法》《危急事件法》《国防法》等一系列法律，在强化国防、外交等传统安全领域的同时，积极发展完善国家安全政策，定期发

---

①　爱沙尼亚卫生局：《危急事件终止，但仍处于风险预警状态》，https：//lounaeestlane. ee/terviseamet – hada-olukord – on – loppenud – aga – oht – on – alles/。

②　爱沙尼亚卫生局：新冠病毒数据，https：//www. terviseamet. ee/et/koroonaviirus/koroonakaart。

③　中国科协联合国咨商专委会新冠病毒肺炎（COVID – 19）知识与数据信息系统：“WHO 新冠病毒肺炎疫情报告（2021 年 7 月 8 日）”。http：//www. geodoi. ac. cn/COVID – 19/index. aspx。

布国家安全政策，提出非传统安全风险、广义安全、关键基础设施、重要民生服务脆弱性和连续性，以及社会复原力、国家凝聚力等一系列概念，确立了国防安全、外交安全、内部安全“三位一体”的国家安全体系架构，并确定了相应的目标、原则、行动方向。危机管理体系建设和救援工作，一直被视为保障国家安全的重要措施之一。

恢复独立30年以来，爱沙尼亚以议会批准的法律文件形式，先后共发布5版白皮书性质的国家安全政策。在不同阶段的国家安全政策中，爱沙尼亚始终将危机管理体系建设和消防救援工作作为保障国家安全的重要措施之一，纳入国家安全战略的优先选项。相关政策，集中体现在《爱沙尼亚国防政策主要方向（1996年）》、《爱沙尼亚国家安全政策基础（2001年）》及其2004年、2010年和2017年的更新版本。

5.1　《爱沙尼亚国防政策主要方向（1996年）》

5.1.1　背景

1995年5月4日爱沙尼亚政府会议做出决定，要求国防部牵头组建工作组（成员来自国防部、国防联盟、边防局、科学院和议会），代政府起草一份政策文件，集中阐明国防工作的性质、目的和原则。在起草过程中，爱沙尼亚政府的5个部门、6个直属机构和50多位独立专家、14位外国专家，以及历任国防部部长、议会国防委员会成员参与了工作。

1996年5月7日议会批准《爱沙尼亚国防政策主要方向》（*Eesti riigi kaitsepoliitika põhisuundade*）[1]，并要求政府以该文件确立的原则为指导和遵循，启动相关法律草案的起草工作。作为不断发展、完善和实践国家安全理念的重要起点之一，《爱沙尼亚国防政策主要方向》共包括11章，分别是国防政策的基本原则、文官治理的国防体系、防区划分、国防力量、国防军的任务和编成、国防联盟的任务和编成、其他武装力量、后备国防力量、动员和复员、国防教育和军训、结论。

5.1.2　应急体系纳入宏观国家安全政策

虽然《爱沙尼亚国防政策主要方向》的中心和重点是“国防政策”（kaitsepoliitika），但基于“国防政策是一系列的政治和军事策略，目的是维护国家独立和主权，维护领土、

---

① 《批准〈爱沙尼亚国防政策主要方向〉的决议》（RT I 1996，33，684），https：//www.riigiteataja.ee/akt/13009161。

领海和领空不可分割及其完整性，维护宪法秩序和人民生存”的定位，该文件涉及的范围，已明显超出传统军事政策领域，而是将应对自然灾害、传染病疫情、事故灾难等纳入了宏观意义上的国家安全范畴。在第一部分关于国防政策的 9 项基本原则中，第六项就专门指出“除了确保国家的军事安全外，爱沙尼亚还应当建立应对自然灾害、传染病疫情和重大事故灾难的应急体系，确保在发生上述情况时，向民众和政府机构、其他组织提供援助，并应对灾害后果”。在该文件后续第五、第六章，关于国防军和国防联盟职责任务的阐述中，也包括“开展必要的培训和准备，以应对自然灾害、传染病疫情和重大事故灾难，并为民事机构提供适当援助”“参与应对自然灾害和其重大事故灾害”的内容。

当时，现役救援体制正处于向职业制过渡的特定历史阶段，《爱沙尼亚国防政策主要方向》将现役救援队伍和边防部队一并纳入第七部分“其他武装力量”，并阐释了这两支现役队伍的性质和职责任务。其中，边防部队属于国家武装力量，主要任务是保卫陆地和海上边境，防止暴力改变国界和非法越过国境，并协助开展救援和警务工作。内政部部长负责确保边防部队的军事训练、装备配备符合国防军的标准，陆地边境的边防部队按照陆军标准进行常规军事训练，边防部队的船艇人员按照海军标准进行军事训练。在和平时期，国防军司令负责检查边防部队的勤务和战备状态；国家进入紧急状态或战争状态后，边防部队整建制纳入国防军序列，接受统一指挥。现役救援队伍作为军事化管理的武装性质的国家机构，职责是在发生战争、自然灾害、传染病疫情、事故灾难和其他意外事件时，及时有效开展救援行动，发挥应对重大事故灾害的作用。

《爱沙尼亚国防政策主要方向（1996 年）》最突出的特点，就是强调与北约、欧洲安全组织等进行联合防御，并提出增加国防拨款、加强国防军建设，为加入北约创造条件。事实上，加入北约，依靠集体防御提高国防安全保障，一直是爱沙尼亚恢复独立后的重要战略目标。继 1995 年 10 月正式提交加入欧盟的申请（1997 年开始与欧盟进行入盟谈判），议会几乎在审议批准《爱沙尼亚国防政策的主要方向（1996 年）》的同一时间，于 1996 年 5 月批准正式申请加入北约。

5.2　《爱沙尼亚国家安全政策基础（2001 年）》

5.2.1　从“国防政策”到“国家安全政策”

2001 年 3 月 6 日议会批准《爱沙尼亚国家安全政策基础（2001 年）》[①]。作为恢复独

① 《批准〈爱沙尼亚国家安全政策基础〉的决议》（*Eesti Vabariigi julgeolekupoliitika aluste heakskiitmine*，RT I 2001，24，134）。https：//www. riigiteataja. ee/akt/72805。

立10年来国家安全政策的总结和规划，该文件在当时爱沙尼亚积极争取加入北约和欧盟的大背景下，回顾了国家安全政策的发展，全面评估了国家面临的安全形势特别是各类风险和威胁，定义了国家安全政策的目标、主要方向和优先选项。文件名称从“国防政策”（riigi kaitsepoliitika）调整为“安全政策”（julgeolekupoliitika），体现了在国防安全政策基础上，发展国家安全战略的政策走向，全文共包括3部分：“爱沙尼亚安全政策的基础和目标：安全威胁”“爱沙尼亚确保安全的外交政策活动：整合与国际合作”“国家行动”。

5.2.2 非传统安全风险日益凸显

第一部分“爱沙尼亚安全政策的基础和目标：安全威胁”，包括4方面内容：国际及国内安全环境、安全政策的基础和目标、安全政策的准则和背景、安全风险。在安全环境方面强调对于爱沙尼亚而言，“最重要的国际环境是欧洲－大西洋一体化进程”，重申正式加入欧盟和北约，是爱沙尼亚安全政策重中之重的目标，目的是通过加入这两个组织，充分有效地保障国家主权和安全。在安全政策的基础和目标方面，强调国家安全政策的基础是宪法，目标是“维护国家独立和领土完整，维护国家的生存权和发展权，通过参与国际合作，保护爱沙尼亚人民及其语言、文化、身份认同并促进人民福祉”。在安全政策的准则和背景方面，概述了6项准则及其相关的法律依据，其中，参与国际危机管理、救灾减灾的依据是《对外关系法》《和平时期国防法》《危急事件准备法》，以及爱沙尼亚根据国际条约、协议等承担的国际义务。

在分析国家面临的安全风险时，鉴于俄罗斯采用了新的安全政策和军事学说，减少了在西北部邻近爱沙尼亚的驻军，爱沙尼亚认为，国家面临的直接军事威胁、外部政治压力都在降低。但是，随着经济技术快速发展，新的非传统安全风险日益凸显——包括苏联时期在波罗的海地区建造的核电站[①]、大型化工企业，一旦发生事故可能造成的环境风险，种族冲突、难民潮、国际犯罪、大规模杀伤性武器扩散，以及全球化深入发展带来的新的经济风险（1999年，爱沙尼亚加入世界贸易组织WTO），随着电子信息技术快速发展，计算机犯罪的威胁和国家信息系统的脆弱性也大大增加——这些因素，很多都与地区重大经济和社会结构调整有关。同时，伴随经济快速发展，社会鸿沟有不断扩大的风险，很可能反作用于社会并加剧社会问题。应对上述风险，需要国家机构采取协调一致的行动，并开展广泛的国际合作。

---

① 爱沙尼亚境内没有核电站，周边国家的核电站包括：芬兰的Loviisa核电站（1号、2号机组分别于1977年、1980年投入运行，是芬兰的第一座核电站）；立陶宛的Ignalina核电站（1号、2号机组分别于1983年、1986年投入运行，分别于2004年、2009年退役）；俄罗斯列宁格勒州的Sosnovy Bor核电站。

5.2.3 积极参与国际危机管理

第二部分是“爱沙尼亚确保安全的外交政策活动：整合与国际合作”。首先，爱沙尼亚最关注的外交政策仍然是加入北约、欧盟，强调“爱沙尼亚安全政策的主要方向之一，就是为加入北约做好准备”，继续参加北约和平伙伴关系计划（英语 Partnership for Peace，PfP）和欧洲－大西洋伙伴关系理事会（EAPC），并计划到2002年将国防开支增加到 GDP 的 2%。在和平伙伴关系计划下，救援局承担民事应急规划（Civil Emergency Planning，CEP）和危机管理（Crisis Management，CRM）两个项目。

其次，是欧盟一体化进程和不断发展的欧洲安全与防卫政策，以及与西欧联盟①的合作，与邻国和其他重要国家的双边、多边安全关系，在国际组织中的活动，参与军备控制和建立信任措施等，并专门强调“有效参与国际危机管理，需要建立能够同时服务于国际和国内需求的国家危机管理体系”——这也体现了爱沙尼亚在构建国家危机管理体系（Riikliku Kriisihaldamissüsteem）过程中，独特的“双因”驱动——一方面，是为了更有效地应对国内的各种安全风险，保障国家安全和经济社会持续稳定发展；另一方面，是为了更积极地参与国际救援等人道主义行动，通过危机管理领域的国际合作，主动融入国际安全体系，塑造积极的国家形象。

实际上，恢复独立后，爱沙尼亚一直致力于在消防救援乃至危机管理领域融入国际化进程，1994 年《消防救援法》第 39 条“国际合作”，就规定了参与国际救援和接受国外在救援领域援助的基本原则。21 世纪初，爱沙尼亚已初步实现从国际化的受益者，向参与者的转变②。独立初期，在确定综合救援体系框架构想、法律制度乃至工作机制过程中，爱沙尼亚广泛借鉴参考了芬兰、瑞典、丹麦、美国等国的经验；在救援队伍和职业教育体系建设方面，芬兰、瑞典等国提供了广泛支持；独立初期，瑞典、挪威、德国等国还提供了从消防救援车辆、灭火救援器材，到计算机甚至服装的大量援助。随着综合救援体系初步形成，爱沙尼亚积极参与国际救援等人道主义行动，并结合本国面积较小、资源匮乏，难以提供物质援助的实际，将参与国际救援的重点，定位在提供专业人才和知识、技能方面，先后在格鲁吉亚、亚美尼亚、阿富汗、摩尔多瓦、乌克兰等国，参与了国际救援等人道主义行动，并在当地开展了救援领域的教育培训。

需要特别强调的是，爱沙尼亚救援局一直积极参与北约的民防演习等军事活动（最

---

① 西欧联盟（Western European Union，WEU），是 1948 年根据《布鲁塞尔条约》成立的区域性防务和安全组织，创始成员国包括法国、英国、荷兰、比利时和卢森堡，称为“布鲁塞尔条约组织”。1954 年联邦德国、意大利加入后，改称西欧联盟。2010 年 3 月 31 日解散。

② 《救援局 25 年——我们的故事》，第 40 页。

早可追溯至1997年在冰岛举行的演习)。1999年之后，爱沙尼亚将建立国际救援队，列为加入北约的国家行动计划，并作为危机管理领域的最重要目标之一。爱沙尼亚国防部也通过北约和平伙伴关系计划，持续对救援局予以拨款支持，2002年为2 623 000克朗(约合16.76万欧元)。

2000年5月30日议会全面修订《救援法》时，细化了第39条“国际合作”的规定，授权爱沙尼亚政府就参与国际救援行动制定法规，并明确规定救援人员参与国际救援行动期间，享受与在国内执行任务相同的抚恤等社会保障待遇。根据《救援法》的上述规定，2001年6月22日，爱沙尼亚政府通过《组建国际救援队及其备勤、部署和保障的程序》[①]，授权救援局组建爱沙尼亚救援队（Päästetöödel osalev meeskond，简称Päästemeeskond；英语名称 Estonian Disaster Relief Team，EDRT)，保持常态备勤，确保接到命令后24 h内完成出发准备，并具备在国外连续工作14天的自持力。实践证明，近年来爱沙尼亚通过积极参与国际救援等人道主义行动，发挥了对国内应急管理体系建设和能力提升的促进作用，较好处理了国际和国内两方面的关系，可以说，通过“双因”驱动，取得了“双赢”效果。

5.2.4　救援工作纳入内部安全政策

第三部分“国家行动”，介绍了爱沙尼亚在安全领域7个方面的行动重点：发挥国防确保国家安全的作用（强调安全政策指导国防政策)、加强法治和少数民族融合、加强自由市场经济（强调发挥地理位置优势，成为东、西方贸易的桥梁)、加强内部安全、卫生政策和健康风险预防（分为常规医疗、院前急救和专门医疗三部分)、农业政策、环境政策等，涵盖了军事、政治、经济以及法治、卫生、环境等国家治理的重点领域。在“加强内部安全”方面，强调国家的内部安全由人身安全和社会安定两方面组成，确保人身安全，核心是发挥执法机构的作用；实现社会安定，则需要各领域政府机构的合作，并强调社会安定是实现国家内部安全、确保人民福祉和社会正义的前提。

围绕内部安全政策，爱沙尼亚从五个方面进行了阐释：警务执法（维护公共秩序、预防和打击刑事犯罪、国际警务合作等)、国家安全机构（安全警察局和国外情报局)的作用、边防管理（边防部队是爱沙尼亚国防军的组成部分)、救援工作和国家战略储备。在救援工作领域，重点分析了国家的灾害特点、应急准备工作的组织、法律依据和救援力量。从灾害特点看，爱沙尼亚的自然灾害主要包括暴风雨、洪水和大规模的森林

---

① 2001年6月22日，爱沙尼亚政府制定《组建国际救援队及其备勤、部署和保障的程序》(RT I 2001，57，344)，https：//www.riigiteataja.ee/akt/73025，2009年1月8日修订上述法规并改称《参与国际救援条例》(RT I 2009，6，43)，https：//www.riigiteataja.ee/akt/13123262。

火灾；人类活动造成的风险，主要包括交通事故、化学品事故和放射性事故，以及重大火灾、矿山事故、群体性事件，可能造成跨境影响的生产事故。在应急准备方面，当时爱沙尼亚与救援工作有关的法律依据包括《救援法》《危急事件准备法》《化学品法》《辐射法》等，以及相关的法规制度，强调需要在国家层面整体规划应急准备工作，国家机构和县、市（乡）政府要分级成立危机管理委员会，组织居民、企业和各类机构共同采取措施，以应对各类自然灾害、事故灾难。在救援力量方面，救援局及其在各县的分支机构和塔林消防救援局作为专业救援队伍，在全国范围内开展消防救援工作；当时仍隶属于内政部的现役救援队伍作为国防军的一部分，应当加强专业训练和装备配备，在重大紧急情况下开展救援服务。在国际合作方面，当时爱沙尼亚已经建立海空救援协调中心（JRCC），并积极筹建爱沙尼亚救援队，准备参与国际救援行动。

《爱沙尼亚国家安全政策基础（2001 年）》广泛引入脆弱性（Haavatavus，英语 Vulnerability）的概念，这在国际上也是比较领先的。从 20 世纪 80 年代起，国际上关于减灾、环境影响等方面的研究开始关注脆弱性，并强调脆弱性是影响事故灾害、环境变化造成后果严重程度的重要因素[①]。进入 21 世纪，脆弱性辨识、评估、监控成为风险管理的新领域，受到广泛重视，取得了很多研究成果，包括新的风险评估模型：R（risk）= H（Hazard）× V（Vulnerability）/C（Capacity），即风险 = 危险 × 脆弱性/恢复力。2003 年 1 月，联合国国际减灾战略（United Nations International Strategy for Disaster Reduction，UNISDR）在专题报告《减灾与可持续发展》（*Disaster Reduction and Sustainable Development*）中，分析了脆弱性与风险之间的关系，并对脆弱性进行了定义“脆弱性，是指由于自然、社会、经济和环境因素，导致社区对危险的易感性增加的一系列条件或者过程。”2004 年，联合国国际减灾战略在《与风险共生：全球减灾倡议》中基本延续了上述定义[②]。

5.3　《爱沙尼亚国家安全政策基础（2004 年）》

5.3.1　安全政策进入新阶段

2002 年 6 月 12 日，议会全面修订 1995 年制定的《和平时期国防法》，新增第七章

---

① 刘铁民：《脆弱性——突发事件形成与发展的本质原因》，《中国应急管理》2010 年第 10 期，第 32—35 页。

② 联合国国际减灾战略：2003《减灾与可持续发展》（*Disaster Reduction and Sustainable Development*），2004《与风险共生：全球减灾倡议》（*Living with risk: a global review of disaster ruduction initiatives*），https://www.unisdr.org/files/657_lwr21.pdf。

“国防基础”，要求爱沙尼亚政府定期分析影响国内、国际安全环境的威胁因素，向议会报告国家和民众的国防准备情况，经议会审议并批准后，以议会决议的形式发布《爱沙尼亚国家安全政策基础》，从而明确了安全政策基础的编制程序和法律地位。

2004 年，爱沙尼亚的安全政策进入新阶段——完成了在军事和政治上全面融入欧洲的两个标志性动作：2004 年 3 月 29 日加入北约，5 月 1 日加入欧盟。这两个重要目标的实现，深刻改变了爱沙尼亚安全政策的基础。因此，爱沙尼亚政府同年启动了对《爱沙尼亚国家安全政策基础》（2001 年）的修订，由外交部副部长劳尔·马尔克（Raul Mälk）牵头成立跨部门联合工作组，成员来自外交部、国防部、内政部、经济和通信部、环境部、社会事务部以及总理府办公厅和国外情报局、安全警察局。2004 年 3 月 18 日和 4 月 22 日，爱沙尼亚内阁先后 2 次讨论了安全政策基础草案，并与议会下设的国防委员会、外事委员会进行了磋商。5 月 27 日，爱沙尼亚政府将安全政策草案提交议会审议。

2004 年 6 月 16 日，议会审议通过《爱沙尼亚国家安全政策基础（2004 年）》①。该文件适应加入北约和欧盟后的新形势，在 2001 年版的基础上调整了结构，保留第一部分的安全威胁分析、第二部分的外交政策，对原第三部分“国家行动”进行拆分，将“爱沙尼亚的国防”作为第三部分，第四部分“保护宪法秩序、公共安全和重要民生领域”则专门阐述外交、国防以外的安全政策。从上述调整可见，到本世纪初期，爱沙尼亚已经开始构建外交政策、国防政策和内部安全政策“三位一体”的国家安全战略，强调内部安全在国家安全政策中的地位和作用。

5.3.2 事故灾难和自然灾害纳入安全威胁

在第一部分“安全政策的目标和主要方向：安全威胁”，系统分析了爱沙尼亚面临的 9 个方面安全威胁：国际危机失控、军事冲突、外来压力、国际恐怖主义、有组织犯罪、事故灾难、社会风险、经济风险、信息技术风险。爱沙尼亚非常重视安全风险的不确定性，认为在当今世界，出现难以预料的新的复杂安全威胁（也就是“黑天鹅”事件）的可能性不断增加，可能对国家安全形成新挑战。因此，延续 2001 年版安全政策基础的判断，爱沙尼亚认为在国家安全领域，最主要的威胁，是世界范围内危急事件失控带来的不确定性——从现今的视角回看，新冠肺炎疫情在全球持续蔓延，实际上就属于这类安全威胁——爱沙尼亚能够在近 20 年前，将全球性危急事件失控作为国家面临的首要安全风险，体现了其深刻的忧患意识和安全政策的独到性。

---

① 《爱沙尼亚国家安全政策基础（2004 年）》（RT I 2004，49，344），https：//www.riigiteataja.ee/akt/773389。

其余8个方面中，第二方面的安全威胁来自军事冲突，在这一版安全政策基础上，爱沙尼亚做出了迄今为止最为乐观的国防安全形势判断，认为“欧洲和波罗的海地区发生军事冲突的可能性已降至最低”，特别是随着正式加入北约和欧盟，进一步降低了爱沙尼亚面临的军事威胁（这一版也是唯一一次未提及俄罗斯的军事威胁）。第三方面是外来压力的威胁，值得注意的是，区别于2001年版安全政策基础仅限于“外来政治压力”的表述，这次修订的“外来压力”不再局限于政治方面，并特别强调防范其他国家出于政治动机，在经济领域、专门服务等方面施加的压力——近年来，美国政府为遏制打压中国高新技术发展，在半导体芯片方面采取的种种无理限制和打压措施，实际上就属于这种“外来压力”。第四、第五方面分别是国际恐怖主义威胁和有组织犯罪威胁。

而另外的4个方面中，第六方面是事故灾难和自然灾害造成的威胁，包括火灾、爆炸、交通事故、放射性事故、化学事故和暴风雨、洪水等，并再次强调，必须高度重视苏联早期在波罗的海地区建设的核电站的危险；同时，随着波罗的海尤其是芬兰湾油轮运输量增加，海上运输和陆上危险化学品企业的安全风险，也都不容忽视。第七方面是社会风险，包括吸毒、酗酒、艾滋病和其他危险传染病的蔓延，以及由于周边国家出现紧急状态，可能导致的难民潮和大规模移民。第八方面是经济风险，爱沙尼亚经济高度融入世界经济，自身经济规模较小，对外依存度高，因此，全球经济危机或者外国市场的不稳定性，都是影响经济安全的风险因素（爱沙尼亚的天然气和电力供应，都严重依赖国外）。第九方面是信息技术的风险。作为全球领先发展的数字化社会，爱沙尼亚高度依赖电子信息系统和全球互联网，信息系统的不稳定和故障，以及计算机犯罪的风险、信息系统的脆弱性，都会导致严重的安全风险，因此，爱沙尼亚将防范信息技术风险确定为国家安全的优先选项。

5.3.3　应急准备对于维护国内安全利益至关重要

在分析国家面临的安全风险和威胁后，第二部分“外交领域的安全政策”和第三部分“爱沙尼亚的国防”分别从外交、军事角度，阐释了爱沙尼亚国家安全政策。第四部分“保护宪法秩序、公共安全和重要民生领域”论述了国家内部安全问题，强调确保内部安全，是爱沙尼亚国家安全政策的重要组成部分，特别是“在变化的国际环境中，外部因素往往是以内部安全问题的形式产生影响”，这也从另一个方面说明，内部安全对于确保国家安全至关重要。这一部分，强调了三个重点领域：首先，是加强法治建设，核心是确保民主和法治，保护公民的基本权利和自由，优化和简化行政、执法和司法系统，使其更为高效。其次，是加强内部安全，主要任务是确保国家内部稳定、保护人员生命安全，涉及国家安全（Sisejulgeoleku，此处是以维护宪法秩序为目标的狭义国家安全，主要涉及安全警察局、国外情报局的职责）、执法（主要是打击有组织犯罪）、边境安全和移民管理、危机管理和救援（Kriisireguleerimine ja päästetegevus）4 个方面的工作。第三，是加强经济、社会和环境安全，涉及经济安全（包括提高金融系统可靠性、实现快速、平衡和可持续的经济发展等）、社会保障（包括劳动力市场、医疗卫生服务、应对传染病疫情等）和环境安全（包括海洋污染防治、转基因生物控制、核电站安全等）。

在上述“危机管理和救援”方面，《爱沙尼亚国家安全政策基础（2004 年）》指出，“为维护国家内部安全利益，做好应急准备并及时应对危急事件至关重要”“风险分析是危机管理的重要组成部分，应当根据风险分析评估发生危急事件的可能性及其后果，并制定预防措施。”当时，爱沙尼亚根据《危急事件准备法》已经初步构建了国家危机管理体系，目标是确保应急状态下的社会安全，并保护民众。在这一部分，根据 2001 年《危急事件准备法》的相关规定，首次提出了“重要民生领域”（elutähtsate valdkond）、“关键基础设施”（olulise infrastruktuur）的概念，强调在应急状态下，必须保证重要民生领域运行、关键基础设施发挥作用，并及时向公众提供相关信息。为此，必须重组国家储备系统，加强救援、执法、能源、运输、电子通信、环境、卫生和社会保障方面的应急准备，包括配备必要的装备；为确保有效应对危急事件，爱沙尼亚规划建立全国性的应急无线通信系统。在救援力量建设方面，强调救援局及其救援机构，应当在危机管理方面发挥核心作用，同时，边防局和其他机构，也应根据职责分工与救援局进行合作，以挽救人员生命、保护财产和环境安全。2002 年爱沙尼亚政府批准的《国家危机管理预案》中，专门就参与国际危机管理做出规定。为提高参与国际救援行动的能力，爱沙尼亚按照联合国国际城市搜索与救援咨询团①的标准，建立了爱沙尼亚救援队。该队属于中型救援队，于 2005 年 1 月首次执行国际救援任务，派出一支医疗队前往印度尼西亚的班达亚齐，参加 2004 年 12 月 26 日印度洋地震和海啸后的救援工作；同年 10 月 26 日巴基斯坦兴都库什地区发生 7.8 级地震后，爱沙尼亚救援队也参加了救援行动；2010 年 1 月 12 日海地发生 7.0 级地震后，爱沙尼亚救援队也参加了救援行动。到 2017 年，爱沙尼亚救援队共到近 30 个国家执行了超过 55 次任务②。

---

① 联合国国际搜索与救援咨询团（International Search And Rescue Advisory Group，INSARAG），成员来自 90 多个联合国成员国和相关机构，致力于推动城市搜寻和救援（USAR）工作，其依据是联合国大会 2002 年第 57/150 号决议认可的 INSARAG 准则。从 2005 年起，联合国开始对国际城市救援队进行能力分级测评，具体由 INSARAG 承担，根据队伍规模和装备资源不同，将救援队分为中型和重型两类，每 5 年进行复测。https：//www. insarag. org/#。

② 外交部：爱沙尼亚救援队介绍。https：//www. terveilm. ee/leht/teabekeskuse - teemad/humanitaarabi/eesti - paastemeeskond/。

5.4　《爱沙尼亚国家安全政策基础（2010 年）》

2009 年 5 月 20 日，根据《和平时期国防法》第 26 条第（2）款的要求，爱沙尼亚启动了安全政策基础的修订工作，由外交部部长乌尔马斯·派特（Urmas Paet）牵头组建工作组，成员来自外交部、国防部、内政部、经济和通信部、社会事务部、财政部、司法部和总理府。2010 年 3 月，修订草案形成后，在议会外交委员会、国防委员会联席会议上，外交部部长和国防部部长提交《爱沙尼亚国家安全政策基础说明备忘录》，报告了修订过程和主要内容。2010 年 5 月 12 日，议会以 82 票赞成通过《爱沙尼亚国家安全政策基础（2010 年）》[①]。

《爱沙尼亚国家安全政策基础（2010 年）》调整了体例结构，第一部分是“安全政策的目标和原则”——将目标和原则作为独立部分，并置于篇首，凸显了该文件作为国家安全政策基础的定位，体现了安全政策基础作为指引性框架的属性；第二、第三部分分别是“安全环境”“行动方针”。

5.4.1　广义安全概念纳入安全政策基本原则

在第一部分“安全政策的目标和原则”，强调安全政策的覆盖范围应当因时而变，结合加入北约和欧盟后安全态势的变化，在 1996 年《爱沙尼亚国防政策主要方向》的 9 项原则基础上，首次概括提出了爱沙尼亚安全政策的 8 项基本原则，包括遵守《联合国宪章》、强化与北约和欧盟的集体防御等，继续强调国际合作，尤其是北约集体防御体系对爱沙尼亚的重大意义：“爱沙尼亚是国际安全环境的组成部分，国际安全形势与爱沙尼亚的安全息息相关。”“全球化趋势说明，安全既是国际合作的目标，也是国际合作的结果。”在这 8 项基本原则中最具特点的是强调**广义安全概念**——“爱沙尼亚的安全政策基于广义安全概念，涵盖了影响安全的所有趋势，以及确保安全的重要领域”。正如外交部部长乌尔马斯·派特在《爱沙尼亚国家安全政策基础起草备忘录》中指出的，“安全政策最核心的原则，是强调广义安全概念，即必须兼顾所有影响国家安全的因素，无论其源于国外还是国内。安全政策的实施，必须涵盖与安全相关的所有领域。因此，新的国家安全政策基础在编制过程中，突出了之前认为与国家安全政策并不直接相关的非传统安全问题（如社会凝聚力、公共卫生、环境安全领域的风险和威胁）。”在审议过

① 《爱沙尼亚国家安全政策基础》（*Eesti julgeolekupoliitika alused*，RT I 2010，22，110），https：//www. riigiteataja. ee/akt/13314462。

程中，议会国防委员会主席马蒂·瑞德玛（Mati Raidma）对此也表示认同："国家安全是不可分割的整体，在保护国家免受外部入侵的同时，还必须确保内部安全，因为内部和外部的安全威胁会产生叠加效应，共同影响国家安全。为实现整体国家安全目标，必须动员全社会参与。"①

5.4.2 强调不同层面安全环境的关联性

在第二部分"安全环境"，从全球、欧洲－大西洋和爱沙尼亚三个层面，分析了安全环境的变化及其特点。《爱沙尼亚国家安全政策基础（2010 年）》更加突出不同层面安全环境的关联性，摒弃了之前简单按类别罗列安全风险和威胁的方法，将影响安全环境的各类发展、变化联系起来看待，强调"影响安全环境的因素，比以前更加多样化、更加难以预测。安全利益和安全竞争的范围，已经拓展到更广泛的领域，政治、军事、经济、技术、社会和环境发展带来的变化交织在一起，共同影响着安全环境"。

在对国家安全环境的分析上，主要强调了以下观点：（1）爱沙尼亚的安全环境，受国际形势和国内发展的共同影响，最大的安全威胁，是外部和内部因素交织叠加的共同作用；（2）爱沙尼亚受到军事攻击的可能性不大，但不能排除这一风险；（3）外部压力可能表现为破坏爱沙尼亚的国际声誉，造成内部不稳定；（4）爱沙尼亚经济与世界经济紧密结合，国际经济危机和重要外国市场不稳定等全球性因素，都可能对爱沙尼亚产生重大影响，经济和金融危机带来的风险，可能会造成社会形势紧张，为有组织犯罪提供可乘之机；（5）信息通信系统广泛运用，成为影响许多重要民生服务连续性的决定性因素，由于信息通信网络的互联性，一项重要民生服务的中断，可能产生多米诺效应，波及更多社会运行不可或缺的重要民生服务，同时，网络空间还可能被用于煽动社会冲突；（6）极端主义、侮辱性或仇恨意识的传播，会削弱社会凝聚力，降低社会容忍度，造成社会紧张；（7）区域发展不平衡和社会群体适应性差，也会影响国家稳定；（8）作为欧盟外部边界的控制国，爱沙尼亚在加强边境管制、管理申根区方面，发挥重要作用；（9）有组织犯罪和恐怖主义行为会破坏国家形象、削弱社会安全感，进而影响国家安全和经济发展；（10）腐败犯罪更加复杂，与其他类型的犯罪交织在一起，破坏政治、社会和经济稳定，可能威胁国家安全，等等。在这一部分，专门强调：爱沙尼亚及其邻国的自然灾害、事故灾难或传染病疫情蔓延，都可能导致危急事件，从而危及爱沙尼亚安全；波罗的海地区继续使用的老式核电站，加剧了放射性事故的风险；随着波罗的海

---

① 《爱沙尼亚国家安全政策基础起草备忘录》，https：//vm. ee/sites/default/files/content－editors/JPA_ 2010_ seletuskiri. pdf。

运输量增加，特别是石油和石油产品运量增加，重大运输事故和大规模环境污染的风险正在增加。

5.4.3　重要民生服务连续性纳入行动方针

在第三部分“行动方针”，从外交政策、国防政策、安全政策、重要民生服务连续性和社会凝聚力五个方面，阐述了确保国家安全的主要方向。其中，“安全政策”包括七项内容：维护宪法秩序、欧盟外部边界管控、应急准备和减灾、预防恐怖主义、打击跨国有组织犯罪、预防网络犯罪、预防腐败。其中，在“应急准备和减灾”领域，强调了以下内容：国家应当组织公众、地方政府、国家机构、企业和非营利组织合作，预防危急事件发生，并减轻其危害和影响，确保在应急状态下保护民众生命健康和财产安全；国家应当主动向公众发布风险预警，并提供应急状态下采取必要行动的指导；应急状态下，应当组织有关各方广泛参与应急响应，努力减轻灾害后果和影响，必要时调用国防资源；国家支持防灾、救灾领域的志愿服务活动；推动国际合作，确保波罗的海尤其芬兰湾的海上运输安全，高度重视发展海上救援和污染监测清理能力；在欧盟、北约和波罗的海国家框架内，开展救援和危机管理合作，积极参加联合国组织的国际救援行动。

“重要民生服务连续性”，是近 20 年来爱沙尼亚在安全政策、应急救援领域高度重视的概念。2001 年《危急事件准备法》首次提出“重要民生领域”的概念，《爱沙尼亚国家安全政策基础（2004 年）》也强调了重要民生领域对国家安全的意义，2009 年施行的《危急事件法》首次提出“重要民生服务”和“重要民生服务连续性”的概念，并按照责任单位，列举了涉及 7 个部门、单位和各地方政府的共 43 项重要民生服务。

在《爱沙尼亚国家安全政策基础（2010 年）》，着重阐释了十个方面的安全政策：电子通信安全、网络安全、交通基础设施安全、能源安全、环境安全、金融安全、心理保护、区域协调发展、社会融合、公共卫生安全。其中包括首次提出的“心理保护”（Psühholoogiline kaitse），也就是发展、保持和维护宪法确定的价值观，增强人民的自信心和主动参与维护国家安全的意愿，增强抵御外来压力的心理能力，从而提高人民的安全感，防止危机并强化对国家和社会的信心。“区域协调发展”（Ühtlane regionaalne-areng），也是 2010 年《爱沙尼亚国家安全政策基础》重点推介的理念，强调国家应当组织必要的基础设施建设，支持地方政府加强对社区的综合管理，提高教育、卫生和其他领域公共服务的质量和可及性，在考虑各地差异性的同时，实现地区经济和人口的均衡发展，确保整个国家都是宜居和安全的，从而避免由于人口和经济在部分地区过度集中发展，带来的安全风险和隐患。此外，“社会融合”（Lõimumine）也受到重视，目的是塑造具有强烈认同感和共同价值观的文化多元社会，包括促进区域经济和受教育机会均衡发展，促进爱沙尼亚语学习，促进社会各阶层融合，从而为所有居民积极参与社会生活创造机会。

2010 年 9 月 1 日，新《救援法》实施，专设第六章“参与国际救援和排爆”，就爱沙尼亚救援力量到境外参加救援行动，以及邀请其他国家的相关机构到爱沙尼亚参与救援行动做出了规定。要求救援局应当根据国际协议，具备在国外开展救援工作的资质，根据国际救援协议或者欧盟成员国的请求，以及《国际民事任务法》的规定，到境外参与国际救援和排爆工作。同时，救援局也可以根据国际协议，邀请具备资质的其他国家救援机构到爱沙尼亚参与救援和排爆工作。

5.4.4 首次开展中期评估

2013 年 2 月 26 日，爱沙尼亚政府向议会提交《爱沙尼亚国家安全政策基础（2010 年）实施情况概述》[①]，逐条对应原文，总结了推进实施的做法和成效，并提出了未来工作的建议。以下，是对照《爱沙尼亚国家安全政策基础（2010 年）》第三部分“行动方针”中“安全政策”所包含的“应急准备和减灾”，2010 至 2012 年开展的工作情况：

——应急演练和多方协作方面。爱沙尼亚政府、国家危机管理委员会在不同层面，组织了一系列综合性、专题性灾害处置应急演练和演习，最典型的是 2011 年 5 月 16 日至 20 日，在首都塔林和第二大城市塔尔图，爱沙尼亚承办了欧盟“EU CREMEX 2011”系列国际应急演习，以检验应对大规模化学和辐射事故、恐怖袭击和人质危机的能力，英国、瑞典、芬兰、立陶宛、卢森堡等国参加[②]。其他还包括：2010 年应对暴风雪和重要民生服务中断的“Lumetorm 2010”演习，2012 年的“Küberpalavik”网络安全演练、“Big Boat 2012”海上救援演习等。爱沙尼亚救援局与警察和边防局、国防部开始建立备灾和救援资源共享机制，国防部向救援局提供在应急状态下，可用于救援工作的国防资源清单。根据《危急事件法》，从 2010 年起，爱沙尼亚开始推行地方政府主导的基于风险分析的应急预案编制，国家层面则针对典型事故灾害制定了风险分析和预案模版。爱沙尼亚救援人员参加了 2010 年 1 月 12 日海地地震救援等多项国际救援。2011 年 5 月 5 日，爱沙尼亚政府公布施行《参与国际救援和排爆工作的程序和经费保障》[③]，规范了参加国际救援（包括排爆）行动的程序，相关经费纳入救援局预算予以保障。

---

① 《爱沙尼亚国家安全政策基础（2010 年）实施情况概述》，https：//vm. ee/sites/default/files/content－editors/JPA_ 2010_ elluviimisest. pdf。

② 欧洲民事保护和人道主义援助行动总局（DG for European Civil Protection and Humanitarian Aid Operations，DG ECHO）：《2008 年至 2011 年的演练》，https：//ec. europa. eu/echo/civil_ protection/civil/prote/exercises. htm。

③ 《参与国际救援和排爆工作的程序和经费保障》（RT I，11. 05. 2011，2），https：//www. riigiteataja. ee/akt/111052011002。

——风险提示方面。救援局与国家广播电台签订合作协议，在发生危急事件和其他类似事件时，通过广播，及时向公众提供有效信息；爱沙尼亚政府信息办公室（Valitsuse Kommunikatsioonibüroo）建立了专门的应急服务网站（www. kriis. ee），及时公开重大事故的信息，并提供处理各种危急事件的指南和宣传提示，包括应对暴风雪、洪水、地震和霜冻等极端天气事件的指南。2020 年新冠肺炎疫情暴发后，该网站提供了大量有关防疫的宣传提示。

——救援领域的志愿服务方面。继 2009 年内政部制定《发展志愿救援事业的概念》，2010 年《救援法》首次就鼓励和规范志愿救援事业做出系统规定，赋予志愿救援人员按照职业救援人员的指令，独立开展部分工作的权力。到 2012 年底，爱沙尼亚已有 1 238 名志愿救援人员、95 支志愿救援队伍开展救援工作（2008 年为 503 人，2011 年 6 月 844 人）①。2012 年，内政部启动了《全国志愿救援事业发展指引（2013—2016 年）》的编制工作，并于 2013 年完成。

——重要民生服务方面。2009 年《危急事件法》构建了全国危机管理体系，重点之一是确保重要民生服务的连续性，在发生危急事件时保护民众安全。2010 年，内政部制定《重要民生服务连续性风险分析指南》《重要民生服务连续性预案编制指南》，为开展重要民生服务风险分析和保障服务连续性，提供了方法论依据。2012 年，在 43 个重要民生服务领域，共有约 170 个企业和机构提供相关服务，业务领域涉及 7 个政府部门和爱沙尼亚银行，以及 5 个最大的地方政府，上述企业和机构均就重要民生服务的连续性进行了风险分析，制定了预案，并由相关领域的政府部门对风险分析和预案进行了审查。

5.5　《爱沙尼亚国家安全政策基础（2017 年）》

5.5.1　总理府承担编制工作

2015 年 11 月 2 日，国家安全委员会启动了对《爱沙尼亚国家安全政策基础（2010 年）》实施情况的审查，并要求总理府直接协调起草新版的安全政策基础，这也是首次由总理府承担这项工作（之前，都是由外交部牵头成立跨部门的联合工作组）。2016 年 7 月草案起草完毕，其间，总理府与议会的外事委员会、国防委员会分别进行了沟通。

① 2011 年 6 月 7 日，《沃鲁玛报》（*Vooremaa*）：《继续发展志愿救援力量》。https：//www. vooremaa. ee/vabatahtlikud - paastjad - peavad - muutuma - uhiskonnas - nahtavamaks/。

同年9月议会开始审议，并于2017年5月31日批准《爱沙尼亚国家安全政策基础（2017年）》①。

《爱沙尼亚国家安全政策基础（2017年）》沿续了之前的总体定位——作为集中反映国家安全政策目标、原则和方向的框架性文件，而不是具体的发展规划，不设定量化目标和具体行动，而是作为编制专项规划、行动方案的基础。2017年版安全政策基础的主基调，仍然是在国际化环境和全球化趋势下，综合考虑各类风险和威胁——正如序言中重申的，“爱沙尼亚将国家安全视为国际安全的组成部分”，“在全球化趋势下，安全既是国际合作的目标，也是国际合作的结果”。全文仍由“安全政策的目的和原则”“安全环境”“行动方针”共3部分组成，但逻辑结构做了调整，并结合新的发展，更详细地阐述了安全政策的优先选项，更深入地分析了长期的安全性问题。

《爱沙尼亚国家安全政策基础（2017年）》借鉴国际安全理论的新发展，增加和强化了新元素、新术语，如广义安全概念、不对称威胁、可持续发展、不同层面安全问题的“穿透式影响”、重要民生服务的脆弱性、社会复原力和国家凝聚力、整体性政府、整体性社会等。尤其强调“可持续发展”（Kestlik areng）的理念，认为“可持续发展，是指社会、经济和自然环境协调一致的发展，以确保人们现在和未来都享有良好的生活质量，并拥有安全、清洁的生活环境”。

5.5.2　广义安全概念成为国家安全政策的核心

《爱沙尼亚国家安全政策基础（2017年）》第一部分“安全政策的目标和原则”，总体上延续了2010年版安全政策基础的8项基本原则，强调国家安全政策最核心的原则是**广义安全概念**，并首次给出定义：“广义安全概念，是指国家及其人民抵御各种外部政治、军事、经济和社会方面的威胁、风险及其相互作用，并实现这些威胁和风险之间的平衡，从而捍卫自身内在价值和目标的能力。为此，需要政府、社会组织和其他机构协作，创造和维护稳定与和平的环境。”在提交议会审议时的说明中，进一步强调：“安全政策应当考虑所有可能影响国家安全的因素——因为在当今世界，国家的独立和主权，正受到外交、武力之外更加多样化的威胁，包括超越国境、源头难以识别的不对称威胁（asümmeetrilised oht）。”——这是爱沙尼亚在安全政策基础中首次提出“不对称威胁”概念。

与广义安全概念相适应，《爱沙尼亚国家安全政策基础（2017年）》首次提出了“整体性政府”（valitsus – kui – tervik – lähenemine）和“整体性社会”（ühiskond – kui –

① 《爱沙尼亚国家安全政策基础》（RT Ⅲ，06.06.2017，2），https：//www.riigiteataja.ee/akt/306062017002。

tervik – lähenemine）的概念——在实现国家安全目标的过程中，政府和社会都必须发挥积极作用，政府各个部门和机构应当形成整体合力，而不是囿于职责界限、条块分割；同样，社会的各个方面包括公民、企业、非营利组织等，也要加强合作与协调，不能各行其是、各自为战。

第二部分“安全环境”，仍然从区域、跨大西洋和全球这三个视角进行了分析，强调国家安全与地区和国际环境密不可分，全球范围内发生的事件会影响到爱沙尼亚的安全，反之亦然，并将这种不同层面之间的垂直影响，称为“穿透式影响”（vertikaalset mõju）。进而提出，“爱沙尼亚最主要的安全风险是全球安全问题的恶化”——虽然这一观点与2001年、2004年、2010年一脉相承，但与之前，特别是2010年相对乐观的判断相比，2017年爱沙尼亚对安全环境的分析，流露出明显的忧虑情绪和危机意识，最基本的判断是“全球安全环境动荡不安。全球化带来的威胁和风险依然存在，且其影响在某些地方已经增强。地区冲突并未减少，在欧洲及其周边地区，存在多处引发冲突的温床，虽然矛盾暂时搁置，但并未找到解决问题的答案”。爱沙尼亚也更为直白地表达了对俄罗斯的不安甚至是敌意：“俄罗斯的军事活动和侵略，影响了欧洲安全。恢复大国地位符合俄罗斯的利益，为此，俄罗斯不会回避与西方价值观和欧洲 – 大西洋集体安全体系的尖锐对立。”

《爱沙尼亚国家安全政策基础（2017年）》更加重视网络安全，认为网络空间改变了人们互动的方式，已经成为人类社会发展的一部分，是政治斗争、战争以及依赖网络开展的公共服务的一部分。并将网络空间的重要性提升到新高度，与现实空间等量齐观，提出“网络空间与领土、领海和领空一样，是国家安全环境的新维度”。同时，自然灾害、事故灾难等危急事件，仍然是爱沙尼亚高度重视的安全问题，指出“爱沙尼亚及周边地区由于自然灾害、环境污染、传染病疫情造成的危急事件，也可能危及安全，包括对粮食生产链的各环节，以及粮食供应安全产生重大影响”。

5.5.3　危机管理更广泛纳入安全政策优先行动方向

第三部分“行动方针”阐述了安全政策的行动方向。与2010年版相比，这一部分的创新点，是开篇即按照优先等级，列举了21个方面的行动方向，进而分别在9个领域进行了阐述：外交、国防、宪法秩序、预防冲突和危机管理、经济安全和配套基础设施、网络安全、生活环境安全、社会复原力和凝聚力、未来展望——爱沙尼亚政府希望树立这样的观念：安全是政府和社会共同行动的结果，每个领域都需要多个部门和社会组织的参与，而不是只有一个责任主体。

在21个方面的优先行动方向中，与危机管理直接相关的包括：

（1）降低重要民生服务的脆弱性，尤其是粮食、饮用水中断的可能性，提高应急准备水平和应急状态下，对民众的保护水平，尤其要保护重要民生服务免受网络威胁并实施有效的管理，增强社会复原力——“社会复原力”（Ühiskonna kerksus），是指社会从负面影响中快速恢复，重启社会运行的动力、方向，并实现其功能的能力。（第 12 项）

（2）以社区为基础解决安全问题，动员更多的社会力量和志愿者，增加社会复原力和风险遏制能力。这里提出了“社区路径”（Kogukondlik lähenemisviis）的概念，即通过民众与国家机构、地方政府、企业、社会组织的合作，充分考虑地域性特点，辨识影响安全的问题，并规划共同采取防灾、救灾、减灾措施。（第 15 项）

（3）增强公众的安全感，以及感知、评估和应对各种风险威胁的能力。（第 18 项）

在“生活环境安全”领域，强调安全和可预期的生活环境有助于增强人们的安全感，提高国家声誉，降低社会的脆弱性，增加民众为国家发展做出贡献的意愿，从而为社会和个人发展创造更好的条件。影响生活环境的因素，包括自然环境、公共卫生水平、应急准备情况，以及重要民生服务的连续性等。国家应当在各类自然灾害、事故灾难和战争状态下，以最佳的方式保护民众生命健康和环境、财产安全，尤其要提高应对可预见危急事件的能力。

在“社会复原力和凝聚力”领域，强调社会凝聚力和认同感越高，国家和社会应对安全风险威胁的脆弱性就越低；社会融合有利于增强社会团结，人民对国家的信任度越高，国家前景就越光明。随着国家真正承担起保障人民福祉的责任，并准备好应对各种安全威胁和风险，整个社会的信心也会增强。爱沙尼亚推进社会融合的目标，是创建一个具有强烈认同感、共享价值观和尊重多元文化的社会。通过向公众提供更准确及时的风险提示、灾害预警信息，有助于提高社会凝聚力和融合度，从而减少自然灾害、事故灾难乃至战争状态时的非理性行为。

在《爱沙尼亚国家安全政策基础（2017 年）》的文末，分析了可能阻碍实现安全政策目标，或者使安全政策目标的实现复杂化的 3 个趋势：人口老龄化和人口绝对数量的逐步下降，全球可持续发展目标失败或没有达到预期，人工智能等技术发展对人类与安全的影响。

在本书接近成稿之际，2022 年 2 月 21 日，俄罗斯宣布承认顿巴斯地区的顿涅茨克人民共和国和卢甘斯克人民共和国，并签署了友好合作互助条约，俄军根据协议进入顿巴斯。22 日，俄罗斯联邦委员会准许俄总统在境外动武。24 日俄罗斯宣布在乌克兰实施特别军事行动。显然，这场冲突的爆发，是冷战结束后，以美国为主导的北约持续东扩、挤压俄罗斯战略空间的结果。爱沙尼亚作为俄罗斯的邻国，强烈感受到欧洲安全形势的紧张，未来也必然相应调整国家安全政策。

附录 3

《消防安全法》[①]

修订情况

议会通过时间	修正案编号	生效时间
2010 年 12 月 16 日	RT I，30. 12. 2010，2	2011 年 1 月 1 日
2011 年 2 月 23 日	RT I，25. 03. 2011，1	2014 年 1 月 1 日，后改为 2014 年 7 月 1 日
2011 年 12 月 8 日	RT I，29. 12. 2011，1	2012 年 1 月 1 日，部分内容为 2014 年 1 月 1 日和 2014 年 11 月 11 日，部分内容改为 2014 年 7 月 1 日
2013 年 3 月 27 日	RT I，16. 04. 2013，2	2013 年 4 月 26 日
2013 年 12 月 5 日	RT I，22. 12. 2013，1	2014 年 1 月 1 日
2014 年 2 月 19 日	RT I，13. 03. 2014，4	2014 年 7 月 1 日，部分内容 2014 年 3 月 23 日
2014 年 6 月 5 日	RT I，29. 06. 2014，1	2014 年 7 月 1 日
2014 年 6 月 19 日	RT I，12. 07. 2014，1	2015 年 1 月 1 日
2014 年 6 月 19 日	RT I，29. 06. 2014，109	2014 年 7 月 1 日，根据《政府组织法》第 107^3 条（4）款，将法律中对各部部长的称谓统一调整为“负责该领域的部长”
2015 年 2 月 11 日	RT I，12. 03. 2015，1	2016 年 1 月 1 日
2015 年 2 月 18 日	RT I，23. 03. 2015，3	2015 年 7 月 1 日
2015 年 2 月 18 日	RT I，23. 03. 2015，4	2015 年 7 月 1 日
2015 年 12 月 9 日	RT I，30. 12. 2015，1	2016 年 1 月 18 日
2018 年 5 月 9 日	RT I，31. 05. 2018，1	2019 年 1 月 1 日
2018 年 11 月 21 日	RT I，12. 12. 2018，3	2019 年 1 月 1 日
2020 年 6 月 17 日	RT I，10. 07. 2020，2	2021 年 1 月 1 日
2020 年 11 月 25 日	RT I，10. 12. 2020，1	2021 年 1 月 1 日
2020 年 12 月 15 日	RT I，30. 12. 2020，2	2021 年 3 月 1 日
2021 年 3 月 10 日	RT I，22. 03. 2021，1	2021 年 4 月 1 日

① 2010 年 5 月 5 日，议会通过《消防安全法》（*Tuleohutuse seadus*，RT I 2010，24，116），自 9 月 1 日起生效，适用至今，截至 2021 年 3 月 10 日最近一次修订，共修订 19 次。本文为现行最新版本。为方便阅读，删除了历次修订时间、修订法案编号等注释信息，并在篇首增加了目录。https：//www. riigiteataja. ee/akt/122032021009。

目录

第一章 总则

第1条 适用范围

（1）本法规定了自然人、法人以及国家和地方政府机构、团体（以下简称人）保障消防安全的义务、权利和责任，以及国家对上述情况实施的监督。

（2）执行本法的同时，还应当遵守其他法律法规有关消防安全的专门规定。

（3）《行政程序法》适用于本法规定的行政诉讼程序，并应当执行本法的专门规定。

（4）本法规定的经济活动许可发放、撤销和备案，以及不属于经济活动但应当申请许可和备案的活动，均适用《经济活动法典 总则》。

第 2 条 术语

（1）就本法而言，消防安全要求是指为确保建筑使用、设备运行和人员活动的消防安全，以及火灾时安全疏散和灭火救援而制定的技术标准，或者禁止性规定。

（1^1）就本法而言，消防安全服务包括：

1）建筑消防设计专家审查；

2）建筑消防安全评估；

3）为根据《建筑法典》第 14 条第（4）款 1）项之规定，需要进行专家审查的建筑编制消防设计文件；

4）编制消防安全自查报告；

5）组织疏散灭火演练；

6）制定火灾应急预案；

7）进行消防安全培训；

8）进行明火作业培训；

9）开展消防安全检查。

（1^2）就本法而言，消防安全检查是指对场地、建筑及其消防设施，以及建筑使用是否符合消防安全要求进行的检查。

（2）就本法而言，救援设备是指用于救援工作的自行式、移动式或者固定式设备、器材。

（3）就本法而言，可燃材料是指与火花、明火接触或者在高温环境影响下，容易燃烧并散发热量、烟气和有毒气体或者易燃熔滴的材料或物质。

第二章 火灾预防

第一节 消防安全义务和消防安全服务

第 3 条 消防安全义务

（1）每个人都应当做到：

1）遵守消防安全要求；

2）检查拥有或使用的不动产、建筑、场所、设备的安全性和合规性；

3）使用供暖系统、烧烤设备和其他设备设施以及户外用火、明火作业时，确保人员生命和财产、环境安全；

4）按照要求为建筑安装和维护救援设备，以及本法第 30 条要求的消防设施；

5）采取措施防止发生火灾，避免可能引起火灾的活动；

6）确保人员安全疏散；

7）向单位负责人和救援部门报告威胁人员生命健康的安全风险；

8）扑救初起火灾，防止火势蔓延；

9）知道自己在发生火灾时的职责；

10）发现火灾立即拨打欧洲统一紧急服务号码 112 报警；

11）配合国家实施的监督和火灾原因调查，除非可能扩大损失，在火灾原因查明前保留火灾现场；

12）及时执行国家监督部门下达的整改要求。

（2）除本条第（1）款的规定外，企业、事业单位的负责人还应当做到：

1）向新上岗、转岗的雇员和服务人员（简称员工）开展岗前消防安全培训，并根据本法第 6 条第（3）款的要求，每年至少组织员工参加一次疏散和灭火演练；

2）向员工说明其工作岗位的消防安全要求，并检查遵守情况；

3）确保员工能够使用消防设施和救援设备；

4）告知员工火灾风险和防火措施。

第 4 条 消防安全自查报告

（1）消防安全自查报告应包含以下内容：

1）建筑基本情况；

2）建筑使用信息；

3）消防设施和救援设备维护情况；

4）单位消防安全管理情况；

5）火灾应急预案；

6）自查发现的隐患及其整改情况；

7）其他有关消防安全的重要信息。

（2）人员密集、可能造成重大财产损失的火灾高风险单位，其建筑使用人应当组织消防安全自查并编制消防安全自查报告。根据本条第（4）款制定的规章确定的建筑，应当编制消防安全自查报告。

（3）消防安全自查报告应当每年向救援局提交一次。消防安全自查报告和相关资料应当保存至少五年。

（4）负责该领域的部长应当制定规章，规定必须提交消防安全自查报告的建筑范围和报告内容要求。

第 4^1 条 消防安全服务的提供

（1）本法第 2 条第（1^1）款 1）—3）项规定的消防安全服务，可以由具备消防安全专家（6 级）职业资格的自然人提供，上述行为属于经济活动。

（2）本法第 2 条第（1^1）款 4）—9）项规定的消防安全服务，可以由具备消防安全专业人员（5 级）或消防安全专家（6 级）职业资格的自然人提供，上述行为属于经济活动。

（3）本法第 2 条第（1^1）款 5）—7）项规定的消防安全服务，也可以由不具备相应职业资格的自然人向其所在单位提供，上述行为不属于经济活动。

（4）建筑使用人可以根据本法第 4 条第（2）款的规定，自行编制消防安全自查报告，上述行为不属于消防安全服务。

（5）本法第 2 条第（1^1）款 9）项规定的消防安全服务，可以由具备相应职业资格的自然人向其所在单位提供。上述行为不属于经济活动。

（6）取得外国职业资格的人，如果其职业资格根据《外国职业资格认可法》得到认可，可以提供本条第（1）款和第（2）款规定的消防安全服务。救援局负责按照《外国职业资格认可法》第 7 条第（2）款的规定，对消防安全领域的外国职业资格进行认可。

（7）消防安全服务应当进行经济活动备案。如果在经济活动登记系统确认了与被服务企业的法律关系，视为提交经济活动备案。

第 4^2 条　消防安全检查

（1）下列建筑，每三年进行一次消防安全检查：

1）建筑面积超过 750 平方米的办公楼；

2）建筑面积超过 1000 平方米的厂房和仓库建筑；

3）建筑面积超过 1000 平方米的车库。

（2）建筑使用人应当组织开展消防安全检查。同一建筑由两个以上单位使用的，建筑产权人负责组织开展消防安全检查。

（3）建筑使用人或者产权人根据本条第（1）款组织消防安全检查后，免于准备本法第 4 条第（2）款规定的消防安全自查报告。

（4）下列建筑或场所自愿组织开展消防安全检查：

1）高度超过 28 米的建筑；

2）《化学品法》第 21 条第（3）款所指的危险企业；

3）《化学品法》第 21 条第（4）款所指的重大事故风险企业。

（5）建筑使用人或者产权人必须准许消防安全检查人员进入其不动产、建筑的所有部位，并向消防安全检查人员提供全部相关资料文件。

（6）救援局可以根据本条第（1）款确定的标准，结合建筑用途和特点，免除消防安全检查义务。

（7）负责本领域的部长应当制定规章，规定消防安全检查的程序、要求以及消防安全检查报告的内容和提交程序。

第二节 消防安全要求

第一小节 建筑及其局部的消防安全要求

第 5 条 建筑及其局部的消防安全要求

（1）对于法律规定消防安全要求的建筑，如果救援局批准了设计文件或者同意使用，地方政府可以依据《建筑法典》下达施工或者使用许可。对于法律规定消防安全要求的建筑，地方政府依据《建筑法典》办理建筑施工或使用备案时，如果该建筑需要提交设计文件，地方政府应当征求救援局的意见。

（1[1]）地方政府如果能独立评估单户住宅、避暑小屋、花园小房及其附属服务建筑是否符合《建筑法典》规定的消防安全要求，则可以不经救援局审核，直接核发建筑施工和使用许可。如果核发建筑施工许可时未经救援局审核，一般而言，核发该建筑使用许可时也不再需要救援局审核。

（1[2]）地方政府如果能独立评估单户住宅、避暑小屋、花园小房及其附属服务建筑是否符合《建筑法典》规定的消防安全要求，则可以不经救援局审核，直接核准建筑施工或使用备案。如果核准建筑施工备案时未经救援局审核，一般而言，核准该建筑使用备案时也不再需要救援局审核。

（2）没有使用的建筑，其外墙上的门、窗和其他开口以及地下室和阁楼均应当关闭，或者采取其他措施，防止未经授权的人员进入。

（3）建筑工程投入使用时，应当确保防火、防烟分隔措施达到设计功能。

（4）吸烟、明火作业和使用存在火灾风险的设施设备，应当采取措施防止发生火灾。

第 6 条 疏散要求

（1）封闭的不动产和建筑应当确保安全疏散，疏散通道应当明显并保持畅通。

（2）建筑应当设置多个安全出口和疏散通道时，必须设置相应的消防安全标志。

（3）应当提交消防安全自查报告和开展消防安全检查的单位，应当逐座建筑制定火灾应急预案，每年组织灭火疏散演练。

（4）负责该领域的部长应当制定规章，规定火灾应急预案和火灾疏散演练的要求。

第二小节 供暖系统的消防安全要求

第 7 条 供暖系统、加热装置和加热炉

（1）供暖系统由加热装置、烟道、烟囱和其他必要部件组成。

（2）加热装置是指通过燃烧加热周围空气的装置。

（3）加热炉是加热装置的一部分，用于燃烧固体、液体或气体燃料，并连接到建筑的烟道。

第 8 条　供暖系统的设计、安装、检查、维护和使用

（1）供暖系统的设计、安装、检查、维护和使用，应当符合技术标准、产品说明和安全要求，防止发生火灾、爆炸或者其他事故。如果供暖系统的设计、安装、检查和维护均执行爱沙尼亚标准 EVS 812：3 及其等效文件①，则认为其符合消防安全要求。

（2）安装和设计供暖系统时，不得将通风管道用于排烟。

（3）供暖系统应当与墙壁、天花板和可燃材料保持一定距离，防止由于热辐射或者空气对流引起材料燃烧。

（4）供暖系统必须技术合理、结构完整、确保安全。

（5）必须按照设计用途、荷载和燃料使用供暖系统。

（6）如果供暖系统在使用过程中产生烟垢，应当根据需要清扫烟囱和烟道，清扫频率不得低于供暖系统说明文件的规定，且必须排除烟垢着火的风险。清扫烟囱和烟道时，应当遵守本法第 11 条的规定②。

第 9 条　固体燃料加热装置及其烟囱、烟道的建造和安装

（1）固体燃料炉、壁炉、火炉和其他加热装置（以下简称炉具、壁炉或者火炉）及其烟囱、烟道的建造和安装，应当由取得壁炉工职业资格的专业人员承担。

（2）独立居住建筑及其附属建筑，或者建筑面积不超过 60 平方米、高度不超过 5 米的其他自用建筑内的炉具、壁炉或者火炉，可以由未取得壁炉工职业资格证书的人员按照要求建造和安装。

（3）【废止】

（4）壁炉工在安装炉具、壁炉或者火炉及其烟囱、烟道后，应当在 10 个工作日内将信息上传至救援信息系统。

（5）如果没有关于供暖系统安全性能的评估信息，救援局或地方政府可以要求对炉具、壁炉或者火炉及其烟囱、烟道是否符合消防安全要求进行专家评估。上述评估应由取得 5 级职业资格的壁炉技师、烟道清扫技师或者 6 级职业资格的消防安全专家承担，

① “EVS 812：3”是指爱沙尼亚标准化和认证中心（Eesti Standardimis - ja Akrediteerimiskeskusest）批准的爱沙尼亚国家标准《建筑消防安全 第 3 部分：供暖系统》，现行的是 2018 年版。https：//www. evs. ee/en/evs - 812 - 3 - 2018。

② 在 2021 年 3 月 1 日实施的《消防安全法》修订版中，第 11 条已删除，相关内容被 11^1 条取代，目前的法律文本此处表述有误，应当为“11^1 条”。

并在完成评估10个工作日内，将评估资料上传至救援信息系统。

第10条 炉具、壁炉或者火炉的使用

（1）使用炉具、壁炉或者火炉过程中以及停止使用后，应当进行安全检查，以防止发生火灾。如果安装使用本法第30条第（1）款1）—3）项规定的消防设施，可以代替上述安全检查。

（2）禁止使用可燃液体为固体燃料炉、壁炉或火炉引火。

（3）使用固体燃料炉具、壁炉或者火炉时，应当与燃料或其他可燃材料保持安全距离。

第11条 【废止】

第11[1]条 炉具、壁炉或者火炉和其他加热装置及其烟囱、烟道的清扫

（1）在使用期间，应当根据需要清扫固体燃料炉具、壁炉或者火炉及其烟囱、烟道，清扫频率不得低于产品说明等文件的规定。如果没有可用的产品说明等文件，或者上述文件没有规定其他的清扫频率，则应每年至少清扫一次。确定清扫频率时，必须确保消除烟垢着火的风险。

（2）燃气供暖系统的烟囱、烟道，应当每四年由烟道清扫工清扫一次，烟道清扫工必须向建筑使用人告知烟囱、烟道的技术状态。

（3）建筑使用人必须准许烟道清扫工根据清扫固体燃料炉具、壁炉或者火炉和其他加热装置的需要进入建筑的相关部位，并使用必要的清扫作业方法。

（4）具备烟道清扫工职业资格的人可以提供清扫固体燃料炉具、壁炉或者火炉以及使用其他燃料的加热装置的烟囱、烟道的经济活动。

（5）独立居住建筑及其附属建筑，或者建筑面积不超过60平方米、高度不超过5米的其他自用建筑内的固体燃料炉具、壁炉或者火炉及其烟囱、烟道，可以由不具备烟道清扫工职业资格的人清扫，但烟垢的焚烧清理操作除外。

（6）符合本条第（5）款规定的固体燃料炉具、壁炉或者火炉及其烟囱、烟道，每五年应当由具有烟道清扫工职业资格的人清扫一次，烟道清扫工完成清扫作业后，应当向建筑使用人说明供暖系统的情况。

（7）烟道清扫工完成清扫作业后，应当通过救援信息系统，在10个工作日内提交清扫固体燃料炉具、壁炉或者火炉以及使用其他燃料的加热装置的信息。

（8）烟道清扫工应当向建筑使用人告知清扫固体燃料炉具、壁炉或者火炉以及使用其他燃料的加热装置过程中发现的，违反消防安全要求的问题和其他火灾隐患，并在完成清扫作业10个工作日内，通过救援信息系统提交上述情况。

（9）负责该领域的部长应当制定规章，规定清扫炉具、壁炉或者火炉和使用其他燃料的加热装置及其烟囱、烟道的要求。

第三小节 明火作业的消防安全要求

第12条 明火作业

（1）明火作业包括：

1）气焊工作；

2）电焊工作；

3）【废止】

4）使用圆盘切割机切割金属；

5）加热并使用沥青等其他可燃凝胶材料；

6）使用气体火焰；

7）其他使用火焰、火花或高温，可能引燃周围可燃物、引起火灾的活动。

（2）就本法而言，使用加热炉或烧烤设备不属于明火作业。

第13条 明火作业的消防安全要求

（1）明火作业时，应当采取措施避免或减少火灾风险，确保迅速发现火灾、控制火势蔓延并快速扑灭火灾。

（2）负责该领域的部长应当制定规章，规定明火作业的要求。

（3）明火作业时，必须全程进行安全监护。

第14条 明火作业人员

（1）完成消防安全培训并取得《明火作业证》的人员，可以进行经济活动性质的明火作业。

（2）自然人在其拥有的建筑、房间或不动产内自用明火，不需要持有《明火作业证》，但应确保安全。

（3）取得国外职业资格的人员，如果其职业资格根据《外国职业资格认可法》得到认可，即可从事明火作业。《外国职业资格认可法》第7条第（2）款规定的主管部门是救援局。

（4）负责该领域的部长应当制定规章，规定明火作业培训和《明火作业证》的要求。

第四小节 户外用火和烧烤设备的消防安全要求

第15条 户外用火和烧烤设备的消防安全要求

（1）户外用火和使用烧烤设备时，应当清理周围环境，防止火势蔓延。

（2）户外用火和使用烧烤设备时，应当考虑环境和天气条件对消防安全的影响。

（3）户外用火时，应当根据建筑或自然环境，配备足够数量的初起火灾扑救器材或者消防设备。

（4）使用篝火和烧烤设备时应当全程监护，结束后必须将燃烧残留物烧尽、熄灭或者用水冷却。

（5）负责该领域的部长应当制定规章，规定户外用火和使用烧烤设备的要求。

第五小节 林区的消防安全要求

第 16 条 林区的消防安全要求和火险期

（1）救援局应当确定林区以及泥炭区域禁止以下活动的时间和区域：

1）户外用火；

2）使用烧烤设备；

3）吸烟；

4）其他可能引起火灾的活动；

5）可能危及人员生命健康的滞留；

（2）【废止】

（3）救援局应当公告确定林区火险期起止时间的决定，上述决定自公告次日生效。

（4）全年禁止在林区焚烧干草和芦苇。

（5）可以在林区进行以下计划烧除：

1）在自然保护区，为达到保护目的，经管理机构同意进行计划烧除；

2）在国防军或国防联盟的训练场，为形成训练所需地貌进行计划烧除。

（6）如果国防军或国防联盟的训练场位于自然保护区内，进行计划烧除应当征得保护区管理机构同意。如果可能对保护区造成损害，则保护区管理机构不得同意进行计划烧除。如果不进行计划烧除直接危及人员生命健康或者造成重大财产损失，且没有其他选择，则应当同意进行计划烧除。

（7）在林区进行计划烧除时，必须持续监控并防止火焰蔓延到计划烧除区域之外。

（8）负责该领域的部长应当制定规章，规定在林区实施计划烧除的要求和程序。

第 17 条 林地产权人的义务

（1）林地产权人必须做到：

1）在林区划分防火隔离区、建立防火隔离带并进行维护，根据《自然保护法》确定的保护区，如果符合本条第（2）款的规定除外；

2）划定吸烟、篝火和停车场所；

3）标记取水点，保持道路通畅，确保符合扑救火灾所需的其他技术条件；

4）在高火险期，按照救援局的命令，在显著位置设置禁止篝火标志。

（2）负责该领域的部长应当制定规章，规定林区防火隔离区和防火隔离带的建造要求。

第 18 条 国家林业管理部门的义务

国家林业管理部门应当在火险期对国有林区进行监测，迅速发现火情并通过欧洲统一紧急服务号码 112 报警，组织扑救初起火灾。

第六小节 储存可燃材料的消防安全要求

第 19 条 储存可燃材料的要求

（1）在建筑内部或贴邻建筑存放可燃材料时，不得增加火灾危险或影响灭火救援。

（2）存放废弃物的位置，必须与可燃材料建筑或者面层为可燃材料的建筑外墙上的门、窗等开口部位保持安全距离。

（3）在建筑内部存储作为供暖系统燃料的可燃液体、易燃气体或其他爆炸性可燃材料时，必须符合储存和使用可燃、易燃材料的要求。

（4）在建筑、场地存放可燃材料时，应当有明显的界线和标识，并考虑可燃材料的储存兼容性。

（5）在建筑防火间距内，不得存放可能增加火灾风险、影响灭火救援的可燃材料或者停放车辆。

（6）可燃材料的存放位置和数量应当符合设计要求。在可燃材料储存场所入口处的明显位置，应当图示标明可燃材料的存放位置和数量。生产和存储可燃材料的建筑内部地面，应当清晰标明通道和存储位置的界线。

（7）负责该领域的部长应当制定规章，规定储存可燃、危险材料的消防安全要求。

第七小节 公共活动的消防安全要求

第 20 条 公共活动

公共活动，是指在公共场所进行的娱乐活动、体育竞赛、文化演出、商贸活动或者其他类似的人员聚集活动，不包括会议。

第 21 条 公共活动的消防安全要求

（1）在建筑内进行公共活动时，疏散通道和安全出口应当符合规定数量，并不得超过额定容纳人数。

（2）在超过 200 个座位的房间进行公共活动时，每排的座位应当相互连接，或者将座位固定在地面，以确保安全疏散。

（3）在建筑内进行公共活动期间，不得缩小观众厅内相邻座位之间的过道宽度，或者在过道增加座位。

（4）进行公共活动期间，应当确保可能发生危险时及时告知所有人员。

第 22 条 在其他用途建筑和场所举办公共活动

（1）经救援局许可，可以组织以下活动：

1）如果能够确保安全疏散，可以在其他用途的建筑举办 150 人以上参加的公共活动；

2）如果能够确保安全疏散，可以在临时建筑或室外举办 300 人以上参加的公共活动。

（2）在其他用途建筑、临时建筑或者景点进行公共活动之前，组织者必须检查：

1）与活动有关的房间、建筑或临时建筑和景点的总体消防安全状况；

2）疏散通道、安全出口和逃生出口设置疏散指示标志；

3）疏散通道、安全出口应当满足活动参加人数的要求；

4）消防设施及其状况；

5）救援设备及其状态；

6）其他设备的状况和运行情况；

7）可能引起火灾的其他情况。

（3）在其他用途建筑、临时建筑或者景点进行公共活动，应当绘制现场平面图，标明人员疏散逃生路线和救援车辆的进入路线，报当地救援中心。

第八小节　消防供水要求

第 23 条　消防取水口

（1）消防取水口（简称取水口）是在常年使用的水源处设置的设施，通过该设施取水用于救援、排爆，并可为防暴水炮供水。

（2）建筑必须设置符合要求的取水口，除非采取其他技术措施确保探测和扑灭火灾。

（3）建筑产权人负责建设取水口，除非就采取其他方式建设取水口达成一致。如果有多座建筑，应当由所有建筑的产权人共同负责建设符合本条第（2）款要求的取水口。

（4）通过取水口取水进行本条第（1）款规定的活动，可以不经建筑使用人的同意。

第 24 条　取水口的要求

（1）全年无障碍接近，并处于常备状态。

（2）水量、流速满足受保护建筑的火灾扑救要求。

（3）建筑使用人负责维护取水口，除非就采取其他方式维护取水口达成一致。如果有多座建筑，应当由建筑产权人共同负责维护符合本法第 23 条第（2）款要求的取水口。

（4）负责该领域的部长应当制定规章，规定取水点建设、测试、使用、维护、标记和信息交换的要求、条件和程序。

第 25 条　【废止】

第 26 条　【废止】

第九小节 其他消防安全要求

第27条 设备和装置的要求

（1）安装、使用、维护和检查设备及装置时，应当避免火灾危险，并遵守产品使用说明和相关法规。

（2）禁止使用可能引起火灾的设备和装置。

第28条 铁路运输、民航、船舶和地下建筑的消防安全要求

（1）负责该领域的部长可以制定规章，规定铁路运输、民航和船舶的消防安全要求。

（2）负责该领域的部长可以制定规章，规定地下建筑的消防安全要求。

第29条 国防军和国防联盟的消防安全要求

负责该领域的部长可以制定规章，规定国防军和国防联盟的消防安全要求。

第十小节 爆炸危险区域的要求

第29[1]条 爆炸危险区域的要求

（1）在可能形成爆炸性气体混合物的环境，应当划定爆炸危险区域，在爆炸危险区域只能使用专用的防爆设备、防爆系统、组件和配件。

（2）负责该领域的部长应当制定规章，规定划定爆炸危险区域的要求。

（3）负责该领域的部长可以制定规章，规定产生爆炸性气体活动的安全要求。

第29[2]条 本小节使用的术语

（1）爆炸性环境，是指气体、蒸气、气溶胶或粉尘形式的可燃物与空气形成混合物，被点燃后能够保持燃烧，并自行传播扩散到全部未燃烧混合物的环境。

（2）爆炸危险区域，是指由于现场条件和使用特点而可能发生爆炸的环境。

（3）防爆设备，是指单独或共同处理爆炸性物质，或者传输、存储、控制、转换可能引起爆炸的潜在点火能的机器、设备以及固定或者便携式装置。

（4）防爆系统，是指可以立即终止初始爆炸或者限制爆炸影响的设备，作为独立的系统使用。

（5）组件，是指确保防爆设备和防爆系统安全运行必不可少的部分，本身不具备独立功能。

（6）附件，是指在爆炸危险区域外使用的安全控制或调节装置，用于确保防爆设备和防爆系统安全运行、防止发生爆炸危险。

第三节 消防设施

第30条 消防设施

（1）消防设施是指：

1）独立感烟火灾探测报警器；

1[1]）独立一氧化碳报警器；

2）【废止】

3）火灾自动报警系统；

4）灭火系统；

5）疏散照明；

6）防雷系统；

7）防排烟设备；

8）消防软管卷盘系统；

9）其他用于探测火灾，防止火焰和烟雾蔓延，确保疏散和救援安全的设备与技术系统。

（2）本法关于消防设施的条文适用于灭火器。

第31条　消防设施产权人的义务

消防设施的产权人应当履行以下义务：

1）确保消防设施完整好用；

2）按照规定组织检测、检查和维护消防设施；

3）保存有关消防设施安装、检查和维护的文件。

第一小节　消防设施的安装和维护要求

第32条　消防设施的设计、安装、检查和维护要求

（1）设计、安装、检查和维护消防设施，应当符合技术标准和产品说明以及相关的安全要求，确保消防设施发挥作用。如果消防设施是按照有关标准或其他等效文件设计、安装、检查和维护的，即认为其是合格的。

（2）【废止】

（3）住宅或公寓的产权人应当在每个房间至少安装一个火灾自动探测报警器。

（3[1]）使用固体燃料供暖系统的住宅或公寓，除配备火灾自动探测报警器外，应当至少配备一个一氧化碳报警器。其他建筑或者建筑局部使用固体燃料供暖系统时，产权人必须在相应位置至少配备一个一氧化碳报警器。

（4）负责该领域的部长应当制定规章，规定消防设施的选型、安装、标识和维护要求。

（5）负责该领域的部长应当制定规章，规定灭火器的选型、布置、标识和维护要求。

第33条　从事经济活动的要求和备案义务

（1）从事下列领域的活动，必须提交经济活动备案：

1）设计灭火系统、火灾报警系统或防排烟系统；

2）安装和维护灭火系统、火灾报警系统或防排烟系统；

3）检测和维护消防软管卷盘或灭火器；

（2）从事本条第（1）款规定领域工作的专业人士，应当符合本法第34条的规定。

（3）经营主体在经济活动登记系统提交与技术负责人的合同关系，即视为提交经济活动备案。

第34条 技术负责人

（1）技术负责人，是符合以下条件的自然人：

1）具备组织管理和检查灭火系统、火灾报警系统和排烟系统设计、施工、维护，灭火器维护，以及消防软管卷盘系统检查、维护工作的能力；

2）与从事本法第33条规定经济活动的法人订立合同，负责确保遵守本法和相关法规的要求。

（2）技术负责人应当具备灭火系统、火灾报警系统和排烟系统设计、施工、维护的职业资格，组织他人开展上述工作，并承担责任。

（3）技术负责人应当具备灭火器维护和消防软管卷盘系统检查、维护的职业资格，以及该领域至少三年的工作经历。

（4）根据《外国职业资格认可法》和相关法律，认可在欧洲经济区其他成员国获得的本条第（2）款所指的职业资格。

第35条 【废止】

第二小节 火灾自动报警系统和火警信号传输

第36条 火灾自动报警系统和火警信号传输

（1）【废止】

（2）人员密集、财产贵重的火灾高风险建筑，如果符合根据本条第（6）款确定的标准，必须将火灾自动报警系统接收的火警信号自动传输至报警中心。

（2^1）如经救援局确认，能够确保发生火灾后立即向报警中心报警并组织人员疏散，则不强制要求按照本条第（2）款的规定将火警信号传输至报警中心。

（3）【废止】

（4）单位应当在确保火灾自动报警系统运行的情况下，采取措施防止发生误报警。

（5）火灾自动报警系统的误报警，是指由非火灾原因引起的虚假报警。

（6）负责该领域的部长应当制定规章，规定对必须将火灾自动报警系统接收的火警信号传输到报警中心的建筑的要求，以及传输和取消火警信号的程序。

第37条 火灾自动报警信号传输机构的义务

（1）火灾自动报警信号传输机构，是从事通信经营的企业，必须符合《电子通信法》关于通信企业的规定。

（2）火灾自动报警信号传输机构应当做到：

1）符合自动信息传输系统的要求；

2）监测确保信号传输系统不间断运行；

3）在信号传输系统故障时，通知火灾自动报警系统产权人，并消除信号传输系统的故障。

第三章 国家监督及其措施

第38条 国家监督机构

（1）下列机构负责监督执行本法和相关法规的规定：

1）救援局－在全国范围；

2）【废止】

3）消费者保护和技术监督局－铁路运输、地下设施和爆炸危险区域的消防安全；

4）交通局－民航、船舶及浮船坞的消防安全；

5）【废止】

6）国防部－国防军和国防联盟军事训练的消防安全；

7）环保局－林区的消防安全；

8）地方政府－根据本法第5条第（1^1）款或第（1^2）款，适用建筑施工和使用许可、备案的程序。

（2）紧急情况下，救援局负责对遵守本条第（1）款3）—6）项和8）项，以及根据本法制定的其他消防安全要求的情况进行国家监督。

（3）救援局根据本法第16条的规定，对遵守林区火险期消防安全要求的情况进行国家监督。

第39条 国家监督措施

为行使本法规定的国家监督，执法机关有权按照《执法法》的程序，行使该法第30、31、32、45、46、50、52和53条规定的国家监督特别措施。

第39条[1] 国家监督的专门措施

（1）如果爱沙尼亚尚未就有关建筑、设施、活动或建筑材料制定消防安全法规，救援局可以邀请专家开展消防安全评估，专家参与的相关费用由当事人支付。

（2）执法人员可以在产权人知悉并在场的情况下，进入其不动产、建筑、住所和房间，以查明火灾原因。为确定火灾原因，在产权人指定的代理人在场时，执法人员可以进入特定位置。如果产权人指定的代理人不能到场，可以经产权人正式同意后进入特定位置。为进行救援，可以在产权人不知情、不在场的情况下，进入特定位置。

第40条　罚款

拒不履行《责令整改通知》的，根据《强制执行法》最高处以3 200欧元的罚款。

第41条　【废止】

第四章　法律责任

第42—43条【废止】

第44条　违反消防安全要求

（1）违反建筑、供暖系统、明火作业和户外用火、烧烤消防安全要求，引发火灾或者造成火灾危险，或者影响安全疏散的，最高处以300个罚款单位的罚款。

（2）法人实施上述行为的，最高处以3 200欧元的罚款。

第45—48条【废止】

第49条　违反公共活动消防安全要求的处罚

（1）违反公共活动消防安全要求的，最高处以300个罚款单位的罚款。

（2）法人实施上述行为的，最高处以3 200欧元的罚款。

第50条　违反消防设施设计、安装、检查和维护要求

（1）违反消防设施设计、安装、检查和维护要求的，最高处以300个罚款单位的罚款。

（2）法人实施上述行为的，最高处以3 200欧元的罚款。

第51条　【废止】

第52条　住宅和公寓未配备火灾自动探测报警器

（1）未在住宅和公寓安装火灾自动探测报警器的，最高处以300个罚款单位的罚款。

（2）法人实施上述行为的，最高处以3 200欧元的罚款。

第53条　【废止】

第54条　火灾自动报警系统误报警

（1）故意造成火灾自动警报系统误报警的，最高处以200个罚款单位的罚款。

（2）法人实施上述行为的，最高处以2 000欧元的罚款。

第55—56条　【废止】

第56^{1}条　适用简易程序办理的轻罪和罚款额度

（1）对于符合下列情况的轻罪，庭外机构应当根据本法适用简易程序：

1）违反本法第5条第（3）款或第（4）款，第6条第（1）款，第8条第

(4) 款或第 (6) 款，第 10 条第 (3) 款，第 15 条第 (1) 款、第 (2) 款或第 (4) 款的规定，符合本法第 44 条第 (1) 款的规定；

2) 符合本法第 50 条第 (1) 款的规定。

(2) 违反本法第 44 条第 (1) 款、第 50 条第 (1) 款规定的轻罪，处以 40 欧元罚款。

第 57 条　程序

救援局负责按照简易程序，对本章规定的轻罪进行处罚。

第五章　实施条款

第 58 条　《消防安全法》生效前构成轻罪的行为

(1)《消防安全法》生效前实施的行为，按照《消防安全法》或其他法律构成轻罪的，应当根据该行为发生时实施的《救援法》和其他有关轻罪的法律进行处罚。

(2) 对《消防安全法》生效前实施的轻罪实施处罚时，如果该行为发生时实施的《救援法》的处罚比现行《消防安全法》的处罚轻，则应当按照当时的《救援法》进行处罚。

第 58^1 条　明火作业证的有效期

2010 年 9 月 1 日之前签发的《明火作业证》有效期至其到期日，但不得超过《消防安全法》生效之日起的五年。

第 59—60 条　【废止】

第 61 条　法案生效

(1) 本法于 2010 年 9 月 1 日生效。

(2) 第 4 条第 (1) 至 (3) 款，以及第 9 条和第 14 条于 2012 年 1 月 1 日生效。

(3) 第 60 条在本法公布第二天生效。

(4) 应当尽快执行本法第 32 条第 (3^1) 款的规定，并不得迟于 2022 年 1 月 1 日。

(5) 在 2021 年 3 月 1 日之前提交经济活动报告的企业，视为已经履行本法第 33 条第 (1) 款规定的备案义务。

附录 4

爱沙尼亚和相关地区、国际组织的网站

总统府（Vabariigi President）：https：//president. ee/et

议会（Riigikogu）：https：//www. riigikogu. ee

总理府（Riigikanstelei）：https：//www. riigikantselei. ee

政务服务门户网站（Riigiportaal）：https：//www. eesti. ee

政府公报（Riigi Teataja）：https：//www. riigiteataja. ee

官方公告网站（Ametlike Teadaanded）：https：//www. ametlikudteadaanded. ee

财政部（Rahandusministeerium）：https：//www. fin. ee

科学和教育部（Haridus－ja Teadusministeerium）：https：//www. hm. ee/et

爱沙尼亚统计局（Eesti statistika）：https：//www. stat. ee/et

司法部（Justiitsministeerium）：https：//www. just. ee/en

环境部（Keskkonnaministeerium）：https：//envir. ee

文化部（Kultuuriministeerium）：https：//www. kul. ee

社会事务部（Sotsiaalministeerium）：https：//www. sm. ee

经济和通信部（Majandus－ja Kommunikatsiooniministeerium）https：//mkm. ee

内政部（Siseministeerium）：https：//www. siseministeerium. ee

国防部（kaitseministeerium）https：//kaitseministeerium. ee/et

爱沙尼亚国防军（Eesti Kaitsevägi）：https：//mil. ee

国防联盟（Kaitseliit）：https：//www. kaitseliit. ee

教育和青年局（Haridus－ja Noorteamet）：https：//harno. ee/en

警察和边防局（Politsei－ja Piirivalveamet）：https：//www. politsei. ee

内政学院（Sisekaitseakadeemia）：https：//www. sisekaitse. ee/et

救援局（Päästeamet）：https：//www. rescue. ee/et

消防安全自查报告平台（Tuleohutuse enesekontrolli aruannete keskkonna）：https：//tuleohutusaruanne. ee

消防安全计算器（Tuleohutusnõuete kalkulaatorid）：https：//www. kalkulaator. eu

家庭消防安全（kodu tuleohutuks）：https：//kodutuleohutuks. ee

消防安全检查（Päästeameti Tuleohutusülevaatuste Portaal）：https：//ylevaatus. paasteamet. ee

报警中心（Häirekeskus）：http：//112. ee

爱沙尼亚消防体育联盟（Eesti Tuletõrjespordi Liit）：https：//xn－－tuletrjesport－7lb. ee

消防博物馆（Tuletõrjemuuseum）：http：//www. tuletorjemuuseum. ee

爱沙尼亚消防联盟（Eesti tuletõrjeliit）：https：//tuletorjeliit. ee

爱沙尼亚救援联盟（Päästeliit）：https：//paasteliit. ee

志愿后备救援队（Vabatahtliku Reservpäästerühma）：https：//rpr. ee

家庭医生热线（Perearsti nõuandetelefon）：https：//1220. ee

欧洲应急号码协会（European Emergency Number Association）：https：//eena. org

欧洲消防学院协会（European Fire Service Colleges' Association）：https：//efsca. org

爱沙尼亚国家图书馆（Eesti Rahvusraamatukogu）：https：//www. digar. ee/arhiiv/et

爱沙尼亚研究所（Eesti Instituut）：http：//www. estonica. org/en

职业资格局（Kutsekoda）：https：//www. kutsekoda. ee/en

劳动力市场监测预报和职业技能发展系统（tööturu seire ja prognoosi ning inimeste oskuste arendamise koordinatsioonisüsteem）：https：//oska. kutsekoda. ee

爱沙尼亚失业保险基金（Eesti Töötukassa）：https：//www. tootukassa. ee

国际劳工组织（International Labour Organization）：https：//www. ilo. org/global/lang－－en/index. htm

联合国教科文组织统计委员会（Institute for Statistics，UIS）：http：//uis. unesco. org

联合国国际搜索与救援咨询团（International Search And Rescue Advisory Group，INSARAG）：https：//www. insarag. org

欧洲议会（European Parliament）：https：//www. europarl. europa. eu/portal/en

欧洲理事会（European Council）：https：//www. consilium. europa. eu/en/european－council

欧盟委员会（European Commission）：https：//ec. europa. eu/info/index_en

欧洲经济区（European Economic Area）：https：//www. efta. int/eea

欧洲通行证（Europass）：https：//europa. eu/europass/en

欧洲技能、能力、资格和职业系统（European Skills，Competences，Qualifications and Occupations）：https：//ec. europa. eu/esco/portal

欧盟单一市场准入类职业数据库（The EU Single Market Regulated Professions Database）：https：//ec. europa. eu/growth/tools－databases/regprof/index. cfm? action＝homepage

欧洲经济区（European Economic Area）：https：//www. efta. int/eea

欧洲职业培训发展中心（European Centre for the Development of Vocational Training）：https：//www. cedefop. europa. eu/en

欧盟消防官员联合会（Federation of EUropean fire officers）：https：//www. f－e－u. org

爱沙尼亚消防设施维保企业联盟（Eesti Tuleohutuspaigaldiste Hooldajate Keskliit）：https：//www. ethk. ee

爱沙尼亚工商业联合会（Eesti Kaubandus－Tööstuskod）：https：//www. koda. ee/et

爱沙尼亚保险公司协会（Eesti Kinldustusseltside Liit）：https：//kindlustame. ee

爱沙尼亚教育信息系统（Eesti Hariduse Infosüsteem）：http：//www. ehis. ee

爱沙尼亚烟道清扫工协会（Eesti Korstnapühkijate koda）：https：//korsten. ee

爱沙尼亚壁炉工协会（Eesti Pottsepad）：https：//pottsepad. ee

后记

本书即将付梓之际，再翻看十本写作札记，点点滴滴，跃然眼前。确有必要，整理几年来的所观所感、所思所悟，为这段饱含着热忱、执着、艰辛与收获的攀登之旅，画上浸润着汗水的分号，开启下一段征程。

一、勇往直前再出发

“写一本消防事业改革发展的书”，这个念头，不知何时在头脑中播下种子，终于在2017年底观看消防题材电影《勇往直前》（*Only the Brave*）后，萌生出芽。《勇往直前》基于真实事件创作，2013年6月30日美国亚利桑那州的亚内尔山（Yarnell Hill）发生森林大火，19名消防员参加扑救过程中，因大风导致火势突变不幸遇难。影片除了对英雄事迹的刻画，着重描述了消防员的日常生活，把叙事的核心放在了人物塑造和情感传递，每个角色都不是完人，更不是超能力的英雄，但每个人心中都有值得他们拼死捍卫的理由，普通而伟大，真实而感人。

观影后，因为我几年前翻译出版了《美国在燃烧》，在国内消防界引起一定关注，一位朋友真诚地对我说：“写一本消防事业改革发展的书吧！”就是这带着感慨的期许，让我内心的种子萌发，立下了写一本书的“宏愿”。那就开动吧！就像《勇往直前》中说的，“Just let me hold the light”。

次年初春，我偶然看到伍迪·艾伦在《我心深处》中的一句话：“经常会有这样的情况，你做了一件激动人心的事情，但真正的源头却是那些影响你的电影和文学。”深以为然。

二、和时间赛跑

2018年，是消防救援工作在党和国家工作大局中重塑重构之年，是国家综合性消防救援队伍换羽新生之年。2020年2月10日，新冠肺炎疫情暴发之际，我临危受命，随消防救援局周天总工程师，参加前方工作组，千里逆行武汉，坚守一线67天，从武昌方舱开始，检查了所有方舱医院，还有火神山、雷神山、同济、协和、金银潭、肺科……这些医院，于我而言，都是“逆行者支持逆行者”，实践“生命至上、举国同心、舍生忘死、尊重科学、命运与共”伟大抗疫精神的阵地。在与严重疫情殊死较量的主战场，我切身感受到消防救援队伍“救民于水火，助民于危难，给人民以力量”的神圣使命，也更加体会到“写一本消防事业改革发展的书”的紧迫感和责任感。

如前言所述，在专题梳理40个国家消防救援体制后，爱沙尼亚进入我的视野。2020年7月开始本书写作后，我的作息时间一般是早5点起床，晚11点休息，工作之外的业余时间，几乎完全用于查阅资料、撰写书稿。这期间，连续一周甚至一个多月的出差，更是常态。每次出发，行李箱里都有文献资料和写作札记，白天开会调研检查，晚上汇总修改材料，往往要在深夜10点后，才能挤出点时间写作。很多问题，是在休息甚至睡梦中悟到灵感。像2021年3月8日的札记中就记录“睡觉时想到，应当通过程序性文件了解修改的背景……”2022年5月2日“凌晨4点多醒，终于区分了职位与职级的关系……”

这两年，文献资料、写作札记和书稿陪伴我，走遍了大半个中国：山东的济南、临沂、枣庄、淄博、潍坊、烟台、威海、青岛，辽宁的沈阳，内蒙古的呼和浩特，甘肃的酒泉、嘉峪关，陕西的西安、咸阳，宁夏的银川，四川的成都、乐山、绵阳、德阳，河南的郑州、焦作，湖北的武汉，湖南的长沙，广西的南宁，广东的广州，海南的海口、三亚，安徽的合肥、蚌埠，浙江的杭州、衢州，江西的南昌，新疆的乌鲁木齐、昌吉、克拉玛依、五家渠、图木舒克……行万里路，如同读万卷书，基层战友的言谈观点，无意间都是对我的启发，走走停停之间，点缀了笔墨浓淡。

三、思辨与借鉴

创作的全过程，伴随着学习和思考。消防救援是一门交叉学科、综合学科，从学科门类看，就涉及经济学、法学、教育学、理学、工学、医学、管理学等，不同学科融合渗透，本书涉及的领域，有些已超出我的知识储备，正如书中所引爱沙尼亚总理府战略顾问蒂亚·兰德玛（Tiia Randma）的感慨：“半个世纪前，人们在学校学习的知识可以受用终身。进入21世纪的第二个十年，我们意识到，唯一不变的，就是知识每天的变化。”面对新领域，只能走出“舒适区”，进入“学习区”，勇闯“恐慌区”。事实证明，学习区同样能够成为舒适区，恐慌区内同样可以感受收获和快乐。

我力求用发展的观点，去理解当下的存在。如果说，了解国外是为了参考借鉴，我觉得，最有意义的参考和借鉴，不是对现有制度体制机制僵化的生搬硬套（或者不屑一顾地嗤之以鼻），而是用历史的眼光、动态的视角，了解其发展的基础、背景和道路，用“过去”阐释“现在”，用“昨天”理解“今天”，从而把握事物背后的发展路径、内在逻辑，这样才能在纷繁复杂之中，清醒地意识到，哪些可以学，哪些不能学，哪些学不了。比如，如果只是介绍，目前爱沙尼亚实行的是职业化救援体制，救援局和报警中心同为内政部管理的政府机构，读者可能不会留下深刻印象，参考借鉴的意义也很难体现；但是，如果“回看走过的路”，告诉读者，30 年前爱沙尼亚现役体制的消防、民防队伍井水不犯河水，“两个系统之间几乎没有联系，各自独立运作。民防人员主要讲爱沙尼亚语，消防人员更多讲俄语。”再介绍恢复独立后，整合消防、民防等分散的救援力量，如何从“民防”发展到“危机管理”，如何区分应急状态、紧急状态，如何将救援事业融入国防安全、外交安全、内部安全“三位一体”的国家安全体系，可能就会激发起读者更深的思考，找到可资参考借鉴之处；甚至再向前上溯，1787 年的黑头志愿消防队、1862 年的塔林志愿消防队、1919 年的全国消防联盟、1924 年《消防法》将消防管理纳入警察职责、1932 年的《消防税法》、1936 年的《消防法》与《民防法》、1945 年塔林职业消防队转为现役制……也许，读者就能通过志愿消防与职业消防，警察与消防，民防与消防关系的发展，体会到现今制度的演进路径。

我力求用思辨的视角，去把握发展的脉络。爱沙尼亚恢复独立后，救援事业与新生国家同步发展，短短三十年时间，既有螺旋上升的成功，也有探索试错的曲折。研究初期，缺乏头绪，只能按照时间线索，从一个个具体事件、一件件法律法规入手，“扎硬寨、打硬仗”的笨功夫虽然费时费力，但后期逐渐体现出“事半功倍”的效果，可以通过一个个细节，将看似孤立的事件串联成线，找出内在联系和发展规律，从而形成阶段性的划分，立一家之言。比如，结合监督机构、社会单位、技术服务机构的职责定位，我就国内外消防监督管理模式演进，形成了划分“三个发展阶段”的思考：第一阶段，消防监督机构都是“大包大揽”，对“消防安全重点单位”（虽然各国的称谓有所不同）定期进行“全覆盖”式的监督检查——在爱沙尼亚，被形象地比喻为“从地下室到阁楼的检查”，这种检查缺乏针对性和灵活性，检查对象的确定与火灾发生率关联度低，基本都是消防监督机构“唱独角戏”。第二阶段，随着公共管理模式从“管制型”向“治理型”的过渡，消防监督机构开始强调单位的消防安全主体责任，将随机抽查与重点检查相结合，要求单位自我检查、自主整改——在爱沙尼亚，这一阶段的标志就是 2010 年《消防安全法》基于目标管理理论，引入的单位消防安全自查报告制度。但在实践中，由于消防安全管理专业性强，单位“不会管”“管不好”的问题不同程度存在。第三阶段，单位承担消防安全主体责任，专业机构提供技术服务，通过“专业的人做专业的事”，促进提升社会消防安全管理水平，监督机构实施“基于风险”（而不仅仅是随机）的监督检查，发挥衔接单位、社会、政府多元主体的纽带作用，从而构建稳定、高效的社会消防安全多元治理格局。

我力求以宏观的高度，跳出消防看消防。“不谋全局者，不足谋一域。”站在经济社会发展的大背景下，审视消防救援工作的发展，才能看清认准未来的走向。在本书第四章第二节，通过梳理近30年来，爱沙尼亚在消防产品和消防技术服务质量管理领域的三次重大制度变革，我认为最有意义的启迪在于：第一，消防安全管理制度，尤其是对消防安全领域经营性活动、市场行为的管理，必须适应国家经济管理法律法规制度的大背景，顺应政策导向，选择适合时代要求的政策工具；第二，必须兼顾发展与安全，在服务和促进经济发展与坚守安全底线和审慎监管之间取得平衡，尤其不应以安全为由，为经济发展设置不必要的障碍；第三，对于消防安全领域的技术服务而言，从业人员是生产力的核心要素，通过发展消防安全领域的职业资格制度，培养和造就具备专业能力的消防安全技术和技能人才队伍，是提高全社会消防安全水平的基础性、先导性工作，管好从业人员的职业资格、执业行为，是管好技术服务机构、进而管好技术服务市场的前提和基础，也是最为关键的环节。

四、内心的感谢

首先要感谢的，是国内爱沙尼亚语言文化研究领域的权威专家高晶一教授。高教授毕业于爱沙尼亚塔尔图大学①，语言学博士，儒雅谦和，致精致诚，现任北京第二外国语学院东北欧系主任，兼爱沙尼亚语教研室主任，他主编的首部爱沙尼亚语汉语词典，是我的案头必备。两年间，我向高教授请教问题的交流互动数以百计，大到历史文化背景渊源，小到字词句段理解辨析，他的很多真知灼见，给我以启迪。当然，还要感谢为我引荐高晶一教授的刘剑。

要感谢多年好友席松林。小席瘦削的身躯内，有一颗炙热的心。我常常在想，转制前的公安消防部队，转制后的消防救援队伍，不就是由成千上万像小席这样，

① 塔尔图大学，1632年创立，是北欧乃至全欧洲最古老的大学之一。

在不同岗位默默奉献的战友组成的吗？他们普通而平凡，但穿上橄榄绿、火焰蓝之后，不就是人民群众最可信赖、最可倚靠的英雄吗？小庹退役多年，这次精心制作了本书的部分图表，帮了大忙。

在两年多的时间内，我先后就有关问题，请教了清华大学法学院的余凌飞教授，中国人民大学王宏伟教授，应急管理部消防产品合格评定中心的东靖飞主任，消防救援局的胡锐高工、余威副处长、毕赢副处长，还有天津消防研究所的王宗存、李希全研究员等专家学者。在整理资料过程中，邓帅、宋亚明也给予了很多帮助。一并致谢！

要感谢我的父母。他们在 20 世纪 50 年代末投身航天事业，在大漠戈壁奉献了最美好的青春，在艰苦的环境中培养了我们 3 个子女，为我选择了消防这个有意义的职业。父亲英年早逝。2020 年我在武汉抗疫前线工作最紧张的日子，82 岁高龄的母亲胸椎骨折卧床。母子连心，彻夜难眠，身在千里，锥心痛楚。就是这样，在电话里，她还是嘱咐我安心工作，不要挂念！回京后，这两年看我又在写作，一直在鼓励我，常常问我写得怎么样了？嘱咐我别太累了，注意休息！

要感谢我的夫人。16 年前，为了我的事业，她牺牲自己的专业，放弃公务员身份。这些年，她交融着知性与感性的消防情怀，甚至比我更浓更深！写作期间，她的鼓励和提醒，于我是最温暖、最持久的支撑。每当完成一章初稿，她是当然的试读者，一如 8 年前《美国在燃烧》书稿杀青时，“指指点点”“咬文嚼字”，当然，还有时常在文稿边标注“赞！”一遍遍的校核，当她后来“失望”地“抱怨”找不出什么问题时，我知道，那一刻她内心充溢的是最幸福的期许。

要感谢我的儿子。写作本书这两年，正是儿子准备高考的关键时期，父子两人同时埋首案头，是周末家中的常态。他用自己的勤奋，赢得了走进北京大学深造的机会，不但没有让我分心，还为我提供了最关键的技术支持，时时帮我解决查询资料过程中遇到的问题。

于我而言，这两年并不平常，感谢所有鼓励和激励我的人！当然，还要感谢中央党校出版集团领导对本选题的认可和支持，感谢编辑的辛勤劳动！

五、一起向未来

2021 年 4 月 17 日，春意萌动、春花争艳之际，北京八中举行 2021 届高三学生 18 岁成人仪式，我有幸受邀代表毕业生家长发言，看着青春洋溢的脸庞，感受扑面而来的朝气，心中充盈无限祝福。这一代青年生逢伟大时代，站在人生新的起点，“纵有千古，横有八荒。前途似海，来日方长。”当天，我发言的题目是《家国情怀，时代担当》——这既是对孩子们的殷殷寄语，实际上，也是我奋力向前的动力源泉。每个时代有每个时代的历史使命，每一代人有每一代人的历史际遇和使命担当。

“人生最大的幸运，莫过于在他的人生中途，即在他年富力强时发现了自己的人生使命。”[①] 如果这本书，能有点滴文字，引起您的思考与共鸣，碰撞出思想的火花，那就是我最大的幸福。是这个伟大的时代孕育了机会、提供了土壤、发出了召唤，是中国消防人的长期思考、不懈探索、艰苦实践和奉献牺牲，形成了丰厚积淀，张开了博大胸怀，为中外消防救援理念的交融互鉴提供了可能。不负韶华，不负家国，不负人民，不负战友。是为记。

司戈

2022 年 12 月 3 日，于和平村

① （奥）斯蒂芬·茨威格：《人类的群星闪耀时：十四篇历史特写》，舒昌善译，生活·读书·新知三联书店 2015 年第 4 版，第 14—15 页。

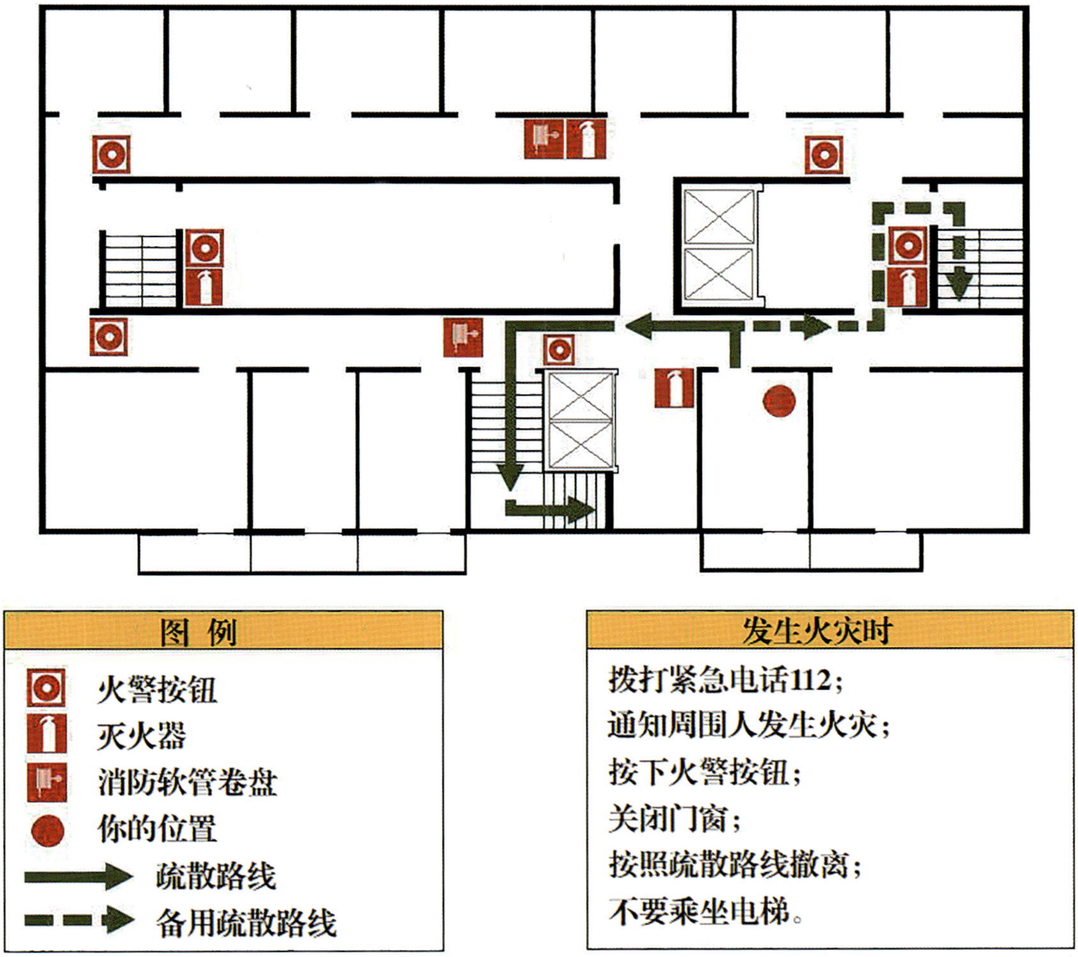

◉ 图 4-6　疏散指示图

		后果				
		极轻微	轻微	重大	严重	灾难性
可能性	极高					
	高				2，4，16	3
	中等				6，15	8，11
	低			19	7，9，13，17	
	极低			5，14	1，10，12	18

◉ 图 4-9　各类用途建筑的火灾风险矩阵

◉ 图 4-14　逃生出口标识

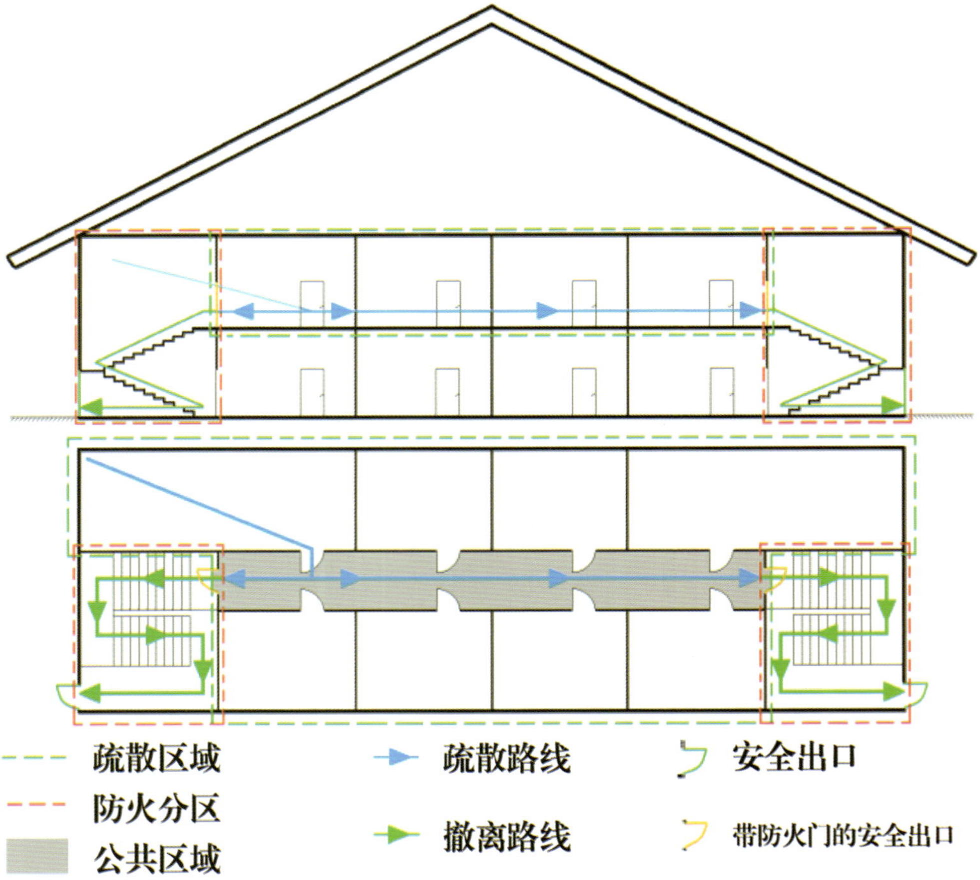

◉ 图 4-15　疏散路线、撤离路线和疏散区域划分

图 5-10 《职业资格证书》《单项职业能力资格证书》样式

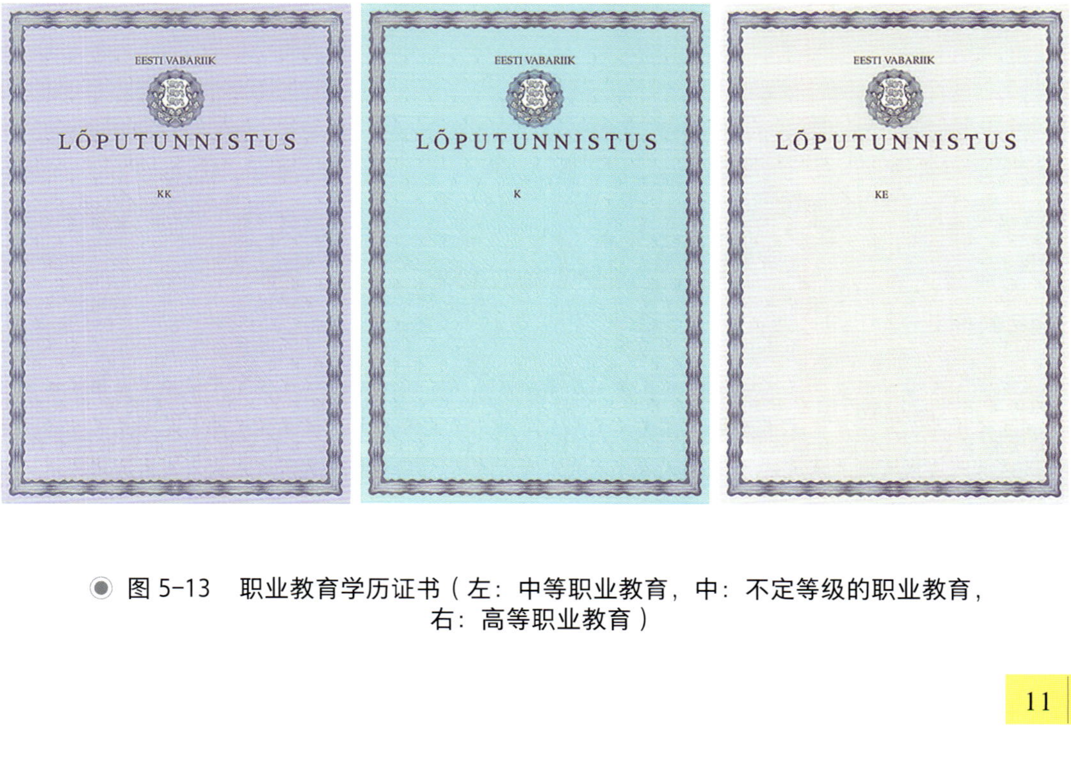

图 5-13 职业教育学历证书（左：中等职业教育，中：不定等级的职业教育，
右：高等职业教育）

		后　果				
		极轻微（1）	轻微（2）	重大（3）	严重（4）	灾难性（5）
可能性	极高（A）	中	重大	高	极高	极高
	高（B）	中	重大	重大	高	极高
	中等（C）	低	中	重大	高	高
	低（D）	低	中	重大	重大	高
	极低（E）	低	低	中	重大	高

图 6-6　2017 年的风险矩阵

		后　果				
		极轻微	轻微	重大	严重	灾难性
可能性	极高	中	重大	高	极高	极高
	高	中	重大	重大	高	极高
	中等	低	中	重大	高	高
	低	低	中	重大	重大	高
	极低	低	低	中	重大	高

图 6-11　重要民生服务的场景风险矩阵